| 경찰채용 및 승진 | 국가직 7·9급 | 법원채용 및 승진 시험대비 |

2025 개정판

이천호
형사소송법

| 이천호 편저 |

- **개정법** 내용의 완벽 반영
- **출제 가능한 모든 대법원 최신 판례**를 꼼꼼하고 명확하게 **분석**하여 수록
- **기출문제를 철저히 분석**하여 반영
- 기존의 **서술형식의 개혁적 변경**
- **보충설명**의 강화

이천호 형사소송법

제1판 1쇄   2013년 3월 4일
제9판 1쇄   2024년 3월 8일

편저자   이천호
발행처   에듀피디
등 록   제300-2005-146
주 소   서울 종로구 대학로 45 임호빌딩 2층 (연건동)
전 화   1600-6690
팩 스   02)747-3113

※ 이 책은 저작권법에 따라 보호받는 저작물이므로 무단전재와 무단복제를 금지하며 책 내용의 전부 또는 일부를 이용하려면 반드시 저작권자와 에듀피디의 서면 동의를 받아야 합니다.

PREFACE

" 이 책의 머리말 "

2022년 개정판 이후에도 의미 있고 중요한 대법원 최신 판례가 많이 나왔습니다. 그리고 그동안 형사소송법과 검찰청법의 일부 개정이 있었고, 실질적 의미의 형사소송법과 대통령령인 수사준칙 규정의 개정도 있었습니다. 이런 이유로 그동안에 개정된 사항과 새로 나온 최신 판례 등을 반영하기 위하여 "2022 이천호 형사소송법"을 개정하게 되었습니다. 이번 개정에서는 그동안에 나온 대법원 판례 중에서 출제 가능한 것들을 꼼꼼하게 정리하여 수록하였고, 그동안 개정된 법령 등을 철저히 검토하여 반영하였으며, 그동안 출제된 공무원과 경찰 기출문제를 분석하여 반영하였습니다. 또한 가급적 표를 지향하여 표로 정리하였던 그간의 서술 형식을 대폭 개혁적으로 변화시켜 비교 사항 등 표로 정리하는 것이 좋은 것들은 표를 존치시키고, 그렇지 않은 것들은 표를 해체하여 교과서 본문에 수록하는 형식을 취하였습니다.

"2025 이천호 형사소송법" 개정의 특징은 다음과 같습니다.

1. 개정법 내용의 완벽 반영
개정 형사소송법과 개정 검찰청법, 개정된 실질적 의미의 형사소송법, 개정된 수사준칙 규정의 내용을 완벽하게 분석하여 반영하였습니다.

2. 출제 가능한 모든 대법원 최신 판례를 꼼꼼하고 명확하게 분석하여 수록
최신판례의 출제 비중은 점점 늘고 있다는 점에서 최신판례의 중요성은 아무리 강조해도 지나치지 않을 것입니다. 그러므로 이에 맞추어 최신 판례를 확실하게 반영하였습니다.

3. 그간의 기출문제를 철저히 분석하여 반영
그동안의 모든 공무원 시험과 경찰 시험의 기출문제를 철저히 연구하고 분석하여 반영하였습니다.

PREFACE

4. 기존의 서술형식의 개혁적 변경
기존의 표 중심의 서술 형식을 대폭적으로 변경하여 비교 사항 등 표로 정리할 필요가 있는 사항은 표를 존치시키고 나머지 사항들은 표를 해체시켜 본문에 수록하는 형식을 취하였습니다.

5. 보충설명의 강화
조문, 이론과 판례에서 보충설명이 필요한 부분들에 대하여 종전보다 보충설명을 강화함으로써 교과서 내용을 보다 잘 이해하는데 도움이 되도록 하였습니다.

개정판이 나오기까지 금과옥조와 같은 조언과 수많은 도움을 주신 강순영 에듀피디 대표이사님, 편집부장님, 그 외의 출판사 관계자님들께 감사의 말씀을 올립니다. 또한 항상 진심어린 격려와 배려를 아끼지 않으시고, 저의 든든한 길라잡이가 되어 주시는 여러 강사님들께도 감사의 말씀을 올립니다.

"이천호 형사소송법"이 출간 된 후 벌써 오랜 세월이 흘렀습니다. 拙著인 저의 "이천호 형사소송법"에 보내주신 수험생 여러분들의 신뢰와 과분한 성원에 감사드립니다. 많은 수험생 여러분들께서 애독을 해주셔서 더더욱 커다란 책임감과 더욱더 좋은 책을 만들어야 하겠다는 사명감을 느끼게 됩니다. 앞으로도 저는 수험생 여러분들께 현실적으로 시험장에서 직접적인 도움이 되는 교재를 집필하고, 합격을 하는데 확실한 조력을 하는 강의를 할 수 있도록 초심을 잃지 않고 일관되게 성실한 자세로 정진할 것을 약속드립니다.

편저자 이천호 배상

CONTENTS

1 서론

제1장 형사소송법 ……………………………………………… 010

제2장 형사소송법 이념과 구조 ………………………… 016
    제1절 형사소송법의 이념 ………………………………… 016
    제2절 형사소송의 기본구조 ……………………………… 020

2 수사와 공소

제1장 수사 ……………………………………………………… 024
    제1절 수사의 기초이론 …………………………………… 024
    제2절 수사의 개시 ………………………………………… 047
    제3절 임의수사 …………………………………………… 068

제2장 강제처분과 강제수사 …………………………… 091
    제1절 서론 ………………………………………………… 091
    제2절 인신구속제도(피의자 체포, 피의자 구속, 피고인 구속) ……… 092
    제3절 압수 · 수색 · 검증 ………………………………… 141
    제4절 수사상 증거보전 …………………………………… 171

제3장 수사의 종결 ……………………………………… 175
    제1절 서론 ………………………………………………… 175
    제2절 공소제기 후의 수사 ……………………………… 181

제4장 공소의 제기 ············ 184
제1절 공소 ············ 184
제2절 공소제기의 기본원칙 ············ 185
제3절 공소제기의 방식 ············ 195
제4절 공소제기의 효과 ············ 207
제5절 공소시효 ············ 209

3 공판

제1장 소송절차의 기본이론 ············ 220
제1절 소송절차의 기본구조 ············ 220
제2절 소송절차이분론(= 공판절차이분론) ············ 220

제2장 소송주체 ············ 221
제1절 소송의 주체 ············ 221
제2절 법원 ············ 222
제3절 검사 ············ 242
제4절 피고인 ············ 246
제5절 변호인 ············ 259

제3장 소송행위 ············ 273
제1절 소송행위의 의의와 종류 ············ 273
제2절 소송행위의 일반적 요소 ············ 275
제3절 소송행위의 가치판단 ············ 279
제4절 소송서류 ············ 284
제5절 소송조건 ············ 293

제4장 공판절차 295
- 제1절 공판절차의 기본원칙 295
- 제2절 공판심리의 범위 298
- 제3절 공판준비절차 316
- 제4절 공판정의 심리 326
- 제5절 공판기일의 절차 331
- 제6절 증인신문 340
- 제7절 형사소송법상 피해자보호제도 354
- 제8절 특수공판절차 357

제5장 증거법 378
- 제1절 증거법 총설 378
- 제2절 증명의 기본원칙 382
- 제3절 자백배제법칙 397
- 제4절 위법수집증거배제법칙 402
- 제5절 전문법칙 411
- 제6절 당사자의 동의와 증거능력(증거동의) 450
- 제7절 탄핵증거 456
- 제8절 자백의 보강법칙 459
- 제9절 공판조서의 배타적 증명력 466

제6장 재판 469
- 제1절 재판서론 469
- 제2절 종국재판 473
- 제3절 재판의 확정과 효력 486
- 제4절 소송비용부담과 형의 집행유예 취소의 절차 494

4 상소 · 비상구제절차

제1장 상소 · · · · · · 498
제1절 상소통칙 · · · · · · 498
제2절 항소 및 상고 · · · · · · 524
제3절 항고 · · · · · · 534

제2장 비상구제절차 · · · · · · 541
제1절 재심 · · · · · · 541
제2절 비상상고 · · · · · · 554

5 특별절차 및 재판의 집행과 형사보상

제1장 특별절차 · · · · · · 558
제1절 약식절차 · · · · · · 558
제2절 즉결심판절차 · · · · · · 564
제3절 배상명령제도(배상명령절차) · · · · · · 571
제4절 소년형사절차 · · · · · · 575

제2장 재판의 집행과 형사보상 · · · · · · 579
제1절 재판의 집행 · · · · · · 579
제2절 형사보상 · · · · · · 584

부록 암기방법

형사소송법 암기방법 · · · · · · 592

이천호 형사소송법

1 PART

CHAPTER 01. 형사소송법
CHAPTER 02. 형사소송법 이념과 구조

서론

CHAPTER 1 형사소송법

I 형사소송법의 기초

형사소송법의 의의	① 형사소송법이란 형법을 적용·실현하기 위하여 형사절차를 규정한 **절차법**을 말한다. cf 형법: '범죄의 성립과 처벌(범죄와 형벌)'에 관하여 규정한 **실체법**이다. 예컨대 형법 제250조 제1항은 "사람을 살해(범죄)한 자는 사형, 무기, 또는 5년 이상의 유기징역(형벌)에 처한다"라고 규정하고 있다. 만약에 甲이 A를 살해한 것으로 의심이 가는 경우 甲에게 바로 사형, 무기징역 등의 형벌을 부과할 수는 없다. 왜냐하면 甲에게 '죄가 있다.(유죄)'라고 밝히는 과정이 필요하기 때문이다. 유죄라고 밝히는 과정이 바로 수사와 공판(公判)절차인데 이런 절차를 규정한 법을 형사소송법이라고 한다. ② **형사절차**: 수사절차·공소제기절차·공판절차·재판의 확정절차·형집행절차로 구성된다.
형사절차 법정주의	① 형사절차는 미리 법률(국회에서 제정한 형식적 의미의 법률)로 규정해야 한다는 원칙을 말한다. 형사절차를 미리 법률에 규정하지 않으면 형사절차를 집행하는 주체에 따라 형사절차가 달리 진행됨으로써 불공정하게 진행될 우려가 있다. 그러므로 공정한 절차에 따라 형사절차를 진행하기 위하여 형사절차법정주의가 요구된다. ② 형사절차법정주의는 **헌법** 제12조 제1항에 규정되어 있다.
형사소송법의 성격	형사소송법은 공법, 사법법(司法法), 절차법이다. cf 형법; 공법, 사법법(司法法), 실체법이다.

II 형사소송법의 법원

F4 법9, 09국9, 09순경2차, 10순경2차, 11검찰·마약9, 12순경2차, 13순경1차, 14경간, 14경승, 15국7, 16경승, 16순경2차, 17경간, 17경승, 19경간, 21국9

➡ 형사소송법의 법원; 형사소송법의 법원이란 형사소송법의 <u>연원 또는 존재형식</u>을 의미한다. 형사소송법의 법원이 된다는 것은 형사소송법의 존재형식이 된다는 것(형사소송법으로 사용될 수 있다는 것)이다. 이에 반하여 형사소송법의 법원이 되지 않는다는 것은 형사소송법의 존재형식이 되지 않는다는 것(형사소송법으로 사용될 수 없다는 것)이다. 헌법·법률·대법원규칙은 형사소송법의 법원이 된다. F4 19순경2차, 23경승 법무부령인 검찰사건사무규칙, 사법경찰관리집무규칙과 관습법은 형소법의 법원이 되지 않는다.

1. 형사소송법의 법원이 되는 것

헌법	1) **제12조 제1항**: **형사절차법정주의와 적법절차의 원칙** * 모든 국민은 신체의 자유를 가진다. 누구든지 **법률**에 의하지 아니하고는 체포·구속·압수·수색 또는 심문을 받지 아니하며, **법률과 적법절차**에 의하지 아니하고는 처벌·보안처분·강제노역을 받지 아니한다. 2) **제12조 제2항**: **고문의 금지와 진술거부권** * 모든 국민은 고문을 받지 아니하며, **형사상 자기에게 불리한 진술을 강요당하지 아니**한다. 3) **제12조 제3항, 제16조**: **영장주의와 영장주의의 예외** * 제12조 3항: 체포·구속·압수 또는 수색을 할 때에는 **적법절차**에 따라 검사의 신청에 의하여 법관이 발부한 **영장을 제시하여야 한다.**(**영장주의의 원칙**) 다만, **현행범**인 경우와 **장기 3년 이상**의 형에 해당하는 죄를 범하고 도피 또는 증거인멸의 염려가 있는 때(**긴급체포**)에는 **예외**로 한다.(**영장주의의 예외**) * 제16조: 모든 국민은 주거의 자유를 침해받지 아니한다. 주거에 대한 압수나 수색을 할 때에는 검사의 신청에 의하여 법관이 발부한 영장을 제시하여야 한다. ▶ 검사의 영장청구권은 헌법에 규정되어 있으므로 **사법경찰관에게 영장청구권을 인정하기 위해서는 개헌(헌법개정)이 필요**하다. [F4] 11경승, 19순경2차 4) **제12조 제4항**: **변호인의 조력을 받을 권리** * 누구든지 체포 또는 구속을 당한 때에는 즉시 **변호인의 조력을 받을 권리를 가진다.**(변호인의 조력을 받을 권리) 다만, 형사피고인이 스스로 변호인을 구할 수 없을 때에는 **법률이 정하는 바에 의하여 국가가 변호인을 붙인다.**(국선변호인 제도) ▶ 변호인의 조력을 받을 권리는 헌법상의 기본권이다. 5) **제12조 제5항**: **체포·구속이유의 고지 및 통지제도** * 누구든지 체포 또는 구속의 이유와 변호인의 조력을 받을 권리가 있음을 **고지**받지 아니하고는 체포 또는 구속을 당하지 아니한다. 체포 또는 구속을 당한 자의 가족 등 법률이 정하는 자에게는 그 이유와 일시·장소가 지체 없이 **통지**되어야 한다. 6) **제12조 제6항**: **체포·구속적부심사청구권**(****중요**) * 누구든지 체포 또는 구속을 당한 때에는 적부의 심사를 법원에 청구할 권리를 가진다. [cf] "체포·구속적부심사청구권은 형소법상의 권리(법률상의 권리)이지 헌법상의 권리(헌법상의 기본권)가 아니다."라는 지문이 출제되면 이는 틀린 지문이다. 왜냐하면 **체포·구속적부심사청구권은 헌법상의 권리이기 때문**이다. 7) **제12조 제7항**: **자백배제법칙 및 자백보강법칙** * 피고인의 자백이 고문·폭행·협박·구속의 부당한 장기화 또는 기망 기타의 방법에 의하여 자의로 진술된 것이 아니라고 인정될 때(**자백배제법칙**) 또는 정식재판에 있어서 피고인의 자백이 그에게 불리한 유일한 증거인 때에는(**자백보강법칙**) 이를 유죄의 증거로 삼거나 이를 이유로 처벌할 수 없다. 8) **제13조 제1항**: **일사부재리의 원칙** * 모든 국민은 행위시의 법률에 의하여 범죄를 구성하지 아니하는 행위로 인하여 소추되지 아니하며(죄형법정주의의 헌법적 근거), 동일한 범죄에 대하여 거듭 처벌받지 아니한다. 9) **제27조 제1항**: **재판청구권(또는 재판을 받을 권리)** * 모든 국민은 헌법과 법률이 정한 법관에 의하여 법률에 의한 재판을 받을 권리를 가진다. ▶ 이는 헌법상의 기본권이다. 10) **제27조 제3항**: **신속한 재판을 받을 권리 및 공개재판을 받을 권리(신속한 재판·공개재판의 원칙)** * 모든 국민은 신속한 재판을 받을 권리를 가진다. 형사피고인은 상당한 이유가 없는 한 지체 없이 공개재판을 받을 권리를 가진다. ▶ 이는 헌법상의 기본권이다. [F4] 20순경2차 11) **제27조 제4항**: **무죄추정의 원칙** * 형사피고인은 유죄의 판결이 확정(선고×)될 때까지는 무죄로 추정된다. ▶ 무죄추정의 원칙을 권리의 측면에서 보면 **무죄추정을 받을 권리**라고 한다. 무죄추정을 받을 권리는 당연히 **헌법상 기본권**에 해당한다. 12) **제27조 제5항**: **형사피해자의 재판절차 진술권**(헌법학자들은 형사피해자의 재판절차 진술권이라고 하지만 **형사소송법 학자들은 피해자 등의 진술권**이라고 하는데 이는 같은 것으로 보면

	된다.) * **형사피해자는** 법률이 정하는 바에 의하여 당해사건의 재판절차에서 **진술할 수 있다.** ▶ 이는 헌법상의 기본권이다. 13) 제28조: **형사보상청구권** * 형사피의자 또는 형사피고인으로서 구금되었던 자가 법률이 정하는 **불기소처분을 받거나 무죄판결을 받은 때**에는 법률이 정하는 바에 의하여 국가에 정당한 보상을 청구할 수 있다. ▶ 이는 헌법상의 기본권이다. 14) 제37조 제2항: **비례의 원칙(=과잉금지의 원칙)** * 국민의 모든 자유와 권리는 국가안전보장·질서유지 또는 공공복리를 위하여 **필요한 경우에 한하여 법률로써 제한할 수 있으며, 제한하는 경우에도** 자유와 권리의 **본질적인 내용을 침해할 수 없다.** 15) 제44조 제1항: **국회의원의 불체포특권 → 형소법의 인적 적용범위에 대한 국내법상 예외** * 국회의원은 **현행범인인 경우를 제외하고는 회기중 국회의 동의 없이 체포 또는 구금되지 아니한다.** 16) 제45조: **국회의원의 면책특권 → 형소법의 인적 적용범위에 대한 국내법상 예외에 해당**한다. 그러므로 국회의원의 면책특권에 속하는 행위에 대하여는 검사의 공소권이 없기 때문에 검사는 **공소제기를 할 수 없다.** 이에 반하여 공소제기가 되면 제327조 제2호의 **공소기각판결**을 선고해야 한다.(대법원 1992.9.22. 선고 91도3317) F4 법9, 경승, 08순경2차, 13국9, 14경간, 20경간, 20순경2차, 21국7 * **국회의원은** 국회에서 직무상 행한 발언과 표결에 관하여(대판: **직무부수행위도 포함** F4 12법9, 13검찰·마약9) **국회 외에서 책임**(민사상·형사상·행정상의 모든 책임)**을 지지 아니한다.** cf 국회 내에서의 징계책임은 진다. 17) 제84조: **대통령의 불소추특권 → 형소법의 인적 적용범위에 대한 국내법상 예외** * 대통령은 **내란 또는 외환의 죄를 범한 경우를 제외하고는** 재직 중 형사상의 소추를 받지 아니한다. 18) 제109조: **재판공개의 원칙** * 재판의 심리와 판결은 공개한다. 다만, 심리는 국가의 안전보장 또는 안녕질서를 방해하거나 선량한 풍속을 해할 염려가 있을 때에는 법원의 결정으로 공개하지 아니할 수 있다. cf 따라서 **판결은 반드시 공개**한다. 단, **심리는 법원의 결정으로 공개하지 않을 수 있다.** 19) 제111조 제1항 제5호: **헌법소원** * 헌법재판소는 다음의 사항을 관장한다. 5. 법률이 정하는 헌법소원에 관한 심판
법률	**형사소송법전**(형식적 의미의 형사소송법; 명칭이 형사소송법인 법률)은 형소법의 법원에 해당한다. cf **실질적 의미의 형사소송법**(명칭은 형사소송법이 아니나, 그 내용에 형사절차가 규정되어 있는 법률 F4 19순경2차, 23경승; 법원조직법, 검찰청법, 즉결심판에관한절차법, 형사보상 및 명예회복에 관한 법률, 조세범처벌절차법 등)도 형소법의 법원에 해당한다. 주의 **조세범처벌법, 특가법, 폭처법은 형사소송법의 법원이 아니라** 형법의 법원이다.
대법원 규칙	대법원규칙은 형사소송법의 법원에 해당한다. F4 19순경2차 예 형사소송규칙, 공판정 좌석에 관한 규칙, 국민의 형사 재판 참여에 관한 규칙 등 F4 경장

2. 형사소송법의 법원이 되지 않는 것

(1) 법무부령	**구 사법경찰관리 집무규칙은 법무부령**(법무부장관이 제정한 명령)**으로서** 사법경찰관리에게 범죄수사에 관한 집무상의 준칙을 명시한 것 뿐이므로 합법적으로 발부된 구속영장이 사법경찰관리에 의하여 집행된 경우, 위 집무규칙 제23조 제3항 소정의 검사의 날인 또는 집행지휘서가 없다하여 곧 불법집행이 되는 것은 아니다.(대법원 1985.7.15. 자 84모22, 여기서 대법원은 '대법원 판례'를 의미한다.) ▶ **구 사법경찰관리집무규칙은 형소법의 법원이 되지 않는다**는 판례이다. F4 국9, 국7, 법9, 경승, 08순경3차 또한 법무부령인 **검찰사건사무규칙은** 검찰청 내부의 사무처리지침에 불과하기 때문에 **대외적으로 법규적 효력이 없어서 형사소송법의 법원이 될 수 없다.**(헌결 1991.7.8. 91헌마42, 헌결은 '헌법재판소 결정례'의 약자로서 헌법재판소 판례를 말한다.) F4 19순경2차, 23경승 cf 다수설은 법무부령의 형사소송법의 법원성을 인정한다. F4 08순경3차 ▶ 헌법재판소 판례 · 대법원 판례(이를 총칭해서 판례라고 한다.)와 다수설 또는 통설이 대립하는 경우에는 학설은 신경 쓸 필요가 없고, 판례로 정리하면 된다. 실전에서는 판례의 입장을 출제하기 때문이다.
(2) 관습법	형사절차법정주의 때문에 불문법(글로써 표현되어 있지 않은 법)인 관습법은 형사소송법의 법원이 될 수 없다.

Ⅲ 형사소송법의 적용범위

장소적 적용범위	형법의 장소적 적용범위와 같다. 즉 속지주의 원칙에 속인주의, 보호주의 등을 가미하고 있다.
시간적 적용범위	형사소송법에는 소급효금지의 원칙이 적용되지 않는다. F4 법9, 경승, 13경간, 14순경1차
인적 적용범위	아래에 별도로 서술한다.

➡ **형사소송법의 인적 적용범위** F4 경승, 08순경3차

1. 원칙

대한민국의 영역(영토 · 영해 · 영공) 내에 있는 모든 사람에게 우리나라의 형사소송법이 적용된다.

2. 예외 F4 경승, 08순경3차

(1) 국내법상 예외

1) 대통령

불소추특권(헌법 제84조); 대통령은 **내란 또는 외환의 죄를 범한 경우를 제외하고는** 재직중 형사상의 소추를 받지 않는다.

TIP 소추의 의미; 소추란 널리 국가기관에 심판을 구하는 것을 말한다. 공소제기가 대표적이며, 검사의 약식명령의 청구, 경찰서장의 즉결심판의 청구도 소추에 포함된다.

2) 국회의원

① 불체포특권(헌법 제44조 제1항)
국회의원은 현행범인인 경우를 제외하고는 회기중 국회의 동의 없이 체포 또는 구금되지 않는다. [F4] 13경승, 15경간, 17경승

② 면책특권(헌법 제45조)
국회의원은 국회에서 직무상 행한 발언과 표결에 관하여(면책특권의 대상은 직무상 행한 발언과 표결 즉 직무행위이다. 대법원은 직무부수행위도 면책특권의 대상에 포함된다고 한다.) 국회 외에서 책임(민사상·형사상·행정상의 모든 책임)을 지지 않는다. [cf] 국회 내에서의 징계책임은 진다.(대법원 2011.5.13. 선고 2009도14442)

> **관련판례** 국회의원의 면책특권의 대상
>
> [1] 국회의원의 면책특권은 **국회 내에서의 직무상 행한 발언과 표결이라는 의사표현행위(직무행위)에 한정되지 아니하며 발언과 함께 행하여지는 (직무)부수행위까지 포함**하고 그와 같은 (직무)부수행위인지의 여부는 구체적인 행위의 목적·장소·태양 등을 종합하여 개별적으로 판단하여야 한다. [2] 피고인(유 모 전 국회의원)이 국회 법제사법위원회에서(국회에서) 발언할 내용이 담긴 위 보도자료를 사전에 배포한 행위는 **국회의원 면책특권의 대상이 되는 직무부수행위에 해당**하므로, 피고인에 대한 허위사실적시 명예훼손 및 통신비밀보호법 위반의 점에 대한 **공소를 기각(공소기각판결)하여야 한다.**(대법원 2011.5.13. 선고 2009도14442) ▶ 국회에서 기자들에게 보도자료를 사전에 배포한 행위는 직무부수행위에 해당하고 직무부수행위도 면책특권에 속하는 행위에 포함된다는 취지의 판례이다. [F4] 12법9, 13경승, 13순경2차, 16순경1차, 17경승, 17국7, 18경간

(2) 국제법상 예외

[예] 외국의 국가원수와 그 가족·대한민국의 국민이 아닌 수행자, 신임 받은 외국의 사절(대사 등) 등에게는 우리나라의 형사소송법이 적용되지 않는다. [F4] 13경간

> **관련판례** 형사소송법의 적용범위
>
> a. **형사소송법 부칙(2007.6.1.) 제2조는** 형사절차가 개시된 후 종결되기 전에 형사소송법이 개정된 경우 신법과 구법 중 어느 법을 적용할 것인지에 관한 입법례 중 **혼합주의를 채택하여 구법 당시 진행된 소송행위의 효력은 그대로 인정하되 신법 시행 후의 소송절차에 대하여는 신법을 적용한다는 취지에서 규정된 것이다.** 따라서 **항소심이 신법 시행을 이유로 구법이 정한 바에 따라 적법하게 진행된 제1심의 증거조사절차 등을 위법하다고 보아 그 효력을 부정하고 다시 절차를 진행하는 것은 허용되지 아니하며,** 다만 이미 적법하게 이루어진 소송행위의 효력을 부정하지 않는 범위 내에서 신법의 취지에 따라 절차를 진행하는 것은 허용된다.(대법원 2008.10.23. 선고 2008도2826) [F4] 12법9, 13경간, 13국9, 15경간, 16순경1차, 18경간, 20순경2차
>
> b. 국제협정이나 관행에 의하여 **대한민국 내에 있는 미국문화원이** 치외법권지역이고 그 곳을 **미국영토의 연장으로 본다 하더라도 그 곳에서 죄를 범한 대한민국 국민에 대하여** 우리 법원에 먼저 공소가 제기되고 미국이 자국의 재판권을 주장하지 않고 있는 이상 **속인주의를 함께 채택하고 있는 우리나라의 재판권은 동인들에게도 당연히 미친다** 할 것이며 미국문화원측이 동인들에 대한 처벌을 바라지 않았다고 하

여 그 재판권이 배제되는 것도 아니다.(대법원 1986.6.24. 선고 86도403) [F4] 13경승, 13경간, 17경승, 18경간

c. 캐나다 시민권자(외국인)인 피고인이 캐나다(외국)에서 위조사문서를 행사하였다는 내용으로 기소된 경우(외국인의 국외범의 경우), 형법 제234조의 위조사문서행사죄는 형법 제5조 제1호 내지 제7호에 열거된 죄(제5조의 보호주의; * **내외기통 유문인**; 내란, 외환, 국기, 통화, 유가증권, 공문서, 인장)에 해당하지 않고, 위조사문서행사를 형법 제6조(국가 또는 국민 보호주의)의 대한민국 또는 대한민국 국민의 법익을 직접적으로 침해하는 행위라고 볼 수도 없으므로(판례는 위조사문서행사죄를 간접적인 법익침해로 보는 것) 피고인의 행위에 대하여는 우리나라에 재판권이 없는데도, 위 행위가 외국인의 국외범으로서 우리나라에 재판권이 있다고 보아 유죄를 인정한 원심판결에는 재판권 인정에 관한 법리오해의 **위법**이 있다.(대법원 2011.8.25. 선고 2011도6507) [F4] 12법9, 13순경2차, 14경간, 16순경1차, 17경승, 18경간

d. 미군범죄에 관하여는 원칙적으로 오로지 합중국의 재산이나 안전에 대한 범죄, 또는 오로지 합중국 군대의 타 구성원이나 군속 또는 그들의 가족의 신체나 재산에 대한 범죄, 공무집행중의 작위 또는 부작위에 의한 범죄인 경우에는 합중국 군당국이 재판권을 행사할 1차적 권리를 가지며, 기타의 범죄인 경우에는 대한민국 당국이 재판권을 행사할 1차적 권리를 가진다.(대법원 1980.9.9. 선고 79도2062) [F4] 12법9

e. [1] 대한민국과 아메리카합중국 간의 상호방위조약 제4조에 의한 시설과 구역 및 대한민국에서의 합중국 군대의 지위에 관한 협정 제1조 (가)항 전문, (나)항 전문, 같은 협정 제22조 제4항에 의하면, **미합중국 군대의 군속 중 통상적으로 대한민국에 거주하고 있는 자는 위 협정이 적용되는 군속의 개념에서 배제되므로, 그에 대하여는 대한민국의 형사재판권 등에 관하여 위 협정에서 정한 조항이 적용될 여지가 없다.** [2] 미합중국 국적을 가진 미합중국 군대의 군속인 피고인이 범행 당시 10년 넘게 대한민국에 머물면서 한국인 아내와 결혼하여 가정을 마련하고 직장 생활을 하는 등 생활근거지를 대한민국에 두고 있었던 경우, 피고인은 대한민국과 아메리카합중국 간의 상호방위조약 제4조에 의한 시설과 구역 및 대한민국에서의 합중국 군대의 지위에 관한 협정에서 말하는 '**통상적으로 대한민국에 거주하는 자**'에 해당하므로, 피고인에게는 위 협정에서 정한 미합중국 군대의 군속에 관한 형사재판권 관련 조항이 적용될 수 없다. [3] 한반도의 평시상태에서 미합중국 군 당국은 미합중국 군대의 군속에 대하여 형사재판권을 가지지 않으므로 **미합중국 군대의 군속이 대한민국 영역 안에서 저지른 범죄에 대한 형사재판권을 바로 행사할 수 있다.**(대법원 2006.5.11. 선고 2005도798) [F4] 13순경2차, 15경간, 16순경1차

CHAPTER 2 형사소송법 이념과 구조

제1절 형사소송법의 이념(실체진실주의, 적정절차의 원칙, 신속한 재판의 원칙)

I 실체진실주의

1. 실체진실주의의 의의와 소송구조와의 관계

의의	실체진실주의는 '범인과 범죄사실(재판의 대상)'에 대한 실체적 진실(**객관적 진실**)을 발견하여 사안의 진상을 명확히 하자는 원칙으로서 형사소송 최고의 이념(지도이념)이다. [F4] 10경사, 20순경1차, 22국9 [cf] 형식적 진실주의(민사소송); 형사소송의 경우 피고인이 자백한 경우에도 법원은 바로 인정하는 것이 아니라 실체적 진실을 발견하기 위하여 법원이 그 자백의 진실성유무를 심사한다. 그러나 민사소송의 경우 당사자가 자백한 사실에 대해서는 증명을 요하지 않고 자백한 사실 그대로 인정한다. 민사소송에서는 **당사자처분권주의**가 인정되기 때문이다. 따라서 **민사소송에서는 형식적 진실주의를 채택**한다. [F4] 순경
소송구조와의 관계	직권주의·당사자주의 모두 실체적 진실주의와 부합한다. [F4] 10경사

2. 실체진실주의의 내용과 실현을 위한 제도

내용	① 적극적 실체진실주의는 죄가 있는 자는 반드시 처벌해야 한다는 유죄자 필벌을, 소극적 실체진실주의는 죄가 없는 자를 처벌해서는 안 된다는 무죄자 불벌을 내용으로 한다. [F4] 20순경1차, 21경승 ② 우리 형사소송법; 무죄추정의 원칙 때문에 **소극적 실체진실주의에 중점**을 두고 있다. (헌결 1996.12.26. 94헌바1) [F4] 20경승
실체진실주의를 실현하기 위한 제도(예시) [F4] 국9, 순경, 법9, 08경사	① 피고인신문제도, 직권증거조사 [F4] 22국9 ② 각종 증거법칙(자백배제법칙, 위법수집증거배제법칙, 전문법칙, 자유심증주의 등); 사실인정을 합리적으로 함으로써 실체진실을 발견하기 위한 제도 ③ 상소 및 재심제도; 오판을 시정함으로써 실체진실을 발견하기 위한 제도

[TIP] 직권증거조사; 당사자의 신청 없이 법원이 스스로 증거조사를 하는 것을 말한다. 실체적 진실을 발견하기 위하여 법원은 당사자의 신청이 없음에도 불구하고 법원은 스스로 증거를 조사할 수 있다.

ⓘ 적정절차의 원칙

1. **의의:** 국가형벌권은 공정한 절차에 따라 실현되어야 한다는 원칙을 말한다.

2. **근거:** 헌법 제12조 제1항, 헌법 제12조 제3항

3. **내용**

(1) 공정한 재판의 원칙	1) 공정한 재판의 원칙의 의의 헌법과 법률이 정한 자격이 있고, 헌법이 정한 절차에 의하여 임명되고 신분이 보장되어 독립하여 심판하는 법관으로부터 헌법과 법률에 따라 적법절차에 의하여 이루어지는 재판에 의하여야 한다는 원칙을 말한다.(헌결 1996.1.25. 92헌가5) 2) 공정한 재판의 원칙의 내용 ① 공평한 법원의 구성 　공정한 재판의 원칙이 실현되기 위해서는 불공평한 재판을 할 염려가 있는 법관이 심판에 관여할 수 없도록 하여야 한다. 例 제척·기피·회피 제도 ② 무기평등의 원칙 　검사와 피고인의 무기가 대등해야 공정한 재판을 실현할 수 있다. 例 검사의 객관의무, 변호인의 조력을 받을 권리, 국선변호인제도 등 ③ 방어권 보장 　공정한 재판의 원칙을 실현하기 위해서 피의자·피고인에게 '검사의 공격으로부터 자신을 방어할 수 있는 권리(방어권)'를 보장한다. 例 피의자·피고인의 진술거부권, 피고인의 공판정 출석권 등
(2) 비례의 원칙	체포·구속 등의 강제처분은 필요최소한에 그쳐야 한다는 원칙을 말한다. 例 강제수사비례의 원칙
(3) 피고인 보호의 원칙	각종 고지제도를 통하여 피고인으로 하여금 정당한 방어를 할 수 있도록 피고인을 보호해야 한다는 원칙이다. 例 진술거부권의 고지, 미란다 고지 등 각종 고지제도

📖 **관련판례** 적정절차의 원칙

a. [1] **헌법 제12조 제3항 본문**(강제처분을 할 때에는 적법절차에 따라 법관이 발부한 영장제시를 필요로 한다.)**과 제1항**(법률과 적법절차에 의하지 아니하고는 처벌·보안처분·강제노역을 받지×)**은 적법절차원리의 일반조항**으로서, 형사절차상의 영역에 한정되지 않고 입법, 행정 등 국가의 모든 공권력 작용에 적용되는 원칙이다. [2] 적법절차의 원칙은 **절차상의 적법성 + 실체적인 적법성**(법률의 구체적 내용도 합리성과 정당성을 갖추어야 한다는 것)이 있어야 한다.(헌결 1992.12.24. 92헌가8) 📄 국9, 11경승, 14국7, 15경간, 16경간, 19경승, 20경간, 20순경1차, 21경간, 22경승

b. 검사가 법원의 증인으로 채택된 수감자를 그 증언에 이르기까지 거의 매일 검사실로 하루 종일 소환하여 피고인 측 변호인이 접근하는 것을 차단하고, 검찰에서의 진술을 번복하는 증언을 하지 않도록 회유·압박하고, 때로는 검사실에서 편의를 제공한 행위는 피고인의 공정한 재판을 받을 권리를 침해한다.(대법원 2002.10.8 선고 2001도3931) F4 15경승, 18경간, 19경승, 22경승

c. 경찰관이 경찰서 유치장에 수용되는 피의자들로 하여금 경찰관에게 등을 보인 채 상의를 속옷과 함께 겨드랑이까지 올리고 하의를 속옷과 함께 무릎까지 내린 상태에서 3회에 걸쳐 앉았다 일어서게 하는 방법으로 실시한 **정밀신체수색은** 헌법 제10조의 인간의 존엄과 가치로부터 유래하는 인격권 및 제12조의 신체의 자유를 침해하는 정도(**위헌**)에 이르렀다.(헌결 2002.7.18. 2000헌마327) ▶ 알몸수색과 같은 신체과잉 수색행위는 **위헌**이다. F4 15경승, 16경승, 17순경2차

Ⅲ 신속한 재판의 원칙

1. 신속한 재판의 원칙의 의의, 근거와 취지

의의	신속한 재판의 원칙이란 재판을 지연시키지 말아야 한다는 원칙을 말한다. ▶ Bacon의 "사법은 신선할수록 향기가 높다."라는 말은 신속한 재판의 원칙을 강조한 격언이다.
근거	**헌법** 제27조 제3항에 규정되어 있다. F4 16경간
취지	신속한 재판을 받을 권리는 **주로 피고인의 이익을 보호**(사익 보호)하기 위하여 인정된 기본권이지만 동시에 실체적 진실발견, 소송경제, 재판에 대한 국민의 신뢰와 형벌목적의 달성과 같은 **공공의 이익에도 근거가 있기**(공익도 보호하기) 때문에 어느 면에서는 **이중적인 성격**을 갖고 있다.(헌결 1995.11.30. 92헌마44) F4 11경장, 11순경2차, 15국9, 16경간, 17경간, 19순경1차, 20순경2차, 20국7, 21경간, 22경승, 22국9, 23경승 TIP 소송경제; 소송을 함에 있어서는 필연적으로 비용과 노력이 들게 마련이다. 소송경제란 비용과 노력을 덜 들이고 소송을 수행하자는 것을 말한다. 소송경제를 위해서는 불필요한 절차를 반복하지 않는 것 등이 필요하다.

2. 신속한 재판의 원칙을 실현하기 위한 제도의 예 F4 국7, 순경, 법9, 20경승

(1) 수사와 공소제기의 신속을 위한 제도

수사와 공소제기가 신속하게 이루어지면 공판절차가 신속하게 진행되어 신속한 재판의 원칙을 실현할 수 있다. 예 수사기관의 구속기간 제한, 기소편의주의, 공소시효 등

(2) 공판절차의 신속을 위한 제도

예 공판준비절차, 법원의 심판대상의 한정, 집중심리주의, 재판장의 소송지휘권, 법원의 구속기간 제한, 상소기간 제한 등 상소심에서의 각종 기간 제한 등 F4 12교정·보호·철경9

(3) 특수절차

간이공판절차, 약식절차, 즉결심판절차 등

> **관련판례** 신속한 재판의 원칙에 관한 〈판례〉 정리

a.	신속한 재판의 원칙에 위반된다고 한 판례는 많지 않다. 판례는 재판기간을 **훈시기간**(기간 경과 후에 해도 무효로 되지 않는 기간)**으로 보기 때문에** 재판기간 경과 후의 재판도 유효하다고 보는 것이 원칙이기 때문이다. 따라서 **아래에 신속한 재판의 원칙에 위반된다고 한 판례를 제외하고는 신속한 재판의 원칙에 위반되지 않는 것으로 정리해도 무방**하다.
b. 신속한 재판의 원칙에 위반된다고 한 판례	b1. 검사가 보관하는 수사기록에 대한 변호인의 **열람·등사**는 실질적 당사자 대등을 확보하고, 신속·공정한 재판을 실현하기 위하여 필요불가결한 것이다. 따라서 그에 대한 **지나친 제한**은 피고인의 **신속·공정한 재판을 받을 권리를 침해**하는 것이다.(헌결 94헌마60) [F4] 09국7 b2. **군사법경찰관의 구속기간연장을 군사법원법의 적용 대상이 되는 모든 범죄에 대하여 허용하는 군사법원법** 제242조 제1항 중 제239조 부분은 특히 수사를 위하여 구속기간의 연장이 필요한 경우가 있음을 인정한다 하더라도 신체의 자유 및 **신속한 재판을 받을 권리를 침해**하는 것이다.(헌결 2002헌마193) [F4] 15경간 b3. **국가보안법 제19조**가 동법 제3조 내지 10조의 위반사건의 경우에 사법경찰관에게 1회, 검사에게 2회에 한하여 매회 10일 이내의 기간 동안 연장할 수 있도록 하여 **제7조(찬양·고무) 및 제10조(불고지)의 죄에 대하여 구속기간의 연장을 허용하는 것**은 무죄추정의 원칙 및 **신속한 재판을 받을 권리를 침해**하는 것이다.(헌결 90헌마82) [F4] 17경간
c. 신속한 재판의 원칙에 위반되지 않는다는 판례 (예시)	검사와 피고인 쌍방이 항소한 경우에 **1심 선고 형기 경과 후 2심 공판이 개정되었다고 하여** 이를 위법이라 할 수 없고 신속한 재판을 받을 권리를 박탈한 것이라고 할 수 없다.(대법원 1972.5.23. 선고 72도840) [F4] 10경승, 13경승, 18순경1차, 22국9, 23경승 구속사건에 대해서는 법원이 구속기간 내에 재판을 하면 되는 것이고 **구속만기 25일을 앞두고 제1회 공판이 있었다** 하여 헌법에 정한 신속한 재판을 받을 권리를 침해하였다 할 수 없다.(대법원 1990.6.12. 선고 90도672) [F4] 10경승, 13국7, 13경승, 17경간, 18순경1차, 20순경1차, 20순경2차, 21경승, 23경승

제2절 형사소송의 기본구조 [F4] 경승. 09·10국9

I 의의 및 형사소송구조(규문주의 및 탄핵주의)

형사소송 구조론	형사소송구조론이란 소송의 주체가 누구이고, 소송주체 사이의 관계를 어떻게 구성할 것인가에 관한 이론을 말한다. 형사소송구조는 **규문주의와 탄핵주의**로 나누어지고, 탄핵주의는 다시 직권주의와 당사자주의로 나누어진다.	
형사소송 구조	규문주의 [F4] 20경승	탄핵주의
	소추기관(원님) = 재판기관(원님) [F4] 18국9	소추기관(국가기관, 주로 검사) ≠ 재판기관(법원) [F4] 18국9
	불고불리의 원칙(법원은 기소하지 않은 것은 심판하지 않는다는 원칙)이 적용×	불고불리의 원칙이 적용○
	피고인에게 당사자지위가 인정되지 않고, 피고인은 심리의 객체에 불과하므로 소송법상 권리가 인정되지 않는다. [F4] 18국7	피고인도 소송의 주체가 된다. 그러므로 피고인에게도 소송법상 권리가 인정된다.

II 직권주의 및 당사자주의 (탄핵주의는 다시 직권주의와 당사자주의로 분리)

	직권주의	당사자주의 [F4] 경승. 12경간, 13경간
의의	① 소송의 주도권을 법원에 인정한다. ② 법원은 당사자의 주장 등에 구속되지 않고 직권증거조사를 하고 직권으로 심리를 진행한다.	① 소송의 주도권을 당사자(검사와 피고인)에게 인정한다. ② 당사자의 공격과 방어에 의하여 심리가 진행되고, 법원은 제3자 입장에서 당사자의 주장과 입증을 기초로 판단한다.
연혁	대륙법계 형사소송구조	영미법계 형사소송구조
장점	재판의 신속·능률	실체진실발견에 보다 효과적
단점	법원이 독단에 빠질 위험 [F4] 18국9	재판의 신속·능률 저해
실현을 위한 제도 (예시적) [F4] 법9, 순경. 12국7, 18국9, 20경승	① 직권증거조사 ② 피고인신문제도 ③ 법원의 검사에 대한 공소장변경요구 ④ 법원이 증거동의의 진정성 인정	① 당사자의 신청에 의한 증거조사, 교호신문제도 ② 피고인신문의 방식(원칙; 검사 → 변호인 → 재판장 순으로 신문) ③ 검사의 공소장변경 ④ 당사자가 증거동의의 의사표시 ⑤ 공소장일본주의 ⑥ 공판준비절차(피고인의 방어권 보장) ⑦ 전문법칙(피고인의 반대신문권 보장)

Ⅲ 형사소송법의 태도

> **관련판례**
>
> 우리나라 형사소송법은 그 해석상 소송절차의 전반에 걸쳐 **기본적으로 당사자주의** 소송구조를 취하고 있는 것으로 볼 수 있다.(헌결 1995.11.30. 92헌마44) 국9, 14순경1차, 20국7, 21경간, 21경승 ▶ 이는 당사자주의를 기본으로 하여 직권주의를 가미하고 있다는 의미이다.

온라인 교육의 명품브랜드 — www.edupd.com

CRIMINAL
이천호 형사소송법
PROCEDURE LAW

이천호 형사소송법

PART 2

CHAPTER 01. 수사
CHAPTER 02. 강제처분과 강제수사
CHAPTER 03. 수사의 종결
CHAPTER 04. 공소의 제기

수사와 공소

CHAPTER 1 수사

제1절 수사의 기초이론

I. 수사의 의의 및 구별개념(내사) [F4] 순경, 법9

수사의 의의	수사란 형사사건에 있어서 범죄의 혐의 유무를 명확히 하여 공소제기와 공소유지여부를 결정하기 위하여 **범인을 발견·확보하고 증거를 수집·보전**하는 수사기관의 활동을 말한다. [F4] 10경장, 16경승, 17순경1차, 21경승 검사와 사법경찰관(수사기관)은 수사를 할 때 **물적 증거를 기본**으로 하여 객관적이고 신빙성 있는 증거를 발견하고 수집하기 위해 노력하여 실체적 진실을 발견해야 한다. 즉 **인적 증거(진술증거)를 기본으로 해서는 안** 된다.(수사준칙 규정 제3조 제3항 제1호) [F4] 24경간
내사	내사란 범죄혐의 유무를 조사하는 수사기관의 활동을 말한다. 수사는 범죄의 주관적 혐의가 인정될 때 한다는 점이 내사와의 차이점이다. 수사기관으로부터 내사를 받고 있는 자를 피내사자(용의자)라고 한다. 수사기관이 내사를 한 뒤에 피내사자에게 범죄혐의가 없다고 생각하여 내사를 끝내는 처분을 내사종결처분이라고 한다. 내사종결처분은 기소를 하지 않는 처분인 불기소처분이 아니다.

II. 수사기관

1. 수사기관의 의의와 관할구역

수사기관이란 법률상 수사의 권한이 인정되는 국가기관으로서 **검사·공수처검사와 사법경찰관리**를 의미한다. 여기서는 사법경찰관리에 대하여 설명한다. 검사에 대해서는 공판절차에서 설명한다. 사법경찰관리는 각 소속관서의 관할구역 내에서 직무를 행하는 것이 원칙이다. 그러나 필요한 경우에는 관할구역 외에서도 직무를 행할 수 있다.(사법경찰관리집무규칙 제6조) 사법경찰관리가 관할구역 외에서 수사하거나 관할구역 외의 사법경찰관리의 촉탁을 받아 수사를 할 때에는 관할 지방검찰청 검사장 또는 지청장에게 보고하여야 한다.(제210조)

2. 2021. 1. 1. 시행 개정 형사소송법의 주요 내용(수사권 조정)

2020. 2. 4. 검·경수사권 조정을 위한 형사소송법과 검찰청법의 일부 개정이 있었고, 이는 2021. 1. 1.부터 시행되었다. 그동안 검사와 사법경찰관의 관계는 검사가 공소제기의 권한을 독점하고(기소독점주의), 검사는 모든 수사에 관하여 사법경찰관을 지휘·감독하도록 하였었다. 그런데 개정법은 공수처검사에게 일정 공무원의 고위공직자범죄에 대한 공소제기권과 공소유지권을 부여하여 **검사의 기소독점주의는 깨지고**, 검사와 사법경찰관의 관계는 기존 지휘·감독관계에서 **협력관계**로 획기적으로 변화시켰다. 검사에게는 일정 범죄에 대한 수사

권만을 부여하였고, 대신 **사법경찰관에게 1차적인 수사권과 수사종결권을 인정**하고, 검사에게는 사법경찰관에 대한 **보완수사요구권, 시정조치요구권 사건송치요구권** 등을 인정하여 사법경찰관의 1차적 수사권을 통제하기 위한 장치를 마련하였다. 구체적인 내용을 아래에 서술한다.

협력관계	검사와 사법경찰관의 관계를 협력관계로 개정.(제195조)
검사의 지휘 규정 삭제 및 사법경찰관에 대한 보완수사요구권 신설 (제197조의2)	① 사법경찰관에게 1차적 수사권과 수사종결권 인정 ② 송치사건의 공소제기 여부 결정 또는 공소유지를 위하여 필요한 경우, 사법경찰관 신청 영장 청구 여부 결정을 위하여 필요한 경우 검사의 보완 수사 요구권 → 사경관의 이행의무 및 결과통보의무 → 정당한 이유 없이 따르지 않은 경우 검사의 해당 사법경찰관에 대한 직무 배제 또는 징계 요구권
검사의 사법경찰관에 대한 시정조치요구권 (제197조의3)	① 사경관의 수사과정에서 법령위반, 인권침해 등이 있는 경우 검사의 사건기록 등본 송부 요구권 → 필요하다고 인정되는 경우 검사의 시정조치 요구권 → 사법경찰관의 이행의무 → 시정조치 요구가 정당한 이유 없이 이행되지 않았다고 인정되는 경우 검사의 사건 송치 요구권 ② 검찰총장 또는 각급 검찰청 검사장의 징계 요구권; 사법경찰관리의 수사과정에서 법령위반, 인권침해, 현저한 수사권 남용이 있었던 때
수사의 경합시 검사가 사법경찰관에게 사건 송치 요구 가능 (제197조의4)	검사와 사법경찰관이 동일한 범죄사실을 수사한 때 검사는 사법경찰관에 대한 사건 송치 요구권이 있고, 사법경찰관은 송치의무가 있다. 단, 검사가 영장청구하기 전에 동일 범죄사실에 대하여 사법경찰관이 영장을 신청한 경우 사법경찰관은 해당 영장에 기재된 범죄사실을 계속 수사할 수 있다.
사법경찰관 신청 영장 기각시 불복수단 신설(제221조의5)	검사가 사법경찰관이 신청한 영장을 정당한 이유 없이 판사에게 청구하지 아니한 경우 사법경찰관은 그 검사 소속 지방검찰청 소재지 관할하는 고등검찰청 영장심의위원회에 영장청구에 대한 심의를 신청할 수 있다. 심의위원회는 위원장 1명을 포함한 10명 이내의 외부위원으로 구성한다.
사법경찰관의 사건 송치 (제245조의5)	① 기소의견일 때; 지체 없이 이유를 명시한 서면과 함께 검사에게 사건 송치, 관계서류와 증거물을 검사에게 송부 ② 그 밖의 경우; 이유를 명시한 서면과 함께 관계 서류와 증거물을 검사에게 송부하고, 검사는 받은 날로부터 90일 이내에 반환. ③ 검사는 사법경찰관이 사건을 송치하지 아니한 것이 위법 또는 부당한 경우 재수사 요청권이 있고, 요청이 있는 경우 사경관은 재수사의무가 있다.(제245조의8) ▶ 사법경찰관에게 1차적 수사종결권 인정
특별사법경찰관리 (제245조의10)	모든 수사에 대하여 검사의 지휘를 받는다. 특별사법경찰관에게도 수사개시권을 인정하며, 수사 결과는 모두 검사에게 송치하여야 한다.

3. 사법경찰관리의 종류

(1) 일반사법경찰관리 F4 법9

1) 내용

① 경무관, 총경, 경정, 경감, 경위는 **사법경찰관**으로서 범죄의 혐의가 있다고 사료하는 때에는 범인, 범죄사실과 증거를 수사한다. **검사의 수사지휘권을 삭제**한 것이다. 이로써 경찰 수사권 독립은 이루어졌다. (제196조 제1항) F4 19순경2차
② 경사, 경장, 순경은 사법경찰리로서 수사의 보조를 하여야 한다. (제197조 제2항)
③ 제195조 제1항에 따른 수사를 위하여 준수하여야 하는 일반적 수사준칙에 관한 사항을 대통령령(법무부령×, 법률×)으로 정한다. (제195조 제2항)
④ 검사·사법경찰관리와 그 밖에 직무상 수사에 관계있는 자는 수사과정에서 수사와 관련하여 작성하거나 취득한 서류 또는 물건에 대한 목록(중요목록×)을 빠짐없이 작성하여야 한다. (제198조 제3항) F4 19순경2차, 20순경2차 이는 수사과정에서 인권 침해가 있었는지 등을 사후에 확인할 수 있도록 하기 위한 것이다.

2) 검사와 사법경찰관리의 관계

① 협력관계
   a. 검사와 사법경찰관은 **수사, 공소제기 및 공소유지에 관하여 서로 협력**하여야 한다. (제195조) F4 24경간
   2020년 개정 형사소송법은 검·경의 관계를 종전 '지휘·감독관계'에서 **협력관계**로 개정하였다. 이로써 검사와 사법경찰관은 대등한 수사기관으로서 상호 협력하는 관계로 바뀌었고, 그동안 오래도록 논란이 되었던 **경찰 수사권 독립이 실현**되었다. 협력관계의 구체적 내용은 다음과 같다.
   aa. 검사와 사법경찰관은 수사와 사건의 송치, 송부 등에 관한 이견의 조정이나 협력 등이 필요한 경우 서로 협의를 요청할 수 있다. 이 경우 **특별한 사정이 없으면 상대방의 협의 요청에 응해야 한다.** (수사준칙 규정 제8조 제1항) F4 22경승
   bb. 제1항에 따른 협의에도 불구하고 이견이 해소되지 않는 경우로서 중요사건에 대해 이견이 있는 경우, 검사의 보완수사요구에 대한 사법경찰관의 원칙적인 이행의무와 결과통보의무 및 검찰총장 또는 각급 검찰청 검사장의 (정당한 이유 없이 보완수사요구에 따르지 않는 사법경찰관에 대한) 직무배제 또는 징계요구권에 따른 정당한 이유의 유무에 대해 이견이 있는 경우, (검사보다 사법경찰관이 먼저 영장을 신청한 경우) 사법경찰관이 계속 수사할 수 있는지 여부나 수사를 계속할 주체 또는 사건의 이송 여부 등에 대해 이견이 있는 경우, 재수사의 결과에 대해 이견이 있는 경우에는 해당 검사가 소속된 **검찰청의 장과** 해당 사법경찰관이 소속된 **경찰관서(지방해양경찰관서를 포함**한다. 이하 같다)의 장의 **협의에 따른다.** (수사준칙 규정 제8조 제2항) F4 22경승
   b. 또한 검사가 수사를 개시할 수 있는 일정 범죄를 제외한 나머지 범죄에 대하여 **사법경찰관에게 1차적 수사권을 부여**하였고, 검사가 이를 통제할 수 있도록 하기 위하여 여러 가지 통제 장치를 마련하였다.

② **검사가 직접 수사를 개시할 수 있는 범죄의 범위(검찰청법 제4조 제1항 제1호)** F4 21국9, 23순경2차
   다음의 범죄는 검사가 직접 수사를 개시할 수 있다. 이 이외의 범죄는 사법경찰관에게 1차적인 수사권이 있다.
   a. **부**패범죄, **경**제범죄 등 대통령령으로 정하는 중요범죄
   b. **경**찰공무원(다른 법률에 따라 사법경찰관의 직무를 행하는 자를 포함) 및 고위공직자범죄수사처 소속 공무원(공수처법에 따른 파견공무원을 포함)이 범한 범죄
   c. a. b.의 범죄 및 사법경찰관이 송치한 범죄와 관련하여 **인**지한 각 해당 범죄와 직접 관련성이 있는 범죄
   ▶ **암기방법**; * **부경 경인**

③ 사법경찰관의 1차적 수사권에 대한 검사의 통제 장치
검사가 사법경찰관의 1차적 수사권 남용을 통제할 수 있도록 검사에게 다음과 같은 권한을 인정한다.

가. **검사의 보완 수사 요구; 검사의 보완수사 요구, 사건기록 등본 송부 요구, 시정조치 요구 통보, 사건송치 요구, 징계 요구는 모두 서면으로 한다.**(수사준칙 규정 제60조 제1항, 제45조 제1 · 3 · 5항, 제46조 제1항, 제49조 제1항 등)

　a. 검사의 보완 수사 요구권
　　검사는 송치사건의 공소제기 여부 결정 또는 공소의 유지, 사법경찰관이 신청한 영장의 청구 여부 결정에 관하여 필요한 경우에 해당하는 경우에 **사법경찰관에게 보완수사를 요구**할 수 있다.(제197조의2 제1항) 검사는 보완수사를 요구할 때에는 그 이유와 내용 등을 구체적으로 적은 서면과 (원칙적으로) 관계 서류 및 증거물을 사법경찰관에게 함께 송부해야 한다.(수사준칙 규정 제60조 제1항) 사법경찰관은 보완수사요구가 접수된 날부터 **3개월 이내에** 보완수사를 마쳐야 한다.(수사준칙 규정 제60조 제3항) 사법경찰관은 보완수사를 이행한 결과 송치사유에 해당하지 않는다고 판단한 경우에는 사건을 **불송치하거나 수사중지할 수 있다**.(수사준칙 규정 제60조 제5항)

　b. 사법경찰관의 이행의무 및 결과통보의무
　　사법경찰관은 검사의 보완 수사 요구가 있는 때에는 정당한 이유가 없는 한 지체 없이 이를 이행하고, 그 결과를 검사에게 통보하여야 한다.(제197조의2 제2항)

　c. 검찰총장 또는 각급 검찰청 검사장의 직무 배제 또는 징계 요구권
　　검찰총장 또는 각급 검찰청 검사장은 사법경찰관이 정당한 이유 없이 보완수사 요구에 따르지 아니하는 때에는 권한 있는 사람에게 해당 사법경찰관의 **직무배제 또는 징계를 요구**할 수 있고, 그 징계 절차는 「공무원 징계령」 또는 「경찰공무원 징계령」에 따른다.(제197조의2 제3항)

나. **검사의 시정조치 요구 등**

　a. 검사의 사건기록 등본 송부 요구권
　　검사는 사법경찰관리의 수사과정에서 법령위반, 인권침해 또는 현저한 수사권 남용이 의심되는 사실의 신고가 있거나 그러한 사실을 인식하게 된 경우에는 **사법경찰관에게 사건기록 등본의 송부를 요구할 수 있다.**(제197조의3 제1항) 21순경2차 검사의 사건기록 등본 송부 요구는 그 내용과 이유를 구체적으로 적은 서면으로 해야 한다.(수사준칙 규정 제45조 제1항) 이런 경우에 **검사가 즉시 사법경찰관에게 사건의 송치를 요구할 수 있는 것은 아니다.** 아래에 서술한 바와 같이 검사는 사법경찰관에게 aa. **사건기록 등본 송부 요구** → bb. 필요하다고 인정되는 경우 **시정조치 요구** → cc. 시정조치 요구가 정당한 이유 없이 이행되지 않았다고 인정되는 경우 **사건 송치 요구** 순서로 한다. 21순경2차

　b. 사법경찰관의 사건기록 등본 송부 의무
　　검사로부터 사건기록 등본의 송부 요구를 받은 사법경찰관은 지체 없이 검사에게 사건기록 등본을 송부하여야 한다.(제197조의3 제2항) 사법경찰관은 요구를 받은 날부터 **7일 이내에** 사건기록 등본을 검사에게 송부해야 한다.(수사준칙 규정 제45조 제2항)

　c. 검사의 시정조치 요구권
　　사건기록 등본의 송부를 받은 검사는 필요하다고 인정되는 경우에는 사법경찰관에게 시정조치를 요구할 수 있다.(제197조의3 제3항) 21순경1차, 21순경2차 검사는 사건기록 등본을 송부 받은 날부터 **30일**(사안의 경중 등을 고려하여 10일의 범위에서 한 차례 연장 가능) 이내에 그 내용과 이유를 구체적으로 적은 서면으로 사법경찰관에게 시정조치 요구 통보를 해야 한다.(수사준칙 규정 제45조 제3항)

d. 사법경찰관의 이행의무 및 결과통보의무
사법경찰관은 검사로부터 시정조치 요구가 있는 때에는 정당한 이유가 없는 한 지체 없이 이를 이행하고, 그 결과를 검사에게 통보하여야 한다.(제197조의3 제4항)

e. 검사의 사건 송치 요구권
시정조치 결과의 통보를 받은 검사는 시정조치 요구가 정당한 이유 없이 이행되지 않았다고 인정되는 경우에는 사법경찰관에게 사건을 송치할 것을 요구할 수 있다.(제197조의3 제5항) F4 21순경1차, 21순경2차 검사는 사법경찰관에게 사건송치를 요구하는 경우에는 그 내용과 이유를 구체적으로 적은 서면으로 해야 한다.(수사준칙 규정 제45조 제5항)

f. 사법경찰관의 사건 송치 의무
검사로부터 사건 송치 요구를 받은 사법경찰관은 검사에게 사건을 송치하여야 한다.(제197조의3 제6항) 사법경찰관은 사건송치를 요구받은 날부터 7일 이내에 사건을 검사에게 송치해야 한다. 이 경우 관계 서류와 증거물을 함께 송부해야 한다.(수사준칙 규정 제45조 제6항)

g. 검찰총장 또는 각급 검찰청 검사장의 징계 요구권
검찰총장 또는 각급 검찰청 검사장은 사법경찰관리의 수사과정에서 **법령위반, 인권침해 또는 현저한 수사권 남용**이 있었던 때에는 권한 있는 사람에게 해당 사법경찰관리의 징계를 요구할 수 있고, 그 징계 절차는 「공무원 징계령」 또는 「경찰공무원 징계령」에 따른다.(제197조의3 제7항)

h. 사법경찰관의 구제신청권 고지의무
사법경찰관은 피의자를 신문하기 전에 수사과정에서 **법령위반, 인권침해 또는 현저한 수사권 남용**이 있는 경우 검사에게 구제를 신청할 수 있음을 피의자에게 알려주어야 한다.(제197조의3 제8항) F4 24경간

다. 검사와 사법경찰관의 수사가 경합된 경우 검사의 사건 송치 요구 F4 21순경2차, 24경간

a. 검사의 사건 송치 요구권
검사는 사법경찰관과 동일한 범죄사실을 수사하게 된 때에는 사법경찰관에게 **사건을 송치할 것을 요구**할 수 있다.(제197조의4 제1항) F4 21국7, 23경승, 23순경2차 검사는 사법경찰관에게 사건송치를 요구할 때에는 그 내용과 이유를 구체적으로 적은 서면으로 해야 한다.(수사준칙 규정 제49조 제1항)

b. 사법경찰관의 사건 송치 의무
검사로부터 사건 송치의 요구를 받은 사법경찰관은 지체 없이 검사에게 사건을 **송치하여야 한다**.(제197조의4 제2항 본문) F4 23순경2차 사법경찰관은 (사건 송치) 요구를 받은 날부터 7일 이내에 사건을 검사에게 송치해야 한다. 이 경우 관계 서류와 증거물을 함께 송부해야 한다.(수사준칙 규정 제49조 제2항) 다만, 검사가 영장을 청구하기 전에 동일한 범죄사실에 관하여 사법경찰관이 영장을 신청한 경우에는 해당 영장에 기재된 범죄사실을 계속 수사할 수 있다.(제197조의4 제2항 단서)

(2) 특별사법경찰관리

① 특별사법경찰관리란 산림, 해사, 전매, 세무, 군수사기관 기타 특별한 사항에 관하여 사법경찰관리의 직무를 행하는 자를 의미한다.(예 산림공무원, 세관공무원, 교도소장 등) 권한의 내용과 지역이 제한된다는 점이 일반사법경찰관리와 차이점이다.
② 산림, 해사, 전매, 세무, 군수사기관 기타 특별한 사항에 관하여 사법경찰관리의 직무를 행할 특별사법경찰관리와 그 직무의 범위는 법률로 정한다.(제245조의10 제1항) F4 23경승
③ **특별사법경찰관은 모든 수사에 관하여 검사의 지휘를 받는다.**(제245조의10 제2항) F4 21국7, 23경승 cf 일반사법경찰관리; 검사의 지휘를 받지 않는다.

> **관련판례** 이 판례는 특별사법경찰관리의 경우에만 적용
>
> 수사지휘서의 내용이 외부에 알려질 경우 피내사자나 피의자 등이 증거자료를 인멸하거나 수사기관에서 파악하고 있는 내용에 맞추어 증거를 준비하는 등 수사기관의 증거 수집 등 범죄수사 기능에 장애가 생길 위험이 있다. 또한 수사지휘서의 내용이 누설된 경로에 따라서는 사건관계인과의 유착 의혹 등으로 수사의 공정성과 신뢰성이 훼손됨으로써 수사의 궁극적인 목적인 적정한 형벌권 실현에 지장이 생길 우려도 있다. 그러므로 수사지휘서의 기재 내용과 이에 관계된 수사상황은 해당 사건에 대한 종국적인 결정을 하기 전까지는 외부에 누설되어서는 안 될 수사기관 내부의 비밀에 해당한다. (대법원 2018.2.13. 선고 2014도11441)

④ 특별사법경찰관은 범죄의 혐의가 있다고 인식하는 때에는 범인, 범죄사실과 증거에 관하여 수사를 개시·진행하여야 한다.(제245조의10 제3항)

⑤ 특별사법경찰관리는 검사의 지휘가 있는 때에는 이에 따라야 한다. 검사의 지휘에 관한 구체적 사항은 법무부령으로 정한다.(제245조의10 제4항)

⑥ 특별사법경찰관은 범죄를 수사한 때에는 지체 없이 검사에게 사건을 송치하고, 관계 서류와 증거물을 송부하여야 한다.(제245조의10 제5항)

⑦ 특별사법경찰관리에 대하여는 제197조의2부터 제197조의4까지, 제221조의5, 제245조의5부터 제245조의8까지의 규정을 적용하지 아니한다.(제245조의10 제6항)

⑧ 특별사법경찰관리는 검사의 수사지휘, 감독 대상에 여전히 포함된다.(검찰청법 제4조 제1항 제2호) 결과적으로 **특별사법경찰관리와 사법경찰관의 직무를 행하는 검찰청 직원은** 여전히 검사의 수사 지휘·감독의 대상이다.(검찰청법 제4조 제1항 제2호·제46조 제2항) 그러나 일반사법경찰관리는 더 이상 검사의 수사 지휘·감독의 대상이 아니다.

4. 고위공직자범죄수사처

(1) 고위공직자범죄수사처의 의의

고위공직자범죄수사처란 대통령, 국회의원, 헌법재판관, 판사 및 검사, 경무관 이상 경찰공무원 등 고위공직자와 그 가족(배우자, 직계존비속)이 범한 고위공직자범죄를 수사하고 일정 범죄의 경우에는 공소제기와 공소를 유지하기 위하여 검찰 및 경찰 등과 별도로 설치한 수사기관을 말한다. 여기서 고위공직자범죄란 **고위공직자로 재직 중에 본인 또는 본인의 가족이 범한** 고위공직자범죄수사처 설치 및 운영에 관한 법률(약칭 '공수처법') 제3호에 해당하는 죄를 말한다. 다만, 가족의 경우에는 고위공직자의 직무와 관련하여 범한 죄에 한정한다. 공수처법은 2020. 1. 14. 제정되었고, 2020. 7. 15.부터 시행되었다. 그 후 2020. 12. 15. 일부가 개정되었고, 개정 공수처법은 2021. 1. 1.부터 시행되어 현재에 이르고 있다.

(2) 공수처법의 주요 내용

1) 수사의 대상	대통령, 국회의장·국회의원, 대법원장·대법관, 헌재소장·헌재재판관, 국무총리, 검찰총장, 중앙행정기관·중앙선관위·국회·사법부 소속 정무직공무원, 대통령비서실·국가안보실·대통령경호처·국정원 소속 3급 이상 공무원, 광역자치단체장·교육감, **판사·검사**, 경무관 이상 경찰공무원, 군 장성 등
2) 수사 대상 범죄	① **공무원 직무 관련 범죄**; 직무유기·직권남용·뇌물 등 ② 직무와 관련되는 공문서·공전자기록·공용서류·공용물 관련 범죄, 횡령·배임 등 ③ 특가법·변호사법·정치자금법·국정원법·국회증언감정법·범죄수익은닉규제법 위반죄 중 일부 범죄 ④ 위 범죄의 수사과정에서 인지한 범죄
3) 구성	공수처장 1명(임기 3년, 중임 불가, 정년 65세), **차장 1명**(임기 3년, **중임 불가**, 정년 63세) 검사 23명(임기 3년, 3회에 한하여 연임 가능, 정년 63세), 수사관 40명(임기 6년, 연임 가능, 정년 60세)
4) 권한	공수처 검사는 원칙적으로 고위공직자 범죄에 대한 수사권, 영장청구권을 갖는다. 단, 예외적으로 **판사·검사, 경무관 이상 경찰공무원** 범죄에 대해서는 수사권, 영장청구권 이외에 기소권 및 공소유지권을 갖는다. 이로써 기소독점주의는 65년만에 깨졌다.
5) 공수처의 독립성	공수처는 직무를 독립하여 수행한다. **대통령·대통령비서실의 공무원은** 공수처 사무에 관한 업무보고·자료제출 요구·지시·의견제시·협의, 그 밖에 직무수행에 관여하는 일체의 행위를 하여서는 아니 된다.
6) 다른 수사기관과의 관계	처장은 공수처의 범죄수사와 중복되는 다른 수사기관(공수처 외의 검찰 또는 경찰)의 범죄수사에 대하여 공수처에서 수사하는 것이 적절하다고 판단할 때 **이첩 요청권이 있고 해당 수사기관은 이에 응할 의무가** 있다. 다른 수사기관은 고위공직자범죄 인지시 공수처에 **인지 통보 의무**가 있다.
7) 공수처의 규칙제정권	공수처의 조직·운영에 관하여 필요한 사항을 **공수처 규칙**으로 정할 수 있도록 함으로써 공수처에 자율적인 규칙제정권을 부여하였다.

(3) 공수처법의 구체적 규정 내용

공수처법 규정상 '수사처'는 '고위공직자범죄수사처'의 줄임말로서 '공수처'라고 생각하면 된다.

제1장 총칙

제1조(목적) 이 법은 고위공직자범죄수사처의 설치와 운영에 관하여 필요한 사항을 규정함을 목적으로 한다.

제2조(정의) 이 법에서 사용하는 용어의 정의는 다음과 같다.
1. "고위공직자"란 다음 각 목의 어느 하나의 직(職)에 재직 중인 사람 또는 그 직에서 퇴직한 사람을 말한다. 다만, 장성급 장교는 현역을 면한 이후도 포함된다.
  가. 대통령 / 나. 국회의장 및 국회의원 / 다. 대법원장 및 대법관 / 라. 헌법재판소장 및 헌법재판

관 / 마. 국무총리와 국무총리비서실 소속의 정무직공무원 / 바. 중앙선거관리위원회의 정무직공무원 / 사. 「공공감사에 관한 법률」 제2조 제2호에 따른 중앙행정기관의 정무직공무원 / 아. 대통령비서실·국가안보실·대통령경호처·국가정보원 소속의 3급 이상 공무원 / 자. 국회사무처, 국회도서관, 국회예산정책처, 국회입법조사처의 정무직공무원 / 차. 대법원장비서실, 사법정책연구원, 법원공무원교육원, 헌법재판소 사무처의 정무직공무원 / 카. 검찰총장 / 타. '특별시장·광역시장·특별자치시장·도지사·특별자치도지사(광역자치단체장)' 및 교육감 / 파. 판사 및 검사 / 하. 경무관 이상 경찰공무원 / 거. 장성급 장교 / 너. 금융감독원 원장·부원장·감사 / 더. 감사원·국세청·공정거래위원회·금융위원회 3급 이상 공무원

2. "가족"이란 배우자, 직계존비속을 말한다. 다만, 대통령의 경우에는 배우자와 4촌 이내의 친족을 말한다.

3. "고위공직자범죄"란 고위공직자로 재직 중에 본인 또는 본인의 가족이 범한 다음 각 목의 어느 하나에 해당하는 죄를 말한다. 다만, 가족의 경우에는 고위공직자의 직무와 관련하여 범한 죄에 한정한다.

   가. 「형법」 제122조부터 제133조까지의 죄(다른 법률에 따라 가중처벌되는 경우를 포함한다) ▶ **공무원 직무 관련 범죄**; 직무유기(제122조), 직권남용(제123조), 불법체포·불법감금(제124조), 폭행·가혹행위(제125조), 피의사실공표(제126조), 공무상비밀누설(제127조), 선거방해(제128조), 수뢰·사전수뢰(제129조), 제3자뇌물제공(제130조), 수뢰후부정처사·사후수뢰(제131조), 알선수뢰(제132조), 뇌물공여등(제133조)

   나. 직무와 관련되는 「형법」 제141조, 제225조, 제227조, 제227조의2, 제229조(제225조, 제227조 및 제227조의2의 행사죄에 한정한다), 제355조부터 제357조까지 및 제359조의 죄(다른 법률에 따라 가중처벌되는 경우를 포함한다) ▶ **직무와 관련되는 공문서·공전자기록·공용서류·공용물 관련 범죄**; 공용서류 등의 무효·공용물파괴(제141조), 공문서 등의 위조·변조(제225조), 허위공문서작성등(제227조), 공전자기록위작·변작(제227조의2), 위조·변조공문서행사, 허위작성등공문서행사, 위작·변작공전자기록행사(제229조) ▶ **횡령·배임과 그 미수죄**; 횡령·배임(제355조), 업무상 횡령과 배임(제356조), 배임수증(제357조) 횡령·배임·업무상 횡령과 배임의 미수(제359조)

   다. 「특정범죄 가중처벌 등에 관한 법률」 제3조의 죄; **알선수재**

   라. 「변호사법」 제111조의 죄; 공무원이 취급하는 사건 또는 사무에 관하여 **청탁 또는 알선을 한다는 명목으로** 금품·향응, 그 밖의 이익을 받거나 받을 것을 약속한 자 또는 제3자에게 이를 공여하게 하거나 공여하게 할 것을 약속한 자는 5년 이하의 징역 또는 1천만 원 이하의 벌금에 처한다. 이 경우 벌금과 징역은 병과 할 수 있다.(변호사법 제111조 제1항) 다른 법률에 따라 「형법」 제129조부터 제132조까지(뇌물죄)'의 규정에 따른 벌칙을 적용할 때에 공무원으로 보는 자는 제1항의 공무원으로 본다.(변호사법 제111조 제2항)

   마. 「정치자금법」 제45조의 죄; **정치자금부정수수**

   바. 「국가정보원법」 제21조 및 제22조의 죄; **정치관여**(제21조), **직권남용**(제22조)

   사. 「국회에서의 증언·감정 등에 관한 법률」 제14조 제1항의 죄; **위증 등**

   아. 가목부터 마목까지의 죄에 해당하는 범죄행위로 인한 「범죄수익은닉의 규제 및 처벌 등에 관한 법률」 제2조 제4호의 범죄수익등("범죄수익등"이란 범죄수익, 범죄수익에서 유래한 재산 및 이들 재산과 그 외의 재산이 합쳐진 재산을 말한다.)과 관련된 같은 법 제3조 및 제4조의 죄; **범죄수익등의 은닉 및 가장**(제3조), **범죄수익등의 수수**(제4조)

4. "관련범죄"란 다음 각 목의 어느 하나에 해당하는 죄를 말한다.

가. 고위공직자와 「형법」 제30조부터 제32조까지의 관계에 있는 자(**공동정범 · 교사범 · 종범**)'가 범한 '제3호 각 목의 어느 하나에 해당하는 죄(**고위공직자범죄**)'

나. 고위공직자를 상대로 한 자의 「형법」 제133조(**뇌물공여등**), 제357조 제2항의 죄(**배임증재**)

다. 고위공직자범죄와 관련된 「형법」 제151조 제1항(**범인은닉**), 제152조(**위증, 모해위증**), 제154조부터 제156조까지의 죄(**허위감정 · 통역 · 번역, 증거인멸, 무고**) 및 「국회에서의 증언 · 감정 등에 관한 법률」 제14조 제1항의 죄(**위증 등**)

라. 고위공직자범죄 **수사 과정에서 인지한 그 고위공직자범죄와 직접 관련성이 있는 죄**로서 해당 고위공직자가 범한 죄

5. "고위공직자범죄등"이란 제3호와 제4호(고위공직자범죄와 관련범죄)의 죄를 말한다.

제3조(고위공직자범죄수사처의 설치와 독립성) ① 고위공직자범죄등에 관하여 다음 각 호에 필요한 직무를 수행하기 위하여 고위공직자범죄수사처(이하 "수사처"라 한다)를 둔다.

1. 고위공직자범죄등에 관한 수사 ▶ **고위공직자범죄등에 관한 수사권**

2. 제2조 제1호 다목(**대법원장 및 대법관**), 카목(**검찰총장**), 파목(**판사 및 검사**), 하목(**경무관 이상 경찰공무원**)에 해당하는 고위공직자로 재직 중에 본인 또는 본인의 가족이 범한 고위공직자범죄 및 관련범죄의 공소제기와 그 유지 ▶ **법관, 검사, 경무관 이상 경찰공무원에 대한 기소권과 공소유지권**, 공수처 검사는 검사와는 별개의 수사기관이므로 **기소독점주의는 65년만에 깨진 것이다**. cf 그 외의 고위공직자에 대해서는 공수처검사에게 공소제기와 공소유지권이 인정되지 않고, 검사에게 그러한 권한이 인정된다.

② 수사처는 그 권한에 속하는 직무를 독립하여 수행한다. ▶ **공수처의 독립성 보장**

③ **대통령, 대통령비서실의 공무원**은 수사처의 사무에 관하여 업무보고나 자료제출 요구, 지시, 의견제시, 협의, 그 밖에 직무수행에 관여하는 일체의 행위를 하여서는 아니 된다. ▶ **공수처의 독립성 보장**

제2장 조직

제4조(처장 · 차장 등) ① 수사처에 처장 1명과 차장 1명을 두고, 각각 특정직공무원으로 보한다.

② 수사처에 수사처검사와 수사처수사관 및 그 밖에 필요한 직원을 둔다.

제5조(처장의 자격과 임명) ① 처장은 '다음 각 호의 직에 15년 이상 있던 사람(**15년 이상 법조경력자**)' 중에서 제6조에 따른 **고위공직자범죄수사처장후보추천위원회가 2명을 추천**하고, **대통령이 그 중 1명을 지명**한 후 **인사청문회를 거쳐 임명**한다.

1. 판사, 검사 또는 변호사 / 2. 변호사 자격이 있는 사람으로서 국가기관, 지방자치단체, 「공공기관의 운영에 관한 법률」 제4조에 따른 공공기관 또는 그 밖의 법인에서 법률에 관한 사무에 종사한 사람 / 3. 변호사 자격이 있는 사람으로서 대학의 법률학 조교수 이상으로 재직하였던 사람

② 제1항 각 호에 규정된 둘 이상의 직에 재직한 사람에 대해서는 그 연수를 합산한다.

③ 처장의 **임기는 3년**으로 하고 **중임할 수 없**으며, **정년은 65세**로 한다.

④ 처장이 궐위된 때에는 제1항에 따른 절차를 거쳐 60일 이내에 후임자를 임명하여야 한다. 이 경우 새로 임명된 처장의 임기는 새로이 개시된다.

제6조(고위공직자범죄수사처장후보추천위원회) ① 처장후보자의 추천을 위하여 국회에 고위공직자범죄수사처장후보추천위원회(이하 "추천위원회"라 한다)를 둔다.

② 추천위원회는 위원장 1명을 포함하여 7명의 위원으로 구성한다.

③ 위원장은 위원 중에서 호선한다.

④ 국회의장은 다음 각 호의 사람을 위원으로 임명하거나 위촉한다.

1. 법무부장관 / 2. 법원행정처장 / 3. 대한변호사협회장 / 4. 대통령이 소속되거나 소속되었던 정당의 교섭단체(여당)가 추천한 2명 / 5. 전 호의 교섭단체 외 교섭단체(야당)가 추천한 2명

⑤ 국회의장은 제4항 제4호 및 제5호에 따른 교섭단체에 10일 이내의 기한을 정하여 위원의 추천을 서면으로 요청할 수 있고, 각 교섭단체는 요청받은 기한 내에 위원을 추천하여야 한다.

⑥ 제5항에도 불구하고 요청받은 기한 내에 위원을 추천하지 아니한 교섭단체가 있는 경우, 국회의장은 해당 교섭단체의 추천에 갈음하여 다음 각 호의 사람을 위원으로 위촉한다.

1. 사단법인 한국법학교수회 회장
2. 사단법인 법학전문대학원협의회 이사장

⑦ 추천위원회는 국회의장의 요청 또는 위원 3분의 1 이상의 요청이 있거나 위원장이 필요하다고 인정할 때 위원장이 소집하고, **재적위원 3분의 2 이상의 찬성으로 의결**한다.

⑧ 추천위원회 위원은 정치적으로 중립을 지키고 독립하여 그 직무를 수행한다. ▶ **공수처장후보추천위원회의 정치적 중립성과 직무상 독립성 보장**

⑨ 추천위원회가 제5조 제1항에 따라 처장후보자를 추천하면 해당 추천위원회는 해산된 것으로 본다.

⑩ 그 밖에 추천위원회의 운영 등에 필요한 사항은 국회규칙으로 정한다.

제7조(차장) ① 차장은 10년 이상 제5조 제1항 각 호의 직위에 재직하였던 사람(10년 이상 법조경력자) 중에서 **처장의 제청으로 대통령이 임명**한다.

② 제5조 제2항은 차장의 임명에 준용한다.

③ 차장의 **임기는 3년**으로 하고 **중임할 수 없**으며, **정년은 63세**로 한다.

제8조(수사처검사) ① 수사처검사는 7년 이상 변호사의 자격이 있는 사람(7년 이상 변호사 자격 보유자) 중에서 제9조에 따른 **인사위원회의 추천을 거쳐 대통령이 임명**한다. 이 경우 **검사의 직에 있었던 사람(현직 검사 출신)**은 제2항에 따른 **수사처검사 정원의 2분의 1을 넘을 수 없다.** ▶ **공수처와 검찰 간의 인사교류를 막기 위해 현직 검사 출신이 공수처 검사 정원의 절반을 넘지 못하게 하는 규정을 둔 것이다.**

② 수사처검사는 **특정직공무원**으로 보하고, 처장과 차장을 포함하여 **25명 이내**로 한다. ▶ **처장 1명, 차장 1명(처장과 차장은 공수처검사의 직을 겸함), 공수처검사 23명 이내**

③ 수사처검사의 **임기는 3년**으로 하고, **3회에 한하여 연임할 수 있**으며, **정년은 63세**로 한다.

④ 수사처검사는 직무를 수행함에 있어서 검찰청법 제4조에 따른 검사의 직무 및 군사법원법 제 37조에 따른 군검사의 직무를 수행할 수 있다.

제9조(인사위원회) ① 처장과 차장을 제외한 수사처검사의 임용, 전보, 그 밖에 인사에 관한 중요 사항을 심의 · 의결하기 위하여 수사처에 인사위원회를 둔다.

② 인사위원회는 위원장 1명을 포함한 7명의 위원으로 구성하고, 인사위원회의 위원장은 처장이 된다.
③ 인사위원회 위원 구성은 다음 각 호와 같다.

    1. 처장 / 2. 차장 / 3. 학식과 덕망이 있고 각계 전문 분야에서 경험이 풍부한 사람으로서 처장이 위촉한 사람 1명 / 4. 대통령이 소속되거나 소속되었던 정당의 교섭단체(여당)가 추천한 2명 / 5. 제4호의 교섭단체 외 교섭단체(야당)가 추천한 2명 /

④ 제3항 제3호부터 제5호까지에 규정된 위원의 임기는 <u>3년</u>으로 한다.
⑤ 인사위원회는 재적위원 과반수의 찬성으로 의결한다.
⑥ 그 밖에 인사위원회의 구성과 운영 등에 필요한 사항은 <u>수사처규칙</u>으로 정한다.

제10조(수사처수사관) ① 수사처수사관은 다음 각 호의 어느 하나에 해당하는 사람 중에서 **처장이 임명**한다.

    1. 변호사 자격을 보유한 사람 / 2. 7급 이상 공무원으로서 조사, 수사업무에 종사하였던 사람 / 3. 수사처규칙으로 정하는 조사업무의 실무를 5년 이상 수행한 경력이 있는 사람

② 수사처수사관은 일반직공무원으로 하며, **40명 이내**로 한다. 다만, 검찰청으로부터 검찰수사관을 파견 받은 경우에는 이를 수사처수사관의 정원에 포함한다.
③ 수사처수사관의 **임기는 6년**으로 하고, **연임할 수 있으며, 정년은 60세**로 한다.

	처장	차장	공수처검사	공수처수사관
정원	1명	1명	처장과 차장을 포함 25명 이내	40명 이내
임기	3년	3년	3년	6년
연임여부	중임 불가	중임 불가	3회에 한하여 연임 가능	연임 가능
정년	65세	63세	63세	60세

제11조(그 밖의 직원) ① 수사처의 행정에 관한 사무처리를 위하여 필요한 직원을 둘 수 있다.
② 제1항에 따른 직원의 수는 20명 이내로 한다.

제12조(보수 등) ① 처장의 보수와 대우는 <u>차관의 예</u>에 준한다. ▶ 공수처장은 차관급 보수와 대우를 받는다.
② 차장의 보수와 대우는 고위공무원단 직위 중 가장 높은 직무등급의 예에 준한다.
③ 수사처검사의 보수와 대우는 검사의 예에 준한다.
④ 수사처수사관의 보수와 대우는 4급 이하 7급 이상의 검찰직공무원의 예에 준한다.

제13조(결격사유 등) ① 다음 각 호의 어느 하나에 해당하는 사람은 처장, 차장, 수사처검사, 수사처수사관으로 임명될 수 없다.

    1. 대한민국 국민이 아닌 사람 ▶ 외국인은 결격사유에 해당 / 2. 「국가공무원법」 제33조 각 호의 어느 하나(공무원 결격사유)에 해당하는 사람 / 3. <u>금고 이상의 형</u>을 선고받은 사람 / 4. 탄핵결정에 의하여 파면된 후 5년이 지나지 아니한 사람 / 5. 대통령비서실 소속의 공무원으로서 퇴직 후 2년이 지나지 아니한 사람

② 검사의 경우 <u>퇴직한 후 3년</u>이 지나지 아니하면 처장이 될 수 없고, <u>퇴직한 후 1년</u>이 지나지 아니하면 차장이 될 수 없다.

제14조(신분보장) 처장, 차장, 수사처검사는 탄핵이나 금고 이상의 형을 선고받은 경우를 제외하고는 파면되지 아니하며, 징계처분에 의하지 아니하고는 해임·면직·정직·감봉·견책 또는 퇴직의 처분을 받지 아니한다. ▶ 처장, 차장, 공수처검사는 검찰총장, 검사와 같은 신분보장을 받는다.

제15조(심신장애로 인한 퇴직) 수사처검사가 중대한 심신상의 장애로 인하여 직무를 수행할 수 없을 때 대통령은 처장의 제청에 의하여 그 수사처검사에게 퇴직을 명할 수 있다.

제16조(공직임용 제한 등) ① 처장과 차장은 퇴직 후 2년 이내에 (대통령 지명 몫의) 헌법재판관(헌법 제111조 제3항에 따라 임명되는 헌법재판관은 제외한다.), 검찰총장, 국무총리 및 중앙행정기관·대통령비서실·국가안보실·대통령경호처·국가정보원의 정무직공무원으로 임용될 수 없다.
② 처장, 차장, 수사처검사는 퇴직 후 2년이 지나지 아니하면 검사로 임용될 수 없다.
③ 수사처검사로서 퇴직 후 1년이 지나지 아니한 사람은 대통령비서실의 직위에 임용될 수 없다.
④ 수사처에 근무하였던 사람은 퇴직 후 1년 동안 수사처의 사건을 변호사로서 수임할 수 없다.

제3장 직무와 권한

제17조(처장의 직무와 권한) ① 처장은 수사처의 사무를 통할하고 소속 직원을 지휘·감독한다.
② 처장은 국회에 출석하여 수사처의 소관 사무에 관하여 의견을 진술할 수 있고, 국회의 요구가 있을 때에는 수사나 재판에 영향을 미치지 않는 한 국회에 출석하여 보고하거나 답변하여야 한다.
③ 처장은 소관 사무와 관련된 안건이 상정될 경우 국무회의에 출석하여 발언할 수 있으며, 그 소관 사무에 관하여 법무부장관에게 의안(이 법의 시행에 관한 대통령령안을 포함한다)의 제출을 건의할 수 있다.
④ 처장은 그 직무를 수행함에 있어서 필요한 경우 대검찰청, 경찰청 등 관계기관의 장에게 고위공직자범죄등과 관련된 사건의 수사기록 및 증거 등 자료의 제출과 수사활동의 지원 등 수사협조를 요청할 수 있다.
⑤ 처장은 제8조에 따른 수사처검사의 직을 겸한다.
⑥ 처장은 수사처의 예산 관련 업무를 수행하는 경우에 「국가재정법」 제6조 제2항에 따른 중앙관서의 장으로 본다.

제18조(차장의 직무와 권한) ① 차장은 처장을 보좌하며, 처장이 부득이한 사유로 그 직무를 수행할 수 없는 때에는 그 직무를 대행한다.
② 차장은 제8조에 따른 수사처검사의 직을 겸한다.

제19조(수사처검사 직무의 위임·이전 및 승계) ① 처장은 수사처검사로 하여금 그 권한에 속하는 직무의 일부를 처리하게 할 수 있다.(직무의 위임)
② 처장은 수사처검사의 직무를 자신이 처리하거나(직무의 승계) 다른 수사처검사로 하여금 처리하게 할 수 있다.(직무의 이전)

제20조(수사처검사의 직무와 권한) ① 수사처검사는 제3조 제1항 각 호에 따른 수사와 공소의 제기 및 유지에 필요한 행위를 한다.
② 수사처검사는 처장의 지휘·감독에 따르며(공수처장의 공수처 검사에 대한 지휘·감독권), 수사처수사관을 지휘·감독(공수처 검사의 공수처 수사관에 대한 지휘·감독권)한다.

③ 수사처검사는 구체적 사건과 관련된 제2항의 지휘·감독의 적법성 또는 정당성에 대하여 이견이 있을 때에는 이의를 제기할 수 있다.(공수처 검사의 이의제기권)

제21조(수사처수사관의 직무) ① 수사처수사관은 수사처검사의 지휘·감독을 받아 직무를 수행한다.

② 수사처수사관은 고위공직자범죄등에 대한 수사에 관하여 「형사소송법」 제196조 제1항에 따른 사법경찰관의 직무를 수행한다.

제22조(정치적 중립 및 직무상 독립) 수사처 소속 공무원은 정치적 중립을 지켜야 하며(공수처 소속 공무원의 정치적 중립의무), 그 직무를 수행함에 있어 외부로부터 어떠한 지시나 간섭을 받지 아니한다.(공수처 소속 공무원의 직무상 독립성 보장)

제4장 수사와 공소의 제기 및 유지

제23조(수사처검사의 수사) 수사처검사는 고위공직자범죄의 혐의가 있다고 사료하는 때에는 범인, 범죄사실과 증거를 수사하여야 한다.

제24조(다른 수사기관과의 관계) ① 수사처의 범죄수사와 중복되는 '다른 수사기관(공수처 외의 검찰 또는 경찰)'의 범죄수사는 처장이 수사의 진행정도 및 공정성 논란 등에 비추어 수사처에서 수사하는 것이 적절하다고 판단하여 이첩을 요청하는 경우 해당 수사기관은 이를 응하여야 한다.

② 다른 수사기관이 범죄를 수사하는 과정에서 고위공직자범죄등을 인지한 경우 그 사실을 즉시 수사처에 통보하여야 한다. ▶ 다른 수사기관의 공수처에 대한 범죄 인지 통보 의무

③ 처장은 피의자, 피해자, 사건의 내용과 규모 등에 비추어 다른 수사기관이 고위공직자범죄등을 수사하는 것이 적절하다고 판단될 때에는 해당 수사기관에 사건을 이첩할 수 있다.

④ 제2항에 따라 고위공직자범죄등 사실의 통보를 받은 처장은 통보를 한 다른 수사기관의 장에게 수사처규칙으로 정한 기간과 방법으로 수사개시 여부를 회신하여야 한다. ▶ 제24조 제2항 ~ 제4항의 문제점; 고위공직자범죄를 인지한 다른 수사기관이 공수처에 즉시 통보하도록 강제되면 공수처가 정권의 뜻에 따라 선택적으로 수사에 나서거나, 수사를 덮을 수도 있다는 점에서 문제가 있다는 비판을 받는다.

제25조(수사처검사 및 검사 범죄에 대한 수사) ① 처장은 수사처검사의 범죄 혐의를 발견한 경우에 관련 자료와 함께 이를 대검찰청에 통보하여야 한다.

② 수사처 외의 다른 수사기관이 검사의 고위공직자범죄 혐의를 발견한 경우 그 수사기관의 장은 사건을 수사처에 이첩하여야 한다.

제26조(수사처검사의 관계 서류와 증거물 송부 등) ① 수사처검사는 '제3조 제1항 제2호에서 정하는 사건(법관, 검사, 경무관 이상 경찰공무원의 고위공직자범죄사건)'을 제외한 고위공직자범죄등에 관한 수사를 한 때에는 관계 서류와 증거물을 지체 없이 서울중앙지방검찰청 소속 검사에게 송부하여야 한다.

② 제1항에 따라 관계서류와 증거물을 송부 받아 사건을 처리하는 검사는 처장에게 해당 사건의 공소제기여부를 신속하게 통보하여야 한다.

제27조(관련인지 사건의 이첩) 처장은 고위공직자범죄에 대하여 불기소 결정을 하는 때에는 해당 범죄의 수사과정에서 알게 된 관련범죄 사건을 대검찰청에 이첩하여야 한다.

제28조(형의 집행) ① 수사처검사가 공소를 제기하는 고위공직자범죄등 사건에 관한 재판이 확정된 경우 제1심 관할지방법원에 대응하는 검찰청 소속 검사가 그 형을 집행한다.

② 제1항의 경우 처장은 원활한 형의 집행을 위하여 해당 사건 및 기록 일체를 관할 검찰청의 장에게 인계한다.

제29조(재정신청에 대한 특례) ① 고소·고발인은 수사처검사로부터 '공소를 제기하지 아니한다는(불기소)' 통지를 받은 때에는 **서울고등법원에** 그 당부에 관한 재정을 신청할 수 있다.

② 제1항에 따른 재정신청을 하려는 사람은 '공소를 제기하지 아니한다는(불기소)' 통지를 받은 날부터 30일 이내에 처장에게 재정신청서를 제출하여야 한다.

③ 재정신청서에는 재정신청의 대상이 되는 사건의 범죄사실 및 증거 등 재정신청을 이유 있게 하는 사유를 기재하여야 한다.

④ 제2항에 따라 재정신청서를 제출받은 처장은 재정신청서를 제출받은 날부터 7일 이내에 재정신청서·의견서·수사 관계 서류 및 증거물을 서울고등법원에 송부하여야 한다. 다만, 신청이 이유 있는 것으로 인정하는 때에는 즉시 공소를 제기하고 그 취지를 서울고등법원과 재정신청인에게 통지한다.

⑤ 이 법에서 정한 사항 외에 재정신청에 관하여는 「형사소송법」 제262조 및 제262조의2부터 제262조의4까지의 규정을 준용한다. 이 경우 관할법원은 서울고등법원으로 하고, "지방검찰청검사장 또는 지청장"은 "처장", "검사"는 "수사처검사"로 본다.

제30조(처장의 재정신청에 대한 특례) 삭제

제31조(재판관할) 수사처검사가 공소를 제기하는 고위공직자범죄등 사건의 제1심 재판은 **서울중앙지방법원**의 관할로 한다. 다만, 범죄지, 증거의 소재지, 피고인의 특별한 사정 등을 고려하여 수사처검사는 「형사소송법」에 따른 관할 법원에 공소를 제기할 수 있다.

제5장 징계

제32조(징계사유) 수사처검사가 다음 각 호의 어느 하나에 해당하면 그 수사처검사를 징계한다.

1. 재직 중 다음 각 목의 어느 하나에 해당하는 행위를 한 때

    가. 정치운동에 관여하는 일 / 나. 금전상의 이익을 목적으로 하는 업무에 종사하는 일 / 다. 처장의 허가 없이 보수를 받는 직무에 종사하는 일

2. 직무상의 의무를 위반하거나 직무를 게을리하였을 때

3. 직무 관련 여부에 상관없이 수사처검사로서의 체면이나 위신을 손상하는 행위를 하였을 때

제33조(수사처검사징계위원회) ① 수사처검사의 징계 사건을 심의하기 위하여 수사처에 수사처검사징계위원회(이하 "징계위원회"라 한다)를 둔다.

② 징계위원회는 위원장 1명을 포함한 7명의 위원으로 구성하고, 예비위원 3명을 둔다.

제34조(징계위원회 위원장의 직무와 위원의 임기 등) ① 징계위원회의 위원장은 차장이 된다. 다만, 차장이 징계혐의자인 경우에는 처장이 위원장이 되고, 처장과 차장이 모두 징계혐의자인 경우에는 수사처규칙으로 정하는 수사처검사가 위원장이 된다.

② 위원은 다음 각 호의 사람이 된다.
  1. 위원장이 지명하는 수사처검사 2명
  2. 변호사, 법학교수 및 학식과 경험이 풍부한 사람으로서 위원장이 위촉하는 4명
③ 예비위원은 수사처검사 중에서 위원장이 지명하는 사람이 된다.
④ 제2항 제2호의 위원 임기는 3년으로 한다.
⑤ 위원장은 징계위원회의 업무를 총괄하고, 회의를 소집하며, 그 의장이 된다.
⑥ 위원장이 부득이한 사유로 직무를 수행할 수 없을 때에는 위원장이 지정하는 위원이 그 직무를 대리하고, 위원장이 지정한 위원이 부득이한 사유로 직무를 수행할 수 없을 때에는 위원장이 지명하는 예비위원이 그 직무를 대리한다.

제35조(징계위원회의 사무직원) ① 징계위원회에 간사 1명과 서기 몇 명을 둔다.
② 간사는 위원장이 지명하는 수사처검사가 되고, 서기는 수사처 소속 공무원 중에서 위원장이 위촉한다.
③ 간사 및 서기는 위원장의 명을 받아 징계에 관한 기록과 그 밖의 서류의 작성 및 보관에 관한 사무에 종사한다.

제36조(징계의 청구와 개시) ① 징계위원회의 징계심의는 처장(처장이 징계혐의자인 경우에는 차장을, 처장 및 차장이 모두 징계혐의자인 경우에는 수사처규칙으로 정하는 수사처검사를 말한다. 이하 이 조 및 제38조 제1항, 제39조, 제40조 제2항, 제43조 제1항에서 같다)의 청구에 의하여 시작한다.
② 처장은 수사처검사가 제32조 각 호의 어느 하나에 해당하는 행위를 하였다고 인정할 때에는 제1항의 청구를 하여야 한다.
③ 징계의 청구는 징계위원회에 서면으로 제출하여야 한다.

제37조(징계부가금) ① 제36조에 따라 처장이 수사처검사에 대하여 징계를 청구하는 경우 그 징계 사유가 금품 및 향응 수수, 공금의 횡령·유용인 경우에는 해당 징계 외에 금품 및 향응 수수액, 공금의 횡령액·유용액의 5배 내의 징계부가금 부과 의결을 징계위원회에 청구하여야 한다.
② 제1항에 따른 징계부가금의 조정, 감면 및 징수에 관하여는 「국가공무원법」 제78조의2 제2항 및 제3항을 준용한다.

제38조(재징계 등의 청구) ① 처장은 다음 각 호의 어느 하나에 해당하는 사유로 법원에서 징계 및 제37조에 따른 징계부가금 부과(이하 "징계등"이라 한다) 처분의 무효 또는 취소 판결을 받은 경우에는 다시 징계등을 청구하여야 한다. 다만, 제3호의 사유로 무효 또는 취소 판결을 받은 감봉·견책 처분에 대해서는 징계등을 청구하지 아니할 수 있다.
  1. 법령의 적용, 증거 및 사실 조사에 명백한 흠이 있는 경우 / 2. 징계위원회의 구성 또는 징계등 의결, 그 밖에 절차상의 흠이 있는 경우 / 3. 징계양정 및 징계부가금이 과다한 경우
② 처장은 제1항에 따른 징계등을 청구하는 경우에는 법원의 판결이 확정된 날부터 3개월 이내에 징계위원회에 징계등을 청구하여야 하며, 징계위원회에서는 다른 징계사건에 우선하여 징계 등을 의결하여야 한다.

제39조(퇴직 희망 수사처검사의 징계 사유 확인 등) ① 처장은 수사처검사가 퇴직을 희망하는 경우에는 제32조에 따른 징계사유가 있는지 여부를 감사원과 검찰·경찰, 그 밖의 수사기관에 확인하여야 한다.

② 제1항에 따른 확인 결과 해임, 면직 또는 정직에 해당하는 징계 사유가 있는 경우 처장은 지체 없이 징계등을 청구하여야 하며, 징계위원회는 다른 징계사건에 우선하여 징계등을 의결하여야 한다.

제40조(징계혐의자에 대한 부본 송달과 직무정지) ① 징계위원회는 징계청구서의 부본을 징계혐의자에게 송달하여야 한다.

② 처장은 필요하다고 인정할 때에는 징계혐의자에게 직무 집행의 정지를 명할 수 있다.

제41조(징계의결) ① 징계위원회는 사건 심의를 마치면 재적위원 과반수의 찬성으로 징계를 의결한다.

② 위원장은 의결에서 표결권을 가지며, 찬성과 반대가 같은 수인 경우에는 결정권을 가진다.

제42조(징계의 집행) ① 징계의 집행은 견책의 경우에는 처장이 하고, 해임·면직·정직·감봉의 경우에는 처장의 제청으로 대통령이 한다.

② 수사처검사에 대한 징계처분을 한 때에는 그 사실을 관보에 게재하여야 한다.

제43조(다른 법률의 준용) 이 장에서 정하지 아니한 사항에 대하여는 「검사징계법」 제3조, 제9조부터 제17조, 제19조부터 제21조, 제22조(다만 제2항의 "제23조"는 "제41조"로 본다), 제24조부터 제26조를 각 준용한다. 이 경우 "검사"는 "수사처검사"로 본다.

제6장 보칙

제44조(파견공무원) 수사처 직무의 내용과 특수성 등을 고려하여 필요한 경우에는 타 행정기관으로부터 공무원을 파견 받을 수 있다.

제45조(조직 및 운영) 이 법에 규정된 사항 외에 수사처의 조직 및 운영에 관하여 필요한 사항은 **수사처 규칙**으로 정한다. ▶ 공수처의 자율적인 규칙제정권 부여

제46조(정보제공자의 보호) ① 누구든지 고위공직자범죄등에 대하여 알게 된 때에는 이에 대한 정보를 수사처에 제공할 수 있으며, 이를 이유로 불이익한 조치를 받지 아니한다.

② 수사처는 내부고발자에게 「공익신고자 보호법」에서 정하는 보호조치 및 지원행위를 할 수 있다. 내부고발자 보호에 관한 세부적인 사항은 대통령령으로 정한다.

제47조(다른 법률의 준용) 그 밖에 수사처검사 및 수사처수사관의 이 법에 따른 직무와 권한 등에 관하여는 이 법의 규정에 반하지 아니하는 한 「검찰청법」(다만, 제4조제1항제2호, 제4호, 제5호는 제외한다), 「형사소송법」을 준용한다.

부 칙

제1조(시행일) 이 법은 공포한 날(2020. 12. 15.)부터 시행한다.

제2조(수사처 설립에 관한 준비행위) 수사처 소속 공무원의 임명 등 수사처의 설립에 필요한 행위 및 그 밖에 이 시행을 위하여 필요한 준비행위는 이 법 시행 전에 할 수 있다.

ⅲ 전문수사자문위원

전문수사자문위원은 수사기관은 아니나 검사의 자문기관이므로 편의상 여기서 서술한다.

(1) 전문수사자문위원의 의의와 취지

검사는 공소제기 여부와 관련된 사실관계를 분명하게 하기 위하여 필요한 경우에는 **직권이나 피의자 또는 변호인의 신청**에 의하여 전문수사자문위원을 지정하여 수사절차에 참여하게 하고 자문을 들을 수 있다.(제245조의2 제1항)〈**임의적** 제도〉 10국7, 14순경1차, 15교정·보호·철경9 전문수사자문위원제도는 첨단산업분야(예; 인공지능), 지적재산권, 국제금융 기타 전문 지식이 필요한 사건에서 검사가 전문가의 조력을 받아 수사절차를 보다 충실하게 하기 위한 제도이다.

(2) 전문수사자문위원의 지정과 취소

① 전문수사자문위원을 수사절차에 참여시키는 경우 검사는 **각 사건마다 1인 이상**의 전문수사자문위원을 지정한다.(제245조의3 제1항)
② 피의자 또는 변호인은 검사의 전문수사자문위원 지정에 대하여 **관할 고등검찰청검사장(지방검찰청 검사장 ×)**에게 이의를 제기할 수 있다.(제245조의3 제3항) 10국7, 12순경2차, 14순경1차, 15교정·보호·철경9
③ 검사는 상당하다고 인정하는 때에는 전문수사자문위원의 **지정을 취소할 수 있다**.(제245조의3 제2항) 10국7, 14순경1차

(3) 전문수사자문위원의 수당 등의 지급

① 전문수사자문위원에게는 수당을 지급하고, 필요한 경우에는 그 밖의 여비, 일당 및 숙박료를 지급할 수 있다.(제245조의3 제4항)
② 전문수사자문위원의 지정 및 지정 취소, 이의제기 절차 및 방법, 수당지급, 그 밖에 필요한 사항은 **법무부령**으로 정한다.(제245조의3 제5항)

(4) 전문수사자문위원의 의견진술과 준용규정

① 전문수사자문위원은 전문적인 지식에 의한 설명 또는 의견을 기재한 서면을 제출하거나 전문적인 지식에 의하여 설명이나 의견을 진술할 수 있다.(제245조의2 제2항) 14순경1차 ▶ 전문수사자문위원의 의견진술은 **임의적**
② 검사는 전문수사자문위원이 제출한 서면이나 전문수사자문위원의 설명 또는 의견의 진술에 관하여 '**피의자 또는 변호인(상대방)**'에게 구술 또는 서면에 의한 의견진술의 기회를 주어야 한다.(제245조의2 제3항) 10국7, 14순경1차 ▶ 피의자 또는 변호인의 의견진술 기회; **필요적**으로 주어야 한다.

(5) 준용규정

전문심리위원에 관한 규정 중 제279조의7(비밀누설죄) 및 제279조의8(형법상 뇌물죄 규정에 따른 벌칙 적용에서의 공무원 의제)은 검사의 전문수사자문위원에게 준용한다. 따라서 전문수사자문위원이 직무에 관하여 뇌물을 받은 때에는 형법상 **뇌물죄로 처벌**된다.

Ⅳ 전문심리위원

전문심리원은 수사기관은 아니나 전문수사자문위원과 비교해서 공부하는 것이 능률적이므로 편의상 여기서 서술한다.

(1) 전문심리위원의 의의와 취지

의의	법원은 소송관계를 분명하게 하거나 소송절차를 원활하게 진행하기 위하여 필요한 경우에는 **직권으로 또는 검사, 피고인 또는 변호인의 신청에 의하여** 결정으로 전문심리위원을 지정하여 공판준비 및 공판기일 등 소송절차에 참여하게 할 수 있다.(제279조의2 제1항) 〈**임의적** 제도〉 [F4] 11교정·보호·철경9, 14교정·보호·철경9, 17순경1차, 20국7 TIP 전문심리위원제도는 '공판절차'에 위치한다. 그런데 수사절차에서 이를 서술하는 것은 전문수사자문위원제도와 같은 취지의 제도이기 때문에 서로 비교해서 공부하는 것이 능률적이기 때문이다. 그러므로 전문수사자문위원제도는 '수사절차', 전문심리위원제도는 '공판절차'에 위치한다는 것을 생각하고 서로 비교해서 공부하면 된다.
취지	첨단산업분야, 지적재산권, 국제금융 기타 전문 지식이 필요한 사건에서 법원이 전문가의 조력을 받아 재판절차를 보다 충실하게 하기 위한 제도이다.

(2) 전문심리위원의 지정과 취소, 수당 등의 지급

지정과 취소	① 전문심리위원을 소송절차에 참여시키는 경우 법원은 **검사, 피고인 또는 변호인의 의견을 들어 각 사건마다 1인 이상**의 전문심리위원을 지정한다.(제279조의4 제1항) [F4] 13경승 ② 법원은 상당하다고 인정하는 때에는 **검사, 피고인 또는 변호인의 신청이나 직권으로** 전문심리위원 참여결정을 취소할 수 있다.(제279조의3 제1항) ③ 법원은 검사와 피고인 또는 변호인이 **합의**하여 전문심리위원 참여결정을 취소할 것을 신청한 때에는 **그 결정을 취소하여야** 한다.(제279조의3 제2항) [F4] 13경승, 13법9, 20국7
수당 등의 지급	① 전문심리위원에게는 대법원규칙이 정하는 바에 따라 **수당**을 지급하고, 필요한 경우에는 그 밖의 여비, 일당 및 숙박료를 지급할 수 있다.(제279조의4 제2항) ② 그 밖에 전문심리위원 지정에 관하여 필요한 사항은 **대법원규칙**으로 정한다.(제279조의4 제3항)

(3) 전문심리위원의 의견진술, 제척·기피 등

의견 진술	① 전문심리위원은 전문적인 지식에 의한 설명 또는 의견을 기재한 <u>서면을 제출하거나</u> 기일에 전문적인 지식에 의하여 설명하거나 의견을 진술할 수 있다. 다만, **재판의 합의에는 참여할 수 없다.**(제279조의2 제2항) 15교정·보호·철경9, 17순경1차, 20국7, 23국9 ▶ 전문심리위원의 의견진술은 **임의적** ② 전문심리위원은 기일에 **재판장의 허가를 받아** 피고인 또는 변호인, 증인 또는 감정인 등 **소송관계인에게** 소송관계를 분명하게 하기 위하여 필요한 사항에 관하여 **직접 질문할 수 있다.**(제279조의2 제3항) 13경승, 13법9, 15교정·보호·철경9, 17순경1차, 21국9, 23국9 ③ 법원은 전문심리위원이 제출한 서면이나 전문심리위원의 설명 또는 의견의 진술에 관하여 '**검사, 피고인 또는 변호인(당사자)**'에게 구술 또는 서면에 의한 의견진술의 기회를 주어야 한다.(제279조의2 제4항) ▶ 검사, 피고인 또는 변호인(당사자)의 의견진술 기회; 필요적으로 주어야 한다. 이는 전문심리위원의 설명·의견이 법원의 심증형성에 영향을 미칠 가능성이 있음을 고려한 것이다. 따라서 법원은 전문심리위원과 관련된 절차 진행 등에 관한 사항을 당사자에게 적절한 방법으로 적시에 통지하여 당사자의 참여 기회가 실질적으로 보장될 수 있도록 세심한 배려를 하여야 한다.(대법원 2019.5.30. 선고 2018도19051) 20국7, 23국9
제척· 기피	① <u>법관의 제척 및 기피에 관한 규정은 전문심리위원에게 준용한다.</u>(제279조의5 제1항) 13경승 ② 제척 또는 기피신청이 있는 전문심리위원은 **그 신청에 관한 결정이 확정될 때까지** 그 신청이 있는 사건의 **소송절차에 참여할 수 없다.** 이 경우 전문심리위원은 해당 제척 또는 기피신청에 대하여 의견을 진술할 수 있다.(제279조의5 제2항) 23국9
기타 사항	① 수명법관 또는 수탁판사가 소송절차를 진행하는 경우에는 제279조의2 제2항부터 제4항까지의 규정(전문심리위원의 서면제출, 의견진술, 소송관계인에 대한 직접 질문, 검사, 피고인 또는 변호인에 대한 의견진술기회부여 등)에 따른 **법원 및 재판장의 직무는 그 수명법관이나 수탁판사가 행한다.**(제279조의6) ② 전문심리위원은 형법상 **뇌물죄**에 따른 벌칙의 적용에서는 **공무원으로 본다.**(제279조의8) 17순경1차

V 피의자

1. 피의자의 의의

피의자란 수사기관으로부터 범죄의 혐의를 받아 수사의 대상으로 된 자를 말한다.

2. 피의자의 권리 법9, 순경, 09경승, 12경간

피의자에게 인정되는 권리로는 변호인선임권 및 변호인선임의뢰권(제30조 제1항, 제209조, 제90조), **접견교통권**(제219조, 제89조, 제91조), 압수·수색·검증영장 집행에의 참여권(제121조, 145조, 제219조), **증거보전청구권**(제184조), **체포·구속적부심사청구권**(제214조의2), 진술거부권(제244조의3) 등이 있다. cf 피고인에게는 인정되나, 피의자에게는 인정되지 않는 권리 F4 21경승; **보석청구권**(제94조) F4 13교정·보호·철경9, 소송계속 중의 관계서류 또는 증거물에 대한 열람·등사청구권(제35조 제1항), **공판조서 열람·등사청구권**(제55조), 공소제기 후 검사가 보관하고 있는 서류 등의 열람·등사권(제266조의3), 증인신문권(제161조의2), **증거신청권**(제294조), 공소장부본을 송달받을 권리(제266조), **공판정출석권**(제276조), **상소권** 및 상소포기·취하권(제338조, 제349조) 등이 있다.

VI 수사의 조건

1. 수사의 조건의 의의와 취지

수사의 조건이란 수사의 개시와 실행에 필요한 조건을 말한다. **필요성과 상당성**이 수사의 조건이다. 강제수사는 물론 임의수사에 있어서도 수사에는 항상 인권침해의 우려가 있다. 따라서 수사기관은 수사의 필요성과 상당성이라는 조건을 갖춘 경우에만 수사를 개시하고 실행할 수 있다. 결국 수사의 조건은 **수사제한의 법리**이다.
F4 경승, 20순경1차

2. 수사의 필요성

(1) 범죄혐의와 수사

검사와 사법경찰관은 **범죄의 혐의**가 있다고 사료하는 때에는 범인, 범죄사실과 증거를 수사한다.(제196조 제1항, 제197조) 여기서의 범죄의 혐의는 **주관적 혐의**를 의미한다. F4 경승, 20순경1차

➡ 범죄의 혐의 정리

> 1) 수사의 개시(제196조); **주관적** 혐의(수사기관이 수사경험에 비추어 범죄행위가 있다는 개연성을 인식하는 것)
> 2) 체포·구속; **객관적** 혐의(유죄판결에 대한 고도의 개연성의 인식)

(2) 친고죄의 고소·즉고발사건의 고발 전의 수사의 적법 여부

1) 친고죄

친고죄란 고소가 소송조건이 되는 범죄를 말한다. 그러므로 친고죄의 경우 고소 없이 공소제기를 하면 그 공소제기 절차가 무효에 해당하므로 공소기각판결을 선고해야 한다. 친고죄에는 절대적 친고죄와 상대적 친고죄가 있다.

① 절대적 친고죄

범인과 피해자간에 일정한 신분관계가 있을 것을 필요로 하지 않는 친고죄를 말한다. 절대적 친고죄에 해당하는 범죄로는 **업무상비밀누설죄, 비밀침해죄, 사자명예훼손죄, 모욕죄**(암기방법; * **비비사모**)가 있다.

② **상대적 친고죄**
범인과 피해자간에 일정한 신분관계가 있을 것을 필요로 하는 친고죄를 말한다. 상대적 친고죄에 해당하는 경우로는 **친족상도례**가 있다. 예 甲이 동거하지 않는 친족인 삼촌 A의 집에서 재물을 절취한 경우에 범인 甲과 피해자(A) 사이에는 동거하지 않는 친족이라는 친족상도례의 신분관계가 있으므로(형법 제328조 제2항) 고소권자인 피해자(A)의 甲에 대한 고소가 있어야 甲을 처벌할 수 있게 된다.

2) 즉(시)고발사건

즉고발사건의 의의	즉고발사건이란 고발이 소송조건이 되는 범죄를 말한다. 그러므로 즉고발사건의 경우 고발 없이 공소제기를 하면 그 공소제기 절차가 무효에 해당하므로 **공소기각판결**을 선고해야 한다.
즉고발사건에 해당하는 경우	가. **조세범칙사건**(조세범처벌법위반사건); 예 조세포탈(탈세)의 경우에는 세무공무원의 고발이 필요하다. 나. **관세법위반사건**; 예 밀수의 경우에는 관세직공무원의 고발이 필요하다.

3) 친고죄의 고소 · 즉고발사건의 고발 전의 수사의 적법 여부

> 📖 **관련판례**
>
> 친고죄와 즉고발사건에 있어서 **고소와 고발**은 소추조건(소송조건)에 불과하고 범죄의 성립요건(구성요건해당성, 위법성, 책임)이나 **수사의 조건(필요성과 상당성)은** 아니므로, **고소 · 고발 전의 수사가 장차 고소나 고발 가능성이 없는 상태에서 행하여졌다는 등의 특별한 사정이 없는 한(예외가 없는 한)** 고소 · 고발 전 수사가 위법하지 않다.(대법원 1995.2.24. 선고 94도252) ▶ 판례 정리; 고소 · 고발 전의 수사는 원칙 적법, 예외(장차 고소 · 고발가능성이 없는 경우) 위법 🗓 10경장, 10국7, 12경간 · 순경2차, 13경간, 16경승, 17순경1차, 20순경1차, 20국9, 21경간, 21경승, 22경간

3. 수사의 상당성

(1) 의의
수사의 필요성 조건을 갖춘 경우에도 수사의 방법은 수사의 목적을 달성함에 있어서 상당해야 한다는 원칙으로서 **수사비례의 원칙과 수사의 신의칙**의 문제이다.

(2) 수사비례의 원칙
수사는 수사의 목적을 달성함에 있어서 적합해야 하고, 필요최소한도에 그쳐야 하며, 수사의 이익과 수사로 인한 법익침해 간에는 균형이 있어야 한다는 원칙을 의미한다. 예 경미사건의 경우 주거부정의 경우에만 현행범체포 가능

(3) 수사의 신의칙
수사의 신의칙이란 수사를 함에 있어서 **사술(속임수=기망행위)을 써서는 안 된다**는 원칙을 말한다. 수사의 신의칙과 관련하여 문제되는 것이 **함정수사의 적법성**이다. 함정수사에 대하여는 다음에 따로 설명한다.

4. 함정수사

의의	함정수사란 수사기관이 범죄를 교사(범죄의사 없는 자에게 범행결의를 하게 만드는 것, 즉 범죄를 하라고 꼬드기는 것)한 후 범죄의 실행을 기다렸다가 범인을 검거하는 수사의 방법을 말한다. 함정수사는 수사의 신의칙과 관련된 문제이다.
적법성	판례는 본래 범의(범죄의사)를 가지지 아니한 자에 대하여 수사기관이 사술이나 계략 등을 써서 범의를 유발케 하여 범죄인을 검거하는 **범의유발형 함정수사만이 위법한 함정수사**이고, 이미 범의를 가진 자에 대하여 범행의 기회를 주거나 범행을 용이하게 한 것에 불과한 **기회제공형 함정수사는 아예 함정수사가 아니**라고 본다. 따라서 판례는 범의유발형 함정수사만이 위법한 함정수사이고, 기회제공형 함정수사는 적법한 수사로 본다.(대법원 1992.10.27. 선고 92도1377, 대법원 2005.10.28. 선고 2005도1247) 09·10순경2차, 11순경1차·2차, 12경승, 12경간, 13경간, 15경승, 16순경2차, 17경간, 17법경, 18교정·보호·철경9, 21국7, 22순경1차, 23경승
효과	① 위법한 함정수사에 기한 공소제기는 그 절차가 법률의 규정에 위반하여 무효인 때에 해당한다(제327조 제2호)고 볼 것이므로 법원은 **공소기각판결**을 하여야 한다.(대법원 2008.10.23. 선고 2008도7362) 08순경3차 09·10순경2차, 10국9, 10경사, 11·12경승, 11순경1차, 13법9, 14순경1차, 15경승, 15교정·보호·철경9, 16경승, 16국9, 16순경2차, 17검찰·마약9, 18경간, 18교정·보호·철경9, 19순경1차, 19순경2차, 20국9, 21국7 ② 위법한 함정수사로 인하여 수집한 증거의 증거능력; **위법수집증거로서 절대적으로 증거능력이 없다.**(다수설) 19순경2차

관련판례 위법한 함정수사인지 아닌지 여부의 판단 방법

[1] 구체적인 사건에 있어서 위법한 함정수사에 해당하는지 여부는 해당 범죄의 종류와 성질, 유인자의 지위와 역할, 유인의 경위와 방법, 유인에 따른 피유인자의 반응, 피유인자의 처벌 전력 및 유인행위 자체의 위법성 등을 종합하여 판단하여야 한다. 11순경1차, 18교정·보호·철경9, 20순경1차
[2] 수사기관과 **직접 관련**이 있는 유인자가 **과도하게 개입**함으로써 피유인자로 하여금 범의를 일으키게 하는 것은 **위법한 함정수사**이지만, 유인자가 수사기관과 **직접적 관련**을 맺지 않은 상태에서 피유인자를 상대로 단순히 수차례 **반복적으로 범행을 부탁**하였을 뿐인 경우에는 설령 그로 인하여 피유인자의 범의가 유발되었다 하더라도 **위법한 함정수사가 아니다.**(대법원 2007.7.12. 선고 2006도2339) 10경승, 09·10순경2차, 11순경1차·2차, 14경승, 14순경1차, 14국7, 15순경2차, 16경승, 17경간, 17경간, 18경간, 18교정·보호·철경9, 19순경2차, 22국7, 23경승

📖 **관련판례** 기타 함정수사와 관련된 판례

	위법한 함정수사 ○	위법한 함정수사 ×
a.	경찰관이 노래방의 도우미 알선 영업 단속 실적을 올리기 위하여 그에 대한 **제보나 첩보가 없는데도 손님을 가장하고 들어가 도우미를 불러낸 경우**(대법원 2008.10.23. 선고 2008도7362) ▶ **도우미사건** [F4] 10경승, 11순경2차, 12국9, 15순경2차, 16경간, 16경승, 16국7, 18교정·보호·철경9	갑이 수사기관에 체포된 동거남의 석방을 위한 공적을 쌓기 위하여 을에게 필로폰 밀수입에 관한 정보제공을 부탁하면서 **대가의 지급을 약속**하고, 이에 을이 병에게, 병은 정에게 순차 필로폰 밀수입을 권유하여, 이를 승낙하고 필로폰을 받으러 나온 정을 체포한 경우(대법원 2007.11.29. 선고 2007도7680) ▶ 을, 병 등이 각자의 **사적인 동기에 기하여 수사기관과 직접적인 관련이 없이 독자적으로 정을 유인한 것이기 때문이다.** [F4] 11경승, 11순경2차, 16경간, 16국7, 22순경2차
b.		수사기관이 **이미 범행을 저지른 범인을 검거하기 위해 정보원을 이용**하여 범인을 검거장소로 유인한 경우(대법원 2007.7.26. 선고 2007도4532) [F4] 16경간, 17경간, 21경승, 22순경2차, 22국7, 23경승
c.		수사기관이 피고인의 범죄사실을 인지하고도 피고인을 바로 체포하지 않고 **추가 범행을 지켜보고 있다가 범죄사실이 많이 늘어난 뒤에야 피고인을 체포**한 경우(대법원 2007.6.29. 선고 2007도3164) [F4] 10·11경승, 10순경2차, 14경승, 15순경2차, 17경승, 17순경1차, 18경간, 19순경2차, 21경승, 22국7
d.		취객을 상대로 한 **부축빼기**(부축하는 척하면서 지갑 빼기) **절도범**을 단속하기 위하여 경찰관이 피해자 근처에서 감시하다가, 피고인이 피해자를 부축하며 지갑을 뒤지자 피고인을 체포한 경우(대법원 2007.5.31. 선고 2007도1903) [F4] 법9, 국9, 10·11경승, 10국7, 10순경2차, 11순경1차, 14경승, 14순경1차, 15경승, 15순경2차, 16경간, 16경승, 16국7, 17경간, 17경승, 18경간, 19순경2차, 21경승

제 2 절 수사의 개시

I 수사의 단서

1. 수사의 단서의 의의

검사와 사법경찰관은 범죄의 혐의가 있다고 사료(생각)하는 때에는 범인, 범죄사실과 증거를 수사한다.(제196조 제1항, 제197조) 수사기관이 범죄의 혐의 있다고 사료하여 **수사를 개시하게 되는 원인**을 수사의 단서라고 한다.

F4 경승 수사의 단서는 수사를 개시하는 원인이지 수사가 아니므로 수사의 단서에는 **영장을 요하지 않는다**.

2. 수사의 단서의 유형

수사의 단서에는 다음과 같은 것들이 있다. F4 경승

수사기관 자신의 체험에 의한 수사의 단서	예 현행범체포, 변사자검시, 불심검문, 다른 사건의 수사 중 범죄발견, 기사, 풍문, 세평 등 이는 **범죄인지(입건)**에 의하여 수사가 개시된다. F4 20순경2차
타인의 체험 청취에 의한 수사의 단서	예 고소, 고발, 자수, 진정, 범죄신고 등 이는 **즉시** 수사가 개시된다.

관련판례 인지절차 전 수사의 위법 여부; 원칙적 적법

검찰사건사무규칙 제2조 내지 제4조에 의하면, 검사가 범죄를 인지하는 경우에는 범죄인지서를 작성하여 사건을 수리하는 절차를 거치도록 되어 있으므로, 특별한 사정이 없는 한 수사기관이 범죄인지 절차를 거친 때에 범죄인지가 된 것으로 볼 것이나, 이 규칙의 규정은 검찰행정의 편의를 위한 사무처리절차 규정이므로, 검사가 범죄인지 절차를 거치기 전에 범죄의 혐의가 있다고 보아 수사를 개시하는 행위를 한 때에는 이때에 범죄를 인지한 것으로 보아야 하고, **특별한 사정이 없는 한, 인지절차가 이루어지기 전에 수사를 하였다는 이유만으로 그 수사가 위법하다고 볼 수는 없고**, 따라서 그 수사과정에서 작성된 피의자신문조서나 진술조서 등의 증거능력도 이를 부인할 수 없다.(대법원 2001.10.26. 선고 2000도2968) F4 09순경2차, 19경간, 19경승, 20경간, 20경승, 20순경1차, 21국7

3. 수사의 개시 F4 21순경2차

검사 또는 사법경찰관이 다음 각 호의 어느 하나에 해당하는 행위에 착수한 때에는 수사를 개시한 것으로 본다. 이 경우 검사 또는 사법경찰관은 해당 사건을 **즉시 입건해야** 한다.(수사준칙 규정 제16조 제1항)
1. **피혐의자**의 수사기관 출석조사
2. **피의자신**문조서의 작성
3. **긴급**체포
4. 체포·구속**영장**의 청구 또는 신청
5. 사람의 신체, 주거, 관리하는 건조물, 자동차, 선박, 항공기 또는 점유하는 방실에 대한 압수·수색 또는 검

증영장(부검을 위한 검증영장은 제외)의 청구 또는 신청
* 암기방법; **피혐의자 피신 긴급 영장**

ⓘ 변사자검시 [F4] 경승

1. 변사자검시의 의의와 성격

의의	변사자검시란 사람의 사망이 범죄로 인한 것인지 여부를 판단하기 위하여 검사가 변사자의 상황을 조사하는 것을 말한다.(제222조 제1항) 📖 **관련판례** 변사자라 함은 부자연한 사망으로서 그 **사인이 분명하지 않은 자를 의미하고** 그 **사인이 명백한 경우는 변사자라 할 수 없다.**(대법원 2003.6.27. 선고 2003도1331) [F4] 경승. 20순경2차 따라서 범죄행위로 인하여 사망하였음이 명백한 자는 변사자가 아니다.
성격	**변사자검시는 수사의 단서에 불과하다. 따라서 변사자검시를 위해 영장을 요하지 않**는다. [F4] 10국9, 15경승, 22경간

2. 변사자검시의 절차

주체 [F4] 14경간 1차	① 변사자 또는 변사의 의심이 있는 사체가 있는 때에는 **그 소재지를 관할하는 지방검찰청 검사가** 검시하여야 한다.(제222조 제1항) [F4] 경승. 10순경2차 ② 사법경찰관은 변사자 또는 변사한 것으로 의심되는 사체가 있으면 **변사사건 발생사실을 검사에게 통보해야 한다.**(수사준칙 규정 제17조 제1항) 검사는 **사법경찰관에게** 검시를 명할 수 있다.(제222조 제3항) 〈대행검시〉 [F4] 10순경2차, 15경승
검증	① 검시 후에 사체해부는 **검증**에 속하므로 영장을 요하는 것이 원칙이다. 다만, 검시로 범죄의 혐의를 인정하고 긴급을 요할 때에는 **영장 없이 검증할 수 있다.**(제222조 제2항) [F4] 14경승, 16경승, 18순경2차, 19경간, 20경승, 20순경2차, 22경간 검사는 법 제222조 제1항에 따라 검시를 했을 경우에는 **검시조서를**, 검증영장이나 같은 조 제2항에 따라 검증을 했을 경우에는 **검증조서를** 각각 작성하여 사법경찰관에게 송부해야 한다.(수사준칙 규정 제17조 제2항) 한편 사법경찰관은 법 제222조 제1항 및 제3항에 따라 검시를 했을 경우에는 **검시조서를**, 검증영장이나 같은 조 제2항 및 제3항에 따라 검증을 했을 경우에는 **검증조서를** 각각 작성하여 검사에게 송부해야 한다.(수사준칙 규정 제17조 제3항) ② 검시를 위하여 타인의 주거에 들어갈 필요가 있는 경우에는 주거권자의 동의를 요하고, 동의가 없는 한 영장을 요한다.(다수설)

III 불심검문(직무질문)

1. 불심검문의 의의, 성격과 대상

의의	불심검문이란 경찰관이 **거동이 수상한 자(거동불심자)를 정지시켜 질문**하는 것을 말한다.(경찰관직무집행법 제3조 제1항, 경찰관직무집행법을 줄여서 '경직법'이라고 한다.) [F4] 13검찰·마약9, 15경승, 16순경2차, 17경승, 18경승, 22경승
법적 성격	① 보안경찰작용설과 보안경찰작용 및 사법경찰작용 병유설로 대립한다. ② 이는 경찰관직무집행법의 규정체계 때문에 나오는 견해대립이다. 불심검문은 수사의 단서에 불과하다고 보는 견해가 일반적이므로 보안경찰작용으로 정리하면 된다. 따라서 논란은 있으나, 증거수집을 위한 불심검문은 허용되지 않는다고 보아야 한다. [F4] 순경, 국9 증거수집은 수사이기 때문이다.
대상 [F4] 경승	① **거동불심자(=거동수상자)**를 대상으로 한다. ② 거동불심자는 a. 수상한 거동 기타 주위의 사정을 합리적으로 판단하여 어떠한 **죄를 범하였거나 범하려 하고 있다고 의심할 만한 상당한 이유가 있는 자** b. 이미 행하여진 범죄나 행하여지려고 하는 범죄행위에 관하여 그 사실을 **안다고 인정되는 자**를 말한다.(경직법 제3조 제1항) [F4] 16순경2차, 22경승

2. 불심검문의 방법

(1) 정지

정지란 질문을 위하여 거동불심자를 멈춰 세우는 것을 말한다. 정지를 위하여 강제수단을 사용할 수는 없다. 다만, **강제에 이르지 않을 정도의 유형을 행사하는 것은 허용**된다.(다수설) [F4] 경승

> **관련판례** 불심검문의 방법
>
> [1] 경찰관은 경찰관직무집행법 제3조 제1항에 규정된 직무질문 대상자에게 질문을 하기 위하여 범행의 경중, 범행과의 관련성, 상황의 긴박성, 혐의의 정도, 질문의 필요성 등에 비추어 **목적 달성에 필요한 최소한의 범위 내에서 사회통념상 용인될 수 있는 상당한 방법으로 대상자를 정지시킬 수 있고 질문에 수반하여 흉기의 소지 여부도 조사할 수 있다.** [2] 검문 중이던 경찰관들이, 자전거를 이용한 날치기 사건 범인과 흡사한 인상착의의 피고인이 자전거를 타고 다가오는 것을 발견하고 정지를 요구하였으나 멈추지 않아, 앞을 가로막고 검문에 협조해 달라고 하였음에도 불응하고 그대로 전진하자, 따라가서 재차 앞을 막고 검문에 응하라고 요구하였는데, 이에 피고인이 경찰관들의 멱살을 잡아 밀치는 등 항의하여 공무집행방해 등으로 기소된 경우, 경찰관들의 행위는 **적법한 불심검문에 해당**한다고 보아야 한다.(대법원 2012.9.13. 선고 2010도6203) [F4] 19순경1차, 21경간, 21경승

(2) 질문

의의	질문이란 거동불심자에게 행선지, 용건, 성명, 주소 등을 묻고, 필요시에는 소지품의 내용을 묻는 것을 말한다.
절차	직무질문을 할 때 경찰관은 질문을 받는 당해인(질문을 받는 자)에게 자신의 **신분**을 표시하는 증표(신분증표)를 제시하면서 **소**속과 **성**명을 밝히고, **목**적과 **이**유를 설명하여야 한다.(동법 제3조 제4항) ▶ 암기방법; * **신소성 모기** 📖 관련판례 [1] 경찰관이 불심검문 대상자 해당 여부를 판단할 때에는 **불심검문 당시의 구체적 상황**은 물론 **사전에 얻은 정보나 전문적 지식 등에 기초**하여 불심검문 대상자인지를 객관적·합리적인 기준에 따라 판단하여야 하나, **반드시 불심검문 대상자에게 형사소송법상 체포나 구속에 이를 정도의 혐의가 있을 것을 요한다고 할 수는 없다.** F4 17순경2차, 19순경1차, 20경승, 21경승, 22경승, 23경간, 23순경1차 [2] 경찰관이 신분증을 제시하지 않고 불심검문을 하였으나, 검문하는 사람이 경찰관(정복 착용)이고 검문하는 이유가 범죄행위에 관한 것임을 피고인이 충분히 알고 있었다고 보이는 경우(시비과정에서 경찰관이 출동)에는 (당해인의 신분증 제시 요구가 없었던 경우) 신분증을 제시하지 않았다고 하여 그 불심검문이 위법한 공무집행이라고 할 수 없다. (대법원 2014.12.11. 선고 2014도7976) F4 15교정·보호·철경9, 17경승, 18경승, 19순경1차, 20경승, 20국9, 21경경, 21경승, 22경승, 22순경1차, 23경간, 23순경1차 cf 당해인의 신분증 제시 요구가 있었다면 이런 경우에도 경찰관은 **신분증 제시 의무가 있다.**
한계	당해인은 **형사소송법에 의하지 아니하고는 신체를 구속당하지 아니하며**, 그 의사에 반하여 **답변을 강요당하지 아니한다.**(경직법 제3조 제7항) 다만, 답변을 거부하고 떠나려는 상대방을 설득하여 번의를 구할 수는 있다.(일반적 견해)

(3) 동행요구

1) 동행요구의 의의

경찰관은 **당해인(동행요구를 당하는 상대방)에게 불리하거나 교통 방해가 된다고 인정되는 때에 한하여**(동행 요구는 당해인에게 **불리**한 때. 교통 방해가 인정되는 때에 한다. * 암기방법; **불교 동행**) 부근의 경찰서, 지구대, 파출소 또는 출장소(경찰관서)에 동행할 것을 요구할 수 있다.(동법 제3조 제2항) F4 13검찰·마약9, 17경승 이 경우 당해인은 경찰관의 동행요구를 거절할 수 있다.(동법 제3조 제2항) F4 15교정·보호·철경9, 17경승 질문에 대하여 답변을 거부하는 자·동행을 거부하는 자에게는 인근 경찰관서에 동행할 것을 요구할 수는 없다.

2) 동행요구의 절차

경찰관은 동행요구를 할 때 당해인에게 자신의 **신분**을 표시하는 증표(신분증표)를 제시하면서 **소속·성**명을 밝히고 그(질문이나 동행의) **목**적과 **이**유를 설명하여야 하며, 동행**장**소를 밝혀야 한다.(동법 제3조 제4항) * 암기방법; **신소성 모기장** 동행을 한 경우에는 경찰관은 당해인의 가족 또는 친지에게 동행한 경찰관의 신분, 동행 장소, 동행 목적과 이유를 고지하거나 본인으로 하여금 즉시 연락할 수 있는 기회를 주어야 하며, **변호인의 도움(조력)을 받을 권리가 있음을 고지하여야 한다.**(동법 제3조 제5항) F4 21경승

3) 동행요구의 한계

동행을 한 경우 경찰관은 **당해인을 6시간을 초과하여 경찰서에 머물게 할 수 없다.**(동법 제3조 제6항)
F4 순경, 13경간, 13검찰·마약9, 15경승, 17경승, 22경승

> **관련판례** 동행요구의 한계
>
> 경찰관직무집행법 제3조 제6항이 **임의동행한 자를 6시간 동안 경찰관서에 구금하는 것을 허용하는 것은 아니다.** (대법원 1997.8.22. 선고 97도1240) F4 경승, 12순경2차, 13경간, 14경간, 17순경1차, 21경간, 23순경1차

> **관련판례** 경찰관직무집행법상 피구호자 보호조치
>
> [1] 경찰관직무집행법 제4조 제1항 제1호에서 규정하는 술에 취한 상태로 인하여 자기 또는 타인의 생명·신체와 재산에 위해를 미칠 우려가 있는 피구호자에 대한 보호조치는 그 조치가 불가피한 최소한도 내에서만 행사되도록 발동·행사 요건을 신중하고 엄격하게 해석하여야 한다. 따라서 이 사건 조항의 '술에 취한 상태'란 피구호자가 술에 만취하여 정상적인 판단능력이나 의사능력을 상실할 정도에 이른 것을 말하고, 이 사건 조항에 따른 보호조치를 필요로 하는 피구호자에 해당하는지는 구체적인 상황을 고려하여 경찰관 평균인을 기준으로 판단하되, 그 판단은 보호조치의 취지와 목적에 비추어 현저하게 불합리하여서는 아니 되며, **피구호자의 가족 등에게 피구호자를 인계할 수 있다면 특별한 사정이 없는 한 경찰관서에서 피구호자를 보호하는 것은 허용되지 않는다.**
> [2] 경찰관직무집행법 제4조 제1항 제1호의 보호조치 요건이 갖추어지지 않았음에도, 경찰관이 실제로는 범죄수사를 목적으로 피의자에 해당하는 사람을 이 사건 조항의 피구호자로 삼아 그의 의사에 반하여 경찰관서에 데려간 행위는, 달리 현행범체포나 임의동행 등의 적법 요건을 갖추었다고 볼 사정이 없다면, **위법한 체포**에 해당한다고 보아야 한다.(대법원 2012.12.13. 선고 2012도11162) F4 14경간, 16경간, 17순경2차, 18경승, 20경간

3. 소지품검사

(1) 소지품검사의 의의

소지품검사란 **불심검문을 하는 과정에서** 흉기 기타 물건의 소지여부를 밝히기 위하여 거동불심자의 착의나 휴대품을 조사하는 것을 말한다. F4 경승

(2) 소지품검사의 성격

불심검문에 수반하는 처분으로서 **수사의 단서**에 불과하다. F4 10국9

(3) 소지품검사의 허용여부와 한계

① 흉기의 소지여부 조사; 가능하다. 경찰관직무집행법상 제3조 제3항에 근거규정이 있기 때문이다.
　F4 10순경2차, 14교정·보호·철경9, 23경간
② 흉기 이외의 일반소지품 조사; 경찰관직무집행법상 명문규정은 없으나, 허용된다는 것이 다수설이다.
　F4 경승, 14교정·보호·철경9, 23경간
③ 흉기 이외의 일반소지품 조사의 허용한계 F4 순경
　a. Stop and Frisk; 상대방을 정지시킨 후 의복이나 휴대품의 외부를 손으로 만져서 확인하는 Stop and Frisk는 허용된다.
　b. 소지품의 개시요구(열어서 내보이도록 하는 것); 강제에 이르지 않는 한도에서 허용된다. F4 13경간

4. 자동차검문 [F4] 10국9

(1) 의의
경찰관이 범죄의 예방과 검거를 위하여 통행중인 자동차를 정지시켜 운전자나 동승자에게 질문하는 것을 의미한다.

(2) 유형 및 근거

구분	경계검문	교통검문	긴급수배검문
의의	**불특정한 일반범죄의 예방과 검거**를 목적으로 한 자동차검문	**도로교통법 위반사범의 단속**을 위한 자동차검문	**특정범죄 발생시 범인의 검거와 정보수집**을 목적으로 하는 자동차검문
성격	**보안**경찰작용	**행정**경찰작용	**사법**경찰작용
법적 근거	경직법 제3조 제1항 (직무질문)	도로교통법 제43조 (일시정지권)	경직법 제3조 제1항(직무질문) + 형소법 제199조 1항(임의수사)

Ⅳ 고소

1. 의의

고소란 고소권자가 **수사기관에 범죄사실을 신고**하여 **범인의 처벌을 구하는 의사표시**를 하는 것을 의미한다.
[F4] 순경

> **[관련판례] 고소의 의의**
>
> a. **법원에 대하여 또는 법관에게 처벌을 구하는 의사표시는 고소가 아니다.** 피해자가 법원에 대하여 피고인을 엄벌에 처하라는 내용의 진술서를 제출하거나 증인으로서 증언하면서 판사의 신문에 대해 피고인의 처벌을 바란다는 취지의 진술을 하였다 하더라도 이는 고소로서의 효력이 없다.(대법원 1984.6.26. 선고 84도709) [F4] 13경간
>
> b. **범죄사실은 특정될 것을 요한다.** 그러나 **범인 특정을 요하지는 않**는다.
>
> b1. **고소인은 범죄사실을 특정하여 신고하면 족하고 범인이 누구인지 나아가 범인 중 처벌을 구하는 자가 누구인지를 적시할 필요도 없**는바, 양벌규정은 직접 위법행위를 한 자 이외에 그 업무의 주체 등을 당연하게 처벌하도록 되어 있는 규정이므로, 친고죄의 경우에 있어서도 행위자의 범죄에 대한 고소가 있으면 족하고, 나아가 **양벌규정에 의하여 처벌받는 자에 대하여 별도의 고소를 요한다고 할 수는 없**다. (대법원 1996.3.12. 선고 94도2423) [F4] 15경승, 21교정·보호·철경9, 22순경2차
>
> b2. 고소는 범죄사실 등이 구체적으로 특정되어야 할 것이나, 그 특정의 정도는 고소인의 의사가 수사기관에 대하여 일정한 범죄사실을 지정 신고하여 범인의 소추처벌을 구하는 의사표시가 있었다고 볼 수 있을 정도면 그것으로 충분하고, **범인의 성명이 불명**이거나 또는 **오기가 있었다거나 범행의 일시·장

소·방법 등이 명확하지 않거나 틀리는 것이 있다고 하더라도 그 효력에는 아무 영향이 없다.(대법원 1984.10.23. 선고 84도1704) 24경간

c. [1] 범죄사실의 특정의 정도는 고소인의 의사가 구체적으로 어떤 범죄사실을 지정하여 범인의 처벌을 구하고 있는가를 확정할 수만 있으면 되는 것이고, **고소인 자신이 직접 범행의 일시, 장소와 방법 등까지 구체적으로 상세히 지적하여 범죄사실을 특정할 필요까지는 없다.** 순경, 11경사, 15국7

[2] 범행기간을 특정하고 있는 고소에 있어서는 특별한 사정이 없는 이상(예외가 없는 한) **그 고소는 특정한 기간 중에 저지른 모든 범죄에 대하여 범인의 처벌을 구하는 의사표시**라고 봄이 상당하다. (대법원 1988.10.25. 선고 87도1114) 12순경1차

d. 고소를 함에는 **고소능력이 있어야** 하는바, 이는 피해를 받은 사실을 이해하고 고소에 따른 사회생활상의 이해관계를 알아차릴 수 있는 **사실상의 의사능력으로 충분하므로 민법상의 (법률)행위능력이 없는 자라도 위와 같은 능력을 갖춘 자에게는 고소능력이 인정**된다.(대법원 2007.10.11. 선고 2007도4962) 08순경1차, 10국9, 13법9, 14검찰·마약9, 15경승, 15순경2차, 15국7, 16교정·보호·철경9, 17경간, 17경승, 17법9, 17순경2차, 18순경1차, 20순경1차, 21경승, 22경간, 22법승, 22법9, 23경승 ▶ 민법상 (법률)행위무능력자(법률행위의 대표적인 것은 계약, 계약체결능력 없는 자를 말함)의 대표적인 것이 미성년자이다. 즉 **미성년자는** 민법상 **행위무능력자이지만** 형소법상 **고소능력은 인정될 수 있다.**

e. **범인의 처벌을 구하는 의사표시가 없는 경우에는 적법한 고소가 아니다.** 출판사 대표인 피고인이 도서의 저작권자인 피해자와 전자도서에 대하여 별도의 출판계약 등을 체결하지 않고 전자도서를 제작하여 인터넷서점 등을 통해 판매하였다고 하여 구 저작권법위반으로 기소된 경우, 피해자가 경찰청 인터넷 홈페이지에 '피고인을 철저히 조사해 달라'는 취지의 민원을 접수하는 형태로 피고인에 대한 조사를 촉구하는 의사표시를 한 것은 (범인의 처벌을 구하는 의사표시가 없으므로) **적법한 고소로 볼 수 없다.**(대법원 2012.2.23. 선고 2010도9524) 17순경1차, 20경승, 23경승

f. 고소가 어떠한 사항에 관한 것인가의 여부는 고소장에 붙인 죄명에 구애될 것이 아니라 고소의 내용에 의하여 결정하여야 할 것이므로 고소장에 명예훼손죄의 죄명을 붙이고 그 죄에 관한 사실을 적었으나 그 사실이 명예훼손죄를 구성하지 않고 모욕죄를 구성하는 경우에는 **위 고소는 모욕죄에 대한 고소로서의 효력을 갖는다.**(대법원 1981.6.23. 선고 81도1250) 18순경1차, 22경간

2. 고소의 성격

비친고죄	비친고죄에 대한 고소는 수사의 단서에 불과하다.
친고죄	친고죄에 대한 고소는 **수사의 단서에 해당함은 물론 소송조건에도 해당**된다. 법승, 경승, 순경, 법9, 국9, 국7

3. 고소의 절차

(1) 고소권자; 암기방법 * 해법 (해사시)배직형 신지

1) **피해자**(제223조); 피해자를 고유의 고소권자라고 한다. 피해자는 직접적 피해자에 한한다. cf 채권자 등 간접적 피해자는 고소권자가 될 수 없다. 다음에 설명하는 2) ~ 4)는 고소대리권자라고 한다.
2) 피해자의 **법**정대리인(제225조 제1항); 미성년자의 친권자(부모)와 후견인이 이에 해당한다. 법정대리인의 고소권은 무능력자의 보호를 위하여 법정대리인에게 주어진 **고유권**이어서 피해자의 고소권 소멸여부에 관계없이 고소할 수 있는 것이며, 그 고소기간은 법정대리인 자신이 범인을 알게 된 날로부터 진행한다.(대법원 1984.9.11. 선고 84도1579) 또한 법정대리인은 피해자의 명시한 의사에 반해서도 고소권을 행사할 수 있다. F4 19경간, 22경간, 22경승, 22국7
3) (피해자가 **사**망시) 피해자의 **배**우자, **직**계친족, **형**제자매(제225조 제1항); 다만 이들은 피해자의 명시한 의사에 반하여 고소할 수는 없다.
4) 지정고소권자; 친고죄에 대하여 고소할 자가 없는 경우에 이해관계인의 신청이 있으면 검사가 **10일 이내**에 고소할 수 있는 자를 지정하여야 한다. 이를 **지**정고소권자라고 한다.(제228조) * 십지
5) 기타 사항
   ① 피해자의 법정대리인이 피의자이거나 법정대리인의 친족이 피의자인 때에는 **피해자의 친족**은 독립하여 고소할 수 있다.(제226조) F4 22순경2차 친족은 민법에 의하여 결정되는데, 배우자, 8촌 이내의 혈족, 4촌 이내의 인척을 말한다.(민법 제777조) 예 부모, 언니, 오빠, 누나, 동생 등
   ② 사자명예훼손죄의 경우에는 그 **사**자(死者)의 **친**족 또는 **자**손이 고소할 수 있다.(제227조) * 암기방법; 사·자·친

> **관련판례** 고소권자
>
> a. 형법 제2조는 형법의 적용범위에 관하여 속지주의 원칙을 채택하고 있는 바, 대한민국 영역 내에서 배우자 있는 자가 범죄를 범한 이상, 그 범죄를 범한 자의 배우자가 그 범죄를 처벌하지 아니하는 국가의 국적을 가진 외국인이라 하더라도 범죄행위자의 범죄 성립에는 아무런 영향이 없고, **그 외국인 배우자는 고소권이 있다.**(대법원 2008.12.11. 선고 2008도3656) F4 국7, 09국9, 10경사, 10순경1차, 12순경3차, 13순경2차
>
> b. 모자관계는 호적에 입적되어 있는 여부와는 관계없이 자의 출생으로 법률상 당연히 생기는 것이므로 **생모와 그 자의 자 사이에도 법률상 친족관계가 있다** 할 것인바, **피고인의 생모가** 피고인의 그 딸에 대한 강제추행 등 범죄사실에 대하여 **고소를 제기한 것은** 형사소송법 제226조 소정의 피해자의 친족에 의한 피해자의 법정대리인에 대한 **적법한 고소**이다.(대법원 1986.11.11. 선고 86도1982) 또한 **고소당시 이혼한 생모라도 피해자인 그의 자의 친권자로서 독립하여 고소할 수 있다.**(대법원 1987.9.22. 선고 87도1707) F4 09경승, 17경간
>
> c. 저작재산권의 양도등록은 그 양도의 유효요건이 아니므로, 저작재산권을 양도받은 사람(양수인)은 그 양도에 관한 등록 여부에 관계없이 그 저작재산권을 침해한 사람을 고소할 수 있다.(대법원 2002.11.26. 선고 2002도4849)
>
> d. 법원이 선임한 부재자 재산관리인이 그 관리대상인 부재자의 재산에 대한 범죄행위에 관하여 법원으로부터 고소권 행사에 관한 허가를 얻은 경우 **부재자 재산관리인은** 형사소송법 제225조 제1항에서 정한 **법정대리인으로서 적법한 고소권자에 해당**한다고 보아야 한다.(대법원 2022.5.26. 선고 2021도2488) F4 23법9, 23순경2차, 24경간, 23국7

(2) 고소의 방법

1) 고소의 방식 [F4] 14법9

① 고소는 **서면 또는 구술**로써 검사 또는 사법경찰관에게 하여야 한다.(제237조 제1항) [cf] 고소취소; 공소제기 전에는 수사기관에, 공소제기 후에는 수소법원에 하여야 한다. [F4] 국9, 국7, 경승, 12순경2차, 14순경2차, 15순경1차, 16경간, 17법9, 20경간, 22법9
② 검사 또는 사법경찰관이 구술에 의한 고소를 받은 때에는 **(고소)조서를 작성하여야 한다.**(제237조 제2항) [F4] 12순경2차, 14순경2차

> **관련판례** 구술에 의한 고소
>
> 구술에 의한 고소가 있는 경우에는 조서를 작성하여야 하는바, **고소조서는 반드시 독립된 조서일 필요는 없고,** 수사기관이 고소권자를 증인 또는 피해자(참고인)로서 신문한 경우에 그 진술에서 범인의 처벌을 요구하는 의사표시를 하고 그 의사표시를 조서에 기재하였을 경우에는 고소요건은 구비하였다고 할 것이다.(대법원 1966.1.31. 선고 65도1089, 대법원 2011.6.24. 선고 2011도4451) ▶ **수사기관이 참고인 진술조서 등에 고소내용을 기재한 경우에도 유효한 고소로 본다는 판례이다.** [F4] 10국9, 12순경1차·2차, 14순경2차, 15순경2차, 15국7, 16경간, 16법, 16순경1차, 17경승, 17법9, 17국7, 18경승, 20국9, 21법9, 22국9, 22법9, 23경승 그러한 (범인의 처벌을 구하는) 의사표시가 경찰관의 질문에 답하는 형식으로 이루어졌다고 하더라도 **적법한 고소에 해당**한다.(대법원 2009.7.9. 선고 2009도3860) [F4] 24경간

③ 사법경찰관이 고소를 받은 때에는 **신속히 조사하여 관계서류와 증거물을 검사에게 송부하여야 한다.**(제238조)

2) 고소의 대리 [F4] 순경, 법9, 국7, 국9, 경승

고소의 대리는 **인정**된다. 즉 고소는 대리인으로 하여금 하게 할 수 있다.(제236조) [F4] 12순경3차, 22경승 [cf] 고발의 대리; 인정되지 않는다. [F4] 17순경1차, 22경승

> **관련판례** 대리인에 의한 고소
>
> 대리인에 의한 고소의 경우 **대리권이 정당한 고소권자에 의하여 수여되었음이 실질적으로 증명되면 충분**하고 그 방식에 특별한 제한은 없다고 할 것이며, **고소의 대리인은 구술에 의한 방식으로 고소를 제기할 수도 있다.**(대법원 2002.6.14. 선고 2000도4595) 또한 고소를 할 때 반드시 위임장을 제출한다거나 '대리'라는 표시를 하여야 하는 것은 아니다.(대법원 2001.9.4. 선고 2001도3081) [F4] 14경간, 15국7, 17순경2차, 18순경1차, 20순경1차, 23경승

(3) 고소의 제한

원칙	**자기 또는 배우자의 직계존속**(예 자기의 부모, 조부모, 장인·장모, 시아버지·시어머니)을 **고소하지 못한다.**(제224조) cf 직계비속; 직계존속은 직계비속(예 아들, 딸, 손자, 손녀 등)을 고소할 수 있다. F4 국7, 법승, 국9, 경승, 08순경3차, 10·13법9 **관련판례** 직계비속을 고소할 수 있으나, 자기 또는 배우자의 직계존속을 고소하지 못하도록 규정한 형사소송법 제224조가 비속을 차별 취급하여 **평등권을 침해한다고 할 수 없다.**(합헌, 헌결 2011. 2. 24. 2008헌바56)
예외	**성폭력범죄**(성폭력범죄의 처벌 등에 관한 특례법 제18조)와 **가정폭력범죄**(가정폭력범죄처벌에 관한 특례법 제6조 제2항)의 경우에는 **자기 또는 배우자의 직계존속도 고소할 수 있다.** F4 순경, 경승, 18법9

(4) 고소기간의 제한과 고소기간의 기산점

1) 고소기간의 제한

① 비친고죄의 고소기간은 제한이 없다. F4 12경승   비친고죄는 고소가 없더라도 공소제기를 해서 처벌할 수 있으므로 굳이 고소기간을 제한할 필요가 없다.

> **관련판례**
>
> [1] 친족상도례가 적용되는 친족의 범위는 민법의 규정에 의하여야 하는데, 사기죄의 피고인과 피해자가 **사돈지간**이라고 하더라도 이를 **민법상 친족으로 볼 수 없다.**
> [2] 피고인이 백화점 내 점포에 입점시켜 주겠다고 속여 피해자로부터 입점비 명목으로 돈을 편취하였다며 사기로 기소된 경우, **피고인과 피해자가 사돈지간이라면 친족상도례가 적용되는 친고죄가 아니다.**(대법원 2011. 4. 28. 선고 2011도2170) ▶ 사기죄는 **비친고죄이므로 고소기간의 제한이 없다.** 따라서 고소기간 경과 후의 고소라 할지라도 공소기각판결을 할 수 없고, **실체판결을 하여야 한다.** F4 12경승, 20경승

② 친고죄의 경우에는 고소기간의 제한이 있다. 즉 **범인을 알게 된 날로부터 6월을 경과하면 고소하지 못한다.**(제230조 제1항 본문) 친고죄는 고소가 없으면 처벌할 수 없으므로 고소기간을 제한하지 않으면 영원히 고소권자의 의사에 의하여 처벌가능성이 좌우되어 바람직하지 않기 때문에 고소기간을 제한할 필요가 있는 것이다.

2) 고소기간의 원칙적 기산점(원칙)

① 고소기간은 원칙적으로 **범인을 알게 된 날로부터** 기산한다.(제230조 제1항 본문)

> 📖 **관련판례**
>
> a. 범인을 알게 된다는 의미; 범인을 알게 된다 함은 범인이 누구인지 특정할 수 있을 정도로 알게 된다는 것을 의미하고, 범인의 동일성을 식별할 수 있을 정도로 인식함으로써 족하며, **범인의 성명, 주소, 연령 등까지 알 필요는 없다.**(대법원 1999.4.23. 선고 99도576) 또한 범인을 알게 된다 함은 **통상인의 입장에서 보아** 고소권자가 고소를 할 수 있을 정도로 범죄사실과 범인을 아는 것을 의미하고, 범죄사실을 안다는 것은 고소권자가 친고죄에 해당하는 범죄의 피해가 있었다는 사실관계에 관하여 **확정적인 인식(미필적 인식×)**이 있음을 말한다.(대법원 2010.7.15. 선고 2010도4680) 12순경1·2차, 16순경1차, 18경간, 20국7, 22경승
>
> b. 법정대리인의 고소기간; **법정대리인 자신이 범인을 알게 된 날로부터 기산**한다. 취지는 고소기간 연장의 효과가 있기 때문에 **무능력자 보호**를 위한 것이다.(대법원 1984.9.11. 선고 84도1579) 법9, 법승, 국9, 국7, 경승, 08순경3차, 20순경1차, 24경간
>
> > 🆚 **비교판례**
> >
> > 대리고소인의 고소기간은 대리고소인이 아니라 정당한 고소권자(피해자)가 범인을 알게 된 날부터 기산한다.(대법원 2001.9.4. 선고 2001도3081) 11법9, 12순경3차, 16법9, 22경간, 24경간

② 고소할 수 있는 자(피해자를 의미)가 수인인 때 **1인의 기간 해태(게을리 하는 것)는 타인의 고소에 영향이 없다.**(제231조) 경승, 14순경2차, 17순경1차

3) 고소기간의 기산점(예외)

① 친고죄의 경우 고소할 수 없는 불가항력(사람의 힘으로는 할 수 없는 것)의 사유가 있는 때; **불가항력의 사유가 없어진 날로부터 기산**한다.(제230조 제1항 단서) 순경, 법9, 경승

> 📖 **관련판례** 친고죄의 고소할 수 없는 불가항력 사유 해당 여부
>
> a. 해당○(객관적 사유)
> a1. **범행 당시 피해자가 11세의 소년**에 불과하여 고소능력이 없었다가 고소 당시에 비로소 고소능력이 생겼다면, 그 **고소기간은 고소능력이 생긴 때로부터 기산**되어야 하므로, 고소기간이 경과된 것으로 볼 것이 아니다.(대법원 1995.5.9. 선고 95도696) 국7, 08순경1차·2차, 10순경2차, 15순경1차, 17법9, 22법9
> a2. 강간 피해 당시 14세의 정신지체아가 범행일로부터 약 1년 5개월 후 담임교사 등 주위 사람들에게 피해사실을 말하고 비로소 그들로부터 고소의 의미와 취지를 설명을 듣고 고소에 이른 경우, 위 **설명을 들은 때 고소능력이 생겼다.**(대법원 2007.10.11. 선고 2007도4962) 경승, 22순경2차
>
> b. 해당×(주관적 사유)
> **해고될 것이 두려워 고소를 하지 않은 것**이 고소할 수 없는 불가항력적 사유에 해당한다고 할 수 없다.(대법원 1985.9.10. 선고 85도1273) 순경

② 범죄행위 도중에 범인을 안 경우

> **관련판례** 범죄행위 도중에 범인을 알게 된 경우 고소기간의 기산점
>
> 고소권자가 범죄행위가 계속되는 도중에 범인을 알았다 하여도, 그 날부터 곧바로 위 조항에서 정한 친고죄의 고소기간이 진행된다고는 볼 수 없고, **고소기간은 범죄행위가 종료된 때부터 계산**하여야 하며, 포괄일죄의 경우에는 최후의 범죄행위가 종료한 때에 전체 범죄행위가 종료된 것으로 보아야 한다.(대법원 2004.10.28. 선고 2004도5014) 12국7

4. 고소의 효과(고소불가분의 원칙)

(1) 고소(·고소취소)불가분의 원칙의 의의와 취지 및 근거

의의와 취지	고소불가분의 원칙이라는 용어에는 고소불가분의 원칙과 고소취소불가분의 원칙이 포함된다. 즉 고소불가분의 원칙은 고소(·고소취소)불가분이다. 고소(·고소취소)불가분의 원칙이란 **친고죄**에 있어서 고소와 고소취소의 효력은 불가분이라는 원칙을 말한다. 비친고죄의 경우에는 아예 고소불가분의 원칙을 논하지 않는다. 고소불가분의 원칙은 객관적 불가분의 원칙과 주관적 불가분의 원칙으로 나뉜다. 고소불가분의 원칙을 인정하는 취지는 고소권자의 의사에 의하여 처벌되는 범죄사실의 범위와 처벌되는 사람의 범위가 좌우되는 것을 방지하기 위함이다.
근거	① 주관적 불가분의 원칙; 형사소송법 제233조에 **명문규정이 있다.** 09국7, 13경승 ② 객관적 불가분의 원칙; **명문규정은 없으나, 당연히 인정**된다는 것이 다수설이다. 12경승

(2) 고소의 객관적 불가분의 원칙

1) 고소의 객관적 불가분의 원칙의 의의

고소의 객관적 불가분의 원칙이란 **친고죄에 있어서 1개의 범죄사실(일죄)의 일부**에 대하여 고소 또는 고소취소를 한 경우 고소 또는 고소취소를 하지 않은 부분을 포함한 **범죄사실 전부**에 대하여 고소 또는 고소취소의 효력이 발생한다는 원칙을 말한다. 법승, 12경승, 13법9, 15순경2차

2) 고소의 객관적 불가분의 원칙의 적용범위 국9, 순경, 법9, 경승

① 객관적 불가분의 원칙이 적용되는 경우

과형상 일죄의 각 부분이 **모두 친**고죄이고, 피해자가 **동**일한 경우(암기방법; * **모친동**)에는 객관적 불가분의 원칙이 적용된다. 예 성형외과 의사 甲이 A녀에 대하여 성형수술을 하던 중 알게 된 신체상 비밀을 누설하면서 A녀를 모욕한 경우〈업무상 비밀누설죄(친고죄)와 모욕죄(친고죄)의 과형상 일죄의 경우〉 모욕죄(친고죄)의 일죄의 일부에 대한 고소 또는 고소취소의 효력은 업무상 비밀누설죄에도(일죄의 전부에) 미친다.

② 객관적 불가분의 원칙이 적용되지 않는 경우

a. 과형상 일죄의 일부는 친고죄·다른 일부는 비친고죄인 경우; 비친고죄에 대한 고소는 친고죄에 효력이 미치지 않는다. 또한 친고죄에 대한 고소취소는 비친고죄에 효력이 미치지 않는다. 21경간

- b. 과형상 일죄의 각 부분이 모두 친고죄이나 피해자가 다른 경우; **예** 甲이 1개의 문서로 A, B, C를 모욕(3개의 모욕죄의 과형상 일죄)했으나, A만 甲을 고소한 경우에 A의 고소만이 효력을 발생하고, B, C는 고소한 것으로 되지 않는다. F4 18국7
- c. 수죄(**예** 경합범); 경합범의 일부에 대한 고소 또는 고소취소의 효력은 다른 부분에는 미치지 않는다. F4 18국7

(3) 고소의 주관적 불가분의 원칙 F4 국7, 국9, 법9, 경승, 08순경1차

1) 고소의 주관적 불가분의 원칙의 의의

고소의 주관적 불가분의 원칙이란 "친고죄의 공범(임의적 공범·필요적 공범 모두 포함) 중 1인 또는 수인에 대한 고소 또는 고소취소의 효력은 고소 또는 고소취소를 하지 않은 **다른 공범자에 대하여도 효력이 있다.** (제233조)"는 원칙을 말한다. **예** 甲과 乙이 공동으로 피해자 A를 모욕한 사건에 대하여 고소권자인 A가 공범 중 1인인 甲만을 고소하고 다른 공범 乙에 대해서는 고소를 하지 않은 경우 乙에게도 고소의 효력이 미친다. F4 10국9, 12경승·순경3차, 14순경2차, 16경승, 18순경1차, 20경승

2) 고소의 주관적 불가분의 원칙의 적용범위

① 고소의 주관적 불가분의 원칙이 적용되는 경우
- a. **절대적 친고죄**(**예** 사자의 명예훼손죄, 모욕 등); 모욕죄의 공범(甲乙) 중 1인(甲)을 고소 또는 고소취소한 경우에는 주관적 불가분의 원칙이 적용되므로 다른 공범(乙)에게도 고소 또는 고소취소의 효력이 미친다. F4 11순경2차, 15법9, 21경간
- b. **상대적 친고죄**(**예** 친족상도례); 공범자 전원(甲乙)이 피해자(A)와 친족상도례의 신분관계가 있는 경우에는 주관적 불가분의 원칙이 적용된다.
- c. 공범자의 1인(甲)에 대한 제1심판결이 선고되어 甲에 대하여 고소취소를 할 수 없게 된 후 제1심판결 선고 전의 다른 공범자(乙)에 대한 고소취소는 불가능하다.(대법원 1985.11.12. 선고 85도1940) ▶ **주관적 불가분의 원칙이 적용되기 때문**이다. F4 09순경1차, 10경승, 11법9, 13경승, 13경간, 16경승, 16순경1차, 18법9, 19법9, 21교정·보호, 철경9, 23경승

② 고소의 주관적 불가분의 원칙이 적용되지 않는 경우
- a. **상대적 친고죄**(**예** 친족상도례); 공범자(甲乙) 중 일부(甲)만이 피해자(A)와 친족상도례의 신분관계가 있는 경우 주관적 불가분의 원칙이 적용되지 않으므로 비신분자(乙)에 대한 고소는 신분자(甲)에 대하여 효력이 없고, 신분자(甲)에 대한 고소취소는 비신분자(乙)에게 효력이 없다. F4 10경장, 11경승, 12검찰·마약9, 13경승, 14교정·보호, 철경9, 16경승, 21경간, 23경간
- b. (조세범처벌법상, 관세법상) **즉고발사건**(대법원 2004.9.24. 선고 2004도4066); 즉고발사건의 공범(甲乙) 중 1인(甲)을 고소 또는 고소취소한 경우에는 주관적 불가분의 원칙이 적용되지 않으므로 다른 공범(乙)에게는 고소 또는 고소취소의 효력이 미치지 않는다. F4 08순경1차, 10경장, 10경위, 14경승, 14교정·보호, 철경9, 18경간
- c. **반의사불벌죄**(대법원 1994.4.26. 선고 93도1689); 형사소송법이 제233조에서 고소와 고소취소의 불가분에 관한 규정을 함에 있어서는 반의사불벌죄에 이를 준용하는 규정을 두지 아니한 것은 처벌을 희망하지 아니하는 의사표시나 처벌을 희망하는 의사표시의 철회에 관하여 **친고죄와는 달리 '공범자 간에 불가분의 원칙(주관적 불가분의 원칙)'을 적용하지 아니하고자 함에 있다고 볼 것이지, 입법의 불비**(법으로 규정해야 할 것을 규정하지 않은 것)**로 볼 것은 아니다.**(대법원 1994.4.26. 선고 93도1689) 즉 반의사불벌죄인 명예훼손죄의 공범(甲乙) 중 1인(甲)을 고소 또는 고소취소한 경우에는 주관

적 불가분의 원칙이 적용되지 않으므로 다른 공범(乙)에게는 고소 또는 고소취소의 효력이 미치지 않는다. 09국7, 10경위, 10법9, 11경장·경사, 11순경2차, 14경승, 14검찰·마약9, 15순경1차, 15법9, 16법9, 17경승, 17검찰·마약9, 18경간, 18순경1차, 19경간, 19법9, 20법9, 20검찰·마약9, 21경승, 21법9, 22경승, 23경간

> **관련판례** 주관적 불가분의 원칙에 관한 기타 판례
>
> a. 친고죄에서 공범 중 일부에 대하여만 처벌을 구하고 나머지에 대하여는 처벌불원의 의사를 표시한 고소는 **적법한 고소라 할 수 없고**(주관적 불가분의 원칙에 위반된 고소이기 때문), 이때 법원은 **공소기각 판결**을 선고하여야 한다.(대법원 2009.1.30. 선고 2008도7462) 12국9, 14교정·보호, 철경9, 16경승, 17검찰·마약9, 19법9
>
> b. 형법 제354조, 제328조(친족상도례)의 규정에 의하면, **직계혈족, 배우자, 동거친족, 동거가족** 또는 그 **배우자**(* **직배동동배**) 간의 공갈죄는 그 형을 면제하여야 하고 그(**직배동동배**) 외의 친족 간에는 고소가 있어야 공소를 제기할 수 있는바(친고죄), 흉기 기타 위험한 물건을 휴대하고 공갈죄를 범하여 '폭력행위 등 처벌에 관한 법률' 제3조 제1항, 제2조 제1항 제3호에 의하여 가중처벌 되는 경우에도 형법상 공갈죄의 성질은 그대로 유지되는 것이므로, **형법 제354조(친족상도례)는 '폭력행위 등 처벌에 관한 법률 제3조 제1항 위반(집단·흉기등공갈)죄'에도 그대로 적용**된다.(대법원 2010.7.29. 선고 2010도5795) 12경승
>
> c. 법원은 검사가 공소를 제기한 범죄사실을 심판하는 것이지 고소권자가 고소한 내용을 심판하는 것이 아니므로, 고소권자가 비친고죄로 고소한 사건이더라도 검사가 사건을 친고죄로 구성하여 공소를 제기하였다면 공소장 변경절차를 거쳐 공소사실이 비친고죄로 변경되지 아니하는 한, **법원으로서는 친고죄에서 소송조건이 되는 고소가 유효하게 존재하는지를 직권으로 조사·심리하여야** 한다. 그리고 이 경우 (친고죄의 고소가 유효하게 존재한다면) 친고죄에서 고소와 고소취소의 불가분 원칙을 규정한 형사소송법 제233조(주관적 불가분의 원칙)는 당연히 적용되므로, 만일 공소사실에 대하여 **피고인과 공범관계에 있는 사람에 대한 적법한 고소취소가 있다면 고소취소의 효력은 피고인에 대하여 미친다.**(대법원 2015.11.17. 선고 2013도7987) 16순경1차, 17순경2차, 19경간, 19순경2차, 20경승, 20순경1차, 21경간, 21순경2차, 23법9

5. 고소의 취소

(1) 고소취소의 의의

고소의 취소란 고소 후에 수사기관 또는 법원에 대하여 이미 제기한 고소를 철회(앞으로는 효력이 없는 것으로) 하는 법률행위적 소송행위(의사표시)를 의미한다.

(2) 고소취소의 절차

1) 고소의 취소권자

고소권자로서 고소를 한 자(고소인)가 고소취소권자이다. 고유의 고소권자인 피해자는 고소의 대리권자가 한 고소를 취소할 수 있으나, 고소의 대리권자는 고유의 고소권자인 피해자가 한 고소를 취소할 수 없다.

> **관련판례** 고소취소권자
>
> 피해자의 부친이 피해자 사망 후에 피해자를 대신하여 그 피해자가 이미 하였던 고소를 취소하더라도 이는 **적법한 고소취소라 할 수 없다**.(대법원 1969.4.29. 선고 69도376) 08순경3차, 11경승

2) 고소취소의 시기

비친고죄는 고소취소의 시기에 대한 **제한이 없다**. 그러나 친고죄는 고소취소의 시기에 대한 제한이 있다. 즉 친고죄의의 고소취소는 **제1심판결 선고 전까지** 할 수 있다.(제232조 제1항) 법승, 국7, 순경, 12경승, 13국9, 15법9, 16경승, 23경승 한편 반의사불벌죄에 있어서 처벌희망의사표시의 철회도 **제1심판결 선고 전까지**만 철회할 수 있다.(제232조 제1·3항) 13검찰·마약9, 23경간

> **관련판례** 고소취소의 시기
>
> a. 항소심(제2심)은 제1심이라고 할 수 없어 **항소심에서는 고소취소를 할 수 없다**.(대법원 1999.4.15. 선고 96도1922 전원합의체 판결) 또한 항소심에서 반의사불벌죄로의 공소장이 변경된 경우 그 **처벌을 희망하는 의사표시를 철회할 수 없다**.(대법원 1988.3.8. 선고 85도2518) 09국7, 10·12경승, 10국7, 11·12 경간·법9, 13검찰·마약9, 15순경1차, 15법9, 17국7, 18경승, 18경간1차, 18법9, 18경간2차, 19경승, 19법9, 19경간1차, 20법9, 20국9, 21법9, 21순경1차, 22경승, 23교정·보호·철경9, 24경간 ▶ 따라서 항소심에서 고소취소 또는 처벌희망의사표의 철회를 한 경우 고소취소와 처벌희망의사표시의 철회는 무효이므로 법원은 **공소기각의 판결을 선고할 수 없다**.
>
> b. 상소심에서 제1심 공소기각판결을 파기하고 사건을 제1심법원에 환송함에 따라 다시 제1심 절차가 진행된 경우, 종전의 제1심판결은 이미 파기되어 효력을 상실하였으므로 환송 후의 제1심판결 선고 전에는 고소취소의 제한사유가 되는 제1심판결 선고가 없는 경우에 해당한다. 그러므로 **환송 후의 제1심판결 선고 전에 고소가 취소되면** 형사소송법 제327조 제5호에 의하여 **판결로써 공소를 기각하여야 한다**.(대법원 2011.8.25. 선고 2009도9112) 12순경2차, 19경승, 21교정·보호·철경9, 22국9

3) 고소취소의 방법

고소 취소의 방식 21경승	① 고소취소의 방식에 대해서는 고소의 방식에 관한 규정을 준용한다.(제239조, 제237조, 제238조) 따라서 고소취소도 **서면 또는 구술**로 가능하고, **구술에 의한 경우에는 (고소취소)조서를 작성하여야 하며, 고소취소조서도 독립한 조서일 필요가 없다**. 13검찰·마약9 ② 고소취소는 공소제기 전에는 수사기관에, 공소제기 후에는 수소법원에 한다.(대법원 2012.2.23. 선고 2011도17264) 13검찰·마약9, 14법9, 21교정·보호·철경9, 23법9
대리	고소의 대리가 허용되는 것과 마찬가지로 **고소취소의 대리도 가능**하다.(제236조) 12순경3차, 16검찰·마약9, 19경승, 22순경2차

4) 고소취소의 의사표시

📖 **관련판례** 고소취소에 해당하는지 여부

고소취소 ○	고소취소 ×
(1) **합의서 제출** (대법원 2002.7.12. 선고 2001도6777) F4 10법9·12경간, 16경간, 21순경1차 (2) **합의서+탄원서 제출** (대법원 1981.11.10. 선고 81도1171)	(1) **합의서의 작성만 있고 제출이 없는 경우**(대법원 2002.3.15. 선고 2002도158) F4 21순경1차, 23경승 (2) 합의서 제출 후 **강요에 의한 합의라는 이유로 번복**(대법원 1980.10.27. 선고 80도1448) cf 합의서 제출 후 번복해도 원칙적으로 고소취소로 본다. (3) **법대로 처벌하되 관대하게 처벌하여 달라, 젊은 사람들이니 한번 기회를 봐 달라**는 진술(대법원 1981.1.13. 선고 80도2210) F4 19경승

📖 **관련판례** 처벌불원의 의사표시

a. 피고인과 반의사불벌죄에 있어서 피해자가 처벌을 희망하지 아니하는 의사표시나 처벌을 희망하는 의사표시의 철회를 하였다고 인정하기 위해서는 **피해자의 진실한 의사가 명백하고 믿을 수 있는 방법으로 표현되어야** 한다.(대법원 2010.5.13. 선고 2009도5658) F4 11경장·경사, 12순경2차, 13경간

b. 근로기준법 제44조의2, 제109조는 건설업에서 2차례 이상 도급이 이루어진 경우, 건설산업기본법 규정에 따른 건설업자가 아닌 하수급인이 그가 사용한 근로자에게 임금을 지급하지 못할 경우 하수급인의 직상 수급인(바로 위 수급인, 즉 원수급인=하도급인)은 하수급인과 연대하여 하수급인이 사용한 근로자의 임금을 지급할 책임을 지도록 하면서 이를 위반한 직상 수급인을 처벌하되, 근로자의 명시적인 의사와 다르게 공소를 제기할 수 없도록 규정하고 있다. 이때 하수급인의 처벌을 희망하지 아니하는 근로자의 의사표시가 있을 경우, 직상 수급인에 대하여는 처벌을 희망하지 아니하는 의사표시가 명시적으로 이루어지지 않게 될 가능성도 적지 아니한 점, 나아가 하수급인으로부터 임금을 지급받거나 하수급인의 채무를 면제해 준 근로자가 굳이 직상 수급인만 따로 처벌받기를 원하는 경우는 매우 드물 것인 점 등을 고려할 때 직상 수급인의 처벌을 희망하지 아니하는 의사표시도 포함되어 있다고 볼 수 있는지를 살펴보아야 하고, 직상 수급인을 배제한 채 오로지 하수급인에 대하여만 처벌을 희망하지 아니하는 의사를 표시한 것으로 쉽사리 단정할 것은 아니다.(대법원 2015.11.12. 선고 2013도8417) F4 17순경2차

📖 **관련판례** 고소취소로 보는지 여부에 관한 기타 판례

a. 고소권자인 피해자가 피고인의 처벌을 구하는 의사를 철회한다는 의사로 **합의서를 제1심법원에 제출하였다면** 피고인에 대한 **고소는 적법하게 취소되었다**고 할 것이고, **그 후 피해자가** 제1심법원에 증인으로 출석하여 위 합의를 취소하고 다시 피고인의 처벌을 원한다는 진술을 함으로써 **고소취소를 철회하는 의사표시를 하였다고 하여도 그것은 아무런 효력이 없다.**(대법원 2009.9.24. 선고 2009도6779)
▶ 합의서를 제출하였다면 그 후 번복한 경우에도 원칙적으로 고소취소로 본다는 판례이다. F4 12경승, 17국7, 22순경2차

> **비교판례**
>
> 합의서 제출 후 고소인인 피해자가 제1심법정에 나와 위 **합의서는 강요에 의한 것이라고 말하고 고소취소의 의사가 없다고 말한 경우**에는 고소취소의 효력이 발생할 수 없다.(대법원 1980.10.27. 선고 80도1448) ▶ 합의서 제출 후 강요에 의한 합의라는 이유로 번복한 경우에는 예외적으로 고소취소로 볼 수 없다는 판례이다.

b. 피고인이 甲의 명예를 훼손하고 甲을 모욕하였다는 내용으로 기소된 경우, 공소제기 후에 피고인에 대한 다른 사건의 검찰 수사과정에서 피고인에 대한 이전의 모든 고소 등을 취소한다는 취지가 기재된 합의서가 작성되었으나 그것이 제1심 판결 선고 전에 법원에 제출되었다고 볼 자료가 없고, 오히려 甲이 제1심법정에서 증언하면서 위 합의 건은 기소된 사건과 별개이고 피고인의 처벌을 원한다고 진술하여, 고소취소 및 처벌의사의 철회가 있었다고 할 수 없는데도 **공소를 기각한 원심판결은 위법**하다.(대법원 2012.2.23. 선고 2011도17264) ▶ 고소취소의 취지가 기재된 합의서가 법원에 제출되지 않은 경우에는 **공소기각판결을 할 수 없고 실체판결을 하여야 한다.**

(3) 고소취소의 효과

1) 재고소의 금지

고소를 취소한 자는 **다시 고소를 하지 못한다.**(제232조) 고소취소에 의하여 고소권이 소멸하기 때문이다. 따라서 고소취소를 한 자는 고소기간이 남았더라도 다시 고소하지 못한다. 16경승, 21순경1차

> **관련판례** 고소장을 제출했다가 회수한 경우
>
> [1] **피해자가 고소장을 제출하여 처벌을 희망하는 의사를 분명히 표시한 후 고소를 취소한 바 없다면 비록 고소 전에 피해자가 처벌을 원치 않았다 하더라도 그 후에 한 피해자의 고소는 유효하다.** 21순경1차, 22법9 [2] 고소인이 경찰관에게 서면으로 고소장을 제출함으로써 고소를 한 후, 피고인들과 대화를 해보고 정식으로 고소장을 접수할 것인지 결정하겠다고 밝히면서 경찰관으로부터 **고소장을 회수**하였다면 이는 고소인이 피고인들에 대한 소추를 희망하는 의사를 명시적·확정적으로 철회한 것이 아니어서 **고소취소에 해당한다고 볼 수 없다.**(대법원 2008.11.27. 선고 2007도4977) ▶ 고소장을 제출했다가 바로 회수한 경우에는 **고소 자체가 없으므로 고소취소가 되지 않고, 다시 고소할 수 있**는 것이다. 13순경2차, 15경승, 17국7, 20국7, 22경간

2) 수사기관과 법원의 처리

① 공소제기 전에 고소의 취소가 있었던 경우; 검사가 공소제기 전에 고소취소가 있음을 모르고 공소제기를 한 경우에 수소법원은 제327조 제2호(공소제기 절차가 법률의 규정에 위반하여 무효인 때)의 **공소기각판결**을 해야 한다.
② 공소제기 후에 고소의 취소가 있는 경우; 법원은 제327조 제5호(친고죄 사건에서 고소가 취소되었을 때)의 **공소기각판결을 해야 한다.** cf 검사가 공소제기 전에 고소취소가 있음을 안 경우는 **공소권 없음의 불기소처분**(검사가 소송조건이 결여되었을 때 하는 불기소처분)을 한다.

3) 불가분의 원칙

고소취소의 경우에도 고소의 객관적·주관적 불가분의 원칙이 그대로 적용된다. F4 11법9

6. 고소권의 포기 F4 01경사

고소권의 포기란 친고죄의 **고소기간 내에** 장차 고소권을 행사하지 아니한다는 의사표시를 하는 것을 말한다.

> **관련판례** 전(前)고소권의 포기 인정 여부; 판례는 부정
>
> 친고죄에 있어서의 피해자의 **고소권은 공법상의 권리**라고 할 것이므로 법이 특히 명문으로 인정하는 경우를 제외하고는 자유처분을 할 수 없고 따라서 일단 한 고소는 취소할 수 있으나 고소 전에 **고소권을 포기할 수 없다.**(대법원 1967.5.23. 선고 67도471) F4 10국9, 11경승, 16경간, 20국9

Ⅴ 고발

1. 고발의 의의

고발이란 고소권자와 범인을 제외한 제3자가 수사기관에 대하여 범죄사실을 신고하여 범인의 처벌을 구하는 의사표시를 하는 것을 말한다. 고소권자는 고소를 하면 되고, 범인은 자수를 하면 되기 때문에 고소권자와 범인은 제외되는 것이다.

2. 고소·고발의 비교 F4 경승, 순경, 법9, 법승, 국7, 국9

	고소	고발
성격	원칙: 수사의 단서 예외: **친고죄의 경우는 소송조건**	원칙: 수사의 단서 예외: **즉고발 사건의 경우는 소송조건**
주체	고소권자	고소권자와 범인을 제외한 제3자
기간	**친고죄; 6월**, 비친고죄; 제한×	제한× F4 21순경2차
대리	가능	불가능
취소	제1심판결 선고 전까지 ○	제한×
불가분의 원칙	친고죄의 경우 **적용**	즉고발사건의 경우 고발의 (주관적) 불가분의 원칙 적용×
헌법소원	견해가 대립하나, 고소인은 헌법소원을 청구할 수 없다고 정리할 것(이재상 교수) F4 12순경1차	고발인은 헌법소원을 청구할 수× (∵자기관련성×)

3. 고발의 절차

(1) 고발권자(제234조)

누구든지 범죄가 있다고 사료하는 때에는 고발할 수 있다.(제234조) ▶ 고소권자와 범인을 제외하고 고발권자에는 제한이 없다. 다만, **공무원**은 그 직무를 행함에 있어 범죄가 있다고 사료하는 때에는 고발하여야 한다. ▶ 공무원은 직무와 관련하여 **고발의무가 있다.** 10순경2차, 11경승 예컨대 세무공무원은 조세범칙사건을 인식한 경우에는 직무와 관련되므로 고발의무가 있다. 그러나 세무공무원이 강도죄를 인식한 경우에는 직무와 관련성이 없으므로 고발의무가 없다.

(2) 고발의 제한

자기 또는 배우자의 **직계존속을 고발할 수 없다.** cf 직계존속은 직계비속을 고발할 수 있다.(제235조, 제224조) ▶ 고소의 경우와 법리가 같다. 08순경3차, 11경승, 14경승

(3) 고발의 방식

① 고발 및 고발취소의 방식은 고소 및 고소취소에 관한 규정을 준용한다.(제239조, 제237조, 제238조)
② 고발 및 고발취소는 **서면 또는 구술로써 검사 또는 사법경찰관에게 하여야 하고,** 검사 또는 사법경찰관이 구술에 의한 고발을 받은 때에는 **(고발)조서를 작성하여야 한다.**(제237조)
③ 사법경찰관이 고발을 받은 때에는 **신속히 조사하여 관계서류와 증거물을 검사에게 송부하여야 한다.**(제238조)

> **관련판례** 고발
>
> a. 조세범처벌절차법에 즉시고발을 할 때 고발사유를 고발서에 명기하도록 하는 규정이 없을 뿐만 아니라, 원래 즉시고발권을 세무공무원에게 부여한 것은 세무공무원으로 하여금 때에 따라 적절한 처분을 하도록 할 목적으로 특별사유의 유무에 대한 인정권까지 세무공무원에게 일임한 취지라고 볼 것이므로, **조세범칙사건에 대하여 관계 세무공무원의 즉시고발이 있으면 그로써 소추의 요건은 충족**되는 것이고, 법원은 본안에 대하여 심판하면 되는 것이지 즉시고발 사유에 대하여 심사할 수 없다.(대법원 2014.10.15. 선고 2013도5650)
>
> b. 고발의 경우 범인을 지적할 필요가 없는 것이고, **고발에서 지정한 범인이 진범인이 아니더라도 고발의 효력에는 영향이 없**는 것이므로, 고발인이 농지전용행위를 한 사람을 갑으로 잘못 알고 갑을 피고발인으로 하여 고발하였다고 하더라도 을이 농지전용행위를 한 이상 을에 대하여도 고발의 효력이 미친다.(대법원 1994.5.13. 선고 94도458) 10순경1차, 20경승
>
> c. 검사의 불기소처분에는 확정재판에 있어서의 확정력〈기판력(확정되면 더 이상 다투거나 변경할 수 없는 효력)과 같은 뜻으로 보면 됨)〉과 같은 효력이 없어 일단 불기소처분을 한 후에도 공소를 제기할 수 있으므로, 세무공무원 등의 고발이 있어야 공소를 제기할 수 있는 조세범처벌법 위반죄에 관하여 일단 불기소처분이 있었더라도 세무공무원 등이 종전에 한 고발은 여전히 유효하다. 따라서 **나중에 공소를 제기함에 있어 세무공무원 등의 새로운 고발이 있어야 하는 것은 아니다.**(대법원 2009.10.29. 선고 2009도6614) 12경간, 20경승, 20순경2차, 21경승, 21순경1차, 22국7

d. 조세범처벌법과 관세법상의 고발(즉고발사건)에는 고소·고발불가분의 원칙이 적용되지 아니하므로, 고발의 구비 여부는 양벌규정에 의하여 처벌받는 자연인인 행위자와 법인에 대하여 개별적으로 논하여야 한다.(대법원 2004.9.24. 선고 2004도4066) F4 12국7, 13순경1차, 16법9, 20순경1차, 21경간 따라서 공정거래위원회의 고발 대상에서 제외된 피고인들에 대한 (즉고발사건인) 독점규제 및 공정거래에 관한 법률위반의 공소사실에 관하여는 공소의 제기가 법률의 규정에 위반하여 무효인 경우에 해당하므로 **공소기각판결**을 하여야 한다.(대법원 2010.9.30. 선고 2008도4762) ▶ 고발의 경우에는 고소의 주관적 불가분의 원칙이 적용되지 않으므로 고발 대상이 된 피고인들에 대해서는 공소제기가 유효하나, **고발 대상에서 제외된 피고인들에 대해서는** 소추조건결여로 공소제기가 무효이므로 **공소기각판결**을 하여야 한다는 판례이다. F4 21순경1차 TIP 고발의 경우 불가분의 원칙이 적용되지 않는다는 지문은 주관적이라는 표현이 없어도 주관적 불가분의 원칙이 적용되지 않는다는 것으로 생각하여 맞는 지문으로 고르면 된다. 그러나 판례는 고발의 경우에도 객관적 불가분의 원칙은 적용된다고 한다.(아래 판례)

> 📖 비교판례
>
> [1] 조세범처벌법에 의한 고발은 고발장에 범칙사실의 기재가 없거나 특정이 되지 아니할 때에는 부적법하나, 반드시 공소장 기재요건과 동일한 범죄의 일시·장소를 표시하여 사건의 동일성을 특정할 수 있을 정도로 표시하여야 하는 것은 아니다. [2] 고발은 범죄사실에 대한 소추를 요구하는 의사표시로서 그 효력은 고발장에 기재된 범죄사실과 동일성이 인정되는 사실 모두에 미치므로, **한 개의 범칙사실의 일부에 대한 고발은 그 전부에 대하여 효력이 생긴다.**(대법원 2009.7.23. 선고 2009도3282) ▶ 일죄의 일부에 대한 고발의 효력은 그와 동일성이 인정되는 일죄의 전부에 미친다는(고발의 경우에도 객관적 불가분의 원칙은 적용된다는) 판례이다. F4 10순경2차, 11경사 한편 고발장에 기재된 범칙사실과 동일성이 인정되지 않는 다른 범칙사실에 대해서까지 고발의 효력이 미칠 수는 없다.(대법원 2014.10.15. 선고 2013도5650) F4 20순경2차, 21경승, 23경간

e. 세무서장 등의 고발을 공소제기의 요건으로 하는 「조세범 처벌법」 위반사건(즉고발사건)에 대하여 수사기관이 고발에 앞서 수사를 하고 구속영장을 발부받은 후 검찰의 요청에 따라 세무서장이 고발조치를 한 경우, 그 고발이 있은 후에 공소제기가 있었다면 **공소제기의 절차가 법률의 규정에 위반하여 무효라고 할 수 없다.**(대법원 1995.3.10. 선고 94도3373) F4 23검찰·마약9 ▶ 즉고발사건의 고발은 수사의 조건이 아니므로 고발 전에 수사를 하였더라도 원칙적으로 **그 수사는 적법**하다. 그 후 고발이 있었고, 공소제기가 있었다면 **공소제기는 유효**하다.

Ⅵ 자수

의의	① 자수란 **범인 스스로 수사기관에** 대하여 자신의 범죄사실을 신고하여 자신에 대한 처벌을 희망하는 의사표시를 하는 것을 말한다. F4 법9 ② 자수는 범인 스스로 해야 하므로 **자발성**이 핵심요소이다. 따라서 수사기관의 추궁이나 세관검색원 등 제3자의 추궁에 의하여 범죄사실을 시인하는 것은 자발성이 없기 때문에 **자백일 뿐 자수에 해당하지 않는다.** F4 19경간
성격	자수는 형사소송법상 **수사의 단서**이고, 형법상 **임의적 감면사유**에 불과하다. 자수가 소송조건이 되는 경우는 없다. F4 법9
절차와 방식	① 고소에 관한 규정을 준용한다.(제240조, 제237조, 238조) ② 자수는 **서면 또는 구술로써 검사 또는 사법경찰관에게 하여야** 하고, 검사 또는 사법경찰관이 구술에 의한 자수를 받은 때에는 조서를 작성하여야 한다.(제237조) ③ 사법경찰관이 자수를 받은 때에는 **신속히 조사하여 관계서류와 증거물을 검사에게 송부하여야 한다.**(제238조) F4 11경장

관련판례 자수

a. 자수의 신고방법에는 법률상 특별한 제한이 없으므로 **제3자를 통하여서도 자수를 할 수 있다.**(대법원 1964.8.31. 선고 64도252) ▶ 이 판례는 범인 스스로 자수를 하겠다는 의사표시를 결정하고 그 의사표시를 수사기관에 전달하는 것만큼은 제3자를 통해서 전달할 수 있다(제3자가 자수의 의사를 전달하는 심부름을 해준다)는 취지의 판례이다. 자수의 대리가 허용되려면 대리인이 자수의 의사표시를 결정해야 하기 때문에 이 판례가 자수의 대리를 허용한 것으로 보아서는 안 된다. 즉 **자수의 대리는 허용되지 않는다.** F4 경승

b. **범행발각 후에 자수도 자수로 보아야 한다.**(대법원 1965.10.5. 선고 65도597) F4 경승

c. [1] 자수를 형의 감경사유로 삼는 주된 이유는 범인이 그 죄를 뉘우치고 있다는 점에 있으므로 **범죄사실을 부인하거나 죄의 뉘우침이 없는 자수**는 그 외형은 자수일지라도 **법률상 형의 감경사유가 되는 진정한 자수라고는 할 수 없다.** F4 10경장 [2] 수개의 범죄사실 중 일부에 관하여만 자수한 경우에는 그 부분 범죄사실에 대하여만 자수의 효력이 있다.(대법원 1994.10.14. 선고 94도2130) ▶ 범죄사실이 가분적인 경우 **일부자수도 허용된다.** F4 11경장

d. 자수가 성립한 이상 **자수의 효력은 확정적으로 발생**하고 그 후 범인이 번복하여 범행을 부인할지라도 자수의 효력이 소멸하지 않는다.(대법원 1999.7.9. 선고 99도1695) F4 10경장, 10순경2차, 15경승

제 3 절 임의수사

I 수사의 방법(임의수사와 강제수사)

1. 임의수사와 강제수사의 의의

임의수사	임의수사란 강제력의 행사 없이 수사를 당하는 **상대방의 동의**를 얻어서 하는 수사를 말한다. 임의수사는 상대방의 인권을 침해할 우려가 상대적으로 낮으므로 **영장을 요하지 않**는다.
강제수사	강제수사란 수사를 당하는 **상대방의 동의 없이 강제적으로** 행하는 수사를 말한다. 강제수사는 인권침해의 우려가 높아서 **원칙적으로 영장을 요**한다.
임의 수사의 원칙	① 수사는 **원칙적으로 임의수사**의 방법으로 행해야 하고, **강제수사는 법률에 특별한 규정이 있는 경우에 한하여 허용**된다.(제199조 제1항) ▶ 강제수사법정주의 _{F4} 10경장, 13경간, 14경승, 16경승, 21경승, 23경승 ② 피의자에 대한 **수사는 불구속 상태에서 함을 원칙**으로 한다.(제198조 제1항) 〈불구속 수사의 원칙〉 _{F4} 14경승, 16경승

2. 강제수사의 규제

(1) 강제수사법정주의

강제수사는 **법률에 특별한 규정이 있는 경우에 한하여 허용**된다.(제199조 제1항 단서) ▶ 법원이 행하는 강제처분도 마찬가지로 강제처분법정주의가 적용된다. _{F4} 순경

(2) 영장주의

① **영장주의**란 수사기관이 강제수사를 하기 위해서는 **법관(지방법원 판사)이 발부한 영장에 의하여야 한다**는 원칙을 말한다. ▶ 법원이 강제처분을 하는 경우에도 **법원이 발부한** 영장에 의하여야 한다.
② **법관발부의 원칙**; 수사기관이 강제수사를 하기 위하여 필요한 영장은 **검사의 신청에 의하여 법관이 발부**하여야 한다는 원칙이다.
③ **사전영장의 원칙**; 수사기관이 강제수사를 할 당시에, 법원이 강제처분을 할 당시에 영장이 발부되어 있어야 한다는 원칙이다. 다만, 긴급한 경우 사전영장의 원칙에 대한 예외가 인정된다.
④ **일반영장의 금지**; 법관이 발부하는 영장의 내용은 특정되어야 한다. 따라서 피의자에 대한 구속영장에 구체적인 범죄사실을 특정하지 않고, 피의자의 모든 범죄사실이라고 기재한 일반영장은 금지된다. _{F4} 10경장, 13경간, 14법9
⑤ **영장제시의 원칙**; 수사기관이 체포·구속 등의 강제처분을 할 때에는 영장을 제시하여야 하는 것이 원칙이다.(제85조 제1항, 제209조, 제118조, 제219조) 다만, 예외가 있다.(이는 뒤에 서술한다.)

📖 **관련판례** 영장주의

a.
a1. **음주측정은** 이미 행하여진 주취운전이라는 범죄행위에 대한 **증거 수집을 위한 수사절차로서의 의미를 가지는 것인데**, 구 도로교통법상의 규정들이 음주측정을 위한 강제처분의 근거가 될 수 없으므로 위와 같은 **음주측정을 위하여 당해 운전자를 강제로 연행하기 위해서는 수사상의 강제처분에 관한 형사소송법상의 절차에 따라야 하고**, 이러한 절차를 무시한 채 이루어진 강제연행은 위법한 체포에 해당한다.(대법원 2006.11.9. 선고 2004도8404) 11경위, 13법9, 15순경2차

a2. **위법한 체포 상태에서 음주측정요구가 이루어진 경우**, 일련의 과정을 전체적으로 보아 **위법한 음주측정요구가 있었던 것으로 볼 수밖에 없고**, 운전자가 주취운전을 하였다고 인정할 만한 상당한 이유가 있다 하더라도 운전자에게 경찰공무원의 이와 같은 위법한 음주측정요구까지 응할 의무가 있다고 보아 이를 강제하는 것은 부당하므로 그에(**위법한 음주측정요구에**) 불응하였다고 하여 음주측정거부에 관한 도로교통법 위반죄(**음주측정거부죄**)로 **처벌할 수 없다**.(대법원 2012.12.13. 선고 2012도11162) 15경간

b. **교정시설 내에서의 소변채취가 법관의 영장 없이 실시되었어도** 헌법 제12조 제3항의 **영장주의에 위배되지 않는다**. 왜냐하면 수형자의 마약류반응검사를 위한 **소변채취는 영장을 필요로 하는 강제처분이 아니기 때문이다**.(헌결 2006.7.27. 2005헌마277) 11경위, 13법9, 14경승, 17경간, 20경승, 24경간

c. 범죄의 피의자로 입건된 사람들에게 경찰공무원이나 검사의 신문을 받으면서 자신의 신원을 밝히지 않고 지문채취에 불응하는 경우 형사처벌을 통하여 지문채취를 강제하는 구 경범죄처벌법 제1조 제42호는 지문채취거부시 처벌할 수 있도록 규정한 것이 수사의 편의성만을 위하여 **영장주의 본질을 훼손한다고 할 수는 없다**.(헌결 2004.9.23. 2002헌가17) 15경간, 15경승, 16경간, 16경승, 17순경2차, 18경간, 19경승, 20경간, 23순경1차

d. 경찰청장이 주민등록증발급신청서에 날인되어 있는 **지문정보를 보관·전산화하고 이를 범죄수사목적에 이용하는 행위는 무죄추정원칙과 영장주의 내지 강제수사법정주의에 위배되지 아니한다**.(헌결 2005.5.26. 99헌마513, 2004헌마190) ▶ **합헌**이다. 15경승, 18경간

TIP 수사에 이용할 목적의 지문채취, 마약류반응검사를 위한 소변채취, 호흡측정기에 의한 음주측정은 **상대방의 자발적 협조가 필수적**이기 때문에 **영장주의가 적용되지 않는 영역**이라는 것이 판례의 태도이다. 다만 강제력을 행사하는 경우에는 영장주의가 적용된다. 15순경2차

(3) 비례의 원칙(=과잉금지의 원칙)

수사기관의 강제수사, 법원의 강제처분은 목적달성에 적합해야 하고, 필요최소한의 범위 내이어야 하며, 목적달성과 그로 인한 법익침해 간 균형이 유지되어야 한다는 원칙을 말한다. 강제수사법정주의와 영장주의는 임의수사에는 적용되지 않는다. 반면 비례의 원칙은 강제수사와 임의수사를 모두 규제하는 원칙이다.

📖 **관련판례** 도로교통법상의 음주측정

a. [1] 구 도로교통법(2014.12.30. 법률 제12917호로 개정되기 전의 것, 이하 같다) 제44조 제2항, 제3항이 음주운전에 대한 수사방법으로서의 혈액 채취에 의한 측정의 방법을 운전자가 호흡측정 결과

에 불복하는 경우에만 한정하여 허용하려는 취지의 규정이라고 해석할 수는 없다. [2] 음주운전 혐의가 있는 운전자에 대하여 구 도로교통법 제44조 제2항에 따른 **호흡측정이 이루어진 경우에는 운전자의 불복이 없는 한 다시 음주측정을 하는 것은 원칙적으로 허용되지 아니한다.** 그러나 운전자의 태도와 외관, 목격자들의 진술 등 호흡측정 당시의 구체적 상황에 비추어 **호흡측정기의 오작동 등으로 인하여 호흡측정 결과에 오류가 있다고 인정할 만한 객관적이고 합리적인 사정이 있는 경우라면** 추가로 음주측정을 할 필요성이 있으므로, 경찰관이 음주운전 혐의를 제대로 밝히기 위하여 **운전자의 자발적인 동의를 얻어 혈액 채취에 의한 측정의 방법으로 다시 음주측정을 하는 것을 위법하다고 볼 수는 없다.** 이 경우 운전자가 일단 호흡측정에 응한 이상 재차 음주측정에 응할 의무까지 당연히 있다고 할 수는 없으므로, 운전자의 혈액 채취에 대한 동의의 임의성을 담보하기 위하여는 **운전자의 자발적인 의사에 의하여 혈액 채취가 이루어졌다는 것이 객관적인 사정에 의하여 명백한 경우에 한하여 혈액 채취에 의한 측정의 적법성이 인정**된다.(대법원 2015.7.9. 선고 2014도16051) [F4] 23순경1차

b. 운전자가 음주측정요구를 받을 당시에 술에 취한 상태에 있었다고 인정할 만한 상당한 이유가 있음에도 정당한 이유 없이 이에 불응하여 **음주측정불응죄(=음주측정거부죄)가 인정되었다면, 운전자가 다시 스스로 경찰공무원에게 혈액채취의 방법에 의한 음주측정을 요구하여 그 결과 음주운전으로 처벌할 수 없는 혈중알콜농도 수치가 나왔더라도 음주측정거부죄가 성립한다.**(대법원 2004.10.15. 선고 2004도4789) [F4] 18순경2차

c. 운전자가 술에 취한 상태에서 자동차를 운전하였다고 인정할 만한 상당한 이유가 있어서, 경찰관이 음주감지기에 의한 시험을 요구한 경우, 그(음주감지기의) 시험결과에 따라 음주측정기에 의한 측정이 예정되어 있고 운전자가 그러한 사정을 인식하였음에도 **음주감지기에 의한 시험에 명시적으로 불응함으로써 음주측정을 거부하겠다는 의사를 표명하였다면, 음주감지기에 의한 시험을 거부한 행위는 음주측정거부죄에 해당**한다.(대법원 2017.6.15. 선고 2017도5115) [F4] 18순경2차

d. 음주운전자가 정당한 이유 없이 상당한 시간이 경과한 후에야 경찰관의 호흡측정 결과에 이의를 제기하면서 2차 호흡측정 또는 혈액채취의 방법에 의한 측정을 요구하는 경우에, **경찰공무원이 2차 호흡측정 또는 혈액채취의 방법에 의한 측정을 실시하지 않았다고 하더라도 1차 호흡측정기에 의한 측정의 결과만으로 음주운전 사실을 증명할 수 있다.**(대법원 2002.3.15. 선고 2001도7121) [F4] 20국9

Ⅱ 임의수사와 강제수사의 한계영역

임의수사인지 강제수사인지 여부가 문제되는 경우는 다음과 같다.
1) 임의동행; **임의수사**에 해당한다.(다수설)
2) 거짓말탐지기 사용; 임의수사에 해당한다.(판례) 즉 피검사자의 동의가 있으면 임의수사로서 허용된다.
3) 보호실 유치; 강제수사에 해당한다. 강제유치는 구속에 해당하므로 영장 없이는 허용되지 않는다. 본인의 동의가 있었다는 이유로 영장 없이 유치하는 승낙유치도 영장주의를 유린하는 것이므로 허용되지 않는다. (판례·통설) [F4] 21경승
4) 승낙수색과 승낙검증; 임의수사에 해당한다.(다수설)
5) 마취분석; 인격의 해체를 초래하므로 절대로 허용되지 않는다.
6) 감청; 강제수사에 해당한다.(다수설)

7) **사진촬영**; **강제처분**으로서 검증에 해당한다.(다수설)

이 중에서 임의동행, 보호실 유치, 사진촬영, 감청에 대해서는 다음에 자세히 서술한다.

1. 임의동행

(1) 임의동행의 의의

임의동행이란 수사기관이 피의자의 동의를 얻어 피의자와 함께 수사관서에 동행하는 것을 말한다.

(2) 임의동행의 유형

직무질문을 위한 임의동행	수사기관이 거동불심자를 정지시킨 장소에서 직무질문을 하는 것이 상대방에게 불리하다는 등의 사유로 인근의 경찰관서까지 피의자의 동의를 얻어 동행하는 것을 말한다.
임의수사로서의 임의동행	수사기관이 피의자신문을 하기 위한 수단으로서 하는 임의동행을 말한다. 검사 또는 사법경찰관은 임의동행을 요구하는 경우 상대방에게 동행을 거부할 수 있다는 것과 동행하는 경우에도 언제든지 자유롭게 동행 과정에서 이탈하거나 동행 장소에서 퇴거할 수 있다는 것을 알려야 한다.(수사준칙 규정 제20조) 21순경1차

(3) 임의동행의 근거와 성격

1) 직무질문을 위한 임의동행

직무질문을 위한 임의동행은 경찰관직무집행법 제3조 제2항에 명문규정이 있다. 이의 성격에 대하여 견해는 대립하나, **수사의 단서에 불과**하다고 정리하면 된다.

2) 임의수사로서의 임의동행

임의수사로서의 임의동행은 **직접적인 명문규정이 없**으나, 형사소송법에서 간접적인 근거규정이 있다고 본다. 임의수사로서의 임의동행의 성격은 **임의수사로서 허용**된다는 것이 다수설이다. 형사소송법 제200조가 피의자의 출석요구 방법을 제한하고 있지 않다는 것을 논거로 한다.

> **관련판례** 임의동행의 적법성 판단
>
> a. [1] 수사관이 수사과정에서 당사자의 동의를 받는 형식으로 피의자를 수사관서 등에 동행하는 것은 형사소송법의 원리에 반하는 결과를 초래할 가능성이 크므로, 오로지 피의자의 자발적인 의사에 의하여 수사관서 등에의 동행이 이루어졌음이 객관적인 사정에 의하여 명백하게 입증된 경우에 한하여, 그 적법성이 인정되는 것으로 봄이 상당하다. 09순경2차, 14경간, 15순경2차, 16경간, 16국7, 17경간, 17순경2차, 18경승, 19순경1차, 20경간, 21경간, 21국7 [2] 사법경찰관이 피고인을 수사관서까지 동행한 것이 **사실상의 강제연행, 즉 불법체포에 해당하고, 불법 체포로부터 6시간 상당이 경과한 후에 이루어진 긴급체포 또한 위법**하므로 피고인이 **불법체포된 자**로서 형법 제145조 제1항에 정한 '법률에 의하여 체포 또는 구금된 자'가 아니어서 **도주죄의 주체가 될 수 없다.**(대법원 2006.7.6. 선고 2005도6810) 11검찰·마약9, 11순경2차, 13경2차, 15순경2차, 16경간, 17경승, 18경승, 20경간

b. [1] 임의동행은 경찰관직무집행법 제3조 제2항에 따른 '행정경찰 목적의 경찰활동으로 행하여지는 것(수사의 단서로서의 임의동행)' 외에도 제199조 제1항에 따라 범죄 수사를 위하여 수사관이 동행에 앞서 피의자에게 동행을 거부할 수 있음을 알려 주었거나 동행한 피의자가 언제든지 자유로이 동행과정에서 이탈 또는 동행장소로부터 퇴거할 수 있었음이 인정되는 등 오로지 피의자의 자발적인 의사에 의하여 이루어진 경우(임의수사로서의 임의동행)에도 가능하다. 22순경2차 [2] 피고인이 메트암페타민(필로폰) 투약 혐의로 임의동행 형식으로 경찰서에 간 후 자신의 소변과 모발을 경찰관에게 제출하여 마약류 관리에 관한 법률 위반(향정)으로 기소된 경우, 경찰관은 당시 피고인의 정신상태, 신체에 있는 주사바늘 자국, 알콜솜 휴대, 전과 등을 근거로 피고인의 마약류 투약 혐의가 상당하다고 판단하여 경찰서로 임의동행을 요구하였고, 동행장소인 경찰서에서 피고인에게 마약류 투약 혐의를 밝힐 수 있는 소변과 모발의 임의제출을 요구하였으므로 피고인에 대한 임의동행은 마약류 투약 혐의에 대한 수사를 위한 것이어서 **제199조 제1항에 따른 (임의수사로서의) 임의동행에 해당하므로**, 피고인에 대한 임의동행은 경찰관 직무집행법 제3조 제2항에 의한 것인데 같은 조 제6항(임의동행한 자를 6시간 초과하여 경찰관서에 머물게 할 수 없다는 규정)을 위반하여 불법구금 상태에서 제출된 피고인의 소변과 모발은 위법하게 수집된 증거라고 본 원심판단에 임의동행에 관한 법리를 오해한 잘못이 있다.(대법원 2020.5.14. 선고 2020도398) 22순경2차

  c. 음주측정을 위하여 피의자를 경찰서로 동행할 당시 피의자에게 동행을 거부할 수 있음을 고지하고 동행을 요구하자 피의자가 고개를 끄덕이며 동의하는 의사표시를 하였고, 피의자는 동행 당시에 경찰관에게 욕을 하거나 특별한 저항을 하지 않고 순순히 응하였으며, 비록 술에 취하였으나 동행요구에 따를 것인지 여부에 관한 판단을 할 정도의 의사능력이 있었던 경우 동행의 자발성을 인정할 수 있다.(대법원 2012.9.13. 선고 2012도8890) 20경간, 22순경2차

2. 보호실유치

> **관련판례**
>
> 피의자를 임의동행 한 경우에도 조사 후 귀가시키지 않고 의사에 반하여 경찰서 조사실 또는 보호실 등에 계속 유치하였다면 **(위법한) 구금에 해당**한다.(대법원 1985.7.29. 자 85모16) 15순경2차, 20순경2차

3. 사진촬영

> **관련판례** 사진촬영의 적법요건
>
> 수사기관이 범죄를 수사함에 있어 **현재** 범행이 행하여지고 있거나 행해진 직후이고, 증거보전의 **필요성** 및 **긴급성**이 있으며, 일반적으로 허용되는 **상당**한 방법에 의하여 촬영을 한 경우라면(* 암기방법; **현필 기상**) 위 촬영이 영장 없이 이루어졌다 하여 이를 **위법하다고 단정할 수 없다**.(대법원 1999.9.3. 선고 99도2317) 이 판례는 **영장 없이 촬영한 사진에 대하여 엄격한 요건을 갖추면 증거능력이 있다**고 한 것이다. 18국9, 23순경1차, 24경간

4. 감청

(1) 감청의 의의와 성격

1) 감청의 의의

감청이란 **타인의 부지(不知)중에**(타인이 알지 못하는 사이에) 타인간의 대화, 전화통화 등을 몰래 엿듣는 것을 말한다. 통신비밀보호법은 감청이란 "전기통신에 대하여 **당사자의 동의 없이** 전자장치·기계장치 등을 사용하여 통신의 음향·문언·부호·영상을 청취·공독하여 그 내용을 지득 또는 채록하거나 전기통신의 송·수신을 방해하는 것을 말한다."라고 규정한다. 〈통신비밀보호법(이하 '동법') 제2조 제7호〉

> **관련판례** 감청
>
> a. 통신비밀보호법상 '감청'이란 대상이 되는 전기통신의 송·수신과 동시에 이루어지는 경우만을 의미하고, **이미 수신이 완료된 전기통신의 내용을 지득하는 등의 행위는 포함되지 않는다.**(대법원 2012. 10. 25. 선고 2012도4644) 14순경1차, 16경7, 17검찰·마약9, 18경간, 19순경1차, 19국7, 20경승, 21경간, 21경승, 22경간, 22경승, 22순경1, 22교정·보호·철경9
>
> b. 인터넷 통신망을 통하여 흐르는 전기신호 형태의 패킷(packet)을 중간에 확보하여 그 내용을 지득하는 이른바 **'패킷 감청(실시간 감청)'도 같은 법 제5조 제1항에서 정한 요건을 갖추는 경우 다른 특별한 사정이 없는 한 허용**된다고 할 것이고, 이는 패킷 감청의 특성상 수사목적과 무관한 통신내용이나 제3자의 통신내용도 감청될 우려가 있다는 것만으로 달리 볼 것이 아니다.(대법원 2012.10.11. 선고 2012도7455) 14순경1차, 17검찰·마약9, 18경간, 18경승
>
> > **비교판례**
> >
> > 통신비밀보호법 제5조 제2항 중 '인터넷회선을 통하여 송·수신하는 전기통신'에 관한 부분(**패킷 감청의 근거규정**)은 과잉금지원칙에 반하여 **청구인의 통신 및 사생활의 비밀과 자유를 침해**한다. 위 조항에 대하여 단순위헌결정을 하여 그 효력을 상실시킨다면 중대 범죄의 수사에 있어 법적 공백이 발생할 우려가 있다. 그러므로 2020.3.31.을 시한으로 입법자의 개선입법이 이루어질 때까지 계속 적용하기로 한다.(헌재 2018.8.30. 2016헌마263, **헌법불합치결정**) 19순경1차, 21경승 ▶ 이 결정에 따라 통신비밀보호법의 패킷감청에 관한 규정이 헌법에 합치되게(합헌적으로) 개정되었다.
>
> c. 수사기관으로부터 통신제한조치의 집행을 위탁받은 통신기관 등이 집행에 필요한 설비가 없을 때에는 수사기관에 설비의 제공을 요청하여야 하고, 그러한 요청 없이 통신제한조치허가서에 기재된 사항을 준수하지 아니한 채 통신제한조치를 집행하였다면, 그러한 집행으로 취득한 전기통신의 내용 등은 **적법한 절차를 따르지 아니하고 수집한 증거(위법수집증거)에 해당하므로, 이는 유죄 인정의 증거로 할 수 없다.**(대법원 2016.10.13. 선고 2016도8137) 17순경1차, 19경승, 23경승
>
> d. 인터넷개인방송은 그 성격이나 통신비밀보호법 제2조 제3호, 제7호, 제3조 제1항, 제4조에 비추어 전기통신에 해당함은 명백하다. 인터넷개인방송의 방송자가 비밀번호를 설정하는 등 그 수신 범위를 한정하는 비공개 조치를 취하지 않고 방송을 송출하는 경우, 누구든지 시청하는 것을 포괄적으

로 허용하는 의사라고 볼 수 있으므로, 이러한 **시청자가 방송 내용을 지득·채록하는 것은 통신비밀보호법**에서 정한 **감청에 해당하지 않**는다. 그러나 인터넷개인방송의 방송자가 비밀번호를 설정하는 등으로 비공개 조치를 취한 후 방송을 송출하는 경우에는, 방송자로부터 **허가를 받지 못한 사람**은 당해 인터넷개인방송의 당사자가 아닌 '**제3자**'에 해당하고, 제3자가 비공개 조치가 된 인터넷개인방송을 비정상적인 방법으로 시청·녹화하는 것은 통신비밀보호법상의 **감청에 해당할 수 있다.** 다만 방송자가 제3자의 시청·녹화 사실을 알거나 알 수 있었음에도 방송을 중단하거나 그 제3자를 배제하지 않은 채 방송을 계속 진행하는 등 허가받지 아니한 제3자의 시청·녹화를 사실상 승낙·용인한 것으로 볼 수 있는 경우에는 그 제3자 역시 인터넷개인방송의 당사자에 포함될 수 있으므로, **제3자가 방송 내용을 지득·채록하는 것은 통신비밀보호법**에서 정한 **감청에 해당하지 않는다.**(대법원 2022.10.27. 선고 2022도9877)

2) 감청의 성격

강제수사에 해당한다. 통신비밀보호법 제6조는 영장의 성격을 갖는 법원의 허가서로만 감청을 할 수 있도록 하기 때문이라는 것을 이유로 한다.(다수설)

(2) 범죄수사를 위한 통신제한조치(감청)

1) 범죄수사를 위한 감청의 허가 요건과 대상 범죄

① **허가 요건**
범죄수사를 위한 감청의 **대상범죄를 계획 또는 실행하였다고 의심할만한 충분한 이유**가 있고 **다른 방법으로는** 그 범죄의 실행을 저지하거나 범인의 체포 또는 증거수집이 어려운 경우에 한하여 허가할 수 있다.(동법 제5조 제1항) 이를 **보충성 요건**이라고 한다. F4 17검찰·마약9, 19경간, 19순경1차

TIP **보충성 요건**
범죄수사를 위한 감청에 있어서 보충성 요건이란 감청의 방법 이외의 다른 방법으로 범죄의 실행 저지나 범인의 체포 또는 증거수집의 목적을 달성할 수 있는 경우에는 감청을 할 수 없고, 감청의 방법을 통해서만 위의 목적을 달성할 수 있는 경우라야 감청을 할 수 있다는 것을 말한다.

② **대상 범죄** F4 18경승, 21경승
범죄수사를 위한 감청의 대상범죄가 되지 않는 것(통비법 제5조); 이는 100%가 아니라 기출된 것을 중심으로 정리한 것이다.
    a. 미성년자·심신미약자간음죄; 대상범죄× cf 미성년자의제강간·강제추행죄는 대상범죄○
    b. 존속협박죄; 대상범죄× cf 단순협박죄는 대상범죄○
    c. 상해죄; 대상범죄×
    d. 사기죄; 대상범죄× cf 공갈죄는 대상범죄○ cf 경계침범죄, 경매입찰방해죄; 대상범죄○
    e. 횡령죄와 배임죄; 대상범죄× cf 상습장물죄는 대상범죄○

2) 범죄수사를 위한 감청의 절차

검사의 청구	검사는 범죄수사를 위한 감청의 요건이 구비된 경우에는 **법원(군사법원 포함)에 대하여 각 피의자별로 또는 피내사자별로 통신제한조치(감청)를 허가**하여 줄 것을 청구할 수 있다.(동법 제6조 제1항) 사법경찰관은 검사에게 허가를 신청하고 검사가 법원에 허가를 청구할 수 있다.(동법 제6조 제1항) 📧 법승. 20순경1차, 21경간, 21순경2차
법원의 허가	법원은 청구가 이유 있다고 인정하는 경우에는 **각 피의자별로 또는 피내사자별로 통신제한조치(감청)를 허가하고, 허가서(영장의 성격)를 청구인에게 발부**한다.(동법 제6조 제5항)

3) 범죄수사를 위한 감청의 기간

통신제한조치의 기간은 **2월을 초과하지 못하고**, 그 기간 중 통신제한조치의 목적이 달성되었을 경우에는 즉시 종료하여야 한다. 다만, 제5조 제1항의 허가요건이 존속하는 경우에는 소명자료를 첨부하여 제1항 또는 제2항에 따라 **2개월의 범위에서** 통신제한조치기간의 연장을 청구할 수 있다.(동법 제6조 제7항) 📧 11경장, 14경승, 16경승, 19경간, 21순경2차, 22경간 검사 또는 사법경찰관이 통신제한조치의 연장을 청구하는 경우에 총 연장기간이 3년을 초과할 수 없는 예외적인 범죄(내란, 외환 등 중범죄)를 제외하고는 **원칙적으로 통신제한조치의 총 연장기간은 1년을 초과할 수 없다.**(동법 제6조 제8항) 📧 19경간, 21순경2차 ▶ 2019.12.31. 개정·시행, 이는 헌법재판소의 2009헌가30 불합치결정에 따라 헌법에 합치되게 개정한 것이다.

> **관련판례** 통신제한조치의 기간 연장
>
> a. 통신제한조치에 대한 기간연장결정은 원 허가의 내용에 대하여 **단지 기간을 연장하는 것일 뿐 원 허가의 대상과 범위를 초과할 수 없다** 할 것이므로 통신제한조치허가서에 의하여 허가된 통신제한조치가 '전기통신 감청 및 우편물 검열'뿐인 경우 그 후 **연장결정서에 당초 허가 내용에 없던 '대화녹음'이 기재되어 있다 하더라도 이는 대화녹음의 적법한 근거가 되지 못한다.**(대법원 1999.9.3. 선고 99도2317) 📧 10경위, 12경승, 14경승, 18경승, 19경간, 22경승
>
> b. 통신제한조치기간의 연장을 허가함에 있어 **총연장기간 또는 총연장횟수의 제한을 두지 아니한 통신비밀보호법**(2001.12.29 법률 제6546호로 개정된 것) 제6조 제7항 단서 중 전기통신에 관한 '통신제한조치 기간의 연장'에 관한 부분은 **통신의 비밀을 침해하여 위헌**이다.(헌결 2010.12.28. 2009헌가30)

4) 범죄수사를 위하여 인터넷 회선에 대한 통신제한조치(패킷감청)로 취득한 자료의 관리(동법 제12조의2)

① 검사가 법원에 보관 등의 승인 청구를 하는 경우(**14일**); **검사는** 인터넷 회선을 통하여 송신·수신하는 전기통신을 대상으로 제6조(범죄수사를 위한 감청의 허가절차) 또는 제8조(제5조 제1항의 요건〈범죄수사를 위한 감청의 허가요건〉에 해당하는 사람에 대한 긴급통신제한조치에 한정)에 따른 통신제한조치(패킷감청)를 집행한 경우 그 전기통신을 제12조 제1호에 따라 사용하거나 사용을 위하여 보관(이하 이 조에서 "보관 등"이라 한다)하고자 하는 때에는 **집행종료일부터 14일 이내에** 보관 등이 필요한 전기통신을 선별하여 통신제한조치를 허가한 **법원에 보관 등의 승인을 청구**하여야 한다.(동법 제12조의2 제1항)

② 사법경찰관이 검사에게 보관 등의 승인을 신청하는 경우(**사법경찰관 14일, 검사 7일**); **사법경찰관은** 인터넷 회선을 통하여 송신·수신하는 전기통신을 대상으로 제6조(범죄수사를 위한 감청의 허가절차) 또는 제8조(제5조 제1항〈범죄수사를 위한 감청의 허가요건〉의 요건에 해당하는 사람에 대한 긴급통신제한조치

에 한정한다)에 따른 통신제한조치(패킷감청)를 집행한 경우 그 전기통신의 보관 등을 하고자 하는 때에는 **집행종료일부터 14일 이내**에 보관 등이 필요한 전기통신을 선별하여 **검사에게 보관 등의 승인을 신청**하고, **검사는 신청일부터 7일 이내에 통신제한조치를 허가한 법원에 그 승인을 청구**할 수 있다.(동법 제12조의2 제2항) [F4] 21순경2차, 21경승, 22교정·보호·철경9

③ 전기통신의 폐기; 검사 또는 사법경찰관은 보관 등의 청구나 신청을 하지 아니하는 경우에는 **집행종료일부터 14일**(검사가 사법경찰관의 신청을 기각한 경우에는 **기각한 날부터 7일**) 이내에 통신제한조치로 취득한 전기통신을 폐기하여야 하고, 법원에 승인청구를 한 경우(취득한 전기통신의 일부에 대해서만 청구한 경우를 포함한다)에는 제4항에 따라 **법원으로부터 승인서를 발부받거나 청구기각의 통지를 받은 날부터 7일 이내에 승인을 받지 못한 전기통신을 폐기**하여야 한다.(동법 제12조의2 제5항) [F4] 21경승 검사 또는 사법경찰관은 통신제한조치로 취득한 전기통신을 폐기한 때에는 폐기의 이유와 범위 및 일시 등을 기재한 폐기결과보고서를 작성하여 피의자의 수사기록 또는 피내사자의 내사사건기록에 첨부하고, **폐기일부터 7일 이내에 통신제한조치를 허가한 법원에 송부**하여야 한다.(동법 제12조의2 제6항) [F4] 21경승

(3) 국가안보를 위한 통신제한조치(감청)

요건	대통령령이 정하는 **정보수사기관의 장**(예; 국정원장)**은** 국가안전보장에 대한 상당한 위험이 예상되는 경우 또는 국민보호와 공공안전을 위한 테러방지법 제2조 제6호의 대테러활동에 필요한 경우(2016.3.3. 개정·시행)**에** 한하여 그 위해를 방지하기 위하여 이에 관한 정보수집이 특히 필요한 때에 통신제한조치(감청)를 할 수 있다.(동법 제7조 제1항)
허가 또는 승인	① 통신의 일방 또는 쌍방 당사자가 내국인인 때에는 **고등법원 수석판사의 허가**를 받아야 한다. [F4] 11경장, 19경간 다만, 군용전기통신법 제2조의 규정에 의한 군용전기통신(작전수행을 위한 전기통신에 한한다)에 대하여는 그러하지 아니하다.(동법 제7조 제1항 제1호) ② 대한민국에 적대하는 국가, 반국가활동의 혐의가 있는 외국의 기관·단체와 외국인, 대한민국의 통치권이 사실상 미치지 아니하는 한반도 내의 집단이나 외국에 소재하는 그 산하단체의 구성원의 통신 및 제1항 제1호 단서의 경우에는 서면으로 **대통령의 승인**을 얻어야 한다.(동법 제7조 제1항 제2호)
기간	국가안보를 위한 통신제한조치의 기간은 **4월을 초과하지 못**하고, 그 기간 중 통신제한조치의 목적이 달성되었을 경우에는 즉시 종료하여야 하되, 제1항의 요건이 존속하는 경우에는 소명자료를 첨부하여 고등법원 수석판사의 허가 또는 대통령의 승인을 얻어 **4월의 범위 이내**에서 통신제한조치의 기간을 연장할 수 있다.(동법 제7조 제2항)

(4) 긴급통신제한조치(감청)

의의	검사, 사법경찰관 또는 정보수사기관의 장은 국가안보를 위협하는 음모행위, 직접적인 사망이나 심각한 상해의 위험을 야기할 수 있는 범죄 또는 조직범죄 등 중대한 범죄의 계획이나 실행 등 긴박한 상황에 있고, 범죄수사 또는 국가안보를 위한 통신제한조치의 허가절차를 거칠 수 없는 긴급한 사유가 있는 때에는 법원의 허가 없이 통신제한조치를 할 수 있다.(동법 제8조 제1항)
사후 허가	검사, 사법경찰관 또는 정보수사기관의 장은 긴급통신제한조치의 집행착수 후 지체 없이 법원에 허가청구를 하여야 하며(동법 제8조 제1항), 그 긴급통신제한조치를 한 때부터 **36시간 이내**에 법원의 허가를 받지 못한 때에는 즉시 이를 중지하고 해당 조치로 취득한 자료를 폐기하여야 한다.(동법 제8조 제5항) [F4] 경승, 법승

Ⅲ 임의수사의 방법

임의수사의 방법으로는 피의자신문, 참고인조사, 감정·통역·번역의 위촉, 공무소 등에의 사실조회가 있다.

1. 피의자신문

(1) 피의자신문의 의의
피의자신문이란 검사 또는 사법경찰관(수사기관)이 수사에 필요한 때 피의자의 출석을 요구하여 피의자의 진술을 듣는 것을 말한다. 기출 경승 검사 또는 사법경찰관은 수사에 필요한 때(수사의 필요성 조건)에는 피의자의 출석을 요구하여 진술을 들을 수 있다.(제200조)

(2) 피의자신문의 근거
피의자신문제도는 헌법에는 명문규정이 없고, 형사소송법 제200조에 명문규정이 있다. 즉 검사 또는 사법경찰관은 수사에 필요한 때(수사의 필요성 조건)에는 피의자의 출석을 요구하여 진술을 들을 수 있다.(제200조)

(3) 피의자신문의 절차

1) 피의자신문의 주체
피의자신문의 주체는 **검사 또는 사법경찰관**(제200조)이다. **사법경찰리도** 사법경찰관사무취급인 경우 신문의 주체가 될 수 있다.(검찰사건사무규칙 제17조) 기출 12경간

2) 출석요구
① 출석요구의 방법; 제한이 없다. 원칙적으로 출석요구서(서면)를 발부함으로써 출석요구를 하나, 전화, 구두, 인편에 의할 수도 있다. 기출 13경간, 17경간 검사 또는 사법경찰관은 피의자에게 출석요구를 하려는 경우 **피의자와 조사의 일시·장소에 관하여 협의해야** 한다. 이 경우 변호인이 있는 경우에는 **변호인과도 협의해야** 한다. ▶ 이 규정은 **피의자 외의 사람에 대한 출석요구의 경우에도 적용**(수사준칙 규정 제19조 제2항, 제6항) 기출 21순경2차 검사 또는 사법경찰관은 피의자에게 출석요구를 하려는 경우 피의사실의 요지 등 출석요구의 취지를 구체적으로 적은 출석요구서를 발송해야 한다. 다만, 신속한 출석요구가 필요한 경우 등 부득이한 사정이 있는 경우에는 전화, 문자메시지, 그 밖의 상당한 방법으로 출석요구를 할 수 있다. ▶ 이 규정은 **피의자 외의 사람에 대한 출석요구의 경우에도 적용**(수사준칙 규정 제19조 제3항, 제6항) 출석요구의 장소도 반드시 수사관서일 필요가 없다. 검사 또는 사법경찰관은 피의자가 치료 등 수사관서에 출석하여 조사를 받는 것이 현저히 곤란한 사정이 있는 경우에는 **수사관서 외의 장소에서 조사할 수 있다.** ▶ 이 규정은 **피의자 외의 사람에 대한 출석요구의 경우에도 적용**(수사준칙 규정 제19조 제5항, 제6항)
② 피의자는 출석요구에 응할 의무가 없다. 피의자신문은 **임의수사이기 때문**이다. 따라서 출석요구를 받은 경우에도 피의자는 출석을 거부할 수 있고, 출석했을 지라도 언제나 퇴거의 자유가 있다. 다만, 수사기관은 피의자가 출석에 불응할 경우에는 체포영장에 의하여 피의자를 체포할 수 있다. 이렇다고 해서 피의자신문이 강제수사라는 의미는 아니고, **피의신문은 어디까지나 임의수사**이다. 기출 국9, 경승, 12순경1차, 14경간

3) 진술거부권의 고지
검사 또는 사법경찰관은 피의자신문 전에 진술거부권 등을 고지하여야 한다.(제244조의3) 기출 09순경2차, 14경승
▶ 진술거부권에 관해서는 뒤에 상세히 서술한다.

> 📖 **관련판례**
>
> a. 수사기관이 피의자를 신문함에 있어서 피의자에게 미리 진술거부권을 고지하지 않은 때에는 그 피의자의 진술은 **위법하게 수집된 증거로서 진술의 임의성이 인정되는 경우라도 증거능력이 부인**되어야 한다. (대법원 1992.6.23. 선고 92도682) ▶ 신20세기파 사건 국9, 11경승, 18법9, 18순경3차, 22국7, 23순경2차
>
> b. 검사가 국가보안법 위반죄로 구속영장을 발부받아 피의자신문을 한 다음, 구속 기소한 후 다시 피의자를 소환하여 공범들과의 조직구성 및 활동 등에 관한 신문을 하면서 피의자신문조서가 아닌 일반적인 진술조서의 형식으로 조서를 작성한 경우, **진술조서의 내용이 피의자신문조서와 실질적으로 같고, 진술의 임의성이 인정되는 경우라도 미리 피의자에게 진술거부권을 고지하지 않았다면 위법수집증거에 해당하므로,** 유죄인정의 증거로 사용할 수 없다. (대법원 2009.8.20. 선고 2008도8213) 10법9, 12순경1차·국7, 14순경2차, 16국7, 20경승, 22순경1차

4) 인정신문

검사 또는 사법경찰관이 피의자신문을 함에는 **먼저** 피의자의 성명, 연령, 등록기준지, 주거와 직업을 물어 피의자에 틀림없음을 확인하는 신문(**인정신문**)을 하여야 한다. (제241조)

> TIP 등록기준지(참고)
> 등록기준지란 가족 관계 등록부가 있는 지역을 말한다. 옛날에는 '본적지'라고 했다. 등록기준지는 예컨대 서울특별시 영등포구 여의대로 3 으로 표기한다.

5) 신문사항

검사 또는 사법경찰관은 피의자에 대하여 범죄사실과 정상에 관한 필요사항을 신문하여야 하며 그 이익 되는 사실을 진술할 기회를 주어야 한다. (제242조) 18순경3차

6) 신문의 방법

① 직접적·개별적 신문의 원칙

직접적·개별적 신문이 원칙이나, 검사 또는 사법경찰관이 사실을 발견함에 필요한 때에는 피의자와 다른 피의자 또는 (피의자와) 피의자 아닌 자(참고인)와 대질하게 할 수 있다. (제245조) 국9, 경승, 순경, 13경간

> TIP 개별적 신문
> 개별적 신문이란 예컨대 신문할 피의자가 여러 명(甲, 乙, 丙)일 경우에 甲 따로, 乙 따로, 丙 따로 신문하는 것을 말한다.

② 심야조사 제한

검사 또는 사법경찰관은 조사, 신문, 면담 등 그 명칭을 불문하고 피의자나 사건관계인에 대해 **(원칙적으로) 오후 9시부터 오전 6시까지 사이에 조사("심야조사")를 해서는 안 된다.** 다만, 이미 작성된 조서의 열람을 위한 절차는 자정 이전까지 진행할 수 있다. (수사준칙 규정 제21조 제1항) 22경승, 24경간 다만, 다음의 경우에는 **예외적으로** 오후 9시부터 오전 6시까지 사이의 **심야조사를 할 수 있다.**

a. 피의자를 체포한 후 48시간 이내에 구속영장의 청구 또는 신청 여부를 판단하기 위해 불가피한 경우,
b. 공소시효가 임박한 경우,
c. 피의자나 사건관계인이 출국, 입원, 원거리 거주, 직업상 사유 등 재출석이 곤란한 구체적인 사유를 들어 심야조사를 요청한 경우(변호인이 심야조사에 동의하지 않는다는 의사를 명시한 경우는 제외)로서 해당 요청에 상당한 이유가 있다고 인정되는 경우,

d. 사건의 성질 등을 고려할 때 심야조사가 불가피하다고 판단되는 경우 등 법무부장관, 경찰청장 또는 해양경찰청장이 정하는 경우로서 검사 또는 사법경찰관의 소속 기관의 장이 지정하는 인권보호 책임자의 허가 등을 받은 때(수사준칙 규정 제21조 제2항 제1호~제4호),
e. 피의자나 사건관계인의 서면 요청에 따라 조서를 열람하는 경우(수사준칙 규정 제22조 제1항 제1호) 22경승

③ 총조사시간

검사 또는 사법경찰관은 조사, 신문, 면담 등 그 명칭을 불문하고 피의자나 사건관계인을 조사하는 경우에는 대기시간, 휴식시간, 식사시간 등 모든 시간을 합산한 조사시간("**총조사시간**")이 피의자나 사건관계인의 서면 요청에 따라 조서를 열람하는 경우와 심야조사를 할 수 있는 경우를 제외하고 **원칙적으로 12시간을 초과하지 않도록 해야** 한다.(수사준칙 규정 제22조 제1항) 22경승, 24경간

④ 실제 조사시간과 재조사 제한

검사 또는 사법경찰관은 특별한 사정이 없으면 총조사시간 중 식사시간, 휴식시간 및 조서의 열람시간 등을 제외한 실제 조사시간이 **8시간을 초과하지 않도록** 해야 한다.(수사준칙 규정 제22조 제2항) 21순경1차 또한 검사 또는 사법경찰관은 피의자나 사건관계인에 대한 **조사를 마친 때부터 8시간이 지나기 전에는 (원칙적으로) 다시 조사할 수 없다**.(수사준칙 규정 제22조 제3항)

⑤ 휴식시간의 부여

검사 또는 사법경찰관은 조사에 상당한 시간이 소요되는 경우에는 특별한 사정이 없으면 피의자 또는 사건관계인에게 조사 도중에 **최소한 2시간마다 10분 이상**의 휴식시간을 주어야 한다.(수사준칙 규정 제23조 제1항) 21순경1차, 23경승

7) 피의자신문시 참여자

검사의 피의자신문시에는 검찰청수사관 또는 서기관이나 서기를 참여하게 하여야 하고, 사법경찰관의 피의자신문시에는 사법경찰관리를 참여하게 하여야 한다.(제243조) 19순경1차, 23경간 ▶ 변호인참여, 신뢰관계자의 동석; 뒤에 자세히 서술한다.

8) 피의자신문조서의 작성

① 피의자의 진술은 (피의자신문)조서에 기재하여야 한다.(제244조 제1항) 24경간
② 피의자신문조서는 피의자에게 열람하게 하거나 읽어 들려주어야 하며, 진술한 대로 기재되지 아니하였거나 사실과 다른 부분의 유무를 물어 피의자가 증감 또는 변경의 청구 등 이의를 제기하거나 의견을 진술한 때에는 이를 조서에 추가로 기재하여야 한다. 이 경우 피의자가 이의를 제기하였던 부분은 읽을 수 있도록 남겨두어야 한다.(제244조 제2항) 13경간, 15경승, 19순경2차, 21경승, 24경간
③ 피의자가 조서에 대하여 이의나 의견이 없음을 진술한 때에는 피의자로 하여금 그 취지를 자필로 기재하게 하고 조서에 간인한 후 **기명날인 또는 서명하게 한다**.(제244조 제3항) ▶ 이는 조서의 정확성을 담보하기 위한 것이다. 23경간

9) 수사과정의 기록제도

검사 또는 사법경찰관은 피의자가 조사장소에 도착한 시각, 조사를 시작하고 마친 시각, 그 밖에 조사과정의 진행경과를 확인하기 위하여 필요한 사항을 피의자신문조서에 기록하거나 별도의 서면에 기록한 후 수사기록에 편철하여야 한다.(제244조의4 제1항) 이를 수사과정의 기록제도라고 하고, 수사과정의 기록제도는 참고인조사에 준용한다. 10경승, 12교정·보호·철경9, 15경승, 20경승, 21경승, 23경승

(4) 진술거부권

1) 진술거부권의 의의와 연혁

① 진술거부권의 의의

진술거부권이란 수사절차에서 피의자가, 공판절차에서 피고인이 수사기관 또는 법원의 신문에 대하여 진술을 거부할 수 있는 권리를 말한다. 진술거부권은 헌법(제12조 제2항)과 형사소송법(제244조의3 등)에 규정이 있으므로 **헌법상의 기본권**에 해당한다.

> **관련판례** 진술거부권의 의의
>
> a. 헌법 제12조 제2항이 진술거부권을 국민의 기본적 권리로 보장하는 것은 첫째, 피고인 또는 피의자의 인권을 실체적 진실발견이나 사회정의의 실현이라는 국가이익보다 우선적으로 보호함으로써 인간의 존엄성과 가치를 보장하고, 나아가 비인간적인 자백의 강요와 고문을 근절하려는데 있고, 둘째, 피고인 또는 피의자와 검사 사이에 무기평등(武器平等)을 도모하여 공정한 재판의 이념을 실현하려는 데 있다. 이와 같은 의미를 지닌 진술거부권은 현재 **피의자나 피고인으로서 수사 또는 공판절차에 계속 중인 자 뿐만 아니라 장차 피의자나 피고인이 될 자(예 피내사자, 참고인 등)에게도 보장**되며, **형사절차뿐 아니라 행정절차나 국회에서의 조사절차 등에서도 보장**된다.(헌결 1997.3.27. 96헌가11) F4 15순경1차, 16경2차, 17순경2차, 18경간, 19경승, 22국9
>
> b. **진술거부권**은 형사상 자기에게 불리한 내용의 진술을 강요당하지 아니하는 것이므로 **고문 등 폭행에 의한 강요는 물론 법률로서도 진술을 강제할 수 없음을 의미한다.** 그러므로 만일 법률이 범법자에게 자기의 범죄사실을 반드시 신고하도록 명시하고 그 미신고를 이유로 처벌하는 벌칙을 규정하는 것은 헌법상 보장된 국민의 기본권인 진술거부권을 침해하는 것이 된다.(대법원 2015.5.28. 선고 2015도3136) F4 17순경2차, 18순경2차, 19경승, 21경1차

② 진술거부권의 연혁

진술거부권은 영미법상 자기부죄(負罪)거부의 특권에서 유래한다. F4 14경승, 17법9 여기서 부죄(負罪)는 '죄를 지우는 것'을 말하고, 자기부죄거부의 특권은 진술을 거부함으로써 자기에게 죄를 지우는 것을 거부할 수 있는 특권을 말한다.

2) 진술거부권의 내용

① 진술거부권의 주체 F4 순경, 21경승

헌법은 모든 국민에게 진술거부권을 보장하기 때문에(헌법 제12조 제2항) **진술거부권을 행사할 수 있는 주체에는 제한이 없다.** 따라서 피의자와 피고인은 물론 의사무능력자의 대리인(제26조)과 법인의 대표자도 진술거부권을 행사할 수 있다. F4 11경승, 15경승, 16경승 **외국인에게도 진술거부권이 인정**된다.

> **관련판례** 진술거부권의 주체
>
> 피의자에게는 진술거부권과 자기에게 유리한 진술을 할 권리와 유리한 증거를 제출할 권리가 있지만, **수사기관에 대하여 진실만을 진술하여야 할 의무가 있는 것은 아니다.**(대법원 2003.7.25. 선고 2003도1609) F4 21순경1차

② 진술거부권의 범위
　가. 진술강요의 금지
　　　수사기관과 법원은 피의자·피고인에게 진술을 강요해서는 안 된다. 강요당하지 않는 것은 **진술에 국한**된다. 따라서 진술이 아닌 것 즉 지문·족형의 채취, 신체검사, 사진촬영 등은 진술거부권의 대상이 되지 않는다. F4 경승, 08순경2차, 13경간 진술거부권에 있어서의 진술은 자기의 생각이나 지식, 경험사실을 정신작용의 일환인 **언어를 통하여 표출하는 것**을 의미한다.(헌결 1997.3.27. 96헌가11)
　　　F4 11경승

> **관련판례** 진술거부권이 침해되는지 여부
>
> 도로교통법상 음주측정은 호흡측정기에 입을 대고 호흡을 불어 넣음으로써 신체의 물리적, 사실적 상태를 그대로 드러내는 행위에 불과하므로 이를 진술이라 할 수 없고, **주취여부 측정요구에 불응할 경우 처벌한다고 하여도** 이는 형사상 불리한 진술을 강요하는 것에 해당한다고 할 수 없으므로 헌법 제12조 제2항의 **진술거부권 조항에 위배되지 아니한다.**(헌결 1997.3.27. 96헌가11) F4 11법9, 12국7, 13경간, 13검찰·마약9, 14순경2차, 15경승, 15순경1차, 17법9, 17순경2차, 20경간 따라서 주취운전의 혐의자에게 호흡측정기에 의한 주취 여부의 측정에 응할 것을 요구하고 이에 불응할 경우에는 도로교통법 제150조 제2호에 따라 음주측정거부죄로 처벌한다고 하여도 이를 형사상 불리한 "진술"을 비인간적으로 강요하는 것에 해당한다고 볼 수는 없으므로, 도로교통법의 위 조항들이 **자기부죄금지의 원칙을 규정한 헌법 제12조 제2항에 위반된다고 할 수 없다.**(대법원 2009.9.24. 선고 2009도7924) F4 18순경2차

　나. 진술거부권의 대상이 되는 진술의 범위
　　a. 진술거부권의 대상이 되는 진술은 **자기의 형사책임에 관한 진술에 국한**된다. 따라서 타인의 형사책임에 관한 진술은 진술거부권의 대상이 되지 않는다. 또한 민사상·행정상 책임에 관한 진술은 진술거부권의 대상이 되지 않는다. F4 순경, 법9, 경승, 국9 그러나 행정절차나 국회에서의 질문절차 등의 경우에도 형사책임에 관한 진술은 거부할 수 있다.(헌결 2005.12.22. 2004헌바25) F4 17경간, 22국9
　　b. **구두진술** 뿐만이 아니라 **서면진술**도 진술거부권의 대상이 된다. 그러므로 수사기관은 제출의무가 없는 서면의 제출을 강요해서는 안 된다.
　　c. 진술거부권의 대상이 되는 진술을 헌법은 불이익 진술에 한정하고 있으나(헌법 제12조 제2항), 형사소송법은 불이익 진술에 제한하지 않기 때문에 **이익 진술·불이익 진술 모두 진술거부권의 대상**이 된다. F4 11경승, 22국9, 23경승 형사소송법(법률)이 헌법보다 권리를 더 넓게 보장하는 것은 위헌이 아니다.
　　d. **인정신문에 대해서도 진술을 거부할 수 있다.** 형사소송법은 재판장이 인정신문 전에 피고인에게 진술거부권을 고지하도록 하고 있기 때문에 당연히 인정신문에 대해서는 진술을 거부할 수 있는 것이다.(제283조의2, 제284조) F4 12경승·순경1차

📖 **관련판례** 교통사고를 일으킨 운전자에게 신고의무를 부담시키고 있는 도로교통법 규정

> 구 도로교통법 제50조 제2항, 제111조 제3호는 피해자의 구호 및 교통질서회복을 위한 조치가 필요한 범위 내에서 교통사고의 객관적 내용(사람이 다쳤으니 구호조치를 하라는 것)만을 신고하도록 해석하고, 형사책임과 관련된 사항(운전자 자신이 사고를 냈다는 것)에는 (신고의무가) 적용되지 않는 것으로 해석하는 한 헌법에 위반되지 아니한다.(헌결 1990.8.27. 89헌가118) [기] 08순경2차, 13경간, 14검찰·마약9, 17순경2차, 19순경, 20경간 ▶ 교통사고가 나서 사람이 다쳤으니 구호조치를 하라는 신고의무를 이행하지 않으면 형사처벌을 하는 것으로 해석하면 합헌이고, 운전자 자신이 사고를 냈다는 신고를 하지 않은 경우에 형사처벌을 하는 것으로 해석하면 위헌이라는 판례이다.

③ 진술거부권의 고지

가. 진술거부권 고지의 방법

피의자신문의 경우에는 수사기관(검사 또는 사법경찰관)이 **피의자신문 전에** 진술거부권을 고지해야 한다. [기] 순경, 11경승, 13경간, 13법9 또한 진술거부권은 명시적·적극적으로 고지해야 하고, 묵시적 고지는 인정되지 않는다.

📖 **관련판례** 진술거부권을 고지 받을 권리가 헌법상 기본권인지 여부 ; 소극

> [1] 진술거부권이 보장되는 절차에서 진술거부권을 고지 받을 권리가 헌법 제12조 제2항에 의하여 바로 도출된다고 할 수는 없고, 이를 인정하기 위해서는 입법적 뒷받침이 필요하다. ▶ **진술거부권을 고지 받을 권리는 별도의 법률 규정이 있어야 인정되는 것이지 헌법상 기본권이 아니라**는 의미이다. [기] 16국9, 17법9, 18경간, 19국9, 22국9, 23경승 따라서 형사소송법상 진술거부권 고지에 관한 규정이 있는 피의자와 피고인은 진술거부권을 고지 받을 권리가 있지만(제244조의3 제1항, 제282조의 제2항), **피내사자, 참고인, 피해자 및 피해자의 대리인, 피고인인 법인의 대표자 등**은 진술거부권 고지에 관한 규정이 없어서 **진술거부권을 고지 받을 권리가 없다.** [기] 21순경1차, [2] 구 공직선거법은 진술거부권의 고지에 관하여는 별도의 규정을 두지 않았고, 수사기관의 피의자에 대한 진술거부권 고지를 규정한 형사소송법 제244조의3 제1항이 유추적용 된다고 볼 수도 없다. 결국 구 공직선거법 시행 당시 선거관리위원회 위원·직원이 선거범죄 조사와 관련하여 관계자에게 질문을 하면서 미리 진술거부권을 고지하지 않았다고 하여 단지 그러한 이유(진술거부권을 고지하지 않았다는 이유)만으로 그 조사절차가 위법하다거나 그 과정에서 작성·수집된 선거관리위원회 문답서의 증거능력이 당연히 부정된다고(위법수집증거라고) 할 수는 없다.(대법원 2014.01.16. 선고 2013도5441) [기] 14검찰·마약9

📖 **관련판례** 조사대상자 진술 내용의 실질이 피의자신문조서의 성격을 갖는 경우

> 조사대상자의 진술 내용이 단순히 제3자의 범죄에 관한 경우가 아니라 자신과 제3자에게 공동으로 관련된 범죄에 관한 것이거나 제3자의 피의사실뿐만 아니라 자신의 피의사실에 관한 것이기도 하여 **실질이 피의자신문조서의 성격을 가지는 경우에 수사기관은 진술을 듣기 전에 미리 진술거부권을 고지하여야 한다.**(대법원 2015.10.29. 선고 2014도5939) [기] 16국9, 18경간, 18순경2차, 19경승, 19국9, 19순경1차, 19순경2차, 21경간

나. 진술거부권 고지의 내용 [기] 09순경2차, 11경장·경위, 15경간

피의자신문의 경우에는 수사기관(검사 또는 사법경찰관)이, 진술거부권을 고지한다. 고지의 내용은 다음과 같다.

> 1. 일체의 진술을 하지 아니하거나 개개의 질문에 대하여 진술을 하지 아니 할 수 있다는 것 [F4] 15경승
> 2. 진술을 하지 아니하더라도 **불이익을 받지 아니한다는 것**
> 3. 진술을 거부할 권리를 포기하고 행한 진술은 **유죄의 증거로 사용될 수 있다는 것**(유죄의 증거로 사용될 수 없다는 것이 아니다)
> 4. 신문을 받을 때에는 변호인을 참여하게 하는 등 **변호인의 조력을 받을 수 있다는 것**

다. 진술거부권 불고지의 효과

진술거부권을 고지하지 않은 채 한 피의자신문에 의하여 얻은 피의자의 자백은 **위법하게 수집한 증거로서 진술의 임의성이 인정되는 경우라도 증거능력이 없다.**(대법원 1992.6.23. 선고 92도682)
▶ 신20세기파사건 [F4] 11·12경승, 12경간·12순경2차, 11·13법9, 13경간, 13검찰·마약9, 14경간, 14법9, 15경승, 15순경2차, 16경승, 16국9, 17경승, 17순경1차, 18경간, 18경승, 19경승, 19법9, 19교정·보호·철경9, 19순경2차, 20경간, 20순경2차, 22국7, 23경승, 23법9

> **[관련판례]** 피의자 지위에 있지 아니한 자에 대한 진술거부권 불고지의 효과
>
> 수사기관에 의한 진술거부권 고지 대상이 되는 피의자 지위는 수사기관이 조사대상자에 대한 범죄혐의를 인정하여 수사를 개시하는 행위를 한 때(団 피의자신문을 위한 출석요구를 한 때) 인정되는 것으로 보아야 한다. 따라서 이러한 **피의자 지위에 있지 아니한 자**(団 피내사자, 참고인 등)**에 대하여는 진술거부권이 고지되지 아니하였더라도 증거능력을 부정할 것은 아니다.**(대법원 2011.11.10. 선고 2011도8125) [F4] 12순경1차·국7, 14법9, 14순경2차, 15순경2차, 15국7, 16경승, 16법9, 16순경2차, 17법9, 18경승, 19법9

④ 진술거부권의 포기

진술거부권의 포기를 허용할 것인지 여부에 대해서는 긍정설과 부정설이 대립한다. 진술거부권을 포기하고 진술할 수 있다는 긍정설로 정리하면 된다.

3) 진술거부권의 효과

① 진술거부권 침해시의 효과

진술거부권을 고지하지 않음으로써 진술거부권을 침해하여 얻은 자백과 자백 이외의 진술은 **위법수집증거로서 진술의 임의성이 인정되는 경우라도 증거능력이 부인**되어야 한다.(대법원 1992.6.23. 선고 92도682) ▶ 신20세기파 사건 [F4] 국9, 11경승, 18법9, 18순경3차, 22국7, 23순경2차

② 진술거부권 행사시의 효과

가. 법적 제재의 금지; 진술거부권 행사를 이유로 법적 제재(형법, 보안처분 등)를 가해서는 안 된다. 제재를 허용한다면 제재를 받지 않으려면 진술을 해야 하므로 결국 진술을 강요하는 결과가 되기 때문이다.
나. 불이익 추정의 금지; 진술거부권을 행사하였다는 이유로 피고인을 유죄로 추정하거나 피고인에게 불이익한 간접증거로 삼아서는 안 된다.
다. 가중적 양형의 가부; (원칙적으로) 피고인이 진술거부권을 행사하는 경우 이를 가중적 양형의 조건으로 삼는 것은 피고인에게 자백을 강요하는 것이 되어 **허용될 수 없다고 할 것이나**, (예외적으로) 방어권 행사의 범위를 넘어 객관적이고 명백한 증거가 있음에도 **진실의 발견을 적극적으로 숨기거나 법원을 오도하려는 시도에 기인한 경우에는 가중적 양형의 조건으로 참작될 수 있다.**(대법원 2001.3.9. 선고 2001도192) [F4] 08순경2차, 11법9, 12경승·순경1차·국7, 14검찰·마약9, 14순경2차, 17순경2차, 18법9, 18순경2차, 19경승, 19법9, 19순경1차 ▶ **원칙; 가중적 양형×, 예외; 가중적 양형○**

(5) 피의자신문시 변호인의 참여(제243조의2)

1) 피의자신문시 변호인 참여권의 의의

① 검사 또는 사법경찰관은 **피의자**(구속 피의자, 불구속 피의자 불문) 또는 피의자의 **변호인**, 피의자의 **법정대리인 · 배우자 · 직계친족 · 형제자매**(* **피변 법배직형**)의 **신청**에 따라 변호인을 피의자와 접견하게 하거나 정당한 사유가 없는 한 피의자에 대한 신문에 참여하게 하여야 한다.(제243조의2 제1항) 08순경3차, 09국9, 10경장, 10법9, 10 · 12교7, 12교정 · 보호 · 철경9, 13순경1차, 13법9, 14순경2차, 15경승, 15국9, 16경간, 16경간1차, 17경승, 18순경2차, 21경승, 22경장 변호인 참여권은 송두율 교수 사건에서 판례가 인정한 것을 명문화한 것이다.

> **관련판례** 피의자신문시 변호인 참여권이 헌법상 기본권인지 여부(적극)
>
> 변호인이 피의자신문에 자유롭게 참여할 수 있는 권리는 피의자가 가지는 변호인의 조력을 받을 권리를 실현하는 수단이라고 할 수 있으므로 **헌법상 기본권인 변호인의 변호권으로서 보호되어야 한다.**(헌재 2017.11.30. 2016헌마503) 그러므로 변호인의 피의자신문 참여권은 변호인 자신의 헌법상 기본권에 해당한다. 18순경2차 판례에 의할 때 피의자신문시 변호인 참여권은 변호인 입장에서는 **변호인의 변호권으로서 헌법상 기본권**일 뿐만 아니라 피의자의 입장에서는 **변호인의 조력을 받을 권리로서 헌법상 기본권**이다.

② 변호인 참여권은 **필요적인 것이 원칙**이나, 수사기관에게 정당한 사유가 있는 경우에는 수사기관은 예외적으로 허용하지 않을 수 있다.(제243조의2 제1항)

> **관련판례** 정당한 사유
>
> a. 제243조의2 제1항의 '정당한 사유'란 변호인이 **피의자신문을 방해하거나 수사기밀을 누설할 염려가 있음이 객관적으로 명백한 경우** 등을 말한다. 수사기관이 피의자신문을 하면서 위와 같은 정당한 사유가 없는데도 변호인에 대하여 피의자로부터 떨어진 곳으로 옮겨 앉으라고 지시를 한 다음 이러한 지시에 따르지 않았음을 이유로 변호인의 피의자신문 참여권을 제한하는 것은 허용될 수 없다.(대법원 2008.9.12. 자 2008모793) 09순경2차, 10경승, 11경승, 13경간, 18국9, 19순경1차, 20경간, 22경승, 24경간 그러므로 수사기관의 이러한 처분에 대하여 제417조의 준항고로 불복할 수 있다. 18순경3차
>
> b. [1] 수사기관이 구금된 피의자 신문시 피의자나 변호인의 보호장비 해제 요구를 거부한 조치는 **제417조(준항고)에서 정한 '구금에 관한 처분'에 해당한다.** [2] 검사 또는 사법경찰관의 부당한 신문방법에 대한 변호인의 이의제기는 고성, 폭언 등 방식이 부적절하거나 합리적 근거 없이 반복적으로 이루어지는 등의 특별한 사정이 없는 한, 원칙적으로 변호인에게 인정된 권리의 행사에 해당하며, 신문을 방해하는 행위로는 볼 수 없다. 따라서 검사 또는 사법경찰관이 그러한 특별한 사정없이, 변호인이 피의자신문 중에 부당한 신문방법에 대한 이의제기를 하였다는 이유만으로 변호인을 조사실에서 퇴거시키는 조치는 **정당한 사유 없이 변호인의 피의자신문 참여권을 제한하는 것으로서 허용될 수 없다.**(대법원 2020.3.17. 자 2015모2357) 20순경2차

③ 검사 또는 사법경찰관은 피의자신문에 참여한 변호인이 피의자의 옆자리 등 실질적인 조력을 할 수 있는 위치에 앉도록 해야 하고, 정당한 사유가 없으면 피의자에 대한 법적인 조언 · 상담을 보장해야 하며, 법적인 조언 · 상담을 위한 변호인의 메모를 허용해야 한다.(수사준칙 규정 제13조 제1항) 21순경2차, 22경승 검사 또는 사법경찰관은 피의자에 대한 신문이 아닌 **단순 면담 등이라는 이유로 변호인의 참여 · 조력을 제한해서는 안 된다.**(수사준칙 규정 제13조 제2항) 21순경2차 제1항 및 제2항은 검사 또는 사법경찰관의 사건관계인에 대한 조사 · 면담 등의 경우에도 적용한다.(수사준칙 규정 제13조 제3항)

2) 변호인의 지정

① 신문에 참여하고자 하는 변호인이 2인 이상인 때에는 **피의자가** 신문에 참여할 변호인 1인을 지정한다. 지정이 없는 경우에는 **검사 또는 사법경찰관이** 이를 지정할 수 있다.(제243조의2 제2항) [F4] 10법9, 11경승, 11검찰·마약9, 12순경1차·국7, 13법9, 13순경2차, 14경승, 15국9, 16경승, 17순경1차, 18경간, 18경승, 20경간, 20경승

② 변호인의 참여 신청이 있는 경우에도 <u>변호인이 상당한 시간 내에 출석하지 아니하거나 출석할 수 없는 경우에는</u> **변호인의 참여 없이** 피의자를 신문할 수 있다.(검찰사건사무규칙 제9조의2 제3항) [F4] 13순경1차

3) 피의자신문시 참여한 변호인의 의견진술 [F4] 10법9, 12순경1차·국7·순경2차, 18경간

원칙	신문에 참여한 변호인은 **원칙적으로 (피의자)신문 후 의견을 진술할 수 있다.**(제243조의2 제3항) [F4] 14경승, 16경승, 17경승, 18경승, 20경승 피의자신문에 참여한 변호인은 <u>검사 또는 사법경찰관의 신문 후 조서를 열람하고 의견을 진술할 수 있다.</u> 이 경우 변호인은 별도의 서면으로 의견을 제출할 수 있으며, 검사 또는 사법경찰관은 해당 서면을 사건기록에 편철한다.(수사준칙 규정 제14조 제1항) [F4] 21순경2차, 경승22
예외	단, 예외적으로 신문 중이라도 **부당한 신문방법에 대하여 이의를 제기할 수 있고, 검사 또는 사법경찰관의 승인을 얻어 의견을 진술할 수 있다.**(제243조의2 제3항) [F4] 09순경2차, 10국7, 11경승, 11검찰·마약9, 13법9, 14경승, 14순경1차, 14법9, 14교정·보호·철영9, 16경승, 17경승, 18경승, 18순경2차, 20경승, 20순경1차 부당한 신문방법에 대한 이의제기는 <u>신문 도중이든 신문 후이든 가능하다.</u> 또한 **부당한 신문방법에 대해서는 검사 또는 사법경찰관의 승인 없이 이의를 제기할 수 있다.**(수사준칙 규정 제14조 제3항) [F4] 21순경2차 피의자신문에 참여한 변호인은 <u>신문 중이라도 검사 또는 사법경찰관의 승인을 받아 의견을 진술할 수 있다.</u> 이 경우 **검사 또는 사법경찰관은 정당한 사유가 있는 경우를 제외하고는 변호인의 의견진술 요청을 승인해야 한다.**(수사준칙 규정 제14조 제2항) 한편 검사 또는 사법경찰관은 변호인의 의견진술 또는 이의제기가 있는 경우 해당 내용을 조서에 적어야 한다.(수사준칙 규정 제14조 제4항)

4) 수사기관의 조치 [F4] 10법9

① 피의자 신문에 참여한 변호인의 의견은 피의자신문조서에 기재하고, 변호인의 의견이 기재된 피의자신문조서는 변호인에게 열람하게 한 후 변호인으로 하여금 그 조서에 기명날인 또는 서명하게 하여야 한다.(제243조의2 제4항) [F4] 14법9, 19경간

② 검사 또는 사법경찰관은 변호인의 신문참여 및 그 제한에 관한 사항을 피의자신문조서에 기재하여야 한다. (제243조의2 제5항) [F4] 12경간, 13경승, 13순경1차, 13법9, 14경승, 15경승, 16경승, 18순경3차, 20경간, 21경승, 23경간

5) 불복방법

검사 또는 사법경찰관이 피의자신문시 변호인의 참여를 제한하거나 퇴거시킨 처분에 대해서는 **준항고**로 불복할 수 있다.(제417조) [F4] 09순경2차, 10경승, 10순경1차, 10국7, 14경승, 14법9, 15경승, 15국7, 16순경1차, 16국7, 17법9, 19경간, 19경승, 20경간

TIP 준항고; '검사 또는 사법경찰관(수사기관)'의 일정한 처분에 대하여 <u>그 직무집행지의 관할법원 또는 검사의 소속 검찰청에 대응한 법원에 그 처분의 취소 또는 변경을 청구할 수 있는 불복제도</u>를 말한다. (제417조) 여기서 '일정한 처분'이란 수사기관의 피의자 조사·신문시 변호인 접견·**참**여 등, **구**금, 압**수**, 압수물의 **환**부에 관한 처분을 말한다.(* 암기방법; **참구수한**)

(6) 신뢰관계자의 동석 [기출] 08순경3차, 09국9, 10국7

신뢰관계자란 배우자, 직계친족, 형제자매, 가족, 동거인, 고용주, 변호사 그 밖에 피해자의 심리적 안정과 원활한 의사소통에 도움을 줄 수 있는 사람을 말한다.(규칙 제84조의3 제1항) [기출] 20법9, 21경승

1) 피의자·피고인에 대한 동석사유

피의자·피고인에 대한 신뢰관계자의 동석은 임의적 동석사유만 있고, 필요적 동석사유는 없다.

수사 기관의 피의자 신문시	피의자가 **신체적 또는 정신적 장애**로 사물을 변별하거나 의사를 결정·전달할 능력이 미약한 경우, 피의자의 **연령·성별·국적**(* **연성국**) 등의 사정을 고려하여 그 심리적 안정의 도모와 원활한 의사소통을 위하여 필요한 경우 <u>직권 또는 피의자·법정대리인의 신청에 따라 피의자와 신뢰관계에 있는 자를 동석하게 할 수 있다.</u>(제244조의5, **임의적 동석사유**) [기출] 11경승, 12교정·보호·철경9, 13순경2차, 13경승, 14경승, 18경간, 19경간, 19경승, 19순경2차, 20경승 📖 **관련판례** 형사소송법 제244조의5의 수사기관의 피의자신문시 신뢰관계자의 동석을 허락할 것인지는 **원칙적으로 검사 또는 사법경찰관이 피의자의 건강 상태 등 여러 사정을 고려하여 재량에 따라 판단하여야 할 것이나, 이를 허락하는 경우에도 동석한 사람으로 하여금 피의자를 대신하여 진술하도록 하여서는 안 된다.** 만약 동석한 사람이 피의자를 대신하여 진술한 부분이 조서에 기재되어 있다면 그 부분은 **피의자의 진술을 기재한 것이 아니라 동석한 사람의 진술을 기재한 조서에 해당**하므로, 그 사람에 대한 진술조서로서의 증거능력을 취득하기 위한 요건을 충족하지 못하는 한 이를 유죄 인정의 증거로 사용할 수 없다.(대법원 2009.6.23. 선고 2009도1322) ▶ 동석한 사람이 피의자를 대신하여 진술한 부분에 대해서는 제312조 제4항의 참고인 진술조서의 증거능력 인정요건을 갖추어야 증거능력이 있다는 취지의 판례이다. [기출] 10경승, 11검찰·마약9, 12경간·국7, 13경승, 16순경1차, 16국9, 17순경1차, 18경간, 18경승, 19순경2차, 20순경1차, 20순경2차, 22경승
재판장· 법관의 피고인 신문시	피고인이 **신체적 또는 정신적 장애**로 사물을 변별하거나 의사를 결정·전달할 능력이 미약한 경우, 피고인의 **연령·성별·국적**(* **연성국**) 등의 사정을 고려하여 그 심리적 안정의 도모와 원활한 의사소통을 위하여 필요한 경우 직권 또는 피고인, 법정대리인 또는 검사의 신청에 따라 피고인과 신뢰관계에 있는 자를 동석하게 할 수 있다.(제276조의2, **임의적 동석사유**) ▶ 이는 피의자에 대한 동석사유와 신청권자만 다르고 나머지는 같은 법리가 적용된다. 또한 이 규정은 **영장실질심사에 있어서 피의자심문의 경우에도 준용**한다.(제201조의2 제10항, 제276조의2) 따라서 영장실질심사에 있어서 심문할 피의자에게도 위와 같은 사정을 고려하여 신뢰관계자를 동석하게 할 수 있다.

2) 피해자에 대한 동석사유

피해자에 대한 신뢰관계자의 동석은 임의적 동석사유와 필요적 동석사유 둘 다 있다.

법원의 피해자에 대한 증인 신문시	① **임의적 동석사유** 법원은 범죄로 인한 피해자를 증인으로 신문하는 경우 증인의 **연령, 심신**의 상태, 그 밖의 사정(* **연심그**)을 고려하여 증인이 현저하게 불안 또는 긴장을 느낄 우려가 있다고 인정되는 때에는 직권 또는 피해자, 법정대리인 또는 검사의 신청에 따라 피해자와 신뢰관계 있는 자를 동석하게 할 수 있다.(제163조의2 제1항) 15법9, 20법9, 21경승, 22법9 ② **원칙적 필요적 동석사유** 법원은 범죄로 인한 피해자가 **13세 미만**이거나 **신체적 또는 정신적 장애**로 사물을 변별하거나 의사를 결정할 능력이 미약한 경우에 재판에 지장을 초래할 우려가 있는 등 부득이한 경우가 아닌 한 피해자와 신뢰관계에 있는 자를 동석하게 하여야 한다.(제163조의2 제2항) 15교정·보호·철경9, 15순경1차, 20법9, 20순경2차, 21경승 재판장은 법 제163조의2 제1항 또는 제2항에 따라 동석한 자가 부당하게 재판의 진행을 방해하는 때에는 **동석을 중지시킬 수 있다.**(규칙 제84조의3 제3항) 20법9, 21경승
수사 기관의 피해자에 대한 참고인 조사시	① **임의적 동석사유** 수사기관은 범죄로 인한 피해자를 참고인으로 조사하는 경우 참고인의 **연령, 심신**의 상태, 그 밖의 사정(* **연심그**)을 고려하여 참고인이 현저하게 불안 또는 긴장을 느낄 우려가 있다고 인정되는 때에는 직권 또는 피해자 또는 법정대리인의 신청에 따라 피해자와 신뢰관계 있는 자를 동석하게 할 수 있다.(제221조제3항, 제163조의2 제1항) 15법9 ② **원칙적 필요적 동석사유** 수사기관은 범죄로 인한 피해자가 **13세 미만**이거나 **신체적 또는 정신적 장애**로 사물을 변별하거나 의사를 결정할 능력이 미약한 경우에 수사에 지장을 초래할 우려가 있는 등 부득이한 경우가 아닌 한 피해자와 신뢰관계에 있는 자를 동석하게 하여야 한다.(제221조제3항, 제163조의2 제2항) 15교정·보호·철경9

(7) 영상녹화 09경승, 09순경1차

1) 피의자 진술의 영상녹화

① **방법**; 피의자에게 미리 영상녹화사실을 **알려주어야 하고**, 조사의 개시부터 종료까지 전과정 및 객관적 정황을 영상녹화 하여야 한다.(제244조의2 제1항) **피의자 또는 변호인의 동의는 필요 없다.** 09국7, 11검찰·마약9, 12순경1차·법9·교정·보호·철경9·국7·순경3차, 13경승, 13경간, 14경승, 15경승, 15순경1차, 16경승, 16순경1차, 17경승, 17순경1차, 18경간, 18경승, 18순경3차, 19경간, 19경승, 19교정·보호·철경9, 19순경1차, 20경간, 20경승, 20순경1차, 21경승, 22경간, 23경간, 24경간

② **영상녹화 후의 처리**; 피의자 또는 변호인 앞에서 지체 없이 그 원본을 봉인(편집 또는 조작을 하지 못하도록 막는 것)하고 피의자로 하여금 **기명날인 또는 서명**하게 하여야 한다.(제244조의2 제2항) 14순경2차, 15경승, 16경승, 18경간, 20경간, 21경승 피의자 또는 변호인의 요구가 있는 때에는 영상녹화물을 재생하여 시청하게 하여야 한다. 이 경우 그 내용에 대하여 이의를 진술하는 때에는 그 **취지를 기재한 서면을 첨부**하여야 한다.(제244조의2 제3항) 09국7, 12순경1차·순경3차, 13경승, 13경간, 15경승, 16경승, 18경간, 18순경2차, 20경간, 20경승, 20순경1차, 20순경2차 ▶ 이의 진술한 부분을 따로 영상녹화 하여야 하는 것이 아니라는 것을 주의해야 한다.

2) 참고인 진술의 영상녹화

① 참고인에게 미리 영상녹화사실을 **알려주어야 하고**, 조사의 개시부터 종료까지 전과정 및 객관적 정황을 영상녹화 할 수 있는데, **참고인의 동의를 받아야** 한다.(제221조 제1항) cf 피의자 진술의 영상녹화; **피의자의 동의를 요하지 않는다.** [F4] 국9, 11경승, 12법9, 13경승, 13순경2차, 14경승, 15경승, 16순경1차, 17순경1차, 18경간, 18순경3차, 20순경1차, 20순경2차, 21경승

② 성폭력범죄의 피해자가 19세 미만이거나 신체적인 또는 정신적인 장애로 사물을 변별하거나 의사를 결정할 능력이 미약한 경우에는 **성폭력범죄의 피해자인 참고인의 동의 없이** 피해자의 진술 내용과 조사 과정을 비디오녹화기 등 **영상물 녹화장치로 촬영·보존하여야 한다.**(성폭력범죄의 처벌 등에 관한 특례법 제30조 제1항) 제1항에 따른 영상물 녹화는 **피해자 또는 법정대리인이 이를 원하지 아니하는 의사를 표시한 경우에는 촬영을 하여서는 아니 된다.** 다만, 가해자가 친권자 중 일방인 경우는 그러하지 아니하다.(동법 제30조 제2항) [F4] 14경간, 15경승, 17경

> **관련판례**
>
> 피고인이 위력으로써 13세 미만 미성년자인 피해자 갑(녀, 12세)에게 유사성행위와 추행을 하였다는 성폭력처벌법 위반의 공소사실에 대하여, 원심이 갑의 진술과 조사 과정을 촬영한 영상물과 속기록을 중요한 증거로 삼아 유죄로 인정하였는데, 피고인은 위 영상물과 속기록을 증거로 함에 동의하지 않았고, 조사 과정에 동석하였던 신뢰관계인에 대한 증인신문이 이루어졌을 뿐 원진술자인 갑에 대한 증인신문은 이루어지지 않은 경우, 헌법재판소는 2021.12.23. 성폭력처벌법 제30조 제6항 중 19세 미만 성폭력범죄 피해자의 진술을 촬영한 영상물의 증거능력을 규정한 부분에 대해 과잉금지 원칙 위반 등을 이유로 **위헌결정**을 하였는데,(위 영상물은 피해자, 신뢰관계인, 또는 진술조력자의 성립의 진정이 인정되면 피고인의 원진술자에 대한 반대신문권 보장 없이 증거능력을 인정하였는데, 이는 피고인의 원진술자에 대한 반대신문권이 보장되지 않았으므로 위헌이라는 것) 위 위헌결정의 효력은 결정 당시 법원에 계속 중이던 사건에도 미치므로 위헌 법률 조항은 위 영상물과 속기록의 증거능력을 인정하는 근거가 될 수 없고, 피고인에게 반대신문권이 보장되지 않았으므로 위 영상물과 속기록은 증거능력이 없다.(대법원 2022.4.14. 선고 2021도14530, 2021전도143)

2. 참고인조사

(1) 참고인 조사의 의의

참고인 조사란 검사 또는 사법경찰관이 수사에 필요한 때(수사의 필요성 조건) 피의자 아닌 자(참고인)의 출석을 요구하여 진술을 듣는 것을 말한다.(제221조 제1항) [F4] 09순경1차

(2) 구별개념 [F4] 10경장

	참고인	증인
진술의 상대방	수사기관	법원 또는 법관
성격	**임의적**(참고인조사는 임의수사)	**강제성**○ (증인신문은 강제처분적 성격)
구인여부	×	○
제재여부	과태료 부과×	과태료 부과 등 제재○

(3) 참고인 조사의 절차

1) 출석요구

출석요구 방법은 피의자신문과 법리가 같다. (검찰사건사무규칙 제12조 제1·2항) [F4] 경승

① 출석요구의 방법; 제한이 없다. 원칙적으로 출석요구서(서면)를 발부함으로써 출석요구를 하나, 전화, 구두, 인편에 의할 수도 있다. [F4] 18국7 출석요구의 장소도 반드시 수사관서일 필요가 없다.

② 참고인은 출석요구에 응할 의무가 없다. **임의수사이기 때문**이다. 따라서 참고인은 출석을 거부할 수 있고, 출석했을 지라도 언제나 퇴거의 자유가 있다.

2) 진술거부권의 고지

① 참고인조사를 할 때 수사기관은 참고인에게 **진술거부권을 고지할 의무가 없다**. [F4] 11경승, 13검찰·마약9, 13순경2차, 18교정·보호·철경9, 20국9, 23법9

② 그러나 **참고인에게도 진술거부권은 당연히 인정**된다. 진술거부권의 주체에는 제한이 없기 때문이다. [F4] 경승

3) 참고인 진술의 영상녹화

참고인의 동의를 얻어 참고인진술의 영상녹화를 할 수 있다. (제221조 제1항 제2문)

4) 신뢰관계자의 동석

① 임의적 동석사유

수사기관은 범죄로 인한 피해자를 참고인으로 조사하는 경우 참고인의 **연령**, **심신의 상태**, 그 밖의 사정을 고려하여 참고인이 현저하게 불안 또는 긴장을 느낄 우려가 있다고 인정되는 때에는 **직권 또는 피해자 또는 법정대리인의 신청**에 따라 피해자와 신뢰관계 있는 자를 동석하게 할 수 있다. (제221조제3항, 제163조의2 제1항) [F4] 15법9

② 원칙적 필요적 동석사유

수사기관은 범죄로 인한 피해자가 **13세 미만**이거나 **신체적 또는 정신적 장애**로 사물을 변별하거나 의사를 결정할 능력이 미약한 경우에 수사에 지장을 초래할 우려가 있는 등 **부득이한 경우가 아닌 한** 피해자와 신뢰관계에 있는 자를 동석하게 하여야 한다. (제221조제3항, 제163조의2 제2항) [F4] 15교정·보호·철경9

5) 참고인진술조서의 작성

참고인 진술은 (참고인진술)조서에 기재하여야 한다. 참고인진술조서의 작성방법은 피의자신문조서의 작성방법과 법리가 같다. (제48조) [F4] 경승

> **관련판례**
>
> 범죄의 피해자인 검사가 그 사건의 수사에 관여하거나, 압수·수색영장의 집행에 참여한 검사가 다시 수사에 관여하였다는 이유만으로 바로 **그 수사가 위법하다거나 그에 따른 참고인이나 피의자의 진술에 임의성이 없다고 볼 수는 없다**. 이 사건 압수·수색영장의 집행과정에서 폭행 등의 피해를 당한 검사 등이 수사에 관여하였다는 이유만으로 그 검사 등이 작성한 참고인 진술조서 등의 증거능력이 부정될 수 없다. (대법원 2013.9.12. 선고 2011도12918) [F4] 14경간, 14순경1차, 14국7, 16법9, 17순경1차, 18경승, 19경승, 23교

정·보호·철경9 ▶ 피해자인 법관이 당해사건의 재판에 관여하면 제척사유에 해당하여 그 법관은 배제된다. 그러나 검사에게는 제척제도가 없으므로 피해자인 검사가 수사에 관여하더라도 그 검사는 배제되지 않고, 그 검사가 작성한 진술조서 등의 증거능력은 부정되지 않는다.

6) 수사과정의 기록제도

검사 또는 사법경찰관은 참고인이 조사장소에 도착한 시각, 조사를 시작하고 마친 시각, 그 밖에 조사과정의 진행경과를 확인하기 위하여 필요한 사항을 참고인진술조서에 기록하거나 별도의 서면에 기록한 후 수사기록에 편철하여야 한다.(제244조의4 제3항, 제244조의4 제1항) 이를 수사과정의 기록제도라고 한다.

> **관련판례**
>
> 수사기관이 수사에 필요하여 피의자가 아닌 자(참고인)를 조사하는 과정에서 그 진술을 청취하여 증거로 남기는 방법으로 진술조서가 아닌 진술서를 작성·제출받는 경우에도 제244조의4 제3항, 1항의 절차(수사과정의 기록제도)는 준수되어야 할 것이다.(대법원 2015.4.23. 선고 2013도3790) F4 19국7, 19순경2차, 21순경2차

3. 기타의 임의수사

감정·통역·번역의 위촉	① 검사 또는 사법경찰관은 수사에 필요한 때(수사의 필요성 조건) 감정·통역 또는 번역을 위촉할 수 있다. ② 수사기관으로부터 감정을 위촉받은 자를 감정수탁자(수탁감정인)이라고 한다. cf 법원으로부터 감정명령을 받은 자; 감정인이라고 한다. ③ **임의수사이므로** 위촉에 대한 수락여부는 위촉받은 자의 자유이다. F4 국9
공무소 등에의 사실조회	① 수사에 관하여는 공무소 기타 공사단체에 조회하여 필요한 사항의 보고를 요구할 수 있다.(제199조 제2항) 예 전과조회 F4 10경장, 13경간, 16경승, 17순경2차 ② 보고를 요구받은 공무소 등에게 보고의무는 있다. 그러나 보고의무를 이행하지 않을 경우 강제할 방법이 없으므로 임의수사이다. F4 순경

IV 피해자 보호

검사 또는 사법경찰관은 피의자의 범죄수법, 범행 동기, 피해자와의 관계, 언동 및 그 밖의 상황으로 보아 피해자가 피의자 또는 그 밖의 사람으로부터 생명·신체에 위해를 입거나 입을 염려가 있다고 인정되는 경우에는 **직권 또는 피해자의 신청에 따라** 신변보호에 필요한 조치를 강구해야 한다.(수사준칙 규정 제15조 제2항) F4 21순경2차

CHAPTER 2 강제처분과 강제수사

제1절 서론

I. 강제처분의 의의

강제처분이란 법원 또는 수사기관이 물리적 강제력 또는 심리적 강제력을 행사하여 피의자 또는 피고인을 체포·구속하고 압수·수색 등의 처분을 하는 것을 말한다.

II. 강제처분의 분류

1. 객체에 따른 강제처분의 분류

대인적 강제처분	대인적 강제처분이란 강제처분의 객체(대상)가 **사람**인 경우를 말한다. 예 체포, 구속, 소환, 신체검증 등
대물적 강제처분	대물적 강제처분이란 강제처분의 객체(대상)가 **물건**인 경우를 말한다. 예 압수·수색·수사기관의 검증·제출명령 등

2. 강제의 정도에 따른 강제처분의 분류

직접적 강제처분	직접적 강제처분이란 직접 물리적인 힘을 행사하여 행하는 강제처분을 말한다. 예 체포, 구속, 압수·수색
간접적 강제처분	간접적 강제처분이란 일정한 의무를 이행하지 않으면 불이익을 받는다는 심리적 강제에 의하여 일정한 행동을 하게 만드는 강제처분을 말한다. 예 소환, 제출명령

3. 주체에 따른 강제처분의 분류

수사기관의 강제처분	① 수사기관의 강제처분이란 기소 전의 강제처분을 말한다. **피의자 체포, 피의자 구속, 압수·수색·검증** 등이 이에 해당한다. ② 강제수사; **수사기관의 강제처분만**을 지칭하여 강제수사라고 한다. 수사기관과 법원의 강제처분을 총칭하여 **강제처분**이라고 한다.
수소법원의 강제처분	수소법원의 강제처분이란 **기소 후의 강제처분으로서 수소법원의 피고인 구속, 압수·수색**을 말한다. cf 법원의 피고인 체포는 인정되지 않는다. 법원의 검증은 증거조사의 일종이지, 강제처분이 아니다.
수임판사의 강제처분	수임판사의 강제처분이란 증거보전절차에서 판사가 행하는 강제처분(**압수·수색·검증** 등), 증인신문청구에 의하여 판사가 행하는 증인신문 등을 말한다.

제 2 절 인신구속제도(피의자 체포, 피의자 구속, 피고인 구속)

인신(人身)이란 사람의 신체를 말하고, 인신구속제도란 널리 사람의 신체의 자유를 제한하는 강제처분을 말한다. 피의자 체포, 피의자 구속, 피고인 구속, 피의자에 대한 감정유치, 피고인에 대한 감정유치 등이 여기에 해당한다.

I 영장에 의한 체포(통상체포)

1. 영장에 의한 체포의 의의와 요건

의의	영장에 의한 체포란 '피의자가 죄를 범하였다고 의심할 만한 상당한 이유가 있고, 체포사유가 있을 때(요건이 구비된 경우) 검사 또는 사법경찰관이 **체포영장에 의하여** 피의자를 수사관서, 교도소 또는 구치소의 미결수용실 등에 **단기간** 인치하는 강제처분을 말한다.
요건	**1) 범죄혐의의 상당성** 영장에 의한 체포를 하기 위해서는 피의자가 죄를 범하였다고 의심할 만한 상당한 이유가 있을 것을 필요로 한다.(제200조의2 제1항) 여기서의 범죄혐의는 객관적 혐의(유죄판결을 받을 고도의 개연성을 인식하는 것)를 말한다. **2) 체포의 필요성** 체포영장의 청구를 받은 판사는 체포의 사유가 있다고 인정되는 경우에도 피의자의 연령과 경력, 가족관계나 교우관계, 범죄의 경중 및 태양 기타 제반 사정에 비추어 피의자가 도망할 염려가 없고 증거인멸의 염려가 없는 등 명백히 체포의 필요가 없다고 인정되는 때에는 체포영장의 청구를 기각하여야 한다.(규칙 제96조의2) 🗐 19경승, 22경간, 24경간 체포의 필요성은 도망할 염려 등이 없어야 한다는 점에서 소극적 요건에 해당한다. **3) 체포사유** 피의자가 정당한 이유 없이 피의자신문을 위한 '출석요구에 응하지 아니하거나 응하지 아니할 우려'(출석 요구 불응 또는 출석 요구 불응의 우려)가 있어야 한다.(제200조의2 제1항) 🗐 20경간, 24경간 **4) 경미사건의 경우** 🗐 21경승, 22순경2차 경미사건은 법정형이 다액 50만 원 이하의 벌금, 구류 또는 과료에 해당하는 사건을 말한다. 이런 경미사건의 경우에는 피의자가 '일정한 주거가 없는 경우(주거부정)' 또는 정당한 이유 없이 출석요구에 응하지 아니한 경우(출석 요구 불응)에 한하여 영장에 의한 체포를 할 수 있다.(제200조의2 제1항 단서) 따라서 **경미사건의 경우 출석 요구 불응의 우려는 영장에 의한 체포의 사유가 되지 않는다.**

2. 영장에 의한 체포의 절차(체포영장의 청구 → 발부 → 집행)

(1) 체포영장의 청구

영장의 청구 권자	영장의 청구권자는 **검사**이다. 즉 **검사가** 관할 **지방법원판사**(수임판사)**에게 청구**한다. **사법경찰관은 검사에게 신청**하여 검사가 관할 지방법원판사에게 청구한다.(제200조의2 제1항) F4 법9, 12경간, 13경승, 18순경2차, 20경간, 22경승, 22순경2차 TIP 수임판사; 법원으로부터 일정한 임무를 부여받은 판사를 말한다. <u>영장전담판사, 증거보전을 행하는 판사 등이 수임판사이다.</u> 형사소송법 조문에 '관할 지방법원판사, 지방법원판사, 판사'라고 표현된 자는 모두 수임판사이다.
영장 청구의 방식	① **서면주의; 체포영장청구서**에 의하여 체포영장을 청구하여야 하고, 체포의 사유 및 필요를 인정할 수 있는 자료를 제출하여야 한다.(규칙 제96조 제1항) ② 동일한 범죄사실에 관하여 그 피의자에 대하여 전에 체포영장을 청구하였거나 발부받은 사실이 있을 때에는 **다시 체포영장을 청구하는 취지 및 이유를 기재하여야 한다.**(제200조의2 제4항, 수사준칙 규정 제31조에도 같은 취지의 규정이 있음) F4 법9, 10경장, 10국7, 13경승, 16경승, 22순경2차

(2) 체포영장의 발부

기각 결정	영장의 청구를 받은 지방법원판사가 체포영장을 발부하지 아니할 때(요건이 구비되어 있지 않다고 판단한 때)에는 청구서에 그 취지 및 이유를 기재하고 서명날인하여 청구한 검사에게 교부한다.(제200조의2 제3항)
영장 발부 결정	체포영장의 청구를 받은 **지방법원판사는** 상당하다고 인정할 때(요건이 구비된 것으로 판단한 때)에는 명백히 체포의 필요가 인정되지 아니하는 경우를 제외하고는 **체포영장을 발부**한다.(제200조의2 제2항) F4 13경승
영장의 유효 기간	(체포·구속·압수·수색 등 각종) 영장의 유효기간은 **7일**로 한다. 다만, 법원 또는 법관이 상당하다고 인정하는 때에는 7일을 넘는 기간을 정할 수 있다.(규칙 제178조) F4 14경간, 15경승

(3) 체포영장의 집행

1) 영장집행의 주체와 영장제시

주체	**검사의 지휘에 의하여 사법경찰관리가 집행**한다. 교도소 또는 구치소에 있는 피의자에 대하여 발부된 체포영장은 **검사의 지휘에 의하여 교도관이 집행**한다.(제81조 제1·3항, 제200조의6) F4 순경, 경승, 13교정·보호·철경9
영장 제시	체포영장을 집행할 때에는 피의자에게 **체포영장 (원본)을 제시**하고 영장의 사본을 교부하여야 하는 것이 원칙이다.(제200조의6, 제85조 제1항) F4 21경승, 24경간 다만, **예외적으로 긴급집행을 할 수 있다.** 즉 체포영장을 소지하지 아니한 경우에 급속을 요하는 때에는 피의자에 대하여 피의사실의 요지와 영장이 발부되었음을 고하고 집행할 수 있다. 집행완료 후에는 신속히 체포영장(원본)을 제시하고 영장의 사본을 교부하여야 한다.(제85조 제3·4항) F4 21경승, 23법9

2) 미란다고지와 압수·수색·검증

미란다 고지	① 미란다고지; 검사 또는 사법경찰관은 피의자를 체포하기 전에 <u>피의사실의 요지 및 체포의 이유와 변호인을 선임할 수 있음을 고지하고 변명할 기회를 주어야 한다.</u>(제200조의5) ② 또한 수사기관은 피의자를 체포하거나 구속할 때에는 **진술거부권을 알려주어야** 한다.(수사준칙 규정 제32조 제1항) 📖 **관련판례** a. 미란다 고지의 시기(수사기관의 모든 피의자 체포·구속의 경우 모두 동일한 법리가 적용된다.); 사법경찰관 등의 미란다 고지는 체포를 위한 <u>실력행사에 들어가기 이전(체포 또는 구속 전)</u>에 미리 하여야 하는 것이 원칙이나, 달아나는 피의자를 쫓아가 붙들거나 폭력으로 대항하는 피의자를 실력으로 제압하는 경우에는 붙들거나 제압하는 과정에서 하거나, 그것이 여의치 않은 경우에라도 일단 <u>붙들거나 제압한 후에 지체 없이 행하여야</u> 한다.(대법원 2004.8.30. 선고 2004도3212) F4 19검찰·마약9, 20경승 b. 경찰관들이 체포를 위한 실력행사에 나아가기 전에 체포영장을 제시하고 미란다 원칙을 고지할 여유가 있었음에도 <u>애초부터 미란다 원칙을 체포 후에 고지할 생각으로 먼저 체포행위에 나선 경우</u> 이러한 행위는 **적법하지 않다.**(대법원 2017.9.21. 선고 2017도10866) F4 20경승, 21순경2차, 22경승
압수·수색·검증	검사 또는 사법경찰관은 피의자를 영장에 의하여 체포하는 경우에 필요한 때에는 **영장 없이** 타인의 주거 등에 들어가서 <u>피의자의 발견을 위한 수색</u>을 할 수 있고, 체포현장에서 **영장 없이 압수·수색·검증**을 할 수 있다.(제216조 제1항 제1호·제2호)

3. 체포영장집행 후의 절차

(1) 통지의무 및 구속영장의 청구 또는 석방

통지 의무	영장에 의하여 피의자를 체포한 때에는 체포된 피의자에게 변호인이 있는 경우에는 <u>변호인에게</u>, 변호인이 없는 경우에는 변호인 선임권자(피의자의 법정대리인·배우자·직계친족·형제자매) 중 체포된 피의자가 지정한 자에게 체포 장소, 피의사건명, 체포 일시, 피의사실의 요지, 변호인을 선임할 수 있음, 체포의 이유를 <u>지체 없이</u>(수사준칙 규정 제33조 제1항에 의하면 '**24시간 이내에**') 서면으로 통지하여야 한다.(제200조의5, 제87조 제1·2항) 미란다 고지 사항도 통지해야 하나 변명할 기회는 줄 필요가 없다. 변명할 기회는 피의자에게 주는 것이기 때문이다. F4 15순경1차, 16법9, 19경간, 19순경2차, 23경승
구속 영장의 청구 또는 석방	체포한 피의자를 구속하고자 할 때에는 체포한 때부터 **48시간 이내에 구속영장(체포영장×)을 청구하여야 하고**, 그 기간 내에 구속영장을 청구하지 아니하는 때에는 피의자를 즉시 석방하여야 한다.(제200조의2 제5항) F4 법9, 10·11경장, 12경간, 15국9, 17순경1차, 20경간, 20경승, 21경승, 22경승 이 경우 구속기간은 **피의자를 체포한 날**(실제 구속한 날×)부터 기산한다.(제203조의2) F4 법9, 10국9, 15국9

(2) 영장에 의하여 체포된 피의자의 권리와 재체포 여부

체포된 피의자의 권리	영장에 의하여 체포된 피의자에게는 접견교통권(제200조의6, 제89조, 제91조)과 체포적부심사청구권(제214조의2 제1항)이 인정된다. 또한 영장에 의하여 체포된 피의자는 변호인을 선임할 수 있고,(제30조 제1항, 변호인선임권) 수사기관, 교도소장 또는 구치소장 또는 그 대리자에게 변호사를 지정하여 변호인의 선임을 의뢰할 수 있다.(변호인선임의뢰권) 변호인선임의 의뢰를 받은 수사기관, 교도소장 또는 구치소장 또는 그 대리자는 급속히 피의자가 지명한 변호사에게 그 취지를 통지하여야 한다.(제200조의6, 제90조)
재체포 여부	영장에 의하여 체포되었다가 석방된 피의자를 동일한 사건에 대하여 영장에 의한 재체포를 할 수 있다. F4 23국9

Ⅱ 긴급체포

1. 긴급체포의 의의와 요건

의의	긴급체포란 검사 또는 사법경찰관이 '피의자가 **중대한 범죄**를 범하였다고 의심할 만한 상당한 이유가 있고, **체포의 필요성**이 있으며, **긴급**을 요하는 경우(요건이 구비된 경우)' **영장 없이** 피의자를 체포하는 제도를 의미한다.(제200조의3) ▶ 현행범체포와 함께 영장주의 예외에 해당한다.
요건 F4 순경, 19경승, 22법9	**1) 긴급성** 긴급을 요하여 지방법원 판사의 체포영장을 받을 수 없는 때에는 그 사유를 알리고 '영장 없이 피의자를 체포(긴급체포)'할 수 있다. 여기서 '긴급을 요한다는 것'은 영장을 발부받을 시간적 여유가 없는 때를 말한다. **2) 체포의 필요성** 피의자가 **도망하거나 도망할 우려가 있거나 증거를 인멸할 염려**가 있을 것을 필요로 한다. F4 22경간 이 중에서 하나만 인정되면 체포의 필요성이 인정된다. **3) 범죄혐의의 상당성** 이는 영장에 의한 체포의 경우와 법리가 같다. 즉 긴급체포를 하기 위해서는 피의자가 죄를 범하였다고 의심할 만한 상당한 이유가 있을 것을 필요로 한다.(제200조의3 제1항) 여기서의 범죄혐의는 객관적 혐의(유죄판결을 받을 고도의 개연성을 인식하는 것)를 말한다. **4) 범죄의 중대성** 피의자가 법정형 사형·무기·**장기 3년 이상**의 징역·금고에 해당하는 죄를 범하였다고 의심할 만한 상당한 이유가 있어야 한다.(제200조의3 제1항) F4 20경간 폭행죄(법정형이 2년 이하의 징역)는 장기가 2년이므로 긴급체포 대상범죄가 되지 않는다. cf 절도죄(6년 이하의 징역)·횡령죄(5년 이하의 징역)·장물죄(7년 이하의 징역); 긴급체포 대상범죄에 해당한다.

> **관련판례** 긴급체포의 요건

a. [1] 긴급체포의 요건을 갖추었는지 여부는 사후에 밝혀진 사정을 기초로 판단하는 것이 아니라 **체포 당시의 상황을 기초로 판단**하여야 하고, 이에 관한 검사나 사법경찰관 등 수사주체의 판단에는 상당한 재량의 여지가 있다고 할 것이나, 긴급체포 당시의 상황으로 보아서도 그 요건의 충족 여부에 관한 검사나 사법경찰관의 판단이 경험칙에 비추어 현저히 합리성을 잃은 경우에는 그 체포는 위법한 체포라 할 것이다. 09·10순경2차, 10경승, 11검찰·마약, 12국7·순경3차, 13경승1·2차, 14경승, 14경승1차, 14법9, 16경승, 17경간, 17순경2차, 18경승, 18순경1차, 18순경2차, 19경간, 19법9, 19교정·보호·철경9, 20경간, 20경승, 21경승, 20경승2차, 21경승1차, 22경승, 22법9, 23법9, 23순경2차 [2] 검사가 담당검사인 자신의 교체를 요구하고자 부장검사 부속실에서 대기하고 있던 재항고인을 위 도로교통법위반죄로 긴급체포하여 감금한 경우, 그 긴급체포는 요건을 갖추지 못한 것으로서 **위법한 체포**에 해당한다.(대법원 2003.3.27. 자 2002모81) 17경간

b. 위법한 긴급체포에 의한 유치 중에 작성한 피의자신문조서는 **위법수집증거로서 증거로 할 수 없다.**(대법원 2002.6.11. 선고 2000도5701) 순경, 법9, 법승, 09국7, 10국9, 11·12경승·경간, 15경승, 16경승, 19경간

c. 피고인이 필로폰을 투약한다는 제보를 받은 경찰관이 피고인의 주거지를 방문하였다가, 그곳에서 피고인을 발견하고 피고인의 전화번호로 전화를 하여 나오라고 하였으나 응하지 않자 피고인의 집 문을 강제로 열고 들어가 피고인을 긴급체포한 경우 피고인이 마약에 관한 죄를 범하였다고 의심할 만한 상당한 이유가 있었더라도, 경찰관이 이미 피고인의 신원과 주거지 및 전화번호 등을 모두 파악하고 있었고, 당시 마약 투약의 범죄 증거가 급속하게 소멸될 상황도 아니었던 점 등의 사정을 감안하면, **긴급체포가 미리 체포영장을 받을 시간적 여유가 없었던 경우에 해당하지 않아 위법**하다. 긴급체포는 긴급성 요건을 갖추지 못한 것으로서 위법하다는 판례이다.(대법원 2016.10.13. 선고 2016도5814) 17교정·보호·철경9, 19법9, 21경간, 22순경2차

2. 긴급체포의 절차(영장 청구, 발부 및 집행절차는 불요) 순경, 경승

(1) 긴급체포의 주체

긴급체포의 주체는 **검사 또는 사법경찰관**이다. **사법경찰리도** 긴급체포의 권한이 있다는 것이 판례의 입장이다. 순경, 법9

> **관련판례** 사법경찰리에게도 긴급체포의 권한이 있는지; 적극
>
> 사법경찰리가 현행범인으로 체포하는 경우에는 반드시 범죄사실의 요지, 구속의 이유와 변호인을 선임할 수 있음을 말하고 변명할 기회를 주어야(미란다고지를 해야) 할 것임은 명백하며, 이러한 법리는 비단 현행범인을 체포하는 경우뿐만 아니라 긴급체포의 경우에도 마찬가지로 적용되는 것이다.(대법원 2000.7.4. 선고 99도4341) ▶ 이 판례는 사법경찰리가 긴급체포를 할 때에도 미란다고지를 해야 한다고 함으로써 **사법경찰리에게도 간접적으로 긴급체포의 권한이 있다는 취지**의 판시를 하고 있다.

(2) 미란다고지

피의자를 긴급체포할 경우에도 검사 또는 사법경찰관리는 미란다고지를 해야 한다.(제200조의5) 15순경3차 또한 긴급체포시에도 수사기관은 **진술거부권을 알려주어야** 한다.(수사준칙 규정 제32조 제1항)

> **관련판례**
>
> 체포하려는 상대방이 피고인 본인이 맞는지 여부가 불분명한 경우 경찰관은 체포하려는 상대방이 본인이 맞는지를 먼저 확인한 후에 미란다 원칙을 고지해야 한다. 따라서 이런 경우 미란다 원칙을 전부 고지하지 않은 채로 신원확인절차에 나갔다고 해서 그 행위가 부적법하다고 할 수 없다.(대법원 2007.11.29. 선고 2007도7961)

(3) 긴급체포시 압수·수색·검증

① 검사 또는 사법경찰관은 피의자를 긴급체포하는 경우에 필요한 때에는 **영장 없이** 타인의 주거 등에 들어가서 **피의자의 발견을 위한 수색**을 할 수 있고, 긴급체포현장에서 **영장 없이 압수·수색·검증**을 할 수 있다.(제216조 제1항 제1호·제2호)

② 검사 또는 사법경찰관은 긴급체포된 자가 소유·소지 또는 보관하는 물건에 대하여 **긴급히 압수할 필요**가 있는 경우에는 **체포한 때부터 24시간 이내에 한하여 영장 없이 압수·수색 또는 검증**을 할 수 있다. (제217조 제1항) 08순경3차

3. 긴급체포 후의 절차

(1) 통지의무

영장에 의한 체포의 경우와 같다. 즉 피의자를 긴급체포한 때에는 체포된 피의자에게 변호인이 있는 경우에는 변호인에게, 변호인이 없는 경우에는 변호인 선임권자(피의자의 법정대리인·배우자·직계친족·형제자매) 중 체포된 피의자가 지정한 자에게 체포 장소, 피의사건명, 체포 일시, 피의사실의 요지, 변호인을 선임할 수 있음, 체포의 이유를 **지체 없이**(수사준칙 규정 제33조 제1항에 의하면 '**24시간 이내에**') 서면으로 통지하여야 한다.(제200조의5, 제87조 제1·2항) 미란다 고지 사항도 통지해야 하나 **변명할 기회는 줄 필요가 없다.** 변명할 기회는 피의자에게 주는 것이기 때문이다. 15순경1차, 16법9

(2) 긴급체포서의 작성 등

① 사법경찰관이 피의자를 긴급체포한 경우에는 **즉시 검사의 승인**을 얻어야 한다.(제200조의3 제2항) 13경간, 15경승, 15순경3차, 17순경차, 18순경1차, 21경승 사법경찰관은 법 제200조의3 제2항에 따라 **원칙적으로 긴급체포 후 12시간 내에** 검사에게 긴급체포의 승인을 요청해야 한다.(수사준칙 규정 제27조 제1항 본문)

② 검사 또는 사법경찰관은 피의자를 긴급체포한 경우에는 **즉시 긴급체포서를 작성하여야 하고**,(제200조의3 제3항) 법승, 13경승, 13국9, 17경승, 21경승, 22경승 긴급체포서에는 범죄사실의 요지, 긴급체포의 사유 등을 기재하여야 한다.(제200조의3 제4항) 17순경2차

(3) 구속영장의 청구 또는 석방

① 긴급체포한 피의자를 구속하고자 할 때에는 **지체 없이** 검사는 관할 지방법원판사에게 **구속영장(체포영장×)을 청구하여야 하고**, 사법경찰관은 검사에게 신청하여 검사의 청구로 관할 지방법원판사에게 구속영장을 청구하여야 한다.(제200조의4 제1항) 법9, 국9, 국7, 경승, 13경간, 22법9, 22순경2차

② 이 경우 구속영장은 피의자를 **체포한 때부터 48시간 이내에 청구하여야 하며**, 긴급체포서를 첨부하여야 한다.(제200조의4 제1항) 09국9, 22법9, 22순경2차 체포한 때부터 **48시간 이내에 구속영장을 발부받아야 하는 것은 아니다.** 19경간

③ 그 기간 내에 구속영장을 청구하지 아니하거나 발부받지 못한 때에는 피의자를 **즉시 석방**하여야 한다. (제200조의4 제2항) 〔기출〕 08순경3차, 11경승, 13경승, 14경승, 15경승 긴급체포된 피의자에게 구속영장이 발부된 경우에 구속기간은 **피의자를 체포한 날(실제 구속한 날×)부터 기산**한다.(제203조의2) 〔기출〕 12순경3차, 13경승, 15경승, 16경승, 17순경2차, 20순경2차, 21경승, 21국9

(4) 재체포의 제한

긴급체포 되었다가 구속영장을 청구하지 아니하거나 발부받지 못하여 석방된 자는 **영장 없이**는 동일한 범죄사실에 관하여 체포하지 못한다.(제200조의4 제3항) 〔기출〕 11경승, 11검찰·마약9, 12순경2차, 14법9, 15순경3차, 19법9, 20경승, 21경승, 20순경2차, 21순경1차, 22경승, 22국7, 24경간

> **관련판례**
>
> 제208조(재구속의 제한)의 '구속되었다가 석방된 자'라 함은 **구속영장에 의하여 구속되었다가 석방된 경우를 말하는 것이지, 긴급체포나 현행법으로 체포되었다가 사후영장발부 전에 석방된 경우는 포함되지 않으므로**, 피고인이 수사 당시 긴급체포 후 석방된 피의자라도 법원으로부터 **구속영장을 발부받아 구속할 수 있음은 물론이고, 피고인이 수사 당시 긴급체포 되었다가 수사기관의 조치로 석방된 후 법원이 발부한 구속영장에 의하여 구속이 이루어진 경우 위법한 구속이라고 볼 수 없다.**(대법원 2001.9.28. 선고 2001도4291) 〔기출〕 10경승, 10국9, 12경승·순경3차, 13교정·보호·철경9, 13순경1·2차, 15순경2차, 18순경1차, 18국7, 19법9, 20경간, 20교정·보호·철경9, 20순경2차, 22법9, 23경승

(5) 검사의 통지의무와 사법경찰관의 보고의무

1) 검사의 통지의무

검사는 구속영장의 청구 없이 긴급체포한 피의자를 석방한 경우 법원에 대한 **통지의무가 있다.** 즉 검사는 긴급체포한 피의자를 석방한 날로부터 30일 이내에 석방의 일시·장소 및 사유 등을 기재한 서면으로 법원에 통지하여야 한다.(제200조의4 제4항) 〔기출〕 18국7, 20경간, 22순경1차, 23순경2차 법원에 통지하는 것으로 족하고, 법원의 사후승인을 얻어야 하는 것은 아니다.

> **관련판례**
>
> 피의자가 2009. 11. 2. 22:00경 긴급체포되어 조사를 받고 구속영장이 청구되지 아니하여 2009. 11. 4. 20:10경 석방되었음에도 검사가 그로부터 30일 이내에 제200조의4에 따른 석방통지를 법원에 하지 않았다 하더라도, 긴급체포 당시의 상황과 경위, 긴급체포 후 조사 과정 등에 특별한 위법이 있다고 볼 수 없는 이상, 단지 사후에 석방통지가 법에 따라 이루어지지 않았다는 사정만으로 그 긴급체포에 의한 유치 중에 작성된 피의자신문조서들의 작성이 소급하여 위법하게 된다고 볼 수는 없다.(대법원 2014.8.26. 선고 2011도6035) 〔기출〕 17순경1차, 20경간, 21순경1차, 22순경1차

2) 사법경찰관의 보고의무

사법경찰관은 법원에 대한 **통지의무가 없다.** 다만 사법경찰관이 긴급체포한 피의자를 석방한 경우에는 **즉시 검사에게 보고하여야 할 의무는 있다.**(제200조의4 제6항) 〔기출〕 13순경1차, 16경승, 18경승, 19경간, 19순경2차, 22경승, 23순경2차

(6) 긴급체포 관련서류 등의 열람·등사와 긴급체포된 피의자의 권리

열람·등사	긴급체포 후 석방된 자 또는 그 변호인·법정대리인·배우자·직계친족·형제자매는 **통지서 및 관련서류**를 열람하거나 등사할 수 있다.(제200조의4 제5항) 기출 10국9, 11경장, 14경승, 17교정·보호·철경, 18순경1차, 19경간, 19경승, 21경간 ▶ 열람·등사는 긴급체포의 불법성 여부를 판단하기 위한 것이다.
긴급체포된 피의자의 권리	앞에서 서술한 영장에 의하여 체포된 피의자의 권리와 완전히 똑같다. 즉 긴급체포된 피의자에게는 접견교통권(제200조의6, 제89조, 제91조)과 체포적부심사청구권(제214조의2 제1항)이 인정된다. 또한 긴급체포된 피의자는 변호인을 선임할 수 있고,(제30조 제1항, 변호인선임권) 수사기관, 교도소장 또는 구치소장 또는 그 대리자에게 변호사를 지정하여 변호인의 선임을 의뢰할 수 있다.(변호인선임의뢰권) 변호인선임의 의뢰를 받은 수사기관, 교도소장 또는 구치소장 또는 그 대리자는 급속히 피의자가 지명한 변호사에게 그 취지를 통지하여야 한다.(제200조의6, 제90조)

Ⅲ 현행범체포

1. 현행범체포의 의의

현행범체포란 현행범인 또는 준현행범인을 **누구든지 영장 없이** 체포할 수 있는 제도를 의미한다.(제212조) 현행범체포는 영장주의의 예외에 해당한다.

2. 현행범체포의 요건

(1) 현재성

1) (고유한 의미의) 현행범인

(고유한 의미의) 현행범인이란 범죄를 실행하고 있거나 실행하고 난 직후의 사람을 말한다.(제211조 제1항)

① 범죄의 실행 중

범죄의 실행 중이란 범죄의 실행에 착수하여 아직 실행행위를 종료하지 못한 상태를 말한다. 미수를 처벌하는 경우에는 실행의 착수가 실행행위에 해당한다. 기출 순경 또한 예비·음모를 처벌하는 경우에는 예비·음모행위가 실행행위에 해당한다. 한편 협의의 공범(교사범·종범)의 경우에는 정범의 실행행위가 개시된 때에 현행범인이 된다.(다수설)

② 범죄의 실행즉후

관련판례 범죄의 실행즉후

[1] 현행범인으로 규정한 범죄의 실행의 즉후인 자라 함은 범죄행위를 실행하여 끝마친 순간 또는 이에 아주 접착된 시간적 단계를 의미하는 것으로 **시간적 · 장소적으로 보아** 체포를 당하는 자가 방금 범죄를 실행한 범인이라는 점에 관한 죄증이 **체포자(제3자×)의 입장에서 명백히 존재하는 경우에만** 현행범인으로 볼 수 있다. ▶ 판례는 시간적 · 장소적 접착성을 요한다고 본다. 10경사, 11순경1차, 12경승 · 경간, 13순경2차, 14경승, 16경승, 16순경1차, 16검찰 · 마약9, 16국7, 16순경2차, 18경간, 18국7, 20경간, 20경승, 23순경1차 [2] 피고인이 음주운전을 종료한 후 40분 이상이 경과한 시점에서 길가에 앉아 있던 피고인에게서 술냄새가 난다는 점만을 근거로 피고인을 음주운전의 현행범으로 체포한 것은 피고인이 '방금 음주운전을 실행한 범인이라는 점에 관한 죄증이 명백하다고 할 수 없는 상태'에서 이루어진 것으로서 **적법한 공무집행이라고 볼 수 없다.**(대법원 1995.5.9. 선고 94도3016, 대법원 2007.4.13. 선고 2007도1249) 19경승, 20경간, 21경승

관련판례 현행범인에 해당하지 않는다는 판례

교사가 교장실에 들어가 약 5분 동안 식칼을 휘두르며 교장을 협박하는 등 소란을 피운 후 40여분 정도가 지나 경찰관들이 출동하여 서무실에서 그를 연행하려 한 경우 **위법**하다.(대법원 1991.9.24. 선고 91도1314) ▶ 시간적 접착성의 결여로 현행범체포 요건이 구비되지 않았기 때문이다. **교사 교장실 난동사건**
법9, 09순경1차, 11순경2차, 19경승

관련판례 현행범인에 해당한다는 판례

a. 무학여고 앞길에서 피해자의 자동차를 발로 걷어차고 그와 싸우는 범행을 한 지 겨우 10분 후에 지나지 않고, 그 장소도 범행 현장에 인접한 위 학교의 운동장인 경우 **현행범인에 해당**한다.(대법원 1993.8.13. 선고 93도926) 09순경1차, 11경승, 11순경2차, 15경승, 17경간 ▶ 시간적 · 장소적 접착성이 있기 때문에 현행범체포는 적법하다.

b. [1] 적정한 한계를 벗어나는 현행범인 체포행위는 그 부분에 관한 한 법령에 의한 (정당)행위로 될 수 없다고 할 것이나, 적정한 한계를 벗어나는 행위인가 여부는 결국 **정당행위의 일반적 요건을 갖추었는지 여부에 따라 결정되어야 할 것**이지 그 행위가 소극적인 방어행위인가 적극적인 공격행위인가에 따라 결정되어야 하는 것은 아니다. [2] 고인의 차를 손괴하고 도망하려는 피해자를 도망하지 못하게 멱살을 잡고 흔들어 피해자에게 전치 14일의 흉부찰과상을 가한 경우 재물손괴의 현행범인임이 명백하고, 위의 행위는 **정당행위에 해당**한다.(대법원 1999.1.26. 선고 98도3029) 23순경1차

2) **준현행범인**

a. 신체나 의복류에 증거가 될 만한 뚜렷한 흔적이 있을 때, b. 누구냐고 묻자 도망하려고 할 때, c. 범인으로 불리며 추적되고 있을 때, d. 장물이나 범죄에 사용되었다고 인정하기에 충분한 흉기나 그 밖의 물건을 소지하고 있을 때에 해당하는 자는 현행범인으로 간주한다.(제211조 제2항)

관련판례 준현행범인에 해당한다는 판례

경찰관이 범퍼 등의 파손상태로 보아 사고차량으로 인정되는 차량에서 내리는 사람을 발견한 경우 장물이나 흉기 기타의 물건을 소지하고 있는 때에 해당한다. 그러므로 **준현행범인에 해당**한다.(대법원 2000.7.4. 선고 99도4341) 09순경1차, 11순경2차, 13국7, 14국7, 15경승, 19경간, 19경승, 19법9, 21경간

(2) 체포의 필요성

현행범체포의 경우에도 긴급체포와 마찬가지로 피의자가 **도망하거나 도망할 우려가 있거나 증거를 인멸할 염려가 있을 것**을 필요로 한다. 이 중에서 하나만 인정되면 체포의 필요성이 인정된다. 판례도 체포의 필요성을 요한다고 한다.

> **관련판례** 체포의 필요성
>
> 현행범인은 누구든지 영장 없이 체포할 수 있는데(제212조), 현행범인으로 체포하기 위하여는 행위의 **가벌성**, 범죄의 **현행성·시간적 접착성**, 범인·범죄의 **명백성** 이외에 체포의 **필요성** 즉, 도망 또는 증거인멸의 염려(* 가현씨 명필)가 있어야 하고, 이러한 요건을 갖추지 못한 현행범인 체포는 법적 근거에 의하지 아니한 영장 없는 체포로서 위법한 체포에 해당한다. 여기서 현행범인 체포의 요건을 갖추었는지는 **체포 당시 상황을 기초로 판단하여야 하고**, 이에 관한 검사나 사법경찰관 등 수사주체의 판단에는 상당한 재량 여지가 있으나, 체포 당시 상황으로 보아도 요건 충족 여부에 관한 검사나 사법경찰관 등의 판단이 경험칙에 비추어 현저히 합리성을 잃은 경우에는 그 체포는 위법하다고 보아야 한다.(대법원 2011.5.26. 선고 2011도3682) 17국7, 18순경2차, 19국7, 20순경1차, 20순경2차, 21경승, 22경간, 23국9

(3) 비례성의 원칙

경미사건(법정형 다액 50만 원 이하의 벌금, 구류 또는 과료에 해당하는 사건)의 현행범인에 대하여는 '범인의 주거가 분명하지 아니한 때(**주거부정**)'에 한하여 현행범체포를 할 수 있다.(제214조) 20경승

(4) 범인·범죄의 명백성

현행범으로 체포할 수 있으려면 범인임이 명백하고, 범죄임이 명백한 경우라야 한다. 그러므로 위법성조각사유·책임조각사유가 있음이 명백한 경우에는 현행범 체포를 할 수 없다.

> **관련판례** 현행범체포의 요건 판단
>
> a. **현행범 체포의 적법성은 체포 당시의 구체적 상황을 기초로 객관적으로 판단하여야 하고, 사후에 범인으로 인정되었는지에 의할 것은 아니다.**(대법원 2013.8.23. 선고 2011도4763) 그러므로 피고인의 소란행위가 업무방해죄의 구성요건에 해당하지 않아 사후적으로 무죄로 판단된다고 하더라도, 피고인이 경찰관 앞에서 소란을 피운 당시 상황에서는 객관적으로 보아 피고인이 업무방해죄의 현행범이라고 인정할 만한 충분한 이유가 있었다면 경찰관들이 피고인을 현행범으로 체포하려고 한 행위는 적법하다. 18순경2차, 20경간, 20순경2차, 21경간
>
> b. 현행범인의 체포에 있어서 **범죄행위의 동일성이 유지되는 범위 안에서 죄명은 체포 후에 얼마든지 변경할 수 있는 것이므로 현행범인체포서에 기재된 죄명에 의해 체포 사유가 한정된다고 볼 수는 없다.**(대법원 2006.9.28. 선고 2005도6461) 19교정·보호·철경9

3. 현행범체포의 절차

(1) 현행범체포의 주체

누구든지 현행범인을 영장 없이 체포할 수 있다.(제212조) [F4] 20경간 따라서 검사 또는 사법경찰관리는 물론 사인(일반인)도 현행범인을 체포할 권한이 있다.

(2) 미란다고지

검사 또는 사법 경찰 관리	피의자에 대한 현행범체포시에도 검사 또는 사법경찰관리는 **미란다고지를 해야 한다**.(제213조의2, 제200조의5) [F4] 국9, 법9, 10경사, 11경장, 11순경1차, 14학교전담, 16경승, 16경7, 16순경2차, 17경승 또한 수사기관은 현행범체포시에도 **진술거부권을 알려주어야** 한다.(수사준칙 규정 제32조 제1항) 📖 **관련판례** 사법경찰관이 피의자를 현행범인으로 체포하면서 '체포사유 및 변호인선임권을 고지(미란다고지)'하지 아니하였음에도 불구하고 고지한 것으로 현행범인체포서를 작성한 경우 **허위공문서작성죄가 성립**한다.(대법원 2010.6.24. 선고 2008도11226) [F4] 12경승, 14경승, 16경승
사인	사인이 현행범인을 체포할 때에는 **미란다고지 의무가 없다**. 사인은 미란다고지 의무가 있다는 것을 알기 어렵기 때문이다.

(3) 압수 · 수색 · 검증

검사 또는 사법경찰관은 피의자를 현행범으로 체포하는 경우에 필요한 때에는 **영장 없이** 타인의 주거 등에 들어가서 **피의자의 발견을 위한 수색**을 할 수 있고, 체포현장에서 **영장 없이 압수 · 수색 · 검증**을 할 수 있다.(제216조 제1항 제1호 · 제2호) 그러므로 수사기관이 현행범을 체포하기 위하여 타인의 주거에 들어간 경우에는 **주거침입죄가 성립하지 아니**한다. 그러나 사인에게는 위와 같은 권한이 없다. 따라서 사인이 현행범을 체포하기 위하여 타인의 주거에 들어간 경우에는 **주거침입죄가 성립**한다. [F4] 순경, 11경승, 12경간, 20경승

📖 **관련판례** 현행범 체포의 절차

a. 법정형 5만 원 이하의 벌금, 구류 또는 과료에 해당하는 경미한 범죄에 불과한 경우 비록 그가 현행범인이라고 하더라도 영장 없이 체포할 수는 없고, 임의동행을 강요할 수도 없다 할 것이므로, **경찰관이 그의 의사에 반하여 강제로 연행하려고 한 행위는 적법한 공무집행이라고 볼 수 없고**, 따라서 피고인이 위 경찰관의 행위를 제지하기 위하여 경찰관에게 폭행을 가하였다고 하여도 이는 **공무집행방해죄를 구성하지 아니한다**.(대법원 1992.5.22. 선고 92도506) [F4] 순경, 경승, 국9, 법9, 법승

b. 시비 중 주먹으로 얼굴을 4,5차례 치고 배를 발로 찬 후 멱살을 잡고 인근 파출소로 끌고 감으로써 폭행을 하였다면 **상당성이 없기 때문에 현행범체포에 해당하지 않는다**.(대법원 1969.12.9. 선고 69도1846) [F4] 경승, 순경

c. [1] 경찰관이 현행범인 체포 요건을 갖추지 못하였는데도 실력으로 현행범인을 체포하려고 하였다면 **적법한 공무집행이라고 할 수 없고**, 현행범인 체포행위가 적법한 공무집행을 벗어나 불법인 것으로 볼 수밖에 없다면, 현행범이 체포를 면하려고 반항하는 과정에서 경찰관에게 상해를 가한 것은 불법체포

로 인한 신체에 대한 현재의 부당한 침해에서 벗어나기 위한 행위로서 **정당방위에 해당하여 위법성이 조각**된다. 반면 경찰관은 위법한 공무집행 중이고 공무집행방해죄는 적법하게 공무를 집행하는 공무원을 폭행 또는 협박함으로써 성립하는 범죄이므로 **경찰관에 대한 공무집행방해죄는 구성요건해당성 자체가 조각**된다. 14법9, 15경승, 16순경2차, 18경승, 22순경1차 [2] 피고인이 경찰관의 불심검문을 받아 운전면허증을 교부(도망할 염려×)한 후 경찰관에게 큰 소리로 욕설을 하였는데, 경찰관이 피고인을 모욕죄의 현행범으로 체포하려고 하자 피고인이 반항하면서 경찰관에게 상해를 가한 행위는 정당방위에 해당한다. 왜냐하면 피고인은 경찰관의 불심검문에 응하여 이미 운전면허증을 교부한 상태이고, 경찰관뿐 아니라 인근 주민도 욕설을 직접 들었으므로(증거인멸의 염려×), 피고인이 도망하거나 증거를 인멸할 염려가 있다고 보기는 어렵고, 피고인의 모욕 범행은 불심검문에 항의하는 과정에서 저지른 일시적, 우발적인 행위로서 사안 자체가 **경미**할 뿐 아니라, 피해자인 경찰관이 범행현장에서 즉시 범인을 체포할 급박한 사정이 있다고 보기도 어려우므로, 경찰관이 피고인을 체포한 행위는 **적법한 공무집행이라고 볼 수 없기 때문**이다.(대법원 2011.5.26. 선고 2011도3682) 12경승, 15경간, 15순경2차, 15교정·보호·철경9, 19경승, 20순경1차, 22경승, 22순경1차

d. 경찰관의 현행범인 체포경위 및 그에 관한 현행범인체포서와 범죄사실의 기재에 다소 차이가 있더라도, 그것이 논리와 경험칙상 장소적·시간적 동일성이 인정되는 범위 내라면 그 체포행위가 공무집행방해죄의 요건인 **적법한 공무집행**에 해당한다.(대법원 2008.10.9. 선고 2008도3640) 16순경1차, 17순경1차

e. 현행범을 체포한 경찰관의 진술이라 하더라도 **범행을 목격한 부분에 관하여는 여느 목격자의 진술과 다름없이 증거능력이 있다.**(대법원 1995.5.9. 선고 95도535) 20순경2차, 21경승, 21국7

4. 현행범체포 후의 절차

(1) 통지의무

영장에 의한 체포의 경우와 같다. 즉 피의자를 현행범체포한 때에는 체포된 피의자에게 변호인이 있는 경우에는 **변호인에게**, 변호인이 없는 경우에는 변호인 선임권자(피의자의 법정대리인·배우자·직계친족·형제자매) 중 체포된 피의자가 지정한 자에게 체포 장소, 피의사건명, 체포 일시, 피의사실의 요지, 변호인을 선임할 수 있음, 체포의 이유를 **지체 없이**(수사준칙 규정 제33조 제1항에 의하면 '**24시간 이내에**') 서면으로 통지하여야 한다.(제200조의5, 제87조 제1·2항) 미란다 고지 사항도 통지해야 하나 **변명할 기회는 줄 필요가 없다**. 변명할 기회는 피의자에게 주는 것이기 때문이다. 15순경1차, 16법9

(2) 현행범인의 인도

사인이 현행범인을 체포한 경우	① 사인이 현행범인을 체포한 때에는 체포한 현행범인을 석방(훈방조치)할 수 없고 **즉시 검사 또는 사법경찰관리에게 인도하여야 한다.**(제213조 제1항) ▶ 사인에게는 수사기관에게 현행범인을 즉시 인도할 의무가 있다. [F4] 법9, 경승, 12경간, 13경간, 13순경2차, 14학교전담, 20경간
	관련판례 제213조 제1항에서 즉시의 의미는 반드시 체포시점과 시간적으로 밀착된 시점이어야 하는 것은 아니고, **정당한 이유 없이 인도를 지연하거나 체포를 계속하는 등으로 불필요한 지체를 함이 없이** 라는 뜻으로 볼 것이다.(대법원 2011.12.22. 선고 2011도12927) [F4] 16검찰·마약9, 16국7, 16순경2차, 18경간, 18경승, 20순경2차, 23순경1차 ▶ 소말리아 해적 사건
	② 사법경찰관리가 현행범인의 인도를 받은 때에는 체포자의 성명, 주거, 체포의 사유를 물어야 하고 필요한 때에는 체포자에 대하여 경찰관서에 동행함을 요구할 수 있다.(제213조 제2항) [F4] 11경승, 13순경2차, 14학교전담, 16경승, 16국7, 16순경1차, 20국7, 23경승
수사기관이 현행범인을 체포한 경우	검사 또는 사법경찰관(수사기관)은 체포한 현행범인에 대하여 **구속영장을 청구하지 아니하고 석방(훈방조치)할 수 있다.**

(3) 구속영장의 청구 또는 석방

1) 수사기관이 현행범인을 체포한 경우

수사기관이 현행범으로 체포한 피의자를 구속하고자 할 때에는 **체포한 때부터 48시간 이내에 구속영장(체포영장×)을 청구하여야 하고,** 그 기간 내에 구속영장을 청구하지 아니하는 때에는 **피의자를 즉시 석방하여야 한다.**(제200조의2 제5항) [F4] 12순경3차, 14경승, 14학교전담 이 경우 구속기간은 **피의자를 체포한 날(실제 구속한 날×)부터 기산**한다.(제203조의2) [F4] 14경승, 20경간

관련판례
법관이 검사의 청구에 의하여 현행범으로 체포된 피의자의 구금을 위한 구속영장을 발부한 경우, **검사와 사법경찰관리는 지체 없이 신속하게 구속영장을 집행하여야 한다.** 피의자에 대한 구속영장의 제시와 집행이 그 발부 시로부터 정당한 사유 없이 시간이 지체되어 이루어진 경우, **구속영장의 유효기간 내에 집행되었다고 하더라도 위 기간 동안의 체포 내지 구금 상태는 위법**하다.(대법원 2021.4.29. 선고 2020도16438) [F4] 22순경1차, 23법9

2) 사인이 현행범인을 체포한 경우

판례는 검사 또는 사법경찰관리 아닌 이(사인)에 의하여 현행범인이 체포된 후 불필요한 지체 없이 검사 등에게 인도된 경우, 구속영장 청구기간인 48시간의 기산점은 체포시가 아니라 **검사 등이 현행범인을 인도받은 때**라고 하여 수사기관이 현행범인을 체포한 경우와 달리 본다.(대법원 2011.12.22. 선고 2011도12927) ▶ 소말리아 해적 사건 [F4] 12국9·순경2차, 13법9, 14경간, 14법9, 15순경3차, 16국7, 16순경1차, 17경간, 17순경1차, 18경간, 18경승, 19경간, 19법9, 20경승, 21경승, 21순경2차, 22국7, 23법9, 23순경2차

(4) 현행범으로 체포된 피의자의 권리

앞에서 서술한 영장에 의하여 체포된 피의자의 권리와 완전히 똑같다. 즉 현행범으로 체포된 피의자에게는 접견교통권(제200조의6, 제89조, 제91조)과 체포적부심사청구권(제214조의2 제1항)이 인정된다. 또한 현행범으로 체포된 피의자는 변호인을 선임할 수 있고,(제30조 제1항, **변호인선임권**) 수사기관, 교도소장 또는 구치소장 또는 그 대리자에게 변호사를 지정하여 변호인의 선임을 의뢰할 수 있다.(**변호인선임의뢰권**) 변호인선임의 의뢰를 받은 수사기관, 교도소장 또는 구치소장 또는 그 대리자는 급속히 피의자가 지명한 변호사에게 그 취지를 통지하여야 한다.(제200조의6, 제90조)

Ⅳ 구속

1. 구속의 의의

구속이란 구속의 요건을 구비한 경우 **구속영장에 의하여** 피의자 또는 피고인의 신체의 자유를 제한하는 강제처분을 말한다. 긴급체포의 경우와 달리 **긴급구속이 없으므로 구속에는 영장주의 예외가 없다.** 구속은 구인과 **구금**을 포함하는 개념이다. 구인은 <u>단기간의 구속으로서</u> 피의자 또는 피고인을 **법원 기타 장소에 인치하는 강제처분**을 말한다. 구인한 피의자 또는 피고인을 법원 기타 장소에 인치한 경우에 구금할 필요가 없다고 인정한 때에는 그 인치한 때로부터 **24시간 이내에 석방하여야 한다.**(제209조, 제71조) 📝 08순경3차, 15순경1차, 15법9, 16순경2차, 18경승, 18순경1차, 18법9, 22경간 반면 구금은 <u>장기간의 구속으로서</u> 피의자 또는 피고인을 **구치소 또는 교도소에 감금하는 강제처분**을 말한다. 통상 구속이라고 할 때에는 '구금'을 말한다. 따라서 구인은 반드시 '구인'이라고 표현을 하지만, 구금은 '구금'이라고 표현할 때도 있고 '구속'이라고 표현할 때도 있다.

2. 구속의 유형

(1) 피의자 구속

① '피의자가 죄를 범하였다고 의심할 만한 상당한 이유가 있고 구속사유(제70조 제1항 각 호)가 있을 때(구속의 요건이 구비된 때)'에는 **검사는 관할 지방법원판사(수임판사)에게 청구하여 구속영장을 받아** 피의자를 구속할 수 있고, **사법경찰관은 검사에게 신청하여 검사의 청구로 관할 지방법원판사의 구속영장을 받아** 피의자를 구속할 수 있다.(제201조 제1항 본문) 피의자 구속은 **수사기관(검사 또는 사법경찰관)의 권한이다.** 검사가 사법경찰관이 신청한 영장을 정당한 이유 없이 판사에게 청구하지 아니한 경우 사법경찰관은 **그 검사 소속의 지방검찰청 소재지를 관할하는 고등검찰청에** 영장 청구 여부에 대한 심의를 신청할 수 있다.(제221조의5 제1항) 📝 21국7 위의 사항을 심의하기 위하여 <u>각 고등검찰청에</u> **영장심의위원회**(이하 이 조에서 "심의위원회"라 한다)를 둔다.(제221조의5 제2항) 📝 21순경2차 심의위원회는 <u>위원장 1명을 포함한 10명 이내의 외부 위원으로 구성</u>하고, 위원은 각 고등검찰청 검사장이 위촉한다.(제221조의5 제3항) 사법경찰관은 심의위원회에 출석하여 의견을 개진할 수 있고,(제221조의5 제4항) 심의위원회의 구성 및 운영 등 그 밖에 필요한 사항은 법무부령으로 정한다.(제221조의5 제5항)

② 체포되지 않은 피의자라도 구속영장에 의하여 구속할 수 있다. 따라서 형사소송법은 구속 전에 반드시 체포절차를 거쳐야 한다는 **체포전치주의를 채택하지 않**는다. 📝 08법9

(2) 피고인 구속

① **법원은** '피고인이 죄를 범하였다고 의심할 만한 상당한 이유가 있고 구속사유(제70조 제1항 각 호)가 있을 때(구속의 요건이 구비된 때)'에는 **구속영장을 발부하여** 피고인을 구속할 수 있다.(제70조) ▶ 피고인 구속은 **수소법원의 권한에 속한다.**

② 형사소송법은 피고인 구속에 관하여 규정을 두고, 피고인 구속에 관한 규정을 피의자 구속에 준용한다. (제209조)

3. 구속의 요건

(1) 구속사유	피의자 또는 피고인에게 **일정한 주거가 없는 때(주거부정), 도망하거나 도망할 염려가 있는 때, 증거를 인멸할(없애버릴) 염려가 있는 때**가 구속사유에 해당한다.(제70조 제1항) 이 중에 하나에 해당하면 구속사유가 있는 것이다. 한편 범죄의 **중**대성, **재**범의 위험성, **피**해자·중요참고인 등에 대한 위해우려(* **중재피**)는 구속사유가 아니라, 구속사유를 심사할 때 고려사항에 불과하다.(제70조 제2항) F4 21국9 예컨대 구속사유를 심사할 때 범죄의 중대성을 고려하여 구속사유인 증거인멸의 염려가 있다고 판단할 수 있다는 것이다.
(2) 비례성의 원칙	경미사건(법정형 다액 50만 원 이하의 벌금, 구류 또는 과료에 해당하는 사건)의 경우에는 **일정한 주거가 없는 때(주거부정)에만** 구속사유가 된다.(제201조 제1항 단서, 제70조 제3항)
(3) 범죄혐의의 상당성	피의자 또는 피고인이 죄를 범하였다고 의심할 만한 상당한 이유가 있을 것을 필요로 한다. (제201조, 제70조) 여기서의 범죄혐의는 역시 객관적 혐의(유죄판결을 받을 고도의 개연성을 인식하는 것)를 말한다.

4. 피의자 구속의 절차(구속영장의 청구 → 영장실질심사 → 영장 발부 → 영장 집행)

(1) 구속영장의 청구 F4 순경

청구권자	피의자구속에 있어서 구속영장의 청구권자는 **검사만**이다. 사법경찰관은 검사에게 신청하여 검사가 구속영장을 청구한다.(제201조 제1항)
청구방식	① **서면주의; 구속영장청구서**라는 서면으로 하여야 한다.(규칙 제93조) ② 구속영장 청구에는 구속의 필요를 인정할 수 있는 자료를 제출하여야 한다.(제201조 제2항) 반면 피의자도 구속영장의 청구를 받은 판사에게 유리한 자료를 제출할 수 있다.(규칙 제96조 제3항)

> **관련판례** 구속영장 청구 전 검사의 대면조사
>
> • 검사가 구속영장 청구 전 대면조사를 위하여 사법경찰관리에게 긴급체포된 피의자의 인치를 명하는 것이 적법한 수사지휘에 해당하는지 여부(**한정적 적법**)
> 사법경찰관이 검사에게 긴급체포된 피의자에 대한 긴급체포 승인 건의와 함께 구속영장을 신청한 경우, 검사는 피의자를 검찰청으로 출석시켜 직접 대면조사 할 수 있는 권한을 가진다고 보아야 한다. 따라서 **검사**

가 구속영장 청구 전에 피의자를 대면조사하기 위하여 사법경찰관리에게 피의자를 검찰청으로 인치할 것을 명하는 것은 적법하고 타당한 수사지휘 활동에 해당한다. 다만 검사의 구속영장 청구 전 피의자 대면조사는 긴급체포의 적법성을 의심할 만한 사유가 기록 기타 객관적 자료에 나타나고 피의자의 대면조사를 통해 그 여부의 판단이 가능할 것으로 보이는 예외적인 경우에 한하여 허용될 뿐, **긴급체포의 합당성이나 구속영장 청구에 필요한 사유를 보강하기 위한 목적으로 실시되어서는 아니 된다.** 나아가 검사의 구속영장 청구 전 피의자 대면조사는 **강제수사가 아니므로** 피의자는 검사의 출석 요구에 응할 의무가 없고, 피의자가 검사의 출석 요구에 동의한 때에 한하여 사법경찰관리는 피의자를 검찰청으로 호송하여야 한다.(대법원 2010.10.28. 선고 2008도11999) F4 11경승, 11순경2차, 12순경2차, 14법9, 17경간, 17교정·보호·철경9, 18순경1차, 18국7, 19검찰·마약9, 19순경2차, 20순경1차, 22경1차

(2) (구속)영장실질심사제도〈구속 전 피의자심문제도〉(제201조의2)

1) 구속 전 피의자심문제도의 의의

구속 전 피의자심문제도란 **구속영장의 청구를 받은 판사**(수임판사)**가** 구속사유가 있는지 여부를 판단하여 **구속영장 발부여부를 결정하기 위하여 피의자를 직접 심문하는 제도를 말한다.**(제201조의2) 구속 전 피의자심문제도를 영장실질심사제도라고도 하는데, **체포영장실질심사제도는 존재하지 않고,** (구속)영장실질심사제도만 존재한다. F4 12경간, 13경승, 19법9, 21경승 따라서 영장실질심사제도라는 용어는 '구속'이라는 표현이 없어도 당연히 '구속영장실질심사제도'를 가리킨다. 구속 전 피의자심문은 **필요적 심문이므로 신청권자를 필요로 하지 않는다.**

2) 피의자의 인치와 필요적 심문

체포된 피의자	영장에 의한 체포, 긴급체포, 현행범으로 체포된 피의자에 대하여 사후(=체포 후) 구속영장의 청구를 받은 판사는 체포의 효력을 이용하여 피의자를 법원에 인치하고, 지체 없이 피의자를 심문하여야 한다.(필요적 심문) 이 경우 **특별한 사정이 없는 한 구속영장이 청구된 다음 날까지 (24시간 이내에×) 심문하여야 한다.**(제201조의2 제1항) F4 국9, 08순경2차, 11경장, 11순경1차, 12순경2차, 13경승, 14경치, 15순경1차, 15법9, 15순경2차, 18경간, 18순경2차, 19경승, 20법9, 20국7, 21경간, 22경승, 22순경2차, 24경간
미체포 피의자	체포되지 않은 피의자(미체포 피의자)에 대하여 사전(=체포 전) 구속영장의 청구를 받은 판사는 **구인을 위한 구속영장을 발부하여 피의자를 구인한 후 심문하여야 한다. 다만, 피의자가 도망하는 등의 사유로 심문할 수 없는 경우 예외**이다.(제201조의2 제2항) F4 09·11순경1차, 12순경2차, 15순경1차, 18법9, 20경승

3) 심문기일과 장소의 통지

구속영장의 청구를 받은 판사는 체포된 피의자의 경우는 즉시, 미체포 피의자의 경우는 피의자를 인치한 후 즉시 **검사, 피의자 및**(또는×) **변호인에게 심문기일과 장소를 통지하여야 한다.**(제201조의2 제3항 전단) 체포된 피의자 외의 피의자(미체포 피의자)에 대한 심문기일은 관계인에 대한 심문기일의 통지 및 그 출석에 소요되는 시간 등을 고려하여 법원은 피의자가 법원에 인치된 때부터 가능한 한 빠른 일시로 지정하여야 한다.(규칙 제96조의12 제2항) F4 18경승 심문기일의 통지는 서면은 물론 구술, 전화, 모사전송, 전자우편, 휴대전화 문자전송 그 밖에 적당한 방법으로 신속하게 하여야 한다.(규칙 제96조의12 제3항) 즉 통지의 방법에는 제한이 없다. F4 11경장, 18경승, 23법9

4) 심문기일의 절차

① 피의자의 출석

가. **검사는** 피의자가 체포되어 있는 때에는 **심문기일에 피의자를 출석시켜야** 한다.(제201조의2 제3항) 다만, 판사는 피의자가 심문기일에의 **출석을 거부하거나 질병 그 밖의 사유로 출석이 현저하게 곤란하고, 피의자를 심문 법정에 인치할 수 없다고 인정되는 때에는 피의자의 출석 없이 심문절차를 진행할 수 있다.**(규칙 제96조의13 제1항) cf 심문절차를 진행할 수 없다면 틀린 지문이다. F4 08순경2차, 09순경1차, 14경간, 15경승, 15법9, 16경승, 17경승, 23법9

나. 심문기일의 변경; 판사는 지정된 심문기일에 피의자를 심문할 수 없는 특별한 사정이 있는 경우에는 그 **심문기일을 변경할 수 있다.**(규칙 제96조의22) F4 15경승

다. 검사와 변호인은 심문기일에 출석하여 의견을 진술할 수 있다.(제201조의2 제4항) F4 법9, 18순경2차 ▶ 이는 체포·구속적부심의 경우에도 같다.

라. 판사는 공범의 분리심문 기타 수사상의 비밀보호를 위하여 필요한 조치를 하여야 한다.(제201조의2 제5항) F4 13경승, 19경승 ▶ 이는 체포·구속적부심의 경우에도 같다.

② 국선변호인 선정

영장실질심사에 있어서 심문할 피의자에게 변호인이 없는 때에 **판사가 직권으로 국선변호인을 선정하여야 한다.** 이 경우 변호인의 선정은 피의자에 대한 구속영장 청구가 기각되어 (국선변호인 선정의) 효력이 소멸하는 경우를 제외하고는 **제1심까지 효력이 있다.**(제201조의2 제8항) F4 08순경2차, 10순경2차, 11경장, 11순경1차, 11법9, 12국7, 13순경2차, 14교정·보호·철9, 15경간, 15법9, 16법9, 17경승, 18경간, 18경승, 18순경2차, 20법9, 20순경1차, 20국9, 22경승, 22순경1차, 23경간, 24경간

③ 심문의 방법

가. 판사는 피의자에게 범죄사실의 요지, 진술거부권 등을 고지하여야 한다.(규칙 제96조의16 제1항)

나. 영장실질심사의 심문절차는 **비공개가 원칙**이다. 다만 판사는 상당하다고 인정하는 경우 **이해관계인(일반인×)의 방청을 허가할 수 있다.**(규칙 제96조의14) F4 국9, 09순경1차, 11경장, 11순경2차, 13경승, 14경간, 14경승, 15경간, 15경승, 15법9, 15국7, 16경승, 17경승, 18순경2차, 19경승, 23경간, 24경간 영장실질심사는 수사절차에서 피의자를 구속할 때에 하는 것이므로 아직 공소제기 전 단계인 피의자 단계에서 피의자의 사생활의 비밀과 자유(privacy)를 보호하기 위하여 그 심문절차를 원칙적으로 비공개로 하는 것이다.

다. 검사와 변호인은 **판사의 심문이 끝난 후**에 의견을 진술할 수 있는 것이 원칙이다. 다만, 필요한 경우에는 예외적으로 판사의 심문 도중에도 판사의 허가를 얻어 의견을 진술할 수 있다.(규칙 제96조의16 제3항) 의견진술을 할 수 있을 뿐이지 검사와 변호인이 **문답형식으로 피의자를 신문할 수는 없다.** F4 09순경1차, 11·12순경2차, 13경승, 14경간, 15국7, 16경승, 19경승, 20법9, 20순경1차, 23법9

라. 변호인은 구속영장이 청구된 피의자에 대한 **심문 시작 전에** 피의자와 접견할 수 있다.(규칙 제96조의20 제1항) F4 15국7, 18경승, 19경승, 22경승 이에 반하여 피의자는 심문 시작 전에 변호인과 접견할 수 있고, **판사의 심문 도중에도** 변호인의 조력을 구할 수 있다.(규칙 제96조의16 제4항) F4 법승, 09순경1차, 11순경2차, 14경간, 16경승, 18경승, 18순경2차, 19경승, 20법9, 22경승

④ 조서의 작성

법원사무관 등은 심문의 요지 등을 조서로 작성하여야 한다.(제201조의2 제6항) F4 법9, 11순경2차, 13경승, 19경승 구속 전 피의자심문 후에 법원사무관 등이 작성한 조서를 '**구속 전 피의자심문조서**'라고 한다.

⑤ 구속기간에의 불산입

피의자심문을 하는 경우 법원이 구속영장청구서·수사관계서류 및 증거물을 접수한 날부터 구속영장을

발부하여 검찰청에 반환한 날까지의 기간은 사법경찰관·검사의 구속기간에 이를 산입하지 아니한다. (제201조의2 제7항) 20경승, 20법9, 20순경1차, 21국9, 22경간, 22경승, 24경간

(3) 구속영장의 발부

1) 구속영장청구기각결정과 구속영장발부결정

① 구속영장청구기각결정; 구속영장의 청구를 받은 지방법원판사는 상당하지 아니하다고 인정하는 경우(예 구속사유가 없다고 인정하는 경우 등)에는 기각결정을 한다. 구속영장을 발부하지 아니할 때에는 청구서에 그 취지 및 이유를 기재하고 서명날인하여 청구한 검사에게 교부한다.(제201조 제4항)

> **관련판례**
>
> 검사의 체포영장 또는 구속영장 청구에 대한 지방법원판사의 재판은 형사소송법 제402조의 규정에 의하여 항고의 대상이 되는 '법원의 결정'에 해당하지 아니하고, 제416조 제1항의 규정에 의하여 준항고의 대상이 되는 '재판장 또는 수명법관의 구금 등에 관한 재판'에도 해당하지 아니한다.(대법원 2006.12.18. 자 2006모646) ▶ **구속영장청구에 대한 지방법원판사(수임판사)의 재판에 대하여는 항고·즉시항고 등 불복을 할 수 없다**는 취지의 판례이다. 12경간, 15순경2차, 17경간, 17교정·보호·철경9, 18순경1차, 19경승, 19법9, 19순경2차, 20법9, 21경간, 21국9, 21국7, 21순경2차, 22국7, 23법9

② 구속영장발부결정; 구속영장의 청구를 받은 지방법원판사는 **상당하다고 인정할 때**에는 구속영장을 발부한다.(제201조 제4항)

2) 구속영장의 필요적 기재사항

구속영장에는 ① 피의자·피고인의 주거(피의자·피고인의 주거가 분명하지 않을 때에는 주거 기재의 생략이 가능), ② 인치·구금할 장소, ③ 피의사실·공소사실의 요지, ④ 죄명, ⑤ (영장의) 발부연월일, ⑥ (영장의) 유효기간, ⑦ 재판장 또는 수명법관의 서명날인(cf 영장은 반드시 서명날인을 해야 하고, 기명날인 또는 서명으로 대신할 수 없다.), ⑧ 유효기간을 경과하면 집행에 착수 못하며 영장을 반환하여야할 취지, ⑨ 피의자·피고인의 성명(피고인의 성명이 분명하지 않을 때에는 인상, 체격 등 피고인을 특정할 수 있는 사항으로 표시 가능)을 기재하여야 한다.(제75조 제1항, 제209조)

(4) 구속영장의 집행

1) 영장집행의 주체

피의자에 대한 구속영장의 집행은 **검사의 지휘로 사법경찰관리가 집행**한다.(제81조 제1항 본문, 제209조) 교도소 또는 구치소에 있는 피의자에 대하여 발부된 구속영장은 **검사의 지휘에 의하여 교도관이 집행**한다.(제209조, 제81조 제3항) 검사 또는 사법경찰관은 체포·구속영장의 유효기간 내에 영장의 집행에 착수하지 못했거나, 그 밖의 사유로 영장의 집행이 불가능하거나 불필요하게 되었을 때에는 즉시 해당 영장을 법원에 반환해야 한다. 이 경우 체포·구속영장이 여러 통 발부된 경우에는 모두 반환해야 한다.(수사준칙 규정 제35조 제1항) 22순경2차

2) 영장 제시의 원칙

피의자에 대하여 구속영장을 집행할 때에는 피의자에게 반드시 **구속영장 원본을 제시하고 사본을 교부여야 하는 것이 원칙**이다. 다만, **구속영장을 소지하지 아니한 경우에 급속을 요하는 때에는 피의자에 대하여 피의사실의 요지와 영장이 발부되었음을 고하고 집행할 수 있는데 이를 긴급집행**이라고 한다.(제209조, 제81조 제1·3항) 집행을 완료한 후에는 신속히 구속영장 원본을 제시하고 사본을 교부여야 한다.(제209조, 제85조) F4 22경승, 22순경1차, 22법9, 22순경2차

3) 미란다 고지

피의자를 구속할 경우에도 **검사 또는 사법경찰관리는 미란다고지를 해야 한다**. 고지의 내용은 피의사실의 요지, 구속의 이유와 변호인을 선임할 수 있음을 말하고 변명할 기회를 주어야 한다.(제209조, 제200조의5) 또한 피의자를 구속할 경우에도 수사기관은 **진술거부권을 알려주어야** 한다.(수사준칙 규정 제32조 제1항)

4) 압수 · 수색 · 검증

검사 또는 사법경찰관은 피의자를 구속하는 경우에 필요한 때에는 **영장 없이** 타인의 주거 등에 들어가서 **피의자의 발견을 위한 수색**을 할 수 있고, 구속현장에서 **영장 없이 압수 · 수색 · 검증**을 할 수 있다.(제216조 제1항 제1호 · 제2호)

5) 역외 집행

검사는 필요에 의하여 관할구역 외에서 집행을 지휘할 수 있고 또는 당해 관할구역의 검사에게 집행지휘를 촉탁할 수 있다. 사법경찰관리는 필요에 의하여 관할구역 외에서 구속영장을 집행할 수 있고 또는 당해 관할구역의 사법경찰관리에게 집행을 촉탁할 수 있다.(제209조, 제83조) F4 13교정 · 보호 · 철경9

(5) 구속영장집행 후의 절차

통지의무	영장에 의한 체포의 경우와 법리가 같다. 즉 피의자에 대하여 구속영장을 집행한 후에는 영장에 의한 체포의 경우와 마찬가지로 구속된 피의자에게 변호인이 있는 경우에는 변호인에게, 변호인이 없는 경우에는 **변호인 선임권자(피의자의 법정대리인 · 배우자 · 직계친족 · 형제자매) 중 구속된 피의자가 지정한 자에게** 구속 장소, 피의사건명, 구속 일시, 피의사실의 요지, 변호인을 선임할 수 있음, 구속의 이유를 **지체 없이**(수사준칙 규정 제33조 제1항에 의하면 '**24시간 이내에**') 서면으로 통지하여야 한다.(제200조의5, 제87조 제1·2항) 미란다 고지 사항도 통지해야 하나 **변명할 기회는 줄 필요가 없다**. 변명할 기회는 피의자에게 주는 것이기 때문이다. F4 22경간
구속된 피의자의 권리	구속된 피의자에게는 접견교통권(제209조, 제89조), **구속적부심사청구권**(제214조의2 제1항), 변호인선임권(제30조 제1항), 변호인선임의뢰권(제209조, 제90조) 등의 권리가 인정된다.

관련판례 피의자 구속

수사기관이 관할 지방법원 판사가 발부한 구속영장에 의하여 피의자를 구속하는 경우, 그 구속영장은 구속기간의 범위 내에서 수사기관이 법 제200조, 제241조 내지 제244조의5에 규정된 피의자신문의 방식으로 구속된 피의자를 조사하는 등 적정한 방법으로 범죄를 수사하는 것도 예정하고 있다고 할 것이다. 따라서 **구속영장 발부에 의하여 적법하게 구금된 피의자가 피의자신문을 위한 출석요구에 응하지 아니하면서 수사기관 조사실에 출석을 거부한다면 수사기관은 그 구속영장의 효력에 의하여 피의자를 조사실로 구인할 수 있다**고 보아야 한다.(이 때 체포영장을 요하지 않는다.) 다만 이러한 경우에도 그 피의자신문 절차는 어디까지나 임의수사의 한 방법으로 진행되어야 하므로, 피의자는 일체의 진술을 하지 아니하거나 개개의 질문에 대하여 진술을 거부할 수 있고, 수사기관은 피의자를 신문하기 전에 그와 같은 권리(진술거부권)를 알려주어야 한다.(대법원 2013.7.1. 자 2013모160) F4 14순경1차, 14법9, 14순경2차, 15법9, 15순경3차, 16경승, 16순경1차, 17경간, 17경승, 18순경1차, 19교정·보호·철경9, 19순경1차, 19순경2차, 20경간, 20순경2차, 21경간, 21경승, 21국9, 21순경2차, 22경간, 22경승, 22순경1차, 23경승, 23법9

5. 피고인 구속의 절차(구속영장의 발부 → 영장집행)

피고인 구속의 절차는 **구속영장의 발부와 집행이라는 2단계 절차로 진행**된다. 피의자 구속의 절차는 구속영장의 청구와 영장실질심사를 거쳐 구속영장의 발부와 집행의 4단계 절차로 진행되는 것과 다르다. 피고인 구속의 절차에서는 **구속영장의 청구와 영장실질심사 절차가 필요 없다**. 피의자 구속과 피고인 구속은 다음과 같은 점에서 서로 구별된다. 피고인 구속은 공판절차에서 행해지지만 수사절차에서 피의자 구속과 함께 공부하는 것이 능률적이므로 수사절차에서 서술한다. 그러므로 피의자 구속은 수사절차에서 피고인 구속은 공판절차에서 행하는 것이라는 것을 염두에 두고 공부해야 한다.

● 피의자구속과 피고인구속의 비교

	피의자구속	피고인구속
1. 위치	수사절차	공판절차
2. 권한	수사기관(검사 또는 사법경찰관)의 권한	수소법원의 권한
3. 영장의 발부	검사의 청구에 의하여 지방법원 판사(영장전담판사)가 구속영장 발부	수소법원이 직접 구속영장 발부
4. 절차	구속영장의 청구 → 영장실질심사 → 구속영장의 발부 → 구속영장의 집행 (4단계 절차)	구속영장의 발부 → 구속영장의 집행 **구속영장의 청구와 영장실질심사 절차가 없다.(2단계 절차)**
5. 미란다 고지	영장 집행기관인 수사기관이 고지 영장 집행시 1회 고지	수소법원 또는 수명법관이 고지 영장 발부시와 영장 집행 후 2회 고지
6. 구속 기간	사법경찰관; 10일, 연장× cf 검사; 10일, 10일 범위 내에서 1회 연장 가능	원칙적으로 2월

(1) 미란다고지와 구속영장의 발부

1) 미란다 고지

피고인을 구속함에 있어서는 피고인에 대하여 범죄사실의 요지, 구속의 이유와 변호인을 선임할 수 있음을 말하고 변명할 기회를 준(**미란다고지**) 후가 아니면 **구속할 수 없다. 다만, 피고인이 도망하는 경우에는 그러하지 아니하다.**(제72조) ▶ 미란다고지는 **수소법원**만이 할 수 있는 것이 아니라, **수명법관**도 할 수 있다.(제72조의2) 즉 법원은 합의부원(수명법관)으로 하여금 제72조의 절차(미란다고지 절차)를 이행하게 할 수 있다.

> **관련판례** 피고인 구속에 있어서 미란다고지
>
> 형사소송법 제72조(미란다고지)는 **피고인을 구속함에 있어 법관에 의한 사전 청문절차(고지절차)를 규정한 것**으로서, 구속영장을 집행함에 있어 집행기관(수사기관)이 취하여야 하는 절차가 아니라 **구속영장 발부함에 있어 수소법원 등 법관이 취하여야 하는 절차**라 할 것이므로, 법원이 피고인에 대하여 구속영장을 발부함에 있어 사전에 위 규정에 따른 절차를 거치지 아니한 채 구속영장을 발부하였다면 그 발부결정은 (원칙적으로) 위법하다고 할 것이나, 위 규정은 피고인의 절차적 권리(변호인의 조력을 받을 권리)를 보장하기 위한 규정이므로 이미 변호인을 선정하여 공판절차에서 변명과 증거의 제출을 다하고 그의 변호 아래 판결을 선고받은 경우 등과 같이 위 규정에서 정한 절차적 권리(변호인의 조력을 받을 권리)가 실질적으로 보장되었다고 볼 수 있는 경우에는, 이에 해당하는 절차의 전부 또는 일부를 거치지 아니한 채 구속영장을 발부하였다 하더라도 (예외적으로) 그 발부결정이 위법하다고 볼 것은 아니다. (대법원 2000.11.10. 자 2000모134)

2) 구속영장의 발부

피고인을 구인 또는 구금(구속)할 때에는 **수소법원이** 구속영장을 발부하여야 한다.(제73조) 검사의 구속영장 청구는 필요 없다.

> **관련판례**
>
> 헌법상 영장제도의 취지에 비추어 볼 때, 법원이 피고인에 대하여 구속영장을 발부하는 경우에도 검사의 신청이 있어야 한다는 것이 영장제도의 취지라고 볼 수는 없다. 그러므로 법원이 피고인을 구속하는 경우에는 **검사의 구속영장청구는 필요 없다.** (대법원 1996.8.12. 자 96모46)

(2) 구속영장의 집행

1) 영장집행의 주체

① 피고인에 대한 구속영장 집행의 경우에도 **원칙적으로 검사의 지휘로 사법경찰관리가 집행**한다. 단, **급속을 요하는 경우에는 재판장, 수명법관 또는 수탁판사가** 그 집행을 지휘할 수 있다.(제81조 제1항)

② 재판장, 수명법관 또는 수탁판사가 집행을 지휘하는 경우에는 **법원사무관 등에게 그 집행을 명할 수 있다**. 이 경우에 법원사무관 등은 그 집행에 관하여 필요한 때에는 **사법경찰관리 · 교도관 또는 법원경위에게 보조를 요구**할 수 있으며 **관할구역 외에서도 집행할 수 있다**.(제81조 제2항) 법9, 경승
③ 교도소 또는 구치소에 있는 피고인에 대하여 발부된 구속영장은 **검사의 지휘에 의하여 교도관이 집행**한다. (제81조 제3항)

2) 영장제시의 원칙

피고인에 대하여 구속영장을 집행할 경우에도 피고인에게 반드시 **구속영장 원본을 제시하고 사본을 교부하여야 하는 것이 원칙**이다. 다만, 구속영장을 소지하지 아니한 경우에 급속을 요하는 때에는 피고인에 대하여 공소사실의 요지와 영장이 발부되었음을 고하고 집행할 수 있는데, 이를 **긴급집행**이라고 한다.(제209조, 제81조 제1 · 3항) 영장 제시 없이 집행을 완료한 후에는 신속히 구속영장 원본을 제시하고 사본을 교부하여야 한다. (제85조)

3) 압수 · 수색 · 검증

검사 또는 사법경찰관은 피고인에 대한 구속영장을 집행하는 경우에 필요한 때에는 구속영장 집행현장에서 **영장 없이** 압수 · 수색 · 검증을 할 수 있다.(제216조 제2항)

4) 구인후의 유치

법원은 (구인에 의하여) 인치 받는 피고인을 유치할 필요가 있는 때에는 **교도소, 구치소 또는 경찰서 유치장에 유치**할 수 있다. 이 경우 유치기간은 인치한 때부터 **24시간을 초과할 수 없다**.(제71조의2) ▶ 구인 후의 유치는 **법원에게만 인정된다**. 수사기관에게는 인정되지 않는다.

(3) 구속영장집행 후의 절차

1) 미란다고지

피고인 구속의 경우에는 구속영장을 발부하기 전에 한번 미란다고지를 하고, 피고인에 대하여 구속영장을 집행한 후에는 미란다 고지를 한 번 더 한다. 피고인을 구속한 때에는 **즉시 공소사실의 요지와 변호인을 선임할 수 있음을 알려야 한다**. 구속의 이유를 설명할 필요가 없고, 변명할 기회를 줄 필요는 없다. cf 피의자 체포 · 구속의 경우 영장집행 후엔 미란다 고지의무가 없다.

> **관련판례**
>
> 형사소송법 제88조는 **사후 청문절차(고지절차)**에 관한 규정으로서 이를 위반하였다 하여 구속영장의 효력에 어떠한 영향을 미치는 것은 아니다. 그러므로 피고인에 대한 구속영장 집행 후에 미란다 고지 절차를 이행하지 않았더라도 구속영장의 효력은 존속한다.(대법원 2000.11.10. 자 2000모134) 법승, 14순경 1차, 18경승, 21경간, 22법9, 23순경1차

2) 통지의무

영장에 의한 체포의 경우와 법리가 같다. 즉 피고인을 구속한 때에는 구속된 피고인에게 변호인이 있는 경우에는 변호인에게, 변호인이 없는 경우에는 변호인 선임권자(피고인의 법정대리인 · 배우자 · 직계친족 · 형제자매) 중 구속된 피고인이 지정한 자에게 구속 장소, 피고사건명, 구속 일시, 공소사실의 요지, 변호인

을 선임할 수 있음, 체포의 이유를 **지체 없이**(수사준칙 규정 제33조 제1항에 의하면 '**24시간 이내에**') 서면으로 통지하여야 한다.(제200조의5, 제87조 제1·2항) 미란다 고지 사항도 통지해야 하나 변명할 기회는 줄 필요가 없다. 변명할 기회는 피고인에게 주는 것이기 때문이다.

3) 구속된 피고인의 권리

구속된 피고인에게는 접견교통권(제89조, 제91조), 변호인선임권(제30조 제1항), 변호인선임의뢰권(제90조), 보석청구권(제94조) 등의 권리가 인정된다. cf 구속된 피고인에게 구속적부심사청구권은 인정되지 않는다.

6. 구속영장의 성격 F4 13경간, 20경승, 24경간

피의자에 대한 구속영장	① **허가장에 해당**한다.(다수설) F4 경승 ② 논거; 피의자에 대한 구속은 수사기관의 권한, 지방법원 판사가 영장을 발부한 경우에도 수사기관은 구속을 하지 않을 수 있으므로 명령장이 아니라 허가장의 성격을 갖는다.
피고인에 대한 구속영장	① **명령장에 해당**한다. F4 10경장 ② 논거; 법원이 피고인에 대한 구속영장을 발부한 경우 검사는 집행할 의무가 있으므로 명령장의 성격을 갖는다.

7. 구속영장의 효력

(1) 구속영장의 효력범위

인단위설	각각의 피의자 또는 피고인의 모든 범죄사실에 대하여 구속영장의 효력이 미친다는 견해이다. 이는 일반영장을 인정하는 결과가 된다. 일반영장은 절대적으로 금지되므로 채택할 수 없는 견해이다.
사건단위설 (판례)	구속영장에 기재된 범죄사실에 대해서만 구속영장의 효력이 미치고, 같은 피의자 또는 피고인의 구속영장에 기재되지 않은 다른 범죄사실에 대해서는 그 효력이 미치지 않는다는 견해이다.

(2) 이중구속

1) 이중구속의 의의

이중구속이란 구속영장이 발부되어 구속된 피고인 또는 피의자를 다시 구속영장을 발부하여 구속하는 것을 의미한다.

2) 이중구속의 허용여부

이중구속을 허용한 것인지 여부에 대하여 판례는 **이중구속은 원칙적으로 허용되지 않고, 예외적으로만 허용**된다는 예외적 허용설의 입장이다.

> **관련판례** 이중구속
>
> 구속기간이 만료될 무렵에 종전 구속영장에 기재된 범죄사실과는 **다른 범죄사실로** 재항고인을 **구속(이중구속)하였다는 사정만으로는** 재항고인에 대한 구속이 **위법하다고 단정할 수는 없다.**(대법원 1996.8.12. 자 96모46) [F4] 법승, 10·12경승, 11순경1차, 14경승, 14순경1차, 17경간, 17경승, 18경간, 18법9, 19순경2차, 21순경2차, 22경간, 23경승, 24경간, 23순경2차 ▶ 구속기간이 만료된 무렵에 종전 구속영장에 기재된 범죄사실(甲 살인)과 같은 범죄사실(甲 살인)로 이중구속한 경우에는 위법하다. 이것을 허용하면 영원히 구속할 수 있기 때문이다. 그러나 구속기간이 만료된 무렵에 종전 구속영장에 기재된 범죄사실(甲 살인)과 다른 범죄사실(甲 강도)로 이중구속한 경우에는 다른 범죄사실(甲 강도)에 대하여 피의자 또는 피고인의 신병을 확보할 필요성이 있기 때문에 적법하다는 취지의 판례이다. 종전 구속영장에 기재된 범죄사실(甲 살인)의 구속기간이 만료되면 甲을 석방해야 하므로 다른 범죄사실(甲 강도)의 수사와 재판을 위하여 피의자 또는 피고인의 신병을 확보할 필요성이 있는 것이다.

(3) 별건구속

1) 별건구속의 의의

별건구속이란 수사기관이 본래 수사하려는 사건(본건)인 甲의 살인죄 사건에 대해서는 구속의 요건이 갖춰지지 않아(예 범죄의 객관적 혐의가 결여된 경우) 구속할 수 없고, 甲의 다른 사건(별건)인 강도죄 사건에 대하여는 구속의 요건이 갖춰져 있어(예 범죄의 객관적 혐의가 구비되어 있는 경우) 구속을 할 수 있는 경우 본건(살인죄)에 대한 수사에 이용하기 위하여 甲을 별건(甲의 강도죄)으로 구속하는 것을 의미한다.

2) 별건구속의 허용여부

별건구속을 인정할 것인지 여부에 대하여 견해가 대립하나, 부정설이 통설이다. 부정설은 별건구속을 인정하면 구속의 요건이 갖춰져 있지 않은 본건에 대한 구속을 실질적으로 인정하는 결과가 되므로 영장주의에 반하기 때문이라는 것을 논거로 한다.

8. 구속기간 [F4] 15순경2차

(1) 피의자 구속기간 [F4] 순경, 경승, 국9, 국7, 법9, 14경간

1) 사법경찰관의 피의자 구속기간

사법경찰관의 피의자에 대한 구속기간은 **10일**이다. 사법경찰관은 구속기간을 **연장할 수 없다.** 사법경찰관이 피의자를 구속한 때에는 10일 이내에 피의자를 검사에게 인치하지 아니하면 석방하여야 한다.(제202조)
[F4] 12순경3차, 13경간, 15법9, 17순경1차, 20국9

2) 검사의 피의자 구속기간

검사의 피의자에 대한 구속기간은 **10일이다. 단, 10일을 초과하지 않는 한도에서 1차 연장 가능**하다. 검사가 피의자를 구속한 때 또는 사법경찰관으로부터 피의자의 인치를 받은 때에는 10일 이내에 공소를 제기하지 아니하면 석방하여야 한다.(제203조) **지방법원판사는** 검사의 신청에 의하여 수사를 계속함에 상당한 이유가 있다고 인정한 때에는 **10일을 초과하지 아니하는 한도에서 검사의 구속기간의 연장을 1차에 한하여 허가할 수 있다.**(제205조) [F4] 11경장

> **관련판례** 지방법원판사(수임판사)의 결정에 대한 불복 여부(원칙적 소극)
>
> 검사의 구속기간의 연장을 허가하지 아니하는 지방법원판사(수임판사)의 결정에 대하여는 항고·재항고·준항고의 방법으로 **불복할 수 없다.**(대법원 1997.6.16. 자 97모1) 법9, 법승, 국9, 국7, 14순경1차, 17경승, 18경승, 23순경2차

(2) 피고인 구속기간 국9, 12순경2차, 18경간, 18경승, 21법9

① (피고인에 대한) 구속기간은 **2개월**로 한다.(제92조 제1항) 이는 제1심 구속기간이 2개월이라는 의미이다. 검사가 공소제기를 하면 제1심이 진행되기 때문이다. 12순경2차, 13순경1차, 20국9

② 특히 구속을 계속할 필요가 있는 경우에는 **심급마다**(▶ 제1·2·3심 모두) 2개월 단위로 2차에 한하여 결정으로 갱신(연장)할 수 있다. 다만, 상소심(▶ 제2심과 제3심을 말함. 제1심은 포함되지×)은 피고인 또는 변호인이 신청한 증거의 조사, 상소이유서 보충 서면의 제출 등으로 **추가심리가 필요한 부득이한 경우에는 3차에 한하여 갱신할 수 있다.**(제92조 제2항) 08순경3차, 08법9, 11순경1차, 12순경2차, 13법9, 21순경2차

▶ 최장 구속기간; 제1심 6개월, 제2심 4개월, 제3심 4개월이므로 14개월이 원칙이다. 단, 예외적으로 제1심 6개월, 제2심 6개월, 제3심 6개월 구속할 수 있으므로 18개월까지 구속 가능하다. 따라서 피고인에 대한 최대한의 구속기간은 18개월이다.

(3) 구속기간의 기산일 순경, 경승, 국9, 국7, 법9, 14경간

수사기관이 피의자를 체포 또는 구인한 후에 구속한 경우 피의자의 구속기간은 **피의자를 체포 또는 구인한 날부터 기산**된다.(제203조의2) 순경, 17경승 그러므로 체포 또는 구인한 기간은 피의자 구속기간에 산입한다. 순경, 17경승 공소제기 전(수사절차)의 체포·구인·구금기간은 피고인 구속기간에 산입하지 않는다.(제92조 제3항) 따라서 법원의 피고인 구속기간은 **공소제기 된 날부터 기산**된다. 순경, 경승, 국9, 14법9

(4) 구속기간에 산입하지 않는 기간 순경, 경승, 국9, 국7, 법9, 14경간

구속기간에 산입하지 않는 기간(제92조 제3항)

1) 공소제기 전(수사절차에서 피의자로서) 체포·구인·구금 기간; 피고인 구속기간에 산입하지 않는다.(제92조 제3항) 그러므로 제1심 구속기간의 기산점은 **공소제기 된 날부터**이다. 21법9
2) 체포·구속적부심사에서 법원이 수사관계서류와 증거물을 접수한 때부터 결정 후 검찰청에 반환된 때까지의 기간; 피의자 구속기간에 산입하지 않는다.(제214조의2 제13항)
3) 영장실질심사에서 법원이 수사관계서류 및 증거물을 접수한 날부터 구속영장을 발부하여 검찰청에 반환한 날까지의 기간; 피의자 구속기간에 산입하지 않는다.(제201조의2 제7항)
4) 감정유치기간; 피의자·피고인 구속기간에 산입하지 않는다.(제172조의2, 221조의3)
5) 공소장 변경·심신상실·기피신청·질병·위헌법률심사제청에 의하여 공판절차가 정지된 기간; 피고인 구속기간에 산입하지 않는다.(제92조 제3항) 20경승, 20국7, 21경간, 21법9

9. 재체포·재구속의 제한

수사기관에 의하여 (피의자로서) 구속되었다가 석방된 자는 **다른 중요한 증거를 발견한 경우를 제외하고 재구속(다시 구속)을 할 수 없다.**(제208조 제1항) 18경승, 19경승, 21경간, 22국7 이 경우 1개의 목적을 위하여 동시 또는 수단결과의 관계에서 행하여진 행위는 **동일한 범죄사실로 간주**한다.(제208조 제2항) 18경승, 19경승 cf

〈판례〉 형소법 제208조(재구속 제한)의 규정은 수사기관이 피의자를 구속하는 경우에만 적용되고 **법원이**

피고인을 구속하는 경우에는 적용되지 않는다.(대법원 1969.5.27. 선고 69도509) 따라서 법원에 의하여 구속되었다가 석방된 피고인은 다른 중요한 증거를 발견한 경우인지 여부를 불문하고 구속의 요건이 구비되어 있는 한 동일한 범죄사실에 관하여 다시 구속(재구속)할 수 있다. F4 11경장, 12경간, 13교정·보호·철경9, 15경승, 15순경2차, 17경간, 18법9, 19국7 또한 항소법원은 항소피고사건의 심리 중 또는 판결 선고 후 상고제기 또는 판결확정에 이르기까지 수소법원으로서 형사소송법 제70조 제1항 각호의 사유 있는 불구속 피고인을 구속할 수 있고 구속기간의 만료로 피고인에 대한 구속의 효력이 상실된 후 항소법원이 피고인에 대한 판결을 선고하면서 피고인을 구속하였다 하여 위 법 제208조의 규정에 위배되는 재구속 또는 이중구속이라 할 수 없다.(대법원 1985.7.23. 85모12) F4 20교정·보호·철경9, 23순경2차

통상체포·긴급체포·현행범체포·구속 비교

	통상체포	긴급체포	현행범체포	구속
사전영장	필요	불요	불요	필요
적부심사	체포적부심	통상체포와 同	통상체포와 同	구속적부심
기간	48시간 이내에 구속영장 청구가 없으면 즉시 석방	지체 없이 구속영장을 청구해야 하고(영장청구시간은 48시간 초과×) 기간 내에 영장을 청구하지 않거나 청구하였으나 발부받지 못한 경우 즉시 석방	48시간 이내에 구속영장 청구가 없으면 즉시 석방	1) 피의자 구속 사경관 ; 10일, 연장× 검사 ; 10일, 10일 범위 내에서 1차 연장 가능 2) 피고인 구속 구속기간 원칙 2월, 심급마다 2차에 한하여 2개월 한도에서 연장 가능, 상소심에서 추가심리가 필요한 부득이한 경우 3차 연장○
구속기간의 기산점	체포한 날부터	체포한 날부터	체포한 날부터	공소제기일부터
경미사건의 특칙	주거부정, 출석 요구 불응만	없다(∵범죄의 중대성 때문)	주거부정만	주거부정만
재체포·재구속 제한	없다.	영장 없이 재체포×	없다.	수사기관은 다른 중요한 증거를 발견한 경우를 제외하고 재구속×
특이한 경우	1) 긴급체포권자: 검사 또는 사법경찰관 cf 〈판례〉**사법경찰리도 긴급체포권한**○ (대판 99도434) / 2) 체포 후 즉시 **긴급체포서를 작성해야** / 3) 구속영장청구시 **긴급체포서를 첨부해야** / 4) **사인(私人)도 현행범체포**○(∵ 누구든지 현행범인을 체포할 수 있기 때문) 단, **사인은 체포의무×** / 5) **사인이 현행범체포시 즉시**(* 주의 : 48시간 이내가×) 검사 또는 사법경찰관리에게 **인도해야 하고, 석방×**			

V 접견교통권

접견교통권에는 **피의자·피고인의 접견교통권, 변호인의 접견교통권**이 있다. 이 중에서 피의자·피고인의 접견교통권은 (피의자·피고인)의 변호인과의 접견교통권, (피의자·피고인)의 비변호인과의 접견교통권으로 나누어진다.

1. 피의자·피고인의 접견교통권

(1) 서론

의의	피의자·피고인의 접견교통권이란 **체포 또는 구속을 당한 피의자 또는 피고인이** 변호인 또는 가족, 친지 등 타인과 접견하고(**접견권**), 서류 또는 물건을 수수하며(**수수권**), 의사의 진료를 받을 수 있는 권리(**수진권**)를 말한다. (제34조, 제89조, 제200조의6, 제209조) 11경사 * **접수진**
성격	피의자·피고인의 변호인과의 접견교통권, 피의자·피고인의 비변호인과의 접견교통권 모두 **헌법상의 기본권**이다.(헌결 1991.7.8. 89헌마181 등) 13순경2차
취지	(피의자·피고인의) 변호인과의 접견교통권은 주로 피의자·피고인의 방어권 보장을 위한 것이다. 체포·구속된 피의자·피고인이 방어 전략을 수립하기 위해서 변호인과 만날 필요가 있기 때문이다. 반면 (피의자·피고인의) 비변호인과의 접견교통권은 주로 인권 보장을 위한 것이다. 경승 체포·구속된 피의자·피고인이 가족, 친지, 친구 등을 만날 수 있도록 함으로써 인권을 보장할 필요가 있기 때문이다.

(2) (피의자·피고인의) 변호인과의 접견교통권

변호인과의 접견교통권은 피의자·피고인의 변호인과의 접견교통권을 간략하게 표현한 것이다. 앞으로는 (피의자·피고인의) 변호인과의 접견교통권을 변호인과의 접견교통권이라고 표현한다.

1) 변호인과의 접견교통권의 주체와 상대방

변호인과의 접견교통권의 주체는 **체포 또는 구속된(인신구속된) 피의자 또는 피고인**이다. 또한 신체 구속 상태에 있지 않은 피의자·피고인도 접견교통권의 주체가 되는 것은 당연하다. 여기서의 '체포 또는 구속된 피의자 또는 피고인'은 **넓게 해석**한다. 그러므로 체포영장에 의하여 체포된 피의자, 긴급체포된 피의자, 현행범으로 체포된 피의자, 구속영장에 의하여 구속된 피의자와 피고인은 물론 감정유치에 의하여 구금된 피의자와 피고인도 변호인과의 접견교통권의 주체에 포함된다. 법9, 국9, 순경, 경승, 15국7, 16경간, 17경간

> **관련판례** 변호인과의 접견교통권의 주체
>
> a. **임의동행의 형식으로 연행된 피의자와 피내사자도** 변호인과의 접견교통권의 주체가 된다.(대법원 1996.6.3. 자 96모18) 12순경3차, 14경간, 15경승, 15국7, 16경간, 16국9, 19경승, 20경간, 20경승, 20국7, 21경간
>
> b. **재심을 청구한 수형자**는 변호인과의 접견교통권의 주체가 되지 못한다.(대법원 1998.4.28. 선고 96다48831) 17경간, 20국7 **수형자는 원칙적으로 변호인과의 접견교통권의 주체가 되지 못한다.** 그러므로 재심을 청구한 수형자는 변호인과의 접견교통권의 주체가 될 수 없다. 다만, 수형자도 예외적으로 변호인과의 접견교통권의 주체가 되는 경우가 있다.(다음 비교판례)

> **비교판례**
>
> 피징벌자가 금치처분 자체를 다툴 목적으로 변호사와의 접견을 희망한다면 이는 구행형법시행령 제145조 제2항에 규정된 예외적인 접견허가사유인 '처우상 특히 필요하다고 인정하는 때'에 해당하고, <u>교도소장이 금치기간 중에 있는 피징벌자와 변호사와의 접견을 불허한 조치는 피징벌자의 접견권을 침해하여 위법하다.</u>(대법원 2004.12.9. 선고 2003다50184) ▶ **피징벌자는 수형자에 해당하고, 피징벌자인 수형자도 금치처분을 다툴 목적인 경우에는 예외적으로 변호인과의 접견교통권이 인정된다는 판례이다.**
>
> **TIP 금치처분**
> 금치처분이란 교도소 내에서 수형자를 일정기간 동안 독방에 가두는 징벌 중의 하나이다. 금치처분을 받은 수형자에게 절대적으로 운동을 금지하는 것은 <u>위헌</u>이다.(헌결 2004.12.16. 2002헌마478)

2) 변호인과의 접견교통권의 보장(내용)

접견권 보장	접견권을 보장하기 위해서는 **접견의 비밀이 보장되어야 한다**. 접견의 비밀 보장을 위해서는 감시 없는 자유로운 접견이 보장되어야 하므로 체포 또는 구속된 피의자 또는 피고인이 변호인 또는 변호인이 되려는 자와 접견시에 **교도관, 경찰관의 입회, 감시 및 접견 내용의 청취 또는 녹취는 허용되지 않는다.** 다만, 보이는 거리에서 (그러나 들리지 않는 거리에서) 미결수용자를 관찰할 수는 있다.(형의 집행 및 수용자의 처우에 관한 법률 제84조 제1항) ㈜ 12경승, 13경간, 14순경1차, 15국7, 16경간, 17경간, 17경승 **TIP 녹취** 녹취란 어떠한 사건이나 상황을 재생할 수 있도록 녹음 또는 비디오 촬영 등의 방법으로 기록해 두는 것을 말한다.
수수권 보장	수수권을 보장하기 위해서 체포 또는 구속된 피의자 또는 피고인이 변호인 또는 변호인이 되려는 자로부터 수수한 서류 또는 물건의 압수는 원칙적으로 허용되지 않는다. 또한 **변호인과 미결수용자 사이의 서신에도 그 비밀이 보장되어야 하는 것이 원칙**이라는 것이 헌법재판소의 태도이다.(헌결 1995.7.21. 92헌마144)
수진권 보장	수진권은 인도적 차원에서 인정되는 것이므로 원칙적으로 제한할 수 없다고 보아야 한다.

(3) 피의자·피고인의 비변호인과의 접견교통권

비변호인과의 접견교통권은 피의자·피고인의 비변호인과의 접견교통권을 간략히 표현한 것이다. 앞으로는 (피의자·피고인의) 비변호인과의 접견교통권을 비변호인과의 접견교통권이라고 표현한다.

1) 비변호인과의 접견교통권의 주체와 상대방

① 비변호인과의 접견교통권의 주체는 **체포 또는 구속된(인신구속된) 피의자 또는 피고인**이다. 그 범위는 변호인과의 접견교통권의 주체와 같다. 그러므로 체포영장에 의하여 체포된 피의자, 긴급체포된 피의자, 현행범으로 체포된 피의자, 구속영장에 의하여 구속된 피의자와 피고인은 물론 감정유치에 의하여 구금된 피의자와 피고인도 비변호인과의 접견교통권의 주체에 포함된다.
② 비변호인과의 접견교통권의 상대방은 변호인 또는 변호인이 되려는 자 이외의 타인으로서 체포 또는 구속된 피의자 또는 피고인의 <u>가족, 친지, 친구</u> 등을 말한다.

2) 비변호인과의 접견교통권의 보장(내용)

체포 또는 구속된 피의자 또는 피고인은 관련 법률이 정한 범위에서 타인과 접견하고(**접견권**) 서류나 물건을 수수하며(**수수권**) 의사의 진료를 받을 수 있다.(**수진권**)(제89조, 제200조의6, 제209조)

(4) 피의자·피고인의 접견교통권 제한

1) 변호인과의 접견교통권 제한

> **관련판례** 변호인과의 접견교통권 제한
>
> a. [1] 헌법재판소가 91헌마111 결정에서 미결수용자와 변호인과의 접견에 대해 국가안전보장, 질서유지, 공공복리 등 어떠한 명분으로도 제한할 수 없다고 한 것은 구속된 자와 변호인 간의 접견이 실제로 이루어지는 경우에 있어서의 '자유로운 접견', 즉 '대화내용에 대하여 비밀이 완전히 보장되고 어떠한 제한, 영향, 압력 또는 부당한 간섭 없이 자유롭게 대화할 수 있는 접견'을 제한할 수 없다는 것이지, 변호인과의 접견 자체에 대해 아무런 제한도 가할 수 없다는 것을 의미하는 것이 아니므로 미결수용자의 변호인 접견권(변호인과의 접견교통권) 역시 국가안전보장·질서유지 또는 공공복리를 위해 필요한 경우에는 법률로써 제한될 수 있음은 당연하다. ▶ 피의자·피고인의 변호인과의 접견교통권은 **변호인과의 자유로운 접견(접견의 비밀보장)은 어떠한 명분으로도 제한할 수 없**으나, 일반적 제한(접견 시각, 접견 횟수의 제한)은 국가안보 등의 이유로 법률로써 제한 가능하다는 취지의 판례이다. 〔F4〕14순경1차, 15순경2차, 17법9, 20경간
> [2] 미결수용자 또는 변호인이 원하는 특정한 시점에 접견이 이루어지지 못하였다 하더라도 **그것만으로 곧바로 변호인의 조력을 받을 권리가 침해되었다고 단정할 수는 없다.** 변호인의 조력을 받을 권리가 침해되었다고 하기 위해서는 특정 시점에 접견이 불허됨으로써 피의자의 방어권 행사에 어느 정도는 불이익이 초래되었다고 인정할 수 있어야 한다.(헌결 2011.5.26. 2009헌마341) 〔F4〕15순경2차, 18순경2차, 23순경1차
>
> b. 교도관이 미결수용자와 변호인 간에 주고받는 서류를 확인하고, 소송관계서류처리부에 그 제목을 기재하여 등재한 행위는 교도관이 수수한 서류의 내용을 확인하거나 검열을 하는 것이 아니라 단지 소송서류인지 여부만을 확인하는 것이고, 등재하는 내용도 서류의 제목에 불과하여 개인의 인격과 밀접하게 연관된 민감한 정보라고 보기도 어렵다. 따라서 이 사건 **서류 확인 및 등재행위는 구금시설의 안전과 질서를 유지하기 위하여 필요한 범위 내의 제한으로서 미결수용자의 변호인 접견교통권이나 개인정보자기결정권을 침해하지 아니한다.**(헌결 2016.4.28. 2015헌마243) 〔F4〕17순경2차, 18순경2차, 20경승

2) 비변호인과의 접견교통권 제한 〔F4〕순경, 경승, 법승

① 비변호인과의 접견교통권은 접견교통권 중에서 가장 제한이 많이 되는 권리이다. 따라서 비변호인과의 접견교통권을 **법령에 의하여 제한할 수 있고**(제89조, 제200조의6, 제209조), **법원의 결정에 의해서도 제한할 수 있다.** 즉 법원은 도망하거나 범죄의 증거를 인멸할 염려가 있다고 인정할 만한 상당한 이유가 있는 때에는 직권 또는 검사의 청구에 의하여 결정으로 구속된 피고인과 제34조에 규정한 외의 타인과의 접견을 금지할 수 있고, 서류나 그 밖의 물건을 수수하지 못하게 하거나 검열 또는 압수할 수 있다. 다만, **의류·양식·의료품은 수수를 금지하거나 압수할 수 없다.**(제91조) 〔F4〕09순경2차, 11경사, 12경승, 17법9

② 비변호인과의 접견교통권을 수사기관의 처분 내지 결정에 의하여 제한할 수 있는지에 대하여 견해가 대립하나, **제한 가능**하다고 정리하면 된다. 또한 전면적, 개별적, 조건부, 기한부 금지가 모두 가능하다.

③ 정리; 비변호인과의 접견교통권은 **법령·법원의 결정에 의한 제한은 물론 수사기관의 처분 내지 결정으로도 제한 가능**하다.

(5) 피의자·피고인의 접견교통권의 침해에 대한 구제수단

1) 항고 및 준항고 [F4] 법승, 순경, 경승, 국9
① 접견교통권을 제한하는 법원의 결정에 대하여는 **보통항고**를 할 수 있다.(제403조 제2항) 구금에 관한 결정이기 때문이다.
② 접견교통권을 제한하는 검사 또는 사법경찰관의 처분 내지 결정에 대하여는 **준항고**를 할 수 있다.(제417조) 구금에 관한 처분이기 때문이다. [F4] 14경승, 14순경1차, 15순경2차, 16국7

> **관련판례** 구금장소의 임의적 변경
>
> 구속영장에는 청구인을 구금할 수 있는 장소로 특정 경찰서 유치장으로 기재되어 있었는데, 그 신병이 조사차 국가안전기획부 직원에게 인도된 후 위 경찰서 유치장에 인도된 바 없이 계속하여 국가안전기획부 청사에 사실상 구금되어 있다면, 청구인에 대한 이러한 **사실상의 구금장소의 임의적 변경**은 청구인의 방어권이나 접견교통권의 행사에 중대한 장애를 초래하는 것이므로 **위법**하다.(대법원 1996.5.15. 자 95모94) 따라서 준항고(제417조)로 불복 가능하다. [F4] 10경승, 12순경2차, 14경승, 15경승, 16경승, 16순경1차, 17경승, 19경간, 19경승, 20경간, 20검찰·마약9

2. 변호인의 접견교통권

(1) 변호인의 접견교통권의 의의
변호인의 접견교통권이란 변호인이나 변호인이 되려는 자가 신체가 구속된(체포 또는 구속된) 피의자 또는 피고인과 접견하고(**접견권**), 서류나 물건을 수수(授受)할 수 있으며(**수수권**), 의사로 하여금 피고인이나 피의자를 진료하게 할 수 있는 권리(**수진권**)를 말한다.(제34조) [F4] 순경, 법승, 13교정·보호·철경9, 16경간 * **접수진**

(2) 변호인의 접견교통권의 성격
변호인이 되려는 자의 접견교통권(변호인의 접견교통권)은 피의자 등이 가지는 '변호인이 되려는 자'의 조력을 받을 권리를 실질적으로 확보되기 위하여 보장되는 **헌법상 기본권**이다.(헌재 2019.2.28. 2015헌마1204) [F4] 21순경1차, 22국7, 23순경1차

(3) 변호인의 접견교통권의 취지
변호인의 접견교통권은 방어준비와 인권보장을 위하여 인정된 권리이다. 변호인이 체포·구속된 피의자·피고인과 만나서 방어준비를 함으로써 피고인의 방어권 행사를 조력하고, 교정시설 내에서의 체포·구속된 피의자·피고인의 인권 침해 행위로부터 피의자·피고인을 보호하고자 인정되는 것이다.

(4) 변호인의 접견교통권의 주체와 상대방
피변호인과의 접견교통권의 상대방이 변호인의 접견교통권의 주체가 되고, 변호인과의 접견교통권의 주체가 변호인의 접견교통권의 상대방이 된다. [F4] 법9, 순경 그러므로 변호인의 접견교통권의 주체는 변호인(사선변호인·국선변호인 불문) 또는 변호인이 되려는 자이다. 변호인의 접견교통권의 상대방은 **체포 또는 구속된(인신구속된) 피의자 또는 피고인**이다. 여기서의 '체포 또는 구속된 피의자 또는 피고인'은 **넓게 해석**하므로 체포영장에 의하여 체포된 피의자, 긴급체포된 피의자, 현행범으로 체포된 피의자, 구속영장에 의하여 구속된 피의자와 피고인은 물론 감정유치에 의하여 구금된 피의자와 피고인도 변호인의 접견교통권의 상대방에 포함된다.

(5) 변호인의 접견교통권의 보장(내용)

피의자·피고인의 변호인과의 접견교통권의 경우와 같다. 그러므로 변호인은 체포·구속된 피의자·피고인과 접견하고(**접견권**), 서류 또는 물건을 수수하며(**수수권**), 체포·구속된 피의자·피고인으로 하여금 의사의 진료를 받게 할 수 있다.(**수진권**)(제34조) * **접수진**

(6) 변호인의 접견교통권의 제한

변호인의 접견교통권은 **법령에 의한 제한만 가능**하다는 것이 판례의 태도이다. 国9, 국7, 순경, 경승, 법승

> **관련판례** 변호인의 접견교통권 제한
>
> a. 변호인의 접견교통권은 **법령에 의한 제한이 없는 한 수사기관의 처분은 물론 법원의 결정으로도 이를 제한할 수 없다** 할 것인바, 접견신청일이 경과하도록 접견이 이루어지지 아니한 것은 실질적으로 접견불허가처분이 있는 것과 동일시된다.(대법원 1991.3.28. 자 91모24) 11·12경승·순경3차, 13순경2차, 15경간, 15순경1차, 15국7, 16경간, 16경승, 16순경1차, 17경승, 17법9, 19경간, 19순경2차, 20국7, 23순경1차 결국 이는 변호인의 접견교통권을 침해한 것이고, 이에 대해서는 제417조의 준항고로 불복할 수 있다.
>
> b. 국가정보원 사법경찰관이 경찰서 유치장에 구금되어 있던 피의자에 대하여 의사의 진료를 받게 할 것을 신청한 변호인에게 국가정보원이 추천하는 의사의 참여를 요구한 것은 (대통령령인) 행형법시행령 제176조(현재는 형의 집행 및 수용자의 처우에 관한 법률 시행령 제106조)의 규정에 근거한 것으로서 적법하고, 이를 가리켜 **변호인의 수진권을 침해하는 위법한 처분이라고 할 수는 없다**.(대법원 2002.5.6. 자 2000모112) 10경장, 12경승·순경2차, 16순경1차, 17경승, 18경승, 19순경1차 ▶ 법령(법률과 명령)에 의한 변호인의 접견교통권 제한은 가능하고, 대통령령인 구 행형법시행령 제176조는 변호인의 접견교통권 중 수진권을 제한할 수 있는 법령에 해당한다.
>
> c. 변호인의 접견교통의 상대방인 신체구속을 당한 사람이 그 변호인을 자신의 범죄행위에 공범으로 가담시키려고 하였다는 등의 사정만으로 그 변호인의 신체구속을 당한 사람과의 접견교통을 금지하는 것이 정당화될 수는 없다.(대법원 2007.1.31. 자 2006모656) 14경승, 14경간, 15국7, 17순경2차, 17경승, 18경간, 18순경2차, 19경승, 19순경1차, 19국7, 20경간, 20국7, 23순경1차 ▶ 신체구속을 당한 피의자 또는 피고인의 범행으로 의심받고 있는 범죄행위에 해당 **변호인이 관련되어 있다는 사유만으로 접견교통권을 금지할 수는 없다**는 판례이다.
>
> d. [1] 변호인이 되려는 의사를 표시한 자가 객관적으로 변호인이 될 가능성이 있다고 인정되는데도, 제34조에서 정한 '변호인 또는 변호인이 되려는 자'가 아니라고 보아 **신체구속을 당한 피고인 또는 피의자와 접견하지 못하도록 제한하여서는 아니 된다**. 18순경2차, 19순경1차, 20경승, 23경승, 23순경1차 [2] 변호인 또는 변호인이 되려는 자의 접견교통권은 신체구속제도 본래의 목적을 침해하지 아니하는 범위 내에서 행사되어야 하므로, **변호인 또는 변호인이 되려는 자가 구체적인 시간적·장소적 상황에 비추어 현실적으로 보장할 수 있는 한계를 벗어나 피고인 또는 피의자를 접견하려고 하는 것은 정당한 접견교통권의 행사에 해당하지 아니하여 허용될 수 없다**. 다만 접견교통권이 그와 같은 한계를 일탈한 것이어서 허용될 수 없다고 판단함에 있어서는 신체구속을 당한 사람의 헌법상 기본적 권리인 **변호인의 조력을 받을 권리**의 본질적인 내용이 침해되는 일이 없도록 신중을 기하여야 한다.(대법원 2017.3.9. 선고 2013도16162) 17국7, 18경간

e. 체포 후 구속영장이 청구되어 구치소에 수감 중인 피의자를 검사가 검사실로 불러 피의자신문을 하는 과정에서, 피의자 가족의 의뢰를 받아 '변호인이 되려는' 변호사가 검사에게 접견신청을 하였음에도 검사가 별다른 조치를 취하지 아니한 것은 **실질적으로 접견신청을 불허한 것과 동일하여 '변호인이 되려는' 변호사의 헌법상 보장된 접견교통권을 침해**한다.(헌결 2019.2.28. 2015헌마1204) 20경간

(7) 변호인의 접견교통권 침해에 대한 구제수단

1) 항고 및 준항고

피의자·피고인의 변호인과의 접견교통권의 경우와 법리가 같다. 그러므로 변호인의 접견교통권을 제한하는 법원의 결정에 대하여는 **보통항고**를 할 수 있다.(제403조 제2항) 구금에 관한 결정이기 때문이다. 변호인의 접견교통권을 제한하는 검사 또는 사법경찰관의 처분 내지 결정에 대하여는 **준항고**를 할 수 있다.(제417조) 구금에 관한 처분이기 때문이다.

> **관련판례**
>
> 변호인이 피의자를 접견할 때 국가정보원 직원이 승낙 없이 사진 촬영: **접견교통권 침해에 해당**한다.(대법원 2003.1.10. 선고 2002다56628) 따라서 준항고(제417조)로 불복 가능하다. 경승, 17법9

2) 증거능력 배제 법9, 국9, 12경승, 12순경3차

접견교통권을 침해한 가운데 수집한 피의자 또는 피고인의 자백, 각종 진술과 증거물은 **위법수집증거**로서 증거능력이 배제된다.

> **관련판례**
>
> 검사 작성의 피의자신문조서가 검사에 의하여 피의자에 대한 **변호인의 접견이 부당하게 제한**되고 있는 동안에 작성된 경우에는 **증거능력이 없다**.(대법원 1990.8.24. 선고 90도1285) 14경승, 21경간, 23경승

> **비교판례**
>
> 검사의 접견금지 결정으로 (비변호인과의) 접견이 제한된 상황 하에서 피의자신문조서가 작성된 경우 그 피의자신문조서는 임의성이 있으므로 **증거능력이 있다**.(대법원 1984.7.10. 선고 84도846) 12경간, 13경간, 14순경1차, 15경승

➡ **접견교통권의 제한 정리**

1) 변호인의 접견교통권; **법령으로만 제한 가능**(판례)
2) 피의자·피고인의 변호인과의 접견교통권; **변호인과의 자유로운 접견(접견의 비밀보장)은 국가안보 등 어떠한 명분으로도 제한할 수×** cf 다만, **일반적 제한(접견 시각, 접견 횟수의 제한)은 가능**(헌재)
3) 피의자·피고인의 비변호인과의 접견교통권; 법령·법원의 결정으로 제한 가능, 수사기관의 처분 내지 결정으로도 제한 가능

Ⅵ 체포 · 구속장소감찰제도

(1) 체포 · 구속장소감찰제도의 의의와 취지

체포 · 구속장소 감찰제도란 **지방검찰청 검사장 또는 지청장이** 불법체포 또는 불법구속의 유무를 조사하기 위하여 검사로 하여금 매월 1회 이상 관하수사관서의 피의자의 체포 · 구속장소를 감찰하게 하는 제도를 의미한다.(제198조의2 제1항 전단) 체포 · 구속된 피의자에게 체포 · 구속장소감찰을 구하는 청구권은 없다. F4 17순경1차 체포 · 구속장소 감찰제도는 체포 또는 구속 후에 불법체포와 불법구속을 통제함으로써 적정절차의 원칙을 실현하기 위한 사후 인권 보장 제도이다.

(2) 체포 · 구속장소감찰제도의 내용

1) 심문과 관련서류 조사

체포 · 구속장소를 감찰하는 검사는 체포 또는 구속된 자를 심문하고 관련서류를 조사하여야 한다.(제198조의2 제1항 후단) F4 순경

2) 석방권과 송치명령권

검사는 적법한 절차에 의하지 아니하고 체포 또는 구속된 것이라고 의심할 만한 상당한 이유가 있는 경우에는 즉시 체포 또는 구속된 자를 석방하거나 사건을 검찰에 송치할 것을 명하여야 한다.(제198조의2 제2항) F4 23경승

Ⅶ 체포 · 구속적부심사제도(제214조의2)

1. 체포 · 구속적부심사제도의 의의와 성격

의의	체포 · 구속적부심사제도란 수사기관에 의하여 체포 또는 구속된 피의자에 대하여 법원이 체포 · 구속의 적부를 심사하여 체포 · 구속이 부적법하거나 부당한 경우 **피의자를 석방하는 제도**를 말한다.(제214조의2 제1항) F4 13순경2차 체포 · 구속적부심사제도는 **영미의 인신보호영장제도**(the writ of habeas corpus)에서 유래한다.
성격	체포 · 구속적부심사제도는 사후적 사법적 통제제도로서 영장에 대한 재심 또는 항고심적 성격을 갖는다.

2. 체포 · 구속적부심사의 절차

체포 · 구속적부심사의 절차는 심사의 청구, 법원의 심사, 법원의 결정의 순서로 진행된다.

(1) 체포 · 구속적부심사의 청구

1) 체포 · 구속적부심사 청구권자(제214조의2 제1항) [F4] 19검찰 · 마약9, 21경간, 22경승

| 암기
방법 | 체포 · 구속적부심사 청구권자 (암기방법은 보석 청구권자와 동일)
* 피변 법배직형 가동고 |

1) 체포 · 구속된 **피**의자 또는 피의자의 **변**호인; 체포된 피의자의 경우 영장에 의하여 체포된 피의자는 물론, 긴급체포된 피의자와 현행범으로 체포된 피의자도 체포 · 구속적부심사 청구권자에 해당한다.
2) 피의자의 **법**정대리인, **배**우자, **직**계친족, **형**제자매, **가**족, **동**거인 또는 **고**용주

- 피고인은 체포 · 구속적부심사청구권은 없고, 보석청구권은 있다. 반면 피의자는 보석청구권은 없으나, 체포 · 구속적부심사청구권은 있다.

2) 체포 · 구속적부심사 청구권의 고지

피의자를 체포하거나 구속한 검사 또는 사법경찰관은 **체포되거나 구속된 피의자와 청구권자 중에서 피의자가 지정하는 사람에게** 체포 · 구속적부심사청구를 할 수 있음을 알려야 한다.(제214조의2 제2항) 이 고지제도는 체포 또는 구속된 피의자 측에서 체포 · 구속적부심사제도가 있다는 것을 몰라서 이 제도를 활용하지 못하게 되는 것을 방지함으로써 체포 · 구속적부심사제도의 실효성을 보장하기 위하여 인정한 것이다.

3) 체포 · 구속적부심사청구의 사유

① 체포 · 구속이 부적법한 경우
  가. 체포 · 구속의 요건을 결한 경우(**예** 경미사건에 있어서 주거가 일정한 자임에도 체포 또는 구속을 한 경우)
  나. 적법한 영장 없이 체포 · 구속을 한 경우
  다. 영장발부는 적법하나 적법요건을 결한 경우(**예** 재구속 제한규정(제208조)에 위반하여 재구속을 한 경우)

② 체포 · 구속이 부당한 경우
  가. 적법하게 체포 · 구속하였으나, 체포 · 구속을 계속할 필요가 없는 경우(**예** 피해변상, 합의가 있는 경우)
  나. 체포 · 구속의 계속여부에 대한 필요성 판단; 심사시를 기준으로 판단한다.

4) 체포 · 구속적부심사청구의 방법

| 상대방 | 체포 · 구속적부심사청구는 관할법원에 하여야 한다.(제214조의2 제1항) [F4] 19순경2차 |
| 청구
방식 | 견해가 대립하나, 체포 · 구속적부심사청구는 서면으로 한다는 것(**서면주의**)으로 정리하면 된다. |

(2) 법원의 심사

1) 심사법원

① 체포·구속의 적부는 **지방법원 합의부 또는 단독판사가 심사**한다. 그러므로 지방법원 합의부가 체포·구속의 적부를 심사한다는 지문은 틀린 지문이다.

② 체포영장이나 구속영장을 발부한 법관은 **원칙적으로 심문·조사·결정에 관여하지 못한다**. 다만, 체포영장이나 구속영장을 발부한 법관 외에는 심문·조사·결정을 할 판사가 없는 경우는 **예외적으로 관여할 수 있다**.(제214조의2 제12항) F4 11경장, 12법9, 13경승, 18경간, 18교정·보호·철경9, 22경간, 23국7

2) 심문기일의 지정과 통지

① 체포·구속적부심사청구를 받은 법원은 **청구서가 접수된 때부터 48시간 이내에** 심문기일을 지정하고 심문을 종료하여야 한다.(제214조의2 제4항) F4 09순경2차, 13경간, 14경승, 14순경2차, 15순경1차, 18교정·보호·철경9, 22경간 ▶ 48시간 이내에 심문기일을 지정해서 심문의 종료까지 하여야 한다.

② 체포·구속적부심사청구를 받은 법원은 지체 없이 <u>청구인, 변호인, 검사 및 피의자를 구금하고 있는 관서(경찰서, 교도소 또는 구치소)</u>의 장에게 심문기일과 장소를 통지하여야 한다.(규칙 제104조 제1항) F4 16경승

3) 심문기일의 절차

① 피의자의 출석
사건을 수사 중인 검사 또는 사법경찰관은 심문기일까지 수사관계서류와 증거물을 법원에 제출하여야 하고, <u>구금관서의 장은 심문기일에 피의자를 출석시켜야 한다</u>.(규칙 제104조 제2항) ▶ **피의자의 출석은 심문절차개시의 요건**이다.

② 국선변호인 선정
법원은 체포되거나 구속된 피의자에게 변호인이 없는 때에는 제33조의 규정(피고인에 대한 국선변호인 선정 사유에 관한 규정)을 준용하여 **국선변호인을 선정하여야 한다**.(제214조의2 제10항) F4 11경장, 13교정·보호·철경9, 20경승

③ 심문
가. 체포·구속적부심사의 청구를 받은 법원은 **청구서가 접수된 때부터 48시간 이내에 체포되거나 구속된 피의자를 심문하고 수사관계서류와 증거물을 조사하여야 한다**.(제214조의2 제4항) F4 09·11검찰·마약9, 16순경2차
나. 법원은 피의자를 심문하는 경우 공범의 분리심문이나 그 밖에 수사상의 비밀보호를 위한 적절한 조치를 취하여야 한다.(제214조의2 제11항) cf 영장실질심사의 경우에는 판사가 이와 같은 조치를 취하여야 한다.
다. **검사·변호인·청구인은** 심문기일에 출석하여 의견을 진술할 수 있다.(제214조의2 제9항) 이들은 원칙적으로 **법원의 심문이 끝난 후** 의견을 진술할 수 있다. 다만, 필요한 경우에는 **심문 도중에도 판사의 허가를 얻어** 의견을 진술할 수 있다.(규칙 제105조 제1항) 15순경1차, 18법9
라. 피의자는 **판사의 심문 도중에도** 변호인에게 조력을 구할 수 있다.(규칙 제105조 제2항)

마. 법원은 피의자의 심문을 합의부원에게 명할 수 있다.(규칙 제105조 제4항) 이 때 피의자 심문을 명 받은 합의부원을 '수명법관'이라고 한다.

④ 조서의 작성

법원사무관 등은 심문의 요지 등을 조서(체포적부심문조서 또는 구속적부심문조서)로 작성하여야 한다.

> **관련판례** 구속적부심문조서의 증거능력
>
> 구속적부심문조서는 **특히 신용할 만한 정황에 의하여 작성된 문서로서** 형사소송법 제315조 제3호에 의하여 **당연히 그 증거능력이 인정**된다.(대법원 2004.1.16. 선고 2003도5693) F4 08순경1차, 12법9, 13경승, 14순경1차, 15경승, 17경간, 17순경2차, 19경승, 19검찰·마약9, 22순경2차, 23국7 cf 체포적부심문조서에 대하여는 이와 같은 판례가 없다.

(3) 법원의 결정

1) 결정기한과 구속기간에 불산입

결정기한	법원은 심문이 종료된 때로부터 **24시간 이내에** 체포·구속적부심사청구에 대한 결정을 하여야 한다.(규칙 제106조) F4 14순경1차, 15순경3차, 16경승
구속기간에 불산입	법원이 수사관계서류와 증거물을 **접수한 때부터** 결정 후 검찰청에 **반환된 때까지의 기간**은 검사 또는 사법경찰관의 **구속기간에 산입하지 않는다.**(제214조의2 제13항) F4 16순경1차

2) 기각결정과 석방결정

기각 결정	① **간이기각결정** F4 18교정·보호·철경9, 20검찰·마약9, 21경간, 22순경1차 법원이 **피의자의 심문 없이** 기각결정을 하는 것을 간이기각결정이라고 한다. 동일한 체포영장 또는 구속영장의 발부에 대하여 재청구한 때, 공범이나 공동피의자의 순차청구(順次請求)가 수사방해를 목적으로 하고 있음이 명백한 때, 청구권자 아닌 사람이 청구한 때에는 법원은 '심문 없이 결정으로 청구를 기각(간이기각결정)'할 수 있다.(제214조의2 제3항) 간이기각결정은 **임의적**이다. 간이기각결정을 할 경우에는 피의자를 심문하지 않으므로 **심문기일의 지정**을 요하지 않는다. cf 관할법원이 체포·구속적부심사 후 청구가 이유 없다고 인정할 경우에는 기각결정(간이기각결정이×)을 한다. ② **기각결정** 심사결과 법원이 체포·구속적부심사 청구가 이유 없다고 인정한 경우에는 결정으로 이를 기각하여야 한다.(제214조의2 제4항) F4 14순경2차, 16순경2차, 22경간, 22경승
석방 결정	심사결과 법원이 체포·구속적부심사 청구가 이유 있다고 인정한 경우에는 결정으로 체포되거나 구속된 자의 석방을 명하여야 한다. 심사청구 후 피의자에 대하여 공소제기가 있는 경우(**전격기소 된 자의 경우**)에도 또한 같다.(제214조의2 제4항) F4 10국9·7, 11법9, 12순경1차, 13교정·보호·철경9, 13순경2차, 14경간, 16순경2차, 18경간, 19순경2차, 22경간, 22경승 **TIP** 전격기소된 자 전격기소된 자란 체포·구속된 피의자가 체포·구속적부심사 청구를 하자 검사가 갑자기 (전격적으로) 그 피의자를 기소함으로써 피고인으로 된 자를 말한다.

3) 재체포·재구속의 제한

체포 또는 구속 적부심사결정에 의하여 석방된 피의자가 도망하거나 범죄의 증거를 인멸하는 경우를 제외하고는 동일한 범죄사실로 재차 체포하거나 구속할 수 없다.(제214조의3 제1항) 그러므로 **현실적으로(실제로) 도망하거나 죄증을 인멸하는 경우에만 재체포·재구속을 할 수 있고**, 도망할 염려 또는 죄증을 인멸할 염려가 있음을 이유로 재체포·재구속을 할 수는 없다. 23국9, 23국7

4) 불복 금지

체포·구속적부심사청구에 대한 **기각결정과 석방결정에 대해서는 항고할 수 없다.**(제214조의2 제8항) [cf] 석방결정에 대해서는 항고할 수 없으나, 기각결정에 대해서는 항고할 수 있다는 지문은 틀린 지문이다. 10순경1차, 10경승, 11경장·경사, 12·13법9, 13경간, 13순경2차, 14순경1차, 15순경1차, 16경승, 16검찰·마약9, 17순경2차, 18경간, 18법9, 19검찰·마약9, 20검찰·마약9, 21국9, 22순경1차, 23순경2차 체포·구속적부심사제도는 영장에 대한 재심 또는 항고심적 성격이 있으므로 다시 심사한 것에 대하여 불복을 허용하면 불복한 것에 대하여 또 불복을 허용하는 결과가 된다. 결론적으로 신속한 재판의 원칙을 실현하기 위해서 항고할 수 없도록 한 것이다.

5) 피의자보석(보증금납입조건부 피의자 석방제도) 법9, 법승, 순경, 경승, 국9, 국7

① 보증금납입조건부 피의자 석방제도의 의의

보증금납입조건부 피의자 석방제도(피의자보석)란 **구속된 피의자(심사청구 후 공소제기 된 사람(전격기소 된 사람)을 포함)가 구속적부심을 청구한 경우** 법원이 피의자의 출석을 보증할 만한 보증금의 납입을 필요적 조건으로 하여 구속된 피의자를 석방하는 제도를 말한다.(제214조의2 제5항) [cf] 제214조의2 제5항은 구속된 피의자만을 대상으로 명시하고 있기 때문에 **체포된 피의자에게는 피의자보석이 인정되지 않는다.**(대법원 1997.8.27. 자 97모21) 10경승, 10·12순경1차, 13경승, 13순경1·2차, 14경승, 14순경1차, 14순경2차, 15순경1차, 18경간, 18교정·보호, 철경9, 19검찰·마약9, 20경승, 20검찰·마약9, 22경승, 23경간 또한 피의자에게는 보석청구권이 인정되지 않는다. 따라서 **피의자보석에 있어서는 청구보석이 인정되지 않고, 법원의 재량보석만 인정**된다. 15순경1차, 23국9

② 보증금납입조건부 피의자 석방의 제외사유와 석방결정

제외사유	범죄의 증거를 인멸할 염려가 있다고 믿을 만한 충분한 이유가 있는 때 또는 피해자, 당해사건의 재판에 필요한 사실을 알고 있다고 인정되는 사람 또는 그 친족의 생명·신체나 재산에 해를 가하거나 가할 염려가 있다고 믿을만한 충분한 이유가 있는 때에는 보증금납입조건부 피의자 석방을 할 수 없다.(제214조의2 제5항 단서)
석방결정	법원은 구속된 피의자에 대하여 **피의자의 출석을 보증할 만한 보증금의 납입을 필요적 조건으로 하여** 결정으로 석방을 명할 수 있다.(제214조의2 제5항) 13경간, 13법9, 22경승 보증금의 납입을 필요적 조건으로 한 취지는 석방된 피의자의 수사관서에의 출석을 담보하기 위한 것이다. 석방결정을 하는 경우 법원은 주거의 제한, 법원 또는 검사가 지정하는 일시·장소에 출석할 의무, 그 밖에 **적당한 조건을 부가할 수 있다.**(제214조의2 제6항) 15순경3차, 17순경2차 한편 보증금의 결정 및 집행절차는 보석에 관한 규정(제99조 및 제100조)을 준용한다.(제214조의2 제7항) [TIP] 구속된 피의자가 구속적부심을 청구한 경우에 법원은 구속적부심사를 한 후에 석방결정을 할 수 있고, 구속적부심사를 하지 않고 재량으로 보증금납입조건부 피의자석방결정을 할 수도 있다. 즉 법원은 둘 중에 하나를 선택할 수 있다. 그러나 체포된 피의자가 체포적부심을 청구한 경우에는 체포적부심사를 한 후에 석방결정을 할 수는 있으나, **보증금납입조건부 피의자석방결정을 할 수는 없다.**

③ 재체포 · 재구속의 제한

> 보증금 납입 조건부로 석방된 피의자에 대하여 재체포 또는 재구속을 할 수 있는 사유(제214조의3 제2항) [F4] 20경승
> 1) 도망한 때
> 2) 도망하거나 범죄의 증거를 인멸할 염려가 있다고 믿을 만한 충분한 이유가 있는 때
> 3) 주거의 제한이나 그 밖에 법원이 정한 조건을 위반한 때 [F4] 23국9
> 4) 출석요구(소환)를 받고 정당한 이유 없이 출석하지 아니한 때 [F4] 22경간

④ 보증금의 몰수

가. 임의적 몰수; 법원은 보증금납입을 조건으로 석방된 자에 대하여 a. 재체포 · 재구속 제한의 예외에 해당하여 **재차 구속**하거나, b. 공소제기 된 후 법원이 동일한 범죄사실에 관하여 **재차 구속**할 경우 직권 또는 검사의 청구에 의하여 결정으로 납입된 보증금의 전부 또는 일부를 몰수할 수 있다.(제214조의4 제1항)

나. 필요적 몰수; 법원은 보증금납입을 조건으로 석방된 자가 동일한 범죄사실에 관하여 형의 선고를 받고 그 판결이 확정된 후 집행하기 위한 소환을 받고 정당한 이유 없이 출석하지 아니하거나 도망한 때에는 직권 또는 검사의 청구에 의하여 결정으로 보증금의 전부 또는 일부를 몰수하여야 한다.(제214조의4 제2항) [F4] 22경간, 23국7

⑤ 불복제도

판례는 기소 후 보석결정에 대한 항고가 인정되는 것과의 균형상 **보증금납입조건부 피의자 석방결정에 대한 항고가 가능**하다고 한다.(대법원 1997.8.27. 자 97모21) [F4] 12순경1차, 15국7, 19검찰 · 마약9, 21국9, 21국7

VIII 보석

1. 보석의 의의와 성격

의의	보석이란 보증금의 납입 등 출석을 확보할 만한 조건을 부가하여 피고인에 대한 구속의 집행을 정지하고 **피고인을 구속 상태에서 석방하는 제도**를 말한다. 보석에 있어서 **보증금 납입은 필요적 조건이 아니다.** [F4] 법9
성격	보석은 **구속집행정지**의 성격이 있다. 따라서 보석을 하였을지라도 **구속영장의 효력이 소멸되지 않는다.**

2. 보석의 종류

보석에는 **청구보석과 직권보석**이 있다. 보석은 또한 **필요적 보석과 임의적 보석**으로 분류된다.

(1) 청구보석과 직권보석

1) 청구보석
청구보석이란 보석청구권자의 청구에 의한 보석을 말한다.

2) 직권보석
직권보석이란 법원의 직권에 의한 보석을 말한다. 직권보석의 경우에는 보석청구권자의 청구를 요하지 않는다.

(2) 필요적 보석과 임의적 보석

1) 필요적 보석

① 필요적 보석의 원칙

필요적 보석이란 보석청구권자의 보석청구가 있는 경우에는 **보석을 허가할 의무가 있는 것**을 말한다. 즉 보석의 청구가 있는 때에는 아래의 제외사유가 없는 한 법원은 원칙적으로 보석을 허가하여야 한다.(제95조) 필요적 보석은 **청구보석에 대해서만 인정**된다. 09순경2차, 10국9, 12경승 즉 보석청구권자가 보석을 청구한 경우에 법원은 원칙적으로 보석을 허가할 의무가 있다.

② 필요적 보석의 제외사유

보석청구권자가 보석을 청구한 경우에도 다음과 같은 필요적 보석의 제외사유가 있는 경우에 법원은 보석을 허가할 의무는 없다. 하지만 **필요적 보석의 제외사유에 해당하더라도 법원은 재량으로 보석을 허가할 수 있다.** 필요적 보석의 제외사유는 다음과 같다.(제95조)

필요적 보석의 제외사유(제95조)

1) 피고인이 도망하거나 도망할 염려가 있다고 믿을 만한 충분한 이유가 있는 때
2) 피고인이 죄증(증거)을 인멸하거나 인멸할 염려가 있다고 믿을 만한 충분한 이유가 있는 때
3) 피고인이 누범에 해당하는 때
4) 피고인이 상습범인 죄를 범한 때
5) 피고인이 피해자, 당해 사건의 재판에 필요한 사실을 알고 있다고 인정되는 자 또는 그 친족의 생명·신체나 재산에 해를 가하거나 가할 염려가 있다고 믿을 만한 충분한 이유가 있는 때
6) 피고인이 사형, 무기 또는 **장기 10년이 넘는(초과)** 징역·금고에 해당하는 죄를 범한 때 19경승
7) 피고인의 주거가 분명하지 아니한 때(주거의 불분명)

2) 임의적 보석

임의적 보석이란 보석의 허가 여부가 법원의 재량이고, **보석을 허가할 의무가 없는 것**을 말한다. 법원은 필요적 보석의 제외사유(제95조)가 있음에도 불구하고 상당한 이유가 있는 때에는 직권 또는 보석청구권자(제94조)의 청구에 의하여 결정으로 보석을 허가할 수 있다.(제96조) 병보석이 임의적 보석의 대표적인 예이다. 10경사, 19국7 또한 임의적 보석은 **직권보석과 청구보석 모두에 대하여 인정**된다.

TIP 병보석

병보석이란 병의 치료를 이유로 구속된 피고인을 석방하는 것을 말한다.

📖 **관련판례**

집행유예 기간 중에 있는 피고인의 보석을 허가한 것이 누범과 상습범에 대하여는 보석을 허가하지 않을 수 있다는 제95조(필요적 보석)의 취지에 위배되어 **위법하다고 할 수 없다.**(대법원 1990.4.18. 자 90모22) ▶ 집행유예 기간 중에 동종의 범죄를 범하여 구속 기소된 피고인은 상습범이 되어 필요적 보석의 제외사유에 해당한다. 이 판례는 집행유예 기간 중에 상습범으로 구속된 피고인이 **필요적 보석의 제외사유에 해당할지라도 법원은 재량으로 임의적 보석을 할 수 있다는 판례이다.** F4 국9, 법승, 08순경2차, 10법9, 12경승, 14순경2차, 16경승, 18법9, 19순경1차, 23법9, 23국7

3. 보석의 절차

청구보석을 전제로 할 때 보석의 절차는 <u>보석의 청구, 법원의 심리, 법원의 결정, 보석의 집행 순서로 진행된다.</u>

(1) 보석의 청구

1) 보석청구권자

보석을 청구할 수 있는 자는 **피고인, 피고인의 변호인 · 법정대리인 · 배우자 · 직계친족 · 형제자매 · 가족 · 동거인 또는 고용주**이다.(제94조) F4 18교정 · 보호 · 철경9, 21경간

2) 보석청구의 방법

보석의 청구는 **서면주의**에 따라 보석청구서에 의한다.(규칙 제53조 제1항) 상소기간 중 또는 상소 중의 사건에 관하여 보석에 대한 결정은 소송기록이 원심법원에 있을 때에는 **원심법원이** 하여야 한다.(제105조) cf 소송기록이 상소법원에 있을 때에는 **상소법원이** 하여야 한다. F4 17법9

(2) 법원의 심리

1) 피고인 심문

원칙	보석청구를 받은 법원은 원칙적으로 지체 없이 심문기일을 정하여 구속된 피고인을 심문하여야 한다.(규칙 제54조의2 제1항 본문) F4 08순경1차, 10경사, 14경간, 18국7
예외	청구권자 이외의 사람이 보석을 청구한 때, 동일한 피고인에 대하여 중복하여 보석을 청구하거나 재청구를 한 때, 공판준비 또는 공판기일에 피고인에게 그 이익되는 사실을 진술할 기회를 준 때, 이미 제출한 자료만으로 보석을 허가하거나 불허가할 것이 명백한 때에는 보석청구를 받은 법원은 예외적으로 피고인 심문 없이 결정할 수 있다.(규칙 제54조의2 제1항 단서) F4 19법9

2) 검사의 의견 청취

재판장은 보석에 관한 결정을 하기 전에 **검사의 의견을 물어야 한다.**(제97조 제1항) F4 08순경1차, 11법9, 12경승, 17법9 검사는 재판장의 의견요청에 대하여 **지체 없이 의견을 표명하여야 한다.**(제97조 제3항) 급속을 요할

경우에는 검사의 의견청취를 요하지 않는다는 예외가 없다. 따라서 보석에 관한 결정을 하기 전에는 **예외 없이 검사의 의견청취를 요한다.** cf 검사가 3일 이내에 의견을 표명하지 아니한 때에는 보석허가에 대하여 동의한 것으로 간주한다는 지문은 틀린 지문이다.

> **관련판례**
>
> 검사의 의견청취의 절차는 보석에 관한 결정의 본질적 부분(핵심부분)이 아니므로, 법원이 검사의 의견을 듣지 아니한 채 보석에 관한 결정을 하였다고 하더라도 그 결정이 적정한 이상, 절차상의 하자만을 들어 그 결정을 취소할 수는 없다.(대법원 1997.11.27. 자 97모88) F4 12국7, 14순경2차, 17법9, 18국7, 19순경1차, 21국7, 23법9

(3) 법원의 결정

1) 결정기한 및 기각결정과 석방결정

결정기한	법원은 특별한 사정이 없는 한 보석청구를 받은 날부터 **7일 이내에** 그에 관한 결정을 하여야 한다.(규칙 제55조) 구속취소결정의 경우에도 같다. F4 15국9, 17법9
기각결정	보석청구가 부적법한 경우와 이유 없는 경우에는 보석청구기각결정을 한다.
허가결정	보석청구가 이유 있는 경우 보석허가결정을 하여야 한다. 보석허가결정을 하는 경우에는 다음과 같이 보석조건을 정하는 절차가 뒤따른다.

2) 보석허가결정을 하는 경우의 조치

① 보석조건의 결정 F4 법9, 경승, 09순경2차

법원은 보석을 허가하는 경우에는 필요하고 상당한 범위 안에서 다음 각 호의 조건 중 **하나 이상의 조건을 정하여야 한다.**(제98조)
1. 법원이 지정하는 일시·장소에 출석하고 증거를 인멸하지 아니하겠다는 서약서를 제출할 것
2. 법원이 정하는 보증금에 해당하는 금액을 납입할 것을 약속하는 약정서를 제출할 것
3. 법원이 지정하는 장소로 주거를 제한하고 주거를 변경할 필요가 있는 경우에는 법원의 허가를 받는 등 도주를 방지하기 위하여 행하는 조치를 받아들일 것
4. 피해자, 당해 사건의 재판에 필요한 사실을 알고 있다고 인정되는 사람 또는 그 친족의 생명·신체·재산에 해를 가하는 행위를 하지 아니하고 주거·직장 등 그 주변에 접근하지 아니할 것
5. 피고인 아닌 자가 작성한 출석보증서를 제출할 것
6. 법원의 허가 없이 외국으로 출국하지 아니할 것을 서약할 것
7. 법원이 지정하는 방법으로 피해자의 권리회복에 필요한 금전을 공탁하거나 그에 상당하는 담보를 제공할 것
8. 피고인이나 법원이 지정하는 자가 보증금을 납입하거나 담보를 제공할 것
9. 그 밖에 피고인의 출석을 보증하기 위하여 법원이 정하는 적당한 조건을 이행할 것

② 보석조건 결정시 고려사항

법원이 보석을 허가하는 경우에는 하나 이상의 보석조건을 정하여야 하는데, 법원은 피고인의 자금능력 또는 자산 정도로는 이행할 수 없는 조건을 정할 수 없다.(제99조 제2항) 법원은 보석조건을 정할 때

피고인의 전과(前科)·성격·환경 및 자산, 피해자에 대한 배상 등 범행 후의 정황에 관련된 사항, 범죄의 성질 및 죄상(罪狀), 증거의 **증명력(증거능력×)**을 고려하여야 한다.(제99조 제1항)

③ 불복방법

보석청구기각결정에 대하여 **청구권자는 보통항고를 할 수 있다.**(제403조 제2항) 보석허가결정에 대하여 **검사는 보통항고는 할 수 있으나**(제403조 제2항), **즉시항고는 할 수 없다.**(헌결 1993.12.23. 93헌가2)
  F4 법승, 순경, 경승, 10국9, 10·11법9, 16국7, 21국7

(4) 보석의 집행(석방절차)

1) 보석조건의 이행과 보증금의 납입 방법

① 보석조건의 선이행

법원이 보석을 집행(구속된 피고인을 석방하는 절차)하기 위해서는 먼저 필요적으로 보석조건을 이행해야 하는 경우와 보석조건의 선이행이 임의적인 경우가 있다.

가. 보석조건의 필요적 선이행(제98조 제1·2·5·7·8호 조건)

출석하고 증거인멸하지 아니하겠다는 서약서 제출(제98조 1호), 보증금 납입 약정서 제출(제98조 2호), 피고인 외의 자가 작성한 출석보증서 제출(제98조 5호), 피해 공탁 또는 담보제공(제98조 7호), 피고인 또는 법원이 지정하는 자의 보증금 납입 또는 담보 제공(제98조 8호)의 보석조건에 대하여는 이를 이행한 후가 아니면 보석허가결정을 집행하지 못한다.

나. 보석조건의 임의적 선이행

제98조 제3·4·6·9호의 조건에 대하여 법원은 필요하다고 인정하는 때에는 그 이행**(선이행) 이후 보석허가결정을 집행하도록 정할 수는 있다.**(제100조 제1항) 즉 제98조 제3·4·6·9호의 조건에 대하여는 보석허가결정의 집행 전에 먼저 이행하도록 정할 수도 있고, 보석허가결정을 집행한 후에 이행하도록 정할 수도 있다.

② 보증금 납입 방법

법원은 **보석청구자 이외의 자에게** 보증금의 납입을 허가할 수 있다.(제100조 제2항) 즉 **대납(代納)**을 허가할 수 있다. 또한 법원은 **유가증권 또는 피고인 외의 자가 제출한 보증서로서** 보증금에 갈음(대신) 함을 허가할 수 있다.(제100조 제3항) F4 법승. 13순경2차, 18교정·보호·철경9, 19법9

2) 적절한 조치의 요구

법원은 보석허가결정에 따라 석방된 피고인이 보석조건을 준수하는데 필요한 범위 안에서 관공서 그 밖의 공사단체에 대하여 적절한 조치를 취할 것을 요구할 수 있다.(제100조 제5항)

3) 보석조건의 변경과 유예

법원은 직권 또는 보석청구권자의 신청에 따라 결정으로 피고인의 보석조건을 변경하거나 일정기간 동안 당해 조건의 이행을 유예할 수 있다.(제102조 제1항) F4 09국7, 10경사, 14경간

4) 보석조건 위반에 대한 제재와 불복방법

피고인	법원은 피고인이 정당한 이유 없이 보석조건을 위반한 경우 결정으로 피고인에 대하여 **1천만 원 이하의 과태료**를 부과하거나 **20일 이내의 감치**에 처할 수 있다.(제102조 제3항) 🖎 법9, 09국7, 13순경2차, 15국9, 17경승, 18국7
출석 보증인	법원은 보석허가결정에 따라 석방된 피고인이 정당한 사유 없이 기일에 불출석하는 경우 결정으로 그 출석보증인에 대하여 **500만 원 이하의 과태료**를 부과할 수 있다.(제100조의2 제2항) 🖎 12경승, 14순경2차, 19법9 ▶ 출석보증인에 대해서는 피고인과 달리 **감치에 처할 수는 없다.**
불복 방법	피고인·출석보증인에 대한 과태료나 감치결정에 대하여는 **즉시항고를 할 수 있다.**(제102조 제4항) 🖎 법9, 09국7, 15국9, 17경승

4. 보석의 취소

(1) 보석 취소의 의의

보석의 취소란 보석허가결정에 따라 석방된 피고인에게 보석의 취소사유가 있을 때 법원의 결정에 의하여 **보석을 철회**하는 소송행위를 말한다. 보석취소결정이 있는 때에는 **검사는 보석취소결정등본에 의하여 피고인을 재구금하여야 한다.** 🖎 18법9 다만, 급속을 요하는 경우에는 재판장, 수명법관 또는 수탁판사가 재구금을 지휘할 수 있다.(규칙 제56조 제1항) **피고인을 재구금할 때 새로이 구속영장을 발부받아야 하는 것은 아니다.** 🖎 19법9, 23법9

> **관련판례**
>
> 보석허가결정의 취소는 그 취소결정을 고지하거나 결정법원에 대응하는 검찰청 검사에게 결정서를 교부 또는 송달함으로써 즉시 집행할 수 있는 것이고, 그 결정등본이 피고인에게 송달되어야 집행할 수 있는 것은 아니다.(대법원 1983.4.21. 자 83모19) 🖎 19순경1차

(2) 보석 취소의 사유(제102조 제2항); 보석취소의 사유는 구속집행정지의 취소사유와 같다.

보석의 취소사유〈=구속집행정지의 취소사유〉(제102조 제2항)
1) 피고인이 도망한 때
2) 도망하거나 죄증을 인멸할 염려(=증거인멸의 염려)가 있다고 믿을 만한 충분한 이유가 있는 때
3) 법원이 정한 조건을 위반한 때
4) 소환을 받고 정당한 이유 없이 출석하지 아니한 때
5) 피해자, 당해 사건의 재판에 필요한 사실을 알고 있다고 인정되는 자 또는 그 친족의 생명·신체·재산에 해를 가하거나 가할 염려가 있다고 믿을 만한 충분한 이유가 있는 때

5. 보석 및 보석조건의 실효(효력 상실)

구속영장의 효력이 소멸한 경우, 보석이 취소된 경우 보석과 보석조건은 즉시 효력이 상실(실효)된다.(제104조의2) F4 19국7 보석이 실효되면 보석조건도 더 이상 필요 없는 것이 되기 때문에 실효되는 것이 원칙이다. 다만, 예외적으로 제98조 제8호(피고인 또는 법원이 지정하는 자의 보증금 납입 또는 담보제공)의 보석조건은 보석의 취소로 인하여 실효되지 않는다. F4 18국7, 21국7 보석을 취소하는 경우에는 법원이 보증금 또는 담보를 몰취할 수 있는데 위의 조건을 실효시키면 몰취를 할 수 없게 되므로 실효시키지 않는 것이다.

6. 보증금 등의 몰취

(1) 보증금 등의 몰취의 의의

보증금 등의 몰취는 **보증금의 몰수와 담보의 취득**을 말한다. 법원이 보증금을 몰수, 담보를 취득하는 경우에는 임의적 몰취와 필요적 몰취가 있다.

(2) 보증금 등의 몰취의 유형

1) 임의적 몰취

법원이 **보석을 취소하는 때**에는 직권 또는 검사의 청구에 따라 결정으로 보증금 또는 담보의 전부 또는 일부를 몰취할 수 있다.(제103조 제1항) F4 11법9, 14경승, 19국7

2) 필요적 몰취

법원은 보증금의 납입 또는 담보제공을 조건으로 석방된 피고인이 동일한 범죄사실에 관하여 형의 선고를 받고 그 판결이 확정된 후 집행하기 위한 소환을 받고 정당한 이유 없이 출석하지 아니하거나 도망한 때에는 직권 또는 검사의 청구에 따라 결정으로 보증금 또는 담보의 전부 또는 일부를 몰취하여야 한다.(제103조 제2항) F4 경승, 법승, 18교정·보호·철경9

> 📖 **관련판례**
>
> 보석보증금을 몰수하려면 **반드시 보석취소와 동시에 하여야만 가능한 것이 아니라 보석취소 후에 별도로 보증금몰수결정을 할 수도 있다.**(대법원 2001.5.29. 자 2000모22 전원합의체 결정) ▶ 보석보증금몰수결정은 반드시 보석취소와 동시에 해야 하는 것은 아니라는 판례이다. F4 08순경2차, 16국9, 19법9, 19순경1차, 23법9

7. 보증금 등의 환부

보증금 등의 환부란 법원이 납입 받은 보증금이나 제공받은 담보를 돌려주는 것을 말한다. **구속 또는 보석을 취소하거나 구속영장의 효력이 소멸된 때**에는 몰취하지 않은 보증금 또는 담보를 청구한 날로부터 **7일 이내에** 환부하여야 한다.(제104조)

체포·구속적부심사제도, 피의자보석(보증금 납입 조건부 피의자 석방 제도), 보석의 비교

	체포·구속적부심사	피의자 보석	보석
대상	체포·구속된 피의자	구속된 피의자	구속된 피고인
보증금 납입	조건이 아니다.	필요적 조건	임의적 조건
청구보석 인정 여부	해당 없음	청구보석 인정×, 재량보석만 인정	청구보석·재량보석 둘 다 인정
구속영장의 실효 여부	석방결정에 따라 석방을 한 경우 **구속영장 실효**	석방결정에 따라 석방을 한 경우 **구속영장 실효**	**구속영장의 효력 존속**

IX. 구속의 집행정지

1. 구속집행정지의 의의

수사기관 또는 법원은 상당한 이유가 있는 때에는 구속된 피의자 또는 피고인을 친족·보호단체 기타 적당한 자에게 부탁하거나 피의자 또는 피고인의 주거를 제한하여 구속의 집행을 정지할 수 있다.(제101조 제1항, 제209조, 검찰사건사무규칙 제48조) [기] 10법9, 20순경2차, 21경승, 23경승, 23국9 구속(영장)집행정지란 구속된 피의자 또는 피고인의 구속영장 집행을 일시적으로 정지하여 구속 상태에서 석방하는 제도를 말한다. 구속된 피의자 또는 피고인이 중병에 걸린 경우, 출산을 하거나 부모의 장례식에 참석하는 등의 경우에 수사기관 또는 법원이 직권으로 피의자 또는 피고인을 구속 상태에서 석방했다가 그 사유가 끝나면 구속집행정지를 취소해서 다시 구속 상태로 돌려놓는 제도이다. 한편 구속(영장)집행정지를 줄여서 구속집행정지라고 한다.

2. 구별개념

보석, 구속집행정지와 구속의 취소는 서로 구별된다. 비교 사항을 정리하면 다음과 같다.

	보석	구속집행정지	구속의 취소
대상	구속된 피고인	구속된 피의자·피고인	구속된 피의자·피고인
방법	직권 또는 청구	**직권으로만 가능**	직권 또는 청구
검사의 의견 청취	법원이 보석에 관한 결정을 할 때 **예외 없이 검사의 의견청취 요**	법원이 구속집행정지결정을 할 때 원칙적으로 검사의 의견청취 요, 단, 급속을 요할 경우에는 검사의 의견청취 불요	법원이 구속취소결정을 할 때 원칙적으로 검사의 의견청취 요, 단, 급속을 요할 경우와 검사가 청구한 경우에는 검사의 의견청취 불요
구속영장의 효력	구속영장의 효력 **존속**	구속영장의 효력 **존속**	구속영장의 효력 **소멸**

3. 구속집행정지의 절차

(1) 구속집행정지의 방법

피의자 · 피고인에 대한 구속집행정지결정은 법원 · 수사기관의 **직권으로만 가능**하고, 청구에 의하여 할 수는 없다.(제101조 제1항) 13경승, 20경승 법원이 구속집행정지결정을 함에는 **검사의 의견을 물어야 한다**. 단, **급속**을 요하는 경우에는 그러하지 아니하다.(제101조 제2항) 10법9, 20교정 · 보호 · 철경9, 20순경2차, 21경승

(2) 불복제도

"법원의 구속집행정지결정에 대하여는 검사는 즉시항고를 할 수 있다."는 종전 제101조 제3항에 대해서는 헌법재판소가 위헌결정을 함으로써 2015.7.31. 형사소송법 개정으로 인하여 삭제되었다.

> **관련판례** 형사소송법 제101조 제3항(위헌) 13경승, 17경승, 18법9, 20교정 · 보호 · 철경9
>
> **(법원의) 구속집행정지결정에 대한 검사의 즉시항고를 인정하는 형사소송법 제101조 제3항은** 검사의 불복을 법원의 판단보다 우선시킬 뿐만 아니라, 사실상 법원의 구속집행정지결정을 무의미하게 할 수 있는 권한을 검사에게 부여한 것이라는 점에서(즉시항고에는 법원의 구속집행정지결정이라는 재판의 집행을 정지시키는 효력이 있기 때문) 헌법 제12조 제3항의 영장주의원칙에 위배된다. 또한 헌법 제12조 제3항의 영장주의는 헌법 제12조 제1항의 적법절차원칙의 특별규정이므로, 헌법상 영장주의원칙에 위배되는 이 사건 법률조항은 헌법 제12조 제1항의 적법절차원칙에도 위배되어 **위헌**이다.(헌결 2012.6.27. 2011헌가36) ▶ 구속집행정지결정에 대하여 검사는 **즉시항고를 할 수 없다**. 반면 구속집행정지결정은 구금에 관한 결정이므로 이에 대하여 검사는 (보통)항고를 할 수 있다.(제403조 제2항)

(3) 국회의원에 대한 구속집행정지와 구속집행정지의 취소

1) 국회의원에 대한 구속집행정지

헌법 제44조(국회의원의 불체포특권)에 의하여 국회의 동의를 얻어 구속된 국회의원에 대한 국회의 석방요구가 있으면 **당연히(별도의 구속집행정지결정 없이) 구속영장의 집행이 정지**된다.(제101조 제4항) 10법9, 13경승, 20경승 석방요구의 통고를 받은 검찰총장은 즉시 석방을 지휘하고 그 사유를 수소법원에 통지하여야 한다.(제101조 제5항) 국9, 법9, 경승

2) 국회의원에 대한 구속집행정지의 취소

검사 또는 사법경찰관은 결정으로 피의자에 대한 구속의 집행정지를 취소할 수 있다.(제209조, 제102조 제2항) 법원은 보석의 취소사유와 동일한 사유가 있는 경우에는 직권 또는 검사의 청구에 따라 결정으로 피고인에 대한 구속의 집행정지를 취소할 수 있다. 다만, 국회의원에 대한 구속영장의 집행정지는 그 회기 중 취소하지 못한다.(제102조 제2항) 20순경2차 구속집행정지의 취소사유는 보석의 취소사유와 같다.

보석의 취소사유〈=구속집행정지의 취소사유〉(제102조 제2항)
1) 피고인이 도망한 때
2) 도망하거나 죄증을 인멸할 염려(=증거인멸의 염려)가 있다고 믿을 만한 충분한 이유가 있는 때
3) 법원이 정한 조건을 위반한 때
4) 소환을 받고 정당한 이유 없이 출석하지 아니한 때
5) 피해자, 당해 사건의 재판에 필요한 사실을 알고 있다고 인정되는 자 또는 그 친족의 생명·신체·재산에 해를 가하거나 가할 염려가 있다고 믿을 만한 충분한 이유가 있는 때

X 구속의 실효

구속의 실효(효력 상실)란 구속의 효력이 상실되는 것을 말한다. 구속의 실효에는 구속의 취소와 구속의 당연 실효가 있다.

1. 구속의 취소

(1) 구속의 취소의 의의와 사유

1) 구속의 취소의 의의

구속의 취소사유가 있을 때(**구속사유가 없거나 구속사유가 소멸된 때**) 검사 또는 사법경찰관은 직권 또는 피의자, 변호인과 변호인선임권자(* **법배직형**; **법**정대리인, **배**우자, **직**계친족, **형**제자매)의 청구에 의하여 결정으로 피의자에 대한 구속을 취소하여야 한다.(제209조, 제93조, 검찰사건사무규칙 제50조) 사법경찰관이 구속의 취소를 할 때에는 **검사의 지휘를 받아야 한다**. 구속의 취소사유가 있을 때 법원은 직권 또는 검사, 피고인, 변호인과 변호인선임권자(* **법배직형**; **법**정대리인, **배**우자, **직**계친족, **형**제자매)의 청구에 의하여 결정으로 피고인에 대한 구속을 취소하여야 한다.(제93조) 법9, 법승, 12경승, 14경승, 15순경1차, 20경승, 20순경2차, 20국7, 21경승, 23경승, 23국9

> **관련판례** 자유형이 확정된 구속 중인 피고인에게 구속취소결정을 할 수 있는지; 소극
>
> 구속의 취소는 구속영장의 효력이 존속하고 있음을 전제로 하는 것이고, 구속 중인 피고인에 대하여 자유형(실형)의 판결이 확정된 때에는 구속영장은 실효되므로 이미 구속영장이 실효된 경우에는 피고인이 계속 구금되어 있더라도 위 규정에 의한 **구속의 취소 결정을 할 수 없다**.(대법원 1999.9.7. 자 99초355, 99도3454) 20교정·보호·철경9

2) 구속의 취소 사유

구속의 취소 사유는 **구속사유가 없거나 구속사유가 소멸된 때**이다.(제93조) 여기서 '구속사유가 없는 때'는 구속사유가 처음부터 없었던 경우를 말하고, '구속사유가 소멸된 때'는 구속을 할 당시에는 구속사유가 있었으나, 나중에 구속사유가 소멸한 때를 말한다.

📖 **관련판례** 구속의 취소의 사유

a. 구속의 취소는 구속영장의 효력이 존속하고 있음을 전제로 하므로 <u>이미 구속영장이 실효된 경우는 구속취소 결정을 할 수 없다.</u>(대법원 1999.9.7. 자 99초355,99도3454) 🗂 법승

b. 잔여형기가 8일 이내이고 피고인의 주거가 일정하며 증거인멸·도망의 염려도 없는 경우에는 <u>구속 취소사유가 된다.</u>(대법원 1983.8.18. 자 83모42)

c. 제1심과 항소심판결 선고 전 구금일수(미결구금일수)만으로도 본형 형기를 초과할 것이 명백하다면 피고인을 구속할 사유는 소멸되었다고 할 것이므로 피고인에 대한 <u>구속은 취소해야 한다.</u>(대법원 1991.4.11. 자 91모25)

(2) 구속의 취소의 절차

검사의 의견 청취	재판장은 구속취소결정을 하기 전에 검사의 청구에 의하거나 급속을 요하는 경우 외에는 **검사의 의견을 물어야 한다.**(제97조 제2항) 검사의 청구에 의하여 법원이 구속취소결정을 할 때에는 이미 검사가 의견을 표명한 것이므로 검사의 의견을 물어야 할 필요가 없다. 검사는 위의 의견요청에 대하여 지체 없이 의견을 표명하여야 한다.(제97조 제3항) 🗂 법9, 08순경2차 ▶ "검사가 3일 이내에 의견을 표명하지 아니한 경우에는 동의한 것으로 간주한다."는 종전 규정은 삭제되었으므로 이런 지문이 출제되면 틀린 지문으로 고르면 된다.
불복 제도	법원의 구속취소결정에 대하여 **검사는 즉시항고를 할 수 있다.**(제97조 제4항) 🗂 법승, 10법9 한편 법원의 보석허가결정·구속집행정지결정에 대하여 **검사는 보통항고를 할 수는 있으나, 즉시항고를 할 수 없다**는 것이 판례이다.(헌결 1993.12.23. 93헌가2, 헌결 2012.6.27. 2011헌가36)

2. 구속의 당연 실효

구속의 당연 실효가 문제되는 경우는 구속기간이 만료된 경우와 구속영장이 당연 실효되는 경우가 있다.

(1) 구속기간의 만료

판례는 구속기간이 만료된 경우라고 하더라도 **구속영장의 효력이 당연히 상실되는 것은 아니라**고 한다.(대법원 1963.9.24. 선고 63도256) 반면 통설은 구속기간의 만료로 구속영장의 효력은 당연히 상실된다고 하여 판례와 정반대의 태도를 취한다.

(2) 구속영장의 당연 실효

1) 구속영장이 당연 실효되는 경우

① 사형 또는 자유형의 확정

<u>사형 또는 자유형을 선고한 판결이 확정된 때에는 구속영장이 당연히 실효된다.</u> 이런 경우에는 구속영장에 의하여 교도소에 감금하는 것이 아니라 확정판결의 집행력에 의하여 교도소에 감금할 수 있다. 그러므로 별도의 영장이 필요 없게 되어 구속영장이 당연히 실효되는 것이다.

② 무죄, 면소 등의 선고

무죄, 면소, 형의 면제, 형의 선고유예, 형의 집행유예, 공소기각 또는 벌금이나 과료를 과하는 판결이 선고된 때에는 구속영장이 당연히 실효된다.(제331조) F4 18법9, 19경승, 20경승 이런 판결이 선고되면 피고인을 석방해야 하기 때문에 구속영장은 더 이상 필요 없게 되어 당연히 실효되는 것이다.

③ 체포·구속적부심사에 의한 석방결정과 보증금납입조건부 피의자 석방결정

체포·구속적부심사에 의한 석방결정과 보증금납입조건부 피의자 석방결정에 의하여 석방된 피의자에게는 구속영장의 효력이 당연히 실효된다. 그러므로 이에 따라 석방된 피의자를 재차 구속하기 위해서는 새로운 구속영장이 필요하다.

2) 구속영장이 당연 실효되는 경우

① 구속집행정지결정의 고지와 보석에 관한 결정의 고지

구속집행정지결정이 고지된 때와 보석에 관한 결정이 고지된 때에는 구속영장의 효력이 당연히 실효되지 않고 존속한다. 보석도 구속집행정지의 성격이 있으므로 구속집행정지와 마찬가지로 구속영장의 효력이 존속한다.

② 관할위반의 판결과 사형·자유형의 선고

관할위반의 판결이 선고된 때, 사형·자유형이 선고된 때에는 구속영장의 효력이 당연히 실효되지 않고 존속한다.

제3절 압수·수색·검증

I 압수·수색

1. 압수·수색의 의의와 조문체계

(1) 압수의 의의

압수란 증거를 수집 또는 보전하기 위하여 증거물, 몰수물 등의 점유를 취득하는 **대물적 강제처분**을 말한다. 압수에는 압류, 영치, 제출명령이 있다.

압류	압류란 수사기관 또는 법원이 강제력을 행사하여 물건의 점유를 취득하는 강제처분을 말한다. 점유자의 의사에 반하여 점유를 취득하므로 **영장을 필요**로 한다. 통상 '압수'라고 할 때에는 '압류'를 말한다. 통상 압수를 함에는 영장을 필요로 한다고 하는데, 여기서의 압수는 '압류'를 말하는 것이다.
영치	영치란 수사기관 또는 법원에 대한 점유의 이전이 소유자 또는 점유자의 의사에 반하지 않는 강제처분을 말한다. 영치는 강제력의 행사가 없다. 다만 소유자 또는 점유자는 영치된 물건에 대한 점유를 임의로 회복할 수 없으므로 영치도 압수에 해당한다.〈예 유류물·임의제출물의 압수〉 영치에는 **사전 영장은 물론 사후 영장도 필요 없다**.
제출 명령	제출명령이란 법원이 압수할 물건을 지정하여 소유자, 소지자 또는 보관자에게 제출을 명하는 강제처분을 말한다.(제106조 제2항) 제출명령에는 강제력의 행사가 없다. 제출명령을 받은 소유자, 소지자 등은 제출의무가 있다. 또한 제출명령은 **법원에게만 인정되고, 수사기관에게는 인정되지 않는다**. F4 11순경2차

(2) 수색의 의의와 압수·수색의 조문 체계

수색의 의의	수색이란 물건 또는 피의자·피고인 등 사람의 **발견을 위하여** 피의자·피고인의 **신체**, 물건 또는 주거 기타 장소를 뒤지는 강제처분을 말한다. 수색을 함에는 **영장을 필요**로 한다. 수색은 주로 압수를 위한 전제이기 때문에 실무상 압수·수색영장이라는 단일영장을 사용한다.
조문 체계	형사소송법은 법원의 압수·수색·검증에 대하여 규정하고, 제219조에 준용규정을 두어 검사 또는 사법경찰관의 압수·수색·검증에 대해서는 특별한 규정이 없는 한 법원의 압수·수색·검증에 관한 규정을 준용한다.(제219조)

2. 압수·수색의 대상

(1) 압수의 대상 F4 15경간

수사기관 또는 법원의 압수의 대상은 **증거물**, 몰수할 것으로 사료하는 물건(**몰수물**) 또는 **정보저장매체**이다.(제219조, 제106조 제1항) 증거물은 동산·부동산을 불문하고, 몰수물은 임의적 몰수의 대상·필요적 몰수의 대상을 불문한다. 법원 또는 수사기관은 압수의 목적물이 컴퓨터용디스크, 그 밖에 이와 비슷한 정보저장매체(이하 이 항에서 "정보저장매체 등"이라 한다)인 경우에는 **원칙적으로 기억된 정보의 범위를 정하여 출력하거나 복제**하여 제출받아야 한다. 다만, **예외적으로** 범위를 정하여 출력 또는 복제하는 방법이 불가능하거나 압수의 목적을 달성하기에 현저히 곤란하다고 인정되는 때에는 **정보저장매체 등을 압수할 수 있다.**(제106조 제3항, 제219조) 12국9, 14경간, 16경승, 19법9 법원 또는 수사기관은 제3항에 따라 정보를 제공받은 경우「개인정보 보호법」제2조 제3호에 따른 정보주체에게 해당 사실을 지체 없이 알려야 한다.(제106조 제4항, 제219조)

> **관련판례** 전자정보에 대한 압수·수색영장의 집행시 적법요건
>
> a. 전자정보에 대한 압수·수색영장을 집행할 때에는 **원칙적으로** 영장 발부의 사유인 혐의사실과 관련된 부분만을 문서 **출력**물로 수집하거나 수사기관이 휴대한 저장매체에 해당 파일을 **복제**하는 방식으로 이루어져야 하고, 집행현장 사정상 위와 같은 방식(출력 또는 복사)에 의한 집행이 불가능하거나 현저히 곤란한 부득이한 사정이 존재하더라도 **저장매체 자체를 직접 혹은 하드카피**(통째로 복사)**나 이미징**(통째로 사진촬영)〈하드카피, 이미징을 '**복제본**'이라고 함〉 등 형태로 수사기관 사무실 등 외부로 반출하여 해당 파일을 압수·수색할 수 있도록 영장에 기재되어 있고 실제 그와 같은 사정이 발생한 때에 한하여 위 방법이 **예외적으로 허용될 수 있을 뿐**이다. 나아가 저장매체 자체를 수사기관 사무실 등으로 옮긴 후 영장에 기재된 범죄 혐의 관련 전자정보를 탐색하여 해당 전자정보를 문서로 출력하거나 파일을 복사하는 경우 문서출력 또는 파일복사 대상 역시 혐의사실과 관련된 부분으로 한정되어야 하는 것은 헌법 제12조 제1항, 제3항, 형사소송법 제114조, 제215조의 적법절차 및 영장주의 원칙상 당연하다. 그러므로 **수사기관 사무실 등으로 옮긴 저장매체에서 범죄 혐의 관련성에 대한 구분 없이** 저장된 전자정보 중 **임의로 문서출력 혹은 파일복사를 하는 행위는 특별한 사정이 없는 한 (원칙적으로)** 영장주의 등 원칙에 반하는 **위법한 집행**이다.(대법원 2011.5.26. 자 2009모1190) 12국9, 13국7, 15경승, 15순경1차, 16법9, 16국9, 17순경2차, 18경승, 19경간, 20경승, 20순경1차, 21경승, 22국7, 23경승
>
> b. 17순경1차
>
> [1] 예외적으로 수사기관 사무실 등으로 반출된 저장매체(저장매체 자체) 또는 복제본(하드카피 또는 이미징)에서 **혐의사실 관련성에 대한 구분 없이** 임의로 저장된 전자정보를 문서로 출력하거나 파일로 복제하는 행위는 원칙적으로 영장주의 원칙에 반하는 **위법한 압수**가 된다. 16국7, 22경승
>
> [2] 예외적으로 전자정보가 담긴 저장매체 또는 '하드카피나 이미징 등 형태(복제본)'를 수사기관 사무실 등으로 옮겨 복제·탐색·출력하는 경우에도, **피압수·수색 당사자(피압수자)나 변호인에게 참여의 기회를 보장**하고 혐의사실과 무관한 전자정보의 임의적인 복제 등을 막기 위한 적절한 조치를 취하는 등 영장주의 원칙과 적법절차를 준수하여야 한다. 만약 그러한 조치가 취해지지 않았다면 특별한 사정이 없는 이상 압수·수색이 적법하다고 할 수 없다. 다만 피압수자 측이 위와 같은 절차나 과정에 참여하지 않는다는 의사를 명시적으로 표시하였거나 절차 위반행위가 이루어진 과정의 성질과 내용 등에 비추어 피압수자에게 절차 참여를 보장한 취지가 실질적으로 침해되었다고 볼 수 없는 경우에는 압수·수색의 적법성을 부정할 수 없다(**압수·수색은 적법**하다). 이는 수사기관이 저장매체 또는 복제본에서 혐의사실과 관련된 전자정보만을 복제·출력하였다 하더라도 달리 볼 것은 아니다.(대법원 2019.7.11. 선고 2018도20504) 16국9, 17순경2차, 19경간, 21법9, 23교정·보호·철경9, 23법9 **cf** 다만, 수사기관이 정보저장매체에 기억된 정보 중에서 키워드 또는 확장자 검색 등을 통해 범죄 혐의사실과 관련 있는 정보를 선별한 다음 정보저장매체와 동일하게 비트열 방식으로 복제하여 생성한 파일(이하 '이미지 파일')을 제출받아 압수하였다면 이로써 압수의 목적물에 대한 **압수·수색 절차는 종료된 것**이므로, 수사기관이 수사기관 사무실에서 위와 같이 압수된 이미지 파일을 탐색·복제·출력하는 과정에

서도 피의자 등에게 참여의 기회를 보장하여야 하는 것은 아니다.(대법원 2018.2.8. 선고 2017도 13263) [F4] 18국7, 18순경2차, 18순경3차, 19순경1차, 19국7, 19순경2차, 20경승, 20순경1차, 21경승, 21검찰·마약9, 22경간, 22경승, 22법9, 23경승, 24경간

[3] 전자정보에 대한 압수·수색 과정에서 이루어진 현장에서의 저장매체 압수·이미징·탐색·복제 및 출력행위 등 수사기관의 처분은 **하나의 영장에 의한 압수·수색 과정에서 이루어진다.** 그러한 일련의 행위가 모두 진행되어 압수·수색이 종료된 이후에는 준항고인이 전체 압수·수색 과정을 단계적·개별적으로 구분하여 각 단계의 개별 처분의 취소를 구하는 준항고를 한 경우일지라도 **준항고법원은 특별한 사정이 없는 한** 구분된 개별 처분의 위법이나 취소 여부를 판단할 것이 아니라 당해 압수·수색 과정 전체를 하나의 절차로 파악하여 **전체적으로 압수·수색 처분을 취소할 것인지를 가려야 한다.** [F4] 16교정·보호·철경9, 18경승, 21법9, 22경간

[4] 전자정보 저장매체 자체를 외부로 반출하거나 하드카피·이미징 등의 형태로 복제본을 만들어 외부에서 저장매체나 복제본에 대하여 압수·수색이 허용되는 **예외적인 경우에도** 혐의사실과 관련된 전자정보 이외에 이와 무관한 전자정보를 탐색·복제·출력하는 것은 원칙적으로 위법한 압수·수색에 해당하므로 허용될 수 없다. 그러나 전자정보에 대한 압수·수색이 종료되기 전에 혐의사실과 관련된 전자정보를 적법하게 탐색하는 과정에서 별도의 범죄혐의와 관련된 전자정보를 우연히 발견한 경우라면, **수사기관은 법원에서 별도의 범죄혐의에 대한 압수·수색영장을 발부받은 경우에 한하여** 그러한 정보에 대하여도 적법하게 압수·수색을 할 수 있다. 나아가 이러한 경우에도 **별도의 압수·수색 절차는** 최초의 압수·수색 절차와 구별되는 **별개의 절차이므로 특별한 사정이 없는 한 피압수자에게 참여권을 보장하고 압수한 전자정보 목록을 교부하는 등** 피압수자의 이익을 보호하기 위한 적절한 조치가 이루어져야 한다.(대법원 2015.7.16. 자 2011모1839 전원합의체 결정) [F4] 16순경1차, 16국9, 17순경2차, 19순경1차, 20국9, 21경승, 21법9, 21국9, 23경간, 23년경승, 23순경2차

c. 원격지 저장매체

ca. 수사기관이 인터넷서비스이용자인 피의자를 상대로 피의자의 컴퓨터 등 정보처리장치 내에 저장되어 있는 이메일 등 전자정보를 압수·수색하는 것은 전자정보의 소유자 내지 소지자를 상대로 해당 전자정보를 압수·수색하는 **대물적 강제처분으로 형사소송법의 해석상 허용**된다. 나아가 압수·수색할 전자정보가 압수·수색영장에 기재된 수색장소에 있는 컴퓨터 등 정보처리장치 내에 있지 아니하고 그 정보처리장치와 정보통신망으로 연결되어 **제3자가 관리하는 원격지의 서버 등 저장매체에 저장되어 있는 경우에도,** 수사기관이 피의자의 이메일 계정에 대한 접근권한에 갈음하여 발부받은 영장에 따라 영장 기재 수색장소에 있는 컴퓨터 등 정보처리장치를 이용하여 적법하게 취득한 피의자의 이메일 계정 아이디와 비밀번호를 입력하는 등 피의자가 접근하는 통상적인 방법에 따라 원격지의 저장매체에 접속하고 그곳(원격지)에 저장되어 있는 피의자의 이메일 관련 전자정보를 수색장소의 정보처리장치로 내려 받거나 그 화면에 현출시키는 것도 허용된다. 이러한 법리는 원격지의 저장매체가 국외에 있는 경우라 하더라도 그 사정만으로 달리 볼 것은 아니다.(대법원 2017.11.29. 선고 2017도9747) [F4] 18순경2차, 18순경3차, 19법9, 19순경1차, 19순경2차, 21경간, 21교정·보호·철경9, 22경간, 22경승, 23경승, 23순경2차

cb. 수사기관이 압수·수색영장에 적힌 '수색할 장소'에 있는 컴퓨터 등 정보처리장치에 저장된 전자정보 외에 원격지 서버에 저장된 전자정보를 압수·수색하기 위해서는 압수·수색영장에 적힌 '**압수할 물건'에 별도로 원격지 서버 저장 전자정보가 특정되어 있어야 한다.** 압수·수색영장에 적힌 '압수할 물건'에 컴퓨터 등 정보처리장치 저장 전자정보만 기재되어 있다면 **컴퓨터 등 정보처리장치를 이용하여 원격지 서버 저장 전자정보를 압수할 수는 없다.**(대법원 2022.6.30.자 2020모735) [F4] 23국9, 24경간, 23순경2차

d.
[1] 수사기관의 전자정보에 대한 압수·수색은 **원칙적**으로 범죄혐의사실과 관련된 부분만을 문서 **출력 또는 복제**하는 방식으로 이루어져야 하고, **정보저장매체 자체를 직접 반출**하거나 **하드카피나 이미징 등** 형태('**복제본**')로 수사기관 사무실 등 외부로 반출하는 방식**으로 압수·수색하는 것은** 현장의 사정이나 전자정보의 대량성으로 인하여 관련 정보 획득에 긴 시간이 소요되거나 전문 인력에 의한 기술적 조치가 필요한 경우 등 출력 또는 복제하는 방법이 불가능하거나 압수의 목적을 달성하기에 현저히 곤란하다고 인정되는 때에 한하여 **예외적으로 허용**될 수 있을 뿐이다. 위와 같은 법리는 **정보저장매체에 해당하는 임의제출물의 압수에도 마찬가지로 적용**된다.

[2] 수사기관이 정보저장매체와 거기에 저장된 전자정보를 임의제출의 방식으로 압수할 때, 임의제출자의 의사에 따른 전자정보 압수의 대상과 범위가 명확하지 않거나 이를 알 수 없는 경우에는 **임의제출에 따른 압수의 동기가 된 범죄혐의사실과 관련되고 이를 증명할 수 있는 최소한의 가치가 있는 전자정보**에 한하여 압수의 대상이 된다. 범죄혐의사실과 관련된 전자정보인지를 판단할 때는 범죄혐의사실의 내용과 성격, 임의제출의 과정 등을 토대로 **구체적·개별적 연관관계를 살펴볼 필요가 있다.** 특히 휴대전화를 이용한 불법촬영 범죄의 경우, 그 안에 저장되어 있는 같은 유형의 전자정보에서 발견되는 간접증거나 정황증거는 범죄혐의사실과 구체적·개별적 연관관계가 인정될 수 있다. 피의자가 소유·관리하는 정보저장매체를 피의자 아닌 피해자 등 제3자가 임의제출 하는 경우, 제한 없이 압수·수색이 허용될 경우 피의자의 인격적 법익이 현저히 침해될 우려가 있기 때문에 **임의제출의 동기가 된 범죄혐의사실과 구체적·개별적 연관관계가 있는 전자정보에 한하여 압수의 대상이 되는 것으로 더욱 제한적으로 해석하여야 한다.** 22국9, 22순경2차

[3] 압수의 대상이 되는 전자정보와 그렇지 않은 전자정보가 혼재된 정보저장매체나 복제본을 임의제출 받은 수사기관이 이를 수사기관 사무실 등으로 옮겨 탐색·복제·출력하는 일련의 과정에서, 피압수자나 그 변호인에 대한 참여 기회 보장, 특정된 압수목록 작성·교부, 범죄혐의사실과 무관한 전자정보의 임의적인 복제 등을 막기 위한 적절한 조치가 취해지지 않았다면 피압수자 측이 참여하지 아니한다는 의사를 명시적으로 표시하였거나 피압수자 측에 참여를 보장한 취지가 실질적으로 침해되었다고 볼 수 없는 등의 특별한 사정이 없는 이상 **원칙적으로 압수·수색이 위법**하다. 비록 수사기관이 정보저장매체 또는 복제본에서 범죄혐의사실과 관련된 전자정보만을 복제·출력하였다 하더라도 위법하다. 피해자 등 제3자가 피의자의 소유·관리에 속하는 정보저장매체를 영장에 의하지 않고 임의제출한 경우, **피의자에게 참여권을 보장하고 압수한 전자정보 목록을 교부하는 등 피의자의 절차적 권리를 보장하기 위한 적절한 조치가 이루어져야 한다.** 22순경2차

[4] 임의제출된 정보저장매체에서 압수의 대상이 되는 전자정보의 범위를 넘어서는 전자정보에 대해 수사기관이 영장 없이 압수·수색하여 취득한 증거는 **위법수집증거에 해당하고, 사후에 법원으로부터 영장이 발부되었거나 피고인이나 변호인이 이를 증거로 함에 동의한 경우 그 위법성이 치유되지 않는다.** 22순경1차, 22국9, 22법9, 22국7, 23경승, 23순경1차, 23법9

[5] 피고인이 2014. 12. 11. 피해자 갑을 상대로 저지른 성폭력범죄의 처벌 등에 관한 특례법 위반(카메라등이용촬영) 범행('2014년 범행', 피고인이 피해자 갑의 성기를 촬영한 범행)에 대하여 갑이 즉시 피해 사실을 경찰에 신고하면서 피고인의 집에서 가지고 나온 피고인 소유의 휴대전화 2대에 피고인이 촬영한 동영상과 사진이 저장되어 있다는 취지로 말하고 이를 범행의 증거물로 임의제출 하였는데, 경찰이 이를 압수한 다음 그 안에 저장된 전자정보를 탐색하다가 갑을 촬영한 휴대전화가 아닌 다른 휴대전화에서 피고인이 2013. 12.경 피해자 을, 병을 상대로 저지른 같은 법 위반(카메라등이용촬영) 범행('2013년 범행')을 발견하고 그에 관한 동영상·사진 등을 영장 없이 복제한 CD를 증거로 제출한 경우, 임의제출자의 의사가 명확하지 않거나 이를 알 수 없는 경우에 해당하므로, 피고인의 2013년 범행에 관한 동영상은 임의제출에 따른 압수의 동기가 된 범죄혐의사실(2014년 범행)과 구체적·개

별적 연관관계 있는 전자정보로 보기 어려워 증거능력이 없고, 사후에 압수·수색영장을 받아 압수절차가 진행되었더라도 달리 볼 수 없으므로, 피고인의 **2013년 범행을 무죄로 판단한 원심의 결론은 정당**하다.(대법원 2021.11.18. 선고 2016도348 전원합의체 판결)

e.

e1) [1] 수사기관이 범죄 혐의사실과 관련 있는 정보를 선별하여 압수한 후에도 그와 관련이 없는 나머지 정보를 삭제·폐기·반환하지 아니한 채 그대로 보관하고 있다면 **범죄 혐의사실과 관련이 없는 부분에 대하여는 압수의 대상이 되는 전자정보의 범위를 넘어서는 전자정보를 영장 없이 압수·수색하여 취득한 것이어서 위법**하고, **사후에 법원으로부터 압수·수색영장이 발부되었다거나 피고인이나 변호인이 이를 증거로 함에 동의하였다고 하여 그 위법성이 치유된다고 볼 수 없다.** [2] 수사기관이 압수·수색영장에 기재된 범죄 혐의사실과의 관련성에 대한 구분 없이 임의로 전체의 전자정보를 복제·출력하여 이를 보관하여 두고, 이에 대해 **구체적인 개별 파일 명세를 특정하여 상세목록을 작성하지 않고 포괄적인 압축파일만을 기재한 후 이를 전자정보 상세목록이라고 하면서 피압수자 등에게 교부**함으로써 범죄 혐의사실과 관련성 없는 정보에 대한 삭제·폐기·반환 등의 조치도 취하지 아니하였다면, 영장 기재 범죄 혐의사실과의 관련성 유무와 상관없이 수사기관이 임의로 전자정보를 복제·출력하여 취득한 **정보 전체에 대해 그 압수는 위법**하고, **사후에 법원으로부터 그와 같이 수사기관이 취득·보관하고 있는 전자정보 자체에 대해 다시 압수·수색영장이 발부되었더라도 마찬가지로 위법**하다.(대법원 2022.1.14.자 2021모1586)

e2) 피고인(최 모 전 국회의원)이 허위의 인턴십 확인서를 작성한 후 갑(조 모 전 법무부장관)의 자녀 대학원 입시에 활용하도록 하는 방법으로 갑 등과 공모하여 대학원 입학담당자들의 입학사정업무를 방해하였다는 공소사실과 관련하여, 갑 등이 주거지에서 사용하던 컴퓨터 내 정보저장매체(이하 '하드디스크')에 인턴십 확인서 등 증거들이 저장되어 있고, 갑은 자신 등의 혐의에 대한 수사가 본격화되자 을에게 지시하여 하드디스크를 은닉하였는데, 이후 **수사기관이 을을 증거은닉혐의 피의자로 입건하자 을이 이를 임의제출**하였고, 수사기관은 하드디스크 임의제출 및 그에 저장된 전자정보에 관한 탐색·복제·출력 과정에서 **을 측에 참여권을 보장한 반면 갑 등에게는 참여 기회를 부여하지 않아** 그 증거능력이 문제된 경우, 을은 임의제출의 원인된 범죄혐의사실인 증거은닉범행의 피의자로서 자신에 대한 수사 과정에서 하드디스크를 임의제출하였는데, 하드디스크 및 그에 저장된 전자정보는 본범인 갑 등의 혐의사실에 관한 증거이기도 하지만 동시에 은닉행위의 직접적인 목적물에 해당하여 을의 증거은닉 혐의사실에 관한 증거이기도 하므로, 을은 하드디스크와 그에 저장된 전자정보에 관하여 실질적 이해관계가 있는 자에 해당하고, 하드디스크의 은닉과 임의제출 경위, 그 과정에서 을과 갑 등의 개입 정도 등에 비추어 **압수·수색 당시 또는 이에 근접한 시기에 하드디스크를 현실적으로 점유한 사람은 을**이라고 할 것이며, 나아가 을이 그 무렵 위와 같은 경위로 하드디스크를 현실적으로 점유한 이상 **다른 특별한 사정이 없는 한 저장된 전자정보에 관한 관리처분권을 사실상 보유·행사할 수 있는 지위에 있는 사람도 을이라고 볼 수 있는 점**, 갑은 임의제출의 원인된 범죄혐의사실인 증거은닉범행의 피의자가 아닐 뿐만 아니라 하드디스크의 존재 자체를 은폐할 목적으로 막연히 '자신에 대한 수사가 끝날 때까지' 은닉할 것을 부탁하며 하드디스크를 을에게 교부하였는데, 이는 자신과 하드디스크 및 그에 저장된 전자정보 사이의 외형적 연관성을 은폐·단절하겠다는 목적하에 그 목적 달성에 필요하다면 '수사 종료'라는 불확정 기한까지 하드디스크에 관한 전속적인 지배·관리권을 포기하거나 을에게 전적으로 양도한다는 의사를 표명한 것으로 볼 수 있는 점 등을 종합하면, **증거은닉범행의 피의자로서 하드디스크를 임의제출한 을에 더하여 임의제출자가 아닌 갑 등에게도 참여권이 보장되어야 한다고 볼 수 없으므로, 하드디스크에 저장된 전자정보의 증거능력은 인정**된다.(대법원 2023.9.18. 선고 2022도7453 전원합의체 판결) ▶ 조 모 전 법무부장관 자녀 입시비리사건

f.

[1] 정보저장매체를 임의제출 하는 사람이 거기에 담긴 전자정보를 지정하거나 제출 범위를 한정하는 취지로 한 의사표시는 엄격하게 해석하여야 하고, 확인되지 않은 제출자의 의사를 수사기관이 함부로 추단하는 것은 허용될 수 없다. 따라서 수사기관이 제출자의 의사를 쉽게 확인할 수 있음에도 이를 확인하지 않은 채 특정 범죄혐의사실과 관련된 전자정보와 그렇지 않은 전자정보가 혼재된 정보저장매체를 임의제출 받은 경우, 그 정보저장매체에 저장된 전자정보 전부가 임의제출 되어 압수된 것으로 취급할 수는 없다. 이때, 임의제출자의 의사에 따른 전자정보 압수의 대상과 범위가 명확하지 않거나 이를 알 수 없는 경우에는 임의제출에 따른 압수의 동기가 된 범죄혐의사실과 관련되고 이를 증명할 수 있는 최소한의 가치가 있는 전자정보에 한하여 압수의 대상이 된다.

[2] 피해자 등 제3자가 피의자의 소유·관리에 속하는 정보저장매체를 영장에 의하지 않고 임의제출한 경우에는 실질적 피압수·수색 당사자('피압수자')인 피의자에게 참여권을 보장하고 압수한 전자정보 목록을 교부하는 등 피의자의 절차적 권리를 보장하기 위한 적절한 조치가 이루어져야 한다. 이와 같이 정보저장매체를 임의제출한 피압수자에 더하여 임의제출자 아닌 피의자에게도 참여권이 보장되어야 하는 '피의자의 소유·관리에 속하는 정보저장매체'란, 피의자가 압수·수색 당시 또는 이와 시간적으로 근접한 시기까지 해당 정보저장매체를 현실적으로 지배·관리하면서 그 정보저장매체 내 전자정보 전반에 관한 전속적인 관리처분권을 보유·행사하고, 달리 이를 자신의 의사에 따라 제3자에게 양도하거나 포기하지 아니한 경우로써, 피의자를 그 정보저장매체에 저장된 전자정보에 대하여 실질적인 피압수자로 평가할 수 있는 경우를 말하는 것이다. 이에 해당하는지 여부는 민사법상 권리의 귀속에 따른 법률적·사후적 판단이 아니라 압수·수색 당시 외형적·객관적으로 인식 가능한 사실상의 상태를 기준으로 판단하여야 한다. 단지 피의자나 그 밖의 제3자가 과거 그 정보저장매체의 이용 내지 개별 전자정보의 생성·이용 등에 관여한 사실이 있다거나 그 과정에서 생성된 전자정보에 의해 식별되는 정보주체에 해당한다는 사정만으로 그들을 실질적으로 압수·수색을 받는 당사자로 취급하여야 하는 것은 아니다.(대법원 2022.1.27. 선고 2021도11170) 22국9, 22순경2차, 22국7, 23순경1차, 24경간

g.

[1] 수사기관이 피의자로부터 범죄혐의사실과 관련된 전자정보와 그렇지 않은 전자정보가 섞인 매체를 임의제출 받아 사무실 등지에서 정보를 탐색·복제·출력하는 경우 피의자나 변호인에게 참여의 기회를 보장하고 압수된 전자정보가 특정된 목록을 교부해야 하나, 그러한 조치를 하지 않았더라도 절차 위반행위가 이루어진 과정의 성질과 내용 등에 비추어 피의자의 절차상 권리가 실질적으로 침해되지 않았다면 압수·수색이 위법하다고 볼 것은 아니다.

[2] 피고인이 휴대전화로 성명 불상 피해자들의 신체를 그 의사에 반하여 촬영하거나('1~7번 범행'), 짧은 치마를 입고 횡단보도 앞에서 신호를 기다리던 피해자의 다리를 몰래 촬영하여('8번 범행') 성폭력범죄의 처벌 등에 관한 특례법 위반(카메라등이용촬영)으로 기소되었는데, 8번 범행 피해자의 신고를 받고 출동한 경찰관이 현장에서 피고인으로부터 임의제출 받아 압수한 휴대전화를 사무실에서 탐색하는 과정에서 1~7번 범행의 영상을 발견한 경우, 1~7번 범행에 관한 동영상은 촬영 기간이 8번 범행 일시와 가깝고, 8번 범행과 마찬가지로 버스정류장 등 공공장소에서 촬영되어 임의제출의 동기가 된 8번 범죄혐의사실과 관련성 있는 증거인 점, 경찰관은 임의제출 받은 휴대전화를 피고인이 있는 자리에서 살펴보고 8번 범행이 아닌 영상을 발견하였으므로 피고인이 탐색에 참여하였다고 볼 수 있는 점, 경찰관이 피의자신문 시 1~7번 범행 영상을 제시하자 피고인은 그 영상이 언제 어디에서 찍은 것인지 쉽게 알아보고 그에 관해 구체적으로 진술하였으므로, 비록 피고인에게 압수된 전자정보가 특정된 목록이 교부되지 않았더라도 절차 위반행위가 이루어진 과정의 성질과 내용 등에 비추어 절차상 권리가 실질적으로 침해되었다고 보기 어려운 점 등을 종합하면, 1~7번 범행으로 촬영한 영상의

출력물과 파일 복사본을 담은 시디(CD)는 임의제출에 의해 적법하게 압수된 전자정보에서 생성된 것으로서 **증거능력이 인정**된다.(대법원 2022.2.17. 선고 2019도4938)

h. 피의자가 휴대전화를 임의제출하면서 원격지에 저장되어 있는 전자정보를 수사기관에 제출한다는 의사로 수사기관에게 클라우드 등에 접속하기 위한 아이디와 비밀번호를 임의로 제공한 경우, **그 클라우드에 저장된 전자정보를 임의제출하는 것으로 볼 수는 있다.**(대법원 2021.7.29. 선고 2020도14654)
22국7, 23순경1차, 23순경2차

i. 수사기관이 임의제출받은 정보저장매체가 기능과 속성상 **임의제출에 따른 적법한 압수의 대상이 되는 전자정보와 그렇지 않은 전자정보가 혼재될 여지가 거의 없어 사실상 대부분 압수의 대상이 되는 전자정보만이 저장되어 있는 경우**, 소지·보관자의 **임의제출에 따른 통상의 압수절차 외에 피압수자에게 참여의 기회를 보장하지 않고 전자정보 압수목록을 작성·교부하지 않았다는 점만으로 곧바로 증거능력을 부정할 수는 없다.**(대법원 2021.11.25. 선고 2019도7342) 24경간

j. 수사기관이 전자정보를 담은 매체를 피의자로부터 임의제출받아 압수하면서 거기에 담긴 정보 중 무엇을 제출하는지 명확히 확인하지 않은 경우, 임의제출의 동기가 된 범죄혐의사실과 관련되고 이를 증명할 수 있는 최소한의 가치가 있는 정보여야 압수의 대상이 되는데, 범행 동기와 경위, 수단과 방법, 시간과 장소 등에 관한 **간접증거나 정황증거로 사용될 수 있는 정보도 그에 포함될 수 있다.** 한편 카메라의 기능과 정보저장매체의 기능을 함께 갖춘 휴대전화기인 스마트폰을 이용한 불법촬영 범죄와 같이 범죄의 속성상 해당 범행의 상습성이 의심되거나 성적 기호 내지 경향성의 발현에 따른 일련의 범행의 일환으로 이루어진 것으로 의심되고, 범행의 직접증거가 스마트폰 안에 이미지 파일이나 동영상 파일의 형태로 남아 있을 개연성이 있는 경우에는 그 안에 저장되어 있는 같은 유형의 전자정보에서 그와 관련한 유력한 간접증거나 정황증거가 발견될 가능성이 높다는 점에서 **이러한 간접증거나 정황증거는 범죄혐의사실과 구체적·개별적 연관관계를 인정할 수 있다.**(대법원 2023.6.1. 선고 2020도2550)

k. 압수의 대상이 되는 전자정보와 그렇지 않은 전자정보가 혼재된 정보저장매체나 그 복제본을 임의제출받은 수사기관이 정보저장매체 등을 **수사기관 사무실 등으로 옮겨 이를 탐색·복제·출력하는 경우**, 그와 같은 일련의 과정에서 형사소송법 제219조, 제121조에서 규정하는 피압수·수색 당사자(이하 '피압수자')나 변호인에게 참여의 기회를 보장하고 압수된 전자정보의 파일 명세가 특정된 압수목록을 작성·교부하여야 하며 범죄혐의사실과 무관한 전자정보의 임의적인 복제 등을 막기 위한 적절한 조치를 취하는 등 **영장주의 원칙과 적법절차를 준수하여야 한다.** 만약 그러한 조치가 취해지지 않았다면 피압수자 측이 참여하지 아니한다는 의사를 명시적으로 표시하였거나 임의제출의 취지와 경과 또는 그 절차 위반행위가 이루어진 과정의 성질과 내용 등에 비추어 피압수자 측에 절차 참여를 보장한 취지가 실질적으로 침해되었다고 볼 수 없을 정도에 해당한다는 등의 **특별한 사정이 없는 이상 (원칙적으로) 압수·수색이 적법하다고 평가할 수 없다.**(대법원 2023.6.1. 선고 2020도12157)

> **전자정보의 압수·수색 또는 검증 시 유의사항(수사준칙 규정 제42조)**
>
> ① 검사 또는 사법경찰관은 전자정보의 탐색·복제·출력을 완료한 경우에는 **지체 없이 피압수자 등에게 압수한 전자정보의 목록을 교부해야** 한다.(수사준칙 규정 제42조 제1항)
> ② 검사 또는 사법경찰관은 제1항의 목록에 포함되지 않은 전자정보가 있는 경우에는 해당 전자정보를 지체 없이 삭제 또는 폐기하거나 반환해야 한다. 이 경우 삭제·폐기 또는 반환확인서를 작성하여 피압수자 등에게 교부해야 한다.(수사준칙 규정 제42조 제2항)
> ③ 검사 또는 사법경찰관은 전자정보의 복제본을 취득하거나 전자정보를 복제할 때에는 해시값(파일의 고유값으로서 일종의 전자지문을 말한다)을 확인하거나 압수·수색 또는 검증의 과정을 촬영하는 등 전자적 증거의 동일성과 무결성(無缺性)을 보장할 수 있는 적절한 방법과 조치를 취해야 한다.(수사준칙 규정 제42조 제3항)
> ④ 검사 또는 사법경찰관은 **압수·수색 또는 검증의 전 과정에 걸쳐 피압수자 등이나 변호인의 참여권을 보장해야** 하며, 피압수자 등과 변호인이 참여를 거부하는 경우에는 **신뢰성과 전문성을 담보할 수 있는 상당한 방법으로 압수·수색 또는 검증을 해야** 한다.(수사준칙 규정 제42조 제1항)
> ⑤ 검사 또는 사법경찰관은 제4항에 따라 참여한 피압수자 등이나 변호인이 압수 대상 전자정보와 사건의 관련성에 관하여 의견을 제시한 때에는 이를 조서에 적어야 한다.(수사준칙 규정 제42조 제4항)

(2) 수색의 대상

수색의 대상은 피의자·피고인의 **신체, 물건, 주거, 기타 장소**이다.(제219조, 제109조 제1항) cf 피의자·피고인 아닌 자(제3자)의 신체, 물건, 주거, 기타 장소는 압수할 물건이 있음을 인정할 수 있는 경우에 한하여 수색할 수 있다.(제219조, 제109조 제2항) F4 15경간, 19순경2차

(3) 우체물의 압수

우체물 또는 전기통신 등의 압수는 **피고사건·피의사건과 관련성이 있는 경우에만 가능**하다. 즉 법원 또는 수사기관은 필요한 때에는 피고사건·피의사건과 관계가 있다고 인정할 수 있는 것에 한정하여 우체물 또는 「통신비밀보호법」 제2조 제3호에 따른 전기통신(이하 "전기통신"이라 한다)에 관한 것으로서 체신관서, 그 밖의 관련 기관 등이 소지 또는 보관하는 물건의 제출을 명하거나 압수를 할 수 있다.(제107조 제1항, 제219조) 이 이외의 우체물 또는 전신에 관한 것으로서 체신관서 기타가 소지 또는 보관하는 물건은 피고사건·피의사건과 관계가 있다고 인정할 수 있는 것에 한하여 압수를 할 수 있다.(제107조 제2항, 제219조)

> **TIP 피고사건·피의사건과의 관련성**
>
> 피고사건이란 공소제기된 사건을, 피의사건이란 수사 중인 사건을 말한다. 피고사건·피의사건과의 관련성이란 예컨대 甲이 A를 칼로 협박하여 A의 재물을 강취한 강도죄의 경우 협박의 도구인 칼은 사건과의 관련성이 있다. 그러나 甲이 A의 재물을 절취한 절도죄의 경우 甲이 칼을 절취한 경우가 아니라면 칼은 사건과의 관련성이 없다.

(4) 압수의 특칙; 압수가 제한되는 경우

군사상 비밀	군사상 비밀을 요하는 장소는 **그 책임자의 승낙 없이는 압수 또는 수색을 할 수 없다.** 위의 책임자는 국가의 중대한 이익을 해하는 경우를 제외하고는 승낙을 거부하지 못한다.(제110조, 제219조)
공무상 비밀	공무원 또는 공무원이었던 자가 소지 또는 보관하는 물건에 관하여는 본인 또는 그 해당 공무소가 직무상의 비밀에 관한 것임을 신고한 때에는 **그 소속 공무소 또는 당해 감독관공서의 승낙 없이는 압수하지 못한다.** 소속공무소 또는 당해 감독관공서는 국가의 중대한 이익을 해하는 경우를 제외하고는 승낙을 거부하지 못한다.(제111조, 제219조) F4 경승. 09순경2차, 17검찰·마약9
업무상 비밀	변호사, 변리사, 공증인, 공인회계사, 세무사, 대서업자, 의사, 한의사, 치과의사, 약사, 약종상, 조산사, 간호사, 종교의 직에 있는 자 또는 이러한 직에 있던 자가 **그 업무상 위탁을 받아 소지 또는 보관하는 물건으로 타인의 비밀에 관한 것은 압수를 거부할 수 있다.** 단, 그 타인의 승낙이 있거나 중대한 공익상 필요가 있는 때에는 예외로 한다.(제112조, 제219조) F4 경승. 09순경2차

3. 압수·수색의 요건

(1) 압수·수색의 필요성

1) 법원의 압수·수색 F4 법9. 법승. 경승

법원은 **필요한 때에는(필요성 요건) 피고사건과 관계가 있다고 인정할 수 있는 것에 한정하여** 증거물 또는 몰수할 것으로 사료하는 물건(몰수물)을 압수할 수 있다. 단, 법률에 다른 규정이 있는 때에는 예외로 한다.(제219조, 제106조 제1항) F4 15경승 법원은 **필요한 때에는(필요성 요건) 피고사건과 관계가 있다고 인정할 수 있는 것에 한정하여** 피고인의 신체, 물건 또는 주거, 그 밖의 장소를 수색할 수 있다.(제219조, 제109조 제1항) 이는 압수·수색을 함에 있어서 인권침해를 최소화하기 위하여 법원의 압수·수색의 요건에 **피고사건과의 관련성 요건**을 규정한 것이다.

2) 수사기관의 압수·수색

검사는 범죄수사에 필요한 때에는(필요성 요건) **피의자가 죄를 범하였다고 의심할 만한 정황이 있고 해당 사건과 관계가 있다고 인정할 수 있는 것에 한정하여** 지방법원판사에게 청구하여 발부받은 영장에 의하여 압수, 수색 또는 검증을 할 수 있다.(제215조 제1항) F4 17검찰·마약9 사법경찰관이 범죄수사에 필요한 때에는 **피의자가 죄를 범하였다고 의심할 만한 정황이 있고 해당 사건과 관계가 있다고 인정할 수 있는 것에 한정하여** 검사에게 신청하여 검사의 청구로 지방법원판사가 발부한 영장에 의하여 압수, 수색 또는 검증을 할 수 있다.(제215조 제2항) ▶ 수사기관의 압수·수색·검증의 요건에는 **피의사건과의 관련성 요건** 이외에 피의자가 죄를 범하였다고 의심할만한 정황(**범죄혐의정황요건**)을 더 요구한다는 것이 법원의 압수·수색의 경우와 다른 점이다.

> **관련판례** 압수·수색의 필요성
>
> 형사소송법 제215조의 '범죄수사에 필요한 때'라 함은 단지 수사를 위해 필요할 뿐만 아니라 강제처분으로서 압수를 행하지 않으면 수사의 목적을 달성할 수 없는 경우를 말하고, **그 필요성이 인정되는 경우에도 무제한적으로 허용되는 것은 아니며,** 압수물이 증거물 내지 몰수하여야 할 물건으로 보이는 것

이라 하더라도, 범죄의 형태나 경중, 압수물의 증거가치 및 중요성, 증거인멸의 우려 유무, 압수로 인하여 피압수자가 받을 불이익의 정도 등 제반 사정(여러 가지 사정)을 종합적으로 고려하여 판단해야 한다.(대법원 2004.3.23. 자 2003모126) 10순경1차, 13순경2차, 17경간

관련판례 압수·수색에 있어서 사건과의 관련성

a. [1] 영장 발부의 사유로 된 범죄 혐의사실과 무관한 별개의 증거를 압수하였을 경우 이는 원칙적으로 유죄 인정의 증거로 사용할 수 없다. 그러나 압수·수색의 목적이 된 범죄나 이와 관련된 범죄의 경우에는 그 압수·수색의 결과를 유죄의 증거로 사용할 수 있다. 압수·수색영장의 범죄 혐의사실과 관계 있는 범죄라는 것은 압수·수색영장에 기재한 혐의사실과 객관적 관련성이 있고 압수·수색영장 대상자와 피의자 사이에 인적 관련성이 있는 범죄를 의미한다. 그중 **혐의사실과의 객관적 관련성은 압수·수색영장에 기재된 혐의사실 자체 또는 그와 기본적 사실관계가 동일한 범행과 직접 관련되어 있는 경우는 물론 범행 동기와 경위, 범행 수단과 방법, 범행 시간과 장소 등을 증명하기 위한 간접증거나 정황증거 등으로 사용될 수 있는 경우에도 인정될 수 있다. 그 객관적 관련성은 압수·수색영장에 기재된 혐의사실의 내용과 수사의 대상, 수사 경위 등을 종합하여 구체적·개별적 연관관계가 있는 경우에만 인정되고, 혐의사실과 단순히 동종 또는 유사 범행이라는 사유만으로 관련성이 있다고 할 것은 아니다.** 그리고 **피의자와 사이의 인적 관련성은 압수·수색영장에 기재된 대상자의 공동정범이나 교사범 등 공범이나 간접정범은 물론 필요적 공범 등에 대한 피고사건에 대해서도 인정될 수 있다.**(대법원 2017.12.5. 선고 2017도13458, 대법원 2020.2.13. 선고 2019도14341) 19법9, 19순경1차, 20순경1차, 20순경2차, 21법9, 22검찰·마약9, 22법9, 23경승, 24경간 [2] 피고인이 2018. 5. 6.경 피해자 갑(여, 10세)에 대하여 저지른 간음유인미수 및 통신매체이용음란 범행과 관련하여 수사기관이 피고인의 휴대전화를 압수하였는데, 위 휴대전화에 대한 디지털정보분석 결과 피고인이 2017. 12.경부터 2018. 4.경까지 사이에 저지른 피해자 을(여, 12세), 병(여, 10세), 정(여, 9세)에 대한 간음유인 및 간음유인미수, 미성년자의제강간, 13세미만미성년자강간, 통신매체이용음란 등 범행에 관한 추가 자료들이 획득되어 그 증거능력이 문제된 경우, **추가 자료들로 인하여 밝혀진 피고인의 을, 병, 정에 대한 범행은 압수·수색영장의 범죄사실과 단순히 동종 또는 유사 범행인 것을 넘어서서 구체적·개별적 연관관계가 있는 경우로서 객관적·인적 관련성을 모두 갖추었다.** 따라서 **증거능력이 인정**된다.(대법원 2020.2.13. 선고 2019도14341) 22법9

b. 법관이 압수수색영장을 발부하면서 '압수할 물건'을 특정하기 위하여 기재한 문언은 이를 엄격하게 해석하여야 하고, 함부로 피압수자 등에게 불리한 내용으로 확장 또는 유추해석하는 것은 허용될 수 없다. 그러나 **압수의 대상을 압수수색영장의 범죄사실 자체와 직접적으로 연관된 물건에 한정할 것은 아니고, 압수수색영장의 범죄사실과 기본적 사실관계가 동일한 범행 또는 동종·유사의 범행과 관련된다고 의심할 만한 상당한 이유가 있는 범위 내에서는 압수를 실시할 수 있다. 그리고 피의자와 사이의 인적 관련성은 압수수색영장에 기재된 대상자의 공동정범이나 교사범 등 공범이나 간접정범은 물론 필요적 공범 등에 대한 피고사건에 대해서도 인정될 수 있다.**(대법원 2018.10.12. 선고 2018도6252) 22경간

(2) 범죄혐의

검사 또는 사법경찰관이 압수·수색을 하는 것은 강제수사이므로 피의사건과의 관련성 이외에 **피의자가 죄를 범하였다고 의심할 만한 정황(범죄혐의정황요건)**이 있을 것도 압수·수색의 요건이다.

(3) 비례의 원칙

압수·수색의 경우에도 압수·수색의 수단은 목적 달성에 필요한 최소한도에 그쳐야 한다는 비례의 원칙(= 과잉금지의 원칙)을 지켜야 한다.

> 📖 **관련판례**
>
> 검사가 폐수무단방류 혐의가 인정된다는 이유로 공장부지, 건물, 기계류 일체 및 폐수운반차량 7대에 대하여 한 압수처분은 압수의 본래의 취지를 넘는 것으로 상당성이 없을 뿐만 아니라, **비례성의 원칙에 위배되어 위법**하다.(대법원 2004. 3. 23. 자 2003모126) F4 08순경1차, 15순경3차, 17경간

4. 압수·수색의 절차

(1) 법원의 압수·수색 절차

법원이 공판정에서 압수·수색을 할 경우에는 **영장을 필요로 하지 않는다.** F4 법9, 13경간 인권 침해의 우려가 거의 없기 때문이다. 그러나 법원의 공판정 외에서의 압수·수색은 영장발부 → 영장집행의 순서로 한다.

영장 발부	법원이 공판정 외에서 압수 또는 수색을 함에는 영장을 발부하여 시행하여야 한다.(제113조) 압수·수색영장은 **수소법원이 직권으로 발부하고, 검사의 영장청구는 필요 없다.** F4 법9, 10순경1차, 13순경1·2차
영장 집행	압수·수색영장은 원칙적으로 검사의 지휘에 의하여 사법경찰관리가 집행한다.(제115조 제1항 본문) F4 13경승 단, 필요한 경우 재판장은 법원사무관 등에게 압수·수색영장의 집행을 명할 수 있다.(제115조 제1항 단서) F4 13경승 법원사무관 등은 압수·수색영장의 집행에 관하여 필요한 때에는 사법경찰관리에게 보조를 구할 수 있다.(제117조) cf 수사기관의 압수·수색영장 집행시에는 이런 경우가 없다.

(2) 수사기관의 압수·수색 절차(압수·수색영장청구 → 영장발부 → 영장집행의 순서)

1) 압수·수색영장의 청구

압수·수색을 위한 영장청구권은 검사에게만 있고, 사법경찰관은 검사에게 신청하여 검사가 압수·수색영장을 청구한다.(제215조 제1·2항) F4 경승, 순경

2) 압수·수색영장의 발부

① 영장의 기재사항

압수·수색영장에는 피고인의 성명, 죄명, 압수할 물건, 수색할 장소, 신체, 물건, 영장 발부 연월일, 영장의 유효기간과 그 기간이 지나면 집행에 착수할 수 없으며 영장을 반환하여야 한다는 취지 그 밖에 대법원규칙으로 정하는 사항(압수·수색의 사유)을 기재하고 **재판장이나 수명법관이 서명날인하여야 한다.** (제219조, 제114조 제1항 본문, 규칙 제58조) F4 19순경2차 다만, 압수·수색할 물건이 전기통신에 관한 것인 경우에는 작성기간을 기재하여야 한다. F4 14경간, 16경승

> 📖 **관련판례** 법관의 서명만 있고 날인이 없는 압수수색영장 발부(위법)
>
> [1] 압수·수색영장에는 피의자의 성명, 죄명, 압수할 물건, 수색할 장소, 신체, 물건, 발부 연월일, 유효기간과 그 기간을 경과하면 집행에 착수하지 못하며 영장을 반환하여야 한다는 취지, 그 밖에 대법원

규칙으로 정한 사항을 기재하고 영장을 발부하는 법관이 서명날인하여야 한다(형사소송법 제219조, 제114조 제1항 본문). 사건 영장은 법관의 서명날인란에 서명만 있고 날인이 없으므로, 형사소송법이 정한 요건을 갖추지 못하여 **적법하게 발부되었다고 볼 수 없다.**(대법원 2019.7.11. 선고 2018도20504) [F4] 21검찰 · 마약9 [2] 그런데 이와 같은 결함은 피고인의 기본적 인권보장 등 법익 침해 방지와 관련성이 적으므로 절차 조항 위반의 내용과 정도가 중대하지 않고 절차 조항이 보호하고자 하는 권리나 법익을 본질적으로 침해하였다고 볼 수 없다. 따라서 이와 같은 영장에 의하여 **압수한 파일 출력물과 이에 기초하여 획득한 2차적 증거인 피의자신문조서는 유죄 인정의 증거로 사용할 수 있다.**(대법원 2019.7.11. 선고 2018도20504) [F4] 22순경1차 ▶ 법관의 서명만 있고 날인이 없는 영장은 위법하지만, 이는 중대한 위법이 아니므로 위법수집증거배제법칙이 적용되지 않아서 이런 영장을 제시하고 얻은 증거는 위법수집증거가 아니고, 증거능력이 있다는 판례이다.

② 일반영장의 금지

일반영장은 금지된다. 따라서 압수 · 수색영장에는 압수 · 수색의 대상이 구체적 · 개별적으로 명시되어야 한다. [F4] 14법9

③ 별건압수 · 수색의 금지

별건압수 · 수색도 금지된다. (별건구속도 금지된다.)

📖 **관련판례** 압수 · 수색영장의 발부

a. 법관이 압수 · 수색영장을 발부하면서 '압수할 물건'을 특정하기 위하여 기재한 문언은 엄격하게 해석하여야 하고, 함부로 피압수자 등에게 불리한 내용으로 확장 또는 유추 해석하여서는 안 된다.(**엄격해석의 원칙=유추해석 금지의 원칙**) 따라서 압수 · 수색영장에서 압수할 물건을 '압수장소에 보관중인 물건'이라고 기재하고 있는 것을 '압수장소에 현존하는 물건'으로 해석할 수는 없다.(대법원 2009.3.12. 선고 2008도763) [F4] 10경승, 10순경2차, 11경1차, 12법9 · 순경2차, 14경승, 14경간, 14순경1차, 16경1차, 17경승, 18경승, 18순경2차, 18순경3차, 19경승, 19순경2차 ▶ '현존'은 압수 · 수색영장의 집행 착수 후에 압수 · 수색 장소에 들어온 물건도 포함한다. 그러나 '보관'은 압수 · 수색영장의 집행 착수 당시에 압수 · 수색 장소에 있었던 물건만을 말하고, 압수 · 수색영장의 집행 착수 후에 압수 · 수색 장소에 들어온 물건은 포함하지 않기 때문에 '현존'이 '보관'보다 넓은 개념이다. 그러므로 보관 중인 물건을 현존하는 물건도 포함하는 것으로 해석하는 것은 엄격해석의 원칙에 반하는 것이다.

b. 동일한 장소 또는 목적물에 대하여 다시 압수 · 수색할 필요가 있는 경우 **새로운 압수 · 수색영장을 발부 받아야 하는 것**이지, 앞서 발부 받은 압수 · 수색영장의 유효기간이 남아 있다고 하여 이를 제시하고 다시 압수 · 수색을 할 수는 없다.(대법원 1999.12.1. 자 99모161) ▶ **압수 · 수색영장은 유효기간이 남아있더라도 반복집행을 할 수 없다**는 판례이다. [F4] 08 · 09 · 11순경2차, 08순경3차, 11경승, 12경간 · 순경1차 · 순경2차, 13경승, 13경간, 13법9, 15순경1 · 2차, 14학교전담, 15경간, 15경승, 16경승, 17경승, 17검찰 · 마약9, 17국7, 18경승, 18순경2차, 19경간, 19경승, 21경승, 21교정 · 보호 · 철경9, 24경간

3) 압수 · 수색영장의 집행

① 영장 집행의 주체

피의자에 대한 압수 · 수색영장은 **검사의 지휘에 의하여 사법경찰관리가 집행**한다.(제219조, 제115조 제

1항 본문) [F4] 법9, 경승 이에 반하여 법원의 압수·수색영장 집행의 경우에는 원칙적으로 검사의 지휘에 의하여 사법경찰관리가 집행한다.(제115조 제1항 본문) [F4] 13경승 단, 필요한 경우 재판장은 법원사무관 등에게 압수·수색영장의 집행을 명할 수 있다.(제115조 제1항 단서) [F4] 13경승 법원사무관 등은 압수·수색영장의 집행에 관하여 필요한 때에는 사법경찰관리에게 보조를 구할 수 있다.(제117조) 수사기관의 압수·수색영장 집행시에는 법원사무관 등이 집행을 하는 경우가 없다는 것이 법원의 압수·수색영장 집행의 경우와 다른 점이다. **cf** 체포·구속영장 집행과의 차이점; 압수·수색영장 집행의 경우에는 체포·구속영장 집행의 경우와 달리 **교도관이 집행하는 경우가 없다.**

② 영장의 제시(수사기관·법원공통)

압수·수색영장은 처분을 받는 자에게 **반드시 (원본을) 제시하여야 하고**, 처분을 받는 자가 피고인인 경우에는 그 **사본을 교부하여야** 한다. 다만, 처분을 받는 자가 현장에 없는 등 영장의 제시나 그 사본의 교부가 현실적으로 불가능한 경우 또는 처분을 받는 자가 영장의 제시나 사본의 교부를 거부한 때에는 예외로 한다.(제219조, 제118조) 압수·수색영장의 집행과 관련하여 긴급집행이 허용되는지 여부가 문제된다. 긴급집행이란 영장을 소지하지 않은 경우 급속을 요하는 때 범죄사실의 요지와 영장 발부 사실을 고지하고 영장 원본의 제시와 사본의 교부 없이 집행하는 것을 말한다. 체포영장·구속영장의 집행시에는 긴급집행을 할 수 있으나, **압수수색영장의 집행시에는 긴급집행을 할 수 없다.**(제118조, 제219조) [F4] 국9, 10경승, 10순경1차, 11순경2차, 12법9, 13순경1·2차, 14경승, 14학교전담, 15경간, 15경승, 22국7, 23법9, 23순경2차 다만 판례는 압수·수색 영장 집행시 영장의 소지 없이 또한 영장의 제시 없이 하는 긴급집행이 허용되지 않으나, **영장을 소지했으나 영장 제시가 현실적으로 불가능한 예외적인 경우에는 영장 제시 없이 집행할 수 있다**는 입장이다.

📖 **관련판례** 압수·수색영장의 제시

a. 형사소송법 제219조가 준용하는 제118조는 "압수·수색영장은 처분을 받는 자에게 반드시 제시하여야 한다."고 규정하고 있으나, 이는 영장제시가 현실적으로 가능한 상황을 전제로 한 규정으로 보아야 하고, 피처분자가 현장에 없거나 현장에서 그를 발견할 수 없는 경우 등 영장제시가 현실적으로 불가능한 경우에는 **영장을 제시하지 아니한 채 압수·수색을 하더라도 위법하다고 볼 수 없다.**(대법원 2015.1.22. 선고 2014도10978 전원합의체 판결) [F4] 15순경2차, 16경간, 17경승, 17검찰·마약9, 18경간, 18경승, 19경승, 21경간, 21경승, 21검찰·마약9, 22국9

b. 현장에서 **압수·수색을 당하는 사람이 여러 명일 경우에는 그 사람들 모두에게 개별적으로 영장을 제시해야 하는 것이 원칙**이다. 수사기관이 그 장소의 관리책임자에게 영장을 제시하였다고 하더라도, 물건을 소지하고 있는 다른 사람으로부터 이를 압수하고자 하는 때에는 **그 사람에게 따로 영장을 제시하여야 한다.**(대법원 2009.3.12. 선고 2008도763) [F4] 10·11경승, 11순경1차, 12법·국9·국7·12순경2차, 13법9, 13교정·보호·철경9, 13순경2차, 14경간, 14순경1차, 14국9, 14학교전담, 15경승, 15순경2차, 15순경3차, 16경승, 16순경1차, 16교정·보호·철경9, 16국7, 17경승, 17검찰·마약9, 18경간, 18경승, 18순경2차, 19순경1차, 19순경2차, 20경간, 20경승, 22순경1차, 22국9, 23법9, 24경간

c. 수사기관이 재항고인의 휴대전화 등을 압수할 당시 재항고인에게 압수·수색영장을 제시하였는데 재항고인이 영장의 구체적인 확인을 요구하였으나 수사기관이 영장의 범죄사실 기재 부분을 보여주지 않았고, 그 후 재항고인의 변호인이 재항고인에 대한 조사에 참여하면서 영장을 확인한 경우, **수사기관이 위 압수처분 당시 재항고인으로부터 영장 내용의 구체적인 확인을 요구받았음에도 압수·수색영장의 내용을 보여주지 않았던 것으로 보이므로 제219조, 제118조에 따른 적법한 압수·수색영장의 제시라고 인정하기 어렵다.**(대법원 2020.4.16. 자 2019모3526) [F4] 22경간, 24경간

d. 압수·수색영장을 집행하는 수사기관은 피압수자로 하여금 법관이 발부한 영장에 의한 압수·수색이라는 사실을 확인함과 동시에 형사소송법이 압수·수색영장에 필요적으로 기재하도록 정한 사항이나 그와 일체를 이루는 사항을 충분히 알 수 있도록 압수·수색영장을 제시하여야 한다.(대법원 2017.9.21. 선고 2015도12400) 21순경1차

③ 당사자의 참여(수사기관 · 법원 공통)
　가. **검사, 피의자, 피고인 또는 변호인**은 압수·수색영장의 집행에 참여할 수 있다.(제219조, 제121조) 법9, 08순경1차, 14학교전담, 15순경3차 수사기관의 압수·수색의 경우 참여권자는 피의자 또는 변호인이다. 한편 법원의 압수·수색의 경우 참여권자는 검사, 피고인 또는 변호인이다. 이를 합하면 검사, 피의자, 피고인 또는 변호인이 참여권자에 해당한다.
　나. 당사자의 압수·수색영장 집행에의 참여권을 보장하기 위하여 **미리 집행의 일시와 장소를** 참여권자인 **검사, 피의자, 피고인 또는 변호인에게 통지하여야 한다**. 단, 참여권자가 참여하지 아니한다는 의사를 명시한 때 또는 급속을 요하는 때에는 예외로 한다. 즉 미리 집행의 일시와 장소를 통지할 필요가 없다.(제219조, 제122조) 경승, 11순경2차, 12법9, 13순경1차, 17국7 여기서 '급속을 요하는 때'란 압수·수색영장 집행 사실을 미리 알려주면 증거물을 은닉할 염려 등이 있어 압수·수색의 실효를 거두기 어려울 경우를 의미한다.(대법원 2012.10.11. 선고 2012도7455) 22순경1차, 23순경2차

　　　관련판례 압수·수색영장 집행시 당사자에 대한 집행의 일시와 장소의 통지

　　　> 형사소송법 제219조, 제121조가 규정한 **(압수·수색영장 집행시) 변호인의 참여권**은 피압수자의 보호를 위하여 **변호인에게 주어진 고유권**이다. 따라서 설령 피압수자가 수사기관에 압수·수색영장의 집행에 참여하지 않는다는 의사를 명시하였다고 하더라도, 특별한 사정이 없는 한 그 **변호인에게는** 형사소송법 제219조, 제122조에 따라 미리 집행의 일시와 장소를 통지하는 등으로 **압수·수색영장의 집행에 참여할 기회를 별도로 보장하여야 한다**.(대법원 2020.11.26. 선고 2020도10729) 21순경1차, 22경간, 22국7, 23법9, 23국7

　다. 여자의 신체에 대하여 수색할 때에는 **성년의 여자(의사나 성년의 여자 ×)**를 참여하게 하여야 한다.(제219조, 제124조) 09순경2차, 10순경1차, 13경승, 15경승, 22국9 **cf** 여자의 신체를 검사하는 경우에는 **의사나 성년 여자**를 참여하게 하여야 한다.(제219조, 제141조 제3항) 법승, 경승, 09국9, 14경간

④ 야간집행의 제한(수사기관 · 법원공통)
　압수·수색영장은 **원칙적으로 야간집행을 할 수 없다**. 즉 일출 전, 일몰 후(야간)에는 압수·수색영장에 야간집행을 할 수 있는 기재가 없으면 그 영장을 집행하기 위하여 타인의 주거, 간수자 있는 가옥, 건조물, 항공기 또는 선거(船車)〈배와 수레〉 내에 들어가지 못한다.(제219조, 제125조) 단, 여관·음식점 기타 야간에 **공**중이 출입할 수 있는 장소(단, 공개된 시간 내에 한함)나 **도**박 기타 풍속을 해하는 행위에 '상용(항상 사용)'된다고 인정하는 장소(공개된 시간 내에 한한다는 제한이 없음)〈**예** 불법카지노, 퇴폐이발소 등〉의 경우에는 압수·수색영장에 야간에 집행할 수 있다는 기재가 없을지라도 야간에 영장을 집행할 수 있는 예외가 있다.(제126조) 20국9, 21경승

5. 압수·수색영장집행 후의 절차(수사기관·법원 공통)

(1) 압수조서의 작성

압수 또는 수색에 관하여는 조서를 작성하여야 한다.(제49조 제1항) F4 21교정·보호·철경9 압수조서에는 품종, 외형상의 특징과 수량을 기재하여야 한다.(제49조 제3항) F4 법9, 순경, 경승

(2) 압수물 목록의 교부

압수를 한 경우에는 **압수물 목록을 작성하여 소유자, 소지자, 보관자 기타 이에 준할 자에게 교부하여야 한다**.(제219조, 제129조) F4 08순경2차, 10법9, 15경승, 21교정·보호·철경9, 22순경2차

📖 **관련판례** 압수물 목록

> a. 압수물 목록은 피압수자 등이 압수물에 대한 환부·가환부신청을 하거나 압수처분에 대한 준항고를 하는 등 권리 행사 절차를 밟는 가장 기초적인 자료가 되므로, 이러한 권리행사에 지장이 없도록 **압수 직후 현장에서 바로 작성하여 교부해야 하는 것이 원칙**이다.(대법원 2009.3.12. 선고 2008도763) F4 10경승, 11순경1차, 24경간 그러므로 압수 후 48시간 지나서 압수물 목록을 교부하면 위법하다. 이러한 압수물 목록 교부 취지에 비추어 볼 때, 압수된 정보의 상세목록에는 정보의 파일 명세가 특정되어 있어야 하고, 수사기관은 이를 출력한 서면을 교부하거나 전자파일 형태로 복사해 주거나 이메일을 전송하는 등의 방식으로도 할 수 있다.(대법원 2018.2.8. 선고 2017도13263) F4 18국7, 18순경2차, 20경승, 21국7, 22경간, 24경간
>
> b. 수사기관이 압수수색영장을 집행하면서 팩스로 영장 사본을 송신하기만 하고 영장 원본을 제시하거나 압수조서와 압수물 목록을 작성하여 피압수·수색 당사자에게 교부하지도 않은 채 피고인의 이메일을 압수한 후 이를 증거로 제출한 경우, **위와 같은 방법으로 압수된 이메일은 증거능력이 없다**.(대법원 2017.9.7. 선고 2015도10648) F4 21검찰·마약9, 22순경1차, 23경승, 23순경1차, 23순경2차

(3) 수색증명서의 교부

수색을 한 경우에 증거물 또는 몰수할 물건이 없는 때에는 그(수색을 하였으나 증거물 또는 몰수할 물건이 없다는) 취지의 증명서를 교부하여야 한다.(제219조, 제128조) F4 10법9, 21교정·보호·철경9

6. 압수·수색에 있어서 영장주의의 예외 F4 순경, 경승, 국9, 국7, 법9, 법승

수사기관의 압수·수색·검증과 법원의 압수·수색은 강제처분이므로 원칙적으로 영장을 필요로 한다. 그러나 **사전에 영장을 받을 시간적 여유가 없는 때**(긴급할 때)에는 **영장 없이 할 수 있는 예외가 인정**된다. 아래에 서술하는 것 중에서 유류물·임의제출물의 압수는 법원과 수사기관에 모두 인정되는 영장주의의 예외이고, 나머지 5개는 수사기관에만 인정되고 법원에는 인정되지 않는 영장주의의 예외이다. 결국 법원에게는 유류물·임의제출물의 압수 1개의 경우에, 수사기관에게는 6개 모두에 영장주의의 예외가 인정된다.

(1) 체포·구속 목적의 피의자 수사(수색)

검사 또는 사법경찰관은 피의자를 체포영장에 의하여 체포, 긴급체포, 현행범체포(모든 체포) 하거나 구속영장에 의하여 구속하는 경우에 필요한 때에는 **영장 없이 타인의 주거나 타인이 간수하는 가옥, 건조물, 항공기, 선거(船車) 내에서의 피의자수색을 할 수 있다**. 다만, 제200조의2(영장에 의한 체포) 또는 제

201조(구속)에 따라 피의자를 체포 또는 구속하는 경우의 피의자 수색은 **미리 수색영장을 발부받기 어려운 긴급한 사정이 있는 때에 한정**한다.(제216조 제1항 제1호, 2019.12.31. 단서 신설·시행) 이 경우에는 **사후영장도 필요 없다.** [F4] 11경장, 13경간, 13국9, 15경승, 15순경3차, 16순경2차, 17법9, 18경승, 21경간, 22순경2차 이는 수사기관이 급속을 요하는 경우에 피의자를 놓치는 것을 방지하기 위하여 영장주의 예외를 인정한 것이다. 제216조 제1항 제1호 단서는 아래의 헌법재판소 판례에 따라 헌법에 합치되게 개정된 것이다.

> **관련판례** 체포·구속 목적의 피의자 수사(수색)
>
> 형사소송법 제216조 제1항 제1호는 체포영장을 발부받아 피의자를 체포하는 경우에 필요한 때에는 영장 없이 타인의 주거 등 내에서 피의자 수사를 할 수 있다고 규정함으로써, 별도로 영장을 발부받기 어려운 긴급한 사정이 있는지 여부를 구별하지 아니하고 피의자가 소재할 개연성만 소명되면 영장 없이 타인의 주거 등을 수색할 수 있도록 허용하고 있다. 이는 체포영장이 발부된 피의자가 타인의 주거 등에 소재할 개연성은 소명되나, **수색에 앞서 영장을 발부받기 어려운 긴급한 사정이 인정되지 않는 경우에도 영장 없이 피의자 수색을 할 수 있다는 것이므로**, 헌법 제16조의 영장주의 예외 요건을 벗어나는 것으로서 **영장주의에 위반된다.** 형사소송법 제216조 제1항 제1호는 2020.3.31.을 시한으로 입법자가 그 위헌성을 제거하고 합헌적인 내용으로 법률을 개정할 때까지 계속 적용되도록 한다.(헌재 2018.4.26. 2015헌바370 등, 헌법불합치결정) ▶ 제216조 제1항 제1호(체포·구속 목적의 피의자 수색)에 있어서 영장에 의한 체포 목적의 피의자 수색은 긴급한 사정이 있는 경우 영장 없이 타인의 주거 등을 수색할 수 있다는 것은 영장주의에 위반되지 않는다.(합헌) 반면 **긴급한 사정이 없는 경우에도 영장 없이 타인의 주거 등을 수색할 수 있다는 것은 영장주의에 위반된다.**(위헌) [F4] 18순경2차, 19순경2차, 20순경1차

(2) 체포·구속 현장에서의 압수·수색·검증

① 검사 또는 사법경찰관은 피의자를 체포영장에 의하여 체포, 긴급체포, 현행범체포(모든 체포) 하거나 구속영장에 의하여 구속하는 경우에 필요한 때에는 **영장 없이 체포 또는 구속현장에서 압수·수색·검증을 할 수 있다.**(제216조 제1항 제2호) [F4] 11경장, 13경간, 13국9, 15순경1차, 16경승, 16순경2차, 17법9, 17검찰·마약9, 18경간, 18국9, 20경간, 22순경2차, 23경승

② **사후영장 필요**; 검사 또는 사법경찰관은 압수한 물건을 계속 압수할 필요가 있는 경우에는 **지체 없이 압수·수색영장을 청구하여야 한다.** 이 경우 압수·수색영장의 청구는 **체포한 때부터(압수 후×) 48시간 이내에 하여야 한다.**(제217조 제2항) [F4] 08순경2차, 13국9, 15법9, 15순경3차, 17법9, 17검찰·마약9, 18경간, 23경승

③ 검사 또는 사법경찰관은 전항의 기간 내에 청구한 압수·수색영장을 발부받지 못한 때에는 **압수한 물건을 즉시 반환(환부)하여야 한다.**(제217조 제3항) [F4] 23경승

> **관련판례** 체포·구속 현장에서의 압수·수색·검증
>
> a. 형사소송법 제217조 제2항, 제3항에 위반(영장주의에 위반)하여 압수수색영장을 청구하여 이를 발부받지 아니하고도 즉시 반환하지 아니한 압수물은 (위법수집증거이므로) 이를 유죄 인정의 증거로 사용할 수 없는 것이고, 헌법과 형사소송법이 선언한 영장주의의 중요성에 비추어 볼 때 **피고인이나 변호인이 이를 증거로 함에 동의하였다고 하더라도 달리 볼 것은 아니다.**(대법원 2009.12.24. 선고 2009도11401) ▶ 위법수집증거이므로 증거동의를 한 경우에도 여전히 증거능력이 없다는 판례이다. [F4] 11법9, 11검찰·마약9, 12경승·국7·순경2차, 13경승, 13국7, 13순경2차, 14경간, 14순경1차, 16경승, 16법9, 16순경1차, 16순경2차, 17경승, 19경간, 20경승, 20순경1차, 20국9, 21경승, 21순경1차, 21순경2차, 22국7, 23순경1차
>
> b. 구 정보통신망 이용촉진 및 정보보호 등에 관한 법률상 음란물 유포의 범죄혐의를 이유로 압수·수색영장을 발부받은 사법경찰리가 피고인의 주거지를 수색하는 과정에서 대마를 발견하자, 피고인을 마약류관리에 관한 법률 위반죄의 현행범으로 체포하면서 대마를 압수하였으나, 그 다음날 피고인을

석방하였음에도 사후 압수·수색영장을 발부받지 않은 경우, **위 압수물과 압수조서는 영장주의를 위반하여 수집한 증거(위법수집증거)로서 증거능력이 부정**된다.(대법원 2009.5.14. 선고 2008도10914) ▶ 압수한 대마는 애초에 음란물 유포의 범죄혐의를 이유로 발부받은 압수·수색영장에 기재되지 않은 물건이므로 영장에 의하여 압수하여야 한다. 그러나 사례의 경우 대마는 마약류관리에 관한 법률 위반죄의 현행범 체포현장에서 압수한 것이므로 일단 영장 없이 압수할 수는 있더라도 검사 또는 사법경찰관은 압수한 물건을 계속 압수할 필요가 있는 경우에는 지체 없이 압수·수색영장을 청구하여야 한다. 이 경우 압수·수색영장의 청구는 체포한 때부터 48시간 이내에 하여야 한다. 따라서 압수·수색영장을 발부받지 않은 경우 압수한 대마는 영장주의에 위반하여 수집한 위법수집증거로서 증거능력이 없다. F4 11경사·국7, 12경승·법9·국7, 13순경1차, 14순경1차, 15경승, 17국9, 18경승, 19경승, 20경간, 23국7

(3) (범행 중 또는 범행 직후의) 범죄장소에서의 압수·수색·검증

'범행 중 또는 범행 직후의'(현행범 상황에서의) 범죄장소(=범죄현장)에서 긴급을 요하여 법원판사의 영장을 받을 수 없는 때에는 **영장 없이 압수·수색·검증을 할 수 있다**. 이 경우에는 **사후에 지체 없이(48시간 이내×) 영장을 받아야 한다**.(제216조 제3항) F4 08순경2차, 12경간, 13순경1차, 15경간, 15경승, 15순경1차, 15법9, 16순경2차, 17경승, 17법9, 18순경2차, 19경찰·마약9, 22경승, 23경승 범죄장소에는 아무래도 증거물이나 몰수물이 존재할 가능성이 높다. 그러므로 범죄장소에 흩어져 있는 증거물 등의 은닉·산일(숨기거나 없애는 것)을 방지하고자 급속을 요하는 경우에 해당하므로 영장주의의 예외를 인정한 것이다.

📖 **관련판례** (범행 중 또는 범행 직후의) 범죄장소에서의 압수·수색·검증

a. 범행 중 또는 범행 직후의 범죄 장소에서 긴급을 요하여 법원 판사의 영장을 받을 수 없는 때에는 영장 없이 압수·수색 또는 검증을 할 수 있으나, 사후에 지체 없이 영장을 받아야 한다(제216조 제3항). 제216조 제3항의 요건 중 어느 하나라도 갖추지 못한 경우에 그러한 압수·수색 또는 검증은 위법하며, 이에 대하여 사후에 법원으로부터 영장을 발부받았다고 하여 그 위법성이 치유되지 아니 한다.(대법원 2017.11.29. 선고 2014도16080) F4 19순경2차, 21순경1차, 21국7

b. 사법경찰관 작성의 검증조서의 작성이 **범죄현장(범죄장소)**에서 급속을 요한다는 이유로 압수·수색영장 없이 행하여졌는데 그 후 **법원의 사후 영장을 받은 흔적이 없다면 (위법수집증거이므로) 유죄의 증거로 쓸 수 없다**.(대법원 1990.9.14. 선고 90도1263) F4 순경, 경승

(4) 피고인 구속(영장 집행) 현장에서의 압수·수색·검증

① 검사 또는 사법경찰관은 피고인에 대한 구속영장을 집행하는 경우에 필요한 때에는 **그 집행현장에서 영장 없이 압수·수색·검증을 할 수 있다**.(제216조 제2항) F4 12경간, 13국9, 15경승, 17경승, 17국7, 19경승 여기에 사후 영장을 요하는지 여부에 대해서는 명문규정이 없어서 논란이 되므로 사후 영장 필요 여부에 대하여 출제하기는 어렵다고 보아야 한다. 결국 여기에 사후 영장을 요하는지 여부에 대해서는 공부할 필요가 없다.

② 수사기관이 하는 피고인에 대한 구속영장의 집행은 재판의 집행기관으로서의 활동이지만, 그 집행 현장에서의 압수·수색·검증은 수사기관의 별도의 수사처분이다. 따라서 수사기관은 법관에게 피고인에 대한 구속영장 집행 현장에서의 압수·수색·검증에 대한 결과보고나 압수물의 제출을 할 의무가 없다. F4 11경승

(5) 긴급체포시의 압수·수색·검증(=긴급압수·수색제도) F4 12경간, 13경간

① 검사 또는 사법경찰관은 긴급체포 된 피의자가 소유, 소지(=점유) 또는 보관하는 물건에 대하여 긴급히 압수할 필요가 있는 경우(**긴급성 요건; 영장을 받을 시간적 여유가 없는 경우를 말함**)에는 **체포한 때부터**

24시간 이내에 한하여 영장 없이 압수 · 수색 · 검증을 할 수 있다.(제217조 제1항) F4 08순경3차, 09국9, 11경승, 13경승, 14경승, 14경9, 15경승, 15순경1차, 15법9, 16순경2차, 17경승, 17법9, 17교정 · 보호 · 철경9, 18경간, 18경승, 19경간, 19경승, 19검찰 · 마약9, 19순경2차, 20경간, 22경승, 23경승 이를 **긴급압수 · 수색제도**라고도 한다. 긴급압수 · 수색제도는 피의자가 긴급체포 되었다는 사실을 통지받은 피의자의 지인이 증거물 등을 은닉하거나 산일하는 것을 방지하고자 영장주의의 예외를 인정한 것이다.

② 사후영장 요; 검사 또는 사법경찰관은 압수한 물건을 계속 압수할 필요가 있는 경우에는 **지체 없이 압수 · 수색영장을 청구하여야 한다.** 이 경우 압수 · 수색영장의 청구는 **체포한 때부터 48시간 이내에 하여야 한다.**(제217조 제2항) 검사 또는 사법경찰관은 그 기간 내에 청구한 압수 · 수색영장을 발부받지 못한 때에는 **압수한 물건을 즉시 반환(환부)하여야 한다.**(제217조 제3항) F4 15경간, 17경승, 17교정 · 보호 · 철경9, 18경승, 19경간, 19검찰 · 마약9, 19순경2차, 20순경2차

> **관련판례** 긴급체포시의 압수 · 수색 · 검증(=긴급압수 · 수색제도)
>
> a. 형사소송법 제217조 제1항은 수사기관이 피의자를 긴급체포한 상황에서 피의자가 체포되었다는 사실이 공범이나 관련자들에게 알려짐으로써 관련자들이 증거를 파괴하거나 은닉하는 것을 방지하고, 범죄사실과 관련된 증거물을 신속히 확보할 수 있도록 하기 위한 것이다. 이 규정(제217조 제1항)에 따른 압수 · 수색 또는 검증(긴급체포시의 압수 · 수색 · 검증)은 체포현장에서의 압수 · 수색 또는 검증을 규정하고 있는 형사소송법 제216조 제1항 제2호와 달리, **체포현장이 아닌 장소에서도 긴급체포된 자가 소유 · 소지 또는 보관하는 물건을 대상으로 할 수 있다.**(대법원 2017.9.12. 선고 2017도10309) F4 20경승, 21순경2차
>
> b. 경찰관이 전화사기죄 범행의 혐의자를 긴급체포하면서 그가 보관하고 있던 다른 사람의 주민등록증, 운전면허증 등을 압수한 경우, 이는 구 형사소송법(2007.6.1. 법률 제8496호로 개정되기 전의 것) 제217조 제1항(긴급압수 · 수색제도)에서 규정한 해당 범죄사실의 수사에 필요한 범위 내의 압수로서 적법하므로, 이를 위 혐의자의 **점유이탈물횡령죄 범행에 대한 증거로 사용할 수 있다.**(대법원 2008.7.10. 선고 2008도2245) F4 10경승, 12순경1차, 13순경1차, 14경승, 15순경2차, 15순경3차, 16경승, 17경간, 17경승, 18경간, 18경승, 23국7

(6) 유류물 · 임의제출물의 압수 F4 13경간

검사 또는 사법경찰관은 **피의자 기타인의 유류한 물건이나 소유자, 소지자(=점유자) 또는 보관자가 임의로 제출한 물건을 영장 없이 압수할 수 있다.**(제218조) F4 15순경1차, 16경승, 17경승, 17교정 · 보호 · 철경9, 19검찰 · 마약9, 20경승, 23경간 **법원은** 소유자, 소지자 또는 보관자가 임의로 제출한 물건 또는 유류한 물건은 영장 없이 압수할 수 있다.(제108조) F4 15경승 유류물 · 임의제출물의 압수는 법원에게도 압수에 있어서 영장주의의 예외를 인정하는 유일한 예이다. 유류물 · 임의제출물의 압수를 '**영치**'라고 하며, 사전영장은 물론 **사후영장도 필요 없다.** F4 15경승, 19경승

> **관련판례** 유류물 · 임의제출물의 압수
>
> a. 검사 또는 사법경찰관은 피의자를 현행범으로 체포하는 현장에서 영장 없이 압수한 물건을 계속 압수할 필요가 있는 경우에는 체포한 때부터 48시간 이내에 지체 없이 (사후) 압수영장을 청구하여야 한다(제216조 제1항 제2호, 제217조 제2항). 그리고 범죄 장소에서 영장 없이 압수 · 수색 또는 검증을 한 경우에는 사후에 지체 없이 영장을 받아야 한다(제216조 제3항). 다만 **현행범 체포 현장이나 범죄 장소에서도 소지자 등이 임의로 제출하는 물건은 제218조에 의하여 영장 없이 압수할 수 있고, 이 경우에는 검사나 사법경찰관이 사후에 영장을 받을 필요가 없다.**(대법원 2016.2.18. 선고 2015도13726) F4 18순경2차, 19순경2차, 20국9, 21순경1차, 21순경2차, 23순경1차

b. 경찰관이 간호사로부터 진료 목적으로 채혈되어 있던 피고인의 혈액 중 일부를 주취운전 여부에 대한 감정을 목적으로 임의로 제출 받아 이를 압수한 경우 그 **압수절차가 피고인 또는 피고인 가족의 동의 및 영장 없이 행해졌더라도 위법하지 않다.**(대법원 1999.9.3. 선고 98도968) ▶ 간호사 사건 🔠 국7, 법 9, 법승, 08순경3차, 11경승, 15국9, 18순경2차, 18순경3차, 19경승, 20경승, 21경승

> **같은 취지의 판례**
>
> 형사소송법 및 기타 법령상 교도관이 재소자가 맡긴 비망록을 수사기관에 임의로 제출하였다면 그 비망록의 증거사용에 대하여도 특별한 사정이 없는 한 반드시 그 재소자의 동의를 받아야 하는 것은 아니다. 따라서 검사가 교도관으로부터 그가 보관하고 있던 피고인의 비망록을 뇌물수수 등의 증거자료로 임의로 제출받아 이를 압수한 경우, **그 압수절차가 피고인의 승낙 및 영장 없이 행하여졌다고 하더라도 이에 적법절차를 위반한 위법이 있다고 할 수 없다.**(대법원 2008.5.15. 선고 2008도1097) ▶ 김태촌 비망록 사건 🔠 11국7, 12경승, 15경간, 18경승, 18국7, 18순경2차, 21경간, 21경승, 23경간

> **비교판례**
>
> 형사소송법 제218조는 "사법경찰관은 소유자, 소지자 또는 보관자가 임의로 제출한 물건을 영장없이 압수할 수 있다"고 규정하고 있는바, 위 규정을 위반하여 소유자, 소지자 또는 보관자가 아닌 자로부터 제출받은 물건을 영장 없이 압수한 경우 그 '압수물' 및 '압수물을 찍은 사진'은 **(위법수집증거이므로) 이를 유죄 인정의 증거로 사용할 수 없는 것이고,** 헌법과 형사소송법이 선언한 영장주의의 중요성에 비추어 볼 때 **피고인이나 변호인이 이를 증거로 함에 동의하였다고 하더라도 달리 볼 것은 아니다.**(대법원 2010.1.28. 선고 2009도10092) ▶ 위법수집증거이므로 증거동의를 한 경우에도 여전히 증거능력이 없다는 판례이다. 🔠 10국7, 12경승 · 국7 · 순경3차, 13경간1차, 13교정 · 보호, 철경9, 15경간, 15순경3차, 16경승, 17경간, 17경승, 17검찰 · 마약9, 18순경2차, 20경간, 20순경2차, 21경승, 21순경2차, 22경승, 23경간, 23경승, 23국7

c. 검사 또는 사법경찰관이 영장 발부의 사유로 된 범죄 혐의사실과 무관한 별개의 증거를 압수하였을 경우 **이는 원칙적으로 유죄 인정의 증거로 사용할 수 없다.** 다만 수사기관이 별개의 증거를 피압수자 등에게 환부하고 후에 임의제출 받아 다시 압수하였다면 증거를 압수한 최초의 절차 위반행위와 최종적인 증거수집 사이의 인과관계가 단절되었다고 평가할 수 있으나(▶ 예외적으로 증거로 사용할 수 있다는 의미), 환부 후 다시 제출하는 과정에서 수사기관의 우월적 지위에 의하여 임의제출 명목으로 실질적으로 강제적인 압수가 행하여질 수 있으므로, **제출에 임의성이 있다는 점에 관하여는 검사가 합리적 의심을 배제할 수 있을 정도로 증명하여야 하고, 임의로 제출된 것이라고 볼 수 없는 경우에는 증거능력을 인정할 수 없다.**(대법원 2016.3.10. 선고 2013도11233) 🔠 16국7, 17법9, 17국7, 18국9, 20국7, 21교정 · 보호 · 철경9, 21순경2차, 22경승, 23경간, 23경승, 23국7

d. 사법경찰관이 제215조 제2항에 위반하여 영장 없이 물건을 압수한 경우 그 압수물은 물론 이를 기초로 하여 획득한 2차적 증거 역시 (위법수집증거로서) 유죄 인정의 증거로 사용할 수 없는 것이고, 이와 같은 법리는 영장주의의 중요성에 비추어 볼 때 위법한 압수가 있은 직후에 피고인으로부터 작성 받은 그 압수물에 대한 임의제출동의서도 특별한 사정이 없는 한 마찬가지(압수 후 그 압수물에 대한 임의제출동의서를 받은 경우에도 그 압수물은 증거능력이 없다)라고 할 것이다. 기록에 의하면, 경찰이 피고인의 집에서 20m 떨어진 곳에서 피고인을 체포하여 수갑을 채운 후 피고인의 집으로 가서 집안을 수색하여 칼과 합의서를 압수하였을 뿐만 아니라 적법한 시간 내에 압수수색영장을 청구하여 발부받지도 않았음을 알 수 있는바, 이를 위 법리에 비추어 보면 위 칼과 합의서는 임의제출물이 아니라 영장 없이

위법하게 압수된 것으로서 증거능력이 없고, 따라서 이를 기초로 한 2차 증거인 임의제출동의서, 압수조서 및 목록, 압수품 사진 역시 증거능력이 없다고 할 것이다.(대법원 2010.7.22. 선고 2009도14376) 11국7, 13국7, 16국7, 18법9, 19경승, 20법9, 22국9, 23교정·보호·철경9, 23순경2차

e. 유류물의 경우 영장 없이 압수하였더라도 **영장주의를 위반한 잘못이 있다 할 수 없고**, 압수 후 압수조서의 작성 및 압수목록의 작성·교부 절차가 제대로 이행되지 아니한 잘못이 있다 하더라도, 그것이 **적법절차의 실질적인 내용을 침해하는 경우에 해당하는 것은 아니다.**(대법원 2011.5.26. 선고 2011도1902) 21국7, 23순경2차

관련판례 | 압수·수색에 있어서 영장주의의 예외 관련 기타의 판례

우편물 통관 검사 절차에서 이루어지는 우편물의 개봉, 시료채취, 성분분석 등의 검사는 수출입물품에 대한 적정한 통관 등을 목적으로 한 **행정조사의 성격을 가지는 것으로서 수사기관의 강제처분이라고 할 수 없으므로**, 압수·수색영장 없이 우편물의 개봉, 시료채취, 성분분석 등 검사가 진행되었다 하더라도 특별한 사정이 없는 한 위법하다고 볼 수 없다.(대법원 2013.9.26. 선고 2013도7718) 16법9, 17검찰·마약9, 17국7, 18경승, 19경승, 21경간, 22국9 ▶ **행정조사에는 영장주의가 적용되지 않는다**는 판례이다.

비교판례

세관공무원이 수출입물품을 검사하는 과정에서 마약류가 감추어져 있다고 밝혀지거나 그러한 의심이 드는 경우, 검사는 수사를 위하여 이를 외국으로 반출하거나 대한민국으로 반입할 필요가 있다는 요청을 세관장에게 할 수 있고, 세관장은 그 요청에 응하기 위하여 필요한 조치를 할 수 있다(마약류 불법거래 방지에 관한 특례법 제4조 제1항). 그러나 **이러한 조치가 수사기관에 의한 압수·수색에 해당하는 경우에는 영장주의 원칙이 적용**된다. 마약류 불법거래 방지에 관한 특례법 제4조 제1항에 따른 조치의 일환으로 특정한 수출입물품을 개봉하여 검사하고 그 내용물의 점유를 취득한 행위는 범죄수사인 압수 또는 수색에 해당하여 사전 또는 사후에 영장을 받아야 한다.(대법원 2017.7.18. 선고 2014도8719) 18순경2차, 20경간, 20순경1차, 21국7

7. 압수물의 처리

(1) 압수물의 보관과 폐기(법원·수사기관 공통)

1) 원칙: 자청보관의 원칙

압수물은 압수한 법원 또는 수사기관에서 보관(자청보관)하는 것이 원칙이다. F4 경승 예컨대 대구지방법원에서 압수를 한 경우에는 대구지방법원 청사에, 광주지방검찰청에서 압수를 한 경우에는 광주지방검찰청 청사에, 서울 서초경찰서에서 압수한 경우에는 서초경찰서 청사에 보관하는 것이 원칙이다. 하지만 압수한 물건을 위탁보관, 대가보관, 폐기처분 하는 다음과 같은 예외가 있다.

2) 예외(모두 임의적)

위탁 보관	운반 또는 보관에 불편한 압수물(예 트럭)에 관하여는 간수자를 두거나 소유자 또는 적당한 자의 승낙을 얻어 보관하게 할 수 있다.(제130조 제1항, 제219조) F4 08순경2차, 10법9, 17경승 위탁보관은 **임의적**이다.
대가 보관	**몰수하여야 할 압수물**로서 멸실·파손·부패 또는 현저한 가치 감소의 염려가 있거나 보관하기 어려운 압수물(예 어패류)은 매각하여 대가를 보관할 수 있다.(제132조 제1항, 제219조) F4 국9, 국7, 법9, 08순경2차, 11경사, 12순경3차, 17경승, 22경간 또한 **환부하여야 할 압수물** 중 환부를 받을 자가 누구인지 알 수 없거나 그 소재가 불명한 경우로서 그 압수물의 멸실·파손·부패 또는 현저한 가치 감소의 염려가 있거나 보관하기 어려운 압수물은 매각하여 대가를 보관할 수 있다.(제132조 제2항, 제219조) F4 11경사, 12순경2차 대가보관은 **환가처분**이라고도 하며, **임의적**이다. 대가보관의 경우 압수의 효력은 압수물의 대가에 미친다.
폐기 처분	**위험발생의 염려가 있는 압수물**(예 폭발물)은 폐기할 수 있다.(제130조 제2항, 제219조) F4 법9, 국9, 10경승2차, 11경사, 18경승 또한 **법령상 생산·제조·소지·소유 또는 유통이 금지된 압수물**(예 유사석유제품)로서 부패의 염려가 있거나 보관하기 어려운 압수물은 <u>소유자 등 권한 있는 자의 동의를 받아</u> 폐기할 수 있다.(제130조 제3항, 제219조) F4 08순경2차, 15순경3차, 20경간, 20순경2차 폐기처분은 압수한 물건을 없애버리는 처분이며, **임의적**이다.

(2) 법원의 압수물의 환부와 가환부 F4 17법9

1) 법원의 환부와 가환부의 의의

환부와 가환부의 개념은 법원의 압수물의 환부·가환부와 수사기관의 압수물의 환부·가환부 모두 동일하다.

압수물의 환부의 의의	압수물의 환부란 **압수를 해제**하여 압수물을 종국적·필요적으로 소유자 또는 제출인에게 돌려주는 법원 또는 수사기관의 처분을 의미한다.(제133조 제1항 전단, 제219조) F4 09순경2차, 17경승
압수물의 가환부의 의의	압수물의 가환부란 **압수의 효력을 존속시킨 채** 압수물을 소유자 또는 소지자 등이 사용할 수 있도록 잠정적(일시적)으로 돌려주는 제도를 의미한다.(제133조 제1항 후단, 제219조) F4 순경, 경승, 법9, 국9

2) 법원의 환부·가환부의 대상

환부의 대상	법원의 압수물 환부의 대상은 **압수를 계속할 필요가 없다고 인정되는 압수물**이다.
가환부의 대상	법원의 가환부에는 임의적 가환부와 필요적 가환부가 있다. ① **임의적 가환부의 대상** 　법원의 임의적 가환부의 대상은 **증거에 공할(사용할) 압수물**이다. 　📖 관련판례 　　형사소송법 제133조 제1항 후단의 '증거에 공할 압수물'에는 증거물로서의 성격과 몰수할 것으로 사료되는 물건(임의적 몰수물)으로서의 성격을 가진 압수물이 포함되어 있다고 해석함이 상당하다.(대법원 1998.4.16. 97모25) ▶ 임의적 몰수물은 법원이 몰수하지 않고 가환부할 수 있기 때문이다. 🗒 08순경3차, 10경사, 10경장, 10·11순경2차, 13경간, 18경승, 19경간 ② **필요적 가환부의 대상** 　법원의 필요적 가환부의 대상은 **증거에만 공할 목적으로 압수한 물건**으로서 그 소유자 또는 소지자가 계속 사용하여야 할 물건이다. 🗒 18순경1차

3) 법원의 환부·가환부의 절차

압수물의 환부	압수물의 가환부
① 피고사건 종결 전(=종국재판 전)이라도 법원의 결정에 의하여 환부하여야 한다.(제133조 제1항 전단, 제219조) ▶ **환부는 필요적** ② 직권으로 하고, **청구를 요하지 않는다.** 🗒 경승, 국9, 20순경2차	① 임의적 가환부; **소유자, 소지자, 보관자 또는 제출인의 청구에 의하여** 법원의 결정으로 가환부할 수 있다.(제133조 제1항 후단, 제219조) 🗒 경승, 국9, 20순경2차 ② 필요적 가환부; **사진촬영 기타 원형보존의 조치**를 취하고 신속히 가환부하여야 한다.(제133조 제2항, 제219조) 직권으로 하고, **청구를 요하지 않는다.** 🗒 10법9, 11경사, 18순경1차, 19경승

📖 관련판례　압수물의 환부를 받는 자

압수물의 환부를 받는 자는 실체법상의 권리와 관계없이 <u>압수 당시의 소지인</u>이다.(대법원 1996.8.16. 자 94모51 전원합의체결정)

4) 법원의 환부 · 가환부의 효력 F4 순경, 경승, 국9, 국7

압수물의 환부	압수물의 가환부
① **압수의 효력이 종국적으로 소멸**한다. ② **압수만 해제될 뿐**이고, **환부 받은 자의 실체법상 (민법상) 권리(소유권)를 확인하는 효력은 없다**. 따라서 이해관계인은 민사소송절차에 의하여 소유권 등의 권리를 주장할 수 있다. ③ 압수한 서류 또는 물품에 대하여 **몰수의 선고가 없는 때에는 압수가 해제된 것으로 간주**된다.(제332조) F4 14경간	① **압수의 효력은 존속**한다. 따라서 가환부를 받은 자는 압수물 **보관의무가 있고, 소유자인 경우에도 처분을 할 수 없다**. 법원의 요구가 있으면 **제출의무가 있다**.(대법원 1994.8.18. 자 94모42) F4 09순경1차, 15경승, 19경간 ② 가환부한 장물에 대하여 별단의 선고가 없는 때에는 **환부선고가 있는 것으로 간주**한다.(제333조 제3항) F4 19경승

📖 **관련판례** 압수해제 된 물품의 재압수

압수한 물품에 대하여 몰수의 선고가 없어 압수 해제된 것으로 간주될지라도 **공범자에 대한 범죄수사를 위하여 압수 해제된 물품을 다시 압수할 수 있다**.(대법원 1997.1.9. 자 96모34)
F4 08순경2차, 15순경3차, 20국7, 22경간

(3) **수사기관의 압수물의 환부와 가환부**

제218조의2(압수물의 환부, 가환부)

① 검사는 사본을 확보한 경우 등 **압수를 계속할 필요가 없다고 인정되는 압수물 및 증거에 사용할 압수물에 대하여 공소제기 전이라도 소유자, 소지자, 보관자 또는 제출인의 청구가 있는 때에는 환부 또는 가환부하여야 한다**. F4 12순경1차, 16순경2차, 18순경1차, 19경승, 20순경2차, 22경간, 21국7, 22순경2차, 23경간 요건이 갖춰진 경우 **수사기관의 환부 · 가환부는 필요적**이다. 또한 수사기관의 환부 · 가환부의 경우에는 **소유자 등의 환부 · 가환부청구권을 명문으로 규정**하고 있다. 이에 반하여 법원의 필요적 환부와 필요적 가환부의 경우에는 환부 · 가환부청구권을 명문 규정하고 있지 않다.
② 제1항의 청구에 대하여 <u>검사가 이를 거부하는 경우</u>에는 신청인은 **해당 검사의 소속 검찰청에 대응한 법원에 압수물의 환부 또는 가환부 결정을 청구할 수 있다**. F4 22경간, 23경간
③ 제2항의 청구에 대하여 법원이 환부 또는 가환부를 결정하면 **검사는 신청인에게 압수물을 환부 또는 가환부하여야 한다**. F4 18국7
④ 사법경찰관의 환부 또는 가환부 처분에 관하여는 제1항부터 제3항까지의 규정을 준용한다. 이 경우 사법경찰관은 검사의 지휘를 받아야 한다. F4 13경간, 20경간

📖 **관련판례** 압수물의 환부

a. 외국산 물품을 관세장물의 혐의가 있다고 보아 압수하였다 하더라도 그것이 언제, 누구에 의하여 '관세포탈된 물건(관세장물)'인지 알 수 없어 기소중지 처분을 한 경우에는 그 압수물은 관세장물이라고 단정할 수 없어 압수를 더 이상 계속할 필요 없고, 그 압수물은 국고에 귀속시킬 수 없다.(대법원 1996.8.16. 자 94모51 전원합의체결정) ▶ 따라서 **환부의 대상**이다. F4 11경위, 14경승, 18경승, 20순경2차, 20국7

b. 피압수자 등 환부를 받을 자가 압수 후 그 소유권을 포기하는 등에 의하여 실체법상의 권리를 상실하더라도 그 때문에 압수물을 환부하여야 하는 수사기관의 의무에 어떠한 영향을 미칠 수 없고, 또한 수사기관에 대하여 형사소송법상의 환부청구권을 포기한다는 의사표시를 하더라도 그 효력이 없어 그에 의하여 수사기관의 필요적 환부의무가 면제된다고 볼 수는 없으므로, **압수물의 소유권이나 그 환부청구권을 포기하는 의사표시로 인하여 위 환부의무에 대응하는 압수물에 대한 환부청구권이 소멸하는 것은 아니다.**(대법원 1996.8.16. 자 94모51 전원합의체 결정) 국7, 법승, 10경승, 11경위, 12국9 · 순경2차, 13경간, 13순경2차, 14경승, 15경승, 15순경3차, 16경간, 17법7, 22경간, 22법9 ▶ 다이아몬드 사건

c. 약속어음이 위조문서인 경우 몰수가 될 뿐 환부나 가환부의 대상이 되지 않는다. 다만 **검사는 몰수선고가 있은 뒤에 제485조에 의하여 위조의 표시를 하여 환부할 수 있다.**(대법원 1984.7.24. 자 84모43) 09순경1차, 11경위, 14경승

(4) 압수장물의 피해자 환부(법원 · 수사기관 공통)

1) 압수장물의 피해자 환부의 의의와 대상

의의	압수한 장물은 **피해자에게 환부할 이유가 명백한 때**에는 피의 · 피고사건 종결 전이라도 결정으로 피해자에게 환부할 수 있다.(제134조, 제219조) 11경사, 12순경3차, 13순경1차, 14경9, 15경승, 17경승, 17국7, 20경간, 23경간 TIP 피의 · 피고사건 종결 전과 장물의 의미 '피의사건 종결 전'이란 공소제기 전을 말한다. 한편 '피고사건 종결 전'이란 종국재판 전을 말한다. 또한 '장물'이란 재산범죄(떼 절도, 강도, 사기, 공갈 등)로 취득한 재물을 말한다. 예컨대 甲이 A의 재물인 스마트폰을 절취한 경우 그 스마트폰은 장물에 해당한다.
대상	압수한 장물로써 피해자에게 환부할 이유가 명백한 것이 압수장물의 피해자 환부의 대상이다.

관련판례 압수장물의 피해자 환부

a. 형사소송법 제134조 소정의 "환부할 이유가 명백한 때"라 함은 **사법상 피해자가 그 압수된 물건의 인도를 청구할 수 있는 권리가 있음이 명백한 경우를 의미**하고 위 인도청구권에 관하여 사실상, 법률상 다소라도 의문이 있는 경우에는 환부할 명백한 이유가 있는 경우라고는 할 수 없다.(대법원 1984.7.16. 자 84모38) 10경사 ▶ 수사기관이나 법원이 압수장물을 둘러싼 소유권 등의 분쟁에 휘말리지 않도록 하기 위하여 피해자에게 환부할 이유가 명백한 때로 한정한 것이다.

b. 형사소송법 제333조 제2항의 규정취지는 범인이 장물을 처분하여 버림으로써 피해자가 장물의 반환을 받을 수 없게 되는 경우, 그 대가로 취득한 것을 피해자에게 교부함으로써 전부 또는 일부의 피해회복을 받도록 하고자하는 피해자보호의 견지에서 제정된 것이라 할 것이므로 **이미 장물을 환부 받은 피해자에게 그 장물의 처분대가마저 교부할 수는 없다.**(대법원 1985.1.29. 선고 84도2941)

2) 압수장물의 피해자 환부의 절차와 종국재판의 부수효과로서 압수장물의 환부

절차	압수장물의 피해자 환부는 법원의 결정 또는 수사기관의 결정으로 한다. 이는 **임의적**이다.
종국 재판의 부수 효과	이는 피고사건의 심리를 종결한 후에 종국재판에 부수하여 판결로써 하는 압수물의 처분에 해당한다. ① 압수한 장물은 피해자에게 환부할 이유가 명백한 것은 판결로써 피해자에게 환부하는 선고를 하여야 한다.(제333조 제1항) ② 전항의 경우에 장물을 처분하였을 때에는 판결로써 그 대가로 취득한 것을 피해자에게 교부하는 선고를 하여야 한다.(제333조 제2항) 장물을 처분한 경우에는 그 장물을 환부할 수 없기 때문에 그 대가를 교부하도록 하는 것이다. ③ 가환부한 장물에 대하여 별단의(다른) 선고가 없는 때에는 환부의 선고가 있는 것으로 간주한다.(제333조 제3항) F4 08순경3차, 11순경2차 ④ 압수장물의 환부에 관한 위의 규정은 이해관계인이 민사소송 절차에 의하여 그 권리를 주장함에 영향을 미치지 아니한다. 압수장물의 환부판결이 있더라도 이해관계인은 민사소송 절차에 의하여 권리주장을 할 수 있다.(제333조 제4항) F4 08순경3차, 14경승, 20경간

➡ **압수물의 처리에 있어서 법원은 검사·피해자·피고인·변호인에게 통지해야 하고, 수사기관은 피해자·피의자·변호인에게 통지해야 하는 것**

1) 대가보관, 2) 압수물의 가환부, 3) 압수물의 환부, 4) 압수장물의 피해자 환부
▶ 피고인 등에게 (통지를 하지 않아) 의견진술의 기회를 주지 않고 압수물의 가환부 등의 결정을 한 경우에는 위법하다.(대법원 1980.2.5. 자 80모3)

➡ **압수물의 처리에 있어서 사법경찰관이 검사의 지휘를 받아야 하는 것**

1) 위탁보관, 2) 폐기처분, 3) 대가보관, 4) 압수물의 가환부, 5) 압수물의 환부,
6) 압수장물의 피해자 환부
▶ 압수물의 처리 6가지 모두 검사의 지휘를 받아야 한다.

Ⅲ 수사상 검증

수사상 검증이란 수사기관이 하는 검증을 말한다. '검증'이라고 표현한 것은 공판절차에서 법원이 하는 검증을 말한다. 수사기관과 법원의 검증은 둘 다 함께 공부하는 것이 능률적이므로 여기서 둘 다 서술하고, 공판절차에서 법원의 검증은 따로 서술하지 않는다.

1. 검증의 의의

검증이란 사람, 물건 또는 장소의 성상(성질과 상태)을 **오관**〈눈(시각), 코(후각), 입(미각), 귀(청각), 촉각〉에 의한 관찰을 통하여 인식하는 처분을 말한다. F4 법9

2. 검증의 성격

법원·법관의 검증		① 예컨대 수소법원의 검증(제139조), 증거보전절차에서 판사(수임판사)가 하는 검증(제184조)이 이에 해당한다. ② 법원·법관의 검증은 **증거조사의 일종이지 강제처분이 아니다.** 따라서 영장을 요하지 않는다. (제139조) 09순경2차, 14경간
수사기관의 검증	수사상 검증	수사기관이 증거를 확보하기 위한 강제처분으로서 **강제수사에 해당**한다. 따라서 원칙적으로 영장을 요한다.(제215조) 14경간
	실황조사	실황조사란 수사기관이 범죄현장 기타 장소에 임하여(가서) 그 실제의 상황을 조사하는 것으로서 **임의수사에 해당**한다는 것이 다수설이다. 📖 **관련판례** **실황조(사)서의 증거능력을 인정한 판례는 없다.**(대법원 1989.3.14. 선고 88도1399) 경승, 순경, 09국9

3. 검증의 요건

수사상 검증은 강제수사이므로 강제수사의 요건인 범죄의 혐의, 검증의 필요성 및 비례의 원칙을 요건으로 한다.

4. 검증의 절차

형사소송법은 법원의 검증에 대하여 규정하고, 수사상 검증에 대해서는 법원의 검증에 관한 규정을 준용한다.(제219조, 제140조, 제141조)

(1) 검증영장

압수·수색의 경우와 마찬가지로 검사가 지방법원판사에게 영장을 청구(사법경찰관은 검사에게 신청하여 검사가 지방법원판사에게 영장을 청구)하여 발부받은 영장을 집행함으로써 검증을 할 수 있다.(제215조) cf 법원의 검증엔 영장을 요하지 않는다.

(2) 부수처분

검증을 함에는 신체의 검사, 사체의 해부, 분묘의 발굴, 물건의 파괴 기타 필요한 처분을 할 수 있다.(제219조, 제140조) 이는 법원의 검증의 경우에도 같다. 10국7

(3) 조서작성

검증에 관하여는 조서를 작성하여야 한다.(제49조 제1항) 검증조서에는 검증목적물의 현상을 명확하게 하기 위하여 도화나 사진을 첨부할 수 있다.(제49조 제2항) 이는 법원의 검증의 경우에도 같다.

Ⅲ 수사상 감정

'수사상 감정'이란 수사기관이 하는 감정을 말한다. 이에 반하여 '감정'이라고 표현한 것은 공판절차에서 법원이 하는 감정을 말한다. 법원의 감정과 수사상 감정은 기본적으로 동일한 법리가 적용되므로 여기서 한꺼번에 서술하고 공판절차 부분에서 법원의 감정에 대해서는 따로 서술하지 않는다.

1. 수사상 감정위촉

의의	수사상 감정위촉이란 수사기관이 **전문지식**이나 경험의 부족을 보충하기 위하여 제3자로 하여금 조사하도록 하게 하거나 전문지식을 활용하여 얻은 판단을 보고하도록 하는 것을 의미한다. 수사기관으로부터 감정위촉을 받은 자를 **감정수탁자 또는 수탁감정인**이라고 한다. cf 법원으로부터 감정명령을 받은 자를 **감정인**이라고 한다.
근거	검사 또는 사법경찰관은 수사에 필요한 때에는 감정·통역 또는 번역을 위촉할 수 있다.(제221조 제2항) cf 법원의 감정; 법원은 학식경험 있는 자에게 감정을 명할 수 있다.(제169조)
성격	수사상 감정위촉은 <u>임의수사에 해당</u>한다. 따라서 영장을 필요로 하지 않는다. 또한 법원의 감정의 성격도 임의적이므로 영장을 필요로 하지 않는다.

> **관련판례** 강제채혈 사건
>
> [1] 수사기관이 법원으로부터 영장 또는 감정처분허가장을 발부받지 아니한 채 피의자의 동의 없이 피의자의 신체로부터 혈액을 채취하고 사후에도 지체 없이 영장을 발부받지 아니한 채 혈액 중 알코올농도에 관한 감정을 의뢰하였다면, 이러한 과정을 거쳐 얻은 감정의뢰회보 등은 형사소송법상 영장주의 원칙을 위반하여 수집하거나 그에 기초하여 획득한 증거(위법수집증거)로서, 원칙적으로 절차위반행위가 적법절차의 실질적인 내용을 침해하여 **피고인이나 변호인의 동의가 있더라도 유죄의 증거로 사용할 수 없다.** F4 16경승, 16순경1차, 17교정·보호·철경9, 17국7, 18경승, 18국9, 19경승, 21경승, 21국9, 21순경2차, 22경간, 23경승 [2] 수사기관이 범죄 증거를 수집할 목적으로 피의자의 동의 없이 피의자의 혈액을 취득·보관하는 행위는 법원으로부터 감정처분허가장을 받아 형사소송법 제221조의4 제1항, 제173조 제1항에 의한 **'감정에 필요한 처분'으로도 할 수 있지만**, 형사소송법 제219조, 제106조 제1항에 정한 **압수의 방법으로도 할 수 있고**, 압수의 방법에 의하는 경우 혈액의 취득을 위하여 피의자의 신체로부터 혈액을 채취하는 행위는 혈액의 압수를 위한 것으로서 형사소송법 제219조, 제120조 제1항에 정한 **'압수영장의 집행에 있어 필요한 처분'**에 해당한다. F4 14경간, 18순경2차, 21순경2차, 22국9 [3] 음주운전 중 교통사고를 야기한 후 피의자가 의식불명 상태에 빠져 있는 등으로 호흡조사에 의한 음주측정이 불가능하고 혈액 채취에 대한 동의를 받을 수도 없을 뿐만 아니라 법원으로부터 혈액 채취에 대한 감정처분허가장이나 사전 압수영장을 발부받을 시간적 여유도 없는 긴급한 상황이 생길 수 있다. 이러한 경우 피의자의 신체 내지 의복류에 주취로 인한 냄새가 강하게 나는 등 범죄의 증적이 현저한 **준현행범인의 요건이 갖추어져 있고** 교통사고 발생 시각으로부터 사회통념상 범행 직후라고 볼 수 있는 시간 내라면, 피의자의 생명·신체를 구조하기 위하여 **사고현장으로부터 곧바로 후송된 병원 응급실 등의 장소는 형사소송법 제216조 제3항(범죄장소에서의 압수·수색·검증)의 범죄 장소에 준한다(준범죄장소)** 할 것이므로, 검사 또는 사법경찰관은 피의자의 혈중알코올농도 등 증거의 수집을 위하여 의학적인 방법에 따라 필요최소한의 한도 내에서 피의자의 혈액을 채취하게 한 후 **그 혈액을 영장 없이 압수할 수 있다.** 다만 이 경우에도 형사소송법 제216조 제3항 단서, 형사소송규칙 제58조, 제107조 제1항 제3호에 따라 **사후에 지체 없이** 강제채혈에 의한 압수의 사유 등을 기재한 영장청구서에 의하여 법원으로부터 **압수영장을 받아야 한다.** (대법원 2012.11.15. 선고 2011도15258) F4 13순경1차, 14국9, 15경승, 18순경3차, 20법9, 21경간, 21순경2차, 22국9

> **비교판례** 간호사 사건
>
> 경찰관이 간호사로부터 <u>진료 목적으로 채혈되어 있던</u> 피고인의 혈액 중 일부를 주취운전 여부에 대한 감정을 목적으로 임의로 제출 받아 이를 압수한 경우 **그 압수절차가 피고인 또는 피고인 가족의 동의 및 영장 없이 행해졌더라도 위법하지 않다.**(대법원 1999.9.3. 선고 98도968) 11경승, 21순경2차, 22국9 ▶ 간호사 사건의 경우는 간호사가 **이미 채혈되어 있던 혈액을** 경찰관에게 임의로 건네 준 사례이지만, 위의 강제채혈 사건은 경찰관이 애초에 수사목적으로 영장주의 등 적법절차를 따르지 않고 **채혈되어 있지 않은 혈액**을 강제채혈 한 사례라는 점이 다르다.

> **관련판례** 호흡측정을 하고 1시간 12분이 경과한 후에야 채혈을 한 경우 적법 여부
>
> 경찰관이 음주운전 단속시 운전자의 요구에 따라 곧바로 채혈을 실시하지 않은 채 호흡측정기에 의한 음주측정을 하고 1시간 12분이 경과한 후에야 채혈을 한 경우 위법 여부(**위법 ×**); 위 행위가 법령에 위배된다거나 객관적 정당성을 상실하여 운전자가 음주운전 단속과정에서 받을 수 있는 권익이 현저하게 침해되었다고 단정하기 어렵다.(대법원 2008.4.24. 선고 2006다32132) 11순경1차, 14경승

> **관련판례** 강제채뇨 사건
>
> [1] 수사기관이 범죄 증거를 수집할 목적으로 하는 강제 채뇨는 범죄 수사를 위해서 강제 채뇨가 부득이하다고 인정되는 경우에 최후의 수단으로 적법한 절차에 따라 허용된다고 보아야 한다. [2] 수사기관이 범죄 증거를 수집할 목적으로 피의자의 동의 없이 피의자의 소변을 채취하는 것은 법원으로부터 **감정허가장을 받아** 형사소송법 제221조의4 제1항, 제173조 제1항에서 정한 '**감정에 필요한 처분**'으로 할 수 있지만(피의자를 병원 등에 유치할 필요가 있는 경우에는 형사소송법 제221조의3에 따라 법원으로부터 감정유치장을 받아야 한다), 형사소송법 제219조, 제106조 제1항, 제109조에 따른 **압수·수색의 방법**으로도 할 수 있다. 이러한 압수·수색의 경우에도 수사기관은 원칙적으로 형사소송법 제215조에 따라 판사로부터 **압수·수색영장을 적법하게 발부받아 집행해야 한다.** 압수·수색의 방법으로 소변을 채취하는 경우 압수대상물인 피의자의 소변을 확보하기 위한 수사기관의 노력에도 불구하고, 피의자가 인근 병원 응급실 등 소변 채취에 적합한 장소로 이동하는 것에 동의하지 않거나 저항하는 등 임의동행을 기대할 수 없는 사정이 있는 때에는 <u>수사기관으로서는 소변 채취에 적합한 장소로 피의자를 데려가기 위해서 필요 최소한의 유형력을 행사하는 것이 허용된다.</u> 이는 형사소송법 제219조, 제120조 제1항에서 정한 '**압수·수색영장의 집행에 필요한 처분**'에 해당한다고 보아야 한다. 19국7, 21국9, 21순경2차, 22순경1차 [3] 피고인이 메트암페타민(일명 '필로폰')을 투약하였다는 마약류 관리에 관한 법률 위반(향정) 혐의에 관하여, 피고인의 소변(30cc), 모발(약 80수), 마약류 불법사용 도구 등에 대한 압수·수색·검증영장을 발부받은 다음 경찰관이 피고인의 주거지를 수색하여 사용 흔적이 있는 주사기 4개를 압수하고, 위 영장에 따라 3시간가량 소변과 모발을 제출하도록 설득하였음에도 피고인이 계속 거부하면서 자해를 하자 이를 제압하고 수갑과 포승을 채운 뒤 강제로 병원 응급실로 데리고 가 응급구조사로 하여금 피고인의 신체에서 소변(30cc)을 채취하도록 하여 이를 압수한 경우, **위 압수영장 집행은 적법**하다. (대법원 2018.7.12. 선고 2018도6219)

2. 수사상 감정유치

(1) 수사상 감정유치의 의의, 대상과 요건

의의	수사상 감정유치란 수사기관이 **피의자의 정신 또는 신체를 감정하기 위하여** 일정기간 **병원 기타 적당한 장소에 피의자를 유치하는 강제처분**을 의미한다. cf 법원의 감정유치; 피고인의 정신 또는 신체에 관한 감정에 필요한 때에는 법원은 기간을 정하여 **병원 기타 적당한 장소에 피고인을 유치하게 할 수 있고, 감정이 완료되면 즉시 유치를 해제하여야 한다.**(제172조 제3항) F4 법9, 경승, 08법승, 14경간 TIP 유치 　유치란 사람을 일정한 장소에 가두어 두는 것을 말한다.
대상	수사상 감정유치의 대상은 <u>구속·불구속 피의자</u>이다. 제3자(참고인)는 감정유치의 대상이 되지 않는다. cf 법원의 감정유치의 대상은 <u>구속·불구속 피고인</u>이다.
요건	수사상 감정유치도 강제처분의 일종이므로 범죄혐의, 유치의 필요성, 비례의 원칙이 요구된다. 법원의 감정유치의 경우에도 마찬가지이다.

(2) 수사상 감정유치의 절차

1) 감정유치의 청구

검사는 감정유치처분(제172조 제3항)이 필요한 때에는 **판사에게 감정유치를 청구하여야 한다.**(제221조의3 제1항) F4 13경승, 16경승, 23국9 감정유치의 청구는 <u>감정유치청구서</u>에 의한다.(규칙 제113조) ▶ 서면주의 cf 법원의 감정유치; **검사의 감정유치 청구 절차를 필요로 하지 않는다.** 법원이 피고인에 대하여 감정유치가 필요하다고 인정하는 때에는 법원이 직접 감정유치장을 발부한다.(제172조 제4항)

2) 감정유치장의 발부

검사의 감정유치 청구를 받은 판사는 감정유치의 청구가 상당하다고 인정할 때에는 유치처분을 하여야 한다.(제221조의3 제2항) 감정유치를 함에는 감정유치장을 발부하여야 한다.(제221조의3 제2항, 제172조 제4항) 여기서 <u>감정유치장은 영장에 해당한다.</u> F4 13경승, 15경승, 16경승 cf 법원의 감정유치; 법원이 직접 감정유치장을 발부한다.(제172조 제4항) F4 08법승

3) 감정유치장의 집행

감정유치장의 집행에 대해서는 감정유치는 구속과 유사하기 때문에 **구속영장집행에 관한 규정을 준용**한다.(제221조의3 제2항, 제172조 제7항) F4 11법9

(3) 감정유치기간

감정유치기간은 **제한이 없다.** 감정유치기간을 연장할 경우에는 검사의 청구에 의하여 판사(수임판사)가 결정하여야 한다.(제221조의3 제2항, 제172조 제6항)

(4) 감정유치와 구속

① 감정유치에 관하여는 형사소송법에 특별한 규정이 있는 경우를 제외하고는(예외가 없는 한) **구속에 관한 규정을 준용**한다. 단, **보석에 관한 규정은 그러하지 아니하다.**(제221조의3 제2항, 제172조 제7항) [F4] 13경승 보석은 구속된 피고인을 석방하는 제도이다. 피고인의 정신 또는 신체 감정을 위하여 감정유치를 하는 경우에 석방을 한다면 감정유치의 목적을 달성할 수 없기 때문에 보석에 관한 규정을 준용하지 않는 것이다.

② 감정유치는 미결구금일수의 산입에 있어서는 구속으로 간주한다.(제221조의3 제2항, 제172조 제8항) 이는 **감정유치기간은 미결구금일수에 산입**된다는 의미이다. [F4] 08법승, 11법9, 15경승, 17교정·보호·철경9, 21법9 구속기간은 미결구금일수에 산입한다. 감정유치기간을 구속된 기간으로 보아 미결구금일수에 산입하면 피고인에게 유리하므로 감정유치기간을 미결구금일수에 산입하는 것이다.

③ 구속 중인 피의자에 대하여 감정유치장이 집행되었을 때에는 피의자가 유치되어 있는 기간(감정유치기간)은 구속집행정지된 것(구속되지 않은 것)으로 간주한다.(제221조의3 제2항, 제172조의2 제1항) 이는 **감정유치기간은 구속기간에 산입하지 않는**다는 의미이다. [F4] 08법승, 09국9, 11법9, 13경승, 15경승, 16경승, 18경승, 21법9 구속 중인 피의자에 대해서도 감정이 필요한 때에는 감정유치를 할 수 있다. 이 때 감정유치된 기간 동안은 구속집행이 정지된 것으로 간주하므로 피의자의 구속기간은 진행하지 않는다. 따라서 감정유치기간은 구속기간에 산입하지 않는 것이다. 예컨대 사법경찰관이 피의자를 구속한 시기가 10월 1일이라고 가정하자. 사법경찰관의 피의자 구속기간은 10일이므로 원래는 10월 10일 24시가 구속기간의 만기가 된다. 그런데 피의자에 대하여 정신 감정을 하기 위하여 10월 3일부터 10월 5일까지 3일간 정신병원에 감정유치를 하였다면 감정유치기간인 3일은 구속기간에 산입하지 않으므로 실제 구속기간의 만기는 10월 13일 24시가 된다.

④ 감정유치처분이 취소되거나 감정유치기간이 만료된 때에는 구속집행정지가 취소된 것으로 간주한다.(제221조의3 제2항, 제172조의2 제2항) 그러므로 나머지 구속기간이 다시 진행하게 된다.

3. 감정에 필요한 처분

조문	감정수탁자([cf] 법원의 경우는 감정인)는 감정에 관하여 필요한 때에는 판사의 허가([cf] 감정인의 경우는 법원의 허가)를 얻어 타인의 주거, 간수자 있는 가옥, 건조물, 항공기, 선거 내에 들어갈 수 있고 신체의 검사, 사체의 해부, 분묘의 발굴, 물건의 파괴를 할 수 있다.(제221조의4 제1항, 제173조 제1항) [F4] 법9
허가 청구	감정수탁자의 경우에는 검사가 하여야 한다.(제221조의4 제2항) [cf] 감정인의 경우는 검사의 허가청구를 요하지 않는다.
허가장 발부	판사는 허가청구가 상당하다고 인정할 때에는 (감정처분)허가장을 발부하여야 한다.(제221조의4 제3항) 여기서의 감정처분허가장은 영장의 성격을 갖는다. [cf] 감정인의 경우는 검사의 청구를 필요로 하지 않고 법원이 직접 (감정처분)허가장을 발부한다. [F4] 법9

제 4 절 수사상 증거보전

07법승, 09순경1·2차, 09국7, 10경사, 10·12순경2차, 11경장, 11경사, 11순경1차, 11법9, 12경승·경간·순경3차, 13순경1차, 13국7, 13검찰·마약, 13순경2차, 14경승, 14경간, 14순경1차, 14순경2차, 15경승, 15국7, 15순경3차, 16경간, 16경승, 16순경2차, 17경승, 17순경2차, 19경간, 19경승, 20경간, 20경승, 23경승

수사상 증거보전이란 공판기일의 정상적인 증거조사를 할 때까지 기다려서는 증거를 사용하기 곤란한 사정이 있거나 중요 참고인이 참고인 조사를 위한 출석요구에 대하여 출석을 거부할 경우에 일정한 청구권자가 지방법원판사(수임판사)에게 강제처분을 해 줄 것을 청구하여 판사가 강제처분을 한 경우 그 결과물을 증거보전하여 공판기일에 사용할 수 있도록 하는 제도를 말한다.

예컨대 수사기관이 피의자 甲이 A를 살해한 시각을 00년 9월 5일 오후 2시 ~ 4시 사이라고 주장하고 있는 경우를 가정해 보자. 甲이 00년 9월 5일 오후 2시 ~ 11시까지 친구 乙과 골프를 치고, 술을 한잔 했다고 주장하고 있다. 만약 乙이 9월 15일 밤 11시 비행기로 미국 이민을 가기 때문에 甲과 乙이 인사를 하기 위해 만난 것이고, 제1회 공판기일이 9월 16일 오전에 열리는 경우라면 피의자 甲의 입장에선 제1회 공판기일이 열리는 9월 16일에 자기에게 유리한 결정적 증언을 해 줄 乙을 증인으로 신문해 줄 것을 신청하는 것은 불가능하다고 봐야 한다. 9월 15일 밤 11시 비행기로 미국 이민을 떠난 乙이 9월 16일 오전에 한국 법정에 와서 甲을 위해 증언한다는 것은 사실상 불가능하기 때문이다.

이런 경우에 피의자 甲은 9월 16일 제1회 공판기일이 열리기 전이라도 지방법원 판사에게 乙을 증인으로 신문해 줄 것을 신청하고, 판사가 미리 乙에 대한 증인신문을 하여 그 결과를 증인신문조서로 보전해 두는 제도를 인정하면 甲은 제1회 공판기일에 그 증인신문조서를 증거로 사용할 수 있게 된다. 이와 같이 제1회 공판기일에 정상적으로 증거조사를 할 때까지 기다려서는 증거를 사용하기 곤란한 사정 등이 있는 경우에 미리 판사가 증거조사를 하여 그 결과를 보전해 두는 제도가 바로 '수사상 증거보전제도'이다. '수사상 증거보전'에는 '증거보전청구 절차(제184조)'와 '증인신문의 청구 절차(제221조의1)'가 있다. 이 두 제도를 비교하는 문제가 많이 출제되고, 비교해서 보는 것이 능률적이므로 다음과 같이 비교해서 서술한다.

1. 증거보전청구와 증인신문의 청구의 의의

증거보전청구(제184조)	증인신문의 청구(제221조의2)
증거보전청구란 제1심 제1회 공판기일에 정상적으로 증거조사를 할 때까지 기다려서는 증거를 사용하기 곤란한 사정이 있는 경우 **검사 · 피고인 · 피의자 · 변호인의 청구에 의하여 판사가 한 증거조사의 결과를 미리 보전**해두는 제도를 말한다. 18순경3차, 19국9, 22경승	범죄수사에 없어서는 아니 될 사실을 안다고 명백히 인정되는 자(중요 참고인)이 출석 또는 진술을 거부한 경우 제1회 공판기일 전까지 **검사의 청구에 의하여 판사가 그를 증인으로 신문**하는 제도를 말한다.

2. 증거보전청구와 증인신문의 청구의 요건

증거보전청구(제184조)	증인신문의 청구(제221조의2)
증거보전의 필요성이 요건이다. 증거보전의 필요성이란 제1심 제1회 공판기일에 정상적으로 증거조사를 할 때까지 기다려서는 증거를 사용하기 곤란한 사정이 있는 경우를 말한다.	**중요 참고인의 출석거부 · 진술거부**가 요건이다. cf 중요참고인의 진술번복의 우려를 이유로 증인신문청구를 할 수는 없다.

3. 증거보전청구와 증인신문의 청구의 청구 시기

증거보전청구와 증인신문의 청구의 청구 시기는 같다. 즉 둘 다 (제1심) **제1회 공판기일 전까지** 청구할 수 있다.(제184조 제1항) F4 18경승, 19국9, 23순경2차 '제1회 공판기일 전까지'에 대하여 다수설은 '모두 절차가 끝날 때까지'라고 한다. 그러므로 상소심 절차, 파기환송·이송 후의 절차, 재심청구사건에서는 증거보전청구·증인신문의 청구를 할 수 없다. F4 22경승, 23순경2차

4. 증거보전청구와 증인신문의 청구의 청구권자와 상대방

증거보전청구(제184조)	증인신문의 청구(제221조의2)
① 청구권자; **검사·피의자·피고인·변호인**이다. cf 피내사자·피해자는 청구할 수 없다. 청구시 반드시 서면(서면 또는 구술×)으로 사유를 소명해야 한다. ② 상대방; **(지방법원)판사**이다. 청구를 받은 판사는 법원 또는 재판장과 동일한 권한이 있다. F4 18경승	① 청구권자; **검사만이 청구**할 수 있다. 청구시 반드시 서면(서면 또는 구술×)으로 사유를 소명해야 한다. ② 상대방; **(지방법원)판사**이다. 청구를 받은 판사는 법원 또는 재판장과 동일한 권한이 있다. 상대방은 증거보전청구와 같다.

5. 증거보전청구와 증인신문의 청구의 청구 내용 F4 13국7

증거보전청구(제184조) F4 23순경2차	증인신문의 청구(제221조의2)
압수·수색·검증·감정·증인신문을 청구할 수 있다. cf **피의자신문·피고인신문을 청구할 수 없다.** F4 18경승 cf 공동피고인 또는 공범자를 증인으로 신문할 것을 청구할 수 있다.(대법원 1988.11.8. 선고 86도1646) F4 17국7, 18순경1차, 21경간, 22경승 피고인신문을 청구하는 것이 아니라 증인신문을 청구하는 것이기 때문이다.	참고인에 대한 증인신문만을 청구할 수 있다. 증인신문의 청구라는 용어에서 증인신문만을 청구할 수 있다는 것을 도출하면 된다.

6. 증거보전의 실행

이는 공통점이다. 판사가 증거보전·증인신문을 할 이익이 있다고 인정하면 **별도의 결정 없이** 증거보전을 하고, 증인신문을 해야 한다.

7. 판사의 결정에 대한 불복방법

증거보전청구(제184조)	증인신문의 청구(제221조의2)
증거보전청구를 기각한 판사(수임판사)의 결정에 대하여는 **3일 이내에 항고**할 수 있다.(제184조 제4항) F4 17국7, 18순경1차, 19국9, 20국9, 21경간, 23국7	증인신문청구를 기각한 판사(수임판사)의 결정에 대하여는 **불복할 수 없다.**

수임판사의 재판에 대한 불복방법은 다음과 같이 원칙과 예외로 나누어 보아야 한다.

원칙	**수임판사의 재판에 대해서는 원칙적으로 불복 방법이 없다.** 왜냐하면 수임판사의 재판은 법원의 결정이 아니므로 제402조의 항고의 대상이 되지 않고, 수임판사는 재판장 또는 수명법관이 아니므로 제416조의 준항고의 대상도 되지 않기 때문이다.(대법원 1997.6.16. 자 97모1) F4 10경승, 18순경3차
예외	증거보전청구를 기각한 판사의 결정에 대하여 3일 이내에 (보통)항고를 할 수 있다.(제184조 4항) F4 13국7, 13순경2차, 18경승 여기서의 항고는 즉시항고가 아니라는 것을 주의해야 한다. 이는 수임판사의 재판에 대하여 불복을 허용하는 유일한 예외이다.

8. 당사자의 참여권과 신문권

이는 공통점이다. 즉 당사자(검사 · 피의자 · 피고인 · 변호인)에게는 증거보전청구 절차에의 참여권과 (증인)신문권이 **인정**된다. 또한 당사자(피의자 · 피고인 · 변호인)에게는 증인신문청구 절차에의 참여권과 (증인)신문권이 **인정**된다.

9. 증거물 보관과 당사자의 열람 · 등사권

증거보전청구(제184조)	증인신문의 청구(제221조의2) F4 23순경2차
증거보전청구에 의하여 보전된 증거는 **보전을 한 판사가 소속된 법원에 보관**한다. 그러므로 당사자(검사 · 피의자 · 피고인 · 변호인)는 **판사**(법원×)의 허가를 얻어 보전된 서류 · 증거물을 **열람 · 등사할 수 있다.** (제185조) F4 19경승	판사는 증인신문을 한 때에는 지체 없이 이에 관한 서류를 검사에게 송부하여야 한다.(제221조의2 제6항) F4 18국7 증인신문의 청구에 의하여 보전된 증거는 검사에게 송부하여 **검사가 보관**한다. 증거물을 검사가 보관하기 때문에 당사자(피의자 · 피고인 · 변호인)의 **열람 · 등사권이 인정되지 않는다.**

10. 증거보전청구와 증인신문의 청구에 관여한 판사에 대한 제척 · 기피

증거보전청구(제184조)	증인신문의 청구(제221조의2)
증거보전 절차에 관여한 법관이 항소심에 관여한 경우 **제척사유에 해당하지 않는다.**〈판례〉	증인신문청구절차에 관여한 법관이 항소심에 관여한 경우 **제척사유에 해당한다.**(다수설) ▶ 이에 대한 판례는 없다. 따라서 다수설로 답을 하면 된다.

11. 증거보전청구와 증인신문의 청구 절차에서 작성된 조서의 증거능력

제184조의 증거보전청구 절차에서 작성된 압수 · 수색조서 · 검증조서 · 증인신문조서 · 감정서와 제221조의2의 증인신문의 청구 절차에서 작성된 증인신문조서는 **절대적으로 증거능력이 인정**된다. 제311조의 법원 · 법관의 조서에 해당하기 때문이다.

> **관련판례** 제184조에 의한 증거보전절차에서 피의자 및 변호인에게 참여 기회를 주지 아니하고 작성한 증인신문조서의 증거능력

| 1 | 제184조에 의한 증거보전절차에서 증인신문을 하면서, 위 증인신문의 일시와 장소를 피의자 및 변호인에게 미리 통지하지 아니하여 증인신문에 참여할 수 있는 기회를 주지 아니하였고, 또 변호인이 제1심 공판기일에 위 증인신문조서의 증거조사에 관하여 이의신청을 하였다면, **위 증인신문조서는 증거능력이 없다** 할 것이고, 그 증인이 후에 법정에서 그 조서의 진정성립을 인정한다 하여 다시 그 증거능력을 취득한다고 볼 수도 없다.(대법원 1992.2.28. 선고 91도2337) 15경승, 15국7, 17순경2차 |

CHAPTER 3 수사의 종결

제1절 서론

1 수사종결의 의의와 수사종결처분의 종류

1. 수사종결의 의의와 수사의 종결권자

수사의 종결이란 공소제기를 할 것인지 여부를 결정할 수 있을 정도로 피의사건이 해명되었을 때(밝혀졌을 때) 검사 또는 사법경찰관이 수사절차를 종료하는 처분을 말한다. 수사는 **사법경찰관의 사건 송치 또는 불송치와 검사의 공소제기 또는 불기소처분**에 의하여 종결된다. 수사의 종결권자는 **사법경찰관과 검사**이다. 즉결심판절차에서는 '관할 경찰서장 또는 관할 해양경찰서장(경찰서장)'이 수사의 종결권자이다.

> TIP 관할 경찰서장 또는 관할 해양경찰서장을 줄여서 '경찰서장'이라고 한다.

2. 수사종결처분의 종류 国9, 13국7, 15경승

수사종결처분에는 사법경찰관의 사건송치 또는 사건불송치와 검사의 공소제기, 불기소처분, 타관송치가 있다.

(1) 사법경찰관의 사건송치결정 또는 사건불송치결정 등

① 사법경찰관의 사건송치결정과 사건불송치결정 등
사법경찰관은 사건을 수사한 경우에는 다음 각 호의 구분에 따라 결정해야 한다.(수사준칙 규정 제51조 제1항) 22순경1차

1. **법원송치**
2. **검찰송치**
3. **불송치**; 가. 혐의없음; 1) 범죄인정안됨, 2) 증거불충분 / 나. 죄가안됨, / 다. 공소권없음, / 라. 각하
4. **수사중지** 가. 피의자중지 나. 참고인중지; 사법경찰관은 수사중지(피의자중지·참고인중지) 결정을 한 경우 **7일 이내**에 사건기록을 검사에게 송부해야 한다. 이 경우 검사는 사건기록을 송부받은 날부터 **30일 이내**에 반환해야 하며, 그 기간 내에 시정조치요구를 할 수 있다.(수사준칙 규정 제51조 제4항)
5. **이송**; 사법경찰관은 **죄가 안됨·공소권없음 불송치결정에 해당하는 사건이** 심신상실로 인하여 벌할 수 없는 경우와 기소되어 사실심 계속 중인 사건과 포괄일죄 또는 상상적 경합 관계에 있는 경우에는 **해당 사건을 검사에게 이송한다.**(수사준칙 규정 제51조 제3항) 22순경1차

a. 사법경찰관의 사건송치결정; 사법경찰관은 고소·고발사건을 포함하여 범죄를 수사한 때에는 범죄의 혐의가 있다고 인정되는 경우에는 **지체 없이 검사에게 사건을 송치**하고, 관계 서류와 증거물을 검사에게 송부하여야 한다.(제245조의5 제1호) 21순경1차, 21순경2차, 22경승, 23경승, 23순경2차 **검사는** 송치사건

의 공소제기 여부 결정 또는 공소의 유지에 관하여 필요한 경우, **사법경찰관이 신청한 영장의 청구 여부 결정에 관하여 필요한 경우에는 사법경찰관에게 보완수사를 요구**할 수 있다.(제197조의2 제1항) ▶ **검사의 보완 수사 요구권** 〚기〛 21순경1차, 22경승, 22교정·보호·철9 또한 **검사**는 사법경찰관으로부터 송치받은 사건에 대해 보완수사가 필요하다고 인정하는 경우에는 **직접 보완수사를 하거나** 법 제197조의2 제1항 제1호에 따라 **사법경찰관에게 보완수사를 요구할 수 있다.**[▶ 종전에는 검사는 원칙적으로 사법경찰관에게 보완수사를 요구해야 하고, 예외적으로만 직접 보완수사를 할 수 있었던 것을 **검사가 직접 보완수사허거나 사법경찰관에게 보완수사 요구를 하는 것을 선택할 수 있도록 개정**한 것이다.(수사준칙 규정 제59조 제1항) 〚기〛 21순경1차, 22순경1차

b. 사법경찰관의 사건불송치결정; 그 밖의 경우(범죄의 혐의가 없다고 인정되는 경우)에는 **그 이유를 명시한 서면과 함께 관계 서류와 증거물을 지체 없이 검사에게 송부**하여야 한다. 이 경우 검사는 송부받은 날로부터 90일 이내에 사법경찰관에게 반환하여야 한다.(제245조의5 제2호) ▶ **사법경찰관의 사건불송치결정** 〚기〛 21순경1차, 21국7, 22경승, 23경승, 23경경1차 검사는 '사법경찰관이 사건을 송치하지 아니한 것이(사법경찰관의 사건불송치 결정이)' 위법 또는 부당한 때에는 그 **이유를 명시한 서면과 함께 관계서류와 증거물을 송부 받은 날부터 원칙적으로 90일 이내에 사법경찰관에게 재수사를 요청할 수 있다.**(제245조의8 제1항, 수사준칙 규정 제63조 제1항) 〚기〛 23순경2차 다만(예외), 불송치 결정에 영향을 줄 수 있는 명백히 새로운 증거 또는 사실이 발견된 경우와 증거 등의 허위, 위조 또는 변조를 인정할 만한 상당한 정황이 있는 경우에는 관계 서류와 증거물을 **송부받은 날부터 90일이 지난 후에도 재수사를 요청할 수 있다.**(수사준칙 규정 제63조 제1항) 〚기〛 22순경1차 이는 재수사 요청 사유이지 **보완수사 요구 사유가 아니다.** ▶ **검사의 재수사 요청권** 〚기〛 21순경2차, 22순간, 23경승 사법경찰관은 검사의 재수사 요청이 있는 때에는 사건을 재수사하여야 한다.(제245조의8 제2항) ▶ **사법경찰관의 재수사 의무** 〚기〛 21순경2차 검사는 재수사를 요청한 경우 그 사실을 고소인등에게 통지해야 하고(수사준칙 규정 제63조 제3항), 사법경찰관은 재수사의 요청이 접수된 날부터 **3개월 이내에 재수사를 마쳐야 한다.**(수사준칙 규정 제63조 제3항) 사법경찰관은 **재수사 중인 사건에 대해 (고소인 등의) 이의신청이 있는 경우에는 재수사를 중단해야 하며**, 해당 사건을 지체 없이 검사에게 송치하고 관계 서류와 증거물을 송부해야 한다.(수사준칙 규정 제65조) 〚기〛 22순경1차 검사는 사법경찰관이 기존의 불송치 결정을 유지하는 경우 재수사 결과를 통보한 사건에 대해서 (원칙적으로) **다시 재수사를 요청을 하거나 송치 요구를 할 수 없다.** 〚기〛 22경간, 23순경2차 다만, (예외적으로) 사법경찰관의 재수사에도 불구하고 관련 법령 또는 법리에 위반되거나 (불송치 결정의 유지에 영향을 미치지 않음이 명백한 경우를 제외하고) 범죄 혐의의 유무를 명확히 하기 위해 재수사를 요청한 사항에 관하여 그 이행이 이루어지지 않거나 송부 받은 관계 서류 및 증거물과 재수사결과만으로도 범죄의 혐의가 명백히 인정되거나 공소시효 또는 형사소추의 요건을 판단하는 데 오류가 있어 사건을 송치하지 않은 위법 또는 부당이 시정되지 않은 경우에는 **재수사 결과를 통보받은 날부터 30일 이내에 법 제197조의3에 따라 사건송치를 요구할 수 있다.**(수사준칙 규정 제64조 제2항·제4항) 사법경찰관은 제245조의5 제2호(사법경찰관의 사건불송치결정)의 경우에는 그 **송부한 날부터 7일 이내에** 서면으로 고소인·고발인·피해자 또는 그 법정대리인(피해자가 사망한 경우에는 그 배우자·직계친족·형제자매를 포함)에게 사건을 **검사에게 송치하지 아니하는 취지와 그 이유를 통지하여야 한다.**(제245조의6) 〚기〛 22경승

② **사법경찰관의 고소인 등에 대한 수사 결과의 통지**; 검사 또는 사법경찰관은 제51조(사법경찰관의 검찰송치, 불송치 등) 또는 제52조(검사의 공소제기, 불기소 등)에 따른 결정을 한 경우에는 그 내용을 **고소인·고발인·피해자 또는 그 법정대리인**(피해자가 사망한 경우에는 그 배우자·직계친족·형제자매를 포함한다. 이하 "고소인등"이라 한다)과 피의자에게 통지해야 한다. 다만, 제51조 제1항 제4호 가목에 따른 (사법경찰관의) 피의자중지 결정 또는 제52조 제1항 제3호에 따른 (검사의) 기소중지 결정을 한 경우와 제51조 제1항

제5호 또는 제52조 제1항 제7호에 따른 이송(법 제256조에 따른 송치〈타관송치〉는 제외한다) 결정을 한 경우로서 검사 또는 사법경찰관이 해당 피의자에 대해 출석요구 또는 제16조 제1항 각 호의 어느 하나에 해당하는 행위(즉시 입건해야 하는 경우 * 피혐의자 피신 긴급 영장)를 하지 않은 경우에는 **고소인등에게만 통지**한다. ▶ 단서의 경우 피의자에게는 통지 불요(수사준칙 규정 제53조 제1항) F4 21순경1차, 23경승

③ 고소인 등의 이의신청; 제245조의6의 통지(사법경찰관의 불송치통지)를 받은 사람(**고발인을 제외**)은 해당 **사법경찰관의 소속 관서의 장에게** 이의를 신청할 수 있다.(제245조의7 제1항) F4 22경간, 22경승, 23경승, 24경간, 23국7 사법경찰관은 제1항의 신청(고소인 등의 이의신청)이 있는 때에는 지체 없이 검사에게 사건을 송치하고 관계 서류와 증거물을 송부하여야 하며, 처리결과와 그 이유를 제1항의 신청인에게 통지하여야 한다.(제245조의7 제2항) F4 23국7 다만, 사법경찰관으로부터 수사중지 결정의 통지를 받은 사람은 **해당 사법경찰관이 소속된 바로 위 상급경찰관서의 장에게** 이의를 제기할 수 있다.(수사준칙 규정 제54조 제1항) F4 22순경1차, 23경승 ▶ 사법경찰관의 불기소결정 등의 통지를 받은 경우 **이의신청을 할 수 있는 사람에 고발인을 제외**하였다. 이에 대해서는 사회적 약자나 공익을 위한 고발사건, 시민단체의 권력자의 직권남용 고발사건에서 검찰의 접근이 차단되고, 경찰의 판단에 맡겨지게 되어 문제가 있다는 비판이 있다. 또한 사법경찰관으로부터 수사중지 결정의 통지를 받은 사람은 **해당 수사중지 결정이 법령위반, 인권침해 또는 현저한 수사권 남용이라고 의심되는 경우** 검사에게 법 제197조의3 제1항에 따른(사법경찰관리의 수사과정에서 법령위반, 인권침해 또는 현저한 수사권 남용이 의심되는 사실이 있다는) 신고를 할 수 있다.(수사준칙 규정 제54조 제3항) F4 23경승

④ 검찰청 직원으로서 사법경찰관리의 직무를 행하는 자와 그 직무의 범위는 법률로 정한다.(제245조의9 제1항) 사법경찰관의 직무를 행하는 검찰청 직원은 검사의 지휘를 받아 수사하여야 한다.(제245조의9 제2항) cf 일반사법경찰관; 검사의 지휘를 받지 않는다. 사법경찰리의 직무를 행하는 검찰청 직원은 검사 또는 사법경찰관의 직무를 행하는 검찰청 직원의 수사를 보조하여야 한다.(제245조의9 제3항) 사법경찰관리의 직무를 행하는 검찰청 직원에 대하여는 제197조의2부터 제197조의4까지, 제221조의5, 제245조의5부터 제245조의8까지의 규정을 적용하지 아니한다.(제245조의9 제4항)

(2) 공소제기

공소제기는 '기소'라고도 하며, 검사가 수사결과 범죄의 객관적 혐의가 충분하고 소송조건을 갖추어 유죄판결을 받을 수 있다고 인정할 때에 하는 처분이다. 검사의 공소제기로 인하여 형사절차는 공판절차로 넘어가게 된다.

(3) 불기소처분

불기소처분에는 협의의 불기소처분과 기소유예, 기소중지 등이 있다. 이에 대하여 차례로 서술한다.

1) 협의(좁은 의미)의 불기소처분

혐의 없음	혐의 없음이란 피의사실이 구성요건해당성이 없는 경우(예 동성애), 증거불충분의 경우에 하는 협의의 불기소처분이다.
죄가 안됨	죄가 안됨이란 피의사실이 구성요건해당성은 있으나, 위법성조각사유 또는 책임조각사유가 있는 경우(예 정당방위에 해당하는 경우, 14세 미만자인 경우)에 하는 협의의 불기소처분이다. F4 21경간
공소권 없음	공소권 없음이란 소송조건이 결여된 경우(예 공소시효가 완성된 경우, 피의자가 사망한 경우 등) F4 16경승, 형이 면제되는 경우(예 친족상도례에 해당하는 경우)에 하는 협의의 불기소처분이다.

2) 기소유예

피의사실은 인정되지만 형법 제51조 각 호의 사유(양형사유)를 참작하여 공소제기를 하지 않는 처분으로서 광의(넓은 의미)의 불기소처분에 해당한다.

TIP 양형사유

양형사유란 피고인에 대하여 형량을 정할 때 참작할 사유를 말한다.(형법 제51조) 예를 들면 범인의 지능, 범행 동기, 범행 후의 정황 등이 양형사유에 해당한다.

3) 기소중지와 참고인중지

기소 중지	피의자의 소재불명 등의 사유로 수사를 종결할 수 없는 경우에 그 사유가 해소될 때까지 하는 처분으로서 광의의 불기소처분에 해당한다.
참고인 중지	참고인의 소재불명 등의 사유로 수사를 종결할 수 없는 경우에 그 사유가 해소될 때까지 하는 처분으로서 광의의 불기소처분에 해당한다.

(4) 타관송치

검사는 사건이 그 소속 검찰청에 대응한 법원의 관할에 속하지 아니한 때에는 그 사건을 서류와 증거물과 함께 관할법원에 대응한 검찰청검사에게 송치하여야 한다.(제256조) 예컨대 수원지방검찰청 검사가 사건을 수사했는데 관할법원이 부산지방법원인 경우에 수원지방검찰청 검사가 부산지방법원에 공소제기를 하면 공판기일이 열릴 때마다 부산에 출장을 가야하는 불편이 따른다. 이런 경우에 수원지방검찰청 검사가 부산지방검찰청 검사에게 사건을 송치함으로써 부산지방검찰청 검사가 부산지방법원에 공소제기를 하여 공소유지를 편리하게 할 수 있도록 하기 위하여 인정하는 제도가 타관송치이다. cf 공소취소는 수사종결처분이 아니다.

ⅠⅠ 수사종결처분의 통지

검사는 수사종결처분을 한 경우에는 다음과 같이 통지할 의무가 있다.

고소인 또는 고발인에 대한 통지와 이유고지	검사는 **고소** 또는 고발 있는 사건에 관하여 공소를 제기하거나(기소처분) 제기하지 아니하는 처분(불기소처분), 공소의 취소 또는 타관송치를 한 때에는 그 처분한 날로부터 **7일** 이내에 서면으로 고소인 또는 고발인에게 그 취지를 통지하여야 한다.(제258조 제1항) * **고칠(결)** F4 법9, 순경, 09국9, 13경승, 14경승, 17검찰·마약9, 18경승, 19경간, 21경간 ▶ 통지는 고소인 또는 고발인의 **청구가 필요 없다**. cf 고소인 또는 고발인에 대한 이유 고지; 검사는 **고소** 또는 고발 있는 사건에 관하여 공소를 제기하지 아니하는 처분(**불기소처분**)을 한 경우에 **고소인 또는 고발인의 청구**가 있는 때에는 **7일** 이내에 그 이유를 서면으로 설명하여야 한다.(제259조) * **고칠(결)** F4 13경승, 18경승, 23국7 ▶ 이유고지는 고소인 또는 고발인의 청구가 필요하고, 검사가 불기소처분을 한 경우에만 한다.
피의자에 대한 통지	검사는 **불기소** 또는 **타**관송치처분을 한 때에는 피의자에게 **즉시** 그 취지를 통지하여야 한다.(제258조 제2항) * **불타 즉시 피의자(피해자×)** ▶ 이는 고소·고발사건일 것을 요하지 않는다. F4 09국9, 13경승, 15경승, 16경승, 17검찰·마약9, 19경간
피해자 등에 대한 통지	검사는 범죄로 인한 피해자 또는 그 법정대리인(피해자가 사망한 경우에는 그 배우자·직계친족·형제자매를 포함)의 신청이 있는 때에는 당해 사건의 공소제기 여부, 공판의 일시·장소, 재판결과(재판경과×), 피의자·피고인의 구속·석방 등 **구금에 관한 사실** 등을 신속하게 통지하여야 한다.(제259조의2) F4 09순경2차, 09국9, 11법9, 13경승, 14교정·보호, 철경9, 16법9, 17검찰·마약9, 17국7, 18경승

ⅠⅠⅠ 불기소처분에 대한 불복제도 F4 12경간

검사의 불기소처분에 대하여 불복하는 제도에는 검찰항고와 검찰재항고, 재정신청, 헌법소원 등이 있다. 이에 대하여 차례로 살펴본다.

1. 검찰항고와 검찰재항고

(1) 검찰항고

검사의 불기소처분(협의의 불기소처분, 기소유예, 기소중지, 참고인중지 등)에 불복하는 고소인이나 고발인은 불기소처분의 통지를 받은 날부터 30일 이내에 검사가 속한 지방검찰청 또는 지청을 거쳐 서면으로 **관할 고등검찰청 검사장**에게 항고할 수 있다. 이 경우 해당 지방검찰청 또는 지청의 검사는 항고가 이유 있다고 인정하면 그 처분을 경정하여야 한다.(검찰청법 제10조 제1·4항) F4 09국9, 14교정·보호, 철경9, 15경간, 20경승, 21경간

(2) 검찰재항고

검찰항고를 한 자(재정신청을 할 수 있는 자는 제외)는 그 항고를 기각하는 처분에 불복하거나 항고를 한 날부터 항고에 대한 처분이 이루어지지 아니하고 3개월이 지났을 때에는 (검찰)항고기각결정을 통지받은 날 또는 항고 후 항고에 대한 처분이 이루어지지 아니하고 3개월이 지난 날부터 30일 이내에 검사가 속한 고

등검찰청을 거쳐 서면으로 **검찰총장에게** 재항고 할 수 있다. 이 경우 해당 고등검찰청의 검사는 재항고가 이유 있다고 인정하면 그 처분을 경정하여야 한다.(검찰청법 제10조 제3·5항) ▶ 재정신청을 하려는 자는 검찰항고는 거쳐야 하는 것이 원칙이지만, 검찰재항고는 할 수 없다.

2. 재정신청

재정신청에 대하여는 뒤에 서술한다.

3. 헌법소원 [F4] 17검찰·마약9, 24경간

헌법소원이란 공권력의 행사 또는 불행사로 인하여 자기의 기본권이 침해되었음을 이유로 하여 헌법재판소에 구제를 구하는 제도를 말한다. 헌법소원을 청구할 수 있는 자와 없는 자는 다음과 같다.

헌법소원청구 O	헌법소원청구 ×
① **고소를 하지 않은 피해자**; 헌법소원을 청구할 수 있다.	① **고발인**; 자기관련성이 없기 때문에 헌법소원을 청구할 수 없다.
② **피의자**; 검사가 혐의 없음의 불기소처분을 하였어야 함에도 불구하고 기소유예의 처분을 한 것이 평등권과 행복추구권을 침해했다는 이유로 헌법소원을 청구할 수 있다.(헌결 1996.3.28. 95헌마170)	② **고소인**; 견해가 대립하나, 고소권자로서 고소를 한 고소인은 모든 범죄에 대하여 재정신청을 할 수 있으므로 불기소처분에 대한 헌법소원청구를 할 수 없다는 견해로 정리하면 된다.

제 2 절 공소제기 후의 수사

I 공소제기 후의 수사의 필요성

검사 또는 공수처검사가 공소제기를 하면 원칙적으로 수사는 종결된다. 그러나 공소제기 이후에도 공소를 유지할지 공소를 취소할지 여부를 결정하기 위하여 또는 공소를 유지하기 위하여 수사를 할 필요성이 있다. 공소제기 후의 수사에 관한 아래의 내용에 대하여는 견해가 대립되나, 다수설·판례에 따라 서술한다.

II 공소제기 후의 강제수사

1. 원칙

공소제기 후의 강제수사(피고인 구속, 압수·수색·검증)의 권한은 **수소법원**(공소제기를 받은 법원)에 있다. (제70조 등) 그러므로 **공소제기 후의 강제수사는 원칙적으로 허용되지 않는다.** 13경간, 21경승

> **관련판례**
>
> a. 헌법상 영장제도의 취지에 비추어 볼 때, 법원이 피고인에 대하여 구속영장을 발부하는 경우에도 검사의 신청이 있어야 한다는 것이 영장제도의 취지라고 볼 수는 없다.(대법원 1996.8.12. 자 96모46) 13국7, 13국9, 14경승, 17경간, 20국7 ▶ **공소제기 후 피고인 구속의 권한은 검사의 권한이 아니라 (수소)법원의 권한**이므로 피고인 구속의 경우에는 검사의 영장 청구가 필요 없다는 판례이다.
>
> b. 공소제기된 피고인의 구속 상태를 계속 유지할 것인지 여부에 관한 판단은 **전적으로 당해 수소법원의 전권에 속하는 것**이다.(대법원 1997.11.27. 자 97모88) 17경승, 19경승 ▶ **공소제기 후 피고인 구속의 권한은 검사의 권한이 아니라 (수소)법원의 권한**이라는 판례이다. 그러므로 피고인의 구속 상태 유지 여부에 대하여 검사에게는 아무런 권한이 없다.

2. 예외

공소제기 후에도 압수·수색·검증의 경우에는 예외적으로 강제수사가 허용되는 경우가 있다. 즉 공소제기 후에도 피고인에 대한 **구속**(영장 집행)현장에서의 수사기관의 **압수·수색·검증(제216조 제2항)**과 수사기관의 임의**제출물의 압수(제218조)**는 허용된다. (* **구제**) 21경승, 21국9, 21순경2차, 22경승

> **관련판례** 검사가 기소 후 압수·수색영장에 의하여 수집한 증거의 증거능력(원칙적 소극)
>
> [1] **일단 공소가 제기된 후에는** 피고사건에 관하여 검사로서는 형사소송법 제215조에 의하여 압수·수색을 할 수 없다고 보아야 하며, 그럼에도 검사가 공소제기 후 형사소송법 제215조에 따라 수소법원 이외의 지방법원 판사에게 청구하여 발부받은 영장에 의하여 압수·수색을 하였다면, **그와 같이 수집된 증거는 적법한 절차에 따르지 않은 것으로서(위법수집증거로서) 원칙적으로 유죄의 증거로 삼을 수 없다.** 12경승·순경

CHAPTER 03 _ 수사의 종결 **181**

> 1차 · 국9 · 순경2차, 14경승, 15법9, 15순경2차, 15순경3차, 16경승, 16순경1차, 16국7, 17경간, 17경승, 17국9, 17국7, 18경간, 18법9, 18순경2차, 19경간, 20경승, 21경간, 21경승, 21국9, 21순경2차, 22순경1차, 23경승, 23순경1차
>
> [2] 헌법과 형사소송법이 정한 절차에 따르지 아니하고 수집된 증거(위법수집증거)라고 할지라도 수사기관의 절차 위반행위가 적법절차의 실질적인 내용을 침해하는 경우에 해당하지 아니하고, 오히려 그 증거의 증거능력을 배제하는 것이 형사사법 정의를 실현하려 한 취지에 반하는 결과를 초래하는 것으로 평가되는 **예외적인 경우 법원은 이를 유죄 인정의 증거로 사용할 수 있다. 그러나 그러한 예외적인 경우에 해당한다고 볼 만한 구체적이고 특별한 사정이 존재한다는 것을 검사가 증명하여야 한다.**(대법원 2011.4.28. 선고 2009도10412) 20순경1차

Ⅲ 공소제기 후의 임의수사

공소제기 후에도 피고인신문은 **임의수사로서 허용**된다. 참고인조사나 감정 · 통역 · 번역의 위촉 등의 임의수사는 공소제기 후에도 **원칙적으로 허용되나, 예외적으로 허용되지 않는다.**

1. 피고인신문

판례는 검사 작성의 피고인에 대한 진술조서가 공소제기 후에 작성된 것이라는 이유만으로 곧 그 증거능력이 없다고 할 수 없다(대법원 1984.9.25. 선고 84도1646)고 하여 **공소제기 후에도 수사기관의 피고인신문이 허용된다는 태도**를 취한다. 11검찰 · 마약9, 13경간, 13국9, 15경승, 16경승, 17경승, 19경승, 21경승, 21국9, 21순경2차, 22경승, 23경승

2. 기타의 임의수사

(1) 원칙

참고인조사나 감정 · 통역 · 번역의 위촉 등의 임의수사는 **공소제기 후에도 원칙적으로 허용**된다. 12경간, 13경간
다음에 서술한 것은 공소제기 후 참고인조사가 예외적으로 허용되지 않는 경우에 관한 판례이다.

(2) 예외

> **관련판례** 번복진술조서; 위법수집증거로서 증거동의 하지 않는 한 증거능력 없다.
>
> 공판준비나 공판기일에서 증언을 마친 증인을 검사가 참고인으로 소환 후 피고인에게 유리한 증언 내용을 추궁(참고인조사)하여 일방적으로 번복시키는 방식으로 작성한 검사 작성 진술조서(번복진술조서)는 공판중심주의와 당사자주의에 반하고, 재판 받을 권리를 침해하고, 직접주의에 반하기 때문에 **위법수집증거에 해당하므로 증거능력이 없다.** 그 후 원진술자인 종전 증인이 다시 법정에 출석하여 증언을 하면서 그 진술조서의 성립의 진정함을 인정하고 피고인측에 반대신문의 기회가 부여되었다고 하더라도 그 증언 자체를 유죄의 증거로 할 수 있음은 별론으로 하고 위와 같은 진술조서(번복진술조서)의 증거능력이 없다는 결론은 달리할 것이 아니다. 즉 위 **번복진술조서는 증거동의를 하지 않는 한 증거능력을 인정할 수 없다.**(대법원 2000.6.15. 선고 99도1108 전원합의체 판결) 18교정 · 보호 · 철경9 ▶ 제1심에서 피고인에 대하여 무죄판결이 선고되어 검사가 항소한 후, 수사기관이 항소심 공판기일에 증인으로 신청하여 신문할

수 있는 사람을 특별한 사정없이 미리 수사기관에 소환하여 작성한 진술조서의 증거능력도 <u>위의 판례와 마찬가지</u>이다. 즉 위 조서는 증거동의를 하지 않는 한 증거능력을 인정할 수 없다.(대법원 2019.11.28. 선고 2013도6825) [기출] 21법9, 21국7, 21순경2차, 22경간, 22경승, 22국9, 22국7, 23경승, 23순경1차 ▶ 번복진술조서도 피고인의 증거동의로 증거능력이 인정될 여지는 있다.(대법원 2004.3.26. 선고 2003도7482) [기출] 19경승, 20경승, 21경승, 22경승 즉 **번복진술조서는 예외적으로 증거동의의 대상이 된다. 그러나 탄핵증거로는 사용할 수 없다.** ▶ 검사가 공판준비 또는 공판기일에서 이미 증언을 마친 증인에게 수사기관에 출석할 것을 요구하여 그 증인을 상대로 위증의 혐의를 조사한 내용을 담은 피의자신문조서의 경우도 **번복진술조서와 마찬가지로 피고인이 증거로 할 수 있음에 동의하지 아니하는 한 위법수집증거로서 증거능력이 없다.**(대법원 2013.8.14. 선고 2012도13665) [기출] 19교정·보호·철경9

CHAPTER 4 공소의 제기

제1절 공소

I 공소의 의미

공소란 특정한 형사사건에 대하여 법원의 심판을 구하는 검사 또는 공수처검사의 의사표시(법률행위적 소송행위)를 말한다.

II 공소권남용이론

의의	공소권남용이란 공소제기의 절차와 방식이 적법하고 소송조건이 구비되어 있으나(형식적으로 적법하나), 공소권 행사가 실질적으로 부당한 경우 형식재판으로 소송을 종결시켜야 한다는 이론을 말한다. 공소권남용이론 긍정설은 형식재판으로 소송을 종결해야 한다는 견해이다. 이에 반하여 공소권 남용이론 부정설은 본안(유·무죄 실체심리)에 들어가 실체재판(유·무죄판결)을 해야 한다는 견해이다. 법9 공소권남용이론은 말 그대로 이론에 불과하므로 이에 대한 명문규정이 없다.
유형	➡ **공소권 남용의 유형** ① 무혐의 공소제기; 검사가 범죄의 객관적 혐의 없는 사건을 공소제기 한 경우 ② 소추재량을 일탈한 공소제기; 검사가 기소유예처분을 하는 것이 상당한 사건을 공소제기 한 경우 ③ 차별적 공소제기; 범죄의 성질과 내용이 비슷한 여러 피의자 중 일부는 공소제기하고, 나머지는 무혐의 처리를 하거나 기소유예처분을 하는 경우 ④ 항소심판결 선고 후의 누락사건에 대한 공소제기; 검사가 경합범관계에 있는 사건의 일부는 누락한 채 일부만을 공소제기하고 항소심판결 선고 후에 누락된 사건을 다시 공소제기 함으로써 병합심리를 통한 양형상의 혜택을 받을 수 없게 된 경우

📖 **관련판례** 공소권남용이론

검사가 자의적으로 공소권을 행사하여 피고인에게 실질적 불이익을 줌으로써 소추재량을 현저히 일탈하였다고 보여지는 경우에 이를 **공소권 남용으로 보아 공소제기의 효력을 부인할 수** 있고, 여기서 자의적인 공소권의 행사라 함은 단순히 직무상의 과실에 의한 것만으로는 부족하고 적어도 미필적이나마 어떤 의도가 있어야 한다.(대법원 2001.9.7. 선고 2001도3026)고 한 것이 있다. ▶ 이 판례는 공소권 남용이론을 긍정한 판례로 평가된다. F4 08순경3차, 10경위, 13검찰·마약9, 14경승, 14경간, 16경간, 18법9, 18국9, 22국7, 23검찰·마약9 ▶ 피고인이 절취한 차량을 무면허로 운전하다가 적발되어 절도 범행의 기소중지자로 검거되었음에도 무면허 운전의 범행만이 기소되어 유죄의 확정판결을 받고 그 형의 집행 중 가석방되면서 다시 그 절도 범행의 기소중지자로 긴급체포 되어 절도 범행과 이미 처벌받은 무면허 운전의 일부 범행까지 포함하여 기소된 경우, 그 후행 기소가 적법한 것으로 보아 유죄를 인정한 원심판결에는 공소권 남용에 관한 법리 오해 또는 심리 미진의 위법이 있다는 이유로 파기한 사례.(동 판례) TIP 위의 판례를 제외한 나머지 판례는 공소권남용이 아니라고 정리하면 된다.

제2절 공소제기의 기본원칙

I. 국가소추주의, 기소독점주의, 기소편의주의

국가 소추 주의	① 국가소추주의란 공소제기의 권한을 **국가기관**(cf 검사, 공수처검사)**에게 부여**하는 원칙을 말한다. ② 오늘날 대부분의 국가는 국가기관인 검사에게 공소제기의 권한을 부여하는 **검사소추주의를 채택**하고 있다. ③ **우리 형사소송법도** "공소는 검사가 제기하여 수행한다."라고 규정함으로써 **국가소추주의를 채택**하고 있다.(제246조) F4 20경승
기소 독점 주의	① 기소독점주의란 공소제기의 권한을 검사에게만 인정하는 원칙을 말한다. ② 형사소송법상 공소제기의 권한은 주로 검사가 갖는다.(제246조) 그러나 공수처 검사는 **법관·검사, 경무관 이상 경찰공무원** 범죄에 대해서는 공소제기권 및 공소유지권도 갖는다.(공수처법 제20조 제1항) 한편 **즉결심판청구**는 관할 경찰서장 또는 관할 해양경찰서장이 한다.(즉결심판절차법 제3조) F4 법승 이로써 기소독점주의는 65년만에 깨졌다.
기소 편의 주의	① 기소편의주의란 수사결과 범죄의 객관적 혐의가 충분하고 소송조건이 갖춰진 경우에도 **검사는 재량으로** 공소제기를 하지 않고 불기소처분을 할 수 있다는 원칙을 말한다. 이는 형사사법을 탄력적으로 운용함으로써 구체적 정의실현을 할 수 있다는 장점이 있으나, 검사의 자의에 의한 공소권남용의 우려가 있고, 법적 안정성을 침해한다는 단점이 있다. F4 13경간 cf 기소법정주의; 수사결과 범죄의 객관적 혐의가 충분하고 소송조건이 갖춰진 경우에는 반드시 공소제기를 하여야 한다는 원칙을 말한다. 이는 법적 안정성을 유지할 수 있다는 장점은 있지만, 형사사법이 경직화됨으로써 구체적 정의 실현에 반한다는 단점이 있다. ② **우리 형사소송법도** "검사는 형법 제51조의 사항(양형사유)을 참작하여 공소를 제기하지 아니할 수 있다."라고 규정함으로써 **기소편의주의를 채택**하고 있다.(제247조 제1항)

ⅠⅠ 공소의 취소

1. 공소취소의 의의와 사유

(1) 공소취소의 의의

공소취소란 이미 제기한 공소를 철회하는 검사의 법원에 대한 의사표시(법률행위적 소송행위)를 말한다.(제255조 제1항) 13경간 공소취소는 기소변경주의에 해당한다. 공소제기시에 기소편의주의가 적용되므로 공소제기 후에도 공소취소 여부를 검사가 재량으로 결정할 수 있는 기소변경주의가 적용된다.

(2) 공소취소의 사유

공소취소의 사유에는 **제한이 없다.** 공소제기 후 증거불충분이나 소송조건의 결여(반의사불벌죄에 있어서 합의서 제출) 등 어떤 사유로도 공소취소는 가능하다. 14법9

2. 공소취소의 절차

주체	검사와 공수처검사만이 공소취소를 할 수 있다.
방법	공소취소는 이유를 기재한 **서면**으로 하여야 한다. 단, **공판정에서는 구술**로써 할 수 있다.(제255조 제2항) 국9, 국7, 11·13법9, 13경승, 15법9, 15순경2차, 16경간, 19경간, 19경승, 22법9
시기	공소취소는 **제1심판결 선고 전까지만 할 수 있다.**(제255조 제1항) 순경, 11법9, 14법9, 15법9, 17경간, 19경승, 19국7, 21법9, 22법9, 23국9 공소취소를 제1심판결 선고 이후에도 허용하게 되면 제1심판결의 효력이 소멸하게 되므로 검사에 의하여 종국재판의 효력이 좌우되는 것을 방지하기 위하여 제1심판결 선고 전까지만 할 수 있도록 한 것이다. 그러므로 일단 제1심판결이 선고되고 나서 행해지는 상소심의 파기환송 또는 파기이송 후의 절차와 재심절차에서는 비록 그 절차에서 제1심판결 선고 전일지라도 공소취소를 할 수 없다. 이미 제1심판결이 선고 된 이후의 절차이기 때문에 그런 것이다. 14법9 또한 약식명령의 고지 후에도 공소취소를 할 수 없다. 다만, 약식명령에 대한 정식재판청구로 인하여 제1심절차가 개시된 후에는 제1심판결 선고 전까지 공소취소를 할 수 있다. 14법9

3. 공소취소의 제한

기소강제사건의 공판절차에서는 공소취소를 할 수 없다. 검사는 재정신청에 대한 고등법원의 공소제기결정에 따라 기소가 강제되어 검사가 공소를 제기한 때에는 공소취소를 할 수 없다.(제264조의2) 재정신청의 실효성을 확보하기 위한 것이다. 14교정·보호·철경9, 19경간, 19국7, 21법9

4. 공소취소의 효력

(1) 공소기각결정
공소가 취소되었을 때 법원은 **공소기각결정**을 하여야 한다.(제328조 제1항 제1호) 15법9, 19경승

(2) 재기소의 제한
공소취소에 의하여 공소기각결정이 확정된 때에는 공소취소 후 그 (동일한) 범죄사실에 대한 **다른 중요한 증거를 발견한 경우에 한하여 다시 공소를 제기할 수 있다.**(제329조) 순경, 국9, 국7, 15법9, 16경간, 16법9, 17경간, 19경승, 22법9, 23경승 이에 위반하여 다른 중요한 증거를 발견한 경우가 아님에도 불구하고 다시 공소제기를 한 경우 법원은 **공소기각판결**을 선고하여야 한다.(제327조 제4호) 18검찰·마약9, 19경간, 22국7

> **관련판례** 공소취소
>
> a. [1] 공소장변경의 방식에 의한 공소사실의 철회는 **공소사실의 동일성이 인정되는 범위내의 일부 공소사실에 한하여 가능**한 것이므로, 공소장에 기재된 수개의 공소사실이 서로 **동일성이 없고 실체적 경합관계에 있는 경우**에 그 일부를 소추대상에서 철회하려면 공소장변경의 방식에 의할 것이 아니라 **공소의 일부취소절차에 의하여야 한다.** 12경승 [2] 실체적 경합관계에 있는 수개의 공소사실 중 어느 한 공소사실을 전부 철회하거나 그 공소사실의 소추대상에서 피고인을 완전히 제외하는 검사의 공소장변경신청이 있는 경우 이것이 그 부분의 소송을 취소하는 취지가 명백하다면 **공소취소신청이라는 형식을 갖추지 아니하였더라도 이를 공소취소로 보아 공소기각을 하여야 한다.**(대법원 1988.3.22. 선고 88도67) 13법9, 14법9
>
> b. **포괄일죄**(상습사기, 상습절도 등 상습범이 대표적인 포괄일죄이다.)**로 기소된 공소사실의 일부에 대하여 공소장변경의 방식으로 이루어지는 공소사실의 일부 철회의 경우**(공소사실의 동일성이 인정되는 경우에만 가능)**에는 제329조**(공소취소에 따라 공소기각결정이 확정된 범죄사실에 대하여는 다른 중요한 증거가 발견된 경우가 아닌 한 재기소를 할 수 없다)**의 제한이 적용되지 않는다.**(대법원 2004.9.23. 선고 2004도3203) 법9, 순경, 경승, 20교정·보호·철경9 ▶ **공소취소**는 동일성이 인정되지 않는 공소사실의 일부 또는 전부를 철회하는 것이고, 공소취소로 인하여 공소기각결정이 확정된 범죄사실에 대하여 재기소를 하는 경우에만 제329조의 제한이 적용된다. 반면 동일성이 인정되는 포괄일죄에 대하여 공소장변경의 방식으로 일부 철회를 한 경우에는 제329조의 제한이 적용되지 않으므로 다른 중요한 증거를 발견한 경우이건 아니건 불문하고 재기소를 할 수 있다.
>
> c. 공소취소에 의한 공소기각의 결정이 확정된 때 다시 공소를 제기하는 요건으로서 '다른 중요한 증거를 발견한 경우'라 함은 공소취소 전의 증거만으로써는 증거 불충분으로 무죄가 선고될 가능성이 있으나 새로 발견된 증거를 추가하면 충분히 유죄의 확신을 가지게 될 정도의 증거가 있는 경우를 말한다.(대법원 1977.12.27. 선고 77도1308)
>
> d. 단순일죄인 범죄사실에 대하여 공소취소로 인한 공소기각결정이 확정된 후에 종전의 범죄사실을 변경하여 재기소하기 위하여는 <u>변경된 범죄사실에 대한 다른 중요한 증거가 발견되어야 한다.</u>(대법원 2009.8.20. 선고 2008도9634) 13경승, 19법9, 21법9

Ⅲ 기소강제절차(재정신청) 국9, 국7, 법9, 법승, 08순경1 · 2차, 10경위, 10순경1차, 10법9, 11경사, 11경위

1. 재정신청의 의의와 취지

(1) 재정신청의 의의

재정신청이란 **검사의 불기소처분에 불복**하는 고소권자로서 고소를 한 자(고소인) 또는 고발을 한 자(고발인)의 재정신청에 의하여 고등법원이 공소제기결정을 한 경우 검사로 하여금 **공소제기를 강제**하는 제도를 말한다. (제260조 제1항) 법9, 10경위 공수처검사의 불기소처분에 대하여 고소인 또는 고발인이 고등법원에 불복하는 것도 재정신청에 해당한다. 이는 재정신청의 특례에서 상세히 서술한다. 재정신청제도는 고등법원이 공소제기결정을 하면 검사의 공소제기가 강제된다는 점에서 재정신청제도를 **기소강제절차**라고도 한다.

(2) 재정신청의 취지

재정신청제도는 검사의 부당한 불기소처분 등의 기소편의주의의 남용을 통제하기 위한 제도이다.

2. 재정신청의 절차(재정신청 → 지방검찰청 검사장 또는 지청장의 처리 → 고등법원의 심리와 결정 → 기소강제 사건의 공판절차)

(1) 재정신청

1) 재정신청권자

검사로부터 불기소처분의 통지를 받은 고소권자로서 고소를 한 자(**고소인**)와 형법 제123조 ~ 제126조(직권남용죄, 불법체포 · 감금죄, 폭행 · 가혹행위죄, 피의사실공표죄, 단, 피의사실공표죄의 경우 피공표자의 명시한 의사에 반하여는 재정신청을 할 수 없다)에 대하여 고발을 한 자(**고발인**)가 신청권자이다. (제260조 제1항) 국9, 국7, 법9, 법승, 11순경2차, 14경승, 14경간, 15경간, 15순경2차, 16경승, 18경승, 19순경1차 고발인은 형법 제123조 ~ 제126조의 죄 이외에 공직선거법, 5 · 18 특별법상 일부 범죄에 대해서도 재정신청을 할 수 있는 경우가 있다.

TIP 직무유기죄와 공무집행방해죄에 대하여 고발인은 재정신청을 할 수 없다.

2) 재정신청의 대상

재정신청의 대상은 **검사의 불기소처분**이다. 불기소처분의 이유도 불문하므로 협의의 불기소처분에 대해서는 물론 광의의 불기소처분인 **기소유예처분에 대해서도 재정신청을 할 수 있다.** 법승, 순경, 국7, 경승, 16교정 · 보호 · 철영9, 17법9, 20경간 그러나 공소취소와 내사종결처리는 불기소처분이 아니므로 재정신청의 대상이 되지 못한다. **고소인은 대상범죄의 제한 없이 모든 범죄에 대하여 재정신청을 할 수 있다.** 14경승, 16경승, 20경간 그러나 고발인의 경우는 위에 서술한 바와 같이 재정신청 대상범죄의 제한이 있다.

> **관련판례** 내사종결처리는 재정신청의 대상이 되는지; 소극
>
> 내사종결처리는 고소 또는 고발사건에 대한 불기소처분이라고 볼 수 없어 **재정신청의 대상이 되지 아니한다.** (대법원 1991.11.5. 자 91모68) F4 순경, 경승, 법9, 14경간, 15경승, 20경승, 21경간, 23국9

3) 재정신청의 방법

① **검찰항고전치주의의 원칙**; 재정신청을 하려는 자는 재정신청을 하기 전에 검찰항고를 거쳐야 하는 것이 원칙이다. (제260조 제2항) F4 16경간, 18경간, 20경간, 20경승

② **검찰항고전치주의의 예외**; (검찰)항고 이후 '재기수사가 이루어진 다음에(다시 수사를 한 뒤)' 다시 공소를 제기하지 아니한다는 통지(불기소 통지)를 받은 경우(제260조 제2항 제1호), (검찰)항고 신청 후 항고에 대한 처분이 행하여지지 아니하고 3개월이 경과한 경우(제260조 제2항 제2호), 검사가 공소시효 만료일 30일 전까지 공소를 제기하지 아니하는 경우에는 검찰항고를 거치지 아니하고 곧바로 재정신청을 할 수 있다. F4 20경승, 21경간, 22법9

③ **재정신청의 대리**; 재정신청의 대리도 인정된다. (제264조 제1항) 즉 대리인에 의한 재정신청도 명문의 규정이 있으므로 가능하다. F4 12순경3차, 14경간2차, 16경승, 18경승, 18순경3차

④ **재정신청서의 기재**; 재정신청서에는 재정신청의 대상이 되는 사건의 범죄사실 및 증거 등 재정신청을 이유 있게 하는 사유를 기재하여야 한다. (제260조 제4항)

4) 재정신청의 효력

① 재정신청이 있으면 **재정결정이 확정될 때까지(재정결정이 있을 때까지×) 공소시효의 진행이 정지**된다. (제262조의4 제1항) F4 국9, 법승, 13경승, 15순경1차, 17경간, 17법9, 18경승, 18검찰·마약9, 19국7, 21법9 재정신청이 있는 경우에 재정결정이 확정되기 전까지의 기간에도 공소시효가 진행된다면 위의 기간 동안에 공소시효가 완성될 수 있으므로 고등법원이 공소제기결정을 함으로써 기소를 강제하더라도 아무런 의미가 없게 된다. 그러므로 재정결정이 확정되기 전에 공소시효가 완성되는 것을 방지하기 위하여 이런 규정을 둔 것이다.

② 공동신청권자 중 1인의 신청은 그 **전원을 위하여 효력을 발생**한다. (제264조 제1항) F4 법승, 12국7·순경3차, 14순경2차, 16경승, 16교정·보호·철경9, 18경승, 18순경3차, 19국9, 20경간, 21경간 cf 공동신청권자 중 1인의 재정신청의 **취소는 다른 공동신청권자에게 효력을 미치지 아니한다.** (제264조 제3항) F4 법9, 12국7, 15경간, 16교정·보호·철경9, 19국9, 20경간, 21경간 재정신청으로 인하여 어떠한 불이익도 받지 않으므로 재정신청의 효력은 다른 공동신청권자에게도 미치도록 하였다. 그러나 재정신청의 취소를 한 경우에는 법원으로부터 비용부담결정 등의 불이익을 받을 우려가 있으므로 다른 공동신청권자에게는 재정신청 취소의 효력이 미치지 않도록 한 것이다.

5) 재정신청의 취소

재정신청은 **재정결정이 있을 때까지 취소할 수 있다.** 재정신청을 취소한 자는 다시 재정신청을 할 수 없다. (제264조 제2항) F4 12국7, 16경승, 20경간, 20경승, 22법9 재정신청의 취소는 관할 고등법원에 서면으로 하여야 한다. 다만, 기록이 관할 고등법원에 송부되기 전에는 그 기록이 있는 검찰청 검사장 또는 지청장에게 하여야 한다. (규칙 제121조 제1항)

(2) 지방검찰청 검사장 또는 지청장의 처리

1) 원칙; 검찰항고를 거친 경우

① 검찰항고 → ② 검찰항고기각결정을 통지받은 날부터 <u>10일 이내</u>에 **"지방검찰청 검사장 또는 지청장에게"** 재정신청서 제출 → ③ 지방검찰청 검사장 또는 지청장은 <u>7일 이내</u>에 재정신청서·증거물 등을 관할 고등검찰청을 경유하여 고등법원에 제출 F4 14국9, 14순경2차 → ④ 고등법원은 재정신청서를 송부 받은 날부터 <u>3개월 이내</u>에 항고절차에 준하여 재정결정을 한다.

2) 예외; 검찰항고를 안 거친 경우

① 검찰항고전치주의의 예외사유 중 제260조 제2항 제1호와 제2호의 경우에는 <u>다시 공소를 제기하지 아니한다는 통지(불기소 통지)를 받은 날 또는 검찰항고에 대한 처분이 행하여지지 아니하고 3개월이 경과한 날부터 10일 이내에</u>(검사가 공소시효 만료일 30일 전까지 공소를 제기하지 아니하는 경우에는 공소시효 만료일 전날까지) **"지방검찰청 검사장 또는 지청장에게"** 재정신청서 제출 F4 19경승 → ② 지방검찰청 검사장 또는 지청장은 신청이 이유 있다고 인정하는 경우; 즉시 공소제기하고 취지를 고등법원과 신청인에게 통지, 신청이 이유 없다고 인정하는 경우; 30일 이내에 고등법원에 재정신청서·증거물 등을 송부 → ③ 고등법원은 재정신청서를 송부 받은 날부터 <u>3개월 이내</u>에 항고절차에 준하여 재정결정을 한다.

(3) 공수처법상 재정신청에 대한 특례

공수처법에 의하면 법관·검사·경무관 이상의 경찰공무원의 고위공직자범죄에 대하여 공수처검사가 불기소처분을 한 경우 고소인 또는 고발인의 재정신청에 대한 특례를 규정하고 있다.

① <u>고소·고발인</u>은 수사처검사로부터 '공소를 제기하지 아니한다는(불기소)' 통지를 받은 때에는 **서울고등법원에** 그 당부에 관한 재정을 신청할 수 있다.(공수처법 제29조 제1항)
② 제1항에 따른 재정신청을 하려는 사람은 '공소를 제기하지 아니한다는(불기소)' 통지를 받은 날부터 <u>30일 이내에 처장에게 재정신청서를 제출하여야 한다.</u>(공수처법 제29조 제2항)
③ 재정신청서에는 재정신청의 대상이 되는 사건의 범죄사실 및 증거 등 재정신청을 이유 있게 하는 사유를 기재하여야 한다.(공수처법 제29조 제3항)
④ 제2항에 따라 재정신청서를 제출받은 처장은 재정신청서를 제출받은 날부터 <u>7일 이내</u>에 재정신청서·의견서·수사 관계 서류 및 증거물을 서울고등법원에 송부하여야 한다. 다만, <u>신청이 이유 있는 것으로 인정하는 때에는 즉시 공소를 제기하고 그 취지를 서울고등법원과 재정신청인에게 통지한다.</u>(공수처법 제29조 제4항)
⑤ 이 법에서 정한 사항 외에 재정신청에 관하여는「형사소송법」제262조 및 제262조의2부터 제262조의4까지의 규정을 준용한다. 이 경우 관할법원은 서울고등법원으로 하고, "지방검찰청검사장 또는 지청장"은 "처장", "검사"는 "수사처검사"로 본다.(공수처법 제29조 제5항)

(4) 고등법원의 심리와 결정

1) 고등법원의 심리

① 관할

재정신청은 '불기소처분을 한 검사가 소속한 지방검찰청 소재지 관할 고등법원(**관할 고등법원**)'이 관할한다.(제260조 제1항) F4 순경, 법9, 국9, 국7, 13경승, 17경승, 18경간, 19경승 예를 들면 인천지방검찰청 검사가 불기소처분을 한 경우라면 그 소재지를 관할하는 고등법원은 서울고등법원이므로 재정신청사건의 관할은 서울고등법원이다.

② 심리
  가. **통지**; 법원은 재정신청서를 송부 받은 때에는 송부 받은 날부터 <u>10일 이내에</u> 피의자와 재정신청인에게 그 사실을 통지하여야 한다.(제262조 제1항, 규칙 제120조) 🔲 12법9·순경3차, 13순경1차, 16교정·보호·철경9, 21법9, 23국9 피의자는 고등법원이 공소제기결정을 하면 기소를 당하므로 대비를 해야 하고, 재정신청인은 재정신청을 한 당사자이므로 피의자와 재정신청인에게 통지해야 하는 것이다.
  나. **항고절차**; 법원은 재정신청서를 송부 받은 날부터 3개월 이내에 항고절차에 준하여 재정결정을 하여야 한다.(제262조 제2항) 🔲 법승, 11순경2차, 13순경1차, 17국9, 18경승, 23국9
  다. **증거조사와 강제처분**; 법원은 재정결정을 하는 경우 필요한 때에는 증거조사를 할 수 있고(제262조 제2항), 🔲 법승, 11순경2차, 17국9, 18경승 피의자 구속, 압수·수색·검증 등의 강제처분과 법관에 대한 기피신청도 할 수 있다는 것이 다수설의 태도이다.
  라. **재정신청사건 심리의 비공개 원칙**; 재정신청사건의 심리는 특별한 사정이 없는 한 공개하지 아니한다.(제262조 제3항) 🔲 경승, 국9, 국7, 법9, 법승, 12순경3차 피의자의 사생활의 비밀(privacy)을 보호하기 위함이다.
  마. **서류 등의 비공개 원칙**; 재정신청사건의 심리 중에는 관련 서류 및 증거물을 열람 또는 등사할 수 없다.(원칙) 다만, 법원은 증거조사과정에서 작성된 서류의 전부 또는 일부의 열람 또는 등사를 예외적으로 허가할 수 있다.(제262조의2) 🔲 11순경2차, 12경승, 15경간, 17법9, 19경간, 19국9, 21경간, 21법9 이는 피의자의 사생활 침해, 수사의 비밀저해, 민사사건에의 악용을 위해 재정신청을 남발하는 것을 방지하기 위한 것이다. ▶ 재정신청사건 관련 서류 및 증거물의 열람·등사는 **원칙적으로 허용되지 않고, 예외적으로만 허용**된다.

2) 고등법원의 재정결정
  ① 기각결정
    가. **기각결정사유**; 재정신청이 법률상 방식에 위배된 때(예 기간 경과 후의 재정신청, 신청권자 아닌 자의 재정신청 등), 이유 없는 때(예 검사의 불기소처분이 적법·정당한 경우)에는 기각결정을 한다. 🔲 법9, 순경, 18경간

    📖 **관련판례**

    > a. [1] **재정신청 제기기간이 경과된 후**에 재정신청보충서를 제출하면서 원래의 재정신청에 재정신청 대상으로 포함되어 있지 않은 고발사실을 재정신청의 대상으로 추가한 경우, 그 재정신청보충서에서 **추가한 부분에 관한 재정신청은 부적법**하다. 🔲 15경간, 19법9 [2] 재정신청이 있는 경우에 법원은 검사의 무혐의 불기소처분이 위법하다 하더라도 기록에 나타난 여러 가지 사정을 고려하여 **기소유예의 불기소처분을 할 만한 사건이라고 인정되는 경우에는 재정신청을 기각할 수 있다.**(대법원 1997.4.22. 자 97모30) 🔲 법9, 12경승, 15경간, 17경승, 18순경2차, 19경간, 22순경1차, 23국7

    > b. 검사의 불기소처분 당시에 공소시효가 완성되어 공소권이 없는 경우에는 위 불기소처분에 대한 재정신청은 허용되지 않는다.(대법원 1990.7.16. 자 90모34) 🔲 12순경1차 ▶ 재정신청사건에 대하여 공소시효가 완성된 경우 법원은 **재정신청 기각결정을 해야 한다**는 판례이다.

    나. **비용부담결정**; 법원은 재정신청 기각결정 또는 재정신청의 취소가 있는 경우에는 결정으로 **재정신청인에게 신청절차에 의하여 생긴 비용의 전부 또는 일부를 부담하게 할 수 있다.**(제262조의3 제1항) **비용부담결정은 임의적**이지, 필요적이 아니다. 🔲 17경승, 17국9, 18경간, 19경승, 22경승 법원은 직권 또는 피의자의 신청에 따라 재정신청인에게 피의자가 재정신청절차에서 부담하였거나 부담할 변호인선임료 등 비용의 전부 또는 일부의 지급을 명할 수 있다.(제262조의3 제2항) 🔲 14순경2차, 16경승 비용부담결

정에 대하여는 **즉시항고를 할 수 있다.**(제262조의3 제3항) 국9, 12국7·순경2차·순경3차, 13경승, 19경간 비용부담결정을 필요적으로 하면 재정신청을 하려는 자가 비용부담결정을 두려워하여 재정신청하는 것을 꺼리게 되므로 재정신청 제도가 무의미해지는 것을 방지하기 위하여 비용부담결정을 임의적으로 할 수 있도록 규정한 것이다.

다. **소추 금지**; 재정신청 기각결정이 확정된 사건에 대하여는 **다른 중요한 증거를 발견한 경우를 제외하고는 소추할 수 없다.**(제262조 제4항) 12국7·순경2차, 14검찰·마약9, 17경간, 17국9, 22국7

> **관련판례**
>
> 제262조 제4항 후문의 '다른 중요한 증거를 발견한 경우'란 재정신청 기각결정 당시에 제출된 증거에 새로 발견된 증거를 추가하면 충분히 유죄의 확신을 가지게 될 정도의 증거가 있는 경우를 말하고, 단순히 재정신청 기각결정의 정당성에 의문이 제기되거나 범죄피해자의 권리를 보호하기 위하여 형사재판절차를 진행할 필요가 있는 정도의 증거가 있는 경우는 여기에 해당하지 않는다. 그리고 관련 민사판결에서의 사실인정 및 판단은, 그러한 사실인정 및 판단의 근거가 된 증거자료가 새로 발견된 증거에 해당할 수 있음은 별론으로 하고, **그 자체가 새로 발견된 증거라고 할 수는 없다.**(대법원 2018.12.28. 선고 2014도17182) 21경간, 21법9, 22경승, 23국7

② **공소제기결정** 법9, 11순경2차

가. **공소제기결정사유**; 고등법원은 재정신청이 이유 있는 때에는 사건에 대한 공소제기결정을 한다.(제262조 제2항 제2호) 법원이 공소제기결정을 한 때에는 즉시 공소제기결정정본을 재정신청인·피의자와 관할 지방검찰청 검사장 또는 지청장에게 송부하여야 한다. 또한 관할 지방검찰청 검사장 또는 지청장에게는 공소제기결정정본과 함께 사건기록을 송부하여야 한다.(제262조 제5항) 공소제기 할 자료를 제공하기 위해서 관할 지방검찰청 검사장 또는 지청장에게는 사건기록도 송부하도록 하였다.

나. **기소강제**; 공소제기결정에 따른 공소제기결정정본을 송부 받은 관할 지방검찰청 검사장 또는 지청장은 **지체 없이 담당검사(공소제기 검사)를 지정하고 지정받은 검사는 공소를 제기하여야 한다.**(제262조 제6항) 14검찰·마약9 이 때문에 재정신청을 '기소강제절차'라고 하는 것이다.

다. **공소시효의 기산점**; 공소제기결정이 있는 때에는 공소시효에 관하여는 **공소제기결정이 있는 날에 공소가 제기된 것으로 본다.**(제262조의4 제2항) 12순경1차, 18검찰·마약9, 18순경2차, 22경승, 22국9 ▶ 공소제기결정을 한 때부터 공소제기 검사가 실제로 공소제기를 할 때까지는 위에 서술한 바와 같이 시간적으로 간격이 있으므로 그 사이에 공소시효가 완성되는 경우가 생길 수 있다. 그렇게 되면 공소제기결정이 무의미해진다. 그러므로 원래는 실제로 공소제기를 한 때에 공소시효가 정지되지만 공소제기결정이 있는 때에는 위와 같이 중간에 공소시효가 완성되는 것을 방지하기 위하여 공소제기결정이 있는 날에 공소가 제기된 것으로 보아 공소시효가 정지되도록 한 것이다.

3) **재정결정에 대한 불복**

제262조 제2항 제1호의 결정(기각결정)에 대하여는 '제415조에 따른 즉시항고(재항고)'를 할 수 있고, 제262조 제2항 제2호의 결정(공소제기결정)에 대하여는 불복할 수 없다.(제262조 제4항) ▶ 제262조 제4항의 "재정결정에 대하여 불복할 수 없다."는 부분은 2016.1.6. 이와 같이 개정되어 2016.1.6.부터 시행되었다. 이는 아래의 헌법재판소 2008헌마578 결정에 따른 것이다. 법승, 12순경1차, 17법9, 17순경1차, 17국9, 18경간, 19경간, 19순경1차, 20경간, 21경간, 22교정·보호·철경9

> **관련판례** 개정 전의 제262조 제4항에 대한 한정위헌결정
>
> 개정 전의 제262조 제4항에 대하여 헌법재판소는 다음과 같은 이유로 '한정위헌결정'을 하였다. 한정위헌결정은 헌법재판소가 하는 위헌결정에 대한 변형결정으로서 '~~으로 해석하는 한 위헌'이라는 형

식의 헌법재판소 결정례이다. 재정신청 기각결정에 대하여 형사소송법 제415조의 재항고를 금지하는 것은 헌법재판소법에 의하여 법원의 재판이 헌법소원의 대상에서 제외되어 있는 상황에서 재정신청인의 재판청구권을 지나치게 제약하는 것이 된다. 이러한 사정들을 고려할 때, **법 제262조 제4항의 "불복할 수 없다."는 부분은, 재정신청 기각결정에 대한 '불복'에 법 제415조의 '재항고'가 포함되는 것으로 해석하는 한, 재정신청인의 재판청구권을 침해한다.**(헌결 2011.11.24. 2008헌마578, 한정위헌결정) ▶ 따라서 제262조 제4항은 재정신청에 따른 '공소제기결정'에 대하여 대법원에 재항고를 할 수는 없으나, 재정신청 '기각결정'에 대하여는 대법원에 재항고를 할 수 있다고 해석해야 헌법에 합치된다. 13국7, 14검찰·마약9, 15경간

제262조 제4항과 관련된 지문이 출제되면 아래와 같이 답을 하면 된다.

맞는 지문	공소제기결정에 대하여 대법원에 재항고로 불복할 수 없다.
틀린 지문	재정신청 기각결정에 대하여 대법원에 재항고로 불복할 수 없다.

관련판례 재정결정에 대한 불복

a. 재정신청에 관한 법원의 공소제기결정에 대하여 재항고가 허용되는지 여부(**소극**); 형사소송법 제262조 제2항 제2호의 공소제기결정에 잘못이 있는 경우에는 그 공소제기에 따른 본안사건의 절차가 개시되어 본안사건 자체의 재판을 통하여 대법원의 최종적인 판단을 받는 길이 열려 있으므로, 이와 같은 공소제기의 결정에 대한 재항고를 허용하지 않는다고 하여 재판에 대하여 최종적으로 대법원의 심사를 받을 수 있는 권리가 침해되는 것은 아니고, 따라서 법 제262조 제2항 제2호의 **공소제기결정에 대하여는 법 제415조의 재항고가 허용되지 않는다**고 보아야 한다.(대법원 2012.10.29. 자 2012모1090)

b. 재정신청서 기재요건을 위반한 재정신청을 인용한 공소제기결정의 잘못을 그 본안사건에서 다툴 수 있는지 여부(**원칙적 소극**); 법원이 재정신청서에 재정신청을 이유 있게 하는 사유가 기재되어 있지 않음에도 이를 간과한 채 형사소송법 제262조 제2항 제2호 소정의 공소제기결정을 한 관계로 그에 따른 공소가 제기되어 본안사건의 절차가 개시된 후에는, **다른 특별한 사정이 없는 한 이제 그 본안사건에서 위와 같은 잘못을 다툴 수 없다.**(대법원 2010.11.11. 선고 2009도224) ▶ 공소제기결정에 대하여는 불복할 수 없도록 한 법 제262조 제4항의 규정취지에 위배하여 형사소송절차의 안정성을 해칠 우려가 있기 때문이다. 12순경3차, 17경승, 19경승

같은 취지의 판례

b1. 법원이 재정신청서를 송부받았음에도 송부받은 날부터 형사소송법 제262조 제1항에서 정한 기간 안에(재정신청서를 송부받은 날부터 10일 이내에) 피의자에게 그 사실을 통지하지 아니한 채 형사소송법 제262조 제2항 제2호에서 정한 공소제기결정을 하였더라도, **그에 따른 공소가 제기되어 본안사건의 절차가 개시된 후에는 다른 특별한 사정이 없는 한 본안사건에서 위와 같은 잘못을 다툴 수 없다.**(대법원 2017.3.9. 선고 2013도16162) 20국7, 22법9

b2. 법원이 재정신청 대상 사건이 아님에도 이를 간과한 채 형사소송법 제262조 제2항 제2호에 따라 공소제기결정을 하였더라도, 그에 따른 공소가 제기되어 본안사건의 절차가 개시된 후에는 **다른 특별한 사정이 없는 한 본안사건에서 위와 같은 잘못을 다툴 수 없다.**(대법원 2017.11.14. 선고 2017도13465) 19법9, 19국9, 19순경1차, 23국7

c. 재항고 대상이 아닌 공소제기결정에 대하여 재항고가 제기된 경우, 원심법원이 취해야 할 조치(**기각결정**); 형사소송법 제415조에 규정된 재항고 절차에 관하여는 법에 아무런 규정을 두고 있지 아니하므로 성질상 상고에 관한 규정을 준용하여야 하고, 한편 상고에 관한 법 제376조 제1항에 의하면 상고의 제기가 법률상의 방식에 위반하거나 상고권 소멸 후인 것이 명백한 때에는 원심법원은 결정으로 상고를 기각하여야 하는데, 재항고의 대상이 아닌 공소제기의 결정에 대하여 재항고가 제기된 경우에는 재항고의 제기가 법률상의 방식에 위반한 것이 명백한 때에 해당하므로 **원심법원은 결정으로 이를 기각하여야 한다.**(대법원 2012.10.29. 자 2012모1090) [F4] 17교정·보호·철경9, 20법9, 22법9

d. 재정신청 기각결정에 대한 재항고나 그 재항고 기각결정에 대한 즉시항고로서의 재항고에 대한 법정기간의 준수 여부는 도달주의 원칙에 따라 재항고장이나 즉시항고장이 법원에 도달한 시점을 기준으로 판단하여야 하고, 거기에 재소자 피고인 특칙은 준용되지 아니한다.(대법원 2015.7.16. 자 2013모2347 전원합의체 결정) [F4] 17국9, 19국9, 19순경1차, 23국7

(5) 기소강제사건의 공판절차

고등법원의 공소제기결정에 따라 기소가 강제되어 검사가 공소제기를 한 사건을 기소강제사건이라고 한다. 기소강제사건의 공판절차에서 검사는 아래와 같이 직권을 행사한다.

1) 원칙

기소강제사건의 공판절차에서 검사는 원칙적으로 통상의 공판절차에서 가지는 모든 직권을 행사할 수 있다. 따라서 검사는 기소강제사건의 공판절차에서 **공소장변경, 상소제기** 등을 모두 할 수 있다. [F4] 법9, 19순경1차

2) 예외

기소강제사건의 공판절차에서 검사는 **공소취소를 할 수 없다.**(제264조의2) [F4] 법9, 12경승·순경2차·순경3차, 16교정·보호, 철경9, 17경승, 18순경2차, 19순경1차 고등법원의 공소제기결정에 따라 기소가 강제되어 검사가 공소제기를 한 경우에도 검사가 공소를 취소할 수 있다면 재정신청 제도는 무의미해질 것이다. 그러므로 재정신청의 실효성을 확보하기 위하여 기소강제사건의 공판절차에서는 공소취소를 할 수 없도록 한 것이다.

제3절 공소제기의 방식

I 서면주의

공소장 제출	공소를 제기함에는 공소장을 관할법원에 제출하여야 한다.(제254조 제1항) 즉 공소제기의 방식은 '서면주의'에 따라야 한다. 공소장 제출은 공소제기라는 소송행위의 본질적 요소(없어서는 안 되는 핵심요소)이므로 공소장 제출이 없는 공소제기는 **소송행위의 불성립**에 해당한다.
첨부 서류	공소장에는 '**피고인 수에 상응한(피고인 수만큼)' 공소장부본**을 첨부하여야 한다.(제254조 제2항) 또한 공소제기 전에 특별대리인의 선임이 있는 경우에는 특별대리인 선임결정등본을, 변호인이 선임되거나 보조인의 신고가 있는 경우에는 변호인선임서 또는 보조인신고서를, 피고인이 구속되어 있거나 체포 또는 구속된 후 석방된 경우에는 체포영장, 긴급체포서, 구속영장 기타 구속에 관한 서류를 공소장에 첨부하여야 한다.(규칙 제118조 제1항)

📖 **관련판례** 공소제기의 방식

> 검사가 공소사실의 일부인 범죄일람표를 컴퓨터 프로그램을 통하여 열어보거나 출력할 수 있는 전자적 형태의 문서(이하 '전자문서'라 한다)로 작성한 다음 종이문서로 출력하지 않은 채 저장매체 자체를 서면인 공소장에 첨부하여 제출한 경우에는, **서면에 기재된 부분에 한하여 적법하게 공소가 제기된 것으로 보아야 한다.** 전자문서나 저장매체를 이용한 공소제기를 허용하는 법 규정이 없는 상태에서 저장매체나 전자문서를 형사소송법상 공소장의 일부인 '서면'으로 볼 수 없기 때문이다. 이는 공소사실에 포함시켜야 할 범행 내용이나 피해 목록이 방대하여 전자문서나 CD 등 저장매체를 이용한 공소제기를 허용해야 할 현실적인 필요가 있다거나 피고인과 변호인이 이의를 제기하지 않고 변론에 응하였다고 하여 달리 볼 수 없다. 따라서 검사가 전자문서나 저장매체를 이용하여 공소를 제기한 경우, 법원은 저장매체에 저장된 전자문서 부분을 제외하고 서면인 공소장에 기재된 부분만으로 공소사실을 판단하여야 한다. 만일 그 기재 내용만으로는 **공소사실이 특정되지 않은 부분이 있다면 검사에게 특정을 요구하여야 하고, 그런데도 검사가 특정하지 않는다면 그 부분에 대해서는 공소를 기각(공소기각판결)할 수밖에 없다.**(대법원 2017.2.15. 선고 2016도19027) [F4] 18순경1차, 18순경3차, 19법9, 19교정·보호·철경9, 19국7, 22법9, 22국7

II 공소장의 기재사항

1. 공소장의 필요적 기재사항

공소장에는 다음의 사항을 필요적으로 기재하여야 한다.(제254조 제3항)

공소장의 필요적 기재사항

1) 피고인의 성명 기타 피고인을 특정할 수 있는 사항
공소장에는 피고인을 특정할 수 있는 사항으로서 피고인의 주민등록번호, 직업, 주거 등을 기재하여야 한다. 이런 사항이 명백하지 아니할 때에는 그 취지를 기재하여야 한다.(규칙 제117조 제1항) 기타 인상·체격의 묘사, 사진 첨부에 의해서도 피고인을 특정할 수 있다. 피고인이 특정되지 않은(불특정) 경우에는 공소제기 절차가 법률의 규정(제254조 제3항)에 위반하여 무효인 때에 해당하므로 **공소기각판결**을 선고하여야 한다.(제327조 제2호)

2) 죄명
공소장에는 죄명을 구체적으로 표시할 것을 필요로 한다. 죄명을 '잘못 기재(오기재)'한 경우에도 피고인의 방어권 행사에 실질적 불이익이 없는 한 공소제기의 효력에 영향이 없이 유효하다. 죄명에 대한 법률판단은 수소법원의 전권사항(수소법원만이 판단할 권한이 있는 사항)이기 때문이다.

3) 적용법조
적용법조란 공소사실에 적용될 법적 평가를 말한다. 적용법조를 잘못 기재한 경우에도 공소제기의 효력에 영향이 없이 유효하다. 적용법조의 판단은 수소법원의 전권사항(수소법원만이 판단할 권한이 있는 사항)이기 때문이다.

> **관련판례** 법원이 검사가 공소장에 기재한 적용법조에 구속되는지 여부; 소극
>
> 공소장에는 죄명·공소사실과 함께 적용법조를 기재하여야 하지만(형사소송법 제254조) 공소장에 적용법조를 기재하는 이유는 공소사실의 법률적 평가를 명확히 하여 **공소의 범위를 확정하는 데 보조기능**을 하도록 하고, 피고인의 방어권을 보장하고자 함에 있을 뿐이고, 법률의 해석 및 적용 문제는 법원의 전권이므로, **공소사실이 아닌 어느 처벌조항을 준용할지에 관한 해석 및 판단에 있어서는 법원은 검사의 공소장 기재 적용법조에 구속되지 않는다.**(대법원 2018.7.24. 선고 2018도3443)

4) 공소사실
공소사실이란 검사가 법원에 대하여 심판을 구하는 범죄사실을 말한다. 공소사실은 **범죄의 일시, 장소와 방법**을 명시하여 사실을 특정할 수 있도록 하여야 한다.(제254조 제4항) 공소사실이 특정되지 않은(불특정) 경우에는 공소제기 절차가 법률의 규정(제254조 제4항)에 위반하여 무효인 때에 해당하므로 **공소기각판결**을 선고하여야 한다.(제327조 제2호)

> **관련판례** 공소사실의 특정의 취지
>
> 검사가 공소제기를 할 때에 공소사실을 특정하도록 한 이유는 **피고인의 방어권을 보장**하고, **법원의 심판범위(심판대상)의 한정**을 위함이다. 피고인은 검사가 공소장에 기재한 공소사실에 대해서만 방어권을 행사하면 되기 때문에 공소사실의 특정은 피고인의 방어권을 보장하는 기능을 한다. 또한 법원도 그 공소사실만 심판하면 되기 때문에 법원의 심판 범위를 한정하는 기능을 한다. 그러므로 **피고인의 방어권 행사에 지장이 없는 경우**라는 문구가 있는 판례는 **(무조건) 특정된 것**으로 보면 된다. 공소사실의 일부가 다소 불명확하더라도 그와 함께 적시된 다른 사항들에 의하여 그 공소사실을 특정할 수 있고, 그리하여 **피고인의 방어권 행사에 지장이 없다면, 공소제기의 효력에는 영향이 없다.**(대법원 2001.10.26. 선고 2000도2968) 14순경1차

📖 관련판례 | 공소사실의 특정의 정도

공소사실의 특정방법을 규정한 형사소송법 제254조 제4항 소정의 범죄의 **"시일"**은 이중기소나 시효에 저촉되지 않는 정도(이중기소 여부, 공소시효 완성여부를 판별할 수 있을 정도)의 기재를 요하고 **"장소"**는 토지관할을 가름할 수 있는 정도의 기재를 필요로 하며 **"방법"**은 범죄의 구성요건을 밝히는 정도(다른 범죄사실과 구별될 수 있을 정도)의 기재를 필요로 한다.(대법원 1989.6.13. 선고 89도112) F4 18법9

📖 관련판례 | 공소사실의 특정을 인정한 판례

a. '주식회사 맥시칸의 맥시칸양념통닭에 관한 상품표지와 유사한 것을 사용한 사건에서 주식회사 맥시칸에서 제작하여 각종 광고매체를 통해 국내에서 소비자들에게 널리 인식시킨 자신의 상품임을 표시한 표지'라고만 되어 있는 경우라도 주식회사 맥시칸의 상품표지가 모두 현존하고 있는 이상 <u>공소사실은 특정된 것이다.</u>(대법원 1996.5.31. 선고 96도197) F4 08순경2차

b. 공소범죄의 성격에 비추어 그 개괄적 표시가 부득이한 경우에는, 그 공소내용이 특정되지 않아 공소제기가 위법하다고 할 수 없으며, 특히 포괄일죄에 있어서는 그 전체 범행의 시기와 종기, 범행방법, 피해자나 상대방, 범행횟수나 피해액의 합계 등을 명시하면 이로써 그 범죄사실은 특정되는 것이다.(대법원 1999.11.12. 선고 99도2934) ▶ **포괄일죄는 개개의 범죄사실마다 특정을 필요로 하지 않고, 개괄적 기재로 족하다**(충분하다). F4 10경장, 17국7, 19국7

> 🔖 **비교판례**
>
> 폭행으로 인한 폭력행위등처벌에관한법률 제2조 제2항 위반죄는 피해자별로 1개의 죄가 성립되는 것(경합범)으로 각 피해자별로 사실을 특정할 수 있도록 공소사실을 기재하여야 할 것인바, '피고인들이 공동하여, 성명불상 범종추측 승려 100여 명의 전신을 손으로 때리고 떠밀며 발로 차서 폭행을 각 가한 것이다'는 부분은 피해자의 숫자조차 특정되어 있지 않아 <u>공소사실이 특정되었다고 할 수 없다.</u>(대법원 1995.3.24. 선고 95도22) ▶ **경합범은 개개의 범죄사실마다 특정할 것을 필요로 한다.**

c. 문서의 위조 여부가 문제되는 사건에서 그 **위조된 문서가 압수되어 현존하고 있는 이상**, 그 범죄일시와 장소, 방법 등은 범죄의 동일성 인정과 이중기소의 방지, 시효저촉 여부 등을 가름할 수 있는 범위에서 사문서의 위조사실을 뒷받침할 수 있는 정도로만 기재되어 있으면 충분하다.(대법원 2009.6.11. 선고 2008도11042) F4 10경장·법사

> 🔖 **같은 취지의 판례**
>
> 유가증권변조의 공소사실이 범행일자를 "2005.1. 말경에서 같은 해 2.4. 사이"로, 범행장소를 "서울 불상지"로, 범행방법을 "불상의 방법으로 수취인의 기재를 삭제"한 것으로 된 경우, 그 **변조된 유가증권이 압수되어 현존하고 있는 이상**, 위 범죄의 일시와 장소 및 방법의 기재는 그 유가증권변조 사실을 뒷받침한다고 보기에 충분하여 그 구성요건 해당사실이 다른 범죄사실과 판별할 수 있는 정도로 기재되어 있고 이 부분 공소범죄의 성격에 비추어 그 개괄적 표시가 부득이 하며 그에 대한 피고인의 방어권 행사에 지장이 없다고 보이므로, <u>공소사실이 특정되지 아니하여 공소제기가 위법하다고 볼 수 없다.</u>(대법원 2008.3.27. 선고 2007도11000) F4 18경간, 20순경2차

d. 외국 유명대학교(미국 예일대)의 박사학위기를 위조·행사하였다는 공소사실에 관하여 **위조문서의 내용, 행사일시, 장소, 행사방법 등이 특정되어 기재되어 있고, 위조되었다고 하는 박사학위기 사본이 현출된 경우 공소사실은 특정되었다**고 볼 것이다.(대법원 2009.1.30. 선고 2008도6950)
   11경사, 15경간, 21경간 ▶ 위조되었다는 박사학위기와 동일하다고 하는 사본이 현출되어 있기 때문에 특정된 것으로 본 것이다.

   > **비교판례**
   >
   > 사문서변조의 공소사실에 변조행위의 일시·장소와 방법, 변조의 실행행위자 등이 기재되지 않은 경우 범죄구성요건의 특정 요소에 관한 기재 자체가 누락된 것이므로 공소사실이 **특정되지 않았다**.(대법원 2009.1.15. 선고 2008도9327) 11경사, 20국9

e. 문서위조죄는 피고인들이 그 범행을 자백하지 아니한 이상 언제 어디에서 문서를 위조한 것인지 알기가 어려우며 그 범죄일시를 일정한 시점으로 특정하기 곤란하여 부득이하게 개괄적으로 표시할 수밖에 없다. 유가증권위조의 점에 관한 공소사실의 범죄의 일시를 '2000. 초경부터 2003. 3.경 사이에'로 비교적 장기간으로 기재한 경우에도 공소사실이 **불특정된 것으로 볼 수 없다**.(대법원 2006.6.2. 선고 2006도48)

f. 공모공동정범에 있어서 실행정범의 인적사항이 적시되지 아니하고 범행일시나 장소가 명백히 표시되지 아니하였으나 그 **공모관계, 실행정범의 실행행위가 모두 표시된 경우에는 공소사실이 특정되었다**고 보아야 한다.(대법원 1997.7.8. 선고 97도632) 11경사, 14순경1차, 18경간

g. 뇌물수수의 공소사실 중 수뢰금액을 2억 원 상당으로 기재하였다고 하더라도 이 부분 공소사실에 기재된 다른 사항들에 의하여 공소사실을 특정할 수 있고, 피고인의 방어권 행사에 지장이 있다고 볼 수 없으므로, 공소제기의 효력에 영향이 없다(특정되었다)고 할 것이다.(대법원 2010.4.29. 선고 2010도2556) 11검찰·마약9

h. 업무상과실치상 공소사실 중 그 일부 피해자에 대하여 치료기간이 미상이라고 기재하고 있다고 하더라도 공소사실의 기재는 범죄의 시일, 장소와 방법을 명시하여 사실을 특정할 수 있도록 하면 되는 것이고 치상의 경우 그 치료기간은 필요적 기재사항이라고 할 수는 없는 것이니 위의 공소사실은 모두 특정되어 있다 할 것이다.(대법원 1984.3.13. 선고 83도3006) 15경간

i. 범죄의 일시를 1998.9. 초순 어느 날로, 장소를 서울시내 불상지로, 방법은 불상의 방법으로 메스암페타민을 투약하였다고 기재한 공소사실은 이중기소나 시효, 토지관할의 구분이 가능할 정도로 특정되었다.(대법원 1999.9.3. 선고 99도2666) 경승

j. 메스암페타민을 투약한 사실이 판명된 경우에도 피고인이 그 투약사실을 부인하는 경우, 시일을 일정 범위의 기간 내로 기재하고 장소를 '인천 또는 불상지'라고 기재하였다면 공소사실이 특정되어 있다고 보아야 할 것이다.(대법원 1994.12.9. 선고 94도1680) 경승, 11검찰·마약9

> **같은 취지의 판례**
>
> 메스암페타민의 양성반응이 나온 소변감정결과에 의하여 그 투약일시를 '2009.8.10.부터 2009.8.19.까지 사이'로, 투약장소를 '서울 또는 부산 이하 불상'으로 기재한 경우 공소사실이 향정신성의약품투약 범죄의 특성을 고려하여 합리적인 정도로 특정된 것으로 볼 수 있다.(대법원 2010.8.26. 선고 2010도4671)

k. 당첨이 된 손님들에게 위조상품권을 직접 교부한 것이 아니라, 미리 오락기에 일련번호가 모두 같은 위조된 상품권을 여러 장 투입해 두고 그 후 오락기 이용자가 게임에서 당첨이 되면 오락기에서 자동으로 그 당첨액수에 상응하는 상품권이 배출되는 방식의 위조유가증권을 행사한 죄에 있어서, 각각의 상품권 사용시에 몇 매가 함께 사용되었는지, 행사 상대방이 누구인지 등의 특정은 불가능하다고 보아야 하므로, 이에 관한 공소사실은 상품권 사용일자의 범위와 장소, '경품용으로 지급'하였다는 용도 정도를 특정하는 것으로 족하다.(대법원 2007.4.12. 선고 2007도796)

> **관련판례** 공소사실의 특정을 부정한 판례

a. 「피고인은 "갑"집에 침입하여 라디오 1대를 훔친 것을 비롯하여 그 후 4회에 걸쳐 상습적으로 타인의 재물을 절취하였다」라는 공소사실 기재의 공소장은 구체적인 범죄사실의 기재가 없으므로 무효이다.(대법원 1971.10.12. 선고 71도1615) ▶ 상습절도의 구성요건을 그대로 기재함으로써 다른 범죄사실과 구별될 수 없기 때문이다.

b. 사기죄에 있어서 수인의 피해자에 대하여 각별로 기망행위를 하여 각각 재물을 편취한 경우에 그 범의가 단일하고 범행방법이 동일하다고 하더라도 포괄1죄가 되는 것이 아니라 피해자별로 1개씩의 죄가 성립(경합범)하는 것으로 보아야 할 것이고, 이러한 경우 그 공소사실은 각 피해자와 피해자별 피해액을 특정할 수 있도록 기재하여야 할 것인바, '일정한 기간 사이에 성명불상의 고객들에게 1일 평균 매상액 상당을 판매하여 그 대금 상당액을 편취하였다'는 내용은 피해자나 피해액이 특정되었다고 할 수 없다.(대법원 1996.2.13. 선고 95도2121) F4 15국9, 16검찰·마약9, 21경간

c. 공소장에 상표법 위반 등의 범죄구성요건 중 침해의 대상이 된 등록상표·서비스표·디자인이나 주지표지를 명확하게 적시하지 아니하여 그 공소사실이 특정되지 않았다.(대법원 2007.8.23. 선고 2005도5847) F4 경승

d. "피고인은 1996.7. 내지 10. 일자 불상경 장소 불상에서 불상의 방법으로 메스암페타민 불상량을 투약하였다."라는 공소사실만으로는 형사소송법 제254조 제4항의 요건에 맞는 구체적인 사실의 기재라고(특정되었다고) 볼 수 없다.(대법원 1999.6.11. 선고 98도3293) F4 경승

e. 피고인은 2000.11.2.경부터 2001.7.2.경까지 사이에 인천 이하 불상지에서 메스암페타민 불상량을 불상의 방법으로 수회 투약하였다는 공소사실은 특정된 것으로 볼 수 없다.(대법원 2002.9.27. 선고 2002도3194) F4 08순경2차, 16검찰·마약9, 21경간

f. "피고인이 1999년 5월 중순경부터 같은 해 11월 19일경까지 사이에 부산 이하 불상지에서 향정신성의약품인 메스암페타민 약 0.03g을 1회용 주사기를 이용하여 팔 등의 혈관에 주사하거나 음료수 등에 타 마시는 방법으로 이를 투약하였다"는 공소사실의 경우, 공소사실이 특정되었다고 할 수 없다. (대법원 2000.10.27. 선고 2000도3082)

g. "마약류 취급자가 아님에도, 2008년 1월경부터 같은 해 2월 일자불상 15:00경까지 사이에 메스암페타민 약 0.7g을 매수한 외에, 그때부터 2009년 2월 내지 3월 일자불상 07:00경까지 총 21회에 걸쳐 매수·투약하였다."는 공소사실의 경우, 메스암페타민의 매수 및 투약시기에 관한 위와 같은 개괄적인 기재만으로는 피고인의 방어권 행사에 지장을 초래할 위험성이 크므로 공소사실이 특정되었다고 볼 수 없다.(대법원 2010.10.14. 선고 2010도9835)
[F4] 11검찰·마약9

h. [1] 구 관세법(1996.12.30. 법률 제5194호로 개정되기 전의 것) 제186조에 의한 **밀수품의 취득죄는 각 취득행위마다 1개의 죄가 성립**하는 것이므로 수 개의 취득행위를 경합범으로 기소하는 경우에는 각 행위마다 그 일시와 장소 및 방법을 명시하여 사실을 특정할 수 있도록 공소사실을 기재하여야 한다. [2] '1992.2.경부터 1996.6.7.경까지 수회에 걸쳐' 밀수품을 취득하였다는 방식으로 공소사실을 기재하는 것은 범행의 회수조차 특정되지 아니하여 적법한 공소사실의 기재로 볼 수 없다.(대법원 1999.1.26. 선고 98도1480) [F4] 11교정·보호·철경9, 20경간

관련판례 구체적인 경우 공소사실의 특정 여부의 판단

a. 검사가 공소사실의 일부가 되는 범죄일람표를 컴퓨터 프로그램을 통하여 열어보거나 출력할 수 있는 전자적 형태의 문서로 작성한 후, 종이문서로 출력하여 제출하지 아니하고 전자적 형태의 문서가 저장된 저장매체 자체를 서면인 공소장에 첨부하여 제출한 경우에는, **서면인 공소장에 기재된 부분에 한하여 공소가 제기된 것으로 볼 수 있을 뿐이다.** 이러한 형태의 공소제기를 허용하는 별도의 규정이 없고, 저장매체나 전자적 형태의 문서를 공소장의 일부로서의 '서면'으로 볼 수도 없기 때문이다. 이러한 법리는 검사가 공소장변경허가신청서에 의한 공소장변경허가를 구하면서 변경하려는 공소사실을 전자적 형태의 문서로 작성하여 문서가 저장된 저장매체를 첨부한 경우에도 마찬가지로 적용된다. 검사가 위와 같은 방식(공소장변경허가를 구하면서 변경하려는 공소사실을 전자적 형태의 문서로 작성하여 문서가 저장된 저장매체를 첨부하는 방식)으로 공소를 제기하거나 공소장변경허가신청서를 제출한 경우, 법원은 저장매체에 저장된 전자적 형태의 문서 부분을 고려함이 없이 **서면인 공소장이나 공소장변경신청서에 기재된 부분만을 가지고 공소사실 특정 여부를 판단하여야 한다.**(대법원 2016.12.15. 선고 2015도3682) [F4] 17국7, 18경간

b. 피고인이 생산 등을 하는 물건 또는 사용하는 방법(이하 '침해제품 등')이 특허발명의 특허권을 침해하였는지가 문제로 되는 특허법 위반 사건에서 다른 사실과 식별이 가능하도록 범죄 구성요건에 해당하는 구체적 사실을 기재하였다고 하기 위해서는, 침해의 대상과 관련하여 특허등록번호를 기재하는 방법 등에 의하여 침해의 대상이 된 특허발명을 특정할 수 있어야 하고, 침해의 태양과 관련하여서는 침해제품 등의 제품명, 제품번호 등을 기재하거나 침해제품 등의 구성을 기재하는 방법 등에 의하여 침해제품 등을 다른 것과 구별할 수 있을 정도로 특정할 수 있어야 한다.(대법원 2016.5.26. 선고 2015도17674)

c. 공모공동정범에 있어서 공모 또는 모의는 모의의 구체적인 일시, 장소, 내용 등을 상세하게 판시하여야만 할 필요는 없고 의사합치가 성립된 것이 밝혀지는 정도만 특정하면 된다.(대법원 1989.6.27. 선고 88도2381) [F4] 20경간

d. 방조범의 공소사실을 기재함에 있어서는 그 전제요건이 되는 **정범의 범죄구성요건을 충족하는 구체적 사실을 기재하여야 한다.**(대법원 1983.12.27. 선고 82도2840) 즉 교사범이나 방조범의 경우 교사나 방조의 사실뿐만 아니라 **정범의 범죄사실도 특정하여야 한다.** [F4] 16법9, 20경간, 20국9, 20순경2차

e. 살인죄에 있어 범죄의 일시·장소와 방법은 범죄의 구성요건이 아닐 뿐만 아니라 이를 구체적으로 명확히 인정할 수 없는 경우에는 개괄적으로 설시하여도 무방하다. 살인죄에 있어 범죄의 일시·장소와 방법을 구체적으로 규명할 수 없어서 '2005. 1. 28 03:00경부터 05:20경 사이에 피고인의 집에서 불상의 방법으로 피해자를 살해하였다'는 내용의 공소사실의 기재는 특정되었다고 보아야 한다.(대법원 2008.3.27. 선고 2008도507) [F4] 15경간, 21경간

f. 공소사실의 동일성이 인정되는 범위 내의 사실에 대하여 법원은 검사의 공소장기재 적용법조에 구애됨이 없이 직권으로 법률을 적용할 수 있다.(대법원 1976.11.23. 선고 75도363) [F4] 16법9

g. 공소장에 피해자인 계원들의 성명과 피해자별 피해액만이 명확하지 아니한 경우(공소장의 기재사실 중 일부가 명확하지 아니한 경우)에는, 법원은 검사에게 석명을 구하여 만약 이를 명확하게 하지 아니한 경우에 공소사실의 불특정을 이유로 공소기각(공소기각판결)을 할 것이고 이에 이르지 않고 바로 공소기각의 판결을 하였음은 심리미진의 위법이 있다.(대법원 1983.6.14. 선고 82도293) [F4] 16법9, 20경간, 21법9, 23국7

h. 제3자뇌물수수죄의 공소사실은 범죄의 일시, 장소를 비롯하여 구성요건사실이 다른 사실과 구별되어 공소사실의 동일성의 범위를 구분할 수 있고, 피고인의 방어권 행사에 지장이 없는 정도로 기재되면 특정이 되었다고 보아야 하고, 그중 부정한 청탁의 내용은 구체적으로 기재되어 있지 않더라도 공무원 또는 중재인의 직무와 제3자에게 제공되는 이익 사이의 대가관계를 인정할 수 있을 정도로 특정되면 충분하다.(대법원 2017.3.15. 선고 2016도19659)

i. 검사는 공소장의 공소사실과 적용법조 등을 명백히 함으로써 공소제기의 취지를 명확히 하여야 하는데, 검사가 어떠한 행위를 기소한 것인지는 기본적으로 공소장의 기재 자체를 기준으로 하되, 심리의 경과 및 검사의 주장내용 등도 고려하여 판단하여야 한다. 공소제기의 취지가 명료할 경우 법원이 이에 대하여 석명권을 행사할 필요는 없으나, 공소제기의 취지가 오해를 불러일으키거나 명료하지 못한 경우라면 법원은 형사소송규칙 제141조에 의하여 검사에 대하여 석명권을 행사하여 그 취지를 명확하게 하여야 한다.(대법원 2017.6.15. 선고 2017도3448) [F4] 18법9

2. 임의적 기재사항

(1) 임의적 기재사항 관련 조문

공소장에는 수개의 범죄사실과 적용법조를 예비적 또는 택일적으로 기재할 수 있다.(제254조 제5항) 즉 공소장의 예비적·택일적 기재는 공소장의 임의적 기재사항에 해당한다. 예비적·택일적 기재는 **공소제기시와 공소장변경시에 모두 가능**하다. F4 14국9 다만, 공소장변경으로 공소사실을 예비적 또는 택일적으로 추가하는 경우에는 공소사실의 동일성이 인정되는 한도에서 허용된다. F4 18검찰·마약9

(2) 예비적·택일적 기재의 의의와 허용범위

1) 예비적·택일적 기재의 의의

① 예비적 기재란 수개(여래 개)의 범죄사실과 적용법조에 대하여 심판 순서를 정하여 본위적 공소사실(선순위의 범죄사실)을 먼저 심판해서 그것이 인정되지 않으면 예비적 공소사실(후순위의 범죄사실)을 심판하여 달라는 공소장의 기재방식을 말한다. 예 강간의 공소사실을 먼저 심판하고 그 사실이 인정되지 않으면 강제추행의 공소사실에 대한 심판을 구하는 기재
② 택일적 기재란 수개(여래 개)의 범죄사실과 적용법조에 대하여 심판 순서를 정하지 않고 그 중 하나의 범죄사실만 인정되면 된다는 공소장의 기재방식을 의미한다. 예 강간의 공소사실 또는 강제추행의 공소사실 중 어느 하나를 인정하여 달라는 취지의 기재

2) 예비적·택일적 기재의 허용범위

예비적·택일적 기재는 동일성이 인정되는 범죄사실은 물론 **동일성이 인정되지 않는 별개의 범죄사실에 대해서도 가능**하다는 것이 판례의 태도이다.(대법원 1966.3.24, 65도114 전원합의체판결) F4 08순경3차, 18순경3차, 19법9 예컨대 동일성이 인정되는 강간과 강제추행의 범죄사실을 예비적·택일적으로 기재할 수 있고, 동일성이 인정되지 않는 강간과 강도의 범죄사실을 예비적·택일적으로 기재할 수도 있다.

(3) 심리와 판단

1) 예비적 기재의 경우

① 법원은 검사가 정한 심판 순서에 기속되므로 **본위적 공소사실을 먼저 심판**하여 본위적 공소사실이 유죄로 인정되지 않는 경우에만 예비적 공소사실을 심판하여야 한다. 예컨대 검사가 본위적 공소사실을 강간, 예비적 공소사실을 강제추행으로 예비적 기재를 한 경우에 법원은 강간을 먼저 심판하여 강간이 유죄로 인정되지 않는 경우에만 강제추행에 대하여 심판할 수 있다.
② 법원이 본위적 공소사실에 대하여 유죄를 인정하는 경우에는 판결주문에 본위적 공소사실에 대해서만 유죄표시를 하고, 예비적 공소사실에 대해서는 아예 판단할 필요가 없다. 반면 본위적 공소사실을 인정하지 않고 예비적 공소사실에 대하여 유죄인정을 하는 경우에는 판결주문에 예비적 공소사실에 대해서만 유죄표시를 하면 되고, 본위적 공소사실에 대해서는 판결이유에서 배척하는 이유를 명시하면 된다. 또한 둘 다 유죄로 인정하지 않는 경우에는 판결주문에는 1개의 무죄판결을 선고하면 되고, 판결이유에서 본위적 및 예비적 공소사실을 배척하는 이유를 명시하면 된다. F4 14국9

2) 택일적 기재의 경우

① 법원은 어느 공소사실을 먼저 심판하여도 위법하지 않다. 예컨대 검사가 강간과 강제추행의 공소사실에 대하여 택일적 기재를 한 경우에 법원은 강간과 강제추행의 공소사실 중 어느 것이라도 먼저 심판할 수 있다.
② 법원이 어느 하나의 공소사실을 유죄로 인정하는 경우에 다른 공소사실에 대해서는 심리 및 판단을 필요로 하지 않는다. 따라서 유죄를 인정한 공소사실에 대하여 판결주문에서 유죄를 선고하면 되고, 다른 공소사실에 대해서는 판결주문 및 판결이유에 명시할 것이 아니다. 반면 택일적 공소사실 전부에 대하여 무죄를 인정하는 경우에는 판결주문에서 1개의 무죄판결을 선고하면 되고, 판결이유에서 모든 공소사실에 대한 배척이유를 명시하면 된다. 14국9

III 공소장일본주의

1. 공소장일본주의의 의의

공소장일본주의란 검사가 **공소제기시**에 제출하는 공소장에는 첨부서류(이는 법원으로 하여금 유죄의 예단을 갖게 하는 서류가 아니다) 외에 사건에 관하여 **법원에 예단이 생기게 할 수 있는 서류 기타 물건을 첨부하거나 내용을 인용하여서는 아니 된다는 원칙**을 말한다.(규칙 제118조 제2항) 13경승, 20법9

2. 공소장일본주의의 연혁과 근거

(1) 공소장일본주의의 연혁

공소장일본주의는 당사자주의와 배심제에 의하여 형사소송을 운용하는 **영미(영국과 미국)의 형사소송구조에서 유래**하는 것이다. 영미의 형사소송구조에서는 직업법관이 아닌 배심원이 형사재판절차에 참여하여 유·무죄 판단을 하므로 배심원들은 아무래도 유죄의 예단(미리 판단하는 것을 예단이라고 한다)을 갖기 쉽다. 이런 이유로 영미에서는 공소제기시에는 배심원들로 하여금 미리 유·무죄를 판단할 수 있게 만드는 자료를 차단하여 공판기일에 '백지상태(아무런 판단 자료가 없는 상태)'에서 유·무죄 평결을 할 수 있도록 하기 위하여 공소장일본주의를 인정하게 된 것이다. 이런 것을 우리 형사소송법이 받아들인 것이다.

(2) 공소장일본주의의 근거

1) 공소장일본주의의 조문상 근거

공소장일본주의는 형사소송법이 아니라 규칙 제118조 제2항에 규정되어 있다.

2) 공소장일본주의의 이론상 근거

공소장일본주의는 이론상 예단배제의 원칙(유죄를 미리 판단하는 것을 배제한다는 원칙), 당사자주의, 위법 증거의 배제, 공판중심주의에 근거가 있다. 구두변론주의와 직접심리주의는 공판중심주의 실현과 관련이 있으므로 공소장일본주의의 이론적 근거가 된다.

3. 공소장일본주의의 내용

(1) 첨부 금지와 인용 금지

첨부 금지 [F4] 법승, 경승	공소장에는 사건에 관하여 **법원에 예단**(미리 판단)**을 생기게 할 수 있는**(심리하기도 전에 법관의 유·무죄 여부에 대한 심증형성에 영향을 줄 수 있는) **서류 기타 물건을 첨부해서는 안 된다.** 예단을 생기게 할 수 있는 서류 기타 물건은 '증거자료'를 말한다. 이에 반하여 법원에 유죄의 예단을 생기게 할 염려가 없는 서류 또는 물건은 첨부할 수 있다. 그러므로 '**피고인 수에 상응한(피고인 수만큼)' 공소장부본**(제254조 제2항), 특별대리인 선임결정등본, 변호인선임서 또는 보조인신고서, 체포영장, 긴급체포서, 구속영장 기타 구속에 관한 서류(규칙 제118조 제1항)는 법원에 유죄의 예단을 생기게 할 염려가 없는 서류에 해당하므로 공소제기시에 첨부하더라도 공소장일본주의에 위배되지 않는다. [F4] 18검찰·마약 9급, 21경간
인용 금지	공소장에는 증거 기타 **법원에 예단이 생기게 할 수 있는 문서내용의 전부 또는 일부를 인용해서는 안 된다.** 다만, 문서의 내용 자체가 범죄구성요건에 해당하는 경우에는 공소사실의 특정을 위하여 그 내용을 인용할 수 있다. 예 문서에 기재된 명예훼손의 내용이 문제된 사건에서는 문서의 내용을 인용할 수 있다.

(2) 여사 기재

여사(餘事)란 공소사실 이외의 사실을 말한다. 전과, 범행동기, 여죄사실 등이 이에 해당한다.

1) 전과 기재

판례는 공소장에 이종 전과(공소사실과 다른 범죄의 전과)를 기재한 경우 그 공소장의 기재는 **적법**하다는 입장이다. 반면 동종 전과(공소사실과 같은 종류의 범죄의 전과)를 기재한 경우에는 **위법**하다고 한다. 동종 전과를 기재한 경우에는 법원이 피고인에 대하여 상습범이라는 예단을 가질 수 있기 때문이다.

> **관련판례** 전과 기재
>
> a. 공소장에 누범이나 상습범을 구성하지 않는 전과사실(이종 전과)을 기재한 경우 그 공소장 기재는 피고인을 특정할 수 있는 사항에 해당하므로 **적법**하다.(대법원 1966.7.19. 선고 66도793) [F4] 경승, 13법9, 14법9, 14국7 ▶ 공소장에는 피고인의 성명 기타 피고인을 특정할 수 있는 사항을 기재하도록 하고 있다. 이종 전과의 기재는 피고인을 특정할 수 있는 사항이므로 적법하다는 판례이다.
>
> b. 공소장의 공소사실 첫머리에 피고인이 전에 받은 소년부송치처분과 직업 없음을 기재하였다 하더라도 이는 형사소송법 제254조 제3항 제1호에서 말하는 피고인을 특정할 수 있는 사항에 속하는 것이어서 그와 같은 내용의 기재가 있다 하여 공소제기의 절차가 법률의 규정에 위반된 것이라고 할 수 없고 또 헌법상의 형사피고인에 대한 무죄추정조항이나 평등조항에 위배되는 것도 아니다. 즉 **적법**하다.(대법원 1990.10.16. 선고 90도1813) [F4] 순경, 14경간

2) 범행 동기의 기재

> **관련판례** 범행 동기의 기재
>
> a. 공소장에는 법령이 요구하는 사항만 기재할 것이고 공소사실의 첫머리에 공소사실과 관계없이 법원의 예단만 생기게 할 사유를 불필요하게 나열하는 것은 옳다고 할 수 없으며, 공소사실과 관련이 있는 것도 원칙적으로 범죄의 구성요건에 적어야 할 것이고, 이를 첫머리 사실로서 불필요하게 길고 장황하게 나열하는 것을 적절하다고 할 수 없으나, 공소장에 기재된 첫머리 사실이 공소사실의 범의나 공모관계, 공소범행에 이르게 된 동기나 경위 등을 명확히 나타내기 위하여 적시한 것으로 보이는 때에는 공소제기의 방식이 **공소장일본주의에 위배되어 위법하다고 할 수 없다.**(대법원 2009.10.22. 선고 2009도7436 전원합의체 판결) 09국9, 11검찰·마약9, 17검찰·마약9
>
> b. 살인, 방화 등의 경우 범죄의 직접적인 동기 또는 공소범죄사실과 밀접불가분의 관계에 있는 동기를 공소사실에 기재하는 것이 공소장일본주의 위반이 아님은 명백하고, 설사 범죄의 직접적인 동기가 아닌 경우에도 동기의 기재는 공소장의 효력에 영향을 미치지 아니한다.(대법원 2007.5.11. 선고 2007도748) 14경간, 14법9, 14국7, 18경승, 19국9, 21경간

3) 여죄사실의 기재(여죄기재)

여죄기재는 공소장에 공소시효가 완성된 범죄사실을 공소범죄사실 이외의 사실로 기재하는 것을 말한다. 판례는 **여죄기재는 적법**하다는 태도이다.

> **관련판례** 여죄기재
>
> 공소시효가 완성된 범죄사실을 공소범죄사실 이외의 사실로 기재(이를 여죄기재라고 한다)한 공소장이 위 형사소송법 제254조 제3항의 규정에 위배된다고 볼 수 없다.(대법원 1983.11.8. 선고 83도1979) 23검찰·마약9

4. 공소장일본주의의 적용범위

(1) 시간적 적용범위

공소장일본주의는 **공소제기시에만 적용**된다. 따라서 공소제기 이후에 행해지는 공판기일의 절차, 상소심 절차, 파기환송·이송 후의 절차, 재심절차에서는 공소장일본주의가 적용되지 않는다. 07국9, 09국9, 15경간

(2) 공소장일본주의가 적용되지 않는 경우

1) 약식절차

약식절차에서는 **약식명령청구시와 약식명령에 대한 정식재판청구시에 모두 공소장일본주의가 적용되지 않는다.**(제449조, 규칙 제170조, 대법원 2007.7.26. 선고 2007도3906) 07국9, 09국9, 11검찰·마약9, 12경간, 15경간

> **관련판례** 약식절차에서 공소장일본주의가 적용되는지 여부(소극)
>
> 검사가 약식명령을 청구하는 때에는 약식명령의 청구와 동시에 약식명령을 하는 데 필요한 증거서류 및 증거물을 법원에 제출하여야 하는바(형사소송규칙 제170조), 이는 **약식절차가 서면심리에 의한 재판**이어서 공소장일본주의의 예외를 인정한 것이므로 약식명령의 청구와 동시에 증거서류 및 증거물이 법원에 제출되었다 하여 공소장일본주의를 위반하였다 할 수 없고, 그 후 **약식명령에 대한 정식재판청구가 제기되었음에도 법원이 증거서류 및 증거물을 검사에게 반환하지 않고 보관하고 있다고 하여 그 이전에 이미 적법하게 제기된 공소제기의 절차가 위법하게 된다고 할 수도 없다.**(대법원 2007.7.26. 선고 2007도3906) ▶ 약식명령의 청구시는 물론 약식명령에 대한 정식재판청구시에도 공소장일본주의가 적용되지 않는다는 판례이다. 12경간, 13법9, 14법9, 14국7, 16검찰·마약9, 18경승, 18국7, 19국9, 22국7

2) 즉결심판절차

경찰서장은 즉결심판의 청구와 동시에 즉결심판을 함에 필요한 서류 또는 증거물을 판사에게 제출하여야 한다.(즉결심판에 관한 절차법 제4조) 즉결심판에 대한 정식재판청구가 있는 경우 관할지방검찰청 또는 지청의 장은 지체 없이 관할법원에 사건기록과 증거물을 송부하여야 한다.(동법 제14조 제3항, 대법원 2011.1.27. 선고 2008도7375) 이는 즉결심판절차에서도 **즉결심판청구시와 정식재판청구시에 모두 공소장일본주의가 적용되지 않는다**는 규정이다. 07국9, 16검찰·마약9, 20법9

3) 정리

판례에 의하면 약식명령청구시·약식명령에 대한 정식재판청구시·즉결심판청구시·즉결심판에 대한 정식재판청구시에 모두 공소장일본주의가 적용되지 않는다. 따라서 **약식절차와 즉결심판절차에서는 공소장일본주의가 적용되지 않는 것**으로 정리하면 된다.

5. 공소장일본주의 위반의 효과

공소장일본주의에 위배된 공소제기라고 인정되는 때에는 그 절차가 법률의 규정을 위반하여 무효인 때에 해당(제327조 제2호)하는 것으로 보아 **공소기각의 판결을 선고하는 것이 원칙**이다. 15경간, 17국7, 18경승, 20법9 그러나 공소장 기재의 방식에 관하여 피고인 측으로부터 아무런 이의가 제기되지 아니하였고 법원 역시 범죄사실의 실체를 파악하는 데 지장이 없다고 판단하여 그대로 공판절차를 진행한 결과 증거조사절차가 마무리되어 **법관의 심증형성이 이루어진 단계에서는** 소송절차의 동적 안정성 및 소송경제의 이념 등에 비추어 볼 때 이제는 더 이상 공소장일본주의 위배를 주장하여 이미 진행된 소송절차의 효력을 다툴 수는 없다고 보아야 한다.(대법원 2009.10.22. 선고 2009도7436 전원합의체 판결) ▶ 문국현 의원 사건 11검찰·마약9, 12국9, 13경승, 13법9, 13국7, 14경간, 14국7, 16국9, 17경간, 18경승, 18법9, 19국7, 21법9, 22검찰·마약9, 22국9, 23국9, 23국7

제 4 절 공소제기의 효과 [F4] 12순경1차

검사가 공소제기를 하면 수소법원의 **소송계속이 발생**하고, **법원의 심판 범위가 한정**되며, **공소시효가 정지**되는 3가지 효과가 발생한다. [F4] 23경승

I 소송계속의 발생

공소제기가 되면 '수소법원이 심리와 재판(심판)을 할 수 있는 상태(소송계속)'가 발생한다. 공소제기가 적법·유효할 것을 필요로 하지 않는다. [F4] 15순경1차 그러므로 공소제기가 적법·유효하건 부적법·무효이건 공소제기가 되면 소송계속은 발생하는 것이다. 소송계속은 다음과 같이 적극적 효과와 소극적 효과로 나누어진다.

적극적 효과	① 검사의 공소제기로 인하여 법원에게는 피고사건을 심판할 권리와 의무가 발생한다. ② 검사의 공소제기로 인하여 당사자에게는 심판을 받을 권리와 의무가 발생한다.
소극적 효과	① **이중기소의 금지**; 검사가 공소제기를 한 사건과 동일한 사건에 대하여 동일한 법원에 다시 공소제기(이중기소)를 할 수 없다. ② 검사가 동일한 법원에 동일한 사건에 대하여 이중으로 기소하면 법원은 먼저 기소된 사건을 심판하고 **뒤에 기소된 사건에 대해서는 공소기각판결**을 한다.(제327조 제3호) [F4] 10경승, 15순경1차, 18국9, 23경승 cf 검사가 동일한 사건을 수개 법원에 이중으로 기소한 경우(사물관할의 경합, 토지관할의 경합) 심판을 할 수 없게 된 법원은 **공소기각결정**을 한다. [F4] 15순경1차

II 심판범위의 한정

검사가 공소제기를 하면 **불고불리의 원칙**(법원은 검사가 공소제기를 한 것에 한하여 심판한다는 원칙)에 의하여 공소제기의 효력이 미치는 범위 내로 법원의 심판대상(=심판범위)이 한정된다.

1. 공소제기의 인적 효력 범위

공소제기의 인적 효력 범위는 공소제기의 효력이 미치는 사람의 범위에 관한 것이다. 공소는 검사가 피고인으로 지정한 사람 외의 다른 사람에게는 그 효력이 없다.(제248조 제1항) [F4] 순경, 09국7, 11검찰·마약9, 14경승, 16법9, 17경간, 21법9, 23교정·보호·철§ 따라서 검사가 공범 중 1인(甲)에 대해서만 공소제기를 한 경우 다른 공범(乙)에게는 공소제기의 효력이 미치지 않는다. 또한 공소제기 후에 진범이 발견된 경우에도 진범에게는 공소제기의 효력이 미치지 않는다. 따라서 진범에 대한 공소제기의 효력이 발생하려면 진범에 대한 새로운 공소제기를 필요로 한다.
[F4] 12순경1차, 13법9, 14경승, 14순경2차, 15순경1차, 16법9, 23경승

2. 공소제기의 물적 효력 범위

공소제기의 물적 효력 범위는 공소제기의 효력이 미치는 범죄사실의 범위에 관한 것이다.

공소 불가분의 원칙	하나의 범죄사실의 일부에 대한 공소는 그 효력이 전부에 미친다.(제248조 제2항) 법승, 11법9·검찰·마약9, 13경승, 14순경2차, 15순경2차 이를 **공소불가분의 원칙**이라고 한다. 공소불가분의 원칙에는 고소의 객관적 불가분의 원칙과 같은 법리가 적용된다.
일죄의 일부에 대한 공소제기	일죄(例 단순일죄, 과형상 일죄)의 일부에 대한 공소제기가 가능한지에 대하여 **판례는 긍정설**의 입장이다. 관련판례 일죄의 일부에 대한 공소제기의 가능 여부(적극) 하나의 행위가 부작위범인 직무유기죄와 작위범인 범인도피죄의 구성요건을 동시에 충족(▶ 형소법상 과형상 일죄, 형법상 상상적 경합)하는 경우 공소제기권자(검사)는 재량에 의하여 작위범인 범인도피죄로 공소를 제기하지 않고 부작위범인 직무유기죄로만 공소를 제기할 수도 있다.(대법원 1999.11.26. 선고 99도1904) ▶ **기소편의주의**에 따라 검사는 과형상 일죄의 전부를 기소하지 않고 그 일부만을 기소할 수 있다는 취지의 판례이다. 또한 **일죄의 일부에 대한 공소제기를 긍정**한 판례이다. 09국7, 11검찰·마약9, 14법9, 14·15교정보호·철경9, 21국7

Ⅲ 공소시효의 정지

시효는 공소의 제기로 진행이 정지되고 공소기각 또는 관할위반의 재판이 확정된 때로부터 진행한다.(제253조 제1항) 12국9, 13경승, 14경승, 14법9, 15법9, 16순경2차, 18경승, 22경승 공범의 1인(甲)에 대한 공소제기로 인한 공소시효의 정지는 다른 공범자(乙)에게 대하여 효력이 미치고 당해 사건(甲사건)의 재판이 확정된 때로부터 진행하는데(제253조 제2항), 이를 **공범에 대한 공소시효 정지의 특칙**이라고 한다. 12순경1차·국9, 13경승, 14경승, 14순경2차, 15순경1차, 21법9, 23경승 이러한 특칙은 甲과 乙이 공범 관계에 있는 경우에만 적용되고, 공범 관계가 아닌 경우에는 적용되지 않는다.

제 5 절 공소시효

I 공소시효의 의미, 취지와 본질

의의와 취지	공소시효란 범죄행위 종료 후 일정기간 동안 검사가 공소제기를 하지 않은 채 사건을 방치하면 그 범죄에 대한 국가의 **소추권을 소멸시키는 제도**를 말한다. [F4] 15경간 공소시효제도를 둔 취지는 공소시효 기간 동안 검사가 사건을 방치하면 ① 증거의 산일(없어지는 것) 등으로 인하여 입증이 곤란하다는 것, ② 처음에 강력했던 사회일반의 처벌욕구가 점차 감소한다는 것, ③ 장기간의 도피생활로 인하여 범인은 처벌받는 것에 준하는 정신적 고통을 받았다는 것 등을 이유로 공소시효가 완성되면 더 이상 소추하지 못하도록 하는 것이다.
본질	공소시효의 본질에 대해서는 실체법설과 소송법설이 대립한다. 실체법설은 공소시효의 완성은 형벌권 소멸사유에 해당한다는 견해로서 헌법재판소 판례의 입장이다.(헌결 1993.9.27. 92헌마284) 이에 대하여 소송법설은 공소시효의 완성은 소추권 소멸사유에 해당한다는 견해로서 다수설의 입장이다.

II 공소시효의 기간

1. 공소시효기간(제249조) 암기방법 * **사무 십십, 오십벌 오 오구** / 25 · 15 · 10 · 7, 5 · 3 · 1
  [F4] 08순경1차 · 2차, 09순경1차, 10경장, 10순경1차, 10법9, 11 · 12경승, 11검찰 · 마약9, 13순경1차, 14순경2차, 16순경2차

공소시효는 다음 기간의 경과로 완성한다.

가. **사형**에 해당하는 범죄에는 **25년**(제249조 제1항 제1호)
나. **무기징역, 무기금고(무기형)**에 해당하는 범죄에는 **15년**(제249조 제1항 제2호) [F4] 19순경2차
다. **장기 10년 이상의 징역 · 금고**에 해당하는 범죄에는 **10년**(제249조 제1항 제3호) [F4] 19경승
라. **장기 (5년 이상) 10년 미만의 징역 · 금고**에 해당하는 범죄에는 **7년**(제249조 제1항 제4호) [F4] 18순경1차
마. **장기 5년 미만의 징역 · 금고, 장기 10년 이상의 자격정지 또는 벌금**에 해당하는 범죄에는 **5년**(제249조 제1항 제5호) [F4] 19경간 ▶ **벌금형은 액수에 상관없이 모두 5년이다.** * **벌오**
바. **장기 5년 이상 (10년 미만)의 자격정지**에 해당하는 범죄에는 **3년**(제249조 제1항 제6호) * **오삼(불고기)** [F4] 12순경2차, 16순경2차
사. **장기 5년 미만의 자격정지, 구류, 과료 또는 몰수**에 해당하는 범죄에는 **1년**(제249조 제1항 제7호) * **구일, 과일**
아. **의제공소시효**; 의제공소시효란 공소제기 된 범죄가 판결의 확정 없이 공소를 제기한 때로부터 **25년**을 경과하면 공소시효가 완성된 것으로 간주하는 것을 말한다.(제249조 제2항) 이는 영구미제사건(영원히 해결될 수 없는 사건)을 **면소판결**(제326조 제3호)을 함으로써 종결처리하기 위한 것이다. [F4] 11순경2차, 13순경1차, 14경간, 14국9, 15경승, 17경간, 18법9, 19경간, 23국9

자. (고의로) **사람을 살해한 범죄(종범은 제외)로 사형에 해당하는 범죄**에 대하여는 제249조부터 제253조까지에 규정된 공소시효를 적용하지 아니한다.(제253조의2) 이 법 시행 전 행하여진 범죄로써 이 법 시행 당시 공소시효가 완성되지 아니한 범죄에 대하여도 공소시효를 적용하지 아니한다.(부칙 제2조) F4 15순경3차, 17순경1차, 17국7, 18경간, 18검찰·마약9, 18순경3차, 22법9 ▶ 2015.7.31. 개정·시행, 이를 '태완이법'이라 한다.

차. 성폭력범죄와 아동·청소년에 대한 강간·강제추행죄; DNA 증거 등 그 죄를 증명할 수 있는 과학적인 증거가 있는 때에는 공소시효가 10년 연장된다.(성폭력범죄의 처벌 등에 관한 특례법 제21조 제2항, 아동·청소년의 성보호에 관한 법률 제20조 제2항) F4 15순경3차

2. 공소시효기간의 기준

(1) 원칙

공소시효 기간은 **원칙적으로 법정형**(처단형×)**을 기준**으로 정한다. F4 법승, 경승, 15법9 여기서 법정형은 법률에 규정되어 있는 형을 말한다. 반면 처단형은 법률상의 가중·감경 사유가 있는 경우에 가중·감경을 한 후의 형을 말한다. 공소시효 기간은 원칙적으로 가중·감경하기 전의 법정형을 기준으로 정하는 것이다.

(2) 병과형·선택형

두 개 이상의 형을 병과(倂科, 함께 부과)해야 하는 병과형과 두 개 이상의 형에서 한 개를 과(科)할 범죄(선택형)에 대한 공소시효 기간은 **그 중에서 무거운 형을 기준**으로 정한다.(제250조) F4 10법9, 12순경2차, 13순경2차, 15순경1차, 15법9, 17경승, 18경승, 21국9, 22법9 예컨대 법정형이 '3년 이하의 징역과 500만 원 이하의 벌금에 처한다'라고 되어 있는 경우가 병과형이고, '3년 이하의 징역 또는 500만 원 이하의 벌금에 처한다'라고 되어 있는 경우는 선택형이다. 그 중에서 중한 형은 징역과 벌금 중 징역이고, 징역형의 장기 3년을 기준으로 공소시효 기간을 정하게 되는 것이다.

(3) 형의 가중·감경의 경우

1) 형법에 의한 형의 가중·감경의 경우

형법에 의한 형의 가중·감경의 경우에 공소시효 기간은 **가중 또는 감경하지 아니한 한 형(법정형)을 기준**으로 정한다.(제251조) F4 08·09순경1차, 10법9, 11법9, 12경승, 13순경2차, 15경승, 15순경1차, 15순경2차, 16교정·보호·철경9, 17경승, 18경간, 18경승, 19경간, 19순경2차, 20법9, 22법9

2) 특별법에 의한 형의 가중·감경의 경우

특별법에 의한 형의 가중·감경의 경우에 공소시효 기간은 **특별법상의 법정형을 기준**으로 정한다. 특별법에는 이미 가중 또는 감경된 형이 규정되어 있기 때문이다.

> **관련판례**
>
> 특정범죄가중처벌등에관한 법률 제8조 위반죄의 공소시효 기간은 동법조항(**특별법상**)**의 법정형에 따라 정하여지고**, 조세범처벌법 제17조 규정에 의할 수 없다.(대법원 1979.4.24. 선고 77도2752) F4 09순경1차, 11법9, 12순경2차, 15순경2차

(4) 법정형이 변경된 경우

범죄 후 법률의 개정에 의하여 법정형이 가벼워진 경우에는 형법 제1조에 의하여 당해 범죄사실에 적용될 **가벼운 법정형(신법의 법정형)이 공소시효기간의 기준**으로 된다.(대법원 1987.12.22. 선고 87도84) [F4] 12국9 · 순경2차, 15순경1차, 17국9, 19국9, 21경간, 23국7 반면 범죄 후 법률의 개정에 의하여 법정형이 중하게 변경된 경우에는 가벼운 구법의 법정형이 공소시효기간의 기준으로 된다.

(5) 과형상 일죄

과형상 일죄의 경우 공소시효 기간은 각 범죄사실별로 개별적으로 정한다는 것이 다수설이다.

(6) 예비적 · 택일적 기재

예비적 · 택일적 기재의 경우에는 개별적으로 공소시효 기간을 정한다는 것이 다수설의 태도이다.

(7) 공소장변경시 [F4] 10경승, 10국9, 10국7, 11경승, 15순경1차, 16국7, 17경간, 18순경2차, 21국9

📖 **관련판례**

[1] 공소장 변경이 있는 경우에 **공소시효의 완성 여부는 당초의 공소제기가 있었던 시점을 기준으로 판단**할 것이고 공소장 변경시를 기준으로 삼을 것은 아니다. [F4] 08순경3차, 09국7, 10경장, 12순경1차, 13순경2차, 14경승, 14법9, 15경간, 16법9, 16검찰 · 마약9, 17국7, 18법9, 18순경2차, 19경승, 19순경2차, 20법9

[2] 공소장변경절차에 의하여 공소사실이 변경됨에 따라 그 법정형에 차이가 있는 경우에는 **변경된 공소사실에 대한 법정형이 공소시효기간의 기준**이 된다. [F4] 08순경3차, 09순경1차, 12순경1차 · 국7, 14법9, 16검찰 · 마약9, 18법9, 19경승, 20경간, 22국7

[3] 공소제기 당시의 공소사실에 대한 법정형을 기준으로 하면 공소제기 당시 아직 공소시효가 완성되지 않았으나 변경된 공소사실에 대한 법정형을 기준으로 하면 공소제기 당시 이미 공소시효가 완성된 경우에는 공소시효의 완성을 이유로 **면소판결**을 선고하여야 한다.(대법원 2001.8.24. 선고 2001도2902) [F4] 17검찰 · 마약9, 18국7, 21경승, 22법9, 23국7

TIP 예컨대 甲이 2017년 11월 1일에 절도죄로 공소제기 되었다가 2017년 11월 7일에 주거침입죄로 공소장변경이 되었다고 가정하자. 甲의 절취행위 종료시가 2012년 11월 1일이라면 공소시효기간은 공소장변경으로 변경된 공소사실인 주거침입죄의 법정형(형법 제319조 제1항)인 3년 이하의 징역을 기준으로 정하므로 5년이 된다. 한편 5년의 공소시효 완성 여부는 당초의 공소제기시인 2017년 11월 1일을 기준으로 판단하게 된다. 공소시효는 범죄행위 종료시로부터 진행하고, 공소시효기간을 계산할 때에는 초일을 산입하므로 위 사례의 공소시효는 2012년 11월 1일부터 진행하기 시작하여 2017년 10월 31일 24시에 완성된다. 그러므로 당초의 공소제기시인 2017년 11월 1일엔 이미 공소시효가 완성되었으므로 법원은 면소판결을 하여야 한다.

3. 공소시효의 기산점

(1) 원칙

공소시효는 원칙적으로 **범죄행위 종료시부터** 진행한다.(제252조 제1항) [F4] 법9, 국9, 국7, 법승, 12순경2차, 14경승, 15경승, 17경승, 18경간, 20경승

(2) 거동범과 미수범

거동범과 미수범의 공소시효는 실행행위(범죄행위) 종료시부터 진행한다.

> **관련판례** 미수범의 공소시효 기산점
>
> 미수범의 범죄행위는 행위를 종료하지 못하였거나 결과가 발생하지 아니하여 더 이상 범죄가 진행될 수 없는 때에 종료하고, 그때부터 미수범의 공소시효가 진행한다.(대법원 2017.7.11. 선고 2016도14820) [F4] 18국7, 18순경2차, 19법9, 20법9, 20순경2차, 21경간

(3) 결과범

결과범의 공소시효는 결과발생시부터 진행한다. [F4] 법9, 11경승 결과적 가중범도 결과범이므로 중한 결과가 발생한 때부터 공소시효가 진행된다. [F4] 18검찰·마약9

> **관련판례** 결과범의 공소시효 기산점
>
> 공소시효의 기산점에 관하여 규정한 형사소송법 제252조 제1항에 정한 '범죄행위'에는 당해 범죄행위의 결과까지도 포함하는 취지로 해석함이 상당하므로, 교량붕괴사고에 있어 업무상과실치사상죄, 업무상과실일반교통방해죄 및 업무상과실자동차추락죄의 공소시효도 교량붕괴사고로 인하여 피해자들이 사상에 이른 결과가 발생함으로써 그 범죄행위가 종료한 때로부터 진행한다고 보아야 한다.(대법원 1997.11.28. 선고 97도1740)

(4) 즉시범

즉시범의 공소시효는 범죄성립과 동시에 진행한다.

> **관련판례** 즉시범의 공소시효 기산점
>
> a. 구 폭력행위 등 처벌에 관한 법률(1990.12.31. 법률 제4294호로 개정되기 전의 것) 제4조 소정의 단체 등의 구성죄는 즉시범이므로 범죄성립과 동시에 공소시효가 진행되는 것이다.(대법원 2005.9.9. 선고 2005도3857) [F4] 12검찰·마약9
>
> b. 정보통신망을 이용한 명예훼손의 경우 게재행위만으로 범죄가 성립하고 종료하므로(즉시범에 해당) 그 (게재행위를 한) 때부터 공소시효를 기산해야 하고, 게시물이 삭제된 시점을 범죄의 종료시기로 보아서 그때(게시물이 삭제된 때)부터 공소시효를 기산해야 하는 것은 아니다.(대법원 2007.10.25. 선고 2006도346) [F4] 17국9

(5) 계속범

계속범의 공소시효는 **법익침해 종료시부터 진행**한다. [F4] 경승, 순경 계속범의 대표적인 예는 감금죄이다. 감금죄는 일정한 장소에서 이탈하지 못하도록 '가둔 때'에 기수가 된다. 가둔 장소에서 나갈 수 있도록 '풀어준 때'에 감금죄의 법익침해는 종료된다. 감금죄는 기수시부터 법익침해 종료시까지 법익의 침해가 계속되기 때문에 계속범이라고 하는 것이다. 그러므로 감금죄의 공소시효는 법익침해 종료시인 '풀어준 때'부터 진행한다.

> **관련판례** 계속범의 공소시효 기산점
>
> 공유수면인 바닷가를 허가 없이 점용·사용하는 행위는 그 공유수면을 무단으로 점유·사용하는 한 가벌적인 위법행위가 계속 반복되고 있는 계속범이라고 보아야 한다.(대법원 2010.9.30. 선고 2008도7678) 그러므로 법익 침해 종료시인 점용·사용행위 종료시부터 공소시효가 진행된다.

(6) 과형상 일죄

과형상 일죄의 공소시효를 적용함에 있어서는 **각 죄마다 따로 따져야 할 것**인바, 사기죄와 변호사법 위반죄는 상상적 경합(과형상 일죄)의 관계에 있으므로 변호사법 위반죄의 공소시효가 완성되었다고 하여 그 죄와 상상적 경합관계에 있는 사기죄의 공소시효까지 완성되는 것은 아니다.(대법원 2006.12.8. 선고 2006도6356) [F4] 17국9, 18순경1차, 19국7, 20경간, 20경승, 21경간, 23국7

(7) 포괄일죄

포괄일죄의 공소시효는 **최종 범죄행위 종료시부터 진행**한다.(대법원 1996.10.25. 선고 96도1088) [F4] 국9, 09순경1차, 10경장, 12경승, 14법9, 15경간, 15순경1차, 22국7

> **관련판례** 포괄일죄의 공소시효 기산점
>
> 공익근무요원의 복무이탈죄는 정당한 사유 없이 계속적 혹은 간헐적으로 행해진 통산 8일 이상의 복무이탈행위 전체가 하나의 범죄(▶포괄일죄)를 구성하는 것이고, 그 공소시효는 위 전체의 복무이탈행위 중 최종의 복무이탈행위가 마쳐진 때부터 진행한다.(대법원 2007.3.29. 선고 2005도7032) [F4] 08순경1차

(8) 공범

공범의 경우 공소시효는 **최종행위 종료시부터 전 공범에 대한 공소시효 기간이 진행**한다.(제252조 제2항)
[F4] 10법9, 13순경2차, 16교정·보호·철경9, 18경간, 18법9, 20경승

(9) 미성년자에 대한 성폭력범죄 등의 경우

미성년자에 대한 성폭력범죄의 공소시효는 피해를 당한 미성년자가 **성년에 달한 날부터**(성폭력범죄의 처벌 등에 관한 특례법 제21조 제1항), 아동·청소년 대상 성범죄의 공소시효는 피해를 당한 아동·청소년이 **성년에 달한 날부터**(아동·청소년의 성보호에 관한 법률 제20조 제1항), 아동학대범죄의 공소시효는 피해를 당한 아동이 **성년에 달한 날부터**(아동학대범죄의 처벌 등에 관한 특례법 제34항) 진행한다. [F4] 18순경2차

> **관련판례** 공소시효의 기산점에 관한 기타 판례
>
> a. **공무원이 직무에 관하여 금전을 무이자로 차용한 경우, 뇌물수수죄의 공소시효 기산점**(=금전을 무이자로 차용한 때); 공소시효는 범죄행위를 종료한 때로부터 진행하는데(형사소송법 제252조 제1항), 공무원이 직무에 관하여 금전을 무이자로 차용한 경우에는 차용 당시에 금융이익 상당의 뇌물을 수수한 것으로 보아야 하므로, 공소시효는 금전을 무이자로 차용한 때부터 기산한다.(대법원 2012.2.23. 선고 2011도7282) [F4] 16경간, 19경승, 21경승
>
> b. 회사의 대표이사가 회사 명의로 체결한 계약이 관련 법령이나 정관에 위배되어 법률상 효력이 없는 경우, 그 계약의 체결행위만으로 배임의 범행이 기수에 이르렀거나 범행이 종료되었다고 볼 수 있는지 여

부(원칙적 소극); [1] 형법 제355조 제2항의 배임죄 또는 형법 제356조의 업무상배임죄는 임무에 위배되는 행위로 재산상 이익을 취득하거나 제3자로 하여금 취득하게 하여 본인에게 손해를 가한 때에 성립하는 범죄인데, 회사의 대표이사가 회사 명의로 체결한 계약이 관련 법령이나 정관에 위배되어 법률상 효력이 없는 경우에는 그로 인하여 회사가 계약 상대방에게 민법상 불법행위책임을 부담하게 되는 등 특별한 사정이 없는 한 계약의 체결행위만으로 배임죄 범행이 기수에 이르렀거나 범행이 종료되었다고 볼 수 없다. [2] 갑 주식회사 대표이사인 피고인이 주주총회 의사록을 허위로 작성하고 이를 근거로 피고인을 비롯한 임직원들과 주식매수선택권부여계약을 체결함으로써 갑 회사에 재산상 손해를 가하였다고 하며 특정경제범죄 가중처벌 등에 관한 법률 위반(배임)으로 기소된 경우, 상법과 정관에 위배되어 법률상 무효인 계약을 체결한 것만으로는 업무상배임죄 구성요건이 완성되거나 범행이 종료되었다고 볼 수 없고, **업무상배임죄는 피고인이 의도한 배임행위가 모두 실행된 때로서 최종적으로 주식매수선택권이 행사되고 그에 따라 신주가 발행된 시점(▶ 범죄행위 종료시)에 종료되었다고 보아야 한다.**(대법원 2011.11.24. 선고 2010도11394) 12검찰·마약9

c. 강제집행면탈죄는 위험범으로서 허위의 채무를 부담하는 내용의 채무변제계약 공정증서를 작성한 후 이에 기하여 채권압류 및 추심명령을 받은 때(▶ 범죄행위 종료시)에, 강제집행면탈죄가 성립함과 동시에 그 범죄행위가 종료되어 공소시효가 진행한다.(대법원 2009.5.28. 선고 2009도875) 12검찰·마약9

d. 공직선거법 제268조 제1항 본문은 "이 법에 규정한 죄의 공소시효는 당해 선거일 후 6개월(선거일 후에 행하여진 범죄는 그 행위가 있는 날부터 6개월)을 경과함으로써 완성한다."라고 규정하고 있다. 여기서 말하는 '당해 선거일'이란 **그 선거범죄와 직접 관련된 공직선거의 투표일**을 의미한다. 이는 선거범죄가 당내경선운동에 관한 공직선거법 위반죄인 경우에도 마찬가지이므로, 그 선거범죄에 대한 공소시효의 기산일은 당내경선의 투표일이 아니라 **그 선거범죄와 직접 관련된 공직선거의 투표일**이다.(대법원 2019.10.31. 선고 2019도8815) 20순경2차, 21경승

e. 포괄일죄의 공소시효는 최종의 범죄행위가 종료한 때부터 진행하고, 독점규제 및 공정거래에 관한 법률 제19조 제1항 제1호에서 정한 가격 결정 등의 합의 및 그에 기한 실행행위로 인한 동법 제66조 제1항 제9호 위반죄의 공소시효는 그 합의가 있었던 날이 아니라 **그 실행행위가 종료한 날부터 진행**한다.(대법원 2015.9.10. 선고 2015도3926) 20순경2차, 21국7

f. 구체적인 직무집행을 저지하거나 현실적으로 곤란하게 하는 데까지 이르지 않은 경우, 위계에 의한 공무집행방해죄로 처벌할 수 없다. 그러므로 위계에 의한 공무집행방해죄의 공소시효는 피고인이 **허위사실이 기재된 귀화허가신청서를 담당공무원에게 제출하여 그에 따라 귀화허가업무를 담당하는 행정청이 그릇된 행위나 처분을 한 때로부터 진행**한다.(대법원 2017.4.27. 선고 2017도2583) 20순경2차

4. 공소시효의 계산방법

공소시효기간의 초일은 시간을 계산함이 없이 1일로 산정한다.(제66조 제1항) 법9, 19국7 공소시효는 초일불산입의 원칙의 예외에 해당하므로 **초일도 산입**한다. 또한 기간의 말일이 공휴일 또는 토요일에 해당하는 날인 경우에도 공소시효기간에 산입한다.(제66조 제3항) 08법9, 19국7 예컨대 범죄행위 종료시가 2017년 5월 1일 PM 11시 30분이고, 공소시효기간이 1년인 경우 공소시효기간은 초일을 산입하므로 2017년 5월 1일부터 공소시효가 진행하기 시작하여 2018년 4월 30일 24시에 완성된다.

⊞ 공소시효의 정지

1. 공소시효 정지의 의의

공소시효의 정지란 **공소시효 정지사유가 있으면 공소시효는 일단 진행을 멈추고, 정지사유가 소멸한 때부터 남은 공소시효기간이 다시 진행하는 것**을 말한다. 이에 반하여 시효의 중단이란 시효중단사유가 있으면 시효진행이 멈추는 것은 물론 중단사유가 소멸한 때부터 애초의 시효기간이 다시 진행하는 것을 말한다. 공소시효의 정지의 경우 이미 진행된 기간은 공소시효 기간이 지난 것으로 본다. 그러나 시효의 중단의 경우는 이미 진행된 기간도 무(無)의 상태(전혀 진행되지 않은 상태)로 된다는 점이 시효의 정지와 다르다. 공소시효의 중단을 인정하면 극단적으로는 영원히 공소시효가 완성되지 않을 수도 있으므로 **공소시효의 중단은 인정되지 않는다.** 13순경1차

2. 공소시효의 정지사유

공소시효는 다음과 같은 사유로 인하여 정지된다.

(1) 대통령의 불소추특권

내란과 외환의 죄를 제외하고 나머지 범죄는 대통령의 재직 중 형사소추가 불가능하기 때문에 대통령의 재직 기간 중에는 공소시효의 진행이 정지된다. 반면 내란과 외환의 죄는 너무나 중한 범죄이므로 대통령의 재직기간 중에도 형사소추가 가능하다. 그러므로 대통령의 재직기간 중에도 공소시효가 정지되지 않고 진행된다.(헌법 제84조) 18법9

(2) 국외도피사범

범인이 형사처분을 면할 목적으로 국외에 있는 경우 그 **국외도피 기간 동안 공소시효의 진행이 정지된다.** (제253조 제3항)

> **관련판례** 국외도피사범
>
> a. [1] 국외도피사범에 있어서 형사처분을 면할 목적은 오로지 형사처분을 면할 목적으로 국외에 체류하는 것에 한정되지 않는다. **여러 국외체류 목적 중 형사처분을 면할 목적이 포함되어 있으면 족하다.** 16경간, 17법9, 22법9 [2] 범인이 국외에 있는 것이 형사처분을 면하기 위한 방편이었다면 '형사처분을 면할 목적'이 있었다고 볼 수 있고, 위 '형사처분을 면할 목적'과 양립할 수 없는 범인의 주관적 의사가 명백히 드러나는 객관적 사정이 존재하지 않는 한 국외 체류기간 동안 '형사처분을 면할 목적'은 계속 유지된다. 17법9 [3] 법정최고형이 징역 5년인 부정수표단속법 위반죄(이 범죄는 징역형의 장기가 5년이므로 공소시효는 7년이다)를 범한 사람이 중국으로 출국하여 체류하다가 그곳에서 징역 14년을 선고받고 8년 이상 복역한 후 우리나라로 추방되어 위 죄로 공소제기 된 경우, 위 수감기간 동안에는 형사소송법 제253조 제3항의 '형사처분을 면할 목적'을 인정할 수 없어 공소시효의 진행이 정지되지 않는다.(대법원 2008.12.11. 선고 2008도4101) 16순경1차, 18국7 ▶ **외국에서 복역한 기간은 국외도피사범으로 볼 수 없으므로 그 기간 동안에도 공소시효가 진행**한다는 판례이다. 이 사례의 경우 중국에서 8년간 복역한 기간 동안에는 공소시효가 진행하므로 7년이 공소시효인 위 범죄의 공소시효는 완성되었다.
>
> b. 형사소송법 제253조 제3항은 "범인이 형사처분을 면할 목적으로 국외에 있는 경우 그 기간 동안 공소시효는 정지된다."라고 규정하고 있다. 위 규정이 정한 '범인이 형사처분을 면할 목적으로 국외에

있는 경우'는 범인이 국내에서 범죄를 저지르고 형사처분을 면할 목적으로 국외로 도피한 경우에 한정되지 아니하고, **범인이 국외에서 범죄를 저지르고 형사처분을 면할 목적으로 국외에서 체류를 계속하는 경우도 포함된다.**(대법원 2015.6.24. 선고 2015도5916) 16순경1차, 16교정·보호·철경9, 16국7, 17국7, 18순경1차, 19경승, 19법9, 19순경2차, 20순경2차, 21경승, 21국9

c. 피고인이 당해 사건(A사건)으로 처벌받을 가능성이 있음을 인지하였다고 보기 어려운 경우라면 피고인이 다른 고소사건(B사건)과 관련하여 형사처분을 면할 목적으로 국외에 있은 경우라고 하더라도 당해 사건(A사건)의 형사처분을 면할 목적으로 국외에 있었다고 볼 수 없다.(대법원 2014.4.24. 선고 2013도9162) ▶ 따라서 다른 사건(B사건)의 공소시효는 정지되지만, 당해 사건(A사건)의 공소시효는 정지되지 않는다. 16순경1차, 17법9, 18국7

d. 형사소송법 제253조 제3항에서 정지의 대상으로 규정한 '공소시효'는 범죄행위가 종료한 때로부터 진행하고 공소의 제기로 정지되는 구 형사소송법 **제249조 제1항의 시효**를 뜻하고, 그 시효와 별개로 공소를 제기한 때로부터 일정 기간이 경과하면 공소시효가 완성된 것으로 간주된다고 규정한 구 형사소송법 **제249조 제2항에서 말하는 '공소시효'(의제공소시효)는 여기에 포함되지 않는다**고 봄이 타당하다. 따라서 **공소제기 후 피고인이 처벌을 면할 목적으로 국외에 있는 경우에도**, 그 기간 동안 구 형사소송법 제249조 제2항에서 정한 기간(의제공소시효)의 **진행이 정지되지는 않는다**.(대법원 2022.9.29. 선고 2020도13547)

(3) 공소제기

검사가 공소제기를 하면 공소시효의 진행이 정지된다. 공소제기가 적법·유효하건 부적법·무효이건 불문하고 공소제기를 하면 무조건 공소시효가 정지된다. 정지되었던 공소시효는 "공소기각 또는 관할위반의 재판이 확정된 때"로부터 남은 공소시효가 다시 진행한다.(제253조 제1항) 19경간 공소기각의 재판(공소기각결정과 공소기각판결)과 관할위반의 판결이 확정되더라도 기판력이 발생하지 않으므로 검사는 동일한 사건에 대하여 다시 공소제기를 할 수 있다. 따라서 남은 공소시효가 다시 진행하는 것이다. 한편 면소판결이 확정된 경우에는 기판력이 발생하여 다시 공소제기를 할 수 없으므로 다시 공소시효가 진행될 여지가 없다.

(4) 재정신청

재정신청이 있으면 **재정결정이 확정될 때까지(있을 때까지×)** 공소시효 진행이 정지된다.(제262조의4 제1항)

(5) 헌정질서파괴범죄에 관한 특칙

1979년 12월 12일과 1980년 5월 18일을 전후하여 발생한 「헌정질서 파괴범죄의 공소시효 등에 관한 특례법」 제2조의 헌정질서 파괴범죄행위에 대하여 해당 범죄행위의 종료일부터 1993년 2월 24일까지의 기간은 공소시효의 진행이 정지된 것으로 본다.(5·18 민주화운동 등에 관한 특별법 제2조) 18법9

(6) 소년보호사건

소년부 판사의 심리 개시 결정이 있었던 때로부터 그 사건에 대한 **보호처분의 결정이 확정(선고×)될 때까지** 공소시효는 그 진행이 정지된다.(소년법 제54조)

(7) 미성년자에 대한 성폭력범죄와 아동 · 청소년대상 성범죄 등

미성년자에 대한 성폭력범죄의 공소시효는 해당 성폭력범죄로 **피해를 당한 미성년자가 성년에 달한 날부터 진행**한다.(성폭력범죄의 처벌 등에 관한 특례법 제21조 제1항) 아동 · 청소년대상 성범죄의 공소시효도 해당 성범죄로 **피해를 당한 아동 · 청소년이 성년에 달한 날부터 진행**한다.(아동 · 청소년의 성보호에 관한 법률 제20조 제1항) 또한 아동학대범죄의 공소시효도 해당 아동학대범죄의 **피해아동이 성년에 달한 날부터 진행**한다.(아동학대범죄의 처벌 등에 관한 특례법 제34조 제1항) 그러므로 이런 범죄들의 경우에는 **피해를 당한 미성년자 · 아동 · 청소년 등이 성년에 달하기까지 공소시효가 정지**된다.

> **관련판례** 공소시효의 정지사유
>
> a. 공소시효를 정지 · 연장 · 배제하는 내용의 특례조항을 신설하면서 소급적용에 관한 명시적인 경과규정을 두지 아니한 경우에 그 조항을 소급하여 적용할 수 있다고 볼 것인지에 관하여는 이를 해결할 보편타당한 일반원칙이 존재할 수 없는 터이므로 적법절차원칙과 소급금지원칙을 천명한 헌법 제12조 제1항과 제13조 제1항의 정신을 바탕으로 하여 법적 안정성과 신뢰보호원칙을 포함한 법치주의 이념을 훼손하지 아니하도록 신중히 판단하여야 한다.(대법원 2015.5.28. 선고 2015도1362) 16순경1차
>
> b. 공범 중 1인에 대해 약식명령이 확정된 후 그에 대한 정식재판청구권회복결정이 있었다고 하더라도 **그 사이의 기간 동안에는, 특별한 사정이 없는 한, 다른 공범자에 대한 공소시효는 정지함이 없이 계속 진행**한다고 보아야 할 것이다.(대법원 2012.3.29. 선고 2011도15137) 17국9, 18경승, 20경간, 21국9, 22국7
> ▶ 약식명령이 확정된 후 정식재판청구권회복결정이 있을 때까지 공소시효가 정지된다는 규정은 없으므로 공소시효정지 사유에 해당하지 아니한다.

3. 공소시효의 효력범위

공소제기의 효력은 공소제기된 피고인(甲)에 대해서만 미치고, 공소제기로 인한 공소시효정지의 효력도 공소제기된 피고인(甲)에 대해서만 미치는 것이 원칙이다. 국9, 법9 그러나 공범의 1인(甲)에 대한 공소시효정지는 다른 공범자(乙)에 대하여 효력이 미치고 당해사건(甲사건)의 재판이 확정된 때로부터 진행한다.(**공소시효 정지의 특칙**, 제253조 제2항) 12검찰 · 마약9, 14교정 · 보호 · 철경9, 14순경2차, 15경간, 16경간, 16교정 · 보호 · 철경9, 18순경2차

> **관련판례** 공소시효 정지의 특칙
>
> a. 뇌물공여죄와 뇌물수수죄 사이와 같은 대향범 관계에 있는 자는 강학상으로는 필요적 공범이라고 불리고 있으나, 서로 대향된 행위의 존재를 필요로 할 뿐 각자 자신의 구성요건을 실현하고 별도의 형벌규정에 따라 처벌되는 것이어서, 대향범 관계에 있는 자 사이에서는 각자 상대방의 범행에 대하여 형법 총칙의 공범규정이 적용되지 아니한다. 이러한 점들에 비추어 보면, 형사소송법 제253조 제2항에서 말하는 '공범'에는 뇌물공여죄와 뇌물수수죄 사이와 같은 대향범 관계에 있는 자는 포함되지 않는다.(대법원 2015.2.12. 선고 2012도4842) ▶ 따라서 **뇌물수수죄를 범한 자(甲)에 대한 공소제기로 인하여 뇌물공여죄를 범한 자(乙)에 대해서는 공소시효가 정지되지 않는다.** 대향범은 공범에 대한 공소시효 정지의 특칙이 적용되는 공범으로 볼 수 없기 때문이다. 15순경3차, 16경간, 16교정 · 보호 · 철경9, 16경7, 17경간, 18경간, 18검찰 · 마약9, 18국7, 18순경2차, 19경승, 20경승, 21경간, 22경승, 23국7

b. 피고인(乙)과 공범관계 있는 자(甲)가 같은 범죄사실로 공소제기 된 후 유죄판결이 확정된 경우는 **그(甲)에 대하여 제기된 공소로 인하여 (다른) 공범자인 피고인(乙)에 대하여도 공소시효의 진행이 정지**된다.(대법원 1995.1.20. 선고 94도2752)

> **같은 취지의 판례**
>
> 공범 중 1인(甲)이 책임조각을 이유로 무죄의 확정판결을 받은 경우 그(甲)에 대하여 제기된 공소로 인하여 진범(乙)에 대한 공소시효정지의 효력이 있다. 13국7, 16국7 ▶ 공범에 대한 공소시효정지의 특칙은 공범 관계가 있어야만 적용된다. 형법상 공범의 종속성에 관하여 통설은 **제한적 종속형식**을 취한다. 제한적 종속형식이란 공범 중 1인에게 적어도 구성요건해당성과 위법성까지는 인정되는 경우라야 공범관계가 성립한다는 것이다. 피고인(乙)과 공범관계 있는 자(甲)가 같은 범죄사실로 공소제기 된 후 **유죄판결이 확정된 경우**에는 공범관계 있는 자(甲)에게 구성요건해당성과 위법성, 책임이 모두 인정되므로 甲과 乙 사이에 공범관계가 유지된다. 또한 공범 중 1인(甲)이 **책임조각을 이유로 무죄의 확정판결을 받은 경우** 그(甲)는 책임만 조각될 뿐 구성요건해당성과 위법성까지는 인정되므로 甲과 乙 사이에 공범관계가 유지된다. 그러므로 **공범에 대한 공소시효 정지의 특칙이 적용**되는 것이다.

> **비교판례**
>
> 범죄의 증명이 없다는 이유로 공범 중 1인(甲)이 무죄의 확정판결을 선고받은 경우는 그(甲)를 공범이라고 할 수 없어 **그(甲)에 대하여 제기된 공소로써는 진범(乙)에 대한 공소시효정지의 효력이 없다.**(대법원 1999.3.9. 선고 98도4621) 08순경1차, 10·12경승, 13순경1차, 16국7, 18순경1차, 18순경3차, 19법9, 20경승, 22경승, 23국7
> ▶ 범죄의 증명이 없다는 이유로 공범 중 1인(甲)이 무죄의 확정판결을 선고받은 경우 그(甲)는 구성요건해당성 또는 위법성이 인정되지 않으므로 甲과 乙 사이에 공범관계가 유지되지 않고, 진범(乙)은 단독범이 된다. 따라서 공범에 대한 공소시효 정지의 특칙이 적용되지 않는다.

Ⅳ 공소시효 완성의 효과

공소제기 전에 공소시효가 완성된 경우	공소제기 전에 공소시효가 완성된 경우 검사가 이를 알았다면 공소시효가 완성되지 않았을 것은 소송조건이므로 소송조건이 결여된 경우에 해당하여 **검사는 공소권 없음을 이유로 불기소처분을 하여야 한다.**
공소제기 후에 공소시효 완성이 판명된 경우	공소제기 전에 공소시효가 완성되었으나 검사가 이를 모르고 공소제기를 하였고, 공소제기 후에 법원에 의하여 공소시효가 완성되었음이 판명되었다면 법원은 **면소판결을 선고하여야 한다.**(제326조 제3호) 14경승, 15법9 cf 이에 위반하여 실체판결을 선고한 경우에는 상소이유가 된다.

이천호 형사소송법

3 PART

CHAPTER 01. 소송절차의 기본이론
CHAPTER 02. 소송주체
CHAPTER 03. 소송행위
CHAPTER 04. 공판절차
CHAPTER 05. 증거법
CHAPTER 06. 재판

공판

CHAPTER 1 소송절차의 기본이론

제1절 소송절차의 기본구조

I 소송절차의 의미

소송절차란 공판절차라고도 한다. 소송절차(=공판절차)란 공소제기로부터 재판확정시까지의 수소법원이 행하는 일련의(=모든) 절차를 말한다.

II 소송의 실체면과 절차면 05순경3차

소송의 실체면	소송절차 중에서 법관의 유·무죄의 심증이 형성되는 과정을 말한다.
소송의 절차면	소송절차 중에서 실체면을 제외한 순수한 절차적 측면을 말한다. 형사절차의 명확성을 기하기 위해서 절차유지의 원칙이 요구된다.

제2절 소송절차이분론(=공판절차이분론) 10국7

의의	소송절차이분론이란 형사소송절차를 유무죄 인정절차(사실인정절차)와 양형절차 둘로 나누자는 논의를 말한다.
연혁	배심제를 채택하고 있는 영미(영국과 미국)에서는 엄격히 소송절차이분론을 채택한다. 그러나 우리나라에서는 소송절차이분론을 적극적으로 수용하지 않는다.
근거	소송절차이분론을 긍정하는 견해는 양형의 합리화, 사실인정절차의 순화, 변호인의 변호권 보장, 피고인의 인격권 보장 등을 근거로 소송절차이분론을 채택하여야 한다고 주장한다.
비판	범죄사실과 양형사실의 엄격한 구별은 곤란하므로 소송절차를 둘로 나눌 수 없다. 책임은 행위자의 인격과 분리하여 판단할 수 없으므로 사실인정절차와 양형절차를 같이 해야 하고 이를 나누어서는 안 된다.

소송주체

제 1 절 소송의 주체 F4 경승

소송의 주체의 의의	소송의 주체란 형사소송법상 권리와 의무의 주체(권리를 갖고, 의무를 지는 자)를 말한다. 형사소송법은 소송의 3주체를 인정하고 있는데, 재판권의 주체인 법원, 공소권의 주체인 검사, 방어권의 주체인 피고인을 소송의 3주체라고 한다. 이 중에서 검사로부터 공소제기를 받은 자를 형사소송에서는 **피고인**이라고 한다. 반면 민사소송에서는 원고로부터 소제기를 받은 자를 **피고**라고 한다. 또한 소송의 주체 중에서 법원을 제외한 **검사와 피고인을 당사자**라고 한다.
소송관계인	검사와 검사의 보조자(사법경찰관리)·피고인과 피고인의 보조자(변호인, 대리인, 보조인)를 형사소송과 관계있는 자라는 의미에서 소송관계인이라고 한다.
소송관여자	소송에 대한 적극적 형성력이 없는 증인·감정인·고소인 등을 소송관여자라고 한다.

제 2 절 법원

I 법원의 의미와 종류

1\. 국법상 의미의 법원과 소송법상 의미의 법원

(1) 국법상 의미의 법원

의의	국법상 의미의 법원이란 법원조직법상의 법원을 말한다.
종류	대법원(제3심), 고등법원(제2심), 지방법원(제1심, cf 지방법원본원합의부는 제2심), 지방법원 지원(제1심) 등이 국법상 의미의 법원에 해당한다.

(2) 소송법상 의미의 법원

소송법상 의미의 법원이란 형사소송법상 의미의 법원으로서 **재판기관**을 말한다. 소송법상 의미의 법원에는 단독제와 합의제가 있다.

단독제		단독제란 1인의 법관으로 구성되는 법원으로서 **단독판사**라고 한다. 단독판사는 판사라는 명칭을 사용하지만 통상적으로는 소송법상 의미의 법원이라는 뜻으로 사용된다.
합의제	합의제의 의의	합의제란 여러 명의 법관으로 구성되는 법원으로서 **합의부**라고 한다. 우리 형사소송법상 합의부는 **법관 3인으로 구성**된다. 합의부를 전제로 하여 재판장과 수명법관의 개념이 나온다.
	재판장	① 합의부의 구성 법관 중 1인이 **재판장**이 된다. 나머지 법관을 **합의부원 또는 배석판사**라고 한다. ② 재판장의 권한; 사건의 심판(심리와 재판)에 대해서는 다른 합의부원과 동일한 권한을 갖는다. 반면 공판절차 진행에 관한 권한에 대해서는 다른 합의부원보다 우월한 권한을 갖는다. 예 공판기일지정·변경권, 소송지휘권(에 불필요한 변론의 제한) 등은 재판장에게만 인정된다. F4 14교정·보호·철경9
	수명법관	합의부로부터 특정 소송행위를 하도록 명을 받은 합의부원을 수명법관이라고 한다. 예 공판준비기일의 진행을 명받은 합의부원(제266조의7 제3항)

2\. 수탁판사와 수임판사

(1) 수탁판사

수소법원('검사로부터 공소제기를 받은 법원'을 말한다.)으로부터 특정 소송행위를 하도록 촉탁을 받은 다른 법원의 법관을 **수탁판사**라고 한다. 예 수소법원인 수원지방법원으로부터 압수·수색(특정 소송행위)의 촉탁을 받은 대전지방법원의 법관(제136조 제1항)

(2) 수임판사

수소법원과 완전히 독립하여 영장의 발부 등 소송법상의 권한을 행사하는 법관을 **수임판사**라고 한다. 형사소송법 **조문상 '판사' 또는 '지방법원 판사'**라고 표현되어 있는 것은 모두 수임판사에 해당한다. 예 영장발부판사(제201조), 수사상 증거보전을 행하는 판사(제184조)

> **TIP 수소(受訴)법원**
> 수소법원이란 검사로부터 공소제기를 받아 소송이 계속된 법원을 말한다. 예컨대 검사가 소말리아 해적들을 해상강도의 혐의로 부산지방법원에 공소제기를 하였다면 부산지방법원이 수소법원이다.

II 법관의 제척·기피·회피

1. 제도의 필요성

당해사건의 심판에 관여하는 법관이 특별한 관계(예 법관이 당해사건의 피해자인 때)가 있을 때에는 불공평한 재판을 할 염려가 있으므로 그 법관을 직무집행을 못하도록 배제할 필요가 있다. 불공평한 재판을 할 염려가 있는 법관으로 하여금 당해사건의 심판에 관여하지 못하도록 함으로써 **공정한 재판의 원칙을 실현하고자 둔 제도**가 법관의 제척·기피·회피제도이다.

2. 제척

(1) 제척의 의의

제척이란 당해법관이 불공평한 재판을 할 우려가 명백한 법정사유(제17조)가 있을 때 그 법관을 **당연히 (당사자의 신청·재판 없이) 직무집행에서 배제**하는 제도를 말한다.

(2) 제척의 원인(=제척사유) F4 국7, 국9, 법9, 순경, 09경승

제척사유는 <U>제한적 열거로서 유형적</U>이다. F4 21검찰·마약9

1) 제17조의 제척사유
① 당해법관이 당해 사건에 관하여 전심재판 또는 그(전심의) 기초되는 조사·심리에 관여한 때(제17조 제7호)
② 당해 법관이 당해 사건에 관하여 피고인 또는 피해자의 법정대리인·후견감독인인 때(제17조 제3호)
③ 당해 법관이 당해 사건에 관하여 피고인의 대리인, 변호인, 보조인으로 된 때(제17조 제5호)
④ 당해 법관이 당해 사건에 관하여 검사 또는 사법경찰관의 직무를 행한 때(제17조 제6호)
⑤ 당해 법관이 당해 사건에 관하여 증인, 감정인, 피해자의 대리인으로 된 때(제17조 제4호); 증인·감정인으로 채택되어 <U>현실적으로(=실제로) 증언·감정을 해야 하고</U>, 증인·감정인으로 채택된 것만으로는 제척사유에 해당하지 않는다.
⑥ 당해 법관이 당해 사건에 관하여 피고인 또는 피해자의 친족 또는 친족관계가 있었던 자인 때(제17조 제2호); 여기서의 친족은 법률상의 친족만을 의미하고, **사실상의 친족은 제척사유에 해당하지 않는다.**
⑦ 당해 사건에 관하여 당해 법관이 피해자인 때(제17조 제1호); 여기서 피해자는 **직접적 피해자만을 의미**한다. 그러므로 간접적 피해자(예 채권자)는 제척사유에 해당하지 않는다.

⑧ 당해 법관이 당해 사건에 관하여 피고인의 변호인이거나 피고인·피해자의 대리인인 법무법인, 법무법인(유한), 법무조합, 법률사무소, 「외국법자문사법」제2조 제9호에 따른 합작법무법인에서 **퇴직한 날부터 2년이 지나지 아니한 때**(제17조 제8호) 22법9
⑨ 당해 사건에 관하여 당해 법관이 피고인인 법인·기관·단체에서 임원 또는 직원으로 **퇴직한 날부터 2년이 지나지 아니한 때**(제17조 제9호)
 cf 법원사무관 등의 제척사유; 전심재판관여는 제척사유에 해당하지 않는 것을 제외하고는 법관의 제척사유와 같다.
  배심원의 제척사유; 후견감독인이 없는 것을 제외하고는 법관의 제척사유와 같다.

2) 전심재판 관여와 전심의 기초되는 조사·심리에 관여

① 전심재판 관여
 가. 여기서의 '전심(前審)'은 앞의 심급이라는 의미로서 2심에 대한 1심, 3심에 대한 2심 또는 1심을 말한다. **전심은 상소제기가 있어야 성립하는 개념**이다. 법9 cf 원심; 2심에 대한 1심, 3심에 대한 2심을 말한다.
 나. 전심재판관여에 있어서 '관여'란 전심재판의 내부적 성립에(합의부 사건의 경우 합의에, 단독판사 사건의 경우 재판서 작성에) 실질적으로 관여한 때를 말한다. 법승

> **관련판례** 전심재판 관여
>
> 전심재판관여는 상소에 의하여 불복이 신청된 재판에 관여한 경우를 말하고 같은 당사자의 **다른 사건에 관여한 경우는 포함하지 아니한다.**(대법원 1965.4.8. 65로2) ▶ 전심재판은 **당해사건의 전심만을 의미**한다. 그러므로 다른 사건의 전심은 전심재판이 되지 못한다.

② 전심의 기초되는 조사·심리에 관여
 전심재판의 내용형성(=실체형성=유·무죄 판단)에 사용될 자료의 수집·조사에 관여하여 그 결과 전심재판의 사실인정의 자료로 쓰여진 경우를 말한다.(대법원 1999.4.13. 선고 99도155) 10순경1차 예컨대 전심재판에 있어서 유죄의 증거로 사용된 증거를 조사한 경우(대법원 1999.10.22. 선고 99도3534)가 여기에 해당한다. 17교정·보호·철경9

3) 제척사유 관련판례

> **관련판례** 제척사유에 해당한다는 판례
>
> a. 약식명령을 발부(제1심에 관여)한 법관이 **그 정식재판절차의 항소심(제2심)판결에 관여**한 경우(대법원 2002.2.2. 선고 2001도4936) 순경, 경승, 11검찰·마약9, 14경간, 17교정·보호·철경9, 21경간, 23교정·보호·철경9 ▶ 전심재판관여에 해당하므로 제척사유가 된다.
> TIP 약식명령과 즉결심판은 제1심으로 보는 것이 판례의 태도이다. 그러므로 약식명령을 발부하거나 즉결심판을 선고한 법관은 제1심에 관여한 것으로 본다.
> b. 제1심판결에서 피고인에 대한 **유죄의 증거로 사용된 증거를 조사**한 판사가 항소심재판에 관여한 경우(대법원 1999.10.22. 선고 99도3534) 국9, 순경, 경승, 18법9, 21국7 ▶ 전심의 기초되는 조사심리에 관여한 때에 해당하므로 제척사유가 된다.

> **관련판례** 제척사유에 해당하지 않는다는 판례

a. 약식명령을 발부(제1심에 관여)한 법관이 그 정식재판절차의 제1심판결에 관여한 경우(대법원 2002.4.12. 선고 2002도944) ▣ 10순경1차, 11순경2차, 12법9·교정·보호·철경9, 14경승, 17경승, 17교정·보호·철경9, 18교정·보호·철경9, 21국7 ▶ 약식절차와 정식재판청구의 제1심 공판절차는 동일한 심급(동심)이기 때문에 전심관여에 해당하지 않는다. 동심에 관여한 경우에는 제척사유가 되지 않는다.

b. 약식명령을 발부한 법관이 그 정식재판절차의 항소심 공판에 관여하였으나 후에 경질되어 그 판결에는 관여하지 않은 경우(대법원 1985.4.23. 선고 85도281) ▣ 경승, 16검찰·마약9, 18순경2차

c. 파기환송 전 원심에 관여한 재판관이 파기환송 후 원심에 관여한 경우(대법원 1979.2.27. 선고 78도3204) ▣ 10순경1차, 11검찰·마약9, 12법9·교정·보호·철경9, 17순경2차, 18경승, 20경간, 21국7 ▶ 파기환송 전 원심이 2심이라면 파기환송 후 원심도 2심이다. 그러므로 동심에 관여한 경우로서 제척사유에 해당되지 않는다.

d. 원심 재판장 판사 甲이 재심대상판결의 제1심에 관여한 경우(대법원 1982.11.15. 자 82모11) ▣ 법9, 경승, 17국9, 19경간, 23국7 ▶ 재심은 상소가 아니라 비상구제절차이다. 상소가 없는 경우에는 전심이라는 개념이 나올 수 없으므로 이는 전심재판관여가 될 수 없다. 그러므로 재심대상판결에 관여한 경우에는 제척사유가 되지 않는다. 간단히 재심에 관여한 경우는 제척사유가 아니라고 정리하면 된다.

e. 상고심판결(제3심)에 관여한 법관이 상고심판결정정신청사건(제3심)에 관여한 경우(대법원 1967.1.18. 66초67) ▣ 경승, 10순경1차, 11검찰·마약9 ▶ 동심에 관여한 경우로서 제척사유에 해당되지 않는다.

f. 구속영장을 발부한 법관이 당해 피고사건의 심판에 관여한 경우(대법원 1989.9.12. 선고 89도612) ▣ 11순경2차, 12법9·교정·보호·철경9, 14경승, 16검찰·마약9, 18법9, 20경간, 21검찰·마약9, 21국7 ▶ 구속영장의 발부는 단순한 절차사항에 관여한 경우이다. 유·무죄 판단에 관여한 경우가 아니므로 제척사유가 되지 않는다.

g. 공소제기 전에 검사의 증거보전 청구(제184조)에 의하여 증인신문을 한 법관은 형사소송법 제17조 제7호에 이른바 전심재판 또는 기초되는 조사, 심리에 관여한 법관이라고 할 수 없다.(대법원 1971.7.6. 선고 71도974) ▣ 경승, 11검찰·마약9, 12교정·보호·철경9, 13법9, 13국7, 14경간, 17순경2차, 22법9 **cf** 공소제기 전에 검사의 증인신문의 청구(제221조의2)에 의하여 증인신문을 한 법관이 항소심에 관여한 경우; 제척사유에 해당한다는 것이 다수설이다.
   TIP 제184조에 의하여 증인신문을 한 법관에 대해서는 판례가 있으므로 판례에 따라 제척사유가 아니라고 답을 하면 된다. 반면 제221조의2에 의하여 증인신문을 한 법관에 대해서는 판례가 없으므로 다수설에 따라 제척사유가 된다고 답을 하면 된다.

h. 선거관리위원장으로서 공직선거법위반 혐의사실에 대하여 수사의뢰를 하고, 그 후 당해 사건의 항소심재판을 하는 경우 (대법원 1999.4.13. 선고 99도155) ▣ 10순경1차, 17경승, 17교정·보호·철경9, 18법9, 23국7 ▶ 선거관리위원장에 대하여 제척사유를 인정한 판례는 없다.

i. 고발사실의 일부에 대한 재정신청 사건에 관여하여 그 신청을 기각한 법관이 공소가 제기된 그 나머지 부분에 대한 항소심 재판에서 주심판사로 관여한 경우 형사소송법 제17조 제7호에 정한 법관이 사건에 관하여 전심재판 또는 그 기초되는 조사, 심리에 관여한 때에 해당한다고 할 수 없다. 그러므로 **제척사유가 되지 않는다.**(대법원 2014.1.16. 선고 2013도10316) ▣ 18순경2차, 22법9 ▶ 법관은 검사의 불기소처분에 대하여 고발인이 재정신청을 한 부분을 기각한 것이다. 그 나머지 부분은 검사가 기소를 한 것이고, 이에 대한 항소심 재판에 당해법관이 관여하더라도 이는 전심재판관여에 해당하지 않으므로 제척사유가 되지 않는다.

(3) 제척의 효과

제척사유에 해당하는 법관은 **당연히(당사자의 신청·재판 없이) 직무집행에서 배제된다.** 당사자(검사·피고인)에게는 제척사유가 있는 법관에 대하여 기피신청권이 있다.(제18조 제1항)

3. 기피

(1) 기피의 의의

기피란 기피사유가 있는 법관을 **당사자의 신청**이 있을 때 **법원의 결정**에 의하여 직무집행에서 배제하는 제도를 말한다. 순경

(2) 기피의 원인(=기피사유) 경승

① 당해법관이 제척사유가 있음에도 불구하고 재판에 관여하는 때(제18조 제1항 제1호) 예컨대 당해법관이 피고인의 삼촌(친족)임에도 불구하고 이를 간과하고 계속 재판에 관여하고 있다면 기피의 원인이 된다.
② 당해법관이 불공평한 재판을 할 염려가 있는 때(제18조 제1항 제2호) 여기서 '불공평한 재판을 할 염려'란 불공평한 재판을 할 **객관적 사정(주관적 사정×)이 있는 때**를 의미한다.(대법원 1996.2.9. 자 95모93) 15순경1차, 16경승, 16교정·보호·철경9, 21검찰·마약9, 23국9 ▶ 기피사유는 예시적 열거로서 비유형적이다. 반면 제척사유는 제한적 열거로서 유형적이다.

> **관련판례** 기피사유에 해당한다는 판례
>
> 법관이 심리 중 유죄를 예단하는 취지로 미리 법률판단을 한 경우(대법원 1974.10.16. 자 74모68) 순경

> **관련판례** 기피사유에 해당하지 않는다는 판례
>
> a. 재판부가 당사자의 증거신청을 채택하지 아니하거나 이미 한 증거결정을 취소하였다 하더라도 그러한 사유만으로는 (증거의 채택 여부는 법원의 재량이기 때문에 불공평한 재판을 할 염려가 있다고 할 수 없어서) 재판의 공평을 기대하기 어려운 객관적인 사정이 있다고 할 수 없고(**기피사유에 해당되지 않고**), 또 재판장이 피고인의 증인신문권의 본질적인 부분을 침해하였다고 볼 만한 아무런 소명자료가 없다면, 재판장이 피고인의 증인에 대한 신문을 제지한 사실이 있다는 것만으로는 법관과 사건과의 관계상 불공평한 재판을 할 것이라는 의혹을 갖는 것이 합리적이라고 인정할 만한 객관적인 사정이 있는 경우에 해당한다고 볼 수 없다(**기피사유에 해당하지 않는다**).(대법원 1995.4.3. 자 95모10) 11순경2차, 14경승, 15순경1차, 18국7, 19경간, 19국9, 23국9
>
> b. 재판부가 증인채택결정을 취소한 경우(대법원 1994.11.3. 선고 94모73)
>
> c. 법관이 피고인에게 공판기일에 어김없이 출석하라고 촉구한 경우(대결 68모57) 순경 ▶ 이는 **법관의 정당한 권리 행사**에 해당하므로 불공평한 재판을 할 염려가 있다고 할 수 없어서 기피사유에 해당하지 않는다.

(3) 기피신청의 절차

1) 기피신청권자

검사와 피고인(당사자)에게는 기피신청권이 있다.(제18조) 반면 **변호인**은 피고인의 명시적 의사에 반해서는 기피신청을 할 수 없으나, 피고인의 묵시적 의사에 반해서는 기피신청을 할 수 있다. F4 법9, 11순경1차, 11검찰·마약9, 16교정·보호·철경9, 19경간, 19검찰·마약9

2) 기피신청의 대상

기피신청의 대상은 **개개의 법관**이다. 소송법상 의미의 법원인 합의부 자체를 기피신청 할 수는 없다. 다만 합의부의 구성 법관 전원에 대한 기피신청은 합의부를 구성하는 개개의 법관에 대한 기피신청이기 때문에 가능하다.

3) 기피신청의 시기

기피신청을 판결선고시까지 할 수 있는지(판결선고시설) 변론종결시까지 할 수 있는지(변론종결시설)에 대하여 판례의 입장이 판결선고시설(이재상 교수)인지 변론종결시설인지에 대해서는 학자들간에 견해가 대립한다. '2001 경찰승진 시험 경사 직급에서는 '판례의 입장은 판결선고시설이다.'라는 지문을 옳은 지문으로 출제한 바 있으므로 이에 따라 판례의 입장은 판결선고시설로 정리하면 된다.

> **관련판례** 기피신청의 시기
>
> 법관에 대한 기피신청이 있는 경우에 형사소송법 제22조에 의하여 정지될 소송 진행에는 판결 선고는 포함되지 아니하는 것이고, 그와 같이 이미 종국판결이 선고되어 버리면 그 담당재판부를 사건 심리에서 배제하고자 하는 기피신청은 그 목적의 소멸로 재판을 할 이익이 상실되어 부적법하게 된다.(대법원 1995.1.9. 자 94모77)

4) 기피신청의 방법

① 기피신청의 방식; 기피신청은 서면으로 하는 것이 원칙이나, 공판정에서는 구두로도 가능하다. 결국 **기피신청은 서면 또는 구술로 할 수 있다.** F4 경승
② 기피신청의 관할(상대방); 합의법원의 법관에 대한 기피신청은 **그 법관의 소속법원에** 하여야 한다. 여기서의 소속법원은 국법상 의미의 법원을 말한다. 단독판사, 수명법관, 수탁판사에 대한 기피신청은 **당해 법관(단독판사, 수명법관, 수탁판사)에게** 기피신청을 하여야 한다.(제19조 제1항) F4 17경승, 19검찰·마약9
③ 기피사유의 명시와 소명; 기피신청을 할 때에는 기피의 원인되는 사실을 구체적으로 명시하여야 한다. (규칙 제9조 제1항) 기피사유는 신청한 날로부터 **3일 이내에 서면(서면 또는 구술×)으로 소명하여야 한다.** (제19조 제2항) F4 국9, 11순경1차, 13경승, 17경승, 17순경2차, 19법9

(4) 기피신청에 대한 재판

1) 기피신청이 부적법한 경우

기피신청이 부적법한 경우에는 간이기각결정의 사유가 된다.(제20조) 간이기각결정 사유는 기피신청이 소송지연의 목적으로 한 것임이 명백한 경우, 기피신청의 관할 규정에 위배된 경우(**예** 합의법원의 법관에 대한 기피신청을 그 법관의 소속법원에 하지 않고 당해법관에게 한 경우), 3일 이내에 기피사유를 소명 하지 않은 경우이다. 이때에는 **신청을 받은 법원 또는 법관이 심리 없이 결정으로 기각(간이기각결정)**한다.(제20조 제1항) F4 14국9, 17순경2차, 19경간, 19법9, 19검찰·마약9 기피신청 간이기각결정에 대해서는 **즉시항고**를 할 수 있다. 즉시항고에는 원칙적으로 집행정지의 효력이 있으나, <u>기피신청 간이기각결정에 대한 즉시항고에는 집행정지의 효력이 없다.</u>(제23조 제2항) F4 법9, 14국9, 17순경2차, 19경간

> **TIP** 간이기각결정
> 간이기각결정이란 <u>심리 없이 결정으로 기각하는 것</u>을 말한다. 또한 '심리 없이'는 '법관에게 기피사유가 있는지 여부를 따져볼 필요 없이'라는 뜻이다. 기피신청 간이기각결정에서의 '간이'의 의미는 '<u>심리 없이</u>'이다.

2) 기피신청이 적법한 경우

① 의견서 제출

기피당한 법관은 간이기각결정을 하는 경우 외에는 지체 없이 기피신청에 대한 의견서 제출을 필요로 한다.(제20조 제2항) F4 법승 기피당한 법관이 의견서에 기피신청을 이유 있다고 인정하는 때에는 기피신청에 대한 인용결정이 있는 것으로 간주한다.(제20조 제3항)

② 소송진행의 정지 F4 법9, 순경, 국9, 경승, 13국7, 16국7

원칙	기피신청이 적법한 경우에는 **원칙적으로 소송진행이 정지**된다. F4 19검찰·마약9 소송진행이 정지되는 경우에도 본안절차(=실체심리절차=유무죄심리절차)만 정지된다.
예외	기피신청이 적법한 경우에도 다음과 같이 예외적으로 소송진행이 정지되지 않는 경우가 있다. a. **급속을 요하는 경우**; 구속기간 만료가 임박한 경우는 급속을 요하는 경우에 해당하여(제22조 단서) 소송 진행이 정지되지 않는다.(대법원 1995.1.9. 자 94모77) b. **판결만을 선고하는 경우**; 본안의 소송절차가 아니므로 소송 진행이 정지되지 않는다.(대법원 1987.2.3. 자 86모57) F4 19교정·보호·철경9, 23국7 c. **구속기간의 갱신**; 본안의 소송절차가 아니므로 소송 진행이 정지되지 않는다.(대법원 1987.2.3. 자 86모57) d. **간이기각결정을 하는 경우**; 소송진행이 정지되지 않는다.(제22조 본문) F4 19법9

> **관련판례** 소송 진행 정지 예외 사유가 없음에도 본안 소송절차의 정지 없이 한 소송행위
>
> 기피신청을 받은 법관이 형사소송법 제22조에 위반하여(소송 진행 정지에 대한 예외 사유가 없음에도) 본안의 소송절차를 정지하지 않은 채 그대로 소송을 진행하여서 한 소송행위는 그 **효력이 없고**, 이는 그 후 그 기피신청에 대한 기각결정이 확정되었다고 하더라도 마찬가지로 효력이 없다.(대법원 2012.10.11. 선고 2012도8544) F4 15검찰·마약9, 18순경2차, 16교정·보호·철경9, 19교정·보호·철경9, 19국7, 20경간, 23법9

③ 기피신청사건의 관할과 기피신청사건에 대한 재판 [F4] 18교정·보호·철경9

가. 기피신청사건의 관할

기피신청사건의 관할이란 기피신청사건에 대한 재판을 어디서 하는가의 문제이다. 기피신청사건에 대한 재판은 **기피당한 법관의 소속법원**(국법상 의미의 법원을 말한다) **합의부에서 결정으로 하여야 한다.** [F4] 11순경1차, 14경승 기피당한 법관은 예외 없이 결정에 관여하지 못한다. 기피당한 판사의 소속법원이 합의부를 구성하지 못하는 경우에는 직근상급법원이 결정하여야 한다.(제21조) [F4] 법9

나. 기피신청사건에 대한 재판

법원은 기피신청 사건을 심리한 후 기피신청 자체는 적법하나 기피신청이 이유 없는 경우에는 기각결정을 한다. 기피신청 기각결정에 대하여 **즉시항고**를 할 수 있고, 그 즉시항고는 **집행정지의 효력이 있다.**(제23조 제1항) [cf] 기피신청 간이기각결정에 대한 즉시항고는 집행정지의 효력이 없다.(제23조 제2항) [F4] 11순경1차, 13국7, 20경간, 21경간 반면 기피신청이 이유 있는 경우 법원은 인용결정을 한다. 인용결정에 대해서는 **항고할 수 없다.**(제403조 제1항) [F4] 법승

(5) 기피의 효과

직무집행에서 배제	인용결정을 받은 법관은 당해사건의 직무집행에서 배제된다.
인용결정의 효력발생시기	① 제척사유를 이유로 인용결정을 한 경우; 제척의 원인발생시에 인용결정의 효력이 발생한다. ② 기타 불공평한 재판을 할 염려를 이유로 인용결정을 한 경우; 인용결정시에 인용결정의 효력이 발생한다.

4. 회피

(1) 회피의 의의와 회피의 원인(=회피사유)

회피의 의의	회피란 자기 자신에게 기피사유가 있다고 판단한 법관이 <u>스스로 소속법원에 서면으로 신청하여</u> 법원의 결정에 의하여 직무집행에서 탈퇴하는 제도를 말한다. [F4] 15순경1차, 20경간
회피의 원인	회피의 원인은 기피의 원인과 같다.(제24조 제1항) 즉 당해법관이 제척사유가 있음에도 불구하고 재판에 관여하는 때와 당해법관이 불공평한 재판을 할 염려가 있는 때(제18조 제1항)가 회피의 원인이다.

(2) 회피의 절차

1) 회피신청

<u>소속법원에 서면으로 신청하여야 한다.</u>(제24조 제2항) [F4] 11순경2차

2) 회피신청에 대한 재판

기피규정을 준용한다.(제24조 제3항)

TIP 준용

준용이란 A에 대하여 이미 규정이 있을 경우에 A와 유사한 B에 대하여 A에 대한 규정을 그대로 사용하는 것을 말한다. 즉 기피의 원인과 기피신청에 대한 재판에 대하여 이미 규정(A)이 있으므로 회피의 원인과 회피신청에 대한 재판(B)에 대하여는 기피의 원인과 기피신청에 대한 재판에 대한 규정(A)을 그대로 사용하는 것을 준용한다고 한다. 쉽게 말하면 A에 대하여 이미 규정이 있을 경우에 A와 유사한 B에 대하여 A에 대한 규정을 빌려 쓰는 것을 준용이라고 한다.

(3) 회피의 효과

회피결정을 받은 법관은 직무집행에서 배제된다.

5. 법원사무관 등(법원서기관·법원사무관·법원주사 또는 법원주사보)에 대한 제척·기피·회피 F4 법9, 순경

법관의 제척·기피·회피 규정을 준용	전심재판관여(제17조 제7호)를 제외한 나머지 규정 모두 법원사무관 등과 통역인에 대한 제척·기피·회피에 준용한다. 그러나 감정인에게는 준용하지 않는다. 즉 형사소송법은 감정인에 대하여는 제척·기피·회피를 인정하지 않는다. 📖 **관련판례** 통역인의 제척사유에 해당 여부 [1] 제17조 제7호(전심재판관여)를 제외한 제17조(법관의 제척사유)의 규정은 통역인에게 준용되므로, 통역인이 사건에 관하여 증인으로 증언한 때에는 직무집행에서 제척되고, 제척사유가 있는 통역인이 통역한 증인의 증인신문조서는 유죄 인정의 증거로 사용할 수 없다. [2] 사실혼관계에 있는 사람(사실상의 친족)은 민법에서 정한 친족이라고 할 수 없어 제17조 제2호(제척사유)에서 말하는 친족에 해당하지 않으므로, 통역인이 피해자의 사실혼 배우자라고 하여도 통역인에게 제척사유가 있다고 할 수 없다. F4 15순경1차, 23국7 [3] 통역인이 피고인들에 대한 특정경제범죄 가중처벌 등에 관한 법률 위반(사기) 사건의 제1심 공판기일에 증인으로 출석하여 진술한 다음, 같은 기일에 위 사건의 피해자로서 자신의 사실혼 배우자인 증인의 진술을 통역한 경우, 제척사유 있는 통역인이 통역한 사실혼 배우자인 증인의 증인신문조서는 유죄 인정의 증거로 사용할 수 없다.(대법원 2011.4.14. 선고 2010도13583) ▶ 통역인이 사실혼 배우자인 증인을 통역한 것은 제척사유가 되지 않는다. 통역인이 당해사건의 증인으로 채택되어 증언한 경우이므로 제척사유가 되는 것이다. F4 13국7, 16국9, 17경간, 17교정·보호·철경9
법원사무관 등에 대한 기피재판	법원사무관 등과 통역인에 대한 기피재판은 그 소속법원이 결정으로 하여야 한다. 다만, 법원사무관 등과 통역인에 대한 기피신청 간이기각결정은 기피당한 자의 소속법관이 한다.(제25조 제2항) F4 18교정·보호·철경9, 23법9

Ⅲ 법원의 관할

1. 관할의 의의

관할이란 특정한 법원이 특정한 사건(甲의 살인피고사건과 같이 구체적인 1개의 사건)에 대하여 재판을 할 수 있는 권한을 말한다. 예를 들어 서울지방법원에서 우리나라의 모든 형사사건을 심판하는 것은 불가능하다. 따라서 재판권을 국내의 각각의 법원에 분배해주어야 한다. 결국 관할은 우리나라 법원 상호간의 **재판권 분배의** 문제이다. 관할권은 재판권이 있음을 전제로 하여 특정한 법원이 특정한 사건에 대하여 재판권을 행사할 수 있는 구체적인 권리를 말한다. 여기서 재판권은 우리나라의 전체법원이 특정한 사건(甲의 살인피고사건과 같이 구체적인 1개의 사건)에 대하여 심판을 할 수 있는 추상적인 권리를 말한다. 재판권이 없는 경우 법원은 **공소기각판결을 해야 한다.**(제327조 제1호) 15법9 이에 반하여 관할권이 없는 경우 법원은 **원칙적으로 관할위반의 판결(관할위반의 결정×)을 하여야 한다.**(제319조)

> **관련판례** 재판권과 관할권
>
> a. 군사법원이 군사법원법 제2조 제1항 제1호에 의하여 군형법 제1조 제4항 각 호에 정한 죄(A죄)를 범한 일반 국민에 대하여 신분적 재판권을 가지는 경우일지라도 그 이전 또는 이후에 범한 다른 일반 범죄(B죄)에 대해서는 재판권을 갖지 못한다. 일반 국민이 범한 수 개의 죄 가운데 군형법 제1조 제4항 각 호에 정한 죄(A죄)와 그 밖의 일반 범죄(B죄)가 형법 제37조 전단의 경합범 관계에 있다고 보아 하나의 사건으로 기소된 경우, 군형법 제1조 제4항 각 호에 정한 죄(A죄)에 대하여는 군사법원이, 일반 범죄(B죄)에 대하여는 일반 법원이 재판권을 갖는다. **이때 일반 법원이나 군사법원이 사건 전부를 심판할 수는 없다.**(대법원 2016.6.16. 자 2016초기318 전원합의체 결정) 17국7, 19순경2차, 20경간, 20국9, 20순경2차
>
> b. 전자장치 부착명령의 청구는 공소가 제기된 특정범죄사건의 항소심 변론종결 시까지 하여야 하며, **부착명령청구사건의 관할은 부착명령청구사건과 동시에 심리하는 특정범죄사건의 관할에 따른다.**(대법원 2016.6.23. 선고 2016도3508) ▶ 즉 특정범죄사건이 합의부 사건인 경우에는 부착명령청구사건의 관할도 합의부이고, 특정범죄사건이 단독사건인 경우에는 부착명령청구사건의 관할도 단독사건이다.

2. 관할의 종류 경승

관할의 종류			
사건관할; 피고사건 자체의 심판에 관한 관할	법정관할; 법률에 의하여 정해지는 관할	고유관할	심급관할, 사물관할, 토지관할
		관련사건 관할	
	재정관할	재판에 의하여 정해지는 관할	
직무관할	피고사건과 관련이 있는 특수한 절차의 심판에 관한 관할		

3. 법정관할

(1) 사물관할

1) 사물관할의 의의

사물관할이란 사건의 성질·경중에 따른 제1심 법원의 관할의 분배를 말한다. 즉 경한 사건(법정형이 가벼운 사건)은 단독판사가 심판하도록 하고, 중한 사건(법정형이 무거운 사건)은 합의부가 심판하도록 하는 것을 사물관할이라고 한다. 경승 한편 상소심(제2·3심)은 언제나 합의부에서 심판한다.

2) 단독판사 관할의 원칙

사물관할은 **단독판사 관할인 것이 원칙**이다.(법원조직법 제7조 제4항) 단, **예외적으로 합의부에서 관할**한다.(법원조직법 제32조 제1항) 따라서 형사사건은 예외적으로 합의가 심판하는 다음의 경우를 제외하고는 원칙적으로 단독판사가 심판한다.

> **합의부 관할 사건(법원조직법 제32조)** 21경간
> 1) 법정형이 사형·무기 또는 단기 1년 이상의 징역 또는 금고에 해당하는 사건이나 이와 동시에 심판할 공범사건
> 2) 지방법원 판사에 대한 제척·기피사건
> 3) 합의부에서 심판할 것으로 합의부가 결정한 사건; 이를 '재정합의사건'이라고 한다.
> 4) 다른 법률에 의하여 지방법원합의부의 권한에 속하는 사건

(2) 토지관할

1) 토지관할의 의의

토지관할이란 동등한 법원 상호간 사건의 지역적 관계에 의한 관할의 분배를 말한다. 예컨대 어떤 사건의 범죄지가 수원인 경우에는 수원지방법원이, 대전인 경우에는 대전지방법원이 그 사건을 심판한다는 것이 토지관할의 문제이다. 경승

2) 토지관할의 결정기준

토지관할은 **범죄지, 피고인(피해자×)의 주소, 거소 또는 현재지**로 한다.(제4조 제1항) 등록기준지는 토지관할의 결정기준이 되지 않는다.

① 범죄지

토지관할을 결정하는 기준으로서의 범죄지는 **넓게 해석**한다. 즉 여기서의 범죄지는 범죄사실의 전부 또는 일부가 발생한 장소를 의미한다. 그러므로 실행행위지, 결과발생지, 중간행위지를 포함한다. 또한 예비·음모를 처벌하는 경우에는 예비지·음모지, 공동정범의 경우에는 공모지, 교사범·방조범의 경우에는 교사행위지·방조행위지·정범의 실행행위지·결과발생지 모두 범죄지에 포함된다. 선박·항공기의 경우 선적지·선착지·기적지·기착지도 범죄지에 포함된다.

② 피고인의 주소, 거소 또는 현재지

여기서의 현재지는 **공소제기시**에 현재지임이 인정되면 족하다. 공소제기시에 제주가 현재지였다면 제주지방법원에 공소제기된 후에 춘천으로 이전한 경우에도 제주지방법원의 토지관할은 소멸하지 않는다.

> **관련판례** 토지관할
>
> a. 적법한 강제에 의한 현재지도 토지관할을 규정한 형사소송법 제4조 제1항에서의 현재지에 해당하는지 여부(적극); 형사소송법 제4조 제1항(토지관할)에서 '현재지'라고 함은 공소제기 당시 피고인이 현재한 장소로서 **임의에 의한 현재지**(강제 없이 피고인이 스스로 간 현재지를 말함) 뿐만 아니라 적법한 강제에 의한 현재지도 이에 해당한다.(대법원 2011.12.22. 선고 2011도12927) 14국9, 16국7, 16순경2차, 19법9, 20국9, 20순경2차, 21경간, 23법9 ▶ **소말리아 해적 사건**

b. **공소제기 당시 피고인의 현재지인 이상, 그 범죄지나 주소지가 아니더라도 그 판결에 토지관할 위반의 위법은 없다.**(대법원 1984.2.28. 선고 83도3333) 따라서 피고인의 주소지 관할법원과 현재지 관할법원이 다른 경우에 현재지 관할법원이 제1심으로 재판을 진행하여 판결을 선고하더라도 그 판결에 관할위반의 위법이 없다. F4 14국9, 14국7

c. 형사사건의 관할은 심리의 편의와 사건의 능률적 처리라는 절차적 요구뿐만 아니라 피고인의 출석과 방어권 행사의 편의라는 방어상의 이익도 충분히 고려하여 결정하여야 하고, 특히 자의적 사건처리를 방지하기 위하여 법률에 규정된 추상적 기준에 따라 획일적으로 결정하여야 한다. 그러므로 형사소송법 제4조에 의하여 지방법원 본원에 제1심 토지관할이 인정된다고 볼 특별한 사정이 없는 한, 지방법원 지원에 제1심 토지관할이 인정된다는 사정만으로 당연히 지방법원 본원에도 제1심 토지관할이 인정된다고 볼 수는 없다.(대법원 2015.10.15. 선고 2015도1803) F4 19법9, 19순경2차, 20국9, 23법9

(3) 심급관할

의의	심급관할이란 상소심 사건의 관할의 분배를 말한다. 즉 제2심은 어느 법원이, 제3심은 어느 법원이 심판을 하는가의 문제이다.
심급 관할	제1심 지방법원 단독판사 관할 사건의 제2심(항소심) 심급관할; **지방법원본원합의부**
	제1심 지방법원 합의부 관할 사건의 제2심(항소심) 심급관할; **고등법원**
	제2심 관할 사건의 제3심(상고심) 심급관할; **대법원**

4. 법정관할 중 관련사건 관할

(1) 관련사건의 의의와 범위

1) 관련사건의 의의

관련사건이란 관할이 인정된 구체적인 1개의 사건과 인적(주관적) 또는 물적(객관적, 범죄사실)으로 관련성이 있는 사건을 말한다.

2) 관련사건의 범위

관련사건으로 인정되는 범위는 다음과 같다.

관련사건의 범위(제11조); 관련사건에 해당하는 것
1) 1인이 범한 수죄; **경합범**(1인이 여러 개의 행위로 여러 개의 범죄를 실현한 경우)을 말한다. 2) 수인이 공동으로 범한 죄; **공범**을 의미하는 것으로서 임의적 공범(공동정범·교사범·종범)은 물론 필요적 공범, 합동범을 포함한다. 3) 수인이 동시에 동일 장소에서 범한 죄; 동시범 4) 범인은닉죄·증거인멸죄·위증죄·허위감정통역죄·장물의 죄와 그 본범의 죄; 예 甲의 강도죄(본범)와 乙의 범인은닉죄·증거인멸죄·위증죄·허위감정통역죄·장물의 죄

(2) 관련사건관할의 유형 F4 국7, 법승, 10·11경장, 10순경2차, 11순경1차, 11법9, 12경승, 13경간, 13검찰·마약9

관련사건관할은 **관련사건의 병합관할과 관련사건의 심리**로 나누어지고, 관련사건의 심리는 다시 관련사건의 병합심리와 관련사건의 심리분리로 나누어진다.

1) 관련사건의 병합관할

관련사건의 병합관할이란 1개의 사건에 대하여 고유관할이 인정된 법원이 고유관할이 없는 관련사건에 대해서도 관할권을 갖는 것을 말한다. 이에는 토지관할의 병합(제5조)과 사물관할의 병합(제9조)이 있다.

토지 관할의 병합	**토지관할을 달리하는 수개의 사건이 관련된 때**에는 1개의 사건(고유관할 사건)에 관하여 관할권이 있는 법원은 <u>다른 사건(관련사건)까지 관할할 수 있다.</u>(제5조) 📖 **관련판례** 형사소송법 제5조에 정한 관련 사건의 관할(토지관할의 병합)은, 이른바 <u>고유관할사건 및 그 관련 사건이 반드시 병합기소되거나 병합되어 심리될 것을 전제요건으로 하는 것은 아니고,</u> 고유관할사건 계속 중 고유관할 법원에 관련 사건이 계속된 이상 그 후 양 사건이 병합되어 심리되지 아니한 채 고유사건에 대한 심리가 먼저 종결되었다 하더라도 **관련 사건에 대한 관할권은 여전히 유지**된다.(대법원 2008.6.12. 선고 2006도8568) F4 09국9, 10경장, 11순경1차, 14경승, 15국9, 17경승, 19법9, 19순경2차, 20순경2차, 20국7, 23법9
사물 관할의 병합	**사물관할을 달리하는 수개의 사건이 관련된 때**에는 법원 합의부는 병합관할한다. (제9조 본문) F4 12순경2차 ▶ 사물관할의 병합의 경우에는 합의부만이 관련사건인 단독사건까지 관할권을 갖는다. 단독판사는 합의부 사건에 대하여는 관련사건 관할권을 갖지 못한다.

2) 관련사건의 심리

관련사건의 심리에는 **관련사건의 병합심리와 관련사건의 심리분리**가 있다. 고유관할사건에 대하여 소송계속이 발생한 법원에서 관련사건까지 함께 병합심리(**관련사건의 병합심리**)하거나 병합심리하고 있는 법원이 관련사건에 대해서는 본래 관할권이 있는 법원에서 심리하도록 이송해 주는 것(**관련사건의 심리분리**)을 말한다. 이는 편의에 따라 관련사건의 심리를 병합 또는 분리할 수 있도록 함으로써 <u>심리의 편의를 도모</u>하기 위하여 인정하는 것이다.

① 관련사건의 병합심리

　가. 토지관할의 병합심리

　　토지관할이 다른 여러 개의 관련사건이 각각 다른 법원에 계속된 때에는 <u>공통되는 바로 위의 상급법원(토지관할 병합심리 신청사건의 관할법원)</u>은 **검사나 피고인의 신청**에 의하여 결정(決定)으로 한 개 법원으로 하여금 병합심리하게 할 수 있다.(제6조) F4 08순경1차, 12검찰·마약9, 15법9, 18경간, 21법9 토지관할의 병합심리의 경우에는 <u>사물관할은 반드시 같아야 한다.</u> ▶ 이는 **당사자의 신청을 요한다**는 것이 특이한 점이다. 관련사건관할 중에서 당사자의 신청을 요하는 것은 토지관할의 병합심리가 유일하고, 나머지는 당사자의 신청을 요하지 않는다.

📖 **관련판례**

a. 사물관할은 같지만 토지관할을 달리하는 수개의 제1심 법원(지원을 포함한다. 이하 같다)들에 관련 사건이 계속된 경우에 있어서, 형사소송법 제6조(토지관할의 병합심리)에서 말하는 '공통되는 직근상급법원'은 제1심 법원들의 토지관할 구역을 포괄하여 관할하는 고등법원이 된다. 따라서 <u>토지관할을 달리하는 수개의 제1심 법원들에 관련 사건이 계속된 경우에 그 소속 고등법원이 같은 경우에는 그 고등법원이, 그 소속 고등법원이 다른 경우에는 대법원이</u> 위 제1심 법원들의 공통되는 직근상급법원으로서 위 조항에 의한 <u>토지관할 병합심리 신청사건의 관할법원이 된다.</u>(대법원 2006.12.5. 자 2006초기335 전원합의체결정) 판례는 소속 고등법원이 같은가 다른가에 따라서 토지관할 병합심리 신청사건의 관할법원을 판단한다. 따라서 시험에서 '제6조의 공통되는 직근상급법원(토지관할 병합심리 신청사건의 관할법원)은 심급관할상의 상급법원이다'라는 지문이 나오면 틀린 지문임을 주의해야 한다. 🔳 법승, 08·10순경1차, 10 경장·경사, 11검찰·마약9, 15순경3차, 16국7, 17국9, 19법9, 21경간

TIP 토지관할 병합심리 신청사건의 관할법원; 토지관할 병합심리 신청사건의 관할법원이란 당사자가 토지관할 병합심리 신청을 한 경우에 어느 법원에서 병합하여 심리를 할지를 재판해주는 법원을 말한다.

b. 형사소송법 제6조(토지관할의 병합심리에서 말하는 "각각 다른 법원"이란 <u>사물관할은 같으나 토지관할을 달리 하는 동종, 동등의 법원을 말하는 것이므로 사건이 각각 계속된 마산지방법원 항소부(제2심, 단독 사건)와 부산고등법원(제2심, 합의부 사건)은 심급은 같을지언정 사물관할을 같이 하지 아니하여 여기에 해당하지 아니한다.</u>(대법원 1990.5.23. 자 90초56) 🔳 경승, 법승, 순경, 14국7, 20국7

나. 사물관할의 병합심리
사물관할을 달리하는 수개의 관련사건이 각각 <u>법원합의부와 단독판사에 계속된 때에는 합의부는 결정으로 단독판사에 속한 사건을 병합하여 심리할 수 있다.</u>(제10조) 🔳 14순경2차, 17경승, 17법9, 17국9, 18경승, 21법9 ▶ 합의부와 단독판사에 계속된 각 사건이 <u>토지관할을 달리하는 경우에도 같다.</u>(규칙 제4조 제1항) 🔳 13경간, 13국7 반면 토지관할의 병합심리(제6조)의 경우에는 <u>사물관할은 반드시 같아야 한다.</u>

② 관련사건의 심리분리
관련사건의 심리분리는 관련사건의 병합심리의 반대 방향이다.

가. 토지관할의 심리분리
<u>토지관할을 달리하는 수개의 관련사건이 동일법원에 계속된 경우</u>에 병합심리의 필요가 없는 때에는 법원은 결정으로 이를 분리하여 관할권 있는 다른 법원에 이송할 수 있다.(제7조) 🔳 14순경2차, 15순경3차, 18경승

나. 사물관할의 심리분리
<u>사물관할을 달리하는 수개의 관련사건이 합의부에 계속된 경우</u>에 병합심리의 필요가 없는 때에는 결정으로 관할권 있는 단독판사에게 이송할 수 있다.(제9조 단서)

③ 항소심과 병합심리
항소심과 병합심리는 수개의 관련사건이 모두 항소제기가 된 경우 <u>제2심에서의 사물관할의 병합심리의 문제이다.</u> 즉 사물관할을 달리하는 수개의 관련 항소사건이 각각 고등법원(합의부 사건의 제2심 심급관할)과 지방법원본원합의부(단독 사건의 제2심 심급관할)에 계속된 때에는 **고등법원은 결정으로 지방법원본원합의부에 계속한 사건을 병합하여 심리할 수 있다.** 수개의 관련 항소사건이 <u>토지관할을 달리하는 경우에도 같다.</u>(규칙 제4조의2) 🔳 12검찰·마약9, 16법9, 21법9

5. 재정관할

재정관할이란 재판에 의하여 정해지는 관할을 말한다. 재정관할에는 관할의 지정과 관할의 이전이 있다. 재정관할은 아래의 표로 비교·정리할 필요가 있다.

(1) 관할의 지정과 이전의 의의

관할의 지정 (제14조)	관할의 이전 (제15조)
관할의 지정이란 관할지정의 사유가 있을 때 상급법원이 심판할 법원을 지정하는 것을 말한다.	관할의 이전이란 관할이전의 사유가 있을 때 관할권 있는 법원이 **관할권 없는 다른 법원으로** 소송계속을 이전하는 것을 말한다.

(2) 관할의 지정과 이전의 사유

관할의 지정 (제14조)	관할의 이전 (제15조)
1) 관할이 명확하지 않은 경우(**예** 행정구역이 불분명한 경우; 서울시와 경기도의 접경지역에서 범죄사건이 발생한 경우) [F4] 10법9 2) 관할위반을 선고한 재판이 확정된 사건에 관하여 다른 관할법원이 없는 경우	1) **법률상의 이유**(**예** 모든 법관이 제척·기피·회피된 경우) 또는 **특별한 사정**(**예** 지진, 홍수 등 천재지변)으로 관할법원이 재판권을 행할 수 없는 경우 2) 관할법원에서 범죄의 성질, 지방의 민심 등의 이유로 **재판의 공평 유지가 어려운 염려**가 있는 경우(**예** 재판하는 법원 소재지 주민들의 피고인에 대한 분노) [F4] 법승

(3) 관할의 지정과 이전의 신청권자와 신청법원

관할의 지정 (제14조)	관할의 이전 (제15조)
1) **신청권자**; 검사만이 신청권자이다. **검사는 관할지정신청의 의무가 있다.** 검사는 공익의 대표자이기 때문이다. 반면 피고인에게는 관할지정신청권이 없다. [F4] 14순경2차, 18경승, 20국7 2) **신청법원**; 제1심법원에 공통되는 직근상급법원 [F4] 순경	1) **신청권자**; 검사는 관할이전신청의 의무가 있다. 검사는 공익의 대표자이기 때문이다. 반면 피고인은 **관할이전신청의 의무는 없고, 권리만 있다.** [F4] 10순경1차, 12경승·순경3차, 15순경3차, 17경승 검사; 공소제기 전후를 불문하고 관할의 이전을 신청 가능 [cf] 피고인; 공소제기 후에만 관할의 이전 신청 가능 2) **신청법원**; 직근상급법원

(4) 관할의 지정과 이전의 공통점

	관할의 지정 (제14조)	관할의 이전 (제15조)
신청 방식	① 관할의 지정 또는 이전을 신청하려면 그 사유를 기재한 신청서를 바로 위의 상급법원에 제출하여야 한다.(제16조 제1항) _{F4} 법9 ② 공소를 제기한 후 관할의 지정 또는 이전을 신청할 때에는 즉시 공소를 접수한 법원에 통지하여야 한다.(제16조 제2항) _{경승, 17순경1차, 18경간}	
소송 절차의 정지	법원은 그 계속 중인 사건에 관하여 토지관할의 병합심리신청, 관할지정의 신청, 관할이전의 신청이 제기된 경우에는 그 신청에 대한 결정이 있기까지 급속을 요하는 경우를 제외하고는 **소송절차를 정지해야 한다.**(규칙 제7조)	

> **관련판례** 재정관할
>
> a. 피고인이 피고사건의 담당법관에 대하여 기피신청을 하였고, 또 위 피고사건에서 위증을 한 증인을 대검찰청에서 조사하고 있는 중이라는 사실만으로는 재판의 공평을 유지하기 어려운 염려가 있다고 할 수 없다.(대법원 1982.12.17. 자 82초50) ▶ 관할이전신청사유가 아니라는 판례이다. _{F4} 순경, 12검찰·마약9
>
> b. 법원이 검사의 공소장변경을 허용하였다 하여 재판의 공평을 유지하기 어려울 염려가 있다고 인정되지 아니하므로 이를 이유로 한 관할이전신청은 이유 없다.(대법원 1984.7.24. 자 84초45, 84노417)

6. 관할의 경합 _{F4} 국7, 법9, 09국9, 10경장, 11순경1차

(1) 관할의 경합의 의의와 제도적 취지

1) 관할의 경합의 의의

관할의 경합이란 동일사건에 대하여 수개(여러 개)의 법원이 관할권을 갖는 경우 이를 어떻게 처리할 것이냐의 문제를 말한다. 관할의 결정기준이 여러 개이기 때문에 발생되는 문제이다.

2) 관할의 경합의 제도적 취지

예컨대 주소지와 현재지가 제주인 피고인 甲이 서울에서 A를 살해한 경우에 토지관할은 범죄지인 서울과 피고인의 주소·현재지인 제주에 있으므로 서울지방법원과 제주지방법원에 토지관할이 인정된다. 서울과 제주에 모두 공소가 제기되면 두 법원에 위 사건에 대하여 소송계속이 발생하게 되고, 피고인 甲은 서울지방법원과 제주지방법원에서 이중적으로 심리를 받게 된다. 또한 서울지방법원에서는 유죄판결을, 제주지방법원에서는 무죄판결을 선고하게 되는 중대한 문제가 발생할 수 있다. 따라서 동일사건에 대한 법원의 이중심리를 방지하고, 모순판결(상반되는 판결)의 방지를 위하여 관할이 경합할 경우 그 처리 기준을 마련한 것이다.

> **TIP** 소송계속
> 소송계속이란 검사의 공소제기 등으로 인하여 수소법원이 심판을 할 수 있는 상태가 된 것을 말한다.

(2) 사물관할의 경합(제12조)과 토지관할의 경합(제13조)

1) 사물관할의 경합(제12조)

① **합의부 우선의 원칙**; 같은 사건이 사물관할을 달리하는 수개의 법원에 계속된 때에는 **법원합의부가 심판**한다. 🗐 10순경2차, 11경장, 12순경2차, 13경간, 13국9, 17국9, 20국9, 20국7
② 심판을 하지 않게 된 단독판사는 관할의 경합으로 인하여 재판할 수 없는 때에 해당하여 **공소기각결정**을 해야 한다.(제328조 제1항 제3호) 🗐 11검찰 · 마약9, 13국9, 17국9, 23검찰 · 마약9
③ 단독판사와 합의부 모두가 심판을 하여 단독판사의 판결이 먼저 확정된 경우 합의부는 확정판결이 있은 때에 해당하여 **면소판결**을 해야 한다.(제326조 제1호) 🗐 20국9
④ 수개 법원의 판결이 모두 확정된 경우에는 먼저의 확정판결이 유효하고, 뒤의 확정판결은 당연무효가 된다.

2) 토지관할의 경합(제13조) 🗐 08순경1차, 10법9, 13국7

① **선착수 우선의 원칙**; 같은 사건이 사물관할이 같은(그러나 토지관할은 달리하는) 여러 개의 법원에 계속된 때에는 **먼저 공소를 받은 법원이 심판**한다. 다만, 각 법원에 공통되는 바로 위의 상급법원은 **검사나 피고인의 신청**에 의하여 결정으로 뒤에 공소를 받은 법원으로 하여금 심판하게 할 수 있다.(제13조) 🗐 12순경2차, 14경승, 17경승, 17순경1차, 18경간
② 뒤에 공소를 받은 법원은 관할의 경합으로 인하여 재판할 수 없는 때에 해당하여 **공소기각결정**을 해야 한다.(제328조 제1항 제3호) 🗐 21경간
③ 먼저 공소를 받은 법원과 뒤에 공소를 받은 법원 모두가 심판을 하여 뒤에 공소를 받은 법원의 판결이 먼저 확정된 경우 먼저 공소를 받은 법원은 확정판결이 있은 때에 해당하여 **면소판결**을 해야 한다.(제326조 제1호) 🗐 순경
④ 수개 법원의 판결이 모두 확정된 경우에는 먼저의 확정판결이 유효하고, 뒤의 확정판결은 당연무효가 된다.

3) 암기방법

* **합선** ▶ 사물관할의 경합; **합**의부우선의 원칙, 토지관할의 경합; **선**착수우선의 원칙

7. 사건이송

(1) 사건이송의 의의

사건이송이란 관할권이 있는 수소법원이 소송계속 중인 사건을 관할권이 있는 다른 법원 또는 재판권이 있는 군사법원이 심판할 수 있도록 소송계속(심판을 할 수 있는 상태)을 이전하는 것을 말한다. 소송계속의 이전은 소송기록과 증거물을 송부함으로써 한다. 사건이송에는 관할과 관련이 있는 사건이송과 관할과 관련이 없는 사건이송이 있다.

> **TIP** 이송(移送)
> 이송(移送)은 한자로 옮길 이, 보낼 송이다. 옮겨서 보내준다는 뜻이다. 즉 이송이란 수소법원에 계속 중인 사건을 다른 법원에서 심판할 수 있도록 보내주는 것을 말한다.

(2) 관할과 관련이 있는 사건이송

1) 토지관할의 병합심리	병합심리를 하게 된 법원 이외의 법원은 토지관할병합심리결정등본을 송부 받은 날로부터 7일 이내에 병합심리하게 된 법원에 소송기록과 증거물을 송부해야 한다.(규칙 제3조 제2항)
2) 사물관할의 병합심리	단독판사는 합의부의 병합심리결정등본을 송부 받은 날로부터 5일 이내에 합의부에 소송기록과 증거물을 송부해야 한다.(규칙 제4조 제3항) 법승
3) 관할의 지정·이전에 의한 이송	공소제기된 사건에 관하여 관할의 지정 또는 이전결정이 있는 경우 사건이 계속된 법원은 지체 없이 관할의 지정 또는 이전을 받은 법원에 소송기록과 증거물을 송부해야 한다.(규칙 제6조 제3항 본문)

1) 사건의 직권이송   법승, 국9, 국7, 08·09·10, 순경1차, 10순경1·2차, 10법9, 11경장, 11검찰·마약9, 21법9

사건의 직권이송이란 법원이 당사자의 신청 없이 관할권 있는 다른 법원에 소송계속을 이전하는 것을 말한다. 사건의 직권이송에는 현재지 관할법원으로의 이송과 합의부로의 이송이 있다.

현재지 관할법원으로의 이송 (임의적 이송)	법원은 피고인이 그 관할구역 내에 현재하지 아니하는 경우에 특별한 사정이 있으면 **결정으로 사건을 피고인의 현재지를 관할하는 동급법원에 이송할 수 있다.**(제8조 제1항) 12순경2차, 15법9 이는 법원의 심리의 편의와 피고인의 이익을 도모하기 위하여 인정한 것이다. 예컨대 甲이 서울에서 A를 살해하였고, 피고인 甲의 주소와 현재지가 제주인 경우 관할법원은 서울과 제주가 된다. 이 때 검사가 서울지방법원에 공소제기를 하였고, 제주지방법원에는 공소제기를 하지 않았다면, 수소법원인 서울지방법원은 피고인의 현재지를 관할하는 동급법원인 제주지방법원으로 사건을 이송할 수 있다.
합의부로의 이송 (필요적 이송)	단독판사의 관할사건이 공소장변경에 의하여 합의부 관할사건으로 변경된 경우에 **법원(단독판사)은 결정으로 관할권이 있는 법원(합의부)에 이송해야 한다.**(제8조 제2항) 13법간, 14법9, 15순경3차, 17법9, 17경7, 21법간, 21법9 공소장변경으로 합의부 관할사건으로 변경된 경우에 단독판사는 사물관할을 잃게 되므로 본래 관할위반의 판결을 선고해야 할 것이다. 그러나 단독판사가 관할위반의 판결을 선고하면 이미 행하여진 소송행위는 모두 무효가 되고, 검사는 합의부에 새로 공소제기를 해야 하므로 이는 소송경제에 반하게 된다. 그러므로 소송경제를 고려하여 단독판사로 하여금 관할위반의 판결을 선고하지 않고 의무적으로 합의부로 이송하도록 한 것이다.

관련판례 사건이송

a. **항소심에서도 마찬가지로 제8조 제2항의 필요적 이송의 법리가 적용된다.**; 항소심에서 공소장변경에 의하여 단독사건이 합의부사건으로 된 경우에도 **법원은 사건을 관할권이 있는 법원에 이송하여야 하고, 관할권이 있는 법원은 고등법원**이다.(대법원 1997.12.12. 선고 97도2463) 법승, 10경사, 10순경1차, 12검찰·마약9, 13국7, 14경승, 15순경3차, 16법9, 18경간, 18경승, 19검찰·마약9

b. 제1심에서 합의부 관할사건에 관하여 단독판사 관할사건으로 변경하는 공소장변경허가신청서가 제출되자, 합의부가 공소장변경을 허가하는 결정을 하지 않은 채 착오배당을 이유로 사건을 단독판사에게 재배당한 경우, 형사소송법은 제8조 제2항에서 단독판사의 관할사건이 공소장변경에 의하여 합의부 관할사건으로 변경된 경우 합의부로 이송하도록 규정하고 있을 뿐 그 반대의 경우에 관하여는 규정하고 있지 아니하므로, 사건을 배당받은 **합의부는 공소장변경허가결정을 하였는지에 관계없이 사건의 실체에 들어가 심판하였어야 하고 사건을 단독판사에게 재배당(이송)할 수 없다.**(대법원 2013.4.25. 선

고 2013도1658) [F4] 14국7, 15법9, 15국9, 18경간, 18경승, 20경간, 20국9

c. 치료감호법은 제3조 제2항에서 "치료감호사건의 제1심 재판관할은 지방법원 합의부 및 지방법원지원 합의부로 한다. 이 경우 치료감호가 청구된 치료감호대상자에 대한 치료감호사건과 피고사건의 관할이 다른 때에는 치료감호사건의 관할에 따른다."라고 규정하고 있다. 위 규정들의 내용을 종합해 보면, 단독판사 관할 피고사건의 항소사건이 지방법원 합의부나 지방법원지원 합의부에 계속 중일 때 그 변론종결시까지 청구된 치료감호사건의 관할법원은 고등법원이고, 피고사건의 관할법원도 고등법원이 되며, 위와 같은 치료감호사건이 지방법원이나 지방법원지원에 청구되어 피고사건 항소심을 담당하는 합의부에 배당된 경우 그 합의부는 치료감호사건과 피고사건을 모두 고등법원에 이송하여야 한다.(대법원 2009.11.12. 선고 2009도6946) [F4] 12검찰 · 마약9, 14국7, 15국9

(3) 관할과 관련이 없는 사건이송

사건의 군사 법원 이송	법원은 공소가 제기된 사건에 관하여 군사법원이 재판권(관할권이 아니다)을 가지게 되었거나 재판권을 가졌음이 판명된 때에는 결정으로 사건을 재판권이 있는 같은 심급의 군사법원으로 이송한다. 이 경우에 이송 전에 행한 소송행위는 이송 후에도 그 '효력에 영향이 없다'(여전히 효력이 있다는 뜻).(제16조의2) [F4] 경승, 법승, 09순경1차, 11검찰 · 마약9, 14국9, 15국9, 17법9 소송경제를 고려하여 필요적으로 이송하도록 한 것이다.
사건의 소년부 송치	법원은 소년에 대한 피고사건을 심리한 결과 보호처분에 해당할 사유가 있다고 인정하면 결정으로써 사건을 관할 소년부에 송치하여야 한다.(소년법 제50조) [F4] 09국7, 10순경2차, 11경사 소년부는 송치 받은 사건을 조사 또는 심리한 결과 사건의 본인이 19세 이상인 것이 밝혀지면 결정으로써 송치한 사건을 다시 이송(재이송)하여야 한다.(소년법 제51조)

(4) 관할권 부존재의 효과 [F4] 순경, 법9

1) 관할권의 성질

관할권의 존재는 **절대적 소송조건에 해당**한다. 절대적 소송조건이란 당사자의 신청 없이 법원이 직권으로 조사해야 하는 소송조건을 말한다. 따라서 **관할은 법원의 직권조사사항이다.** 즉 법원은 직권으로 관할을 조사하여야 한다.(제1조) [F4] 16법9, 17법9, 18경간

2) 관할위반의 효과

관할권이 없음이 명백한 경우 **원칙적으로** 법원은 **관할위반의 판결**을 선고하여야 한다.(제319조 본문) [F4] 14경간, 18경간, 22법9 소송행위는 관할위반인 경우에도 그 효력에 영향이 없다.(제2조) [F4] 15순경3차 취지는 관할위반인 법원에서 한 소송행위의 효력을 그대로 유지하도록 함으로써 불필요한 절차를 반복하는 것을 방지하여 **소송경제를 도모**하기 위한 것이다. 그런데 관할위반의 경우에도 다음과 같이 관할위반의 판결을 할 수 없는 예외가 있다.

토지 관할의 위반	토지관할 위반의 경우 피고인의 신청이 없으면 관할위반의 판결을 선고할 수 없다.(제320조 제1항) [F4] 14경간, 15법9, 17법9, 20국9, 22법9 토지관할 위반의 신청은 피고사건에 대한 진술 전에 하여야 한다.(제320조 제2항) [F4] 15법9, 20국9, 22법9 '진술 전까지'란 공판기일에 피고인의 모두진술 절차까지는 하여야 한다는 뜻이다.
사물 관할의 위반	공소장변경으로 단독판사 관할사건이 합의부 관할사건으로 변경된 경우에 단독판사는 관할위반의 판결을 선고할 수 없고 합의부로 이송해야 한다.
관할구역 외에서의 직무	법원 또는 법관은 원칙적으로 관할구역 안에서만 소송행위를 할 수 있다. 그러나 사실발견을 위하여 필요한 경우·긴급을 요하는 경우에는 관할구역 외에서 직무를 행하거나 사실조사에 필요한 처분을 할 수 있다.(제3조 제1항) [F4] 16국7

3) 관할권의 존부

토지관할의 존부	토지관할은 공소제기시에만 있으면 된다. 따라서 공소제기 후에 토지관할을 상실하여도 수소법원은 계속 심판할 수 있다.
사물관할의 존부	사물관할은 공소제기시부터 재판종결시까지 존재해야 한다. 그 중간에 관할권이 소멸하면 관할위반의 판결을 선고해야 한다.

제 3 절 검사

I 서론

검사의 의의	검사란 검찰권을 행사하는 국가기관을 말한다. 검사는 수사단계에서는 수사의 주재자, 공소제기단계에서는 공소제기권자, 공판단계에서는 공소유지자, 집행단계에서는 재판집행의 지휘·감독자이다.
검사의 성격	각각의 검사는 자신의 책임 하에 단독으로 검찰권을 행사하는 단독제의 관청이다. 또한 검사는 행정기관인 동시에 사법기관인 이중의 성격을 가진 기관이며, 오로지 진실과 법령에 따라 직무를 수행하여야 할 의무를 가지고 있는 **준사법기관**이다.(헌결 1995.6.29. 93헌바45)
검찰청	대검찰청(대법원에 대응), 고등검찰청(고등법원에 대응), 지방검찰청·지방검찰청지청(지방법원·지방법원지원에 대응)이 있다.

II 검찰조직의 특수성

1. 검찰조직의 양면성

검사는 단독제의 관청이며 준사법기관으로서 어느 정도 독립성이 보장될 필요가 있다. 한편 검사는 수사기관으로서 전국적으로 통일된 수사망을 확립할 필요성이 있고, 검찰권 행사의 공정성을 보장하기 위해서는 검찰조직의 일체성도 필요하다. 검사의 독립성과 검찰조직의 일체성이라는 모순된 요소를 조화시키고자 마련된 장치가 검사동일체의 원칙이다.

2. 검사동일체의 원칙 F4 경승, 법승, 국7, 15검찰·마약

(1) 검사동일체의 원칙의 의의

검사동일체의 원칙이란 검찰총장을 정점으로 하는 피라미드형의 계층적 조직체를 구성하여 검찰조직이 불가분의 유기적 통일체로서 활동하는 것을 의미한다.

(2) 검사동일체의 원칙의 내용

1) 지휘·감독관계
① 검사는 검찰사무에 관하여 소속 상급자의 지휘·감독에 따른다.(검찰청법 제7조 제1항)
② 검사는 구체적 사건과 관련된 상급자의 지휘·감독의 적법성 또는 정당성 여부에 대하여 이견이 있는 때에는 이의를 제기할 수 있다.(검찰청법 제7조 제2항)
③ 상명하복관계의 한계; 검사는 소속 상급자의 적법·정당한 명령에만 복종해야 한다.

④ 상명하복관계의 효력; **내부적 효력**만을 갖는다. 따라서 소속 상급자의 명령에 따르지 않거나 결재를 받지 않은 검사의 처분도 대외적으로는 유효하다.(🎬 검사가 불기소처분하라는 상급자의 명령에 불복하여 공소제기처분을 한 경우; 그 공소제기는 유효하다.) F4 14경간

2) 직무승계권

검찰총장과 각급 검찰청 검사장 및 지청장은 소속 검사의 직무를 자신이 처리할 수 있다.(검찰청법 제7조의2 제2항 전단)

3) 직무이전권

① 검찰총장과 각급 검찰청 검사장 및 지청장은 소속 검사로 하여금 그 권한에 속하는 직무의 일부를 처리하게 할 수 있다.(검찰청법 제7조의2 제1항)
② 검찰총장과 각급 검찰청 검사장 및 지청장은 소속 검사의 직무를 다른 검사로 하여금 처리하게 할 수 있다.(검찰청법 제7조의2 제2항 후단)

4) 직무대리권

각급 검찰청의 차장검사는 소속 검사장이 부득이한 사유로 직무를 수행할 수 없을 때에는 특별한 수권 없이 그 직무를 대리하는 권한을 가진다.(검찰청법 제18조 제2항, 제23조 제2항)

(3) 검사동일체의 원칙의 효과

검사교체의 효과	검사의 검찰사무 취급 도중에 검사가 교체되더라도 소송법상 효과에 아무런 영향이 없다. cf 공판심리 도중 판사가 경질된 경우에는 공판절차의 갱신사유에 해당한다. F4 13검찰·마약9
검사에 대한 제척·기피	검사에 대한 제척·기피를 인정할 수 있다는 긍정설과 부정설(다수설)이 대립한다. 부정설로 정리하면 된다.

III 법무부장관의 지휘·감독권 F4 경승, 국7

법무부장관은 검찰사무의 최고 감독자로서 일반적으로 검사를 지휘·감독하고, 구체적 사건에 대하여는 검찰총장만을 지휘·감독한다.(검찰청법 제8조)

IV 검사의 소송법상 지위

1. 수사의 주체로서의 지위 F4 경승

검사는 수사의 주체로서 **검사가 개시할 수 있는 범죄에 대한 수사권과 수사종결권, 특별사법경찰관리와 사법경찰관의 직무를 행하는 검찰청 직원에 대한 수사지휘권**을 갖는다. 이에 관한 구체적인 내용은 다음과 같다.

(1) 수사권

① 검사는 범죄의 혐의가 있다고 사료하는 때에는 범인, 범죄사실과 증거를 수사한다.(제196조 제1항) 여기서의 범죄의 혐의는 주관적 혐의를 말한다.
② 검사에게는 임의수사와 강제수사의 권한이 있다.
③ 사법경찰관에게는 없으나 검사에게만 있는 권한; **영장청구권**(제200조의2, 제201조, 제215조), **증거보전청구권**(제184조), **증인신문청구권**(제221조의2)은 사법경찰관에게는 인정되지 않고, 검사에게만 인정된다.
④ 검사는 제197조의3 제6항, 제198조의2 제2항 및 제245조의7 제2항에 따라 사법경찰관으로부터 송치받은 사건에 관하여는 해당 사건과 동일성을 해치지 아니하는 범위 내에서 수사할 수 있다.(제196조 제2항) F4 23경승 ▶ 송치받은 사건에 대한 검사의 보완수사 범위를 대폭 축소한 것이다. 이로써 검사의 수사권은 대폭 축소가 불가피하다. 여기서 '동일성을 해치지 않는 범위'가 불명확하다는 지적이 있다.
⑤ 수사기관(검사와 사법경찰관)은 수사 중인 사건의 범죄 혐의를 밝히기 위한 목적으로 합리적인 근거 없이 **별개의 사건을 부당하게 수사하여서는 아니 되고, 다른 사건의 수사를 통해 확보된 증거 또는 자료를 내세워 관련 없는 사건에 대한 자백이나 진술을 강요하여서도 아니** 된다. ▶ 수사기관의 **별건수사를 금지**시킨 것이다.(제198조 제4항) F4 23경승

(2) 수사지휘권

특별사법경찰관리는 검사의 수사지휘, 감독 대상에 여전히 포함된다.(검찰청법 제4조 제1항 제2호) 결과적으로 **특별사법경찰관리와 사법경찰관의 직무를 행하는 검찰청 직원은** 여전히 검사의 수사 지휘·감독의 대상이다.(검찰청법 제4조 제1항 제2호·제46조 제2항) 그러나 일반사법경찰관리는 더 이상 검사의 수사 지휘·감독의 대상이 아니다.

(3) 수사종결권

① 수사종결권이란 공소제기 여부를 결정하는 권한을 말한다.
② 검사는 검사가 개시할 수 있는 범죄에 대한 수사종결권을 가지고 있다.(제246조, 제247조) 반면 검사가 개시할 수 있는 범죄 이외의 범죄에 대해서는 사법경찰관이 1차적인 수사종결권을 갖는다.(제245조의5)
③ 즉결심판절차; 관할경찰서장 또는 관할해양경찰서장이 수사종결권을 갖는다.(즉심법 제3조 제1항)

2. 공소권의 주체로서의 지위

검사는 공소권의 주체로서 공소제기권자이자 공소유지자에 해당한다.

(1) 공소제기권자

① 공소는 검사가 제기하여 수행한다.(제246조) 공소제기의 권한은 주로 검사가 갖는다. 다만, 법관·검사·경무관 이상의 경찰공무원의 고위공직자범죄에 대해서는 공수처검사에게 공소제기의 권한이 있다.(공수처법 제20조 제1항) 한편 즉결심판청구의 권한은 관할경찰서장 또는 관할해양경찰서장에게 있다.
② **검사는 자신이 수사개시한 범죄에 대하여는 공소를 제기할 수 없다.** 다만, 사법경찰관이 송치한 범죄에 대하여는 그러하지 아니하다.(검찰청법 제4조 제2항) ▶ **검사의 수사권과 기소권은 분리**된다. 예컨대 검사 B가 수사를 한 경우, 검사 B는 그 사건을 기소할 수 없고, 다른 검사가 기소해야 한다. 다만, 사법경찰관이 송치한 범죄는 애초에 사법경찰관이 수사하고 검사가 기소하므로 수사권과 기소권이 자동적으로 분리된다.

(2) 공소유지자

검사는 형사소송의 당사자로서 공판정출석권·증거조사신청권 등을 통하여 공소를 수행하고, 논고와 구형을 함으로써 정당한 법령의 적용을 청구할 수 있다.

3. 재판의 집행기관으로서의 지위

재판의 집행은 검사가 지휘하는 것이 원칙이다.(제460조) 피고인이 사형·자유형의 집행을 위한 검사의 소환에 응하지 아니한 때에는 **검사가 직접 형집행장을 발부(법원이 발부하는 것이×)**하여 구인하여야 한다.(제473조) 검사가 발부한 형집행장은 구속영장과 동일한 효력이 있다. F4 14법9

4. 공익적 지위

검사는 공익의 대표자로서 피고인의 정당한 이익을 옹호해야 할 의무를 진다. 따라서 검사가 수사 및 공판과정에서 피고인에게 유리한 증거를 발견하였다면 피고인의 이익을 위하여 법원에 제출하여야 한다.(대법원 2002.2.22. 2001다23447) F4 법9, 13검찰·마약9, 15검찰·마약9 이를 검사의 객관의무라고 한다.

제 4 절 피고인

I 피고인의 의의와 구별개념

1. 피고인의 의의

피고인이란 주로 검사에 의하여 공소제기를 받은 자를 말한다. 검사에 의하여 약식명령의 청구를 받은 자와 경찰서장 또는 해양경찰서장에 의하여 즉결심판의 청구를 받은 자도 피고인에 해당한다. F4 12경간 공소제기가 유효인지 무효인지 여부·진범인지 여부·당사자능력이 있는 자인지 여부 등을 불문한다. 따라서 공소제기가 무효인 경우, 진범이 아닌 자, 당사능력이 없는 자도 일단 검사의 공소제기를 받은 경우에는 피고인에 해당한다.

2. 구별개념

(1) 피의자와 수형자

피의자	피의자란 공소제기 전에(수사절차에서) 수사기관이 범죄의 혐의가 있다고 사료(생각)하여 수사의 대상이 된 자를 말한다.
수형자	수형자란 유죄판결이 확정되어 형의 집행을 받고 있는 자를 말한다.

(2) 공동피고인

1) 공동피고인의 의의

동일한 소송절차에서 공동으로 심판을 받는 수인(여러 명)의 피고인을 공동피고인이라고 한다. 예컨대 甲과 乙이 같은 공판기일(7월 10일)에 같은 소송절차에서 함께 심판을 받는 경우에 甲과 乙은 공동피고인 관계에 있게 된다. 공동피고인은 **반드시 공범자일 필요가 없다.** 공범은 형법적 개념이고, 공동피고인은 형사소송법적 개념이다. F4 13경간

2) 공동피고인의 소송관계

① 원칙

가. 공동피고인 중 1인(甲)에 대하여 발생한 사유는 원칙적으로 다른 피고인(乙)에게 영향이 없다. **공동피고인의 소송관계는 개별적으로 존재하기 때문**이다.

나. 검사는 **공동피고인 모두를 일괄기소(한꺼번에 기소) 할 필요가 없다.** 그러므로 검사가 공동피고인 중 1인(甲)에 대해서는 9월 10일에 기소하고, 다른 공동피고인(乙)에 대해서는 9월 15일에 기소한 경우에도 병합심리를 하는 경우에는 甲乙은 공동피고인이 된다.

다. 공동피고인 중 1인만이 증거동의를 할 경우 **증거동의를 한 피고인에게만 증거동의의 효력이 미친다.** 만일 공동피고인 甲과 乙 중에서 동일한 증거에 대하여 甲은 증거동의를 했으나, 乙은 증거동의를 하지 않은 경우 증거동의의 효력은 甲에게만 미치고, 乙에게는 미치지 않는다.

② 예외; 공동피고인을 위한 파기

피고인을 위하여 **원심판결을 파기하는 경우에 파기의 이유가 상소(항소·상고)한 공동피고인에게 공통되는 때에는 그 공동피고인(상소한 공동피고인)에게 대하여도 원심판결을 파기하여야 한다.**(제364조의2, 392조) F4 08국9, 09국7, 14법9, 17순경1차, 17국7, 18순경1차 공평의 원칙상 상소한 공동피고인을 위해서도 원심판결을 파기하는 것이다. cf 위와 같은 경우에 상소하지 않은 공동피고인에 대해서는 원심판결을 파기하지 않는다.

> **관련판례** 공동피고인을 위한 파기(제364조의2)의 취지와 적용범위
>
> a. 제364조의2(공동피고인을 위한 파기)는 공동피고인 상호 간의 재판의 공평을 도모하려는 취지이다. 위 규정은 공동피고인 사이에서 **파기의 이유가 공통되는 해당 범죄사실이 동일한 소송절차에서 병합심리된 경우에만 적용**된다고 보는 것이 타당하다.(대법원 2019.8.29. 선고 2018도14303 전원합의체 판결) ▶ 박근혜·최서원 국정농단사건 F4 20법9, 20국7
>
> b. 제364조의2(공동피고인을 위한 파기)에서 정한 '항소한 공동피고인'은 **제1심의 공동피고인으로서 자신이 항소한 경우는 물론 그에 대하여 검사만 항소한 경우까지도 포함**한다. 즉 비록 피고인 3에 대하여 검사만 항소하였으나 피고인 3에 대하여도 피고인 1·피고인 2에 대한 파기 이유가 공통되는 경우라면, 제364조의2의 '항소한 공동피고인'에 해당한다. 그러므로 항소법원은 피고인 3에 대하여도 파기하여야 한다.(대법원 2022.7.28. 선고 2021도10579) F4 23법9

II 피고인의 특정

1. 피고인 특정의 필요성

검사가 공소제기를 할 때에는 **공소장을 제출하여야 하고**(제254조 제1항), **공소장에는 피고인의 성명 기타 피고인을 특정할 수 있는 사항을 기재하여야 한다.**(254조 제3항 제1호) 공소제기를 받은 법원(수소법원)은 검사가 공소장에 기재한 피고인만을 심판할 수 있는데, **검사가 공소제기를 하려고 의도한 피고인과 공소장에 기재된 피고인이 일치하지 않는 경우 누구를 피고인으로 보아야 할 것인지가 문제된다.** 이것이 피고인 특정의 문제이다. 검사가 공소제기를 하기로 의도하지 않은 피고인에 대하여 심판을 하게 되면 중대한 문제가 발생하기 때문에 피고인의 특정을 필요로 하는 것이다. 성명모용과 위장출석의 경우가 피고인 특정이 문제되는 경우이다.

2. 성명모용 F4 법9, 법승, 순경, 경승, 국7, 11검찰·마약9, 18국9

(1) 성명모용의 의의

성명모용이란 모용자(甲)가 수사기관에 대하여 피모용자(乙)의 성명을 모용(사칭)함으로써 검사가 공소장에 피모용자(乙)의 성명을 피고인으로 기재한 경우를 말한다. 여기서 검사가 공소제기를 하기로 의도한 자인 모용자(甲)는 실질적 피고인, 피모용자(乙)는 형식적 피고인이 된다. 이 경우에 누구를 피고인으로 보아야 할 것인지, 확정판결의 효력은 누구에게 미치는지 등이 문제된다.

(2) 성명모용의 경우 법원의 처리

성명모용의 경우 판례는 다음과 같이 처리한다.(대법원 1993.1.19. 선고 92도2554) F4 11순경2차
다음에 서술한 것은 모두 대법원 1993.1.19. 선고 92도2554의 내용이다.

1) 공판심리 중에 성명모용임이 판명된 경우

① 공소제기의 효력

성명모용의 경우 검사는 모용자에 대하여 공소를 제기한 것이므로 **모용자(甲)가 피고인이 되고, 모용자(甲)에게 공소제기의 효력이 미친다.** 피모용자(乙)에게는 공소의 효력이 미친다고 할 수 없다. F4 10경승, 12경간 · 국9, 13법9, 13국7, 14교정 · 보호 · 철경9, 15순경3차, 18순경3차, 19경간

② 법원의 허가 요부

이와 같은 경우 검사는 공소장의 인적 사항의 기재를 정정하여 피고인의 표시를 바로잡아야 하는 것인바(이를 '공소장정정'이라고 한다.), 이는 공소장 변경이 아니므로 법원의 허가를 필요로 하는 공소장변경의 절차를 밟을 필요가 없다. 따라서 이와 같은 공소장정정을 함에 있어서 **법원의 허가는 필요 없다.** F4 12경승 · 국9, 13국7, 15순경3차, 21국7, 23교정 · 보호 · 철경9

③ 검사가 공소장의 피고인 표시를 정정하지 아니한 경우 법원의 처리

모용자(甲)가 공판정에 피고인으로 출석하였다면 공소제기의 방식이 형사소송법 제254조의 규정에 위반(피고인의 불특정)하여 무효라 할 것이므로 법원은 **공소기각의 판결**을 선고하여야 한다. F4 15순경3차, 19국9, 23교정 · 보호 · 철경9 만일 피모용자(乙)가 공판정에 피고인으로 출석하였다면 제327조 제2호(공소제기절차가 법률의 규정에 위반하여 무효인 때)의 규정을 유추적용하여 (피모용자에 대하여) 법원은 **공소기각의 판결**을 선고하여야 한다. F4 12경간, 13국7 ▶ 피모용자(乙)가 공판정에 피고인으로 출석하였는데 검사가 공소장의 피고인 표시를 정정하지 않은 경우에는 **피모용자(乙)에게도 사실상(법률상×)의 소송계속이 발생**하여 피모용자는 형식적 피고인이 되므로 피모용자가 심판을 받을 수 있게 되는 불안정한 지위를 해소시켜 주어야 하기 때문이다. 이때 모용자(甲)는 실질적 피고인이 된다. cf 피모용자(乙)가 공판정에 출석하지 않았다면 법원은 피모용자(乙)에 대하여 재판할 것이 없다.

④ 검사가 피고인 표시를 바로잡은 경우(공소장정정을 한 경우)

법원은 모용자(甲)에 대하여 심리하고 재판을 하면 되지 원칙적으로 피모용자에 대하여 심판할 것이 아니다. 모용자(甲)에 대해서는 이미 공소제기의 효력이 발생하였으므로 모용자(甲)에 대하여 별도로 공소제기를 할 필요가 없다.

⑤ 피모용자(乙)가 약식명령에 대하여 정식재판을 청구하여 피모용자(乙)를 상대로 심리를 하는 과정에서 성명모용사실이 발각된 경우

법원은 피모용자(乙)에게 형사소송법 제327조 제2호를 유추적용하여 **공소기각의 판결**을 함으로써 피모용자(乙)의 불안정한 지위를 명확히 해소해 주어야 하고, 피모용자(乙)가 정식재판을 청구하였다 하여도 모용자(甲)에게는 아직 약식명령의 송달이 없었다 할 것이어서 검사는 공소장에 기재된 피고인의 표시를 정정할 수 있으며, 법원은 이에 따라 약식명령의 피고인 표시를 경정할 수 있고, **본래의 약식명령정본과 함께 이 경정결정을 모용자(甲)에게 송달하면 이때에 약식명령의 적법한 송달이 있다고 볼 것이다.** F4 09순경2차, 13국7, 14교정 · 보호 · 철경9, 15순경3차, 19경간, 20검찰 · 마약9, 21국7

2) 판결확정 후에 성명모용임이 판명된 경우

① 확정판결의 효력

검사의 피고인 표시 정정(공소장정정) 없이 판결이 확정된 경우 확정판결의 효력은 **모용자에게만 미친다.**
23교정·보호·철경9

② 피모용자에 대하여 형을 선고한 판결이 확정되어 수형사실이 수형인명부에 기재된 경우 피모용자의 구제방법에 대해서는 전과말소설, 재심설, 비상상고설 등이 대립한다.

3. 위장출석

(1) 위장출석의 의의

위장출석이란 검사가 공소장에 공소제기를 하기로 의도한 甲을 피고인으로 기재하였으나 위장출석자 乙이 甲처럼 행세하며 공판정에 출석하여 재판을 받는 경우를 말한다. 이 때 검사가 공소장에 기재한 **피고인(甲)을 실질적 피고인(또는 진정피고인), 위장출석자(乙)을 형식적 피고인(또는 부진정피고인)**이라고 한다. 12순경1차

(2) 위장출석의 경우 법원의 처리

1) 공소제기의 효력

검사가 공소장에 기재한 피고인(甲)에게만 공소제기의 효력이 미치고, 위장출석자인 형식적 피고인(乙)에게는 공소제기의 효력이 미치지 않는다. 12순경1차 아래의 어느 경우이든 **실질적 피고인(甲)에 대하여 새로운 공소제기를 할 필요가 없다.** 검사가 당초에 공소제기하려고 의도한 자는 실질적 피고인(甲)이고, 그에게는 이미 공소제기의 효력이 발생하고 있기 때문이다. 법9, 12경간·국9

2) 인정신문 단계에서 위장출석임이 판명된 경우

형식적 피고인(乙)은 퇴정시키고, 실질적 피고인(甲)을 소환하여 절차를 진행하면 된다. 12경간·국9

3) 사실심리 단계에서 위장출석임이 판명된 경우

형식적 피고인(乙)에게도 사실상의 소송계속이 발생하므로 그 불안정한 지위를 해소시켜 주기 위하여 법원은 제327조 제2호를 유추적용하여 **형식적 피고인(乙)에 대하여 공소기각판결**을 해야 한다. 실질적 피고인(甲)에 대해서는 이미 공소제기의 효력이 발생하였으므로 **그(甲)에 대하여 새로이 공소제기를 할 필요가 없고**, 공소제기 이후의 공판절차를 진행하면 된다.

4) 판결 선고 후 판결 확정 전에 위장출석임이 판명된 경우

형식적 피고인(乙)에게 판결의 효력이 발생하고, 형식적 피고인(乙)에게는 상소이유가 된다.

5) 판결확정 후에 위장출석임이 판명된 경우

유죄판결이 확정된 경우 **확정판결의 효력은 형식적 피고인(乙)에게만 미친다.** `cf` 성명모용의 경우에는 실질적 피고인인 모용자(甲)에게만 확정판결의 효력이 발생한다. 형식적 피고인(위장출석자 乙)의 구제방법에 대해서는 재심설, 비상상고설이 대립한다.

Ⅲ 피고인의 소송법상 지위

1. 당사자로서의 지위

피고인은 검사의 공격에 대하여 자신의 정당한 이익을 방어하는 수동적 당사자로서의 지위를 갖는다. 피고인의 권리에게는 당사자로서 방어권과 참여권이 인정된다.

(1) 피고인의 방어권

의의	피고인의 방어권이란 피고인이 자신의 정당한 이익을 방어할 수 있는 권리를 말한다.
방어권의 종류	① **방어준비를 위한 권리**; 공판조서열람·등사권(제55조), 공소장 기재사항의 법정(제254조), 공소장부본을 송달받을 권리(제266조), 공소장변경절차(제298조) 등이 이에 해당한다. ② **진술거부권과 진술권**; 진술거부권(제283조의2 제1항), 최후진술권(제303조) 등이 이에 해당한다. ③ **증거조사절차에서의 방어권**; 증거신청권(제294조), 증인신문권(제161조의2), 증거보전청구권(제184조) 등이 이에 해당한다. ④ **방어능력의 보충제도**; 변호인선임권(제30조), 변호인선임의뢰권(제90조) 등이 이에 해당한다. ⑤ **피고인의 열람·등사청구권**; 소송계속 중의 관계서류·증거물의 열람·복사권(제35조 제1항) 등이 이에 해당한다.

(2) 피고인의 참여권

의의	피고인의 참여권이란 피고인이 형사소송절차에 참여할 수 있는 권리를 말한다.
참여권의 종류	① **법원구성관여권**; 기피신청권(제18조), 관할위반신청권(제320조) 등이 이에 해당한다. ② **공판정출석권**(제276조); 피고인의 공판정출석권도 피고인의 참여권에 해당한다. ③ **증거조사참여권**; 증인신문·검증·감정에의 참여권(제145조, 제163조, 제176조, 제183조), 증거보전절차상 증거조사에서의 참여권(제184조) 등이 이에 해당한다. ④ **강제처분참여권**; 압수·수색영장 집행에서의 참여권(제121조) 등이 이에 해당한다. ⑤ **불복신청권**; 상소권 및 상소포기·취하권(제338조, 제349조), 약식명령에 대한 정식재판청구권(제453조) 등이 이에 해당한다.

2. 증거방법으로서의 지위와 절차의 대상으로서의 지위

증거방법 으로서의 지위	피고인의 임의진술은 증거가 될 수 있고(제309조, 제317조), 피고인의 신체는 검증의 대상이 될 수 있으므로(제139조) 피고인은 인적·물적 증거방법이 된다. 증거방법에 대해서는 증거법에서 살펴본다.
절차의 대상 으로서의 지위	피고인은 소환·구속·압수·수색 등 강제처분 절차의 대상이 된다.

Ⅳ 무죄추정의 원칙

1. 무죄추정의 원칙의 의의와 근거

(1) 무죄추정의 원칙의 의의

무죄추정의 원칙이란 피의자와 피고인은 **유죄판결이 확정(선고×)될 때까지는** 무죄로 추정된다는 원칙을 말한다. F4 법9, 12교정·보호·철경9·순경3차, 14국9, 15경승, 15순경2차, 16경승, 18경간, 21국7 무죄추정의 원칙을 권리의 측면에서 볼 때에는 '**무죄추정을 받을 권리**'라고도 한다.

> TIP 추정
> '추정'이란 일단은 ……으로 보지만 번복이 가능(바뀔 수 있다)하다는 말이다. 이에 대응되는 말이 '간주'인데, '간주'란 ……으로 보고, 다른 자료에 의하여 번복할 수 없다는 말이다. 무죄추정의 원칙은 피의자·피고인을 일단 무죄로 보지만 검사가 증거에 의하여 유죄를 입증하면 번복되어 유죄로 바뀔 수 있다는 것이다. 형사소송법상 무죄간주의 원칙은 인정되지 않는다. 피의자·피고인을 무죄로 간주한다면 유죄로 바뀔 수가 없어서 수사와 재판을 할 필요가 없어지기 때문이다.

(2) 무죄추정의 원칙의 근거

무죄추정의 원칙 또는 무죄추정을 받을 권리는 헌법 제27조 제4항, 형사소송법 제275조의2에 명문규정이 있다. F4 법9 따라서 무죄추정의 원칙 또는 무죄추정을 받을 권리는 **헌법상의 기본원칙 또는 헌법상의 기본권**이다.

2. 무죄추정의 원칙의 내용

무죄추정의 원칙의 구체적인 내용은 다음과 같다.

1) 인신구속의 제한

여기서 인신이란 '사람의 신체'를 말한다. 피의자와 피고인은 무죄로 추정되기 때문에 신체의 구속이 제한된다. 그러므로 불구속수사·재판의 원칙이 적용된다. F4 21국7

2) 불이익 처우의 금지

① 예단배제의 원칙
피의자와 피고인은 무죄로 추정되므로 유죄라고 미리 판단해서는 안 된다는 원칙인 예단배제의 원칙이 적용된다. 이를 실현하기 위해서 공소장일본주의가 인정된다. 공소장일본주의에 대해서는 앞에서 살펴봤다.

② 진술거부권의 인정
피의자와 피고인은 무죄로 추정되기 때문에 진술거부권이 인정된다. 그러므로 피의자와 피고인에게 진술을 강요해서는 안 된다.

③ 부당한 대우의 금지
피의자와 피고인은 무죄로 추정되기 때문에 이들에 대하여 위압적·모욕적 신문을 해서는 안 된다.

3) 의심스러울 때는 피고인의 이익으로(in dubio pro reo)

유죄판결을 하려면 법관이 합리적 의심의 여지가 없을 정도로 유죄를 확신해야 한다. 그러므로 유죄의 확신이 없으면 법관은 무죄판결을 선고해야 한다. 피고인은 무죄로 추정되므로 검사가 피고인이 유죄임을 입증해야 할 거증책임을 부담하는 것이 원칙이다. 21국7

> **관련판례** 무죄추정의 원칙
>
> a. 형사소송법상 구속기간은 무죄추정의 원칙에서 파생되는 불구속수사의 원칙에 대한 예외로서 설정된 기간이다.(헌결 1992.4.14. 90헌마82)
>
> b. 무죄추정을 받는 피의자라고 하더라도 그에게 구속의 사유가 있어 구속영장이 발부, 집행된 이상 신체의 자유가 제한되는 것은 당연하다.(대법원 1996.5.14. 선고 96도561)

3. 무죄추정의 원칙의 적용범위

인적 적용 범위	헌법과 형사소송법에는 피고인만이 무죄로 추정된다고 규정하고 있다.(헌법 제27조 제5항, 형사소송법 제275조의2) 이에 대하여 헌법재판소는 피의자는 헌법과 형사소송법에 명문규정이 없으나, 공소제기 후의 피고인을 무죄로 추정하는 이상 공소제기 전의 피의자도 당연히 무죄로 추정된다고 하여 **피의자에게도 무죄추정의 원칙이 적용**된다는 입장이다.(헌결 1992.1.28. 91헌마111) 국9, 국7, 순경, 법9, 11경승, 15경간, 20경간
시간적 적용 범위	유죄판결이 확정(선고×)될 때까지 무죄로 추정된다. 형선고판결(형의 집행유예판결도 형선고판결에 해당), 형면제판결, 선고유예판결은 유죄판결에 해당한다. 따라서 이런 재판이 확정되면 무죄추정은 깨지고 유죄로 확정된다. 11경승, 13국7 재심청구인도 무죄로 추정되는지 여부에 대하여는 견해가 대립한다. 그러나 재심청구인은 유죄판결이 확정된 자이므로 무죄로 추정되지 않는다고 보는 것이 다수설이다. 법9

4. 무죄추정의 원칙과 관련된 판례

다음에 서술하는 판례를 공부할 때에는 무죄추정의 원칙에 위배된다는 것은 헌법에 위반된다는 것(위헌)을, 무죄추정의 원칙에 위배되지 않는다는 것은 헌법에 위반되지 않는다는 것(합헌)을 의미한다고 생각하면 된다.

관련판례 무죄추정의 원칙 1

무죄추정의 원칙에 위배 ○ (위헌)	무죄추정의 원칙에 위배 × (합헌)
(**불구속 상태에 있는**) 지방자치단체의 장이 금고 이상의 형을 선고받고 그 형이 확정되지 아니한 경우 부단체장이 그 권한을 대행하도록 규정한 지방자치법 제111조 제1항 제3호(헌결 2010.9.2. 2010헌마418) F4 12경승·순경1차, 15경간 ▶ 형이 확정될 때까지의 불확정한 기간 동안 무죄추정을 받는 자치단체장에게 직무를 정지시키는 불이익을 가하고 있기 때문이다.	지방자치단체의 장이 **구금 상태에서** 금고 이상의 형을 선고받고 그 형이 확정되지 아니한 경우 부단체장이 그 권한을 대행하도록 하는 것은 합헌이다.(헌결 2011.4.28. 2010헌마474) F4 19경간 ▶ 이때에는 **부단체장이 권한을 대행하는 것이 오히려 합리적이기** 때문이다.

관련판례 무죄추정의 원칙 2

무죄추정의 원칙에 위배 ○ (위헌)	무죄추정의 원칙에 위배 × (합헌)
형사사건으로 기소되기만 하면 당해 공무원에게 일률적으로 직위해제처분을 하도록 한 규정〈**필요적 직위해제**〉(헌결 1998.5.28. 96헌가12) F4 국9, 15경간, 15순경2차, 16경승 ▶ 구사립학교법상 교원의 필요적 직위해제도 마찬가지로 위헌이다.	형사사건으로 기소된 국가공무원을 직위해제할 수 있도록 한 규정〈**임의적 직위해제**〉(헌결 2006.5.25. 2004헌바12) F4 12순경3차, 15경간 ▶ 직위해제처분을 받은 공무원에 대한 범죄사실의 인정이나 유죄판결을 전제로 하여 불이익을 과하는 것은 아니기 때문이다.

관련판례 무죄추정의 원칙 3

무죄추정의 원칙에 위배 ○ (위헌)	무죄추정의 원칙에 위배 × (합헌)
미결수용자가 수감되어 있는 동안 **수사 또는 재판을 받을 때에도** 재소자용 의류를 입게 하는 것(헌결 1999.5.27. 97헌마137) F4 국9, 국7, 경승, 08순경3차 ▶ 외부에 노출됨으로써 심리적 위축감으로 방어권 행사를 제대로 할 수 없기 때문이다.	미결수용자에게 **수용시설 안에서** 재소자용 의류를 입게 하는 것(헌결 1999.5.27. 97헌마137) F4 국9, 국7, 경승 ▶ **수용시설(교도소 또는 구치소) 내의 질서유지를 위해서** 재소자용 의류를 입히는 게 불가피하기 때문이다.

관련판례 무죄추정의 원칙에 위배된다는 판례

a. 미결구금은 실질적으로 자유형의 집행과 다를 바 없으므로 확정된 형기에 전부 산입(법정통산을 말함)되어야 한다. 따라서 형법 제57조 제1항 중 **"또는 일부 부분"**(미결구금일수를 일부만 산입할 수 있다는 부분)은 헌법상 무죄추정의 원칙에 위배된다.(헌결 2009.6.25. 2007헌바25) F4 12순경1차, 16경간

b. 관세법상 압수한 물건에 대하여 범인이 당해관서에 출두하지 아니하거나 도주하여 그 물건을 압수한 날로부터 4월을 경과한 때에는 그 압수한 물건을 별도의 재판이나 청문절차 없이 국고귀속 할 수 있도록 한 규정(헌결 1997.5.29. 96헌가17) F4 12순경1차

c. 형사사건으로 기소된 변호사에게 업무정지를 명할 수 있도록 한 변호사법 규정(헌결 1990.11.19. 90헌가48) ▶ 이 규정은 위헌 결정 이후 삭제되었다.

d. 공정거래위원회가 당해 사업자단체에 대하여 **법위반사실의 공표를 명할 수 있도록 한 것**(헌결 2002.1.31. 2001헌바43) ▶ 공소제기 되지 않은 수사 단계에서 관련행위자를 유죄로 추정하는 불이익한 처분이기 때문이다.

관련판례 무죄추정의 원칙에 위배되지 않는다는 판례

a. **파기환송 사건에 있어 구속기간 갱신 및 구속으로 인하여 신체의 자유가 제한되는 것**(대법원 2001.11.30. 선고 2001도5225) 08·12순경3차, 14국9, 15경승, 15국9, 15순경2차, 16경승, 17경승, 18경간, 21경승 ▶ 불가피한 것이기 때문이다.

b. 공소사실의 첫머리에 피고인이 전에 받은 **소년부송치처분과 직업 없음을 기재한 것**(대법원 1990.10.16. 선고 90도1813) 08순경3차, 13경승, 14국9, 15순경2차, 17경승, 20국7, 21경승 ▶ 이는 피고인을 특정할 수 있는 사항이기 때문에 기재하더라도 공소장일본주의와 무죄추정의 원칙에 반하지 않는 것이다.

c. 치료감호의 요건을 사법적 판단에 맡기면서 **사회보호위원회로 하여금 감호기간을 정하도록 한 것**(대법원 1987.5.12. 선고 87감도50) 12순경3차, 14경승, 15경승, 18경간, 21경승 ▶ 보안처분의 일종인 치료감호의 요건은 법관이 사법적으로 판단하지만, 감호기간은 정신과 의사와 같은 **전문가가 참여하는 사회보호위원회에서 판단**하는 것이 오히려 합리적이기 때문에 헌법에 위반되지 않는 것이다.

d. 형사재판절차에서 **유죄의 확정판결을 받기 전에 징계혐의사실을 인정하는 것**(대법원 1986.6.10. 선고 85누407) 12순경1차, 15경승, 20경간, 21경승, 21국7 ▶ 징계혐의사실의 인정은 형사재판의 유죄확정 여부와는 무관한 것이기 때문에 무죄추정의 원칙에 반하지 않는다.

e. 형사소송법 제314조 중 '외국거주에 관한 부분'은 피고인을 유죄라는 전제에서 예외적으로 전문증거의 증거능력을 인정하는 것이 아니라 외국거주의 사유로 원진술자가 법정에서 진술할 수 없어 부득이 피고인이 반대신문을 할 수 없는 경우에 관한 규정이므로 무죄추정의 원칙에 반하는 것이라고 할 수 없다.(헌결 2005.12.22. 2004헌바45) 12순경1차

f. 수사기관이 구속된 피의자의 항거 등을 억제하는데 필요하다고 인정할 상당한 이유가 있는 경우 **필요한 한도 내에서 포승이나 수갑을 사용하는 것**(대법원 1996.5.14. 선고 96도561) 순경, 경승, 15경간, 20경간

g. **수사기관 및 구치소 당국이 사건명이란 용어 대신 죄명이라는 용어를 사용하는 것은 불가피하다.**(헌결 2005.3.8. 2005헌마169) 경승

h. 수용자가 구치소 및 교도소에 수용되는 과정에서 알몸 상태로 가운만 입고 전자영상장비에 의한 신체검사기에 올라가 다리를 벌리고 용변을 보는 자세로 쪼그려 앉아 항문 부위에 대한 검사를 받은 경우 인격권 내지 신체의 자유 등을 침해하지 않아 헌법에 위반되지 않는다.(헌결 2011.5.26. 2010헌마775) 12경승, 17경승 ▶ 항문 부위에 대한 금지물품의 은닉여부를 효과적으로 확인할 수 있는 적합한 검사방법이기 때문이다.

V 당사자능력

1. 당사자능력의 의의

당사자능력이란 형사소송에 있어서 당사자가 될 수 있는 일반적·추상적 능력을 말한다. 국가형벌권의 행사를 위해서 마련한 형사소송에 있어서 당사자능력이 없는 자에게 검사의 역할을 맡기는 국가는 없을 것이다. 그러므로 검사의 당사자능력은 문제되지 않는다. 결국 당사자능력은 피고인이 될 수 있는 일반적·추상적 능력을 의미한다.

2. 당사자능력의 인정 여부 F4 경승, 법9

(1) 자연인

자연인은 연령·책임능력의 유무를 불문하고 언제나 당사자능력이 있다. 그러므로 책임무능력자도 당사자능력을 가질 수 있다. F4 12경간, 17경간, 19국7

(2) 태아와 사자(死者)

태아와 사자는 원칙적으로 당사자능력이 없다. 단, 예외적으로 재심절차에서는 피고인의 사망이 영향을 미치지 않으므로(제424조 제4호, 제438조 제2항 제1호) 사자(死者)에게도 당사자능력이 인정된다. F4 17경간

(3) 법인(법인격 없는 사단·재단도 同) F4 09순경2차

1) 법인을 처벌하는 명문규정이 있는 경우

법인을 처벌하는 명문규정이 있는 경우에는 법인에게도 당사자능력이 있음은 너무도 당연하다. F4 19국7

2) 법인을 처벌하는 명문규정이 없는 경우

법인을 처벌하는 명문규정이 없는 경우에도 법인에게 당사자능력을 인정할 것인가에 대해서는 다음과 같이 긍정설과 부정설이 대립한다.

① 긍정설(다수설)

당사자능력은 공소사실과는 관계없는 일반적·추상적 능력을 의미하므로 법인에게도 당사자능력을 인정해야 한다는 견해이다. 긍정설에 의할 때 법인에 대하여 공소제기를 한 경우 법인을 처벌하는 명문규정이 없으면 법원은 무죄판결을 선고해야 한다.

② 부정설

법인을 처벌하는 규정이 없는 한 법인에게는 범죄능력·당사자능력을 인정할 수 없다는 견해이다. 부정설에 의할 때 법인에 대하여 공소제기를 한 경우 법인을 처벌하는 명문규정이 없으면 법원은 어떻게 처리해야 하는지에 대하여는 공소기각결정설과 공소기각판결설이 대립한다.

3. 당사자능력의 소멸

(1) 피고인이 자연인인 경우
피고인의 사망시에 당사자능력이 소멸한다.

(2) 피고인이 법인인 경우
법인이 존속하지 아니하게 되었을 때에 소멸한다. 합병의 경우는 합병시에 소멸한다. 청산절차를 거쳐서 해산하는 경우 법인의 피고사건이 종결되지 않는 동안 당사자능력은 존속한다.(대법원 1982.3.23. 선고 81도1450)

> **관련판례** 법인의 당사자능력
>
> a. 법인세체납 등으로 공소제기 되어 그 피고사건의 공판계속 중에 그 법인의 청산종료의 등기가 경료되었다고 하더라도 피고사건이 종결되지 아니하는 동안 법인의 청산사무는 종료된 것이라 할 수 없고 형사소송법상 법인의 당사자능력도 그대로 존속한다.(대법원 1986.10.28. 선고 84도693) 18순경3차
>
> b. 법인에 대한 청산종결 등기가 되었더라도 청산사무가 종결되지 않는 한 그 범위 내에서는 청산법인으로 존속한다. 법인의 해산 또는 청산종결 등기 이전에 업무나 재산에 관한 위반행위가 있는 경우에는 청산종결 등기가 된 이후 위반행위에 대한 수사가 개시되거나 공소가 제기되더라도 <u>그에 따른 수사나 재판을 받는 일은 법인의 청산사무에 포함되므로</u>, **그 사건이 종결될 때까지 법인의 청산사무는 종료되지 않고 형사소송법상 당사자능력도 그대로 존속**한다.(대법원 2021.6.30. 선고 2018도14261) 22국7

4. 당사자능력 흠결의 효과 순경

당사자능력의 존재는 소송조건으로서 직권조사사항이다. 공소제기 후에 당사자능력이 상실된 경우(공소제기 후에 피고인이 사망하거나 피고인인 법인이 존속하지 않게 된 경우) 법원은 **공소기각결정**을 해야 한다.(제328조 제1항 제2호) 사망한 피고인에게 유죄판결·무죄판결을 해야 할 아무런 실익이 없기 때문에 형식재판인 공소기각결정으로 종결하는 것이다. 그러므로 항소심(제2심)이나 상고심(제3심) 소송계속 중에 피고인이 사망한 경우에도 공소기각결정을 해야 한다. 또한 공소제기 전에 이미 사망하여 당사자능력이 없는 피고인을 공소제기한 경우에도 법원은 **공소기각결정**을 해야 한다는 것이 다수설의 입장이다.(제328조 제1항 제2호를 유추적용) 다수설에 의하면 피고인이 공소제기 전에 사망한 경우이든 공소제기 후에 사망한 경우이든 불문하고 모두 공소기각결정을 하여야 한다. 결국 **피고인이 사망한 경우에는 공소기각결정을 한다**는 것으로 정리하면 된다.

VI 소송능력

의의	소송능력이라 함은 <u>소송당사자가 유효하게 소송행위를 할 수 있는 능력</u>, 즉 피고인 또는 피의자가 자기의 소송상의 지위와 이해관계를 이해하고 이에 따라 방어행위를 할 수 있는 의사능력을 말한다. (대법원 2009.11.19. 선고 2009도6058 전원합의체 판결) [F4] 12경간
구별 개념	소송능력과 구별되는 개념으로 변론능력이 있다. 변론능력이란 공판절차에서 적절한 변론(공격과 방어)을 할 수 있는 능력을 말한다. **피고인은** 소송능력이 있더라도 **상고심에서는 변론능력이 없다.** 상고심은 원칙적으로 법률심이므로 법률지식을 갖춘 변호사 자격이 있는 변호인만이 변론능력을 갖는다. 그러므로 상고심에서는 피고인의 출석을 필요로 하지 않는다.
소송능력 흠결의 효과	소송능력이 없는 자의 소송행위는 원칙적으로 무효이다. 그러나 소송능력은 공소제기의 유효요건인 소송조건이 아니기 때문에 소송능력이 없는 자에 대한 공소제기·공소장부본의 송달은 유효하다. [F4] 12경간 따라서 소송능력이 없는 자에 대하여 공소제기를 한 경우에도 공소기각결정을 하여야 하는 것은 아니다. [F4] 19국7

관련판례 소송능력

a. 의사능력이 있으면 소송능력이 있다는 원칙은 피해자 등 제3자가 소송행위를 하는 경우에도 마찬가지라고 보아야 한다. 따라서 반의사불벌죄에 있어서 피해자의 처벌을 희망하지 않는다는 의사표시(처벌불원의 의사표시) 또는 처벌을 희망하는 의사표시의 철회(처벌희망의사표시의 철회)는 형사소송절차에 있어서의 소송능력에 관한 일반원칙에 따라 의사능력이 있는 피해자가 단독으로 이를 할 수 있고, 거기에 법정대리인의 동의가 있어야 한다거나 법정대리인에 의해 대리되어야만 한다고 볼 것은 아니다. 나아가 청소년의 성보호에 관한 법률 제16조에 규정된 반의사불벌죄라고 하더라도, 피해자인 청소년에게 의사능력이 있는 이상, **단독으로(법정대리인의 동의나 대리 없이) 피고인 또는 피의자의 처벌을 희망하지 않는다는 의사표시 또는 처벌희망 의사표시의 철회를 할 수 있고,** 거기에 법정대리인의 동의가 있어야 하는 것으로 볼 것은 아니다.(대법원 2009.11.19. 선고 2009도6058 전원합의체 판결) [F4] 10·11국7, 11경장·경사, 12경간, 15순경1차, 17검찰·마약9, 19경간, 19경승, 19법9, 19국7, 20법9, 20순경2차, 20국7, 22국7, 23교정·보호·철경9 피해자가 의식을 회복하지 못하고 있는 이상 피해자에게는 반의사불벌죄에서 처벌희망 여부에 관한 의사표시를 할 수 있는 소송능력이 없고, 피해자의 아버지가 피해자를 대리하여 피고인에 대한 처벌을 희망하지 아니한다는 의사를 표시하는 것 역시 허용되지 않는다. 그러므로 **피해자의 아버지가 피고인에 대한 처벌을 희망하지 아니한다는 의사를 표시하였더라도** 그것이 반의사불벌죄에서의 처벌희망 여부에 관한 피해자의 의사표시로서 소송법적으로 **효력이 발생할 수는 없다.**(대법원 2013.9.26. 선고 2012도568) 결국 여전히 피고인을 처벌할 수 있는 것이다. [F4] 20국7, 22국7

같은 취지의 판례

폭행죄는 피해자의 명시한 의사에 반하여 공소를 제기할 수 없는 <u>반의사불벌죄로서 처벌불원의 의사표시는 의사능력이 있는 피해자가 단독으로 할 수 있는 것이고,</u> **피해자가 사망한 후 그 상속인이 피해자를 대신하여 처벌불원의 의사표시를 할 수는 없다.**(대법원 2010.5.27. 선고 2010도2680) [F4] 16교정·보호·철경9, 17순경2차, 18경간, 18순경1차, 19경승

> **비교판례**
>
> 성폭력범죄의 처벌 등에 관한 특례법 제27조는 성폭력범죄 피해자에 대한 변호사 선임의 특례를 정하고 있다. 성폭력범죄의 피해자의 변호사는 형사절차에서 피해자 등의 대리가 허용될 수 있는 모든 소송행위에 대한 포괄적인 대리권을 가진다(제5항). 따라서 **피해자의 변호사는 피해자를 대리하여 피고인에 대한 처벌을 희망하는 의사표시를 철회하거나 처벌을 희망하지 않는 의사표시를 할 수 있다.**(대법원 2019.12.13. 선고 2019도10678) 따라서 성폭력범죄의 피해자는 변호인에게 자신을 대리하여 수사기관이나 법원에 자신의 처벌불원의사표시 또는 처벌희망의사표시의 철회를 표시할 수 있는 권한을 수여할 수 있다. 20순경2차, 21국9, 23교정·보호·철경9

b. 소송능력이란 소송당사자가 유효하게 소송행위를 할 수 있는 능력을 의미하는데, 피의자에게 의사능력이 있으면 직접 소송행위를 하는 것이 원칙이고, 피의자에게 의사능력이 없는 경우에는 형법 제9조 내지 제11조의 규정의 적용을 받지 아니하는 범죄사건에 한하여 예외적으로 법정대리인이 소송행위를 대리할 수 있다(형사소송법 제26조). 따라서 음주운전과 관련한 도로교통법 위반죄의 범죄수사를 위하여 미성년자인 피의자의 혈액채취가 필요한 경우에도 **피의자에게 의사능력이 있다면 피의자 본인만이 혈액채취에 관한 유효한 동의를 할 수 있고, 피의자에게 의사능력이 없는 경우에도 명문의 규정이 없는 이상 법정대리인이 피의자를 대리하여 동의할 수는 없다.**(대법원 2014.11.13. 선고 2013도1228) 15순경2차, 15국9, 16경간, 17경승, 17순경2차, 18법9, 18순경3차, 19법9, 20경간, 20법9, 21경간, 21순경2차, 22경승, 22국9, 22국7

제 5 절 변호인

I 변호인의 의의와 종류

1. 변호인의 의의
변호인이란 피의자·피고인의 방어권 행사를 조력하는(도와주는) 자를 말한다.

2. 변호인의 종류

(1) 사선변호인과 국선변호인

변호인에는 사인인 변호인선임권자가 선임한 **사선변호인**과 국가기관인 법원 또는 지방법원판사가 선정한 **국선변호인**이 있다.

	사선변호인	국선변호인
임무	사선변호인은 피의자·피고인의 방어권 행사에 조력하는 자이다.	국선변호인은 피의자·피고인의 방어권 행사에 조력하는 자로서 국선변호제도는 사선변호인제도를 보충하는 제도이다.
자격	원칙적으로 변호사라야 한다.(제31조 본문) 다만, 예외적으로 대법원 이외의 법원(제1·2심)은 변호사 아닌 자를 변호인으로 선임하는 것을 허가할 수 있다.(제31조단서) 〈특별변호인〉 F4 법9, 12국7, 17순경1차, 21경승 cf 상고심: 반드시 변호사라야 한다.	**원칙적으로 변호사·공익법무관·사법연수생** 중에서 선정한다.(규칙 제14조) F4 법승, 10순경1차 다만, 예외적으로 부득이한 경우에는 변호사 아닌 자 중에서 선정할 수 있다.(규칙 제14조)〈판례〉 법원사무관을 국선변호인으로 선정한 것은 **적법**하다.(대법원 1995.2.28. 선고 94도2880) F4 순경, 국9, 법승, 경승
수	사선변호인의 수에는 **제한이 없다**. 따라서 경제적 능력이 있는 한 사선변호인은 얼마든지 선임할 수 있다. F4 16경간	**원칙적으로 1인**이다. 예외적으로 사건의 특수성에 비추어 수인을 선정할 수도 있다.(규칙 제15조 제1항) F4 15순경1차

(2) 대표변호인제도

1) 대표변호인제도의 의의와 취지

사선변호인은 수의 제한 없이 얼마든지 선임할 수 있다. 예컨대 피고인이 사선변호인을 10명 선임한 경우에 법원이 변호인에 대한 서류의 송달이나 통지 등을 10명의 변호인 모두에게 해야 한다면 재판은 지연될 수밖에 없다. 이 경우 3인을 초과하지 않는 범위에서 대표변호인을 지정해서 대표변호인에게만 서류의 송달이나 통지 등을 하면 다른 변호인에게는 하지 않더라도 통지나 송달이 된 것으로 인정하는 제도로써 신속한 재판의 원칙을 실현하기 위한 제도가 대표변호인제도이다. cf 대표변호인제도는 사선변호인에게만 인정되고, 국선변호인의 경우에는 원칙적으로 1인이라야 하기 때문에 대표변호인제도가 인정되지 않는다.

2) 대표변호인의 지정과 효력

지정	수인의 변호인이 있는 경우 재판장이 신청 또는 직권으로 지정할 수 있다.(제32조의2 제1·2항) [F4] 12국7, 19순경2차, 22법9
수	대표변호인은 **3인을 초과할 수 없다.**(제32조의2 제3항) [F4] 12순경2차, 13경승
통지 또는 송달의 효력	대표변호인에 대한 통지 또는 송달은 변호인 전원에게 효력이 있다.(제32조의2 제4항) 따라서 대표변호인에게 통지 또는 송달을 한 경우에는 다른 변호인들에게 대한 통지 또는 송달이 없더라도 모든 변호인에게 통지 또는 송달을 한 효력이 발생한다.
검사의 지정	재판장의 대표변호인 지정은 검사가 대표변호인을 지정하는 경우에 준용한다.(제32조의2 제5항) 따라서 검사도 대표변호인을 지정할 수 있고, 검사가 대표변호인을 지정한 경우에는 공소제기 후(공판절차)에도 효력이 있다.(규칙 제13조의4)

관련판례 | 변호인의 조력을 받을 권리

a. [1] 헌법상 보장되는 '변호인의 조력을 받을 권리'는 변호인의 '충분한 조력'을 받을 권리를 의미하므로, 피고인에게 국선변호인의 조력을 받을 권리를 보장하여야 할 국가의 의무에는 **피고인이 국선변호인의 실질적 조력을 받을 수 있도록 할 의무가 포함**된다. [F4] 16국9, 16국7, 19국7 [2] 공소사실 기재 자체로 보아 어느 피고인(甲)에 대한 유리한 변론이 다른 피고인(乙)에게는 불리한 결과를 초래하는 경우 공동피고인들 사이에 이해가 상반된다. 이해가 상반된 피고인들 중 어느 피고인(甲)이 법무법인을 변호인으로 선임하고, 법무법인이 담당변호사를 지정하였을 때, 법원이 담당변호사 중 1인 또는 수인을 다른 피고인(乙)을 위한 국선변호인으로 선정한다면, 국선변호인으로 선정된 변호사는 이해가 상반된 피고인들 모두에게 유리한 변론을 하기 어렵다. 결국 이로 인하여 다른 피고인(乙)은 국선변호인의 실질적 조력을 받을 수 없게 되고, 따라서 국선변호인 선정은 국선변호인의 조력을 받을 피고인의 권리를 침해하는 것이다.(대법원 2015.12.23. 선고 2015도9951) [F4] 18법9, 20경승, 20법9, 20국7

같은 취지의 판례

공범관계에 있지 않은 공동피고인들 사이에서도 **공소사실의 기재 자체로 보아** 어느 피고인에 대한 유리한 변론이 다른 피고인에 대하여는 불리한 결과를 초래하는 사건에서는 공동피고인들 사이에 이해가 상반된다고 할 것이어서, 그(공범관계에 있지 않은) 공동피고인들에 대하여 선정된 동일한 국선변호인이 공동피고인들을 함께 변론한 경우에는 형사소송규칙 제15조 제2항에 위반(이해 상반에 해당)된다.(대법원 2014.12.24. 선고 2014도13797) [F4] 21경간

b. 피의자 등이 헌법상 변호인의 조력을 받을 권리의 의미와 범위를 정확히 이해하면서도 이성적 판단에 따라 자발적으로 그 권리를 포기한 경우, **변호인의 접견이 강제될 수는 없다.**(대법원 2018.12.27. 선고 2016다266736) 그러므로 이런 경우에 수사기관이 접견을 허용하지 않는다고 해서 변호인의 접견교통권을 침해하는 것이 아니다. [F4] 19순경2차

ⓘ 사선변호인의 선임

1. (사선)변호인 선임권자 [F4] 19검찰·마약9, 20경승, 22법9

사선변호인의 선임권자에 대하여 형사소송법은 다음과 같이 규정한다. 즉 피의자 또는 피고인은 변호인을 선임할 수 있다. 피고인 또는 피의자의 법정대리인, 배우자, 직계친족과 형제자매는 독립하여 변호인을 선임할 수 있다.(제30조) 암기방법은 다음과 같다.

암기방법	변호인 선임권자(제30조) * 피·피 / 법배직형
	1) **피**의자·**피**고인(본인); 고유의 선임권자 2) 피의자·피고인(본인)의 **법**정대리인, **배**우자, **직**계친족, **형**제자매; 이들을 선임대리권자라고 한다. 이들의 변호인 선임권의 성질은 <u>본인의 명시적 의사에 반해서도 선임할 수 있는 독립대리권</u>이다. 다만 일단 선임하고 나면 선임대리권자는 본인의 의사에 반하여 선임한 변호인을 해임할 수 없다. [cf] 피의자·피고인(본인); 선임 대리권자가 선임한 변호인을 해임할 수 있다.

> **🔖 관련판례** 사선변호인 선임권자
>
> 형사소송에 있어서 변호인을 선임할 수 있는 자는 피고인 및 피의자와 형사소송법 제30조 제2항에 규정된 자에 한정되는 것이고, **피고인 및 피의자로부터 그 선임권을 위임받은 자가 피고인이나 피의자를 대리하여 변호인을 선임할 수는 없는 것이므로**, 피고인이 법인인 경우에는 형사소송법 제27조 제1항 소정의 대표자가 피고인인 당해 법인을 대표하여 피고인을 위한 변호인을 선임하여야 하며, **대표자가 제3자에게 변호인 선임을 위임하여 제3자로 하여금 변호인을 선임하도록 할 수는 없다.**(대법원 1994.10.28. 자 94모25)
> [F4] 12순경1차, 17순경1차, 18국9, 19법9, 23국9

2. (사선)변호인 선임의 방식과 효력

(1) (사선)변호인 선임의 방식

서면 주의	변호인을 선임하기 위해서는 **심급마다 변호인과 연명날인 한 변호인선임신고서를 제출해야 한다.**(제32조 제1항) [F4] 11법9, 14국7, 20경간, 21국9 변호인선임신고서는 특별한 사정이 없는 한 원본을 의미한다고 할 것이고, 사본은 이에 해당하지 않는다.(대법원 2005.1.20. 자 2003모429) [F4] 12법9
선임신고서 제출기관	변호인선임신고서는 **공소제기 전에는 수사기관에, 공소제기 후에는 수소법원에** 제출하여야 한다.(제32조 제1항)

(2) (사선)변호인 선임의 효력

1) 변호인의 권리와 의무의 발생

변호인선임신고서의 제출에 의하여 변호인으로서의 권리와 의무가 발생하고, 변호인은 피의자·피고인을 위하여 적법·유효한 소송행위를 할 수 있다.

> **관련판례** 변호인선임신고서의 제출 없이 변호인이 재항고장을 제출한 경우
>
> 재항고인이 제1심에서만 변호인선임신고서를 제출하고 원심(제2심)과 재항고심(제3심)에는 별도의 변호인선임신고서를 제출하지 않았는데, 재항고인의 제1심 변호인이 그 명의로 재항고장을 제출한 경우, 법정기간 내에 변호인선임신고서의 제출 없이 변호인 명의로 제출된 재항고장은 재항고의 효력이 없다. (대법원 2017.7.27. 자 2017모1377) ▶ 심급마다 변호인선임신고서를 제출하여야 변호인 선임의 효력이 발생하여 변호인으로서의 권리와 의무가 인정되기 때문이다. F4 18국7, 20경간, 20순경2차

2) 심급과의 관계

① 심급대리의 원칙

변호인 선임의 효력은 **당해 심급에 한하여 미친다**.(제32조 제1항) 따라서 변호인은 각각의 심급마다(제1심 따로, 제2심 따로, 제3심 따로) 선임하여야 한다. 이를 **심급대리의 원칙**이라고 한다. F4 16경간 제1심에서 선임한 변호인을 제2심 또는 제3심에서 계속 유지하려고 할 때에도 제2심, 제3심 법원에 별도로 변호인선임신고서를 제출하여야 한다. 또한 원심법원에서의 변호인 선임은 심급대리의 원칙상 **파기환송 또는 이송이 있은 후에도 효력이 있다**.(규칙 제158조) F4 10국9, 12법9·국7, 13법9, 13교정·보호·철경9, 16법9, 21순경1차

② 공소제기 전의 변호인 선임

공소제기 전 즉 수사절차에서의 변호인 선임은 **제1심에도 그 효력이 있다**.(제32조 제2항) F4 법승, 10국7, 11법9, 15순경1차, 16경간, 17순경1차, 21국9, 22법9 수사절차는 제1심으로 보기 때문에 수사절차에서 선임된 변호인은 공판절차에서 제1심까지 변호인으로서의 권리와 의무가 유지된다.

3) 사건과의 관계 F4 법승

① 원칙; 사건단위설

변호인은 사건 단위로 선임하는 것이 원칙이다. 따라서 변호인 선임의 효력은 공소사실의 동일성이 인정되는 소송법상 1개의 사건 전부에 미치는 것이 원칙이다.

② 예외

사건이 가분적인 경우 일부에 대한 변호인 선임이 합리적이라고 인정되는 경우에 한하여 일부선임이 가능하다. 이에 반하여 **병합사건**의 경우 하나의 사건에 관하여 한 변호인 선임은 피고인 또는 변호인이 이와 다른 의사를 표시한 경우를 제외하고는 원칙적으로 동일법원의 동일피고인에 대하여 병합된 다른 사건에 관하여도 효력이 있다. F4 09순경1차, 13교정·보호·철경9

III 국선변호인의 선정

1. 국선변호인 선정사유 F4 08·09·10·11순경1차, 08순경2차, 10경사, 10국9, 11경장, 10·11법9, 12국7, 15경승, 15국7, 22경승

암기방법 * 미칠 농구 심사 빈 연구실 / 참치 준비 / 재필 즉시 군(대)

국선변호인제도는 **피고인에게만 인정되는 것이 원칙**이다. 단, 피의자에게도 인정되는 경우가 있다. 다음에 서술하는 것들이 국선변호인 선정사유이다.

a ~ f; 다음 각 호의 어느 하나에 해당하는 경우에 (사선)변호인이 없는 때에는 **법원은 직권으로 (국선)변호인을 선정하여야 한다.** 국선변호인의 선정은 **법원의 결정**으로 한다.

a. 피고인이 **미성년자**인 때(제33조 제1항 제2호)

b. 피고인이 **70세 이상**인 때(제33조 제1항 제3호) [F4] 19경승

c. 피고인이 듣거나 말하는데 모두 장애가 있는 사람(**농아자**)인 때(제33조 제1항 제4호)

d. 피고인이 **구속**된 때(제33조 제1항 제1호)

e. 피고인이 **심신장애**가 있는 것으로 의심되는 때(제33조 제1항 제5호)

f. 피고인이 **사형**, 무기 또는 단기 3년 이상의 징역이나 금고에 해당하는 사건으로 기소된 때(제33조 제1항 제6호) 〈* 국(기원) 3단; 국은 국선변호인 선정사유 3단은 단기 3년 이상이라는 의미〉 [F4] 19경승

g. 법원은 피고인이 **빈곤**이나 그 밖의 사유로 (사선)변호인을 선임할 수 없는 경우에 피고인이 청구하면 (국선)변호인을 선정하여야 한다.(제33조 제2항) [F4] 18경승 〈암기방법 * **빈청**〉 ▶ 청구에 의하여 국선변호인을 선정하는 유일한 경우이다. 이 이외의 나머지 사유는 법원 또는 지방법원 판사의 직권에 의한 선정사유이다.

h. 법원은 피고인의 나이(**연령**) · 지능 및 교육 정도 등을 참작하여 권리보호를 위하여 필요하다고 인정하면 피고인의 **명**시적 의사에 반하지 아니하는 범위에서 (국선)변호인을 선정하여야 한다.(제33조 제3항) [F4] 18경승, 19경승 ▶ 암기방법 * **연명**

i. 체포 · **구속**적부심사절차에서 체포 · 구속된 피의자에게 (사선)변호인이 없는 때에는 제33조(피고인에 대한 국선변호인 선정사유)의 규정을 준용하므로 **체포 · 구속적부심사절차에서 피의자에게 위의 a ~ f의 사유**(* 미칠 농구 심사)**가 있을 때에는 국선변호인 선정사유**가 된다.(제214조의2 제10항) [F4] 22경간

j. 영장**실**질심사절차에서 심문할 피의자에게 (사선)변호인이 없는 때에는 지방법원판사는 직권으로 (국선)변호인을 선정하여야 한다. 이 경우 (국선)변호인의 선정은 피의자에 대한 구속영장 청구가 기각되어 효력이 소멸한 경우를 제외하고는 **제1심까지 효력이 있다.**(제201조의2 제8항) [F4] 18경승 ▶ 위의 i ~ j(* **구실**); 피의자에게도 국선변호인이 인정되는 경우이다.

k. 국민**참**여재판에 관하여 (사선)변호인이 없는 때에는 **법원은 직권으로 (국선)변호인을 선정하여야 한다.**(국민의 형사재판 참여에 관한 법률 제7조)

l. 심신상애자(심신상실자 · 금고 이상의 형에 해당하는 죄를 범한 심신미약자)에 대한 **치료**감호청구사건에서 (사선)변호인이 없거나 (사선)변호인이 출석하지 아니한 때에는 **판결만을 선고할 경우를 제외하고 법원은 직권으로 (국선)변호인을 선정하여야 한다.**(치료감호법 제15조 2항, 제2조 제1항 제1호, 형사소송법 제282 · 제283조)

m. 공판**준비**기일이 지정된 사건에 관하여 (사선)변호인이 없는 때에는 **법원은 직권으로 (국선)변호인을 선정하여야 한다.**(제266조의8 제4항) [F4] 18경승 [cf] 공판준비기일이 지정되지 아니한 사건에 관하여 사선변호인이 없는 때에는 국선변호인선정사유가 되지 않는다.

n. **재심**심판절차에서 재심을 청구한 자가 (사선)변호인을 선임하지 아니한 때에는 **재판장은 직권으로 (국선)변호인을 선정하여야 한다.**(제438조 제4항) [F4] 19국7 [cf] 재심개시결정 전의 절차(재심청구절차)에서 국선변호인 선정청구를 할 수 없다.(대법원 1993.12.3. 자 92모49) [F4] 19경승, 21순경1차

o. **필**적 변호사건〈제33조 제1항 각 호(* 미칠 농구 심사)의 하나에 해당하는 사건, 제33조 제2항(* 빈청) 및 제3항(* 연명)에 따라 국선변호인이 선정된 사건〉에서 변호인이 출석하지 않은 경우 **판결만을 선고할 경우를 제외하고 법원은 직권으로 (국선)변호인을 선정하여야 한다.**(제282 · 283조) [F4] 21경승

p. **즉결심**판절차에 있어서 즉결심판을 받은 피고인이 정식재판청구를 함으로써 공판절차가 개시된 경우 (사선)변호인이 출석하지 아니한 때에는 **법원은 직권으로 (국선)변호인을 선정하여야 한다.**(대법원 1997.2.14. 선고 96도3059) 22국7

q. **군**사법원사건에서 체포·구속된 피의자에게 (사선)변호인이 없는 경우 및 재심개시가 결정된 사건에 대하여 재심을 청구한 사람이 (사선)변호인을 선임하지 아니하였을 때에는 군사법원은 직권으로 변호인을 선정하여야 한다.(군사법원법 제252조 제10항, 제487조, 제62조)

2. 국선변호인의 선정 절차

선정의 고지	1) 공소제기 전의 국선변호인 선정 영장실질심사절차(제201조의2)에서 심문할 피의자에게 변호인이 없거나 체포·구속적부심사(제214조의2)가 청구된 피의자에게 변호인이 없는 때에는 (체포·구속적부심사의 경우) 법원 또는 (영장실질심사의 경우) 지방법원 판사는 지체 없이 국선변호인을 선정하고, 피의자와 변호인에게 그 뜻을 통지하여야 한다.(규칙 제16조 제1항) 이 때 제1항의 고지는 서면 이외에 구술·전화·모사전송·전자우편·휴대전화문자전송 그 밖에 적당한 방법으로 할 수 있으므로 **고지의 방법에 제한이 없다.**(규칙 제16조 제3항) 법승 2) 공소제기가 있는 때 국선변호인의 선정 공소제기가 있는 때 국선변호인의 선정 등은 변호인이 없는 피고인에게 서면으로 고지하여야 한다.(규칙 제17조 제1·2항)
선정의 방법	국선변호인의 선정은 종국 전 재판(중간재판)이므로 **법원의 결정**으로 한다.

3. 국선변호인 선정의 취소

국선변호인 선정의 취소사유에는 선정을 취소하여야 하는 필요적 취소사유와 선정을 취소할 수 있는 임의적 취소사유가 있다.

(1) 국선변호인 선정의 필요적 취소사유(규칙 제18조 제1항)

1) 국선변호인이 자격을 상실한 때, 2) 피고인 또는 피의자에게 (사선)변호인이 선임된 때, 3) 법원 또는 지방법원판사가 국선변호인의 사임을 허가한 때

(2) 국선변호인 선정의 필요적 취소사유

다음의 사유가 있을 때에는 국선변호인 선정을 취소할 수 있다. a. 국선변호인이 그 직무를 성실하게 수행하지 아니하는 때(규칙 제18조 제2항 제1호), b. 피고인 또는 피의자의 국선변호인 변경 신청이 상당하다고 인정하는 때(규칙 제18조 제2항 제2호), c. 그 밖에 국선변호인의 선정결정을 취소할 상당한 이유가 있는 때(규칙 제18조 제2항 제3호), d. 이미 선정되었던 국선변호인이 공판기일 또는 피의자 심문기일에 출석하지 아니하거나 퇴정한 경우(규칙 제19조 제1·2항)

4. 국선변호인의 사임

국선변호인은 다음과 같은 사유가 있을 경우에는 **법원 또는 지방법원 판사의 허가를 얻어** 사임할 수 있다.(규칙 제20조)

> **국선변호인 사임사유**(규칙 제20조)
> 1) 피고인 또는 피의자로부터 부정한 행위를 할 것을 종용받았을 때(제3호)
> 2) 피고인 또는 피의자로부터 폭행, 협박 또는 모욕을 당하여 신뢰관계를 지속할 수 없을 때(제2호)
> 3) 질병 또는 장기여행으로 인하여 국선변호인의 직무를 수행하기 곤란할 때(제1호)
> 4) 기타 국선변호인으로서의 직무를 수행하는 것이 어렵다고 인정할 만한 상당한 사유가 있을 때(제4호)

5. 국선변호인의 보수

국선변호인은 일당 · 여비 · 숙박료 및 보수를 청구할 수 있다.(형사소송비용 등에 관한 법률 제2조 제3호)

6. 기타

법원은 기간을 정하여 **법원의 관할구역 안에 사무소를 둔 변호사**(그 관할구역 안에 사무소를 둘 예정인 변호사를 포함) 중에서 국선변호를 전담하는 변호사를 지정할 수 있다.(규칙 제15조의2) 법9

관련판례 국선변호인 선정사유

a. 제33조 제1항 관련

a1. 형사소송법 제33조 제1항 제1호의 '피고인이 구속된 때'라고 함은, **피고인이 당해 형사사건에서 구속되어 재판을 받고 있는 경우를 의미**하고, 피고인이 별건(다른 사건)으로 구속되어 있거나 다른 형사사건에서 유죄로 확정되어 수형중인 경우는 이에 해당하지 아니한다.(대법원 2009.5.28. 선고 2009도579) 10경위, 11법9, 12경승, 13순경2차, 15경승, 17경간, 18법9, 19경승, 19교정·보호·철경9, 19국7, 20법9, 21순경1차, 23국7

a2. 형사소송법 제33조 제1항 제5호에서 정한 '피고인이 심신장애의 의심이 있는 때'란 진단서나 정신감정 등 객관적인 자료에 의하여 피고인의 심신장애 상태를 확신할 수 있거나 그러한 상태로 추단할 수 있는 근거가 있는 경우는 물론, 범행의 경위, 범행의 내용과 방법, 범행 전후 과정에서 보인 행동 등과 아울러 피고인의 연령 · 지능 · 교육 정도 등 소송기록과 소명자료에 드러난 제반 사정에 비추어 피고인의 의식상태나 사물에 대한 변별능력, 행위통제능력이 결여되거나 저하된 상태로 의심되어 **피고인이 공판심리단계에서 효과적으로 방어권을 행사하지 못할 우려가 있다고 인정되는 경우를 포함**한다.(대법원 2019.9.26. 선고 2019도8531) 20법9, 21경간, 23국7 ▶ 판례는 '피고인이 심신장애의 의심이 있는 때'를 **넓게 해석**한다.

b. 제33조 제2항(법원은 피고인이 빈곤 그 밖의 사유로 (사선)변호인을 선임할 수 없는 경우에 피고인의 청구가 있는 때에는 (국선)변호인을 선정하여야 한다.) 관련

b1. 피고인이 경제적 어려움으로 인하여 변호인을 선임할 수 없다는 이유로 **형사소송법 제33조 제5호**(현행법 제33조 제2항)에 의한 국선변호인 선임신청을 법원에 하였음에도 법원이 위 신청에 대하여 아무런 결정을 하지 아니한 것은 위법하다.(대법원 1995.2.28. 선고 94도2880) 순경 cf 형사소송법

제33조 제2항에 의하여 빈곤 기타 사유로 변호인을 선임할 수 없을 때 국선변호인을 선정하는 것은 피고인의 청구가 있는 경우에 한하는 것인바, **피고인이 국선변호인 선정청구를 하지 않았다면 국선변호인 선정 없이 진행한 공판절차는 위법하지 않다.**(대법원 1983.10.11. 선고 83도2117) 또한 법원은 국선변호인 선정청구를 할 수 있음을 고지할 의무가 없다.(대법원 1994.10.25. 선고 94도1467)
순경, 12경승 · 법9, 13검찰 · 마약9

b2. **피고인이 지체(척추)4급 장애인으로서 국민기초생활수급자에 해당한다는 소명자료를 첨부하여 국선변호인 선정청구를 한 경우 국선변호인 선정사유 여부(해당○)**; 피고인이 지체(척추)4급 장애인으로서 국민기초생활수급자에 해당한다는 소명자료를 첨부하여 서면으로 형사소송법 제33조 제2항에서 정한 빈곤을 사유로 한 국선변호인 선정청구를 한 경우, **특별한 사정이 없는 한 국선변호인 선정결정을 하여야 하고 이를 기각하는 결정을 한 후 공판심리를 진행한 원심의 조치에 법령위반의 위법이 있다.**(대법원 2011.3.24. 선고 2010도18103) 13경승, 15검찰 · 마약9, 19순경2차

c. **제33조 제3항**(법원은 피고인의 **연령 · 지능 · 교육정도** 등을 참작하여 권리보호를 위하여 필요하다고 인정하는 때에는 피고인의 **명시적** 의사에 반하지 아니하는 범위 안에서 (국선)변호인을 선정하여야 한다.) 관련

c1. 피고인이 **2급 시각장애인**으로서 점자자료가 아닌 경우에는 인쇄물 정보접근에 상당한 곤란을 겪는 수준임에도, **국선변호인 선정절차를 취하지 아니한 채 공판심리를 진행한 원심에 법리오해의 위법이 있다.**(대법원 2010.4.29. 선고 2010도881) ▶ 제33조 제3항에 따라 피고인의 연령 · 지능 · 교육정도 등을 참작하여 피고인 권리보호의 필요성이 인정되는 경우에 해당하기 때문이다. 11경장, 13순경2차, 15순경1차, 19법9

c2. 피고인에 대하여 제1심법원이 집행유예를 선고하였으나 검사만이 양형부당을 이유로 항소한 사안에서 항소심이 변호인이 선임되지 않은 피고인에 대하여 검사의 양형부당 항소를 받아들여 형을 선고하는 경우에는 판결 선고 후 피고인을 법정구속한 뒤에 비로소 국선변호인을 선정하는 것보다는, **피고인의 권리보호를 위해 판결 선고 전 공판심리 단계에서부터 형사소송법 제33조 제3항에 따라 피고인의 명시적 의사에 반하지 아니하는 범위 안에서 국선변호인을 선정해 주는 것이 바람직하다.**(대법원 2016.11.10. 선고 2016도7622) 17국9, 19검찰 · 마약9

비교판례

c2a. [1] 형사소송법 제33조 제1항 각 호에 해당하지 않는 경우, 법원이 권리보호를 위하여 필요하다고 인정하지 않으면 **국선변호인을 선정하지 아니할 수 있다.** 이때 국선변호인의 선정 없이 공판심리를 하였으나 피고인의 방어권이 침해되어 판결에 영향을 미쳤다고 인정되지 않는 경우, **형사소송법 제33조 제3항을 위반한 것으로 볼 수 없다.** 19법9 [2] 제1심이 국선변호인을 선정하여 준 후 피고인에게 징역형을 선고하면서 법정구속을 하지 않았는데, 피고인이 항소장만을 제출한 다음 국선변호인 선정청구를 하지 않은 채 법정기간 내에 항소이유서를 제출하지 아니하자 원심이 피고인의 항소를 기각한 경우, **국선변호인 선정 없이 공판심리를 진행한 원심의 판단 등은 정당**하고, 피고인의 방어권을 침해하여 판결에 영향을 미쳤다고 보기도 어렵다.(대법원 2013.5.9. 선고 2013도1886)

c2b. 변호인 없는 불구속 피고인에 대하여 국선변호인을 선정하지 않은 채 판결을 선고한 다음 법정구속한 것은 **형사소송법 제33조 제1항 제1호를 위반한 것이 아니다.**(대법원 2011.3.10. 선고 2010도17353) 18법9, 18국7, 23국7

d. 필요적 변호사건 관련

d1. 필요적 변호사건에서 변호인 없이 이루어진 (당해)공판절차에서의 소송행위는 무효이나, 그 절차에서의 소송행위 외에 **다른 절차에서 적법하게 이루어진 소송행위는 유효**하다.(대법원 1999.4.23. 선고 99도915) 08순경2차, 10경사·경위, 11법9, 12순경1차, 14검찰·마약9, 15국7, 18국7, 19경간

d2. 필요적 변호사건에서 제1심의 공판절차가 변호인 없이 이루어진 경우, 그와 같은 위법한 공판절차에서 이루어진 소송행위는 무효이므로, 이러한 경우에는 **항소심은 변호인이 있는 상태에서 소송행위를 새로이 한 후 위법한 제1심판결을 파기하고**, 항소심에서의 진술 및 증거조사 등 심리결과에 기하여 **다시 판결하여야 한다.**(대법원 1995.4.25. 선고 94도2347) 11경장, 12경간, 16국7, 20순경1차, 22국7, 23국7

d3. 필요적 변호사건에서 피고인이 재판거부의 의사를 표시하고 재판장의 허가 없이 퇴정하고 변호인마저 이에 동조하여 퇴정해 버린 경우 **피고인측의 방어권의 남용 내지 변호권의 포기**로 볼 수밖에 없는 것이므로 수소법원은 형사소송법 제330조에 의하여 **피고인이나 변호인의 재정 없이도 심리판결할 수 있다.**(대법원 1991.6.28. 선고 91도865) 법승, 국9, 11경장, 12순경1차, 14순경1차, 15순경2차, 17순경2차, 18경승, 18법9, 22국7

d4. 피고인의 이익을 위하여 만들어진 필요적 변호의 규정 때문에 피고인에게 불리한 결과를 가져오게 할 수는 없으므로 **필요적 변호사건에서 변호인 없이 개정하여 심리를 진행한 법령위반은 무죄판결에 영향을 미친 것으로는 되지 아니한다.**(대법원 2003.3.25. 선고 2002도5748) 08순경2차, 11경장, 20경승, 23국9

d5. 항소심이 필요적 변호사건과 다른 사건(사기죄 사건)을 병합하여 심리하는 경우에 변호인의 관여 없이 공판절차를 진행한 위법은 필요적 변호사건이 아닌 사기죄 부분에도 미친다. 이는 사기죄 부분에 대해 별개의 벌금형을 선고하였더라도 마찬가지이다.(대법원 2011.4.28. 선고 2011도2279) 20국9

d6. 필요적 변호사건에 있어서 법원이 정당한 이유 없이 국선변호인을 선정하지 않고 있는 사이에 피고인 스스로 변호인을 선임하였으나 그 때는 이미 피고인에 대한 항소이유서 제출기간이 도과해버린 후이어서 그 변호인이 피고인을 위하여 항소이유서를 작성·제출할 시간적 여유가 없는 경우에는 **법원은 사선변호인에게도** 형사소송규칙 제156조의2를 유추적용하여 **소송기록접수통지를 함으로써** 그 변호인이 통지를 받은 날로부터 기산하여 소정의 기간 내에 **피고인을 위하여 항소이유서를 작성·제출할 수 있는 기회를 주어야 한다.**(대법원 2000.12.22. 선고 2000도4694) 12순경2차, 17법9, 18경승

> **같은 취지의 판례** 위의 f. 2000도4694와 같은 취지의 판례
>
> aa. 항소심법원이 국선변호인 선정청구를 받고도 정당한 사유 없이 허부결정을 지체하다가 피고인이 항소이유서 제출기간 내에 항소이유서를 제출하지 못한 경우 **곧바로 항소를 기각하여서는 안 된다.** 법원은 국선변호인 선정결정과 함께 그 국선변호인에게 소송기록접수통지를 하여 항소이유서 제출기회를 주든지, 항소이유서 제출기간을 연장하는 등의 방법으로 피고인에게 사선변호인을 선임하여 항소이유서를 제출할 수 있는 기회를 실질적으로 부여하여야 한다.(대법원 2003.10.27. 자 2003모306) 10경사, 12법9·국7, 15국7
>
> bb. 항소법원이 국선변호인 선정이후 병합된 사건에 관하여 국선변호인에게 소송기록 접수통지를 하지 아니함으로써 항소이유서 제출기회를 주지 아니한 채 판결을 선고하는 것은 위법하다.(대법원 2010.5.27. 선고 2010도3377) 11경장, 12순경1차, 16국7, 17법9, 19법9, 19국7

cc. 필요적 변호사건의 항소심에서, 원심법원이 피고인 본인의 항소이유서 제출기간 경과 후 국선변호인을 선정하고 그에게 소송기록접수통지를 하였으나 국선변호인이 법정기간 내에 항소이유서를 제출하지 아니한 경우, **국선변호인이 항소이유서를 제출하지 아니한 데 대하여 피고인에게 귀책사유가 있음이 특별히 밝혀지지 않는 한**, 항소법원은 종전 국선변호인의 선정을 취소하고 새로운 국선변호인을 선정하여 다시 소송기록접수통지를 함으로써 새로운 국선변호인으로 하여금 그 통지를 받은 때로부터 형사소송법 제361조의3 제1항의 기간 내에(소송기록접수통지를 받을 날로부터 20일 이내에) 피고인을 위하여 항소이유서를 제출하도록 하여야 한다.(대법원 2012.2.16. 자 2009모1044 전원합의체 결정) ▶ 판례는 피고인의 귀책사유가 없는 한 피고인측에 항소이유서 제출기회를 부여하려고 한다. 12교정·보호·철경9, 14경간, 16국7, 18법9, 20순경1차, 20국9, 22법9, 22국7

비교판례

필요적 변호사건에서 항소법원이 국선변호인을 선정하고 항소인인 피고인과 그 변호인에게 소송기록접수통지를 한 다음 피고인이 사선변호인을 선임함에 따라 항소법원이 국선변호인의 선정을 취소한 경우, 새로 선임된 사선변호인에게 다시 같은 통지를 하여야 하는지 여부; **소극**, 이때 항소이유서 제출기간의 기산일; **국선변호인(사선변호인×) 또는 피고인이 소송기록접수통지를 받은 날**, 항소이유서 제출기간 내에 피고인이 책임질 수 없는 사유로 국선변호인이 변경되면 그 국선변호인에게도 소송기록접수통지를 하도록 정한 형사소송규칙 제156조의2 제3항을 새로 선임된 사선변호인의 경우까지 확대적용하거나 유추적용할 수 있는지 여부; **소극, 따라서 사선변호인에게는 소송기록접수통지를 할 필요가 없다**.(대법원 2018.11.22. 자 2015도10651 전원합의체 결정) 19국7, 20경간, 20국9, 20순경2차, 21법9, 22경승, 22국7, 23경승

e. 상소심에서도 사건이 변호인 없이 개정하지 못하는 때에 해당하는지의 여부를 결정함에 있어서는 <u>공소사실로 된 죄의 법정형이 그 기준이 되고</u>, 다만 필요적 변호사건이라도 하급심에서 공소사실 중 일부만이 유죄로 인정되고 유죄부분만이 상소되어 그 범죄사실이 변호인 없이 개정할 수 있는 사건에 해당하게 된 경우라면 필요적 변호사건으로 취급되지 아니할 뿐이다.(대법원 2003.3.25. 선고 2002도5748) 08순경2차

f. [1] 피고인이 시각장애인인 경우에는 효과적인 방어권을 행사하지 못할 가능성이 높은 점 등에 비추어, 법원으로서는 **피고인이 시각장애인 경우** 장애의 정도를 비롯하여 연령·지능·교육 정도 등을 확인한 다음 권리보호를 위하여 필요하다고 인정하는 때에는 법 제33조 제3항의 규정에 의하여 피고인의 명시적 의사에 반하지 아니하는 범위 안에서 국선변호인을 선정하여 방어권을 보장해 줄 필요가 있다. 16국7, 20순경1차 [2] 법원이 형사소송법 제33조 제3항에 의하여 국선변호인을 선정한 경우에는 그 변호인에게 소송기록접수통지를 함으로써, 변호인이 통지를 받은 날로부터 소정의 기간 내에 피고인을 위하여 항소이유서를 작성·제출할 수 있도록 하여 변호인의 조력을 받을 피고인의 권리를 보호하여야 하고, 그 국선변호인의 항소이유서 제출기간 만료 시까지 항소이유서를 제출하거나 수정·추가 등을 할 수 있는 권리는 마찬가지로 보호되어야 한다.(대법원 2014.8.28. 선고 2014도4496)

g. 국선변호인선임청구를 기각한 결정은 판결 전의 소송절차이므로, 그 결정에 대하여 즉시항고를 할 수 있는 근거가 없는 이상 그 결정에 대하여는 재항고도 할 수 없다.(대법원 1993.12.3. 자 92모49) [F4] 10 경사·경위, 11경장, 19국7, 20법9, 22경승 ▶ **국선변호인선임청구를 기각한 결정에 대하여는 불복할 수 없다**는 판례이다.

IV 변호인의 지위

변호인에게는 보호자적 지위와 공익적 지위가 있다. 이를 변호인의 이중적 지위라고 한다.

1. 변호인의 보호자적 지위

변호인은 **피의자·피고인의 보호자**로서 형사절차에서 피의자·피고인의 정당한 이익을 보호할 임무가 있다. 따라서 변호인은 피의자·피고인에게 유리하다면 피의자·피고인의 의사에 구애받지 않고 피의자·피고인에게 유리한 소송활동을 할 수 있다.(예 피고인에게 유리한 증거수집 및 제출) 이는 변호인의 기본적 지위에 해당한다.

2. 변호인의 공익적 지위(진실 의무)

반면 변호인은 어느 정도 공익적 지위도 가지므로 실체진실발견을 부당하게 방해해서는 안 된다. 이것이 **변호인의 진실의무**이다. [F4] 15순경1차 변호인은 기본적으로 피의자·피고인에게 유리한 소송활동을 모두 할 수 있다. 따라서 변호인이 피의자에게 진술거부권이 있음을 알려주고 그 행사를 권고하는 것은 변호사로서의 진실의무에 위배되는 것이라고 할 수 없다.(대법원 2007.1.31. 자 2006모656) [F4] 17법9, 20경간, 22법9 그러나 다음의 경우에는 진실의무에 반하는 소송활동이므로 변호인이 피의자·피고인을 위해서도 할 수가 없다. 즉 변호인이 피의자·피고인에게 허위진술을 권고하는 것, 변호인이 위증을 교사하는 것(이는 범죄행위에 해당한다.), 변호인이 피의자·피고인에게 '임의자백(강요 없이 스스로 한 자백)'의 철회를 권고하는 것, 변호인이 증거인멸을 교사하는 것(이는 범죄행위에 해당한다.) 등은 할 수 없다.

📖 관련판례

[1] 변호사는 직무를 수행하면서 진실을 은폐하거나 거짓 진술을 하여서는 아니 된다.(변호사법 제24조 제2항) 따라서 변호인이 의뢰인의 요청에 따른 변론행위라는 명목으로 수사기관이나 법원에 대하여 적극적으로 허위의 진술을 하거나 피고인 또는 피의자로 하여금 허위진술을 하도록 하는 것은 허용되지 않는다.
[2] 甲이 수사기관 및 법원에 출석하여 乙 등의 사기 범행을 자신이 저질렀다는 취지로 허위자백 하였는데, 그 후 甲의 사기 피고사건 변호인으로 선임된 피고인이 甲과 공모하여 진범 乙 등을 은폐하는 허위자백을 유지하게 함으로써 범인을 도피하게 하였다는 내용으로 기소된 경우, 변호인의 비밀유지의무는 변호인이 업무상 알게 된 비밀을 다른 곳에 누설하지 않을 소극적 의무를 말하는 것일 뿐 진범을 은폐하는 허위자백을 적극적으로 유지하게 한 행위가 변호인의 비밀유지의무에 의하여 정당화될 수 없고, 피고인인 변호인의 행위는 범인도피죄의 정범인 甲에게 결의를 강화하게 한 방조행위로 평가될 수 있으므로 **범인도피방조죄에 해당**한다.(대법원 2012.8.30. 선고 2012도6027) [F4] 21경간

Ⅴ 변호인의 권한

1. 변호인의 고유권

변호인의 고유권이란 본인(피의자·피고인)의 권리의 존속여부와 관계없이 변호인에게 독자적으로 인정되는 권리를 말한다. **본인의 권리가 소멸해도 변호인의 고유권은 존속**한다. 변호인의 고유권에는 본인과 변호인이 모두 갖는 고유권과 변호인만이 갖는 협의의 고유권이 있다. 협의의 고유권은 다음과 같다.

> **변호인만이 가지는 고유권(협의의 고유권)** 21경승
> 1) 상고심에서의 변론권; 상고심인 제3심은 법률심이므로 피고인의 출정을 필요로 하지 않고, 변호사 자격이 있는 변호인만이 출정하여 변론할 수 있다.
> 2) 피고인신문권; 피고인이 자신을 신문할 수는 없고, 변호인만이 피고인을 신문할 수 있다.
> 3) 접견교통권(법 제34조); 피고인도 변호인과의 접견교통권을 갖는다.(헌법 제12조 제4항) 그러나 형사소송법 제34조의 접견교통권은 변호인의 접견교통권을 규정한 것이다.

2. 변호인의 대리권

(1) 변호인의 대리권의 의의

변호인의 대리권이란 대리가 인정되는 소송행위에 관하여 본인(피의자·피고인)을 포괄적으로 대리할 수 있는 권리를 말한다. 대리권은 본인의 권리가 존속할 것을 전제로 한다. 따라서 **본인의 권리가 소멸하면 변호인의 대리권도 소멸**한다. 13국9, 15순경2차

(2) 독립대리권

변호인의 대리권에는 **독립대리권과 종속대리권**이 있고, 독립대리권도 다음과 같이 둘로 나누어진다.

> **변호인이 본인의 명시적 의사에 반해서도 행사할 수 있는 독립대리권**; 이는 변호인이 행사해주면 본인에게 유리한 것들이다.
> 1) 증거조사에 대한 이의신청, 2) 공판기일변경신청, 3) 구속취소청구,
> 4) 보석의 청구, 5) 증거보전청구

> **변호인이 본인의 명시적 의사에 반해서는 행사할 수 없으나, 본인의 묵시적 의사에 반해서는 행사할 수 있는 독립대리권**
> 1) 기피신청, 2) 상소제기, 3) 증거동의(대법원 1988.11.8. 선고 88도1628)

(3) 종속대리권

> **변호인의 종속대리권**; 변호인의 종속대리권이란 본인의 명시적 의사에 반해서는 물론 묵시적 의사에 반해서도 행사할 수 없는 대리권을 말한다.
> 1) 관할이전신청, 2) 상소취하, 3) 정식재판청구의 취하, 4) 관할위반신청

3. 변호인의 열람·등사권과 접견교통권

(1) 변호인의 열람·등사권

1) 공소제기 후 (수소)법원이 보관하고 있는 서류 등의 열람·복사권(제35조)

① 피고인과 변호인 및 피고인의 법정대리인·배우자·직계친족·형제자매·특별대리인·보조인으로서 피고인의 위임장 및 신분관계를 증명하는 문서를 제출한 자는 **소송계속중의 관계서류 또는 증거물을 열람·복사할 수 있다.** 10국9, 12교정·보호·철경9, 15순경3차, 17법9, 17국7, 23경승

② 재판장은 피해자, 증인 등 사건관계인의 생명 또는 신체의 안전을 현저히 해칠 우려가 있는 경우에는 제1항 및 제2항에 따른 열람·복사에 앞서 사건관계인의 성명 등 개인정보가 공개되지 아니하도록 보호조치를 할 수 있다.(제35조 제3항, 2016.5.29. 신설·시행) 17순경1차, 17국7 제3항에 따른 개인정보 보호조치의 방법과 절차, 그 밖에 필요한 사항은 대법원규칙으로 정한다.(제35조 제4항) ▶ 취지: 소송계속 중에 있는 사건에 대하여 법원이 보관하는 소송 관계 서류 등 재판기록에 대해서는 열람·복사에 관한 아무런 제한 규정을 두고 있지 아니하여 피해자나 증인이 보복범죄에 노출될 위험이 있으므로, 소송계속 중에 있는 사건의 관계 서류의 열람·복사에 대해서도 사건관계인의 개인정보 공개를 제한할 수 있는 근거를 마련하기 위한 것이다.

③ 한편 변호인에게 수사절차에서 수사기관에 대한 수사기록 열람·등사권이 인정되는지 여부에 대해서는 형사소송법에 명문규정이 없다. 그러나 **헌법재판소는 긍정설의 입장**이다.

> **관련판례** 수사단계에서 변호인의 수사기록 열람·등사권
>
> 피의자의 구속적부심사절차에서 피구속자(구속 중인 피의자)의 변호를 맡은 변호인에게 고소장과 피의자 신문조서(수사기록)에 대한 열람 및 등사를 거부한 경찰서장의 정보비공개결정은 <u>변호인의 피구속자를 조력할 권리 및 알 권리를 침해하여 헌법에 위반된다.</u>(헌결 2003.3.27. 2000헌마474) ▶ 공소제기 전 **수사단계에서 피의자의 변호인에게는 고소장·피의자신문조서 등의 수사기록 열람·등사가 허용**된다는 판례이다. 반면 피의자에게는 이러한 권리가 인정되지 않는다. 10법9·국7, 11경장·경사, 12교정·보호·철경9, 14경승, 15국7, 16순경1차, 18경간, 22경승, 23경승 ▶ 이 판례 후에 형사소송규칙은 수사단계에서 피의자의 변호인의 수사기록 열람권을 신설하였다. 즉 영장실질심사에 있어서 피의자 심문에 참여할 변호인·체포·구속의 적부심사를 청구한 피의자의 변호인은 지방법원 판사에게 제출된 구속영장청구서 및 그에 첨부된 고소·고발장, 피의자의 진술을 기재한 서류(피의자신문조서)와 피의자가 제출한 서류를 열람할 수 있다.(규칙 제96조의21 제1항, 제104조의2) 15경승, 17법9

2) 증거개시제도

뒤에 서술한다.

(2) 변호인의 접견교통권

변호인에게는 체포·구속된 피의자·피고인과의 접견교통권이 인정된다. 그러므로 변호인 또는 변호인이 되려는 자는 체포 또는 구속을 당한 피의자 또는 피고인과 접견하고〈**접견권**〉, 서류 또는 물건을 수수하며〈**수수권**〉, 의사로 하여금 진료를 받게 할 수 있는 권리〈**수진권**〉를 갖는다.(제34조)

Ⅵ 보조인

보조인의 의의	보조인이란 일정한 신분관계로 인하여 피의자·피고인의 이익을 보호하는 자를 말한다. 피고인 또는 피의자의 법정대리인, 배우자, 직계친족과 형제자매는 보조인이 될 수 있다.(제29조 제1항) F4 19법9 보조인이 될 수 있는 자가 없거나 장애 등의 사유로 (법정대리인, 배우자, 직계친족, 형제자매가) 보조인으로서 역할을 할 수 없는 경우에는 피고인 또는 피의자와 신뢰관계 있는 자가 보조인이 될 수 있다.(제29조 제2항)
보조인 신고의 절차와 권한 F4 법9	1) 보조인이 되고자 하는 자는 심급별로 그 취지를 신고하여야 한다.(제29조 제3항) F4 19법9 2) 공소제기 전의 보조인 신고는 제1심에도 효력이 있다.(규칙 제11조 제2항) 3) 보조인은 법률에 다른 규정이 없는 한 독립하여 피고인 또는 피의자의 명시한 의사에 반하지 아니하는 소송행위를 할 수 있다.(제29조 제4항) F4 법9

CHAPTER 3 소송행위

제1절 소송행위의 의의와 종류

1. 소송행위의 의의

소송행위란 '수사절차, 공판절차와 재판의 집행절차(형사절차)'를 조성하는 개개의 행위로서 소송법상 일정한 효과가 인정되는 행위를 말한다. F4 12경간 예를 들어 甲이 A를 모욕한 경우 형사절차는 고소권자의 고소, 검사의 공소제기, 당사자(검사·피고인)의 증거조사신청, 법원의 심리(증거조사, 증인신문, 피고인신문 등)와 재판(판결 선고), 당사자의 상소제기, 재판의 확정, 검사의 형의 집행 지휘에 의한 형의 집행 순서로 진행된다. 이 때, 고소권자의 고소, 검사의 공소제기, 당사자의 증거조사신청, 법원의 증거조사·증인신문·피고인신문, 법원의 판결 선고, 당사자의 상소제기, 검사의 형의 집행 지휘 등과 같이 형사절차를 조성하는 개개의 행위를 모두 소송행위라고 하는 것이다.

2. 소송행위의 종류

소송행위는 주체, 성질과 목적에 따라 다음과 같이 분류된다.

(1) 주체에 의한 분류

법원의 소송행위	법원의 소송행위란 수소법원·재판장·수명법관·수탁판사·법원사무관 등의 소송행위를 말한다. 예 법원의 심리와 재판, 증거조사 등이 법원의 소송행위에 해당한다.
당사자의 소송행위	당사자의 소송행위란 검사·피고인·피고인의 대리인·변호인 등의 소송행위를 말한다. 예 검사의 공소제기, 상소제기, 당사자의 기피신청, 증거조사신청, 검사의 논고와 구형 등이 당사자의 소송행위에 해당한다.
제3자의 소송행위	제3자의 소송행위란 법원과 당사자 이외 자의 소송행위를 말한다. 예 증인의 증언, 감정인의 감정, 고소, 고발 등이 제3자의 소송행위에 해당한다.

(2) 성질에 의한 분류

법률행위적 소송행위	법률행위적 소송행위란 의사표시를 본질적 요소로 하는 소송행위로서 그 의사표시의 내용 대로의 효과가 발생하지 않고 소송법이 정한 정형적 효과가 발생하는 소송행위를 말한다. 예 공소제기, 상소제기, 재판 등 F4 12경간
사실행위적 소송행위	표시행위; 의사표시를 수반하나, 의사에 상응한 소송법적 효과가 인정되지 않는 소송행위 (예 검사의 논고와 구형, 증인의 증언 등) 순수사실행위; 의사표시를 수반하지 않는 소송행위(예 각종 영장의 집행)
복합적 소송행위	법률행위적 소송행위 + 사실행위적 소송행위; 예 영장의 발부 + 영장의 집행

(3) 목적에 의한 분류

실체형성 행위	실체형성행위란 법관의 심증형성에 직접적으로 영향을 미치는 소송행위를 말한다. 예 피고인의 자백 등 진술, 증인의 증언, 증거조사 등 F4 경승, 12경간
절차형성 행위	절차형성행위란 법관의 심증형성에 직접적인 영향을 미치지 않고, 절차 진행과 관련된 소송행위를 말한다. 예 공소제기, 상소제기, 공판기일의 지정 등 F4 경승

제 2 절 소송행위의 일반적 요소

Ⅰ 소송행위의 주체와 소송행위의 대리

자기의 이름으로 소송행위를 할 수 있는 자격을 갖고 있는 소송행위의 적격자에는 **법원, 검사, 피고인, 제3자**(**예** 고소인·고발인 등)가 있다. 소송행위에 그 대리를 허용할 수 있는지 여부가 문제된다. 소송행위의 대리란 제3자가 소송행위 적격자(본인)를 위하여 소송행위를 하고, 그 효과가 소송행위 적격자(본인)에게 미치는 것을 말한다. **법원의 소송행위**(**예** 심리와 재판)**와 검사의 소송행위**(**예** 공소제기)**는** 그 주체가 법률상 엄격하게 제한되어 있어 **대리를 허용할 수 없다.** 따라서 소송행위의 대리가 허용되는지 여부는 피고인과 제3자의 소송행위에서만 문제된다. 소송행위의 대리가 허용되는지에 관하여 명문의 규정이 있는 경우와 명문의 규정이 없는 경우에 따라 다음과 같이 나뉘진다.

명문 규정이 있는 경우	소송행위의 대리를 허용하는 명문의 규정이 있는 경우는 다음과 같이 둘로 나뉘진다. **소송행위의 포괄적 대리가 허용되는 경우** 1) 의사무능력자의 법정대리인 2) 경미사건에서의 피고인의 대리인 3) 보조인 4) (의사무능력자·법인의) 특별대리인 5) 법인인 피의자·피고인의 대표자 ▶ 이들은 대리가 허용되는 소송행위에 대해서는 모두 본인을 대리하여 할 수 있다. 한편 피고인 또는 피의자가 법인인 때에는 **그 대표자가 소송행위를 대표**한다. 수인이 공동하여 법인을 대표하는 경우에도 소송행위에 관하여는 **각자가 대표**한다.(제27조 제1·2항) 이를 **각자대리 (대표)원칙**이라고 한다. 20경간, 20법9 **특정행위에 대해서만 소송행위의 대리가 허용되는 경우** 1) 고소, 고소취소의 대리 cf 고발의 대리: 허용× 2) 변호인 선임의 대리 3) 상소의 대리 4) 재정신청의 대리
명문 규정이 없는 경우	대리를 허용하는 명문규정이 없는 경우 소송행위의 대리는 허용되지 않는다는 **부정설이 판례**의 입장이다.(대법원 1956.4.27. 선고 4288형재항10) 순경, 경승, 국9, 법9, 14국7 대리를 허용하는 명문규정이 없으므로 **고발의 대리, 자수의 대리, 자백의 대리는 허용되지 않는다.**

Ⅱ 소송행위의 방식

구두 주의	구두주의는 소송행위를 구두(말)로 해야 한다는 원칙을 말한다. 이는 표시자와 표시가 일치하므로 왜곡될 염려가 없다는 장점이 있다. [Fd 경승] 구두주의는 **실체형성행위의 원칙적 방식**이다. 예컨대 피고인신문(제296조의2), 증인신문(161조의2), 검사와 피고인의 모두진술(제285조, 제286조), 인정신문(제283조의2), 판결 선고(제318조의4 [Fd 경승]) 등과 같은 실체형성행위는 구두로 해야 한다.
서면 주의	서면주의는 소송행위를 서면으로 해야 한다는 원칙을 말한다. 이는 표시를 서면으로 남겨둠으로써 장래의 분쟁을 방지할 수 있는 장점이 있다. 서면주의는 **절차형성행위의 원칙적 방식**이다. 예컨대 공소제기(제254조)·상소제기(제343조 제1항 [Fd 법9. 경승]), 정식재판청구(제453조 제1항), 재정신청(제260조), 변호인선임신고(제32조 제1항) 등의 절차형성행위는 서면으로 해야 한다.
서면 또는 구두 주의	1) 정식재판청구의 포기·취하(제458조 제1항, 제352조 제1항, 즉결심판에 관한 절차법 제14조 제3항); 이유를 기재한 서면으로 하여야 한다. 단, 공판정에서는 구술로써 할 수 있다. 2) 증거조사신청(규칙 제176조 제1항) 3) 국선변호인 선정청구(제33조 제2항) 4) 증거조사에 대한 이의신청(제296조)·재판장의 처분에 대한 이의신청(제304조) 5) 기피신청(제18조) 6) 상소포기·취하; 이유를 기재한 서면으로 하여야 한다. 단, 공판정에서는 구술로써 할 수 있다.(제352조 제1항) 7) 재심청구의 취하; 서면으로 하여야 한다. 단, 공판정에서는 구술로써 할 수 있다.(규칙 제167조 제1항) 8) 공소취소; 이유를 기재한 서면으로 하여야 한다. 단, 공판정에서는 구술로써 할 수 있다.(제255조 제2항) 공소장변경; 그 취지를 기재한 서면을 법원에 제출하여야 한다.(제298조 제1항) 단, 법원은 피고인이 재정하는 공판정에서는 피고인에게 이익이 되거나 피고인이 동의하는 경우 구술에 의한 공소장변경을 허가할 수 있다.(제298조 제5항) 9) 고소·고발 및 고소·고발의 취소(제237조 제1항, 제239조) [cf] 구속 전 피의자심문; 필요적 심문이므로 서면 또는 구두의 신청을 필요로 하지 않는다.

Ⅲ 소송행위의 일시

1. 기간과 기일의 의의

기간이란 법원, 당사자 기타 소송관계인이 일정한 소송행위에 대하여 지켜야 할 시간의 길이를 말한다. 반면 기일이란 법관, 당사자 기타 소송관계인이 일정한 장소에 모여 소송행위를 하도록 정하여진 때를 말한다. 기간은 시기와 종기가 정해져 있다는 점이 시기와 종기가 없는 기일과 다르다.

2. 기간의 종류

(1) 행위기간과 불행위기간 F4 국9

행위 기간	행위기간이란 정해진 기간 내에만 적법한 소송행위를 할 수 있는 기간을 말한다. 예 고소기간, 상소제기기간 등
불행위 기간	불행위기간이란 정해진 기간 내에는 소송행위를 할 수 없는 기간을 말한다. 예 제1회 공판기일의 유예기간 등

(2) 재정기간과 법정기간

재정 기간	재정기간이란 법원 또는 법관의 재판에 의해 정해지는 기간을 말한다. 예 구속기간 연장(=갱신), 영장의 유효기간(영장의 유효기간은 통상적으로 7일이다. 그러나 법원 또는 법관의 재판에 의하여 그 이상의 기간을 정할 수 있다.), 감정유치기간 등
법정 기간	법정기간이란 소송행위를 할 수 있는 기간이 법률에 의해서 정해진 기간을 말한다. 예 상소제기기간, (친고죄의) 고소기간, 구속기간 등

(3) 불변기간과 훈시기간

불변 기간	불변기간이란 기간 경과 후에 하면 그 소송행위가 무효로 되는 기간을 말한다. 기간 이내에 소송행위를 하였는지 여부가 효력에 영향을 미치므로 **효력기간**이라고도 한다. 예 친고죄의 고소기간, 재정신청기간
훈시 기간	훈시기간이란 기간 경과 후에 하면 그 소송행위는 위법하지만, 그 효력에는 영향이 없는(소송행위는 유효인) 기간을 말한다. 예 재판기간(F4 순경), 소송기록과 증거물의 송부기간, 판결선고기간 등 📖 관련판례 훈시기간 소송기록 송부기간 및 판결서등본 송부기간은 **훈시기간**이다.(대법원 1995.6.13. 선고 95도826) F4 순경

3. 기간의 계산과 법정기간의 연장

(1) 기간의 계산

① 기간의 계산에 관하여는 시(時)로 계산하는 것은 즉시(卽時)부터 기산하고 일(日), 월(月) 또는 연(年)으로 계산하는 것은 초일을 산입하지 아니한다.(**초일불산입의 원칙**) 다만, **(공소)시효(時效)와 구속기간**의 초일은 시간을 계산하지 아니하고 1일로 산정한다. F4 20경승, 20국9, 21경간 시효와 구속기간의 초일을 산입하는 이유는 산입하면 피의자·피고인에게 유리하기 때문이다.
② 연 또는 월로 정한 기간은 연 또는 월 단위로 계산한다.(제66조 제2항)
③ 기간의 말일이 공휴일이거나 토요일이면 그날은 기간에 산입하지 아니한다. 다만, **(공소)시효와 구속기간**에 관하여는 예외로 한다.(제66조 제3항) F4 20경승, 21경간

> **관련판례** 임시공휴일도 공휴일에 해당하는지; 적극
>
> 기간의 말일이 공휴일인지 여부는 '공휴일'에 관하여 규정하고 있는 '관공서의 공휴일에 관한 규정' 제2조 각호에 해당하는지에 따라 결정되고, 같은 조 제11호가 정한 '기타 정부에서 수시 지정하는 날'인 **임시공휴일 역시 공휴일에 해당**한다.(대법원 2021.1.14.자 2020모3694) 22법9

(2) 법정기간의 연장

① 법정기간은 소송행위를 할 자의 주거 또는 사무소의 소재지와 법원 또는 검찰청 소재지와의 거리 및 교통통신의 불편정도에 따라 대법원규칙으로 이를 연장할 수 있다.(제67조) 법9
② 소송행위를 할 자가 국내에 있는 경우 주거 또는 사무소의 소재지와 법원 또는 검찰청 소재지와의 거리에 따라 해로는 100km, 육로는 200km마다 각 1일을 부가한다. 그 거리의 전부 또는 잔여가 기준에 미달할지라도 50km 이상이면 1일을 부가한다.(규칙 제44조 제1항 본문) 08법9

Ⅳ 소송행위의 장소

원칙	공판기일의 소송행위는 법원 또는 지원의 건물 내에 있는 법정에서 행한다.(제275조 제1항)
예외	법원장은 필요에 의하여 법원 외의 장소에서 개정하게 할 수 있다.(법원조직법 제56조 제2항)

제 3 절 소송행위의 가치판단

소송행위의 가치판단이란 소송행위가 성립되었는지·성립되지 않았는지(불성립인지) 여부, 소송행위의 유효·무효 여부, 소송행위의 적법·부적법 여부, 소송행위의 정당·부당 여부를 평가해보는 것(따져보는 것)을 말한다.

I 소송행위의 불성립·성립

1. 소송행위의 불성립

의의	소송행위의 불성립이란 소송행위가 그 '본질적 요소(없어서는 안 될 핵심요소)'를 갖추지 못하여 소송행위로서의 외관이 없는 무(無)의 상태를 말한다.
유효· 무효의 문제	소송행위가 불성립인 경우 소송행위의 유효·무효의 문제는 처음부터 발생하지 않는다. 처음부터 소송법적 효과가 전혀 발생하지 않으므로 법원 기타 소송관계인은 **무시·방치하면 된다**. F4 순경, 경승

관련판례 소송행위의 불성립

1	법원이 경찰서장의 즉결심판 청구를 기각하여 경찰서장이 사건을 관할 지방검찰청으로 송치하였으나 검사가 이를 즉결심판에 대한 피고인의 정식재판청구가 있는 사건으로 오인하여 그 사건기록을 법원에 송부한 경우, **공소제기의 본질적 요소인 검사의 공소장 제출이 없는 경우** 공소제기가 성립되었다고 할 수 없다.(공소제기라는 **소송행위는 불성립**이라는 뜻) 소송행위로 성립되지 않은 경우(**소송행위의 불성립의 경우**) 소송행위가 성립되었으나 무효인 경우와는 달리 **하자의 치유문제는 발생하지 않는다**. (대법원 2003.11.14. 선고 2003도2735) F4 경승, 08순경1차, 12국9, 13순경2차, 14검찰·마약9, 15국9, 18국7, 18순경3차, 23검찰·마약9
2	[1] 엄격한 형식과 절차에 따른 공소장의 제출은 공소제기라는 소송행위가 성립하기 위한 본질적 요소라고 할 것이므로, 공소의 제기에 현저한 방식 위반이 있는 경우에는 공소제기의 절차가 법률의 규정에 위반하여 무효인 경우에 해당하고, 위와 같은 절차위배의 공소제기에 대하여 피고인과 변호인이 이의를 제기하지 아니하고 변론에 응하였다고 하여 그 하자가 치유되지는 않는다. [2] 검사가 공판기일에서 피고인 등이 특정되어 있지 않은 공소장변경허가신청서를 공소장에 갈음하는 것으로 구두진술하고 피고인과 변호인이 이의를 제기하지 않은 경우, 이를 적법한 공소제기로 볼 수 없다.(대법원 2009.2.26. 선고 2008도11813) F4 12국9, 14경간, 17경간, 17검찰·마약9, 18국7, 22검찰·마약9
3	검사가 고소 취소된 사건을 반의사불벌죄인 협박죄로 기소하였다가 반의사불벌죄가 아닌 공갈미수로 공소장변경을 신청하여 허가된 경우 **공소제기의 하자는 치유**된다.(대법원 1996.9.24. 선고 96도2151) F4 23검찰·마약9

2. 소송행위의 성립

(1) 소송행위의 성립의 의의

소송행위의 성립이란 **소송행위의 본질적 요소를 갖추어** 소송행위로서의 외관이 있는 경우를 말한다. 예컨대 검사의 공소제기라는 소송행위가 성립하기 위해서는 그 본질적 요소인 '공소장 제출'이 있어야 한다. 만약에 공소장 제출이 없다면 공소제기라는 소송행위는 불성립에 해당하고, 공소장 제출이 있는 경우에는 소송행위의 성립에 해당한다.

(2) 유효·무효의 문제

소송행위의 성립을 전제로 소송행위의 유효·무효 여부를 판단하게 되고, 소송행위가 무효인 경우에도 일정한 소송법적 효과가 발생한다. 따라서 **법원은 이를 무시·방치할 수 없고**, 이에 대한 판단을 요한다. 예컨대 공소제기가 무효인 경우에도 공소시효정지라는 소송법적 효과가 발생하고, 이에 대하여 법원은 **공소기각판결을 해야 한다**.

II 소송행위의 유효·무효

유효	소송행위의 유효(有效)란 소송행위가 유효요건을 갖추어 **본래적 효력이 인정되는 경우**를 말한다.
무효	① 소송행위의 무효(無效)란 소송행위가 유효요건을 결하여 **본래적 효력이 인정되지 않는 경우**를 말한다. 소송법적 효과가 전혀 발생하지 않는다는 의미가 아니다. ② 소송행위가 무효인 경우에는 **무효의 치유문제가 발생**한다. 이는 무효의 치유문제가 발생하지 않는 소송행위의 불성립과 다른 점이다. ▶ 무효의 치유는 뒤에 서술한다.

관련판례 소송행위의 무효

1	착오에 의한 절차형성행위가 무효로 되기 위해서는 1) 통상인의 판단을 기준으로 만일 <u>착오가 없었다면 그러한 소송행위를 하지 않았을 것</u>, 2) 착오가 행위자 또는 대리인의 책임 없는 사유로 발생하였을 것, 3) <u>유효로 하는 것이 현저히 정의에 반할 것</u> 등 3가지 요건을 필요로 한다.(대법원 1992.3.13. 자 92모1) 14국7, 17경간, 23검찰·마약9

III 소송행위의 적법·부적법

1. 소송행위의 적법

소송행위의 적법이란 소송행위가 법률이 정한 절차와 방식을 모두 갖춘 경우를 말한다. 적법한 소송행위는 유효하다.

2. 소송행위의 부적법

소송행위의 부적법이란 소송행위가 법률이 정한 절차와 방식에 따르지 않고 이루어진 경우를 말한다. 소송행위가 부적법한 경우는 소송행위가 효력규정에 위반한 경우와 훈시규정에 위반한 경우가 있다. 효력규정에 위반한 소송행위는 **부적법·무효**이다. 〈예 상소제기기간 경과 후의 상소제기는 부적법·무효〉 한편 훈시규정에 위반한 소송행위는 **부적법하지만, 유효**하다. 〈예 관할권 없는 법원이 행한 소송행위도 유효(제2조)〉

IV 소송행위의 이유유·이유무

전제	적법한 소송행위를 전제로 하여 소송행위의 이유유 또는 이유무를 판단한다.
이유유 (有)	소송행위의 이유유(有)란 법률행위적 소송행위에 있어서 그 의사표시의 내용이 정당한 경우를 말한다. 소송행위의 이유가 있을 때 법원은 소송행위자가 원하는 소송법적 효과를 발생(인용)시키는 재판을 해준다.
이유무 (無)	소송행위의 이유무(無)란 법률행위적 소송행위에 있어서 그 의사표시의 내용이 정당하지 못한 경우를 말한다. 이 때 법원은 이유 없음을 이유로 기각(棄却)재판을 한다.

V 무효의 치유

1. 무효의 치유의 의의

무효의 치유란 소송행위를 할 당시에는 무효였던 소송행위가 사정변경에 의하여 유효한 소송행위로 되는 경우를 말한다. 즉 무효인 소송행위가 유효인 소송행위로 바뀔 수 있는가의 문제를 말한다.

2. 무효의 치유의 유형

무효의 치유에는 소송행위의 추완과 공격·방어방법의 소멸에 의한 무효의 치유가 있다.

(1) 소송행위의 추완

소송행위의 추완은 다시 단순추완과 보정적 추완으로 나누어진다.

> TIP 추완
> 추완이란 추후 보완으로서 처음에는 무효였다가 나중에 요건을 갖추어 유효로 되는 것을 말한다.

1) 단순추완

① 단순추완의 의의

단순추완이란 법정기간 경과 후의 소송행위라도 단순히 법정기간 내에 한 소송행위와 같은 효과가 인정되는 경우를 말한다.

② 단순추완의 인정여부

단순추완이 인정되는지에 대하여 명문규정이 없는 경우에는 긍정설과 부정설이 대립한다. 반면 명문규정이 있는 경우에는 단순추완이 인정된다. 상소권 회복(제345조), 정식재판청구권 회복(제458조)이 그 예이다.

2) 보정적 추완

의의	보정적 추완이란 '뒤에 이루어진 새로운 소송행위(후행 소송행위)'에 의하여 '먼저 이루어진 (선행의)' 무효인 소송행위를 '보정(보충하여 바로잡는 것)'하여 유효하게 하는 경우를 말한다. 보정적 추완이 인정되는지 여부가 문제되는 것들은 다음과 같다.
변호인 선임의 추완	변호인선임신고 이전에 한 무효인 변호인의 소송행위가 변호인선임신고에 의하여 유효로 되는가의 문제를 말한다. 판례는 변호인 선임의 추완을 부정한다. 📖 **관련판례** 변호인선임의 추완 변호인선임계(변호인선임신고서)의 제출 없이 변호인이 항소이유서 또는 정식재판청구서만을 제출한 후 항소이유서 또는 정식재판청구서 제출기간 경과 후에 변호인 선임계를 제출한 경우에는 적법·유효한 항소이유서 또는 정식재판청구서의 제출이라고 할 수 없다.(대법원 1969.10.4. 자 69모68, 대법원 2005.1.20. 자 2003모429) ▶ 판례는 변호인 선임의 추완을 부정한다. F4 08순경1차, 10국9, 12법9, 14국7, 15경간, 17경간, 18검찰·마약9, 18순경3차, 19경승, 19국7, 21경승, 23국9, 23법9
공소 사실의 추완	공소사실의 불특정으로 무효인 경우 공소장변경에 의하여 공소사실을 특정하면 유효로 되는가의 문제를 말한다. 판례가 공소사실의 추완을 긍정하는지 여부에 대해서는 학자들 간에 긍정한다는 견해와 부정한다는 견해로 대립한다.
고소· 고발의 추완	친고죄 또는 반의사불벌죄의 경우 고소 또는 고발이 없어서 무효인 공소제기가 공소제기 후의 고소 또는 고발로 인하여 유효한 공소제기로 되는가의 문제를 말한다. 판례는 고소·고발의 추완을 부정한다. 📖 **관련판례** 고발의 추완 세무공무원의 고발 없이 조세범칙사건의 공소제기 후 세무공무원이 고발한 경우에는 공소제기절차의 무효가 치유되지 않으므로 공소기각판결을 하여야 한다. ▶ 판례는 고발의 추완을 부정한다.(대법원 1970.7.28. 선고 70도942) F4 08순경1차, 10국9, 12경간, 18경간, 18검찰·마약9, 19경승, 20경간, 23법9

(2) 공격·방어방법의 소멸에 의한 무효의 치유

① 소송의 발전에 의한 무효의 치유

소송이 어느 단계에 이르면 무효를 주장할 수 없는 경우를 의미한다. **예** 토지관할위반신청을 피고사건에 대한 진술 후에 한 경우; 토지관할위반의 하자는 치유된다.

② 책문권 포기에 의한 무효의 치유

당사자가 상당한 기간 내에 책문권(이의신청권) 행사를 하지 않으면 무효인 소송행위가 유효로 되는 경우를 의미한다. **예** 제1회 공판기일 유예기간의 하자, 공소장부본송달의 하자 등 F4 순경

> **관련판례** 공격·방어방법의 소멸에 의한 무효의 치유
>
> a. 공판기일지정의 하자(대판 66도1751), 공소장부본송달의 하자(대판 62도155), 제1회 공판기일 유예기간의 하자(대판 69도1218), 증인신문순서의 하자 ▶ 기간 내에 이의신청을 하지 않으면 무효가 치유된다.
>
> b. 공소장의 송달이 부적법하다고 하여도 피고인이 제1심에서 이의함이 없이 공소사실에 관하여 충분히 진술할 기회를 부여받은 이상 판결결과에는 영향이 없어 그것이 적법한 상소이유가 된다고 할 수 없다.(대법원 1992.3.10. 선고 91도3272) ▶ 책문권 포기에 의하여 무효가 치유된다는 취지의 판례이다. 14경간

Ⅵ 소송행위의 취소와 철회 국7, 국9

1. 소송행위의 취소

의의	소송행위의 취소란 소송행위의 효력을 소급적으로 소멸시키는 것을 말한다. 즉 취소는 '소급효'를 인정한다.
인정 여부	소송행위의 취소를 인정할 것인지 여부에 대해서는 긍정설과 부정설이 대립한다. 절차의 안정을 중시하는 형사소송에 있어서는 소급효를 인정하지 않는 부정설이 타당하다. 소송행위의 취소를 인정하게 되면 앞으로 공부를 복잡하게 해야 한다. 견해가 대립되는 부분이라 객관식의 특성상 시험에 출제될 수 없고, 이 부분을 복잡하게 공부할 필요는 없다. 그러므로 앞으로는 소송행위의 취소는 인정되지 않고 다음에 서술하는 소송행위의 철회만 인정된다고 정리하면 된다.

2. 소송행위의 철회

(1) 소송행위의 철회의 의의

소송행위의 철회란 소송행위의 효력을 장래에 향하여 소멸시키는 것을 말한다. 즉 철회는 '장래효'를 인정한다. 장래효란 철회를 한 시점부터 앞으로는 소송행위의 효력이 소멸되는 것으로 보는 효력을 말한다.

(2) 소송행위의 철회의 인정 여부

1) 명문규정이 없는 경우

소송행위의 철회를 인정하는 명문규정이 없는 경우 견해가 대립하나, 긍정설이 일반적이다. 긍정설에 의할 때 소송행위의 철회를 인정하는 대표적인 예는 체포·구속적부심사청구의 취소이다.

2) 명문규정이 있는 경우

소송행위의 철회를 인정하는 명문규정이 있는 경우에는 소송행위의 철회가 인정된다. 예컨대 고소취소·처벌희망의사표시의 철회(제232조 제1·3항), 공소취소(제255조 제1항), 정식재판청구의 취하(제454조, 즉결심판에 관한 절차법 제14조 4항)는 제1심판결 선고 전까지 할 수 있는데, 여기서의 취소 또는 취하는 철회의 의미로 해석된다.

제 4 절 소송서류

I 소송서류의 의미와 종류

1. 소송서류의 의의
소송서류란 특정한 소송과 관련하여 작성된 일체의 서류를 말한다. 법원이 작성한 서류(예 판결서, 소환장 등)와 소송관계인이 법원에 제출한 서류(예 검사가 제출한 공소장, 검사·피고인이 제출한 상소장 등)를 포함한다.

2. 소송서류 비공개의 원칙
소송에 관한 서류는 공판의 개정 전에는 공익상 필요 기타 상당한 이유가 없으면 공개하지 못한다.(제47조)
F4 11법9

3. 소송서류의 종류

(1) 사문서
공무원이 아닌 자(비공무원)가 작성한 서류를 말한다. 공무원 아닌 자가 작성한 서류에는 연월일을 기재하고 기명날인하여야 한다. 인장이 없으면 지장으로 한다.(제59조)

(2) 공문서

1) 공문서의 의의
공문서란 공무원이 작성한 서류를 말한다.(제57조 제1항)

2) 공문서의 요건
공무원이 작성하는 서류에는 법률에 다른 규정이 없는 때에는 작성 연월일과 (작성한 공무원의) 소속공무소를 기재하고 기명날인 또는 서명을 하여야 한다.(제57조 제1항) 공문서는 원칙적으로 기명날인 또는 서명을 필요로 한다.(제57조 제1항) 그러나 예외적으로 각종 영장(체포영장, 구속영장, 감정유치장, 감정처분허가장 등)과 판결서는 반드시 서명날인을 필요로 한다.

> **TIP 기명날인 또는 서명**
> 기명날인이란 성명을 기재하고 도장을 찍는 것을 말한다. 성명의 기재는 반드시 자필 기재(스스로 기재하는 것)일 것을 요하지 않는다. 서명이란 성명을 자필로 기재해야 하는 것을 말한다.

3) 공문서의 작성 방법

공무원이 서류를 작성함에는 문자를 변개하지 못한다.(제58조 제1항) 삽입, 삭제 또는 난외기재를 할 때에는 이 기재한 곳에 날인하고 그 자수를 기재하여야 한다. 단, 삭제한 부분은 해득할 수 있도록 자체를 존치시켜야 한다.(제58조 제2항) F4 법9

> **관련판례** 공문서의 유효 여부
>
> a. 기명날인 또는 서명(종래 판례; 서명날인으로 표현되어 있다. 종래의 서명날인은 현재 기명날인 또는 서명으로 개정되었다.)이 없는 검사 작성 피신조서는 **무효이고, 증거능력이 없다.**(대법원 2001.9.28. 선고 2001도4091) F4 10국7, 16국7, 18순경2차 ▶ 형식적 진정성립이 결여되었기 때문이다.
>
> b. 검사의 기명날인 또는 서명이 누락된 공소장이 관할법원에 제출된 경우, 공소제기의 효력(=원칙적 무효) 및 이때 검사가 공소장에 기명날인 또는 서명을 추완한 경우, 공소제기의 효력(=유효); 형사소송법 제57조 제1항에서의 '공무원이 작성하는 서류'에는 검사가 작성하는 공소장이 포함되므로, 검사의 기명날인 또는 서명이 없는 상태로 공소장이 제출된 경우, 그 공소제기는 특별한 사정이 없는 한 그 절차가 법률(제57조 제1항)의 규정에 위반하여 무효인 때(제327조 제2호)에 해당한다. 다만 이 경우 공소를 제기한 검사가 공소장에 기명날인 또는 서명을 추완하는 등의 방법에 의하여 공소의 제기가 유효하게 될 수 있다.(대법원 2012.9.27. 선고 2010도17052) F4 17검찰·마약9, 19법9, 20순경2차, 21경간, 21국7, 22법9, 23법9
>
> c. 공소장에 검사의 간인(1개의 서류가 여러 장으로 되어 있는 경우 그 서류의 각 장 사이에 겹쳐서 날인하는 것)이 없더라도 그 공소장의 형식과 내용이 연속된 것으로 일체성이 인정되고 동일한 검사가 작성하였다고 인정되는 한 그 공소장을 형사소송법 제57조 제2항에 위반되어 효력이 없는 서류라고 할 수 없다. 이러한 공소장 제출에 의한 공소제기는 **그(공소제기) 절차가 법률의 규정에 위반하여 무효인 때**(형사소송법 제327조 제2호)**에 해당한다고 할 수 없다.**(대법원 2021.12.30. 선고 2019도16259) F4 22법9

II 조서

1. 조서의 의의

조서란 일정한 소송절차와 사실을 공증(공적으로 증명)하기 위하여 소송법상 기관이 작성하는 공문서를 말한다. 조서에는 공판기일 외의 절차에 관한 조서와 공판기일 절차에 관한 조서(공판조서)가 있다.

2. 공판기일 외의 절차에 관한 조서

(1) 각종 신문조서

피고인, 피의자, 증인, 감정인, 통역인 또는 번역인을 신문하는 때에는 참여한 법원사무관 등이 조서를 작성하여야 한다.(제48조 제1항) 조서에는 진술자로 하여금 간인한 후 서명날인하게 하여야 한다. 단, 진술자가 서명날인을 거부한 때에는 그 사유를 기재하여야 한다.(제48조 제7항)

(2) 압수 · 수색 · 검증조서

검증, 압수 또는 수색에 관하여는 조서를 작성하여야 한다.(제49조 제1항) 압수조서에는 품종, 외형상의 특징과 수량을 기재하여야 한다.(제49조 제3항) 검증조서에는 검증목적물의 현상을 명확하게 하기 위하여 도화나 사진을 첨부할 수 있다.(제49조 제2항)

(3) 조서의 기재요건

조서에는 조사 또는 처분의 연월일시와 장소를 기재하고 그 조사 또는 처분을 행한 자와 참여한 법원사무관 등이 기명날인 또는 서명하여야 한다. 단, 공판기일 외에 법원이 조사 또는 처분을 행한 때에는 재판장 또는 법관과 참여한 법원사무관 등이 기명날인 또는 서명하여야 한다.(제50조)

3. 공판조서

(1) 공판조서의 의의

공판조서란 공판기일의 소송절차가 적법하게 행하여졌는지 여부를 인증하기 위하여 **법원사무관 등이 작성하는 조서**를 말한다. F4 법승, 12법9 공판기일의 소송절차에 관하여는 참여한 법원사무관 등이 공판조서를 작성하여야 한다.(제51조 제1항) F4 18경승, 21경간

(2) 공판조서의 필요적 기재사항 F4 법9, 법승, 09순경1차

공판조서에는 다음 각 호의 사항을 필요적으로 기재하여야 한다.(제51조 제2항)
1. 공판을 행한 일시와 법원
2. 법관, 검사, 법원사무관 등의 관직 · 성명
3. 피고인, 대리인, 대표자, 변호인, 보조인과 통역인의 성명
4. 피고인의 출석여부 cf 검사의 출석 여부는 필요적 기재사항이 아니다.
5. 공개의 여부와 공개를 금한 때에는 그 이유
6. 공소사실의 진술 또는 그를 변경하는 서면의 낭독
7. 피고인에게 그 권리를 보호함에 필요한 진술의 기회를 준 사실과 그 진술한 사실
8. 제48조 제2항에 기재한 사항(피고인, 피의자, 증인, 감정인, 통역인 또는 번역인의 진술 및 증인, 감정인, 통역인 또는 번역인이 선서를 하지 아니한 때에는 그 사유)
9. 증거조사를 한 때에는 증거될 서류, 증거물과 증거조사의 방법
10. 공판정에서 행한 검증 또는 압수
11. 변론의 요지
12. 재판장이 기재를 명한 사항 또는 소송관계인의 청구에 의하여 기재를 허가한 사항
13. 피고인 또는 변호인에게 최종 진술할 기회를 준 사실과 그 진술한 사실
14. 판결 기타의 재판을 선고 또는 고지한 사실

(3) 기명날인 또는 서명

공판조서에는 재판장과 참여한 법원사무관 등이 기명날인 또는 서명하여야 한다.(제53조 제1항) 재판장이 기명날인 또는 서명을 할 수 없는 때에는 다른 법관이 사유를 부기하고 기명날인 또는 서명하여야 하며, 법관 전원이 기명날인 또는 서명할 수 없는 때에는 참여한 법원사무관 등이 사유를 부기하고 기명날인 또는 서명하여야 한다.(제53조 제2항) F4 순경 법관사무관 등이 기명날인 또는 서명할 수 없는 때에는 재판장 또는 다른 법관이 사유를 부기하고 기명날인 또는 서명하여야 한다.(제53조 제3항) F4 순경

(4) 공판조서의 정리 F4 순경, 경승, 10·11법9

① 공판조서는 <u>각 공판기일 후 신속히</u> 정리하여야 한다.(제54조 제1항) ▶ 공판조서의 정리기간은 '**신속히**'이며, 훈시기간에 해당한다.
② 다음 회의 공판기일에 있어서는 <u>전회의 공판심리에 관한 주요사항의 요지를 조서에 의하여 고지하여야 한다.</u> 다만, 다음 회의 공판기일까지 전회의 공판조서가 정리되지 아니한 때에는 <u>조서에 의하지 아니하고 고지할 수 있다.</u>(제54조 제2항)
③ 검사, 피고인 또는 변호인은(당사자는) 공판조서의 기재에 대하여 변경을 청구하거나 이의를 제기할 수 있다.(제54조 제3항) F4 12법9
④ 변경청구나 이의가 있는 때에는 그 취지와 이에 대한 재판장의 의견을 기재한 조서를 당해 공판조서에 첨부하여야 한다.(제54조 제4항)

(5) 공판조서의 열람·등사

피고인은 공판조서의 열람·등사를 청구할 수 있다. 피고인이 조서를 읽지 못하는 때에는 조서의 **낭독을 청구할 수 있다.** 이러한 청구에 응하지 아니한 때에는 **그 공판조서를 유죄의 증거로 할 수 없다.**(제55조) F4 순경, 10법9

관련판례 공판조서

a. 당해 공판기일에 열석(참석)하지 않은 판사가 재판장으로서 서명날인(현행법; 기명날인 또는 서명)한 공판조서는 **무효**이다.(대법원 1983.2.8. 선고 82도2940) F4 법승, 09국7, 18국7 ▶ 형식적 진정성립(=기명날인 또는 서명의 진정)이 인정되지 않기 때문이다.

> **같은 취지의 판례**
> 공판조서에 그 공판에 관여한 법관의 성명이 기재되어 있지 아니하다면 공판절차가 법령에 위반되어 판결에 영향을 미친 위법이 있다.(대법원 1970.9.22. 선고 70도1312)

b. 공판조서의 열람·등사권을 침해한 경우 <u>그 공판조서는 유죄의 증거로 할 수 없다. 그 공판조서에 기재된 당해 피고인이나 증인의 진술도 증거로 할 수 없다.</u>(대법원 2003.10.10. 선고 2003도3282)
F4 09국7, 10순경2차, 12법9, 13국7, 14경7, 18경승, 18법9, 21경간, 23법9

c. 피고인이 원하는 시기에 공판조서를 열람·등사하지 못하였다 하더라도 <u>그 변론종결 이전에 이를 열람·등사한 경우에는 그 열람·등사가 늦어짐으로 인하여 피고인의 방어권 행사에 지장이 있었다는 등의 특별한 사정이 없는 한 피고인의 공판조서의 열람·등사청구권이 침해되었다고 볼 수 없어, 그 공판조서를 유죄의 증거로 할 수 있다.</u>(대법원 2007.7.26. 선고 2007도3906) F4 법9, 법승, 경승, 09국7, 15국9, 22국7

4. 속기, 녹음, 영상녹화

① 법원은 '검사, 피고인 또는 변호인(당사자)'의 신청이 있는 때에는 특별한 사정이 없는 한 공판정에서의 심리의 전부 또는 일부를 속기사로 하여금 속기하게 하거나 녹음장치 또는 영상녹화장치를 사용하여 녹음 또는 영상녹화(녹음이 포함된 것을 말한다. 이하 같다)하여야 하며, 필요하다고 인정하는 때에는 <u>직권으로 이를 명할 수 있다.</u>(제56조의2 제1항) F4 12법9, 18순경3차, 20순경1차 cf 당사자의 신청에 의한 경우; **원칙 필요적**, 국민참여재판; **원칙 필요적**, 법원이 직권으로 명하는 경우; **임의적**

② 속기, 녹음 또는 영상녹화의 신청; 공판기일·공판준비기일을 열기 전까지 하여야 한다.(규칙 제30조의2 제1항) 12법9, 14경간 ▶ 주의; 공판기일·공판준비기일을 열기 1주일 전까지가 아니다.
③ 법원은 속기록, 녹음물 또는 영상녹화물을 **공판조서와 별도로 보관하여야 한다.**(제56조의2 제2항) 속기록, 녹음물, 영상녹화물 또는 녹취서는 **전자적 형태로 보관할 수 있으며, 재판이 확정되면 원칙적으로 폐기한다.**(규칙 제39조 본문) 12법9, 14경간 ▶ 녹취서도 전자적 형태로 보관할 수 있음을 주의해야 한다. 다만, 속기록, 녹음물, 영상녹화물 또는 녹취서가 조서의 일부가 된 경우에는 재판이 확정되더라도 폐기처분하지 않는다.(규칙 제39조 단서)
④ 검사, 피고인 또는 변호인은(당사자는) 비용을 부담하고 제2항에 따른 속기록, 녹음물 또는 영상녹화물의 **사본(원본×)**을 청구할 수 있다.(제56조의2 제3항) 속기록, 녹음물 또는 영상녹화물의 사본을 교부받은 사람은 그 사본을 당해 사건 또는 관련 소송의 수행과 관계없는 용도로 사용하여서는 아니 된다.(규칙 제38조의2 제2항)

> **관련판례** 속기, 녹음, 영상녹화
> 검사가 사전에 공판정에서의 녹음을 신청한 사실이 없고, 법원이 직권으로 녹음을 명한 바도 없으나 조서 작성의 편의를 위한 녹음이 이루어진 경우, **검사는 녹음물의 사본을 청구할 수 없다.**(대법원 2012.4.20. 자 2012모459) ▶ 법원의 직권 또는 검사, 피고인 또는 변호인의 신청에 의하여 녹음을 한 경우라야 검사, 피고인 또는 변호인이 비용을 부담하고 그 녹음물의 사본을 청구할 수 있다.(제56조의2 제1·3항) 사안의 경우 법원이 직권으로 녹음을 명한 바도 없고, 검사의 신청도 없었으므로 검사는 녹음물의 사본을 청구할 수 없는 것이다.

Ⅲ 소송서류의 송달

1. 송달의 의의

송달이란 검사, 피고인, 변호인 등 소송관계인에게 소송서류의 내용을 알리는 법원 또는 법관의 직권적 소송행위를 말한다. 법9 서류의 송달에 관하여 법률에 다른 규정이 없는 때에는 민사소송법을 준용한다.(제65조)

2. 검사에 대한 송달

검사에 대한 송달은 서류를 **소속 검찰청에 송부하여야 한다.**(제62조) 17법9, 19경간

3. 피고인에 대한 송달

(1) 교부송달

1) 교부송달의 원칙
① 피고인에 대한 송달은 **송달받을 자(수송달자)의 주소, 거소, 영업소 또는 사무소에서 송달을 해야 하는 것이 원칙**이다.(민사소송법 제178조, 제183조) 법9, 법승

② 피고인, 대리인, 대표자, 변호인 또는 보조인이 법원 소재지에 서류의 송달을 받을 수 있는 주거 또는 사무소를 두지 않은 경우에는 법원 소재지에 주거 또는 사무소 있는 자를 송달영수인으로 선임하여 연명한 서면으로 신고하여야 한다.(제60조 제1항) 19국7 이때 송달영수인은 송달에 관하여 본인으로 간주한다.(제60조 제2항) 21법9

2) 구속피고인 등에 대한 특칙

송달영수인에 관한 규정은 신체구속을 당한 자에게 적용하지 아니한다.(제60조 제4항) 교도소·구치소 또는 국가경찰관서의 유치장에 체포·구속 또는 유치된 사람에게 할 송달은 **교도소·구치소 또는 국가경찰관서의 장에게 한다.**(민사소송법 제182조) 순경, 10경사, 11법9, 15법9, 17법9

3) 보충송달

보충송달이란 송달을 받을 자의 주소, 거소, 영업소 또는 사무소에서 송달받을 자(수송달자)를 만나지 못한 경우 그 사무원, 고용인 또는 동거자로서 사리를 분별할 지능이 있는 자에게 교부하는 것을 의미한다.

> **관련판례** 교부송달
>
> a. 제60조 제4항(송달영수인에 관한 규정은 신체구속을 당한 자에게는 적용하지 아니한다)에서 신체구속을 당한 자라 함은 그 사건(당해사건)에서 신체를 구속당한 자를 의미하고 다른 사건으로 신체구속을 당한 자는 해당하지 않는다.(대법원 1976.11.10. 자 76모69) 순경, 12법9
>
> b. 교도소 또는 구치소에 구속된 자에 대한 송달은 그 소장에게 송달하면 구속된 자에게 전달된 여부에 관계없이 효력이 생긴다.(대법원 1972.2.18. 자 72모3) 순경, 법승, 11경장, 12법9, 14경간, 14국7, 15교정·보호·철경9, 16법9, 19경간, 21법9
>
> c. 제1심 법원이 재심청구기각결정을 (재감자인) 재항고인에게 송달한 후 다시 구치소장에게 송달한 경우, 위 결정을 구치소장이 아닌 (재감자인) 재항고인에게 송달한 것은 부적법하여 무효이고 송달받을 사람을 구치소장으로 하여 다시 송달한 때 비로소 그 송달의 효력이 발생하는 것이다.(대법원 2009.8.20. 자 2008모630) 10법9, 23법9 ▶ 재감자에 대한 송달은 교도소·구치소 또는 국가경찰관서의 장에게 해야 하기 때문이다.(민사소송법 제182조)
>
> d. 재판을 받는 자가 구치소에 수용되어 있는 경우 재판서 등본이 모사전송(팩스)의 방법으로 구치소장에게 송부되었다면 구치소장에게는 이를 수용 중인 재판을 받는 자에게 전달할 의무가 있으므로 재판서 등본이 모사전송의 방법으로 구치소장에게 송부된 때 그 재판이 고지되었다고 보아야 한다.(대법원 2004.8.12. 자 2004모208) 경승

> **관련판례** 보충송달
>
> a. 형사소송절차에서도 보충송달에 관한 민사소송법 제186조 제1항이 준용된다. 피고인의 동거가족에게 서류가 교부되고 그 동거가족이 사리변식지능이 있는 이상 피고인이 그 서류의 내용을 알지 못한 경우에도 송달의 효력이 있다. 여기서 사리변식지능은 송달의 취지를 이해하고 수송달자에게 교부하는 것을 기대할 수 있는 정도의 능력이 있으면 족하다.(대법원 2000.2.14. 선고 99모225) 법9, 법승, 10경사, 11경장, 23국7

b. 8세 4월 정도의 여자 어린이도 송달 자체의 취지를 이해하고 영수한 서류를 수송달자인 아버지에게 교부하는 것을 기대할 수 있는 능력 정도는 있다.(대법원 1995.8.16. 자 95모20) F4 순경, 11경장 그러므로 수송달자의 동거인인 8세 4월 정도의 여자 어린이에 대한 송달도 **보충송달의 효력이 발생한다**.

　　c. 피고인이 제1심 판결에 항소를 제기한 후 타처로 전입하여 주민등록상 신고를 하였는데 법원이 종전의 주거지로 소송기록접수통지서를 송달하여 피고인의 모(母)가 이를 수령한 경우 위 송달은 그(보충송달) 효력이 없다.(대법원 1997.8.10. 선고 96도2814) ▶ 피고인의 모(母)를 동거자라고 할 수 없기 때문이다. F4 순경, 10경사, 19경간

(2) 우편송달의 특칙

주거, 사무소 또는 송달영수인의 선임을 신고하여야 할 자가 그 신고를 하지 아니하는 때에는 법원사무관 등은 서류를 우체에 부치거나 기타 적당한 방법에 의하여 송달할 수 있다.(제61조 제1항) F4 10법9, 19경간, 22국7 서류를 우체에 부친 경우에는 **도달(발송×)된 때**에 송달된 것으로 간주한다.(제61조 제2항) F4 법승, 15법9, 19경간, 22국7

(3) 공시송달

1) 공시송달의 의의

공시송달이란 공시송달의 원인이 있을 때 법원사무관 등이 송달할 서류를 보관하고 그 사유를 법원게시장에 공시하여 행하는 송달을 말한다.(제64조 제2항) F4 10법9, 15경간, 17국7 공시송달은 송달의 최후방법이다.

2) 공시송달의 원인

다음의 사유가 있을 때 공시송달을 할 수 있다.
① 피고인의 주거, 사무소와 현재지를 알 수 없는 때(제63조 제1항)
② 피고인이 재판권이 미치지 아니하는 장소에 있는 경우에 다른 방법으로 송달할 수 없는 때(제63조 제2항)
　　F4 법승, 15법9, 17국7

3) 공시송달의 방식

공시송달은 대법원규칙이 정하는 바에 의하여 법원이 명한 때에 한하여 할 수 있다.(제64조 제1항) F4 12법9 법원은 공시송달의 사유가 있다고 인정한 때에는 직권으로 결정에 의하여 공시송달을 명한다.(규칙 제43조) 즉 검사의 청구에 따라 공시송달을 명하는 결정을 할 수는 없다. F4 23검찰·마약9 법원은 공시송달의 사유를 관보나 신문지상에 공고할 것을 명할 수 있다.(제64조 제3항)

4) 공시송달의 효력발생시기 F4 17법9, 22국7

최초의 공시송달은 공시를 한 날로부터 **2주일**을 경과하면 그 효력이 생긴다. 단, 제2회 이후의 공시송달은 **5일**을 경과하면 그 효력이 생긴다.(제64조 제4항)

> **관련판례** 공시송달
>
> 주민등록상의 주소지로 우송한 소송기록접수통지서 등이 송달불능된 것만으로는 공시송달의 요건인 피고인의 주거 등을 알 수 없는 때에 해당한다고 단정할 수 없다. 기록에 나타난 실제로 거주한 주소로

송달을 하거나 전화로 확인하는 등 송달받을 수 있는 장소를 찾아보도록 시도하지 않고 공시송달 한 조치는 위법하다.(대법원 1997.9.26. 선고 97도1371) 11법9

> **같은 취지의 판례**
>
> a. 항소한 피고인이 거주지 변경신고를 하지 아니한 상태에서, 기록에 나타난 피고인의 휴대전화번호로 연락하여 송달받을 장소를 확인해 보는 등의 조치를 취하지 아니한 채 곧바로 공시송달을 명하고 피고인의 진술 없이 판결을 한 원심의 조치는 위법하다.(대법원 2010.1.28. 선고 2009도12430) 12법9, 13국7, 22국7, 23법9
>
> b. 공시송달은 피고인의 주거, 사무소, 현재지 등이 기록상 나타나 있는 경우에는 할 수 없다.(대법원 1999.12.24. 선고 99도3784) 법승, 법9, 순경, 10경사

Ⅳ 재판확정기록의 열람·등사

1. 재판확정기록의 열람·등사의 의의와 취지

의의	**누구든지** 권리구제·학술연구 또는 공익적 목적으로 재판이 확정된 사건의 소송기록을 보관하고 있는 **검찰청에(법원에×)** 그 소송기록의 열람 또는 등사를 신청할 수 있다.(제59조의2 제1항) 11경사, 17국7, 18법9, 19경승
취지	재판확정기록의 열람·등사는 사법의 민주화와 국민의 알권리를 보장하기 위하여 인정한 것이다.

2. 재판확정기록의 열람·등사의 제한과 불복제도

(1) 재판확정기록의 열람·등사의 제한

1) 검사는 다음 각 호의 어느 하나에 해당하는 경우에는 소송기록의 **전부 또는 일부의 열람 또는 등사를 제한할 수 있다.** 다만, 소송관계인이나 이해관계 있는 제3자가 열람 또는 등사에 관하여 정당한 사유가 있다고 인정되는 경우에는 제한할 수 없다.(제59조의2 제2항) 11경사, 11순경1차, 22법9
   ① 심리가 **비공개로(공개×)** 진행된 경우
   ② 공개로 인하여 국가의 안전보장, 선량한 풍속, 공공의 질서유지 또는 공공복리를 현저히 해할 우려가 있는 경우
   ③ 공개로 인하여 사건관계인의 명예나 사생활의 비밀 또는 생명·신체의 안전이나 사생활의 평온을 현저히 해할 우려가 있는 경우 11경사, 11순경1차
   ④ 공개로 인하여 공범관계 있는 자 등의 증거인멸 또는 도주를 용이하게 하거나 관련 사건의 재판에 중대한 영향을 초래할 우려가 있는 경우
   ⑤ 공개로 인하여 피고인의 개선이나 갱생에 현저한 지장을 초래할 우려가 있는 경우
   ⑥ 공개로 인하여 사건관계인의 영업비밀이 현저하게 침해될 우려가 있는 경우
   ⑦ 공개에 대하여 당해 소송관계인이 동의하지 아니하는 경우

2) 검사는 위의 열람·등사를 제한하는 경우에는 신청인에게 그 사유를 명시하여 통지하여야 한다.(제59조의2 제3항)

3) 검사는 소송기록의 보존을 위하여 필요하다고 인정하는 경우에는 그 소송기록의 **등본을 열람 또는 등사하게 할 수 있다.** 다만, 원본의 열람 또는 등사가 필요한 경우에는 그러하지 아니하다.(제59조의2 제4항) 11순경1차, 22법9

(2) 불복제도

재판확정기록의 열람·등사를 신청한 자는 **당해 기록을 보관하고 있는 검찰청에 대응한 법원에** 그 처분의 취소 또는 변경을 신청할 수 있다.(제59조의2 제6항) 11경사, 11순경1차

V 확정판결서 등의 열람·복사(제59조의3)

1. 확정판결서 등의 열람·복사의 의의와 제한

의의	**누구든지** 판결이 확정된 사건의 판결서 또는 그 등본, 증거목록 또는 그 등본, 그 밖에 검사나 피고인 또는 변호인(당사자가) 법원에 제출한 서류·물건의 명칭·목록 또는 이에 해당하는 정보(이하 "**판결서등**"이라 한다)를 **보관하는 법원에서** 해당 판결서등을 열람 및 복사(인터넷, 그 밖의 전산정보처리시스템을 통한 전자적 방법을 포함한다. 이하 이 조에서 같다)할 수 있다.(제59조의3 제1항) 18법9, 22법9
제한	다음 각 호의 어느 하나에 해당하는 경우에는 판결서등의 열람 및 복사를 제한할 수 있다.(제59조의3 제1항 단서) 1. 심리가 **비공개**로 진행된 경우 2. 「소년법」제2조에 따른 **소년에 관한 사건**인 경우 3. 공범관계에 있는 자 등의 증거인멸 또는 도주를 용이하게 하거나 관련 사건의 재판에 중대한 영향을 초래할 우려가 있는 경우 4. 국가의 안전보장을 현저히 해할 우려가 명백하게 있는 경우 5. 제59조의2 제2항 제3호 또는 제6호의 사유가 있는 경우. 다만, 소송관계인의 신청이 있는 경우에 한정한다. 18법9

2. 법원사무관 등의 조치와 책임 및 불복제도

(1) 법원사무관 등의 조치와 책임

법원사무관 등이나 그 밖의 법원공무원은 제1항에 따른 열람 및 복사에 앞서 판결서 등에 기재된 성명 등 개인정보가 공개되지 아니하도록 대법원규칙으로 정하는 보호조치를 하여야 한다.(제59조의3 제2항) 18법9 제2항에 따른 개인정보 보호조치를 한 법원사무관 등이나 그 밖의 법원공무원은 <u>고의 또는 중대한 과실로 인한 것이 아니면</u> 제1항에 따른 열람 및 복사와 관련하여 민사상·형사상 책임을 지지 아니한다.(제59조의3 제3항) 18법9, 22법9

(2) 불복제도

열람 및 복사에 관하여 정당한 사유가 있는 소송관계인이나 이해관계 있는 제3자는 제1항 단서(열람·복사의 제한 사유)에도 불구하고 제1항 본문에 따른 법원의 법원사무관 등이나 그 밖의 법원공무원에게 **판결서 등의 열람 및 복사를 신청할 수 있다.** 이 경우 법원사무관 등이나 그 밖의 법원공무원의 열람 및 복사에 관한 처분에 불복하는 경우에는 제1항 본문에 따른 **법원에 처분의 취소 또는 변경을 신청할 수 있다.**(제59조의3 제4항) 제4항의 불복신청에 대하여는 제417조 및 제418조를 준용한다.(제59조의3 제5항)

제5절 소송조건

1. 소송조건의 의의

소송조건이란 **공소제기의 유효요건**이자 **실체심판의 전제조건**을 말한다.

2. 소송조건의 종류

(1) 일반적 소송조건과 특별소송조건

일반적 소송조건	일반적 소송조건이란 일반사건(모든 사건)에 공통으로 요구되는 소송조건을 말한다. 예 재판권, 관할권
특별 소송조건	특별소송조건이란 특수한 사건에 대해서만 요구되는 소송조건을 말한다. 예 친고죄의 고소

(2) 적극적 소송조건과 소극적 소송조건

적극적 소송조건	일정한 사실의 존재가 소송조건이 되는 경우를 말한다. 예 재판권, 관할권; 재판권, 관할권이 존재해야 소송조건을 갖춘 것이 된다.
소극적 소송조건	일정한 사실의 부존재가 소송조건이 되는 경우를 말한다. 예 피고인의 사망이라는 사실이 없는 경우라야 소송조건을 갖춘 것이 된다.

(3) 형식적 소송조건과 실체적 소송조건

형식적 소송조건	① 형식적 소송조건이란 절차면에 관한 사유가 소송조건이 되는 경우를 말한다. ② 결여시; **관할위반의 판결, 공소기각결정, 공소기각판결을 한다.** 국9, 경승
실체적 소송조건	① 실체적 소송조건이란 실체면에 관한 사유가 소송조건이 되는 경우를 말한다. ② 결여시; **면소판결을 한다.** 국9, 경승

(4) 절대적 소송조건과 상대적 소송조건

절대적 소송조건	① 절대적 소송조건이란 당사자의 신청 없이 법원이 직권으로 조사해야 하는 소송조건으로서 법원의 직권조사사항이다. ② 토지관할 이외의 모든 소송조건은 절대적 소송조건이다.
상대적 소송조건	상대적 소송조건이란 당사자의 신청이 있어야 비로소 법원이 조사하는 소송조건을 말한다. 예 **토지관할**(제320조); 유일한 상대적 소송조건

3. 소송조건의 조사와 존재여부의 판단시기

원칙	**소송조건은 원칙적으로 절대적 소송조건으로서 법원의 직권조사사항**이다. 소송조건의 존재여부는 원칙적으로 공소제기시부터 판결확정시까지 존재하여야 하고, 공소제기시부터 판결확정시까지 사이에 소송조건이 흠결되면 **형식재판으로 소송을 종결해야 한다.** 📖 관련판례 처벌불원의 의사표시의 부존재의 성격 반의사불벌죄에 있어서 처벌불원의 의사표시의 부존재는 **소극적 소송조건으로서 직권조사사항**이라 할 것이므로 당사자가 항소이유로 주장하지 아니하였다고 하더라도 원심은 이를 직권으로 조사·판단하여야 한다.(대법원 2002.3.15. 선고 2002도158) F4 11경장·경사, 13국7, 15순경1차, 17검찰·마약9, 18순경1차, 18법9, 19경승, 21순경2차, 22경승, 23경승
예외	소송조건 중에서 토지관할은 **유일한 상대적 소송조건**으로서 **법원은 당사자의 신청이 있어야 조사**한다. 토지관할의 존재여부는 공소제기시에 있으면 족하다. F4 12순경1차

CHAPTER 4 공판절차

제1절 공판절차의 기본원칙

I 공판절차 관련 용어 정리

지금까지는 형사소송법의 총설, 수사절차와 공소제기 절차를 공부하였다. 형사소송절차는 수사절차를 거쳐서 공소제기라는 중간 단계를 거쳐서 공판절차로 이행된다. 이제부터는 공판절차에 관하여 배우게 된다. 공판절차에서는 우선적으로 기초적인 용어를 알아둘 필요가 있다. 다음에 공판절차와 관련된 기초적인 용어를 서술한다.

1. 기초적 용어의 의미

공판 절차	공판절차란 공소제기시부터 공소제기된 사건에 대한 '소송절차가 종료(재판확정)'될 때까지 수소법원이 행하는 모든 절차를 말한다. 공판절차에는 공판준비절차, 공판기일의 절차, 공판기일 외의 증인신문절차 등이 모두 포함된다. 통상적으로 공판절차라 함은 공판준비절차, 공판기일의 절차, 공판기일 외의 증인신문절차 등을 모두 포함하는 광의(넓은 의미)의 공판절차를 말하므로 공판절차는 광의라는 표현이 없더라도 광의의 공판절차를 일컫는다. 반면 공판기일의 절차를 협의의 공판절차라고 한다.
공판	공판(公判)이란 공소제기된 사건에 대하여 증거조사와 증인신문 등(이를 '실체심리'라고 한다)을 통하여 피고인이 유죄인지 무죄인지 여부에 대한 심증형성을 하는 수소법원의 활동을 말한다. 보다 쉽게 말하면 피고인이 나쁜 사람인지(유죄인지) 좋은 사람인지(무죄인지)를 가리는 법원의 활동이 공판이다.
공판정	공판정이란 원칙적으로 일반인이 와서 방청할 수 있도록 공개적으로 공판이 행해지는 법정을 말한다.
공판 기일	공판기일이란 구체적인 피고사건(예 甲이 A에 대하여 상해를 한 사건)에 대하여 공판정에서 공판이 행해지는 날을 말한다.
공판 중심 주의	공판중심주의란 법원은 공판기일의 실체심리(증거조사, 증인신문, 피고인신문 등)에 의하여 유·무죄 여부에 대한 심증형성을 하여야 한다는 원칙을 말한다. 한마디로 표현하면 공판기일을 중심으로 해야 한다는 원칙이 공판중심주의이다.

2. 공판중심주의의 실현을 위한 제도 F4 10국7

형사소송법은 공판중심주의를 실현하기 위하여 여러 가지 제도를 인정한다. 아래에 서술하는 것은 공판중심주의를 실현하기 위하여 형사소송법이 인정하는 제도이다.

공판 준비절차	공판준비절차는 공판기일의 쟁점을 정리하고 입증계획을 수립함으로써 공판절차의 신속·원활을 실현하기 위한 제도로써 결국 공판중심주의를 실현하는 방법에 해당한다.
증거 개시제도	증거개시제도는 피고인 또는 변호인이 검사에게, 검사가 피고인 또는 변호인에게 공소제기된 사건에 관한 서류 등의 열람·등사를 허용함으로써 공판준비절차의 실효성을 확보하기 위한 제도로서 공판중심주의를 실현하는 방법에 해당한다.
공소장 일본주의	공소장일본주의는 공소제기시에 법원에 예단을 생기게 할 만한 서류 등의 첨부를 금지함으로써 법관이 백지상태에서 공판심리를 할 수 있도록 한다는 점에서 공판중심주의를 실현한다.
구두변론 주의	구두변론주의는 공판정에서의 변론을 구두로(말로) 하여야 한다는 원칙으로서 공판중심주의를 실현하는 방법에 해당한다.
집중심리 주의와 즉일선고의 원칙	집중심리주의와 즉일선고의 원칙은 공판절차의 신속을 실현하기 위한 제도로서 공판중심주의를 실현하는 제도이다. cf 증거재판주의; 증거재판주의는 공판기일에서만 적용되는 것이 아니라 공판준비절차와 공판기일 외의 절차에서도 적용되기 때문에 공판중심주의와 무관하다.

II 공판절차의 기본원칙

1. 공개주의

1) 공개주의의 의의
공개주의란 법원의 심리와 판결은 누구나 방청할 수 있도록 일반인에게 공개되어야 한다는 원칙을 말한다.

2) 공개주의의 근거
헌법 제27조 제3항은 "모든 국민은 신속한 재판을 받을 권리를 가진다. 형사피고인은 상당한 이유가 없는 한 지체 없이 공개재판을 받을 권리를 가진다."라고 함으로써 **공개재판을 받을 권리를 국민의 헌법상 기본권으로 규정**하고 있다. 또한 헌법 제109조는 "**재판의 심리와 판결은 공개한다**. 다만, 심리는 국가의 안전보장 또는 안녕질서를 방해하거나 선량한 풍속을 해할 염려가 있을 때에는 법원의 결정으로 공개하지 아니할 수 있다."라고 함으로써 **재판공개의 원칙을 규정**하고 있다.

3) 공개주의의 한계
① 헌법은 "재판의 **심리와 판결은 공개한다**. 다만, 심리는 국가의 안전보장 또는 안녕질서를 방해하거나 선량한 풍속을 해할 염려가 있을 때에는 법원의 결정으로 공개하지 아니할 수 있다."라고 규정하고 있다.

그러므로 **판결의 선고는 반드시(예외 없이) 공개해야 한다.** 반면 **심리는 원칙적으로 공개해야 하나, 예외적으로** 국가의 안전보장 또는 안녕질서를 방해하거나 선량한 풍속을 해할 염려가 있을 때 법원은 **비공개결정을 할 수 있다.** 19경간

② 원칙적으로 누구든지 법정 안에서는 재판장의 허가 없이 녹화·촬영·중계방송 등의 행위를 하지 못한다.(법원조직법 제59조) 다만, 피고인의 동의가 있는 때에 한하여 녹화·촬영·중계방송 등의 허가를 할 수 있다.(법정 방청 및 촬영 등에 관한 규칙 제4조)

> **관련판례** 공개재판의 원칙
>
> 공개금지사유(국가의 안전보장·안녕질서, 선량한 풍속을 해할 우려가 있는 경우)가 없음에도 불구하고 재판의 심리에 관한 공개를 금지하기로 결정하였다면 그러한 공개금지결정은 피고인의 공개재판을 받을 권리를 침해한 것으로서 **그 절차에 의하여 이루어진 증인의 증언은 증거능력이 없고,** 변호인의 반대신문권이 보장되었더라도 달리 볼 수 없으며, 이러한 법리는 공개금지결정의 선고가 없는 등으로 공개금지결정의 사유를 알 수 없는 경우에도 마찬가지이다. (대법원 2013.7.26. 선고 2013도2511) 15검찰·마약9, 17검찰·마약9, 18순경1차, 18국7, 21순경1차, 22법7, 23법9, 23국7

2. 구두변론주의(구두주의와 변론주의)

구두변론주의란 당사자의 변론(주장·입증)은 구두로 해야 한다는 원칙을 말한다.(제275조의3) 구두변론주의가 적용되는 대표적인 예가 '증인신문'이다.

3. 직접심리주의

직접심리주의는 수소법원이 직접 증거조사를 해야 한다는 형식적 직접주의와 원본증거를 재판의 기초로 삼아야 하고, 전문증거(=대체증거)는 원칙적으로 재판의 기초로 삼을 수 없다는 **실질적 직접주의**를 내용으로 한다. 실질적 직접주의를 실현하기 위하여 전문법칙(제310조의2)을 인정하고 있다.

4. 집중심리주의

집중심리주의란 심리에 2일 이상이 필요한 경우에는 부득이한 사정이 없는 한 (원칙적으로) 매일 계속 개정해야 하고, 재판장은 부득이한 사정으로 매일 계속 개정하지 못하는 경우에도 특별한 사정이 없는 한 전회의 공판기일부터 **14일 이내로** 다음 공판기일을 지정하여야 한다는 원칙을 말한다.(제267조의2 제2·4항) 18순경1차, 18순경3차, 21경승 집중심리주의 원칙상 재판장은 여러 공판기일을 일괄하여(한꺼번에) 지정할 수 있다.(제267조의2 제3항) 19국9 매일 계속 공판을 개정하게 되면 재판은 빨리 끝날 수밖에 없다. 그러므로 집중심리주의는 **신속한 재판의 원칙**을 실현하기 위한 제도이다.

제2절 공판심리의 범위

I 심판의 대상

1. 불고불리의 원칙

불고불리(不告不理)의 원칙이란 검사가 공소제기를 하지 않은 것은(不告) 법원이 심판할 수 없다(不理)는 원칙을 말한다. 불고불리의 원칙은 결국 법원은 검사가 공소제기를 한 피고인과 범죄사실에 대해서만 심판을 할 수 있다는 원칙이다. 법9, 법승, 순경, 국9, 19국7

2. 학설

(1) 이원설(판례)

검사가 공소제기를 한 경우 법원의 심판의 대상이 무엇인지에 관해서는 학설이 대립하나, **이원설이 판례**의 태도이다. 이원설은 검사에 의하여 공소장에 기재된 공소사실이 **현실적 심판대상**(현재 실제로 심판의 대상으로 된 것)이고, 공소장에는 기재되어 있지는 않지만 공소장에 기재된 공소사실과 동일성이 인정되는 범죄사실 전부가 **잠재적 심판대상**이라는 견해이다. 예를 들면 검사가 공소장에 강간의 범죄사실을 공소사실로 기재하여 공소제기를 한 경우 현실적 심판대상은 강간의 범죄사실이고, 잠재적 심판대상은 그와 동일성이 인정되는 강간치상 또는 강간치사의 범죄사실이다. 검사가 강간의 범죄사실을 강간치상 또는 강간치사의 범죄사실로 공소장변경을 하면 강간치상 또는 강간치사의 범죄사실은 잠재적 심판대상에서 현실적 심판대상으로 바뀐다. 잠재적 심판대상은 현재 공소장에 기재되어 있지 않으나, 나중에 공소장변경에 의하여 현실적 심판대상으로 바뀔 수 있는 범죄사실을 말한다. 12순경1차

(2) 이원설의 효과

이원설에 의할 때 공소제기의 효력이 미치는 범위, 공소장변경을 할 수 있는 범위와 기판력이 미치는 범위는 **잠재적 심판대상까지**이다. 즉 공소제기의 효력은 잠재적 심판대상까지 미치고, 공소장변경도 잠재적 심판대상까지 할 수 있으며, 공소제기된 범죄사실에 대하여 확정판결이 있으면 그 기판력은 잠재적 심판대상까지 미친다는 것이다.

Ⅱ 공소장변경

1. 공소장변경의 의의와 취지

(1) 공소장변경의 의의

의의	공소장변경이란 **검사가 법원의 허가를 얻어** 공소사실의 동일성을 해하지 않는 한도에서 공소장에 기재한 공소사실 또는 적용법조를 추가, 철회 또는 변경을 하는 것을 말한다.(제298조 제1항) 14경승, 14경간, 15순경2차, 18순경3차, 19경승, 21법9
추가	추가란 공소장에 기재된 공소사실 이외의 새로운 공소사실과 그에 대한 적용법조를 부가하는 것을 말한다. 예 상습사기의 공소사실과 포괄일죄인 다른 사기를 추가하는 것
철회	철회란 공소장에 기재된 공소사실 또는 적용법조 중 일부를 제외하는 것을 말한다. 예 포괄일죄인 상습사기의 공소사실 중 일부를 제외하는 것 법9 **관련판례** 공소사실의 일부 철회 [1] 공소장변경의 방식에 의한 공소사실의 철회는 공소사실의 동일성이 인정되는 범위 내의 일부 공소사실에 한하여 가능한 것이므로, 공소장에 기재된 수개의 공소사실이 서로 동일성이 없고 실체적 경합관계에 있는 경우에 그 일부를 소추대상에서 철회하려면 공소장변경의 방식에 의할 것이 아니라 **공소의 일부취소(공소취소)절차에 의하여야 한다.** 19경간 [2] 실체적 경합관계에 있는 수개의 공소사실 중 어느 한 공소사실을 전부 철회하는 검찰관의 공판정에서의 구두에 의한 공소장변경신청이 있는 경우 이것이 그 부분의 공소를 취소하는 취지가 명백하다면 비록 공소취소신청이라는 형식을 갖추지 아니하였더라도 이를 **공소취소로 보아 공소기각결정을 하여야 한다.**(대법원 1992.4.24. 선고 91도1438) 19순경1차, 21법9
변경	변경이란 공소장에 기재된 공소사실과 적용법조를 다른 것으로 바꾸는 것(대체)을 말한다. 예 강간의 공소사실을 강간치상으로 대체하는 것

(2) 공소장변경의 취지

1) **공소장변경제도의 목적** : 공소장변경 제도를 인정하는 취지는 피고인의 방어권을 보장하고, 국가형벌권 행사의 적정한 실현을 도모하기 위함에 있다.

2) **피고인의 방어권 보장** : 공소가 제기되면 수소법원은 지체 없이 피고인 또는 변호인에게 공소장부본을 송달하여야 한다. 피고인 또는 변호인은 공소장부본에 기재된 공소사실을 보고 이에 대한 방어 전략을 수립하는데 공소장변경 절차 없이 법원이 공소장에 기재된 공소사실과 다른 범죄사실을 인정한다면 피고인은 방어권행사에 실질적 불이익을 받는다. 따라서 변경된 공소사실의 내용을 공소장변경허가신청서부본을 송달하는 방법 등으로 피고인에게 알려주어 피고인이 방어권을 적절하게 행사할 수 있도록 하기 위해서는 공소장변경 절차가 필요한 것이다.

3) **국가 형벌권 행사의 적정한 실현** : 만일 검사에게 공소장에 기재된 공소사실인 명예훼손의 공소사실에 대해서는 유죄의 증거가 불충분하고 모욕에 대해서는 유죄의 증거가 충분하다고 가정할 때 검사는 명예훼손의 공소사실에 대하여 유죄의 입증을 하지 못하게 될 것이다. 이 때 공소장변경 제도가 없다면 법원은 무죄판결을 선고해야 되고, 모욕죄로 처벌될 수 있었던 사안이 무죄로 될 것이다. 따라서 이런 경우 검사가 공소장변경의 형식을 통하여 모욕죄에 대하여 유죄판결을 받음으로써 국가형벌권 행사의 적정한 실현을 기할 수 있다.

2. 공소장변경의 한계

(1) **공소장변경의 한계의 의의** : 공소장변경의 한계란 어느 범위까지 공소장변경이 가능한가의 문제이다. 공소장변경은 **공소사실의 동일성이 인정되는 범위 내에서만 가능**하다.(제298조 제1항) 따라서 공소사실의 동일성이 인정되지 않는 범죄사실로는 공소장변경이 불가능하다.

(2) **공소사실의 동일성의 의미** : 공소사실의 동일성이란 사건의 단일성과 동일성을 말한다. 사건의 단일성은 어느 한 시점에서 사건이 1개인 것을 의미한다. **예** 상상적 경합이 대표적이다. 1인이 1개의 행위로 여러 개의 구성요건을 실현한 경우이기 때문이다. F4 순경 또한 사건의 동일성은 시간의 경과에 따른 사실관계의 증감변경에도 불구하고 전후 양 시점을 비교했을 때 전후의 동질성이 유지되는 것을 의미한다.

(3) **공소사실의 동일성의 판단기준** : 공소사실의 동일성이 인정되는지 여부에 대하여 학설은 대립하나, **기본적 사실관계동일설이 판례**의 입장이다. 기본적 사실관계 동일설이란 공소장변경 전의 범죄사실과 변경할 범죄사실 사이에 사회적 사실관계가 기본적으로 동일하다면 공소사실의 동일성이 인정된다는 견해이다. 이 견해에 의하면 변경 전후의 사회적 사실관계에 지엽적인 차이가 있을지라도 기본적 사실관계(핵심이 되는 중요한 사실관계)가 동일하다면 공소사실의 동일성이 인정된다. 변경 전후의 사실이 구성요건적으로 상당한 정도 부합하는 경우에만 공소사실의 동일성을 인정하는 것이 아니라는 것을 주의해야 한다. F4 14경간 예컨대 강간과 강간치상은 둘 다 강간을 하는 과정에서 발생한 범죄로서 기본적 사실관계인 강간이 동일하기 때문에 상호 동일성이 인정된다.

> **관련판례** 공소사실의 동일성의 판단기준
>
> a. 공소사실이나 범죄사실의 동일성을 판단함에 있어 기본적 사실관계가 동일한가의 여부는 규범적 요소를 전적으로 배제한 채 순수하게 사회적 · 전법률적 관점에서만 파악할 수는 없고, 규범적 요소도 기본적 사실관계 동일성의 실질적 내용의 일부를 이루는 것이다.(대법원 1994.3.22. 선고 93도2080 전원합의체판결) ▶ 판례는 **기본적 사실관계동일설을 원칙으로 하면서 규범적 요소도 고려**한다. 따라서 공소사실의 동일성 여부를 판단함에 있어서 판례는 규범적 요소를 배제한다는 지문이 출제되면 이는 틀린 지문이다. F4 경승, 13국9, 15법9, 16법9, 17경간, 17법9, 19법9, 21법9, 22국9
>
> b. 공소장에 적용법조의 기재에 오기 · 누락이 있거나 또는 적용법조에 해당하는 구성요건이 충족되지 않을 때에는 피고인의 방어에 실질적인 불이익을 주지 않는 한도에서 법원이 공소장 변경의 절차를 거침이 없이 직권으로 공소장 기재와 다른 법조를 적용할 수 있지만, 공소장에 기재된 적용법조를 단순한 오기나 누락으로 볼 수 없고 구성요건이 충족됨에도 법원이 공소장 변경의 절차를 거치지 아니하고 임의적으로 다른 법조를 적용하여 처단할 수는 없다.(대법원 2015.11.12. 선고 2015도12372) F4 17국7, 18법9, 18검찰 · 마약 9급, 22국9

📖 **관련판례** 공소사실의 동일성을 인정한 판례

a. 피고인이 피해자를 살해하려고 목을 누르는 등 폭행을 가하였으나 미수에 그쳤다는 살인미수의 공소사실에 대하여 예비적으로 피고인이 피해자를 강간하려고 위와 같은 폭행을 가하였으나 미수에 그치고 피해자에게 상해를 입혔다는 강간치상의 공소사실을 추가하는 공소장변경은 공소사실의 동일성을 해친다고 볼 수 없다.(대법원 1984.6.26. 선고 84도666) F4 19경간, 20순경1차

b. 공소사실의 동일성은 기본적 사실관계가 동일하면 된다 할 것이므로 참고인에 대하여 허위진술을 하여 달라고 요구하면서 이에 불응하면 어떠한 위해를 가할 듯한 태세를 보여 외포케 하여 참고인을 협박하였다는 공소사실과 위와 같이 협박하여 겁을 먹은 참고인으로 하여금 허위로 진술케 함으로써 2시경 수사기관에 검거되어 신병이 확보된 채 조사를 받고 있던 자를 증거불충분으로 풀려나게 하여 도피케 하였다는 공소사실은 허위진술을 하도록 참고인을 강요, 협박하였다는 기본적 사실관계가 동일하여 공소사실의 동일성이 있다고 할 것이다.(대법원 1987.2.10. 선고 85도897) F4 순경, 16검찰·마약9

c. 공소장변경 전의 횡령 공소사실과 변경 후의 사기 공소사실이 그 기초되는 사회적 사실관계가 기본적인 점(피해자에게 다방을 경영하게 해주겠다는 명목으로 금원수령)에서 동일하다고 인정되는 경우에는 그 공소장변경은 적법하다.(대법원 1983.11.8. 선고 83도2500) ▶ 사기와 횡령(반대의 경우) 사이에 범행일시가 근접, 피해자 및 범행목적물이 동일한 경우도 마찬가지이다.(대법원 1998.7.28. 선고 98도1226) F4 순경

d. 검사가 공소사실 중 임차권 양도계약 중개수수료 교부자를 갑에서 을로 변경하는 공소장변경 신청을 하고 원심이 이를 허가한 경우, 그와 같이 공소장을 변경하더라도 피고인이 공소사실 기재 일시 장소에서 위 계약을 중개한 후 법정 수수료 상한을 초과한 중개수수료를 교부받았다는 사실에는 변함이 없으므로, 공소사실의 동일성이 인정된다.(대법원 2010.6.24. 선고 2009도9593) F4 15순경3차, 17순경2차, 19경간

e. 흉기를 휴대하고 다방에 모여 강도예비를 하였다는 공소사실과 정당한 이유 없이 폭력범죄에 공용될 우려가 있는 흉기를 휴대하고 있었다는 폭력행위 등 처벌에 관한 법률 제7조에 규정한 죄의 공소사실은 동일성이 인정된다.(대법원 1987.1.20. 선고 86도2396) F4 19경간

f. 절도죄의 공소사실과 공소장변경 허가신청으로 예비적으로 추가한 장물운반죄의 공소사실이 기본적 사실관계는 동일하지만 공소장변경을 허가하여도 주위적·예비적 공소사실 전부에 대하여 무죄를 선고할 것이 분명한 경우, 공소장변경을 허가하지 않은 것이 판결 결과에 영향을 미치지 않았다고 보아야 한다.(대법원 1999.5.14. 선고 98도1438) F4 순경

g. 공소사실의 피해자를 주식회사 ○○○에서 △△ 디자인(△△ Design Pty Ltd)으로 변경한다 하더라도 피고인이 공소사실 기재 일시 장소에서 저작권 침해행위를 하였다는 사실과 침해행위의 태양 및 침해된 저작권이 어떠한 저작물에 대한 것인지에 변함이 없는 경우 위 공소장변경 전후의 공소사실은 상호 동일성을 인정할 수 있어 그 공소장변경은 적법하다.(대법원 2008.2.28. 선고 2007도8705) ▶ 친고죄인 경우에도 마찬가지이다. F4 09국9

> 관련판례 **공소사실의 동일성을 부정한 판례**

a. 유죄로 확정된 장물취득죄와 이 사건 강도상해죄는 범행일시가 근접하고 위 장물취득죄의 장물이 이 사건 강도상해죄의 목적물 중 일부이기는 하나, 그 범행의 일시, 장소가 서로 다르고, 강도상해죄는 피해자를 폭행하여 상해를 입히고 재물을 강취하였다는 것인 데 반하여 위 장물취득죄는 위와 같은 강도상해의 범행이 완료된 이후에 강도상해죄의 범인이 아닌 피고인이 다른 장소에서 그 장물을 교부받았음을 내용으로 하는 것으로서 그 수단, 방법, 상대방 등 범죄사실의 내용이나 행위가 별개이고, 행위의 태양이나 피해법익도 다르고 죄질에도 현저한 차이가 있어, 위 장물취득죄와 이 사건 강도상해죄 사이에는 동일성이 있다고 보기 어렵고, 따라서 피고인이 장물취득죄로 받은 판결이 확정되었다고 하여 강도상해죄의 공소사실에 대하여 면소를 선고하여야 한다거나 피고인을 강도상해죄로 처벌하는 것이 일사부재리의 원칙에 어긋난다고는 할 수 없다.(대법원 1994.3.22. 선고 93도2080 전원합의체 판결) F4 13국9, 15검찰 · 마약9

b. 법원은 공소장에 명시된 특정사실에 관하여만 심리판단할 수 있을 따름이고 다만 공소사실의 동일성이 인정되는 범위에서만 공소장기재 범죄사실과 다른 범죄사실을 인정할 수 있는 것이므로, 권리행사방해로 기소된 사건에 있어서 그 동일성을 인정할 수 없는 절도죄로 처단할 수 없는 것이다.(대법원 1983.4.12. 선고 83도292)

c. 상해의 공소사실에 폭력행위 등 처벌에 관한 법률 위반(집단 · 흉기 등 협박) 등의 공소사실을 추가하여 공소장변경신청을 한 경우, 범행 장소와 피해자가 동일하고 시간적으로 밀접되어 있으나 수단 · 방법 등 범죄사실의 내용이나 행위태양이 다를 뿐만 아니라 죄질에도 현저한 차이가 있어 기본적인 사실관계가 동일하지 않으므로 공소사실의 동일성을 인정할 수 없다.(대법원 2008.12.11. 선고 2008도3656)

d. 2개월 내에 작위의무를 이행하라는 행정청의 지시를 이행하지 아니한 행위와 7개월 후 다시 같은 내용의 지시를 받고 이를 이행하지 아니한 행위는 성립의 근거와 일시 및 이행기간이 뚜렷이 구별되어 서로 양립이 가능한 전혀 별개의 범죄로서 동일성이 없다.(대법원 1994.4.26. 선고 93도1731)

e. 약식명령이 확정된 '약사법 위반죄'의 범죄사실과 '보건범죄단속에 관한 특별조치법 위반(부정의약품제조등)'의 공소사실이 그 행위의 태양과 보호법익 및 죄질이 전혀 다르고, 범행일시 및 장소도 극히 일부만 중복될 뿐이므로 상호간에 동일성이 있다고 보기는 어렵다.(대법원 2010.10.14. 선고 2009도4785)

f. 검사가 토지거래허가구역 내 토지에 대한 미등기 전매 후 근저당권설정행위를 배임으로 기소하였다가, 원심에서 매매대금 편취에 대한 사기 공소사실을 예비적으로 추가하는 공소장변경신청을 한 경우, 위 각 범죄사실은 기본적 사실관계가 동일하다고 볼 수 없어 공소장변경을 허가한 원심의 조치는 위법하다.(대법원 2012.4.13. 선고 2011도3469) F4 19국7

g. 포괄일죄인 영업범에서 공소제기의 효력은 공소가 제기된 범죄사실과 동일성이 인정되는 범죄사실의 전체에 미치므로, 공판심리 중에 그 범죄사실과 동일성이 인정되는 범죄사실이 추가로 발견된

경우에 검사는 공소장변경절차에 의하여 그 범죄사실을 공소사실로 추가할 수 있다. 그러나 공소제기된 범죄사실(A)과 추가로 발견된 범죄사실(B) 사이에 그 범죄사실들(AB)과 동일성이 인정되는 또 다른 범죄사실(C)에 대한 유죄의 확정판결이 있는 때에는, 추가로 발견된 확정판결 후의 범죄사실(B)은 공소제기된 범죄사실(A)과 분단되어 동일성이 없는 별개의 범죄가 된다. 따라서 이때 검사는 공소장변경절차에 의하여 확정판결 후의 범죄사실(B)을 공소사실로 추가할 수는 없고 별개의 독립된 범죄로 공소를 제기하여야 한다.(대법원 2017. 4. 28. 선고 2016도21342) 19국7, 19순경2차, 20법9, 23국9

3. 공소장변경의 필요성〈요부(要否)〉

(1) 공소장변경의 필요성의 의의

법원이 공소장에 기재된 공소사실과 다른 범죄사실을 인정할 경우 언제나 공소장변경을 해야 하는 것은 아니다. 굳이 공소장변경을 하지 않더라도 **피고인의 방어권행사에 불이익을 초래하지 않는 경우에는 공소장변경을 요하지 않는다**. 공소장변경제도를 인정하는 취지는 피고인의 방어권 보장을 위한 것인데, 피고인의 방어권 행사에 불이익이 없는 경우에까지 불필요한 공소장변경을 요구하는 것은 소송경제에 반하기 때문이다. 공소장변경의 필요성 문제는 법원이 공소장에 기재된 공소사실과 다른 범죄사실을 인정하려고 할 때 공소장변경을 요하는 경우와 공소장변경을 요하지 않는 경우가 무엇인지에 관한 문제이다. 또한 공소장변경의 필요성 문제는 공소장에 기재된 공소사실과 법원이 인정하려는 범죄사실 사이에 공소사실의 **동일성이 인정되는** 것을 전제로 한다.

(2) 공소장변경의 필요성의 판단기준

공소장변경이 필요한지 필요 없는지 여부를 판단하는 기준이 무엇인가에 대하여 견해가 대립한다. 이에 대하여 **판례는 사실기재설**을 취한다. '사실기재설'이란 법원이 공소장에 기재된 공소사실과 다른 범죄사실을 인정하면 **피고인의 방어권행사에 실질적 불이익을 초래할 염려가 있는 경우에는 공소장변경을 요하지만, 피고인의 방어권행사에 실질적 불이익을 초래할 염려가 없는 경우에는 공소장변경을 요하지 않는다**는 견해이다. 즉 **피고인의 방어권행사에 실질적 불이익을 초래할 염려가 있는지 여부가 공소장변경의 요부를 판단하는 기준**이라는 것이다.

> **관련판례** 사실기재설
>
> **피고인의 방어권 행사에 실질적인 불이익을 초래할 염려가 없는 경우**에는 공소사실과 기본적 사실이 동일한 범위 내에서 법원이 공소장변경 절차를 거치지 아니하고 다르게 인정하였다 할지라도 **불고불리의 원칙에 위반되지 않는다.**(대법원 1998. 3. 27. 선고 97도3079) ▶ 여기서 '불고불리의 원칙에 위반되지 않는다.'는 것은 '위법하지 않다.'는 뜻이다. 공소사실의 특정 · 공소장변경과 관련된 판례를 공부할 때 **피고인의 방어권행사에 실질적 불이익을 초래할 염려가 없는 경우(= 방어권 행사에 지장이 없는 경우)**라는 문구가 나오면 **적법**하다고 정리하면 된다. 12검찰·마약9, 13국9, 14교정·보호·철경9, 15법9, 16순경1차, 17경승, 17법9, 21법9
>
> **같은 취지의 판례**
>
> 단독범으로 기소된 것을 다른 사람과 공모하여 동일한 내용의 범행을 한 것으로 인정하는 경우에 이로 말미암아 피고인에게 예기치 않은 타격을 주어 방어권 행사에 실질적 불이익을 줄 우려가 없다면 **공소장 변경이 필요한 것은 아니다.**(대법원 2018. 7. 12. 선고 2018도5909) 19국9

(3) 공소장변경의 필요성 여부에 대한 구체적 판단기준

1) 일시·장소의 변경

판례는 **피고인의 방어권행사에 실질적 불이익을 초래할 염려가 있는지 여부에 따라 판단**한다. 따라서 일시를 약간 다르게 인정하는 경우에는 공소장변경을 요하지 않는다. 그러나 간격이 길고 범죄의 성부에 중대한 관계가 있는 경우에는 피고인의 방어권행사에 실질적 불이익을 초래할 염려가 있으므로 공소장변경을 요한다.(대법원 1982.12.28. 선고 82도2156)

2) 수단·방법의 변경

수단·방법이 변경되면 피고인의 방어권행사에 실질적 불이익을 초래할 염려가 있으므로 **원칙적으로 공소장변경을 요**한다. 그러나 수단·방법이 변경될지라도 기본적인 사실에 있어서 동일성이 인정되고 **피고인의 방어권행사에 실질적 불이익을 초래할 염려가 없는 경우에는 공소장변경을 요하지 않는다.**

> **관련판례**
>
> 피고인이 범행에 사용한 도구가 스카프가 아니라 피고인이 신고 있던 양말(늘였을 때의 길이 약 70cm)임에도 이를 스카프로 인정한 경우 공소사실의 동일성의 범위 내에 속하는 것으로서 **피고인의 방어권 행사에 아무런 지장이 없으므로 위법하지 않다.**(대법원 1994.12.22. 선고 94도2511) 경승

3) 객체·피해자의 변경

피고인의 방어권행사에 실질적 불이익을 초래할 염려가 있는지 여부에 따라 판단한다.

> **관련판례**
>
> a. 사기죄에 있어서 공소사실의 기망 내용과 다른 기망 행위를 **공소장변경 절차 없이 인정할 수는 없다.** (대법원 1998.4.14. 선고 98도231)
> b. 횡령죄에 대하여 법원이 공소장변경절차를 거치지 않고 횡령목적물의 소유자(위탁자), 보관자의 지위, 영득행위의 불법성을 공소사실과는 다르게 각 인정한 것은 **피고인의 방어권을 침해하는 것으로서 위법**하다.(대법원 1991.9.24. 선고 91도1605)

4) 기타의 경우

① 단독범을 공동정범으로 변경하는 경우
  판례는 **피고인의 방어권행사에 실질적 불이익을 초래할 염려가 있는지 여부에 따라 판단**한다.

② 포괄일죄의 경우
  포괄일죄에 있어서는 공소장변경을 통한 종전 공소사실의 철회 및 새로운 공소사실의 추가가 가능한 점에 비추어 그(포괄일죄의) 공소장변경허가 여부를 결정함에 있어서는 포괄일죄를 구성하는 개개 공소사실별로 종전 것과의 동일성 여부를 따지기보다는 변경된 공소사실이 전체적으로 포괄일죄의 범주 내에 있는지 여부, 즉 단일하고 계속된 범의 하에 동종의 범행을 반복하여 행하고 그 피해법익도 동일한 경우에 해당한다고 볼 수 있는지 여부에 초점을 맞추어야 한다.(대법원 2006.4.27. 선고 2006도514) 19국9, 19순경1차, 23국7

③ 인과관계의 중간 경로에 차이가 있는 경우
　공소장변경을 요하지 않는다.

> **관련판례** 공소장변경을 필요로 한다는 판례

a. 살인죄의 구성요건이 반드시 폭행치사의 사실을 포함한다고 할 수는 없으므로(폭행치사가 살인죄의 축소사실이 아니므로) **살인죄**의 범죄사실에 대하여 공소장변경 없이 **폭행치사죄**로 처단(처벌)할 수 없다.(대법원 2001.6.29. 선고 2001도1091) 08순경1차, 14순경1차, 16교정·보호·철경9, 16순경2차 ▶ 살인에 꼭 폭행치사가 포함되는 것은 아니다. 꼭 폭행치사를 거쳐서 살인을 하는 것이 아니기 때문이다. 따라서 폭행치사는 살인의 축소사실이 아니다. 그러므로 살인으로 기소된 것을 법원이 폭행치사로 인정할 때에는 공소장변경을 필요로 한다.

b. **상습절도죄(일반법)**로 기소한 경우, 비록 구성요건이 동일하더라도 공소장변경 없이 형이 더 무거운 **특정범죄 가중처벌 등에 관한 법률 제5조의4 제1항 등(특별법)**을 적용하여 처벌할 수 없다.(대법원 2007.12.27. 선고 2007도4749) ▶ 확대 인정의 경우에는 방어권 행사에 지장이 있기 때문에 공소장변경을 요한다. 11검찰·마약9, 13경승, 16검찰·마약9, 19국9

c. 범죄단체에 가입한 시일은 범죄사실을 특정하는 중요한 요건이므로 범죄단체의 구성원으로 활동한 사실이 인정된다 하더라도 공소장에 기재된 시일이 아닌 그 이전의 어느 시일을 범죄단체에 가입한 시일로 인정하여 유죄로 처벌하는 것은 허용될 수 없다.(대법원 1993.6.8. 선고 93도999) 따라서 "1987.3.경 신양오비파에 행동대장으로 가입하여 신양오비파를 구성하였다"는 폭력행위등처벌에관한 법률 제4조 제2호의 공소사실에 대하여 법원이 "피고인이 1988.9.경 신양오비파에 가입하였다"고 같은 조 제3호의 범죄사실로 인정하기 위하여는 공소장변경절차를 거쳐야 한다.(대법원 1992.10.27. 선고 92도1824) 순경

d. **강도상해교사죄**를 공소장변경 없이 **공갈교사죄**로 처단(처벌)할 수 없다.(대법원 1993.4.27. 선고 92도3156) 경승 ▶ 공소사실의 동일성은 인정되나 죄질을 달리하므로 공소장변경을 필요로 한다는 판례이다.

> **같은 취지의 판례**
> 특수절도죄로 기소된 경우 공소장변경 없이 장물운반죄로 인정할 수 없다(대법원 1965.1.26. 선고 64도681) 08순경1차 특수강도의 공소사실을 공소장변경 없이 특수공갈죄로 처단할 수 없다. 죄질을 달리하기 때문이다.(대법원 1968.9.19. 선고 68도995 전원합의체 판결) 14순경1차

e. 명예훼손죄의 공소사실에 대하여 공소장변경 없이 모욕죄로 인정할 수 없다.(대법원 1972.5.31. 선고 70도1859) 08순경1차 ▶ 모욕죄는 명예훼손죄의 축소사실이 아니므로 공소장변경을 필요로 한다.

f. 미성년자약취 후 재물을 요구하였으나 취득하지는 못한 범인을 '**미성년자약취 후 재물취득 미수**'에 의한 특정범죄가중처벌 등에 관한 법률 위반죄로 공소제기 하였는데, 법원이 공소장변경 없이 '**미성년자약취 후 재물요구 기수**'에 의한 같은 법 위반죄로 인정하여 미수감경을 배제하는 것은 피고인의 방어권 행사에 실질적인 불이익을 초래하는 것이다.(대법원 2008.7.10. 선고 2008도3747) 12순경1차 ▶ 미수(감경 가능)를 기수(감경 배제)로 인정하는 것은 확대 인정에 해당하여 방어권 행사에 지장이 있기 때문에 공소장변경을 요한다.

g. 사단법인 한국에이비씨(ABC)협회 사무국장인 피고인이, 협회가 신문발전위원회로부터 지급받은 '보조금' 중 일부를 목적 외 용도로 사용하였다고 하여 구 보조금의 예산 및 관리에 관한 법률 위반으로 기소된 경우, 제반 사정에 비추어 검사는 위 돈을 '보조금'으로 보아 기소하였던 것이므로 불고불리 원칙상 공소장 변경 없이 '간접보조금'으로 보아 처벌할 수 없고, 나아가 이를 '간접보조금'이라고 할 수 없는데도, 이와 달리 '간접보조금'으로 보아 공소장 변경 없이 유죄를 인정한 원심판결에 법리오해의 잘못이 있다.(대법원 2012.8.23. 선고 2010도12950)

h. 정당의 공직자 후보 추천과 관련하여 '금품을 수수하였다'는 공소사실에 대하여, 법원이 공소장변경 절차를 거치지 아니하고 직권으로 '금원을 대여함으로써 금융이익 상당의 재산상 이익을 수수하였다'는 범죄사실을 유죄로 인정한 것은 범죄행위의 내용 내지 태양이 서로 다르므로, 피고인들의 방어권 행사에 실질적인 불이익을 초래한 것이다.(대법원 2009.6.11. 선고 2008도11042) F4 10법사

i. **장물보관죄(고의범)**로 공소제기 된 사건을 검사의 공소장변경절차 없이 **업무상과실 장물보관죄(과실범)**로 의율(보아) 처단(처벌)할 수는 없다.(대법원 1984.2.28. 83도3334) F4 14순경1차 ▶ 고의범과 과실범은 본질을 달리하는 범죄이기 때문이다.

j. 검사가 피고인을 **업무상 과실치사죄**로 기소한 사건에 대하여 법원이 검사의 공소장변경절차도 없이 **단순과실치사죄**로 인정하여 유죄의 선고를 한 것은 위법하다.(대법원 1968.11.19. 선고 68도1998) F4 14순경1차 ▶ 단순과실은 업무상 과실에 대하여 축소사실이 아니므로 공소장변경을 필요로 한다.

k. 검사가 **단순사기**의 공소사실에 형법 제347조 제1항을 적용하여 기소한 경우에는 비록 상습성이 인정된다고 하더라도 공소장의 변경 없이는 법원이 **상습사기(가중처벌)**로 인정하여 처벌할 수는 없다. (대법원 1989.6.13. 선고 89도582) F4 16순경1차 ▶ 확대 인정의 경우 방어권 행사에 지장이 있기 때문에 공소장변경을 요한다.

l. 법원의 심판대상인 과실의 내용이 피고인이 횡단보도 앞에서 횡단보행자가 있는지 여부를 잘 살피지 아니하고 또 신호에 따라 정차하지 아니하고 시속 50킬로미터로 진행한 과실이라면 보조제동장치나 조향장치를 조작하지 아니하였다는 과실은 전자와 그 내용을 달리하며 피고인의 방어권행사에 불이익을 초래할 염려가 있는 경우이므로 공소장의 변경절차를 밟지 아니한 이상, 법원의 현실적 심판의 대상이 될 수 없다.(대법원 1989.10.10. 선고 88도1691) ▶ 과실의 내용을 달리하는 경우에는 피고인의 방어권 행사에 영향을 미치므로 공소장변경을 요한다는 판례이다.

m. 검사가 공소장에 적용법조를 단순음주운전 처벌규정으로 기재하였고 공소사실에 피고인이 음주운전 금지의무를 2회 이상 위반한 사실을 기재한 경우, 법원은 **공소장변경 없이 직권으로 2회 이상 음주운전 금지의무를 위반하고 다시 음주운전을 한 운전자를 가중처벌하는 규정을 적용하여 피고인을 처벌할 수 없다.** 이는 불고불리 원칙에 반하여 피고인의 방어권 행사에 실질적인 불이익을 초래한다.(대법원 2019.6.13. 선고 2019도4608) ▶ 확대 인정의 경우 방어권 행사에 지장이 있기 때문에 공소장변경을 요한다. F4 19순경2차

📖 **관련판례** 공소장변경이 필요 없다는 판례

a. 기소된 공소사실의 재산상의 피해자와 공소장 기재의 피해자가 다른 것이 판명된 경우에는 공소사실에 있어서 동일성을 해하지 아니하고 피고인의 **방어권 행사에 실질적 불이익을 주지 아니하는 한** 공소장변경절차 없이 직권으로 공소장 기재의 사기피해자와 다른 실제의 피해자를 적시하여 이를 유죄로 인정하여야 한다.(대법원 2002.8.23. 선고 2001도6876) 13순경1차, 14경간, 16순경2차, 18경간, 19국9 ▶ 사기죄의 피해자는 중요요소가 아니므로 방어권 행사에 지장이 없다. 따라서 공소장변경을 요하지 않는다.

📖 같은 취지의 판례

횡령죄의 피해자와 다른 피해자를 인정하는 경우에도 공소장변경을 요하지 않는다.(대법원 1978.2.28. 선고 77도3522) ▶ 횡령죄의 피해자는 중요요소가 아니므로 방어권 행사에 지장이 없다. 따라서 공소장변경을 요하지 않는다.

b. 상해정도의 차이만 가지고는 기본적 사실의 동일성이 깨어진다고 볼 수 없으므로 공소장에 약 **4개월간의 치료를 요하는 상해**라고 적시된 것을 법원이 공소장변경 절차 없이 약 **8개월간의 치료를 요하는 것**으로 인정하였다 하여도 이는 불고불리의 원칙에 반한다고 할 수 없다.(대법원 1984.10.23. 84도1803) 13순경1차, 16순경2차 ▶ 상해의 정도는 상해죄의 중요요소가 아니므로 방어권 행사에 지장이 없다. 따라서 공소장변경을 요하지 않는다.

c. **포괄일죄를 실체적 경합으로, 실체적 경합을 포괄일죄로** 공소장변경 없이도 인정할 수 있다.(대법원 1987.7.21. 선고 87도546) 경승, 13국7, 14순경1차, 18검찰·마약9, 19국9, 22국9 ▶ 죄수에 관한 법적 평가만 달리한 경우 법원의 전권(재량)사항이고, 피고인의 방어권과는 무관하므로 공소장변경을 요하지 않는다.

d. 횡령죄와 배임죄는 다같이 신임관계를 기본으로 하고 있는 같은 죄질의 재산범죄로서 그 형벌에 있어서도 경중의 차이가 없고 **동일한 범죄사실에 대하여 단지 법률적용만을 달리하는 경우**에 해당하므로 법원은 **배임죄로 기소된 공소사실에 대하여 공소장변경 없이도 횡령죄를 적용하여 처벌할 수 있다.**(대법원 1999.11.26. 선고 99도2651) 10국7, 12법9, 13순경1차, 16검찰·마약9, 16순경2차, 17경간, 19순경2차 ▶ 배임인지 횡령인지의 판단은 법적 평가로서 법원의 전권(재량)사항이고, 피고인의 방어권과는 무관하므로 공소장변경을 요하지 않는다.

📖 같은 취지의 판례

공소제기된 **장물취득**의 점과 실제로 인정되는 **장물보관**의 범죄사실 사이에는 법적 평가에 차이가 있을 뿐 공소사실의 동일성이 인정되는 범위 내에 있으므로 따로 공소사실의 변경이 없더라도 법원이 직권으로 장물보관의 범죄사실을 유죄로 인정하여야 한다.(대법원 2003.5.13. 선고 2003도1366)

e. 피고인들이 특정경제범죄 가중처벌 등에 관한 법률 위반(배임)으로 기소된 경우, 원심이 공소사실과 다른 내용으로 '피고인들의 임무'를 인정하였더라도 기본적 사실의 동일성 범위를 벗어나 새로운 임무를 인정하였다거나 이로 인해 피고인들의 방어권 행사에 실질적 불이익이 초래되었다고 볼 수 없다. 임무의 구체적인 내용에 관한 기본적 사실관계를 공소사실과 같이하면서 다만 그 법률적 평가만을 달리 표현한 것이거나 그 내용을 보다 명확히 하기 위하여 구체적으로 명시한 것에 불과할 뿐인 경우에는 기본적 사실의 동일성의 범위를 벗어나 공소사실에 없는 새로운 임무를 인정한 것은 아니라고 할 것이다.(대법원 2011.6.30. 선고 2011도1651)

f. 공소장의 내용을 보다 명확히 하고 사소한 오류를 바로 잡기 위하여는 공소장변경의 절차를 거칠 필요 없이 바로 이를 정정하여 범죄사실을 인정할 수 있다.(대법원 1986.9.23. 선고 86도1547)
F4 20국7

g. 법원은 공소사실의 동일성이 인정되는 범위 내에서 심리의 경과 등에 비추어 피고인의 방어권 행사에 실질적인 불이익을 주는 것이 아니라면 **공동정범으로 기소된 범죄사실을 방조사실로 인정할 수 있다.**(대법원 2018.9.13. 선고 2018도7658) F4 21국9

관련판례 축소사실의 인정이 법원의 의무인지 여부

a. 법원은 공소사실의 동일성이 인정되는 범위 내에서 공소가 제기된 범죄사실에 포함된 보다 가벼운 범죄사실이 인정되는 경우에 심리의 경과에 비추어 피고인의 방어권행사에 실질적인 불이익을 초래할 염려가 없다고 인정되는 때에는 공소장이 변경되지 않았더라도 직권으로 공소장에 기재된 공소사실과 다른 범죄사실을 인정할 수 있지만, 이와 같은 경우라고 하더라도 공소가 제기된 범죄사실과 대비하여 볼 때 실제로 인정되는 범죄사실의 사안이 중대하여 공소장이 변경되지 않았다는 이유로 이를 처벌하지 않는다면 적정절차에 의한 신속한 실체적 진실의 발견이라는 형사소송의 목적에 비추어 현저히 정의와 형평에 반하는 것으로 인정되는 경우가 아닌 한 법원이 직권으로 그 범죄사실을 인정하지 아니하였다고 하여 위법한 것이라고 까지는 볼 수 없다.(대법원 2004.12.10. 선고 2004도5652) F4 법9, 12경승, 17국7 ▶ 법원이 축소사실을 인정하여 처벌하는 것이 의무인지 여부는 원칙적으로 법원의 재량, 예외적으로 법원의 의무이다.

b. 피고인의 행위가 폭행죄를 구성하는 폭행이 된다고 하더라도 당초 **폭행치사죄**로 공소가 제기되고 그 후 심리과정에서 공소장변경 등의 절차가 없었다면 피고인에게 **폭행죄**를 인정하지 않았다 하여 위법이라 할 수 없다.(대법원 1984.11.27. 선고 84도2089) ▶ 폭행치사죄에 대하여 폭행죄는 축소사실이라는 전제 하에 법원은 공소장변경 없이도 폭행죄를 인정할 수는 있으나, 축소사실인 폭행죄를 인정하고 안 하고는 법원의 재량이므로 폭행죄를 인정하지 않았다고 할지라도 위법하지 않다는 취지의 판례이다.

비교판례

폭행치상죄를 공소장변경 절차 없이 심리한 결과 폭행죄로 인정된다 하여도 폭행죄로 단죄할 수는 없다.(대법원 1971.1.12. 선고 70도2216) ▶ 폭행치상죄에 대하여 폭행죄는 축소사실이 아니라는 판례이다.

c. 향정신성의약품을 제조·판매하여 영리를 취할 목적으로 그 원료가 되는 물질을 소지한 것이라는 공소사실에 대하여 비록 영리의 목적이 인정되지 않더라도 무죄를 선고할 것이 아니라 위 공소사실(향정신성의약품을 제조·판매하여 영리를 취할 목적으로 그 원료가 되는 물질을 소지한 것이라는 공소사실)에 포함된 향정신성의약품을 제조할 목적으로 그 원료가 되는 물질을 소지한 범죄사실을 공소장변경 없이 유죄로 인정하여야 한다.(대법원 2002.11.8. 선고 2002도3881) ▶ 향정신성의약품을 **제조할 목적**으로 그 원료가 되는 물질을 소지한 것이라는 범죄사실은 향정신성의약품을 **제조·판매하여 영리를 취할 목적**으로 그 원료가 되는 물질을 소지한 것이라는 공소사실에 **대한 축소사실이다.** 마약류의 심각한 폐해와 마약사범의 급속한 증가현상에 비추어 볼 때, 향정신성의약품을 제조할 목

적으로 그 원료를 다량 소지한 경우 사안이 중대하다고 할 것이어서 공소장이 변경되지 않았다는 이유로 이를 처벌하지 않으면 현저히 정의와 형평에 반한다고 여겨지고, 향정신성의약품을 제조할 목적으로 이 사건 화공약품을 소지한 범죄사실로 인정한다고 하여 피고인의 방어권행사에 실질적인 불이익을 초래할 염려가 있다고 보이지도 않기 때문에 **예외적으로 법원은 축소사실을 인정하여 처벌하여야 할 의무가 있다**는 판례이다.

d. 공소장변경 절차 없이도 법원이 심리·판단할 수 있는 죄가 한 개가 아니라 여러 개인 경우에는, 법원으로서는 그 중 어느 하나를 임의로 선택할 수 있는 것이 아니라 검사에게 공소사실 및 적용법조에 관한 석명을 구하여 공소장을 보완하게 한 다음 이에 따라 심리·판단하여야 할 것이다.(대법원 2005.7.8. 선고 2005도279) 16순경1차, 17경승, 18경승, 21국7, 22법9

관련판례 축소사실의 인정으로서 공소장변경이 필요 없다는 판례

a. **강간치상죄**를 공소장변경 없이 **강간죄**로 인정할 수 있다.(대법원 1976.5.11. 선고 74도1898) 순경, 법승, 11검찰·마약9, 12법9 ▶ 마찬가지로 **강제추행치상죄**를 공소장변경 없이 **강제추행죄**로 인정할 수 있다.

b. **강도강간죄**를 공소장변경 없이 **강간죄**로 인정할 수 있다.(대법원 1987.5.12. 선고 87도792) 순경

c. 형법 제307조 제2항의 **허위사실적시에 의한 명예훼손의 공소사실 중에는 같은 조 제1항의 사실적시에 의한 명예훼손의 공소사실이 포함**되어 있으므로, 위 허위사실 적시에 의한 명예훼손으로 기소된 사안에서 적시한 사실이 허위임에 대한 입증이 없다면 법원은 공소장변경절차 없이도 직권으로 위 사실적시에 의한 명예훼손죄를 인정할 수 있다. 다만, 법원이 공소사실의 동일성이 인정되는 범위 내에서 공소가 제기된 범죄사실에 포함된 이보다 가벼운 범죄사실을 공소장변경 없이 직권으로 인정할 수 있는 경우라고 하더라도, 공소가 제기된 범죄사실과 대비하여 볼 때 실제로 인정되는 범죄사실의 사안이 중대하여 공소장이 변경되지 않았다는 이유로 이를 처벌하지 않는다면 적정절차에 의한 신속한 실체적 진실의 발견이라는 형사소송의 목적에 비추어 현저히 정의와 형평에 반하는 것으로 인정되는 경우가 아닌 한, 법원이 직권으로 그 범죄사실을 인정하지 아니하였다고 하여 위법한 것은 아니다.(대법원 2008.10.9. 선고 2007도1220) 10국7, 14순경1차

같은 취지의 판례

허위사실적시 출판물에 의한 명예훼손죄를 공소장변경 없이 **사실적시 출판물에 의한 명예훼손죄**로 인정할 수 있다.(대법원 1993.9.24. 선고 93도1732) 경승, 10국7, 15국7

비교판례

사실적시명예훼손죄를 공소장변경 없이 **허위사실적시명예훼손죄로 인정하는 것**은 피고인의 방어권 행사에 불이익을 주는 것으로서 **공소장변경 없이 허용될 수 없다.**(대법원 2008.10.9. 선고 2007도1220) 16순경1차 ▶ 확대 인정에 해당하여 방어권 행사에 지장이 있기 때문에 공소장변경을 요한다.

d. 히로뽕 투약죄의 **기수**범으로 기소된 공소사실에 대하여 공소장변경 없이 히로뽕 투약**미수**로 인정할 수 있다.(대법원 1999.11.9. 선고 99도3674) 📄 법승, 14순경1차, 15국7

> **비교판례**
>
> 관세포탈**미수**의 공소사실을 공소장변경 없이 관세포탈**예비**로 심판한 것은 위법하다.(대법원 1971.6.8. 선고 71도837, 같은 취지; 대법원 1999.11.26. 선고 99도2461) 📄 13순경1차, 14순경1차, 15국7, 15순경3차, 18경간, 18검찰·마약9 ▶ 계획범의 경우에는 예비·음모가 미수에 포함된다. 그러나 우발범의 경우에는 예비·음모가 존재하지 않고, 실행에 착수하여 결과가 발생되지 않으면 미수, 결과가 발생하면 기수에 해당하므로 예비·음모가 미수에 포함되지 않는다. 결과적으로 예비·음모는 미수에 대하여 축소사실이 아니다. 따라서 미수를 공소장변경 없이 예비·음모로 인정할 수 없다.

e. **수뢰후부정처사죄**를 공소장변경 없이 **뇌물수수죄**로 인정할 수 있다.(대법원 1999.11.9. 선고 99도2530) 📄 법승, 11검찰·마약9, 13경승

f. **강도상해죄**를 공소장변경 없이 야간주거침입절도죄와 상해죄로 인정할 수 있다.(대법원 1965.10.26. 선고 65도599) 📄 순경 ▶ 야간주거침입절도가 체포를 면탈하는 등의 목적으로 사람에게 폭행 또는 협박을 하면 준강도가 되고, 준강도가 고의로 사람을 상해하면 강도상해죄가 된다. 그러므로 강도상해죄에는 야간주거침입절도죄, 준강도, 상해죄가 포함되고, 야간주거침입절도죄와 상해죄는 강도상해죄의 축소사실에 해당한다.

g. 강간치상으로 공소가 제기되었다고 하더라도 준강제추행죄는 강간치상죄의 공소사실과 동일성이 인정되고 공소제기된 범죄사실(강간치상)에 포함되어 충분히 심리되었으므로 별도의 공소장변경 절차 없이 준강제추행죄를 인정할 수 있다.(대법원 2008.5.29. 선고 2007도7260) 📄 09국7, 11검찰·마약9, 12경승·순경1차·국7, 13경승

> **같은 취지의 판례**
>
> 공동정범으로 기소된 범죄사실에 대하여 피고인이 공동정범이 아닌 방조범에 해당한다고 주장하여 온 경우 공소장변경 없이 방조사실로 인정할 수 있다.(대법원 1982.6.8. 선고 82도884) 📄 14경간 ▶ 공소제기된 공동정범에 방조범을 포함하여 충분히 심리되었기 때문에 심리과정에서 방어권이 보장되어 공소장변경을 요하지 않는 것이다.

> **비교판례**
>
> 피고인의 행위가 보건범죄단속에관한특별조치법위반(부정의료업자)의 방조에 해당된다고 하더라도, 보건범죄단속에관한특별조치법위반(부정의료업자)의 공동정범으로 공소가 제기된 사건의 심리과정에서 단 한 번도 언급된 바 없는 보건범죄단속에관한특별조치법위반(부정의료업자)의 방조사실을 법원이 공소장의 변경도 없이 그대로 유죄로 인정하는 것이 피고인의 방어권 행사에 실질적인 불이익을 초래할 염려가 없다고 보기 어렵다.(대법원 2001.11.9. 선고 2001도4792) 📄 11검찰·마약9, 13경승 ▶ 공동정범이 아닌 방조범에 해당한다고 주장하여 온 경우라는 문구가 없는 판례는 공소장변경을 요한다고 한다.

h. 피해자의 적법한 고소가 있는 '강간'의 공소사실은 인정되지 않고 그 수단인 '폭행'만이 인정된다는 이유로, 공소장변경 절차 없이 직권으로 폭행죄를 인정한 경우(**적법**); 원심이 유죄로 인정한 2009.4.22.자 폭행은 위 강간의 공소사실에 포함되어 있고 충분한 심리가 이루어졌음을 알 수 있으므로, 원심이 적법한 고소가 존재하는 위 강간의 공소사실에 대하여 강간 범행이 인정되지 않고 다만 그 강간 범행의 수단인 폭행만이 인정된다는 이유로 공소장변경 절차 없이 폭행죄를 인정한 조치는 피고인의 방어권 행사에 실질적 불이익을 초래할 염려가 없다.(대법원 2010.11.11. 선고 2010도10512) ▶ **강간죄에 대하여 폭행 또는 협박은 축소사실에 해당한다.**

i. 피고인이 '자신의 승용차 안에서 뇌병변·지체장애 1급의 여성장애인 A의 바지를 강제로 벗기고 욕설을 하며 1회 강간하였다'는 요지의 성폭력범죄의 처벌 등에 관한 특례법 위반(장애인강간) 및 '자신의 승용차 안으로 A를 유인하여 강제로 A의 손을 잡아당겨 자신의 성기를 만지도록 하는 등 강제추행하였다'는 요지의 성폭력범죄의 처벌 등에 관한 특례법 위반(장애인강제추행)으로 기소된 경우, 공소장변경절차 없이 성폭력범죄의 처벌 등에 관한 특례법 위반(장애인위계등간음)죄와 성폭력범죄의 처벌 등에 관한 특례법 위반(장애인위계등추행)죄로 인정한 원심의 조치는 정당하다.(대법원 2014.10.15. 선고 2014도9315) ▶ **성폭법상 장애인위계등간음 및 장애인위계등추행은 성폭법상 장애인강간 및 장애인강제추행에 대하여 축소사실에 해당**하므로 법원은 공소장변경 없이 성폭법상 장애인위계등간음 및 장애인위계등추행으로 처벌할 수 있다는 취지의 판례이다.

j. 피고인이 피해자를 추행한 사실 자체는 부인하지 않고 있고, 이 사건 공소사실인 강제추행에는 '위력에 의한' 추행이 포함되어 있다고 볼 수 있으므로, **공소장변경 없이 위력에 의한 추행을 유죄로 인정하더라도** 공소장변경에 관한 법리를 오해한 **위법은 없다**.(대법원 2013.12.12. 선고 2013도12803) ▶ 위력에 의한 추행은 강제추행에 대하여 축소사실에 해당한다. F4 19순경2차

4. 공소장변경의 절차

(1) 검사의 신청에 의한 공소장변경

1) 검사의 신청

① 검사의 공소장변경 신청의 방식
가. 검사가 공소장변경을 하고자 하는 때에는 그 취지를 기재한 **공소장변경허가신청서**를 법원에 제출하여야 한다.(규칙 제142조 제1항) F4 15순경2차 법원은 피고인이 재정하는 공판정에서는 피고인에게 이익이 되거나 피고인이 동의하는 경우 구술에 의한 공소장변경을 허가할 수 있다.(규칙 제142조 제5항) 피고인에게 이익이 되는 경우는 예컨대 검사가 강간치상으로 공소제기한 것을 강간으로 변경하는 경우(검사가 축소사실로 공소장변경을 하는 경우)가 이에 해당한다. ▶ 공소장변경허가 신청방법; **서면 또는 구술로 가능하다.** F4 14경간, 15국7, 18순경3차, 19경승, 19교정·보호·철경9, 20국7, 23국9

📖 관련판례 공소장변경 신청의 방식

a. **전자적 형태의 문서로 공소장변경신청을 한 경우**; 검사가 구술로 공소장변경허가신청을 하면서 변경하려는 공소사실의 일부만 진술하고 나머지는 전자적 형태의 문서로 저장한 저장매체를 제출하였다면, 공

소사실의 내용을 구체적으로 진술한 부분에 한하여 공소장변경허가신청이 된 것으로 볼 수 있을 뿐이다. 그 경우 **저장매체에 저장된 전자적 형태의 문서 부분에 대해서까지 공소장변경허가를 하였더라도 적법하게 공소장변경이 된 것으로 볼 수 없다.**(대법원 2016.12.29. 선고 2016도11138) 18국7, 19경승, 20경간

b. 검사가 공소장변경허가신청서를 제출하지 않고 공소사실에 대한 검사의 의견을 기재한 서면을 제출하였더라도 이를 곧바로 **공소장변경허가신청서를 제출한 것이라고 볼 수는 없다.**(대법원 2022.1.13. 선고 2021도13108)

나. 공소장변경허가신청서에는 **피고인 수에 상응한(공소장변경허가신청서)부본을 제출하여야** 한다.(규칙 제142조 제2항) 예를 들어 피고인이 3인인 경우에는 3장의 (공소장변경허가신청서)부본을 제출하여야 한다.

② 신청서부본의 송달

검사로부터 (공소장변경허가신청서)부본을 제출받은 법원은 그 부본을 피고인 또는 변호인에게 즉시 송달하여야 한다.(규칙 제142조 제3항)

> **관련판례** 공소장변경신청서 부본을 피고인과 변호인 중 어느 한 쪽에 대해서만 송달한 경우
>
> 형사소송규칙 제142조 제3항은 공소장변경허가신청서가 제출된 경우 법원은 그 부본을 피고인 또는 변호인에게 즉시 송달하여야 한다고 규정하고 있는데, 피고인과 변호인 모두에게 부본을 송달하여야 하는 취지가 아님은 문언상 명백하므로, 공소장변경신청서 부본을 피고인과 변호인 중 어느 한 쪽에 대해서만 송달하였다고 하여 절차상 잘못이 있다고 할 수 없다. 즉 **적법**하다.(대법원 2013.7.12. 선고 2013도5165) 14교정·보호·철경9, 15교정·보호·철경9, 17경승, 18국7, 20경간, 20국7, 21법9

③ 사유의 고지

법원은 공소장변경허가신청이 있을 때에는 그 사유를 신속히 피고인 또는 변호인에게 고지하여야 한다.(제298조 제3항) 이는 피고인에게 검사가 어느 범죄사실로 공소장변경을 할 것인지를 알려줌으로써 피고인으로 하여금 방어 전략을 다시 수립할 수 있도록 하기 위함이다. 즉 피고인의 방어권 보장을 위한 것이다.

④ 공소장변경신청의 시기

공소장변경의 신청은 **원칙적으로 변론종결 전까지 하여야 한다.**

> **관련판례** 공소장변경신청의 시기
>
> 공소장의 변경은 특별한 사정이 없는 한 **법원에서 공판의 심리(변론)를 종결하기 전에 한 것에 한하여** 공소사실의 동일성을 해하지 아니하는 한도에서 허가하여야 하는 것이다.(대법원 1994.10.28. 선고 94도1756) 법9

2) 법원의 결정

① 기각결정
검사의 공소장변경허가 신청이 부적법(예 공소사실의 동일성이 인정되지 않는 경우)한 경우 법원은 신청을 결정으로 기각한다. ㉴ 13경간

> **관련판례**
>
> 공소장의 변경은 공소사실의 동일성이 인정되는 범위 내에서만 허용되고, 공소사실의 동일성이 인정되지 아니한 범죄사실을 공소사실로 추가하는 취지의 공소장변경신청이 있는 경우에는 법원은 그(공소장) 변경신청을 기각하여야 한다.(제298조 제1항) 공소사실의 동일성은 그 사실의 기초가 되는 사회적 사실관계가 기본적인 점에서 동일하면 그대로 유지된다고 할 것이고, 이러한 기본적 사실관계의 동일성을 판단함에 있어서는 그 사실의 동일성이 갖는 기능을 염두에 두고 피고인의 행위와 그 사회적인 사실관계를 기본으로 하되 규범적 요소도 아울러 고려하여야 한다.(대법원 2020.12.24. 선고 2020도10814)

② 허가결정
검사의 공소장변경허가 신청이 **공소사실의 동일성을 해하지 아니하는 경우** 법원은 결정으로 공소장변경을 허가하여야 한다.(제298조 제1항)

3) 불복방법

공소장변경에 대한 법원의 결정은 판결 전 소송절차에 관한 결정이므로 항고하지 못하고, 이에 대하여 즉시항고를 인정하는 규정도 없다. 따라서 **공소장변경에 대한 법원의 결정에 대해서는 불복할 수 없다.**(제403조)
㉴ 14교정·보호·철경9, 22법9

> **관련판례** 공소장변경의 허가
>
> a. 피고인이 재정하는 공판정에서 검사가 구술로 공소장변경신청을 하자 피고인이 이에 동의하였고 법원도 위 변경신청을 기각하지 아니한 채 바로 다음 공판절차를 진행하였다면, 법원이 공소장변경신청에 대하여 명시적인 허가결정을 하지 아니하였다 하더라도 그 허가가 있었던 것으로 봄이 상당하다.(대법원 2002.3.29. 선고 2002도587)
>
> b. 공소사실의 동일성이 인정되지 않는 등의 사유로 **공소장변경허가결정에 위법사유가 있는 경우에는 공소장변경허가를 한 법원이 스스로 이를 취소할 수 있다.**(대법원 2001.3.27. 선고 2001도116) ㉴ 경승, 법승, 09국7, 11검찰·마약9, 12검찰·마약9, 17경간, 19순경1차, 21국9, 22법9
>
> c. 형사소송법 제298조 제1항의 취지는 (검사가 변론종결 전까지 공소장변경허가 신청을 한 경우에는) 검사의 공소장 변경신청이 공소사실의 동일성을 해하지 아니하는 한 법원은 이를 허가 하여야 한다는 뜻이다.(대법원 1975.10.23. 선고 75도2712) ▶ **공소사실의 동일성이 인정되는 한 허가는 의무적**이라는 판례이다. ㉴ 11검찰·마약9, 13경간, 13국7, 14교정·보호·철경9, 15법9, 15순경2차, 17경승, 17법9, 17순경2차, 18경승, 19경승, 20순경2차, 21국9 판례의 문구에 '검사가 변론(심리)종결 전까지 공소장변경허가 신청을 한 경우'라는 표현이 없는 경우에도 변론종결 전까지 공소장변경허가 신청을 한 것으로 생각하면 된다. 만일 변론종결 후에 공소장변경신청을 한 경우에는 판례가 그런 표현을 하기 때문이다.

> **비교판례**
>
> 법원이 적법하게 공판의 심리(변론)를 종결한 뒤에 이르러 검사가 공소장변경신청을 하였다 하여 반드시 공판의 심리를 재개하여 공소장변경을 허가하여야 하는 것은 아니다.(대법원 1994.10.28. 선고 94도1756) ▶ **변론의 재개여부는 법원의 재량**이다. 이런 경우 변론을 재개하여야 공소장변경을 허가할 수 있으므로 **공소사실의 동일성이 인정되는 경우일지라도 공소장변경의 허가여부는 법원의 재량**이다. 　법승, 경승, 08순경3차, 09·12국7, 11검찰·마약9, 12법9, 19경간

d. 공소장변경허가 여부 결정을 공판정에서 고지하였다면 그 사실(**공소장변경허가 여부 결정을 공판정에서 고지하였다는 사실**)은 **공판조서의 필요적 기재사항**이다(형사소송법 제51조 제2항 제14호). 공소장변경허가신청이 있음에도 공소장변경허가 여부 결정을 명시적으로 하지 않은 채 공판절차를 진행하면 현실적 심판대상이 된 공소사실이 무엇인지 불명확하여 피고인의 방어권 행사에 영향을 줄 수 있으므로 **공소장변경허가 여부 결정**은 위와 같은 형식으로 **명시적인 결정을 하는 것이 바람직**하다. (대법원 2023.6.15. 선고 2023도3038)

4) 공소장변경 후의 절차

① 검사의 변경된 공소사실 등의 낭독

공소장의 변경이 허가된 때에는 검사는 공판기일에 공소장변경허가신청서에 의하여 변경된 공소사실·죄명 및 적용법조를 낭독하여야 한다. 다만, 재판장은 필요하다고 인정하는 때에는 공소장변경의 요지를 진술하게 할 수 있다.(규칙 제142조 제4항)

② 공판절차의 정지

법원은 공소장변경이 피고인의 불이익을 증가할 염려가 있다고 인정한 때에는 **직권 또는 피고인이나 변호인의 청구에 의하여** 피고인으로 하여금 필요한 방어의 준비를 하게 하기 위하여 **결정으로 필요한 기간 공판절차를 정지할 수 있다.**(제298조 제4항) 　11검찰·마약9, 15법9, 17경간, 17순경2차, 20국7, 21법9, 23국7 공소장변경은 공판절차의 정지사유 중에서 **유일한 임의적 정지사유**이다.

(2) 법원의 공소장변경요구

1) 공소장변경요구의 의의

공소장변경요구란 법원이 심리 경과에 비추어 상당하다고 인정할 때 검사에게 공소사실 또는 적용법조의 추가 또는 변경을 요구하는 것을 의미한다.(제298조 제2항) 　법9, 경승, 15순경3차 '심리경과에 비추어 상당하다고 인정할 때'가 어느 경우인지 예를 들면 다음과 같다. 검사가 명예훼손죄로 공소제기를 하였는데, 법원의 판단으로는 명예훼손은 인정되지 않고 모욕만 인정되는 경우를 가정해보자. 이 때 검사가 공소장변경신청을 하지 않는 한 법원이 공소장변경 없이 모욕죄에 대하여 유죄판결을 할 수 없게 된다. 이런 경우에 법원의 검사에 대한 공소장변경 요구를 인정함으로써 국가형벌권 행사의 흠결을 방지할 수 있게 되는 것이다.

2) 공소장변경요구의 성질

공소장변경요구에 대하여 형사소송법은 "법원은 심리의 경과에 비추어 상당하다고 인정할 때에는 **공소사실 또는 적용법조의 추가 또는 변경을 요구하여야** 한다.(제298조 제2항)"라고 규정하고 있다. F4 16교정·보호·철경9 조문상으로는 '요구하여야 한다'라고 법원의 의무로 규정되어 있어서 법원의 공소장변경요구가 의무인지 재량인지에 대하여 견해가 대립한다. 그러나 판례는 **공소장변경요구는 법원의 재량**으로 본다.

> **관련판례** 공소장변경요구의 성질
>
> 법원이 검사에게 공소장의 변경을 요구할 것인지의 여부는 **법원의 재량**에 속하는 것이므로 법원이 검사에게 공소장의 변경을 요구하지 아니하였다고 하여 위법하다고 볼 수 없다.(대법원 1999.12.24. 선고 99도3003)
> F4 경승, 법승, 12교정·보호·철경9·국7, 13국7, 15순경2차, 15순경3차, 17경간, 17경9, 17순경2차, 18순경3차

3) 공소장변경요구의 방식

공소장변경의 요구는 결정의 형식으로 하며, 제1심뿐만이 아니라 항소심(제2심)에서도 공소장변경요구를 할 수 있다.(대법원 1995.2.17. 선고 94도3297) F4 10경승

4) 항소심에서의 공소장변경의 가부

항소심(제2심)에서 공소장변경이 가능한지 여부에 대하여 **판례는 긍정설**을 취한다.

> **관련판례** 항소심에서의 공소장변경의 가부
>
> 항소심은 원칙적으로 속심이므로 **항소심에서도 공소장변경을 할 수 있다.** 피고인의 상고에 의하여 상고심에서 원심판결을 파기하고 사건을 항소심에 환송한 경우 그 항소심에서도 공소사실의 동일성이 인정되면 공소장변경이 허용된다.(대법원 2004.7.22. 선고 2003도8153) F4 경승, 09국7, 13국7, 15순경2차, 15국7, 15순경3차, 16법9, 16교정·보호·철경9, 18경간, 18검찰·마약9, 18순경3차, 19경간, 20국7, 21법9, 23국9 cf 상고심은 원칙적으로 사후심이므로 **상고심에서는 공소장변경을 할 수 없다.**

제 3 절 공판준비절차

I 공판준비절차의 의의와 취지

의의	공판준비절차란 공판기일에 심리를 신속·원활하게 진행하기 위하여 수소법원이 행하는 일련의 (모든) 준비절차를 말한다. 쉽게 말하면 공판준비절차는 공판기일의 절차를 빨리 진행하기 위하여 미리 준비하는 모든 절차를 말한다.
취지	공판준비절차를 거치게 되면 공판기일의 절차를 신속하게 진행할 수 있다. 그러므로 공판준비절차는 **신속한 재판의 원칙을 실현하기 위한 제도**이다.

II 공판준비절차의 유형

공판준비절차에는 일반적 공판준비절차와 집중심리를 위한 공판준비절차가 있고, 집중심리를 위한 공판준비절차에는 (제1회 공판)기일 전 공판준비절차와 기일간 공판준비절차가 있다.

1. 일반적인 공판준비절차

(1) 공소장부본의 송달

법원은 공소제기가 있는 때에는 **지체 없이 공소장의 부본을 피고인 또는 변호인에게 송달하여야 한다.** 단, 제1회 공판기일 전 5일까지 송달하여야 한다.(제266조) 즉 제1회 공판기일이 11월 10일이라면 11월 4일 24시까지는 공소장부본을 송달하여야 한다. 법원으로 하여금 공소장부본을 송달하도록 한 취지는 피고인에게 방어전략을 수립할 시간을 주기 위한 것이다. 11법9, 11순경2차, 12검찰·마약9, 14국9, 15경간, 18국9, 22국7

> **관련판례** 공소장 부본을 송달하지 아니한 채 공판절차를 진행한 경우
>
> 제1심이 공소장 부본을 피고인 또는 변호인에게 송달하지 아니한 채 공판절차를 진행하였다면 이는 **소송절차에 관한 법령을 위반한 경우에 해당**한다. 이러한 경우에도 피고인이 제1심 법정에서 이의함이 없이 공소사실에 관하여 충분히 진술할 기회를 부여받았다면 **판결에 영향을 미친 위법이 있다고 할 수 없으나**, 제1심이 공시송달의 방법으로 피고인을 소환하여 피고인이 공판기일에 출석하지 아니한 가운데 제1심의 절차가 진행되었다면 **그와 같은 위법한 공판절차에서 이루어진 소송행위는 효력이 없으므로**, 이러한 경우 항소심은 피고인 또는 변호인에게 공소장 부본을 송달하고 적법한 절차에 의하여 소송행위를 새로이 한 후 항소심에서의 진술과 증거조사 등 심리결과에 기초하여 다시 판결하여야 한다.(대법원 2014.4.24. 선고 2013도9498) 15순경1차, 15검찰·마약9, 20법9, 20국7

(2) 의견서 제출

피고인 또는 변호인은 공소장부본을 송달받은 날부터 7일 이내에 공소사실에 대한 인정여부, 공판준비절차에 관한 의견 등을 기재한 의견서를 법원에 제출하여야 한다. 다만, 피고인이 진술을 거부하는 경우에는 그 취지를 기재한 의견서를 제출할 수 있다.(제266조의2 제1항) F4 11법9 법원은 제1항의 의견서가 제출된 때에는 이를 검사에게 송부하여야 한다.(제266조의2 제2항)

(3) 공판기일의 지정, 변경과 통지

공판기일의 지정	① 재판장은 공판기일을 정하여야 한다.(제267조 제1항) F4 법9, 11순경2차, 12국9 공판기일은 법원이 지정하는 것이 아니라 **재판장이 직권으로 지정**한다. 당사자(검사, 피고인 또는 변호인)의 신청에 의하여 공판기일을 지정하는 경우는 없다. cf 공판준비기일의 지정; 법원이 직권 또는 당사자의 신청에 의하여 지정할 수 있다. ② 제1회 공판기일은 소환장의 송달 후 5일 이상의 유예기간을 두어야 한다. 이를 **제1회 공판기일의 유예기간**이라고 한다. 이는 불행위기간으로서 이 기간 동안에는 제1회 공판기일을 열지 못하도록 정한 기간이다. 제1회 공판기일의 유예기간은 피고인이 방어전략을 수립할 수 있도록 시간적 여유를 주기 위해서 둔 것이다. 피고인이 이의 없는 때에는 제1회 공판기일의 유예기간을 두지 아니할 수 있다.(제269조) F4 23법9
공판기일의 변경	재판장은 직권 또는 검사, 피고인이나 변호인(당사자)의 신청에 의하여 공판기일을 변경할 수 있다. F4 11순경2차, 12국9, 13검찰·마약 공판기일변경신청을 기각한 명령은 **송달하지 아니한다.**(제270조) F4 11법9 cf 공판기일은 재판장이 직권으로 지정한다. 따라서 공판기일의 변경과 달리 검사, 피고인 또는 변호인은 공판기일 지정신청을 할 수 없다. 즉 **당사자는 공판기일변경신청권은 있으나, 공판기일지정신청권은 없다.**
공판기일의 통지	공판기일은 **검사, 변호인과(또는×) 보조인에게 통지하여야 한다.**(제267조 제3항) F4 11순경2차 여기서 피고인이 빠지는 이유는 피고인에게는 소환장을 송달하는 과정에서 공판기일을 통지하기 때문이다. 변호인과 보조인에 대한 통지는 변호인이 선임된 경우와 보조인이 신고된 경우에 하고, 선임과 신고가 되지 않은 경우에는 당연히 통지할 필요가 없다.

(4) 피고인 등의 소환

1) 소환의 의의

공판기일에는 피고인, 대표자 또는 대리인을 소환하여야 한다.(제267조 제2항) F4 법9, 11순경2차 소환이란 피고인 등에게 일정한 일시에 법원 기타 장소에 출석할 것을 명하는 법원의 강제처분을 말한다.

2) 소환의 방식

① 피고인을 소환함에는 **소환장을 발부하여야 한다.**(제73조) 구금된 피고인에 대하여는 교도관에게 통지하여 소환한다.(제76조 제4항) 공판기일에 소환 또는 통지서를 받은 자가 질병 기타의 사유로 출석하지 못할 때에는 의사의 진단서 기타의 자료를 제출하여야 한다.(제271조)
② 소환장에는 피고인의 성명, 주거, 죄명, 출석일시 및 장소와 정당한 이유 없이 출석하지 아니하는 때에는 도망할 염려가 있다고 인정하여 구속영장을 발부할 수 있음을 기재하고 재판장 또는 수명법관이 기명날인하여야 한다.(제74조)

③ 피고인에 대한 제1회 공판기일 소환장은 공소장부본의 송달 전에 하여서는 아니 된다.(규칙 제123조) 소환장 송달이 공소장부본의 송달보다 먼저 이루어져서는 안 된다는 것이다.
④ 소환장 송달과 동일한 효력이 있는 경우
    a. 피고인이 기일에 출석한다는 서면을 제출한 경우
    b. 출석한 피고인에 대하여 차회기일(다음 기일)을 정하여 출석을 명한 때
    c. 구금된 피고인이 교도관으로부터 소환통지를 받은 때
    d. 법원의 구내에 있는 피고인에 대하여 공판기일을 통지한 때 F4 19국7

3) 소환의 효과

소환은 출석을 명령하는 것이다. 그러므로 적법한 소환을 받은 피고인에게는 **원칙적으로 출석의무가 있다**.

(5) 공판기일 전 증거조사와 증거제출

공판기일 전 증거조사	법원은 검사, 피고인 또는 변호인(당사자)의 신청에 의하여 공판준비에 필요하다고 인정한 때에는 **공판기일 전에** 피고인 또는 증인을 신문할 수 있고 검증, 감정 또는 번역을 명할 수 있다.(제273조 제1항) F4 11법9, 11순경2차, 18국7
공판기일 전 증거제출	검사, 피고인 또는 변호인(당사자)은 **공판기일 전에** 서류나 물건을 증거로 법원에 제출할 수 있다.(제274조) F4 11순경2차, 15법9
공소장일본주의와의 관계	공판기일 전 증거조사와 증거제출은 **공소장일본주의 원칙상 제1회 공판기일 이후에 가능**하다는 것이 다수설의 태도이다. 즉 제1회 공판기일 전에는 할 수 없고, 제1회 공판기일 후 제2회 공판기일 전, 제2회 공판기일 후 제3회 공판기일 전과 같이 제1회 이후의 공판기일 전에만 가능한 것이다. 공판준비절차를 거치지 않는 한 제1회 공판기일 이전에 증거조사와 증거제출을 허용하면 법원이 예단을 갖게 될 우려가 있기 때문이다.

(6) 공무소 등에 대한 조회

법원은 직권 또는 검사, 피고인이나 변호인의 신청에 의하여 공무소 또는 공사단체에 조회하여 필요한 사항의 보고 또는 그 보관서류의 송부를 요구할 수 있다.(제272조) F4 17교정·보호·철경9

2. 집중심리를 위한 공판준비절차

(1) 집중심리를 위한 공판준비절차의 의의

집중심리를 위한 공판준비절차란 미리 공판기일에서의 쟁점을 정리하고 입증계획을 수립함으로써 신속한 재판을 실현하기 위한 제도를 말한다. F4 15순경1차 형사소송법은 "재판장은 효율적이고 집중적인 심리를 위하여 사건을 공판준비절차에 부칠 수 있다.(제266조의5 제1항)"라고 규정하고 있다. 통상의 형사소송법상 (집중심리를 위한) 공판준비절차는 임의적이다. 그러나 국민참여재판법상 (집중심리를 위한) 공판준비절차는 **원칙 필수적**이다. F4 09국9, 09국7, 10법9, 10국7, 11경장, 12경간·순경2차, 13경승, 14국7, 15순경1차, 15법9, 17교정·보호·철경9 국민참여재판법상 (집중심리를 위한) 공판준비절차를 원칙적으로 필수적으로 거치도록 한 것은 직업법관이 아니라 일반국민인 배심원들이 참여하니까 배심원들을 조기에(빨리) 생업에 복귀시

키려는 목적을 위해서다. (집중심리를 위한) 공판준비절차를 거치면 공판기일의 절차를 빨리 진행할 수 있기 때문에 그런 것이다. '집중심리를 위한'이란 표현 없이 공판준비절차라고 하면 집중심리를 위한 공판준비절차를 일컫는 것이다.

(2) 집중심리를 위한 공판준비절차의 방법

집중심리를 위한 공판준비절차는 서면제출에 의한 공판준비(제266조의6) 또는 공판준비기일에 의한 공판준비 중에서 어느 하나를 선택할 수 있다. 10법9, 15순경1차

1) 서면제출에 의한 공판준비

검사, 피고인 또는 변호인(당사자)은 법률상·사실상 주장의 요지 및 입증취지 등이 기재된 서면을 법원에 제출할 수 있다.(제266조의6 제1항) 재판장은 검사, 피고인 또는 변호인(당사자)에 대하여 제1항에 따른 서면의 제출을 명할 수 있다.(제266조의6 제2항)

2) 공판준비기일에 의한 공판준비

① 공판준비기일의 지정 등

공판준비기일의 지정	법원은 검사, 피고인 또는 변호인의 의견을 들어 **(직권으로) 공판준비기일을 지정할 수 있다.**(제266조의7 제1항) 검사, 피고인 또는 변호인(당사자)은 법원에 대하여 공판준비기일의 지정을 신청할 수 있다. 이 경우 당해 신청에 관한 법원의 결정에 대하여는 **불복할 수 없다.**(동조 제2항) 10·12법9, 11순경1차, 12순경3차, 14국7, 14순경2차, 17순경1차, 19교정·보호·철경9, 21국9, 23국7 즉 법원은 **직권 또는 당사자의 신청에 의하여** 공판준비기일을 지정할 수 있다. 당사자는 공판준비기일지정신청권이 있다. 이에 반하여 공판기일은 재판장이 직권으로 지정하고, 당사자는 공판기일지정신청권이 없다.
공판준비기일의 진행	법원은 합의부원으로 하여금 공판준비기일을 진행하게 할 수 있다. 이 때 공판준비기일 진행에 관하여 명을 받은 합의부원을 수명법관이라고 한다. 수명법관은 공판준비기일에 관하여 **법원 또는 재판장과 동일한 권한이 있다.**(동조 제3항) 09국9, 11순경1차, 21국7
공판준비기일의 공개	공판준비기일은 공개한다.(**공판준비기일 공개의 원칙**) 다만, 공개하면 절차의 진행이 방해될 우려가 있는 때에는 공개하지 아니할 수 있다.(동조 제4항) ▶ **공판준비기일은 원칙; 공개, 예외; 비공개** 09국7, 10순경1차, 12법9·순경3차, 16순경1차, 19교정·보호·철경9, 21국7 공판준비기일을 원칙적으로 공개하도록 하는 이유는 공판준비기일도 공판절차에서 하는 것이므로 공개재판의 원칙이 적용되기 때문이다.

② 필요적 국선변호, 공판준비기일의 통지와 검사·변호인 등의 출석

필요적 국선 변호	법원은 공판준비기일이 지정된 사건에 관하여 피고인에게 (사선)변호인이 없는 때에는 **직권으로 (국선)변호인을 선정하여야 한다.**(제266조의8 제4항) [F4] 09국9, 10법9, 10·12국7, 11경장, 12순경3차, 14교정·보호·철경9, 15경간, 15법9, 17경승, 17순경1차, 19경장, 20국9, 21경간 반면 공판준비기일이 지정되지 않은 사건의 경우에는 피고인에게 (사선)변호인이 없는 경우일지라도 국선변호인 선정 사유에 해당하지 않는다.
공판 준비 기일의 통지	법원은 **검사, 피고인 및(또는×) 변호인**에게 공판준비기일을 통지하여야 한다.(제266조의8 제3항) [F4] 10순경1차 법원이 공판준비기일을 지정한 경우에 법원은 피고인에게 변호인이 있을지라도 검사, 피고인과 변호인 모두에게 공판준비기일을 따로 통지해야 한다는 것을 주의해야 한다.
검사·변호인 등의 출석	공판준비기일에는 검사 및 변호인이 출석하여야 한다.(동조 제1항) 즉 **검사와 변호인은 공판준비기일에 출석할 의무가 있다.** [F4] 12순경3차, 17교정·보호·철경9, 20국9, 21경간, 23법9, 23국7 또한 공판준비기일에는 법원사무관 등이 참여한다.(동조 제2항)

③ 피고인 소환과 진술거부권 고지

피고인 소환	법원은 필요하다고 인정하는 때에는 피고인을 소환할 수 있으며, 피고인은 법원의 소환이 없는 때에도 공판준비기일에 출석할 수 있다.(동조 제5항) **소환되지 않은 피고인은 공판준비기일에 출석할 권리는 있으나 출석할 의무는 없다. 그러나 소환된 피고인은 공판준비기일에 출석할 의무가 있다.** [F4] 09국7, 10·12법9, 10국7, 11경장, 14국7, 14순경2차, 16순경1차, 17순경1차, 17교정·보호·철경9, 21국7, 23국7
진술 거부권 고지	재판장은 공판준비기일에 출석한 피고인에게 진술거부권을 고지해야 한다.(동조 제6항) [F4] 10법9, 14순경2차, 18법9, 19교정·보호·철경9 재판장의 진술거부권 고지의무의 상대방은 소환되지 않은 피고인이 공판준비기일에 출석한 경우이든 소환된 피고인이 출석한 경우이든 상관없이 인정된다.

④ 공판준비에 관한 사항

공판준비절차에서 법원은 다음과 같은 소송행위를 할 수 있다.(제266조의9) [F4] 09순경1차, 12국9, [F4] 15순경1차, 23법9 이는 쟁점정리, 증거정리, 심리계획의 수립, 공소장변경의 허가, 증거개시와 관련된 행위, 공판기일의 지정 또는 변경 등이다.

1. 공소사실 또는 적용법조를 명확하게 하는 행위
2. 공소사실 또는 적용법조의 추가·철회 또는 변경(공소장변경)을 허가하는 행위 ▶ 공판준비절차에서도 **공소장변경을 허가할 수 있다.** [F4] 10국7, 11경장, 12법9, 17경승, 17교정·보호·철경9, 19경승
3. 공소사실과 관련하여 주장할 내용을 명확히 하여 사건의 **쟁점을 정리**하는 행위
4. 계산이 어렵거나 그 밖에 복잡한 내용에 관하여 설명하도록 하는 행위
5. **증거(조사)신청**을 하도록 하는 행위
6. 신청된 증거와 관련하여 입증취지 및 내용 등을 명확하게 하는 행위
7. 증거신청에 관한 의견을 확인하는 행위
8. **증거채부의 결정**(채택결정 또는 기각결정)을 하는 행위
9. 증거조사의 순서 및 방법을 정하는 행위

10. 서류 등의 열람 또는 등사(**증거개시**)와 관련된 신청의 당부를 **결정**하는 행위
11. **공판기일을 지정 또는 변경**하는 행위
12. 그 밖에 공판절차의 진행에 필요한 사항을 정하는 행위

  cf 공판준비절차에서 판결을 선고하는 행위, 수사상 증거보전으로서 증거보전 청구의 인용여부 결정과 검사의 증인신문 청구에 관한 인용여부 결정은 할 수 없다.

⑤ 공판준비결과의 확인·조서의 작성

법원은 공판준비기일을 종료하는 때에는 검사, 피고인 또는 변호인에게 쟁점 및 증거에 관한 정리결과를 고지하고, 이에 대한 이의의 유무를 확인하여야 한다.(제266조의10 제1항) F4 19검찰·마약 법원은 쟁점 및 증거에 관한 정리결과를 공판준비기일조서에 기재하여야 한다.(동조 제2항) F4 23국7

⑥ 공판준비절차의 종결

공판준비절차의 종결 사유	법원은 다음 중 어느 하나에 해당하는 사유가 있는 때에는 공판준비절차를 종결하여야 한다. 1. 쟁점 및 증거의 정리가 완료된 때(제266조의12 제1호) 2. 검사·변호인 또는 소환 받은 피고인이 출석하지 아니한 때(제266조의12 제3호) 다만, 이 경우에도 공판의 준비를 계속하여야 할 상당한 이유가 있는 때에는 공판준비절차의 종결사유가 되지 않는다. 3. 사건을 공판준비절차에 부친 뒤 **3개월이 지난 때**(제266조의12 제2호) 다만, 이 경우에도 공판의 준비를 계속하여야 할 상당한 이유가 있는 때에는 공판준비절차의 종결사유가 되지 않는다. 3개월이 지나도록 공판준비절차가 완료되지 않으면 신속한 재판의 원칙을 실현하기 위한 공판준비절차의 취지에 반하기 때문에 공판준비절차의 종결사유로 한 것이다.
공판준비기일 종결의 효과	가. **실권효(失權效)** 공판준비기일에 신청하지 못한 증거는 **원칙적으로 공판기일에 신청할 수 없**는데, 이를 실권효라고 한다. 다만, 예외적으로 그 신청으로 인하여 소송을 현저히 지연시키지 아니하는 때, **중대한 과실**(고의×) 없이 공판준비기일에 제출하지 못하는 등 부득이한 사유를 소명한 때에는 공판기일에 신청할 수 있다.(제266조의13 제1항) F4 09국7, 12경간, 13경승, 14국7, 15순경1차, 15법9, 16경승1차, 17교정·보호·철경9, 23국7 나. **직권증거조사** 공판준비기일에 신청하지 못한 증거라도 공판기일에 법원은 직권으로 증거조사를 할 수 있다.(제266조의13 제2항) F4 15경간, 17경승, 19경승, 19국9, 22교정·보호·철경9, 22국7

⑦ 기일간 공판준비절차

법원은 쟁점 및 증거의 정리를 위하여 필요한 경우에는 **제1회 공판기일 후에도 사건을 공판준비절차에 부칠 수 있다.** 이 경우 기일 전 공판준비절차에 관한 규정을 준용한다.(제266조의15) F4 09국9, 12경간, 13경승, 15순경1차, 15법9, 16경승1차, 17순경1차, 19경승, 19검찰·마약 이를 **기일간 공판준비절차**라고 한다. 기일간 공판준비절차가 가능하다는 것은 제1회 공판기일 후 제2회 공판기일 전, 제2회 공판기일 후 제3회 공판기일 전 등에도 공판준비절차에 부칠 수 있다는 의미이다. 집중심리를 위한 공판준비절차에는 '기일 전 공판준비절차'와 '기일간 공판준비절차'가 있다. 통상적으로 집중심리를 위한 공판준비절차는 '기일 전 공판준비절차'를 말한다.

⑧ 공판준비기일의 재개(再開)

변론의 재개(제305조)에 관한 규정은 공판준비기일의 재개에 준용한다.(제266조의14) 즉 법원은 필요하다고 인정한 때에는 직권 또는 검사, 피고인이나 변호인(당사자)의 신청에 의하여 **결정으로 종결한 공판준비기일을 재개할 수 있다.**(제305조, 제266조의14) [F4] 12경간, 13경승, 23법9

3. 증거개시제도

(1) 증거개시제도의 의의와 취지

증거개시제도의 의의	증거개시(開示)제도란 당사자 일방이 상대방에게 **공소제기 이후** 상대방이 보관하고 있는 서류나 물건의 열람·등사를 신청하여 상대방으로 하여금 이를 허용하도록 하는 제도를 말한다. [F4] 12순경3차 증거개시(開示)제도에서 개시(開示)는 열람·등사를 말한다. 여기서 열람의 청구는 보여달라고 청구하는 것이고, 등사의 청구는 복사를 청구하는 것을 의미한다. 증거개시제도는 **공소제기 후에만 인정**된다. 그러므로 공소제기 전의 수사절차에서는 증거개시제도가 인정되지 않는다.
증거개시제도의 취지	피고인측에서 검사가 신청하려고 하는 서류 등을 공판기일 전에 열람·등사하여 그 내용을 알고 있다면 피고인측은 공판기일에 방어권 행사를 쉽게 할 수 있을 것이고, 당사자가 서로 신청하려는 증거의 내용을 알고 있다면 공판이 빨리 진행될 수 있기 때문에 증거개시제도는 피고인의 방어권 보장과 신속한 재판의 실현을 위한 제도이다. 증거개시제도는 피고인 또는 변호인(피고인측)이 검사에게 증거개시를 신청하는 것은 물론 검사가 피고인 또는 변호인(피고인측)에게 증거개시를 요구하는 것도 인정한다. 이는 일방적으로 피고인측에게만 인정할 경우에는 당사자 대등을 실현할 수 없으므로 당사자 대등을 실현하기 위하여 양쪽 방향 모두에(two way) 인정하는 것이다.

(2) 증거개시제도의 내용

1) 검사가 보관하고 있는 서류 등의 열람·등사(검사의 증거개시)

① 조문

피고인 또는 변호인(피고인측)은 검사에게 공소제기된 사건에 관한 서류 또는 물건의 목록과 공소사실의 인정 또는 양형에 영향을 미칠 수 있는 서류 등의 열람·등사 또는 서면의 교부(증거개시)를 신청할 수 있다. 다만, **피고인에게 변호인이 있는 경우에는 피고인은 열람만을 신청할 수 있다.**(제266조의3 제1항) 따라서 변호인이 있는 피고인은 등사의 신청과 서면의 교부를 신청할 수는 없고, 등사와 서면의 교부는 변호인을 통해서 신청해야 한다. [F4] 10경위, 10법9, 11순경2차, 12국7·순경2차·순경3차, 13경승, 13국9, 13경간2차, 14경간, 14순경1차, 14순경2차, 15국7, 15순경3차, 16경간, 16법9, 16순경1차, 17경승, 17법9, 17순경2차, 19경승, 19교정·보호·철경9, 19순경1차, 20법9, 20국9, 22국9, 22국7 변호인이 없는 피고인은 열람은 물론 등사와 서면의 교부도 신청할 수 있음은 물론이다.

> [TIP] 피고인측
>
> 피고인측이란 '피고인 또는 변호인'을 의미하는 것이다. 변호인은 피고인의 방어권 행사를 조력하는 자로서 피고인편에 있다고 할 수 있다. 그래서 피고인측이라고 표현하는 것이다.

② 열람·등사 및 서면의 교부의 신청 대상
열람·등사 및 서면의 교부의 신청 대상은 다음과 같다.(제266조의3 제1항)
1. 검사가 증거로 신청할 서류 등
2. 검사가 증인으로 신청할 사람의 성명·사건과의 관계 등을 기재한 서면 또는 그 사람이 공판기일 전에 행한 진술을 기재한 서류 등
3. 제1호 또는 제2호의 서류 등의 **증명력(증거능력×)**에 관련된 서류 등
4. 피고인 또는 변호인이 행한 **법률상·사실상 주장과 관련된 서류 등(관련 형사재판확정기록, 불기소처분 기록 등을 포함한다.)** F4 15경승
제1항의 서류 등은 도면·사진·녹음테이프 등 **특수매체를 포함**한다. 이 경우 특수매체에 대한 등사는 **필요최소한의 범위에 한한다.**(제266조의3 제6항) F4 10경위, 12순경2차, 17경간, 18경간, 19교정·보호·철경9

③ 열람·등사 및 서면의 교부의 거부 또는 제한
가. 검사는 국가안보, 증인보호의 필요성, 증거인멸의 염려, 관련 사건의 수사에 장애를 가져올 것으로 예상되는 구체적인 사유 등 열람·등사 또는 서면의 교부를 허용하지 아니할 상당한 이유가 있다고 인정하는 때에는 열람·등사 또는 서면의 교부를 거부하거나 그 범위를 제한할 수 있다.(제266조의3 제2항) F4 10경위, 10법9, 17순경2차, 19순경1차 검사가 열람·등사, 서면의 교부를 거부하거나 제한하는 때에는 **지체 없이 그 이유를 서면(구술×)으로 통지하여야** 한다.(제266조의3 제3항) F4 12국7·순경2차·순경3차, 14경간, 14순경2차, 16순경1차, 17경승, 17순경2차, 18경간, 19교정·보호·철경9, 20국7 피고인 또는 변호인은 검사가 열람·등사 등의 신청을 받은 때부터 48시간 이내에 제3항의 통지를 하지 아니하는 때에는 법원에 서류 등의 열람·등사 또는 서면의 교부를 허용하도록 할 것(증거개시결정을 해줄 것)을 신청할 수 있다.(제266조의3 제4항)
나. 검사는 **서류 등의 목록에 대하여는 열람 또는 등사를 거부할 수 없다.**(제266조의3 제5항) F4 09국7, 10경위, 10법9, 12교정·보호·철경, 13국9, 13순경2차, 14경간, 16법9, 16순경1차, 17경승, 17순경2차, 18경간, 18국9, 19교정·보호·철경9, 20법9, 20국7, 21경간, 22국7, 23경승 검사가 서류 등의 목록에 대해서까지 열람·등사를 거부할 수 있다면 증거개시제도를 인정하는 취지 자체가 무의미해지기 때문에 목록에 대해서만큼은 검사가 이를 거부할 수 없도록 한 것이다.

④ 피고인측의 증거개시신청
검사가 서류 등의 열람·등사 또는 서면의 교부를 거부하거나 그 범위를 제한한 때에는 피고인 또는 변호인은 법원에 그 서류 등의 열람·등사 또는 서면의 교부를 (검사가) 허용하도록 할 것(**증거개시결정을 해줄 것**)을 신청할 수 있다.(제266조의4 제1항) F4 10법9, 11순경2차, 12국7, 13경승, 13순경2차, 17순경2차, 18국9, 19순경1차, 20법9, 22국9, 22국7

⑤ 법원의 열람·등사에 관한 결정(증거개시결정)
가. 법원은 피고인 또는 변호인의 증거개시결정의 신청이 있는 때에는 열람·등사 또는 서면의 교부를 허용하는 경우에 생길 폐해의 유형·정도, 피고인의 방어 또는 재판의 신속한 진행을 위한 필요성 및 해당 서류 등의 중요성 등을 고려하여 검사에게 열람·등사 또는 서면의 교부를 허용할 것(증거개시를 할 것)을 명할 수 있다.(제266조의4 제2항) F4 10법9, 19순경1차 이는 법원이 증거개시결정을 할 수 있다는 의미이다.
나. 검사가 위의 결정(증거개시결정)을 지체 없이 이행하지 아니하는 때에는 **해당 증인 및 서류 등에 대한 증거신청을 할 수 없다.**(제266조의4 제5항) F4 10경위, 11순경2차, 12국7·순경2차·순경3차, 13경승, 14경간, 17경승, 18경간, 18국9, 20법9, 22국7

> **관련판례** 검사가 법원의 증거개시결정을 지체 없이 이행하지 아니하는 때
>
> 형사소송법 제266조의4 제5항은 검사가 수사서류의 열람·등사에 관한 법원의 허용 결정(증거개시결정)을 지체 없이 이행하지 아니하는 때에는 해당 증인 및 서류 등에 대한 증거신청을 할 수 없도록 규정하고 있다. 그런데 이는 검사가 그와 같은 불이익을 감수하기만 하면 법원의 열람·등사 결정을 따르지 않을 수도 있다는 의미가 아니라, 피고인의 열람·등사권을 보장하기 위하여 검사로 하여금 법원의 열람·등사에 관한 결정을 신속히 이행하도록 강제하는 한편, 이를 이행하지 아니하는 경우에는 증거신청상의 불이익도 감수하여야 한다는 의미로 해석하여야 할 것이므로, **법원이 수사서류의 열람·등사(증거개시)를 허용하도록 명한 이상**, 법치국가와 권력분립의 원칙상 **검사로서는 당연히 법원의 그러한 결정에 지체 없이 따라야 할 것이다**. 그러므로 법원의 열람·등사 허용 결정에도 불구하고 검사가 이를 신속하게 이행하지 아니하는 경우에는 해당 증인 및 서류 등을 증거로 신청할 수 없는 불이익을 받는 것에 그치는 것이 아니라, 그러한 검사의 거부행위는 **피고인의 열람·등사권(법률상의 권리)을 침해하고, 나아가 피고인의 신속·공정한 재판을 받을 권리 및 변호인의 조력을 받을 권리(헌법상 기본권)까지 침해하게 되는 것**이다.(헌결 2010. 6. 24. 2009헌마257) 15국7, 18국9 ▶ 법원이 검사에게 증거개시를 명하는 결정(증거개시결정)을 한 경우 검사가 증거나 증인신문의 신청 등을 하지 못하게 되는 불이익을 감수하면 그 결정을 이행하지 않아도 된다는 것이 아니다. 검사가 법원의 증거개시결정을 이행하지 아니하면 검사는 불이익을 받는 것에 그치지 않고 피고인의 헌법상 기본권까지 침해하는 것이므로 반드시 이행해야 한다는 판례이다.

⑥ 열람·등사된 서류 등의 남용방지

피고인 또는 변호인(피고인 또는 변호인이었던 자를 포함)은 검사가 열람·등사하도록 한 서면 및 서류 등의 사본을 당해 사건 또는 관련 소송의 준비에 사용할 목적이 아닌 다른 목적으로 다른 사람에게 교부 또는 제시하여서는 아니 된다.(제266조의16 제1항)

2) 피고인 또는 변호인이 보관하고 있는 서류 등의 열람·등사(피고인측의 증거개시)

① 조문	검사는 피고인 또는 변호인이 공판기일 또는 공판준비절차에서 현장부재, 심신상실 또는 심신미약 등 법률상·사실상의 주장을 한 때에는 **피고인 또는 변호인(피고인측)에게 서류 등의 열람·등사 또는 서면의 교부를 요구할 수 있다.**(제266조의11 제1항) F4 20국7, 22국9, 22국7
② 성격	피고인측의 증거개시는 피고인 또는 변호인이 법률상·사실상의 주장을 한 때에 한하여 인정되는 **제한적 개시에 해당**한다. 반면 검사의 증거개시는 원칙적으로 검사가 갖고 있는 피고인측에 유리한 증거에 대한 열람·등사도 허용된다는 점에서 **원칙적 전면개시에 해당**한다. F4 법9, 11순경2차, 12순경3차, 13경승, 13국9, 14순경2차, 17국7 검사는 피고인측에 불리한 증거만을 갖고 있는 것이 아니라, 피고인측에 유리한 증거를 갖고 있을 수도 있다.
③ 열람·등사 및 서면의 교부의 신청 대상	열람·등사 및 서면의 교부의 신청 대상은 다음과 같다.(제266조의11 제1항) 1. 피고인 또는 변호인이 증거로 신청할 서류 등 2. 피고인 또는 변호인이 증인으로 신청할 사람의 성명, 사건과의 관계 등을 기재한 서면 3. 1호의 서류 등 또는 2호의 서면의 증명력과 관련된 서류 등 4. 피고인 또는 변호인이 행한 법률상·사실상의 주장과 관련된 서류 등 제266의11 제1항의 서류 등은 도면·사진·녹음테이프 등 **특수매체를 포함**한다. 이 경우 특수매체에 대한 등사는 필요최소한의 범위에 한한다.(제266조의11 제5항, 제266조의3 제6항) F4 16순경1차
④ 열람·등사 및 서면의 교부의 거부	피고인 또는 변호인은 검사가 제266조의3 제1항에 따른 서류 등의 열람·등사 또는 서면의 교부(증거개시)를 거부한 때에는 제266조의11 제1항에 따른 서류 등의 열람·등사 또는 서면의 교부(증거개시)를 거부할 수 있다. 다만, 법원이 '제266조의4 제1항에 따른 신청(피고인측의 검사에 대한 증거개시신청)'을 기각하는 결정을 한 때에는 '그러하지 아니하다(증거개시를 거부할 수 없다).'(제266조의11 제2항) F4 16법9, 20법9

⑤ 법원의 열람·등사에 관한 결정(증거개시결정)

신청	검사는 피고인 또는 변호인이 서류 등의 열람·등사 또는 서면의 교부의 요구를 거부한 때에는 법원에 그 서류 등의 열람·등사 또는 서면의 교부를 허용하도록 할 것(증거개시결정을 해줄 것)을 신청할 수 있다.(제266조의11 제3항)
결정	가. 법원은 열람·등사 또는 서면의 교부를 허용하는 경우에 생길 폐해의 유형·정도 등을 고려하여 피고인 또는 변호인에게 열람·등사 또는 서면의 교부를 허용할 것을 명할 수 있다.(제266조의4 제2항) 나. 피고인 또는 변호인이 위의 결정(증거개시결정)을 지체 없이 이행하지 아니하는 때에는 **해당 증인 및 서류 등에 대한 증거신청을 할 수 없다.**(제266조의4 제5항) F4 10경위, 15경간

제 4 절 공판정의 심리

I 공판정의 구성

공판기일에는 공판정에서 심리한다.(제275조 제1항) 여기서 '공판정'이란 공개적으로 공판이 행해지는 법정을 말한다. 공판정은 판사와 검사, 법원사무관 등이 출석하여 개정한다.(제275조 제2항) 공판정의 좌석 배치를 보면 검사의 좌석과 피고인 및 변호인의 좌석은 대등하며, 법대(법관이 앉는 자리)의 좌우측에 마주 보고 위치하고, 증인의 좌석은 법대의 정면에 위치한다. 다만, 피고인신문을 하는 때에는 피고인은 증인석에 좌석한다.(제275조 제3항) 법9 검사와 피고인 및 변호인의 좌석을 대등하게 한 것은 **당사자대등을 실현**하기 위한 것이다.

II 당사자의 출석

1. 검사의 출석

원칙	검사의 출석은 원칙적으로 공판개정의 요건이다.(제275조 제2항) 15순경2차 이에 위반한 경우에는 상소이유가 된다.(제361조의5 제1호, 제383조 제1호) 법9
예외	**검사가 공판기일의 통지를 2회 이상 받고 출석하지 아니하거나 판결만을 선고하는 때에는 검사의 출석 없이 개정할 수 있다.**(제278조) 09국9, 13교정·보호·철경9, 15법9, 15순경2차, 18경승 여기서 '2회 이상'은 연속으로 2회일 것을 필요로 하지 않는다. 단지 검사가 2회 이상 불출석한 기일에는 검사의 출석 없이 공판을 개정할 수 있다는 것이다. 즉 검사가 제1회 공판기일에 불출석하고, 제2회 공판기일에 출석하고, 제3회 공판기일에 불출석한 경우라면 제3회 공판기일엔 검사가 제1회와 제3회 합하여 2회 불출석한 것이므로 검사의 출석 없이 공판을 개정할 수 있다는 뜻이다. 공판기일과 달리 판결선고기일에 검사의 출석은 개정요건이 아니다. 그러나 **판결선고기일에도 피고인의 출석은 개정요건**이다. 📖 관련판례 검사가 공판기일의 통지를 받고 2회나 출석하지 아니하여 검사의 출석 없이 개정하였다고 하여 위법하다 할 수 없고 동 공판에서 다음 기일을 고지한 이상 그 명령을 받은 소송관계인 전원에 대하여 효력이 있다.(대법원 1967.2.21. 선고 66도1710)

2. 피고인의 출석

(1) 원칙

피고인의 출석은 **원칙적으로 공판개정의 요건**이다. 즉 피고인이 공판기일에 출석하지 아니한 때에는 특별한 규정이 없으면 개정하지 못한다.(제276조 본문) ▣ 20경승 피고인은 형사소송의 당사자로서 **공판정 출석권**이 있다. 피고인이 공판정에 출석한 경우 피고인은 **재정의무**가 있으므로 재판장의 허가 없이 퇴정하지 못한다.(제281조 제1항) 따라서 피고인이 퇴정을 원하면 재판장의 퇴정명령(명령은 법관이 하는 재판을 말함)이 있어야 한다.

> **TIP** 재정(在廷)의무
> 재정의무란 피고인이 공판정출석권이라는 권리가 있어서 공판정에 나왔을지라도 법정에 출두해서 있어야 할 의무가 있고, 퇴정(법정에서 나가는 것)을 원하더라도 재판장의 퇴정명령이라는 재판이 없는 한 함부로 나갈 수 없는 것을 말한다.

> **📖 관련판례** 피고인의 귀책사유 없이 공판기일에 피고인이 출석하지 못한 경우
>
> 피고인의 귀책사유(잘못)에 의하지 않고 공판기일에 피고인이 출석하지 못한 경우에는 **피고인이 출석하지 아니한 대로 그 진술 없이 판결할 수 없다.**(대법원 1962.6.14. 선고 62도70) ▣ 15순경2차

(2) 예외(피고인의 출석 없이 공판을 개정할 수 있는 경우)

피고인의 출석은 원칙적으로 공판개정의 요건이지만, 언제나 피고인의 출석 없이는 공판을 개정할 수 없다고 한다면 피고인은 재판을 지연시킬 목적으로 의도적으로 공판정에 출석하지 않음으로써 공판절차를 진행하지 못하도록 할 수 있게 되고, 이는 매우 불합리한 결과를 초래하게 된다. 따라서 피고인의 귀책사유(잘못)로 인하여 공판기일에 피고인이 출석하지 못한 경우, 피고인에게 유리한 재판을 할 것이 명백한 경우 등에는 피고인의 출석 없이도 공판을 개정할 수 있도록 하고 있다.

가. (형법상 책임능력에 관한 규정의 적용을 받지 않는 범죄사건의 피고인이) 의사무능력자인 경우 그 법정대리인 또는 특별대리인이 출석한 때에는 피고인의 출석을 요하지 아니한다.(제26·28조), 피고인이 법인인 경우에 피고인의 출석을 필요로 하지 않고, 대표자 또는 대리인이 출석하면 족하다.(제276조)

나. 피고인에게 유리한 재판을 할 것이 명백한 사건; 피고인에게 **공소기각, 면소의 재판**(공소기각결정, 공소기각판결, 면소판결로서 이는 형식재판으로서 피고인에게 유리한 재판이다.)**을 할 것이 명백한 사건**에 관하여는 피고인의 출석을 요하지 않는다. 단, 이 경우에도 피고인은 대리인을 출석하게 할 수 있다.(제277조 제2호) ▣ 18경승, 18법9 피고인이 의사무능력(사물변별능력 또는 의사결정능력이 없는 상태)·질병으로 출정할 수 없고, 피고사건에 대하여 **무죄, 면소, 형의 면제 또는 공소기각의 재판을 할 것이 명백한 때**에는 피고인의 출정 없이 재판할 수 있다.(제306조 제4항) ▣ 19경찰·마약 9급

> **TIP** 형면제판결; 형면제판결은 예컨대 아들이 아빠의 재물을 절취한 경우와 같이 직계친족의 재물을 절취한 사건의 경우 친족상도례(형법 제328조 제1항)에 따라 범죄는 성립하여 피고인이 유죄임을 인정하지만, 형의 필요적 면제사유에 해당할 때 하는 유죄판결의 일종이다. 형면제판결은 유죄판결의 일종일지라도 피고인에게 형을 면제하는 판결이므로 피고인에게 유리한 재판에 해당한다.

다. 경미사건의 경우; 법정형이 다액 500만 원 이하의 벌금 또는 과료에 해당하는 사건(경미사건)에 관하여는 피고인의 출석을 요하지 아니한다. 단, 이 경우 피고인은 대리인을 출석하게 할 수 있다.(제277조 제1호) cf 다액 500만 원을 초과하는 벌금, 구류에 해당하는 사건은 경미사건이 아니다. ▣ 18경승, 18검찰·마약 9급

라. **상고심**; 상고심은 법률심이므로 상고심에서는 변호사 자격이 있는 변호인에게만 변론능력이 있고, 피고인에게는 변론능력이 없다. 따라서 상고심의 공판기일에는 피고인의 소환을 요하지 않고, 피고인의 출석 없이 재판할 수 있다.(제389조의2)

마. **치료감호**; 피치료감호청구인이 심신장애로 공판기일에 출석이 불가능한 경우에는 피치료감호청구인의 출석 없이 개정할 수 있다.(치료감호법 제9조)

바. 즉심(즉결심판)에 의하여 피고인에게 **벌금 또는 과료**를 선고하는 경우에는 피고인의 출석을 요하지 아니한다.(즉결심판에 관한 절차법 제8조의2 제1항) F4 18경승, 22경승 cf 즉심에 의하여 구류를 선고하는 경우에는 원칙적으로 피고인의 출석을 요한다는 점을 주의해야 한다.

사. **퇴정명령을 받은 경우, 일시퇴정의 경우**; 피고인이 재판장의 허가 없이 퇴정하거나 재판장의 질서유지를 위한 **퇴정명령을 받은 경우**에는 피고인의 진술 없이(출석 없이) 판결할 수 있다.(제330조) 재판장이 증인 또는 감정인이 피고인의 면전에서 충분한 진술을 할 수 없다고 인정하여 피고인을 일시 퇴정시킨 경우에도 피고인의 출석 없이 공판을 개정할 수 있다.(제297조)

아. **피고인이 정당한 사유 없이 출석을 거부한 경우**; a. 항소심에서 피고인이 공판기일에 출정하지 아니한 때에는 다시 기일을 정하여야 한다. 피고인이 정당한 사유 없이 다시 정한 기일에 출정하지 아니한 때에는 피고인의 진술 없이 판결할 수 있다.(제365조) F4 22법9 〈▶ 아래 관련판례 참조〉 b. 피고인이 출석하지 아니하면 개정하지 못하는 경우에 구속된 피고인이 정당한 사유 없이 출석을 거부하고 교도관에 의한 인치가 불가능하거나 현저히 곤란하다고 인정되는 때에는 피고인의 출석 없이 공판절차를 진행할 수 있다.(제277조의2 제1항) F4 18법9, 20법9, 21국9, 22법9 c. 약식명령에 대하여 정식재판을 청구한 피고인이 정식재판절차의 공판기일에 출정하지 아니한 때에는 다시 기일을 정하여야 한다. 피고인이 정당한 사유 없이 다시 정한 기일에 출정하지 아니한 때에는 피고인의 진술 없이 판결할 수 있다.(제458조 제2항, 제365조) F4 20법9 〈▶ 아래 관련판례 참조〉 d. 제1심 공판절차에서 **장기 10년 이하**의 징역·금고에 해당하는 사건에 있어서 피고인에 대한 송달불능보고서가 접수된 때로부터 6월이 경과하도록 피고인의 소재가 불명한 때에는 피고인의 출석 없이 공판절차를 진행할 수 있다.(소송촉진 등에 관한 특례법 제23조) 이 경우에도 사형·무기·장기 10년을 넘는 징역·금고에 해당하는 사건의 경우에는 피고인의 출정 없이 개정할 수 없다. F4 18검찰·마약 9급

📖 **관련판례** 피고인의 귀책사유 없이 공판기일에 피고인이 출석하지 못한 경우

[1] 법 제365조에 의하면 피고인이 항소심 공판기일에 출정하지 아니한 때에는 다시 기일을 정하여야 하고, 다시 기일을 정하였는데도 정당한 사유 없이 그 기일에도 출정하지 아니한 때에는 피고인의 진술 없이 판결할 수 있으므로, 이와 같이 피고인이 불출석한 상태에서 그 진술 없이 판결할 수 있기 위해서는 **피고인이 적법한 공판기일 통지를 받고서도 2회 연속으로 정당한 이유 없이 출정하지 아니한 경우라야 한다.** F4 15교정·보호·철경9, 17국7, 18법9, 18검찰·마약 9급, 22법9 이때 '적법한 공판기일 통지'란 소환장의 송달(제76조) 및 소환장 송달의 의제(제268조)의 경우에 한정되는 것이 아니라 적어도 피고인의 이름·죄명·출석 일시·출석 장소가 명시된 **공판기일 변경명령을 송달받은 경우(제270조)도 포함**된다.(대법원 2022.11.10. 선고 2022도7940) F4 23법9 [2] 약식명령에 대하여 피고인만이 정식재판을 청구한 사건의 항소심에서, 원심법원이 피고인이 출석한 제1회 공판기일에 변론을 종결하고 제2회 공판기일인 선고기일을 지정·고지하였는데, 피고인이 출석하지 아니하자 선고기일을 연기하고 제3회 공판기일을 지정하였으나 피고인에게 따로 공판기일 통지를 하지 않은 경우, **피고인의 출석 없이 제3회 공판기일을 열어 판결을 선고한 원심의 조치는 위법**하다.(대법원 2012.6.28. 선고 2011도16166) ▶ 피고인은 제3회 공판기일에 2회 연속으로 불출석하였다. 그러나 제3회 공판기일에 대한 적법한 통지를 받지 못하였으므로 적법한 공판기일의 통지를 받고 2회 연속 정당한 이유 없이 출정하지 아니한 경우에 해당하지 않는다. 그러므로 제3회 공판기일에 피고인의 출석 없이 공판을 개정할 수는 없다. F4 15경승

자. 약식명령에 대하여 피고인만이 정식재판청구를 하여 판결을 선고하는 사건에 관하여는 피고인의 출석을 요하지 아니한다. 단, 피고인은 대리인을 출석하게 할 수 있다.(제277조 제4호)
   cf 약식명령에 대하여 피고인만이 정식재판청구를 한 경우에도 정식재판사건의 공판기일(이는 판결선고기일이 아니다.)에는 피고인의 출석을 요한다. 20법9

차. 장기 3년 이하의 징역 또는 금고, 다액 500만 원 초과 벌금 또는 구류에 해당하는 사건(경미사건이 아닌 사건)에서 피고인의 불출석 허가 신청이 있고 법원이 피고인의 불출석이 그의 권리를 보호함에 지장이 없다고 인정하여 피고인의 불출석을 허가한 사건에 관하여는 피고인의 출석을 요하지 아니한다. 다만, 이 경우에도 인정신문절차를 진행하거나 판결을 선고하는 공판기일에는 피고인이 출석해야 한다. 한편 이 경우에도 피고인은 대리인을 출석하게 할 수 있다.(제277조 제3호) 18검찰·마약 9급, 20법9, 22법9

3. 변호인의 출석

원칙	변호인의 출석은 **원칙적으로 공판개정의 요건이 아니다**. 변호인은 검사와 피고인과 달리 당사자가 아니기 때문이다. 법9
예외	**필요적 변호사건**〈제33조 제1항 각 호의 어느 하나에 해당하는 사건 및 제33조 제2항(* 빈청)·제33조 제3항(* 연명)〉**과 국선변호사건**(필요적 변호사건의 경우 변호인이 불출석한 때에 법원이 직권으로 국선변호인을 선정해야 하는 사건)**에 있어서는 변호인의 출석이 예외적으로 공판개정의 요건이** 된다. 단, 판결만을 선고하는 경우에는 변호인의 출석이 공판개정의 요건이 아니므로 **변호인의 출석을 요하지 않는다**.(제282조·제283조) 09국9, 14검찰·마약9, 20국9

III 소송지휘권

1. 소송지휘권의 의의와 성격

의의	소송지휘권이란 질서 있는 소송 진행과 신속한 심리를 도모하기 위한 법원의 활동을 말한다.
성격	소송지휘권은 본래 사법권에 포함된 법원의 권한이지만, 형사소송법은 특별한 경우에만 별도의 규정을 두어 법원의 소송지휘권을 인정하고, 나머지는 신속성과 기동성을 고려하여 재판장에게 포괄적으로 위임하고 있다.(제279조; 공판기일의 소송지휘는 재판장이 한다.) 순경 소송지휘권은 소송을 신속하게 진행하기 위해서 인정된 것으로서 **신속한 재판의 원칙을 실현하기 위한 제도**이다.

2. 소송지휘권의 내용

법원의 소송 지휘권	중요한 사항은 법원에 소송지휘권이 있다. 예 필요적 변호사건의 경우 국선변호인 선임(제283조), 간이공판절차개시결정(제286조의2), (검사, 피고인 또는 변호인의) 증거신청에 대한 결정(제295조), 증거조사에 관한 이의신청에 대한 결정(제296조 제2항), 공소장변경의 허가(제298조 제1항), 공판절차정지결정(제306조 제1항) 등이 법원에 소송지휘권이 있는 경우에 해당한다. 법원의 소송지휘권은 결정의 형식으로 행사한다.
재판장의 소송 지휘권	본래 사법권에 포함된 법원의 권한이지만, 신속성과 기동성을 고려하여 재판장에게 포괄적으로 위임하고 있는 것이다. 예 증인신문순서의 변경(제161조의2 제3항), 공판기일지정 및 변경(제267조 제1항, 제270조), 진술거부권의 고지(제283조의2), 인정신문(제284조), 불필요한 변론(예 사건과 관련 없는 주장 등)의 제한(제299조) F4 13검찰·마약9, 석명권의 행사(규칙 제141조) 등이 재판장에게 소송지휘권이 있는 경우에 해당한다. 재판장의 소송지휘권은 명령의 형식으로 행사한다. TIP 석명권(釋明權) 　석명권이란 당사자의 신청이나 공격방어 방법 등에 불명확한 점이나 모순이 있는 경우에 법원이 당사자에게 이를 명확하게 하라고 요구할 수 있는 권리를 말한다. 이는 본래 법원의 권한이지만 신속성을 고려하여 재판장이 행사하도록 하고 있다.

3. 소송지휘권에 대한 불복

법원의 소송지휘권 행사에 대하여는 원칙적으로 불복할 수 없다. 반면 재판장의 소송지휘권 행사에 대하여는 법령위반을 이유로 하여 이의신청을 할 수 있다.(규칙 제136조)

IV 법정경찰권

1. 법정경찰권의 의의

법정경찰권이란 법정질서를 유지·회복하기 위하여 심판에 대한 방해예방과 방해배제를 하는 법원의 권력작용을 말한다. 법정경찰권은 본래 법원의 권한이지만 법원조직법 제58조 제1항은 '법정의 질서유지는 재판장이 이를 행한다.'라고 규정함으로써 법정경찰권을 재판장의 권한으로 하고 있다. 이는 신속성과 기동성을 고려한 것이다.

2. 제재수단

법원은 직권으로 법정 내외에서 질서유지에 필요한 법원의 명령에 위배되는 행위를 하거나 폭언·소란 등의 행위로 법원의 심리를 방해하거나 재판의 위신을 현저히 훼손한 자에 대하여 결정으로 20일 이내의 감치 또는 100만 원 이하의 과태료에 처하거나 이를 병과할 수 있다.(법원조직법 제61조 제1항) F4 법9

제 5 절 공판기일의 절차

I 공판기일의 절차의 의미

일반적 공판준비절차가 끝나면 〈일반적 공판준비절차 후에 임의적 절차인 집중심리를 위한 공판준비절차를 거치기로 한 경우에는 집중심리를 위한 공판준비절차가 끝나면〉 법원은 공판기일을 열어 피고사건에 대하여 유죄인지 무죄인지 여부를 가리는 실체심리(유·무죄 심리)를 한다. 유죄·무죄 여부를 판단하기 위하여 각종 증거를 조사하고, 증인신문과 피고인신문 등을 하는 절차가 바로 공판기일의 절차이다. 쉽게 말해서 공판기일의 절차는 '유·무죄를 가리는 절차'를 말한다.

II 공판기일절차의 순서

공판기일의 절차는 크게 **모두절차** ⇨ **사실심리절차** ⇨ **판결선고절차**의 3단계의 절차로 구성된다. 이를 더 세분하면 다음과 같이 9단계의 절차로 구성된다. F4 19국9

암기방법	공판기일절차의 순서 * 고인 검(은) 피 재조사 피신 최판(사)
–〈**모두절차**〉	1. 진술거부권 **고지** ⇨ 2. **인정**신문 ⇨ 3. **검사**의 모두진술 ⇨ 4. **피고인의** 모두진술 ⇨ 5. **재판**장의 쟁점정리 및 검사·변호인의 증거관계에 대한 진술 절차
–〈**사실심리절차**〉	6. 증거**조사** ⇨ 7. **피고인신문** ⇨ 8. **최종변론**
–〈**판결선고절차**〉	9. **판결선고**

1. 모두절차

모두절차란 사실심리절차에 들어가기 전에 하는 절차로서 피고인에게 진술거부권을 고지하고 인정신문 등을 하는 절차를 말한다.

(1) 진술거부권 고지(제283조의2) F4 법9

재판장은 피고인에게 진술을 하지 아니하거나 개개의 질문에 대하여 진술을 거부할 수 있다는 것을 고지하여야 한다. (제283조의2) F4 법9, 20경승 진술거부권의 고지는 일체의 진술을 하지 않을 수 있고, 개개의 질문에 대하여 선별해서 어느 것은 답변하고, 어느 것은 답변을 하지 않을 수 있다는 것을 고지해야 한다는 뜻이다. 진술거부권은 **인정신문(제284조) 전에 고지해야 한다.**

(2) 인정신문(제284조)

재판장은 피고인의 성명, 연령, 등록기준지, 주거와 직업을 물어서 피고인에 틀림없음을 확인하여야 한다. (제284조) F4 법9 인정신문 전에 진술거부권을 고지하여야 하므로 **피고인은 인정신문에 대해서도 진술을 거부할 수 있다.**

(3) 검사의 모두진술(제285조)

조문	검사는 원칙적으로 공소장에 의하여 **공소사실 · 죄명 · 적용법조를 낭독하여야** 한다. 다만, 재판장은 필요하다고 인정하는 때에는 검사에게 **공소요지**를 진술하게 할 수 있다.(제285조) 검사의 공소장 낭독은 피고인 또는 변호인의 동의와 무관하게 원칙적으로 필수적으로 해야 한다. ▶ 검사의 공소장 낭독; **원칙 필수적, 예외 임의적** F4 14국7, 21국9
취지	검사의 공소장낭독은 배심제도(국민참여재판제도)가 도입됨에 따라 사건개요를 잘 모르는 배심원들에게 검사가 사건개요를 설명하는 영미의 Opening ment에 해당한다. 또한 이는 사건개요와 입증의 방침을 명백히 하여 법원의 소송지휘를 가능하게 하고, 피고인에게는 방어 준비 기회를 보장한다는 데에 제도적 취지가 있다.
시기	검사의 모두진술은 제1심에서만 필요하고, 상소심에서는 필요 없다.

(4) 피고인의 모두진술(제286조)

조문	① 피고인은 진술거부권을 행사하는 경우를 제외하고 원칙적으로 공소사실의 인정 여부(공소사실의 자백 또는 부인 여부)를 진술하여야 한다.(제286조 제1항) F4 22검찰·마약9 ② 피고인 및 변호인은 이익이 되는 사실 등을 진술할 수 있다.(제286조 제2항) 피고인 및 변호인은 공소에 관한 의견 그 밖에 이익이 되는 사실 등을 진술할 수 있다.(규칙 제127조의2 제2항) F4 법9
성격	① 피고인의 공소사실 인정여부에 대한 진술; **원칙 필요적** ② 피고인 및 변호인의 이익 되는 사실 등의 진술; **임의적**

(5) 재판장의 쟁점정리 및 검사·변호인의 증거관계에 대한 진술(제287조)

조문	① 재판장은 피고인의 모두진술이 끝난 다음에 피고인 또는 변호인에게 쟁점의 정리를 위하여 필요한 질문을 할 수 있다.(제287조 제1항) ② 재판장은 증거조사를 하기에 앞서 검사 및 변호인으로 하여금 공소사실 등의 증명과 관련된 주장 및 입증계획 등을 진술하게 할 수 있다. 다만, 증거로 할 수 없거나 증거로 신청할 의사가 없는 자료에 기초하여 법원에 사건에 대한 예단 또는 편견을 발생하게 할 염려가 있는 사항은 진술할 수 없다.(제287조 제2항)
성격	재판장의 쟁점정리절차는 **임의적**

2. 사실심리절차

사실심리절차란 본격적으로 증거조사와 증인신문, 피고인신문 등을 통하여 실체(유·무죄) 심리를 하는 절차를 말한다.

(1) 증거조사

증거조사는 **당사자의 신청에 의한 증거조사가 원칙적**이고, 법원의 직권에 의한 증거조사는 **보충적**이다.

1) 증거조사의 의의와 순서

증거 조사의 의의	① 증거조사란 법원이 피고사건의 사실인정과 형의 양정(양형)에 대하여 심증을 얻기 위하여 증거방법(피고인, 증인, 증거물, 증거서류 등)을 조사하여 그 내용을 알아내는 소송행위를 의미한다. ② 증거조사는 **재판장의 쟁점정리절차가 끝난 후, 피고인신문 전에 실시**한다.(제290조) 08순경2차
증거 조사의 순서	① 원칙; **검사가 신청한 증거조사 ⇨ 피고인 또는 변호인이 신청한 증거조사 ⇨ 법원의 직권증거조사**(제291조의2 제1항·제2항)의 순서로 증거조사를 한다. 12경승, 13경승, 13교정·보호·철경9, 16경간, 19경간, 20경승 ② 증거조사의 순서변경; **법원**은 직권 또는 검사, 피고인·변호인의 신청에 따라 **증거조사의 순서를 변경할 수 있다.**(제291조의2 제3항) 09국7, 15순경1차, 16경간

2) 당사자의 신청에 의한 증거조사

① 당사자의 증거조사신청

검사, 피고인 또는 변호인(당사자)은 서류나 물건을 증거로 제출할 수 있고, 증인·감정인·통역인 또는 번역인의 신문을 신청할 수 있다.(제294조 제1항) 19경간, 20국7, 21국9 증거(조사)신청은 **검사가 먼저 한 후 다음에 피고인 또는 변호인이 한다.**(규칙 제133조) 증거신청을 검사가 먼저 하도록 한 이유는 무죄추정의 원칙에 의하여 검사가 원칙적으로 거증책임을 지기 때문이다. 14경승, 22경승 ▶ 공판절차에서 검사, 피고인 또는 변호인은 '당사자'라고 하면 된다. 엄격히 말해서 변호인은 당사자가 아니라 당사자인 피고인을 조력하는 자이지만 당사자측에 있는 자이므로 그냥 당사자라고 칭하면 된다.

② 증거조사의 신청 방식

가. **일괄신청의 원칙**; 검사, 피고인 또는 변호인(당사자)은 특별한 사정이 없는 한(예외가 없는 한) 필요한 증거를 일괄하여(한꺼번에) 신청하여야 한다.(규칙 제132조) 10순경2차, 13경승, 14경승, 19경간 또한 증거조사신청은 **서면 또는 구술**로 할 수 있다.(규칙 제176조 제1항)

나. 법원은 검사, 피고인 또는 변호인이 고의로 증거를 뒤늦게 신청함으로써 공판의 완결을 지연하는 것으로 인정할 때에는 직권 또는 상대방의 신청에 따라 **결정으로 이를 각하할 수 있다.**(제294조 제2항) 08순경2차, 09국7, 13교정·보호·철경9, 15순경1차, 19경간, 20경간, 20국7, 21검찰·마약9

다. 검사, 피고인 또는 변호인이 증거신청을 함에 있어서는 그 증거와 증명하고자 하는 사실과의 관계를 구체적으로 명시하여야 한다.(규칙 제132조의2 제1항) 10순경2차, 13경승, 19검찰·마약9 이에 위반한 증거신청은 이를 기각할 수 있다.(동조 제5항)

라. 피고인의 자백을 보강하는 증거(보강증거)나 정상에 관한 증거는 보강증거 또는 정상에 관한 증거라는 취지를 특히 명시하여 그 조사를 신청하여야 한다.(동조 제2항) 19국7 이에 위반한 증거신청은 이를 기각할 수 있다.(동조 제5항)

마. 서류나 물건의 일부에 대한 증거신청을 함에 있어서는 증거로 할 부분을 특정하여 명시하여야 한다. (동조 제3항) 일부에 대한 증거신청을 할 때 증거로 할 부분을 특정하지 않으면 당사자가 어느 부분을 증거로 신청했는지를 법원이 알 수 없기 때문에 특정하도록 한 것이다. 19경간, 19검찰·마약9 이에 위반한 증거신청은 이를 기각할 수 있다.(동조 제5항)

③ 당사자의 증거조사신청에 대한 법원의 증거결정

가. 법원은 당사자의 증거신청에 대하여 결정을 하여야 한다.(제295조 전단) ▣ 17경간 법원은 증거결정을 함에 있어서 필요하다고 인정할 때에는 그 증거에 대한 검사, 피고인 또는 변호인의 의견을 들을 수 있다.(규칙 제134조 제1항) ▣ 22경승

나. 증거결정의 유형

기각결정	기각결정은 증거신청이 부적법한 경우, 증거조사가 불가능한 경우 등에 하는 증거결정으로서 증거를 채택하지 않기로 하는 결정이다. 법원이 기각결정을 한 증거에 대해서는 증거조사를 하지 않는다. 법원은 증거신청을 기각·각하하거나 증거신청에 대한 결정을 보류하는 경우 증거신청인으로부터 당해 증거서류 또는 증거물을 제출받아서는 아니 된다.(규칙 제134조 제4항) ▣ 15순경1차
채택결정	채택결정은 증거조사를 하기로 하는 결정이다.
직권결정	직권결정은 법원이 직권으로 증거조사를 하기로 하는 결정이다.(제295조 후단)

다. 증거결정의 성격

증거를 채택할지 기각할지는 법원의 자유재량이라는 자유재량설이 판례의 입장이다.

관련판례 당사자의 증거신청에 대한 법원의 채택 여부

a. 증거신청의 채택 여부는 **법원의 재량**으로서 법원이 필요하지 아니하다고 인정할 때에는 이를 조사하지 않을 수 있는 것이고, 법원이 적법하게 공판의 심리를 종결한 뒤에 피고인이 증인신청을 하였다 하여 반드시 공판의 심리를 재개하여 증인신문을 하여야 하는 것은 아니다.(대법원 2011.1.27. 선고 2010도7947) ▣ 법승, 10·12경승, 11경위, 12경간, 15국7, 20경간, 20경승, 20법9, 20교정·보호·철경9, 22경승, 22검찰·마약9 ▶ 당사자의 증거조사 신청에 대하여 이를 채택할지 여부는 **법원의 재량**이라는 판례이다. 증거를 채택할지 여부를 법원의 재량으로 하는 취지는 만일 당사자가 신청한 증거를 법원이 모두 채택하여 조사해야 한다면 당사자는 위조 또는 변조된 증거를 마구 제출함으로써 의도적으로 재판을 지연시킬 수 있기 때문에 이런 불합리한 점을 방지하기 위한 것이다.

같은 취지의 판례

증인은 법원이 직권에 의하여 신문할 수도 있고 **증거의 채부는 법원의 직권에 속하는 것이므로 피고인이 철회한 증인을 법원이 직권신문하고 이를 채증하더라도 위법이 아니다.**(대법원 1983.7.12. 선고 82도3216) ▣ 08순경2차, 10경승, 13국7, 16순경1차, 19경간, 20법9, 21검찰·마약9, 23경승

b. 당사자의 증거신청에 대한 법원의 채택여부의 결정은 **판결 전의 소송절차에 관한 결정으로서 이의신청 외에는 불복방법이 없**고, 다만 그로 말미암아 사실을 오인하여 판결에 영향을 미치기에 이른 경우에만 이를 상소의 이유로 삼을 수 있을 뿐이다.(대법원 1990.6.8. 선고 90도646) ▣ 17경간

④ 증거결정에 대한 불복방법

증거신청의 결정에 대한 이의신청	증거신청의 결정이란 증거신청에 대한 <u>기각결정 또는 채택결정</u>을 말한다. 이에 대하여는 **법령위반**을 이유로 이의신청을 할 수 있다.(규칙 제135조의2 단서) [F4] 10경승, 13국7, 14국7, 15순경1차, 17교정 · 보호 · 철경9, 20경간, 20경승, 20국7, 21경간, 22검찰 · 마약9
증거조사에 대한 이의신청	증거조사에 대한 이의신청이란 증거신청에 대하여 채택결정을 하여 <u>채택한 증거에 대하여 증거조사를 한 경우</u>에 그 증거조사에 대하여 하는 이의신청을 말한다. 이에 대하여는 **법령위반 또는 상당하지 아니함**을 이유로 이의신청을 할 수 있다.(규칙 제135조의2 본문) [F4] 08순경2차, 13국7, 15국7, 22교정 · 보호 · 철경9

3) 직권증거조사

의의	직권증거조사란 법원이 당사자의 신청 없이 증거조사를 하는 것을 말한다. 법원은 직권으로 증거조사를 할 수 있다.(제295조) [F4] 14경승, 17경간, 21검찰 · 마약9
성격	제295조의 직권증거조사는 법원이 **보충적 · 후견적**으로 직권에 의한 증거조사를 할 수 있다는 것이지 의무적으로 증거조사를 하여야 한다는 규정은 없다.(광주고법 1979.7.26. 선고 79노127)

4) 증거조사방식(증거서류; 제292조, 증거물; 제292조의2) [F4] 법9, 법승, 경승, 08순경2차, 09국7, 13국7

① 증거서류의 조사방식 [F4] 20경승, 22교정 · 보호 · 철경9

	원칙	예외
신청에 의한 증거서류의 조사방식	신청인이 낭독	① 재판장이 필요하다고 인정하는 경우 **재판장이 내용고지** 할 수 있다. ② 재판장은 **법원사무관 등에게 낭독 또는 고지**를 하게 할 수 있다. ③ 재판장은 **제시하여 열람**하게 할 수 있다.
직권에 의한 증거서류의 조사방식	소지인 또는 재판장이 낭독(제292조)	

② 증거물의 조사방식 [F4] 20경승

	원칙	예외
신청에 의한 증거물의 조사방식	신청인이 제시	재판장은 **법원사무관 등에게 제시**를 하게 할 수 있다.
직권에 의한 증거물의 조사방식	소지인 또는 재판장이 제시	

③ 그 밖의 증거의 조사방식

컴퓨터용디스크 그 밖에 이와 비슷한 정보저장매체에 기억된 문자정보(도면 · 사진)의 조사방식	읽을 수 있도록 출력하여 인증한 등본을 낼 수 있다.(규칙 제134조의7 제1항) F4 15순경1차
녹음 · 녹화매체(녹음 · 녹화테이프, 컴퓨터용디스크 등)의 조사방식	재생하여 청취 또는 시청하는 방법으로 한다.(규칙 제134 조의8 제3항)

④ 자백문서의 조사방식

제312조 및 제313조에 따라 증거로 할 수 있는 피고인 또는 피고인 아닌 자의 진술을 기재한 조서 또는 서류가 피고인의 자백 진술을 내용으로 하는 경우(자백문서의 경우)에는 **범죄사실에 관한 증거를 조사한 후에 자백문서를 조사하여야 한다.**(규칙 제135조) F4 10순경2차, 11법9, 13경승, 21검찰 · 마약9 자백문서를 먼저 조사하면 공판이 자백 위주로 진행되게 되므로 <u>자백 위주의 공판을 방지하기 위하여</u> 자백문서를 나중에 조사하도록 한 것이다.

⑤ 증거물인 서면의 조사방식

본래 증거물이지만 증거서류의 성질도 가지고 있는 이른바 '증거물인 서면'을 조사하기 위해서는 증거서류의 조사방식인 낭독 · 내용고지 또는 열람의 절차와 증거물의 조사방식인 제시의 절차가 함께 이루어져야 하므로, 원칙적으로 증거신청인으로 하여금 그 서면을 **제시하면서 낭독**하게 하거나 이에 갈음하여 그 **내용을 고지 또는 열람**하도록 하여야 한다.(대법원 2013.7.26. 선고 2013도2511) F4 14법9, 15국9, 16순경1차, 17교정 · 보호 · 철경9, 20경간

5) 증거조사에 대한 이의신청

① 관련조문

<u>검사, 피고인 또는 변호인(당사자)은</u> 증거조사에 관하여 이의신청을 할 수 있다.(제296조 제1항) F4 12교정 · 보호 · 철경9 증거조사에 대한 이의신청은 **법령위반 또는 상당하지 아니함**을 이유로 할 수 있다.(규칙 제135조의2 본문) F4 순경, 13교정 · 보호 · 철경9 F4 14순경1차 cf 증거신청의 결정에 대한 이의신청; **법령위반만**을 이유로 이의신청을 할 수 있다.

② 증거조사에 대한 이의신청의 시기와 방식

개개의 행위, 처분 또는 결정시마다 그 이유를 간결하게 명시하여 즉시 이의신청을 하여야 한다.(규칙 제137조) F4 14국7 증거조사에 대한 이의신청은 **서면 또는 구두**로 할 수 있다.(규칙 제176조)

③ 증거조사에 대한 이의신청에 관한 법원의 결정

가. 결정의 시기

이의신청이 있은 후 <u>즉시</u> 하여야 한다.(규칙 제139조)

나. 기각결정

시기에 늦은(실기한) 이의신청, 소송지연만을 목적으로 하는 것이 명백한 이의신청, 이의신청이 이유 없다고 인정되는 경우에는 기각결정을 한다.(규칙 제139조 제1항 본문 · 제2항) 다만, <u>시기에 늦은</u>

이의신청이 중요한 사항을 대상으로 하고 있는 경우에는 기각결정을 해서는 안 된다.(규칙 제139조 제1항 단서) [F4] 14순경1차

다. 인용결정

증거조사에 대한 이의신청이 이유 있다고 인정되는 경우에는 인용결정을 한다. 또한 증거조사를 마친 증거가 증거능력이 없음을 이유로 한 이의신청을 이유 있다고 인정할 경우에는 그 증거의 전부 또는 일부를 배제한다는 취지의 결정(증거조사를 다시 하여야 한다는 취지의 결정×)을 하여야 한다.(규칙 제139조 제4항) [F4] 14순경1차

라. 불복방법

  a. 중복된 이의신청의 금지; 이의신청에 대한 결정에 의하여 판단이 된 사항에 대하여는 다시 이의신청을 할 수 없다.(규칙 제140조) [F4] 14순경1차
  b. 증거조사에 대한 이의신청에 관한 법원의 결정은 판결 전 소송절차에 관한 결정에 해당한다. 따라서 이에 대하여 즉시항고를 허용하는 규정이 없고, 보통항고를 할 수 있는 예외에도 해당하지 않으므로 불복방법이 없다.(제403조) [F4] 14국7

6) 증거조사결과와 피고인의 의견

조문	증거조사를 하고 나면 재판장은 피고인에게 각 증거조사의 결과에 대한 의견을 묻고, 권리를 보호함에 필요한 증거조사를 신청할 수 있음을 고지하여야 한다.(제293조)
간이공판절차에서의 적용여부	**간이공판절차에서는 이 규정이 적용되지 않는다.**(제297조의2) 즉 간이공판절차에서는 재판장이 피고인에게 증거조사 결과에 대한 의견을 물을 필요가 없고, 권리를 보호함에 필요한 증거조사를 신청할 수 있음을 고지할 필요가 없다.

(2) 피고인신문

1) 피고인신문의 의의와 시기

의의	피고인신문이란 검사, 변호인, 재판장, 합의부원 등이 피고인에게 공소사실 및 정상에 관하여 필요한 사항을 신문(묻고 피고인의 답을 듣는)하는 절차를 말한다.(제296조의2) [F4] 법9, 20경승 피고인신문제도는 대륙(독일, 프랑스)의 소송구조에서 유래하는 **직권주의적 요소**에 해당한다.
시기	피고인신문은 <u>증거조사 종료 후에</u> 한다. 다만, 재판장은 필요하다고 인정하는 때에는 증거조사가 완료되기 전이라도 피고인신문을 허가할 수 있다.(제296조의2 제1항) [F4] 14경승, 21경간 이는 증거조사개시 후 그 완료 전에 피고인신문을 허가할 수 있다는 의미이지, <u>증거조사개시 전에 피고인신문을 할 수 있다는 의미는 아니다.</u> [F4] 법9, 10순경2차, 13경승, 19경간

2) 피고인신문의 절차

① 피고인신문의 순서

피고인신문은 원칙적으로 검사 ⇨ 변호인 ⇨ 재판장의 순서로 신문한다.(제296조의2 제3항, 제161조의2 제1·2항) 재판장은 필요하다고 인정하면 어느 때나 피고인신문을 할 수 있으며 그(피고인) 신문순서를 변경할 수 있다.(제296조의2 제2·3항, 제161조의2 제3항) [F4] 20경승 이는 법원이 증거조사의 순서

를 변경할 수 있고, 재판장이 증인신문의 순서를 변경할 수 있다는 것과 같은 법리이다. 합의부원은 재판장에게 고하고 피고인신문을 할 수 있다.(제296조의2 제3항, 제161조의2 제5항)

② 신문사항
피고인신문을 할 때에는 공소사실 및 정상에 관하여 필요한 사항을 신문한다.

③ 피고인신문시 재정인의 퇴정
재판장은 피고인이 어떤 재정인의 면전에서 충분한 진술을 할 수 없다고 인정한 때에는 그 재정인을 퇴정하게 하고 진술하게 할 수 있다.(제297조 제1항, 규칙 제140조의3) 13검찰·마약9, 14국9

④ 피고인신문시 신뢰관계자의 동석
재판장 또는 법관은 피고인을 신문하는 경우 피고인이 신체적 또는 정신적 장애로 사물을 변별하거나 의사를 결정·전달할 능력이 미약한(심신미약자인) 경우, **피고인의 연령·성별·국적 등의 사정을 고려하여** 그 심리적 안정의 도모와 원활한 의사소통을 위하여 필요한 경우 직권 또는 피고인·법정대리인 또는 검사의 신청에 따라 **피고인과 신뢰관계에 있는 자를 동석하게 할 수 있다.**(제276조의2) 이는 **임의적 동석 사유**이다.

관련판례 변호인이 피고인신문의 의사표시를 한 경우 재판장의 조치(허용해야 함)

> 재판장은 검사 또는 변호인이 항소심에서 피고인신문을 실시하는 경우 제1심의 피고인신문과 중복되거나 항소이유의 당부를 판단하는 데 필요 없다고 인정하는 때에는 그 신문의 전부 또는 일부를 제한할 수 있으나(형사소송규칙 제156조의6 제2항) **변호인의 본질적 권리를 해할 수는 없다**(형사소송법 제370조, 제299조 참조). 따라서 재판장은 변호인이 피고인을 신문하겠다는 의사를 표시한 때에는 피고인을 신문할 수 있도록 조치하여야 하고, 변호인이 피고인을 신문하겠다는 의사를 표시하였음에도 **변호인에게 일체의 피고인신문을 허용하지 않은 것은 변호인의 피고인신문권에 관한 본질적 권리를 해하는 것으로서 소송절차의 법령위반에 해당**한다.(대법원 2020.12.24. 선고 2020도10778) 21법9, 21국9

(3) 최종변론

1) **검사의 의견진술** 법승

① 피고인신문과 증거조사가 종료한 때에는 검사는 사실과 법률적용에 관하여 의견을 진술하여야 한다. 단, 검사의 출석 없이 개정한 경우에는 공소장의 기재사항에 대하여 검사의 의견진술이 있는 것으로 간주한다.(제302조) 11법9 검사의 의견진술에는 논고와 구형이 있다.
② 논고; 논고란 사실과 법률적용에 관한 검사의 의견을 말한다.
③ 구형; 구형이란 양형에 관한 검사의 의견을 말한다.

관련판례 검사가 논고를 하지 않은 경우 공판절차의 효력

> 결심공판에 출석한 검사가 사실과 법률적용에 관하여 의견을 진술하지 않더라도 공판절차가 무효로 되는 것은 아니다.(대법원 1977.5.10. 선고 74도3293) ▶ '사실과 법률적용에 관하여 의견을 진술하지 않더라도'는 '논고를 하지 않더라도'라는 의미이다. 이는 검사가 논고를 하지 않더라도 공판절차가 무효로 되지 않는다는 판례이다.

📖 **관련판례** 검사가 양형에 관한 의견진술을 하지 않은 경우

검사가 양형에 관한 의견진술을 하지 않았다 하더라도 이로써 판결에 영향을 미친 법률위반이 있는 경우에 해당한다고 할 수 없다.(대법원 2001.11.30. 선고 2001도5225) F4 12경승, 14국7, 19국7, 22법9

📖 **관련판례** 법원이 검사의 구형에 구속되는지 여부(소극)

검사의 구형은 양형에 관한 의견진술에 불과하고 법원이 그 의견에 구속되는 것은 아니므로 피고인에 대한 형을 정함에 있어 검사의 구형에 포함되지 아니한 벌금형을 병과하였다 하여 위법이 될 수 없다.(대법원 1984.4.24. 선고 83도1789) ▶ 법원은 검사의 구형보다 중한 형을 선고할 수도 있고 경한 형을 선고할 수도 있다는 취지의 판례이다. F4 경승, 11법9, 20교정 · 보호 · 철경9

2) 피고인과 변호인의 최후진술

재판장은 검사의 의견을 들은 후 피고인과 변호인에게 최종의 의견을 진술할 기회를 주어야 한다.(제303조)

📖 **관련판례** 피고인과 변호인에게 최종 의견 진술의 기회를 주지 않은 경우

피고인과 변호인에게 최종 의견 진술의 기회를 주지 않은 채 심리를 마치고 선고한 판결은 **위법**이다.(대법원 1975.11.11. 선고 75도1010) ▶ 피고인과 변호인에게 최종 의견 진술의 기회를 주지 않은 경우에는 위법하지만, 기회를 주었으나 진술을 하지 않은 경우에는 위법하지 않다. F4 경승, 11법9, 18국7, 22법9, 22국7

3) 변론종결(심리종결)

피고인과 변호인의 최후진술이 끝나면 **변론(심리)이 종결**된다. 실무에서는 이를 심리가 종결되었다는 의미에서 **결심(結審)**이라고 한다. 심리가 종결되면 공판기일의 절차는 판결선고절차만 남는다.

3. 판결선고절차

(1) 판결선고기일 F4 법승

1) 즉일선고의 원칙

① 판결의 선고는 변론을 종결한 기일에 하여야 한다.(제318조의4 제1항 본문) 이를 **즉일선고의 원칙**이라고 한다. 즉일선고의 원칙은 **원칙적으로 판결선고기일=변론종결기일**이어야 한다는 원칙이다. F4 12경간, 20국9 즉 변론종결기일이 9월 10일이라면 판결선고기일도 원칙적으로 9월 10일이어야 한다는 원칙을 말한다. 즉일선고의 원칙은 **신속한 재판의 원칙을 실현**하기 위하여 인정한 것이다.
② 변론을 종결한 기일에 판결을 선고하는 경우에는 판결의 선고 후에 판결서를 작성할 수 있다.(제318조의4 제2항) F4 21국7 이 경우 판결서는 판결선고 후 5일 내에 작성하여야 한다.(규칙 제146조)

2) 즉일선고의 원칙에 대한 예외

변론을 종결한 기일에 판결을 선고할 수 없는 특별한 사정이 있는 때에는 따로 판결선고기일을 정할 수 있다.(제318조의4 제1항 단서) 위의 판결선고기일은 **변론종결 후 14일 이내**로 지정되어야 한다.(제318조의4 제3항) F4 12검찰 · 마약9, 15경간, 20국9

3) 판결선고기일의 개정요건

피고인의 출석은 판결선고기일의 개정요건인 것이 원칙이나, **검사의 출석은 개정요건이 아니다.**

(2) 판결 선고의 방법

판결의 선고는 공판정에서 재판서에 의하여야 한다.(제42조) 재판의 선고는 재판장이 한다. 판결을 선고함에는 주문을 낭독하고 이유의 요지를 설명하여야 한다.(제43조) 21법9

(3) 판결 선고의 효과

① 판결이 선고되면 당해 심급의 소송계속이 종료되고, 판결을 선고한 날로부터 7일 이내에 상소를 할 수 있다.(제343조 제2항, 제358조, 제374조)
② 상소기간 중 또는 상소 중의 사건에 관하여 구속기간의 갱신, 구속취소, 보석, 구속의 집행정지와 그 정지의 취소에 대한 결정은 소송기록이 원심법원에 있는 때에는(소송기록이 상소법원에 도달하기까지는) 원심법원이 하여야 한다.(제105조, 규칙 제57조) 이 규정의 의미는 소송기록이 원심법원에 있을 때에는 원심법원이, 소송기록이 상소법원에 송부된 경우에는 상소법원이 위의 결정을 한다는 것이다. 10경사, 22법9

제 6 절 증인신문

I 증인신문의 의의와 성격

의의	증인신문이란 경험한 사실에 대한 증인의 진술(증언)을 듣는 증거조사절차를 말한다. 보다 간단히 말하면 증인에 대한 증거조사절차가 증인신문이다.
성격	증인신문은 증거조사의 성격과 강제처분의 성격을 모두 갖고 있다. 증인에 대해서는 일정한 의무(예 출석의무)를 부과하고 그 의무 위반에 대하여 제재를 가할 수 있기 때문에 증인신문은 강제처분의 성격도 갖는 것이다.

II 증인의 의의와 구별개념

1. 증인의 의의

증인이란 법원 또는 법관에 대하여 자신이 과거에 경험한 사실을 진술하는 **제3자**를 말한다. 예컨대 범죄사실을 목격한 자 乙이 공판기일에 목격한 사실을 진술하는 경우 乙을 증인이라고 한다.

2. 구별개념

(1) 증인과 참고인의 비교

	증인	참고인
진술의 상대방	법원 또는 법관	검사 또는 사법경찰관
강제성	O	×

(2) 증인과 감정인의 비교

1) 증인과 감정인의 차이점

	증인	감정인
대체성	비대체적	대체적
구인여부	가능	불가능
감정증인	증인에 해당한다. 따라서 **증인신문 규정에 따라 신문**한다. F4 13국7, 14순경1차, 15경간, 15경승	해당사항 없음
처벌	위증죄	허위감정죄

2) 증인과 감정인의 공통점

비용 청구권	소환된 증인·감정인은 일당·여비·숙박료청구권(**비용청구권**)이 있다. 단, 정당한 사유 없이 선서·증언을 거부한 자; 비용청구권× cf 재정증인(법원의 소환 없이 스스로 법정에 나왔다가 증인이 된 자); 비용청구권×
선서의무	증인·감정인 모두 선서의무가 있다.
참여권	증인신문과 감정인신문시에 당사자의 참여권이 인정된다.

III 증인적격

1. 증인적격의 의의

증인적격이란 <u>증인이 될 수 있는 자격</u>을 말한다. 형사소송법 제146조는 "법원은 법률에 다른 규정이 없으면 (예외가 없는 한) 누구든지 증인으로 신문할 수 있다."고 규정하고 있으므로 **원칙적으로 누구나 증인적격이 있다.** F4 법9, 10경승, 20경승 증인의 핵심요소는 '**제3자성**'이다. 즉 증인이 되려면 제3자라야 하고 형사소송의 당사자는 증인이 될 수 없다는 것이다.

2. 증인적격이 없는 자

(1) 공무원 또는 공무원이었던 자

공무원 또는 공무원이었던 자가 그 직무에 관하여 알게 된 사실에 관하여 본인 또는 당해 공무소가 직무상 비밀에 속한 사항임을 신고한 때에는 **그 소속공무소 또는 감독관공서의 승낙 없이는 증인으로 신문하지 못한다.**(제147조 제1항) 그러므로 이에 해당하는 공무원은 증인적격이 없고, 증인거부권자에 해당하여 증인으로의 출석자체를 거부할 수 있다. 14법9, 18경간, 23경승

> **TIP** 증인거부권자
> 증인거부권자란 증인이 되는 것을 거부할 수 있는 자를 말한다. 증인거부권자는 증인으로 채택되더라도 출석 자체를 거부할 수 있다. 증언거부권자는 출석과 선서를 거부할 수는 없고, 증언만 거부할 수 있으나, 증인거부권자는 아예 출석을 거부할 수 있다는 점이 다르다.

(2) 법관 · 법원사무관등

당해사건을 심판하는 법관은 증인적격이 없다. 경승 당해사건의 공판절차에 관여하는 법원사무관 등도 증인적격이 없다.

(3) 검사

검사는 실무상 수사검사와 공판검사로 나누어진다. 당해사건의 수사에는 관여하지 않고 공판절차에만 관여하는 **공판검사는** 당사자에 해당하므로 제3자성이 없어 **증인적격이 없다.** cf 수사검사; 공판절차에는 관여하지 않고 수사에만 관여한 수사검사는 제3자에 해당한다. 따라서 **수사검사는 증인적격이 있다.** 경승

(4) 변호인

변호인은 당사자인 피고인의 보조자로서 피고인측에 있는 자이므로 제3자성이 없다. 따라서 변호인은 증인적격이 없다. 경승

(5) 피고인

피고인을 증인으로 신문할 수 있도록 한다면 피고인은 증언의무를 지게 되고, 증언의무를 부담한다면 진술거부권은 무의미해진다. 또한 피고인은 당사자에 해당하므로 제3자성이 없다. 따라서 피고인은 증인적격이 없다. 법9, 경승

(6) 공범인 공동피고인

공범인 공동피고인은 **증인적격이 없다**는 것이 판례의 태도이다. 이에 관해서는 뒤에 따로 정리해서 서술한다.

3. 증인적격이 있는 자

(1) 사법경찰관리 · 검찰직공무원

사법경찰관리와 검찰직공무원은 당사자가 아니므로 제3자성이 있다. 따라서 **증인적격이 있다.** 18교정 · 보호 · 철경9

> **관련판례** 수사경찰관의 증인적격
>
> 원심이 당해 사건의 수사경찰관을 증인으로 신문한 것이 증거재판주의나 증인의 자격에 관한 법리를 오해하였다거나 헌법위반의 위법이 있다고 할 수 없다.(대법원 2001.5.29. 선고 2000도2933) [단] 10경사, 14 교정·보호·철경9, 16경간, 19순경1차, 20경승, 20국7, 21경승 ▶ **사법경찰관리는 증인적격이 있다**는 판례이다.

(2) 수사검사

수사검사는 공판절차에 관여하지 않고 수사에만 관여하므로 제3자에 해당한다. 따라서 **수사검사는 증인적격이 있다.**

(3) 공범 아닌 공동피고인

공범 아닌 공동피고인은 **증인적격이 있다**는 것이 판례의 태도이다. 이에 관해서는 아래에 정리해서 서술한다.

4. 공동피고인의 증인적격

공동피고인의 증인적격 인정여부에 대한 판례의 입장을 정리하면 다음과 같다. 즉 판례는 **공범인 공동피고인은 증인적격이 없다**고 한다. 그러나 공범 아닌 공동피고인, 공범이지만 공동피고인이 아닌 경우, 공범도 공동피고인도 아닌 경우에는 증인적격이 있다는 것이 판례의 태도이다.

	공범 ○	공범 ×
공동피고인 ○	**증인적격 ×**	증인적격 ○
공동피고인 ×	증인적격 ○	증인적격 ○

> **관련판례** 공동피고인의 증인적격
>
> a. **공범인 공동피고인은** 당해 소송절차에서는 피고인의 지위에 있으므로 다른 공동피고인에 대한 공소사실에 관하여 **증인이 될 수 없으나**, 소송절차가 분리되어 피고인의 지위에서 벗어나게 되면(▶ 소송절차가 분리되면 병합심리 되지 않으므로 공동피고인의 지위에서 벗어나게 된다.) 다른 공동피고인에 대한 공소사실에 관하여 증인이 될 수 있다. 이는 대향범인 공동피고인의 경우에도 다르지 않다. ▶ **공범인 공동피고인은 증인적격이 없지만, 공동피고인 아닌 공범은 증인적격이 있다**는 판례이다.(대법원 2008.6.26. 선고 2008도3300, 대법원 2012.3.29. 선고 2009도11249) [단] 11국7, 12순경2차, 13경간, 13교정·보호·철경9, 14법9, 14 교정·보호·철경9, 15경간, 15법9, 15검찰·마약9, 15국7, 17경간, 17법9, 18경간, 18국7, 18순경2차, 18순경3차, 19경간, 19검찰·마약9, 20 경승, 20법9, 20국7, 21경간, 21법9, 21국7, 22경승, 22국9, 23경간, 23순경1차
>
> b. 피고인과는 별개의 범죄사실로 기소되고 다만 병합심리된 것뿐인 공동피고인(**공범 아닌 공동피고인**)은 피고인에 대한 관계에서는 **증인의 지위에 있다.**(대법원 1979.3.27. 선고 78도1031) ▶ **공범 아닌 공동피고인은 증인적격이 있다**는 판례이다. [단] 법승, 경승, 10순경1차, 12순경2차, 13교정·보호·철경9, 15검찰·마약9, 15국7, 17법9, 18국7, 19검찰·마약9, 22국9

Ⅳ 증인의 의무

임의수사인 참고인조사와 달리 증인신문은 강제처분적 성격을 띤다. 그러므로 증인으로 채택된 자에게는 3가지 의무가 부과된다. **출석의무, 선서의무와 증언의무**가 그것이다. 증인신문을 위하여 적법하게 소환된 증인은 출석의무가 있다. 증인이 출석해야 증인신문이 이루어지므로 **출석의무는 증인의 가장 기본적 의무이다.** 증인이 출석하면 선서의무와 증언의무가 있다.

1. 출석의무

(1) 출석의무의 대상

출석의무가 있는 증인은 **적법한 소환을 받은 증인에 한한다.** 공판기일 뿐만이 아니라 증거보전절차(제184조)에 있어서 증인신문을 위하여 적법하게 소환된 증인에게도 출석의무가 있다. 그러나 **증인거부권자는 출석을 거부할 수 있다.** cf 증언거부권자; 출석과 선서를 거부할 수는 없으나, 증언거부사유에 해당하는 경우에는 증언을 거부할 수 있을 뿐이다. F4 법9

(2) 증인의 소환

① 증인을 소환하는 방법에는 제한이 없다. 법원은 소환장의 송달, 전화, 전자우편, 그 밖의 상당한 방법으로 증인을 소환한다. (제150조의2) F4 11법9 증인에 대한 소환장의 송달은 급속을 요하는 경우를 제외하고는 늦어도 출석할 일시 24시간 이전에 송달하여야 한다. (규칙 제70조) cf 피고인에 대한 소환장 송달; 원칙적으로 출석할 일시 12시간 이전에 송달하여야 한다. (규칙 제45조)

② 증인의 소환에 대해서는 피고인의 소환에 관한 규정을 준용한다. (제153조, 제73 · 74 · 76조) 증인이 법원의 구내에 있는 때에는 소환함이 없이 신문할 수 있다. (제154조) F4 10법9. 17순경1차

(3) 동행명령

법원은 필요한 때에는 결정으로 지정한 장소에 증인의 동행을 명할 수 있다. (제166조 제1항) 증인이 **정당한 사유 없이 동행을 거부하는 때에는 구인할 수 있다.** (제166조 제2항) F4 법9

(4) 출석의무 위반에 대한 제재

1) 구인

정당한 사유 없이 소환에 응하지 아니하는 증인은 구인할 수 있다. (제152조) F4 법9

2) 소송비용 부담과 과태료

법원은 소환장을 송달받은 증인이 정당한 사유 없이 출석하지 아니한 때에는 결정으로 당해 불출석으로 인한 **소송비용을 증인이 부담하도록 명하고, 500만 원 이하의 과태료**를 부과할 수 있다. (제151조 제1항 제1문) F4 법9. 20경승 제153조에 따라 준용되는 제76조 제2항 · 제5항에 따라 **소환장의 송달과 동일한 효력이 있는 경우에도 또한 같다.** (동조 제1항 제2문)

▶ 소환장 송달과 동일한 효력이 있는 경우

a. 증인이 기일에 출석한다는 서면을 제출한 경우 [F4] 08법9
b. 출석한 증인에 대하여 차회기일을 정하여 출석을 명한 때
c. 구금된 증인이 교도관으로부터 소환통지를 받은 때

> **관련판례** 증인 소환장이 송달되지 아니한 경우 소재탐지 여부
>
> [1] 법원은 증인 소환장이 송달되지 아니한 경우에는 공무소 등에 대한 조회의 방법으로 **직권 또는 검사, 피고인, 변호인의 신청에 따라 소재탐지를 할 수도 있다**(형사소송법 제272조 제1항 참조). 이는 '특정범죄신고자 등 보호법'이 직접 적용되거나 준용되는 사건에 대해서도 마찬가지이다. [2] 다른 증거나 증인의 진술에 비추어 굳이 추가 증거조사를 할 필요가 없다는 등 특별한 사정이 없고, 소재탐지나 구인장 발부가 불가능한 것이 아님에도 불구하고, **불출석한 핵심 증인에 대하여 소재탐지나 구인장 발부 없이 증인채택 결정을 취소하는 것은 법원의 재량을 벗어나는 것으로서 위법**하다.(대법원 2020.12.10. 선고 2020도2623) [F4] 23경승, 23국9

3) 감치

① 법원은 증인이 과태료 재판을 받고도 정당한 사유 없이 다시 출석하지 아니한 때에는 결정으로 증인을 **7일 이내의 감치**에 처한다.(제151조 제2항) [F4] 14경승, 22법9
② 감치는 그 재판을 한 법원의 재판장의 명령에 따라 사법경찰관리·교도관·법원경위 또는 법원사무관 등이 교도소·구치소 또는 경찰서유치장에 유치하여 집행한다.(동조 제4항)
③ 법원은 감치의 재판을 받은 증인이 감치의 집행 중에 증언을 한 때에는 즉시 감치결정을 취소하고 그 증인을 석방하도록 명하여야 한다.(동조 제7항) [F4] 17순경1차, 22경승, 22법9

4) 불복방법

증인에 대한 제재인 소송비용부담과 과태료, 감치결정에 대하여는 **즉시항고를 할 수 있다.** 이 경우 즉시항고에는 예외적으로 집행정지의 효력이 인정되지 않는다.(제151조 제8항) [F4] 10국9, 11법9, 14경승

> **TIP** 증인에 대한 제재
> 증인에 대하여는 구인, 소송비용부담, 과태료, 감치를 할 수 있다. 그러나 증인에게 **형벌을 부과할 수는 없다.**

2. 선서의무

(1) 관련 조문

증인에게는 법률에 다른 규정이 없는 한 신문 전에 선서하게 하여야 한다.(제156조) [F4] 법9, 13순경1차, 14경승

(2) 선서의무의 취지

증인에게 선서의무를 부과하는 취지는 증언의 진실성을 담보하기 위한 것이다. [F4] 14경승

(3) 선서의 방식

① 선서는 선서서에 따라 하여야 한다.(제157조 제1항) 증인의 선서에는 서면주의가 적용된다. F4 법9 재판장은 증인에게 선서서를 낭독하고 기명날인 또는 서명하게 하여야 한다. 다만, 증인이 선서서를 낭독하지 못하거나 서명을 하지 못하는 경우에는 참여한 법원사무관 등이 대행한다.(동조 제3항) 이를 대행선서라고 한다. F4 16법9

② 재판장은 선서할 증인에 대하여 선서 전에 위증의 벌을 경고하여야 한다.(제158조) 또한 선서는 증인마다 개별적으로 하여야 하며, 대표선서는 아니 된다. 즉 증인이 3명일 경우 그 중 1인이 3명을 대표하여 선서하는 것은 허용되지 않고, 3명 모두 따로따로 선서하여야 한다.

(4) 선서무능력자 F4 순경, 법9, 법승, 국9, 국7, 경승

선서무능력자란 **16세 미만의 자, 선서의 취지를 이해하지 못하는 자**를 말한다. 선서능력이 없는 자에게 선서의무를 부과할 수는 없다. 그러므로 선서무능력자는 선서하게 하지 아니하고 신문하여야 한다.(제159조)
F4 11법9, 13순경1차, 14경승, 14법9, 15경간, 15법9, 16법9, 21법9

> **관련판례** 선서 무능력자에 대하여 선서케 하고 증인신문을 한 경우
>
> 선서 무능력자에 대하여 선서케 하고 신문한 경우라 할지라도 그 **선서만이 무효가 되고 그 증언의 효력에 관하여는 영향이 없고 유효**하다.(대법원 1957.3.8. 선고 4290형상23) F4 14교정·보호·철경9, 19순경1차 ▶ 선서무능력자의 선서는 무효가 되어 **선서무능력자는 위증죄로 처벌되지 않으나**, 증언능력이 있는 **선서무능력자의 증언은 유효하므로 증거능력이 있다**는 취지의 판례이다. F4 10경사, 15경승
>
> > **비교판례**
> >
> > 피고인에 대한 사건과 다른(별개) 공소사실로 기소되어 병합심리된 **공동피고인(=공범 아닌 공동피고인)의 진술은 피고인에 대한 사건에 관하여는 증인의 지위에 있다**. 따라서 선서 없이 한 공동피고인의 진술은 증거로 할 수 없다.(대법원 1982.9.14. 선고 82도1000) ▶ 판례 문구에 '16세 미만자, 선서의 취지를 이해하지 못하는 자 또는 선서무능력자'라는 표현이 없는 경우에는 선서능력자라는 말이 없어도 선서능력자에 관한 판례이다. 따라서 위의 판례는 선서능력자에 관한 판례이고, **선서능력자가 선서 없이 증언한 경우 그 증언은 증거능력이 없다**는 취지의 판례이다. F4 09국7, 10국7, 12순경2차, 13국7, 14순경1차, 18순경1차, 19순경1차

(5) 선서의무 위반에 대한 제재

증인이 정당한 사유 없이 선서를 거부한 때에는 **결정으로 50만 원 이하의 과태료에 처할 수 있다**. 과태료 부과 결정에 대하여는 **즉시항고**를 할 수 있다.(제161조) F4 10경사, 15경간, 15경승, 18경간

3. 증언의무

(1) 관련조문

증인은 양심에 따라 사실 그대로 증언해야 할 의무가 있다.(제157조 제2항)

(2) 증언능력

증언의무는 **증언능력이 있음을 전제**로 하여 인정된다.

> **관련판례** 증언능력
>
> a. 유아의 증언능력 유무는 단지 연령만에 의할 것이 아니라 유아의 지적수준에 따라 개별적 구체적으로 결정되어야 한다. 따라서 만4년6개월, 만3년7개월 남짓 된 유아들의 증언능력을 인정한 판례가 있다.(대법원 2001.7.27. 선고 2001도2891) 14검찰·마약9 ▶ A와 B는 만4년6개월, C와 D는 만3년7개월 된 유아들이라고 가정하자. 이 중에서 A와 D는 증언능력이 있고, B와 C는 증언능력이 없다는 식으로 유아들의 증언능력을 개별적으로 판단한다는 판례이다.
>
> b. 사고 당시 10세 남짓한 초등학교 5학년생으로서 비록 선서무능력자라 하여도 그 증언 내지 진술의 전후 사정으로 보아 **의사판단능력이 있다고 인정된다면 증언능력이 있다**.(1984.9.25. 선고 84도619) 14순경1차, 18경간

(3) 증언의무 위반에 대한 제재

증인이 정당한 사유 없이 증언을 거부한 때에는 **결정으로 50만 원 이하의 과태료에 처할 수 있다**. 과태료 부과 결정에 대하여는 **즉시항고**를 할 수 있다.(제161조) 18경간 이는 선서의무 위반에 대한 제재와 같다.

Ⅴ 증인의 권리

증인에게는 2가지 권리가 인정된다. **증언거부권과 비용청구권**이 그것이다.

1. 증언거부권

(1) 증언거부권의 의의

증언거부권이란 증인에게 일정한 법정사유(증언거부사유)가 있을 때 증언을 거부할 수 있는 권리를 말한다. 증언거부권자일지라도 출석의무와 선서의무는 있다.

(2) 증언거부사유

증인이라고 해서 무조건 증언을 거부할 수 있는 것이 아니라, 법률에 규정된 증언거부사유(제148·149조)가 있는 경우에만 증언을 거부할 수 있는 것이다. 증언거부사유는 다음과 같다.

1) 근친자의 형사책임과 증언거부

누구든지 자기나 친족이거나 친족이었던 사람, 법정대리인, 후견감독인에 해당하는 자가 형사소추 또는 공소제기를 당하거나 유죄판결을 받을 사실이 드러날 염려가 있는 증언을 거부할 수 있다.(제148조) 11법9, 13순경1차, 14법9, 15경간, 18경간, 18국7, 21법9

2) 업무상 비밀과 증언거부

① 변호사, 변리사, 공증인, 공인회계사, 세무사, 대서업자, 의사, 한의사, 치과의사, 약사, 약종상, 조산사, 간호사, 종교의 직에 있는 자 또는 이러한 직에 있던 자가 그 업무상 위탁을 받은 관계로 알게 된 사실로서 타인의 비밀에 관한 것은 증언을 거부할 수 있다.(제149조) 23검찰·마약9, 23법9 이는 업무상비밀누설죄(형법 제317조)의 주체와 유사하다. 그러나 세무사, 간호사는 증언거부권의 주체에 해당하나, 업무상비밀누설죄의 주체는 아니라는 점에서 차이가 있다.

② 제149조에 해당하는 자에 대하여는 제한적 열거로 해석하는 것이 다수설이다. 따라서 이 이외의 직업에 종사하는 자는 증언거부권자가 될 수 없다.

관련판례 증언거부권

a. 형사소송법에서 위와 같이 증언거부권의 대상으로 규정한 '공소제기를 당하거나 유죄판결을 받을 사실이 발로될 염려 있는 증언'에는 자신이 범행을 한 사실뿐 아니라 범행을 한 것으로 오인되어 유죄판결을 받을 우려가 있는 사실 등도 포함된다고 할 것이다. 따라서 범행을 하지 아니한 자가 범인으로 공소제기가 되어 피고인의 지위에서 범행사실을 허위자백하고, 나아가 공범에 대한 증인의 자격에서 증언을 하면서 그 공범과 함께 범행하였다고 허위의 진술을 한 경우에도 **그 증언은 자신에 대한 유죄판결의 우려를 증대시키는 것이므로 증언거부권의 대상은 된다**고 볼 것이다.(대법원 2012.12.13. 선고 2010도10028) 17국7, 18국7, 20경간, 22경승, 23검찰·마약9, 23법9

b. 자신에 대한 유죄판결이 확정된 증인이 확정판결에 대하여 재심을 청구할 예정인 경우, 공범에 대한 피고사건에서 형사소송법 제148조에 의한 증언거부권이 인정되는지 여부(**소극**); 이미 유죄의 확정판결을 받은 경우에는 헌법 제13조 제1항에 정한 일사부재리의 원칙에 의해 다시 처벌받지 아니하므로 **자신에 대한 유죄판결이 확정된 증인은 공범에 대한 사건에서 증언을 거부할 수 없고, 허위의 진술에 대하여 위증죄 성립을 부정할 수 없다.** 한편 자신에 대한 유죄판결이 확정된 증인이 재심을 청구한다 하더라도, 재심사건에는 불이익변경 금지 원칙이 적용되어 원판결의 형보다 중한 형을 선고하지 못하므로(형사소송법 제439조), **자신에 대한 유죄판결이 확정된 증인이 공범에 대한 피고사건에서 증언할 당시 앞으로 재심을 청구할 예정이라고 하여도,** 이를 이유로 증인에게 형사소송법 제148조에 의한 **증언거부권이 인정되지는 않는다.**(대법원 2011.11.24. 선고 2011도11994) 12순경2차, 14경승, 15검찰·마약9, 16국9, 17경간, 17법9, 17국7, 18순경1차, 18교정·보호·철경9, 19순경1차, 20경승, 21법9, 22경승, 22법9, 23검찰·마약9, 23법9

c. 형사소송법 제148조에서 '형사소추'는 증인이 이미 저지른 범죄사실에 대한 것을 의미한다고 할 것이므로, 증인의 증언에 의하여 비로소 범죄가 성립하는 경우에는 형사소송법 제160조, 제148조 소정의 증언거부권 고지대상이 된다고 할 수 없다.(대법원 2011.12.8. 선고 2010도2816) 17국7, 22경승, 23검찰·마약9, 23법9

(3) 증언거부권의 고지

증언거부사유에 해당하는 경우 재판장은 신문 전에 증인에게 증언을 거부할 수 있음을 설명하여야 한다.(제160조) 증언거부권의 고지 없이 증인신문을 한 경우 그 증언의 증거능력 인정여부에 대하여 **판례는 긍정설**의 입장이다.

관련판례 증언거부권의 고지 없이 증인신문을 한 경우 그 증언의 증거능력

증인신문에 당하여 증언거부권이 있음을 설명하지 아니한 경우라 할지라도(증언거부권을 불고지한 경우) 증인이 선서하고 증언한 이상 **그 증언의 효력에 관하여는 역시 영향이 없고 유효**하다고 해석함이 타당하다.(대법원 1957.3.8. 선고 4290형상23) 18순경2차, 21법9

비교판례

재판장이 신문 전에 증인에게 증언거부권을 고지하지 않은 경우에도 증인이 침묵하지 아니하고 진술한 것이 자신의 진정한 의사에 의한 것인지 여부를 기준으로 위증죄의 성립 여부를 판단하여야 한다. 그러므로 증언거부사유가 있음에도 증인이 증언거부권을 고지 받지 못함으로 인하여 그 증언거부권을 행사하는 데 사실상 장애가 초래되었다고 볼 수 있는 경우에는 위증죄의 성립을 부정하여야 할 것이다.(대법원 2010.1.21. 선고 2008도942 전원합의체 판결) 23경승 cf 이 판례를 반대해석하면 증인이 **증언거부권을 고지 받지 못하였을지라도 그 증언거부권 행사에 사실상 장애가 없었다면 여전히 위증죄가 성립**한다. 14검찰·마약9, 16경간, 18순경2차 ▶ 예를 들어 문맹에 무학자인 증인이 증언거부권을 고지 받지 못한 경우에는 증언거부권 행사에 사실상 장애가 초래되었다고 볼 수 있으므로 이 증인이 위증을 하더라도 위증죄 성립이 부정된다. 그러나 법과대학 형사소송법 교수인 증인이 증언거부권을 고지 받지 못한 경우라도 증언거부권 행사에 사실상 장애가 초래되었다고 볼 수는 없으므로 이 증인이 위증을 한 경우에는 위증죄 성립이 인정된다.

(4) 증언거부권의 행사

증언을 거부하는 자는 증언거부사유를 소명하여야 한다.(제150조) 14경승, 21법9, 21교정·보호·철경9, 23검찰·마약9

(5) 증언거부권의 포기

증언거부권은 권리에 불과하고 의무는 아니므로 증언거부권을 포기하고 증언할 수 있다. 다만, 증인이 주신문에 대하여 증언을 한 후 반대신문에 대하여 증언을 거부할 수는 없다.

2. 비용청구권

소환된 증인에게는 일당·여비·숙박료청구권(비용청구권)이 인정된다. 단, 소환된 증인일지라도 정당한 사유 없이 선서 또는 증언을 거부한 자에게는 비용청구권이 인정되지 않는다. cf 재정증인(법원의 소환을 받지 않고, 스스로 공판정에 나온 자가 공판정에서 증인으로 채택된 경우 그 증인을 재정증인이라고 한다.)에게는 비용청구권이 인정되지 않는다.

Ⅵ 증인신문의 방식

1. 교호신문제도

(1) 교호신문제도의 의의

교호신문제도란 증인신문을 신청한 당사자(검사, 피고인 또는 변호인)와 반대당사자(검사, 피고인 또는 변호인)가 상호 교차하여 증인신문을 하는 방식을 말한다.(제161조의2 제1·2항) F4 법9, 13국7 즉 신청한 당사자가 주신문을 하고, 이어서 반대당사자가 반대신문을 하고, 다시 신청한 당사자가 재주신문을 하고, 이어서 반대당사자가 재반대신문을 함으로써 신청한 당사자와 반대당사자가 서로 교대로 증인신문을 한다는 의미에서 교호신문제도라고 하는 것이다. 교호신문제도는 **상호신문제도**라고도 하고, **당사자주의적 요소에 해당**한다.

(2) 교호신문의 방식

1) 신문의 순서

주신문 ⇨ 반대신문 ⇨ 재주신문 ⇨ 재반대신문 ⇨ 재재주신문 ⇨ 재재반대신문의 순서로 신문한다.

2) 주신문

주신문이란 증인신문을 신청한 당사자가 하는 신문을 말한다. 주신문에서는 **유도신문**(신문자가 원하는 답변을 암시하면서 신문을 하는 것)**이 원칙적으로 금지**된다.(규칙 제75조 제2항) 왜냐하면 통상 신문자와 증인 사이에 우호관계가 있기 때문이다. F4 13순경1차, 14경승, 17법9

> **관련판례** 주신문을 하면서 유도신문을 하였다고 볼 여지가 있는 경우
>
> 검사가 제1심 증인신문 과정에서 증인 甲 등에게 주신문을 하면서 형사소송규칙상 허용되지 않는 유도신문을 하였다고 볼 여지가 있었는데, 그 다음 공판기일에 재판장이 증인신문 결과 등을 각 공판조서(증인신문조서)에 의하여 고지하였음에도 **피고인과 변호인이 '변경할 점과 이의할 점이 없다'고 진술한 경우, 피고인이 책문권 포기 의사를 명시함으로써 유도신문에 의하여 이루어진 주신문의 하자가 치유되었다고 할 것이다.**(대법원 2012.7.26. 선고 2012도2937) F4 15검찰·마약9, 17경간, 18국7, 19법9, 22검찰·마약9, 23경승 그러므로 결과적으로 증인신문은 적법하게 이루어진 것으로 본다.

3) 반대신문

① 반대신문이란 반대당사자가 주신문에서의 증언의 증명력(신빙성=믿음)을 다투기 위해서 하는 신문을 말한다. 반대신문에 있어서는 **유도신문이 허용**된다.(규칙 제76조 제2항) 왜냐하면 통상 신문자와 증인 사이에 우호관계가 없기 때문이다. F4 12국7, 13순경1차, 14경승

② 반대신문의 기회에 주신문에 나타나지 아니한 새로운 사항에 관하여 신문하고자 할 때에는 **재판장의 허가를 받아야 한다.**(규칙 제76조 제4항) F4 13순경1차, 17순경1차 이는 반대신문을 할 때 주신문에 나타난 사항(주신문에서 증인이 증언한 내용)에 대하여 신문을 할 때에는 재판장의 허가가 필요 없으나, 주신문에 나타나지 아니한 사항(주신문에서 증인이 증언하지 않은 새로운 내용)을 신문하려면 재판장의 허가를 받아야 한다는 뜻이다.

4) 재주신문

재주신문은 주신문의 예에 의한다.(규칙 제78조 제2항) 재주신문의 기회에 반대신문에 나타나지 아니한 새로운 사항에 관하여 신문하고자 할 때에는 **재판장의 허가를 받아야 한다.**(규칙 제78조 제3항, 제76조 제4항) 이는 재주신문을 할 때 반대신문에 나타난 사항(반대신문에서 증인이 진술한 내용)에 대하여 신문을 할 때에는 재판장의 허가가 필요 없으나, 반대신문에 나타나지 아니한 사항(반대신문에서 증인이 진술하지 않은 새로운 내용)을 신문하려면 재판장의 허가를 받아야 한다는 뜻이다.

5) 재반대신문

재반대신문, 재재주신문, 재재반대신문은 **재판장의 허가**를 얻어서 할 수 있다.(규칙 제79조) F4 국9, 13순경1차
재반대신문을 할 때부터는 재판장의 허가를 얻어서 할 수 있도록 한 이유는 증인신문이 무한정 반복되는 것을 방지하기 위해서이다.

(3) 교호신문제도의 수정(제한) F4 법승

교호신문제도의 수정 또는 제한이란 교호신문제도가 적용되지 않는 경우를 말한다.
① 재판장은 필요하다고 인정하면 신문순서에도 불구하고 **어느 때나 신문할 수 있으며,**(이를 재판장의 '개입권'이라고 한다.) **신문순서를 변경할 수 있다.**(제161조의2 제3항) F4 12국7 합의부원은 재판장에게 고하고 신문할 수 있다.(제161조의2 제5항) F4 21법9, 21교정·보호·철경9
② 법원이 직권으로 신문할 증인이나 범죄로 인한 피해자의 신청에 의하여 신문할 증인(피해자를 증인으로 신문하는 경우)의 신문방식은 증인신문의 원칙적 방식인 **교호신문에 의하지 않고, 재판장이 정하는 바에 의한다.**(제161조의2 제4항) F4 16법9, 21법9, 23경승

2. 개별신문과 대질(제162조)

(1) 개별신문 F4 순경

증인이 여러 명일 경우 증인신문은 각 증인에 대하여 **신문(개별신문)하여야 한다.**(제162조 제1항) 신문하지 아니한 증인이 재정한 때에는 퇴정을 명하여야 한다.(제162조 제2항) 신문하지 아니한 증인을 퇴정시켜야 하는지 여부에 대하여 **조문상 필요적이나, 판례는 법원의 재량으로 해석한다.**(다음 판례)

> **관련판례** 신문하지 아니한 증인을 퇴임(퇴정)시키지 않고서 증인신문을 한 경우
>
> 다른 증인(신문하지 아니한 증인)을 퇴임(퇴정)시키지 않고서 증인신문을 하였다 하여 **위법이라 할 수 없다.**(대법원 1961.3.15. 선고 4292형상725) ▶ 판례는 신문하지 아니한 증인을 퇴정시켜야 하는지 여부에 대하여 법원의 자유재량이라고 본다.

(2) 대질

필요한 때에는 증인과 다른 증인 또는 피고인과 대질하게 할 수 있다.(제162조 제3항) F4 순경, 21교정·보호·철경9

3. 당사자의 참여권과 신문권

(1) 조문

검사, 피고인 또는 변호인(당사자)은 증인신문에 참여할 수 있다.(제163조 제1항) 즉 당사자에게는 증인신문 시 참여권과 신문권이 있다.

> 📖 **관련판례** 피고인들이 참여 신청한 증인신문에 있어서 피고인들의 참여 없이 한 증인신문
>
> 피고인 본인들 또는 그 변호인들이 미리 증인신문에 참여케 하여 달라고 신청한 경우 변호인이 참여하였더라도 피고인들의 참여 없이 실시한 증인신문은 위법하다.(대법원 1969.7.25. 선고 68도1481) F4 순경, 14교정·보호·철경9

(2) 내용

① 증인신문의 시일과 장소는 제1항의 **참여권자(검사, 피고인 또는 변호인)에게 미리 통지하여야 한다**. 단, 참여하지 아니한다는 의사(불참여 의사)를 명시한 때에는 예외로 한다.(제163조 제2항) 당사자가 불참여 의사를 명시한 경우에는 통지를 할 실익이 없기 때문이다. 증인신문의 시일과 장소를 참여권자에게 미리 통지하도록 한 이유는 당사자의 참여권을 보장하기 위한 것이다. F4 순경

> 📖 **관련판례** 증인신문시 당사자의 참여권
>
> a. 증인신문에 참여권이 있는 피고인 또는 변호인에게는 필요적으로 시일 및 장소를 통지하여야 한다. 절차상 위와 같은 사항에 흠결이 있으면 그 절차에 있어서의 법정 외의 증인신문은 위법하다.(대법원 1967.7.4. 선고 67도613)
>
> b. 법정 외에서 증인신문을 실시함에 있어서 피고인에 대하여 통지하지 아니하여 참여 기회를 주지 않은 잘못이 있다고 하더라도 그 후 속개된(계속된) 공판기일에서 피고인과 변호인이 그 증인신문조사에 대하여 별 의견이 없다고 진술하였다면 그 잘못은 책문권의 포기로 치유된다.(대법원 1980.5.20. 선고 80도306)

② 검사, 피고인 또는 변호인이 증인신문에 참여하지 아니할 경우에는 법원에 대하여 필요한 사항의 신문을 청구할 수 있다.(제164조 제1항)

4. 기타 사항

(1) 구두신문

증인신문은 반대당사자의 반대신문을 위해서 원칙적으로 구두로 하여야 한다. 다만, 증인이 들을 수 없을 때(증인이 청각장애인인 경우)에는 서면으로 묻고, 말할 수 없는 때(증인이 언어장애인인 경우)에는 서면으로 답하게 할 수 있다.(규칙 제74조) F4 21교정·보호·철경9

(2) 증인신문시 피고인의 퇴정

재판장은 증인 또는 감정인이 피고인 또는 어떤 재정인의 면전에서 충분히 진술할 수 없다고 인정한 때

에는 그를 퇴정하게 하고 진술하게 할 수 있다.(제297조 제1항 제1문) 전항의 규정에 의하여 피고인을 퇴정하게 한 경우에 증인, 감정인 또는 공동피고인의 진술이 종료한 때에는 **퇴정한 피고인을 입정하게 한 후 법원사무관 등으로 하여금 진술의 요지를 고지하게 하여야 한다.**(제297조 제2항) 16법9

> **관련판례** 증인신문시 피고인의 퇴정
>
> a. **피고인에게 변호인이 없는 경우;** [1] 형사소송법 제297조의 규정에 따라 재판장은 증인이 피고인의 면전에서 충분한 진술을 할 수 없다고 인정한 때에는 피고인을 퇴정하게 하고 증인신문을 진행함으로써 피고인의 직접적인 증인 대면을 제한할 수 있지만, **이러한 경우에도 피고인의 반대신문권을 배제하는 것은 허용될 수 없다.** 14순경1차, 17경간, 19법9, 19경승, 22법9 [2] 형사소송법 제297조에 따라 변호인이 없는 피고인을 일시 퇴정하게 하고 증인신문을 한 다음 피고인에게 실질적인 반대신문의 기회를 부여하지 아니한 채 이루어진 증인의 법정진술은 위법한 증거로서 증거능력이 없다고 볼 여지가 있으나, 그 다음 공판기일에서 재판장이 증인신문 결과 등을 공판조서(증인신문조서)에 의하여 고지하였는데 피고인이 '변경할 점과 이의할 점이 없다'고 진술하여 책문권 포기 의사를 명시한 경우에는 **실질적인 반대신문의 기회를 부여받지 못한 하자가 치유되었다고 보아야 한다.**(대법원 2010.1.14. 선고 2009도9344) 13순경1차, 13국7, 14경간, 15순경3차, 18국7, 19법9, 19순경1차, 21국7, 23경승, 23법9
>
> b. **피고인에게 변호인이 있는 경우;** 원심법원의 재판장이 피고인의 아동·청소년의 성보호에 관한 법률(2011.9.15. 법률 제11047호로 개정되기 전의 것) 위반(강간 등), 강요, 성폭력범죄의 처벌 등에 관한 특례법 위반(카메라 등 이용 촬영) 범행의 피해자들을 증인으로 신문할 때 증인들이 피고인의 면전에서 충분한 진술을 할 수 없다고 인정하여 피고인의 퇴정을 명하고 증인신문을 진행하였는데, 증인신문을 실시하는 과정에 변호인을 참여시키는 한편 피고인을 입정하게 하고 법원사무관 등으로 하여금 진술의 요지를 고지하게 한 다음 **변호인을 통하여 반대신문의 기회를 부여한 경우, 원심의 증인신문절차 등 공판절차에 어떠한 위법이 있다고 볼 수 없다.**(대법원 2012.2.23. 선고 2011도15608) ▶ 피고인을 퇴정시킨 상태에서 증인신문을 했을지라도 나중에 피고인을 입정하게 하고 변호인을 통하여 증인에 대한 반대신문을 할 수 있는 기회가 부여되었다면 그 증인신문은 위법하지 않다는 판례이다.

(3) 공판정 외의 증인신문

법원은 증인의 연령, 직업, 건강상태 기타의 사정을 고려하여 검사, 피고인 또는 변호인의 의견을 묻고 법정 외에 소환하거나 현재지에서 신문할 수 있다.(제165조)

> **관련판례**
>
> 소송관계인의 참여 없이 법정 외에서 시행한 증인신문조서에 대하여 공판기일에서 증거조사 그 자체를 시행하지 아니 하였다면 그 증인신문 조서는 증거능력이 있을 수 없다.(대법원 1967.7.4. 선고 67도613)

(4) 중계장치 등에 의한 증인신문

법원은 다음 각 호의 어느 하나에 해당하는 사람을 증인으로 신문하는 경우 상당하다고 인정할 때에는 검사와 피고인 또는 변호인의 의견을 들어 **비디오 등 중계장치에 의한 중계시설을 통하여 신문하거나 가림 시설 등을 설치하고 신문할 수 있다.**(제165조의2)
1. 아동복지법 제71조 제1항 제1호·제2호·제3호에 해당하는 죄의 피해자

2. 아동·청소년의 성보호에 관한 법률 제7조, 제8조, 제11조부터 제15조까지 및 제17조 제1항의 규정에 해당하는 죄의 대상이 되는 아동·청소년 또는 피해자
3. 범죄의 성질, 증인의 나이, 심신의 상태, 피고인과의 관계, 그 밖의 사정으로 인하여 피고인 등과 대면하여 진술할 경우 심리적인 부담으로 정신의 평온을 현저하게 잃을 우려가 있다고 인정되는 사람 15순경3차, 18순경1차

> **관련판례** 차폐시설 등을 설치하는 방식의 증인신문
>
> 법원은 형사소송법 제165조의2 제3호의 요건이 충족될 경우 **피고인뿐만 아니라 검사, 변호인, 방청인 등에 대하여도 차폐시설 등을 설치하는 방식으로 증인신문을 할 수 있으며**, 이는 형사소송규칙 제84조의9에서 피고인과 증인 사이의 차폐시설 설치만을 규정하고 있다고 하여 달리 볼 것이 아니다. 다만 증인이 변호인을 대면하여 진술함에 있어 심리적인 부담으로 정신의 평온을 현저하게 잃을 우려가 있다고 인정되는 경우는 일반적으로 쉽게 상정할 수 없으므로, **변호인에 대한 차폐시설의 설치는**, 특정범죄신고자 등 보호법 제7조에 따라 범죄 신고자 등이나 친족 등이 보복을 당할 우려가 있다고 인정되어 조서 등에 인적사항을 기재하지 아니한 범죄 신고자 등을 증인으로 신문하는 경우와 같이, **이미 인적사항에 관하여 비밀조치가 취해진 증인이 변호인을 대면하여 진술함으로써 자신의 신분이 노출되는 것에 대하여 심한 심리적인 부담을 느끼는 등의 특별한 사정이 있는 경우에 예외적으로 허용될 수 있을 뿐**이다.(대법원 2015.05.28. 선고 2014도18006) 15순경3차, 19법9, 22국7, 23국9 ▶ 변호인에 대한 차폐시설의 설치는 가능하지만, 지극히 예외적인 경우에만 허용될 뿐이라는 판례이다.

제 7 절 형사소송법상 피해자보호제도

형사소송법은 피의자·피고인을 보호하는데 중점을 두고 있다. 형사소송법의 역사는 피의자·피고인의 방어권 보장의 역사이고, 변호권 강화의 역사이다. 과거 규문주의 시대에는 원님이 소추하고 원님이 재판하는 구조, 즉 소추기관과 재판기관이 같은 구조였다. 원님이 소추하고 원님이 재판을 하게 되면 피의자·피고인에게 자백을 강요하게 되고, 이런 과정에서 고문이 난무함으로써 피의자·피고인의 인권이 유린되는 현상이 발생하였다. 이에 대한 반성으로써 형사소송법은 피의자·피고인의 방어권을 보장하는 제도와 권리를 인정하고, 변호권을 강화하여 피의자·피고인에게 변호인의 조력을 받을 권리를 인정하고 경제적 약자를 위하여 국선변호제도를 인정함으로써 피의자·피고인의 변호권을 강화하는 방향으로 개정되어 왔다. 이렇게 피의자·피고인을 보호하는데 치중하다보니 그 과정에서 피해자는 본의 아니게 소외당하게 된다. 따라서 오늘날에는 형사소송법에 범죄의 피해자를 보호하기 위한 제도도 규정하고 있다. 다음에 서술하는 것은 형사소송법상 피해자를 보호하기 위한 제도들이다.

I 기존의 피해자보호제도

피해자에게는 압수장물의 피해자환부청구권(제219조, 제134조), 고소권(제223조)·고소취소권(제232조), 검찰항고권·검찰재항고권(검찰청법 제10조), 재정신청권(제260조 제1항) 등이 피해자를 보호하기 위한 제도로써 인정된다. 이런 제도만으로는 피해자 보호에 부족하기 때문에 다음과 같이 피해자 등의 진술권과 피해자 등의 공판기록 열람·등사권을 인정하고 있다.

ⅡⅠ 피해자 등의 (공판정) 진술권

1. 피해자 등의 (공판정) 진술권의 의의

피해자 등의 (공판정) 진술권이란 범죄피해자 등이 법원에 증인으로 출석하여 증인신문을 받으면서 진술을 할 수 있는 권리를 말한다. [F4] [법9] 피해자 등의 공판정 진술권은 흔히 '공판정'을 생략하고 피해자 등의 진술권이라고 한다.

2. 피해자 등의 (공판정) 진술권의 근거 [F4] 19경승

1) 헌법 제27조 제5항

형사소송법에서는 '피해자 등의 진술권'이라고 하지만, 헌법에서는 '**범죄피해자(형사피해자)**'의 **재판절차진술권**이라고 한다. 이는 헌법과 형사소송법 모두에 규정되어 있으므로 <u>헌법상 기본권에 해당</u>한다.

2) 형사소송법 제294조의2 제1항 본문

법원은 범죄로 인한 **피해자 또는 그 법정대리인**(피해자가 사망한 경우에는 배우자·직계친족·형제자매를 포함한다. 이하 '피해자 등'이라 한다.)의 신청이 있는 때에는 <u>원칙적으로 그 피해자 등을 증인으로 신문하여야 한다.</u>(제294조의2 제1항 본문) 피해자 등의 신청이 있는 경우 피해자 등을 증인으로 신문하는 것은 **원칙적으로 필요적**이다. [F4] 09국7, 10국7, 11법9, 12경승, 14순경1차, 14국7, 15순경1차, 15법9, 15순경2차, 16법9, 19검찰·마약9

> **관련판례** 피해자 등의 진술권의 주체
>
> 검사의 불기소처분에 대하여 기소처분을 구하는 취지에서 헌법소원을 제기할 수 있는 자는 원칙적으로 헌법상 재판절차진술권의 주체인 형사피해자에 한하므로, **범죄피해자가 아닌 고발인에게는 개인적 주관적 권리나 재판절차에서의 진술권 등의 기본권이 허용될 수 없**으므로 검사가 자의적으로 불기소처분을 하였다고 하여 달리 특별한 사정이 없으면 **자기관련성이 없다**.(헌결 2013.10.24. 2012헌마41)
> ▶ 고발인은 피해자가 아니므로 피해자 등에게 인정되는 헌법 제27조 제5항의 형사피해자의 재판절차진술권(형사소송법 제294조의2의 피해자 등의 공판정진술권)의 주체가 되지 않는다. 따라서 고발인은 헌법상 기본권인 형사피해자의 재판절차진술권이 침해되었다는 이유로 헌법소원을 청구할 수 없다는 판례이다. [F4] 15순경1차

3. 피해자 등의 (공판정) 진술권의 절차

(1) 신청과 출석

피해자 등의 증인신문 신청이 있으면 법원은 이에 대하여 결정을 하여야 한다.(제295조) 법원이 피해자 등을 증인으로 신문하도록 결정을 한 경우 피해자 등 **신청인이 출석통지를 받고도 출석하지 아니하는 때에는 그 신청을 철회한 것으로 본다.**(제294조의2 제4항) [F4] 09국7, 14순경1차, 19경승

(2) 신문의 방식

① 피해자 등을 증인신문 하는 경우에는 **교호신문의 방식으로 하지 않고, 재판장이 정하는 바에 의한다.** (제161조의2 제4항) F4 13국7, 23경승

② **피해자 진술의 비공개**; 법원은 범죄로 인한 피해자를 증인으로 신문하는 경우 당해 피해자·법정대리인 또는 검사의 신청에 따라 피해자의 사생활의 비밀이나 신변보호를 위하여 필요하다고 인정하는 때에는 결정으로 심리를 공개하지 아니할 수 있다. (제294조의3 제1항) F4 09국7, 14경승, 14순경1차, 14국9, 15순경2차, 16법9, 17경간, 18순경1차, 18경정·보호·철경9, 19경승, 19법9, 23국7 위의 결정은 이유를 붙여 고지한다. (제294조의3 제2항)
  F4 16법9 공판절차에서 피해자를 증인으로 신문하는 경우에도 원칙적으로 공개해야 한다. 공개재판이 원칙이기 때문이다. 그러나 위와 같은 예외적인 경우에는 법원이 비공개결정을 할 수 있다.

③ 법원은 피해자 등을 신문하는 경우 **피해자 등에게** 피해의 정도 및 결과, 피고인의 처벌에 관한 의견, 그 밖에 당해 사건에 관한 **의견을 진술할 기회를 주어야 한다.** (제294조의2 제2항) F4 09국9, 09국7, 14순경1차, 14국7, 15교정·보호·철경9, 19법9 이는 필요적이라는 것을 주의해야 한다.

④ **신뢰관계자의 동석**
  가. **임의적 동석 사유**; 법원은 범죄로 인한 피해자를 증인으로 신문하는 경우(수사기관은 피해자를 참고인으로 조사하는 경우) 증인(참고인)의 연령, 심신의 상태, 그 밖의 사정을 고려하여 증인(참고인)이 현저하게 불안 또는 긴장을 느낄 우려가 있다고 인정되는 때에는 법원의 직권 또는 피해자, 법정대리인 또는 검사의 신청에 따라(수사기관의 직권 또는 피해자, 법정대리인의 신청에 따라) **피해자와 신뢰관계 있는 자를 동석하게 할 수 있다.** (제163조의2 제1항, 제221조 제3항) F4 15순경1차, 15법9
  나. **원칙적 필요적 동석 사유**; 법원 또는 수사기관은 범죄로 인한 **피해자가 13세 미만**이거나 **신체적 또는 정신적 장애**로 사물을 변별하거나 의사를 결정할 능력이 미약한(심신미약자인) 경우에 재판 또는 수사에 지장을 초래할 우려가 있는 등 부득이한 경우가 아닌 한 피해자와 신뢰관계에 있는 자를 동석하게 하여야 한다. (제163조의2 제2항, 제221조 제3항) F4 15교정·보호·철경9

(3) 피해자 등의 진술권의 제한

① 피해자 등이 이미 당해 사건에 관하여 공판절차에 충분히 진술하여 다시 진술할 필요가 없는 경우, 피해자 등의 진술로 인하여 공판절차가 현저하게 지연될 우려가 있는 경우에는 피해자 등을 증인으로 신문할 필요가 없다. (제294조의2 제1항 단서) F4 10경위, 14교정·보호·철경9, 15순경1차, 23경승, 23국7

② 법원은 동일한 범죄사실에서 신청인이 여러 명인 경우에는 **진술할 자의 수를 제한할 수 있다.** (제294조의2 제3항) F4 법승, 09국7, 14순경1차, 16법9, 17경간, 19경승, 19법9, 23경승, 23국7

Ⅲ 피해자 등의 공판(소송)기록 열람·등사권

1. 관련조문

소송계속 중인 사건의 피해자(피해자가 사망하거나 그 심신에 중대한 장애가 있는 경우에는 배우자·직계친족 및 형제자매를 포함), 피해자 본인의 법정대리인 또는 이들로부터 위임을 받은 피해자 본인의 배우자·직계친족·형제자매·변호사는 **소송(공판)기록의 열람 또는 등사를 재판장에게 신청할 수 있다.** (제294조의4 제1항) F4 09국7, 12국9, 14교정·보호·철경9, 15경승, 15순경1차, 15순경2차, 15순경3차, 16경간, 17경간, 17법9, 17국7 재판장은 제1항의 신청이 있는 때에는 지체 없이 검사, 피고인 또는 변호인에게 그 취지를 통지하여야 한다. (제294조의4 제2항)

2. 피해자 등의 공판기록 열람·등사의 허가와 조건부가

재판장은 피해자 등의 권리구제를 위하여 필요하다고 인정하거나 그 밖의 정당한 사유가 있는 경우 범죄의 성질, 심리의 상황, 그 밖의 사정을 고려하여 상당하다고 인정하는 때에는 열람 또는 등사를 허가할 수 있다.(제294조의4 제3항) ▶ **허가 여부는 임의적**이다. 09국9, 11법9, 15법9 재판장이 등사를 허가하는 경우에는 등사한 소송기록의 사용목적을 제한하거나 적당하다고 인정하는 조건을 붙일 수 있다.(제294조의4 제4항) ▶ **사용목적 제한과 조건부가도 임의적**이다. 15교정·보호·철경9

3. 불복제도

소재판장의 허가와 사용목적의 제한 또는 조건부가에 관한 재판에 대하여는 **불복할 수 없다.**(제294조의4 제6항) 10국7, 11법9, 12국7, 15순경2차, 15교정·보호·철경9, 19법9 이는 모두 재판장이 임의적으로 할 수도 있고, 하지 않을 수도 있는 재판장의 재량 사항이므로 이에 관한 재판장의 재판에 대하여 불복할 수 없는 것이다.

제 8 절 특수공판절차

특수공판절차는 **통상의 공판절차와 다른 특칙이 적용되는 공판절차**를 말하는 것으로서 **공판절차의 특칙**이라고도 한다. 간이공판절차, 공판절차의 정지와 갱신, 변론의 병합·분리·재개, 국민참여재판절차가 이에 해당한다.

① 통상의 공판절차에서는 증거조사 방식을 엄격하게 하고, 전문법칙이 적용된다. 반면 간이공판절차에서는 제1심 관할사건에서 피고인이 공판정에서 자백을 한 경우에는 **증거조사 방식을 간소하게 하고 전문법칙을 배제**하는 특칙이 적용된다는 점에서 특수공판절차에 해당한다.
② 통상의 공판절차에서는 공판절차를 정지하지 않고, 갱신하지도 않는다. 반면 공판절차의 정지와 갱신은 **일정한 사유가 발생하면 공판절차를 정지하고 갱신**한다는 점에서 특수공판절차에 해당한다.
③ 통상의 공판절차에서는 하나의 공판절차에서 수개의 사건을 병합하여 동시에 심리하지 않고, 변론이 종결한 경우에는 종결한 변론을 다시 열지 않는다. 반면 변론의 병합·분리·재개는 하나의 공판절차에서 수개의 사건을 병합하여 동시에 심리하거나(**변론의 병합**), 병합된 수개의 사건을 분리하여 별개 절차로 심리(**변론의 분리**)하거나, 종결한 변론을 다시 연다(**변론의 재개**)는 점에서 특수공판절차에 해당한다.
④ 통상의 공판절차에서는 직업법관이 아닌 배심원이 참여하지 않는다. 반면 국민참여재판절차에서는 **배심원이 참여**한다는 점에서 특수공판절차에 해당한다.

간이공판절차

1. 간이공판절차의 의의와 취지 및 근거

(1) 간이공판절차의 의의와 취지

형사소송법은 "피고인이 공판정에서 공소사실에 대하여 자백한 때에는 법원은 그 공소사실에 한하여 간이공판절차에 의하여 심판할 것을 결정할 수 있다.(제286조의2)"라고 규정하고 있다. [F4] 12순경3차, 17경승, 18경승, 21법9, 22검찰·마약9 간이공판절차란 **피고인이 제1심 공판정에서 자백한 경우** 증거조사방식을 간이화하고 증거능력 제한을 완화하여 전문법칙을 배제함으로써 신속한 재판을 실현하기 위한 제도를 말한다.(제286조의2) [F4] 12교정·보호·철경9 '간이공판절차'에 있어서 '간이'라는 말은 간소화한다는 뜻이다. 즉 피고인이 제1심 공판정에서 신빙성 있는 자백을 하였다면 공판절차를 시간을 들여서 엄격하게 진행하는 것보다 증거조사를 간소하게 해서 공판절차를 빨리 진행하는 것이 오히려 피고인에게 유리하다는 점을 고려한 것이 간이공판절차이다.

(2) 간이공판절차의 근거

헌법엔 간이공판절차에 관한 명문규정이 없다. 형사소송법 제286조의2에만 규정이 있다.

2. 간이공판절차의 개시

(1) 간이공판절차의 개시요건

1) 제1심 관할사건

간이공판절차는 지방법원 또는 그 지원의 **제1심 관할 사건에 한하여 인정**된다. 따라서 상소심(항소심과 상고심)에선 간이공판절차로 심판할 수 없다. [F4] 법9, 순경, 10경사, 12교정·보호·철경9, 14경간, 14국9 제1심 관할사건이면 되고, **단독사건은 물론 합의부사건도 간이공판절차로 심판할 수 있다.** [F4] 10경사, 10경9, 12경승, 12·13법9, 13경승, 13순경2차, 14순경2차, 15법9, 19국7, 21법9

2) 피고인의 공판정 자백

간이공판절차로 심판할 수 있으려면 **피고인이 공판정에서 자백한 경우라야 한다.**

① 자백의 주체	자백은 **반드시 피고인이 하여야 한다.** 따라서 피의자 단계에서 자백한 경우, 변호인이 자백한 경우, 피고인의 출석 없이 개정할 수 있는 사건에 있어서 대리인이 한 자백은 간이공판절차로 심판할 수 있는 자백이 아니다. 17법9, 20역9
② 자백의 내용	간이공판절차로 심판할 수 있는 '자백'은 공소장에 기재된 **공소사실을** 전부 인정해야 하고, 위법성조각사유나 책임조각사유의 부존재(없다는 것)도 인정해야 한다. 14경간, 16순경2차 피고인이 공소사실을 전부 인정하고, 위법성조각사유나 책임조각사유의 부존재(없다는 것)도 인정하였다면 죄명이나 적용법조만을 다투거나 형면제의 원인사실을 주장하는 경우에는 간이공판절차로 심판할 수 있는 자백에 해당한다. **관련판례** 간이공판절차로 심판할 수 있는 '자백' a. 간이공판절차로 심판할 수 있는 '자백'은 **공소장 기재 사실을 인정하고 나아가 위법성이나 책임의 조각사유가 되는 사실을 진술하지 아니하는 것으로 충분**하고, 명시적으로 유죄임을 자인하는 진술을 말하는 것이 아니다.(대법원 1981.11.24. 선고 81도2422) 12경승·법9, 13경승, 13경승2차, 15국7, 16순경2차, 18순경1차, 19경승, 19국7, 20국9, 22경승 b. 피고인이 법정에서 **공소사실은 모두 사실과 다름없다(공소사실을 전부 인정)**고 하면서 술에 만취되어 기억이 없다는 취지로 진술한 경우 피고인은 적어도 공소사실을 부인하거나 심신상실의 책임조각사유를 주장하고 있는 것으로 볼 여지가 충분하기 때문에 **간이공판절차에 의하여 심판할 대상에 해당하지 아니한다.**(대법원 2004.7.9. 선고 2004도2116) 12경승, 16순경2차, 17경승, 17법9, 17국9, 18경승, 19경승, 21국7, 22국7
③ 일부 자백	a. 자백이 가분적인 경우; **경합범**의 일부는 자백하고 일부는 부인한 경우에는 자백의 내용이 가분적이므로 자백한 부분만을 간이공판절차로 심판할 수 있다. 21법9 b. 자백이 불가분적인 경우; **과형상 일죄·포괄일죄**의 일부는 자백하고 일부는 부인한 경우 자백의 내용이 불가분적이므로 자백한 부분만을 간이공판절차로 심판할 수 없다. 14법9
④ 자백의 장소	자백은 공판기일에 공판정에서 하여야 한다. 따라서 **수사절차, 공판준비절차에서 자백한 경우는 간이공판절차로 심판할 수 있는 자백이 아니다.** 법9, 경승, 14경간, 14순경2차, 18순경1차, 23국7
⑤ 자백의 신빙성	간이공판절차로 심판할 수 있는 자백은 신빙성(믿음)이 있어야 한다. 그러므로 피고인의 자백의 신빙성이 없는 경우에는 간이공판절차로 심판할 수 없다. 20경간 **관련판례** 자백의 신빙성이 없는 경우 피고인이 검사가 신문을 할 때에는 공소사실을 모두 사실과 다름없다고 진술하였으나 변호인이 신문을 할 때에는 부인하였다면 **간이공판절차에 의하여 심판할 대상이 아니다.**(대법원 1998.2.27. 선고 97도3421) ▶ 피고인의 진술이 일관되지 않아 자백의 신빙성이 없기 때문이다. 14법9, 18순경1차, 19국7, 22경승, 23국7

(2) 간이공판절차 개시결정

1) 간이공판절차 개시결정의 성격

간이공판절차 개시요건을 갖춘 경우에도 **간이공판절차로 심판할지 여부는 법원의 재량(임의적)**이다. 즉 간이공판절차 개시요건을 갖춘 경우 법원은 간이공판절차에 의하여 심판할 것을 결정할 수 있다.(제286조의2) ▶ 결정하여야 하는 것이 아니다. F4 10국9, 11경위, 12법9·교정·보호, 철경9, 13경승, 13법9, 14순경2차, 15법9, 19경승, 21국9 cf 간이공판절차의 취소; 취소사유가 있으면 반드시 취소해야 하므로 **필요적**이다.(제286조의3)

2) 간이공판절차 개시결정의 방식

① 법원이 간이공판절차 개시결정을 하고자 할 때에는 재판장은 미리 피고인에게 간이공판절차의 취지를 설명하여야 한다.(규칙 제131조) 간이공판절차 개시결정을 할 때에 검사의 의견을 들을 필요는 없다. F4 15국7
② 간이공판절차 개시결정은 공판정에서 구두로 고지하면 족하다. 또한 간이공판절차 개시결정의 취지는 공판조서에 기재해야 한다.

3) 간이공판절차 개시결정에 대한 불복제도

간이공판절차 개시결정은 **판결 전 소송절차에 관한 결정**이다. 간이공판절차 개시결정에 대하여는 즉시항고를 할 수 있다는 규정이 없고, 보통항고를 할 수 있는 예외에도 해당하지 않아 보통항고도 할 수 없다.(제403조) 결론적으로 **간이공판절차개시결정에 대해서는 불복할 수 없다.** F4 법9, 10국9, 12순경3차, 15국7, 17국9

3. 간이공판절차의 특칙 F4 10국9, 12순경3차

간이공판절차에서는 통상의(일반) 공판절차에는 적용되는 것이 일부 배제되는데, 이것을 특칙이라고 한다. 특칙이 적용되는 부분에 대해서는 통상의 공판절차에 관한 규정은 배제되고 특칙이 적용되며, 특칙이 적용되는 것 이외의 나머지 부분에 대해서는 통상의 공판절차에 관한 규정이 그대로 적용된다. F4 10경사 간이공판절차에서의 특칙은 아래의 두 가지이다.

(1) 증거조사방식의 간이화 F4 법9, 법승, 국9, 국7, 순경, 경승

간이공판절차 개시결정이 있는 사건에 대하여는 증거조사방식에 관한 아래의 규정을 적용하지 아니하며 **법원이 상당하다고 인정하는 방법으로 증거조사를 할 수 있다.**(제297조의2) F4 13순경1·2차, 14국9, 23국7 증거조사방식이 간이화 되는 구체적인 경우는 다음과 같다.

> 1) **증인신문의 방식**; 간이공판절차에서는 통상의 공판절차와 달리 교호신문을 할 필요가 없다.(제161조의2) F4 19순경1차
> 2) **증거조사의 시기와 방식**; 간이공판절차에서는 통상의 공판절차와 달리 증거서류를 낭독할 필요가 없고, 증거물을 제시할 필요가 없다.(제290조~제292조)
> 3) **증인신문시 피고인의 퇴정**; 간이공판절차에서는 통상의 공판절차와 달리 증인신문시에 증인이 피고인의 면전에서 충분히 진술을 할 수 없다고 인정할 경우에도 재판장이 피고인을 퇴정시킬 필요가 없다.(제297조)
> 4) **증거조사결과와 피고인의 의견**; 간이공판절차에서는 통상의 공판절차와 달리 증거조사결과에 대하여 피고인의 의견을 물을 필요가 없다.(제293조)

[cf] 위에 서술한 것 이외에 통상의 공판절차에서 적용되는 증거조사방식(예 증거신청권, 증거조사에 대한 이의신청권 등)은 간이공판절차에서도 그대로 적용된다.

관련판례 간이공판절차에서의 증거조사

간이공판절차에서의 증거조사는 증거방법을 표시하고 증거조사내용을 "증거조사함"이라고 표시하는 방법으로 하였다면 상당한 증거방법이라고 인정할 수 있다.(대법원 1980.4.22. 선고 80도333) ▶ 따라서 **그 증거조사절차는 적법**하다는 것이다. [F4] 14법9, 20국9, 21국7, 22경승

(2) 전문법칙의 배제

1) 전문법칙의 배제

통상의 공판절차에서는 전문법칙이 적용된다. 전문법칙이란 전문증거는 원칙적으로 증거능력이 없다는 증거법칙이다. 그러므로 통상의 공판절차에서는 전문증거는 원칙적으로 증거능력이 없고, 예외적으로만 증거능력이 있다. 그러나 간이공판절차에서는 전문증거에 대하여 증거동의가 있는 것으로 간주되어 전문증거라도 원칙적으로 증거능력이 있다. 이는 간이공판절차에서는 **전문법칙이 배제**된다는 뜻이다. 단, 검사, 피고인 또는 변호인(당사자)이 증거로 함에 이의가 있는 때에는 증거동의가 있는 것으로 간주되지 않는다.(제318조의3) [F4] 국7, 법승, 경승, 14순경2차, 15법9, 16법9, 16경승2차, 17국9, 18경간, 21경간, 21법9, 21국9, 23경승 즉 당사자가 전문증거를 증거로 하는데 이의를 제기한 경우에는 간이공판절차에서도 예외적으로 전문증거의 증거능력이 인정되지 않는다.

2) 다른 증거법칙

간이공판절차에서는 증거법칙 중 **전문법칙만 배제되고, 다른 증거법칙들(위법수집증거배제법칙, 자백배제법칙, 자백보강법칙 등)은 그대로 적용**된다. [F4] 10순경1차, 12법9·교정·보호·철경9, 13경승, 14경간, 14국9, 14순경2차, 15법9, 15국7, 16경승2차, 21국7

관련판례 간이공판절차로 심판한 제1심에서 증거능력이 있는 증거의 항소심에서의 증거능력

제1심법원이 간이공판절차에 의하여 심판할 것을 결정하고, 이에 따라 제1심법원이 제1심판결 명시의 증거들을 증거로 함에 피고인 또는 변호인의 이의가 없어 형사소송법 제318조의3의 규정에 따라 증거능력이 있다고 보고, 상당하다고 인정하는 방법으로 증거조사를 한 이상, 가사 항소심에 이르러 범행을 부인하였다고 하더라도 제1심법원에서 증거로 할 수 있었던 증거는 항소법원에서도 증거로 할 수 있는 것이므로 **제1심법원에서 이미 증거능력이 있었던 증거는 항소심에서도 증거능력이 그대로 유지**된다.(대법원 1998.2.27. 선고 97도3421) [F4] 11경위, 13순경2차, 16법9, 17경승, 19국9, 19국7, 20경간, 20국7, 22경승, 22법9, 23국7

(3) 특칙 이외의 규정

간이공판절차에서도 특칙 이외의 규정에 대하여는 **통상의 공판절차에 관한 규정이 그대로 적용**된다. 따라서 간이공판절차에 있어서도 검사의 공소장변경이 가능하고, 법원은 유·무죄판결, 공소기각판결·결정, 관할위반의 판결을 선고할 수 있다. 또한 간이공판절차에서 제1심판결이 선고되면 이에 대하여 항소할 수 있다. [F4] 법9, 순경, 경승, 국9

4. 간이공판절차의 취소

취소 사유	피고인의 자백이 신빙할 수 없다고 인정되거나 간이공판절차로 심판하는 것이 현저히 부당하다고 인정할 때에는 검사의 의견을 들어 결정으로 취소하여야 한다.(제286조의3) ▶ **간이공판절차 결정의 취소는 필요적**이다. 순경, 14국9, 15국7, 17경승, 17법9, 18경승, 20경간, 21법9, 21국9
취소의 효과	간이공판절차의 결정이 취소된 때에는 **공판절차를 갱신하여야 한다**. 단, 검사, 피고인 또는 변호인의 이의가 없는 때에는 갱신을 요하지 않는다.(제301조의2) 10국9, 12법9 · 순경3차, 14법9, 17법9, 17국9, 18경승, 19경승, 20경간, 21국9 이때 이의가 없다는 의사표시는 명시적 · 적극적이어야 한다.

Ⅱ 공판절차의 정지와 갱신

1. 공판절차의 정지

(1) 서론

1) 공판절차의 정지의 의의

공판절차의 정지란 공판절차의 정지사유가 있을 때 법원이 결정으로 그 사유가 없어질 때까지 공판절차의 진행을 멈추고, 정지사유가 없어지면 나머지 공판절차를 진행하는 것을 말한다. 법9 여기서의 공판절차는 협의의 공판절차인 '**공판기일의 절차**'를 말한다.

2) 공판절차의 정지의 구별개념

공판절차의 정지는 **이미 진행된 공판절차는 그대로 유효**하고, 나머지 공판절차를 진행한다는 점에서 이미 진행된 공판절차를 없었던 것(無)으로 하고 처음부터 다시 공판절차를 진행하는 공판절차의 갱신과 구별된다.

3) 공판절차의 정지의 취지

예컨대 공판절차의 정지사유 중의 하나인 피고인이 질병으로 인하여 출정할 수 없는 때에 공판기일의 절차를 피고인 없는 상태에서 그대로 진행한다면 피고인은 방어권을 제대로 행사할 수가 없다. 따라서 **피고인의 방어권을 보장**하기 위하여 공판절차를 정지하는 것이다. 10국9

(2) 공판절차의 정지 사유

공판절차의 정지 사유는 여러 조문에 흩어져서 규정되어 있다. 구체적으로 서술하면 다음과 같다.

1) 피고인이 질병으로 인하여 출정할 수 없을 때

피고인이 질병으로 인하여 출정할 수 없을 때에는 법원은 검사와 변호인 및 의사의 의견을 들어서 결정으로 출정할 수 있을 때까지 공판절차를 정지하여야 한다.(제306조 제2·3항) F4 18경승 ▶ 공판절차의 정지사유 중에서 검사와 변호인 및 의사의 의견청취를 요하는 경우는 심신상실과 질병 두 가지 뿐이다.

2) 토지관할의 병합심리신청이 제기된 경우

토지관할의 병합심리신청이 제기된 경우에는 그 신청에 대한 결정이 있기까지 원칙적으로 공판절차를 정지하여야 한다. 단, 예외적으로 **급속**을 요하는 경우에는 공판절차를 정지하지 아니한다.(규칙 제7조)

3) 위헌법률심판의 제청이 있는 때

법원이 법률의 위헌 여부에 관한 심판을 헌법재판소에 제청한 경우에는 헌법재판소의 위헌 여부에 관한 결정이 있을 때까지 소송(공판)절차의 진행을 정지하여야 한다.(헌법재판소법 제42조) 다만, 법원이 긴급하다고 인정하는 경우에는 종국재판 이외의 소송절차를 진행할 수 있다. cf 헌법소원이 제기된 경우; 공판절차의 정지 사유에 해당하지 않는다.

4) 기피신청이 있는 때

기피신청이 있는 때에는 원칙적으로 소송(공판) 진행을 정지하여야 한다.(제22조) 다만, 예외적으로 급속을 요하는 경우(판례; 구속기간 만료가 임박한 경우는 급속을 요하는 경우에 해당하므로 공판절차가 정지되지 않는다.), 판결만을 선고하는 경우(판례), 구속기간의 갱신(판례), 간이기각하는 경우에는 공판절차의 정지 사유가 되지 않는다.

5) 재심청구의 경합이 있는 경우

재심청구의 경합이 있는 경우 즉 항소기각의 확정판결과 그 판결에 의하여 확정된 제1심판결에 대하여 각각 재심의 청구가 있는 경우에 항소법원은 결정으로 제1심법원의 소송절차가 종료할 때까지 소송(공판)절차를 정지해야 한다.(규칙 제169조 제1항) 상고기각의 판결과 그 판결에 의하여 확정된 제1심 또는 제2심의 판결에 대하여 각각 재심의 청구가 있는 경우에 상고법원은 결정으로 제1심법원 또는 항소법원의 소송절차가 종료할 때까지 소송(공판)절차를 정지해야 한다.(규칙 제169조 제2항)

6) 공소장변경이 있는 경우

공소장변경이 있는 경우에 피고인의 불이익을 증가할 염려가 있다고 인정할 때에는 **법원이 직권 또는 피고인이나 변호인의 청구에 의해 공판절차를 정지할 수 있다.**(제298조 제4항) F4 18경승 공소장변경은 공판절차의 정지사유 중에서 **유일한 임의적 정지사유이다. 나머지 사유는 모두 필요적 정지사유**에 해당한다. 또한 공소장변경만이 유일하게 직권 또는 청구에 의한 정지사유이고, 나머지 사유는 모두 청구에 의하여 정지되지 않고 법원의 직권으로만 정지하는 사유이다.

7) 피고인의 심신상실

피고인이 사물의 변별이나 의사의 결정을 할 능력이 없는 상태(심신상실)에 있는 때에는 법원은 검사와 변호인 및 의사의 의견을 들어서 결정으로 그(심신상실) 상태가 계속하는 기간 공판절차를 정지하여야 한다.(제306조 제1·3항) F4 18경승 ▶ 공판절차의 정지사유 중에서 검사와 변호인 및 의사의 의견청취를 요하는 경우는 심신상실과 질병 두 가지 뿐이다. 또한 심신상실은 심신상실 상태가 계속하는 기간 공판절차의 정지사유가 되고, 심신상실로 인하여 공판절차가 정지된 경우에는 그 정지사유가 소멸한 후의 공판기일에는 공판절차의 갱신사유가 된다.

8) 관할이전신청이 제기된 경우

관할이전신청이 제기된 경우에는 그 신청에 대한 결정이 있기까지 원칙적으로 공판절차를 정지하여야 한다. cf 예외적으로 **급속**을 요하는 경우에는 공판절차를 정지하지 아니한다.(규칙 제7조)

9) 관할지정신청이 제기된 경우

관할지정신청이 제기된 경우에는 그 신청에 대한 결정이 있기까지 원칙적으로 공판절차를 정지하여야 한다. cf 예외적으로 **급속**을 요하는 경우에는 공판절차를 정지하지 아니한다.(규칙 제7조)

(3) 공판절차의 정지의 절차

공판절차의 정지는 법원의 결정으로 하며, 정지 기간에는 제한이 없다. F4 법9, 10국9

(4) 공판절차의 정지의 효과

정지되는 것은 **공판기일의 공판절차에 한정**된다. 공소장 변경 · 심신상실 · 기피신청 · 질병 · 위헌법률심사제청에 의하여 공판절차가 정지된 기간은 피고인 구속기간에 산입하지 않는다.(제92조 제3항)
F4 법9, 10국7

2. 공판절차의 갱신

(1) 공판절차의 갱신의 의의와 구별개념

1) 공판절차의 갱신의 의의

공판절차의 갱신이란 공판절차의 갱신 사유가 있을 때 법원이 판결 선고 이전에 이미 진행된 공판절차를 없던 것(無)으로 하고 다시 공판절차를 진행하는 것을 말한다. 여기서의 공판절차는 협의의 공판절차인 '**공판기일의 절차**'를 말한다. 상소법원의 파기환송에 따라 원심법원이 다시 절차를 진행하는 것은 원심법원의 판결 선고 이후에 하는 것이기 때문에 공판절차의 갱신이 아니다.

2) 구별개념

공판절차의 갱신은 이미 진행된 공판절차를 없었던 것(無)으로 하고 처음부터 다시 공판절차를 진행한다. 반면 공판절차의 정지는 이미 진행된 공판절차는 그대로 유효하고, 정지 이후의 나머지 공판절차를 진행한다.

(2) 공판절차의 갱신 사유

공판절차의 갱신사유는 여러 조문에 흩어져서 규정되어 있다. 구체적으로 서술하면 다음과 같다.

1) 간이공판절차결정의 취소

간이공판절차결정이 취소된 때에는 공판절차를 갱신하여야 한다. 단, **당사자(검사 · 피고인 또는 변호인)의 이의가 없으면 갱신사유에 해당하지 아니한다.**(제301조의2)

2) 판사의 경질

공판개정 후 판사의 경질이 있는 때에는 원칙적으로 공판절차를 갱신하여야 한다. 단, **판결의 선고만을 하는 경우에는 갱신사유에 해당하지 아니한다.**(제301조)

3) 피고인의 심신상실로 인한 공판절차의 정지 후 그 정지사유가 소멸한 경우

피고인의 심신상실로 인하여 공판절차가 정지된 경우에는 그 정지사유가 소멸한 후의 공판기일에 공판절차를 갱신하여야 한다. 이는 예외 없이 공판절차의 갱신사유에 해당한다.(규칙 제143조)

4) 새로 재판에 참여하는 배심원 또는 예비배심원이 있는 때

국민참여재판에 있어서 공판절차가 개시된 후 새로 재판에 참여하는 배심원 또는 예비배심원이 있는 때에는 공판절차를 갱신하여야 한다.(국민참여재판법 제45조 제1항) cf 예비배심원으로 선정되어 **재판에 계속 참여하였던 예비배심원이 배심원으로 되는 경우에는 공판절차의 갱신을 요하지 않는다.**

(3) 공판절차의 갱신의 절차와 갱신 전 소송행위의 효력 F4 국9

1) 공판절차의 갱신의 절차 F4 법승, 경승

공판절차를 갱신하는 경우 **재판장은 진술거부권 고지와 인정신문, 검사의 모두 진술, 피고인의 모두진술 등의 절차를 새로 하여야 한다.** 또한 갱신 전의 공판기일에서의 피고인이나 피고인이 아닌 자의 진술 또는 법원의 검증결과를 기재한 조서에 관하여 증거조사를 하여야 하고, 갱신 전 공판기일에서 증거조사된 서류 또는 물건에 관하여 다시 증거조사를 하여야 한다.(규칙 제144조 제1항) F4 13법9, 16순경2차, 18경승, 18법9, 21경승

2) 갱신 전 소송행위의 효력 F4 국9

실체형성행위(예 증인의 증언, 피고인의 자백 등 각종 진술)는 간이공판절차의 취소, 판사의 경질, 심신상실로 인한 공판절차의 정지의 경우 모두 무효가 된다. 반면 절차형성행위는 위의 갱신사유 중에서 판사의 경질의 경우에만 유효하고, 나머지 경우에는 모두 무효가 된다.

Ⅲ 변론의 병합·분리·재개

1. 변론의 병합·분리의 관련조문과 의의

관련 조문	법원은 필요하다고 인정한 때에는 직권 또는 검사, 피고인이나 변호인의 신청에 의하여 **결정으로 변론을 분리하거나 병합할 수 있다.**(제300조) 변론의 병합·분리는 **임의적(법원의 재량)**이다.
변론의 병합· 분리의 의의	**1) 변론의 병합** 변론의 병합이란 수개의 사건이 동일한 법원의 1개 또는 수개의 재판부(여기서의 재판부는 단독판사일 수도 있고, 합의부일 수도 있다.)에 계속된 경우 하나의 재판부가 하나의 공판절차에 수개의 사건을 병합하여 동시에 심리하는 것을 말한다. **2) 변론의 분리** 변론의 분리란 병합된 수개의 사건을 분리하여 동일법원의 1개 또는 수개의 재판부(여기서의 재판부는 단독판사일 수도 있고, 합의부일 수도 있다.)에서 별개의 절차로 심리하는 것을 말한다. 변론의 분리는 변론의 병합과 반대이다.

2. 변론의 재개의 관련조문과 의의

관련조문	법원은 필요하다고 인정한 때에는 직권 또는 검사, 피고인이나 변호인의 신청에 의하여 결정으로 종결한 변론을 재개할 수 있다.(제305조) 변론의 재개도 **임의적(법원의 재량)**이다. 기출 12경간, 19국7, 19순경2차, 22법9
변론의 재개의 의의	변론의 재개란 일단 변론이 종결되었다가 종결한 변론을 다시 열어 변론종결 이전의 상태로 되돌아가는 것을 말한다.

3. 변론의 병합·분리·재개의 절차와 성격

(1) 변론의 병합·분리·재개의 절차

변론의 병합·분리·재개 모두 직권 또는 검사, 피고인 또는 변호인(당사자)의 신청에 의하여 결정의 형식으로 한다.(제300조, 제305조)

(2) 변론의 병합·분리·재개의 성격

변론의 병합·분리·재개는 **모두 법원의 재량**이다. 판례도 마찬가지이다. 그러므로 따로 판례 공부를 할 필요는 없다고 판단한다. 실제 시험에서 변론의 병합·분리·재개와 관련된 지문에 "변론을 병합·분리하여야 한다, 변론을 재개하여야 한다."라는 표현이 있으면 무조건 틀린 지문이다. 기출 11순경1차, 11법9

Ⅳ 국민참여재판절차

1. 국민참여재판의 의의, 취지와 근거

의의	국민참여재판(배심재판)이란 **배심원이 참여하는 형사재판**을 말한다.〈국민의 형사재판 참여에 관한 법률(이하 '동법') 제2조 제2호〉 여기서 배심원이란 동법에 따라 형사재판에 참여하도록 선정된 사람으로서 대한민국 국민을 말한다.
취지	국민참여재판제도는 일반 국민인 배심원이 형사재판절차에 참여하도록 함으로써 사법의 민주적 정당성과 신뢰성을 높이기 위한 제도이다.
근거	국민참여재판절차는 헌법과 형사소송법에 명문 규정이 없고, 별도로 국민의 형사재판 참여에 관한 법률(줄여서 '국민참여재판법' 또는 '국참법'이라 한다.)이 제정되어 있다. 📖 관련판례 국민참여재판을 받을 권리 헌법상 헌법과 법률이 정한 법관에 의한 재판을 받을 권리는 직업법관에 의한 재판을 주된 내용으로 하는 것이므로 **국민참여재판을 받을 권리가 헌법 제27조 제1항에서 규정한 재판을 받을 권리(재판청구권)의 보호범위에 속한다고 볼 수 없다.**(헌결 2009.11.26. 2008헌바12) ▶ 헌법재판소는 국민참여재판을 받을 권리는 헌법상의 기본권이 아니라는 입장이다. [F4] 12경승, 13경승, 16국9, 19경승, 20경간

2. 국민참여재판의 절차

(1) 대상사건과 필요적 국선변호

1) 국민참여재판의 대상사건(동법 제5조 제1항) [F4] 14경간, 1차

1. 법원조직법 제32조 제1항(제2호 및 제5호는 제외)에 따른 합의부 관할 사건 ➡ 합의부 관할사건 중 지방법원판사에 대한 제척·기피사건을 제외한 나머지가 대상사건에 해당한다. 민사소송법상 합의부 관할사건은 형사사건이 아니므로 대상사건이 되지 않는다.
2. 제1호의 미수죄·교사죄·방조죄·예비죄·음모죄에 해당하는 사건
3. 제1호 또는 제2호에 해당하는 사건과 형사소송법 제11조에 따른 관련사건으로서 병합하여 심리하는 사건

2) 필요적 국선변호

국민참여재판에 관하여 피고인에게 (사선)변호인이 없는 때에 **법원은 직권으로 (국선)변호인을 선정하여야 한다.**(동법 제7조) [F4] 09순경1차, 11순경1차, 13순경2차, 15법9, 16경간, 16법9, 18경간, , 21경승, 21검찰·마약9, 22교정·보호·철경9 국민참여재판에 있어서는 피고인에게 사선변호인이 없는 경우에는 필요적으로 국선변호인을 선정해야 하므로 변호인이 없는 경우는 없다.

(2) 국민참여재판의 관할

제1심 에 한	국민참여재판은 **제1심 합의부 관할 사건에 제한**된다. 제1심이라야 국민참여재판을 할 수 있으므로 상소심 절차에서는 국민참여재판을 할 수 없다. [F4] 14경간 [F4] 14경간
지방 법원 지원 관할 사건의 특례	① 제8조에 따라 피고인이 국민참여재판을 원하는 의사를 표시한 경우 지방법원 지원 합의부가 배제결정을 하지 아니하는 경우에는 국민참여재판절차 회부결정을 하여 **사건을 지방법원 본원 합의부로 이송하여야 한다.**(동법 제10조 제1항) [F4] 14법9 ② 지방법원 지원 합의부가 심판권을 가지는 사건 중 지방법원 지원 합의부가 제1항의 (국민참여재판절차) 회부결정을 한 사건에 대하여는 **지방법원 본원 합의부가 관할권을 가진다.** (동법 제10조 제2항)
공소장 변경	① 법원은 공소사실의 일부 철회 또는 변경(공소장변경)으로 인하여 대상사건에 해당하지 아니하게 된 경우(합의부 관할사건이 단독판사 관할사건으로 변경된 경우)에도 **원칙적으로 국민참여재판을 계속 진행**한다. 다만, 법원은 심리의 상황이나 그 밖의 사정을 고려하여 국민참여재판으로 진행하는 것이 적당하지 아니하다고 인정하는 때에는 결정으로 당해 사건을 지방법원 본원 합의부가 국민참여재판에 의하지 아니하고 심판하게 할 수 있다. 〈통상절차 회부결정〉(동법 제6조 제1항) [F4] 12경승 · 국7 · 순경3차, 13경승, 13경순2차, 14경간, 16경간, 16법9, 17법9, 17순경2차, 21경간 ② 제1항 단서의 결정(통상절차 회부결정)에 대하여는 **불복할 수 없다.**(동법 제6조 제2항) 또한 그 결정 전에 행한 소송행위는 그 결정 이후에도 그 효력에 영향이 없다.(동법 제6조 제3항) 통상절차 회부결정 전에 행한 소송행위의 효력이 유지되도록 한 것은 소송경제를 고려한 것이다.

(3) 피고인 의사의 확인(피고인의 선택권)

1) 피고인에게 선택권 부여

국민참여재판의 대상사건이라고 해서 무조건 국민참여재판으로 진행해야 하는 것은 아니다. 국민참여재판법은 피고인에게 국민참여재판을 받을지 통상의 절차에 따라 재판을 받을지 선택할 수 있도록 하여 **피고인에게 선택권을 부여**하고 있다. 즉 법원은 국민참여재판 대상사건의 **피고인에 대하여 국민참여재판을 원하는지 여부에 관한 의사를 서면 등의 방법으로 반드시 확인하여야 한다.**(동법 제8조 제1항) [F4] 13순경1차, 13국7, 14법9, 15법9, 16경간, 17순경2차, 18순경3차, 21경간 ▶ 피고인 의사의 확인은 반드시 하여야 한다. 다만, 확인의 방법은 서면 등의 방법으로 확인하면 되기 때문에 반드시 서면의 방법으로 확인하여야 하는 것은 아니다.

2) 의사확인서 제출

국민참여재판에 있어서 피고인은 **공소장부본을 송달받은 날부터 7일 이내에** 국민참여재판을 원하는지 여부에 관한 의사가 기재된 서면(의사확인서)을 제출하여야 한다. 이 경우 서면을 우편으로 발송한 때, 교도소 또는 구치소에 있는 피고인이 서면을 교도소장 · 구치소장 또는 그 직무를 대리하는 자에게 제출한 때에 법원에 제출한 것으로 본다.(동법 제8조 제2항) 즉 **국민참여재판에 있어서 의사확인서 제출의 경우에도 재소자특칙이 적용**된다. [F4] 09순경1차, 11순경1차 · 2차, 13순경1차, 20법9

3) 의사확인서를 제출하지 아니한 경우

피고인이 제2항의 서면(의사확인서)을 제출하지 아니한 때에는 **국민참여재판을 원하지 아니하는 것으로 본다.**(동법 제8조 제3항) 11법9 ▶ 이 경우에 국민참여재판을 원하는 것으로 본다는 지문은 틀린 지문이다.

4) 의사의 번복 불가능

피고인은 제9조 제1항의 배제결정 또는 제10조 제1항의 국민참여재판절차 회부결정이 있거나 공판준비기일이 종결되거나 제1회 공판기일이 열린 이후에는 **종전 의사를 바꿀 수 없다.**(동법 제8조 제4항) 23법9

> **관련판례** 피고인 의사의 확인
>
> a. 국민참여재판 대상사건에 해당하지 아니하여, 제1심 법원이 피고인에게 국민참여재판 여부에 관하여 의사를 확인하지 아니하거나 원심법원이 그에 대하여 직권으로 판단하지 아니한 경우 피고인의 **국민참여재판을 받을 권리를 침해한 위법이 있다고 볼 수 없다.**(대법원 2012.2.23. 선고 2011도15608)
>
> b. 국민의 형사재판 참여에 관한 법률 제8조 제2항의 취지를 위 기한이 지나면 피고인이 국민참여재판 신청을 할 수 없도록 하려는 것으로는 보기 어려운 점 등에 비추어 볼 때, 공소장 부본을 송달받은 날부터 7일 이내에 의사확인서를 제출하지 아니한 피고인도 **제1회 공판기일이 열리기 전까지는 국민참여재판 신청을 할 수 있고**, 법원은 그 의사를 확인하여 국민참여재판으로 진행할 수 있다.(대법원 2009.10.23. 자 2009모1032) 11검찰 · 마약9, 13경승, 13국7, 15경간, 16법9, 16국9, 17순경2차, 18경간, 19경승, 19교정 · 보호 · 철경9, 20경간, 20법9, 22국7, 23법9
>
> c. [1] 국민참여재판 대상사건의 공소제기가 있는 경우 법원에서 피고인이 국민참여재판을 원하는지에 관한 의사 확인절차를 거치지 아니한 채 통상의 공판절차로 재판을 진행하였다면, 이는 **피고인의 국민참여재판을 받을 권리에 대한 중대한 침해로서 그 절차는 위법하고 이러한 위법한 공판절차에서 이루어진 소송행위도 무효**라고 보아야 한다. 12국7, 13국7, 15국9, 16법9, 22국7, 23법9 [2] 제1심 법원이 국민참여재판 대상이 되는 사건임을 간과하여 이에 관한 피고인의 의사를 확인하지 아니한 채 통상의 공판절차로 재판을 진행하였더라도, 피고인이 항소심에서 국민참여재판을 원하지 아니한다고 하면서 위와 같은 제1심의 절차적 위법을 문제 삼지 아니할 의사를 명백히 표시하는 경우에는 '하자가 치유(책문권 포기로 인한 하자의 치유)'되어 제1심 공판절차는 전체로서 적법하게 된다고 보아야 하고, 다만 **제1심 공판절차의 하자가 치유된다고 보기 위해서는 피고인에게 국민참여재판절차 등에 관한 충분한 안내와 그 희망 여부에 관하여 숙고할 수 있는 상당한 시간이 사전에 부여되어야 한다.**(대법원 2012.4.26. 선고 2012도1225) 13국7, 13순경1 · 2차, 14법9, 15경간, 16법9, 16국7, 17순경2차, 18경간, 19순경1차, 20법9, 20국7, 21검찰 · 마약9, 22검찰 · 마약9
>
> **같은 취지의 판례**
> 대법원 2012.6.14. 선고 2011도15484

(4) 국민참여재판 배제결정

시기와 성격	법원은 **공소제기 후부터 공판준비기일이 종결된 다음 날까지**(공판준비기일이 종결된 날까지×) 배제결정사유에 해당하는 경우 검사·피고인 또는 변호인(당사자)의 의견을 들어서 국민참여재판을 하지 아니하기로 하는 결정(배제결정)을 할 수 있다.(동법 제9조 제1·2항) 🔳 11순경2차, 15순경3차, 17경승, 18순경1차, 19교정·보호·철경9, 21경승 배제결정은 그 사유가 있을 때 필요적으로 배제결정을 하여야 하는 것이 아니라 **임의적**이다. 피고인이 국민참여재판을 원하지 아니하거나 배제결정이 있는 경우에는 국민참여재판을 하지 아니한다.(동법 제5조 제2항) 🔳 14법9, 23경승
배제 결정 사유	1. 배심원·예비배심원·배심원후보자 또는 그 친족의 생명·신체·재산에 대한 침해 또는 침해의 우려가 있어서 출석의 어려움이 있거나 이 법에 따른 직무를 공정하게 수행하지 못할 염려가 있다고 인정되는 경우 2. 공범 관계에 있는 피고인들 중 일부가 국민참여재판을 원하지 아니하여 국민참여재판의 진행에 어려움이 있다고 인정되는 경우 🔳 12국7, 13경승, 17경7, 18순경1차, 21경간 3. 성폭력범죄의 피해자 또는 법정대리인이 국민참여재판을 원하지 아니하는 경우 4. 그 밖에 국민참여재판으로 진행하는 것이 적절하지 아니하다고 인정되는 경우
불복 방법	국민참여재판 배제결정에 대하여는 **즉시항고를 할 수 있다.**(동법 제9조 제3항) 🔳 11순경2차, 11국7, 15순경3차, 20법9, 20국9, 21경간 국민참여재판법상 즉시항고의 대상이 되는 것은 국민참여재판 **배제결정과** 배심원·예비배심원·배심원후보자의 불출석 등에 대한 **과태료 부과결정 두 개 뿐이다.** cf 이 이외에 국민참여재판법상 나머지 결정(통상절차회부결정, 국민참여재판 개시결정, 배심원 해임결정, 배심원 사임결정)에 대해서는 즉시항고로 불복할 수 없다.

📖 관련판례 국민참여재판 개시결정에 대하여 불복이 가능한지 여부

> 제1심 법원이 국민참여재판 대상사건을 피고인의 의사에 따라 국민참여재판으로 진행함에 있어 **별도의 국민참여재판 개시결정을 할 필요는 없고**, 그에 관한 이의가 있어 제1심 법원이 국민참여재판으로 진행하기로 하는 결정에 이른 경우 이는 **판결 전의 소송절차에 관한 결정에 해당하며**, 그에 대하여 특별히 즉시항고를 허용하는 규정이 없으므로 위 결정에 대하여는 **항고(불복)할 수 없다.**(대법원 2009.10.23. 자 2009모1032) 🔳 11검찰·마약9, 12국7, 14검찰·마약9, 19경승, 19교정·보호·철경9, 21경간, 21검찰·마약9

(5) 통상절차 회부결정

1) 통상절차 회부결정의 사유와 방식

법원은 피고인의 질병 등으로 공판절차가 장기간 정지되거나 피고인에 대한 구속기간의 만료, 성폭력범죄의 피해자 보호, 그 밖에 심리의 제반 사정에 비추어 국민참여재판을 계속 진행하는 것이 부적절하다고 인정하는 경우에는 직권 또는 검사·피고인 또는 변호인이나 성폭력범죄의 피해자 또는 법정대리인의 신청에 따라 **결정으로 사건을 지방법원 본원 합의부가 국민참여재판에 의하지 아니하고 심판하게**(통상절차 회부결정을) 할 수 있다.(동법 제11조 제1항)

2) 통상절차 회부결정에 대한 불복방법과 회부결정 전 소송행위의 효력

법원은 통상절차 회부결정을 하기 전에 검사·피고인 또는 변호인의 의견을 들어야 하고(동법 제11조 제2항), 통상절차 회부결정에 대하여는 **불복할 수 없다.**(동법 제11조 제3항) 또한 통상절차 회부결정 전에

행한 소송행위는 **그 결정 이후에도 그 효력에 영향이 없다.**(동법 제11조 제4항, 제6조 제4항) F4 15순경3차, 21경승 통상절차 회부결정 전에 행한 소송행위의 효력이 유지되도록 한 것은 소송경제를 고려한 것이다.

(6) 배심원의 자격과 배심원 수

1) 배심원의 자격

배심원은 **만 20세 이상의 대한민국 국민** 중에서 선정한다.(동법 제16조) F4 10순경1차, 15법9, 15국7, 18경승, 22교정·보호·철경9 배심원은 대한민국 국민이라야 하므로 외국인은 배심원이 될 수 없다. 한편 외국인도 국민참여재판을 받을 권리는 있다. 그러나 외국인은 배심원이 될 수 없으므로 국민참여재판에 참여할 의무는 없다. 한편 배심원이 될 수 없거나 배심원의 직무수행을 면제할 수 있는 사유가 있는데, 이는 다음과 같다.

① 배심원의 결격사유 F4 11경장, 12순경2차, 14경승, 15순경3차

아래에 서술하는 배심원의 결격사유란 배심원으로 선정될 수 없는 사유를 말한다.

암기방법	배심원의 결격사유(국민참여재판법 제17조) * **자금 한파**
1) 법원의 판결에 의하여 **자격**이 상실 또는 정지된 사람 2)-① **금**치산자(=피성년후견인) 2)-② * **실오**; **금**고 이상의 **실**형을 선고받고 그 집행이 종료되거나 종료간주 되거나 집행이 면제된 후 **5**년을 경과하지 아니한 사람 2)-③ * **집이**; **금**고 이상의 형의 **집**행유예를 선고받고 그 기간이 완료된 날부터 **2**년을 경과하지 아니한 사람 F4 19경간 2)-④ * **선중**; **금**고 이상의 형의 선고유예를 받고 그 **선**고유예기간 **중**에 있는 사람 3) **한**정치산자(=피한정후견인) 4) **파**산자로서 복권되지 아니한 사람 cf 파산자로서 복권된 사람; 결격사유×	

② 배심원의 면제사유

배심원의 면제사유(국민참여재판법 제20조)
법원은 직권 또는 신청에 따라 다음의 어느 하나에 해당하는 사람에 대하여 **배심원 직무의 수행을 면제할 수 있다.**(동법 제20조) F4 10순경1차, 14경승 결격사유에 해당하는 자는 배심원으로 선정될 수 없다. 그러나 면제사유에 해당하는 자는 배심원으로 선정될 수는 있으나, 그 직무수행을 면제할 수 있는 사유이다. 면제사유에 해당하는 자의 직무수행을 면제하고 안 하고는 **임의적**이다. 면제사유는 다음과 같다.(동법 제20조) 1. 만 70세 이상인 사람 F4 19경간 2. 과거 5년 이내에 배심원후보자로서 선정기일에 출석한 사람 F4 12순경3차, 19경간 3. 금고 이상의 형에 해당하는 죄로 기소되어 사건이 종결되지 아니한 사람 4. 법령에 따라 체포 또는 구금되어 있는 사람 F4 19경간 5. 배심원 직무의 수행이 자신이나 제3자에게 위해를 초래하거나 직업상 회복할 수 없는 손해를 입게 될 우려가 있는 사람 6. 중병·상해 또는 장애로 인하여 법원에 출석하기 곤란한 사람 7. 그 밖의 부득이한 사유로 배심원 직무를 수행하기 어려운 사람 F4 11경장

③ 배심원의 직업 등에 따른 제외사유

배심원의 직업 등에 따른 사유(국민참여재판법 제18조)

다음 각 호의 어느 하나에 해당하는 사람을 배심원으로 선정하여서는 아니 된다.(동법 제18조)
1. 대통령
2. 국회의원 · 지방자치단체의 장 및 지방의회의원 16순경2차
3. 입법부 · 사법부 · 행정부 · 헌법재판소 · 중앙선거관리위원회 · 감사원의 정무직 공무원
4. 법관 · 검사
5. 변호사 · 법무사 cf. 세무사 · 공인회계사; 배심원으로 선정 가능
6. 법원 · 검찰 공무원 cf. 세무직 · 관세직 · 일반직 공무원; 배심원으로 선정 가능
7. 경찰 · 교정 · 보호관찰 공무원 23경승
8. 군인 · 군무원 · 소방공무원 또는 동원되거나 교육훈련의무를 이행 중인 예비군 10순경1차

④ 배심원의 제척사유

후견감독인이 법관의 제척사유에는 포함되지만 배심원의 제척사유에는 포함되지 않는다는 점을 제외하고는 배심원의 제척사유는 법관의 제척사유와 같다.(동법 제17조)

2) **배심원의 수** 11법9, 10순경1차, 16순경2차
① 법정형이 사형 · 무기형(무기징역 또는 무기금고)에 해당하는 사건의 경우; **9인**(동법 제13조 제1항)
② 그 밖의 사건의 경우; **7인**(동법 제13조 제1항)
③ 피고인 또는 변호인이 공판준비절차에서 공소사실의 주요내용을 인정한 경우; **5인**(동법 제13조 제1항)
④ 예비배심원; 법원은 배심원의 결원 등에 대비하여 **5인 이내**의 예비배심원을 둘 수 있다.(동법 제14조 제1항) 예비배심원을 둘지 여부는 **임의적**이다. 17순경1차

(7) **배심원의 선정절차**

1) **배심원후보예정자명부의 작성**
① 지방법원장은(행정안전부장관×, 법무부장관×) 배심원후보예정자명부를 작성하기 위하여 행정안전부장관에게 매년 그 관할 구역 내에 거주하는 만 20세 이상 국민의 주민등록정보에서 일정한 수의 배심원후보예정자의 성명 · 생년월일 · 주소 및 성별에 관한 주민등록정보를 추출하여 전자파일의 형태로 송부하여 줄 것을 요청할 수 있다.(동법 제22조 제1항)
② **지방법원장은**(행정안전부장관×, 법무부장관×) 매년 주민등록자료를 활용하여 배심원후보예정자명부를 작성한다.(동법 제22조 제3항) 09순경1차, 11순경1차 배심원후보예정자명부의 작성자는 장관이 아니라 지방법원장이라는 것을 주의해야 한다.

2) **배심원후보자의 결정과 출석통지**
법원은 배심원후보예정자명부 중에서 필요한 수의 배심원후보자를 **무작위 추출 방식**으로 정하여 배심원과 예비배심원의 선정기일을 통지하여야 한다.(동법 제23조 제1항) 제1항(배심원과 예비배심원의 선정기일)의 통지를 받은 배심원후보자는 선정기일에 출석하여야 한다.(동법 제23조 제2항)

3) 선정기일
① 법원은 합의부원으로 하여금 선정기일의 절차를 진행하게 할 수 있다. 이 때 선정기일의 진행을 명받은 합의부원을 수명법관이라고 하고, 그 수명법관은 선정기일에 관하여 법원 또는 재판장과 동일한 권한이 있다.(동법 제24조 제1항)
② **선정기일은 공개하지 아니(비공개)한다.**(동법 제24조 제2항)
③ 법원은 검사·피고인 또는 변호인에게 선정기일을 통지하여야 한다.(동법 제27조 제1항) F4 12순경3차
④ 검사와 변호인은 선정기일에 출석하여야 하며, 피고인은 법원의 허가를 받아 출석할 수 있다.(동법 제27조 제2항) F4 12순경3차 즉 선정기일에 **검사와 변호인은 출석의무가 있다. 피고인은 출석의무는 없고, 법원의 허가를 받아 출석할 권리가 있다.**
⑤ 법원은 변호인이 선정기일에 출석하지 아니한 경우 **국선변호인을 선정하여야 한다.**(동법 제27조 제3항)

4) 무이유부 기피신청
① 검사와 변호인은 각자 다음 각 호의 범위 내에서 배심원후보자에 대하여 이유를 제시하지 아니하는 기피신청(무이유부기피신청)을 할 수 있다.(동법 제30조 제1항) F4 18순경3차 '무이유부기피신청'이란 아무런 이유를 제시하지 않고 기피신청을 하는 것을 말한다.
  1. 배심원이 9인인 경우; **5인**
  2. 배심원이 7인인 경우; **4인**
  3. 배심원이 5인인 경우; **3인**
② 법원은 무이유부기피신청이 있는 때에는 **당해 배심원후보자를 배심원으로 선정할 수 없다.**(제30조 제2항) F4 16순경2차 법원은 검사·피고인 또는 변호인에게 순서를 바꿔가며 무이유부기피신청을 할 수 있는 기회를 주어야 한다.(제30조 제3항)

5) 선정결정과 불선정결정
법원은 출석한 배심원후보자 중에서 필요한 배심원과 예비배심원의 수에 해당하는 배심원후보자를 **무작위**로 뽑고 불선정결정과 선정결정을 반복한 후 필요한 수의 배심원과 예비배심원 후보자가 확정되면 **무작위**의 방법으로 배심원과 예비배심원을 선정한다.(동법 제31조)

(8) 배심원의 권한과 의무 및 임무종료

배심원의 권한	배심원은 국민참여재판을 하는 사건에 관하여 **사실의 인정, 법령의 적용 및 형의 양정에 관한 의견을 제시할 권한이 있다.**(동법 제12조 제1항) F4 10경승, 11순경1차, 15국7, 21경간, 21검찰·마약9
배심원의 의무	배심원은 직무상 알게 된 비밀을 누설하거나 재판의 공정을 해하는 행위를 하여서는 아니된다.(동법 제12조 제3항)
임무 종료	종국재판을 고지한 때, 통상절차 회부결정을 고지한 때 배심원과 예비배심원의 임무는 종료한다.(동법 제35조) F4 16경간

(9) 공판준비절차
국민참여재판에 있어서도 공소장부본을 송달하고 소환장을 송달하는 등의 일반적 공판준비절차는 당연히 거친다. 다음에서는 국민참여재판에 있어서 집중심리를 위한 공판준비절차에 관한 내용을 서술한다.

1) 필수적 절차

국민참여재판에 있어서는 원칙적으로 **필수적으로 공판준비절차를 거쳐야 한다.** 여기서의 '공판준비절차'는 당연히 '집중심리를 위한 공판준비절차'를 의미한다. 즉 재판장은 피고인이 국민참여재판을 원하는 의사를 표시한 경우에 사건을 공판준비절차에 부쳐야 한다. 다만, 공판준비절차에 부치기 전에 제9조 제1항의 배제결정이 있는 때에는 그러하지 아니하다.(동법 제36조 제1항) F4 11법9, 12경간, 17법9, 20경간 국민참여재판에 있어서는 통상의 형사소송법상의 공판준비절차와 달리 집중심리를 위한 공판준비절차를 원칙적으로 필수적 절차로 한 것은 직업법관이 아닌 배심원이 빨리 생업에 복귀할 수 있도록 하기 위해서이다. cf 통상의 공판절차에서의 집중심리를 위한 공판준비절은 **임의적**이다.

2) 공판준비기일

① 공판준비기일의 지정
법원은 주장과 증거를 정리하고 심리계획을 수립하기 위하여 **공판준비기일을 지정하여야 한다.**(동법 제37조 제1항) F4 12경승

② 공판준비기일의 진행방식
가. 법원은 합의부원으로 하여금 공판준비기일을 진행하게 할 수 있다. 이 때 공판준비기일의 진행을 명받은 법관을 **수명법관**이라 하고, 그 수명법관은 공판준비기일에 관하여 법원 또는 재판장과 동일한 권한이 있다.(동법 제37조 제2항)
나. 공판준비기일은 **원칙적으로 공개**한다. 예외적으로 공개함으로써 절차진행이 방해될 우려가 있는 경우에는 공개하지 아니할 수 있다.(동법 제37조 제3항) ▶ **공판준비기일은 원칙; 공개, 예외; 비공개** F4 09국7, 10순경1차, 12법9 · 순경3차, 16순경1차, 20경간 공판준비기일을 원칙적으로 공개하도록 하는 이유는 공판준비기일도 공판절차에서 하는 것이므로 공개재판의 원칙이 적용되기 때문이다.
다. 공판준비기일에는 **배심원이 참여하지 아니한다.**(동법 제37조 제4항) F4 09국7, 12경승, 19검찰 · 마약9, 20경간, 21국7 배심원의 예단을 방지하기 위해서 그런 것이다.

(10) 국민참여재판의 공판절차

1) 공판기일의 통지

국민참여재판에 있어서도 검사, 변호인과(또는×) 보조인에게 공판기일을 통지하여야 한다.(제267조 제3항) 또한 **배심원과 예비배심원에게도** 공판기일을 통지하여야 한다.(동법 제38조)

2) 배심원과 예비배심원의 선서의무와 재판장의 최초 설명의무

공판기일에 출석한 **배심원과 예비배심원은 선서의무가 있다.** 재판장은 배심원과 예비배심원에 대하여 배심원과 예비배심원의 권한 · 의무 · 재판절차, 그 밖에 직무수행을 원활히 하는 데 필요한 사항을 설명하여야 한다.(동법 제42조)

📖 **관련판례** 재판장의 최초 설명의무

국민의 형사재판 참여에 관한 법률 제42조 제2항의 재판장의 공판기일에서의 최초 설명의무는 재판절차에 익숙하지 아니한 배심원과 예비배심원을 배려하는 차원에서 국민의 형사재판 참여에 관한 규칙 제35조 제1항에 따라 피고인에게 진술거부권을 고지하기 전에 이루어지는 것으로, **원칙적으로 설명의 대상에 검사가 아직 공소장에 의하여 낭독하지 아니한 공소사실 등이 포함된다고 볼 수 없다.**(대법원 2014.11.13. 선고 2014도8377) F4 15순경3차, 16국9, 19경승 ▶ 여기서 검사의 공소장 낭독은 공판기일의 절차 중에서 검사의 모두진술 절차에서 하는 것이다. 국민참여재판에 있어서 공판기일의 절차는 재판장의 최초 설명의무 → 진술거부권의 고지 → 인정신문 → 검사의 모두진술(검사의 공소장 낭독) → 피고인의 모두진술 등의 순서로 진행한다. 재판장의 최초설명 의무는 검사의 모두진술 절차 전에 행해지므로 검사가 아직 낭독하지도 않은 공소사실이 재판장의 최초 설명의무의 내용에 포함될 수는 없는 것이다.

3) 배심원과 예비배심원의 절차상 권리와 의무(동법 제41조)

① 배심원과 예비배심원의 절차상 권리

신문 요청권	배심원과 예비배심원은 피고인·증인에 대하여 필요한 사항을 신문하여 줄 것을 재판장에게 요청하는 행위(직접 신문하는 행위×)를 할 수 있다.(동법 제41조 제1항 제1호) F4 09국7
필기권	배심원과 예비배심원은 필요하다고 인정되는 경우 재판장의 허가를 받아 각자 필기를 하여 이를 평의에 사용하는 행위를 할 수 있다.(동법 제41조 제1항 제2호)
cf	배심원 또는 예비배심원은 **법원의 증거능력에 관한 심리에 관여할 수 없다.**(동법 제44조) F4 09국7, 10경승, 11검찰·마약9, 14교정·보호·철경9, 17경9, 17법9, 18경9, 21경간, 21검찰·마약9 증거능력에 관한 심리는 법률전문가인 법관이 하는 것이기 때문이다.

② 배심원과 예비배심원의 절차상 의무

배심원과 예비배심원은 심리 도중에 법정을 떠나거나 평의·평결 또는 토의가 완결되기 전에 재판장 허락 없이 평의·평결 또는 토의장소를 떠나는 행위, 평의가 시작되기 전에 당해 사건에 관한 자신의 견해를 밝히거나 의논하는 행위, 재판절차 외에서 당해 사건에 관한 정보를 수집하거나 조사하는 행위, 국민참여재판법에서 정한 평의·평결 또는 토의에 관한 비밀을 누설하는 행위를 해서는 안 된다.(동법 제41조 제2항)

4) 간이공판절차의 배제와 공판절차의 갱신

간이공판 절차의 배제	국민참여재판에는 **간이공판절차(제286조의2) 규정을 적용하지 않는다.**(동법 제43조) F4 10경승, 10국7, 11순경1차, 13순경2차, 14교정·보호·철경9, 17경9, 18순경1차, 19순경1차, 20경간 직업법관이 아닌 배심원이 참여하기 때문에 증거조사를 간소하게 하는 간이공판절차를 적용하지 않는 것이다.
공판절차의 갱신	공판절차가 개시된 후 **새로 재판에 참여하는 배심원 또는 예비배심원이 있는 때에는 공판절차를 갱신하여야 한다.** F4 11법9, 11검찰·마약9, 16국9, 17경승

5) 재판장의 최종 설명의무

재판장은 변론이 종결된 후 법정에서 배심원에게 공소사실의 요지와 적용법조, 피고인과 변호인의 주장의 요지, 증거능력 그 밖에 유의할 사항에 관하여 설명하여야 한다. 이 경우 필요한 때에는 증거의 요지에 관하여 설명할 수 있다.(동법 제46조 제1항)

> **관련판례** 재판장의 최종 설명의무
>
> 법률 제46조 제1항, 규칙 제37조 제1항에 따라 재판장이 최종 설명의무가 있는 사항을 설명하지 않는 것은 **원칙적으로 위법**한 조치이다.(대법원 2014.11.13. 선고 2014도8377)

6) 배심원의 평의·평결

① 만장일치의 원칙

심리에 관여한 배심원은 제1항의 재판장의 (최종) 설명을 들은 후 유·무죄에 관하여 평의하고, **전원의 의견이 일치하면 그에 따라 평결**한다. 다만, 배심원 과반수의 요청이 있으면 심리에 관여한 판사의 의견을 들을 수 있다.(동법 제46조 제2항) 11순경2차

② 예외적 다수결

배심원은 유·무죄에 관하여 전원의 의견이 일치하지 아니하는 때에는 평결을 하기 전에 심리에 관여한 판사의 의견을 들어야 한다. 이 경우 유·무죄의 평결은 **다수결**의 방법으로 한다. **심리에 관여한 판사는** 평의에 참석하여 의견을 진술한 경우에도 **평결에는 참여할 수 없다.**(동법 제46조 제3항) 09국7, 11순경2차, 15법9, 18경승, 19순경1차, 21경승, 23경승

③ 평결이 유죄인 경우

평결이 유죄인 경우 배심원은 심리에 관여한 판사와 함께 양형에 관하여 토의하고 그에 관한 의견을 개진한다. 재판장은 양형에 관한 토의 전에 처벌의 범위와 양형의 조건 등을 설명하여야 한다.(동법 제46조 제4항) 17국9

④ 기속력의 유무

배심원의 평결 및 의견은 법원을 기속하지 못한다.(동법 제46조 제5항) 이것이 배심원의 평결이 법원을 기속하는 영미의 배심제와 가장 큰 차이점이다. 10경승, 11순경1차, 17법9, 22교정·보호·철경9, 23경승, 23법9

7) 판결 선고

판결 선고 기일	가. 판결 선고는 변론을 종결한 기일에 하여야 하는 것이 원칙이다.(**즉일선고의 원칙**) 다만 특별한 사정이 있는 때에는 따로 선고기일을 정할 수 있다.(동법 제48조 제1항) 특별한 사정이 있어서 따로 선고기일을 정하는 경우 선고기일은 **변론종결 후 14일 이내**로 정하여야 한다.(동법 제48조 제3항) 변론을 종결한 기일에 판결을 선고하는 경우에는 판결서를 선고 후에 작성할 수 있다.(동법 제48조 제2항) 나. 재판장은 판결선고시 피고인에게 배심원의 평결결과를 고지하여야 하며, **배심원의 평결결과와 다른 판결을 선고하는 때**(예 배심원은 무죄평결을 하였으나, 법원이 유죄판결을 선고하는 때)에는 피고인에게 그 이유를 설명하여야 한다.(동법 제48조 제4항) F4 11순경2차, 12경승, 23법9
판결서의 기재사항	판결서에는 배심원이 재판에 참여하였다는 취지를 기재하여야 하고, 배심원의 의견을 기재할 수 있다.(동법 제49조 제1항) F4 09국7, 10순경2차, 17순경1차 **배심원의 평결결과와 다른 판결을 선고하는 때에는 판결서에 그 이유를 기재하여야 한다.**(동법 제49조 제2항) F4 11순경2차, 12경승, 17법9

> **관련판례** 제1심에서 배심원의 만장일치의 무죄평결이 그대로 채택된 경우 항소심의 판단
>
> [1] 국민참여재판의 형식으로 진행된 형사공판절차에서, 배심원이 사실의 인정에 관하여 재판부에 제시하는 집단적 의견(배심원의 평결)은 실질적 직접심리주의 및 공판중심주의 하에서 증거의 취사와 사실의 인정에 관한 전권을 가지는 사실심 법관의 판단을 돕기 위한 **권고적 효력**을 가지는 것인바, **배심원이 만장일치의 의견으로 내린 무죄의 평결이 그대로 채택된 경우라면**, 이러한 절차를 거쳐 이루어진 증거의 취사 및 사실의 인정에 관한 **제1심의 판단**은 실질적 직접심리주의 및 공판중심주의의 취지와 정신에 비추어 **항소심에서의 새로운 증거조사를 통해 그에 명백히 반대되는 충분하고도 납득할 만한 현저한 사정이 나타나지 않는 한 한층 더 존중될 필요가 있다.** [2] 국민참여재판으로 진행된 제1심에서 배심원이 만장일치로 한 평결 결과를 받아들여 강도상해의 공소사실을 무죄로 판단하였으나, **항소심에서는 피해자에 대하여만 증인신문을 추가로 실시한 다음 제1심의 판단을 뒤집어 이를 유죄로 인정한 경우, 항소심 판단에는** 공판중심주의와 실질적 직접심리주의 원칙의 위반 및 증거재판주의에 관한 법리오해의 **위법이 있다.**(대법원 2010.3.25. 선고 2009도14065) F4 12교정·보호·철경9, 15경간, 19경간, 19교정·보호·철경9

CHAPTER 5 증거법

제 1 절 증거법 총설

증거법이란 증거능력과 증명력에 관한 법을 말한다. 즉 어떤 증거가 증거능력이 있고, 증명력 판단은 어떻게 하는지에 관한 법을 증거법이라고 한다.

I 증거의 의의와 증명

증거의 의의	실체진실의 발견을 최고의 이념으로 하는 형사소송절차는 사실관계의 정확한 파악을 전제로 한다. 사실관계를 확인하기 위해서는 일정한 판단자료가 필요한데, <u>사실관계를 확인하기 위한 자료</u>를 증거라고 한다. 형사소송법상 증거는 아래의 두 가지 의미로 사용된다. **(1) 증거방법** 증거방법이란 사실인정에 사용될 수 있는 **사람, 물건 등의 유체물**을 말한다. 예 피고인, 증인, 증거물(예 범행도구로서의 칼), 증거서류 등 F4 경승 **(2) 증거자료** 증거자료란 **증거방법을 조사하여 얻은 결과**를 말한다. 예 피고인(증거방법)을 조사하여 얻은 <u>자백 등 각종 진술</u>, 증인(증거방법)을 신문하여 얻은 증언, 증거물(증거방법)을 조사하여 얻은 증거물의 성질과 상태, 증거서류(증거방법)를 조사하여 얻은 <u>서증의 의미와 내용</u> 등 F4 경승
증명	증명이란 각종 증거를 통하여 사실관계가 확인되어 가는 과정을 말한다.

II 증거의 종류 F4 12경간

1. 직접증거와 간접증거

(1) 직접증거

직접증거란 요증사실(증명을 필요로 하는 사실)을 직접적으로 증명하기 위한 증거를 말한다. 예 목격자의 증언, 피고인의 자백 등 F4 순경

> **TIP 요증사실**
> 요증사실이란 증명을 필요로 하는 사실을 말한다. 구체적으로 볼 때 형사소송법에서 요증사실은 엄격한 증명을 요하는 주요사실을 말한다. 그리고 주요사실 중에서 대표적인 것이 범죄사실이다. 결과적으로 <u>요증사실 = 주요사실 = 범죄사실</u>이라고 할 수 있다.

(2) 간접증거

간접증거란 요증사실(증명을 필요로 하는 사실)을 간접적으로 증명하기 위한 증거를 말한다. 판례는 간접증거와 정황증거를 구별하지 않고 동의어로 사용한다. 예 범죄현장에서 발견된 피고인의 지문, 피고인의 옷에 묻은 피해자의 혈흔 등

관련판례 간접증거

a. 상해사건 발생 직후 피해자를 진찰한 바 있는 의사의 진술 및 상해진단서를 발행한 의사의 진술이나 진단서는 가해자의 상해 사실 자체에 대한 직접적인 증거가 되는 것은 아니고, 다른 증거에 의하여 상해의 가해행위가 인정되는 경우에 그에 대한 **상해의 부위나 정도의 점에 대한 (간접)증거가 된다.**(대법원 1995.9.29. 선고 95도852) 14경승·15경간, 21경승

b. 살인죄 등 법정형이 무거운 범죄의 형사재판에서 간접증거의 증명력 및 간접사실의 증명의 정도; 살인죄 등과 같이 법정형이 무거운 범죄의 경우에도 직접증거 없이 **간접증거만에 의하여 유죄를 인정할 수 있**으나, 그러한 유죄 인정에 있어서는 공소사실에 대한 관련성이 깊은 간접증거들에 의하여 신중한 판단이 요구된다(대법원 2008.3.13. 선고 2007도10754 판결 참조). 특히 간접증거에 의한 간접사실의 인정에 있어서도 그 증명은 합리적인 의심을 허용하지 않을 정도에 이르러야 하고, 그 하나하나의 간접사실은 그 사이에 모순, 저촉이 없어야 함은 물론 논리와 경험칙, 과학법칙에 의하여 뒷받침되어야 할 것이다.(대법원 2010.12.9. 선고 2010도10895) 18검찰·마약9, 20경승, 21경승, 22경간

같은 취지의 판례

피해자의 시체가 발견되지 아니하였더라도 간접증거를 상호 관련 하에 종합적으로 고찰하면 살인죄의 공소사실을 인정할 수 있다.(대법원 1999.10.22. 선고 99도3273) ▶ **살인죄 등의 무거운 범죄의 경우에도 직접 증거 없이 간접증거만으로도 유죄를 인정할 수 있다**는 취지의 판례이다. 15경간

c. 목격자의 진술 등 직접증거가 전혀 없는 사건에서 유죄 인정의 방법; 목격자의 진술 등 직접증거가 전혀 없는 사건에 있어서는 적법한 증거들에 의하여 인정되는 간접사실들에 논리법칙과 경험칙을 적용하여 공소사실이 합리적인 의심을 할 여지가 없이 진실한 것이라는 확신을 가지게 할 정도로 추단될 수 있을 경우에만 이를 유죄로 인정할 수 있고, **이러한 정도의 심증을 형성할 수 없다면 설령 피고인에게 유죄의 의심이 간다고 하더라도 피고인의 이익으로 판단할 수밖에 없다**는 것이 형사소송의 대원칙이다.(대법원 2011.1.13. 선고 2010도13226)

d. 법정형이 무거운 범죄의 경우에도 직접증거 없이 간접증거만으로 유죄를 인정할 수 있으나, 그러한 유죄 인정에는 공소사실에 대한 관련성이 깊은 간접증거들에 의하여 신중한 판단이 요구되므로, 유죄의 인정은 범행 동기, 범행수단의 선택, 범행에 이르는 과정, 범행 전후 피고인의 태도 등 여러 간접사실로 보아 피고인이 범행한 것으로 보기에 충분할 만큼 **압도적으로 우월한 증명**이 있어야 한다. 피고인은 무죄로 추정된다는 것이 헌법상의 원칙이고, 그(무죄) 추정의 번복은 직접증거가 존재할 경우에 버금가는 정도가 되어야 한다. 그리고 범행에 관한 간접증거만이 존재하고 더구나 그 간접증거의 증명력에 한계가 있는 경우, 범인으로 지목되고 있는 자에게 범행을 저지를 만한 동기가 발견되지 않는다면, **만연히 무엇인가 동기가 분명히 있는데도 이를 범인이 숨기고 있다고 단정할 것이 아니라 반대로 간접증거의 증명력이 그만큼 떨어진다고 평가하는 것이 형사증거법의 이념에 부합**하는 것이다.(대법원 2022.6.16. 선고 2022도2236)

2. 인증(인적 증거), 물증(물적 증거)과 서증

인증 (인적 증거)	인증이란 사람의 진술내용이 증거로 되는 경우를 말한다. 예 피고인의 자백 등 각종 진술, 증인의 증언 등 주의 견승
물증 (물적 증거)	물증이란 물건의 존재나 상태가 증거로 되는 경우를 말한다. 예 범행에 사용된 흉기(칼), 사람의 신체 등
서증	서증이란 증거서류와 증거물인 서면을 말한다.

3. 본증과 반증

본증	본증이란 거증책임을 지는 당사자가 제출하는 증거를 말한다. 거증책임은 원칙적으로 검사가 부담하므로 **원칙적으로 검사가 제출하는 증거**를 본증이라고 한다. 검사가 제출하는 증거는 통상적으로 유죄의 증거이므로 본증은 '원칙적으로 유죄의 증거'라고 할 수 있다.
반증	반증이란 반대당사자가 제출하는 증거를 말한다. 반대당사자는 원칙적으로 피고인이므로 **원칙적으로 피고인 또는 변호인이 제출하는 증거**를 반증이라고 한다. 피고인 또는 변호인이 제출하는 증거는 통상적으로 무죄의 증거이므로 반증은 '원칙적으로 무죄의 증거'라고 할 수 있다.

4. 진술증거와 비진술증거

진술 증거	진술증거란 **사람의 진술이 증거로 되는 경우**를 말한다. 진술증거에는 **구두진술**(예 증인의 증언, 피고인의 자백 등 각종 진술)·**서면진술**(예 피의자신문조서, 참고인진술조서 등)**이 모두 포함**된다. 진술증거에는 경험자가 다른 매개체 없이 직접 법원에 진술하는 원본증거와 경험자의 진술을 서류나 타인의 진술 등의 매개체를 통하여 법원에 전달하는 <u>전문증거</u>(=대체증거)가 있다.
비진술 증거	비진술증거란 증거물이나 사람의 신체상태 등이 증거로 되는 경우로서 **진술증거를 제외한 나머지 증거**를 말한다.

진술증거와 비진술증거를 구별하는 실익은 전문법칙의 적용 여부에서 나타난다. 즉 전문법칙은 진술증거에만 적용되고, 비진술증거에는 적용되지 않는다.

5. 실질증거와 보조증거

실질 증거	실질증거란 주요사실(유죄를 입증함에 있어서 핵심이 되는 사실)의 존부를 직접적·간접적으로 증명하기 위한 증거(직접증거와 간접증거)를 말한다.
보조 증거	보조증거란 실질증거의 증명력을 증강하기 위한 증거(증강증거)와 그 증명력을 감쇄시키기 위한 증거(탄핵증거)를 말한다. 보조증거만을 가지고 주요사실을 증명할 수는 없다.

Ⅲ 증거능력과 증명력

증거 능력	증거능력이란 증거가 엄격한 증명의 자료로 사용될 수 있는 법률상의 자격을 말한다. 증거능력의 판단은 법관의 자유심증에 의하지 않고, 법률에 의하여 획일적으로 정해져 있다. 증거능력에 관한 증명의 기본원칙은 '**증거재판주의**(제307조 제1항)'이고, 관련 증거법칙에는 **자백배제법칙**(제309조), **위법수집증거배제법칙**(제308조의2), **전문법칙**(제310조의2)이 있다. F4 21경승
증명력	증명력이란 증거능력 있는 증거가 사실을 증명하는데 사용될 수 있는 증거의 실질적 가치(신빙성 또는 믿음)를 말한다. 증명력은 법관이 자유심증에 의하여 자유롭게 판단한다. 증명력에 관한 증명의 기본원칙은 **자유심증주의**(제308조)이고, 관련 증거법칙에는 **자백보강법칙**(제310조), **공판조서의 배타적 증명력**(제56조)이 있다.

제 2 절 증명의 기본원칙

증명을 하기 위해서는 **먼저 증거재판주의에 의하여 증거능력을 판단**한다. 증거능력은 법률에 의하여 획일적으로 정하여져 있는데, 자백배제법칙(제309조)·위법수집증거배제법칙(제308조의2)·전문법칙(제310조의2, '전문증거는 원칙적으로 증거능력이 없다'는 증거법칙)에 해당하는 증거는 증거능력이 없으므로 증명력 판단을 필요로 하지 않는다. **다음으로 증거능력이 인정되는** 증거를 전제로 하여 법관의 자유심증(제308조)에 따라 **증명력을 판단**한다. 끝으로 소송의 종결단계까지 가서도 증명이 불충분할 때에는 원칙적으로 검사에게 거증책임을 부담시킴으로써 검사가 불이익을 받도록 하는데 이를 거증책임이라고 한다. 여기서 <u>증거재판주의, 자유심증주의, 거증책임</u> 세 가지가 증명의 기본원칙이다. 이에 대해서는 아래에 차례로 서술한다.

I 증거재판주의

1. 서론

(1) 증거재판주의의 의의와 주요사실의 의미

1) 증거재판주의의 의의

증거재판주의란 '사실의 인정은 증거에 의하여야 한다는 증거법칙'을 말한다. (제307조 제1항) [F4] 11경장, 20경승
여기서 사실은 **범죄될 사실(=주요사실=요증사실)**을 의미하고, 공소범죄사실과 이와 관련된 중요사실 등이 이에 해당한다. 또한 사실의 인정이란 '주요사실의 **증명**'을 말하고, 증거는 '**증거능력이 있고 적법한 증거조사를 거친 증거**'를 의미한다. 따라서 사실의 인정(주요사실의 증명)을 위해서는 증거능력이 있고 적법한 증거조사를 거친 증거에 의한 증명(엄격한 증명)을 필요로 한다. 결론적으로 <u>주요사실(=범죄사실=요증사실)의 증명을 위해서는 엄격한 증명을 필요로 한다는 증거법칙이 증거재판주의이다.</u> 증거재판주의를 '**엄격한 증명의 법리**'라고도 한다.

2) 주요사실의 의미

주요사실이란 말 그대로 형사소송법상 주요한 사실을 말한다. 주요사실은 통상 범죄사실 또는 요증사실과 같은 의미로 사용하지만, 엄격히 말하면 주요사실 안에 범죄사실이 포함되므로 주요사실이 범죄사실보다 넓은 개념이다. 주요사실에는 **공소범죄사실, 형벌권 발생에 관한 사실**(예 처벌조건; 처벌조건에 해당하는 것으로는 사전수뢰죄에 있어서 '<u>공무원 또는 중재인이 된 사실</u>', 파산범죄에 있어서 '파산선고의 확정' 등이 있다.), **형벌권 범위에 관한 사실**(예 형의 가중·감면의 이유되는 사실; 이는 형의 가중사유와 감경사유를 말한다. 형의 가중사유에는 <u>상습범, 경합범, 누범</u> 등이 있다. 형의 감경사유에는 <u>미수, 자수, 자복</u> 등이 있다.)**이 포함**된다. 그런데 주요사실의 대표적인 것이 공소범죄사실이기 때문에 주요사실과 범죄사실은 같은 의미로 사용하는 것이다.

(2) 엄격한 증명과 자유로운 증명

1) 엄격한 증명
엄격한 증명이란 **증거능력이 있고 적법한 증거조사를 거친 증거에 의한 증명**을 말한다. F4 국9, 국7, 경승, 15법9, 22순경2차

2) 자유로운 증명
자유로운 증명은 엄격한 증명을 요하지 않고, **증거능력이 없는 증거에 의해서도 증명할 수 있고, 적법한 증거조사를 거치지 않은 증거에 의해서도 증명할 수 있는 것**을 말한다. F4 국9, 국7, 경승, 22순경2차

3) 차이점
엄격한 증명과 자유로운 증명은 증거능력의 유무와 적법한 증거조사를 필요로 하는지 여부에 대해서만 차이가 있다. 그러나 엄격한 증명과 자유로운 증명은 모두 '증명'에 해당하고, 증명에는 법관의 확신을 필요로 하기 때문에 법관의 합리적 의심의 여지가 없을 정도의 확신을 요한다는 증명의 정도에는 차이가 없다. F4 법9, 11경장, 22순경2차

> **관련조문**
> 범죄사실의 인정은 합리적인 의심이 없는 정도의 증명에 이르러야 한다.(제307조 제2항) F4 20경승

> **관련판례**
> 형사재판에 있어서 유죄의 증거는 단지 우월한 증명력을 가진 정도로서는 부족하고 **법관으로 하여금 합리적인 의심을 할 여지가 없을 정도의 확신**(belief beyond a reasonable doubt)**을 생기게 할 수 있는 증명력을 가진 것이어야** 한다.(대법원 1987.7.7. 선고 86도586) F4 21국7

(3) 구별개념(증명과 소명) F4 22순경1차
증명은 법관의 확신을 요한다. 그러나 소명은 법관의 확신을 요하지 않고 개연적 판단만 있으면 된다는 점에서 증명과 차이가 있다. 즉 소명은 증명의 정도에 이르지 않더라도 입증이 허용된다. 소명의 대상이 되는 것은 다음과 같다.

> **소명의 대상**
> 1) 국선변호인선정사유
> 2) 상소권회복청구사유, 정식재판청구권회복사유
> 3) 기피사유
> 4) 증거보전청구사유, 증인신문청구사유, 증언거부사유, 공판준비기일에 신청하지 못한 증거에 대하여 공판기일에 신청하기 위하여 중대한 과실 없이 공판준비기일에 제출하지 못하는 등의 부득이한 사유

2. 엄격한 증명의 대상

공소범죄사실과 이와 관련된 주요사실(형벌권의 발생에 관한 사실·형벌권의 범위에 관한 사실 등)이 엄격한 증명의 대상이 된다. 엄격한 증명의 대상이 되는 것은 증거능력이 있는 증거에 의해서만 증명할 수 있는 것들이다. 엄격한 증명의 대상이 되는 것은 다음과 같다.

암기방법; 엄격한 증명의 대상 * **외관 가공 특(수)강간** F4 19순경2차, 20국9

① **외국법규**
행위지의 법률(외국법규)에 의하여 범죄가 성립되는지 여부는 엄격한 증명의 대상이다.(대법원 1973.5.1. 선고 73도289) F4 18순경1차, 19국7, 22국7, 23경승, 23순경1차 '행위지의 법률'에 의하여 범죄가 성립되는지 여부에 관한 판례에서 '행위지의 법률'은 외국법규를 말한다.

② **관습법**
관습법은 엄격한 증명의 대상이다.

③ **형의 가중 감면의 이유되는 사실** F4 22순경2차
이는 형벌권의 범위에 관련된 사실이므로 엄격한 증명의 대상이다. 예 형의 가중사유; 누범전과, 상습성 등, 형의 감면사유; 장애미수, 불능미수, 중지미수, 자수, 자복 등

④ **공소범죄사실** F4 22경간
공소범죄사실이 인정되려면 구성요건해당사실, 위법성조각사유의 부존재와 책임조각사유의 부존재가 인정되어야 한다. 그러므로 **구성요건해당사실**에 속하는 주관적 구성요건요소로서 범의⟨=고의⟩(대법원 2002.3.12. 선고 2001도2064), 공모·모의(대법원 1988.9.13. 선고 88도1114), 목적범의 목적, 불법영득의사 등과 객관적 구성요건요소로서 행위 주체, 행위 객체, 횡령행위(대법원 2002.9.4. 선고 2000도637), 교사사실⟨=교사행위⟩(대법원 2000.2.25. 선고 99도1252), 결과범의 결과, 행위와 결과 사이의 인과관계, 신분범의 신분(대법원 1970.10.30. 선고 70도1936) 등은 엄격한 증명의 대상이다. 또한 **위법성조각사유와 책임조각사유의 부존재**가 증명되어야 공소범죄사실이 인정되기 때문에 위법성조각사유(예 정당방위, 긴급피난, 정당행위, 피해자의 승낙 등)와 책임조각사유(예 심신상실, 14세 미만자 등)의 부존재도 엄격한 증명의 대상이다. cf 처벌조건(예 사전수뢰죄의 공무원 또는 중재인이 된 사실, 파산범죄에 있어서 파산선고의 확정)은 공소범죄사실은 아니나, 형벌권 발생에 직접 관련되는 사실이므로 엄격한 증명의 대상이다.

⑤ **특별한 경험법칙**
일반적 경험법칙에 해당하는 사항에 대해서는 법관이 자신의 지식을 그대로 이용할 수 있다. 그러므로 일반적 경험법칙은 불요증사실(증명을 요하지 않는 사실)이다. 그러나 특별한 경험법칙은 일반인이면 모두 알 수 있는 상식이 아니라 전문가라야 알 수 있는 지식으로서 감정을 통한 증명을 필요로 한다. 이런 특별한 경험법칙을 증명할 때에는 엄격한 증명을 필요로 한다.

⑥ **증명력을 보강하는 자료가 되는 사실** F4 22경간, 22경승
증거의 증명력(=신빙성=믿음)을 강화(증강)시키는 자료가 되는 사실은 엄격한 증명의 대상이다.

⑦ **간접사실** F4 22경간, 22경승
간접사실이란 주요사실의 존부를 간접적으로 '추인(미루어 판단)'하게 하는 사실로서 엄격한 증명의 대상이다.

관련판례 엄격한 증명의 대상

a. 범죄구성요건사실의 존부를 알아내기 위해 **과학공식 등의 경험칙을 이용하는 경우에 그 법칙 적용의 전제가 되는** 개별적이고 구체적인 **사실에 대하여는 엄격한 증명을 요하는바**, 위드마크 공식의 경우 그 적용을 위한 자료로 섭취한 알코올의 양, 음주 시각, 체중 등이 필요하므로 그런 전제사실에 대한 엄격한 증명이 요구된다.(대법원 2008.8.21. 선고 2008도5531) F4 12국7, 14국7, 15경간, 16교정·보호·철경9, 17경승, 19경간, 20국9

b. 도로법 제54조 제2항 소정의 **측정요구가 있었다는 점**(이는 '행위'에 해당)은 범죄사실을 구성하는 중요부분으로서 이를 인정하기 위하여는 **엄격한 증명이 요구**된다.(대법원 2005.6.24. 선고 2004도7212) [F4] 12경간, 16경승

c. 뇌물죄에서의 수뢰액은 그 다과에 따라 범죄구성요건(객관적 구성요건요소)이 되므로 엄격한 증명의 대상이 된다.(대법원 2011.5.26. 선고 2009도2453) [F4] 16교정·보호·철경9, 17경승, 19경간

d. 목적과 용도를 정하여 위탁한 금전을 수탁자가 임의로 소비하여 횡령죄가 성립하는 경우 피해자 등이 목적과 용도를 정하여 금전을 위탁한 사실과 그 목적과 용도가 무엇인가라는 점은 (객관적 구성요건요소로서) **엄격한 증명의 대상**이다.(대법원 2013.11.14. 선고 2013도8121) [F4] 16검찰·마약9, 19순경2차, 20법9 횡령한 재물의 가액이 특정경제범죄법의 적용 기준이 되는 하한 금액을 초과한다는 점도 다른 구성요건요소와 마찬가지로 **엄격한 증거에 의하여 증명되어야 한다**.(대법원 2017.5.30. 선고 2016도9027) [F4] 19순경2차, 20경승

e. 피고인이 공모의 점을 부인하는 경우 증명 방법; **공모(주관적 구성요건요소)관계를 인정하기 위해서는 엄격한 증명이 요구**되지만, 피고인이 범죄의 주관적 요소인 공모의 점을 부인하는 경우에는 사물의 성질상 이와 상당한 관련성이 있는 간접사실 또는 정황사실을 증명하는 방법으로 이를 증명할 수밖에 없으며, 이때 무엇이 상당한 관련성이 있는 간접사실에 해당할 것인가는 정상적인 경험칙에 바탕을 두고 치밀한 관찰력이나 분석력에 의하여 사실의 연결 상태를 합리적으로 판단하는 방법으로 하여야 한다.(대법원 2011.12.22. 선고 2011도9721) [F4] 19순경2차, 20경승, 20순경1차, 20국9, 23경승, 23순경1차

f. 형사재판에서 공소가 제기된 범죄의 구성요건을 이루는 사실에 대한 증명책임은 검사에게 있으므로 특정범죄 가중처벌 등에 관한 법률 제5조의9 제1항 위반의 죄의 **행위자에게 보복의 목적(주관적 구성요건요소)이 있었다는 점** 또한 검사가 증명하여야 하고 그러한 증명은 법관으로 하여금 합리적인 의심을 할 여지가 없을 정도의 확신을 생기게 하는 **엄격한 증명에 의하여야 하며** 이와 같은 증명이 없다면 피고인의 이익으로 판단할 수밖에 없다.(대법원 2014.9.26. 선고 2014도9030) [F4] 15검찰·마약9, 19순경2차

g. **범죄구성요건에 해당하는 사실을 증명하기 위한 근거가 되는 과학적인 연구 결과는** 적법한 증거조사를 거친 증거능력 있는 증거에 의하여 **엄격한 증명으로 증명되어야 한다**.(대법원 2010.2.11. 선고 2009도2338) [F4] 20국7, 21국9, 23경승

h. 공연성은 명예훼손죄의 구성요건으로서, 특정 소수에 대한 사실적시의 경우, 전파가능성을 이유로 명예훼손죄의 구성요건인 공연성을 인정하기 위해서는 **검사의 엄격한 증명이 필요**하다.(대법원 2020.12.30. 선고 2015도12933) [F4] 23순경2차

i. 형사재판에서 공소가 제기된 범죄의 구성요건을 이루는 사실은 그것이 주관적 요건이든 객관적 요건이든 그 증명책임이 검사에게 있으므로, 허위사실 적시 명예훼손죄로 기소된 사건에서 **사람의 사회적 평가를 떨어뜨리는 사실이 적시되었다는 점**, 그 적시된 사실이 객관적으로 진실에 부합하지 아니하여 **허위일뿐만 아니라 그 적시된 사실이 허위라는 것을 피고인이 인식하고서 이를 적시하였다는 점은 모두 검사가**

합리적 의심의 여지가 없이 증명하여야(엄격한 증명에 의하여 증명하여야) 한다.(대법원 2020. 2. 13. 선고 2017도16939) 22순경1차

j. [1] **구성요건에 해당하는 사실은 엄격한 증명에 의하여** 이를 인정하여야 하고, 증거능력이 없는 증거는 구성요건 사실을 추인하게 하는 **간접사실**이나 구성요건 사실을 입증하는 **직접증거의 증명력을 보강하는 보조사실의 인정자료로서도 허용되지 아니한다.** 즉 **구성요건해당사실, 간접사실, 보조사실은 모두 증거능력이 있는 증거에 의한 증명 즉, 엄격한 증명을 요한다.** [3] 증거조사를 거치지 아니하고 피고인이 증거로 사용함에 동의를 한 바 없어 증거능력이 없는 문서, 사진 등을 범죄사실에 부합하는 **진술의 신빙성을 보강하는 사실인정의 자료(보조증거의 일종인 보강증거)로 사용한 것이 위법**하다. 즉 보강증거는 **엄격한 증명을 요한다.**(대법원 2006. 12. 8. 선고 2006도6356) 23경승

3. 자유로운 증명의 대상

엄격한 증명의 대상이 되는 주요사실을 제외한 나머지는 자유로운 증명의 대상이 된다. 즉 **주요사실이 아닌 것**이 자유로운 증명의 대상이다. 자유로운 증명의 대상은 증거능력 없는 증거로도 증명할 수 있는 것들이다. 자유로운 증명의 대상은 다음과 같다.

> 암기방법; 자유로운 증명의 대상 * **자! 몰상(식한) 현소정 탄핵 반대** 18순경1차
> ① **자**유로운 증명의 대상
> ② **몰**수 · 추징에 관한 사실
>   몰수대상이 되는지 여부나 추징액의 인정 등 몰수 · 추징의 사유는 범죄구성요건 사실에 관한 것이 아니어서 엄격한 증명은 필요 없지만 역시 증거에 의하여 인정되어야 한다. 즉 **자유로운 증명의 대상**이 된다. (대법원 2006. 4. 7. 선고 2005도9858 전원합의체 판결) ▶ 몰수 · 추징은 부가형으로서 형벌임에도 불구하고 판례는 자유로운 대상으로 본다. 19경간, 19순경2차, 20순경2차, 22국7
> ③ 심신**상**실 · 미약
>   형법 제10조에 규정된 '심신장애(심신상실 또는 심신미약)의 유무 및 정도'의 판단은 **자유로운 증명으로 족하다**(충분하다). (대법원 1961. 10. 26. 선고 4294형상 590)
> ④ 법원에 **현**저한 사실
>   법원에 현저한 사실이란 법원이 잘 아는 사실을 말한다. 판례와 판례의 사실관계 등이 법원에 현저한 사실로서 자유로운 증명의 대상이다.
> ⑤ **소**송법적 사실
>   소송법적 사실이란 절차사항을 말한다. **친고죄의 고소유무, 자백(또는 진술)의 임의성, 특신상태, 구속기간, 관할권의 존부, 공소제기** 등은 소송법적 사실로서 자유로운 증명의 대상이다. 19국7
> ⑥ **정**상관계사실 22경승
>   정상관계사실이란 형법 제51조의 양형사유(양형의 기초가 되는 사실)를 말한다. 범인의 지능, 범행 동기, 범행 수법, 범인의 연령, 성격, 환경 등이 이에 해당한다. 정상관계사실은 복잡하고 비유형적이므로 원칙적으로 자유로운 증명의 대상이다.
> ⑦ 증명력을 **탄핵**하는 사실
>   **증거의 증명력을 탄핵하는 사실**은 자유로운 증명으로 족하다. (대법원 1996. 1. 26. 선고 95도1333) 21국7

⑧ 유죄의 자료가 되는 것으로 제출된 증거(본증)의 **반대증거서류**
   유죄의 자료가 되는 것으로 제출된 증거의 반대증거서류(반증)는 유죄사실을 인정하는 증거가 아니므로 증거능력이 없는 증거에 의해서도 증명할 수 있어 <u>자유로운 증명으로 족하다</u>.(대법원 1981.12.22. 선고 80도1547) [F4] 10경사·경위

> **관련판례** 자유로운 증명의 대상인 소송법적 사실

a. **친고죄에서 적법한 고소가 있었는지는 자유로운 증명의 대상**이 되고, 일죄의 관계에 있는 범죄사실 일부에 대한 고소의 효력은 일죄 전부에 대하여 미친다.(대법원 2011.6.24. 선고 2011도4451) [F4] 11교정·보호·철경9, 12순경1차, 12국7, 13법9, 15법9, 15국7, 16경승, 16교정·보호·철경9, 17법9, 17순경1차, 18경승, 19경간, 20경승, 20법9, 21국7, 22국9, 22순경2차

b. 즉고발사건에 있어서 적법한 고발이 있었는지 여부; 소송법적 사실로서 **자유로운 증명 요** 출입국사범 사건에서 지방출입국·외국인관서의 장의 적법한 고발이 있었는지 여부가 문제 되는 경우에 법원은 **자유로운 증명**으로 그 고발 유무를 판단하면 된다.(대법원 2021.10.28. 선고 2021도404) [F4] 23순경1차

c. 반의사불벌죄에서 '처벌불원의 의사표시' 또는 '처벌희망 의사표시 철회'의 유무나 그 효력에 관한 사실이 엄격한 증명의 대상인지 여부(**소극**); 반의사불벌죄에 있어서 피고인 또는 피의자의 처벌을 희망하지 않는다는 의사표시 또는 처벌희망 의사표시 철회의 유무나 그 효력 여부에 관한 사실은 **소송법적 사실로서 자유로운 증명의 대상**이다.(대법원 2010.10.14. 선고 2010도5610) [F4] 17검찰·마약9, 21순경2차, 23경간, 23교정·보호·철경9

d. **진술의 임의성 유무**는 소송법적 사실로서 자유로운 증명의 대상이다.(대법원 2006.4.7. 선고 2005도9858 전원합의체 판결) [F4] 13경간, 18순경3차

e. '**특히 신빙할 수 있는 상태**'는 증거능력의 요건에 해당하므로 검사가 그 존재에 대하여 구체적으로 주장·증명하여야 하지만 이는 소송상의 사실(소송법적 사실)에 관한 것이므로 엄격한 증명을 요하지 아니하고 **자유로운 증명으로 족하다**.(대법원 2012.7.26. 선고 2012도2937) [F4] 18순경1차, 20경간, 20법9, 20순경2차, 23순경1차

4. 불요증사실

불요증사실이란 증명을 필요로 하지 않는 사실을 말한다. 불요증사실은 다음과 같다.

> **불요증사실**
> 1) 일반적 경험법칙
> 2) 공지의 사실; 공지의 사실이란 모든 사람이 알지는 못하나, 일반적으로 알려진 사실을 말한다.
>   예 역사상 명백한 사실
> 3) 사실상 추정된 사실; 예 구성요건해당성이 인정되면 위법성과 책임이 사실상 추정된다. 이 때 사실상 추정된 위법성과 책임에 대해서는 증명을 필요로 하지 않는다.

4) 거증금지사실; 거증금지사실이란 증명이 금지된 사실을 말한다. 예 공무원의 직무상 비밀
5) 법규의 존재와 내용

II 자유심증주의

1. 자유심증주의의 의의와 구별개념

(1) 자유심증주의의 의의

형사소송법은 "증거의 증명력(=신빙성=믿음)은 법관의 자유판단에 의한다.(제308조)"라고 하여 자유심증주의를 규정하고 있다. 자유심증주의란 증거의 증명력(증거능력×)을 법관이 법률에 구애받지 않고 자유롭게 판단하는 증거법칙을 말한다. 자유심증주의 하에서는 증명력이 있는 증거를 미리 법률에 규정하지 않는다. 그러므로 법관이 증거가 증명력이 있는 증거인지 증명력이 없는 증거인지를 법률에 구애받지 않고 자유롭게 판단하게 된다. 자유심증주의는 헌법에 명문규정이 없고, 형사소송법에만 명문규정이 있다.(제308조) **우리 형사소송법은 자유심증주의를 채택**하고 있다.(제308조)

(2) 구별개념

자유심증주의는 증거의 증명력을 미리 법률에 규정하지 않고, 법관이 자유롭게 판단한다. 이에 반하여 법정증거주의는 증명력이 있는 증거를 미리 법률에 규정해 놓는 주의를 말한다. 법정증거주의는 증거의 증명력 판단에 대한 법관의 자의를 방지함으로써 법적 안정성을 유지할 수 있다는 장점이 있다. 그러나 자유심증주의에 비하여 실체진실을 발견하는데 이롭지 못하다는 단점이 있다. 왜냐하면 법정증거주의에 의하면 법률에 규정되어 있지 않은 새로운 증거(예 첨단기술에 의한 증거)를 유죄의 증거로 사용할 수 없게 되기 때문이다. 반면 자유심증주의는 새로운 증거일지라도 법관이 자유로이 증명력을 인정하여 유죄의 증거로 사용할 수 있으므로 실체진실발견에 이롭다는 장점이 있다. 그러나 법정증거주의와 달리 법관의 자의를 방지할 수 없다는 단점이 있다. 결국 자유심증주의의 장점이 법정증거주의의 단점이 되고, 자유심증주의의 단점이 법정증거주의의 장점이 된다.

2. 자유심증주의의 내용

(1) 자유판단의 주체

누가 증거의 증명력을 자유로이 판단하는가? 증거의 증명력을 자유로이 판단하는 주체는 **개개의 법관**이다. 단독판사는 물론 합의부의 법관일지라도 개개의 법관은 증거의 증명력을 자유로이 판단할 수 있다. 그러므로 합의부의 법관이 B, C, D일 때 B, C, D 개개의 법관에 따라 증거의 증명력 판단은 다를 수 있는 것이다.

(2) 자유판단의 대상

개개의 법관은 무엇을 자유로이 판단하는가? 법관이 자유롭게 판단하는 대상은 **증거의 증명력**이다. 증거능력을 자유롭게 판단하는 것이 아니다. 증거능력에 관해서는 증거능력이 없는 증거를 법률에 획일적으로 규

정하기 때문이다. 엄격한 증명을 요하는 사실에 관한 증거는 물론 자유로운 증명을 요하는 사실에 관한 증거도 자유판단의 대상에 포함된다. 08국7

(3) 자유판단의 의미

자유판단이란 증거의 증명력을 법률에 구애받지 않고 자유롭게 판단한다는 것을 말한다. 자유심증주의 하에서는 증명력이 있는 증거를 미리 하나하나 법률에 규정하지 않기 때문이다. 다만 논리법칙과 경험법칙에 반하는 증명력 판단은 금지된다. 순경

(4) 자유판단에 대한 구체적 고찰

자유심증주의에 관한 판례를 공부할 때에는 먼저 **증거능력이 있는 증거 사이에는 증명력의 차이가 없다**는 것을 간파해야 한다. 예컨대 수사기관에서의 자백 진술과 법정에서의 범행 부인이라는 진술이 모두 증거능력이 인정된다면 법정에서의 범행 부인이라는 진술의 증명력이 수사기관에서의 자백 진술의 증명력보다 더 우월한 것이 아니라는 것이다. 이 경우에 증명력은 법관이 자유심증에 따라 판단한다. 증명력의 자유판단에 대하여 구체적으로 살펴보면 다음과 같다.

> **관련판례** 증명력의 자유판단에 대한 구체적 판례
>
> a. 증인의 증언
>
> a1. 법률에 의하여 **선서한 증인의 증언의 증명력이 선서하지 않은 증인의 증언의 증명력보다 더 우월한 것이 아니다.** 따라서 법관은 선서한 증인의 증언은 믿지 않고, 선서하지 않은 증인의 증언을 믿을 수 있다. 또한 법관은 성년자의 증언은 믿지 않고, 미성년자의 증언을 믿을 수 있다.
>
> a2. **증인의 법정 증언이라고 해서 법정 외 진술보다 증명력이 더 우월한 것은 아니다.** 따라서 증인이 법정에서 증언한 내용(예 피고인의 범행을 목격하지 않았다는 진술)과 다른 검찰에서의 진술(예 피고인의 범행을 목격했다는 진술)을 믿고 범죄사실을 인정할 수 있다.(대법원 1988.6.28. 선고 88도740) 12경승, 21순경2차
>
> b. 피고인의 자백 등 진술
>
> b1. **피고인의 자백이 피고인의 다른 진술보다 증명력이 우월한 것은 아니다.** 따라서 법관은 피고인의 자백을 믿지 않고, 달리 인정할 수 있다.
>
> b2. **피고인의 법정 진술이라고 해서 피고인의 법정 외 진술보다 증명력이 우월한 것은 아니다.** 따라서 법관은 피고인의 공판정에서의 부인 진술과 다른 공판정 외에서의 진술(예 검찰 자백, 경찰 자백)을 믿을 수 있다. 경승 즉 검찰에서의 피고인의 자백이 법정진술(범행을 부인하는 진술)과 다르다는 사유만으로는 **그 자백의 신빙성이 의심스럽다고 할 사유로 삼아야 한다고 볼 수는 없다.**(대법원 2001.10.26. 선고 2001도4112) 19순경1차, 22경승 ▶ 따라서 법관은 피고인의 검찰 자백을 믿고 법정진술(범행 부인)을 믿지 않을 수 있다. 검찰 자백과 법정진술이 다른 경우 증거의 증명력을 법관이 자유심증에 의하여 판단하기 때문이다.
>
> c. 감정인의 의견
>
> 심신장애 유무와 그 정도를 판단함에 있어 (법관이) 반드시 감정인의 의견에 따라야 하는 것은 아니다.(대법원 1990.11.27. 선고 90도2210) ▶ **법관은 감정인의 의견에 기속되지 않는다**는 것이 판례

의 태도이다. 따라서 감정인이 피고인을 심신상실자라고 판단하여도 법관은 심신상실자가 아니라고 믿을 수 있고, 그 반대의 경우도 가능하다. [F4] 20경간

d. **가분적 증거와 종합증거** [F4] 국9, 국7, 경승

가분적 증거란 증거의 내용을 나눌 수 있는 증거를 말한다. 가분적 증거에 대하여 판례는 진술조서의 기재 중 **일부분을 믿고 다른 부분을 믿지 아니할 수 있다고** 한다.(대법원 1980.3.11. 선고 80도145) [F4] 22경승 또한 종합증거에 대하여 판례는 간접증거가 개별적으로는 범죄사실에 대한 완전한 증명력을 가지지 못하더라도 전체 증거를 상호 관련 하에 종합적으로 고찰할 경우 **그 단독으로는 가지지 못하는 종합적 증명력이 있는 것으로 판단되면 그에 의하여도 범죄사실을 인정할 수가 있다**고 한다.(대법원 1999.10.22. 선고 99도3273) [F4] 17경간, 18검찰·마약9, 21경승

e. **증거서류**

경찰에서의 자술서, 검사작성의 각 피의자신문조서, 다른 형사사건의 공판조서의 기재와 당해 사건의 공판정에서의 같은 사람의 증인으로서의 진술이 상반되는 경우 **반드시 공판정에서의 증언은 믿어야 된다는 법칙은 없고, 오로지 사실심 법원의 자유심증에 속한다.**(대법원 1986.9.23. 선고 86도1547) [F4] 국7, 15경간, 23순경2차 ▶ 공판정에서의 조서 또는 진술(증언)이 공판정 외에서의 조서보다 증명력이 우월한 것이 아니라는 판례이다.

f. **간접증거**

[1] 형사재판에 있어 심증형성은 반드시 직접증거에 의하여 형성되어야만 하는 것은 아니고 간접증거에 의할 수도 있는 것이며, 간접증거는 이를 개별적·고립적으로 평가하여서는 아니 되고 모든 관점에서 빠짐없이 상호 관련시켜 종합적으로 평가하고, 치밀하고 모순 없는 논증을 거쳐야 한다. [2] 증거의 증명력은 법관의 자유판단에 맡겨져 있으나 그 판단은 논리와 경험칙에 합치하여야 하고, 형사재판에 있어서 유죄로 인정하기 위한 심증형성의 정도는 **합리적인 의심을 할 여지가 없을 정도**여야 하나, 이는 모든 가능한 의심을 배제할 정도에 이를 것까지 요구하는 것은 아니며, **증명력이 있는 것으로 인정되는 증거를 합리적인 근거가 없는 의심을 일으켜 이를 배척하는 것은 자유심증주의의 한계를 벗어나는 것으로 허용될 수 없다** 할 것인바, 여기에서 말하는 합리적 의심이라 함은 모든 의문, 불신을 포함하는 것이 아니라 논리와 경험칙에 기하여 **요증사실과 양립할 수 없는 사실의 개연성에 대한 합리성 있는 의문을 의미하는 것**으로서, 피고인에게 유리한 정황(불리한 정황×)을 사실인정과 관련하여 파악한 이성적 추론에 그 근거를 두어야 하는 것이므로 **단순히 관념적인 의심이나 추상적인 가능성에 기초한 의심은 합리적 의심에 포함된다고 할 수 없다.**(대법원 2004.6.25. 선고 2004도2221) [F4] 법9, 08국7, 12경간·국9, 15경간, 18검찰·마약9, 21경간, 22경간, 22순경1차, 22교정·보호, 철경9, 23국9

📖 **관련판례** 자유심증주의에 관한 그 밖의 판례

a. 일정 기간 동안에 발생한 피해자의 일련의 강간 피해 주장 중 그에 부합하는 진술의 신빙성을 대부분 부정할 경우, 일부 사실에 대하여만 피해자의 진술을 믿어 유죄를 인정하려면 그와 같이 피해자 진술의 신빙성을 달리 볼 수 있는 특별한 사정이 인정되어야 할 것이다.(대법원 2010.11.11. 선고 2010도9633) [F4] 12경승

b. 금품수수 여부가 쟁점인 사건에서 금품수수자로 지목된 자가 수수사실을 부인하고 있고 이를 뒷받침할 금융자료 등 객관적 물증이 없는 경우, 금품공여자의 진술만으로 유죄를 인정하기 위한 요건; 그 사람(금품공여자)의 진술이 증거능력이 있어야 함은 물론 합리적인 의심을 배제할 만한 신빙성이 있어야 하고, 신빙성이 있는지 여부를 판단할 때에는 그 진술 내용 자체의 합리성, 객관적 상당성, 전후의 일관성뿐만 아니라 그의 인간됨, 그 진술로 얻게 되는 이해관계 유무, 특히 그에게 어떤 범죄의 혐의가 있고 그 혐의에 대하여 수사가 개시될 가능성이 있거나 수사가 진행 중인 경우에는 이를 이용한 협박이나 회유 등의 의심이 있어 그 진술의 증거능력이 부정되는 정도에까지 이르지 않는 경우에도 그로 인한 궁박한 처지에서 벗어나려는 노력이 진술에 영향을 미칠 수 있는지 여부 등도 아울러 살펴보아야 한다. (대법원 2011.10.27. 선고 2011도9884)

c. 형사재판에서 이와 관련된 다른 형사사건의 확정판결에서 인정된 사실은 **특별한 사정이 없는 한(예외가 없는 한) 유력한 증거자료가 되는 것이나,** (원칙) 당해 형사재판에서 제출된 다른 증거 내용에 비추어 관련 형사사건 확정판결의 사실판단을 그대로 채택하기 어렵다고 인정될 경우에는 (예외적으로) 이를 배척할 수 있다. (대법원 2012.6.14. 선고 2011도15653) F4 14경승, 15검찰·마약9, 20경간, 22경승, 23국9, 23순경2차

d. 형사재판에서 부검의 소견에 주로 의지하여 유죄를 인정하기 위한 요건; 부검의가 사체에 대한 부검을 실시한 후 어떤 것을 유력한 사망원인으로 지시한다고 하여 그 밖의 다른 사인이 존재할 가능성을 가볍게 배제하여서는 아니 되고, 특히 **형사재판에서 부검의의 소견에 주로 의지하여 유죄의 인정을 하기 위해서는 다른 가능한 사망원인을 모두 배제하기 위한 치밀한 논증의 과정을 거치지 않으면 아니 된다.** 더구나 사체에 대한 부검이 사망으로부터 상당한 시간이 경과한 후에 실시되고 그 과정에서 사체의 이동·보관에 따른 훼손·변화 가능성이 있는 경우에는 그 판단에 오류가 포함될 가능성을 전적으로 배제할 수 없다. (대법원 2012.6.28. 선고 2012도231) F4 14경승

e. 피고인이 피의자신문조서에 기재된 피고인의 진술 및 공판기일에서의 피고인의 진술의 임의성을 다투면서 그것이 허위자백이라고 다투는 경우, 법원은 구체적인 사건에 따라 피고인의 학력, 경력, 직업, 사회적 지위, 지능 정도, 진술의 내용, 피의자신문조서의 경우 그 조서의 형식 등 제반 사정을 참작하여 **자유로운 심증으로 위 진술이 임의로 된 것인지의 여부를 판단하면 된다.** (대법원 2012.11.29. 선고 2010도3029) F4 14경간, 15검찰·마약9, 18국7, 20경간, 20경승, 22순경1차, 22법9, 23경승

f. 강간죄에서 공소사실을 인정할 증거로 사실상 피해자의 진술이 유일한 경우, 피고인의 진술이 경험칙상 합리성이 없고 그 자체로 모순되어 믿을 수 없다는 사정은 피해자 진술의 신빙성을 뒷받침하거나 직접증거인 피해자 진술과 결합하여 공소사실을 뒷받침하는 간접정황이 될 수 있다. (대법원 2018.10.25. 선고 2018도7709) 즉 위와 같은 사정은 법관의 자유판단의 대상이 된다. F4 20순경2차

g.

g1. 충분한 증명력이 있는 증거를 합리적인 근거 없이 배척하거나 반대로 객관적인 사실에 명백히 반하는 증거를 아무런 합리적인 근거 없이 채택·사용하는 등으로 논리와 경험의 법칙에 어긋나는 것이 아닌 이상, **법관은 자유심증으로 증거를 채택하여 사실을 인정할 수 있다.** (대법원 2015.8.20. 선고 2013도11650 전원합의체 판결) F4 20순경2차

g2. [1] 성폭행 피해자의 대처 양상은 피해자의 성정이나 가해자와의 관계 및 구체적인 상황에 따라

다르게 나타날 수밖에 없다. 따라서 개별적, 구체적인 사건에서 성폭행 등의 피해자가 처하여 있는 특별한 사정을 충분히 고려하지 않은 채 피해자 진술의 증명력을 가볍게 배척하는 것은 논리와 경험의 법칙에 따른 증거판단이라고 볼 수 없다(**위법**하다). [2] '**성추행 피해자가 추행 즉시 행위자에게 항의하지 않은 사정**'이나 '**피해 신고 시 성폭력이 아닌 다른 피해사실을 먼저 진술한 사정**' **만으로 곧바로 피해자 진술의 신빙성을 부정할 것이 아니고, 가해자와의 관계와 피해자의 구체적 상황을 모두 살펴 판단하여야 한다.**(대법원 2020.9.24. 선고 2020도7869) F4 22국7, 23순경2차 **범행 후 피해자의 태도 중 '마땅히 그러한 반응을 보여야만 하는 피해자'로 보이지 않는 사정이 존재한다는 이유만으로 피해자 진술의 신빙성을 함부로 배척할 수 없다.**(대법원 2022.9.29. 선고 2020도11185)

h. 검사가 공판기일에 증인으로 신청하여 신문할 사람을 특별한 사정없이 미리 수사기관에 소환하여 면담하는 절차를 거친 후 증인이 법정에서 피고인에게 불리한 내용의 진술을 한 경우, **검사가 증인신문 전 면담 과정에서 증인에 대한 회유나 압박, 답변 유도나 암시 등으로 증인의 법정진술에 영향을 미치지 않았다는 점이 담보되어야 증인의 법정진술을 신빙할 수 있다고 할 것이다.** 검사가 법원이나 피고인의 관여 없이 일방적으로 사전 면담하는 과정에서 증인이 훈련되거나 유도되어 법정에서 왜곡된 진술을 할 가능성도 배제할 수 없기 때문이다. 증인에 대한 회유나 압박 등이 없었다는 사정은 검사가 증인의 법정진술이나 면담 과정을 기록한 자료 등으로 사전면담 시점, 이유와 방법, 구체적 내용 등을 밝힘으로써 증명하여야 한다.(대법원 2021.6.10. 선고 2020도15891) F4 23국7

i. **인접한 시기에 같은 피해자를 상대로 저질러진 동종 범죄에 대해서도** 각각의 범죄에 따라 범행의 구체적인 경위, 피해자와 피고인 사이의 관계, 피해자를 비롯한 관련 당사자의 진술 등이 다를 수 있으므로 **피해자 진술의 신빙성이나 그 신빙성 유무를 기초로 한 범죄 성립 여부를 달리 판단할 수 있다.**(대법원 2022.3.31. 선고 2018도19472, 2018전도126)

관련판례 범인식별절차

a. 야간에 짧은 시간 동안 강도의 범행을 당한 피해자가 어떤 용의자의 인상착의 등에 의하여 그를 범인으로 진술하는 경우, 피해자가 범행 전에 용의자를 한 번도 본 일이 없고 피해자의 진술 외에는 그 용의자를 범인으로 의심할 만한 객관적인 사정이 존재하지 않는 상태에서, 수사기관이 잘못된 단서에 의하여 범인으로 지목하고 신병을 확보한 용의자를 일대일로 대면하고 그가 범인임을 확인한 것이라면, **위 피해자의 진술은 그 신빙성이 낮다.**(대법원 2001.2.9. 선고 2000도4946) F4 10경위, 17경간

b. 피해자가 경찰관과 함께 범행 현장에서 범인을 추적하다 골목길에서 범인을 놓친 직후 골목길에 면한 집을 탐문하여 용의자를 확정한 경우, **그 현장에서 용의자와 피해자의 일대일 대면이 허용된다.**(대법원 2009.6.11. 선고 2008도12111) F4 10경위, 15경간, 17경간, 19경간

c. [1] 용의자의 인상착의 등에 의한 범인식별 절차에서 용의자 한 사람을 단독으로 목격자와 대질시키거나 용의자의 사진 한 장만을 목격자에게 제시하여 범인여부를 확인하게 하는 것은 **부가적인 사정이 없는 한 그 신빙성이 낮다.** F4 10경위, 15순경2차 [2] 따라서 범인식별 절차에 있어 목격자의 진술의 신빙성을 높게 평가할 수 있게 하려면, 범인의 인상착의 등에 관한 목격자의 진술 내지 묘사를 사전에 상세히 기록화한 다음, 용의자를 포함하여 그와 인상착의가 비슷한 여러 사람을 동시

에 목격자와 대면시켜 범인을 지목하도록 하여야 하고, 용의자와 목격자 및 비교대상자들이 상호 사전에 접촉하지 못하도록 하여야 하며, 사후에 증거가치를 평가할 수 있도록 대질 과정과 결과를 문자와 사진 등으로 서면화하는 등의 조치를 취하여야 하고, 사진제시에 의한 범인식별 절차에 있어서도 기본적으로 이러한 원칙에 따라야 한다. 그리고 이러한 원칙은 동영상제시·가두식별 등에 의한 범인식별 절차와 사진제시에 의한 범인식별 절차에서 목격자가 용의자를 범인으로 지목한 후에 이루어지는 동영상제시·가두식별·대면 등에 의한 범인식별 절차에도 적용되어야 한다. 11 경사, 17경간 [3] 강간피해자가 수사기관이 제시한 47명의 사진 속에서 피고인을 범인으로 지목하자 이어진 범인식별 절차에서 수사기관이 피해자에게 피고인만을 촬영한 동영상을 보여주거나 피고인만을 직접 보여주어 피해자로부터 범인이 맞다는 진술을 받고, 다시 피고인을 포함한 3명을 동시에 피해자에게 대면시켜 피고인이 범인이라는 확인을 받은 경우, **위 피해자의 진술은 그 신빙성이 낮다.**(대법원 2008.1.17. 선고 2007도5201) 10경위, 17경간, 21경간

(5) 자유판단의 기준(자유판단의 한계)

증거의 증명력을 법관이 자유롭게 판단한다 할지라도 **논리법칙과 경험법칙에 위배되어서는 아니 된다.** 법9 따라서 논리법칙과 경험법칙에 위배된 법관의 증명력 판단은 자유심증주의의 한계를 일탈한 것으로서 **위법**하다. 이에 관한 판례는 다음과 같다.

관련판례 자유심증주의의 한계

a. 증거의 증명력은 법관의 자유판단에 맡겨져 있으나 그 판단은 논리와 경험법칙에 합치하여야 한다. 특히, 유전자검사나 혈액형검사 등 과학적 증거방법은 그 전제로 하는 사실이 모두 진실임이 입증되고 그 추론의 방법이 과학적으로 정당하여 오류의 가능성이 전무하거나 무시할 정도로 극소한 것으로 인정되는 경우에는 법관이 사실인정을 함에 있어 상당한 정도로 구속력을 가지므로, 비록 사실의 인정이 사실심의 전권이라 하더라도 아무런 합리적 근거 없이 함부로 이를 배척하는 것은 자유심증주의의 한계를 벗어나는 것으로서 허용될 수 없다.(대법원 2007.5.10. 선고 2007도1950) 21국9

b. 호흡측정기에 의한 음주측정치와 혈액검사에 의한 음주측정치가 다른 경우에 어느 음주측정치를 신뢰할 것인지는 법관의 자유심증에 의한 증거취사선택의 문제라고 할 것이나, 호흡측정기에 의한 측정의 경우 그 측정결과의 정확성과 신뢰성에 문제가 있을 수 있다는 사정을 고려하면, 혈액의 채취 또는 검사과정에서 혈액채취에 의한 검사결과를 믿지 못할 특별한 사정이 없는 한, 혈액검사에 의한 음주측정치가 호흡측정기에 의한 음주측정치보다 측정 당시의 혈중알콜농도에 더 근접한 음주측정치라고 보는 것이 경험칙에 부합한다.(대법원 2004.2.13. 선고 2003도6905) 18순경2차, 23순경2차

c. 제1심 증인이 한 진술의 신빙성(증명력) 유무에 대한 제1심의 판단이 명백하게 잘못되었다고 볼 특별한 사정이 있거나, 제1심의 판단을 그대로 유지하는 것이 현저히 부당하다고 인정되는 예외적인 경우가 아니라면, 항소심으로서는 제1심 증인이 한 진술의 신빙성 유무에 대한 제1심의 판단을 함부로 뒤집어서는 아니 된다.(대법원 2006.11.24. 선고 2006도4994) 12경승, 22법9 ▶ 제1심의 증명력 판단은 제2심에서 원칙적으로 존중하여야 한다. 단, 제1심의 증명력 판단을 유지하는 것이 현저히 부당하다고 인정되는 예외적인 경우에는 제1심 판단을 배척할 수 있다.

3. 자유심증주의의 예외

자유심증주의의 예외란 자유심증주의가 적용되지 않는 경우를 말한다.

조문상 예외	① 자백의 보강법칙 피고인의 자백이 피고인에게 불이익한 유일의 증거인 경우 법관은 유죄임을 확신할지라도 별도의 보강증거 없이 자백만으로 유죄판결을 할 수 없으므로 자유심증주의는 제약을 받게 된다.(제310조) 08국7, 12경승 그러므로 자백의 보강법칙은 자유심증주의의 예외에 해당한다. ② 공판조서의 배타적 증명력 공판기일의 소송절차로서 공판조서에 기재된 사항에 대해서는 법관이 달리 심증형성을 할지라도 공판조서에 기재된 대로 인정할 수밖에 없다. 그러므로 공판조서의 배타적 증명력은 자유심증주의의 예외에 해당한다.(제56조) 경승
다수설이 드는 예외	진술거부권의 행사를 이유로 피고인에게 불이익한 심증형성을 해서는 안 된다. 또한 증인의 증언거부권 행사를 이유로 피고인에게 불이익한 심증형성을 하는 것도 금지된다. 따라서 이는 자유심증주의의 예외에 해당한다.

III 거증책임

1. 거증책임의 의의

통상 거증책임이라 하면 '**실질적 거증책임**'을 말한다. 따라서 거증책임이라는 용어는 '실질적'이라는 표현이 없더라도 '실질적 거증책임'을 말하는 것이다. 실질적 거증책임(=거증책임)이란 소송의 종결단계(끝날 단계)에서 요증사실(=주요사실=범죄사실)에 대한 증명이 불충분한 경우에 받게 되는 당사자의 불이익을 말한다.

2. 거증책임의 취지

소송의 종결단계에서 범죄사실의 증명이 불충분한 경우에는 원칙적으로 검사에게 거증책임을 부담시킨다. 소송의 처음 단계에서 검사가 유죄를 입증하지 못했는데 소송이 끝날 단계에 와서 유죄를 입증한다는 것은 거의 불가능하다. 그러므로 소송의 종결단계에서 검사가 유죄를 입증하지 못하면 무죄판결을 함으로써 검사가 불이익을 받게 되는 것이 (실질적) 거증책임이다. (실질적) 거증책임의 취지는 소송의 종결단계에서 증명의 불충분으로 인한 **재판의 불능을 방지**하기 위한 것이다.

3. 거증책임의 전환

거증책임은 **원칙적으로 검사에게 있다**. 다음의 암기방법은 **예외적으로 피고인이 거증책임을 지는 경우**(거증책임이 전환되는 경우)이다.

암기방법	예외적으로 피고인이 거증책임을 지는 경우(거증책임이 전환되는 경우) * 명상

1) 형법 제307조 제1항의 **명**예훼손죄에 있어서 진실성·공익성의 입증; 거증책임 전환 규정이다. ∴ 피고인이 진실성과 공익성이 있다는 것에 대한 거증책임을 부담한다. 이 때 증명의 정도는 자유로운 증명을 요한다.(대법원 1996.10.25. 선고 95도1473) 피고인이 거증책임을 부담하는 경우 증명의 정도는 언제나 자유로운 증명으로 족하다. [4] 18순경1차, 20국9, 21순경2차, 22경승, 22국7, 23경승
2) **상**해죄의 동시범 특례에 있어서 인과관계가 없다는 것의 입증; 거증책임전환 규정으로서 피고인이 거증책임을 부담한다.(통설)

관련판례 거증책임

a. 형사재판에서 **공소가 제기된 범죄사실에 대한 증명책임은 검사에게 있고**, 유죄의 인정은 법관으로 하여금 합리적인 의심을 할 여지가 없을 정도로 공소사실이 진실한 것이라는 확신을 가지게 하는 증명력을 가진 증거에 의하여야 한다. 이러한 법리는 수수된 돈의 성격이 뇌물인지가 다투어지는 경우에도 마찬가지로 적용되므로, 수수된 돈의 성격이 뇌물이라는 사실이 합리적인 의심을 할 여지가 없을 정도로 진실하다는 확신을 가지게 하는 증명력을 가진 증거가 없다면, 설령 피고인에게 유죄의 의심이 간다 하더라도 피고인의 이익으로 판단할 수밖에 없다.(대법원 2011.11.10. 선고 2011도7261) [4] 13검찰·마약9

b. **불법영득의 의사에 관한 입증책임은 어디까지나 검사에게 있는** 것이므로, 어떤 금전의 용도가 추상적으로 정하여져 있다 하여도 그 구체적인 사용 목적이나 사용처, 사용 시기 등에 관하여 보관자에게 광범위한 재량을 가지고 이를 사용할 권한이 부여되어 있고, 지출한 후에 그에 관한 사후보고나 증빙자료의 제출도 요구되지 않는 성질의 것이라면, 그 보관자가 위 금전을 사용한 다음 그 행방이나 사용처를 제대로 설명하지 못하거나 증빙자료를 제출하지 못하고 있다고 하여 함부로 불법영득의 의사를 추단하여서는 아니 되고, 그 금전이 본래의 사용 목적과는 관계없이 개인적인 이익을 위하여 지출되었다거나 합리적인 범위를 넘어 과다하게 이를 지출하였다는 등 불법영득의 의사를 인정할 수 있는 사정을 검사가 입증하여야 함은 입증책임의 법리상 당연하다.(대법원 2010.6.24. 선고 2007도5899) [4] 13검찰·마약9

c. 형사재판에서 공소가 제기된 범죄의 구성요건을 이루는 사실에 대한 증명책임은 검사에게 있으므로 국가보안법 제5조 제1항의 죄에 있어서 행위자에게 반국가단체 등을 지원할 목적이 있었다는 점은 검사가 증명하여야 하며, 행위자가 기밀임을 인식하고 이를 탐지·수집·누설하였다는 사실만으로 그에게 반국가단체 등을 지원할 목적이 있었다고 추정해서는 아니 된다. 또한 국가보안법 제7조 제5항의 죄에 있어서도 행위자에게 이적행위를 할 목적이 있었다는 점은 검사가 증명하여야 하고, 행위자가 이적표현물임을 인식하고 제5항의 행위를 하였다는 사실만으로 그에게 이적행위를 할 목적이 있었다고 추정해서는 아니 된다.(대법원 2011.10.13. 선고 2009도320) ▶ **목적범의 경우 '목적이 있었다는 점'은 검사에게 거증책임이 있다**는 판례이다.

d. **법위반에 대한 정당한 사유가 없다는 사실은 범죄구성요건이므로 검사가 증명하여야 한다**. 다만 진정한 양심의 부존재를 증명한다는 것은 마치 특정되지 않은 기간과 공간에서 구체화되지 않은 사실의 부존재를 증명하는 것과 유사하다. 위와 같은 불명확한 사실의 부존재를 증명하는 것은 사회통념상 불가능한 반면 그 (진정한 양심의) 존재를 주장·증명하는 것이 좀 더 쉬우므로, 이러한 사정은 검사가 증명책임을 다하였는지를 판단할 때 고려해야 한다. 따라서 양심적 병역거부를 주장하는 피고인은 자신의 병역거부가 그에 따라 행동하지 않고서는 인격적 존재가치가 파멸되고 말 것이라는 절박하고 구체적인

양심에 따른 것이며 그 양심이 깊고 확고하며 진실한 것이라는 사실의 존재를 수긍할 만한 소명자료를 제시하고, **검사는 제시된 자료의 신빙성을 탄핵하는 방법으로 진정한 양심의 부존재를 증명할 수 있다**. 이때 병역거부자가 제시하여야 할 소명자료는 적어도 검사가 그에 기초하여 정당한 사유가 없다는 것을 증명하는 것이 가능할 정도로 구체성을 갖추어야 한다.(대법원 2020.9.3. 선고 2020도8055) ▶ 양심적 병역거부사건 23순경2차, 23국7

e. 허위사실공표죄에서 의혹을 받을 사실이 존재한다고 적극적으로 주장하는 자(피고인)는 **그러한 사실이 존재한다고 수긍할 만한 소명자료를 제시할 부담을 지고, 검사는 제시된 자료의 신빙성을 탄핵하는 방법으로 허위성의 증명을 할 수 있다**. 이때 제시하여야 할 소명자료는 단순히 소문을 제시하는 것만으로는 부족하고, 적어도 허위성에 관한 검사의 증명활동이 현실적으로 가능할 정도의 구체성은 갖추어야 하며, 이러한 소명자료의 제시가 없거나 제시된 소명자료의 신빙성이 탄핵된 때에는 허위사실 공표로서 책임을 져야 한다.(대법원 2011.12.22. 선고 2008도11847) 23순경2차, 23국7

제 3 절 자백배제법칙

자백배제법칙, 위법수집증거배제법칙과 전문법칙은 **증거능력과 관련된 증거법칙**에 해당한다. 아래에서 이에 대하여 차례로 서술한다.

I 서론

1. 자백배제법칙의 의의와 근거

관련 조문	형사소송법은 "피고인의 자백이 <u>고문, 폭행, 협박, 신체구속의 부당한 장기화 또는 기망 기타의 방법</u>으로 임의로 진술한 것이 아니라고 의심할 만한 이유가 있는 때에는 이를 유죄의 증거로 하지 못한다."라고 하여 자백배제법칙을 규정하고 있다.(제309조) [F4] 22순경1차, 22법9, 23순경2차 📖 **관련판례** 임의성에 의심이 가는 사정의 성격 형사소송법 제309조 '피고인의 자백이 <u>고문, 폭행, 협박, 신체구속의 부당한 장기화 또는 기망 기타의 방법</u>으로 임의로 진술한 것이 아니라고 의심할 만한 이유가 있는 때에는 이를 유죄의 증거로 하지 못한다'에서 규정된 피고인의 진술의 자유를 침해하는 위법사유는 **원칙적으로 예시사유**로 보아야 한다.(대법원 1985.2.26. 선고 82도2413) [F4] 12경승, 18순경1차
의의	자백배제법칙이란 피고인의 자백이 고문, 폭행, 협박 등 **임의성에 의심이 가는 사정**에 의하여 이루어진 경우 그 자백을 절대로 유죄의 증거로 할 수 없다는 증거법칙을 말한다. 즉 임의성이 없는 자백은 증거능력이 없다는 증거법칙이다.
근거	자백배제법칙은 헌법(제12조 제7항)과 형사소송법(제309조)에 모두 규정이 있다. 증거법칙 중에서 헌법에도 규정이 있는 것은 **자백배제법칙과 자백보강법칙 2개뿐**이다. 나머지 증거법칙들(예 증거재판주의, 자유심증주의, 전문법칙, 공판조서의 배타적 증명력 등)은 헌법에는 규정이 없고, 형사소송법에만 규정되어 있다.

2. 자백의 의의와 내용

(1) 자백의 의의

자백이란 범죄사실의 전부나 일부를 인정하는 피의자 또는 피고인의 진술을 말한다. 쉽게 말하면 피의자 또는 피고인이 "내가 범행을 했다."고 인정하는 진술이 자백이다.

(2) 자백의 내용

① 자백배제법칙의 자백은 넓게 인정하는 것이 피고인에게 유리하므로 넓게 해석한다. 자백의 보강법칙에서의 자백도 마찬가지로 넓게 해석한다. [cf] 그러나 간이공판절차는 피고인에게 불리한 제도이므로 간이공판절차에서의 피고인 자백은 좁게 해석한다. [F4] 경승

② 자백배제법칙의 자백은 넓게 해석하므로 피고인, 피의자, 증인의 지위에서 한 자백, 수사기관·법원·법관에게 한 자백, 구두 자백·서면 자백도 모두 자백배제법칙이 적용되는 자백에 해당한다. F4 경승, 14경간 즉 피의자가 수사기관의 신문을 받으면서 자백을 한 경우에도 자백배제법칙이 적용되는 자백에 해당한다. 그러므로 수사기관의 고문에 의하여 피의자가 자백을 한 경우에도 그 자백은 증거능력이 인정되지 않는다.

③ 자백배제법칙에서의 자백은 형사책임을 인정하는 진술임을 요하지 않으므로 **구성요건해당사실을 인정하는 것으로 족하다.** 따라서 위법성조각사유나 책임조각사유가 없다는 것까지 인정해야 하는 것은 아니다.
cf 간이공판절차에서의 자백은 위법성조각사유나 책임조각사유가 없다는 것까지 인정해야 한다.

Ⅱ 자백배제법칙의 이론적 근거

자백배제법칙의 이론적 근거가 무엇인지에 관하여는 견해가 대립된다. 이는 왜 임의성이 없는 자백의 증거능력을 부정해야 하는지 그 근거가 무엇인지에 대한 견해 대립이다.

1. 학설 F4 05순경3차

허위배제설	허위배제설이란 고문 등에 의한 임의성 없는 자백은 허위일 가능성이 크기 때문에 증거능력이 배제된다는 견해이다.
인권옹호설	인권옹호설이란 고문 등에 의하여 자백을 받은 것은 자백을 강요한 것이고, 이는 피고인의 진술거부권 등의 인권을 침해한 것이다. 따라서 자백배제법칙은 피고인의 진술거부권 등의 인권보장에 근거가 있다는 견해이다.
절충설	절충설이란 허위배제설과 인권옹호설을 결합한 견해이다. 즉 고문 등에 의한 임의성 없는 자백은 허위일 가능성이 크고, 피고인의 진술거부권 등의 기본적 인권을 침해한 것이기 때문에 증거능력이 배제된다는 견해이다.
위법배제설 (다수설)	위법배제설이란 고문 등에 의한 자백은 적법절차에 반하여 수집한 증거(위법수집증거)이므로 증거능력이 배제된다는 견해이다. 위법배제설은 자백배제법칙을 위법수집증거배제법칙의 특칙으로 이해한다. F4 경승

2. 관련판례

종래의 판례는 허위배제설을 취한 것도 있고, 위법배제설을 취한 것도 있으므로 판례의 입장은 일관되지 않는다. 최근에는 절충설을 취한 판례가 주류적이다.

> **관련판례** 자백배제법칙의 근거(절충설)
>
> 임의성 없는 진술의 증거능력을 부정하는 취지는, 허위진술을 유발 또는 강요할 위험성이 있는 상태 하에서 행하여진 진술은 그 자체가 실체적 진실에 부합하지 아니하여 오판을 일으킬 소지가 있을 뿐만 아니라(허위배제설) 그 진위 여부를 떠나서 진술자의 기본적 인권을 침해하는 위법 부당한 압박이 가하여지는 것을 사전에 막기 위한 것이다.(인권옹호설)(대법원 2002.10.8. 선고 2001도3931) F4 11경위, 22국7 ▶ 최근에는 허위배제설과 인권옹호설을 결합한 절충설을 취한 판례가 주류적이다.

Ⅲ 자백배제법칙의 적용범위

1. 임의성이 인정되는 자백

자백의 임의성이 인정된다는 것은 자백의 증거능력이 인정된다는 의미이다. **일정한 증거가 발견되면 피의자가 자백하겠다고 한 약속이** 검사의 강요나 위계에 의하여 이루어졌다던가 또는 불기소나 경한 죄의 소추 등 이익과 교환조건으로 된 것으로 인정되지 않는다면 위와 같은 자백의 약속 하에 된 자백이라 하여 곧 **임의성 없는 자백이라고 단정할 수는 없다.**(대법원 1983.9.13. 선고 83도712) [F4] 10경장·경사, 14검찰·마약9, 16국7, 18경승, 18순경1차, 19교정·보호·철경9, 19순경1차, 20순경2차, 21경승, 22경승, 23순경1차 ▶ 이 판례를 반대해석하면 **일정한 증거가 발견되면 피의자가 자백하겠다는 약속 하에 이루어진 자백이** 검사의 강요나 위계에 의하여 이루어진 것이거나 불기소나 경한 죄의 소추 등 이익과 교환조건으로 이루어진 것으로 인정된다면 **임의성 없는 자백에 해당**한다는 것이다.

2. 임의성이 없는 자백

자백의 임의성이 없다는 것은 자백의 증거능력이 인정되지 않는다는 의미이다. 임의성이 없는 자백으로 본 판례들을 서술하면 다음과 같다.

(1) 고문·폭행·협박에 의한 자백

폭행·협박은 고문의 일종이다.

> **관련판례** 고문·폭행·협박에 의한 자백
>
> a. 경찰고문과 검찰자백의 임의성; 피고인이 검사 이전의 수사기관에서(경찰단계에서) 고문 등에 의하여 임의성 없는 자백을 하고 검사의 조사단계에서도 임의성 없는 심리상태가 계속되어 동일한 내용의 자백을 한 경우 검사의 조사단계에서 고문 등이 없었을 지라도 **검사 앞에서의 자백도 임의성 없는 자백에 해당**한다.(대법원 1992.11.24. 선고 92도2409) [F4] 국7, 10경장·경사, 13순경2차, 15검찰·마약9, 18경승, 19교정·보호·철경9, 20법9
>
> **같은 취지의 판례** 수사기관의 가혹행위(고문)과 법정 자백의 임의성
>
> 피고인이 수사기관에서 가혹행위 등으로 인하여 임의성 없는 자백을 하고 그 후 법정에서도 임의성 없는 심리상태가 계속되어 동일한 내용의 자백을 하였다면 **법정에서의 자백도 임의성 없는 자백이라고 보아야 한다.**(대법원 2012.11.29. 선고 2010도3029) [F4] 15검찰·마약9, 18경승, 20경간, 21경승, 22경간, 23경승

비교판례 임의성이 있는 경우

aa. 피고인이 검사의 1,2차 조사시에 범행을 자백하고, 1심 법정에서 경찰, 검찰에서의 자백의 임의성을 인정하였다가, 항소이유와 항소심 법정에서 비로소 경찰에서의 자백이 고문에 못 이겨 한 것이고, 검찰에서의 자백은 감호청구를 하겠다는 말에 겁이 나서 한 것이라고 주장하는 경우에 경찰에서의 자백이 강요에 의한 것으로 임의성이 인정되지 아니한다 하더라도 다른 사정이 없는 한 경찰조사시의 임의성 없는 상태가 검사의 조사 당시까지 계속되었다고 할 수 없으므로 검찰진술 내용이 자연스럽게 자기의 행위를 인정하고 있고 그 조서 기재에 임의성을 의심할 만한 점이 없는 이상, 임의성 없는 자백이라고 할 수 없다.(대법원 1983.4.26. 선고 82도2943)

bb. **경찰에서 부당한 신체구속을 당한 후 검사 앞에서의 피고인의 진술에 임의성이 인정되는 경우** 경찰에서 부당한 신체구속이 있었다는 사유만으로는 (검사 앞에서의 피고인의 진술에 임의성이 없다고 할 수는 없으므로) 검사가 작성한 피의자 신문조서의 증거능력이 상실된다고 할 수 없다.(대법원 1986.11.25. 선고 83도1718)

b. 다른 피고인이 고문당하는 것을 보고 한 자백은 **임의성 없는 자백에 해당**한다.(대법원 1978.1.31. 선고 77도463) 순경, 국9, 국7, 15경승

(2) 신체구속의 부당한 장기화·기망에 의한 자백

신체구속의 부당한 장기화에 의한 자백	13일간의 불법구금상태에서 한 자백(신체구속의 부당한 장기화에 의한 자백)은 **임의성 없는 자백에 해당**한다.(대법원 1985.2.26. 선고 82도2413) 15경승
기망에 의한 자백	검찰주사가 자백하면 피의사실은 가볍게 처리하고(가벼운 형으로 처벌되는 범죄로 공소제기를 하겠다고 하고), 보호감호청구를 하지 않겠다는 각서를 작성해 주면서 자백을 유도한 경우 그 자백은 **임의성 없는 자백에 해당**한다.(대법원 1985.12.10. 선고 85도2182) ▶ 검찰주사 사건; 검찰주사는 가벼운 형으로 처벌되는 범죄로 공소제기를 할 권한과 보호감호청구를 할 권한이 없기 때문에 이는 검찰주사가 피고인(수사 당시에는 피의자였다.)을 기망하여 자백을 받아낸 경우이다. 그러므로 기망에 의한 자백에 해당하여 임의성이 없는 자백에 해당한다. 09국9, 10경사, 15경승, 18경승, 20경간, 23순경2차

(3) 기타방법에 의한 자백

1) 이익의 약속에 의한 자백

검사가 단순수뢰죄의 가벼운 형으로 처벌되도록 하겠다(가벼운 형으로 처벌되는 범죄로 공소제기를 하겠다)고 약속하고 자백을 유도한 경우 그 자백은 **임의성 없는 자백에 해당**한다.(대법원 1984.5.9. 선고 83도2782) ▶ 검사 사건; 이 사건은 검사가 가벼운 형으로 처벌되는 범죄로 공소제기를 하겠다고 약속하고 자백을 받아냈고, 실제로 검사가 가벼운 범죄로 공소제기를 하여 약속을 지킨 사례이다. 이는 이익의 약속에 의한 자백으로서 '기타 방법에 의한 자백에 해당하여 임의성이 없다는 판례이다. 10경장

2) 위법한 신문방법에 의한 자백

야간신문에 의하여 얻은 자백이 임의성 있는 자백인지 여부가 문제된다. 야간신문은 직장인이 근무시간에 조사를 받기 곤란한 사정을 고려하여 직장인의 편의를 고려하여 인정된 것으로서 **원칙적으로 위법한 신문방법이 아니다.** 다만, 야간에 30시간 동안 잠을 재우지 아니한 채 검사 2명이 교대로 신문을 하면서 회유한 끝에 받아낸 자백과 같이 과도한 육체적 피로, 수면부족, 심리적 압박감 속에서 한 자백 등은 **임의성이 없다.** (대법원 1997.6.27. 선고 95도1964 등) 10경장, 15경간, 16경승

Ⅳ 자백배제법칙의 관련문제

1. 인과관계의 필요성(요부)

자백배제법칙이 적용되기 위해서 고문 등 임의성이 없다고 의심하게 된 사유들과 피고인의 자백 사이의 인과관계가 필요한지 여부에 대하여 **판례는 인과관계가 필요하다는 입장**이다. (대법원 1984.11.27. 선고 84도2252) 따라서 판례에 의하면 **양자 사이에 인과관계가 없다는 것이 명백한 때에는 자백의 임의성이 인정**된다.
경승, 14순경1차, 14검찰 · 마약, 19순경1차, 20경간, 20순경1차, 22경간

2. 임의성의 입증

관련판례 거증책임

다음의 두 개 판례는 판례가 변경된 것이 아니라, 병존(倂存, 함께 존재)한다. 따라서 지문에 이와 같이 출제되면 모두 맞는 것으로 골라야 한다.

1) 종래의 판례
[1] 진술의 임의성에 관하여는 당해 조서의 형식, 내용, 진술자의 신분, 사회적 지위, 학력, 지능정도, 진술자가 피고인이 아닌 경우에는 그 관계 기타 **여러 가지 사정을 참작하여 법원이 자유롭게 판정하면 되고** 이는 진술이 특히 신빙할 수 있는 상태 하에서 행하여진 때 즉 **특신상태에 관하여서도 동일**하다. 15경승
[2] 진술의 임의성을 잃게 하는 사정은 이례(드문 일)에 속한다고 할 것이므로 **진술의 임의성은 추정**된다고 볼 것이다.(대법원 1983.3.8. 선고 82도3248)

2) 최근 판례
자백의 임의성에 다툼이 있을 때에는 **검사가 그 임의성에 대한 의문점을 해소하는 입증을 하여야 한다.** (대법원 2000.1.21. 선고 99도4940) 08경장, 12경승, 13검찰 · 마약9, 14경간, 14국9, 15경승, 15법9, 15검찰 · 마약9, 16경승, 16국7, 17법9, 18경간, 18국7, 20경간, 20순경2차, 21경승, 22경간, 23경승, 23순경2차 ▶ "임의성에 대한 의문점을 해소하는 입증을 하여야 한다."는 것은 검사가 피고인의 자백의 임의성이 있다는 것을 입증해야 한다는 뜻이다. 피고인이 자백의 임의성에 의심 가는 사정이 있다는 것을 입증해야 하는 것이 아니라는 것을 주의해야 한다.
한편 자백의 임의성은 **소송법적 사실로서 자유로운 증명으로 족하다**는 것이 판례의 태도이다.(대법원 1986.11.25. 선고 83도1718) 20순경1차, 22국7

V 자백배제법칙 위반의 효과

임의성이 없거나 임의성이 의심되는 자백은 자백배제법칙에 의하여 절대적으로 증거능력이 부정되므로 **증거동의의 대상이 되지 않고, 탄핵증거로도 사용할 수 없다.** 국9, 국7, 법승, 13경간, 14경간, 16경승, 18순경1차, 20순경2차, 22순경1차, 22법9, 23경승 그러므로 임의성 없는 자백은 증거동의를 해도 증거능력이 없고, 피고인의 진술의 증명력을 감쇄시키기 위한 탄핵증거로도 사용할 수 없다.

제4절 위법수집증거배제법칙

I 위법수집증거배제법칙의 의의와 취지

의의	형사소송법은 "적법한 절차에 따르지 아니하고 수집한 증거(위법하게 수집한 증거)는 증거로 할 수 없다."라고 하여 위법수집증거배제법칙을 규정하고 있다.(제308조의2) 위법수집증거배제법칙이란 위법하게 수집한 증거(위법수집증거)의 증거능력을 배제하는 증거법칙을 말한다. 13경간, 13국7, 16경승 위법수집증거배제법칙은 헌법에는 명문규정이 없고, 형사소송법에만 명문규정이 있다.(제308조의2) 18검찰·마약9, 21경승
취지	위법하게 수집한 증거에 대하여 증거능력을 인정함으로써 유죄의 증거로 사용할 수 있도록 한다면 수사기관은 증거수집 과정에서 법을 위반해도 된다는 것이고, 이렇게 되면 인권 침해가 발생할 수 있으므로 적정절차의 원칙을 실현할 수 없게 된다. 그러므로 위법수집증거배제법칙은 위법수집증거의 증거능력을 배제함으로써 **위법수사를 방지**하고 **적정절차의 원칙을 실현**하기 위하여 인정된 증거법칙이다. 10국9 📖 관련판례 위법수집증거배제법칙의 취지 제308조의2는 위법한 압수·수색을 비롯한 **수사과정의 위법행위를 억제**하고 재발을 방지함으로써 **국민의 기본적 인권 보장이라는 헌법 이념(적정절차의 원칙)을 실현**하고자 위법수집증거 배제원칙을 명시한 것이다.(대법원 2019.7.11. 선고 2018도20504)

II 위법수집증거배제법칙의 적용범위

위법수집증거배제법칙이 언제나 100% 적용되는 것은 아니다. 다음에 서술하는 것은 어느 경우에 위법수집증거배제법칙이 적용되는 것인지에 관한 것이다.

1. 중대한 위법

위법수집증거배제법칙은 **증거수집절차에 중대한 위법이 있는 경우에 한하여 적용**된다. 따라서 증거수집절차에 경미한 위법이 있는 경우에는 위법수집증거배제법칙이 적용되지 않는다. 예컨대 위증의 벌을 경고하지 않고 증인의 증언을 얻은 경우, 증인소환절차상 하자가 있는 증인신문의 경우에도 경미한 위법에 해당하므로 그 증인의 증언은 위법수집증거가 아니다. [F4] 10국9

2. 구체적 고찰

다음에 서술하는 것은 증거수집절차에 중대한 위법이 있는 경우로서 위법수집증거배제법칙이 적용되는 경우이다.

(1) 영장주의 위반 [F4] 10국9

압수·수색영장에 의하지 않고 증거를 수집한 경우, 압수·수색영장에 기재되어 있지 않은 물건을 압수한 경우, 압수·수색영장에 기재된 압수의 대상을 초과하여 증거를 수집한 경우 그 증거는 영장주의에 위반하여 수집한 증거로서 **위법수집증거에 해당하므로 증거능력이 없다.** 이에 대한 판례를 구체적으로 서술하면 다음과 같다.

> **관련판례** 영장주의 위반
>
> a. **제주지사사건**; 압수·수색영장에 압수할 물건으로 기재되지 않은 물건의 압수 등 압수의 효력범위를 위반했는지 여부가 문제된 사건이다. 이는 영장의 효력범위를 초과하여 압수한 경우에도 영장주의 위반에 해당한다고 한 판례이다. **압수절차가 위법한 경우 그 압수물(비진술증거)는 위법수집증거에 해당하므로 증거능력을 인정할 수 없다.** 즉 위법하게 압수된 물건일지라도 물건 자체의 성질·형상에 변경을 가져오는 것은 아니지만 그 물건(비진술증거)에 대해서는 증거능력이 부정된다.(대법원 2007.11.15. 선고 2007도3061 전원합의체판결) 종전 판례는 진술증거에 대해서만 위법수집증거배제법칙이 적용된다고 했으나, 위의 전원합의체판결에 의하여 **진술증거 뿐만이 아니라 비진술증거에 대해서도 위법수집증거배제법칙이 적용**된다고 하여 판례를 변경하였다. 따라서 이제는 진술증거와 비진술증거 모두에 대해서 위법수집증거배제법칙이 적용된다. [F4] 09순경1차, 09국7, 10·11경사, 11순경2차, 12경간, 15국7, 16법9, 18검찰·마약9, 18순경3차, 21경승
>
> b. 압수·수색영장에 기재된 '피의자'인 甲이 녹음파일에 의하여 의심되는 혐의사실과 무관한 이상, 수사기관이 별도의 압수·수색영장을 발부받지 아니한 채 압수한 녹음파일은 '해당 사건'과 '관계가 있다고 인정할 수 있는 것'에 해당하지 않으며, 이와 같은 압수에는 헌법상 **영장주의를 위반한 절차적 위법이 있으므로, 녹음파일은** 형사소송법 제308조의2에서 정한 '적법한 절차에 따르지 아니하고 수집한 증거'(위법수집증거)로서 증거로 쓸 수 없고, 그 절차적 위법은 헌법상 영장주의 내지 적법절차의 실질적 내용을 침해하는 중대한 위법에 해당하여 예외적으로 증거능력을 인정할 수도 없다.(대법원 2014.1.16. 선고 2013도7101) [F4] 14국9, 15경승, 15순경2차, 15국9, 16순경1차, 17경간, 17법9, 20순경1차, 22경승, 22국7, 23경승
>
> c. 불법구금, 구금장소의 임의적 변경 등의 위법사유가 있다고 하더라도 그 **위법한 절차에 의하여 수집된 증거를 배제할 이유는 될지언정 공소제기의 절차 자체가 위법하여 무효인 경우에 해당한다고 볼 수 없다.**(대법원 1996.5.14. 선고 96도561) [F4] 16경간, 17법9, 23검찰·마약9

> **비교판례**
>
> 위법한 함정수사에 기한 공소제기는 그 절차가 법률의 규정에 위반하여 무효인 때에 해당한다고 볼 것이다. 그러므로 법원은 제327조 제2호의 **공소기각판결**을 선고하여야 한다.(대법원 2008.10.23. 선고 2008도7362) 한편 위법한 함정수사로 인하여 수집한 증거의 증거능력에 대하여 다수설은 **위법수집증거로서 증거능력이 없다**는 입장이다. ▶전자(대법원 96도561)와 후자(대법원 2008도7362)의 판례는 수집한 증거가 위법수집증거라는 점에서는 공통된다. 그러나 공소제기의 효력에 관하여 전자의 판례는 유효, 후자의 판례는 무효라고 하는 점에서 차이가 있다.

d. [1] 수사기관이 헌법과 형사소송법이 정한 절차에 따르지 아니하고 수집한 증거(위법수집증거)는 유죄 인정의 증거로 삼을 수 없는 것이 원칙이므로, **수사기관이 피고인 아닌 자를 상대로 적법한 절차에 따르지 아니하고 수집한 증거(위법수집증거)는 원칙적으로 피고인에 대한 유죄 인정의 증거로 삼을 수 없다.** [2] 유흥주점 업주와 종업원인 피고인들이 이른바 '티켓영업' 형태로 성매매를 하면서 금품을 수수하였다고 하여 구 식품위생법 위반으로 기소된 경우 **경찰이 피고인 아닌 갑, 을을 사실상 강제연행하여 불법체포한 상태에서 받은 각 자술서 및 이들에 대하여 작성한 각 진술조서는 체포·구속에 관한 영장주의 원칙에 위배하여 수집된 것**(위법수집증거)으로서 이를 피고인들에 대한 **유죄 인정의 증거로 삼을 수 없다.**(대법원 2011.6.30. 선고 2009도6717) 🔎 12국7, 18법9, 19경간, 20순경1차, 21순경1차, 22순경1차, 22법9, 23경승

(2) 적정절차 위반

헌법과 형사소송법이 정한 절차에 따르지 않고 수집한 증거는 적정절차 위반으로서 위법수집증거에 해당하므로 증거능력이 없다. 이에 대한 구체적인 판례를 아래에 서술한다.

> **관련판례** 적정절차 위반
>
> a. **제주지사사건**; 헌법과 형사소송법이 정한 절차에 따르지 않고 수집한 증거(위법수집증거)는 원칙적으로 유죄의 증거로 삼을 수 없다. 이를 기초로 획득한 2차적 증거(파생증거)도 (원칙적으로) 유죄의 증거로 삼을 수 없다. 그러나 수사기관의 절차위반행위가 적법절차의 실질적 내용을 침해하는 경우가 아니고, 오히려 그 증거의 증거능력을 배제하는 것이 형사사법의 정의실현에 반하는 결과를 초래하는 예외적인 경우라면 그 증거(위법수집증거)를 유죄의 증거로 사용할 수 있다. 이는 2차적 증거의 경우도 마찬가지이다.(대법원 2007.11.15. 선고 2007도3061 전원합의체판결) 🔎 09순경1차, 09국7, 10법9, 10·11경위, 13경간, 13순경2차, 14법9, 15경간, 15법9, 16경승, 18검찰·마약9, 20순경1차 ▶ **위법수집증거는 원칙적으로 증거능력이 없다.** 단, 위법수집증거일지라도 증거능력을 배척하는 것이 오히려 정의에 반하는 **예외적인 경우에는 증거능력이 있다.** 1차 증거가 위법수집증거인 경우에는 원칙적으로 2차 증거도 위법수집증거에 해당한다.(**독수의 과실이론**) 단, 1차 증거가 위법수집증거일지라도 예외적으로는 2차증거의 증거능력이 인정된다.(**독수의 과실이론의 제한이론**) 이 판례는 독수의 과실이론과 독수의 과실이론의 제한이론을 채택한 판례이다.
>
> b. 변호인과의 접견교통권이 위법하게 제한된 상태에서 얻은 자백은 **위법수집증거로서 증거능력이 없다.**(대법원 1990.9.25. 선고 90도1586) 🔎 09순경2차, 19순경1차 ▶ **변호인과의 접견교통권은** 접견횟수나 접견시각의 제한과 같은 일반적 제한만 가능하고, 법률로써만 제한할 수 있다. 법원의 결정

또는 수사기관의 처분으로 제한할 수는 없다. 그러므로 **변호인과의 접견교통권이 수사기관에 의하여 위법하게 제한된 상태에서 얻은 자백은 위법수집증거가 된다**는 판례이다.

> **비교판례**
>
> 검사의 접견금지 결정으로 (비변호인과의) 접견이 제한된 상황 하에서 피의자신문조서가 작성된 경우 그 피의자신문조서는 임의성이 있으므로 **증거능력이 있다.**(대법원 1984.7.10. 선고 84도846) [F4] 12경간, 13경간, 14순경1차, 15경승, 18경간 ▶ 수사기관도 비변호인과의 접견교통권을 제한할 수 있다. 그러므로 검사가 비변호인과의 접견을 제한한 상황 하에서 피의자신문조서가 작성되었더라도 그 피의자신문조서는 증거능력이 인정된다는 판례이다.

c. 공직선거법 제272조의2 제6항의 선거관리위원회 직원이 관계인에게 사전에 설명할 '조사의 목적과 이유'에는 조사할 선거범죄혐의의 요지, 관계인에 대한 조사가 필요한 이유뿐만 아니라 **관계인의 진술을 기록 또는 녹음·녹화한다는 점도 포함**된다. 따라서 선거관리위원회 위원·직원이 관계인에게 진술이 녹음된다는 사실을 미리 알려 주지 아니한 채 진술을 녹음하였다면, 그와 같은 조사절차에 의하여 수집한 녹음파일 내지 그에 터 잡아 작성된 녹취록은 '적법한 절차에 따르지 아니하고 수집한 증거(위법수집증거)'에 해당하여 원칙적으로 유죄의 증거로 쓸 수 없다.(대법원 2014.10.15. 선고 2011도3509) [F4] 15순경2차, 15순경3차, 16경간, 16경승, 16교정·보호·철경9, 17경승, 17법9, 17순경1차, 17순경2차, 18경간, 18경승, 19순경2차

d. 검찰관(실제 사례에서는 '군검찰관')이 피고인을 뇌물수수 혐의로 기소한 후, **형사사법공조절차를 거치지 아니한 채** 과테말라공화국에 현지출장하여 그곳 호텔에서 뇌물공여자 갑을 상대로 참고인 진술조서를 작성한 경우, **검찰관의 갑에 대한 참고인조사가 증거수집을 위한 수사행위에 해당하고** 그 조사 장소가 우리나라가 아닌 과테말라공화국의 영역에 속하기는 하나, 조사의 상대방이 우리나라 국민이고 그가 조사에 스스로 응함으로써 조사의 방식이나 절차에 강제력이나 위력은 물론 어떠한 비자발적 요소도 개입될 여지가 없었음이 기록상 분명한 이상, 이는 **(형사사법공조절차는)** 우리나라와 과테말라공화국 사이의 **국제법적 문제로서 피고인에 대한 국내 형사소송절차에서 위와 같은 사유로 인하여 위법수집증거배제법칙이 적용된다고 볼 수 없다.**(대법원 2011.7.14. 선고 2011도3809) [F4] 12순경1차, 13법9, 14경간, 15경간, 17검찰·마약9, 19경승, 22경승 ▶ 이 판례는 그 **참고인진술조서가 위법수집증거는 아니지만**, 참고인진술조서의 증거능력 인정요건인 '**특신상태의 증명**'이 없어서 결과적으로 증거능력을 부정했다.

e. 진술거부권을 고지하지 않은 채 한 피의자신문에 의하여 얻은 피의자의 자백은 **위법하게 수집한 증거로서 진술의 임의성이 인정되는 경우라도 증거능력이 없다.**(대법원 1992.6.23. 선고 92도682) ▶ 신20세기파 사건 [F4] 법9, 법승, 09국9, 09국7, 11경승, 12순경2차, 13검찰·마약9

f. 대통령비서실장인 피고인이 대통령의 뜻에 따라 수석비서관실과 문화체육관광부에 문화예술진흥기금 등 정부의 지원을 신청한 개인·단체의 이념적 성향이나 정치적 견해 등을 이유로 한국문화예술위원회·영화진흥위원회 등이 수행한 각종 사업에서 좌파 등에 대한 지원배제를 지시하였다는 직권남용권리행사방해로 기소되었는데, **특별검사가 검찰을 통하여 또는 직접 청와대로부터 넘겨받아 원심에 제출한 '청와대 문건'의 증거능력이 문제된 경우, 위 '청와대 문건'은 위법수집증거가 아니므로 증거능력이 있다.**(대법원 2020.1.30. 선고 2018도2236 전원합의체 판결) ▶ 김기ㅇ 비서실장 사건

g. 피고인에게 불리한 증거인 증인이 주신문의 경우와 달리 반대신문에 대하여는 답변을 하지 아니하는 등 진술 내용의 모순이나 불합리를 그 증인신문 과정에서 드러내어 이를 탄핵하는 것이 사실상 곤란하였고, 그것이 피고인 또는 변호인에게 책임 있는 사유에 기인한 것이 아닌 경우라면, 이를 정당화할 수 있는 특별한 사정이 존재하지 아니하는 이상, 이와 같이 **실질적 반대신문권의 기회가 부여되지 아니한 채 이루어진 증인의 법정진술은 위법한 증거로서 증거능력을 인정하기 어렵다.** 이 경우 **피고인의 책문권 포기로 그 하자가 치유될 수 있으나, 책문권 포기의 의사는 명시적인 것이어야 한다.**(대법원 2022.3.17. 선고 2016도17054) 23경간, 23순경1차, 23법9

h. 사법경찰관이 인도네시아 국적의 외국인인 피고인을 출입국관리법 위반의 현행범인으로 체포하면서 소변과 모발을 임의제출 받아 압수하였고, 소변검사 결과에서 향정신성의약품인 MDMA(일명 엑스터시) 양성반응이 나오자 피고인은 출입국관리법 위반과 마약류 관리에 관한 법률 위반(향정) 범행을 모두 자백한 후 구속되었는데, 피고인이 검찰 수사 단계에서 자신의 구금 사실을 자국 영사관에 통보할 수 있음을 알게 되었음에도 수사기관에 영사기관 통보를 요구하지 않은 경우, 사법경찰관이 체포 당시 피고인에게 영사통보권 등을 지체 없이 고지하지 않았으므로 체포나 구속 절차에 영사관계에 관한 비엔나협약 제36조 제1항 (b)호를 위반한 위법이 있으나, 제반 사정을 종합하면 피고인이 영사통보권 등을 고지 받았더라도 영사의 조력을 구하였으리라고 보기 어렵고, 수사기관이 피고인에게 영사통보권 등을 고지하지 않았더라도 그로 인해 피고인에게 실질적인 불이익이 초래되었다고 볼 수 없어 피고인에게 영사통보권 등을 고지하지 않은 사정이 수사기관의 증거 수집이나 이후 공판절차에 상당한 영향을 미쳤다고 보기 어려우므로, 절차 위반의 내용과 정도가 중대하거나 절차 조항이 보호하고자 하는 외국인 피고인의 권리나 법익을 본질적으로 침해하였다고 볼 수 없으므로 체포나 구속 이후 수집된 증거와 이에 기초한 증거들은 유죄 인정의 증거로 사용할 수 있다.(대법원 2022.4.28. 선고 2021도17103) 판례는 **피고인에게 영사조력이 가능한지 여부나 실질적인 불이익이 있었는지 여부에 따라 위법수집증거 여부를 판단한다.** 23순경1차

Ⅲ 위법수집증거배제법칙의 관련문제

1. 독수의 과실이론(독수독과이론)

(1) 독수의 과실이론의 의의

독수의 과실이론이란 독나무(독수)에서 열린 과실도 독이 있다는 이론을 말한다. 즉 **위법수집증거인 1차증거(독수)를 기초로 하여 발견된 제2차증거(독수의 과실=독과=파생증거)도 위법수집증거로서 증거능력이 배제된다는 이론을 말한다.** 15순경1차 독수의 과실이론을 **독수독과이론**이라고도 한다. 독수의 과실이론은 미국 판례에 의하여 확립된 이론이다.

> **관련판례** 제주지사사건
>
> 헌법과 형사소송법이 정한 절차에 따르지 않고 수집한 증거(위법수집증거)는 원칙적으로 유죄의 증거로 삼을 수 없다. 이를 기초로 획득한 2차적 증거(파생증거)도 (원칙적으로) 유죄의 증거로 삼을 수 없다. 그러나 수사기관의 절차위반행위가 적법절차의 실질적 내용을 침해하는 경우가 아니고, 오히려 그 증거의 증거능력을 배제하는 것이 형사사법의 정의실현에 반하는 결과를 초래하는 **예외적인 경우라면 그 증거(위법수집증거)를 유죄의 증거로 사용할 수 있다. 이는 2차적 증거의 경우도 마찬가지**이다. (대법원 2007. 11.15. 선고 2007도3061 전원합의체판결) [F4] 09순경1차, 09국7, 10법9, 10·11경위, 13경간, 13순경2차, 14법9, 15경간, 15법9, 16경승 ▶ 독수의 과실이론은 1차 증거가 위법수집증거라면 2차 증거도 원칙적으로 위법수집증거라는 이론이다.

> **비교판례** 독수의 과실이론이 적용되지 않는 경우
>
> 범행 현장에서 지문채취 대상물(* 맥주병과 술잔 등)에 대한 지문(1차 증거)채취가 먼저 이루어진 이상, 수사기관이 그 이후에 지문채취 대상물〈맥주병과 술잔 등(2차 증거)〉을 적법한 절차에 의하지 아니한 채 압수하였다고 하더라도 **위와 같이 채취된 지문은 (1차증거로서) 위법하게 압수한 지문채취 대상물로부터 획득한 2차적 증거에 해당하지 아니함이 분명하여, 이를 가리켜 위법수집증거라고 할 수 없다.** (대법원 2008.10.23. 선고 2008도7471) ▶ 수사기관은 범행 현장에서 적법하게 지문채취를 할 수 있다. 따라서 1차 증거인 지문은 위법수집증거가 아니다. 독수의 과실이론은 위법수집증거인 1차 증거를 기초로 하여 발견된 2차 증거도 원칙적으로 위법수집증거라는 것이다. 그러므로 **1차 증거가 적법한 증거라면 2차 증거가 위법수집증거일지라도 1차 증거가 위법수집증거로 되지는 않는다.** [F4] 10경위, 10법9, 11순경2차, 12순경1차, 13법9, 13순경2차, 15경승, 15순경2차, 17국7, 18경승, 18순경3차, 19교정·보호·철경9, 20경간, 20국7, 21경승, 21법9

(2) 독수의 과실이론의 제한이론

1) 독수의 과실이론의 제한이론의 필요성

위법수집증거인 1차 증거를 기초로 하여 발견된 2차 증거일지라도 1차 증거의 수집과 2차 증거의 발견 사이에 인과관계가 희석되거나 단절되는 경우와 같이 1차 증거와 2차 증거 사이에 연관성을 인정하기 어려운 경우까지 모두 위법수집증거라고 하여 배척한다면 국가형벌권 행사에 지장을 초래한다. 따라서 아래와 같이 독수의 과실이론을 제한할 필요성이 있다. [F4] 13국7 다음은 미국 판례가 인정하고 있는 독수의 과실이론의 제한이론이다. **우리나라의 대법원도 이를 채택**한다. (대법원 2013.3.14. 선고 2010도2094 등)

2) 독수의 과실이론의 제한이론의 내용

① 오염순화에 의한 예외; 위법수집증거인 1차 증거의 오염성이 희석(물타기가 되어 깨끗해졌다는 뜻)된 경우 2차 증거의 증거능력이 인정된다는 이론이다.
② 불가피한 발견의 예외; 위법수집증거인 1차 증거가 없었던 경우에도 2차 증거를 불가피하게 발견하였을 경우에는 2차 증거의 증거능력이 인정된다는 이론이다.
③ 독립한 증거원의 예외; 2차 증거가 독립적인 수사에 의하여 수집된 경우에는 2차 증거의 증거능력이 인정된다는 이론이다.

> **관련판례** 독수의 과실이론의 제한이론을 채택한 판례

a. [1] 적법한 절차에 따르지 아니한 위법행위를 기초로 하여 증거가 수집된 경우에는 당해 증거(1차적 증거)뿐 아니라 그에 터 잡아 획득한 2차적 증거(파생증거)에 대해서도 증거능력은 부정되어야 한다. 다만 **적법절차에 위배되는 행위의 영향이 차단되거나 소멸되었다고 볼 수 있는 상태에서 수집한 증거는 그 증거능력을 부정할 이유는 없다.** 따라서 증거수집 과정에서 이루어진 적법절차 위반행위의 내용과 경위 및 그 관련 사정을 종합하여 볼 때 당초의 적법절차 위반행위와 증거수집 행위의 중간에 그 행위의 위법 요소가 제거 내지 배제되었다고 볼 만한 다른 사정이 개입됨으로써 **인과관계가 단절된 것으로 평가할 수 있는 예외적인 경우에는 이를 유죄 인정의 증거로 사용할 수 있다.** [2] 위법한 강제연행 상태에서 호흡측정 방법에 의한 음주측정을 한 다음 강제연행 상태로부터 시간적·장소적으로 단절되었다고 볼 수도 없고 피의자의 심적 상태 또한 강제연행 상태로부터 완전히 벗어났다고 볼 수 없는 상황에서 피의자가 호흡측정 결과에 대한 탄핵을 하기 위하여 스스로 혈액채취 방법에 의한 측정을 할 것을 요구하여 혈액채취가 이루어진 경우 **그러한 혈액채취에 의한 측정 결과 역시 유죄 인정의 증거로 쓸 수 없다**고 보아야 한다. (대법원 2013.3.14. 선고 2010도2094) 13국7, 15순경1차, 15국9, 19경간, 20경간, 20순경1차, 21경승, 22경간, 22국7

b. 강도 현행범으로 체포된 피고인에게 진술거부권을 고지하지 아니한 채 강도범행에 대한 자백(1차 증거, 이는 '위법수집증거'에 해당한다.)을 받고, 이를 기초로 여죄에 대한 진술과 증거물을 확보한 후 진술거부권을 고지하여 피고인의 임의자백 및 피해자의 피해사실에 대한 진술을 수집(2차 증거, 이는 '적법증거'에 해당한다.)한 경우, **제1심 법정에서의 피고인의 자백(2차 증거)은** 진술거부권을 고지 받지 않은 상태에서 이루어진 최초 자백(위법수집증거인 1차증거) 이후 40여 일이 지난 후에 변호인의 충분한 조력을 받으면서 공개된 법정에서 임의로 이루어진 것이고, 피해자의 진술은 법원의 적법한 소환에 따라 자발적으로 출석하여 위증의 벌을 경고 받고 선서한 후 공개된 법정에서 임의로 이루어진 것이어서, **예외적으로 유죄 인정의 증거로 사용할 수 있는 2차적 증거에 해당한다.** (대법원 2009.3.12. 선고 2008도11437) 10경위, 10·12국7, 12경승, 14법9, 15순경1차, 15국7, 16경승, 17경간, 19경간, 20경승, 20법9, 22경간, 22경승

c. 마약 투약 혐의를 받고 있던 피고인이 임의동행을 거부하겠다는 의사를 표시하였는데도 경찰관들이 피고인을 영장 없이 강제로 연행한 상태에서 마약 투약 여부의 확인을 위한 1차 채뇨절차가 이루어졌는데, 그 후 피고인의 소변 등 채취에 관한 압수영장에 기하여 2차 채뇨절차가 이루어지고 그 결과를 분석한 소변 감정서 등이 증거로 제출된 경우, 피고인을 강제로 연행한 조치는 위법한 체포에 해당하고, 위법한 체포상태에서 이루어진 채뇨 요구 또한 위법하므로 **그에 의하여 수집된 '소변검사시인서'(1차 증거)는 유죄 인정의 증거로 삼을 수 없으나,** 한편 연행 당시 피고인이 마약을 투약한 것이거나 자살할지도 모른다는 취지의 구체적 제보가 있었던 사정 등에 비추어 피고인에 대한 긴급한 구호의 필요성이 전혀 없었다고 볼 수 없는 점, 경찰관들은 임의동행시점으로부터 얼마 지나지 아니하여 체포의 이유와 변호인 선임권 등을 고지(미란다고지)하면서 피고인에 대한 긴급체포의 절차를 밟는 등 절차의 잘못을 시정하려고 한 바 있어, 경찰관들의 위와 같은 임의동행조치는 영장주의 원칙을 현저히 침해할 정도에 이르렀다고 보기 어려운 점 등에 비추어 볼 때, 위와 같은 2차적 증거 수집이 위법한 체포·구금절차에 의하여 형성된 상태를 직접 이용하여 행하여진 것으로는 쉽사리 평가할 수 없으므로, **이와 같은 사정은 체포과정에서의 절차적 위법과 2차적 증거 수집 사이의 인과관계를 희석하게 할 만한 정황에 속하고, 2차적 증거인 소변 감정서 등은 증거능력이 인정**된다. (대법원 2013.3.14. 선고 2012도13611) 14국7, 15경7, 21경간, 23순경1차

d. [1] 수사기관이 범죄 수사를 목적으로 금융실명거래 및 비밀보장에 관한 법률(이하 '금융실명법') 제4조 제1항에 정한 '거래정보 등'을 획득하기 위해서는 법관의 영장이 필요하고, 신용카드에 의하여 물품을 거래할 때 '금융회사 등'이 발행하는 매출전표의 거래명의자에 관한 정보 또한 금융실명법에서 정하는 '거래정보 등'에 해당하므로, 수사기관이 금융회사 등에 그와 같은 정보를 요구하는 경우에도 법관이 발부한 영장에 의하여야 한다. 그럼에도 **수사기관이 영장에 의하지 아니하고 매출전표의 거래명의자에 관한 정보(1차 증거)를 획득하였다면, 그와 같이 수집된 증거는 원칙적으로** 형사소송법 제308조의2에서 정하는 '적법한 절차에 따르지 아니하고 수집한 증거'(위법수집증거)**에 해당하여 유죄의 증거로 삼을 수 없다.** 20경간, 20경승, 20순경2차 [2] 수사기관이 의도적으로 영장주의의 정신을 회피하는 방법으로 증거를 확보한 것이 아니라고 볼 만한 사정, 위와 같은 정보에 기초하여 범인으로 특정되어 체포되었던 피의자가 석방된 후 상당한 시간이 경과하였음에도 다시 동일한 내용의 자백을 하였다거나 그 범행의 피해품을 수사기관에 임의로 제출하였다는 사정, 2차적 증거 수집이 체포 상태에서 이루어진 자백 등으로부터 독립된 제3자의 진술에 의하여 이루어진 사정 등은 **통상 2차적 증거의 증거능력을 인정할 만한 정황에 속한다고 볼 수 있다.** (대법원 2013.3.28. 선고 2012도13607) 14국7, 18경승

2. 증거동의와 탄핵증거

(1) 위법수집증거가 증거동의의 대상이 되는지 여부

위법수집증거가 증거동의의 대상이 되는지 여부에 대하여 **판례는 원칙적으로 부정설**의 입장이다. 따라서 판례에 의하면 위법수집증거는 당사자가 증거동의를 할지라도 원칙적으로 증거능력이 없다. 15법9, 16경승, 19교정·보호·철경9 다만, **판례는 위법수집증거일지라도 예외적으로 증거동의의 대상이 된다**고 한다. 다음은 위법수집증거가 증거동의의 대상이 된다고 한 예외적 판례이다.

> **관련판례** 위법수집증거도 예외적으로 증거동의의 대상이 된다는 판례
>
> a. 판사가 제184조에 의한 증거보전절차로 증인신문을 하는 경우에는 제163조에 따라 검사, 피의자 또는 변호인에게 증인신문의 시일과 장소를 미리 통지하여 증인신문에 참여할 수 있는 기회를 주어야 하나 참여의 기회를 주지 아니한 경우라도 피고인과 변호인이 증인신문조서를 증거로 할 수 있음에 동의하여 별다른 이의 없이 적법하게 증거조사를 거친 경우에는 **위 증인신문조서는 증인신문절차가 위법하였는지의 여부에 관계없이 증거능력이 부여**된다. (대법원 1988.11.8. 선고 86도1646) 12순경3차
> b. **번복진술조서는** 공판중심주의, 당사자주의 등에 반하여 **위법수집증거로서 증거능력이 없으나, 증거동의의 대상은 된다.** (대법원 2004.3.26. 선고 2003도7482)

TIP 객관식 문제에서 "위법수집증거는 증거동의의 대상이 되지 않는다."는 지문
이는 원칙적으로라는 표현이 없어도 당연히 원칙에 관한 지문이므로 맞는 지문으로 고르면 된다. 이에 반하여 "위법수집증거는 언제나 증거동의의 대상이 되지 않는다."는 지문은 틀린 지문이다. 위법수집증거라도 예외적으로 증거동의의 대상이 되는 경우가 있기 때문에 지문의 '언제나'가 틀리다.

(2) 위법수집증거가 탄핵증거로 사용될 수 있는지 여부

위법수집증거는 탄핵증거로 사용할 수 없다. 10국9 위법수집증거가 예외적으로 탄핵증거로 사용되는 경우도 없다.

3. 사인의 위법수집증거

일반 사인이 위법하게 수집한 증거에 대해서도 위법수집증거배제법칙이 적용되는지가 문제된다. 위법수집증거배제법칙은 증거수집절차에서 수사기관의 중대한 위법을 배제하기 위하여 나온 이론이기 때문에 발생되는 문제이다.

> **관련판례** 나체사진사건
>
> 피고인의 동의하에 촬영된 나체사진의 존재만으로 피고인의 인격권과 초상권을 침해하는 것으로 볼 수 없고, 가사 사진을 촬영한 제3자가 그 사진을 이용하여 피고인을 공갈할 의도였다고 하더라도 그 사진은 범죄현장의 사진으로서 피고인에 대한 형사소추를 위하여 반드시 필요한 증거로 보이므로, **공익의 실현을 위하여는 그 사진을 범죄의 증거로 제출하는 것이 허용되어야 한다.**(대법원 1997.9.30. 선고 97도1230) ▶ 판례는 형사소추라는 공익과 사생활의 비밀이라는 사익을 비교형량하여 **공익이 더 큰 경우에는 사인의 위법수집증거도 증거로 제출하는 것이 허용되어야 한다는 입장**이다. 08순경3차, 10경사·경위, 10국7, 11순경2차, 12순경1차, 14국9, 15경승, 21국9 결과적으로 판례는 공익이 사익보다 더 큰 경우에는 사인의 위법수집증거도 증거능력이 인정되고, 사인에게는 위법수집증거배제법칙이 적용되지 않는다는 입장을 취하고 있다. 반면 사익이 공익보다 큰 경우에는 사인의 위법수집증거는 증거능력이 인정되지 않고, 사인에게도 위법수집증거배제법칙이 적용된다고 한다.

제 5 절 전문법칙

I 서론

1. 관련조문

형사소송법은 "제311조 내지 제316조에 규정한 것(전문법칙의 예외규정) 이외에는 공판준비 또는 공판기일에서의 진술에 대신하여 진술을 기재한 서류(전문서류)나 공판준비 또는 공판기일 외에서의 타인의 진술을 내용으로 하는 진술(전문진술)은 이를 증거로 할 수 없다."고 하여 전문법칙을 규정하고 있다. (제310조의2)

2. 전문법칙의 의의

전문법칙이란 **전문증거는 원칙적으로 증거능력이 없고, 예외적으로** 제311조 ~ 제316조에 해당하는 경우에는 전문증거라도 **증거능력이 인정될 수 있다**는 증거법칙을 말한다. F4 법승

3. 전문증거의 의의

전문증거란 요증사실(=범죄사실=주요사실)을 경험한 자(경험자=원진술자)가 그 경험한 내용을 직접 법원에 보고하지 않고 매개체(서류나 사람의 진술)를 통하여 간접적으로 보고하는 것을 의미한다. 전문증거와 대립되는 것이 원본증거이다. 원본증거란 경험자(원진술자)가 경험한 내용을 법원에 직접 보고하는 것을 말한다.

TIP▶ 예를 들면 甲이 A를 상해한 사건에 있어서 이를 목격한 자(=경험자) 乙이 법원에 직접 목격한 사항을 구두로 진술하면 이는 원본증거이다. 그런데 목격자(=경험자=원진술자) 乙이 검사 또는 사법경찰관의 참고인조사를 받으면서 참고인으로 진술한 내용을 검사 또는 사법경찰관이 녹취한(받아 적은) 참고인진술조서를 법원에 제출한 경우 그 참고인진술조서는 전문증거이다. 왜냐하면 乙이 직접 법원에 구두로 보고하는 것이 아니라 서류라는 매개체를 통하여 법원에 보고하는 것이기 때문이다. 또한 목격자(=경험자=원진술자) 乙을 참고인으로 조사한 수사기관(조사자)이 乙이 수사과정에서 진술한 내용을 법원에 증인으로서 증언한 경우 그 수사기관의 증언(이를 '조사자증언'이라고 한다.)도 전문증거에 해당한다. 이것도 乙이 직접 법원에 구두로 보고하는 것이 아니라 조사자의 진술이라는 매개체를 통하여 법원에 보고하는 것이기 때문이다.

4. 전문증거의 유형

전문증거의 유형에는 다음과 같은 것들이 있다. F4 15경승

(1) 전문서류(제311조~제315조)

① 진술서

가. 진술서란 **경험자 자신이** 경험한 내용을 기재한 것으로서 원진술자(경험자)와 작성자(경험자)가 같은 서면(원진술자=작성자)을 말한다. 예 자술서, 진단서, 감정서 등

나. 진술서는 전문증거에 해당한다. 경험자 자신이 직접 자술서 등의 형식으로 자신의 경험 내용을 기재했다고 해서 원본증거가 되는 것이 아니다. 경험자의 진술이 진술서라는 매개체를 통하여 법원에 보고되기 때문이다. 원본증거는 어디까지나 경험자가 직접 법원에 구두로 진술한 것을 의미한다는 것을 주의해야 한다.

② 진술녹취서

진술녹취서란 경험자의 원진술을 청취한 **제3자가** 그 경험자의 진술내용을 서면에 기재한 것으로서 원진술자와 작성자가 다른 서면(원진술자≠작성자)을 말한다. 예 수사기관 작성 피의자신문조서·참고인진술조서

(2) 전문진술(제316조)

전문진술이란 경험자의 원진술을 청취한 제3자가 하는 법정증언을 말한다. 예 전문증언, 조사자 증언 등 F4 경승

5. 전문법칙의 근거

(1) 조문상 근거

전문법칙은 **헌법에는 규정이 없다.** 형사소송법에만 규정이 있다. (제310조의2) 증거법칙 중에서 헌법에 명문규정이 있는 것은 자백배제법칙(헌법 제12조 제7항)과 자백보강법칙(헌법 제12조 제7항) 2개뿐이다. 나머지 증거법칙(증거재판주의, 자유심증주의, 위법수집증거배제법칙, 전문법칙, 공판조서의 배타적 증명력 등)은 헌법에는 명문규정이 없고, 형사소송법에만 명문규정이 있다.

(2) 이론상 증거능력 배제의 근거

다수설에 의하면 다음의 3가지를 근거로 전문증거는 원칙적으로 증거능력이 없다고 한다.

1) 반대신문의 결여

전문증거로 인하여 불이익을 받을 당사자의 반대신문권이 보장되어 있지 않아서 원진술의 진실성을 탓할 수 있는 기회가 없었기 때문에 전문증거의 증거능력을 인정할 수 없다는 것이다.

2) 신용성 결여

전문증거는 경험자가 직접 법원에 구두로 보고하는 것이 아니라 매개체를 통하여 원진술자의 진술을 간접적으로 보고하므로 와전될 가능성이 많기 때문에 증거능력을 인정할 수 없다는 것이다.

3) 직접심리주의 위반

재판의 기초가 되는 증거는 원본증거라야 하지 대체물인 전문증거를 재판의 기초로 삼아서는 안 된다는 실질적 직접주의에 위반되기 때문에 전문증거는 증거능력을 인정할 수 없다는 것이다. F4 순경

② 전문법칙의 적용범위

(1) 전문법칙이 적용되는 경우

전문증거는 원칙적으로 유죄의 증거로 사용할 수 없다는 증거법칙이 전문법칙이므로 전문법칙은 **전문증거를 유죄의 증거로 사용할 때 적용**된다. 또한 전문법칙이 적용되기 위해서는 **진술증거라야 한다.**

(2) 전문법칙이 적용되지 않는 경우

1) 전문진술이 정황증거로 사용되는 경우

전문진술이 원진술자의 정신적 또는 심리적 상황을 증명하기 위한 정황증거로 사용되는 경우에는 전문법칙이 적용되지 않는다. 이런 경우에는 전문증거가 아니라 정황증거이기 때문에 전문법칙이 적용되지 않는 것이다. 예컨대 살인사건의 피의자인 甲이 범행 후 "나는 신이다."라는 말을 하는 것을 들은 乙이 증언하는 경우 乙의 증언은 甲의 정신상태가 심신상실의 의심이 간다는 정황증거로 사용되는 경우이기 때문에 전문법칙이 적용되지 않는다. 23순경2차

2) 비진술증거

전문법칙은 진술증거에만 적용되고, 비진술증거에는 적용되지 않는다.

3) 원진술의 존재 자체가 요증사실(=범죄사실)인 경우

예컨대 乙로부터 甲이 절도하는 것을 보았다는 말을 들은 丙이 그 사실을 증언한 경우 丙의 증언은 甲의 절도사건에 대하여는 전문증거에 해당한다. 반면 乙의 명예훼손사건(乙이 허위사실을 적시하여 甲의 명예를 훼손한 사건)에서는 乙의 진술의 존재 자체가 요증사실(=범죄사실)이므로 원본증거에 해당하여 전문법칙이 적용되지 않는다. 18국9

4) 탄핵증거

전문법칙은 전문증거를 유죄의 증거로 사용할 때 적용된다. 탄핵증거는 유죄의 증거가 아니라 진술의 증명력을 감쇄시키기 위한 증거이므로 전문법칙이 적용되지 않는다.

> **관련판례** 전문법칙의 적용범위
>
> a. 타인의 진술을 내용으로 하는 진술이 전문증거인지는 요증사실과 관계에서 정하여지는데, **원진술의 내용인 사실이 요증사실인 경우**(원진술 내용의 진실성이 요증사실인 경우를 말함)**에는 전문증거이나**, 원진술의 존재 자체가 요증사실인 경우에는 본래증거(원본증거)이지 전문증거가 아니다.(대법원 2012.7.26. 선고 2012도2937) 14경간, 19국7, 21순경1차, 22순경1차

> 📖 같은 취지의 판례
>
> a1. 어떤 진술이 기재된 서류가 그 내용의 진실성이 범죄사실에 대한 직접증거로 사용될 때는 전문증거가 된다고 하더라도, 그와 같은 **진술을 하였다는 것 자체** 또는 그 진술의 진실성과 관계없는 간접사실에 대한 **정황증거로 사용될 때는** 반드시 전문증거가 되는 것은 아니라 **원본증거에 해당**한다.(대법원 2013.6.13. 선고 2012도16001) [F4] 14순경1차, 14법9, 15국7, 16법9, 16국7, 17경간, 18경승, 18국7, 21경간, 22국9, 22순경2차, 23경승 그러나 어떠한 내용의 진술을 하였다는 사실 자체에 대한 정황증거로 사용될 것이라는 이유로 서류의 증거능력을 인정한 다음 그 사실을 다시 진술 내용이나 그 진실성을 증명하는 간접사실로 사용하는 경우에 그 서류는 **전문증거에 해당**한다.(대법원 2019.8.29. 선고 2018도14303 전원합의체 판결) ▶ 박근혜·최서원 국정농단사건 [F4] 21순경1차, 22순경2차, 22국7, 23국9, 23순경2차, 24경간
>
> a2. 타인의 진술을 내용으로 하는 진술이 전문증거인지 여부는 요증사실과의 관계에서 정하여지는 바, 원진술의 내용인 사실(내용의 **진실성**)이 요증사실인 경우에는 **전문증거**이나(* **진전**), 원진술의 존재 **자체**가 요증사실인 경우에는 본래증거(=**원본증거**, * **자원**)이지 전문증거가 아니다. 제3자가 피고인으로부터 2005. 8.경 건축허가 담당 공무원이 외국연수를 가므로 사례비를 주어야 한다는 말과 2006. 2.경 건축허가 담당 공무원이 4,000만 원을 요구하는데 사례비로 2,000만 원을 주어야 한다는 말을 들었다는 취지로 한 진술은 피고인의 위와 같은 **원진술의 존재 자체가** 이 사건 알선수재죄에 있어서의 요증사실이므로, **전문증거가 아니라 본래증거에 해당**된다. 그러므로 **전문법칙이 적용되지 아니한다.**(대법원 2008.11.13. 선고 2008도8007) [F4] 23순경2차
>
> b. 정보통신망을 통하여 공포심이나 불안감을 유발하는 글을 반복적으로 상대방에게 도달하게 하는 행위를 하였다는 공소사실에 대하여 휴대전화기에 저장된 문자정보가 그 증거가 되는 경우, **그 문자정보는** 범행의 직접적인 수단이고 경험자의 진술에 갈음하는 대체물에 해당하지 않으므로 **전문법칙이 적용되지 않는다.**(대법원 2008.11.13. 선고 2006도2556) [F4] 10경위, 10순경2차, 12법9, 13경승, 14순경1차, 14경승, 16순경2차, 16국7, 17국9, 17국7, 18경간, 18경승, 19경간, 19순경1차, 20경승, 20순경1차, 21경간, 21순경2차, 22경승, 22순경1차, 22법9, 23경간, 23순경2차

Ⅲ 전문법칙의 예외

1. 서론

(1) 전문법칙의 예외 인정의 취지

전문증거라도 신용성(=신빙성)이 있는 증거가 있을 수 있다. 신용성이 있는 전문증거까지 모두 유죄를 인정하는데 사용할 수 없도록 한다면 오히려 실체진실발견에 방해가 될 수 있다. 따라서 전문증거라도 증거로 사용할 필요성이 있고, 신용성이 있는 경우에는 예외적으로 증거능력을 인정하는 것이다.

(2) 전문법칙의 예외 규정

형사소송법은 제311조~제316조에 전문법칙의 예외규정을 두고 있다.

1) 별도의 요건을 요하지 않고 당연히 증거능력이 인정되는 것

제311조의 법원·법관의 (면전)조서와 제315조의 당연 증거능력이 있는 서류는 당연히 증거능력이 인정되므로 별도의 증거능력 인정요건을 요하지 않는다.

2) 별도의 요건을 갖춰야 증거능력이 인정되는 것

제312조~제314조(전문서류)와 제316조(전문진술)는 증거능력 인정요건을 갖추면 증거능력이 인정된다. 전문증거가 예외적으로 증거능력이 인정되는 경우인 제311조~제316조에 해당하지 않아서 **증거능력이 없는 전문증거는 증거동의의 대상이 되고, 탄핵증거로 사용할 수 있다.** 그러므로 증거능력이 없는 전문증거라도 당사자가 증거동의를 한 경우에는 유죄의 증거로 사용할 수 있고, 증거능력이 없는 전문증거라도 진술의 증명력을 다투는 증거인 탄핵증거로 사용할 수 있다. ▶ 이는 수학공식처럼 활용할 것

(3) 전문법칙의 예외 규정의 증거능력 인정요건 정리

별도의 증거능력 인정요건을 요하는 경우 그 요건을 정리하면 다음과 같다.

	조문	증거능력 인정요건
1) 검사 작성 피의자신문조서	제312조 제1항	적내
2) 사경관 작성 피의자신문조서	제312조 제3항	적내
3) 수사기관 작성 진술조서	제312조 제4항	적실반특
4) 수사과정에서 피고인 또는 피고인 아닌 자가 작성한 진술서	제312조 제5항	제312조 제1항~제4항을 준용
5) 수사기관 작성 검증조서	제312조 제6항	적성
6) 사인이 수사 이외의 과정에서 작성한 진술서	제313조 제1항 본문	자서성
	제313조 제1항 단서	자서성특
7) 감정서	제313조 제3항	제313조 제1항과 같다.
8) 제314조	제314조	필특
9) 피고인 아닌 자의 진술이 피고인의 진술을 내용으로 하는 전문진술	제316조 제1항	특
10) 피고인 아닌 자의 진술이 피고인 아닌 타인의 진술을 내용으로 하는 전문진술	제316조 제2항	필특

2. 법원 또는 법관의 (면전)조서(제311조)

(1) 관련조문

1) 제311조 제1문

공판준비 또는 공판기일에 피고인이나 피고인 아닌 자의 진술을 기재한 조서(**당해사건의 공판준비조서, 당해 사건의 공판조서**)와 법원 또는 법관의 검증의 결과를 기재한 조서(**법원 또는 법관의 검증조서**)는 증거로 할 수 있다.(제311조 제1문) F4 18교정·보호·철경9, 20경간, 23경승

2) 제311조 제2문

제184조(증거보전청구) 및 제221조의2(증인신문청구)의 규정에 의하여 작성한 조서(제184조의 **증거보전청 구절차**에서 작성된 압수·수색·검증조서, 증인신문조서와 감정서, 제221조의2의 **증인신문청구절차**에서 작성된 증인신문조서)도 또한 같다.(제311조 제2문)

3) 제311조의 성격

제311조에 규정된 조서를 '법원 또는 법관의 (면전)조서'라고 한다. 이는 법원 또는 법관이 주재하는 절차에서 작성된 조서이므로 허위일 가능성이 거의 없다. 따라서 '법원 또는 법관의 (면전)조서'는 성립의 진정이 인정되고 신용성의 정황적 보장이 매우 높기 때문에 **별도의 증거능력 인정요건 없이 당연히 증거능력을 인정**하는 것이다. F4 12순경3차, 18경승

(2) 제311조의 내용

1) 공판준비 또는 공판기일에 피고인이나 피고인 아닌 자의 진술을 기재한 조서

이는 **당해사건의 공판준비(기일)조서, 당해사건의 공판(기일)조서**를 말한다. 여기서 '피고인 아닌 자'란 증인, 감정인 등을 말한다. cf 다른 사건의 공판조서; 당해사건의 공판조서에 해당하지 않으므로 제311조에 의하여 증거능력이 인정되지는 않는다. 다만, 제315조 제3호의 당연히 증거능력이 있는 서류에 해당하여 별도의 요건 없이 당연히 증거능력이 인정된다.

> **관련판례** 다른 사건의 공판조서
>
> 다른 피고인에 대한 형사사건의 공판조서(다른 사건의 공판조서)는 형사소송법 **제315조 제3호에 정한 서류(기타 특신 정황 하에서 작성된 서류)로서 당연히 증거능력이 있는**바, 공판조서 중 일부인 증인신문조서 역시 형사소송법 제315조 제3호에 정한 서류로서 당연히 증거능력이 있다고 보아야 할 것이다.(대법원 2005.4.28. 선고 2004도4428) F4 17순경2차

2) 법원 또는 법관의 검증의 결과를 기재한 조서

이는 **법원 또는 법관의 검증조서**를 말한다.

3) 제184조 및 제221조의2의 규정에 의하여 작성한 조서

이는 **증거보전청구절차**에서 작성된 압수 · 수색 · 검증조서, 증인신문조서와 감정서(제184조 제1항) 및 **증인신문청구절차**에서 작성된 증인신문조서(제221조의2 제1항)를 말한다.

> **관련판례** 법원 · 법관의 (면전)조서
>
> 증인신문조서가 증거보전절차에서 피고인이 증인으로서 증언한 내용을 기재한 것이 아니라 증인의 증언내용을 기재한 것이고 다만 피의자였던 피고인이 당사자로 참여하여 자신의 범행사실을 시인하는 전제하에 위 증인에게 반대신문 한 내용이 기재되어 있을 뿐이라면, 위 조서는 공판준비 또는 공판기일에 피고인 등의 진술을 기재한 조서(제311조 제1문의 조서)도 아니고, 반대신문과정에서 피의자가 한 진술에 관한 한 형사소송법 제184조에 의한 증인신문조서(제311조 제2문의 조서)도 아니므로(피의자는 증인이 아니므로 제184조에 의한 증인신문조서가 될 수 없는 것이다.) 위 조서 중 피의자의 진술기재 부분에 대하여는 형사소송법 제311조에 의한 증거능력을 인정할 수 없다.(대법원 1984.5.15. 선고 84도508) 12경승, 12법9, 13경승, 15경간, 16순경2차, 18경승, 23경간

3. 피의자신문조서

(1) 서론

의의	피의자신문조서란 수사기관이 피의자를 신문하고 피의자의 진술을 기재한 조서를 말한다. 피의자신문조서는 원진술자인 피의자의 진술을 받아 적은 **진술녹취서에 해당**한다.
종류	피의자신문조서에는 검사 작성 피의자신문조서(검사 작성 피고인이 된 피의자의 진술을 기재한 조서)와 검사 이외의 수사기관(사법경찰관) 작성 피의자신문조서가 있다. **관련판례** 피의자신문조서 **피의자**의 진술을 녹취 내지 기재한 서류 또는 문서가 **수사기관에서의 조사과정(=수사과정)**에서 작성된 것이라면 진술조서 · 진술서 · 자술서라는 형식을 취하였더라도 피의자신문조서와 달리 볼 것이 아니다.(대법원 1992.4.14. 선고 92도442) 국9, 법승, 09순경2차, 10법9, 11법9, 12국7, 15경승, 16경간, 16경간1차, 18순경1차, 23경간 ▶ 수사기관의 조사과정에서 피의자의 진술을 녹취하거나 기재한 서류가 진술조서 · 진술서 · 자술서 · 검증조서 등 어떤 형식이든 명칭을 불문하고 **피의자신문조서에 관한 규정이 적용**된다는 판례이다. 이는 실질적으로 피의자를 신문한 내용이 기재된 서류이기 때문에 명칭에 관계없이 피의자신문조서로 보는 것이다.
전제 조건	수사기관 작성 피의자신문조서의 증거능력이 인정되기 위해서는 피의자신문조서에 기재된 자백은 제309조에 의하여, 자백 이외의 진술은 제317조에 의하여 **진술의 임의성이 인정될 것**을 전제조건으로 한다.

(2) 검사 작성 피의자신문조서

1) 관련조문(제312조 제1항)
검사가 작성한 피의자신문조서는 **적**법한 절차와 방식에 따라 작성된 것으로서 공판준비 또는 공판기일에 그 피의자였던 피고인 또는 변호인이 그 **내용**을 인정할 때에 한하여 증거로 할 수 있다.(제312조 제1항)
▶ 검사 작성 피신조서의 증거능력 인정요건을 사법경찰관 작성 피의자신문조서의 증거능력과 동일하게(*적내) 적용하도록 개정하였다. 그리고 제312조 제2항은 삭제하였다.(2022.1.1.부터 시행)

2) 제312조 제1항의 적용범위
제312조 제1항의 검사 작성 피의자신문조서는 **검사 작성 당해피고인에 대한 피의자신문조서**는 물론 검사 작성 **공범자**에 대한 피의자신문조서, 검사 작성 **공동피고인**에 대한 피의자신문조서에도 적용된다.

3) 조문 암기방법

제312조 제1항	검사 작성 피의자신문조서 * 적내
1) **적**법절차와 방식에 따라 작성 + 2) (피의자였던 피고인 또는 변호인의) **내용**인정	

F4 법9, 국7, 09국9, 10경승, 10국9, 12경승 · 순경3차, 13경간, 14경간, 15교정 · 보호 · 철경9, 16경승, 18순경2차, 19순경1차, 20경간

> **관련판례** 검사 작성 피의자신문조서(제312조 제1항)
>
> a. 검찰송치 전(경찰 수사 단계에서) 구속피의자로부터 받은 검사 작성의 피의자신문조서는 **극히 이례**에 속하는 것으로서 송치 후에 작성된 피신조서(검사 작성 피의자신문조서)와 마찬가지로 취급하기 어렵다.(대법원 1994.8.9. 선고 94도1228) ▶ 검찰송치 전 검사 작성의 피의자신문조서는 경찰의 수사 단계에서 피의자신문은 사법경찰관이 주도적으로 해놓고, 검사에게 경찰관서로 오라고 연락하여 명의만 검사로 작성한 것을 말한다. 이에 대하여 판례는 이를 제312조 제1항의 검사 작성 피의자신문조서로 볼 수 없고, **제312조 제3항의 사법경찰관 작성 피의자신문조서로 본다.** F4 순경, 경승, 16경간
>
> b. 사법연수생인 검사 직무대리가 검찰총장으로부터 명받은 범위 내에서 검사의 직무를 대리하여 피고인에 대한 피의자신문조서를 작성할 경우, 그 피의자신문조서는 형사소송법 제312조 제1항의 요건을 갖추고 있는 한 당해 지방검찰청 또는 지청 검사가 작성한 피의자신문조서와 마찬가지로 그 증거능력이 인정된다.(대법원 2010.4.15. 선고 2010도1107) F4 13국9, 14경간 ▶ 사법연수생인 검사 직무대리가 작성한 피의자신문조서에 대해서도 검사 작성 피의자신문조서에 관한 규정을 적용한다는 판례이다. 사법연수생은 합의부 사건에 대해서는 검사의 직무를 대리할 수 없고, 단독사건에 한해서만 검사의 직무를 대리할 수 있다.

4) 검사 작성 피의자신문조서의 증거능력 인정요건

① 적법절차와 방식에 따라 작성

이는 개정 전의 형식적 진정성립(기명날인 또는 서명의 진정)은 물론 피의자신문과 참여자(제243조), 피의자신문시 변호인의 참여(제243조의2), 피의자신문조서의 작성방법(제244조), 피의자신문 전 진술거부

권의 고지(제244조의3), 수사과정의 기록(제244조의4), 피의자신문시 신뢰관계자의 동석(제244조의5) 등이 정한 절차와 방식에 따라 조서가 작성되어야 한다는 것을 말한다. 그러므로 '적법절차와 방식에 따라 작성'은 형식적 진정성립보다 넓은 개념이다. 앞으로 서술할 '적법절차와 방식에 따라 작성'은 모두 법리가 이와 같다.

> **관련판례** 제312조 제1항의 적법절차와 방식에 따라 작성
>
> a. **조서에 피고인의 기명날인 또는 서명이 없는 경우, 검사의 기명날인 또는 서명이 없는 경우; 그 피의자신문조서는 증거능력이 없다.** 조서말미에 피고인의 서명만이 있고, 그 날인(무인 포함)이나 간인이 없는 검사 작성의 피고인에 대한 피의자신문조서는 증거능력이 없다고 할 것이고, 그 날인이나 간인이 없는 것이 피고인이 그 날인이나 간인을 거부하였기 때문이어서 그러한 취지가 조서말미에 기재되었다거나, 피고인이 법정에서 그 피의자신문조서의 임의성을 인정하였다고 하여 달리 볼 것은 아니다.(대법원 1999.4.13. 선고 99도237) 18교정·보호·철경9, 20경간, 20경승
>
> b. 검찰주사가 검사의 지시에 따라 **검사의 참석 없이** 피의자를 신문하여 작성하였으나 검사가 작성한 것으로 되어 있는 피의자 신문조서 및 **실제로는 검찰주사가 참고인의 주거지에서 진술을 받아 작성**하였으나 검사가 작성한 것으로 되어 있는 진술조서는 제312조 제1항의 "검사가 피의자나 피의자 아닌 자의 진술을 기재한 조서"에 해당하지 않는다.(대법원 1990.9.28. 선고 90도1483) ▶ 판례는 검사의 참석 없이 검찰주사가 주도적으로 피의자신문을 하고 피의자신문조서를 작성한 후 기명날인 또는 서명만을 검사가 한 경우에 그 피의자신문조서는 **제312조 제3항의 사법경찰관 작성 피의자신문조서에 해당**된다고 한다.
>
> c. 검사 작성 피의자신문조서가 내용 중 일부를 가린 채 복사를 한 다음 원본과 상위 없다(원본과 동일하다.)는 인증을 하여 초본 형식으로 제출된 경우, 피의자신문조서 원본 중 가려진 부분의 내용이 가려지지 않은 부분과 분리 가능하고 당해 공소사실과 관련성이 없는 경우에만, 그 피의자신문조서의 원본이 존재하거나 존재하였을 것, 원본제출이 불능 또는 곤란한 사정이 있을 것, 원본을 정확하게 전사하였을 것 등 3가지 요건을 전제로 원본과 동일하게 취급할 수 있다.(대법원 2002.10.22. 선고 2000도5461) 순경

② 내용인정

검사 작성 피의자신문조서의 증거능력이 인정되기 위해서는 공판준비나 공판기일에 **피의자였던 피고인 또는 변호인의 내용인정이 필요**하다. 즉 피의자였던 피고인 또는 변호인 중의 한 사람이 내용을 인정하면 된다. 14경간

> **관련판례** 제312조 제1항의 내용인정의 의미
>
> 형사소송법 제312조 제1항은 검사가 작성한 피의자신문조서는 공판준비, 공판기일에 그 피의자였던 피고인 또는 변호인이 그 내용을 인정할 때에 한정하여 증거로 할 수 있다고 규정하고 있다. 여기서 '그 내용을 인정할 때'라 함은 피의자신문조서의 기재 내용이 진술 내용대로 기재되어 있다는 의미(실질적 진정성립의 인정)가 아니고 그와 같이 **진술한 내용이 실제 사실과 부합한다는 것을 의미**한다. 따라서 피고인이 공소사실을 부인하는 경우 검사가 작성한 피의자신문조서 중 공소사실을 인정하는 취지의 진술 부분은 그 내용을 인정하지 않았다고 보아야 한다.(대법원 2023.4.27. 선고 2023도2102) ▶ 조서에 기재된 내용은 진실하다는 것을 인정하는 것이 내용인정이다. 예컨대 피의자신문조서에 甲이 강도죄를 범한 사실을 자백하였다고 기재되어 있다고 하자. 이에 대하여 피고인 甲이 내가 강도죄를 범한 것은 실제사실과 부합한다, 즉 진실하다고 인정하는 것이 내용인정이다.

(3) 검사 이외의 수사기관(사법경찰관) 작성 피의자신문조서

1) 관련조문(제312조 제3항)

검사 이외의 수사기관(사법경찰관)이 작성한 피의자신문조서는 **적**법한 절차와 방식에 따라 작성된 것으로서 공판준비 또는 공판기일에 그 피의자였던 피고인 또는 변호인이 그 **내용**을 인정할 때에 한하여 증거로 할 수 있다.(제312조 제3항) 사법경찰관 작성 피의자신문조서와 검사 작성 피의자신문조서의 증거능력 인정 요건은 완전히 같다.

2) 제312조의 각종 조서의 증거능력 인정요건

제213조의 각종 조서 즉 피의자신문조서, 참고인진술조서, 검증조서 등은 검사 작성이든 사법경찰관 작성이든 증거능력 인정요건이 똑같다.

3) 조문 암기방법

제312조 제3항	검사 이외의 수사기관(사법경찰관) 작성 피의자신문조서 * 적내

1) **적**법절차와 방식에 따라 작성 +
2) (피의자였던 피고인 또는 변호인의) **내용**인정

_{F4} 국7, 법9, 법승, 09순경1차, 09국9, 10경승, 10국9, 11순경2차, 12순경3차, 13경간, 13경승2차, 14경승, 14순경2차, 15교정·보호·철경9, 16경승, 17경승, 17국9, 17순경2차, 18경간, 18경승, 18순경1차, 19경승, 20순경1차, 21경간, 21국9

4) 사법경찰관 작성 피의자신문조서의 증거능력 인정요건

① 적법절차와 방식에 따라 작성

이에 대해서는 검사 작성 피의자신문조서와 같은 법리가 적용된다.

> **관련판례** 제312조 제3항의 적법절차와 방식에 따라 작성
>
> [1] 헌법 제12조 제2항, 형사소송법 제244조의3 제1항, 제2항, 제312조 제3항에 비추어 보면, 비록 사법경찰관이 피의자에게 진술거부권을 행사할 수 있음을 알려 주고 그 행사 여부를 질문하였다 하더라도, 형사소송법 제244조의3 제2항에 규정한 방식에 위반하여 진술거부권 행사 여부에 대한 피의자의 답변이 자필로 기재되어 있지 아니하거나 그 답변 부분에 피의자의 기명날인 또는 서명이 되어 있지 아니한 사법경찰관 작성의 피의자신문조서는 특별한 사정이 없는 한 형사소송법 제312조 제3항에서 정한 '**적법한 절차와 방식**'에 따라 작성된 조서라 할 수 없으므로 그 증거능력을 인정할 수 없다. 15국7, 16국9, 17검찰·마약9, 18순경2차, 18순경3차, 19법9, 20경승, 20법9, 20순경1차, 20국9, 22국9, 23법9 ▶ 수사기관은 피의자를 신문하기 전에 피의자에게 진술거부권을 고지하여야 한다.(제244조의3 제1항) 진술거부권을 알려준 때에는 피의자에게 진술거부권의 행사 여부를 질문하고, 이에 대한 피의자의 답변을 조서에 기재하여야 한다. 이 경우 피의자의 답변은 피의자로 하여금 자필로 기재하게 하거나 수사기관이 피의자의 답변을 기재한 부분에 기명날인 또는 서명하게 하여야 한다.(제244조의3 제2항) 24경간 그런데 이러한 절차를 따르지 아니한 사법경찰관 작성의 피의자신문조서는 '적법절차와 방식에 따라 작성'된 것이 아니므로 증거능력이 없다는 판례이다. [2] 피의자가 변호인 참여를 원하는 의사를 표시하였는데도 수사기관이 정당한 사유 없이 변호인을 참여하게 하지 아니한 채 피의자를 신문하여 작성한 피의자신문조서는 형사소송법 제312조에 정한 '**적법한 절차와 방식**'에 위반된 증거일 뿐만 아니라, 형사소송법 제308조의2에서 정한 '적법한 절차에 따

르지 아니하고 수집한 증거'(위법수집증거)에 해당하므로 이를 증거로 할 수 없다.(대법원 2013.3.28. 선고 2010도3359) 14경9, 15경간, 15경승, 15법9, 15국7, 16경승, 16순경1차, 17순경1차, 17순경2차, 18순경2차, 18순경3차, 19경승, 20경간, 22경승, 23경승 ▶ 이에 대하여 "적법절차와 방식에 위반된 증거에 해당하지만, 위법수집증거에는 해당하지 아니한다."는 지문이 출제되면 이는 틀린 지문이다.

② 내용인정

사법경찰관 작성 피의자신문조서의 증거능력이 인정되기 위해서는 공판준비나 공판기일에 **피의자였던 피고인 또는 변호인의 내용인정이 필요**하다. 즉 피의자였던 피고인 또는 변호인 중의 한 사람이 내용을 인정하면 된다. 14경간

관련판례 제312조 제3항의 내용인정의 의미

형사소송법 제312조 제3항에서 '그 내용을 인정할 때'라 함은 피의자신문조서의 기재내용이 진술내용대로 기재되어 있다는 의미(이는 실질적 진정성립의 인정을 말함)가 아니고 그와 같이 **진술한 내용이 실제사실과 부합한다는 것을 의미**한다.(대법원 2008.2.14. 선고 2005도4202) 10경장, 12경간, 13국9, 15경승3차, 16순경1차, 18순경2차, 20경승 ▶ 조서에 기재된 내용은 진실하다는 것을 인정하는 것이 내용인정이다. 예컨대 피의자신문조서에 甲이 강도죄를 범한 사실을 자백하였다고 기재되어 있다고 하자. 이에 대하여 피고인 甲이 내가 강도죄를 범한 것은 실제사실과 부합한다, 즉 진실하다고 인정하는 것이 내용인정이다.

5) 사법경찰관 작성 피의자신문조서(제312조 제3항)의 적용범위

제312조 제3항의 '검사 이외의 수사기관'에는 **사법경찰관, 사법경찰관사무취급(사법경리), 검찰직 공무원, 외국의 권한 있는 수사기관이 포함**된다. 따라서 검사 이외에 이들 수사기관이 작성한 피의자신문조서는 제312조 제3항이 적용된다.

관련판례 사법경찰관 작성 피의자신문조서(제312조 제3항)

a. **사법경찰관사무취급(사법경리)이 작성한 피의자신문조서, 참고인진술조서, 압수조서는** 형사소송법 제196조 제2항, 사법경찰관리집무규칙 제2조에 의하여 사법경찰관리가 검사 등의 지휘를 받고 조사사무를 보조하기 위하여 작성한 서류이므로 이를 **권한 없는 자가 작성한 조서라고 할 수 없다.**(대법원 1981.6.9. 선고 81도1357) 순경, 경승 ▶ <u>사법경찰리도 조서 작성의 권한이 있다는 판례이다.</u>

b. [1] 형사소송법 제312조 제3항에서 말하는 검사 이외의 수사기관에는 달리 특별한 사정이 없는 한 **외국의 권한 있는 수사기관도 포함**된다. [2] 미국 범죄수사대(CID), 연방수사국(FBI)의 수사관들이 작성한 수사보고서 및 피고인이 위 수사관들에 의한 조사를 받는 과정에서 작성하여 제출한 진술서(이들 서류는 실질적으로 피의자신문조서에 해당한다.)는 **피고인이 그 내용을 부인하는 이상 증거로 쓸 수 없다.**(대법원 2006.1.13. 선고 2003도6548) ▶ 사법경찰관 작성 피의자신문조서에 관한 **제312조 제3항이 적용**된다. 13국7, 15경승, 19경승

c. <u>검찰주사 등이 검사의 지시에 따라 검사가 참석하지 않은 상태에서 피의자였던 피고인을 신문하여 작성하고 검사는</u> 검찰주사 등의 조사 직후 피고인에게 **개괄적으로 질문한 사실이 있을 뿐인 경우** 형사소송법 제312조 제1항 소정의 '**검사가 피의자나 피의자 아닌 자의 진술을 기재한 조서**'에 해당하지 않는다.(대법원 2003.10.9. 선고 2002도4372) 11순경2차, 12경승, 17순경2차, 19경간 그러므로 사법경찰관 작성 피의자신문조서에 관한 **제312조 제3항이 적용**된다.

d. 제312조 제3항은 검사 이외의 수사기관(사법경찰관)이 작성한 당해 피고인(甲)과 공범관계에 있는 다른 피고인 또는 피의자(乙)에 대한 피신조서를 (당해)피고인(甲)에 대한 유죄의 증거로 하는 경우에도 적용된다.(대법원 2004.7.15. 선고 2003도7185 전원합의체 판결) ▶ **사법경찰관 작성 공범자 또는 공범인 공동피고인에 대한 피의자신문조서에 대해서도 제312조 제3항이 적용되므로 당해 피고인(甲)이 내용을 인정해야 증거능력이 인정**된다는 판례이다. F4 법승, 09국7, 10·11·12 경승, 11검찰·마약9, 11순경2차, 13경간, 13국7, 13교정·보호·철경9, 13순경2차, 14경승, 14법9, 15경승, 15교정·보호·철경9, 16경간, 16교정·보호·철경9, 17국9, 18경간, 18순경2차, 18국9, 18순경2차, 18순경3차, 19검찰·마약9, 20경승, 20순경1차, 21법9, 21순경2차, 22국9, 23경간, 23경승, 23순경1차, 23국9, 24경간

📖 **같은 취지의 판례**

d1. 형사소송법 제312조 제1항에서 정한 '검사가 작성한 피의자신문조서'란 당해 피고인에 대한 피의자신문조서만이 아니라 당해 피고인과 공범관계에 있는 다른 피고인이나 피의자에 대하여 검사가 작성한 피의자신문조서도 포함되고, 여기서 말하는 '공범'에는 형법 총칙의 공범 이외에도 서로 대향된 행위의 존재를 필요로 할 뿐 각자의 구성요건을 실현하고 별도의 형벌 규정에 따라 처벌되는 강학상 필요적 공범 또는 대향범까지 포함한다. 따라서 **(당해)피고인(甲)이 자신과 공범관계에 있는 다른 피고인이나 피의자(乙)에 대하여 검사가 작성한 피의자신문조서의 내용을 부인하는 경우**에는 형사소송법 제312조 제1항에 따라 **유죄의 증거로 쓸 수 없다.**(대법원 2023.6.1. 선고 2023도3741) ▶ 판례는 검사 작성 피의자신문조서(제312조 제1항)에 대해서도 사법경찰관 작성 피의자신문조서(제312조 제3항)와 마찬가지의 법리를 적용한다.

d2. 제312조 제3항은 검사 이외의 수사기관이 작성한 해당 피고인에 대한 피의자신문조서를 유죄의 증거로 하는 경우뿐만 아니라 **검사 이외의 수사기관이 작성한 해당 피고인과 공범관계에 있는 다른 피고인이나 피의자에 대한 피의자신문조서를 해당 피고인에 대한 유죄의 증거로 채택할 경우에도 적용된다.** 그 당연한 결과로 **위 피의자신문조서(제312조 제3항)에 대하여는 제314조가 적용되지 아니한다.** 그리고 이러한 법리는 공동정범이나 교사범, 방조범 등 공범관계에 있는 자들 사이에서뿐만 아니라, **법인의 대표자나 법인 또는 개인의 대리인, 사용인, 그 밖의 종업원 등 행위자의 위반행위에 대하여 행위자가 아닌 법인 또는 개인이 양벌규정에 따라 기소된 경우, 이러한 법인 또는 개인과 행위자 사이의 관계에서도 마찬가지로 적용**된다고 보아야 한다. 또한 형사소송법 제312조 제3항은 **형법 총칙의 공범 이외에도**, 서로 대향된 행위의 존재를 필요로 할 뿐 각자의 구성요건을 실현하고 별도의 형벌 규정에 따라 처벌되는 **강학상 필요적 공범 내지 대향범 관계에 있는 자들 사이에서도 적용**된다.(대법원 2020.6.11. 선고 2016도9367) ▶ 행위자가 저지른 법규위반행위가 양벌규정으로 처벌되는 사업주의 법규위반행위와 사실관계가 동일하거나 적어도 중요 부분을 공유한다는 점에서 내용상 **불가분적 관련성**을 지닌다고 보아야 하기 때문이다. F4 21경간, 21국7, 22경간, 22국9, 22법9

e. 사법경찰관이 작성한 검증조서에 피의자이던 피고인이 '검사 이외의 수사기관 앞에서 자백한 범행내용을 현장에 따라 진술·재연한 내용(이는 실질적으로 피의자신문에 해당한다.)'이 기재되어 있는 경우 피고인이 공판정에서 그 **진술내용 및 범행재연의 상황을 모두 부인하는 이상 증거능력이 없다.**(대법원 2006.1.13. 선고 2003도6548) ▶ 사법경찰관 작성 피의자신문조서에 관한 **제312조 제3항이 적용된다**는 판례이다. F4 12검찰·마약9, 17순경1차, 19순경1차

> **같은 취지의 판례**
>
> 사법경찰관이 작성한 실황조사서에 '사법경찰관의 면전에서 자백한 범행내용을 현장에 따라 진술, 재연한 것(이는 실질적으로 피의자신문에 해당한다.)' 외에 별다른 기재가 없는 경우에 **피고인이 공판정에서 모두 부인하고 있다면 그 실황조사서는 증거능력이 없다.**(대법원 1984.5.29. 선고 84도378) ▶ 사법경찰관 작성 피의자신문조서에 관한 **제312조 제3항이 적용된다는 판례**이다. 10순경2차, 12경간

4. (수사기관 작성) 진술조서

(1) 관련조문(제312조 제4항)

검사 또는 사법경찰관이 **피고인이 아닌 자**의 진술을 기재한 조서는 **적법한 절차와 방식**에 따라 작성된 것으로서 그 조서가 검사 또는 사법경찰관 앞에서 진술한 내용과 동일하게 기재되어 있음(실질적 진정성립)이 원진술자의 공판준비 또는 공판기일에서의 진술이나 영상녹화물 또는 그 밖의 객관적 방법에 의하여 증명(**실질적 진정성립의 증명**)되고, 피고인 또는 변호인이 공판준비 또는 공판기일에 그 기재 내용에 관하여 원진술자를 신문할 수 있었던 때(**반대신문기회보장**)에는 증거로 할 수 있다. 다만, 그 조서에 기재된 진술이 특히 신빙할 수 있는 상태(**특신상태**) 하에서 행하여졌음이 증명된 때에 한한다.(제312조 제4항)

(2) 수사기관 작성 진술조서의 종류

수사기관 작성 진술조서에는 **검사 작성 참고인진술조서, 사법경찰관 작성 참고인진술조서** 등이 포함된다.

(3) 조문 암기방법

제312조 제4항	수사기관 작성 진술조서; 검사 또는 사법경찰관 작성 참고인진술조서 등 * 적실 반특

1) **적법절차와 방식에 따라 작성** + 2) 원진술자의 진술이나 영상녹화물 그 밖의 객관적 방법에 의한 **실질적 진정성립의 증명** + 3) (피고인 또는 변호인에게 원진술자에 대한) **반대신문기회보장** + 4) **특신상태의 증명** 국9, 국7, 경승, 법승, 09·10순경1차, 11순경2차, 12순경3차, 13경간, 14법9, 20경간, 22순경2차

(4) 수사기관 작성 진술조서의 증거능력 인정요건

1) **적법절차와 방식에 따라 작성**; 피의자신문조서의 경우와 같은 법리가 적용된다.

> **관련판례** 제312조 제4항의 적법절차와 방식에 따라 작성
>
> a. 제312조 제4항은 검사 또는 사법경찰관이 피고인이 아닌 자의 진술을 기재한 조서의 증거능력이 인정되려면 '적법한 절차와 방식에 따라 작성된 것'이어야 한다고 정하고 있다. 여기에서 적법한 절차와 방식에 따라 작성한다는 것은 형사소송법이 피고인 아닌 사람의 진술에 대한 조서 작성 과정에서 지켜야 한다고 정한 여러 절차를 준수하고 조서의 작성 방식에도 어긋나지 않아야 한다는 것을 의미한다.(대법원 2017.7.18. 선고 2015도12981) 21국9

b. 피고인이 아닌 자가 수사과정에서 진술서를 작성하였지만 수사기관이 그에 대한 조사과정을 기록하지 아니하여 형사소송법 제244조의4 제3항, 제1항에서 정한 절차(수사과정의 기록)를 위반한 경우에는, 특별한 사정이 없는 한 '**적법한 절차와 방식**'에 따라 **수사과정에서 진술서가 작성되었다 할 수 없으므로 증거능력을 인정할 수 없다.**(대법원 2015.4.23. 선고 2013도3790) 16국7, 18법9, 18교정·보호·철경9, 18국7, 23순경1차, 23법9

2) 실질적 진정성립의 증명

실질적 진정성립의 인정이란 원진술자인 참고인이 조서에 내가 말한 내용과 동일하게 기재되어 있다는 것을 인정해야 한다는 의미이다. 다만, 원진술자인 참고인이나 공범자, 공동피고인의 진술에 의하여 실질적 진정성립이 인정되거나 영상녹화물 기타 객관적 방법에 의하여 증명되거나 둘 중에 하나이면 된다.

관련판례 제312조 제4항의 실질적 진정성립의 증명

a. 피의자 아닌 자의 진술을 기재한 조서(참고인진술조서)는 공판정에서 **원진술자의 진술에 의하여 그 성립의 진정함이 인정된 것이 아니면** 설사 공판정에서 피고인이 그 성립을 인정하여도 이를 증거로 할 수 있음에 동의한 것이 아닌 이상 **증거로 할 수 없다.**(대법원 1983.8.23. 선고 83도196) 경승, 17순경1차 ▶ 참고인진술조서(제312조 제4항)에 있어서 성립의 진정의 인정 주체는 피고인이 아니기 때문에 피고인이 성립의 진정을 인정하더라도 증거능력이 인정되지 않는다는 판례이다.

b. 피고인이 사법경찰리 작성의 공소외인에 대한 피의자신문조서, 진술조서 및 검사 작성의 피고인에 대한 피의자신문조서 중 위 공소외인의 진술기재 부분을 증거로 함에 부동의하였고, 원진술자인 위 공소외인이 제1심 및 항소심에서 증인으로 나와 그 진술기재의 내용을 열람하거나 고지 받지 못한 채 단지 검사나 재판장의 신문에 대하여 수사기관에서 사실대로 진술하였다는 취지의 증언만을 하고 있을 뿐이라면, 그 피의자신문조서와 진술조서는 증거능력이 없어 이를 유죄의 증거로 삼을 수 없다.(대법원 1994.11.11. 선고 94도343) 22경승

같은 취지의 판례

증인이 법정에서 이 건으로 검찰, 경찰에서 진술한 내용이 틀림없다는 증언을 하고 있을 뿐인 경우에는 위 진술만으로는 동인에 대한 검찰 또는 경찰에서 작성한 진술조서의 진정성립을 인정하기 부족하다.(대법원 1979.11.27. 선고 76도3962)

c. '수사기관이 피의자 아닌 자의 진술을 기재한 조서(참고인진술조서)'에 대하여 그 원진술자가 공판기일에 간인, 서명, 날인한 사실과 그 조서의 내용이 자기가 진술한 대로 작성된 것이라는 점을 인정하면(성립의 진정을 인정하면) 그 조서는 원진술자가 그 조서의 내용과 다른 진술을 하였다 하여 (내용을 부인하였다고 하여) 증거능력을 부정할 사유가 되지 못한다.(대법원 1985.10.8. 선고 85도1843) 법9

d. 사법경찰리 작성의 피해자에 대한 진술조서가 피해자의 화상으로 인한 서명불능이라는 이유로 입회하고 있던 피해자의 동생에게 대신 읽어주고 그 동생으로 하여금 서명날인(현재는 기명날인 또는 서명)하게 하는 방법으로 작성된 경우, **그 진술조서는 형식적 요건을 결여한 서류로서 증거능력이 없다.**(대법원 1997.4.11. 선고 96도2865) 15경승, 16교정·보호·철경9, 20경승, 22경간, 22경승

e. 특정 성폭력피해자에 대한 영상녹화물에 수록된 피해자의 진술은 **원진술자뿐만 아니라 조사과정에 동석하였던 신뢰관계자의 법정 진술에 의하여 그 성립의 진정이 인정될 수 있다.**(대법원 2010.1.28. 선고 2009도12048) 14경간

f. 참고인진술조서에 대한 실질적 진정성립을 증명할 수 있는 수단으로서 '영상녹화물이나 그 밖의 객관적인 방법'이란 형사소송법 및 형사소송규칙에 규정된 방식과 절차에 따라 제작된 영상녹화물 또는 그러한 영상녹화물에 준할 정도로 피고인의 진술을 과학적·기계적·객관적으로 재현해 낼 수 있는 방법만을 의미하고, **그 외에 조사관 또는 조사 과정에 참여한 통역인 등의 증언은 이에 해당한다고 볼 수 없다.**(대법원 2016.2.18. 선고 2015도16586) ▶ 실질적 진정성립을 증명할 수 있는 수단에는 과학적·기계적·객관적 방법만이 포함되고, 주관적 방법은 포함되지 않는다는 판례이다. 16국7, 17경간, 17순경1차, 17검찰·마약9, 17序7, 18경승, 18법9, 18국9, 19경승, 20법9, 24경간

g. 형사소송법과 형사소송규칙의 규정 내용과 취지에 비추어 보면, 제312조 제4항의 수사기관이 작성한 피고인이 아닌 자의 진술을 기재한 조서에 대하여 실질적 진정성립을 증명하기 위해 영상녹화물의 조사를 신청하려면 영상녹화를 시작하기 전에 피고인 아닌 자의 동의를 받고 그에 관해서 피고인 아닌 자가 기명날인 또는 서명한 영상녹화 동의서를 첨부하여야 하고, 조사가 개시된 시점부터 조사가 종료되어 참고인이 조서에 기명날인 또는 서명을 마치는 시점까지 조사 전 과정이 영상녹화되어야 하므로 **이를 위반한 영상녹화물에 의하여는** 특별한 사정이 없는 한 **제312조 제4항의 피고인 아닌 자의 진술을 기재한 조서의 실질적 진정성립을 증명할 수 없다.** 형사소송규칙에서 피의자 아닌 자의 동의서를 첨부하도록 한 취지는 피의자 아닌 자의 영상녹화에 대한 진정한 동의를 받아 영상녹화를 시작했는지를 확인하기 위한 것이고, 조사 전 과정이 영상녹화된 것을 요구하는 취지는 진술 과정에서 연출이나 조작을 방지하여야 할 필요성이 인정되기 때문이다.(대법원 2022.6.16. 선고 2022도364) 여기서 조사가 개시된 시점부터 조사가 종료되어 조서에 기명날인 또는 서명을 마치는 시점까지라 함은 **기명날인 또는 서명의 대상인 조서가 작성된 개별 조사에서의 시점을 의미하므로 수회의 조사가 이루어진 경우에도 최초의 조사부터 모든 조사 과정을 빠짐없이 영상녹화하여야 한다고 볼 수 없고, 같은 날 이루어진 수회의 조사라 하더라도 특별한 사정이 없는 한 조사 과정 전부를 영상녹화하여야 하는 것도 아니다.**(대법원 2022.7.14. 선고 2020도13957)

3) 반대신문기회보장

수사기관 작성 진술조서의 증거능력이 인정되기 위해서는 공판준비 또는 공판기일에 피고인 또는 변호인에게 그 기재내용에 관하여 원진술자를 반대신문 할 기회가 보장되었을 것을 필요로 한다. **실제로 반대신문을 해야 하는 것은 아니고, 반대신문의 기회만 보장되면 된다.** 14경간 반대신문기회보장 요건은 유일하게 수사기관 작성 진술조서에서만 필요한 요건이다.

> **관련판례** 원진술자의 법정 출석과 피고인에 의한 반대신문이 이루어지지 못한 경우
>
> 피고인이 공소사실 및 이를 뒷받침하는 수사기관이 원진술자의 진술을 기재한 조서 내용을 부인하였음에도 불구하고, 원진술자의 법정 출석과 피고인에 의한 반대신문이 이루어지지 못하였다면, 예외적인 경우가 아닌 이상, 그 조서는 **진정한 증거가치(증명력)를 가진 것으로 인정받을 수 없는 것이어서 이를 주된 증거로 하여 공소사실을 인정하는 것은 원칙적으로 허용될 수 없다.** 이는 원진술자의 사망이나 질병 등으로 인하여 원진술자의 법정 출석 및 반대신문이 이루어지지 못한 경우는 물론 **수사기관의 조서를 증거로 함에 피고인이 동의한 경우에도 마찬가지이다.**(대법원 2006.12.8. 선고 2005도9730) 10경위, 12경승

> TIP 이는 증거능력에 관한 판례가 아니라, **증명력에 관한 판례**이다. 따라서 피고인이 증거동의를 하면 증거능력이 인정되는 것이지 증명력이 인정되는 것은 아니므로 그 조서를 유죄의 증거로 사용할 수 없는 것이다. 또한 이는 2007년 형사소송법이 개정되기 이전의 형사소송법 규정에 따라 판시한 것으로서 현행 형사소송법 규정에 맞지 않는 판례이다. 그러므로 출제되면 암기해서 맞출 수밖에 없는 판례이다.

4) 특신상태의 증명

특신상태란 '특히 신빙할 수 있는 상태'를 말한다. 이는 **신용성의 정황적 보장요건**이다.

📖 관련판례 특히 신빙할 수 있는 상태 하에서 행하여진 때

특히 신빙할 수 있는 상태 하에서 행하여진 때라 함은 그 진술내용이나 조서 또는 서류의 작성에 허위개입의 여지가 거의 없고 그 진술내용의 신용성이나 임의성을 담보할 구체적이고 외부적인 정황이 있는 경우를 가리킨다.(대법원 1987.3.24. 선고 87도81) F4 12경승·경간, 13국9, 14경승, 15순경2차, 17경간, 17경승, 18경간, 18순경2차, 21국9 그리고 이러한 '특히 신빙할 수 있는 상태'는 증거능력의 요건에 해당하므로 검사가 그 존재에 대하여 구체적으로 주장·증명하여야 하지만, 이는 소송상의 사실에 관한 것이므로 엄격한 증명을 요하지 아니하고 자유로운 증명으로 족하다.(대법원 2012.7.26. 선고 2012도2937) F4 18순경2차

5. 수사과정에서 피고인 또는 피고인 아닌 자가 작성한 진술서(제312조 제5항)

(1) 진술서의 의의

진술서란 작성자인 피의자·피고인 또는 참고인이 범죄사실이나 자기의 생각 또는 경험 등을 스스로 기재한 서면을 말한다. 진술서는 자기가 말(진술)을 하고 자기가 작성한다는 점에서 진술자와 작성자가 같다(**진술자=작성자**)는 특징이 있다. 제312조 제5항의 진술서에는 검사 또는 사법경찰관의 수사과정에서 피의자가 작성한 진술서, 검사 또는 사법경찰관의 수사과정에서 피의자 아닌 자(참고인)가 작성한 진술서가 이에 해당한다.

(2) 관련조문

제312조 제1항부터 제4항까지의 규정은 피고인 또는 피고인 아닌 자(참고인)가 수사과정에서 작성한 진술서에 관하여 준용한다.(제312조 제5항) 검사의 수사과정에서 피고인(수사과정에서 피의자였던 자가 공소제기 되어 피고인이 된 자)이 작성한 진술서는 제312조 제1항을 적용한다. 사법경찰관의 수사과정에서 피고인이 작성한 진술서는 제312조 제3항을 적용한다. 검사와 사법경찰관의 수사과정에서 참고인이 작성한 진술서는 제312조 제4항을 적용한다. 이는 **피의자**의 진술을 녹취 내지 기재한 서류 또는 문서가 **수사기관**에서의 **조사과정(=수사과정)**에서 작성된 것이라면 진술조서·진술서·자술서라는 형식을 취하였더라도 실질적으로 피의자신문조서로 보아야 한다는 판례(대법원 1992.4.14. 선고 92도442)에 따라 형사소송법에 명문으로 규정한 것이다. 이를 표로 정리하면 다음과 같다.

	검사의 수사과정	사법경찰관의 수사과정
피고인이 작성한 진술서	검사 작성 피의자신문조서 (제312조 제1항) *적내	사법경찰관 작성 피의자신문조서 (제312조 제3항) *적내 14순경2차
피고인 아닌 자 (참고인)가 작성한 진술서	검사 작성 참고인진술조서 (제312조 제4항) *적실반특	사법경찰관 작성 참고인진술조서 (제312조 제4항) *적실반특

> **관련판례** 수사과정에 피고인 또는 피고인 아닌 자가 작성한 진술서(제312조 제5항)

a. 피고인이 지하철역 에스컬레이터에서 휴대전화기의 카메라를 이용하여 성명불상 여성 피해자의 치마 속을 몰래 촬영하다가 현행범으로 체포되어 성폭력범죄의 처벌 등에 관한 특례법 위반(카메라등이용촬영)으로 기소된 경우, 체포 당시 임의제출 방식으로 압수된 피고인 소유 휴대전화기에 대한 압수조서 중 '압수경위'란에 기재된 내용은 피고인이 범행을 저지르는 현장을 직접 목격한 사람(경찰관)의 진술이 담긴 것으로서 형사소송법 제312조 제5항에서 정한 '피고인이 아닌 자가 수사과정에서 작성한 진술서'에 준하는 것으로 볼 수 있다. 이에 따라 **휴대전화기에 대한 임의제출절차가 적법하였는지에 영향을 받지 않는 별개의 독립적인 증거에 해당**한다.(대법원 2019.11.14. 선고 2019도13290) 그러므로 휴대전화기에 대한 임의제출절차가 적법하지 않더라도 압수조서에 기재된 진술은 증거로 할 수 있다. 20국9, 21국7, 21순경2차, 22경승

b. 형사소송법 규정 및 문언과 그 입법 목적 등에 비추어 보면, 형사소송법 제312조 제5항의 적용대상인 '수사과정에서 작성한 진술서'란 수사가 시작된 이후에 수사기관의 관여 아래 작성된 것이거나, 개시된 수사와 관련하여 수사과정에 제출할 목적으로 작성한 것으로, 작성 시기와 경위 등 여러 사정에 비추어 그 실질이 이에 해당하는 이상 명칭이나 작성된 장소 여부를 불문한다. 검사 또는 사법경찰관이 피고인이 아닌 자의 진술을 기재한 조서(제312조 제4항)의 증거능력이 인정되려면 '적법한 절차와 방식에 따라 작성된 것'이어야 한다는 법리는 피고인이 아닌 자가 수사과정에서 작성한 진술서(제312조 제5항)의 증거능력에 관하여도 적용된다.(대법원 2022.10.27. 선고 2022도9510) 23경승

6. 검증조서

(1) 검증조서의 의의와 종류

검증조서란 법원 또는 수사기관(검사 또는 사법경찰관)이 검증을 하고 검증의 결과를 기재한 서면을 말한다. 검증조서에는 **법원 또는 법관의 검증조서와 수사기관 작성 검증조서**가 있다. 공판준비 또는 공판기일의 법원 또는 법관의 검증조서는 **제311조에 의하여 당연히 증거능력이 있으므로** 별도의 요건을 필요로 하지 않는다. 따라서 아래에서는 수사기관 작성 검증조서에 대하여 서술한다.

(2) 수사기관 작성 검증조서(제312조 제6항)

검사 또는 사법경찰관이 검증의 결과를 기재한 조서(수사기관 작성 검증조서)는 **적법**한 절차와 방식에 따라 작성된 것으로서 공판준비 또는 공판기일에서의 작성자의 진술에 따라 그 **성립**의 진정함이 증명된 때에는 증거로 할 수 있다.(제312조 제6항)

(3) 조문 암기방법

제312조 제6항	수사기관 작성 검증조서 * 적성
1) **적**법절차와 방식에 따라 작성 + 2) (작성자의) **성**립의 진정 증명 📄 법승, 법9, 국7, 09순경1·2차, 10순경1차, 10국9, 12순경3차, 18경승, 18순경2차, 18순경3차, 21경승	

> **관련판례** 수사기관 작성 검증조서(제312조 제6항)
>
> a. 형사소송법 312조 제6항의 작성자라 함은 그 검증조서의 작성자(검사 또는 사법경찰관)를 말하는 것이고 검증에 참여한데 불과한 자는 이에 해당되지 아니한다.(대법원 1976.4.13. 선고 76도500)
>   📌 사법경찰관이 검증을 하고 사법경찰리가 참여한 경우 사법경찰리는 검증에 참여한데 불과한 자에 해당하여 여기서의 작성자가 아니므로 성립의 진정의 인정 주체가 되지 못한다.
>
> b. 수사보고서에 검증의 결과에 해당하는 기재가 있는 경우 그 기재부분은 수사의 경위 및 결과를 내부적으로 보고하기 위한 서류에 불과하므로 **그 안에 검증결과에 해당하는 기재가 있다고 하여 이를 검증조서라고 할 수는 없고, 그 기재부분을 증거로 할 수 없다.**(대법원 2001.5.29. 선고 2000도2933) 📄 법승, 16순경2차

7. 실황조사서

(1) 실황조사서의 의의

실황조사서란 수사기관이 범죄현장 등에 임하여(가서) 그 실제상황을 조사하고 그 결과를 기재한 서면을 말한다.

(2) 실황조사서의 증거능력

판례는 실황조사는 검증에 해당하고 기록상 사후영장을 받은 흔적이 없으므로 사경관사무취급이 작성한 실황조서는 유죄의 증거로 삼을 수 없다고 한다.(대법원 1989.3.14. 선고 88도1399) ▶ **실황조사서의 증거능력을 인정한 판례는 없다.** 📄 경승, 법승, 18순경2차 따라서 실황조사서의 증거능력이 인정되는지 여부에 관한 지문이 나오면 무조건 증거능력이 없다는 것이 답이다.

8. 피고인 또는 피고인 아닌 자가(사인이) 수사 이외의 과정에서 작성한 진술서와 진술녹취(기재)서(제313조 제1·2항)

(1) 관련조문

1) 제313조 제1항

전2조(제311조의 법원 또는 법관의 조서·제312조의 수사기관 작성 각종 조서) 규정 이외에 피고인 또는 피고인이 아닌 자가 작성한 진술서나 그 진술을 기재한 서류로서 그 작성자 또는 진술자의 **자**필이거

나 그 **서**명 또는 날인이 있는 것(피고인 또는 피고인 아닌 자가 작성하였거나 진술한 내용이 포함된 문자·사진·영상 등의 정보로서 컴퓨터용디스크, 그 밖에 이와 비슷한 정보저장매체에 저장된 것을 포함한다. 이하 이 조에서 같다. 2016.5.29. 개정·시행)은 공판준비나 공판기일에서의 그 작성자 또는 진술자의 진술에 의하여 그 **성**립의 진정함이 증명된 때에는 증거로 할 수 있다. 단, **피고인의 진술을 기재한 서류**는 공판준비 또는 공판기일에서의 그 작성자의 진술에 의하여 그 **성**립의 진정함이 증명되고 그 진술이 **특**히 신빙할 수 있는 상태 하에서 행하여진 때에 한하여 피고인의 공판준비 또는 공판기일에서의 진술에 불구하고 증거로 할 수 있다. ▶ 성립의 진정은 형식적 진정성립과 실질적 진정성립을 의미하지만, 진술서의 경우에는 작성자와 진술자가 같으므로 실질적 진정성립은 당연히 인정된다. 작성자가 자기의 진술을 서면에 기재하므로 서류의 내용은 항상 작성자 자신의 진술 내용과 동일하기 때문이다. 따라서 진술서의 경우에는 형식적 진정성립만 인정되면 성립의 진정이 인정된다.

2) **제313조 제2항**(2016.5.29. 신설·시행)

제1항 본문에도 불구하고 **진술서의 작성자가 공판준비나 공판기일에서 그 성립의 진정을 부인하는 경우**에는 과학적 분석결과에 기초한 디지털포렌식(digital forensic, 법과학을 말한다.) 자료, 감정 등 객관적 방법으로 성립의 진정함이 증명되는 때에는 증거로 할 수 있다. 다만, **피고인 아닌 자가 작성한 진술서는** '피고인 또는 변호인이 공판준비 또는 공판기일에 그 기재 내용에 관하여 작성자를 신문할 수 있었을 것(반대신문 기회보장)'을 요한다. (제313조 제2항) 🖻 17국7, 19경간, 21국9

▶ 개정 및 신설이유; 최근에는 전기통신기술의 비약적인 발전에 따라 컴퓨터 등 각종 정보저장매체를 이용한 정보저장이 일상화되었고, 범죄행위에 사용된 증거들도 종이문서가 아닌 전자적 정보의 형태로 디지털화되어 있는 것이 현실이다. 이런 점을 고려하여, '진술서' 및 그에 준하는 '디지털 증거'의 진정성립은 '과학적 분석결과에 기초한 디지털포렌식 자료, 감정 등 객관적 방법'으로도 인정할 수 있도록 하되, 피고인 아닌 자가 작성한 경우 반대신문권이 보장됨을 명확히 규정하기 위한 것이다.

TIP **디지털포렌식(digital forensic)**
디지털 포렌식은 '법과학'을 말한다. 디지털 포렌식이란 범죄수사에서 적용되고 있는 과학적 증거를 수집하고 분석하는 기법의 일종이다. 이는 정보저장매체에 접속한 자의 IP주소 추적, 접속한 시각, log out한 시각 등의 추적을 통하여 스마트폰이나 태블릿 pc, 그 밖의 정보저장매체에 기억된 각종 디지털 데이터와 통화기록, 이메일 접속기록, 사진, 영상 등의 자료, DNA, 지문, 핏자국 등의 증거를 확보하는 수사의 기법을 말한다.

(2) 조문 암기방법

제313조 제1항 본문 * 자서성	피고인 아닌 자가 수사 이외의 과정에서 작성한 진술서, 진술기재서(원진술자나 작성자가 피고인 아닌 자인 경우) 1) (작성자 또는 진술자의) **자**필이거나 **서**명 또는 날인 + 2) (작성자 또는 진술자의) **성**립의 진정 증명 🖻 순경, 국9, 국7, 경승
제313조 제1항 단서 * 자서성특	수사 이외의 과정에서 **피고인**의 진술을 기재한 서류(원진술자가 피고인인 경우) 1) (작성자의) **자**필이거나 **서**명 또는 날인 + 2) (작성자의) **성**립의 진정 증명 + 3) **특**신상태의 증명 🖻 순경, 국9, 국7, 경승

(3) 제313조 제1항의 적용범위

제313조 제1항은 **수사 이외의 과정에서 수사기관이 아닌 사인이 작성한 진술서와 진술녹취서**(피고인 또는 피고인 아닌 자가 작성하였거나 진술한 내용이 포함된 문자·사진·영상 등의 정보로서 컴퓨터용디스크,

그 밖에 이와 비슷한 정보저장매체에 저장된 것을 포함한다. 2016.5.29. 개정·시행)**에 적용**된다. 뒤에 서술하는 전문법칙의 관련문제에서는 제313조 제1항이 적용된다는 것이 결론이다. 결국 제313조 제1항은 '전문법칙의 관련문제'에서 위력을 발휘한다.

> **관련판례** 제313조 제1항
>
> a. 진술서에 작성자의 서명이나 날인이 없고 단지 기명 다음에 싸인이 되어 있을 뿐이어도 위 진술서가 진정한 것으로 인정되는 경우에는 당사자가 증거로 함에 동의하고 있는 위 진술서를 판시사실에 대한 증거로 한 조치는 정당하다.(대법원 1979.8.31. 선고 79도1431) 경승
>
> b. <u>외국에 거주하는 참고인과의 전화 대화내용을 문답형식으로 기재한 검찰주사보 작성의 수사보고서는 전문증거로서 제311조, 제312조, 제315조, 제316조의 적용대상이 되지 아니함이 분명하므로, 결국 제313조의 진술을 기재한 서류에 해당하여야만 제314조의 적용 여부가 문제될 것인바, 제313조가 적용되기 위하여는 그 진술을 기재한 서류에 그 진술자의 서명 또는 날인(현재는 기명날인 또는 서명)이 있어야 한다.</u>(대법원 1999.2.26. 선고 98도2742) 경승, 12경간, 15주7, 18순경2차, 23경간
>
> c. 피고인이 자신의 아들 등에게 폭행을 당하여 입원한 피해자의 병실로 찾아가 그의 모(母) 甲과 대화하던 중 허위사실을 적시하여 피해자의 명예를 훼손하였다는 내용으로 기소된 경우 원심이 유죄의 증거로 채용한 녹취록은 甲이 甲의 이웃 乙과 나눈 대화내용을 녹음한 녹음테이프 등을 기초로 작성된 것으로, 제313조의 진술서에 준하여 증거능력을 인정할 수 있는데, 피고인이 녹취록을 증거로 함에 동의하지 않았고, 갑이 원심 법정에서 "을이 사건 당시 피고인의 말을 다 들었다. 그래서 지금 녹취도 해왔다."고 진술하였을 뿐, 검사가 녹취록 작성의 토대가 된 대화내용을 녹음한 원본 녹음테이프 등을 증거로 제출하지 아니하고, 원진술자인 갑과 을의 공판준비나 공판기일에서의 진술에 의하여 자신들이 진술한 대로 기재된 것이라는 점이 인정되지도 아니하는 등 제313조 제1항에 따라 녹취록의 진정성립을 인정할 수 있는 요건이 전혀 갖추어지지 않았으므로, 위 녹취록은 증거능력이 없어 이를 유죄의 증거로 사용할 수 없다.(대법원 2011.9.8. 선고 2010도7497) 16검찰·마약9

9. 감정서

감정서의 의의와 종류	감정서란 감정인 또는 감정수탁자가 감정의 경과와 결과를 기재한 서류를 말한다. 감정서에는 법원으로부터 감정명령을 받은 감정인이 작성한 감정서, 수사기관으로부터 감정을 위촉받은 감정수탁자가 작성한 감정서가 포함된다. 그러나 사인인 의사가 작성한 진단서는 감정서가 아니다. 또한 제315조의 당연히 증거능력이 있는 서류도 아니다. 그러므로 <u>사인인 의사가 작성한 진단서는 제313조 제1항에 따라 증거능력 인정여부를 판단한다.</u>
감정서의 증거능력	형사소송법은 감정서의 증거능력에 대하여 "감정의 경과와 결과를 기재한 서류도 전항(제313조 제1·2항)과 같다."라고 규정하고 있다.(제313조 제3항) 따라서 감정서는 <u>제313조 제1·2항에 따라 증거능력 인정여부를 판단한다.</u> 10순경1차

10. 제314조

(1) 관련조문

제312조(수사기관 작성 각종 조서) 또는 제313조(사인이 수사 이외의 과정에서 작성한 진술서 등)의 경우에 공판준비 또는 공판기일에 진술을 요하는 자(요진술자)가 사망, 질병, 외국거주, 소재불명 그 밖에 이에 준하는 사유로 인하여 진술할 수 없는 때(**요진술자의 진술불능, 필요성 요건**)에는 그 조서 및 그 밖의 서류(피고인 또는 피고인 아닌 자가 작성하였거나 진술한 내용이 포함된 문자·사진·영상 등의 정보로서 컴퓨터용디스크, 그 밖에 이와 비슷한 정보저장매체에 저장된 것을 포함한다. 2016.5.29. 개정·시행)를 증거로 할 수 있다. 다만, 그 진술 또는 작성이 특히 신빙할 수 있는 상태(**특신상태**) 하에서 행하여졌음이 증명된 때에 한한다.(제314조)

(2) 조문 암기방법

제314조	제312조(제1항~제3항은 제외, 제4항~제6항만 해당)·제313조의 경우 진술을 요하는 자가 진술할 수 없는 경우 * 필특
	1) **필**요성(요진술자의 진술불능, 즉 요진술자가 **사**망·**질**병·**외**국거주·**소**재불명 그 밖에 이에 준하는 사유로 진술할 수 없을 것) + 2) **특**신상태의 증명 [F4] 순경, 경승, 국9, 국7, 법9

(3) 제314조의 적용범위

1) 제314조가 적용되는 경우

성립의 진정을 요건으로 하는 제312조 제4항~제6항과 제313조의 경우에는 제314조가 적용된다. **제314조가 적용되면** 그 조서나 서류에 대하여 요진술자가 법정에 나와서 성립의 진정을 인정하는 진술을 하지 않더라도 **성립의 진정이 인정**된다. 따라서 위의 조서나 서류에 대하여 나머지 요건을 갖추면 **결론적으로 증거능력이 인정**될 수 있는 것이다.

2) 제314조가 적용되지 않는 경우

사법경찰관 작성 피의자신문조서(제312조 제3항)에 제314조가 적용되는지 여부에 대하여 **판례는 부정설의 입장**이다. 검사 작성 피의자신문조서(제312조 제1항)에 제314조가 적용되는지 여부에 대해서도 사법경찰관 작성 피의자신문조서(제312조 제3항)와 마찬가지의 법리가 적용된다고 봐야 한다. 결론적으로 **피의자신문조서(제312조 제1항 ~ 제3항)에 대하여는 제314조가 적용되지 않는 것으로 정리**하면 된다.

> 📖 **관련판례** 사법경찰관 작성 피의자신문조서에 제314조가 적용되는지 여부
>
> 당해 피고인(甲)과 공범관계가 있는 다른 피의자(乙)에 대한 '검사 이외의 수사기관(사법경찰관)' 작성의 피의자신문조서는 그 피의자(乙)의 법정진술에 의하여 그 성립의 진정이 인정되더라도 당해 피고인(甲)이 공판기일에서 그 조서의 내용을 부인하면 증거능력이 부정되므로 그 당연한 결과로 그 피의자신문조서에 대하여는 사망 등의 사유로 인하여 법정에서 진술할 필요가 없는 때에 예외적으로 증거능력을 인정하는 규정인 형사소송법 **제314조가 적용되지 아니한다.**(대법원 2004.7.15. 선고 2003도7185 전원합의체 판결) [F4] 법9, 국9, 14경승, 17순경2차, 17국7, 18순경1차, 20경승, 21경간, 23경간 ▶ 제312조 제3항은 내용인정을 요건으로

하기 때문이다. 피고인 또는 변호인이 내용을 부인하면 제314조에 의하여 성립의 진정이 인정되더라도 증거능력이 인정될 수 없기 때문에 제314조를 적용할 실익이 없는 것이다.

관련판례 제314조

a. 형사소송법은 수사기관에서 작성된 조서 등 서면증거에 대하여 일정한 요건 아래 증거능력을 인정하는데, 이는 실체적 진실발견의 이념과 소송경제의 요청을 고려하여 예외적으로 허용하는 것이므로, **그 증거능력 인정 요건에 관한 규정은 엄격하게 해석·적용하여야 한다.** 형사소송법 제314조는 원진술자 또는 작성자가 사망·질병·외국거주·소재불명 등의 사유로 공판준비 또는 공판기일에 출석하여 진술할 수 없는 경우에 그 진술이 특히 신빙할 수 있는 상태하에서 행하여졌다는 점이 증명되면 원진술자 등에 대한 반대신문의 기회조차도 없이 증거능력을 부여할 수 있도록 함으로써 보다 중대한 예외를 인정한 것이므로, **그 요건을 더욱 엄격하게 해석·적용하여야 한다.**(대법원 2022.3.17. 선고 2016도17054) 22국7

b. 제314조의 필요성의 요건 중 '질병'은 진술을 요할 자가 공판이 계속되는 동안 임상신문이나 출장신문도 불가능할 정도의 중병임을 요한다고 할 것이고, '기타 사유'는 사망 또는 질병에 준하여 증인으로 소환될 당시부터 기억력이나 분별력의 상실 상태에 있다거나 하는 등으로 진술을 요할 자가 공판준비 또는 공판기일에 진술할 수 없는 예외적인 사유가 있어야 한다.(대법원 2006.5.25. 선고 2004도3619) 경승. 22국7

c. 제314조의 필요성 요건과 관련하여 '외국거주'라 함은 진술을 요할 자가 외국에 있다는 것만으로는 부족하고, 그를 공판정에 출석시켜 진술하게 할 모든 수단을 강구하는 등 **가능하고 상당한 수단을 다하더라도 그 진술을 요할 자를 법정에 출석하게 할 수 없는 사정이 있어야 예외적으로 그 요건이 충족**된다.(대법원 2008.2.28. 선고 2007도10004) 15교정·보호·철경9, 16법9, 17교정·보호·철경9, 21국9, 22경승

같은 취지의 판례

형사소송법 제314조에서 진술을 요하는 자가 외국에 거주하고 있어 공판정 출석을 거부하면서 공판정에 출석할 수 없는 사정을 밝히고 있더라도 증언 자체를 거부하는 의사가 분명한 경우가 아닌 한 거주하는 외국의 주소나 연락처 등이 파악되고, 해당 국가와 대한민국 간에 국제형사사법공조조약이 체결된 상태라면 우선 사법공조의 절차에 의하여 증인을 소환할 수 있는지를 검토해 보아야 하고, 소환을 할 수 없는 경우라도 외국의 법원에 사법공조로 증인신문을 실시하도록 요청하는 등의 절차를 거쳐야 하고, **이러한 절차를 전혀 시도해 보지도 아니한 것은 가능하고 상당한 수단을 다하더라도 진술을 요하는 자를 법정에 출석하게 할 수 없는 사정이 있는 때에 해당한다고 보기 어렵다.**(대법원 2016.2.18. 선고 2015도17115) 22국7

d. 제1심법원이 증인 甲의 주소지에 송달한 증인소환장이 송달되지 아니하자 甲에 대한 소재탐지를 촉탁하여 소재탐지 불능 보고서를 제출받은 다음 甲이 '소재불명'인 경우에 해당한다고 보아 甲에 대한 경찰 및 검찰 진술조서를 증거로 채택한 경우, 검사가 제출한 증인신청서에 휴대전화번호가 기재되어 있고, 甲에 대한 경찰 진술조서에는 집 전화번호도 기재되어 있으며, 그 이후 작성된 검찰 진술조서에는 다른 휴대전화번호가 기재되어 있는데도, 검사가 직접 또는 경찰을 통하여 위

각 전화번호로 갑에게 연락하여 법정 출석의사가 있는지 확인하는 등의 방법으로 <u>甲의 법정 출석을 위하여 상당한 노력을 기울였다는 자료가 보이지 않는 사정에 비추어, 甲의 법정 출석을 위한 가능하고도 충분한 노력을 다하였음에도 부득이 甲의 법정 출석이 불가능하게 되었다는 사정이 증명된 경우라고 볼 수 없어</u> 형사소송법 제314조의 '소재불명 그 밖에 이에 준하는 사유로 인하여 진술할 수 없는 때'에 해당한다고 인정할 수 없다.(대법원 2013. 4. 11. 선고 2013도1435) F4
17교정 · 보호 · 철경9

e. 법원이 수회에 걸쳐 진술을 요할 자에 대한 **증인소환장이 송달되지 아니하여 그 소재탐지촉탁까지 하였으나 그 소재를 알지 못하게 된 경우** 또는 진술을 요할 자가 일정한 주거를 가지고 있더라도 법원의 소환에 계속 불응하고 구인하여도 **구인장이 집행되지 아니하는 등 법정에서의 신문이 불가능한 상태의 경우**에는 형사소송법 제314조 소정의 "공판정에 출정하여 진술을 할 수 없는 때"에 해당한다.(대법원 2005. 9. 30. 선고 2005도2654) F4 22경승

f. 수사기관에서 시종 일관되게 진술한 피해자가 제1심에서 증인으로 소환당할 당시부터 **노인성 치매**로 인한 기억력 장애, 분별력 상실 등으로 인하여 진술할 수 없는 상태에 있는 경우에는 형사소송법 제314조 소정의 "공판정에 출정하여 진술을 할 수 없는 때"에 해당한다.(대법원 1992. 3. 13. 선고 91도2281)

g. 형사소송법 제314조에서 말하는 "공판기일에 진술을 요할 자가 사망, 질병 기타 사유로 인하여 진술할 수 없을 때"라 함은 **단순히 소환장이 주소불명 등으로 송달불능된 것만으로는 부족하고, 송달불능이 되어 소재탐지촉탁까지 하여 소재수사를 하였음에도 불구하고, 그 소재를 확인할 수 없어 출석하지 아니한 경우에 비로소 이에 해당한다**고 할 것이며, 증인의 주지가 아닌 곳으로 소환장을 보내 송달불능이 되자 그 곳을 중심으로 소재탐지를 한 끝에 소재탐지불능 회보를 받은 경우에는 이에 해당한다고 볼 수 없다.(대법원 2006. 12. 22. 선고 2006도7479) F4 22경승

h. 공판기일에 증인으로 소환받고도 **출산**을 앞두고 있다는 이유로 출석하지 아니한 것은 특별한 사정이 없는 한 사망, 질병, 외국거주 기타 사유로 인하여 진술을 할 수 없는 때에 해당한다고 할 수 없어 형사소송법 제314조에 의한 증거능력이 있다고 할 수 없다.(대법원 1999. 4. 23. 선고 99도915)

i. 만 5세 무렵에 당한 성추행으로 인하여 **외상 후 스트레스 증후군**을 앓고 있다는 등의 이유로 공판정에 출석하지 아니한 경우 형사소송법 제314조의 '그 밖에 이에 준하는 사유로 인하여 진술할 수 없는 때'에 해당하지 아니한다.(대법원 2006. 5. 25. 선고 2004도3619)

j. 형사소송법 제314조의 문언과 개정 취지, 증언거부권 관련 규정의 내용 등에 비추어 보면, 법정에 출석한 증인이 형사소송법 제148조, 제149조 등에서 정한 바에 따라 정당하게 **증언거부권을 행사하여 증언을 거부한 경우**는 형사소송법 제314조의 '그 밖에 이에 준하는 사유로 인하여 진술할 수 없는 때'에 해당하지 아니한다.(대법원 2012. 5. 17. 선고 2009도6788 전원합의체 판결) F4 18순경2차, 19경승, 20국7, 21경간, 23경승, 23국9

> **비교판례**
>
> 수사기관에서 진술한 참고인이 법정에서 증언을 거부하여 피고인이 반대신문을 하지 못하였으나 정당하게 증언거부권을 행사한 것이 아닌 경우, 피고인이 증인의 증언거부 상황을 초래하였다는 등의 특별한 사정이 없는 한 제314조의 **'그 밖에 이에 준하는 사유로 인하여 진술할 수 없는 때'에 해당하지 않는다**고 보아야 한다. 따라서 증인이 정당하게 증언거부권을 행사하여 증언을 거부한 경우와 마찬가지로 **수사기관에서 그 증인의 진술을 기재한 서류는 증거능력이 없다.** (대법원 2019.11.21. 선고 2018도13945 전원합의체 판결) [F4] 21법9, 22경간, 22경승, 22국7, 23경승, 23순경1차, 23법9, 23순경2차, 23국7

k. 피고인이 증거서류의 진정 성립을 묻는 검사의 질문에 대하여 진술거부권을 행사하여 진술을 거부한 경우는 형사소송법 제314조의 **'그 밖에 이에 준하는 사유로 인하여 진술할 수 없는 때'에 해당하지 아니한다.** (대법원 2013.6.13. 선고 2012도16001) [F4] 15국7, 16법9, 19국9, 22경간, 23경승

l. 수사기관에서 진술한 피해자인 유아가 공판정에서 진술을 하였더라도 증인신문 당시 일정한 사항에 관하여 기억이 나지 않는다는 취지로 진술하여 그 진술의 일부가 재현 불가능하게 된 경우, 형사소송법 제314조, 제316조 제2항에서 말하는 **'원진술자가 진술을 할 수 없는 때'에 해당**한다. (대법원 2006.4.14. 선고 2005도9561) [F4] 10경사, 10국7, 13경승, 17경승, 17교정·보호·철경9, 18경승, 22경간, 22국7, 23순경1차

m. [1] 형사소송법 제314조가 참고인의 소재불명 등의 경우에 그 참고인이 진술하거나 작성한 진술조서나 진술서에 대하여 증거능력을 인정하는 것은, 형사소송법이 제312조 또는 제313조에서 참고인 진술조서 등 서면증거에 대하여 피고인 또는 변호인의 반대신문권이 보장되는 등 엄격한 요건이 충족될 경우에 한하여 증거능력을 인정할 수 있도록 함으로써 직접심리주의 등 기본원칙에 대한 예외를 인정한 데 대하여 다시 중대한 예외를 인정하여 원진술자 등에 대한 반대신문의 기회조차 없이 증거능력을 부여할 수 있도록 한 것이므로, 그 경우 참고인의 진술 또는 작성이 '특히 신빙할 수 있는 상태 하에서 행하여졌음에 대한 증명'은 단지 그러할 개연성이 있다는 정도로는 부족하고 합리적인 의심의 여지를 배제할 정도에 이르러야 한다. [F4] 17법9, 19검찰·마약9, 20경간, 23순경1차 [2] 형사소송법 제314조의 '특신상태'와 관련된 법리는 마찬가지로 원진술자의 소재불명 등을 전제로 하고 있는 형사소송법 제316조 제2항의 '특신상태'에 관한 해석에도 그대로 적용된다. (대법원 2014.4.30. 선고 2012도725) [F4] 18교정·보호·철경9, 19국7, 23순경1차, 24경간

11. 당연히 증거능력이 있는 서류(제315조) [F4] 법승, 국7, 08법9, 08순경3차, 09·10순경2차, 09국9, 10경위, 10·11국9, 15순경3차, 16경승

고도로 신빙성(믿음)이 있는 서류이기 때문에 **별도의 증거능력 인정요건을 필요로 하지 않고** 당연히 증거능력이 인정되는 서류들이 있다. 예컨대 의사의 진료일지(진료부)는 의사가 환자의 치료 상태를 확인하기 위하여 업무상 거의 예외 없이 작성하는 서류이다. 의사가 모든 환자의 치료 상태를 암기하는 것은 불가능하고, 다음 번 진료의 편의를 위하여 작성하는 서류인 진료일지를 허위로 작성한다는 것은 생각하기 힘들다. 그러므로 의사의 진료일지와 같은 서류는 고도로 신빙성이 높기 때문에 별도의 증거능력 인정요건을 필요로 하지 않고 당연히 증거능력이 있다. 이에 해당하는 서류들을 서술하면 다음과 같다.

(1) 가족관계기록사항에 관한 증명서, 공정증서등본 기타 공무원 또는 외국공무원의 직무상 증명할 수 있는 사항에 관하여 작성한 문서(제315조 제1호)

> **관련판례** 제315조 제1호와 관련된 판례
>
> a. **일본하관 세관서 통괄심리관(외국공무원) 작성의 범칙물건감정서등본과 분석의뢰서**는 제315조 제1호의 외국공무원이 직무상 작성한 증명문서로서 당연히 증거능력이 있다.(대법원 1984.2.28. 선고 83도3145) 19경승
>
> > **같은 취지의 판례**
> >
> > a1. **보건사회부장관의 마약인 메사돈에 대한 시가조사보고서**는 제315조 제1호의 공무원이 직무상 작성한 증명문서로서 당연히 증거능력이 있다.(대법원 1967.6.13. 선고 67도544)
> > a2. **특별한 자격이 있지는 아니하나 범칙물자에 대한 시가감정 업무에 4~5년 종사해온 세관공무원이 세관에 비치된 기준과 수입신고서에 기재된 가격을 참작하여 작성한 감정서**는 공무원이 그 직무상 작성한 공문서라 할 것이므로 피고인의 동의여부에 불구하고 형사소송법 제315조 제1호에 의하여 당연히 증거능력이 있다.(대법원 1985.4.9. 선고 85도225) 18법9, 20국7
> > a3. **군의관이 작성한 상해진단서**는 제315조 제1호의 공무원이 직무상 증명할 수 있는 사항에 관하여 작성한 문서(공무원이 직무상 작성한 증명문서)로서 그 증거조사를 거친 이상 당연히 증거능력이 있다.(대법원 1972.6.13. 선고 72도922) **cf** 사인인 의사가 작성한 진단서는 당연히 증거능력이 있는 서류에 해당하지 아니한다. 단, 제313조 제1항의 요건을 갖추면 증거능력이 인정된다.(대법원 1969.3.31. 선고 69도179) 18법9
>
> b. **육군과학수사연구소 실험분석관이 작성한 감정서**는 피고인들이 이를 증거로 함에 동의하지 아니하는 경우에는 유죄의 증거로 할 수 있는 증거능력이 없다.(대법원 1976.10.12. 선고 76도2960) ▶ 당연히 증거능력이 있는 서류에 해당하지 아니한다.
>
> > **비교판례**
> >
> > **국립과학수사연구소장 작성의 감정의뢰 회보서**는 공무원인 위 연구소장이 (공무원이) 직무상 증명할 수 있는 사항에 관하여 작성한 문서라고 할 것이므로 당연히 증거능력 있는 서류라고 할 것이다.(대법원 1982.9.14. 선고 82도1504)
>
> c. **검사의 공소장**은 법원에 대하여 형사재판을 청구하는 서류로서 그 기재내용이 실체적 사실인정의 증거자료가 될 수는 없다.(대법원 1978.5.23. 선고 78도575) ▶ 검사의 공소장은 공무원이 작성한 서류이지만 증명문서가 아니기 때문에 제315조상의 당연히 증거능력이 인정되는 서류라 할 수 없다.
>
> d. **외국수사기관이 수사결과 얻은 정보를 회답하여 온 문서**(예 미국 연방범죄수사관이 범죄현장을 확인하고 작성한 보고서)는 제315조 제1호 또는 제3호의 당연히 증거능력이 있는 서류에 해당하지 아니한다.(대법원 1979.9.25. 선고 79도1852) ▶ 증명문서가 아니라 보고문서에 불과하기 때문이다.

같은 취지의 판례

대한민국 주중국 대사관 영사가 작성한 사실확인서 중 공인 부분을 제외한 나머지 부분이 공적인 증명보다는 상급자 등에 대한 보고를 목적으로 작성된 것인 경우 형사소송법 제315조 제1호 또는 제3호의 문서에 해당하지 아니하여 증거능력이 없다.(대법원 2007.12.13. 선고 2007도7257) 20국9 ▶ 이는 엄격한 증빙서류를 바탕으로 하여 작성된 것이라고 할 수 없어서 증명문서가 아니라 보고문서에 불과하기 때문이다.

(2) 상업장부, 항해일지 기타 업무상 필요로 작성한 통상문서(제315조 제2호)

관련판례 제315조 제2호와 관련된 판례

a. 상업장부나 항해일지, 진료일지(진료부) 또는 이와 유사한 금전출납부 등과 같이 범죄사실의 인정 여부와는 관계없이 자기에게 맡겨진 사무를 처리한 내역을 그때그때 계속적, 기계적으로 기재한 문서는 사무처리 내역을 증명하기 위하여 존재하는 문서로서 형사소송법 제315조 제2호(**업무상 필요로 작성한 통상 문서**)에 의하여 당연히 증거능력이 인정된다.(대법원 2015.7.16. 선고 2015도2625 전원합의체 판결) 16교정·보호·철겅9, 16순경2차, 18경승, 19경간, 19국9, 22순경2차 아래 판례와 같이 **불법적인 업무과정에서 작성한 문서도 업무상 필요로 작성한 통상 문서는 당연히 증거능력이 인정**된다.(대법원 2007.7.26. 선고 2007도3219) 22순경2차

b. **성매매업소**에 고용된 여성들이 성매매를 업으로 하면서 영업에 참고하기 위하여 성매매 상대방의 아이디와 전화번호 및 성매매방법 등을 메모지에 적어두었다가 직접 **메모리카드**에 입력하거나 업주가 고용한 다른 여직원이 그 내용을 입력한 경우, 위 메모리카드의 내용은 형사소송법 제315조 제2호의 '영업상 필요로 작성한 통상문서'로서 당연히 증거능력이 있는 문서에 해당한다.(대법원 2007.7.26. 선고 2007도3219) 18법9, 19경승, 20국9, 22순경2차, 23경승

비교판례

체포·구속인접견부는 유치된 피의자가 죄증을 인멸하거나 도주를 기도하는 등 유치장의 안전과 질서를 위태롭게 하는 것을 방지하기 위한 목적으로 작성되는 서류로 보일 뿐이어서 형사소송법 제315조 제2, 3호에 규정된 당연히 증거능력이 있는 서류로 볼 수는 없다.(대법원 2012.10.25. 선고 2011도5459) 16국9, 19국법9, 22법9, 23경승

(3) 기타 특히 신용할 만한 정황에 의하여 작성된 문서(제315조 제3호)

관련판례 제315조 제3호와 관련된 판례

a. **구속적부심문조서**는 특히 신용할 만한 정황에 의하여 작성된 문서라고 할 것이므로 특별한 사정이 없는 한, 피고인이 증거로 함에 부동의하더라도 형사소송법 제315조 제3호에 의하여 당연히 그 증거능력이 인정된다.(대법원 2004.1.16. 선고 2003도5693) 08순경1차, 12법9, 13경승, 14순경1차, 15경승, 17경간, 17순경2차, 18법9, 18순경3차, 19경승, 19검찰·마약9, 19순경1차, 20경승, 21경간, 23경순2차

b. **군법회의판결사본**(교도소장이 교도소에 보관 중인 판결등본을 사본한 것)은 특히 신용할 만한 정황에 의하여 작성된 문서(제315조 제3호)라고 볼 여지가 있으므로 피고인이 증거로 함에 부동의하거나 그 진정성립의 증명이 없다는 이유로 그 증거능력을 부인할 수 없다.(대법원 1981.11.24. 선고 81도2591) ▶ 군법회의판결사본은 당연히 증거능력이 있다는 판례이다.

c. **사법경찰관 작성의 '새세대 16호'에 대한 수사보고서**는 제315조 제3호 소정의 기타 특신 정황 하에서 작성된 서류에 해당되는 문서로서 당연히 증거능력이 인정된다.(대법원 1992.8.14. 선고 92도1211) ▶ 이는 검찰에서 피고인이 소지·탐독을 인정한 유인물에 대하여, 사법경찰관이 그 내용을 분석하고 이를 기계적으로 복사하여 그 말미에 그대로 첨부하여 작성한 수사보고서이다. 20국9

d. **다른 피고인에 대한 형사사건의 공판조서**는 형사소송법 제315조 제3호에 정한 서류(기타 특신 정황 하에서 작성된 서류)로서 당연히 증거능력이 있는바, **공판조서 중 일부인 증인신문조서** 역시 형사소송법 제315조 제3호에 정한 서류로서 당연히 증거능력이 있다고 보아야 할 것이다.(대법원 2005.4.28. 선고 2004도4428) 19경승

비교판례

aa. **주민들의 진정서사본**은 피고인이 증거로 함에 동의하지 않고 기록상 원본의 존재나 그 진정성립을 인정할 아무런 자료도 없을 뿐 아니라 형사소송법 제315조 제3호의 규정(당연히 증거능력이 있는 서류)사유도 없으므로 이를 증거로 할 수 없다.(대법원 1983.12.13. 선고 83도2613)

bb. 형사소송법 제315조 제3호에서 규정한 '기타 특히 신용할 만한 정황에 의하여 작성된 문서'는 형사소송법 제315조 제1호와 제2호에서 열거된 공권적 증명문서 및 업무상 통상문서에 준하여 '굳이 반대신문의 기회 부여 여부가 문제 되지 않을 정도로 고도의 신용성의 정황적 보장이 있는 문서'를 의미한다. 사무처리 내역을 계속적, 기계적으로 기재한 문서가 아니라 범죄사실의 인정 여부와 관련 있는 어떠한 의견을 제시하는 내용을 담고 있는 문서는 형사소송법 제315조 제3호에서 규정하는 당연히 증거능력이 있는 서류에 해당한다고 볼 수 없으므로, 이른바 보험사기 사건에서 건강보험심사평가원이 수사기관의 의뢰에 따라 그 보내온 자료를 토대로 입원진료의 적정성에 대한 의견을 제시하는 내용의 '건강보험심사평가원의 입원진료 적정성 여부 등 검토의뢰에 대한 회신'은 형사소송법 제315조 제3호의 **'기타 특히 신용할 만한 정황에 의하여 작성된 문서'(당연히 증거능력이 있는 서류)에 해당하지 않는다.**(대법원 2017.12.5. 선고 2017도12671) 18법9, 19경승, 19순경2차, 20국9, 20국7, 21경간, 22경승, 22법9, 22국7

12. 전문진술

(1) 피고인 아닌 자의 진술이 피고인의 진술을 내용으로 하는 경우(제316조 제1항)

1) 관련조문

피고인이 아닌 자(공소제기 전에 피고인을 피의자로 조사하였거나 그 조사에 참여하였던 자를 포함한다. '조사자'를 말함. 수사경찰관·수사검사가 조사자에 해당)의 공판준비 또는 공판기일에서의 진술이 피고인의 진

술을 그 내용으로 하는 것인 때에는 그 진술이 특히 신빙할 수 있는 상태 하에서 행하여졌음이 증명(**특신상태의 증명**)된 때에 한하여 이를 증거로 할 수 있다.(제316조 제1항) 제316조 제1항의 전문진술에 있어서 **원진술자는 피고인**이다. 예 제316조 제1항의 전문진술의 대표적인 것은 공소제기 전에 수사절차에서 피고인을 피의자로서 신문을 한 사법경찰관이 그 피고인으로부터 들었던 것을 법정에 나가서 증언하는 **조사자증언**이다.

2) 조문 암기 방법

제316조 제1항	피고인 아닌 자의 (공판준비 또는 공판기일에서의) 진술이 피고인의 진술을 내용으로 하는 전문진술(조사자증언제도) * 특

특신상태의 증명 cf 피고인 아닌 자에는 공소제기 전에 피고인을 피의자로 조사하였거나 그 조사에 참여하였던 자('조사자'를 말함. 수사경찰관·수사검사가 조사자에 해당)를 포함

기출 09순경2차, 10경승, 11·12경승, 13경간, 13순경2차, 14경승, 14순경2차, 18순경3차, 20경승, 23경간

3) 제316조 제1항의 특징

① 제316조 제1항의 전문진술은 **필요성을 요건으로 하지 않는다**. 원진술자(=요진술자)인 피고인의 출석은 공판개정의 요건이므로 당해 피고인은 원칙적으로 공판정에 나와 있다. 따라서 요진술자인 당해 피고인이 사망, 질병 외국거주 등으로 인하여 진술할 수 없는 경우는 원칙적으로 예상하기 어렵기 때문에 요진술자의 진술불능이라는 필요성 요건을 요하지 않는 것이다.

② 제316조 제1항은 조사자증언제도를 인정함으로써 수사경찰관이 증인으로 출석하여 선서를 한 후에 위증죄의 부담을 안고, 또한 피고인 또는 변호인의 반대신문을 받으면서 한 증언(제316조 제1항의 조사자증언)에 대하여 **특신상태만 증명되면 증거능력을 인정할 수 있도록 한** 것이다.

③ 사법경찰관이 수사절차에서 피고인을 피의자로서 신문한 후에 피의자신문조서를 작성하였고 공판절차에서 검사가 이를 증거로 제출하였는데, 피고인 또는 변호인이 그 사법경찰관 작성 피의자신문조서에 대하여 내용을 부인하였다고 가정하자. 이런 경우 사법경찰관 작성 피의자신문조서는 제312조 제3항의 증거능력 인정요건을 갖추지 못하여 증거능력이 없다. 그러나 당해 피고인을 피의자로서 신문한 사법경찰관이 법정에 나가서 증인으로서 제316조 제1항의 조사자증언을 한 경우에는 특신상태의 증명만 있으면 증거능력이 인정될 수 있다. 그러므로 과거에 조사자증언 제도가 신설되기 전에는 사법경찰관이 피의자신문을 한 결과 피고인측에서 내용을 부인하면 아예 증거능력이 인정될 수 없었으나, 이제는 조사자증언 제도에 의하여 피고인측에서 내용을 부인한 경우에도 특신상태의 증명만으로 증거능력이 인정될 수 있는 길이 열린 것이다.

(2) 피고인 아닌 자의 진술이 피고인 아닌 타인의 진술을 내용으로 하는 경우(제316조 제2항)

1) 관련조문

피고인이 아닌 자(공소제기 전에 피고인을 피의자로 조사하였거나 그 조사에 참여하였던 자를 포함한다. '조사자'를 말함. 수사경찰관·수사검사가 조사자에 해당)의 공판준비 또는 공판기일에서의 진술이 피고인 아닌 타인의 진술을 그 내용으로 하는 것인 때에는 원진술자가 사망, 질병, 외국거주, 소재불명 그 밖에 이에 준하는 사유로 인하여 진술할 수 없고(원진술자의 진술불능, **필요성요건**), 그 진술이 특히 신빙할 수 있는 상태 하에서 행하여졌음이 증명(**특신상태의 증명**)된 때에 한하여 이를 증거로 할 수 있다.(제316조 제2항) 제316조 제2항의 전문진술에 있어서 **원진술자는 피고인 아닌 타인**이다.

2) 조문 암기 방법

제316조 제2항	피고인 아닌 자의 (공판준비 또는 공판기일에서의) 진술이 피고인 아닌 타인의 진술을 내용으로 하는 전문진술(조사자증언제도) * 필특

1) **필요성**(제314조와 법리가 같다. 즉 원진술자의 **사망, 질병, 외국거주, 소재불명 그 밖에 이에 준하는 사유로 인한 진술불능**) + 2) **특신상태의 증명** cf 피고인 아닌 자에는 공소제기 전에 피고인을 피의자로서 조사하였거나 조사에 참여하였던 자('**조사자**'를 말함. 수사경찰관·수사검사가 조사자에 해당)를 포함, 피고인 아닌 타인; 제3자는 물론 공범자·공동피고인이 포함된다는 것이 판례(대법원 1984.11.27. 선고 84도2279) 10순경1차, 11·12경승, 13검찰·마약9, 15경간, 18경승, 22순경2차, 23경간1차

📖 **관련판례** 제316조 제2항의 전문진술

a. [1] 제316조 제2항의 "피고인 아닌 타인"이라 함은 **제3자는 말할 것도 없고 공동피고인이나 공범자를 모두 포함**한다. 14경승, 15순경2차, 20경승 [2] 제316조 제2항의 조사자의 증언에 증거능력이 인정되기 위해서는 '원진술자가 사망, 질병, 외국거주, 소재불명, 그 밖에 이에 준하는 사유로 인하여 진술할 수 없어야(필요성 요건을 갖추어야)' 하는 것이라서, **원진술자가 법정에 출석하여 수사기관에서 한 진술을 부인하는 취지로 증언한 이상 원진술자의 진술을 내용으로 하는 조사자의 증언은 증거능력이 없다.**(대법원 2008.9.25. 선고 2008도6985) 10경승, 12경간, 13국7, 14경승, 17경간, 17경승, 20경승, 21경간, 23국9 ▶ 원진술자가 법정에 출석하여 부인 진술을 했다는 것은 원진술자의 진술불능이라는 요건(필요성 요건)을 갖추지 못한 것이다. 그러므로 수사기관이 법정에서 제316조 제2항의 조사자증언을 한 경우 그 조사자증언은 증거능력이 인정되지 않는다.

b. 제1심 법원에서 증거로 할 수 있었던 증거는 항소법원에서도 증거로 할 수 있는 점(형사소송법 제363조 제3항) 등에 비추어 보면, 원진술자가 제1심 법원에 출석하여 진술을 하였다가 항소심에 이르러 진술할 수 없게 된 경우를 제316조 제2항에서 정한 원진술자가 진술할 수 없는 경우에 해당한다고는 할 수 없다.(대법원 2001.9.28. 선고 2001도3997) 23순경2차

13. 재전문증거

(1) 재전문증거의 의의

재전문증거란 증거능력 있는 전문증거가 또 다른 전문증거를 포함하는 것(전문증거+전문증거)을 말한다. 전문진술을 기재한 조서 또는 서류(재전문서류), 타인의 전문진술을 들었다는 전문진술(재전문진술) 등이 재전문증거에 해당한다. 예컨대 목격자 乙이 범행을 목격한 내용을 丙에게 진술한 경우를 가정하자. 이 때 乙이 목격한 내용을 직접 법원에 증언을 하면 乙의 증언은 원본증거가 된다. 반면 丙이 乙로부터 들은 내용을 법원에 증언을 하면 전문증거가 된다. 그런데 丙을 참고인으로 수사한 수사경찰관이 乙로부터 들은 내용이 아닌 丙으로부터 들은 내용에 대하여 법정에서 조사자증언을 하면 이는 재전문증거가 된다. 이 사례에서 **전문증거는 매개체가 丙의 법정진술 1개이지만, 재전문증거는 매개체가 丙의 참고인진술과 수사경찰의 법정증언 2개**라는 것을 알 수 있다. 결론적으로 매개체가 1개인 경우는 전문증거, 매개체가 2개인 경우는 재전문증거이다. 한편 매개체가 3개인 경우는 재재전문증거가 된다. 여기서 전문증거, 재전문증거, 재재전문증거는 모두 전문증거에 해당한다. 형사소송법상 **재전문증거의 증거능력에 관한 규정은 없다.** 따라서 재전문증거의 증거능력 인정여부에 관하여는 견해가 대립한다.

(2) 재전문증거의 증거능력 인정여부

재전문증거의 증거능력 인정여부에 관하여 판례는 **재전문증거는 원칙적으로 증거능력이 없으나, 예외적으로 증거능력이 있다**는 입장이다.

> **관련판례** 재전문증거
>
> a. 전문진술을 기재한 조서(이는 '재전문증거'에 해당)는 제310조의2에 의하여 원칙적으로 증거능력이 없다. 그러나 전문진술이 기재된 조서는 '**제312조 내지 제314조(전문서류 규정)**'에 의하여 증거능력이 인정될 수 있는 경우에 해당하여야 함은 물론 제316조 제1항(전문진술 규정)에 따른 조건(특신상태의 증명)을 갖춘 때에 예외적으로 증거능력을 인정하여야 할 것이다.(대법원 2000.9.8. 선고 99도4814) ▶ 재전문증거는 원칙적으로 증거능력이 없으나, 재전문증거 중에서 유일하게 전문진술을 기재한 조서 또는 서류는 전문서류와 전문진술의 증거능력 인정요건을 모두 갖추면 예외적으로 증거능력이 인정된다는 판례이다.
>
> > **같은 취지의 판례**
> >
> > [1] 전문진술을 기재한 조서 또는 서류(이는 '재전문증거'에 해당)는 제310조의2에 의하여 원칙적으로 증거능력이 없다. 그러나 전문진술이 기재된 조서 또는 서류는 제313조 내지 제314조(전문서류 규정)에 의하여 각 그 증거능력이 인정될 수 있는 경우에 해당하여야 함은 물론 제316조 제2항(전문진술 규정, 필요성 및 특신상태의 증명)의 요건(cf 앞의 판례는 제316조 제1항의 요건)을 갖추어야 예외적으로 증거능력이 있다고 할 것이다. ▶ 전문진술이 기재된 조서 또는 서류는 전문서류와 전문진술의 증거능력 인정요건을 모두 갖추면 예외적으로 증거능력이 인정된다는 판례이다. [2] 피해자(원진술자)를 치료한 의사의 초진기록지에 피고인으로부터 범죄피해를 당하였다는 피해자의 진술이 기재되어 있는 경우(이는 원진술자로부터 의사가 들은 것을 기재한 것으로서 전문진술을 기재한 제313조의 서류에 해당한다.) 의사의 법정 진술로 진정성립이 증명(제313조의 요건이 구비)되고 피해자의 진술불능과 원진술의 특신상태가 증명(제316조 제2항의 요건이 구비)되면 유죄의 증거로 할 수 있다.(대법원 2006.4.14. 선고 2005도9561)
>
> b. [1] 재전문진술(이는 '재전문증거'에 해당)이나 재전문진술을 기재한 조서(이는 '재재전문증거'에 해당)에 대하여는 증거능력을 인정하는 규정을 두지 않으므로 피고인이 증거동의하지 않는 한 제310조의2에 의하여 증거로 할 수 없다. ▶ **재전문진술이나 재전문진술을 기재한 조서는 피고인이 증거동의를 하지 않는 한 증거로 할 수 없다**는 판례이다. [2] 피해자(원진술자)가 어머니(전문진술자)에게 진술한 내용을 전해들은 아버지(재전문진술자)가 법정에서 그 내용을 진술(재전문진술)한 경우 **피해자와 어머니의 진술불능과 원진술의 특신상태가 증명되더라도 피고인이 증거동의하지 않는 한 유죄의 증거로 할 수 없다**.(대법원 2000.3.10. 선고 2000도159)

Ⅳ 전문법칙의 관련문제

1. 과학적 증거방법의 등장

오늘날은 과학기술이 발전함에 따라 사진, 녹음테이프, 비디오테이프, 컴퓨터디스켓, 거짓말탐지기 검사 등 각종 과학적 증거방법이 등장하였다. 과학적 증거방법은 **높은 증거가치**를 갖는다는 장점이 있으나, 반면 **편집 등 조작가능성**이 있다는 문제점이 있다. 그러므로 과학적 증거방법에 대하여 이를 비진술증거로 보아 제한 없이 증거능력을 인정할 것인지 아니면 진술증거로 보아 전문법칙을 적용하여 증거능력을 제한할 것인지 여부가 문제된다. 이에 대하여 판례(대법원 2005.12.23. 선고 2005도2945 등)는 **진술증거로 보아 전문법칙이 적용**된다는 입장(**진술증거설**)이다. 아래에서는 진술증거설에 따라 전문법칙이 적용된다는 것을 전제로 서술한다. 따라서 사진, 녹음테이프, 비디오테이프, 컴퓨터디스켓 등은 **전문증거로서 증거능력이 인정되지 않는 경우라도 증거동의의 대상이 되고, 탄핵증거로도 사용할 수 있다.**

2. 문제점

(1) 영상녹화물의 범위

전문법칙의 관련문제에서의 영상녹화물은 수사기관이 피의자신문 과정에서 피의자진술을 영상녹화한 것(제244조의2 제1항)과 수사기관이 참고인조사 과정에서 참고인의 진술을 영상녹화한 것(제221조 제1항 제2문)을 말한다. 즉 현행 형사소송법상 영상녹화물은 **수사기관의 영상녹화물**을 말하고, 수사기관이 아닌 사인이 영상녹화한 기록물은 영상녹화물에 해당하지 않는다. 사인이 영상녹화한 기록물에 대하여 형사소송법은 **비디오테이프**라고 표현하고 있다.(제292조의3) 수사기관이라는 표현 없이 그냥 '영상녹화물'이라고 하면 이는 수사기관의 영상녹화물을 의미하는 것이다.

(2) 수사기관의 영상녹화물의 증거능력 인정여부

① 형사소송법은 (수사기관의) 영상녹화물에 대하여 **본증·반증으로 사용할 수 없고, 탄핵증거로도 사용할 수 없**도록 규정하고 있다.(제318조의2 제2항) 즉 형사소송법은 (수사기관의) 영상녹화물에 대하여 독립적인 증거능력을 부인함은 물론 탄핵증거로도 사용할 수 없도록 하고 있는 것이다. 10경사, 11경위, 12경간

> **관련판례** (수사기관의) 영상녹화물의 독립적인 증거능력 인정여부
>
> 수사기관에 의한 피의자 아닌 자(참고인) 진술의 영상녹화를 새로 정하면서 그 용도를 참고인에 대한 진술조서의 실질적 진정성립을 증명하거나 참고인의 기억을 환기시키기 위한 것으로 한정하고 있는 현행 형사소송법의 규정을 영상물에 수록된 성범죄 피해자의 진술에 대하여 독립적인 증거능력을 인정하고 있는 성폭력범죄의 처벌 등에 관한 특례법 제30조 제6항 또는 아동·청소년의 성보호에 관한 법률 제26조 제6항의 규정과 대비하여 보면, **수사기관이 참고인을 조사하는 과정에서** 형사소송법 제221조 제1항에 따라 **작성한 영상녹화물은, 다른 법률에서 달리 규정하고 있는 등의 특별한 사정이 없는 한, 공소사실을 직접 증명할 수 있는 독립적인 증거로 사용될 수는 없다.**(대법원 2014.7.10. 선고 2012도5041) 16국7, 17경간, 17법9, 18교정·보호·철경9, 20경승, 20법9, 20순경1차, 20순경2차, 21경간, 21법9, 23경간

② 다만, **수사기관 작성 참고인진술조서(제312조 제4항)에 대한 실질적 진정성립 증명용과** 피고인 또는 피고인 아닌 자가 공판준비 또는 공판기일에 진술함에 있어서 기억이 명백하지 아니한 사항에 관하여 **기억환기용으로만 사용할 수 있도**록 하고 있다.(제318조의2 제2항) 09국7, 12순경1차·검찰·마약9, 13경간, 13순경2차, 15순경1차, 18경간

③ 그러므로 녹음테이프나 비디오테이프 등의 과학적 증거방법이 수사기관의 영상녹화물에 해당할 경우에는 매우 드문 예외적인 경우를 제외하고는 원칙적으로 증거로 사용할 수 없어 증거능력 인정여부가 문제되지 않으므로 전문법칙의 적용여부도 문제되지 않는다.

④ 결국 아래에서는 녹음테이프나 비디오테이프 등의 과학적 증거방법에 대하여 전문법칙을 적용할 것인지 여부의 문제는 **사인이 녹음 또는 녹화한 녹음테이프, 비디오테이프 등에 대해서만 문제**된다는 것을 전제로 서술한다. 이에 대하여 학자들 간에 견해대립이 있으나, 객관식에서는 이렇게 정리하면 헷갈리지 않고 일목요연하게 대비할 수 있다.

3. 사진의 증거능력

이에 대해서는 각각 관련되는 부분에서 이미 서술된 것으로서 충분히 객관식 대비가 가능하므로 아래의 판례를 제외하고는 별도로 서술하지 않는다.

> **관련판례** 피해자가 피고인으로부터 당한 공갈 등 피해 내용을 담아 남동생에게 보낸 문자메시지를 촬영한 사진의 증거능력
>
> 이 사건 문자메시지는 피해자(A)가 피고인(甲)으로부터 풀려난 당일에 남동생(B)에게 도움을 요청하면서 피고인(甲)이 협박한 말을 포함하여 공갈 등 피고인(甲)으로부터 피해를 입은 내용을 문자메시지로 보낸 것이므로, 이 사건 **문자메시지의 내용을 촬영한 사진은 피해자(A)의 진술서에 준하는 것으로** 취급함이 상당할 것인바, 진술서에 관한 형사소송법 **제313조에 따라** 이 사건 문자메시지의 작성자인 피해자(A)가 제1심 법정에 출석하여 자신이 이 사건 문자메시지를 작성하여 동생(B)에게 보낸 것과 같음을 확인하고, 동생(B)도 제1심 법정에 출석하여 피해자(A)가 보낸 이 사건 문자메시지를 촬영한 사진이 맞다고 확인한 이상, 이 사건 **문자메시지를 촬영한 사진은 그 성립의 진정함이 증명되었다고 볼 수 있으므로 이를 증거로 할 수 있다.**(대법원 2010.11.25. 선고 2010도8735) 15국7, 17국9, 18교정·보호·철경9, 18순경3차, 19경간, 23경간

4. 녹음테이프의 증거능력

(1) 녹음테이프의 특징

녹음테이프는 그 성질상 작성자나 진술자의 서명 혹은 날인(현재는 기명날인 또는 서명)이 없을 뿐만 아니라, 녹음자의 의도나 특정한 기술에 의하여 그 내용이 편집, 조작될 위험성이 있음을 고려하여, 그 대화내용을 녹음한 **원본이거나 혹은 원본으로부터 복사한 사본일 경우에는 복사과정에서 편집되는 등의 인위적 개작 없이 원본의 내용 그대로 복사된 사본임이 입증되어야만 하고**, 그러한 입증이 없는 경우에는 쉽게 그 증거능력을 인정할 수 없다.(대법원 2005.12.23. 선고 2005도2945) 10경장, 16국7, 21경승 ▶ 녹음테이프, 비디오테이프, 컴퓨터디스켓을 그 외형을 중심으로 보아 비진술증거로 보면 기명날인 또는 서명을 할 수 있다. 그러나 녹음테이프, 비디오테이프, 컴퓨터디스켓에 담긴 진술을 중심으로 보아 진술증거로 보면 이에 담긴 진술에는 형태가 없으므로 기명날인 또는 서명을 할 수 없다. **판례는 녹음테이프, 비디오테이프, 컴퓨터디스켓을 진술증거로 보기 때문에 이에는 기명날인 또는 서명을 할 수 없다는 특징이 있는 것이다.

> **같은 취지의 판례**
>
> 대화 내용을 녹음한 파일 등의 전자매체는 대화 내용을 녹음한 **원본이거나 혹은 원본으로부터 복사한 사본일 경우에는 복사 과정에서 편집되는 등 인위적 개작 없이 원본의 내용 그대로 복사된 사본임이 입증되어야만 하고, 그러한 입증이 없는 경우에는 쉽게 그 증거능력을 인정할 수 없다.** 그리고 증거로 제출된 녹음파일이 대화 내용을 녹음한 원본이거나 혹은 복사 과정에서 편집되는 등 인위적 개작 없이 원본 내용을 그대로 복사한 사본이라는 점은 녹음파일의 생성과 전달 및 보관 등의 절차에 관여한 사람의 증언이나 진술, 원본이나 사본 파일 생성 직후의 해쉬(Hash)값과의 비교, 녹음파일에 대한 검증·감정 결과 등 제반 사정을 종합하여 판단할 수 있다.(대법원 2015.1.22. 선고 2014도10978 전원합의체 판결)
> 20순경1차, 22순경2차
>
> **TIP** 해쉬(Hash)값
> 해쉬값이란 복사된 디지털 증거의 동일성을 입증하기 위하여 파일 특성을 축약한 암호 같은 수치를 말한다. 해쉬값은 일반적으로 수사과정에서 디지털 증거의 지문으로 통한다.

(2) 녹음테이프의 증거능력

앞에서 서술한 바와 같이 수사기관이 녹음한 녹음테이프(수사기관의 영상녹화물)는 독립적 증거능력이 없으므로 증거능력 인정여부가 문제되는 것은 사인이 수사 이외의 과정에서 녹음한 녹음테이프에 관한 것이다.

> **관련판례** 녹음테이프의 증거능력
>
> ※ (사인의) 녹음테이프, 비디오테이프, 컴퓨터디스켓의 증거능력에 대하여 판례는 항상 다음 3단계에 따라 증거능력 인정여부를 검토한다. 즉 1) **성질상 기명날인 또는 서명을 요하지 않는다.** 2) 원본이거나 원본으로부터 복사한 사본일 경우 편집 등의 인위적 개작 없이 원본의 내용 그대로 복사된 사본일 것을 요(**원본과 사본 사이의 동일성 입증을 요**)한다. 3) **제313조 제1항의 요건을 구비해야** 한다. 즉 제313조 제1항 본문의 경우(원진술자나 진술자가 피고인 아닌 자인 경우)에는 * (**작성자나 진술자의**) **성립의 진정 증명**, 제313조 제1항 단서의 경우(원진술자가 피고인인 경우)에는 * (**작성자의**) **성립의 진정 증명과 특신상태의 증명 요건을 구비할 것을 필요**로 한다. 판례가 이런 요건 중에 언급을 생략한 것도 당연한 것이기 때문에 생략한 것이므로 이 3단계에 따라 증거능력 인정요건을 판단한 것으로 생각하면 된다. 구체적인 판례는 아래와 같다.
>
> a. 수사기관이 아닌 사인(녹음자=작성자)이 피고인 아닌 사람(원진술자)과의 대화내용을 녹음한 녹음테이프는 형사소송법 제311조(법원 또는 법관의 면전조서), 제312조(수사기관 작성 각종 조서) 규정 이외의 피고인 아닌 자의 진술을 기재한 서류(제313조 제1항)와 다를 바 없으므로, 그 증거능력을 부여하기 위하여는 첫째, **녹음테이프가 원본이거나 원본으로부터 복사한 사본일 경우**(녹음디스크에 복사할 경우에도 동일)에는 복사과정에서 **편집되는 등의 인위적 개작 없이 원본의 내용 그대로 복사된 사본일 것**, 둘째, 형사소송법 제313조 제1항에 따라 '공판준비나 공판기일에서 **원진술자의 진술에 의하여 그 녹음테이프에 녹음된 각자의 진술내용이 자신이 진술한 대로 녹음된 것이라는 점**(**성립의 진정**)'**이 인정되어야 할 것이다.** (대법원 1999.3.9. 선고 98도3169) 14순경1차, 16검찰·마약9, 23경승
> ▶ 이 판례는 원진술자가 피고인 아닌 자이므로 판례는 단지 "제313조 제1항에 따른다"라고만 되어 있을지라도 제313조 제1항 본문이 적용된다. 그러므로 성립의 진정이 증거능력 인정요건이다.

> **같은 취지의 판례**
>
> 피고인(원진술자)과 상대방 사이의 대화내용에 관한 녹취서가 공소사실의 증거로 제출되어 그 녹취서의 기재내용과 녹음테이프의 녹음내용이 동일한지 여부에 대하여 법원이 검증을 실시한 경우에, 증거자료가 되는 것은 녹음테이프에 녹음된 대화내용 그 자체이고, 그 중 피고인의 진술내용은 실질적으로 형사소송법 제311조, 제312조의 규정 이외에 피고인의 진술을 기재한 서류(제313조 제1항)와 다름없어, 그 녹음테이프 검증조서의 기재 중 피고인의 진술내용을 증거로 사용하기 위해서는 형사소송법 **제313조 제1항 단서**에 따라 공판준비 또는 공판기일에서 그 **작성자인 상대방의 진술**에 의하여 녹음테이프에 녹음된 피고인의 진술내용이 피고인이 진술한 대로 녹음된 것임(**성립의 진정**)이 증명되고 나아가 그 진술이 특히 신빙할 수 있는 상태하에서 행하여진 것임(**특신상태**)이 인정되어야 한다.(대법원 2008.12.24. 선고 2008도9414, 대법원 2001.10.9. 선고 2001도3106) 〔F4〕 법승, 09국9, 10경장·경위, 12검찰·마약9, 16교정·보호·철경9, 23순경1차 ▶ 피고인이 원진술자이므로 제313조 제1항 단서가 적용된다. 그러므로 증거능력 인정요건은 작성자의 성립의 진정과 특신상태의 증명이다.

b. 수사기관이 아닌 사인(녹음자=작성자)이 피고인 아닌 자(원진술자)와의 전화대화를 녹음한 녹음테이프에 대하여 법원이 실시한 검증의 내용이 녹음테이프에 녹음된 전화대화의 내용이 검증조서에 첨부된 녹취서에 기재된 내용과 같다는 것에 불과한 경우에는 증거자료가 되는 것은 여전히 녹음테이프에 녹음된 대화 내용이므로, 그 중 피고인 아닌 자와의 대화의 내용은 실질적으로 형사소송법 제311조, 제312조 규정 이외의 피고인 아닌 자의 진술을 기재한 서류(제313조 제1항)와 다를 바 없어서, 이를 증거로 사용하기 위해서는 형사소송법 **제313조 제1항에 따라** 공판준비나 공판기일에서 원진술자의 진술에 의하여 그 녹음테이프에 녹음된 진술내용이 자신이 진술한 대로 녹음된 것이라는 점(성립의 진정)이 인정되어야 하는 것이다.(대법원 2008.7.10. 선고 2007도10755) 〔F4〕 09국9 ▶ 피고인 아닌 자가 원진술자이므로 제313조 제1항 본문이 적용된다. 그러므로 증거능력 인정요건은 성립의 진정의 증명이다.

c. 피고인이 피고인과 갑·을의 대화에 관한 녹취록에 대하여 부동의한 경우, 을이 위 대화를 자신이 녹음하였고 녹취록의 내용이 다 맞다고 법정에서 진술하였다 하더라도, 녹취록에 그 작성자가 기재되어 있지 않는 등 형사소송법 제313조 제1항에 따라 위 녹취록의 진정성립을 인정할 수 있는 요건이 전혀 갖추어지지 아니한 이상, 그 녹취록의 기재는 증거능력이 없다.(대법원 2010.3.11. 선고 2009도14525)

d. **피해자가 피고인과의 대화내용을 녹음한 디지털 녹음기(보이스 펜)에 대한 증거조사절차를 거치지 아니한 채** 그 녹음내용을 재녹음한 카세트테이프에 대한 제1심 검증조서 중 피고인의 진술부분을 유죄의 증거로 채택한 것은 **위법**하다.(대법원 2005.12.23. 선고 2005도2945) ▶ 그 녹음테이프 검증조서의 기재 중 피고인의 진술내용을 증거로 사용하기 위해서는 그 대화내용을 녹음한 원본이거나 혹은 원본으로부터 복사한 사본일 경우에는 인위적 개작 없이 원본의 내용 그대로 복사된 사본임이 입증되어야 한다. 그런데 사례의 경우에는 **원본인 디지털 녹음기에 대한 증거조사절차를 거치지 않아 원본과 사본인 카세트테이프 사이에 동일성이 입증되지 않았다.** 따라서 증거능력을 인정할 수 없는 것을 증거로 채택하였기 때문에 위법한 것이다. 〔F4〕 경승, 16법9

> **같은 취지의 판례**
>
> 디지털 녹음기로 녹음한 내용(원본)이 콤팩트디스크에 다시 복사되어 그 콤팩트디스크에 녹음된 내용을 담은 녹취록이 증거로 제출된 경우, 위 **콤팩트디스크(사본)**가 현장에서 녹음하는 데 사용된 디지털 녹음기의 녹음내용 원본을 그대로 복사한 것이라는 입증이 없는 이상, **그 콤팩트디스크의 내용이나 이를 녹취한 녹취록의 기재는 증거능력이 없다.**(대법원 2007.3.15. 선고 2006도8869) 14순경1차

e. 피고인(원진술자)과의 대화내용을 녹음한 보이스펜(원본) 자체의 청취 결과 피고인의 변호인이 피고인의 음성임을 인정하고 이를 증거로 함에 동의하였고, 보이스펜의 녹음내용을 재녹음한 녹음테이프, 녹음테이프의 음질을 개선한 후 재녹음한 시디 및 녹음테이프의 녹음내용을 풀어쓴 녹취록 등에 대하여는 증거로 함에 부동의하였으나, **극히 일부의 청취가 불가능한 부분을 제외하고는 보이스펜, 녹음테이프 등에 녹음된 대화내용과 녹취록의 기재가 일치하는 것으로 확인된 경우**, 원본인 보이스펜이나 복제본인 녹음테이프 등에 대한 검증조서(녹취록)에 기재된 진술은 그 성립의 진정을 인정하는 작성자의 법정진술은 없었으나, 피고인의 변호인이 (원본인) 보이스펜을 증거로 함에 동의하였고, 보이스펜, 녹음테이프 등에 녹음된 대화내용과 녹취록의 기재가 일치함을 확인하였으므로, 결국 그 진정성립이 인정된다고 할 것이고, 나아가 녹음의 경위 및 대화내용에 비추어 그 진술이 특히 신빙할 수 있는 상태하에서 행하여진 것으로 인정되므로 이를 **증거로 사용할 수 있다.**(대법원 2008.3.13. 선고 2007도10804) 14순경1차, 20경간 ▶ 피고인이 원진술자이므로 제313조 제1항 단서가 적용된다. 그러므로 증거능력 인정요건은 성립의 진정과 특신상태의 증명이다. 이 판례는 위의 요건을 모두 갖추었으므로 증거능력이 인정된다는 것이다.

f. 디지털 녹음기로 피고인(원진술자)과의 대화를 녹음한 후 저장된 녹음파일 원본을 컴퓨터에 복사하고 디지털 녹음기의 파일 원본을 삭제한 뒤 다음 대화를 다시 녹음하는 과정을 반복하여 작성한 녹음파일 사본과 해당 녹취록의 증거능력이 문제된 경우, 복사 과정에서 편집되는 등의 인위적 개작 없이 원본 내용 그대로 복사된 것으로 대화자들이 진술한 대로 녹음된 것이 인정되며, 녹음 경위, 대화 장소, 내용 및 대화자 사이의 관계 등(제반 상황)에 비추어 그 진술이 특히 신빙할 수 있는 상태하에서 행하여진 것으로 인정된다면, **녹음파일 사본과 녹취록의 증거능력은 인정**된다.(대법원 2012.9.13. 선고 2012도7461) 14순경1차, 19경간, 19국7 ▶ 피고인이 원진술자이므로 제313조 제1항 단서가 적용된다. 그러므로 증거능력 인정요건은 성립의 진정과 특신상태의 증명이다. 이 판례는 위의 요건을 모두 갖추었으므로 증거능력이 인정된다는 것이다.

g. [1] 법원이 법 제314조에 따라 증거능력을 인정하기 위하여는 단순히 그 진술이나 조서의 작성과정에 뚜렷한 절차적 위법이 보이지 않는다거나 진술의 임의성을 의심할 만한 구체적 사정이 없다는 것만으로는 부족하고, 이를 넘어 법정에서의 반대신문 등을 통한 검증을 굳이 거치지 않더라도 진술의 신빙성과 임의성을 충분히 담보할 수 있는 구체적이고 외부적인 정황이 있어 그에 기초하여 법원이 유죄의 심증을 형성하더라도 증거재판주의의 원칙에 어긋나지 않는다고 평가할 수 있는 정도에 이르러야 한다. [2] 녹음테이프는 그 대화내용을 녹음한 원본이거나 혹은 원본으로부터 복사한 사본일 경우에는 복사과정에서 편집되는 등의 인위적 개작 없이 원본의 내용 그대로 복사된 사본임이 증명되어야만 하고, 그러한 증명이 없는 경우에는 쉽게 증거능력을 인정할 수 없으며, 녹음테이프에 수록된 대화내용이 이를 풀어쓴 녹취록의 기재와 일치한다거나 녹음테이프의 대화내용이 중단되었다고 볼 만한 사정이 없다는 점만으로는 위와 같은 증명이 있다고 할 수 없다.(대법원 2014.8.26. 선고 2011도6035) 15교정·보호·철경9

(3) 비밀녹음

1) 관련조문

① 통신비밀보호법 제3조
누구든지(수사기관은 물론 사인도 포함된다.) 통신비밀보호법과 형사소송법 또는 군사법원법의 규정에 의하지 아니하고는 ~ **공개되지 아니한 타인간의 대화를 녹음 또는 청취하지 못한다.**

② 동법 제4조(위법수집증거배제법칙)
제3조의 규정에 위반하여 ~ 불법감청에 의하여 지득 또는 채록된 전기통신의 내용은 <u>재판 또는 징계절차에서 증거로 사용할 수 없다.</u> 🗓 12경간, 15경승 이는 통신비밀보호법상 위법수집증거배제법칙에 관한 규정이다. <u>위법수집증거배제법칙은 형사소송법보다 통신비밀보호법에 먼저 규정되었다.</u>

③ 동법 제14조
누구든지(수사기관은 물론 사인도 포함된다.) 공개되지 아니한 타인간의 대화를 녹음하거나 전자장치 또는 기계적 수단을 이용하여 청취할 수 없다.

④ 결어
통신비밀보호법은 제3자가 타인 간의 대화나 전화통화 등을 비밀녹음 하는 것을 금지한다. 반면 **대화 당사자가 다른 대화 당사자 모르게 비밀녹음 하는 것은 통신비밀보호법 위반이 아니다.**

2) 사인의 비밀녹음
사인이 통신비밀보호법 등의 법령에 따르지 않고 타인 간의 대화나 전화통화 등을 비밀녹음을 한 경우에도 통신비밀보호법 제4조·제14조에 위반된 **위법수집증거로서 증거능력이 없다.**

> **관련판례** 사인의 비밀녹음
>
> a. (대화) 당사자 녹음
>
> a1. **2인 간의 대화; 강간범전화녹음사건**
> 피고인(甲)이 범행 후 피해자(A)에게 전화를 걸어오자 피해자(A)가 증거를 수집하려고 그 전화내용을 녹음한 경우, 그 녹음테이프가 피고인(甲) 모르게 녹음된 것이라 하여 이를 **위법하게 수집된 증거라고 할 수 없다.**(대법원 1997.3.28. 선고 97도240) 🗓 08순경3차, 10경장·경위, 10·11경사, 12경승, 14경간, 15경간, 15경승, 16순경1차, 16국9, 18경간, 19경간, 19교정·보호·철경9, 20경승, 21경승, 22교정·보호·철경9, 23경승 ▶ 따라서 이에 대해서는 제313조 제1항이 적용된다. 사인이 수사 이외의 과정에서 녹음한 것이기 때문이다.
>
> a2. **3인 간의 대화**
> 3인 간의 대화에 있어서 그 중 한 사람(甲)이 그 대화를 녹음하는 경우에 <u>다른 두 사람(乙, 丙)의 발언은 그 녹음자에 대한 관계에서 '타인 간의 대화'라고 할 수 없으므로, 이와 같은 녹음행위가</u> **통신비밀보호법 제3조 제1항에 위배된다고 볼 수는 없다.**(대법원 2006.10.12. 선고 2006도4981) 따라서 형사소송법 제313조 제1항에 의하여 증거능력 인정여부를 판단한다. 🗓 10경위, 15검찰·마약9, 19순경1차, 22경간
>
> b. 일방당사자 녹음
>
> **귓불뚫기사건**; 제3자(甲)가 전화통화 당사자 일방(乙)의 동의를 받고 그 통화내용을 녹음하였다 하더라도 그 상대방(丙)의 동의가 없었던 이상, **통신비밀보호법 제3조 제1항 위반**이 된다.(대법원 2002.10.8. 선고 2002도123) 🗓 09국9, 10경장, 12경승, 14순경1차, 16경7, 18경간, 20경승, 21경승, 21순경1차, 22국7 ▶ 일방당사자의

동의는 받았으나, 다른 일방의 동의를 받지 못함으로써 다른 일방의 통신의 자유를 침해하였기 때문에 위법수집증거가 되는 것이다.

c. 제3자 녹음

c1. 제3자(甲)가 공개되지 아니한 타인(乙, 丙)간의 대화를 녹음한 경우에도 마찬가지로 **통신비밀보호법 제3조 제1항 위반**이 된다.(대법원 2002.10.8. 선고 2002도123) 12경승

c2. 구 통신비밀보호법 제3조 제1항이 공개되지 아니한 타인간의 대화를 녹음 또는 청취하지 못하도록 한 것은, 대화에 원래부터 참여하지 않는 제3자가 그 대화를 하는 타인간의 발언을 녹음 또는 청취해서는 아니 된다는 취지이다. 따라서 **원래부터 대화에 참여하지 않는 제3자가 일반 공중이 알 수 있도록 공개되지 아니한 타인간의 발언을 녹음하거나 전자장치 또는 기계적 수단을 이용하여 청취하는 것은 특별한 사정이 없는 한 같은 법 제3조 제1항에 위반된다.**(대법원 2016.5.12. 선고 2013도15616) 17국7

d. 대화에 속하지 않는 사람의 목소리를 녹음 또는 청취한 경우

통신비밀보호법에서 보호하는 타인 간의 대화는 **원칙적으로 현장에 있는 당사자들이 육성으로 말을 주고받는 의사소통행위를 가리킨다.** 따라서 사람의 육성이 아닌 사물에서 발생하는 음향은 타인 간의 대화에 해당하지 않는다. 또한 비명소리나 탄식 등은 타인과 의사소통을 하기 위한 것이 아니라면 특별한 사정이 없는 한 (원칙적으로) 타인 간의 대화에 해당한다고 볼 수 없다. 대화에 속하지 않는 사람의 목소리를 녹음하거나 청취하는 행위가 개인의 사생활의 비밀과 자유 또는 인격권을 중대하게 침해하여 사회통념상 허용되는 한도를 벗어난 것이라면, 곧바로 형사소송에서 진실발견이라는 공익이 개인의 인격적 이익 등 보호이익보다 우월한 것으로 섣불리 단정해서는 안 된다. 그러나 **그러한 한도(사회통념상 허용되는 한도)를 벗어난 것이 아니라면 위와 같은 목소리를 들었다는 진술을 형사절차에서 증거로 사용할 수 있다.**(대법원 2017.3.15. 선고 2016도19843) 19교정·보호·철경9, 19국7, 21국9, 22경승, 22교정·보호·철경9

3) 수사기관의 비밀녹음

수사기관이 통신비밀보호법 등의 법령에 따르지 않고 불법감청에 의하여 녹음된 비밀녹음은 통신비밀보호법 제4조·제14조에 위반하여 수집한 **위법수집증거로서 증거능력이 없다.** 16국7

> **관련판례** 제3자가 전화통화자 중 일방만의 동의를 얻어 통화 내용을 녹음하는 행위가 통신비밀보호법상 '전기통신의 감청'에 해당하는지 여부(적극) 및 불법감청에 의하여 녹음된 전화통화 내용의 증거능력 유무(소극)
>
> 수사기관(실질적인 녹음자)이 甲으로부터 피고인의 마약류관리에 관한 법률 위반(향정) 범행에 대한 진술을 듣고 추가적인 증거를 확보할 목적으로, 구속 수감되어 있던 甲(실제로 녹음한 자나 수사기관의 지시에 의하여 녹음을 한 것이므로 실질적인 녹음자는 수사기관이고, 甲은 실질적인 녹음자에 해당하지 않는다.)에게 그의 압수된 휴대전화를 제공하여 피고인과 통화하고 위 범행에 관한 통화 내용을 녹음하게 한 행위는 불법감청에 해당하므로, 그 녹음 자체는 물론 이를 근거로 작성된 녹취록 첨부 수사보고는 (위법수집증거로서) **피고인의 증거동의에 상관없이 그 증거능력이 없다.**(대법원 2010.10.14. 선고 2010도9016) ▶ 수사기관이 甲의 동의는 얻었으나 피고인의 동의 없이 甲과 피고인과의 통화내용을 녹음한 결과물은 **위법수집증거에 해당**하여 피고인의 증거동의의 대상이 되지 않고 절대적으로 증거능력이 없다는 판례이다. 이는 앞에 서술한 사인의 비밀녹음 중 일방당사자 동의 녹음과 같은 법리의 판례이다. 12경승, 14국7, 16법9, 16교정·보호·철경9, 18순경2차, 20경승, 20순경1차, 20국7, 21경간, 21경승, 21순경2차, 22경승, 23경승, 23교정·보호·철경9

5. 비디오테이프의 증거능력

앞에서 서술한 바와 같이 수사기관이 녹화한 비디오테이프는 독립적 증거능력이 없으므로 증거능력 인정여부가 문제되는 것은 기본적으로 사인이 수사 이외의 과정에서 녹화한 비디오테이프에 관한 것이다. 비디오테이프의 증거능력에 대하여 판례는 **녹음테이프의 증거능력과 동일하게 판단**한다.

> **관련판례** 비디오테이프의 증거능력
>
> a. 수사기관이 아닌 사인(촬영자=작성자)이 피고인 아닌 사람(원진술자)과의 대화 내용을 촬영한 비디오테이프에 대하여 증거능력을 부여하기 위하여는, 첫째 비디오테이프가 원본이거나 원본으로부터 복사한 사본일 경우에는 복사과정에서 편집되는 등 인위적 개작 없이 원본의 내용 그대로 복사된 사본일 것, 둘째 형사소송법 제313조 제1항에 따라 공판준비나 공판기일에서 원진술자의 진술에 의하여 그 비디오테이프에 녹음된 각자의 진술내용이 자신이 진술한 대로 녹음된 것이라는 점(성립의 진정)이 인정되어야 할 것인바, 비디오테이프에 촬영, 녹음된 내용을 재생기에 의해 시청을 마친 원진술자가 비디오테이프의 피촬영자의 모습과 음성을 확인하고 자신과 동일인이라고 진술한 것은 비디오테이프에 녹음된 진술내용이 자신이 진술한 대로 녹음된 것이라는 취지의 진술을 한 것(성립의 진정을 증명한 것)으로 보아야 한다.(대법원 2004.9.13. 선고 2004도3161) [F4] 12검찰 · 마약9, 18순경2차
>
> b. 수사과정에서 검사가 피의자인 갑과 그 사건에 관하여 대화하는 내용과 장면을 녹화한 비디오테이프에 대한 법원의 검증조서는 비디오테이프의 녹음내용이 피의자신문조서와 실질적으로 같으므로 **피의자신문조서에 준하여 증거능력을 가려야 한다.**(대법원 1992.6.23. 선고 92도682) [F4] 12법9, 13경승, 14경승, 19순경1차
> ▶ 이 판례는 수사기관의 영상녹화물에 대하여 증거능력을 인정하지 않는 현행법에 어긋나는 판례이다. 하지만 여전히 출제될 때가 있다. 시험에 이 판례가 출제되면 이 판례의 내용 그대로 답을 하면 된다.

6. 컴퓨터디스켓의 증거능력

> **관련판례** 컴퓨터디스켓의 증거능력
>
> a. [1] 압수물인 디지털 저장매체로부터 출력한 문건을 증거로 사용하기 위해서는 **디지털 저장매체 원본에 저장된 내용과 출력한 문건의 동일성이 인정되어야 하고**, 이를 위해서는 디지털 저장매체 원본이 압수시부터 문건 출력시까지 변경되지 않았음이 담보되어야 한다. [F4] 15순경1차, 15국7, 16경승, 17경간, 17순경2차, 19국9, 20법9
> [2] 압수된 디지털 저장매체로부터 출력한 문건을 진술증거로 사용하는 경우, 그 기재 내용의 진실성에 관하여는 전문법칙이 적용되므로 형사소송법 **제313조 제1항에 따라** 그 작성자 또는 진술자의 진술에 의하여 그 성립의 진정함이 증명된 때에 한하여 이를 증거로 사용할 수 있다.(대법원 2007.12.13. 선고 2007도7257) [F4] 10경위, 14순경2차, 15국7, 16국9, 17법9, 18경승, 19경간, 21경승
>
> > **같은 취지의 판례**
> >
> > 컴퓨터 디스켓에 들어 있는 문건이 증거로 사용되는 경우 그 컴퓨터 디스켓은 실질은 피고인 또는 피고인 아닌 자의 진술을 기재한 서류와 크게 다를 바 없다. 따라서 전문법칙이 적용되고, **제313조 제1항에 의하여** 성립의 진정이 증명된 때에 한하여 증거로 할 수 있다.(대법원 1999.9.3. 선고 99도2317) [F4] 08순경1차, 21국9
>
> b. 피고인 또는 피고인 아닌 사람이 컴퓨터용디스크 그 밖에 이와 비슷한 정보저장매체에 입력하여 기억된 문자정보 또는 그 출력물을 증거로 사용하는 경우, 이는 실질에 있어서 피고인 또는 피고인 아닌 사람

이 작성한 진술서나 그 진술을 기재한 서류와 크게 다를 바 없고, 압수 후의 보관 및 출력과정에 조작의 가능성이 있으며, 기본적으로 반대신문의 기회가 보장되지 않는 점 등에 비추어 그 내용의 진실성에 관하여는 (전문증거에 해당하므로) 전문법칙이 적용되고, 따라서 원칙적으로 형사소송법 **제313조 제1항에 의하여** 그 작성자 또는 진술자의 진술에 의하여 성립의 진정함이 증명된 때에 한하여 이를 증거로 사용할 수 있다. 다만 정보저장매체에 기억된 문자정보의 내용의 진실성이 아닌 그와 같은 내용의 문자정보의 존재 그 자체가 직접 증거로 되는 경우에는 (원본증거이므로) 전문법칙이 적용되지 아니한다고 할 것이다.(대법원 2013.2.15. 선고 2010도3504) [F4] 15국7, 21경승

c. 디지털 저장매체에 저장된 로그파일의 원본이 아니라 그 복사본의 일부 내용을 요약·정리하는 방식으로 새로운 문서파일이 작성된 경우 그(새로운) 문서파일 또는 거기에서 출력한 문서를 로그파일 원본의 내용을 증명하는 증거로 사용하기 위하여는 피고인이 이를 증거로 하는 데 동의하지 아니하는 이상 **그(새로운) 문서파일의 기초가 된 로그파일 복사본과 로그파일 원본의 동일성도 인정되어야 한다.** 나아가 이때 새로운 문서파일 또는 거기에서 출력한 문서를 진술증거로 사용하는 경우 그 기재 내용의 진실성에 관하여는 전문법칙이 적용되므로 형사소송법 제313조 제1항에 따라 공판준비기일이나 공판기일에서 그 작성자 또는 진술자의 진술에 의하여 성립의 진정함이 증명된 때에 한하여 이를 증거로 사용할 수 있다.(대법원 2015.8.27. 선고 2015도3467) 그러므로 새로 작성한 파일을 출력한 문서는 로그파일의 복사본과 원본의 동일성이 인정되고, 제313조 제1항의 요건을 갖추면 로그파일 원본의 내용을 증명하는 증거로 사용할 수 있다. [F4] 19국9, 19순경1차

7. 거짓말탐지기 검사결과의 증거능력

관련판례 거짓말탐지기 검사결과의 증거능력

a. "거짓말을 하면 반드시 심리 상태의 변동이 일어나야 하고, 심리상태의 변동은 반드시 생리적 반응을 일으켜야 하며, 거짓 여부를 정확히 판정할 수 있는 장치여야 하고, 검사자가 **객관성**(주관적×) 있고 정확하게 판독할 능력이 있어야 한다."는 전제요건을 모두 갖춘 경우 거짓말탐지기 검사결과는 **감정서**(제313조 3항)에 준하여 증거능력이 있으나, **정황증거의 기능**을 하는데 그친다.(대법원 1987.7.21. 선고 87도968)
[F4] 21경승, 23국7

b. 거짓말탐지기의 사용은 피검사자의 동의를 전제로 하여 허용되므로 **진술거부권이 침해된다고 할 수 없다.** (대법원 1987.7.21. 선고 87도968)

c. 거짓말탐지기의 사용으로 인하여 얻은 자백은 **증거능력이 인정**된다.(대법원 1983.9.13. 선고 83도712)

제 6 절 당사자의 동의와 증거능력(증거동의)

Ⅰ 서론

1. 관련조문

검사와 피고인이 증거로 할 수 있음을 동의한 서류 또는 물건은 (법원이)진정한 것으로 인정한 때에는 증거로 할 수 있다.(제318조 제1항) 법9, 국7, 법승, 11검찰·마약9, 12경간, 13경승, 15순경2차, 16경승, 21경승

2. 증거동의의 의의

증거동의란 증거능력 없는 증거에 대하여 **당사자가 증거동의 의사표시를 하고 법원이 그 의사표시에 대하여 진정성을 인정하면 증거능력이 인정**되는 당사자의 소송행위를 말한다. 여기서 당사자의 증거동의의 의사표시는 당사자주의적 요소이다. 반면 법원의 진정성 인정은 직권주의적 요소이다. 따라서 증거동의는 당사자주의와 직권주의가 혼합 또는 조화되어 있는 소송행위이다.

3. 증거동의의 취지

증거능력이 없는 전문증거에 대하여 증거조사를 하기 전에 당사자가 증거동의 의사표시를 하고 법원이 이에 대하여 진정성을 인정하면 별도의 증인신문 등 증거조사를 할 필요 없이 증거동의를 한 증거에 대하여 증거능력이 인정된다. 예컨대 검사가 A, B, C 증거를 제출하였다고 가정하자. 이 때 피고인이 B, C 증거에 대해서는 증거동의를 하지 않고 A 증거에 대해서는 증거동의를 하였다면, B, C 증거에 대하여는 법원이 증거조사를 할 필요가 있지만, A 증거에 대하여는 증거조사를 할 필요가 없다. A 증거에 대한 증거조사를 생략함으로써 B, C 증거만 증거조사를 하면 되기 때문에 A, B, C 증거를 모두 조사할 때보다 재판은 빨리 진행되게 된다. 또한 피고인이 모든 공소사실을 자백하고 빨리 공판절차를 끝내기를 원한다면 피고인은 A, B, C 증거를 모두 포괄적으로 동의할 수 있다. 이런 경우에는 아예 증거조사 절차를 생략할 수 있게 되므로 재판은 훨씬 더 빨리 진행되게 된다. 결국 증거동의를 하면 증인신문 등의 증거조사 절차를 생략할 수 있으므로 **신속한 재판의 원칙을 실현**한다.

4. 증거동의의 본질

판례는 "제318조 제1항(당사자의 동의와 증거능력)은 전문증거금지의 원칙에 대한 예외로서 **반대신문권을 포기**하겠다는 피고인의 의사표시에 의하여 서류 또는 물건의 증거능력을 부여하려는 규정이다.(대법원 1983.3.8. 선고 82도2873)"라고 한다. 13국7, 15순경2차, 23순경1차 즉 증거동의는 증거능력 없는 전문증거에 대하여 당사자가 반대신문권을 포기한 것으로 보는 **반대신문권포기설**이 판례의 입장이다. 경승

5. 증거동의와 전문법칙과의 관계

증거동의와 전문법칙과의 관계에 관하여 판례는 증거동의는 전문법칙의 예외에 해당한다는 **전문법칙예외설**을 취한다. 즉 판례는 제318조 제1항(증거동의)의 진정성의 인정을 <u>신용성의 정황적 보장</u>과 같은 의미로 이해한다. (대법원 1983.3.8. 선고 82도2873) 당사자가 증거동의를 하면 증거능력 없는 전문증거라도 증거능력이 인정되어 유죄의 증거로 사용될 수 있기 때문에 증거동의는 전문법칙의 예외로 보는 것이다. 22순경2차

II 동의의 방법

1. 증거동의의 주체와 상대방

(1) 증거동의의 주체 법9, 9, 국7, 법승

증거동의의 의사표시를 하는 주체는 **당사자(검사와 피고인)**이다. 법원이 직권으로 수집한 증거에 대해서는 검사와 피고인 **양당사자의 동의를 요**한다. 그러나 검사와 피고인 일방이 신청한 증거에 대해서는 **타방당사자의 동의가 있으면 충분**하다. <u>변호인은 피고인의 명시적 의사에 반해서는 증거동의를 할 수 없으나, 묵시적 의사에 반해서는 증거동의를 할 수 있다는 것이 판례이다.</u>(대법원 1988.11.8. 선고 88도1628) 18법9, 19검찰·마약9, 20순경1차, 22국9, 23경간

> **관련판례** 증거동의의 주체
>
> a. '피고인이 출석한 공판기일에서 증거로 하는 데 부동의한다는 의견이 진술된 후(피고인이 명시적으로 증거동의를 하지 않겠다는 의사표시를 한 후)' 피고인이 출석하지 아니한 공판기일에 변호인만이 출석하여 증거로 하는 데 동의한 경우, 변호인은 피고인의 명시한 의사에 반하여 증거로 함에 동의할 수는 없으므로 **변호인의 증거동의는 특별한 사정이 없는 한 효력이 없다**고 보아야 한다.(대법원 2013.3.28. 선고 2013도3) 14순경1차, 15교정·보호·철경9, 16순경1차, 18경간, 19법9, 20법9, 22경간, 22경승, 22순경1차, 22국7, 23순경1차, 23법9
>
> b. 형사소송법 제318조에 규정된 증거 동의는 소송 주체인 검사와 피고인이 하는 것이고, 변호인은 피고인을 대리하여 증거 동의에 관한 의견을 낼 수 있을 뿐이므로, 피고인이 변호인과 함께 출석한 공판기일의 공판조서에 검사가 제출한 증거에 대하여 동의한다는 기재가 되어 있다면 **이는 피고인이 증거 동의를 한 것으로 보아야 하고, 그 기재는 절대적인 증명력을 가진다.**(대법원 2016.3.10. 선고 2015도19139) 16국7, 17국7, 19순경2차, 20경간, 20국7, 23경간
>
> c. 검사 작성의 피고인 아닌 자에 대한 진술조서에 관하여 피고인이 공판정진술과 배치되는 부분은 부동의 한다고 진술한 것은 **조사 내용의 특정부분에 관하여 증거로 함에 동의한다는 특별한 사정이 있는 때와는 달리 그 조서를 증거로 함에 동의하지 아니한다는 취지로 해석하여야 한다.**(대법원 1984.10.10. 선고 84도1552) 16순경2차, 23국7
>
> d. 피고인이 사법경찰관 작성의 피해자진술조서를 증거로 동의함에 있어서 그 동의가 법률적으로 어떠한 효과가 있는지를 모르고 한 것이었다고 주장하더라도 **변호인이 그 동의 시 공판정에 재정하고 있으면서 피고인이 하는 동의에 대하여 아무런 이의나 취소를 한 사실이 없다면 그 동의에 무슨 하자가 있다고 할 수 없다.**(대법원 1983.6.28. 선고 83도1019) 16순경2차, 22경간

e. 검찰관이 공판기일에 제출한 증거 중 뇌물공여자 갑이 작성한 고발장에 대하여 피고인의 변호인이 증거 부동의 의견을 밝히고, 같은 고발장을 첨부문서로 포함하고 있는 검찰주사보 작성의 수사보고에 대하여는 증거에 동의하여 증거조사가 행하여진 경우, 위 **고발장은 유죄의 증거로 삼을 수 없다.** 첨부된 고발장은 적법한 증거신청·증거결정·증거조사의 절차를 거쳤다고 볼 수 없기 때문이다.(대법원 2011.7.14. 선고 2011도3809) 20경간, 22순경1차

(2) 증거동의의 상대방

당사자의 증거동의는 법원에게 하여야 한다. 즉 증거동의 상대방은 **법원**이다. 당사자가 아니다.

2. 증거동의의 대상

서류	**증거능력이 없는 전문서류**(예 피의자신문조서, 참고인진술조서, 서류의 사본, 재전문증거 등)는 증거동의의 대상이 된다. 또한 **전문진술**도 증거동의의 대상이 된다. **관련판례** 증거동의의 대상이 될 서류 증거동의의 대상이 될 서류는 원본에 한하는 것이 아니라 그 사본도 포함된다.(대법원 1986.7.8. 선고 86도893)
물건	판례는 형사소송법 제318조에서 물건도 증거동의의 대상으로 규정하고 있기 때문에 **물건도 증거동의의 대상**이 된다는 입장이다.(대법원 1995.1.24. 선고 94도1476) 23경간
증거 능력이 없는 전문증거	**증거능력이 없는 전문증거에 한하여** 증거동의의 대상이 된다. 증거능력이 있는 증거에 대하여 증거동의를 할 필요는 없기 때문이다. 반면 위법수집증거는 원칙적으로 증거동의의 대상이 되지 않는다. 또한 임의성 없는 자백, 임의성 없는 진술은 절대로 증거동의의 대상이 되지 않는다. 순경, 14경간, 18교정·보호·철경9, 19법9, 21경간, 23법9
유죄의 자료가 되는 것으로 제출된 증거의 반대증거 서류	이에 대해서는 **증거동의의 대상이 되지 않는다**는 것이 판례의 입장이다. 즉 '유죄의 자료가 되는 것으로 제출된 증거의 반대증거 서류(원칙적으로 피고인이 제출하는 **반증**을 의미)'에 대하여는 그것이 유죄사실을 인정하는 증거가 되는 것이 아닌 이상 반드시 그 진정성립이 증명되지 아니하거나 이를 **증거로 함에 있어서의 상대방의 동의가 없다고 하더라도 증거판단의 자료로 할 수 있다.**(대법원 1981.12.22. 선고 80도1547) ▶ 반증은 증거동의의 대상이 되지 않는다는 판례이다. 12경승, 12법9, 13경승, 15국7, 17경승, 18경간, 19검찰·마약9

3. 증거동의의 시기와 방식

(1) 증거동의의 시기

증거동의의 의사표시는 **원칙적으로 증거조사 전에 하여야** 한다. 증거조사 전이라면 공판기일은 물론 공판준비절차에서도 증거동의를 할 수 있다.

(2) 증거동의의 방식

1) 서면 또는 구술
증거동의의 의사표시는 서면 또는 구술로 할 수 있다.

2) 묵시적 동의
판례는 명시적 동의는 물론 **묵시적 동의도 가능**하다는 입장이다.

> **관련판례** 묵시적 증거동의가 가능한지 여부(적극)
>
> 피고인이 신청한 증인의 증언이 피고인 아닌 타인의 진술을 그 내용으로 하는 전문진술이라고 하더라도 피고인이 그 증언에 대하여 별 의견이 없다고 진술(묵시적 동의)하였다면 그 증언을 **증거로 함에 동의한 것으로 볼 수 있으므로** 이는 증거능력 있다.(대법원 1983.9.27. 선고 83도516) 16국7, 17순경2차, 18법9, 19검찰·마약9, 20경간
>
> > **비교판례**
> >
> > **피고인이 공소사실을 부인하고 있는 상황에서** 검사가 신청한 증인의 법정진술이 전문증거로서 증거능력이 없는 경우 피고인 또는 변호인에게 의견을 묻는 등의 적절한 방법으로 그러한 사정에 대하여 고지가 이루어지지 않은 채 증인신문이 진행되었다면, 피고인이 그 증거조사 결과에 대하여 별 의견이 없다고 진술하였더라도 **증인의 법정증언을 증거로 삼는 데에 동의한 것으로 볼 수 없다.**(대법원 2019.11.14. 선고 2019도11552) 22순경1차

3) 포괄적 동의
판례는 **포괄적 증거동의도 가능**하다는 입장이다.

> **관련판례** 포괄적 증거동의가 가능한지 여부(적극)
>
> 검사가 제시한 모든 증거에 대하여 피고인이 증거로 함에 동의(포괄적 동의)한다는 방식으로 이루어진 것이라 하여도 증거동의로서의 효력을 부정할 이유가 되지 못한다.(대법원 1983.3.8. 선고 82도2873) 09국9, 10경위, 11검찰·마약9, 13국7, 16국7, 17순경2차, 18순경3차, 20순경1차, 20국7, 21경간, 21국7, 23법9

4) 일부 동의
불가분적 증거에 대해서는 당연히 일부동의를 할 수 없다. 반면 증거서류의 내용이 **가분적인 경우에는 일부동의도 가능**하다는 것이 판례의 태도이다.

> **관련판례** 증거내용이 가분적인 경우 일부에 대한 증거동의가 가능한지 여부(적극)
>
> 피고인들이 제1심 법정에서 경찰의 검증조서 가운데 범행부분만 부동의(일부는 부동의)하고 현장상황 부분에 대해서는 모두 증거로 함에 동의(일부는 동의)하였다면, 위 검증조서 중 범행상황(현장상황으로 새겨서 읽을 것) 부분만을 증거로 채용한 제1심판결에 잘못이 없다.(대법원 1990.7.24. 선고 90도1303) 순경, 법9, 11검찰·마약9, 21경승, 21국7, 22경승, 22국9

III 증거동의의 의제(간주)

다음의 경우에는 당사자가 증거동의를 한 것으로 간주된다.

가. 경미사건(법정형이 다액 500만 원 이하의 벌금 또는 과료에 해당하는 사건)에 있어서 피고인이 불출석한 경우; (제277조 제1호, 제318조 제2항)
나. 공소기각·면소의 재판을 할 것이 명백한 사건에서 피고인이 불출석한 경우(제277조 제2호, 제318조 제2항)
다. 피고인이 법인인 경우 그 대리인이 불출석한 경우(제276조 단서, 제318조 제2항)
라. 피고인이 재판장의 허가 없이 퇴정한 경우에는 필요적 변호사건일지라도 증거 동의한 것으로 간주된다는 것이 판례의 태도이다.(대법원 1991.6.28. 선고 91도865) [F4] 20순경1차, 20국9, 21경간, 22경승, 22국9, 23순경1차 즉 필요적 변호사건이라 하여도 피고인이 재판거부의사를 표시하고 재판장의 허가 없이 퇴정한 후 변호인마저 이에 동조하여 퇴정해 버린 경우, 피고인과 변호인이 출석하지 않은 상태에서 증거조사를 할 수밖에 없는 때에는 피고인의 증거동의가 있는 것으로 간주한다. ▶ 피고인측의 방어권 남용 내지는 변호인의 변호권 포기로 볼 수밖에 없기 때문이다.
마. **피고인의 출정 없이 증거조사를 할 수 있는 경우에 피고인이 출정하지 아니한 때에는 증거동의가 있는 것으로 간주한다.**(제318조 제2항 본문) 단, 대리인 또는 변호인이 출정한 때에는 증거 동의한 것으로 간주되지 않는다.(제318조 제2항 단서) [F4] 19법9, 21경승, 23경승 대리인 또는 변호인이 출정 했으나 진술하지 않은 경우에도 증거 동의한 것으로 간주되지 않는다.

> **관련판례** 증거동의를 한 것으로 간주되는 경우
>
> a. 약식명령에 불복하여 정식재판을 청구한 피고인이 정식재판절차에서 2회 불출정하여 법원이 피고인의 출정 없이 증거조사를 하는 경우에 위 법 제318조 제2항에 따른 **피고인의 증거동의가 간주**된다. 증거동의가 간주된 후 피고인이 항소심에 출석하여 간주된 증거동의를 철회 또는 취소한다는 의사표시를 하더라도 **그 증거능력이 상실되는 것이 아니다.**(대법원 2010.7.15. 선고 2007도5776) [F4] 17경승, 17검찰·마약9, 17순경2차, 18법9, 18검찰·마약9, 19법9, 20경승, 20법9, 22경간, 23순경1차, 23법9
>
> b. 소송촉진 등에 관한 특례법 제23조에 의하여 피고인이 공시송달의 방법에 의한 공판기일 소환을 2회 이상 받고도 출석하지 않아 법원이 피고인의 출정 없이 증거조사를 하는 경우, 형사소송법 제318조 제2항에 따라 **피고인의 증거동의가 간주**된다.(대법원 2011.3.10. 선고 2010도15977) [F4] 17국7, 20법9

바. 간이공판절차의 결정이 있는 경우 전문증거(제310조의2, 제312조 내지 제314조 및 제316조)에 대하여 당사자가 증거 동의한 것으로 간주된다. 단, 검사·피고인 또는 변호인의 이의가 있는 때는 증거 동의한 것으로 간주되지 않는다.(제318조의3) [F4] 21경간
사. 구속된 피고인이 정당한 사유 없이 출석을 거부하고 교도관에 의한 인치가 불가능하거나 현저히 곤란하다고 인정되는 경우(제277조의2 제1항, 제318조 제2항)

IV 증거동의의 효과

1. 증거능력의 인정

당사자가 증거동의의 의사표시를 하고 법원이 진정성을 인정한 때에는 제312조 내지 제314조, 제316조의 요건

을 갖추지 못하여 **증거능력이 없는 전문증거라도 증거능력이 인정**된다. 증거동의를 한 당사자는 증거능력을 다툴 수는 없으나, 증명력을 다툴 수는 있다는 것이 다수설이다. 증거동의로 인하여 인정되는 것은 증거능력이지 증명력이 인정되는 것은 아니기 때문이라는 것이 다수설의 논거이다. 다만, 증거동의를 한 당사자가 원진술자를 증인으로 신청하여 반대신문을 통하여 증명력을 다툴 수는 없다. 증거동의의 본질은 반대신문권의 포기에 있기 때문이다.

2. 증거동의의 효력이 미치는 범위

증거동의의 효력은 **증거동의를 한 피고인에게만 미친다**. 따라서 공동피고인 중의 1인(甲)이 증거동의를 한 경우 증거동의를 하지 않은 다른 공동피고인(乙)에게는 증거동의의 효력이 미치지 않는다. 또한 증거동의의 효력은 **공판절차의 갱신이 있거나 심급을 달리하는 경우에도 유지**된다. 왜냐하면 증거동의의 효력은 **확정적으로 발생**하기 때문이다. F4 국9, 국7, 법9, 법승, 순경, 경승

> 📖 **관련판례** 증거동의의 효력이 항소심에서 유지되는지 여부(적극)

피고인들이 제1심 법정에서 경찰작성 조서들에 대하여 증거로 함에 동의하였다면 그 후 항소심(제2심)에서 범행 인정 여부를 다투고 있다하여도 **이미 (증거)동의한 효과에 아무런 영향을 가져오지 아니한다**.(대법원 1990.2.13. 선고 89도2366) F4 10경사, 18법9, 19검찰 · 마약9, 22국9

V 증거동의의 취소와 철회

증거동의의 취소	증거동의의 취소를 인정할 것인지 여부에 대하여 긍정설과 부정설이 대립한다.
증거동의의 철회	판례는 증거동의의 의사표시는 **증거조사가 완료되기 전까지 취소 또는 철회할 수 있으나, 일단 증거조사가 완료된 뒤에는 취소 또는 철회가 인정되지 아니**하므로 제1심에서 한 증거동의를 제2심에서 취소할 수 없고, 취소 또는 철회하더라도 취소 또는 철회 이전에 이미 취득한 증거능력이 상실되지 않는다는 입장이다.(대법원 1999.8.20. 선고 99도2029) F4 09국9, 10경사 · 경위, 11 · 12법9, 12경간 · 국7 · 순경3차, 13경승, 13국7, 13교정 · 보호 · 철경9, 14순경차, 14국7, 15순경2차, 16경승, 16순경1차, 16국7, 17경간, 17법9, 18경간, 18법9, 18순경3차, 20경간, '22순경1차, 23경간 ▶ 제1심에서 한 증거동의를 제2심에서 취소 또는 철회할 수 없는 이유는 제1심에서 증거조사가 완료되었기 때문에 제1심판결이 선고된 것이고, 제1심판결에 불복하여 제2심에 항소한 것이므로 **제2심에서는 이미 제1심에서의 증거조사가 완료된 후이므로 제1심에서 한 증거동의를 취소 또는 철회할 수 없는 것이다.**

제 7 절 탄핵증거

I 서론

1. 관련조문과 탄핵증거의 의의

관련 조문	'제312조부터 제316조까지의 규정(전문법칙의 예외규정)에 따라 증거로 할 수 없는 서류나 진술 (증거능력이 없는 전문증거)이라도' 공판준비 또는 공판기일에서의 **피고인 또는 피고인이 아닌 자** (공소제기 전에 피고인을 피의자로 조사하였거나 그 조사에 참여하였던 자를 포함한다. 이는 수사경찰관·수사검사 등 '**조사자**'를 말한다.)**의 진술의 증명력(신빙성 또는 믿음)을 다투기 위하여 증거로 할 수 있다.**(제318조의2 제1항) 기출 17교정·보호·철9, 21순경1차, 23경승 여기서 진술의 증명력을 다투기 위한 증거를 탄핵증거라고 한다. 이 규정을 간단히 표현하면 "**증거능력이 없는 전문증거라도 탄핵증거로 사용할 수 있다**"는 것이다.
탄핵 증거의 의의	탄핵증거란 **진술의 증명력을 다투기 위한 증거**를 말한다. 따라서 **탄핵증거는 '범죄사실 또는 간접사실을 인정(유죄를 인정)'하는데 사용할 수 없다.**(대법원 1996.9.6. 선고 95도2945) 기출 09국7, 11순경1차, 16국7, 17교정·보호·철9, 18경간, 18순경1차, 19경승, 20순경1차, 20국9, 21경승 즉 탄핵증거는 피고인 또는 피고인 아닌 자의 진술이 신빙성(증명력)이 없음을 증명하기 위한 증거이지 유죄의 증거가 아니다.

2. 탄핵증거의 증거능력 요부 및 탄핵증거와 전문법칙과의 관계

탄핵 증거의 증거 능력 요부	탄핵증거는 '범죄사실을 인정하는 증거(유죄의 증거)'가 아니므로 그것이 증거서류이든 진술이든 간에 유죄의 증거에 관한 소송법상의 **엄격한 증거능력을 요하지 아니한다.**(대법원 1985.5.14. 선고 85도441) 기출 07법9, 07순경2차, 11경위, 16법9, 16순경1차, 18순경3차, 21경승, 21순경1차, 23국7 따라서 증거능력이 없는 전문증거라도 탄핵증거로 사용할 수 있다. 전문증거는 범죄사실을 인정하기 위한 증거이므로 증거능력을 요한다는 것과 다르다.
탄핵 증거와 전문 법칙과의 관계	탄핵증거에는 전문법칙이 적용되지 않는다는 **전문법칙부적용설이 통설**이다. 탄핵증거는 범죄사실을 인정하기 위한 증거가 아니라 단지 진술의 증명력을 다투기 위한 증거이므로 범죄사실을 인정하기 위하여 사용되는 전문증거와 달리 증거능력의 인정요건을 갖추지 못하여 증거능력이 없는 전문증거라도 탄핵증거로 사용할 수 있기 때문이다. 기출 경승, 22순경2차

II 탄핵의 대상

1. 피고인 또는 피고인 아닌 자의 진술의 증명력

① 탄핵의 대상은 공판준비 또는 공판기일에서의 피고인 또는 피고인이 아닌 자(증인·감정인, 조사자 등)의 진술의 증명력이다.(제318조의2 제1항) F4 법9, 10순경1차 **피고인의 법정 진술뿐만이 아니라 법정 외 진술도 탄핵의 대상이 된다.** F4 14경간

> **관련판례**
>
> 사법경찰리 작성의 피고인에 대한 피의자신문조서와 '피고인이 작성한 자술서(이는 사법경찰리의 수사과정에서 피고인이 피의자로서 진술한 내용을 기재한 서류로서 실질적으로 피의자신문조서에 해당한다.)'들은 피고인이 각 그 내용을 부인하는 이상 증거능력이 없으나 그러한 증거(증거능력 없는 전문증거)라 하더라도 그것이 임의로 작성된 것이 아니라고 의심할 만한 사정이 없는 한 **피고인의 법정에서의 진술을 탄핵하기 위한 반대증거(탄핵증거)로 사용할 수 있다.**(대법원 1998.2.27. 선고 97도1770) F4 07법9, 10·11순경1차, 11경위, 13국9, 13순경2차, 14순경2차, 15국7, 16법9, 16순경1차, 16국7, 18경간, 20순경1차, 20국9, 21경승, 21순경1차, 22경간, 23국7 ▶ 이는 사법경찰리 작성 피의자신문조서가 증거능력의 인정요건을 갖추지 못하여 **증거능력이 없는 전문증거가 되면 이를 유죄의 증거로는 사용할 수 없으나, 탄핵증거로는 사용할 수 있다**는 판례이다.

② 주신문 또는 반대신문의 경우에는 '증언의 증명력을 다투기 위하여 필요한 사항에 관한 신문(탄핵신문)'을 할 수 있다.(규칙 제77조 제1항) ▶ 반대신문은 물론 주신문에서도 '증언의 증명력을 다투기 위한 **탄핵신문**'이 가능하다. 이는 피고인신문에 있어서도 마찬가지이다. F4 10순경1차, 13순경1차

TIP **탄핵신문**; 탄핵신문이란 증인의 증언이나 그 밖의 사람들의 진술을 책망하기(꾸짖기) 위해서 하는 신문을 말한다. 즉 증인의 증언 등이 믿을 수 없는 진술이라고 다투기 위해서 하는 신문을 탄핵신문이라고 한다.

③ ②의 탄핵신문은 증인의 경험, 기억 또는 표현의 정확성 등 증언의 신빙성에 관한 사항 및 증인의 이해관계, 편견 또는 예단 등 증인의 신용성에 관한 사항에 관하여 한다. 다만, **증인의 명예를 해치는 내용의 신문을 하여서는 아니 된다.**(규칙 제77조 제2항) F4 10순경1차

2. 자기 측 증인

자기 측 증인의 증언이 탄핵의 대상이 될 수 있는지 여부에 대하여 견해가 대립하나, 자기 측 증인도 불리한 증언을 할 수 있으므로 탄핵의 대상이 된다는 긍정설이 타당하다.

III 탄핵증거로 사용할 수 있는지 여부(탄핵증거의 자격)

1. 임의성 없는 자백·진술 등

임의성 없는 자백과 진술(제309조 및 제317조), 위법수집증거(제308조의2)는 절대로 **탄핵증거로 사용할 수 없다.** F4 법9, 국9, 09국7, 11경위, 12경승, 15순경3차

2. 성립의 진정을 요하는지 여부

전문서류를 탄핵증거로 사용하기 위해서 성립의 진정을 요하는지에 대하여 판례는 **성립의 진정을 요하지 않는다**는 입장이다.(대법원 1972.1.31. 선고 71도2060) [F4] 법승, 20국9 ▶ 전문서류의 성립의 진정이 인정되면 전문증거의 증거능력이 인정될 수 있다. 그런데 증거능력 없는 전문증거라도 탄핵증거로 사용할 수 있다. 그러므로 탄핵증거로 사용하기 위해서 굳이 성립의 진정이 인정될 것을 필요로 하지는 않는다는 취지의 판례이다.

3. 영상녹화물

관련 조문	제318조의2 제1항(증거능력 없는 전문증거라도 탄핵증거로 사용할 수 있다.)에도 불구하고 피고인 또는 피고인 아닌 자의 진술을 내용으로 하는 (수사기관의) 영상녹화물은 공판준비 또는 공판기일에 피고인 또는 피고인 아닌 자가 진술함에 있어서 기억이 명백하지 아니한 사항에 관하여 기억을 환기시켜야 할 필요가 있다고 인정되는 때에 한하여 피고인 또는 피고인 아닌 자에게(검사에게×, 법원에게×) 재생하여 시청하게 할 수 있다.(제318조의2 제2항) [F4] 09국7, 12순경1차, 13순경, 17경승, 18경간, 20경승, 23경승
결어	① 영상녹화물을 본증·반증으로 사용할 수 없고, **탄핵증거로도 사용할 수 없다**. 공판이 영상재판으로 변질되어 공판중심주의가 퇴색될 우려가 있기 때문이다. [F4] 09국7, 11경위, 14경간, 18순경1차 ② 영상녹화물은 수사기관 작성 진술조서의 **실질적 진정성립 증명용(제312조 제4항)과 기억환기용(제318조의2 제2항)으로만 사용 가능**하다. [F4] 14경ить [cf] 영상녹화물을 사법경찰관 작성 피의자신문조서(제312조 제3항)의 내용인정용으로 사용할 수는 없다.

Ⅳ 탄핵증거의 조사방식

[1] 탄핵증거는 범죄사실을 인정하는 증거가 아니므로 엄격한 증거조사를 거쳐야 할 필요가 없으나, 법정에서 이에 대한 **탄핵증거로서의 증거조사는 필요**한 것이고, 한편 증거신청의 방식에 관하여 규정한 형사소송규칙 제132조 제1항의 취지에 비추어 보면 **탄핵증거의 제출에 있어서도 상대방에게 이에 대한 공격방어의 수단을 강구할 기회를 사전에 부여하여야 한다**는 점에서 그 증거와 증명하고자 하는 사실과의 관계 및 입증취지 등을 미리 구체적으로 명시하여야 할 것이므로, 증명력을 다투고자 하는 증거의 어느 부분에 의하여 진술의 어느 부분을 다투려고 한다는 것을 사전에 상대방에게 알려야 한다.(대법원 2005.8.19. 선고 2005도2617) [F4] 법9, 법승, 09순경2차, 09국7, 10순경1차, 11순경1차, 13순경1차, 13국9, 14경간, 14경간2차, 15경승, 15국7, 15순경3차, 16순경1차, 17교정·보호·철경9, 18경간, 18순경1차, 19경승, 20순경1차, 20국9, 20국7, 21경간, 21경승, 22경승, 23국7

[2] 피고인이 내용을 부인하여 증거능력이 없는 사법경찰리 작성의 피의자신문조서에 대하여 비록 당초 증거제출 당시 탄핵증거라는 입증취지를 명시하지 아니하였지만 피고인의 법정 진술에 대한 탄핵증거로서의 증거조사절차가 대부분 이루어졌다고 볼 수 있는 경우에는 **위 피의자신문조서를 피고인의 법정 진술에 대한 탄핵증거로 사용할 수 있다**.(대법원 2005.8.19. 선고 2005도2617) [F4] 15경승, 15순경3차, 18경간

제 8 절 자백의 보강법칙

I 서론

1. 관련조문

'피고인의 자백이 그 피고인에게 불이익한 유일의 증거인 때(자백만이 유일한 유죄의 증거인 때)'에는 이를 유죄의 증거로 하지 못한다.(제310조) F4 10순경1차, 22법9 자백보강법칙은 형소법 제310조는 물론 헌법 제12조 제7항에도 규정이 있다. 그러므로 자백보강법칙은 헌법상의 원칙이다.

2. 자백보강법칙의 의의

자백보강법칙이란 '자백만이 피고인에게 불리한 유일의 증거일 때(자백만이 유일한 유죄의 증거인 때)'에는 **법관이 유죄의 확신을 가질지라도 보강증거 없이는 유죄판결을 할 수 없다는 증거법칙**을 말한다. 즉 자백보강법칙은 자백만이 유일한 유죄의 증거인 경우 법관은 '피고인의 자백의 증명력을 인정해서는 안 되고(피고인의 자백을 믿어서는 안 된다는 뜻)', 그 결과 자백을 유죄의 증거로 삼을 수 없다는 증거법칙이다. 자유심증주의에 의하면 법관이 유죄의 확신을 가진 경우에는 당연히 유죄판결을 할 수 있다. 그러나 자백의 보강법칙은 법관이 유죄의 확신을 가진 경우에도 유죄판결을 할 수 없기 때문에 **자유심증주의의 예외에 해당**한다. F4 법9, 10국9, 12순경1차, 23경간

3. 자백보강법칙의 필요성 F4 08경사, 10국9

오판 방지	피고인에게 불리한 유일의 증거인 피고인의 자백이 허위일 경우 그 자백만을 근거로 유죄판결을 선고하게 되면 죄 없는 자에 대하여 유죄로 판단하게 되는 오판(잘못된 판단)을 하게 되므로 오판을 방지하기 위하여 자백의 보강법칙이 필요하다.
인권 침해 방지	피고인에게 불리한 유일의 증거인 자백만 가지고 유죄판결을 선고할 수 있다면 수사기관은 자백만 받아내면 되기 때문에 자백편중의 수사를 할 염려가 있다. 또한 공판과정에서 자백을 받아내기 위하여 고문 등 인권침해가 발생할 우려가 높다. 따라서 인권침해를 방지하기 위하여 자백의 보강법칙이 필요하다.

4. 자백보강법칙의 적용범위 F4 법9, 국7, 경승, 10국9, 12순경1차, 22경간

(1) 자백보강법칙이 적용되는 경우

검사의 소추에 의하여 공판절차가 진행되고 형사소송법이 적용되는 **일반 형사소송절차에 적용**된다. 따라서 통상의 형사소송절차는 물론 **약식절차와 간이공판절차에는 자백의 보강법칙이 적용**된다. F4 08순경3차 약식절차와 간이공판절차는 검사의 소추에 의하여 공판절차가 진행되고 형사소송법이 적용되기 때문이다.

(2) 자백보강법칙이 적용되지 않는 경우

즉결심판절차법이 적용되고 경찰서장 또는 해양경찰서장의 청구에 의하여 개시되는 **즉결심판절차**와 소년법이 적용되는 **소년보호사건**에는 자백의 보강법칙이 **적용되지 않는다**.(대법원 1982.10.15. 자 82모36) 그러므로 즉결심판절차와 소년보호사건에서는 피고인의 자백만으로 범죄사실을 인정할 수 있고, 별도의 보강증거를 요하지 않는다. F4 08순경2차, 10·12법9, 17법9, 18경승, 18교정·보호, 철경9, 19국7, 20경간

(3) 암기방법

* 약간 적용, 즉소 적용×

II 보강을 필요로 하는 자백에 해당하는지 여부

1. 피고인의 자백

넓게 해석 F4 법9, 경승, 순경, 국9	피고인의 자백은 보강을 필요로 한다. '보강을 필요로 하는 자백(보강법칙이 적용되는 피고인의 자백)'은 넓게 인정하는 것이 피고인에게 유리하므로 넓게 해석한다. 자백배제법칙에서의 자백도 마찬가지이다. 따라서 피고인, 피의자, 증인의 지위에서 한 자백, 수사기관·법원·법관에게 한 자백, 구두 자백·서면 자백 모두 자백보강법칙이 적용되는 자백에 해당한다. cf 그러나 간이공판절차는 피고인에게 불리한 제도이므로 간이공판절차에서의 피고인 자백은 좁게 해석한다.
피고인의 공판정 자백	피고인의 공판정 자백에 대해서도 자백의 보강법칙이 적용된다는 것이 판례의 태도이다. 따라서 **피고인의 공판정 자백도 보강을 필요로 하는 자백에 해당**한다. F4 법승, 10순경1차, 15법9, 17법9, 24경간 **관련판례** 피고인의 자백이 그에게 불리한 유일한 증거인 때에는 그 자백이 공판정에서의 자백이든 피의자로서의 조사관에 대한 진술이든 그 자백의 증거능력이 제한되어 있다.(대법원 1966.7.26. 선고 66도634 전원합의체 판결) ▶ 피고인의 공판정 자백도 보강을 필요로 하는 자백에 해당한다는 판례이다.

2. 공범자의 자백

공범자의 자백은 보강을 필요로 하는 자백이 아니라는 불요설이 판례의 태도이다.

관련판례 공범자의 자백이 보강을 필요로 하는 자백인지 여부(소극)

제310조(자백의 보강법칙)의 피고인의 자백에는 **공범인 공동피고인의 진술(공범자의 자백)은 포함되지 않으**며, 이러한 공범인 공동피고인의 진술에 대하여는 피고인의 반대신문권이 보장되어 있어 다른 공동피고인에 대한 범죄사실을 인정하는데 있어서 증거로 쓸 수 있고, **그에 대한 보강증거의 여부는 법관의 자유심증에 맡긴다**.(대법원 1985.3.9. 선고 85도951, 대법원 1992.7.28. 선고 92도917) F4 10경사, 12경승·12법9, 13국7, 14순경1차, 14법9, 15국7, 16순경1차, 16국9, 16순경2차, 18경승, 18국7, 18순경3차, 21국간, 22경승, 22국9, 23경간, 24경간 또한 이는 피고인들 간에 이해관계가 상반된다고 하여도 마찬가지이다.(대법원 2006.5.11. 선고 2006도1944) F4 17국7, 19교정·보호·철경9, 23경승, 23법9 ▶ '보강증거의 여부는 법관의 자유심증에 맡긴다.'는 것은 보강증거가 필요한지 여부에 대하여 법관이 자유로이 판단할 수 있다는 것이므로 결국엔 보강증거가 필요 없다는 뜻이다.

> **같은 취지의 판례**
>
> 공범인 공동피고인의 진술(공범자의 자백)은 다른 공동피고인에 대한 범죄사실을 인정하는데 있어 증거로 쓸 수 있는 것이므로 **유죄의 상호증거로 사용할 수 있다.**(대법원 1986.10.28. 선고 86도1773) 순경, 국9, 국7, 12경승, 15경승, 17국9, 22경간, 22경승 ▶ 위의 2개의 판례는 **공범자의 자백에 대해서는 보강증거가 필요 없다**는 취지의 판례이다. 따라서 공범자의 자백만이 피고인에게 불이익한 유일의 증거인 경우에도 법원은 보강증거 없이 피고인에 대하여 유죄판결을 선고할 수 있다.

Ⅲ 보강증거의 자격

1. 일반적 자격

모든 보강증거는 다음의 자격을 갖추고 있어야 보강증거로 사용할 수 있는 자격이 있다.

(1) 증거능력 있는 증거일 것

보강증거로 사용할 수 있으려면 **증거능력이 있는 증거라야 한다**. 피고인의 자백과 보강증거가 결합되어 유죄판결의 선고가 가능하므로 보강증거는 유죄의 증거이기 때문이다. 따라서 증거능력이 없는 전문증거는 보강증거가 될 수 없다. 법승

(2) 독립증거일 것

1) 실질적으로 독립된 증거일 것

보강증거가 되기 위해서는 **피고인의 자백과 실질적으로 독립된 증거라야 한다**. 따라서 **피고인의 자백을 피고인의 또 다른 자백으로 보강할 수는 없다**. 피고인의 또 다른 자백은 피고인의 자백과 독립한 증거가 아니기 때문이다. 국9, 국7, 법승, 08순경2차, 11순경1차, 22경승

> **관련판례** 피고인의 자백을 피고인의 또 다른 자백으로 보강할 수 있는지 여부(소극)
>
> 피고인의 자백이 그에게 불리한 유일한 증거인 때에는 그 자백이 공판정에서의 자백이든 피의자로서의 조사관에 대한 진술이든 그 자백의 증거능력이 제한되어 있고 그 어느 것이나 독립하여 유죄의 증거가 될 수 없으므로 **위 자백을 아무리 합쳐 보더라도 그것만으로는 유죄의 판결을 할 수 없다.**(대법원 1966.7.26. 선고 66도634 전원합의체 판결) ▶ 피고인의 공판정 자백을 피고인의 공판정 외의 자백(검찰 자백, 경찰 자백, 일기장이나 수첩에 기재된 자백)으로 보강할 수 없다는 취지의 판례이다. 피고인의 공판정 자백 이외에 피고인의 검찰 자백이나 경찰 자백이 있는 경우 자백을 여러 번 했을지라도 논리적으로 범행을 시인하는 자백을 했다는 사실은 오직 1개뿐이기 때문에 피고인의 또 다른 자백인 검찰 자백이나 경찰 자백은 독립증거가 될 수 없다. 그러므로 그 피고인의 검찰 자백이나 경찰 자백은 피고인의 공판정 자백에 대하여 보강증거가 될 수 없다. 23경간

2) 독립증거인 한 보강증거의 형태는 불문한다.

독립증거인 한 보강증거의 형태는 묻지 않는다. 따라서 직접증거이건 간접증거(정황증거)이건 인증·물증·서증이건 모두 보강증거로 사용할 수 있다. 순경, 경승, 국9, 국7, 11·12법9, 22경간

📖 **관련판례** 간접증거도 보강증거가 될 수 있는지 여부(적극)

보강증거로서는 직접증거 뿐 아니라 상황증거(간접증거, 정황증거)도 증거능력이 있다.(대법원 1966.7.26. 선고 66도634 전원합의체 판결)

(3) 공범자의 자백의 보강증거 사용 가부

판례는 공범인 공동피고인의 각 진술(공범자의 자백)은 상호간에 서로 보강증거가 될 수 있다고 하여 **공범자의 자백은 보강증거로 사용할 수 있다**는 입장이다.(대법원 1990.10.30. 선고 90도1939) 09국7, 10경위, 10·12법9, 10국9, 11순경1차, 12경승·경간·검찰·마약9, 13교정·보호·철경9, 14경간, 14법9, 15순경1차, 15법9, 16경승, 16국9, 16순경2차, 17경승, 19순경1차, 20경승, 21법9, 22경간

2. 구체적 고찰

보강증거가 자백한 범죄사실과 관련성이 없는 경우에는 보강증거로 사용할 수 없다. 즉 보강증거로 사용할 수 있기 위해서는 보강증거가 자백한 범죄사실과 관련성이 있는 경우라야 한다. 보강증거의 자격이 있는지 여부에 대하여 판례는 보강증거가 될 수 있다고 판시한 것이 압도적으로 많다. 그러므로 보강증거의 자격에 관한 판례를 공부할 때에는 보강증거가 될 수 없다고 한 판례들을 잘 정리하는 방법이 능률적인 공부 방법이다. 아래에 서술하는 5개는 보강증거가 될 수 없다고 판시한 대표적인 판례이다. 객관식에서 이 이외의 판례는 보강증거가 될 수 있다고 생각해도 무방하다. 보강증거가 될 수 없다는 것은 보강증거가 자백한 범죄사실과 전혀 관련성이 없다는 의미이다.

📖 **관련판례** 보강증거가 될 수 없는 경우; 암기방법 * 현봉훈 송자

a. **현**대자동차 춘천영업소를 점거했다가 처벌받은 사실은 학교 총장실을 침입·점거했다는 자백에 대한 보강증거가 될 수 없다.(대법원 1990.12.7. 선고 90도2010)

> 📋 **비교판례**
>
> 소변검사에서 대마 성분 검출기간에 관한 심리가 없었던 경우 국립과학수사연구소장의 감정의뢰회보와 간이소변검사결과는 소변채취 시점으로부터 5일 이전에 대마를 흡연하였다는 자백에 대한 보강증거가 될 수 있다.

b. 자기 집 앞에 세워둔 **봉**고화물차 1대를 도난당하였다는 진술은 피고인의 소매치기 범행에 대한 보강증거가 될 수 없다.(대법원 1986.2.25. 선고 85도2656)

c. **훈**소성 화원에 의한 발화(불이 났다.)라는 감정내용은 피고인이 점포바닥에 타다 남은 성냥개비를 버렸다는 자백에 대한 보강증거가 될 수 없다.(대법원 1979.7.24. 선고 78도3226)

> **TIP** 훈소성 화원
>
> 훈소성 화원이란 불꽃 없이 연소하는 것을 말한다. 훈소성 화원의 대표적인 예로는 '담배'를 들 수 있다. 한편 성냥은 불꽃을 일으키면서 연소하기 때문에 훈소성 화원이 아니다.

d. 필로폰 매수 대금을 **송**금한 사실에 대한 증거는 필로폰 매수죄와 실체적 경합범 관계에 있는 필로폰 투약행위에 대한 보강증거가 될 수 없다.(대법원 2008.2.14. 선고 2007도10937) 10경위, 16국9, 19경승, 19

법9, 20경간 [cf] 필로폰 매수 대금을 송금한 사실은 필로폰 매수행위의 자백에 대한 보강증거가 될 수는 있다. 매수 대금의 송금과 매수행위 사이에는 <u>관련성이 있기 때문</u>이다.

e. 피고인이 범행을 **자**인하는 것을 들었다는 피고인 아닌 자의 진술내용은 형사소송법 제310조의 피고인의 자백에는 포함되지 아니하나 이는 피고인의 자백의 보강증거로 될 수 없다.(대법원 1981.7.7. 선고 81도1314) 이는 사인에 대한 자백으로서 <u>피고인의 또 다른 자백에 해당하여 독립한 증거가치가 없기 때문</u>이다. [F4] 10경장, 10법9, 12경간·국9, 순경3차, 13순경2차, 13경승, 14경간, 14순경1차, 14법9, 14검찰·마약9, 15순경1차, 15법9, 16순경1차, 16국7, 17법9, 18경승, 18교정·보호·철경9, 18순경2차, 19경승, 19국7, 20경7, 21법9, 22경승, 22법9, 23순경1차

관련판례 보강증거가 될 수 있는 경우; 예시적으로 서술(위의 암기방법을 활용하면 되기 때문)

a. 피고인이 뇌물공여 혐의를 받기 전에 이와는 관계없이 자금을 지출하면서 지출 일시, 금액 등의 내역을 <u>그때그때 계속적, 기계적으로 기입한 수첩의 기재내용</u>은 자백이라고 볼 수 없으므로 피고인의 검찰자백에 대한 보강증거가 될 수 있다.(대법원 1996.10.17. 선고 94도2865 전원합의체 판결) [F4] 08순경2차, 10경승, 11순경1차, 12법·검찰·마약9, 13경승, 14경간, 15경승, 16경승, 16국9, 17경승, 18국7, 18순경2차

b. 피고인이 위조신분증을 제시·행사한 사실을 자백한 경우 <u>제시·행사한 위조신분증의 현존</u>은 자백에 대한 보강증거가 된다.(대법원 1983.2.22. 선고 82도3107) [F4] 11순경1차, 14국7, 15경승, 18교정·보호·철경9, 20순경1차

c. <u>자동차등록증에 차량의 소유자가 피고인으로 등록·기재된 것</u>이 피고인이 그 차량을 운전하였다는 사실의 자백 부분에 대한 보강증거가 될 수 있고 결과적으로 피고인의 무면허운전이라는 전체 범죄사실의 보강증거로도 충분하다.(대법원 2000.9.26. 선고 2000도2365) [F4] 국9, 08순경1차, 10경위, 12경간, 16순경2차, 19법9, 19국7

d. 뇌물공여자의 상대방이 뇌물을 수수한 사실을 부인하면서 그 일시 경에 뇌물공여자를 만났던 사실 및 공무에 대한 청탁을 받기도 한 사실 자체를 시인한 경우 이는 뇌물공여자의 자백에 대한 보강증거가 될 수 있다.(대법원 1995.6.30. 선고 94도993) [F4] 08순경1차, 16순경2차, 20경승

e. 뇌물수수자가 무자격자인 뇌물공여자로 하여금 건축공사를 하도급 받도록 알선하고 그 하도급계약을 승인받을 수 있도록 하였으며 공사와 관련된 각종의 편의를 제공한 사실을 인정할 수 있는 증거들은 뇌물공여자의 자백에 대한 보강증거가 될 수 있다.(대법원 1998.12.22. 선고 98도2890) [F4] 08순경1차, 10경장, 17순경2차

f. 공문서인 형사민원사무처리부의 기재내용을 변조하였다는 피고인의 자백에 대하여 피고인이 변조하였다고 기재되어 있는 <u>형사민원사무처리부의 현존</u>은 보강증거가 될 수 있다.(대법원 2001.9.28. 선고 2001도4091) [F4] 08순경1차

g. 2010.2.18. 01:35경 자동차를 타고 온 피고인으로부터 필로폰을 건네받은 후 피고인이 위 차량을 운전해 갔다고 한 갑의 진술과 2010.2.20. 피고인으로부터 채취한 소변에서 나온 필로폰 양성 반응은, 피고인이 2010.2.18. 02:00경의 필로폰 투약으로 정상적으로 운전하지 못할 우려가 있는 상태에 있었다는 공소사실 부분에 대한 자백을 보강하는 증거가 되기에 충분하다.(대법원 2010.12.23. 선고 2010도11272) [F4] 12순경1차, 17순경2차

h. 피고인이 甲과 합동하여 피해자 乙의 재물을 절취하려다가 미수에 그쳤다는 내용의 공소사실을 자백한 경우, 피고인을 현행범으로 체포한 피해자 乙의 수사기관에서의 진술과 현장사진이 첨부된 수사보고서는 피고인 자백의 진실성을 담보하기에 충분한 보강증거가 된다.(대법원 2011.9.29. 선고 2011도8015) [F4] 16국7, 17순경2차, 19경승, 20경간, 23경간

i. 피고인은 다세대주택의 여러 세대에서 7건의 절도행위를 한 것으로 기소되었는데 그 중 4건은 범행장소인 구체적 호수가 특정되지 않은 경우, 위 4건에 관한 피고인의 범행관련 진술이 매우 사실적·구체적·합리적이고 진술의 신빙성을 의심할 만한 사유도 없어 자백의 진실성이 인정된다면 피고인의 집에서 해당 피해품을 압수한 압수조서와 압수물 사진은 위 자백에 대한 보강증거가 된다.(대법원 2008.5.29. 선고 2008도2343) [F4] 10경위, 12경간·순경1차, 17경승, 17순경2차, 19법9

Ⅳ 보강의 범위와 대상

1. 보강의 범위

자백한 범죄사실의 어느 범위까지 보강을 해야 하는지에 대하여 **판례는 진실성담보설**을 취한다. 진실성담보설은 보강증거는 피고인의 자백이 진실하다는 것을 인정할 수 있는 정도만 되면 충분하다는 입장이다.

관련판례 진실성담보설

자백에 대한 보강증거는 범죄사실의 전부 또는 중요 부분을 인정할 수 있는 정도가 되지 아니하더라도 피고인의 자백이 가공적인 것이 아닌 진실한 것임을 인정할 수 있는 정도만 되면 족(충분)할 뿐만 아니라 직접증거가 아닌 간접증거나 정황증거도 보강증거가 될 수 있으며, 또한 자백과 보강증거가 서로 어울려서 전체로서 범죄사실을 인정할 수 있으면 유죄의 증거로 충분하다.(대법원 1999.3.23. 선고 99도338) [F4] 법승, 08순경3차, 10경장·경사, 10법9, 11순경1차, 11법9, 12순경1차·순경3차, 13경2차, 13경승, 13경간, 14경간, 14법9, 15순경1차, 15법9, 16경승, 16국9, 16순경2차, 16국7, 17경승, 17국7, 18경승, 18국7, 18순경2차, 19경승, 19순경2차, 20경간, 20순경1차, 21법9, 22경간, 22경승, 23순경1차, 23법9

2. 보강의 대상

자백에 대한 보강증거는 반드시 그 (보강)증거만으로 객관적 구성요건에 해당하는 사실을 인정할 수 있는 정도의 것임을 요하는 것이 아니다.(대법원 1983.2.22. 선고 82도3107)

Ⅴ 보강증거의 요부(필요성)

1. 보강증거를 필요로 하지 않는 경우

범죄의 주관적 요소	범죄의 주관적 구성요건요소인 <u>고의, 과실, 공모, 목적범의 목적 등은 피고인의 자백만으로도 인정되고, **별도의 보강증거를 요하지 않는다.**</u>(대법원 1983.2.22. 선고 82도3107 등) [F4] 10순경1차, 17법9 주관적 구성요건요소는 행위자의 내심에 있는 것이므로 이에 대한 목격자가 나올 수 없다. 또한 주관적 구성요건요소에 대한 보강증거를 찾는다는 것은 거의 불가능하다고 할 수 있다. 그러므로 주관적 구성요건요소에 대해서는 피고인의 자백만으로 인정되고, 별도의 보강증거를 필요로 하지 않는 것이다.
처벌 조건	처벌조건은 형벌권의 존부와 관련된 사실이지 **범죄사실이 아니므로 별도의 보강증거를 요하지 않는다.**
전과	전과에 관한 사실은 피고인의 자백만으로도 인정할 수 있고, 별도의 보강증거를 요하지 않는다.(대법원 1973.3.20. 선고 73도280) 전과에 관한 사실은 엄격한 의미에서의 범죄사실과는 구별되기 때문이다. [F4] 08순경3차, 13경간, 14법9, 15경간, 20경승
확정판결의 존부	확정판결은 엄격한 의미의 범죄사실과는 구별되는 것이어서 피고인의 자백만으로서도 그 존부를 인정할 수 있고, 별도의 보강증거를 요하지 않는다.(대법원 1983.8.23. 선고 83도820) [F4] 경승

2. 보강증거를 필요로 하는 경우

포괄일죄인 상습범	<u>소변검사 결과와 압수된 약물은 피고인이 투약습성이 있다는 점에 관한 정황증거에 불과하다 할 것인바, 포괄1죄인 상습범에 있어서도 이를 구성하는 각 행위에 관하여 개별적으로 보강증거를 요구하고 있는 점에 비추어 보면 투약습성에 관한 정황증거만으로 향정신성의약품관리법위반죄(현재는 마약류 관리에 관한 법률 위반죄)의 객관적 구성요건인 **각 투약행위가 있었다는 점에 관한 보강증거로 삼을 수는 없다.**</u>(대법원 1996.2.13. 선고 95도1794) [F4] 11법9, 12순경3차, 13경승, 13경간, 15경간, 19국7, 20경간, 22경승, 23순경1차, 23법9
경합범	경합범의 경우에는 **각각의 범죄에 대하여 개별적으로 보강증거를 요한다.**(대법원 2008.2.14. 선고 2007도10937) [F4] 12검찰·마약9, 13경간, 13순경2차, 16경승, 20국7

Ⅵ 자백보강법칙 위반의 효과

'보강증거가 없이 피고인의 자백만을 근거로 공소사실을 유죄로 판단한 경우(자백보강법칙에 위반한 경우)'에는 그 자체로 **판결 결과에 영향을 미친 위법이 있는 것**으로 보아야 한다.(대법원 2007.11.29. 선고 2007도7835) [F4] 10경장, 15순경1차 ▶ 따라서 **상소이유**(제361조의5 제1호, 제383조 제1호)가 된다.

제 9 절 공판조서의 배타적 증명력

I 서론

1. 관련조문

공판기일의 소송절차로서 공판조서에 기재된 것은 그 조서만으로써 증명한다.(제56조)
▶ 암기방법; * **기절된** F4 법9, 경승, 법승

2. 공판조서의 배타적 증명력의 의의

① 공판조서의 배타적 증명력이란 공판기일의 소송절차로서 공판조서에 기재된 사항에 대해서는 공판조서에 배타적(절대적) 증명력이 있으므로 공판조서로서만 증명하여야 하고, 공판조서 이외의 **다른 자료에 의한 반증이 허용되지 않는다**는 증거법칙을 말한다.

> **관련판례**
>
> 공판조서의 기재가 명백한 오기인 경우를 제외하고는 공판기일의 소송절차로서 공판조서에 기재된 것은 조서만으로써 증명하여야 하고, **그 증명력은 공판조서 이외의 자료에 의한 반증이 허용되지 않는 절대적(상대적×)인 것이다.**(대법원 2005.12.22. 선고 2005도6557) F4 09국7, 10순경2차, 11·12법9, 11검찰·마약9, 12경간, 14경간, 18경승, 18법9, 21경간, 23법9, 23국7

② 배타적 증명력이 인정되는 사항에 관하여 법관이 다른 심증을 하고 있을지라도 법관은 공판조서에 기재된 대로 믿어야 한다. 따라서 공판조서의 배타적 증명력은 **자유심증주의에 대한 예외**가 된다.
　예 공판조서에 진술거부권을 고지했다(이는 소송절차에 관한 사항임)고 기재되어 있는 경우 법관은 진술거부권을 고지하지 않았다고 확신할지라도 공판조서의 배타적 증명력으로 인하여 공판조서에 기재된 대로 진술거부권을 고지했다고 인정해야 한다.

3. 공판조서의 배타적 증명력의 취지

공판조서의 배타적 증명력은 **상소심 절차의 지연 방지**를 위한 것이다. 예컨대 제1심에서 진행된 절차에 관한 적법성 여부가 상소심에서 분쟁의 대상이 된 경우 공판조서에 기재된 대로 사실을 인정함으로써 이를 조속히 해결할 수 있으므로 상소심 절차가 지연되는 것을 방지할 수 있다. F4 순경

II 공판조서의 배타적 증명력의 인정범위

1. 공판기일

공판기일의 소송절차에 한하여 배타적 증명력이 인정된다. 따라서 공판기일 외의 소송절차(▶ 공판기일 외의 증거보전청구와 증인신문청구 절차, 공판준비절차에서의 증인신문이나 검증 등)에 관해서는 배타적 증명력이 인정되지 않는다. F4 11법9, 22순경1차

2. 소송절차

소송절차에 관한 사항에 한하여 배타적 증명력이 인정된다. 따라서 실체면에 관한 사항(예 증인의 증언, 피고인의 자백 등 각종 진술)에 대해서는 배타적 증명력이 인정되지 않으므로 다른 자료에 의한 반증이 허용된다. F4 법승

3. 기재된 것

공판조서에 기재된 것에 한하여 배타적 증명력이 인정된다. 따라서 공판조서에 기재되지 않은 것에 대해서는 배타적 증명력이 인정되지 않으므로 다른 자료에 의한 반증이 허용된다. 즉 공판조서에 기재되지 않은 것에 대하여 그 부존재가 추정되는 것은 아니다. F4 법승, 11검찰·마약9

> 📖 **관련판례** 공판조서의 배타적 증명력의 인정범위
>
> a. 원심 제5차 공판조서에 피고인에게 판결을 선고한 것으로 기재되어 있음이 명백한 이상 당시 원심이 선고를 연기한다고 하였다가 피고인의 재촉에 판결을 선고하면서 선고기일 연기결정 취소절차를 거치지 아니하여 위법하다는 주장은 받아들일 수 없다.(대법원 1996.9.10. 선고 96도1252)
>
> b. 공판조서의 기재가 소송기록상 명백한 오기(잘못 기재)인 경우 **그 공판조서는 그 올바른 내용에 따라 증명력을 가진다.**(대법원 1995.4.14. 선고 95도110) F4 경승, 법승, 07법9, 10순경2차, 19법9
>
> c. 동일한 사항에 관하여 두 개의 서로 다른 내용이 기재된 공판조서가 병존하는 경우 양자는 동일한 증명력을 가지는 것으로서 그 증명력에 우열이 있을 수 없다고 보아야 할 것이므로 **그 중 어느 쪽이 진실한 것으로 볼 것인지는 법관의 자유로운 심증에 따를 수밖에 없다.**(대법원 1988.11.8. 선고 86도1646) F4 07법9, 10순경2차, 11검찰·마약9, 20국7, 21경간, 23법9
>
> d. 배타적 증명력이 추정되는 경우 공판조서에 피고인에 대하여 인정신문을 한 기재가 없다 하여도 같은 조서에 피고인이 공판기일에 출석하여 공소사실신문에 대하여 이를 시정하고 있는 기재가 있으니 **인정신문이 있었던 사실이 추정**된다 할 것이다.(대법원 1972.12.26. 선고 72도2421) ▶ 인정신문이 있었던 사실이 추정될 뿐이지 인정신문이 있었다는 데에 배타적 증명력이 인정된다는 것은 아니다. F4 23법9
>
> e. 어떤 소송절차가 진행된 내용이 공판조서에 기재되지 않았다고 하여 당연히 그 소송절차가 당해 공판기일에 행하여지지 않은 것으로 추정되는 것은 아니고 공판조서에 기재되지 않은 소송절차의 존재가 공판조서에 기재된 다른 내용이나 공판조서 이외의 자료로 증명될 수 있고(공판조서에 기재되지 않은 소송절차는 **부존재 한다는 것에 배타적 증명력이 없으므로 반증이 허용**된다는 의미이다.), 이는(공판조서에 기재되지 않은 소송절차의 존재는) 소송법적 사실이므로 **자유로운 증명의 대상**이 된다.(대법원 2023.6.15. 선고 2023도3038)

III 배타적 증명력이 인정되는 공판조서

1. 당해사건의 공판조서

당해사건의 공판조서에 한하여 배타적 증명력이 인정된다. 따라서 **다른 사건의 공판조서에 대해서는 배타적 증명력이 인정되지 않는다**는 것이 통설이다. cf 당해사건의 공판조서는 제311조에 의하여, 다른 사건의 공판조서는 제315조 제3호에 의하여 당연히 증거능력(증명력×)이 인정된다.

> 📖 **관련판례** 다른 피고인에 대한 형사사건의 공판조서
>
> 다른 피고인에 대한 형사사건의 공판조서는 형사소송법 **제315조 제3호에 정한 서류(기타 특히 신용할 만한 정황에 의하여 작성된 문서)로서 당연히 증거능력이 있다.**(대법원 2005.4.28. 선고 2004도4428) ▶ 증거능력과 관련하여 당해사건의 공판조서는 제311조에 의하여 당연히 증거능력이 있고, 다른 사건의 공판조서는 제315조 제3호에 의하여 당연히 증거능력이 있다. 그러나 증명력과 관련하여 **당해사건의 공판조서는 배타적 증명력이 있으나(제56조), 다른 사건의 공판조서는 배타적 증명력이 없다.** F4 국9, 순경, 경승, 17법9, 20국7

2. 유효한 공판조서

유효한 공판조서에 한하여 배타적 증명력이 인정된다. 따라서 무효인 공판조서와 멸실된 공판조서에 대해서는 배타적 증명력이 인정되지 않는다.

> 📖 **관련판례** 무효인 공판조서의 배타적 증명력 인정 여부(소극)
>
> 당해 공판기일에 열석(참석)하지 아니한 판사가 재판장으로서 서명날인(현행법; 기명날인 또는 서명) 한 공판조서는 **제대로 된 공판조서라고 할 수 없으며(무효이므로)** 이와 같은 공판조서는 공판기일에 있어서의 소송절차를 증명할 공판조서로서의 **(배타적) 증명력이 없다.**(대법원 1983.2.8. 선고 82도2940) F4 09국7, 10경사, 18법9

CHAPTER 6 재판

제1절 재판서론

I 재판의 의미와 종류

1. 재판의 의의

재판이란 법원 또는 법관의 의사표시로서 법률행위적 소송행위를 말한다. 예컨대 재판장의 퇴정명령, 지방법원판사의 영장발부재판, 기피신청에 대한 법원의 기각결정, 공소기각판결·결정, 유·무죄판결 등이 재판이다. 여기서 재판장의 퇴정명령은 법관인 재판장이 피고인 또는 재정인에게 법정에서 나가라는 의사표시로서 법관의 재판에 해당한다. 당사자의 기피신청에 대한 법원의 기각결정은 당사자가 기피신청을 한 법관을 직무집행에서 배제하지 않겠다는 의사표시로서 법원의 재판에 해당한다. 유죄판결 또는 무죄판결은 피고인에게 죄가 있다(유죄) 또는 죄가 없다(무죄)라고 하는 의사표시로서 법원의 재판에 해당한다.

2. 재판의 종류

재판을 기능, 내용, 형식에 따라 다음과 같이 분류한다.

(1) 기능에 따른 분류

1) 종국재판

① 종국재판이란 당해사건에 대한 **소송계속을 당해 심급**(제1심, 제2심, 제3심, 파기환송심 등)**에서 종결시키는 재판**을 말한다. 예컨대 당해사건에 대하여 대전지방법원(제1심)이 공소기각판결이나 유죄판결을 한 경우 일단 제1심인 대전지방법원의 소송계속은 소멸되어 더 이상 심판할 수 없게 된다. 종국재판(예 유죄판결, 무죄판결, 형식재판인 관할위반의 판결·공소기각결정·공소기각판결·면소판결, 상소심의 파기환송 및 파기이송판결 등)에 대해서는 **원칙적으로 상소할 수 있다.**

② 종국재판은 **원칙적으로 판결의 형식**으로 한다. 단, 예외적으로 공소기각결정 등은 결정의 형식으로 한다. 종국재판을 한 법원은 법적 안정성 때문에 취소·변경을 할 수 없다.

2) 종국 전 재판

① 종국 전 재판을 '**중간재판**'이라고도 한다. 종국 전 재판(중간재판)이란 종국재판 전에 **절차상의 문제를 해결하기 위한 재판**(예 기피신청기각결정, 보석허가결정 등)으로서 상소는 원칙적으로 허용되지 않고, 예외적으로만 허용된다. 예컨대 대전지방법원(제1심)이 피고인에 대하여 보석허가결정을 하더라도 제1심인 대전지방법원의 **소송계속은 유지**되어 여전히 종국재판인 유죄나 무죄판결 등을 할 수 있다.

② 종국 전 재판은 **원칙적으로 결정의 형식**으로 한다. 단, 명령의 형식으로 하는 경우도 있다.(**예** 재판장의 퇴정명령) 종국 전 재판을 한 법원은 스스로 **취소 · 변경을 할 수 있다.** 종국 전 재판을 한 법원의 소송계속은 여전히 유지되고, 종국 전 재판을 잘못한 경우에는 재판을 한 법원 스스로 취소 · 변경하는 것이 오히려 합리적이기 때문이다.

(2) 내용에 따른 분류

형식 재판	형식재판이란 공소제기된 사건에 대하여 **소송조건이 결여되어 있을 때 유죄 또는 무죄의 판단을 하지 않은 재판**을 말한다. 형식재판에는 중간재판과 관할위반의 판결, 공소기각결정, 공소기각판결, 면소판결 등이 있다. **형식재판 중 면소판결이 확정된 경우에만 유일하게 기판력이 발생**한다. 나머지 형식재판은 확정되더라도 기판력이 발생하지 않으므로 검사는 다시 공소제기를 할 수 있고, 법원은 다시 심리를 할 수 있다.
실체 재판	실체재판이란 공소제기된 사건에 대하여 **소송조건이 구비되어 있을 때 유죄 또는 무죄의 판단을 한 재판**을 말한다. 실체재판에는 **유죄판결과 무죄판결**이 있고, 실체재판을 **본안재판**이라고도 한다. 실체재판은 **반드시 판결의 형식**으로 한다. 그러므로 유죄결정과 무죄결정은 없다. 확정된 유죄판결과 무죄판결에는 **기판력이 발생**한다.

(3) 형식에 따른 분류

판결	판결은 **법원이 원칙적으로 필요적 구두변론**(법률에 다른 규정이 있는 경우는 예외적으로 구두변론의 생략이 가능)**에 의하여 하는 종국재판**(소송을 당해 심급에서 종결시키는 재판)**의 원칙적 형식**이다. 판결은 법적 안정성 때문에 판결 후에 취소 · 변경을 할 수 없다. 판결에 대한 불복제도는 **항소 · 상고**가 있다. F4 12경간, 14교정 · 보호 · 철경9
결정	결정은 법원이 임의적 구두변론에 의하여 하는 종국 전 재판(절차에 관한 중간재판)**의 원칙적 형식**이다. 결정을 한 법원은 스스로 결정 후에 **취소 · 변경**을 할 수 있다. 또한 결정에 대한 불복제도는 **항고**가 있다. F4 14교정 · 보호 · 철경9
명령	명령은 **법관이 임의적 구두변론에 의하여 하는 재판**이다.(**예** 재판장의 퇴정명령) 명령에 대한 일반적인 상소제도는 없다. 단, 예외적으로 준항고, 이의신청을 할 수 있는 경우가 있으나, 이는 동급법원에 불복하는 것이므로 상급법원에 불복하는 상소가 아니다. F4 14교정 · 보호 · 철경9 예컨대 <u>청주지방법원에서 증거조사를 한 경우에 당사자는 청주지방법원에 그 증거조사에 대하여 이의신청을 할 수 있다.</u> 이의신청은 상급법원에 하는 것이 아니라, 동급법원에 불복하는 제도이므로 상소가 되지 못하는 것이다.

Ⅱ 재판의 성립

1. 재판의 내부적 성립

(1) 재판의 내부적 성립의 의의

재판의 내부적 성립이란 재판의 의사표시적 내용이 재판기관 내부에서 결정되는 것을 말한다.

(2) 재판의 내부적 성립의 성립 시기

합의부	합의부 재판의 경우에는 합의시에 재판이 내부적으로 성립한다.
단독 판사	단독판사 재판의 경우에는 합의가 없으므로 재판서 작성시에 내부적으로 성립한다. 다만, 재판서 작성이 없는 경우에는 재판의 선고시 또는 고지시에 내부적으로 성립한다. F4 법9, 법승

2. 재판의 외부적 성립

의의	재판의 외부적 성립이란 재판을 받는 자가 재판의 의사표시적 내용을 알 수 있도록 외부에 공표하는 것을 말한다.
성립 시기	단독판사·합의부의 재판 모두 선고시 또는 고지시에 외부적으로 성립한다. **판결은 선고의 방식, 결정·명령은 원칙적으로 고지의 방식**으로 한다.
재판의 선고와 고지의 방식	① 재판의 선고 또는 고지는 공판정에서는 **재판서**에 의하여야 하고 기타의 경우에는 **재판서등본의 송달 또는 다른 적당한 방법**으로 하여야 한다. 단, 법률에 다른 규정이 있는 때에는 예외로 한다.(제42조) F4 법9, 법승 ② 재판의 선고 또는 고지는 **재판장이 한다**. 판결을 선고함에는 <u>주문을 낭독하고 이유의 요지를 설명하여야 한다</u>.(제43조) F4 법9, 법승 재판장은 판결을 선고함에 있어서 피고인에게 적절한 훈계를 할 수 있다.(규칙 제147조)

Ⅲ 재판서

1. 재판서의 의의

재판서란 재판의 의사표시적 내용을 기재한 문서를 말한다. 재판서에는 판결서·결정서·명령서가 있다.
F4 법승

2. 재판서의 기재사항

(1) 주문

1) 주문의 의의

주문이란 재판의 대상이 된 사실에 대한 최종 결론을 말한다. 제1심의 주문은 "피고인을 금고 1년에 처한다."는 식으로 표현한다.

2) 주문의 기재례

① 제1심; 피고인을 금고 1년에 처한다.〈선고형〉(청주지법 2011.2.22. 선고 2010고단1681)
② 제2심; 원심판결 중 피고인에 대한 부분을 파기한다. 피고인을 벌금 300만 원에 처한다.〈선고형〉피고인이 위 각 벌금을 납입하지 아니하는 경우 각 50,000원을 1일로 환산한 기간 피고인을 노역장에 유치한다.〈노역장유치기간〉(서울고법 2011.3.31. 선고 2011노176)
③ 제3심; 원심판결을 파기하고, 사건을 서울중앙지방법원 합의부에 환송한다.(대법원 2011.5.13. 선고 2011도1442)

(2) 이유

이유란 주문에 이르게 된 논리적 과정을 설명한 것을 의미한다. 재판에는 이유를 명시하여야 한다. 단, 상소를 불허하는 결정 또는 명령은 예외로 한다.(제39조)

(3) 기타 사항

재판서에는 법률에 다른 규정이 없으면 재판을 받는 자의 성명, 연령, 직업과 주거를 기재하여야 한다.(제40조 제1항) 판결서에는 기소한 검사와 공판에 관여한 검사의 관직, 성명과 변호인의 성명을 기재하여야 한다.(제40조 제3항) [F4] 21법9 판결서의 기재요건으로서 기소한 검사를 추가함으로써 책임 있는 공소제기가 가능하도록 하였다.

(4) 서명날인

재판서에는 재판한 법관이 서명날인 하여야 한다. 재판장이 서명날인 할 수 없는 때에는 다른 법관이 그 사유를 부기하고 서명날인 하여야 하며 다른 법관이 서명날인 할 수 없는 때에는 재판장이 그 사유를 부기하고 서명날인하여야 한다.(제41조 제1·2항) [F4] 법승

3. 재판서의 송달

법원은 피고인에 대하여 판결을 선고한 때에는 선고일부터 7일 이내에 피고인에게 그 판결서 등본을 송달하여야 한다. 다만, 피고인이 동의하는 경우에는 그 판결서 초본을 송달할 수 있다.(규칙 제148조 제1항) 제1항에도 불구하고 불구속 피고인과 법 제331조(무죄 등 선고와 구속영장의 실효)의 규정에 의하여 구속영장의 효력이 상실된 구속 피고인에 대하여는 피고인이 송달을 신청하는 경우에 한하여 판결서 등본 또는 초본을 송달한다.(규칙 제148조 제2항) ▶ 2016.6.27. 개정, 2016.7.1. 시행 [F4] 07법9

제 2 절 종국재판

종국재판이란 당해사건에 대한 **소송계속을 당해 심급**(제1심, 제2심, 제3심, 파기환송심 등)**에서 종결시키는 재판**을 말한다. 종국재판에는 실체재판(유죄판결, 무죄판결)과 형식재판(관할위반의 판결 · 공소기각결정 · 공소기각판결 · 면소판결 등)이 있다.

I 실체재판

1. 유죄판결

(1) 유죄판결의 의의와 종류

의의	유죄판결이란 법원이 피고사건에 대하여 범죄의 증명이 있는 때에 선고하는 종국재판을 말한다.(제321조 제1항) 유죄판결은 **반드시 판결의 형식**으로 선고한다.
종류 F4 법9	유죄판결에는 다음과 같은 것들이 있다. F4 법9 ① **형선고판결** 　형선고판결은 피고인에게 유죄를 인정하고 형을 선고한 판결로서 유죄판결에 해당한다. 예 피고인을 징역 1년에 처한다.(수원지법 2011.4.20. 선고 2010고합530) 　cf **형의 집행유예판결은 형선고판결의 일종이므로 유죄판결에 해당**한다. 예 피고인을 징역 1년 6월에 처한다. 다만, 이 판결 확정일부터 3년간 그 형의 집행을 유예한다.(서울동부지법 2006.11.9. 선고 2006노892) ② **형면제판결** 　형면제판결은 피고인에 대하여 유죄를 인정하고, 형의 면제사유가 있어서 형의 선고만을 면제하는 판결로서 유죄판결에 해당한다. 예 피고인에 대한 형을 면제한다.(서울고법 1977.6.9. 선고 73노1045) ③ **형의 선고유예판결** 　형의 선고유예판결은 피고인에게 유죄는 인정되나, 다만 형의 선고만을 일정기간 유보하는 판결로서 유죄판결에 해당한다. 예 무기불법소지에 의한 군정법령 제5호 위반죄에 대하여 형의 선고를 유예한다.(대법원 2011.1.20. 선고 2008재도11 전원합의체 판결)

(2) 유죄판결에 명시할 이유

1) 관련조문

형의 선고를 하는 때에는 판결이유에 범죄될 사실, 증거의 요지와 법령의 적용을 명시하여야 한다.(제323조 제1항) '법률상 범죄의 성립을 조각하는 이유 또는 형의 가중, 감면의 이유되는 사실의 진술이 있는 때에는 이에 대한 판단(이를 '소송관계인의 주장에 대한 판단'이라고 한다.)'을 명시하여야 한다.(제323조 제2항) F4 23경승

2) 구체적 고찰

유죄판결에 명시할 이유를 구체적으로 서술하면 다음과 같다.

① 소송관계인의 주장에 대한 판단

범죄 성립을 조각하는 이유의 주장에 대한 판단(위법성조각사유와 책임조각사유 주장에 대한 판단), 법률상 형의 가중·감면의 이유(판례; 필요적 가중·감면사유만을 의미하는 것으로 본다.)되는 사실의 진술에 대한 판단은 명시를 요한다. 이에 반하여 구성요건해당성조각사유의 주장에 대한 판단은 범죄의 부인에 해당되므로 범죄의 성립을 조각하는 사유에 해당하지 않는다. 따라서 명시를 요하지 않는다.(대법원 1997.7.11. 선고 97도1180)

> **관련판례** 자수사실에 대한 주장
>
> 자수감경 여부는 법원의 재량이기 때문에 소송관계인의 주장에 대한 판단으로서 명시를 (판단을) 요하지 지 않는다.(대법원 1983.10.11. 선고 83도2281) 18법9, 19국9

② 증거의 요지

어느 증거의 어느 부분에 의하여 범죄사실을 인정하였는가 하는 이유 설명까지는 할 필요 없지만, 적어도 어떤 증거에 의하여 어떤 범죄사실을 인정하였는가 알아볼 정도로 중요부분을 표시하여야 한다.(대법원 2000.3.10. 선고 99도5312) 18법9, 23경승 적극적 증거(유죄의 증거)를 명시하면 족하고, 소극적 증거(무죄의 증거)는 명시를 요하지 않는다.(대법원 1982.9.28. 선고 82도1798)

> **관련판례** 피고인이 알리바이로 내세우는 증거
>
> 피고인이 알리바이로 내세우는 증거는 소극적 증거(무죄의 증거)이므로 명시를 요하지 않는다.(대법원 2000.3.10. 선고 99도5312) ▶ 유죄판결에 명시할 이유에 소극적 증거(무죄의 증거)를 명시할 필요는 없기 때문이다.

③ 범죄될 사실

가. 객관적 구성요건요소와 주관적 구성요건요소는 명시를 하여야 한다. cf 고의; 명시를 요하지 않는다. 공범은 공동정범·교사범·종범의 구별도 명시하여야 하고, 교사범·종범은 정범의 범죄사실도 명시하여야 한다.(대법원 1981.11.24. 선고 81도2422) cf 위법성과 책임; 명시를 요하지 않는다. 왜냐하면 구성요건해당성이 인정되면 위법성과 책임은 사실상 추정되기 때문이다.

나. 처벌조건, 형의 가중사유와 감면사유도 명시하여야 한다. 다만 단순한 양형사유인 정상에 관한 사실은 원칙적으로 명시를 요하지 않는다. 그러나 사형을 선고(대법원 2000.7.6. 선고 2000도1507)하거나 이례적인 중형을 선고하는 경우에는 예외적으로 정상에 관한 사실의 명시를 요한다.

> **관련판례** 자수감경
>
> 자수감경을 하고 안 하고는 법원의 재량이므로 명시를 하지 않더라도 위법하지 않다.(대법원 1971.8.21. 선고 71도1334) 20경간

④ 법령의 적용

법령의 적용도 객관적으로 분명하게 명시하여야 한다. 형법 각 본조는 명시하여야 한다. 그러나 항의 불기재는 위법하지 않다.(대법원 1971.8.21. 선고 71도1334) 즉 사기죄에 대하여 제347조라고 명시

해야 한다. 그러나 제347조 제1항의 사기죄인지 제347조 제2항의 사기죄인지를 명시할 필요는 없다. 20경간

> **관련판례** 기타 유죄판결에 명시할 이유에 관한 판례

a. 상해죄의 성립에는 상해의 고의와 신체의 완전성을 해하는 행위 및 이로 인하여 발생하는 인과관계 있는 상해의 결과가 있어야 하므로 상해죄에 있어서는 신체의 완전성을 해하는 행위와 그로 인한 상해의 부위와 정도가 증거에 의하여 명백하게 확정되어야 하고, 상해부위의 판시 없는 상해죄의 인정은 위법하다.(대법원 1982.12.28. 선고 82도2588) ▶ 행위주체와 행위객체, 행위, 결과, 인과관계 등 객관적 구성요건요소는 유죄판결에 명시할 이유 중 범죄될 사실에 해당한다. 따라서 행위와 결과에 대한 명시가 없으므로 위법하다는 취지의 판례이다. 09국9

b. 증뢰죄의 범죄될 사실을 적시할 경우 적어도 공무원의 어떠한 직무범위에 관한 것인가에 대하여는 구체적으로 판시할 필요가 있다.(대법원 1982.9.28. 선고 80도2309) 따라서 공무원의 직무범위에 관한 기재가 없을 경우에는 범죄사실을 명시하였다고 할 수 없다. 08순경2차, 09경위, 09국9, 12경승

c. 공소사실 자체에 의하더라도 그 공소사실 기재 일시 및 장소에서 피고인이 무슨 증거를 어떻게 위조하였다는 것인지 구체적인 범죄사실이 전혀 특정되어 있지 않음에도 불구하고 원심이 이를 간과한 채 유죄로 인정하고 말았음은 판결에 영향을 미친 법령위반의 위법을 범한 것이다.(대법원 1990.3.13. 선고 89도1688)

d. 공문서위조죄의 경우 "면장의 직인을 동 면장의 직인란에 찍혀지게 하고"라는 판시는 동 면장의 직인이 날인된 현상 즉 결과만을 설시하고 그 직인이 인감증명서에 현출되는 과정(위조)의 수단, 방법 등 행위나 작위에 관하여는 아무런 설명이 없으므로 범죄될 사실을 명시하였다고 볼 수 없다.(대법원 1979.11.13. 선고 79도1782) 09국9

e. 범죄의 일시·장소와 방법은 구성요건이 아닐 뿐만 아니라 구체적으로 명확히 인정할 수 없는 경우에는 개괄적으로 설시할 수 있다.(대법원 1986.8.19. 선고 86도1073) 10국7

f. 포괄일죄에 있어서는 일죄의 일부를 구성하는 개개의 행위에 대하여 구체적으로 특정하지 아니하더라도 그 전체범행의 시기와 종기, 범행방법, 범행회수 또는 피해액의 합계 및 피해자나 상대방 등을 명시하면 이로써 그 범죄사실은 특정된다.(대법원 1983.1.18. 선고 82도2572) 09국9, 18검찰·마약 9급, 20경간

g. 제323조 제1항에 유죄판결에는 그 판결이유에 범죄사실과 증거의 요지, 법령의 적용을 명시하라고 규정한 취지는 어떠한 범죄사실에 대하여 어떤 법률을 적용하였는지 객관적으로 알 수 있도록 분명하게 기재하라는 뜻임은 동조문 자체에 의하여 명백하다.(대법원 1974.7.26. 선고 74도1477 전원합의체 판결)

h. 구체적인 범죄사실에 적용하여야 할 실체법규(**데** 살인죄; 형법 제250조 제1항) 이외의 법규인 몰수와 압수장물의 환부를 주문에서 선고하면서 판결이유에 적용법조를 표시하지 않은 경우에도 그 판결이유에 의하면 이 규정을 적용한 취지가 뚜렷이 인정되는 이상 위법이라고 할 수 없다.(대법원 1971.4.30. 선고 71도510) 11경위

i. 피고인을 공동정범으로 인정하였음이 판결이유설시 자체에 비추어 명백하다면 법률적용에서 형법 제30조를 빠뜨려 명시하지 않았다고 하더라도 판결에 영향을 미친 위법이 있다고 할 수 없다.(대법원 1983.10.11. 선고 83도1942) 11경위, 21국7

j. 공정증서원본불실기재죄 및 그 행사죄로 공소가 제기된 경우 피고인이 당해 등기가 실체적 권리관계에 부합하는 유효한 등기라고 주장하는 것(구성요건해당성조각사유의 주장)은 공소사실에 대한 적극부인에 해당할 뿐, 범죄의 성립을 조각하는 사유에 관한 주장이라고는 볼 수 없으므로 반드시 그에 대한 판단을 판결이유에 명시하여야만 하는 것은 아니다.(대법원 1997.7.11. 선고 97도1180) 10순경1차, 14국7

> **같은 취지의 판례**
>
> 사기죄에 있어서 사기의 의사가 없었다는 진술(사기의 고의가 없었다는 주장)은 단순한 범죄의 부인에 지나지 않으므로 원심이 이에 대해 판단을 하지 않았다 하더라도 이를 위법이라 할 수 없다.(대법원 1983.10.11. 선고 83도2281)

k. 범행당시 술에 만취하였기 때문에 전혀 기억이 없다는 취지의 진술은 범행당시 심신상실 또는 심신미약의 상태에 있었다는 주장으로서 법률상 범죄의 성립을 조각하거나 형의 감면의 이유가 되는 사실의 진술에 해당한다.(대법원 1990.2.13. 89도2364) ▶ 따라서 소송관계인의 주장에 대한 판단으로서 유죄판결에 명시할 이유에 해당한다. 10순경1차

2. 무죄판결

(1) 무죄판결의 의의

무죄판결이란 법원이 피고사건이 범죄로 되지 아니하거나 범죄사실의 증명이 없는 때에 선고하는 종국재판을 말한다. 순경, 19경승

> **관련판례** 무죄판결의 사유(제325조)
>
> a. 피고사건이 범죄로 되지 아니하는 때; **위헌결정**으로 인하여 형벌에 관한 법률 또는 법률조항이 소급하여 그 효력을 상실한 경우에는 당해 법조를 적용하여 기소한 피고 사건은 범죄로 되지 아니한 때에 해당하므로 **무죄판결을 선고하여야 한다.**(대법원 2005.3.10. 선고 2001도3495 판결) 법승, 12법9, 16법9, 18검찰·마약9, 19경승, 19순경1차, 20법9 예컨대 형벌에 관한 법률조항인 간통죄(구 형법 제241조)가 2015년 2월 26일에 헌법재판소의 위헌결정으로 인하여 형법 제정시(1953년)로 소급하여 효력을 상실하였다. 그러므로 이 당시 기소되어 법원에 계속 중인 간통죄 사건에 대하여 법원은 피고사건이 범죄로 되지 아니한 때에 해당함으로 인하여 무죄판결을 선고하여야 한다.

> 📖 같은 취지의 판례

a1. 헌법불합치결정(이는 위헌결정에 대한 변형결정으로서 **위헌결정의 일종이다.**)이 선고된 형벌조항을 적용하여 공소제기된 사건에 대하여 개정 시한까지 법률 개정이 이루어지지 않은 경우 법원의 처리(**무죄판결**); 피고인이 야간옥외집회를 주최하였다는 취지의 공소사실에 대하여 원심이 집회 및 시위에 관한 법률 제23조 제1호, 제10조 본문을 적용하여 유죄를 인정하였는데, 원심판결 선고 후 헌법재판소가 위 법률조항에 대하여 헌법불합치결정을 선고하면서 개정시한을 정하여 입법개선을 촉구하였는데도 위 시한까지 법률 개정이 이루어지지 않은 경우, 위 법률조항은 소급하여 효력을 상실하므로 이를 적용하여 공소가 제기된 위 피고사건에 대하여 **무죄를 선고하여야 한다.**(대법원 2011.6.23. 선고 2008도7562 전원합의체 판결) ▶ 집회 및 시위에 관한 법률 제23조 제1호, 제10조 본문에 대하여 선고된 **헌법불합치결정**(헌결 2009.9.24. 2008헌가25)은 형벌에 관한 법률조항에 대한 위헌결정이다. 그리고 헌법재판소법 제47조 제2항 단서는 형벌에 관한 법률조항에 대하여 위헌결정이 선고된 경우 그 조항이 소급하여 효력을 상실한다고 규정하고 있으므로, 형벌에 관한 법률조항이 소급하여 효력을 상실한 경우에 당해 조항을 적용하여 공소가 제기된 피고사건은 범죄로 되지 아니한 때에 해당하고, 법원은 이에 대하여 형사소송법 제325조 전단에 따라 **무죄를 선고하여야** 한다.(동 판례) 🗒 20국9

a2. 국무총리 공관 인근에서의 옥외집회·시위를 금지·처벌하거나 그러한 옥외집회·시위를 해산명령의 대상으로 삼아 해산명령불응죄로 처벌하는 집회 및 시위에 관한 법률 규정에 대한 헌법재판소의 **헌법불합치결정**은 형벌에 관한 법률조항에 대한 **위헌결정에 해당**한다. 형벌에 관한 법률조항에 대하여 위헌결정이 선고된 경우, 해당 조항이 적용되어 공소가 제기된 피고사건에 대하여 법원은 **무죄판결을 선고**하여야 한다.(대법원 2020.5.28. 선고 2017도8610)

b. 피고사건에 대하여 범죄사실의 증명이 없는 때; 차량 급발진으로 인한 사고로 볼 만한 여러 사정들이 있고 운전자의 업무상 과실이 있다는 점에 대하여 증명이 부족한 경우 무죄를 선고한 원심판결은 위법하지 않다.(대법원 2008.6.12. 선고 2007도5389)

(2) 무죄판결의 선고와 확정의 효력

선고의 효력	무죄판결이 선고되면 (검사에게는) 상소권이 발생하고(제343조), 구속력이 발생한다. 피고인에게는 상소의 이익이 없기 때문에 상소권이 발생하지 않는다. 한편 무죄판결이 선고되면 선고와 동시에 피고인을 석방하여야 하기 때문에 구속영장의 효력은 상실된다.(제331조) 또한 무죄판결의 선고와 동시에 소송은 당해 심급에서 종결된다.
확정의 효력	확정된 무죄판결에는 기판력이 발생하고, 형사보상 청구의 사유가 된다.(형사보상 및 명예회복에 관한 법률 제2조)

(3) 소송비용보상제도(무죄판결에 대한 비용보상)

1) 서론

① 관련조문

국가는 무죄판결이 확정된 경우에는 당해 사건의 피고인이었던 자에 대하여 그 재판에 소요된 비용을 보상하여야 한다.(제194조의2 제1항) 15경간, 19경승, 21경간

② 소송비용보상제도의 의의 및 취지

소송비용보상제도란 무죄의 확정판결을 받은 피고인이었던 자에 대하여 국가가 그 재판에 들인 비용을 보상해 주는 제도를 말한다.

> **관련판례** 소송비용보상제도의 취지
>
> 제194조의2 제1항의 무죄판결에 대한 비용보상제도는 국가의 잘못된 형사사법권 행사로 인하여 피고인이 무죄를 선고받기 위하여 부득이 변호사 보수 등을 지출한 경우, 국가로 하여금 피고인에게 그 재판에 소요된 비용을 보상하도록 함으로써 국가의 형사사법작용에 내재한 위험성 때문에 불가피하게 비용을 지출한 비용보상청구권자의 방어권 및 재산권을 보장하려는 데 목적이 있다.(대법원 2019.7.5. 자 2018모906)

③ 구별개념

소송비용보상제도는 무죄의 확정판결을 받은 피고인이었던 자가 불필요하게 들인 소송비용을 보상해 주는 제도이나, 형사보상은 법원 또는 수사기관에 의하여 억울하게 구금 또는 형이 집행된 것에 대한 보상이라는 점에서 구별된다. 즉 소송비용보상제도는 소송비용 자체에 대한 보상이나, 형사보상은 구금 또는 형 집행에 대한 보상이다.

2) 소송비용 보상의 요건

① 적극적 요건

적극적 요건이란 소송비용의 보상을 청구하기 위하여 갖추어야 할 조건을 말한다. 무죄의 확정판결을 받은 당해 사건의 피고인이었던 자는 국가에 대하여 그 재판에 소요된 비용보상을 청구할 수 있다.(제194조의2 제1항, 제194조의3 제1항)

② 소극적 요건

다음 각 호의 어느 하나에 해당하는 경우에는 소송비용의 전부 또는 일부를 보상하지 아니할 수 있다.(제194조의2 제2항)

무죄의 확정판결을 받은 피고인이었던 자에 대한 소송비용의 전부 또는 일부를 보상하지 아니할 수 있는 사유(제194조의2 제2항)

1) 피고인이었던 자가 수사 또는 재판을 그르칠 목적으로 허위(거짓) 자백을 하거나 다른 유죄의 증거를 만들어 기소된 것으로 인정된 경우
2) 형사미성년자(형법 제9조)에 해당하여 무죄판결이 확정된 경우
3) 심신상실자(형법 제10조 1항)에 해당하여 무죄판결이 확정된 경우
4) 1개의 재판으로써 경합범의 일부에 대하여 무죄판결이 확정되고 다른 부분에 대하여 유죄(일부 유죄, 일부 무죄)판결이 확정된 경우
5) 그 비용이 피고인이었던 자에게 책임지울 사유로 발생한 경우

> **관련판례** 소송비용보상제도의 소극적 요건
>
> 판결 주문에서 무죄가 선고된 경우뿐만 아니라 판결 이유에서 무죄로 판단된 경우에도 재판에 소요된 비용 가운데 무죄로 판단된 부분의 방어권 행사에 필요하였다고 인정된 부분에 관하여는 보상을 청구할 수 있다고 보아야 한다. 다만 법원은 이러한 경우 형사소송법 제194조의2 제2항 제2호를 유추적용하여 재량으로 보상청구의 전부 또는 일부를 기각할 수 있다.(대법원 2019.7.5. 자 2018모906)

3) 소송비용 보상의 절차

청구와 재판	소송비용 보상의 청구는 피고인이었던 자가 **무죄판결이 확정된 사실을 안 날부터 3년, 무죄판결이 확정된 때부터 5년 이내에** 청구하여야 한다.(제194조의3 제1·2항) [F4] 13순경1차, 20국9 소송비용 보상 청구에 대한 재판은 무죄판결을 선고한 법원의 합의부에서 결정으로 한다.(제194조의3 제1항) [F4] 20국9 소송비용 보상에 관한 결정에 대하여는 **즉시항고**를 할 수 있다.(제194조의3 제3항)
소송 비용 보상의 범위	제194조의2에 따른 소송비용 보상의 범위는 피고인이었던 자 또는 그 변호인이었던 자가 공판준비 및 공판기일에 출석하는데 소요된 여비·일당·숙박료와 변호인이었던 자에 대한 보수에 한한다. 이 경우 보상금액에 관하여는 형사소송비용 등에 관한 법률을 준용하되, 피고인이었던 자에 대하여는 증인에 관한 규정을, 변호인이었던 자에 대하여는 국선변호인에 관한 규정을 준용한다.(제194조의4 제1항)
준용 규정	비용보상청구, 비용보상절차, 비용보상과 다른 법률에 따른 손해배상과의 관계, 보상을 받을 권리의 양도·압류 또는 피고인이었던 자의 상속인에 대한 비용보상에 관하여 이 법에 규정한 것을 제외하고는 형사보상 및 명예회복에 관한 법률(형사보상법)에 따른 보상의 예에 따른다.(제194조의5)

Ⅱ 형식재판

검사가 공소제기를 하면 수소법원은 재판을 거부할 수 없다. 따라서 검사의 공소제기를 받은 제1심 수소법원은 소송조건을 심사하여 **소송조건이 구비된 경우에는 실체재판(유·무죄판결)**을 하고, **소송조건이 구비되지 않은 경우에는 관할위반의 판결, 공소기각결정, 공소기각판결, 면소판결 등의 형식재판**을 한다. 공소제기된 사건에 대하여 소송조건이 구비되지 않은 경우에도 법원은 재판을 거부할 수 없으므로 어떤 형식으로든 재판을 해

주어야 한다. 그런데 소송조건이 구비되지 않은 경우에는 유·무죄의 실체판결을 할 실익이 없으므로 형식재판을 함으로써 실체판결도 하지 않고 재판도 거부하지 않게 되는 일석이조의 효과를 누릴 수 있다. 결국 **형식재판은 공소제기된 사건에 대하여 소송조건이 구비되지 않은 경우에 유죄·무죄 여부를 판단하지 않은 종국재판**을 말한다. 형식재판에는 관할위반의 판결, 공소기각재판(공소기각결정과 공소기각판결), 면소판결이 있다.

1. 관할위반의 판결

(1) 관련조문

피고사건이 법원의 관할에 속하지 아니한 때에는 판결(결정×)로써 관할위반의 선고를 하여야 한다.(제319조) F4 13경승 소송행위는 관할위반인 경우에도 그 효력에 영향이 없다.(제2조) F4 15순경3차

(2) 관할위반의 판결의 의의와 효력

관할위반의 판결이란 피고사건이 법원의 관할에 속하지 아니할 때(관할권이라는 소송조건이 구비되지 않은 경우) 하는 형식재판이자 종국재판을 말한다. 확정된 관할위반의 판결에는 **기판력이 발생하지 않는다.** F4 순경

2. 공소기각재판

(1) 공소기각재판의 의의

공소기각재판이란 **관할권 이외의 형식적 소송조건이 결여된 경우** 유·무죄의 실체심리를 하지 않고 소송을 종결시키는 형식재판이자 종국재판을 말한다. 공소기각재판에는 공소기각명령은 없고, **공소기각결정과 공소기각판결**이 있다. 양자의 차이는 공소기각결정의 사유가 공소기각판결의 사유보다 소송조건이 구비되지 않은 하자가 더 중대·명백하다는 것이다. 따라서 공소기각결정은 법원이 임의적 구두변론에 의하여 재판을 하지만, 공소기각판결은 원칙적으로 필요적 구두변론에 의하여 재판을 한다. 그러므로 공소기각결정보다 공소기각판결은 시간이 더 걸릴 수밖에 없다.

(2) 공소기각결정 사유

다음의 경우에는 결정으로 공소를 기각하여야 한다.(제328조 제1항)

암기방법	공소기각결정의 사유(제328조 제1항) * 취사관 범죄

1) 공소가 **취**소되었을 때(제328조 제1항 제1호) F4 18법9, 21교정·보호·철경9
2) 피고인이 **사**망하거나 피고인인 법인이 존속하지 아니하게 되었을 때(제328조 제1항 제2호) F4 18법9, 19순경1차, 21법9
3) **관**할의 경합; 사물관할의 경합(제12조)·토지관할의 경합(제13조)의 규정에 의하여 심판할 수 없게 된 법원은 공소기각결정을 해야 한다.(제328조 제1항 제3호)
4) 공소장에 기재된 사실이 진실하다 하더라도 **범죄**가 될 만한 사실이 포함되지 아니하는 때(제328조 제1항 제4호) F4 19순경2차, 23검찰·마약9

관련판례 공소기각결정의 사유

제328조 제1항 제4호에 규정된 "공소장에 기재된 사실이 진실하다 하더라도 범죄가 될 만한 사실이 포함되지 아니한 때"라 함은 공소장 기재사실 자체에 대한 판단으로 그 사실자체가 죄가 되지 아니함이 명백한 경우를 가리키는 것인 바, 공중위생법위반의 이 사건 주위적 공소사실에 기재된 유기기구인 에이트라인 및 고스톱기가 같은 법 소정의 유기기구에 해당하는지의 여부(죄가 되지 않는지 여부)가 공소사실 기재자체에 의하여 명백하다고 할 수 없다면, 위 주위적 공소사실이 제328조 제1항 제4호에 의하여 공소기각의 결정을 할 경우에 해당한다고 할 수 없다.(대법원 1990.4.10. 선고 90도174) 15법9, 22법9

비교판례

부정수표단속법위반 사건에 있어서 수표가 그 제시기일에 제시되지 아니한 사실이 공소사실 자체에 의하여 명백하다면 이 공소사실에는 범죄가 될 만한 사실이 포함되지 아니하는 때에 해당하므로 제328조 제1항 제4호에 의하여 **공소기각의 재판(결정)을 하여야** 한다.(대법원 1973.12.11. 선고 73도2173) ▶ 수표가 제시기일에 제시되지 않은 경우에는 부정수표단속법위반죄의 구성요건해당성 자체가 없으므로 죄가 되지 않는 때임이 명백하다. 따라서 공소기각결정을 해야 한다. 경승

(3) 공소기각판결 사유 18경승, 20경간

다음의 경우에는 판결로써 공소기각의 선고를 하여야 한다.(제327조)

암기방법	공소기각판결의 사유(제327조) * 재무 이치 고처

1) 피고인에 대하여 **재**판권이 없을 때(제327조 제1호) 23검찰·마약9; **예** 외국의 국가원수가 우리나라 법원에 기소된 경우 그 법원은 외국의 국가원수에 대한 재판권이 없으므로 '공소기각판결'을 선고하여야 한다.
2) 공소제기의 절차가 법률의 규정을 위반하여 **무**효일 때(제327조 제2호)
3) 공소가 제기된 사건(과 동일한 사건)에 대하여 다시 (동일법원에) 공소가 제기되었을 때(**이**중기소된 때) 뒤에 공소제기된 사건에 대하여는 공소기각판결을 하여야 한다.(제327조 제3호)
4) 제329조(공소**취**소 후 재기소 제한 규정; 공소취소에 의하여 공소기각의 결정이 확정된 때에는 공소취소 후 그 범죄사실에 대한 다른 중요한 증거를 발견한 경우에 한하여 다시 공소를 제기할 수 있다)를 위반하여 (다른 중요한 증거를 발견한 경우에 해당하지 않음에도 동일한 범죄사실에 대하여) 공소가 제기되었을 때(제327조 제4호) 18법9, 22법9
5) 고소가 있어야 공소를 제기할 수 있는 사건(친고죄 사건)에서 **고**소가 취소되었을 때(제327조 제5호) 22법9
6) 피해자의 명시한 의사에 반하여 공소를 제기할 수 없는 사건(반의사불벌죄 사건)에서 **처**벌을 원하지 아니하는 의사표시를 하거나 **처**벌을 원하는 의사표시를 철회하였을 때(제327조 제6호) 22법9

관련판례 공소기각판결의 사유

a. 폭행으로 인한 폭력행위등처벌에관한법률 제2조 제2항 위반죄는 **피해자별로 1개의 죄가 성립되는 것(경합범)**으로 각 피해자별로 사실을 특정할 수 있도록 공소사실을 기재하여야 할 것인바, 공소사실 중 '피고인들이 공동하여 성명불상 범종추측 승려 100여 명의 전신을 손으로 때리고 떠밀며 발로 차서 위 성명불상 피해자들에게 폭행을 각 가한 것이다'는 부분은 피해자의 숫자조차 특정되어 있지 않아 공

소장에 구체적인 범죄사실의 기재가 없어 그 공소제기의 절차가 법률의 규정에 위반하여 무효인 경우에 해당한다.(대법원 1995.3.24. 선고 95도22) ▶ 따라서 **공소기각판결을 하여야 한다.**

> **비교판례**
>
> 정당의 후보자 추천 관련 금품수수 범행의 공소사실에 범죄사실 이전 단계의 정황과 경위, 범행을 전후하여 관계자들이 주고받은 대화와 이메일 내용, 수첩의 메모 내용, 세세한 주변사실 등을 장황하게 기재한 경우 위 범죄의 성격상 검사로서는 그 범의나 공모관계, 범행의 동기나 경위 등을 명확히 하기 위하여 구체적인 사정을 적시할 필요도 있는 점 등을 종합하면 **공소제기의 절차가 법률의 규정을 위반하여 무효인 때에 해당하지 않는다.**(대법원 2009.10.22. 선고 2009도7436 전원합의체 판결) ▶ 따라서 **실체판결을 하여야 한다.**

b. 공소기각의 판결을 할 경우 중 형사소송법 제327조 제2호에 규정된 공소제기의 절차가 법률의 규정에 의하여 무효인 때라 함은 무권한자에 의하여 공소가 제기되거나 공소제기의 소송조건이 결여되거나 또는 공소장의 현저한 방식위반이 있는 경우를 가리키는 것인바, **불법구금, 구금장소의 임의적 변경 등의 위법사유가 있다고 하더라도** 그 위법한 절차에 의하여 수집된 증거를 배제할 이유는 될지언정 공소제기의 절차 자체가 위법하여 무효인 경우에 해당한다고 볼 수 없다.(대법원 1996.5.14. 선고 96도561) ▶ 따라서 법원은 공소기각판결을 할 수 없고, **실체판결을 하여야 한다.** 10순경1차, 15경승

> **비교판례**
>
> **위법한 함정수사에 기한 공소제기는 그 절차가 법률의 규정에 위반하여 무효인 때에 해당**한다고 볼 것이다.(대법원 2008.10.23. 선고 2008도7362) ▶ 따라서 법원은 **공소기각판결을 하여야 한다.**(제327조 제1호) 14경승

c. 동일법원에 동일사건이 다시 공소(이중기소)된 때에 뒤에 공소된 사건에 대하여 판결선고가 있었다고 하더라도 확정되기 전에는 먼저 공소된 사건을 심판하여야 되고 뒤에 공소된 사건은 **공소기각판결을 하여야 한다.**(대법원 1969.6.24. 선고 68도858)

d. 부정수표단속법 제2조 제4항에서 **부정수표가 회수된 경우 공소를 제기할 수 없도록 하는 취지는** 부정수표가 회수된 경우에는 수표소지인이 부정수표 발행자 또는 작성자의 처벌을 희망하지 아니하는 것과 마찬가지로 보아 같은 조 제2항 및 제3항의 죄를 이른바 반의사불벌죄로 규정한 취지로서 부도수표 회수나 수표소지인의 처벌을 희망하지 아니하는 의사의 표시가 제1심 판결 선고 이전까지 이루어지는 경우에는 **공소기각의 판결을 선고하여야 할 것**이다.(대법원 2009.12.10. 선고 2009도9939) 12경승, 16법9, 17검찰·마약9

3. 면소판결

(1) 면소판결의 의의

면소판결이란 법원이 피고사건에 대하여 면소판결사유(제326조, 실체적 소송조건이 결여된 경우)가 있을 때에 하는 형식재판이자 종국재판을 말한다. 형식재판 중 유일하게 **확정된 면소판결에 대해서는 기판력이 발생**한다. 18교정·보호·철경9

(2) 면소판결의 사유 _{18경승, 22법9}

다음의 경우에는 판결로써 면소의 선고를 하여야 한다.(제326조)

암기방법	면소판결의 사유(제326조) * 학사 완패

1) **확**정판결이 있은 때; 외국의 확정판결은 제외
2) **사**면이 있은 때; **일반사면만**이 있은 때만을 의미한다.(대법원 2000.2.11. 선고 99도2983) cf 특별사면이 있은 때에는 면소판결 사유× _{19검찰·마약9}
3) 공소의 시효가 **완**성된 때; 공소시효가 완성된 것으로 의제되는 경우(의제공소시효)도 면소판결 사유에 해당한다.(대법원 1981.1.13. 선고 79도1520) _{18법9}
4) 범죄 후 법령의 개폐로 형이 **폐**지되었을 때 _{19순경2차, 23경승}

관련판례 면소판결의 사유

a. 공소사실이 피해자의 멱살을 잡아 부근 비닐하우스 안으로 끌고 들어가 옷을 전부 벗게 하고 강간하였다는 사안에서, 피고인이 당시 피해자를 따라 가면서 손목을 잡고 욕설을 하며 진로를 방해하는 등으로 공포심과 혐오심을 주었다는 **경범죄처벌법위반의 범죄사실로 이미 즉결심판을 받아 확정된 경우** 위 두개의 범죄사실의 기초되는 사회적 사실관계는 그 기본적인 점에서 동일한 것이라고 보는 것이 상당하다.(대법원 1984.10.10. 선고 83도1790) ▶ 따라서 확정판결이 있은 때에 해당(제326조 제1호)하여 면소판결을 하여야 한다. _{11경승}

b. 공소사실이 피고인 A는 속칭 바람을 잡고 피고인 B는 시내버스 정류소에서 승객의 손가방을 열고 현금 등을 가져가 피고인들이 피해자의 재물을 합동하여 절취하였다는 사안에서, 피고인들이 당시 소매치기 용의자로 연행되어 심문을 받다가 그 무렵 그 부근 노상에서 피고인들이 승객들을 미는 등 정류소 질서를 어지럽히고 다수에게 불안감을 조성하였다는 **경범죄처벌법위반의 범죄사실로 이미 즉결심판을 받아 확정된 경우** 위 2개의 범죄사실의 기초가 되는 사회적 사실관계는 결국 그 기본적인 점에서 동일한 것이다.(대법원 1987.2.10. 선고 86도2454) ▶ 따라서 확정판결이 있은 때에 해당(제326조 제1호)하여 면소판결을 하여야 한다. _{11경승}

c. 공소사실이 피해자와 말다툼하다가 도끼를 가지고 피해자의 뒷머리를 스치게 하여 두부타박상을 가하였다는 폭력행위등처벌에관한법률위반 사안에서, 피고인이 당시 같은 곳에서 피해자와 시비하며 음주 소란을 피웠다는 경범죄처벌법위반의 범죄사실로 이미 즉결심판을 받아 확정된 경우 양 사실은 그 기본적 사실관계가 동일한 것이어서 이미 확정된 경범죄처벌법위반죄에 대한 즉결심판의 기판력이 폭력행위등처벌에관한법률위반죄의 공소사실에도 미친다.(대법원 1996.6.28. 선고 95도1270) ▶ 따라서 확정판결이 있은 때에 해당(제326조 제1호)하여 면소판결을 하여야 한다. _{11경승}

같은 취지의 판례

경범죄처벌법위반죄로 범칙금 통고처분을 받아 범칙금을 납부한 범칙행위인 소란행위와 상해죄의 공소사실이 기본적 사실관계가 동일한 경우(대법원 2003.7.11. 선고 2002도2642) ▶ 확정판결이 있은 때에 해당(제326조 제1호)하여 면소판결을 하여야 한다. _{12국7, 13경간}

d. 공소사실이 청객행위를 하는 피해자를 발로 차고 넘어뜨리는 등 폭행하여 결국 사망에 이르게 하였다는 폭행치사 사안에서, 피고인이 당시 청객행위를 이유로 폭력전과를 과시하며 피해자에게 시비하고 행패를 부렸다는 내용으로 <u>경범죄처벌법상 불안감 조성행위로 이미 즉결심판을 받아 확정된 경우</u> 폭행치사의 공소범죄사실과 동일한 일시·장소에서 폭력전과를 과시하여 피해자와 시비하며 붙들고 싸우다가 경찰지서에 연행되어 즉결심판을 받았다면 위 두개의 범죄사실의 기초가 되는 사회적 사실관계는 그 기본적인 점에서 동일한 것이라고 보는 것이 상당하다.(대법원 1979.1.30. 선고 78도3062) ▶ 따라서 확정판결이 있은 때에 해당(제326조 제1호)하여 면소판결을 하여야 한다. 〖F4〗 11경승

e. 17개월 동안 피해자의 휴대전화로 거의 동일한 내용을 담은 문자메세지를 발송함으로써 이루어진 정보통신망 이용촉진 및 정보보호 등에 관한 법률 위반행위 중 일부 기간의 행위에 대하여 먼저 유죄판결이 확정된 후 판결확정 전의 다른 일부 기간의 행위가 다시 기소된 경우 판결이 확정된 위 법률 위반죄와 포괄일죄의 관계이므로 확정판결의 기판력이 미친다.(대법원 2009.2.26. 선고 2009도39) ▶ 따라서 확정판결이 있은 때에 해당(제326조 제1호)하여 면소판결을 하여야 한다. 〖F4〗 19경간

f. 피고인이 술에 취해 주점에 찾아와 그 곳 손님들에게 시비를 걸고 주먹과 드라이버로 술탁상을 마구치는 등 약 6시간동안 <u>악의적으로 영업을 방해하였다는 사실로 경범죄처벌법 위반으로 구류 5일의 즉결심판을 받아 확정된 사실이 있다면</u>, 피고인이 같은 날 17:00경 같은 주점에서 그곳의 손님인 피해자와 시비를 벌여 주먹으로 피해자의 얼굴을 1회 때리고 멱살잡이를 하다가 위 주점 밖으로 끌고 나와 주먹과 발로 피해자의 복부 등을 수회 때리고 차서 피해자로 하여금 그 이튿날 19:30경 외상성 장간막 파열로 인한 출혈로 사망케 한 것이라는 이 사건 <u>(상해치사의)공소사실과 위 즉결심판의 범죄사실은 동일한 피고인이 동일한 일시, 장소에서 술에 취하여 그 주점의 손님들에게 시비를 걸고 행패를 부린 사실에 관한 것으로 양사실의 기초가 되는 사회적 사실관계가 기본적인 점에서 동일하기 때문에 이 사건 공소사실에 대하여는 이미 확정판결이 있었다고 보아야 한다.</u>(대법원 1990.3.9. 선고 89도1046) ▶ 따라서 확정판결이 있은 때에 해당(제326조 제1호)하여 면소판결을 하여야 한다. 〖F4〗 08순경2차, 10경사, 15교정·보호·철경9

비교판례

과실로 교통사고를 발생시켰다는 각 '교통사고처리 특례법 위반죄'와 고의로 교통사고를 낸 뒤 보험금을 청구하여 수령하거나 미수에 그쳤다는 '사기 및 사기미수죄'는 그 기본적 사실관계가 동일하다고 볼 수 없으므로, 위 전자에 관한 확정판결의 기판력이 후자에 미친다고 할 수 없다.(대법원 2010.2.25. 선고 2009도14263) ▶ 따라서 **실체판결을 하여야 한다.** 〖F4〗 14순경2차, 16검찰·마약9, 17순경1차, 22국9

Ⅲ 종국재판의 부수효과

1. 구속영장의 실효

무죄, 면소, 형의 면제, 형의 선고유예, 형의 집행유예, 공소기각 또는 벌금이나 과료를 과하는 판결이 선고된 때에는 구속영장은 효력을 잃는다.(제331조) 이러한 판결이 선고된 경우 검사는 판결의 확정을 기다릴 필요 없이 즉시 석방을 지휘하여야 한다.

2. 압수물의 처분

(1) 몰수의 선고와 압수물

압수한 서류 또는 물품에 대하여 몰수의 선고가 없는 때에는 압수를 해제한 것으로 간주한다.(제332조) F4 법9

(2) 압수 장물의 환부 F4 법9, 경승, 14경간

① 압수한 장물로서 피해자에게 환부할 이유가 명백한 것은 판결로써 피해자에게 환부하는 선고를 하여야 한다.(제333조 제1항) F4 16경승, 18순경1차 압수한 장물은 피해자에게 환부할 이유가 명백한 때에는 피의·피고사건 종결 전이라도 결정으로 피해자에게 환부할 수 있다.(제134조, 제219조) 앞의 경우에는 판결로써 압수장물의 피해자 환부를 하지만, 뒤의 경우에는 결정으로써 압수장물의 피해자 환부를 한다는 점에 차이가 있다. 앞의 경우에 판결로써 하는 것은 종국재판(원칙적으로 판결의 형식으로 한다.)에 부수해서 하기 때문이다. 그런데 뒤의 경우에 결정으로써 하는 것은 종국재판 전에 중간재판(원칙적으로 결정의 형식으로 한다.)으로써 하는 것이기 때문이다.
② 전항의 경우에 (압수한) 장물을 처분하였을 때에는 판결로써 그 대가로 취득한 것을 피해자에게 교부하는 선고를 하여야 한다.(동조 제2항) 압수한 장물을 처분한 경우에는 그 장물 자체를 환부할 수 없기 때문에 그 대가를 교부하는 선고를 한다는 것이다.
③ 가환부한 장물에 대하여 별단의(별다른) 선고가 없는 때에는 환부의 선고가 있는 것으로 간주한다.(동조 제3항) F4 순경
④ 전3항의 규정은 이해관계인이 민사소송 절차에 의하여 그 권리를 주장함에 영향을 미치지 아니한다.(동조 제4항) F4 09순경1차, 16경승

3. 가납판결

① 법원은 벌금, 과료 또는 추징(재산형)의 선고를 하는 경우에 판결의 확정 후에는 집행할 수 없거나 집행하기 곤란할 염려가 있다고 인정한 때에는 직권 또는 검사의 청구에 의하여 피고인에게 벌금, 과료 또는 추징에 상당한 금액의 가납을 명할 수 있다.(제334조 제1항)
② 전항의 재판은 형의 선고와 동시에 판결로써 선고하여야 한다.(동조 제2항) F4 법9 전항의 판결(가납판결)은 즉시로 집행할 수 있다.(동조 제3항)

제 3 절 재판의 확정과 효력

❶ 재판의 확정

1. 재판의 확정의 의의

재판의 확정이란 재판이 통상의 불복방법(예 상소)으로는 더 이상 다툴 수 없게 되어 그 재판의 내용을 변경할 수 없게 된 상태를 말한다. 이렇게 더 이상 다툴 수 없는 상태에 있는 재판을 확정재판이라고 한다. 재판이 확정되면 집행절차로 넘어간다.

2. 재판의 확정의 시기

불복이 허용되지 않는 재판	1) **대법원의 결정** 대법원은 최종심이므로 대법원의 결정에 대해서는 더 이상 통상의 불복방법으로 불복할 수 없다. 따라서 대법원의 결정이 고지되면 **고지와 동시에 확정**된다. 2) **대법원의 판결** 역시 대법원의 판결에 대해서도 더 이상 통상의 불복방법으로 불복할 수 없다. 따라서 대법원 판결이 선고되면 **선고와 동시에 확정**된다.
불복이 허용되는 재판	1) **불복신청 기간의 경과** ① 제1심판결·항소심판결, 즉결심판; 선고일부터 7일이 경과되면 확정된다. ② 약식명령; 고지일부터 7일 경과되면 확정된다. ③ 즉시항고가 허용되는 결정; 고지일부터 7일 경과되면 확정된다. ④ 보통항고가 허용되는 결정; 결정이 취소되어도 (불복의) 실익이 없게 된 때에 확정된다. 항고 제기기간의 제한이 없기 때문이다. 2) **불복신청의 포기·취하** ① 상소; 상소의 포기·취하로 확정된다.(제349조) ② 약식명령; 정식재판청구의 취하로 확정된다.(제454조) ③ 즉결심판; 정식재판청구의 포기·취하로 확정된다.(즉결심판에 관한 절차법 제14조 제4항, 제454조) 3) **불복신청기각재판의 확정** 대법원의 상고기각결정·상고기각판결이 확정되면 더 이상 통상의 불복방법으로 불복할 수 없으므로 재판은 확정된다.(제399조, 제364조 제4항)

II 재판의 확정력

재판의 확정력이란 재판이 확정되면 더 이상 통상의 불복방법(예 상소)으로는 다툴 수 없는 효력(형식적 확정력 또는 불가쟁적 효력)이 발생되고, 재판의 내용도 확정되어 변경할 수 없는 효력(내용적 확정력 또는 불가변적 효력)이 발생된다. 재판의 확정력이 확정재판의 본래적 효력이다.

III 기판력

1. 기판력의 의의와 취지

의의	기판력이란 기판력이 발생하는 재판이 확정된 경우 **동일한 사건에 대해서는 다시 심리와 판결을 할 수 없게 되는 효력**을 말한다. 예 甲의 A에 대한 살인피고사건에 대하여 무죄판결이 확정되었다면 법원은 당해 사건에 대하여 다시 심리와 판결을 하여 유죄판결을 할 수 없다. 실체재판의 내용적 확정력 가운데 대외적 효력으로서 기판력을 **일사부재리의 효력**과 같은 의미로 보는 것이 일반적이다.
취지	1) 법적 안정성의 유지와 재판의 권위 보호 　만일 무죄판결이 확정된 사건에 대하여 법원이 다시 심리하여 유죄판결을 할 수 있다면 법적 안정성을 침해하고, 재판의 권위가 실추되기 때문에 기판력을 인정하는 것이다. 2) 피고인 보호 　형사소추를 반복함으로써 피고인에게 고통을 가하는 것을 방지하여 피고인을 보호한다. 3) 소송경제 　이미 확정된 사건에 대하여 다시 심리와 판결을 하면 불필요한 절차를 반복하게 되어 불필요한 비용을 들이게 된다. 따라서 소송경제를 고려하여 기판력이 인정되는 것이다.

2. 기판력이 인정되는 재판

확정재판이라고 해서 모두 기판력이 인정되는 것은 아니다. 기판력이 인정되는 재판은 다음과 같다.

기판력이 인정되는 재판(=면소판결사유 중 확정판결)
1) 도로교통법상의 범칙금납부통고처분이 확정된 경우 F4 19경간, 21국7 2) 경범죄처벌법상의 범칙금납부통고처분이 확정된 경우 3) 확정된 면소판결; 형식재판 중에서 유일하게 면소판결이 확정되면 기판력이 발생한다. 4) 확정된 실체재판; 확정된 유죄판결과 확정된 무죄판결 5) 확정된 즉결심판 6) 확정된 약식명령

cf 과태료 부과처분, 행정법상의 징계처분, 검사의 불기소처분; **확정판결이 아니므로 기판력이 인정되는 재판이 아니다.**

관련판례 소년법상 보호처분이 기판력이 발생하는 확정판결에 해당하는지 여부(소극)

소년법상의 보호처분; 기판력이 발생하는 확정판결이 아니다. 소년법 제53조는 소년법상 보호처분에 있어서 심리개시결정된 사건을 다시 공소제기 할 수 없도록 규정하고 있으므로 이에 대하여 공소제기를 하면 공소제기 절차가 소년법 제53조에 위반되어 제327조 제2호의 **공소기각판결을 해야 한다.**(대법원 1996.2.23. 선고 96도47) 18법9, 18검찰·마약9, 18순경3차, 19순경1차, 21경간 반면 소년법상 보호처분을 받은 소년에 대한 보호처분의 변경은 종전 보호처분 사건에 관한 재판에 해당한다. 종전 보호처분에서 심리가 결정된 사건이 아닌 사건에 대하여 공소를 제기하거나 소년부에 송치하는 것은 소년법 제53조에 위배되지 않는다.(대법원 2019.5.10. 선고 2018도3768) ▶ 그러므로 종전 보호처분에서 심리가 결정된 사건이 아닌 사건에 대하여 공소를 제기한 경우 **공소기각판결 사유가 되지 않는다.**

관련판례 기판력의 인정 여부

a. 외국의 확정판결에 기판력이 발생하는지 여부(**소극**); 피고인이 동일한 행위에 관하여 외국에서 형사처벌을 과하는 확정판결을 받았다 하더라도 이런 외국판결은 우리나라에서는 기판력이 없으므로 여기에 **일사부재리의 원칙이 적용될 수 없다.**(대법원 1983.10.25. 선고 83도2366) 13경간, 15검찰·마약9, 16순경1차, 18경간, 18경승, 20국9, 22경승

b. 검사의 불기소처분에 기판력이 발생하는지 여부(**소극**); **검사의 불기소처분에는 확정재판에 있어서의 확정력과 같은 효력이 없어** 일단 불기소처분을 한 후에도 공소시효가 완성되기 전이면 언제라도 공소를 제기할 수 있다.(대법원 2009.10.29. 선고 2009도6614) ▶ 실체재판의 내용적 확정력 가운데 대외적 효력이 기판력이므로 위의 판례에서 확정력은 기판력을 의미하는 것으로 보아도 무방하다. 10국7, 12경간, 13경간, 14순경2차, 16경승, 16순경1차, 18경승, 19경간, 19경승, 22경간, 22국9, 24경간

c. 행정법상의 질서벌인 과태료를 납부한 후에 형사처벌을 한다하여 일사부재리의 원칙에 반하는 것이라고 할 수 없다.(대법원 1988.1.19. 선고 87도2265) 18교정·보호·철경9, 23경승

d. 가정폭력처벌법에 따른 보호처분의 결정이 확정된 경우 같은 범죄사실로 다시 공소를 제기할 수 없다.(동법 제16조), 보호처분은 확정판결이 아니고 기판력도 없으므로, 보호처분을 받은 사건과 동일한 사건에 대하여 다시 공소제기가 되었다면 이에 대해서는 **면소판결을 할 것이 아니라** 공소제기의 절차가 법률의 규정에 위배하여 무효인 때에 해당한 경우이므로 형사소송법 제327조 제2호의 **공소기각의 판결을 하여야 한다.** 그러나 가정폭력처벌법은 불처분결정에 대해서는 그와 같은 규정(보호처분을 받은 사건과 동일한 사건에 대하여 다시 공소제기가 되었다면 공소기각의 판결을 하여야 한다는 규정)을 두고 있지 않으므로, 가정폭력처벌법은 불처분결정이 확정된 가정폭력범죄라 하더라도 일정한 경우 공소가 제기될 수 있음을 전제로 하고 있다. 따라서 가정폭력처벌법 제37조 제1항 제1호의 불처분결정이 확정된 후에 검사가 동일한 범죄사실에 대하여 다시 공소를 제기하였다거나 법원이 이에 대하여 유죄판결을 선고하였더라도 이중처벌금지의 원칙 내지 일사부재리의 원칙에 위배된다고 할 수 없다.(대법원 2017.8.23. 선고 2016도5423) 19검찰·마약9, 19순경2차, 20경승, 20법9, 22경승, 22법9, 23경승

3. 기판력의 범위

(1) 기판력의 주관적 범위

1) 공소제기된 피고인

기판력은 **공소제기된 피고인에게만 발생**한다. 공소는 검사가 피고인으로 지정한 자 이외의 자에게는 그 효력이 미치지 않기 때문이다.(제248조 제1항) 경승, 13국7 따라서 공동피고인 중의 1인(甲)에 대한 확정판결의 기판력은 다른 공동피고인(乙)에게는 발생하지 않는다. 13국7

2) 성명모용의 경우

모용자에게만 기판력이 발생하고, 피모용자에게는 발생하지 않는다. 순경, 경승, 법9, 국7, 18교정·보호·철경9

3) 위장출석의 경우

위장출석한 피고인에 대하여 판결이 확정되면 그 판결의 기판력은 위장출석한 피고인에게 발생한다.

(2) 기판력의 객관적 범위

1) 일반적 고찰

기판력은 법원의 현실적 심판대상인 공소장에 기재된 공소사실에 미친다. 또한 공소장에 기재된 공소사실과 동일성이 인정되는 모든 범죄사실에 기판력이 미친다. 순경, 20법9

> **관련판례** 기판력의 객관적 범위
>
> a. 이 사건 '경범죄처벌법위반죄의 범죄사실인 피해자 경영 담배집 마당 음주소란'과 '피해자와 말다툼을 하다가 위험한 물건인 길이 약 64㎝ 도끼날 약 7㎝ 가량의 도끼로 피해자를 향해 내리치며 도끼머리 부분으로 피해자의 뒷머리를 스치게 하여 피해자에게 약 2주간의 치료를 요하는 두부타박상 등을 가하였다'는 폭력행위등처벌에관한법률위반죄의 공소사실은 **범행장소가 동일하고 범행일시도 같으며 모두 피고인과 피해자의 시비에서 발단한 일련의 행위들임이 분명하므로, 그 기본적 사실관계가 동일**하다. 따라서 **경범죄처벌법위반죄에 대한 즉결심판의 기판력은 폭력행위등처벌에관한법률위반죄의 공소사실에 미친다.**(대법원 1996.6.28. 선고 95도1270) 05순경1차
>
> > **비교판례**
> > 피고인이 범칙금의 통고처분을 받게 된 범칙행위인 음주소란과 이 사건 폭력행위 등 처벌에 관한 법률 위반죄의 공소사실인 흉기휴대협박행위는 범행 장소와 일시가 근접하고 모두 피고인과 피해자의 시비에서 발단이 된 것으로 보이는 점에서 일부 중복되는 면이 있으나, 피고인에게 적용된 경범죄처벌법 제1조 제25호(음주소란등)의 범칙행위는 "공회당·극장·음식점 등 여러 사람이 모이거나 다니는 곳 또는 여러 사람이 타는 기차·자동차·배 등에서 몹시 거친 말 또는 행동으로 주위를 시끄럽게 하거나 술에 취하여 이유 없이 다른 사람에게 주정을 한 행위"인 데 반하여, 이 사건 공소사실인 흉기휴대협박은 위험한 물건인 과도를 들고 피해자를 쫓아가며 "죽여 버린다."고 소리쳐 협박하였다는 것이므로 범죄사실의 내용이나 그 행위의 수단 및 태양이 매우 다르고, 피해법익이 전혀 다르며, 그 죄질에도 현저한 차이가 있으므로 위 범칙행위와 이 사건 공소사실은 **기본적 사실관계가 동일한 것으로 평가할 수 없다.**(대법원 2012.9.13. 선고 2012도6612) 14국7, 16순경1차, 17순경1차, 19경승, 23국7

b. 피고인 甲이 '1997. 4. 3. 21:50경 서울 용산구 이태원동에 있는 햄버거 가게 화장실에서 피해자 A를 칼로 찔러 乙과 공모하여 A를 살해하였다'는 내용으로 기소되었는데, 선행사건에서 '1997. 2. 초순부터 1997. 4. 3. 22:00경까지 정당한 이유 없이 범죄에 공용될 우려가 있는 위험한 물건인 휴대용 칼을 소지하였고, 1997. 4. 3. 23:00경 乙이 범행 후 햄버거 가게 화장실에 버린 칼을 집어 들고 나와 용산 미8군영 내 하수구에 버려 타인의 형사사건에 관한 증거를 인멸하였다'는 내용의 범죄사실로 유죄판결을 받아 확정된 경우, **살인죄의 공소사실과 선행사건에서 유죄로 확정된 증거인멸죄 등의 범죄사실 사이에 기본적 사실관계의 동일성이 없다. 따라서 증거인멸죄 등에 관한 확정판결의 기판력이 이 사건 살인죄의 공소사실에는 미치지 않는다.**(대법원 2017.1.25. 선고 2016도15526) ▶ 이태원 살인 사건 [F4] 17순경1차, 18경간

c. 행형법상의 징벌은 수형자의 교도소 내의 준수사항위반에 대하여 과하는 행정상의 질서벌의 일종으로서 형법 법령에 위반한 행위에 대한 형사책임과는 그 목적, 성격을 달리하는 것이므로 **징벌을 받은 뒤에 형사처벌을 한다고 하여 일사부재리의 원칙에 반하는 것은 아니다.**(대법원 2000.10.27. 선고 2000도3874) [F4] 12경간, 16순경1차, 18경승

2) 개별적 고찰

① 포괄일죄의 경우

a. 상습사기범으로서 포괄일죄의 관계에 있는 수죄 중 일부에 대하여 '단순사기죄(=1개의 사기죄=사기죄의 기본구성요건)'의 확정판결이 있는 경우 그 확정판결의 기판력이 사실심 판결 선고 전의 나머지 범죄에 미치지 않으므로 그(단순사기죄의) **확정판결 이전의 범행(상습사기죄)에 대하여 면소판결을 할 수 없다.**(대법원 2004.9.16. 선고 2001도3206 전원합의체 판결) [cf] 반면 상습사기죄에 대하여 확정판결이 있는 경우에는 그 이전의 단순사기 범행에 대하여도 기판력이 미치므로 면소판결을 할 수 있다. [F4] 10경사, 11검찰 · 마약9, 12경간 · 국9, 13경간, 13국9, 14법9, 14국9, 15교정 · 보호 · 철경9, 17경간, 17법9, 17교정 · 보호 · 철경9, 19경간, 19검찰 · 마약9, 20경승, 21교정 · 보호 · 철경9, 21국7, 23국9

> **같은 취지의 판례**
>
> 확정판결의 기판력이 미치는 범위는 확정된 사건 자체의 범죄사실과 죄명을 기준으로 정하는 것이 원칙이므로, 그 전의 확정판결에서 조세범 처벌법 제10조 제3항 각 호의 위반죄로 처단되는 데 그친 경우에는, 확정된 사건 자체의 범죄사실이 뒤에 공소가 제기된 사건과 종합하여 특정범죄 가중처벌 등에 관한 법률 제8조의2 제1항(이하 '법률조항'이라 한다.) 위반의 포괄일죄에 해당하는 것으로 판단된다 하더라도, **뒤늦게 앞서의 확정판결을 포괄일죄의 일부에 대한 확정판결이라고 보아 기판력이 사실심판결 선고 전의 법률조항 위반 범죄사실에 미친다고 볼 수 없다.**(대법원 2015.6.23. 선고 2015도2207) [F4] 23국7

b. 원래 상습사기의 일죄로 포괄될 수 있는 관계에 있는 일련의 사기 범행의 중간에 동종의 죄에 관한 확정판결이 있는 경우에는 그 확정판결에 의하여 원래 일죄로 포괄될 수 있었던 일련의 범행은 그 확정판결의 전후로 분리되고, 이와 같이 분리된 각 사건은 서로 동일성이 있다고 할 수 없어 이중으로 기소되더라도 각 사건에 대하여 각각의 주문을 선고하여야 한다.(대법원 2000.2.11. 선고 99도4797) ▶ 따라서 **동종의 죄에 관한 확정판결의 기판력은 분리된 후의 범행에는 미치지 않는다.** [F4] 18순경3차, 20경승

> **비교판례**
>
> 포괄일죄는 그 중간에 별종의 범죄에 대한 확정판결이 끼어 있어도 그 때문에 포괄적 범죄가 둘로 나뉘는 것은 아니라 할 것이고, 또 이 경우에는 그(별종의 범죄의) 확정판결 후의 범죄로서 다루어야 한다.(대법원 2002.7.12. 선고 2002도2029) ▶ 따라서 별종의 범죄와 포괄일죄의 경합범이 된다. 14순경2차, 20경승, 23경승

② 과형상 일죄의 경우

과형상 일죄의 부분사실에 대한 확정판결의 기판력은 나머지 부분에 대해서도 미친다. 즉 **과형상 일죄의 일부에 대한 확정판결의 기판력은 그 전부에 미친다**. 순경, 13국9, 15교정·보호·철경9, 17법9, 18경승, 19경승, 22법9

> **관련판례** 과형상 일죄의 기판력
>
> a. 수개의 사기죄가 상상적 경합관계(과형상 일죄)에 있는 경우 그 중 일부 사기죄에 대하여 확정판결이 있었다면 나머지 사기죄 부분에 대하여도 기판력이 미친다.(대법원 1990.1.25. 선고 89도252) 20법9
>
> b. 동일인 대출한도 초과대출 행위로 인하여 상호저축은행에 손해를 가함으로써 상호저축은행법위반죄와 업무상 배임죄가 모두 성립한 경우, 양 죄는 상상적 경합관계(과형상 일죄)에 있으므로 그 중 1죄에 대한 확정판결의 기판력은 다른 죄에 대하여도 미친다.(대법원 2011.2.24. 선고 2010도13801)
>
> c. 甲이 乙의 기념전시회에 참석한 손님들에게 乙이 공사대금을 주지 않는다는 취지로 소리를 치며 소란을 피워 업무방해죄로 유죄판결을 받아 판결이 확정된 후 다시 명예훼손죄로 고소된 경우 이 사건 확정판결의 범죄사실 중 업무방해죄와 이 사건 공소사실 중 명예훼손죄는 모두 피고인이 같은 일시, 장소에서 피해자의 기념전시회에 참석한 손님들에게 피해자가 공사대금을 주지 않는다는 취지로 소리를 치며 소란을 피웠다는 1개의 행위에 의하여 실현된 경우로서 상상적 경합 관계(**과형상 일죄**)에 있다고 보아, **업무방해죄에 대한 확정판결의 기판력이 명예훼손죄에 대해서도 미친다**고 할 것이어서, 명예훼손죄에 대하여 이미 확정판결이 있다는 이유로 면소의 판결을 선고한 제1심판결은 정당하다.(대법원 2007.2.23. 선고 2005도10233) 14국7
>
> > **같은 취지의 판례**
> >
> > 피고인이 '2015. 4. 16. 13:10경부터 14:30경까지 甲 업체 사무실에서 직원 6명가량이 있는 가운데 직원들에게 행패를 하면서 피해자 乙의 업무를 방해하였다'는 공소사실(A)로 기소되었는데, 피고인은 '2015. 4. 16. 13:30경부터 15:00경 사이에 甲 업체 사무실에 찾아와 피해자 丙, 丁과 일반직원들이 근무를 하고 있음에도 피해자들에게 욕설을 하는 등 큰소리를 지르고 돌아다니며 위력으로 업무를 방해하였다'는 등의 범죄사실(B)로 이미 유죄판결을 받아 확정된 경우, 업무방해의 공소사실(A)과 확정판결 중 업무방해죄의 범죄사실(B)은 범행일시와 장소가 동일하고, 범행시간에 근소한 차이가 있으나 같은 시간대에 있었던 일이라고 보아도 무리가 없으며, 각 범행내용 역시 본질적으로 다르지 않아, 결국 **양자(AB)는 상상적 경합 관계에 있고, 확정판결의 기판력이 업무방해의 공소사실에 미친다**.(대법원 2017.9.21. 선고 2017도11687) 21경간

③ 경합범의 경우

경합범 중 일부에 대한 확정판결의 기판력은 **나머지 부분에 대하여 영향을 미치지 않는다**.

관련판례 경합범의 기판력

a. 위험물인 유사석유제품을 제조한 <u>제1범죄행위로 기소중지되어 1달 이상 범행을 중단하였다가 다시 위험물인 유사석유제품을 제조한 제2범죄행위</u>를 하고, 그 후 제1범죄행위에 대하여 약식명령이 확정된 경우 **(제1·2범죄행위는 경합범으로서 동일성이 없기 때문에)** 원심판결이 확정된 약식명령의 기판력이 제2범죄행위에 미치지 않는다.(대법원 2006.9.8. 선고 2006도3172) [F4] 13경승

b. 피고인이 공소사실의 내용이 된 사기의 범행과 관련하여 유사수신행위의 규제에 관한 법률 제3조에서 금지하고 있는 유사수신행위를 하였다는 범죄사실로 이미 유죄판결을 받아 확정되었으나, <u>위 법률 위반죄와 사기죄는 그 기본적 사실관계에 있어서 동일하다고 볼 수 없어, **확정판결의 효력이(기판력이) 사기 공소사실에 미치지 아니한다.**</u>(대법원 2006.3.23. 선고 2005도9678) [F4] 15검찰·마약9

c. 회사의 대표이사가 회사 자금을 빼돌려 횡령한 다음 그 중 일부를 배임증재에 공여한 경우, 위 횡령의 범행과 배임증재의 범행은 서로 별개의 행위(경합범)이므로 **횡령의 점에 대해 확정된 약식명령의 기판력이 배임증재의 점에는 미치지 않는다.**(대법원 2010.5.13. 선고 2009도13463) [F4] 14국7, 14순경2차, 17순경1차, 22경승, 23국7

d. 피고인이 유사석유제품을 판매하였다는 석유 및 석유대체연료 사업법(이하 '석유사업법'이라 한다) 위반죄의 범죄사실로 유죄판결을 받아 확정되었는데, 위와 같은 유사석유제품을 제조하여 판매하고도 그에 관한 부가가치세 등을 신고·납부하지 않고 조세를 포탈하였다는 공소사실로 기소된 경우, 석유사업법 위반죄의 범죄사실은 내용이나 행위 태양, 피해법익이 조세 포탈행위로 인한 공소사실과 서로 달라 석유사업법 위반죄의 범죄사실과 공소사실 사이에 기본적 사실관계의 **동일성을 인정할 수 없으므로, 석유사업법 위반죄의 확정판결의 기판력이 조세 포탈행위로 인한 공소사실에 미치지 않는다.**(대법원 2017.12.5. 선고 2013도7649) [F4] 19경간

e. 인터넷 성형쇼핑몰 형태의 통신판매 사이트를 운영하는 피고인들이 '병원 시술상품을 판매하는 배너광고를 게시하면서 배너의 구매 개수와 시술후기를 허위로 게시하였다.'는 표시·광고의 공정화에 관한 법률 위반죄의 범죄사실(A)로 각 벌금형의 약식명령을 받아 확정되었는데, '영리를 목적으로 병원 시술상품을 판매하는 배너광고를 게시하는 방법으로 병원에 환자들을 소개·유인·알선하고, 그 대가로 환자들이 지급한 진료비 중 일정 비율을 수수료로 의사들로부터 지급받았다.'는 의료법 위반 공소사실(B)로 기소된 경우, B는 유죄로 확정된 A와 동일성이 있다고 보기 어렵고, 상상적 경합관계에 있다고 볼 수도 없으므로, **A의 약식명령이 확정되었다고 하여 그 기판력이 공소사실(B)에까지 미치는 것은 아니다.**(대법원 2019.4.25. 선고 2018도20928)

(3) 기판력의 시적 범위

의의	기판력의 시적 범위란 **포괄일죄에 있어서** 그 범죄가 확정판결의 전후에 걸쳐 행하여진 경우 어느 시점까지 기판력을 인정할 것인가의 문제이다. 기판력의 시적 범위의 문제는 과형상 일죄와 경합범의 경우에는 발생하지 않고, 상습범과 같은 포괄일죄에서만 발생하는 문제이다. 📖 **관련판례** 기판력의 시적 범위 판결의 확정력(기판력과 같은 의미로 보면 된다.)은 사실심리의 가능성이 있는 최후의 시점인 **판결 선고시를 기준**으로 하여 그때까지 행하여진 행위에 대하여만 미치는 것으로서, 제1심 판결에 대하여 항소가 된 경우 판결의 확정력(기판력과 같은 의미로 보면 된다.)이 미치는 시간적 한계는 **항소심 판결 선고시**라고 보는 것이 상당한데 항소이유서를 제출하지 아니하여 결정으로 항소가 기각된 경우에도 형사소송법 제361조의4 제1항에 의하면 피고인이 항소한 때에는 법정기간 내에 항소이유서를 제출하지 아니하였다 하더라도 판결에 영향을 미친 사실오인이 있는 등 직권조사사유가 있으면 항소법원이 직권으로 심판하여 제1심 판결을 파기하고 다시 판결할 수도 있으므로 사실심리의 가능성이 있는 최후 시점은 **항소기각결정시**라고 보는 것이 옳다.(대법원 1993.5.25. 선고 93도836) F4 국9, 10 국7, 12경승, 13국7, 14법9, 17경간, 17법9, 18경간, 18순경3차, 20경승, 22법9, 23경승
약식 명령의 기판력의 시적 범위	약식명령의 기판력의 시적 범위는 **발령시**를 기준으로 한다. 약식명령의 기판력의 시적 범위를 판결절차와 달리 하여야 할 이유가 없기 때문이다.(대법원 1984.7.24. 선고 84도1129) 포괄일죄의 관계에 있는 범행일부에 관하여 약식명령이 확정된 경우, **약식명령의 발령시를 기준**으로 하여 그 전의 범행에 대하여는 면소의 판결을 하여야 하고, 그 이후의 범행에 대하여서만 일개의 범죄로 처벌하여야 한다.(대법원 1994.8.9. 선고 94도1318) F4 18교정·보호·철경9, 18순경3차, 19경간, 19경승, 19순경1차, 22국7, 23국7

4. 기판력의 배제

법적 안정성과 피고인 보호라는 기판력의 요청만을 지나치게 강조하여 명백한 '오류'가 있는 확정판결의 효력만을 고집한다면 오히려 정의에 반하게 된다. 따라서 예외적으로 기판력을 배제해야 할 경우가 있다. 기판력이 배제되는 경우로는 재심과 비상상고, 상소권회복, 정식재판청구권회복이 있다. 이에 대하여는 뒤에 서술한다.

제 4 절 소송비용부담과 형의 집행유예 취소의 절차

I 소송비용부담

1. 소송비용의 의의

소송비용이란 형사소송절차의 진행에 따라 발생한 비용을 말한다. 형사소송비용 등에 관한 법률 제2조는 형사소송비용에는 증인, 감정인, 통역인 또는 번역인의 일당, 여비 및 숙박료(동조 제1호), 감정인, 통역인 또는 번역인의 감정료, 통역료, 번역료 기타 비용(동조 제2호), 국선변호인의 일당, 여비, 숙박료 및 보수(동조 제3호) 등이 포함된다고 규정하고 있다.

2. 소송비용의 부담자

피고인	형을 선고하는 경우에는 피고인에게 소송비용의 전부 또는 일부를 부담하게 하여야 한다. 다만, 피고인의 경제적 사정으로 소송비용을 납부할 수 없는 때에는 그러하지 아니하다.(제186조 제1항) 21법9 피고인에게 책임지울 사유로 발생된 비용은 형을 선고하지 아니하는 경우에도 피고인에게 부담하게 할 수 있다.(동조 제2항)
공범	공범의 소송비용은 공범인에게 연대부담하게 할 수 있다.(제187조) 13국7
고소인 또는 고발인	고소 또는 고발에 의하여 공소를 제기한 사건에 관하여 피고인이 무죄 또는 면소의 판결을 받은 경우에 고소인 또는 고발인에게 고의 또는 중대한 과실이 있는 때에는 그 자(고소인 또는 고발인)에게 소송비용의 전부 또는 일부를 부담하게 할 수 있다.(제188조) 21법9
상소인 또는 재심청구인 법9	검사 아닌 자가 상소 또는 재심청구를 한 경우에 상소 또는 재심의 청구가 기각되거나 취하된 때에는 그 자(검사 아닌 상소인 또는 재심청구인)에게 그 소송비용을 부담하게 할 수 있다.(제190조 제1항) 피고인 아닌 자가 피고인이 제기한 상소 또는 재심의 청구를 취하한 경우에도 전항과 같다.(동조 제2항)

3. 소송비용부담의 절차

(1) 피고인 소송비용부담의 재판과 제3자 부담의 재판

피고인 소송비용 부담의 재판	재판으로 소송절차가 종료되는 경우에 피고인에게 소송비용을 부담하게 하는 때에는 직권으로 재판하여야 한다. 이에 대하여는 본안의 재판에 관하여 상소하는 경우에 한하여 불복할 수 있다.(제191조) 법승, 20국9
제3자 부담의 재판	재판으로 소송절차가 종료되는 경우에 피고인 아닌 자에게 소송비용을 부담하게 하는 때에는 직권으로 결정을 하여야 한다. 이에 대하여는 즉시항고를 할 수 있다.(제192조) 23국7

(2) 재판에 의하지 아니하고 소송절차가 종료되는 경우와 부담액의 산정

재판에 의하지 아니하고 종료되는 경우	재판에 의하지 아니하고 소송절차가 종료되는 경우에 소송비용을 부담하게 하는 때에는 사건의 최종계속법원이 직권으로 결정을 하여야 한다. 이에 대하여는 즉시항고를 할 수 있다.(제193조)
부담액의 산정	소송비용의 부담을 명하는 재판에 그 금액을 표시하지 아니한 때에는 집행을 지휘하는 검사가 산정한다.(제194조) 21법9

Ⅱ 형의 집행유예 취소의 절차

청구	형의 집행유예를 취소할 경우에는 검사는 피고인의 현재지 또는 최후의 거주지를 관할하는 법원에 청구하여야 한다.(제335조 제1항) 법승, 법9
재판	형의 집행유예 취소의 청구를 받은 법원은 피고인 또는 그 대리인의 의견을 물은 후 결정을 하여야 한다.(동조 제2항) 법승
불복	전항의 결정에 대하여는 즉시항고를 할 수 있다.(동조 제3항) 법승, 법9

온라인 교육의 명품브랜드 www.edupd.com
에듀피디 EDUPD

CRIMINAL
이천호 형사소송법
PROCEDURE LAW

이천호 형사소송법

4 PART

CHAPTER 01. 상소
CHAPTER 02. 비상구제절차

상소 · 비상구제절차

CHAPTER 1 상소

제1절 상소통칙

1 상소의 의미와 종류

1. 상소의 의의

상소란 **미확정 재판에 대하여 상급법원에 불복하는 제도**를 말한다. 경승, 12경간 상소는 미확정 재판에 대하여 불복하는 제도이므로 확정판결에 대하여 불복하는 제도인 재심, 비상상고는 상소가 아니다. 상소는 재판에 대하여 불복하는 제도이므로 불기소처분 등 수사기관의 처분에 대한 불복제도인 재정신청, 검찰항고 · 검찰재항고는 상소가 아니다. 또한 상소는 상급법원에 불복하는 제도이므로 동급법원에 불복하는 이의신청 · 준항고 · 정식재판의 청구는 상소가 아니다.

2. 상소의 종류

(1) 판결에 대한 상소

법원이 판결의 형식으로 재판을 한 경우에 판결에 대한 상소에는 제1심판결에 대하여 항소법원에 불복하는 **항소**와 항소법원의 판결(제2심판결)에 대하여 대법원에 불복하는 **상고**가 있다. 14교정 · 보호 · 철경9 예컨대 합의부 사건을 전제로 할 때 부산지방법원에서 제1심판결을 선고한 경우에는 제2심 법원인 부산고등법원에 항소를 할 수 있다. 부산고등법원에서 제2심판결을 선고한 경우에는 제3심 법원인 대법원에 상고를 할 수 있다.

(2) 결정에 대한 상소

법원이 결정의 형식으로 재판을 한 경우에 결정에 대한 상소에는 **항고**가 있다. 항고는 다시 **일반항고와 특별항고**로 나누어진다. 14교정 · 보호 · 철경9 이에 대한 자세한 사항은 뒤에 서술한다.

(3) 명령에 대한 상소

명령에 대한 일반적인 상소제도는 없다. 단, 예외적으로 준항고, 이의신청을 할 수 있는 경우가 있으나, 이는 상급법원에 불복하는 제도가 아니라 동급법원에 불복하는 제도이므로 상소가 아니다. 14교정 · 보호 · 철경9

Ⅱ 상소권

1. 상소권의 의의
상소권이란 형사재판(판결·결정)에 대하여 상소를 할 수 있는 형사소송법상의 권리를 말한다.

2. 상소권자

(1) 고유의 상소권자

1) 검사와 피고인
검사와 피고인은 고유의 상소권자로서 상소를 할 수 있다.(제338조 제1항)

2) 항고권자
검사 또는 피고인 아닌 자(예 과태료부과결정을 받은 증인)가 결정을 받은 때에는 항고할 수 있다.(제339조)

(2) 상소대리권자
피고인의 법정대리인, 배우자, 직계친족, 형제자매 또는 원심의 대리인이나 변호인은 상소대리권자로서 피고인을 위하여 상소할 수 있다.(제340조, 제341조 제1항) 상소대리권자의 상소권의 성질은 독립대리권에 해당한다. 그러므로 **피고인의 상소권이 소멸하면 이들의 상소권도 소멸**한다. 피고인의 법정대리인은 피고인의 명시적 의사에 반해서도 상소할 수 있다. 그러나 피고인의 법정대리인 이외의 상소대리권자(피고인의 배우자, 직계친족, 형제자매 또는 원심의 대리인이나 변호인)는 피고인의 명시적 의사에 반하여 상소할 수 없으나, 묵시적 의사에 반하여서는 상소할 수 있다. 20경승, 22법9

3. 상소권의 발생과 소멸

(1) 상소권의 발생 법9
상소권은 재판의 선고 또는 고지(**판결의 선고 또는 결정의 고지**)에 의하여 발생한다.(제343조 제2항) **판결 전 소송절차에 관한 법원의 결정**에 대하여는 즉시항고를 할 수 있는 경우를 제외하고는 항고를 할 수 없는 것이 원칙이므로(제403조 제1항) 원칙적으로 상소권이 발생하지 않는다.

(2) 상소권의 소멸
상소권은 상소의 포기·취하와 상소제기기간의 경과로 인하여 소멸한다.

1) 상소의 포기·취하
상소권은 상소의 포기·취하로 인하여 소멸하고, 재판은 확정된다. 상소의 포기·취하에 대하여는 별도의 목차를 두어서 자세히 서술한다.

2) 상소제기기간의 경과

① **항소·상고**; 항소와 상고(판결에 대한 상소)는 그 제기기간인 **7일**이 경과하면 상소권이 소멸한다.(제358조, 제374조) [F4] 13순경1차, 14경간, 18경간, 20경승, 20국9
② **즉시 항고**; 즉시항고의 제기기간은 **7일**이다. 그러므로 7일이 경과하면 상소권이 소멸한다.(405조) [F4] 13순경1차, 22교정·보호·철경9
③ **상소제기기간의 기산점**; 상소제기기간은 재판을 선고 또는 고지한 날(판결을 선고한 날 또는 결정을 고지한 날)부터 진행된다.(제343조 제2항)

4. 상소의 포기·취하

(1) 상소의 포기·취하의 의의

상소의 포기의 의의	상소의 포기란 상소권자가 **상소제기기간 내에** 상소권을 행사하지 않겠다는 법원에 대한 의사표시를 말한다. [F4] 법9
상소의 취하의 의의	상소의 취하란 **이미 제기한 상소를 철회**하는 법원에 대한 의사표시를 말한다.
상소의 포기·취하의 차이점	상소의 포기는 아직 상소를 하지 않은 경우에 하지만, 상소의 취하는 이미 상소를 한 후에 한다는 점이 다르다.

(2) 상소의 포기·취하의 주체

상소의 포기 권자	검사나 피고인 또는 '제339조에 규정한 자(항고권자, 결정을 받은 검사 또는 피고인 아닌 자)'는 상소의 포기를 할 수 있다. 단, 피고인 또는 제341조에 규정한 자(상소대리권자, 즉 피고인의 배우자, 직계친족, 형제자매 또는 원심의 대리인이나 변호인)는 **사형 또는 '무기징역이나 무기금고(무기형)'가 선고된 판결에 대하여는 상소의 포기를 할 수 없다.**(제349조) [F4] 12순경2차, 15경간, 16경간, 16법9, 19경승, 20교정·보호·철경9
상소의 취하 권자 [F4] 법9, 법승	검사나 피고인 또는 '제339조에 규정한 자(항고권자, 결정을 받은 검사 또는 피고인 아닌 자)'는 상소의 취하를 할 수 있다.(제349조) 피고인의 법정대리인 또는 '제341조에 규정한 자(상소대리권자, 즉 피고인의 배우자, 직계친족, 형제자매 또는 원심의 대리인이나 변호인)'는 **피고인의 동의를 얻어 상소를 취하할 수 있다.**(제351조) [F4] 12순경2차, 15순경2차, 16법9, 17법9, 20교정·보호·철경9, 22법9 상소의 포기권자와 상소의 취하권자는 다르다. 상소의 취하권자가 상소의 포기권자보다 더 넓다. 즉 피고인의 법정대리인 또는 상소대리권자는 피고인의 동의를 얻어 상소를 취하할 수는 있으나, 피고인의 동의를 얻더라도 상소의 포기를 할 수는 없다. [F4] 11경위

(3) 상소의 포기·취하의 방식

1) 서면 또는 구술

상소의 포기 또는 취하는 서면으로 하여야 한다. 단, **공판정에서는 구술로 할 수 있다.**(제352조 제1항) [F4] 법9, 15경간, 20경간, 21국7 변호인의 상소취하에 대한 피고인의 동의는 공판정에서는 구술로써 할 수 있지만, 피고인의 구술 동의는 **명시적으로 이루어져야만 한다.**(대법원 2015.9.10. 선고 2015도7821) 16법9, 18국7, 19경승, 19법9, 19국9, 19순경2차, 20순경1차, 20국9, 20국7 법정대리인이 있는 피고인이 상소의 포기 또는 취하를 함에는 법정대리인의 동의를 얻어야 한다. 단, 법정대리인의 사망 기타 사유로 인하여 그 동의를 얻을 수 없는 때에는 예외로 한다.(제350조) 19경승

2) 상소의 포기 · 취하의 관할법원

상소의 포기는 반드시 **원심법원에**, 상소의 취하는 **상소법원에** 하여야 한다. 단, 소송기록이 상소법원에 송부되지 아니한 때에는 상소의 취하를 **원심법원에** 제출할 수 있다.(제353조) 10국9, 10국7, 12순경2차, 15경간, 16경간, 19법9, 20순경1차 상소의 포기는 상소제기를 하지 않은 경우에 한다. 상소제기를 하지 않은 경우에는 상소법원이 생길 수가 없으므로 반드시 원심법원에 상소의 포기를 하여야 한다. 그러나 상소의 취하는 상소제기를 한 후에 하는 것이다. 상소제기 후에는 소송기록이 상소법원에 있는 경우가 보통이므로 상소법원에 상소의 취하를 하는 것이 통상적이다. 그러나 소송기록이 원심법원에 남아 있는 경우에는 원심법원에 상소의 취하를 할 수 있다.

3) 재소자특칙

교도소 또는 구치소에 있는 피고인이 상소의 제기기간 내에 상소포기 · 취하에 관한 서면을 교도소장이나 구치소장 또는 그 직무를 대리하는 자에게 제출한 때에는 **그 때에 상소를 포기 · 취하한 것으로** 간주한다.(제355조, 제344조 제1항) 재소자특칙에 관해서는 뒤에서 보다 자세히 살펴본다.

(4) 상소의 포기 · 취하의 효력

상소권의 소멸	상소의 포기 · 취하로 인하여 **상소권은 소멸**하고, 재판은 확정된다.
재상소의 금지	상소를 취하한 자 또는 상소의 포기나 취하에 동의한 자는 그 사건에 대하여 **다시 상소를 하지 못한다.**(제354조) 형사소송법에 규정되어 있지 않으나 상소를 포기한 자도 상소권이 소멸되므로 당연히 **재상소를 할 수 없다.** 15경간, 19경승

> **관련판례** 상소취하가 착오에 기인한 경우
>
> 피고인의 상소취하가 착오에 기인한 경우, 그 착오에 관하여 피고인에게 과실이 있으면 피고인이 착오를 일으키게 된 과정에 교도관의 과실이 개입되었더라도 상소취하는 무효로 되지 않는다. 20교정 · 보호 · 철경9

(5) 상소절차 속행신청

상소의 포기 또는 취하가 부존재 또는 무효임을 주장하는 자는 그 포기 또는 취하 당시 소송기록이 있었던 법원에 절차속행의 신청을 할 수 있다.(규칙 제154조 제1항) 상소절차 속행신청은 상소포기나 상소취하가 없음에도 불구하고 있는 것으로 오인되어 상소절차가 재판 없이 종결된 경우 등에 신청할 수 있다. 반면 상소권회복은 상소제기가 없는 상태에서 상소제기기간이 청구권자의 귀책사유 없이 경과한 경우에 청구할 수 있다. 10법9, 11경위

| 관련판례 | 상소절차 속행신청 |

피고인이 상고를 포기한 후 (상고포기의 효력을 다투면서) 상고를 제기한 경우에는 피고인으로서는 그 상고에 의하여 계속된 상고절차나 원심법원의 상고기각결정에 대한 즉시항고절차 등에서 피고인의 상고포기가 부존재하거나 무효임을 주장하여 구제받을 수 있으므로, 규칙 제154조에 의한 상소절차속행신청을 할 수는 없다.(대법원 1999.5.18. 자 99모40)

5. 상소권회복

(1) 서론

관련 조문	제338조부터 제341조까지의 규정에 따라 상소할 수 있는 자는 자기 또는 대리인이 책임질 수 없는 사유로 상소 제기기간 내에 상소를 하지 못한 경우에는 상소권회복의 청구를 할 수 있다.(제345조) 10법9, 22법9, 23국7
상소권 회복의 의의	상소권 회복이란 상소권자 또는 대리인이 책임질 수 없는 사유로 인하여 상소제기기간이 경과함으로써 상소제기기간 내에 상소를 하지 못하여 소멸한 상소권을 법원의 결정에 의하여 회복시켜 주는 제도를 말한다. 관련판례 상소권 회복의 의의 제345조에 의한 상소권 회복은 피고인 등이 책임질 수 없는 사유로 상소제기기간을 준수하지 못하여 소멸한 상소권을 회복하기 위한 것일 뿐, 상소의 포기로 인하여 소멸한 상소권까지 회복하는 것이라고 볼 수는 없다.(대법원 2002.7.23. 자 2002모180) 21법9

(2) 상소권 회복의 절차

1) 상소권 회복의 청구권자

상소권 회복의 청구권자는 <u>상소권자 또는 대리인</u>이다.(제345조) 상소대리권자(피고인의 법정대리인, 배우자, 직계친족, 형제자매 또는 원심의 대리인이나 변호인)는 상소권자에 포함되므로 여기서의 대리인은 상소대리권자가 아니라 피고인을 대신하여 상소에 필요한 행위를 돕는 자를 말한다.

2) 상소권 회복의 사유 순경, 21법9

<u>상소권자 또는 대리인이 책임질 수 없는 사유로 인하여 상소제기기간 내에 상소를 하지 못한 경우</u>에 상소권 회복 청구를 할 수 있다.(제345조) 여기서 '책임질 수 없는 사유'는 상소권자 또는 대리인에게 <u>고의 또는 과실이 없는 경우</u>를 의미한다.

| 관련판례 | 상소권회복사유로 인정되지 않는 경우(상소권자 또는 대리인의 책임이 있는 경우) |

a. 공소장에 기재된 주소지에서 다른 곳으로 주소를 옮긴 후 <u>법원에 새로운 주소를 신고하지 않은 경우</u>
   (대법원 1996.8.23. 자 96모56) 15검찰·마약9, 18경간, 23법9

b. 선고당시 법정이 소란하여 판결주문을 알아들을 수 없어 항소기간 내에 항소를 하지 못한 경우(대법원 1987.4.8. 자 87모19)

c. 질병으로 입원 또는 기거불능하였었기 때문에 상소를 하지 못한 경우(대법원 1986.9.17. 자 86모46)
  18법9

d. 피고인의 구속으로 인하여 기간 내에 상소를 제기하지 못한 경우(대법원 1963.11.28. 자 63모10)

e. 교도소 담당직원이 재항고인에게 상소권회복청구를 할 수 없다고 하면서 형사소송규칙 제177조에 따른 편의를 제공해 주지 않은 경우(대법원 1986.9.27. 자 86모47) ▶ 상소권회복청구는 오로지 상소할 수 있는 자가 자기 의사에 따라 그것을 할 것인지의 여부를 결정해야 하는 것이기 때문이다.

관련판례 상소권회복사유로 인정되는 경우(상소권자 또는 대리인의 책임이 없는 경우)

a. 공소장 및 제1심판결에 피고인의 주소가 잘못 기재되어 피고인에 대한 소송기록접수통지서를 잘못된 주소로 발송하였으나 송달불능 됨에 따라 공시송달을 하고, 항소이유서의 제출이 없자 항소를 기각하였는데 피고인이 이를 모른 경우(대법원 1990.12.27. 자 90모69)

b. 피고인이 소송이 계속된 사실을 알면서 법원에 거주지 변경 신고를 하지 않은 잘못을 저질렀다고 하더라도, **위법한 공시송달에 터 잡아 피고인의 진술 없이 공판이 진행되고 피고인이 출석하지 않은 기일에 판결이 선고된 경우**(대법원 2006.2.8. 자 2005모507) 15검찰·마약9, 17국7, 21법9, 21국7, 22국7

c. 공시송달의 방법으로 피고인이 불출석한 가운데 공판절차가 진행되고 판결이 선고되었으며, 피고인으로서는 공소장부본 등을 송달받지 못한 관계로 공소가 제기된 사실은 물론이고 판결선고 사실에 대하여 알지 못한 나머지 항소기간 내에 항소를 제기하지 못한 경우(대법원 2007.1.12. 자 2006모691) 18법9, 18국7

d. 피고인이 재판이 계속 중인 사실을 알면서도 새로운 주소지 등을 법원에 신고하는 등의 조치를 하지 않아 소환장이 송달불능 되었더라도, 법원은 기록에 주민등록지 이외의 주소가 나타나 있고 피고인의 집 전화번호 또는 휴대전화번호 등이 나타나 있는 경우에는 위 주소지 및 전화번호로 연락하여 송달받을 장소를 확인하여 보는 등의 시도를 해 보아야 하고, 그러한 조치 없이 곧바로 공시송달 방법으로 송달하는 것은 위법하다. 이처럼 **잘못된 공시송달에 터 잡아 피고인의 진술 없이 공판이 진행되고 피고인이 출석하지 않은 기일에 판결이 선고된 경우, 피고인은 자기 또는 대리인이 책임질 수 없는 사유로 상소 제기기간 내에 상소를 하지 못한 것**으로 봄이 타당하다.(즉 **상소권회복의 사유**가 된다.) 소송촉진 등에 관한 특례법 제23조, 소송촉진 등에 관한 특례규칙 제19조에 의하여 예외적으로 제1심 공판절차에서 피고인 불출석 상태에서의 재판이 허용되지만, 이는 피고인에게 공판기일 소환장이 적법하게 송달되었음을 전제로 하기 때문에 공시송달에 의한 소환을 함에 있어서도 공시송달 요건의 엄격한 준수가 요구된다.(대법원 2022.5.26.자 2022모439)

3) 상소권 회복 청구의 시기

상소권회복청구는 상소제기기간이 경과한 경우에 인정된다. 따라서 상소제기기간이 경과하기 전에는 상소권회복청구를 할 수 없다.

> **관련판례** 상고포기 후 그 포기가 무효라고 주장하는 경우 상소권회복청구의 가능 여부
>
> 상소권회복은 자기 또는 대리인이 책임질 수 없는 사유로 인하여 상소제기기간 내에 상소를 하지 못한 사람이 이를 청구하는 것이고, 상고를 포기한 후 그 포기가 무효라고 주장하는 경우 상고제기기간이 경과하기 전에는 상고포기의 효력을 다투면서 상고를 제기하여 그 상고의 적법 여부에 대한 판단을 받으면 되고, 별도로 상소권회복청구를 할 여지는 없다. (대법원 1999.5.18. 자 99모40) 14법9, 17순경1차, 22법9
>
> **비교판례**
>
> 상소권회복은 자기 또는 대리인이 책임질 수 없는 사유로 인하여 상소제기기간 내에 상소를 하지 못한 사람이 이를 청구하는 것이므로, **상소권을 포기한 후 상소제기기간이 도과하기 전에 상소포기의 효력을 다투면서 상소를 제기한 자는** 원심 또는 상소심에서 그 상소의 적법 여부에 대한 판단을 받으면 되고, **별도로 상소권회복청구를 할 여지는 없다**고 할 것이나, 상소권을 포기한 후 상소제기기간이 도과한 다음에 상소포기의 효력을 다투는 한편, 자기 또는 대리인이 책임질 수 없는 사유로 인하여 상소제기기간 내에 상소를 하지 못하였다고 주장하는 사람은 상소를 제기함과 동시에 상소권회복청구를 할 수 있다. (대법원 2004.1.13. 자 2003모451) 10법9, 19법9, 20경간, 20교정·보호·철경9, 21국7

4) 상소권 회복 청구의 방식

① 서면주의

상소권 회복의 청구는 그 사유가 해소된 날부터 상소의 제기기간(7일)에 상당한 기간 내에 서면으로 원심법원에 제출하여야 한다. (제346조 제1항) 11경위, 18법9, 18순경3차, 20경간, 21경간

② 상소권 회복 청구 사유의 소명

상소권 회복의 청구를 할 때에는 원인된 사유를 소명하여야 한다. (동조 제2항) 순경

③ 상소제기

상소권의 회복을 청구한 자는 그 청구(상소권 회복 청구)와 동시에 상소를 제기하여야 한다. (동조 제3항) 경승, 18법9, 18순경3차, 22법9

④ 재소자특칙

교도소 또는 구치소에 있는 피고인이 상소권 회복 신청 서면을 교도소장이나 구치소장 또는 그 직무를 대리하는 자에게 제출한 때에는 상소권회복청구기간 내에 상소권회복청구를 한 것으로 간주한다. (제355조, 제344조 제1항)

5) 상소권 회복 청구를 받은 법원의 조치

① 상소권회복의 청구가 있는 때에는 법원은 지체 없이 상대방에게 그 사유를 통지하여야 한다. (제356조)
② 상소권회복의 청구를 받은 법원은 청구의 허부에 관한 결정을 하여야 하고, 이에 대하여는 즉시항고를 할 수 있다. (제347조) 11경위, 17순경1차, 22법9
③ 상소권회복의 청구가 있는 때에는 법원은 허부결정을 할 때까지 재판의 집행을 정지하는 결정을 할 수 있다. (▶ 임의적) 23법9 재판의 집행정지의 결정을 한 경우에 피고인의 구금을 요하는 때에는 제70조(구속의 사유)의 요건이 구비된 때에 한하여 구속영장을 발부하여야 한다. (제348조) 법9, 11경위
④ 상소권회복청구를 인용하는 결정이 확정되면 상소권회복청구와 동시에 한 상소제기는 적법·유효하게 되고 일단 발생하였던 재판의 확정력이 배제된다.

III 상소의 이익

1. 상소의 이익의 의의

상소의 이익이란 원심재판에 대한 불만을 제거함으로써 얻게 되는 이익을 말한다. 상소의 이익이 없는 경우 그 상소는 부적법하므로 상소의 이익은 **상소의 적법요건**이다.

2. 검사의 상소이익

검사는 재판의 이유를 다투는 상소를 할 수는 없다(대법원 1993.3.4. 자 92모21)는 것을 제외하고는 거의 모든 경우에 상소를 할 수 있다고 정리하면 된다. 즉 검사는 피고인에게 불이익한 상소를 할 수 있음은 물론 피고인의 이익을 위해서도 상소를 할 수 있고, 유죄판결, 무죄판결, 형식재판에 대한 상소를 할 수도 있다. 검사의 상소이익에 관하여 구체적으로 서술하면 다음과 같다.

(1) 피고인의 이익을 위한 상소

검사는 피고인에게 불리한 상소뿐만이 아니라 피고인의 이익을 위한 상소도 할 수 있다. 검사는 공익의 대표자로서 객관의무가 있기 때문이다. 11검찰·마약9

> **관련판례** 검사의 피고인의 이익을 위한 상소
>
> 검사는 공익의 대표자로서 법령의 정당한 적용을 청구할 임무를 가지므로 이의신청을 기각하는 등 반대당사자(피고인)에게 불이익한 재판에 대하여도 그것이 위법일 때에는 위법을 시정하기 위하여(피고인의 이익을 위하여) 상소로써 불복할 수 있지만 불복은 재판의 주문에 관한 것이어야 하고 재판의 이유만을 다투기 위하여 상소하는 것은 허용되지 않는다.(대법원 1993.3.4. 자 92모21) 09국7, 16법9, 19경승, 20국9, 20국7 ▶ 검사만이 아니라 피고인도 재판의 이유만을 다투는 상소를 할 수 없다.

(2) 실체재판에 대한 상소

검사는 유죄판결에 대하여 원심보다 중형을 구하는 상소를 할 수 있고, 무죄판결에 대하여 유죄를 구하는 상소를 할 수 있다.

(3) 형식재판에 대한 상소

검사는 관할위반의 판결, 공소기각결정, 공소기각판결, 면소판결 등 형식재판에 대해서도 상소할 수 있다. 한편 피고인은 형식재판에 대하여 무죄를 구하는 상소를 할 수 없다.

3. 피고인의 상소이익

(1) 불이익을 구하는 상소

피고인은 원심재판이 자신에게 불이익한 경우에 이익을 구하는 상소를 할 수 있을 뿐 유리한 원심재판에 대하여 불이익을 구하는 상소를 할 수는 없다.(대법원 1994.8.12. 선고 94도1591등)

> **관련판례** 피고인이 불이익을 구하는 상소를 할 수 있는지 여부(소극)
>
> 원심이 피고인에게 누범에 해당하는 전과가 있음에도 불구하고 형법 제35조 제2항에 의한 누범가중을 하지 아니한 것은 위법하나, 피고인으로서 위와 같은 위법을 주장하는 것은 자기에게 불이익을 주장하는 것이 되므로 이는 적법한 상고이유가 될 수 없다.(대법원 1994.8.12. 선고 94도1591) 09국7

(2) 유죄판결에 대한 상소
① 피고인은 유죄판결인 형선고의 판결에 대하여 무죄나 경한 형의 선고를 구하는 상소를 할 수 있다.
② 피고인은 형면제판결, 형의 선고유예판결과 같은 유죄판결에 대하여 무죄를 구하는 상소를 할 수 있다.
   10국7
③ 제3자의 소유물에 대한 몰수가 피고인의 유죄판결에 부가형으로 선고된 경우 피고인은 이에 대하여 상소를 할 수 있다. 피고인이 제3자로부터 배상청구를 받을 위험이 있기 때문이다.

(3) 형식재판에 대한 상소
판례는 피고인은 형식재판에 대하여 무죄를 구하는 상소를 할 수 없는 것이 원칙이라는 입장을 취한다.

> **관련판례** 형식재판에 대한 피고인의 상소이익
>
> a. 피고인에게는 실체판결청구권이 없는 것이므로 **면소판결에 대하여 무죄의 실체판결을 구하여 상소를 할 수는 없다.**(대법원 1984.11.27. 선고 84도2106) 순경, 법승, 경승, 10·11검찰·마약9, 13경간, 15국7, 17교정·보호, 철경9, 18법9, 18검찰·마약9
>
> > **비교판례**
> >
> > aa. 형벌에 관한 법령이 재심판결 당시 폐지되었다 하더라도 그 '폐지'가 당초부터 헌법에 위배되어 효력이 없는 법령에 대한 것이었다면 제325조 전단이 규정하는 '범죄로 되지 아니한 때'의 무죄사유에 해당하는 것이지, 같은 법 제326조 제4호의 면소사유에 해당한다고 할 수 없다. 따라서 면소판결에 대하여 무죄판결인 실체판결이 선고되어야 한다고 주장하면서 상고할 수 없는 것이 원칙이지만, 위와 같은 경우에는 이와 달리 면소를 할 수 없고 피고인에게 무죄의 선고를 하여야 하므로 면소를 선고한 판결에 대하여 상고가 가능하다.(대법원 2010.12.16. 선고 2010도5986 전원합의체 판결) ▶ 정리; 피고인은 면소판결에 대하여 무죄를 구하는 상소를 할 수 없다.(원칙) 위헌결정에 따라 무죄사유가 되는 것에 대하여 면소판결을 한 경우에는 무죄를 구하는 상소가 가능하다.(예외) 12법9·순경3차, 14법9, 14국7, 16국9, 17경간, 19순경2차, 20국9
> >
> > bb. [1] 폐지된 형벌 관련 법령이 당초부터 위헌·무효인 경우, 그 법령을 적용하여 공소가 제기된 피고사건에 대하여 법원이 취할 조치; 무죄의 선고 [2] 피고인이 '국가안전과 공공질서의 수호를 위한 대통령긴급조치'(이하 '긴급조치 제9호')를 위반하였다는 공소사실로 제1, 2심에서 유죄판결을 선고받고 상고하여 상고심에서 구속집행이 정지된 한편 긴급조치 제9호가 해제됨에 따라 면소판결을 받아 확정된 다음 사망하였는데, 그 후 피고인의 처 甲이 형사보상을 청구한 경우, 이 결정에서 긴급조치 제9호의 위헌·무효를 선언함으로써 비로소 면소의 재판을 할 만한 사유가 없었더라면 무죄재판을 받을 만한 현저한 사유가 피고인에게 생겼다고 할 것이므로, 피고인의 처 甲은 형사보상 및 명예회복에 관한 법률 제26조 제1항 제1호, 제3조 제1항, 제11조를 근거로 긴급조치 제9호 위반으로 피고인이 구금을 당한 데 대한 보상(형사보상)을 청구할 수 있다.(대법원 2013.4.18. 자 2011초기689 전원합의체 결정)

> **같은 취지의 판례**
> '대통령긴급조치 제4호'도 그 폐지 이전부터 위헌·무효이다.(대법원 2013.5.16. 선고 2011도2631 전원합의체 판결)

b. 피고인은 재판이 자기에게 불이익하지 아니하면 이에 대한 상소권이 없다고 할 것인바, 공소기각의 판결이 있으면 피고인은 유죄판결의 위험으로부터 벗어나는 것이므로 그 판결은 피고인에게 불이익한 재판이라고 할 수 없다.(대법원 1997.8.22. 선고 97도1211) ▶ 따라서 **피고인은 공소기각판결에 대하여 무죄를 구하는 상소를 할 수 없다.** 기출 경승, 09국7, 10국9, 15법9, 15국7, 17경간, 18검찰·마약9, 18순경3차, 19국9, 20교정·보호·철경9, 22법9, 23국7

(4) 항소기각판결에 대한 상소

1) 상고를 할 수 있는 경우
피고인이 항소를 제기하였다가 피고인의 항소가 기각된 경우 피고인에게 상고이익이 있다는 것은 의문이 없다.

2) 상고를 할 수 없는 경우
제1심 유죄판결에 대하여 피고인은 항소권을 포기하고 검사만이 양형부당을 이유로 항소를 하였으나 이유 없다고 기각한 항소심판결은 **피고인에게 불이익한 재판이 아니어서 피고인은 위 판결(항소기각판결)에 대하여 상소권이 없다.**(대법원 1991.2.8. 선고 90도2619) 기출 09국7

Ⅳ 상소제기의 방식과 효력

1. 상소제기의 방식

(1) 서면주의 🔲 법9, 법승, 순경, 경승, 국9

상소장	상소의 제기는 그 기간 내에 **서면(상소장)**으로 한다. 따라서 상소의 제기를 구술로 할 수는 없다. 🔲 16법9, 21국7 상소의 제기기간(7일)은 **재판을 선고 또는 고지한 날로부터 진행**한다.(제343조) 🔲 12순경3차, 16국7 📖 **관련판례** 상소제기기간의 기산점 형사소송법 제343조 제2항에서는, "상소의 제기기간은 재판을 선고 또는 고지한 날로부터 진행한다."고 규정하고 있으므로, 형사소송에 있어서는 **판결등본이 당사자에게 송달되는 여부에 관계없이 공판정에서 판결이 선고된 날로부터 상소기간이 기산**되며, 이는 피고인이 불출석한 상태에서 재판을 하는 경우에도 마찬가지이다.(대법원 2002.9.27. 자 2002모6) 🔲 15경간, 20경승, 21국9, 23법9
항소·상고의 경우	① 항소를 함에는 <u>항소장을 원심법원에 제출하여야 한다.</u>(제359조) 🔲 14법9, 21경간, 21국9, 23경승 ② 상고를 함에는 <u>상고장을 원심법원에 제출하여야 한다.</u>(제375조)
항고의 경우	항고를 함에는 <u>항고장을 원심법원에 제출하여야 한다.</u>(제406조) 🔲 14검찰·마약9 ▶ 상소장(항소장·상고장·항고장); **원심법원에 제출하여야 한다.** 원심법원의 허가를 받아 원심법원을 경유하지 아니하고 곧바로 상소법원에 상소장을 제출할 수는 없다. 🔲 14법9 **cf** 준항고장; **관할법원에 제출하여야 한다.**(제418조)

(2) 재소자특칙

1) 재소자특칙의 의의

교도소 또는 구치소에 있는 자(수감자 또는 재감자)는 '구금되어 있는(갇혀있는)' 상태이므로 소송행위를 하는데 제약을 받을 수밖에 없다. 따라서 <u>교도소 또는 구치소에 있는 자가 일정한 소송행위를 할 때에는 구금관서의 장인 교도소장 또는 구치소장 등에게 법률이 규정한 바에 따른 소송행위를 하면 적법한 소송행위를 한 것으로 간주</u>하는 것을 재소자특칙이라고 한다. 이는 수감자의 소송행위의 편의를 위하여 인정한 것이다.

2) 관련조문과 재소자특칙이 적용되는 소송행위

상소제기에는 재소자특칙이 적용된다. 즉 교도소 또는 구치소에 있는 피고인이 상소의 제기기간 내에 <u>상소장을 교도소장이나 구치소장 또는 그 직무를 대리하는 자에게 제출한 때에는 상소의 제기기간 내에 상소한 것으로 간주한다.</u>(제344조 제1항) 🔲 16경간, 20경승 재소자특칙이 적용되는 경우는 다음과 같다.

재소자에 대한 특칙이 적용되는 경우

1) 약식명령·즉결심판에 대한 정식재판청구서 제출
2) 재심의 청구와 취하; cf 재정신청의 경우에는 재소자 특칙이 적용× 그러므로 구금 중인 고소인이 재정신청서를 재정신청기간 내에 교도소장에게 제출하였더라도 그 재정신청서의 제출은 위법하다. F4 18순경2차, 22경승, 23국9
3) 상소제기
4) 상소이유서 제출 F4 18순경3차
5) 상소권 회복
6) 상소의 포기·취하
7) 국민참여재판을 원하는지 여부에 관한 의사가 기재된 서면(의사확인서)의 제출

> **관련판례** 재소자특칙이 즉시항고권회복청구서 제출에도 적용되는지 여부; 적극
>
> 즉시항고도 상소의 일종이므로 (상소권회복청구서 제출과 마찬가지로) **재소자특칙은 집행유예취소결정에 대한 즉시항고권회복청구서의 제출에도 적용**된다.(대법원 2022.10.27.자 2022모1004)

2. 상소제기의 효력

정지의 효력	상소제기로 인하여 재판의 확정과 집행이 정지되는 효력이 발생한다. 재판확정 정지의 효력은 언제나 발생한다. 그러나 즉시항고를 제외하고는 재판의 집행 정지의 효력이 없다. 가납재판의 집행도 상소제기로 인하여 정지되지 않는다.
이심 (移審)의 효력	상소제기로 인하여 피고사건에 대한 소송계속은 원심법원에서 상소심으로 옮겨지는 효력(이심의 효력)이 발생한다. 이심의 효력이 발생하는 시기에 대해서는 상소장과 소송기록이 원심법원에서 상소법원으로 송부된 때에 발생한다는 소송기록송부시설이 다수설이다. 상소기간 중 또는 상소 중의 사건에 관하여 구속기간의 갱신, 구속의 취소, 보석, 구속의 집행정지와 그 정지의 취소에 대한 결정은 **소송기록이 원심법원에 있는 때에는 원심법원이 하여야 한다.**(제105조) 물론 **소송기록이 상소법원에 있는 때에는 상소법원이 하여야 한다.** F4 14경간

Ⅴ 일부 상소

1. 서론

(1) 관련조문

상소는 재판의 일부에 대하여 할 수 있다.(제342조 제1항) [F4] 10법9, 11경사, 12순경3차, 15순경2차, 18경간 이는 일부 상소를 허용하는 규정이다.

(2) 일부상소의 의의와 전제조건

일부 상소란 재판의 일부에 대한 상소를 말한다. 일부 상소는 과형상 수죄를 전제로 한다. 하나의 피고사건의 일부만을 분리하여 상소(일죄의 일부에 대한 상소)할 수는 없다.

2. 일부 상소의 허용범위

(1) 일부 상소의 허용조건

일부 상소가 허용되기 위해서는 수개(여러 개)의 범죄사실에 대한 재판이 있어야 하고, 그 재판의 내용은 '가분적(분할 가능, 나눌 수 있어야 한다는 것)'이어야 한다.

(2) 일부 상소가 허용되는 경우

경합범(수죄)의 각 부분별로 다른 주문이 선고된 경우	예컨대 경합범에 대하여 일부(A죄) 유죄, 다른 부분(B죄)은 무죄 또는 면소 등의 재판이 선고되었고, 검사는 상소를 포기하였다고 가정하자. 이런 경우 피고인은 무죄가 선고된 B죄에 대하여는 상소를 하지 않고, 유죄가 선고된 A죄에 대하여만 상소를 할 수 있다. 이 때 상소심의 심판대상은 A죄 부분만이고, B죄 부분은 상소심의 심판대상이 되지 않는다. 일부상소가 허용된다는 것은 당사자가 일부상소한 부분만이 상소심의 심판대상이 된다는 것이다.
경합범의 전부에 대하여 무죄판결이 선고된 경우	예컨대 A죄와 B죄의 경합범에 대하여 하나의 주문으로 무죄판결을 선고한 경우에는 A죄도 무죄, B죄도 무죄이므로 가분적이다. 따라서 일부 상소가 허용된다. [F4] 경승

(3) 일부 상소가 허용되지 않는 경우

1) 일반론

재판의 내용이 불가분적인 경우에는 일부상소가 허용되지 않는다. 제342조는 제1항에서 일부 상소를 원칙적으로 허용하면서, 제2항에서 이른바 상소불가분의 원칙을 선언하고 있다. 따라서 불가분의 관계에 있는 재판의 일부만을 불복대상으로 삼은 경우 그 상소의 효력은 상소불가분의 원칙상 피고사건 전부에 미쳐 그 전부가 상소심에 이심되고, 이러한 경우로는 **일부 상소가 피고사건의 주위적 주문과 불가분적 관계에 있는 주문에 대한 것, 일죄의 일부에 대한 것, 경합범에 대하여 1개의 형이 선고된 경우 경합범의 일부 죄에 대한 것** 등에 해당하는 경우를 들 수 있다.(대법원 2008.11.20. 선고 2008도5596 전원합의체 판결) [F4] 10법9, 10순경2차, 10국7, 11경사, 12검찰·마약9, 18순경3차

2) 구체적 고찰

① 일죄의 일부에 대한 상소

가. 형사소송법은 "일부에 대한 상소는 그 일부와 불가분의 관계에 있는 부분에 대하여도 효력이 미친다."(**상소불가분의 원칙**)고 규정함으로써 일죄의 일부에 대한 상소를 허용하지 않는다.(제342조 제2항) ▣ 15순경2차, 18경간, 18순경3차

나. 따라서 일죄인 단순일죄, 포괄일죄, 과형상 일죄의 일부에 대한 상소는 허용되지 않는다. 예컨대 강간미수와 감금의 과형상 일죄에 있어서 강간미수 부분 만에 대한 상소는 허용되지 않는다. 이 경우 일죄의 일부에 대한 상소의 효력은 **상소불가분의 원칙에 의하여 전부에 미친다.**(대법원 2001.2.9. 선고 2000도5000 등) ▣ 12·13법9, 16국9, 20법9

> **관련판례** 일죄의 일부에 대한 상소
>
> a. 상상적 경합(과형상 일죄)관계에 있는 두 죄에 대하여 한 죄는 무죄, 한 죄는 유죄가 선고되어 검사만이 무죄부분에 대하여 상고하였다 하여도 (상소불가분의 원칙상) 유죄부분도 상고심의 심판대상이 된다.(대법원 2005.1.27. 선고 2004도7488) ▣ 10국7, 16법9, 17경간, 17순경1차 ▶ 일죄의 일부에 대하여 상소한 경우 일부상소는 허용되지 않고, 상소불가분의 원칙상 전부 상소의 효력이 미친다는 판례이다.
>
> b. 포괄일죄에 대하여 **판례는 원칙적으로 일부 상소가 허용되지 않지만, 예외적으로 허용되는 경우가 있다는 입장**이다. 다음은 포괄일죄에 대하여 예외적으로 일부 상소가 허용된다는 취지의 판례이다. 즉 포괄일죄의 일부만이 유죄로 인정된 경우 그 유죄 부분에 대하여 피고인만이 항소하였을 뿐 공소기각으로 판단된 부분에 대하여 검사가 항소를 하지 않았다면, 상소불가분의 원칙에 의하여 유죄 이외의 부분도 항소심에 이심되기는 하나 그 부분은 이미 당사자 간의 공격·방어의 대상으로부터 벗어나 사실상 심판대상에서부터도 이탈하게 되므로 항소심으로서도 그 부분에까지 나아가 판단할 수 없다.(대법원 2010.1.14. 선고 2009도12934) ▶ 항소심에서 포괄일죄의 일부만이 유죄로 인정된 경우 그 유죄부분에 대하여 피고인만이 상고하였을 뿐 무죄부분에 대하여 검사가 상고를 하지 않은 경우에도 똑같은 법리에 따라 판시한 판례가 있다.(대법원 1991.3.12. 선고 90도2820) ▣ 12법9·국7, 13국9, 18순경3차, 20경간, 20법9, 21경간, 21국7

② 1개의 형이 선고된 경합범의 일부에 대한 상소

예컨대 A죄와 B죄의 경합범에 대하여 하나의 주문으로 징역 10년을 선고한 경우에는 각각의 죄에 대하여 징역 몇 년을 선고했는지를 알 수 없어 **재판의 내용이 불가분적이므로 일부상소가 허용되지 않는다.** ▣ 경승

③ 주형과 일체인 부가형에 대한 일부 상소

주형과 일체인 '부가형(몰수 또는 추징)'·집행유예·환형처분·소송비용부담의 재판 등에 대해서는 일부상소가 허용되지 않는다. ▣ 13국9 다만 배상명령의 경우 피고인은 유죄판결에 대한 상소의 제기 없이 배상명령에 대해서만 즉시항고를 할 수 있으므로 일부상소가 허용된다.(소송촉진 등에 관한 특례법 제33조 제5항) ▣ 10경사, 10순경2차 이는 불가분의 관계에 있는 것의 일부에 대한 상소를 인정하는 규정이 있기 때문에 예외적으로 일부상소가 허용되는 것이다.

📖 **관련판례** 부가형에 대한 일부 상소

a. 피고사건의 재판 가운데 '몰수 또는 추징(부가형)'에 관한 부분만을 불복대상으로 삼아 상소가 제기(일부상소)되었다 하더라도, 그 부분(몰수 또는 추징에 관한 부분)에 대한 상소의 효력은 그 부분과 불가분의 관계에 있는 본안에 대한 판단 부분(주형에 관한 부분)에까지 미쳐 그 전부가 상소심으로 이심된다.(대법원 2008.11.20. 선고 2008도5596 전원합의체판결) ▶ 피고사건의 재판 가운데 몰수 또는 추징에 관한 부분만을 불복대상으로 삼아 상소가 제기된 경우 일부 상소는 인정되지 않으나, 전부 상소한 것으로 본다. 따라서 이는 적법한 상소이므로 상소를 기각해서는 안 된다는 판례이다. F4 10 · 12법9, 10국7, 14국7, 18검찰 · 마약9, 20경간, 20법9, 20순경1차, 20국9

b. 관세법 제282조의 필수적 몰수·추징 규정이 적용되는 피고사건의 재판에 대한 상소심에서 원심의 주형 부분을 파기하는 경우, 부가형인 몰수 또는 추징 부분도 함께 파기하여야 한다.(대법원 2009.6.25. 선고 2009도2807) F4 11경사, 12검찰 · 마약9

3. 일부 상소의 방식과 일부 상소인지 여부의 판단

일부상소의 방식	상소장에 일부 상소를 한다는 취지를 명시하고 불복하는 부분을 특정하여야 한다. 따라서 상소장에 일부 상소를 한다는 취지는 명시했으나 불복하는 부분을 특정하지 않은 경우에는 전부 상소한 것으로 보아야 한다.
일부상소인지 여부의 판단	판례는 일부 상소인가 전부 상소인가를 판단함에 있어서 **상소이유서를 고려**한다.(대법원 2004.12.10. 선고 2004도3515)

📖 **관련판례** 일부 상소인지 여부를 판단할 때 상소이유서 고려 여부(적극)

a. 항소장에 경합범으로서 2개의 형이 선고된 죄 중 일죄(A죄)에 대한 형만을 기재하고 나머지 일죄(B죄)에 대한 형을 기재하지 아니하였다 하더라도 항소이유서에서 그 나머지 일죄(B죄)에 대하여도 항소이유를 개진한 경우에는 판결 전부에 대한 항소로 봄이 상당하다.(대법원 2004.12.10. 선고 2004도3515) F4 10순경2차, 22법9

b. 형법 제37조 전단의 경합범(동시적 경합범) 관계에 있는 공소사실 중 일부에 대하여 유죄, 나머지 부분에 대하여 무죄를 선고한 제1심판결에 대하여 검사만이 항소하면서 무죄 부분에 대하여는 항소이유를 기재하고 유죄 부분에 대하여는 이를 기재하지 않았으나 항소 범위는 '전부'로 표시한 경우 제1심판결 전부가 이심되어 원심의 심판대상이 되므로, 원심으로서는 제1심판결 무죄 부분을 유죄로 인정하는 이상 제1심판결 전부를 파기하고 경합범 관계에 있는 공소사실 전부에 대하여 하나의 형을 선고하여야 한다.(대법원 2011.3.10. 선고 2010도17779) ▶ 동시적 경합범 전부에 대하여 유죄를 인정한 결과가 되므로 1개의 주문으로 하나의 형을 선고해야 하기 때문이다. F4 12교정 · 보호 · 철경9

4. 일부상소의 효력

상소제기된 부분만 상소심에서 소송계속이 발생하고 상소제기가 되지 않은 부분은 분리되어 재판이 확정된다.
F4 경승

> **관련판례** 기타 일부상소에 관한 판례
>
> a. 원심이 두 개의 죄를 경합범으로 보고 한 죄는 유죄, 다른 한 죄는 무죄를 각 선고하자 검사가 무죄 부분만에 대하여 상고하였어도 위 두 죄가 상상적 경합관계에 있다면 유죄부분도 상고심의 심판대상이 된다. (대법원 1980.12.9. 선고 80도384 전원합의체 판결) F4 10법9, 11경사, 13국9, 18순경3차
>
> b. 확정판결 전의 공소사실과 확정판결 후의 공소사실에 대하여 따로 유죄를 선고하여 두 개의 형을 정한 제1심판결에 대하여 피고인만이 확정판결 전의 유죄판결 부분에 대하여 항소한 경우, 피고인과 검사가 항소하지 아니한 확정판결 후의 유죄판결 부분은 항소기간이 지남으로써 확정되어 항소심에 계속된 사건은 확정판결 전의 유죄판결 부분뿐이고, 그에 따라 항소심이 심리·판단하여야 할 범위는 확정판결 전의 유죄판결 부분에 한정된다.(대법원 2018.3.29. 선고 2016도18553) F4 20국7
>
> c. 검사 일방만이 상소한 경우; 경합범 중 일부에 대하여 무죄, 일부에 대하여 유죄를 선고한 항소심 판결 또는 제1심 판결에 대하여 검사만이 무죄부분에 대하여 상고 또는 항소한 경우 피고인과 검사가 상고하지 않은 유죄판결부분은 상고기간이 지남으로써 확정되어 상고심에서 이를 파기할 때에는 **무죄부분만을 파기할 수밖에 없다.**(대법원 1992.1.21. 선고 91도1402 전원합의체 판결, 대법원 2010.11.25. 선고 2010도10985) ▶ **일부파기설**을 취한 판례이다. F4 07순경1차, 11검찰·마약9, 12법9, 12검찰·마약9, 13법9, 14국7, 16국9, 19경간, 20경간, 22법9
>
>> **비교판례**
>>
>> aa. 형법 제37조 전단의 경합범 관계에 있는 죄에 대하여 일부는 유죄, 일부는 무죄를 선고한 원심판결에 대하여 피고인은 상소하지 아니하고, 검사만이 무죄부분에 한정하지 아니하고 전체에 대하여 상소한 경우에 무죄부분에 대한 검사의 상소만 이유 있는 때에도 원심판결의 유죄부분은 무죄부분과 함께 파기되어야 하므로 **상소심으로서는 원심판결의 전부를 파기하여야 한다.**(대법원 2004.10.15. 선고 2004도5035) F4 16검찰·마약9, 19국9
>>
>> bb. 검사와 피고인 쌍방이 상소한 경우; 항소심이 경합범 중 일부에 대하여 유죄, 일부에 대하여 무죄를 선고하였고, 유죄부분에 대하여는 피고인이, 무죄부분에 대하여는 검사가 상고한 경우(쌍방이 상고한 경우), 항소심판결 전부의 확정이 차단되어 상고심에 이심되고 유죄부분에 대한 피고인의 상고가 이유 없더라도 무죄부분에 대한 검사의 상고가 이유 있는 때에는 피고인에게 하나의 형이 선고되어야 하는 관계로 **무죄부분 뿐 아니라 유죄부분도 함께 파기되어야 한다.**(대법원 2002.6.20. 선고 2002도807 전원합의체 판결) ▶ **전부파기설**을 취한 판례이다. F4 12검찰·마약9, 14국7, 16국9
>>
>> 정리; 검사 일방만 무죄부분에 대하여 상소한 경우; **일부파기설,**
>>   검사 일방만 전체에 대하여 상소한 경우; **전부파기설,**
>>   검사와 피고인 쌍방이 상소한 경우; **전부파기설**

Ⅵ 불이익변경금지의 원칙

1. 서론

관련 조문	피고인이 '항소 또는 상고(상소)'한 사건과 피고인을 위하여 '항소 또는 상고(상소)'한 사건에 대해서는 원심판결의 형보다 무거운 형을 선고할 수 없다.(항소; 제368조, 상고; 제396조 제2항) 법9, 13국7, 16순경2차 불이익변경금지의 원칙은 헌법에는 명문 규정이 없고, 형사소송법에만 명문 규정이 있다.
의의	불이익변경금지의 원칙이란 피고인만이 상소한 사건과 피고인을 위하여 상소한 사건(상소대리권자 또는 검사가 피고인을 위하여 상소한 사건)에 관하여 **상소심은 원심판결의 형보다 중한 형을 선고하지 못한다는 원칙**을 말한다. 불이익한 변경을 금지한다고 해서 일체의 모든 불이익한 변경을 금지하는 것이 아니라 중한 형으로의 변경만을 금지한다는 의미에서 불이익변경금지의 원칙은 **중형변경금지의 원칙**이다.
취지	피고인만이 상소한 경우 등에 있어서도 상소심이 중한 형을 선고할 수 있다면 피고인은 중한 형이 선고되는 것이 두려워서 상소를 꺼리게 된다. 그러므로 불이익변경금지의 원칙은 피고인이 안심하고 상소할 수 있도록 **피고인의 상소권을 보장**하기 위한 원칙이다. 【관련판례】 불이익변경금지의 원칙의 취지 불이익변경금지의 원칙은 피고인측의 상소권을 보호함을 입법 취지로 하는 것으로 선고되는 형에 있어서의 불이익이 금지되는 이른바 중형금지의 원칙임이 법문상 분명하다.(대법원 1999.11.26. 선고 99도3776)

2. 불이익변경금지의 적용범위

(1) 일반론

1) 피고인만이 상소한 사건

① 불이익변경금지의 원칙은 **피고인만이 상소한 사건에 적용**된다. 국9, 국7, 순경, 경승, 법9, 법승 그러므로 검사만이 상소한 사건과 검사와 피고인 쌍방이 상소한 사건의 경우에는 불이익변경금지의 원칙이 적용되지 않는다.

【관련판례】 실질적으로 피고인만이 상소한 사건에 불이익변경금지의 원칙의 적용 여부(적극)

a. 제1심 유죄판결에 대하여 피고인만의 공소(항소)가 있는 제2심 유죄판결에 대하여 검사의 상고가 있는 경우에 **상고심은 검사의 불복 없는 제1심 판결의 형보다 중한 형을 과할 수 없다.**(대법원 1957.10. 4. 선고 4290형비상1) 17국7, 18국9 ▶ 제1심판결에 대하여 피고인만이 항소를 하였으므로 제2심(항소심)에서는 불이익변경금지의 원칙이 적용된다. 그런데 제2심판결에 대하여 검사만이 상고를 한 경우에도 여전히 불이익변경금지의 원칙이 적용된다. 왜냐하면 제2심에서 불이익변경금지의 원칙이 적용되었다가 제3심(상고심)에서는 피고인은 상고하지 않고 검사만이 상고한 경우라고 하여 그 원칙이 적용되지 않는다고 한다면 제2심에서 피고인에게 제1심판결보다 중한 형의 선고를 할 수 없다가 제3심에서는 중한 형의 선고를 할 수 있다는 결과가 되기 때문에 결론적으로 제2심에서도 불이익변경금지의 원칙이 적용되지 않게 되어 매우 불합리하기 때문이다.

b. 피고인과 검사 쌍방이 항소하였으나 검사가 항소한 부분에 대한 항소이유서를 제출하지 아니하여 결정으로 (검사의)항소를 기각하여야 하는 경우에는 실질적으로 피고인만이 항소한 경우와 같게 되므로 항소심은 불이익변경금지의 원칙에 따라 제1심판결의 형보다 중한 형을 선고하지 못한다.(대법원 1998.9.25. 선고 98도2111) ▶ **불이익변경금지의 원칙이 적용**된다. 법승, 경승, 12경간, 14검찰·마약9, 14순경2차, 15경간, 19국9, 19순경2차, 22검찰·마약9

② 검사만이 피고인의 불이익을 위하여 상소한 사건과 피고인과 검사 쌍방이 상소한 사건에는 불이익변경금지의 원칙이 **적용되지 않는다.** 09국9, 11경사, 11검찰·마약9, 13순경3차, 14법9 cf 한미행정협정사건; 피고인만이 상소한 사건은 물론 검사와 피고인 쌍방이 상소한 사건에 대하여도 모두 불이익변경금지의 원칙이 적용된다.

관련판례 검사만이 상소한 사건과 피고인과 검사 쌍방이 상소한 사건

　　a. **검사만이 항소한 경우** 항소심이 제1심의 양형보다 피고인에게 유리한 형량을 정할 수 있다.(대법원 2010.12.9. 선고 2008도1092) ▶ **이익변경은** 피고인만이 상소한 사건, 검사만이 상소한 사건, 피고인과 검사 쌍방이 상소한 사건 **어느 경우이든 가능하다**는 취지의 판례이다. 11법9, 11검찰·마약9, 12경승·국7, 19법9, 20경승

　　b. **피고인과 검사 쌍방이 상소**한 결과 검사의 상소가 받아들여져 원심판결 전부가 파기되는 경우, **불이익변경금지의 원칙이 적용되지 아니**하는 것이며, 사건이 경합범에 해당한다고 하여 개개 범죄별로 불이익변경의 여부를 판단할 것은 아니다.(대법원 2007.6.28. 선고 2005도7473) 12검찰·마약9·국7, 16순경2차, 22경승

2) 피고인을 위하여 상소한 사건

상소대리권자(피고인의 법정대리인, 배우자, 직계친족, 형제자매 또는 원심의 대리인이나 변호인)가 **피고인을 위하여 상소한 사건과 검사가 피고인을 위하여 상소한 사건에 대하여도 불이익변경금지의 원칙이 적용**된다. 11순경2차, 15경간, 22검찰·마약9 ▶ 검사는 공익의 대표자로서 피고인의 이익을 위하여 상소할 수 있고, 이 경우에는 불이익변경금지의 원칙이 적용되는 것이다.

(2) 구체적 고찰

불이익변경금지의 원칙이 적용되는 사건과 적용되지 않는 사건을 보다 구체적으로 정리하면 다음과 같다.

1) 불이익변경금지의 원칙이 적용되는 사건

① **즉결심판에 대하여 피고인만이 정식재판청구를 한 사건**의 경우에는 불이익변경금지의 원칙이 적용된다.(대법원 1999.1.15. 선고 98도2550) 반면 **약식명령에 대하여 피고인이 정식재판을 청구한 사건에 대하여는** 불이익변경금지의 원칙이 적용되지 않으므로 약식명령의 형보다 중한 형을 선고할 수 있다. 그러나 형종 상향은 금지되므로 약식명령의 형보다 중한 종류의 형을 선고하지 못한다. 피고인이 정식재판을 청구한 사건에 대하여 약식명령의 형보다 중한 형을 선고하는 경우에는 판결서에 양형의 이유를 적어야 한다.(제457조의2)

② **치료감호 이외의 보안처분, 보호관찰, 소년법상 보호처분 등의 경우**에는 불이익변경금지의 원칙이 적용된다. 그러나 치료감호의 경우에는 불이익변경금지의 원칙이 적용되지 않는다.

③ **상소심으로부터 파기환송 또는 파기이송을 받은 법원**은 원판결보다 중한 형을 선고할 수 없다. 불이익변경

금지의 원칙이 적용되기 때문이다.(대법원 2014.8.20. 선고 2014도6472 등) [F4] 20국7 또한 **상소심이 원심판결을 파기하고 자판하는 경우**에도 불이익변경금지의 원칙이 적용된다.

> **관련판례** 파기환송사건에 불이익변경금지의 원칙의 적용 여부(적극)
>
> [1] 피고인만의 상고에 의하여 원심판결을 파기하고 사건을 항소심에 환송한 경우, 환송 전 원심판결과의 관계에서도 **불이익변경금지의 원칙이 적용**된다. [F4] 18국9, 19순경1차, 20법9, 22경승 [2] 두 개의 벌금형을 선고한 환송 전 원심판결에 대하여 피고인만이 상고하여 파기 환송되었는데, 환송 후 원심이 징역형의 집행유예와 사회봉사명령을 선고한 것은 **불이익변경금지의 원칙에 위배**된다.(대법원 2006.5.26. 선고 2005도8607) [F4] 14법9, 17국9, 19경승, 21법9

④ **재심**은 유죄의 선고를 받은 자의 이익을 위해서만 가능하다는 이익재심주의를 취하기 때문에 재심사건에는 불이익변경금지의 원칙이 적용된다.
⑤ **실질적 불이익 처분**(**예** 미결구금일수의 산입, 추징, 노역장유치기간 등)의 경우에도 불이익변경금지의 원칙이 적용된다. 그러므로 피고인만이 상소한 사건에 있어서 상소심은 원심이 선고한 추징금보다 중한 추징금을 선고할 수 없다.

2) 불이익변경금지의 원칙이 적용되지 않는 사건

① **항고사건**
항고는 '결정'에 대한 상소이다. '결정'의 형식으로 재판을 할 때에는 형을 선고하는 경우가 없고, 형선고는 반드시 '판결'의 형식으로 한다. 그러므로 형을 선고하지 않은 '결정'에 대한 상소사건인 **항고사건에서는** 형을 선고할 일이 없으므로 중한 형의 선고를 금지하는 불이익변경금지의 원칙이 적용되지 않는다.

② **병합사건**

> **관련판례** 병합사건의 경우 원칙적으로 불이익변경금지의 원칙이 적용되지 않는다.
>
> a. 항소심이 사건을 **병합심리**한 후 경합범으로 처단하면서 제1심의 각 형량보다 중한 형을 선고한 것은 불이익변경금지의 원칙에 어긋나지 않는다.(대법원 2001.9.18. 선고 2001도3448) [F4] 19경간, 22경승
>
> b. 피고인이 약식명령에 대하여 정식재판을 청구한 사건과 공소제기 된 다른 사건을 **병합심리**한 결과 경합범관계에 있어 하나의 벌금형으로 처단하는 경우 약식명령에서 정한 벌금형보다 중한 벌금형을 선고하더라도 불이익변경금지의 원칙에 어긋나지 않는다.(대법원 2003.5.3. 선고 2001도3212, 대법원 2004.8.20. 선고 2003도4732) [F4] 17국9, 20국7
>
> c. 폭처법위반죄의 미수와 지방공무원법위반죄사건에 공선법위반죄사건이 **병합된 경우** 약식명령에서 벌금형을 고지받았으나 병합 후 징역형을 선고한 것은 불이익한 변경이 아니다.(대법원 2006.8.25. 선고 2005도5105) [F4] 11경사

> **관련판례** 병합사건의 경우 예외적으로 불이익변경금지의 원칙이 적용된다.
>
> a. 교통사고처리특례법위반죄사건에 도로교통법위반죄사건이 병합된 경우 약식명령에서 벌금형을 고지받았으나 병합 후 징역형을 선고한 것은 불이익변경에 해당한다.(대법원 2004.11.11. 선고 2004도6784) [F4] 08순경1차, 13국7

b. 벌금 150만 원의 약식명령을 고지 받고 정식재판을 청구한 '당해사건'(A사건)과 정식 기소된 '다른 사건'(B사건)을 병합·심리한 후 두 사건을 경합범으로 처단하여 벌금 900만 원을 선고한 제1심 판결에 대하여, 피고인만이 항소한 원심에서 다른 사건(B사건)의 공소사실의 전부와 당해사건(A사건)의 공소사실의 일부에 대하여 무죄를 선고하고 당해사건(A사건)의 나머지 공소사실은 유죄로 인정하면서 그에 대하여 벌금 300만 원을 선고한 경우 불이익변경금지의 원칙을 위반한 위법이 있다. (대법원 2009.12.24. 선고 2009도10754) ▶ 당초 피고인이 고지 받은 약식명령의 형보다 중한 형을 선고하였음이 명백하기 때문이다.

③ 치료감호소송과 비용의 부담

치료감호소송	예컨대 원심이 치료감호 1년을 선고한데 대하여 피고인만이 상소한 사건에 있어서 상소심이 치료감호 2년을 선고한 경우에는 불이익변경금지의 원칙에 반하지 않는다. 보안처분 중 **치료감호**에는 불이익변경금지의 원칙이 적용되지 않기 때문이다.
비용의 부담	**소송비용의 부담**은 실질적으로 형이 아니기 때문에 불이익변경금지의 원칙이 적용되지 않는다.(대법원 2001.4.24. 선고 2001도872) F4 19법9, 19순경1차, 21법9, 21국7, 22국7, 23법9

3. 불이익변경금지의 원칙의 내용

(1) 불이익변경금지의 대상

불이익변경금지의 대상이 되는 것은 **형의 선고에** 한한다. 상소심은 원심판결에서 선고한 형보다 중한 형을 선고할 수 없다. 그러나 상소심에서 새로이 선고하는 형이 중하게 변경되지 않는 한 **판결의 내용(사실인정, 법령의 적용, 죄명)이 원심판결보다 중하게 변경되었을지라도 불이익변경금지의 원칙에 반하지 않는다.**(대법원 1981.12.8. 선고 81도2779) F4 15경간, 16순경2차 ▶ 불이익변경금지의 원칙은 '중한 형의 선고를 금지'하는 것이므로 상소심에서 중한 형만 선고하지 않으면 원심보다 죄명, 적용법령, 사실관계 등을 중하게 변경할지라도 불이익변경금지의 원칙에 반하지 않는다는 판례이다.

관련판례 불이익변경금지의 대상

a. 피고인의 상고에 의하여 상고심에서 원심판결을 파기하고 사건을 항소심에 환송하였는데 환송 후의 원심에서 법정형이 가벼운 죄로 공소장의 변경이 이루어지고 이에 따라 그 항소심이 새로운 범죄사실(가벼운 죄)을 유죄로 인정하면서 환송 전 원심에서 정한 선고형과 **동일한 형을 선고한 경우** 불이익변경금지원칙에 위배된다고 할 수 없다.(대법원 2001.3.9. 선고 2001도192) F4 법9, 경승

b. 불이익변경이 금지되는 것은 형의 선고에 한하므로, 살인죄에 대하여 원심이 유기징역형을 선택한 1심보다 중하게 무기징역형을 선택하였다 하더라도 **결과적으로 선고한 형이 중하게 변경되지 아니한 이상 불이익변경이라고 할 수 없다.**(대법원 1999.2.5. 선고 98도4534) F4 10순경1차, 13국7, 18경간, 18순경1차 ▶ 선택형은 중하게 변경되더라도 선고형이 중하게 변경되지 않았다면 적법하다. 불이익변경금지의 원칙은 중한 형의 선고를 금지하는 것이기 때문이다.

c. 피고인만이 항소한 사건에서 제1심이 인정한 범죄사실의 일부를 무죄로 하면서도 **제1심과 동일한 형을 선고하는 것이 불이익변경금지 원칙에 위배된다고 할 수 없다.**(대법원 1995.9.29. 선고 95도1577) F4 10경사, 12경승, 22국7

(2) 불이익변경의 판단기준

1) 학설

형식설	형식설은 원심판결과 상소심판결의 두 주문을 놓고 형의 종류(형법 제41조)와 형의 경중(형법 제50조)을 기준으로 불이익변경 여부를 판단한다. 예컨대 징역형과 벌금형의 병과형이 선고된 경우에, 징역형은 이익으로 변경되고, 벌금형은 불이익으로 변경된 경우에도 불이익변경에 해당한다고 한다. 형식설은 형벌의 종류마다 비교를 해서 그 중 어느 하나라도 불이익으로 변경된 경우에는 불이익변경이라고 보는 것이다.
실질설	원심판결과 상소심 판결의 두 주문을 **전체적·실질적으로 고찰하여 어느 것이 실질적으로 피고인에게 불이익한지 여부를 판단**한다. 실질설도 형의 종류(형법 제41조)와 형의 경중(형법 제50조)은 당연히 불이익변경 여부에 대한 판단기준으로 삼는다.

2) 형식설과 실질설의 차이점

예컨대 원심은 징역 2년과 벌금 3,000만 원의 병과형을 선고하였는데 상소심이 징역 1년과 벌금 4,000만 원의 병과형을 선고한 경우를 가정하자. 이에 대하여 형식설과 실질설은 다음과 같은 차이가 있다.

형식설	형식설에 의하면 상소심에서 원심보다 징역형은 줄었으므로 징역형 부분은 이익변경이다. 그러나 중한 벌금형을 선고하였으므로 벌금형 부분은 불이익변경이다. 형식설에 의하면 어느 하나라도 불이익하게 변경하면 불이익변경에 해당한다. 따라서 사례의 경우는 **불이익변경에 해당**한다.
실질설	실질설에 의하면 상소심에서 선고한 형이 원심에서 선고한 형보다 피고인에게 실질적으로 유리하면 이익변경에 해당한다. 실질설에 따라 전체적·실질적으로 고찰하여 판단하면 벌금형은 중하게 변경되었으나, 벌금형보다 중한 징역형이 경하게 변경되었으므로 **불이익변경에 해당하지 않는다**.

3) 판례

판례는 **실질설의 입장**을 취한다. 즉 불이익한가의 여부는 형에 관하여 비교판단 되어야 하고 그 형이 선고됨으로 인하여 다른 법규에 의해 초래될 수 있는 모든 법적, 경제적 불이익을 비교판단 하여야 하는 것은 아니며, 그 (불이익변경금지)원칙의 적용상 변경 전후의 형의 비교에 있어서는 **불이익 여부를 개별적, 형식적으로 고찰할 것이 아니라 전체적, 실질적으로 고찰하여 결정하여야 한다**.(대법원 1999.11.26. 선고 99도3776) 🖼 10순경1차, 10법9, 11경사, 12경간

> **관련판례** 실질설을 취한 판례
>
> a. 피고인에 대한 **벌금형이 제1심보다 감경되었다면 비록 그 벌금형에 대한 노역장유치기간이 제1심보다 더 길어졌다고 하더라도 전체적으로 보아 형이 불이익하게 변경되었다고 할 수는 없다.**(대법원 2000.11.24. 선고 2000도3945) 🖼 08순경3차, 10경사, 12법9, 14경간, 14검찰·마약9, 19순경1차, 21국9
>
> b. 상소심이 원심이 선고한 징역형을 감경하면서 벌금형을 추가하는 경우에는 불이익변경이 아니다. (대법원 1998.3.26. 선고 97도1716 전원합의체판결)

c. 자유형을 벌금형으로 변경하면서 벌금형에 대한 노역장유치기간이 자유형의 형기를 초과하는 경우 노역장유치는 환형처분에 불과하므로 **불이익변경이 아니다.**(대법원 1999.11.26. 선고 99도3776 등)
F4 경승, 법승, 11순경2차, 22검찰 · 마약9

d. 피고인만이 항소한 항소심에서 주형을 감형하면서 추징액을 증액한 경우, **불이익변경금지원칙에 반하지 않는다.**(대법원 1998.5.12. 선고 96도2850) ▶ 제1심의 형량인 징역 2년에 집행유예 3년 및 금 5억여 원 추징을 항소심에서 '징역 1년에 집행유예 2년(주형인 징역을 감경)' 및 금 6억여 원 추징 (부가형인 추징은 증액)으로 변경한 경우 불이익변경이 아니다. F4 09순경1차, 12법9, 23법9

e. 피고인만이 항소한 사건에서 항소심법원이 제1심판결의 주형에서 그 형기를 감축하면서 압수장물의 피해자환부를 추가한 경우 **불이익변경금지의 원칙에 위배되지 않는다.**(대법원 1990.4.10. 선고 90도16) ▶ 원심이 선고한 징역 2년에 대하여 상소심이 징역 1년(주형을 감축)과 압수장물의 피해자환부를 선고한 경우 불이익변경이 아니다. 실질설에 의하면 오히려 피고인에게 유리한 형을 선고한 것이기 때문이다. F4 16국9, 18경간, 18순경1차

f. 「구 특정 성폭력범죄자에 대한 위치추적 전자장치 부착에 관한 법률」에 의한 전자감시 제도는 일종의 보안처분으로서 형벌과 구별되어 그 본질을 달리하는 점에 비추어 본다면, 원심이 피고인에게 징역 장기 7년, 단기 5년 및 5년 동안의 위치추적 전자장치 부착명령을 선고한 제1심판결을 파기한 후 피고인에 대하여 징역 장기 5년, 단기 3년 및 20년 동안의 위치추적 전자장치 부착명령을 선고한 것이 **불이익변경금지의 원칙에 어긋나는 것이라고 할 수 없다.**(대법원 2010.11.11. 선고 2010도7955) F4 12경승, 13순경1차 ▶ 상소심에서 보안처분인 전자장치 부착명령을 가중했더라도 형벌인 징역형을 감경했기 때문에 상소심의 선고형이 오히려 피고인에게 유리하기 때문이다.

> **같은 취지의 판례**
>
> aa. 아동·청소년 대상 성폭력범죄의 피고인에게 '징역 15년 및 5년 동안의 위치추적 전자장치 부착명령'을 선고한 제1심판결을 파기한 후 '징역 9년, 5년 동안의 공개명령 및 6년 동안의 위치추적 전자장치 부착명령'을 선고한 원심의 조치가 **불이익변경금지원칙에 위배되지 않는다.**(대법원 2011.4.14. 선고 2010도16939) F4 12경간 · 순경1차 · 국7, 13국7, 14경간, 18순경1차 ▶ 판례는 불이익변경 여부를 실질설에 따라 판단한다. 그러므로 형벌을 줄이고, 보안처분(공개명령)을 추가하고, 보안처분(위치추적 전자장치 부착명령)을 늘린 경우라도 실질적으로 상소심의 형이 피고인에게 유리하다.
>
> bb. 2019. 6. 12. 시행된 개정 장애인복지법의 시행 전에 아동·청소년 대상 성범죄를 범한 피고인에 대하여, 제1심이 개정법 시행일 이전에 유죄를 인정하여 징역 7년과 80시간의 성폭력 치료프로그램 이수명령, 아동·청소년 관련기관 등에 10년간의 취업제한명령을 선고하였고, 이에 대하여 피고인만이 양형부당으로 항소하였는데, 개정법 시행일 이후에 판결을 선고한 원심이 제1심판결을 직권으로 파기하고 유죄를 인정하면서 제1심보다 가벼운 징역 6년과 80시간의 성폭력 치료프로그램 이수명령, 아동·청소년 관련기관 등에 10년간의 취업제한명령과 함께 개정법 부칙 제2조와 개정법 제59조의3 제1항 본문에 따라 장애인복지시설에 10년간의 취업제한명령(보안처분)을 선고한 사안에서, 원심판결에 **불이익변경금지원칙을 위반한 잘못이 없다.**(대법원 2019.10.17. 선고 2019도11609) ▶ 판례의 태도인 실질설에 따라 판단할 때 상소심은 원심보다 징역형을 감경하였기 때문에 상소심의 형이 더 유리하기 때문이다.

관련판례 형의 집행유예 · 형의 선고유예 · 형의 집행면제

a. **자유형에 대한 집행유예를 벌금형으로 변경한 경우**; 징역 10월에 집행유예 2년을 선고한 제1심판결을 파기하고 벌금 10,000,000원을 선고한 항소심판결은 **불이익변경금지원칙에 위반되지 아니한다.**(대법원 1990.9.25. 선고 90도1534) 08순경1차, 10법9, 11검찰·마약9, 13검찰·마약9, 19순경1차 ▶ 판례는 징역형의 집행유예보다는 벌금을 가벼운 형벌로 보기 때문이다.

b. **자유형에 대한 선고유예를 벌금형으로 변경한 경우**; 제1심의 징역형의 선고유예의 판결에 대하여 피고인만이 항소한 경우에 제2심이 벌금형을 선고한 것은 제1심판결의 형보다 **중한 형을 선고한 것(불이익변경)에 해당된다.**(대법원 1999.11.26. 선고 99도3776) ▶ 선고유예는 형의 선고를 하지 않고 선고유예 기간 2년이 경과하면 면소된 것으로 간주하므로 원심은 선고된 형이 없게 된다. 그렇지만 상소심은 벌금형의 실형을 선고한 것이므로 집행을 면할 수 없기 때문에 상소심에서 선고한 벌금형의 실형이 더 중한 형이라는 것이다. 11순경2차, 12경간, 13법9, 16국9, 18경간, 20법9, 21경간

c. **형의 집행면제를 자유형에 대한 집행유예로 변경한 경우**; 형의 집행유예의 판결은 소정 유예기간을 특별한 사유 없이 경과한 때에는 그 형의 선고의 효력이 상실되나 형의 집행면제는 그 형의 집행만을 면제하는데 불과하여, 전자(형의 집행유예)가 후자(형의 집행면제)보다 피고인에게 **불이익한 것이라 할 수 없다.**(대법원 1985.9.24. 선고 84도2972 전원합의체 판결) 10경장, 16순경2차, 20법9, 21경간 ▶ 형의 집행유예는 집행유예기간이 무사히 경과하면 형선고의 효력을 상실하여 전과가 남지 않는다. 반면 형의 집행면제는 형벌의 집행만 받지 않고 전과는 그대로 남는다. 그러므로 형의 집행유예가 형의 집행면제보다 피고인에게 더 유리한 것이다.

관련판례 형의 집행유예판결에 대하여 집행유예를 배제하거나 집행유예기간을 연장하는 경우 등

a. 제1심(원심)에서 징역 6월의 선고를 받고 피고인만이 항소한 사건에서 제2심(상소심)에서 징역 8월에 집행유예 2년을 선고한 것은 제1심의 형보다 중하므로 불이익변경의 금지원칙에 위반된다.(대법원 1966.12.8. 선고 66도1319 전원합의체 판결) 11법9 ▶ 징역형의 실형을 선고한 원심에 대하여 상소심에서 징역형을 늘리고 집행유예를 붙인 경우 불이익변경금지의 원칙에 위반된다. 왜냐하면 사례에서 상소심에서 집행유예 2년이 붙은 경우에는 집행유예가 취소되는 것을 고려해야 하고, 집행유예 2년이 취소되면 상소심에서는 가중된 징역 8월만 남기 때문에 상소심의 형이 원심의 징역 6월보다 중하기 때문이다.

b. 제1심(원심)이 징역 1년 6월 및 추징 26,150,000원을 선고한 데 대해 피고인만이 항소하였는데, 원심(여기서의 원심은 제3심인 대법원에 대하여 원심이라는 뜻이므로 제2심인 항소심을 말한다. 이는 제1심에 대하여는 상소심에 해당한다.)이 피고인에게 징역 1년 6월에 집행유예 3년, 추징 26,150,000원 및 벌금 50,000,000원을 선고한 경우, 집행유예의 실효나 취소가능성 등을 전체적·실질적으로 고찰할 때 원심(항소심)이 선고한 형은 제1심이 선고한 형보다 무거워 불이익변경에 해당한다.(대법원 2013.12.12. 선고 2012도7198) ▶ 사례의 경우 징역 1년 6월과 추징 26,150,000원은 원심과 상소심의 형이 동일하므로 고려 대상이 되지 않는다. 그러므로 나머지 형만 고려하면 제1심(원심)에서 징역형의 실형을 선고한데 대하여 제2심(상소심)이 징역형에 집행유예를 붙이면서 벌금형을 병과하거나 벌금액을 늘린 경우에는 불이익변경에 해당한다. 사례에서 상소심에서 집행유예 3년이 붙은 경우에는 집행유예가 취소되는 것을 고려해야 하고, 집행유예 3년이 취소되면 상소심에서는 징역 1년 6월과 벌금 50,000,000원을 병과한 것이 되므로 상소심의 형이 원심의 징역 1년 6월보다 중하기 때문이다. 21법9

c. 징역 1년에 3년간 집행유예가 선고된 제1심판결에 대하여 항소심이 징역 10월의 실형을 선고한 경우 불이익변경에 해당한다.(대법원 1986.3.25. 선고 86모2) [F4] 11법9, 20법9 ▶ 제1심(원심)에서 징역형의 집행유예를 선고한데 대하여 제2심(상소심)이 그 징역형의 형기를 단축하여 실형을 선고하는 것은 불이익변경금지의 원칙에 위배된다. 원심에서 집행유예가 붙은 경우에는 집행유예 기간의 경과를 고려해야 한다. 사례의 경우 집행유예 3년의 기간이 경과하면 형선고의 효력이 상실되므로 원심의 징역형과 집행유예는 모두 소멸하고 결과적으로 상소심의 징역 10월만 남게 되므로 불이익변경에 해당하는 것이다.

비교판례

제1심(원심)이 피고인에게 금고 6월을 선고한 데 대하여 피고인만이 항소하였음에도 불구하고 원심(제2심 즉 상소심)이 제1심판결을 파기하고 피고인에 대하여 징역 6월에 집행유예 1년을 선고한 것은 집행유예의 이익(형의 집행유예는 집행유예기간이 무사히 경과하면 형선고의 효력을 상실하여 전과가 없어진다)을 고려할 때 피고인에게 불이익하게 변경되었다고 할 수 없다.(대법원 2013.12.12. 선고 2013도6608) [F4] 22국7 ▶ 원심의 금고와 상소심의 징역의 기간이 동일한 경우에는 예외적으로 상소심에서 집행유예가 붙었을지라도 집행유예의 취소를 고려할 것이 아니라, '집행유예 기간의 경과(집행유예의 이익)'를 고려해야 한다는 것이 판례의 태도이다. 상소심에서 집행유예 기간이 경과되면 원심의 금고 6월만 남고, 상소심의 징역과 집행유예는 모두 소멸하므로 불이익변경이라고 할 수 없다는 것이다.

관련판례 부정기형과 정기형

a. 불이익변경금지의 규정을 적용함에 있어 정기형과 부정기형 간에 그 경중을 교량할 경우에는 **부정기형 중 최단기형과 정기형 자체와를 비교하여야 한다.**(대법원 1969.3.18. 선고 69도114) [F4] 순경,경승, 14검찰 · 마약9 ▶ 원심이 장기 징역 5년, 단기 징역 3년의 부정기형을 선고하였고, 상소심이 징역 4년의 정기형을 선고한 경우 부정기형의 최단기인 징역 3년과 정기형인 징역 4년을 비교해야 하므로 불이익변경에 해당한다.

b. 피고인이 제1심판결 선고 시 소년에 해당하여 부정기형을 선고받았고, 피고인만이 항소한 항소심에서 피고인이 성년에 이르러 항소심이 제1심의 부정기형을 정기형으로 변경해야 할 경우, 불이익변경금지 원칙 위반 여부를 판단하는 기준은 **부정기형의 장기와 단기의 중간형**이다.(대법원 2020.10.22. 선고 2020도4140 전원합의체 판결) [F4] 21국9, 22국7, 23법9

관련판례 미결구금일수의 산입

a. 항소심이 주형은 제1심판결과 동일하게 선고하고 미결구금일수를 제1심보다 줄여 선고한 경우 불이익변경금지 원칙에 반한다.(대법원 1996.1.23. 선고 95도2500) [F4] 경승, 법승

b. 제1심판결에 대하여 피고인만이 불복 항소한 경우에 원심이 주형에 산입될 미결구금일수를 제1심보다 줄인다 하더라도 원심의 주형이 제1심보다 가벼워져, 결국 전체적으로는 줄어들게 된다면, 원심의 형이 제1심판결보다 피고인에게 불이익변경이라고 할 수 없다.(대법원 1994.2.8. 선고 93도2563) ▶ 제1심법원은 피고인에게 징역 1년을 선고하면서 미결구금일수 180일을 이에 산입하였던 바, 피고인만이 항소한 원심에서 원심은 제1심판결을 파기하고 피고인에게 징역 8월을 선고(주형을 감축)하고 제1심판결 전 구금일수 150일을 이에 산입(미결구금일수를 줄여 선고)하였다면 불이익변경이 아니다.

관련판례 치료감호를 자유형으로 변경한 경우

제1심 법원에서 치료감호처분만 선고되고 피고인만이 항소한 사건에서 원심이 공판절차 이행에 따라 징역 1년 6월의 형을 선고하였음은 **불이익변경금지의 원칙에 반한다**.(대법원 1983.6.14. 선고 83도765) [F4] 09순경1차
cf 원심과 상소심에서 모두 치료감호처분만 선고되고 원심이 선고한 치료감호기간을 늘린 경우에는 불이익변경이 아니다. 치료감호 소송에는 불이익변경금지의 원칙이 적용되지 않기 때문이다.

관련판례 피고인만이 항소한 사건에서 법원이 항소심에서 처음 청구된 검사의 전자장치 부착명령 청구에 터 잡아 부착명령을 선고하는 경우

특정 범죄자에 대한 위치추적 전자장치 부착 등에 관한 법률 제5조 제4항은 성범죄 피해의 심각성을 인식하여 전자장치 부착명령의 청구시기를 항소심까지 가능하도록 한 점에 비추어 보면, 피고인만이 항소한 경우라도 법원이 항소심에서 처음 청구된 검사의 부착명령 청구에 기하여 부착명령을 선고하는 것이 **불이익변경금지의 원칙에 저촉되지 아니한다**고 봄이 상당하다.(대법원 2010.11.25. 선고 2010도9013) [F4] 12순경1차

관련판례 항소심이 제1심과 동일한 형을 선고하면서 새로 수강명령 또는 이수명령을 병과하는 것이 불이익변경금지의 원칙에 반하는지 여부; 적극

[1] 성폭력범죄의 처벌 등에 관한 특례법에 따라 병과 하는 수강명령 또는 이수명령은 이른바 범죄인에 대한 사회 내 처우의 한 유형으로서 형벌 자체가 아니라 보안처분의 성격을 가지는 것이지만, 의무적 강의 수강 또는 성폭력 치료프로그램의 의무적 이수를 받도록 함으로써 실질적으로는 신체적 자유를 제한하는 것이 되므로, 원심(제2심, 항소심)이 제1심판결에서 정한 형과 동일한 형을 선고하면서 새로 수강명령 또는 이수명령을 병과하는 것은 전체적·실질적으로 볼 때 **피고인에게 불이익하게 변경한 것이므로 허용되지 않는다**. [F4] 21법9
[2] 피고인이 군인 신분에서 폭행, 모욕, 군인등강제추행, 군용물손괴, 특수폭행으로 기소되어 보통군사법원에서 진행된 제1심에서 징역 2년에 집행유예 3년의 유죄판결을 선고받고 위 판결에 대하여 피고인만이 항소하였는데, 항소심인 고등군사법원은 피고인이 예비역으로 전역하였음을 이유로 군용물손괴 부분을 제외한 나머지 공소사실을 원심으로 이송하면서, 군사법원법에 따라 여전히 신분적 재판권이 인정되는 군용물손괴 부분을 유죄로 인정하여 징역 1년에 집행유예 2년의 유죄판결을 선고하였고, 위 분리된 항소심판결 확정 후 원심(일반법원)이 이송받은 공소사실 전부를 유죄로 인정하여 징역 1년에 집행유예 2년을 선고하면서 40시간의 성폭력 치료강의 수강명령을 병과한 경우, **집행을 유예한 징역형의 합산 형기가 동일(징역 2년)하더라도 원심이 새로 수강명령을 병과한 것은** 전체적·실질적으로 볼 때 피고인에게 **불이익하게 변경한 것이어서 허용되지 않는다**.(대법원 2018.10.4. 선고 2016도15961)

Ⅶ 파기판결의 기속력(구속력)

1. 관련조문과 파기판결의 기속력의 의의

관련조문	상급법원의 재판에 있어서의 판단은 **당해 사건에 관하여 하급심을 기속**한다.(법원조직법 제8조) [F4] 경승, 12순경1차
의의	파기판결의 기속력이란 상급법원이 원심판결을 파기하고 사건을 원심인 하급심으로 환송 또는 이송한 경우 상급법원의 판단은 하급심을 기속하는 효력을 말한다.

2. 파기판결의 기속력의 취지

만약에 상급법원에서 당해사건에 대하여 한 법률판단과 사실판단에 대하여 당해사건을 파기환송 또는 이송 받은 하급법원이 따르지 않고 종전에 한 하급법원 자신의 판단을 고집하면 당사자는 다시 상소를 할 것이고, 또 상급법원은 다시 하급법원의 판단을 파기하고 하급법원에 파기환송 또는 이송을 하게 될 것이다. 이렇게 된다면 같은 사건에 대하여 소송이 계속 상급법원과 하급법원에 불필요하게 왔다갔다 반복하게 될 것이다. 그러므로 당해사건에 대한 불필요한 소송의 반복을 피하기 위하여 파기판결의 기속력을 인정하는 것이다.

3. 파기판결의 기속력의 범위

(1) 기속력이 인정되는 경우 F4 경승

① 상소심(항소심과 상고심)의 파기환송판결·파기환송결정 및 파기이송판결·파기이송결정에 대하여 당해 사건의 하급심과 파기한 상급법원에 파기판결의 기속력이 미친다.(대법원 2008.2.28. 선고 2007도5987 판결) F4 12순경1차, 13법9, 15국9 그러나 파기한 법원의 상급법원에는 기속력이 미치지는 않는다. 예 항소심의 파기판결의 기속력은 하급심인 제1심과 항소심에게만 미치고 파기한 법원(항소심)의 상급법원 (대법원)에는 미치지 않는다.

② 상급법원의 법률판단과 사실판단에 대하여 하급심에 파기판결의 기속력이 미친다는 것이 판례의 태도이다.

> **관련판례**
>
> 법률심을 원칙으로 하는 상고심은 형사소송법 제383조 또는 제384조에 의하여 사실인정에 관한 원심판결의 당부에 관하여 제한적으로 개입할 수 있는 것이므로 조리상 상고심 판결의 파기이유가 된 사실상의 판단도 기속력을 가진다. 따라서 상고심으로부터 사건을 환송받은 법원은 그 사건을 재판함에 있어서 상고법원이 파기이유로 한 사실상 및 법률상의 판단에 대하여 환송 후의 심리과정에서 새로운 증거가 제시되어 기속적 판단의 기초가 된 증거관계에 변동이 생기지 않는 한 이에 기속된다.(대법원 2009.4.9. 선고 2008도10572) F4 12순경1차, 15국9, 17국7, 19국7, 20경간

(2) 기속력이 배제되는 경우

① 기속력은 당해 사건의 사실관계와 법령의 동일을 전제로 한다. 따라서 상급법원의 파기판결 후에 환송받은 법원에서 사실관계(공소사실)와 법령이 변경되면 하급심에 파기판결의 기속력이 배제된다.(대법원 2004.4.9. 선고 2004도340) F4 15국9 파기판결의 기속력은 파기의 직접적 이유가 된 원심판결에 대한 소극적인 부정판단에 한하여 생기기 때문이다.(동판례) F4 12순경1차, 23국7

② 파기판결 후에 판례가 변경된 경우 기속력이 배제되는지 여부에 대하여 다수설은 기속력이 배제된다는 입장이다.

제 2 절 항소 및 상고

항소와 상고는 상호 비교해서 공부하는 것이 능률적이므로 비교·서술한다.

I 항소와 상고의 의미

항소		항소란 제1심판결에 대하여 제2심법원(항소법원)에 불복하는 상소를 말한다. 여기서 제2심법원이 항소심법원이고, 원심법원은 제1심법원이 된다.
상고	원칙	상고란 원칙적으로 제2심판결에 대하여 제3심법원(상고법원, 대법원)에 불복하는 상소를 말한다. 여기서 제3심법원이 상고심법원이고, 원심법원은 제2심법원이 된다.
	예외	상고의 예외적인 형태로 비약상고가 있다. 비약상고란 제1심판결에 대하여 제2심을 건너뛰고 제3심법원(상고법원, 대법원)에 불복하는 상소를 말한다. 비약상고의 경우에는 제3심법원이 상고심법원이고, 원심법원은 제1심법원이 된다.

II 상소심의 구조

상소심의 구조와 관련하여 복심, 사후심, 속심 3가지의 입법례가 있다.

1. 항소심의 구조

(1) 판례의 태도

판례는 형사소송법상 항소심은 원칙적으로 속심이라는 **속심설**의 입장이다. 따라서 판례는 **항소심에서도 공소장변경을 할 수 있다고 한다.**(대법원 2004.7.22. 선고 2003도8153) 경승

(2) 속심의 특징

① 원칙적으로 속심인 항소심은 원심(제1심법원)이 행한 사실심리와 증거조사의 결과를 그대로 이어받아 항소심이 행한 새로운 사실심리와 증거조사의 결과를 추가하여 판단을 한다. 따라서 제1심판결 후에 발생한 새로운 사실이나 새로 발견된 증거를 판단 자료로 할 수 있다.

② 원칙적으로 속심인 항소심은 피고사건 자체를 심판대상으로 한다. 또한 항소심에서는 공소장변경이 가능하고, 항소심판결은 파기자판이 원칙이다.

2. 상고심의 구조

(1) 판례의 태도

판례는 형사소송법상 상고심은 원칙적으로 사후심, 예외적으로 속심의 성격이 있다는 **사후심설**의 입장이다.(대법원 2010.10.14. 선고 2009도4894)

(2) 사후심의 특징

① 상고심은 원칙적으로 원심(상고심의 원심은 원칙적으로 제2심이다. 단, 예외적으로 비약상고의 경우 상고심의 원심은 제1심이 된다.)의 사실관계는 고정시켜 놓은 채 원심의 소송자료만을 판단의 기초로 하여 원심판결의 당부를 판단한다. 따라서 상고심에서는 원칙적으로 새로운 사실심리와 증거조사를 하지 못한다.
② 상고심에서는 공소장변경이 허용되지 않고, 상고심판결은 파기환송 또는 파기이송이 원칙이다. 15국7
③ 단, 상고심에도 예외적으로 속심적 요소가 있다. 판결 후 형의 폐지나 변경 또는 사면이 있는 때(제383조 제2호), (원심판결 후) 재심청구의 사유가 있는 때(제383조 제3호)에는 원심판결 후에 발생한 사실이나 증거도 상고심의 판단대상이 될 수 있으므로 예외적으로 속심적 요소가 된다.

Ⅲ 항소이유와 상고이유(상소이유)

1. 상소이유의 의의

상소이유란 적법하게 '항소와 상고(상소)'를 제기할 수 있는 법률상의 이유를 말한다. 즉 상소이유가 인정되는 경우 상소는 적법한 상소가 되고, 상소이유가 인정되지 않는 경우 상소는 부적법한 상소가 된다.

2. 항소이유(제361조의5)

(1) 상대적 항소이유 07순경2차

1) 상대적 항소이유의 의의와 유형

상대적 항소이유란 항소이유가 되기 위해서 단순히 그런 사유가 있다는 것만으로는 부족하고, 그런 사유가 있어서 판결에 영향을 미친 경우라야 항소이유가 되는 것을 말한다. 상대적 항소이유에는 2개가 있다. 판결에 영향을 미친 '헌법·법률·명령 또는 규칙의 위반(이를 '법령위반'이라고 한다)'이 있는 때(제361조의5 제1호)와 사실의 오인이 있어 판결에 영향을 미친 때(동조 제14호)가 상대적 항소이유이다.

2) 상대적 항소이유인 법령위반(제361조의5 제1호)과 사실오인(제361조의5 제14호)

① 법령위반
  가. 실체법령 위반; 실체법령 위반은 원칙적으로 판결에 영향을 미친다. 실체법령은 직접적으로 형벌권 발생을 좌우하는 근거규정이기 때문이다.

나. 소송절차의 법령 위반; 소송절차의 법령위반이란 원심의 심판절차가 소송법규에 위반한 경우를 의미한다. 따라서 수사절차에 법령위반이 있는 경우 그 자체만 가지고는 독립한 항소이유가 될 수 없다.(대법원 1996.5.14. 선고 96도561) 판결내용 자체가 아니고 다만 피고인의 신병확보를 위한 구속 등 소송절차가 법령에 위반된 경우에는, 그로 인하여 피고인의 방어권이나 변호인의 조력을 받을 권리가 본질적으로 침해되고 판결의 정당성마저 인정하기 어렵다고 보이는 정도에 이르지 않는 한, 그것 자체만으로는 판결에 영향을 미친 위법이라고 할 수 없다.(대법원 2019.2.28. 선고 2018도19034) 19순경2차

② 사실오인

제361조의5 제14호에서 항소이유의 하나로 규정한 '사실의 오인이 있어 판결에 영향을 미친 때'라는 것은 사실오인에 의하여 판결의 주문에 영향을 미쳤을 경우와 범죄에 대한 구성요건적 평가에 직접 또는 간접으로 영향을 미쳤을 경우(판결의 이유에 영향을 미친 경우)를 의미한다.(대법원 1996.9.20. 선고 96도1665) ▶ '사실의 오인이 있어 판결에 영향을 미친 때'에는 주문만이 아니라 이유에 영향을 미친 경우를 포함한다는 판례이다.

(2) 절대적 항소이유

1) 절대적 항소이유의 의의

절대적 항소이유란 그러한 사유만 있으면 항소이유가 되는 것을 말한다.

2) 절대적 항소이유의 유형

① 판결 후 형의 폐지나 변경 또는 사면이 있는 때(제361조의5 제2호)
② 관할 또는 관할위반의 인정이 법률에 위반한 때(동조 제3호) 13경승
③ 판결법원의 구성이 법률에 위반한 때(동조 제4호)
④ 법률상 그 재판에 관여하지 못할 판사가 그 사건의 심판에 관여한 때(동조 제7호) 14국9
⑤ 사건의 심리에 관여하지 못할 판사가 그 사건의 심판에 관여한 때(동조 제8호)
⑥ 공판의 공개에 관한 규정에 위반한 때(동조 제9호) 14국7, 17검찰·마약9, 19경간
⑦ 판결에 이유를 붙이지 아니하거나 이유에 모순이 있는 때(동조 제11호)
⑧ 재심청구의 사유가 있는 때(동조 제13호)
⑨ 형의 양정이 부당하다고 인정할 사유가 있는 때(동조 제15호)

3. 상고이유(제383조)

형사소송법이 상고이유로 규정한 것은 다음과 같다.
① 판결 후 형의 폐지나 변경 또는 사면이 있는 때(제2호)
② 사실오인과 양형부당; 사형·무기 또는 10년 이상의 징역이나 금고가 선고된 사건에 있어서 중대한 사실의 오인이 있어 판결에 영향을 미친 때 또는 형의 양정이 심히 부당하다고 인정할 현저한 사유가 있는 때(제4호)

관련판례 사실오인과 양형부당

a. 사실오인과 양형부당은 피고인이 상고한 경우에만 적용되고, 검사가 상고한 경우에는 적용되지 않는다.(대법원 1994.8.12. 선고 94도1705) 18법9, 19국7

b. 제383조 제4호에 의하면 사형, 무기 또는 10년 이상의 징역이나 금고가 선고된 사건에서만 양형부당을 사유로 한 상고가 허용되는 것이므로, 피고인에 대하여 그보다 가벼운 형이 선고된 이 사건에서는 형의 양정이 부당하다는 취지의 주장은 적법한 상고이유가 되지 못한다.(대법원 2010.12.9. 선고 2010도12928)

③ 재심청구의 사유가 있는 때(제3호)
④ 판결에 영향을 미친 '헌법·법률·명령 또는 규칙의 위반(법령위반)'이 있을 때(제1호)
▶ **사실오인과 양형부당 이외의 상고이유**는 항소이유와 같다.

관련판례 상고이유

a. 피고인이 양형부당만을 이유로 항소를 하였고 이에 대하여 항소심이 제1심판결을 직권으로 파기한 후 제1심과 같은 형을 선고한 사건에서 피고인은 항소심판결에 대하여 법리오해나 사실 오인의 점을 상고이유로 삼을 수 없다.(대법원 2000.11.10. 선고 2000도3483) ▶ 상고심은 사후심이므로 피고인이 항소심에서 항소이유로 주장하지 않은 사항을 상고이유로 삼을 수는 없기 때문이다. 12검찰·마약9, 16국7, 23국7

b. 제1심 판결에 대하여 피고인은 항소하지 아니하고 검사만이 그 양형이 부당하게 가볍다는 이유로 항소하였으나 항소심이 검사의 항소를 이유 없다고 기각한 경우에 항소심 판결은 피고인에게 불이익한 판결이라고 할 수 없어 이에 대하여 피고인은 상고권이 없으므로, 피고인의 상고는 방식에 위배한 부적법한 상고라고 할 것이다.(대법원 1981.8.25. 자 81도2110) 10국9, 15국7, 22법9

비교판례

제1심판결에 대하여 검사만이 양형부당을 이유로 항소하였을 뿐이고 피고인들은 항소하지 아니한 경우, 피고인은 사실오인, 채증법칙 위반, 심리미진 또는 법령위반의 사유를 상고이유로 삼을 수 없다.(대법원 1996.10.11. 선고 96도1212) 순경. 18법9 ▶ 상고심은 원칙적으로 원심이 인정한 사실관계는 고정시켜 놓은 채 원심판결 당시의 법률문제만을 판단하는 법률심이므로 피고인의 상고이유도 원심에서 검사가 항소이유로 삼은 양형부당만으로 제한된다.

Ⅳ 상소심(항소심과 상고심) 절차

항소심 절차와 상고심 절차는 답변서 제출을 제외하고는 거의 동일하다. 상소심(항소심과 상고심) 절차는 다음과 같다. 11경위, 11순경1차, 11·12법·검찰·마약9·순경2차, 15법9

① 판결 선고일부터 **7일 이내에** **원심법원에** 상소장 제출(제358·374조, 제359·375조), 상소제기가 부적법하다고 판단하는 경우에는 원심법원이 상소기각결정을 한다.
⇨ ② 상소제기가 적법하다고 판단하는 경우 원심법원은 **14일 이내에** 상소법원에 소송기록과 증거물 송부(제361·377조) ▶ 이를 '**소송기록송부**'라고 한다. 21법9
⇨ ③ 상소법원은 즉시 상소인과 상대방에게 소송기록접수통지(제361조의2 1항, 제378조 1항) 21법9
⇨ ④ 상소인 또는 변호인은 소송기록접수의 통지를 받은 날로부터 **20일 이내에** 상소이유서 제출(제361조의3 1항, 제379조 1항) * 이의 14법9, 21경간
⇨ ⑤ 상소법원은 지체 없이 상대방에게 상소이유서부본 또는 등본 송달(제361조의3 2항, 제379조 3항)

⇨ ⑥ 상대방은 상소이유서의 송달을 받은 날로부터 **10일 이내에** 답변서 제출(제361조의3 3항, 제379조 4항)
　　* 답십(리) cf 답변서 제출; 항소의 경우 필요적, 상고의 경우 임의적　15경간, 20순경1차
⇨ ⑦ 상소법원은 지체 없이 상소인 또는 변호인에게 답변서부본 또는 등본 송달(제361조의3 4항, 제379조 5항)

V 상소심의 공판절차

제1심 공판에 관한 규정은 특별한 규정이 없으면 항소의 심판에 준용한다.(제370조) 항소의 심판에 관한 규정은 특별한 규정이 없으면 상고의 심판에 준용한다.(제399조)

1. 상소심의 심판범위와 상고심 심리의 특이 사항

(1) 상소심의 심판범위

① 항소법원은 항소이유에 포함된 사유에 관하여 심판하여야 한다.(제364조 제1항) 14법9 그러나 항소법원은 판결에 영향을 미친 사유에 관하여는 항소이유서에 포함되지 아니한 경우에도 직권으로 심판할 수 있다.(제364조 제2항) 14법9
② 한편 제1심 법원에서 증거로 할 수 있었던 증거는 항소법원에서도 증거로 할 수 있다.(제364조 제3항)

1) 항소심의 심판범위

2) 상고심의 심판범위

상고법원은 상고이유서에 포함된 사유에 관하여 심판하여야 한다. 그러나 제383조 제1호 내지 제3호의 경우(판결에 영향을 미친 법령위반, 판결 후 형의 폐지나 변경 또는 사면이 있는 때, 재심청구의 사유가 있는 때)에는 상고이유서에 포함되지 아니한 때에도 직권으로 심판할 수 있다.(제384조)

📖 관련판례

> **상고법원은 판결에 영향을 미친 법률의 위반이 있는 경우에는 상고이유서에 포함되지 아니한 때에도 직권으로 심판할 수 있는바**, 이는 법률의 해석·적용을 그르친 나머지 피고인을 유죄로 잘못 인정한 원심판결에 대하여 피고인은 상고를 제기하지 아니하고 검사만이 다른 사유를 들어 상고를 제기하였고, 검사의 상고가 피고인의 이익을 위하여 제기된 것이 아님이 명백한 경우라 하더라도 마찬가지이다.(대법원 2002.3.15. 선고 2001도6730) 23국7

(2) 상고심 심리의 특이 사항

① 상고심의 심리는 원칙적으로 구두변론에 의하고(제37조, 제275조의3, 제389조 제1항), 예외적으로만 서면심리에 의할 수 있다. 즉 상고법원은 상고장, 상고이유서 기타의 소송기록에 의하여 변론 없이 판결할 수 있다.(제390조 제1항)
② 상고심에서는 피고인의 출석을 요하지 아니하므로 피고인을 소환할 필요가 없다.(제387조) 14법9 피고인에게는 변론능력이 없기 때문이다.

③ 검사와 변호인은 상고이유서에 의하여 변론하여야 한다.(제388조) 한편 상고법원은 필요한 경우에는 특정한 사항에 관하여 변론을 열어 참고인의 진술을 들을 수 있다.(제390조 제2항) [F4] 18검찰·마약9

> **관련판례** 상소심의 심리
>
> [1] 제1심이 위법한 공시송달로 피고인을 소환한 후 피고인의 출석 없이 재판한 경우, 항소심이 취해야 할 조치; 공시송달 방법에 의한 피고인 소환이 부적법하여 피고인이 공판기일에 출석하지 않은 가운데 진행된 제1심의 절차가 위법하고 그에 따른 제1심판결이 파기되어야 한다면, 항소심으로서는 다시 적법한 절차에 의하여 소송행위를 새로이 한 후 항소심에서의 진술과 증거조사 등 심리 결과에 기초하여 다시 판결하여야 한다.
>
> [2] 피고인의 직장 주소로 송달을 실시하여 보거나 피고인 어머니의 전화번호로 연락하여 피고인이 송달받을 장소를 찾아보는 등의 시도를 하지 아니한 채 곧바로 공시송달 방법으로 피고인소환장 등을 송달하고 피고인의 진술 없이 판결을 선고한 제1심의 절차가 위법하다는 이유로 제1심판결을 파기하면서도, 다시 적법한 절차에 의하여 소송행위를 하지 않고 피고인의 참여 없이 실시된 제1심 증거조사 결과에 기초하여 공소사실을 유죄로 인정한 원심판결에는 법리오해의 위법이 있다.(대법원 2012.4.26. 선고 2012도986) [F4] 15법9

2. 상소심의 재판

(1) 총설

1) 원심법원의 상소기각결정

상소제기가 ① 법률상의 방식위반, ② 상소권 소멸 후인 것이 명백한 때에는 원심법원은 결정으로 상소를 기각하여야 한다.(제360조, 제376조) [F4] 12순경2차, 16경간, 17국7

2) 상소법원의 공소기각결정

공소기각결정 사유(제328조 제1항)가 있는 때에는 항소법원은 결정으로 공소를 기각하여야 한다.(제363조 제1항, 제382조) [F4] 14법9

3) 상소법원의 상소기각결정

상소제기가 ① 법률상의 방식위반, ② 상소권 소멸 후인 것이 명백함에도 원심법원이 상소기각결정을 하지 않은 경우(제362조 제1항, 제360조, 제381조, 제376조 제1항), ③ 상소이유서 제출기간 내에 상소이유서를 제출하지 않은 경우(상소이유서 미제출)에도 결정으로 상소를 기각하여야 한다.(제361조의4 제1항 본문, 제380조 본문) 단, 항소의 경우 직권조사사유가 있거나 항소장에 항소이유의 기재가 있는 때에는 예외적으로 항소기각결정을 하여서는 안 된다.(제361조의4 제1항 단서) [F4] 20법9 한편 상고의 경우 상고장에 상고이유의 기재가 있는 때에는 예외적으로 상고기각결정을 하여서는 안 된다.(제380조 단서) [F4] 법9

4) 상소법원의 상소기각판결

① (상소제기는 적법하나) 상소이유 없다고 인정한 때에는 판결로써 상소를 기각하여야 한다.(제364조 제4항, 제399조)

② 무변론 항소기각; 항소이유 없음이 명백한 때에는 항소장, 항소이유서 기타의 소송기록에 의하여 변론 없이 판결로써 항소를 기각할 수 있다.(제364조 제5항) [F4] 법승, 20법9

5) 상소법원이 상소이유가 있다고 인정하는 경우

① 항소심

가. 원칙

항소이유가 있다고 인정하는 경우에 항소법원은 **원칙적으로 파기자판**(破棄自判)을 한다.(제364조 제6항) 20법9 항소심은 원칙적으로 속심이기 때문에 항소심은 제1심의 사실심리와 증거조사를 그대로 승계한 후 새로운 사실심리와 증거조사를 할 수 있다. 항소심은 사실심이고 사실심의 이념은 실체진실발견이다. 따라서 항소심은 파기자판을 원칙으로 한다.

> **TIP 파기자판(破棄自判)**
> 파기자판이란 상소심법원이 원심판결을 파기하고(깨서 없애버리고) 파기환송 또는 이송을 하지 않고 그 사건에 대하여 스스로 재판을 하는 것을 말한다.

나. 예외

a. **파기환송(破棄還送)판결**(제366조)

'공소기각 또는 관할위반의 재판(공소기각결정, 공소기각판결, 관할위반의 판결)'이 법률에 위반됨을 이유로 원심판결을 파기하는 때에는 항소법원은 원심법원에 환송하여야 한다. 제1심에서 실체심리(사실심리)가 행해지지 않았기 때문에 피고인의 '심급의 이익(사실심리를 두 번 받는 이익)'을 보호해주기 위하여 환송하도록 한 것이다. 13경승, 20순경2차, 21법9

b. **파기이송(破棄移送)판결**(제367조)

관할인정이 법률에 위반됨을 이유로 원심판결을 파기하는 때에는 항소법원은 사건을 관할법원에 이송하여야 한다. 13경승, 17국7

> **TIP 파기이송(破棄移送)판결**
> 예컨대 제1심에서 관할법원이 광주지방법원임에도 불구하고 관할권이 없는 서울지방법원에서 심판을 한 경우 항소심법원이 원심을 파기하고 제1심 관할법원인 광주지방법원으로 이송을 하는 판결을 하는 것이 파기이송판결이다.

> **관련판례 항소심의 재판**
>
> a. [1] 제1심과 비교하여 양형의 조건에 변화가 없고 제1심의 양형이 재량의 합리적인 범위를 벗어나지 아니하는 경우에는 항소심은 이를 존중함이 타당하며, 제1심의 형량이 재량의 합리적인 범위 내에 속함에도 항소심의 견해와 다소 다르다는 이유만으로 제1심판결을 파기하여 제1심과 별로 차이 없는 형을 선고하는 것은 자제함이 바람직하다. 그렇지만 제1심의 양형판단이 재량의 합리적인 한계를 벗어났다고 평가되거나, 항소심의 양형심리 과정에서 새로이 현출된 자료를 종합하면 제1심의 양형판단을 그대로 유지하는 것이 부당하다고 인정되는 등의 사정이 있는 경우에는, 항소심은 형의 양정이 부당한 제1심판결을 파기하여야 한다. [2] 항소심이 자신의 양형판단과 일치하지 아니한다고 하여 양형부당을 이유로 제1심판결을 파기하는 것이 바람직하지 아니한 점이 있다고 하더라도 이를 두고 양형심리 및 양형판단 방법이 위법하다고까지 할 수는 없다. 그리고 원심(항소심)의 판단에 근거가 된 양형자료와 그에 관한 판단 내용이 모순 없이 설시되어 있는 경우에는 양형의 조건이 되는 사유에 관하여 일일이 명시하지 아니하여도 위법하다고 할 수 없다.(대법원 2015.7.23. 선고 2015도3260 전원합의체 판결) 23국7
>
> b. 검사와 피고인 양쪽이 상소를 제기한 경우, 어느 일방의 상소는 이유 없으나 다른 일방의 상소가 이유 있어 원판결을 파기하고 다시 판결하는 때에는 이유 없는 상소에 대해서는 판결이유 중에서 그 이유가 없다는 점을 적으면 충분하고 주문에서 그 상소를 기각해야 하는 것은 아니다.(대법원 2020.6.25. 선고 2019도17995)

② 상고심
　가. 원칙
　　상고이유가 있다고 인정하는 경우에 상고법원은 **원칙적으로 파기환송·이송판결**을 한다.(제397조) 상고심은 원칙적으로 원심판결의 사실관계는 고정해 놓고 원판결시를 기준으로 하여 원심판결의 법률문제만을 판단하는 법률심으로서 상고이유서에 포함된 사유에 한하여 심판하는 사후심이기 때문이다.
　나. 예외
　　예외적으로 상고법원이 원심법원과 제1심법원이 조사한 증거에 의하여 충분히 판결할 수 있다고 인정하면 피고사건을 직접 판결할 수 있다.(제396조 제1항)〈**예외적으로 파기자판**〉 사실오인과 양형부당을 상고이유로 하고 있어(제383조 제4호) 상고심은 예외적으로 사실심이고, 재심청구사유가 있는 때(제383조 제3호)에는 상고심도 새로운 사실심리나 증거조사를 할 수 있으므로 예외적 속심의 성격을 갖기 때문이다.

(2) 공동피고인을 위한 파기

피고인을 위하여 원심판결을 파기하는 경우에 파기의 이유가 상소한(항소한·상고한) 공동피고인에게 공통되는 때에는 **그 공동피고인에 대하여 원심판결을 파기하여야 한다.**(제364조의2, 제392조) F4 08국9, 12경승, 14법9 이는 공평의 원칙 때문에 인정되는 것이다.

(3) 상소 등과 구속에 관한 결정

1) 상소기간 중 또는 상소 중의 사건

상소기간 중 또는 상소 중의 사건에 관한 피고인의 **구속, 구속기간의 갱신, 구속취소, 보석, 보석의 취소, 구속집행정지와 그 정지의 취소**의 결정은 소송기록이 상소법원에 도달하기까지는 **원심법원이** 이를 하여야 한다.(규칙 제57조 제1항) cf 소송기록이 상소법원에 도달한 경우; **상소법원이** 하여야 한다. F4 10경사, 12경승, 19국7

> **관련판례** 상소기간 중 또는 상소 중의 사건에 있어서 구속에 관한 결정
>
> [1] 상소제기 후 소송기록이 상소법원에 도달하지 않고 있는 사이에는 피고인을 구속할 필요가 있는 경우에도 기록이 없는 상소법원에서 구속의 요건이나 필요성 여부에 대한 판단을 하여 피고인을 구속하는 것이 실질적으로 불가능하다는 점 등을 고려하면, 상소기간 중 또는 상소 중의 사건에 관한 피고인의 구속을 소송기록이 상소법원에 도달하기까지는 원심법원이 하도록 규정한 형사소송규칙 제57조 제1항의 규정이 형사소송법 제105조의 규정에 저촉된다고 보기는 어렵다. [2] **불출석상태에서 징역형을 선고받고 항소한 피고인에 대하여 제1심법원이 소송기록이 항소심법원에 도달하기 전에 구속영장을 발부한 것은 적법**하다.(대법원 2007.7.10. 자 2007모460) F4 11순경1차 ▶ 형사소송법 제105조는 "상소기간 중 또는 상소 중의 사건에 관하여 구속기간의 갱신, 구속의 취소, 보석, 구속의 집행정지와 그 정지의 취소에 대한 결정은 소송기록이 원심법원에 있는 때에는 원심법원이 하여야 한다"고 하여 형사소송법은 구속을 규정하고 있지 않다. 그러나 하위법인 형사소송규칙은 구속까지 규정하고 있기 때문에 규칙 규정이 형사소송법에 반하는지 여부에 대하여 형사소송법에 반하지 않는다고 판단한 판례이다.

2) 이송, 파기환송 또는 파기이송 중의 사건

이송, 파기환송 또는 파기이송 중의 사건에 관한 **구속, 구속기간의 갱신, 구속취소, 보석, 보석의 취소, 구속집행정지와 그 정지의 취소**의 결정은 소송기록이 이송 또는 환송법원에 도달하기까지는 **이송 또는 환송한 법원이** 이를 하여야 한다.(규칙 제57조 제2항) cf 소송기록이 이송 또는 환송법원에 도달한 경우; **이송 또는 환송법원이** 하여야 한다.

(4) 비약적 상고

1) 비약적 상고의 의의와 취지

비약적 상고란 제1심판결에 대하여 **항소를 하지 않고 직접 대법원에 상고**하는 것을 말한다.(제372조) 19법9 비약적 상고도 상고의 일종이다. 따라서 비약적 상고의 경우에도 **상고이유서의 제출을 요**한다. 순경 비약적 상고는 법령해석의 통일을 위하여 제2심을 생략한 제도이다.

2) 비약적 상고의 이유

> **비약적 상고의 이유**(제372조) 23법9
>
> 1) 원심판결(결정×)이 인정한 사실에 대하여 법령을 적용하지 아니하였거나 법령의 적용에 착오가 있는 때 23교정·보호·철경9
> 2) 원심판결이 있은 후 형의 폐지나 변경 또는 사면이 있는 때

3) 비약적 상고의 효력 상실 23법9

제1심판결에 대한 상고는 그 사건에 대한 항소가 제기된 때에는 (비약적) 상고의 효력을 잃는다. 21법9 단, 항소의 취하 또는 항소기각결정이 있는 때에는 예외적으로 비약적 상고의 효력이 소멸하지 않는다.(제373조)

(5) 상고심판결의 정정

1) 관련조문과 상고심판결 정정의 의의

관련조문	**상고법원은** 그 판결의 내용에 오류가 있음을 발견한 때에는 직권 또는 검사, 상고인이나 변호인의 신청에 의하여 판결로써 정정할 수 있다.(제400조 제1항) cf 제1심법원과 항소법원에게는 판결정정이 인정되지 않는다.
의의	상고심판결의 정정이란 상고심판결의 내용에 오류가 있을 때 상고법원이 이를 바로 잡는 것을 말한다.

2) 상고심판결 정정의 사유

상고심판결 정정의 사유는 **판결내용의 오류**이다. 이는 판결의 내용에 위산, 오기 기타 이에 유사한 것이 있는 경우를 의미한다.(대법원 1981.10.5. 자 81초60) ▶ 판결내용에 오류가 있는 경우라야 하므로 단순한 오자(誤字)의 정정은 재판서경정(규칙 제25조)에 의하여야 한다.

> 📖 **관련판례** 상고심판결 정정의 가부
>
> a. 판결정정을 할 수 있는 경우; <u>상고장에 상고이유의 기재가 있음에도 불구하고 상고이유서의 제출이 없고, 또 상고장에 이유의 기재가 없다 하여 상고기각결정을 한 것은 그 결정내용에 오류가 있음이 명백하므로 판결정정을 할 수 있다.</u>(대법원 1979.11.30. 선고 79도952)
>
> b. 판결정정을 할 수 없는 경우; 상고심 판결의 정정사유인 "오류"라 함은 판결의 내용에 위산, 오기 기타 이에 유사한 것이 있는 경우를 의미하므로 <u>유죄의 확정판결(상고기각판결)을 무죄판결로 정정하여 달라는 판결정정 신청은 그 이유가 없다.</u>(대법원 1981.10.5. 자 81초60) ▶ 유죄의 확정판결을 무죄판결로 정정하여 달라는 것은 판결의 결론이 부당하다고 주장하는 것이므로 판결정정에 의할 수 없고, 재심 또는 비상상고에 의하여 구제받아야 한다. ⓕ 법9

3) 상고심판결 정정의 절차

① **직권에 의한 경우**

법원이 직권으로 상고심판결을 정정하는 경우 그 기간에는 <u>제한이 없다</u>. 상고법원은 그 판결의 내용에 오류가 있음을 발견한 때에는 신청 없이 직권으로 판결로써 정정할 수 있다.(제400조 제1항) ⓕ 법9

② **신청에 의한 경우** ⓕ 법9

신청권자와 신청의 방식	상고심판결 정정의 신청권자는 검사, 상고인 또는 변호인이다.(제400조 제1항) 상고심판결 정정신청에는 **서면주의**가 적용된다. 즉 상고심판결 정정의 신청은 신청의 이유를 기재한 서면으로 하여야 한다.(제400조 제3항)
신청의 시기	상고심판결 정정의 신청은 판결의 선고가 있은 날로부터 <u>10일</u> 이내에 하여야 한다.(제400조 제2항) ⓕ 12검찰·마약9, 15경간, 15순경1차
재판	상고심판결을 정정할 필요가 없다고 인정한 때에는 지체 없이 결정으로 신청을 기각하여야 한다.(제401조 제2항) 정정의 판결은 변론 없이 할 수 있다.(제401조 제1항)

제 3 절 항고

I 항고의 의의

형사소송법은 "법원의 결정에 대하여 불복이 있으면 항고를 할 수 있다. 단, 형사소송법에 특별한 규정이 있는 경우에는 예외로 한다."라고 하여 항고를 규정하고 있다.(제402조) 항고란 법원이 결정이라는 형식으로 재판을 한 경우에 불복하는 제도를 말한다. 즉 항고란 **법원의 결정에 대한 상소**를 말한다. 예컨대 제1심법원이 보석청구기각결정을 하였다고 가정하자. 이에 대하여 보석청구를 한 구속피고인은 제2심법원에 항고를 할 수 있다. 제2심법원이 항고기각결정을 하면 이에 대하여 재판에 영향을 미친 법령위반이 있음을 이유로 제3심법원에 재항고를 할 수 있다. 여기서 항고와 재항고를 총칭해서 항고라고 한다.

II 항고의 종류

항고에는 일반항고와 특별항고(재항고)가 있다. 일반항고는 다시 보통항고와 즉시항고로 나누어진다.

1. 일반항고

(1) 보통항고

1) 보통항고의 의의와 시기

보통항고란 보통항고의 대상이 되는 법원의 결정에 대하여 불복하는 상소를 말한다. 보통항고는 '보통'이란 표현을 생략하고 그냥 '항고'라고 부른다. 이에 반하여 즉시항고는 반드시 '즉시'라는 표현을 한다. 즉시항고를 (보통)항고와 구별하기 위해서 그런 것이다. 보통항고를 할 수 있는 기간은 원칙적으로 제한이 없다. 단, 원심결정을 취소하여도 실익이 없게 된 때는 항고를 할 수 없다.(제404조) 법승. 18순경1차, 19경간

2) 보통항고의 집행정지의 효력의 유무

(보통)항고에는 즉시항고와 달리 재판의 집행을 정지시키는 집행정지의 효력이 없다. 단, 원심법원 또는 항고법원은 결정으로 항고에 대한 결정이 있을 때까지 집행을 정지할 수 있다.(제409조) 법승. 17법9, 21국9, 23법9 이에 반하여 즉시항고는 원칙적으로 재판의 집행을 정지시키는 집행정지의 효력이 있다는 점에서 (보통)항고와 구별된다.

3) 법원의 관할 또는 판결 전 소송절차에 관한 결정(제403조)

'관할에 관한 결정'은 토지관할 병합심리 신청에 대한 법원의 결정, 관할이전결정, 관할지정결정, 이송결정 등이 이에 해당한다. 또한 '판결 전 소송절차에 관한 결정'은 보석허가결정, 기피신청기각결정, 공소장변경허가결정 등과 같이 종국재판(이는 원칙적으로 '판결'의 형식으로 재판을 한다.) 전에 절차사항을 해결하는 중간재판을 말한다. 법원이 결정의 형식으로 재판하는 것은 거의 판결 전 소송절차에 관한 결정이다. 법원의 관할에 관한 결정과 판결 전 소송절차에 관한 결정에 대하여 항고를 할 수 있는지 여부에 관하여는 제403조가 다음과 같이 규정한다.

	법원의 관할 또는 판결 전 소송절차에 관한 결정(제403조)
원칙	법원의 관할 또는 판결 전 소송절차에 관한 결정에 대하여는 즉시항고 할 수 있는 경우를 제외하고는 **(보통)항고를 하지 못 하는 것이 원칙**이다.(제403조 제1항) F4 19경간, 23법9
예외	그러나 다음의 경우에는 **예외적으로 판결 전 소송절차에 관한 결정임에도 불구하고 항고를 할 수 있다.**(제403조 제2항) 1) 구금(에 관한 결정); 법원의 접견금지 결정, 구속집행정지결정 등 2) 보석(에 관한 결정); 법원의 보석허가결정, 보석청구기각결정, 보석취소결정 등 3) 감정유치(에 관한 결정); 법원의 감정유치결정, 감정유치기간의 연장에 관한 결정 등 F4 19경간 4) 압수(에 관한 결정); 법원의 압수결정 5) 압수물의 환부(에 관한 결정); 법원의 압수물환부결정, 압수물환부청구기각결정 등
	1) 법원의 관할에 관한 결정에 대하여는 불복할 수 없다. 관할은 획일적으로 결정되어야 할 필요가 있기 때문이다. 2) 법원의 판결 전 소송절차에 관한 결정에 대하여 불복할 수 있는지 여부를 판단하는 순서는 다음과 같다. ① 즉시항고를 할 수 있다는 규정이 있으면 즉시항고를 할 수 있다. ② 즉시항고를 할 수 있다는 규정이 없으면 즉시항고를 할 수 없고, 원칙적으로 보통항고도 못한다. ③ 그러나 즉시항고를 할 수 있다는 규정이 없는 경우에도 예외적으로 * **구금, 보석, 감정유치, 압수, 압수물환부에 관한 결정**에 대하여는 보통항고를 할 수 있다.

(2) 즉시항고

1) 즉시항고의 의의

즉시항고란 즉시항고의 대상이 되는 법원의 결정에 대하여 불복하는 상소를 말한다. 즉시항고는 **즉시항고를 할 수 있다는 규정이 있는 경우에 한하여 허용**된다. F4 법승 즉시항고는 (보통)항고와 구별하기 위하여 반드시 '즉시'라는 표현을 한다.

2) 즉시항고의 시기

즉시항고는 **7일 이내에 제기하여야** 한다.(제405조) F4 법승, 18순경1차, 21국9 종래 '3일 이내'이던 것이 다음의 헌법재판소 판례에 따라 '7일 이내'로 개정된 것이다.(2019.12.31. 개정·시행)

> **관련판례** 즉시항고의 시기
>
> "즉시항고의 제기기간은 원칙적으로 3일로 한다."는 형사소송법 제405조는 즉시항고 제기기간을 지나치게 짧게 정하여 헌법상 재판청구권을 공허하게 하므로 **재판청구권을 침해**하는 규정이다. 위 조항을 단순위헌으로 선언하는 경우 즉시항고의 기간 제한이 없어지게 됨에 따라 혼란이 초래될 우려가 있으므로 **헌법불합치결정**을 선고하되, 입법자의 개선입법이 있을 때까지 잠정적용을 명하기로 한다. 입법자는 2019.12.31.까지 개선입법을 하여야 하며, 그때까지 개선입법이 이루어지지 않으면 심판대상조항은 2020.1.1.부터 그 효력을 상실한다.(헌재 2018.12.27. 2015헌바77 등)

3) 즉시항고에 대한 집행정지의 효력의 유무

즉시항고에는 **원칙적으로** 재판의 집행을 정지시키는 **집행정지의 효력이 있다.**(제409조) 그러므로 즉시항고의 제기기간 내와 즉시항고의 제기가 있는 때에는 원칙적으로 재판의 집행은 정지된다.(제410조) 법승. 14국7. 17법9. 19국7. 23법9 다만, 예외적으로 기피신청 간이기각결정에 대한 즉시항고(제23조 제2항)와 증인에 대한 소송비용부담결정·과태료결정·감치결정에 대한 즉시항고(제151조 제8항)에는 집행정지의 효력이 인정되지 않는다.

4) 즉시항고의 대상

즉시항고를 할 수 있는 대상은 법률에 일일이 규정되어 있다. 이를 정리하면 다음과 같다.

암기방법	즉시항고의 대상 * 즉시 정재상 공기 구비, 회집 보배 증가

1) **즉시**항고의 대상이 되는 법원의 결정
2) 약식명령·즉결심판에 대한 **정**식재판청구기각결정
3) **재**심개시결정, 재심청구기각결정
4) **상**소기각결정(항소기각결정, 상고기각결정, 항고기각결정)
5) **공**소기각결정
6) **기**피신청기각결정과 기피신청 간이기각결정 cf 기피신청인용결정; 즉시항고를 할 수 없다.
7) **구**속취소결정 cf 구속집행정지결정; 즉시항고의 대상×, 보통항고는 가능.
8) 소송**비**용부담결정, 무죄판결이 확정된 피고인이었던 자에 대한 소송**비**용보상결정, 재정신청기각결정을 받거나 재정신청을 취소한 재정신청인에 대한 **비**용부담결정
9) 상소권**회**복결정
10) **집**행유예취소결정
11) 형사**보**상법상 **보**상청구기각결정·보상결정(형사보상법 제20조 제1항, 1주일 이내에 즉시항고 가능)
12) **배**상명령결정〈상소제기기간(7일) 내에 즉시항고 가능〉, 국민참여재판**배**제결정
13) **증**인의 선서·증언 거부에 대한 **과**태료결정, 출석하지 않은 증인에 대한 소송비용부담결정·500만 원 이하의 **과**태료결정·7일이내의 감치결정, 보석조건 위반시 피고인에 대한 1,000만 원 이하의 **과**태료결정과 20일 이내 **감치**결정, 보석에 있어 출석보증인에 대한 500만 원 이하의 **과**태료결정, 배심원·예비배심원·배심원후보자의 정당한 사유 없는 출석거부에 대한 200만 원 이하의 **과**태료결정

> **관련판례** 판결 전 소송절차에 관한 결정

a. **국선변호인선임청구를 기각한 결정은 판결 전의 소송절차이므로**, 그 결정에 대하여 즉시항고를 할 수 있는 근거가 없는 이상 그 결정에 대하여는 재항고도 할 수 없다.(대법원 1993.12.3. 자 92모49) 법승, 10경사·경위, 11경장, 16국7 ▶ 판례가 재항고를 할 수 없다고 한 것은 당연히 항고도 할 수 없다는 것이다. 따라서 국선변호인선임청구를 기각한 결정에 대해서는 항고·재항고·즉시항고를 할 수 없으므로 결국 불복할 수 없다. 국선변호인선임청구 기각결정에 대하여는 즉시항고를 허용하는 규정이 없으므로 즉시항고를 할 수 없다. 이는 구금, 보석, 감정유치, 압수, 압수물환부에 관한 결정도 아니므로 보통항고를 할 수도 없다. 결론적으로 불복할 수 없는 것이다.

b. 소송사실(공소사실) 또는 적용법조의 추가, 철회 또는 변경의 허가에 관한 결정(공소장변경 허가에 관한 결정)은 판결 전의 소송절차에 관한 결정이라 할 것이므로, 그 결정을 함에 있어서 저지른 위법

이 판결에 영향을 미친 경우에 한하여 그 판결에 대하여 상소를 하여 다툼으로써 불복하는 외에는 당사자가 이에 대하여 독립하여 상소할 수 없다.(대법원 1987.3.28. 자 87모17) ▣ 09국7, 13국7, 16순경1차, 16교정·보호·철경9, 16국7, 19경간, 19법9, 21국7 ▶ 공소장변경 허가에 관한 결정은 판결 전의 소송절차에 관한 결정으로 독립하여 불복할 수 없다는 판례이다. 공소장변경 허가에 관한 결정에 대하여는 즉시항고를 허용하는 규정이 없으므로 즉시항고를 할 수 없다. 이는 <u>구금, 보석, 감정유치, 압수, 압수물환부에 관한 결정</u>도 아니므로 보통항고를 할 수도 없다. 결론적으로 불복할 수 없는 것이다.

c. 형사소송법 제266조의4에 따라 법원이 검사에게 수사서류 등의 열람·등사 또는 서면의 교부를 허용할 것을 명한 결정(**증거개시결정**)은 피고사건 소송절차에서의 증거개시와 관련된 것으로서 제403조에서 말하는 '**판결 전의 소송절차에 관한 결정**'에 **해당**한다 할 것인데, 위 결정에 대하여는 형사소송법에서 별도로 즉시항고에 관한 규정을 두고 있지 않으므로 제402조에 의한 항고의 방법으로 불복할 수 없다고 보아야 한다.(대법원 2013.1.24. 자 2012모1393) ▣ 14순경2차, 15국7, 20국7, 22경9, 23국7 ▶ 증거개시결정에 대하여는 즉시항고를 허용하는 규정이 없으므로 즉시항고를 할 수 없다. 이는 <u>구금, 보석, 감정유치, 압수, 압수물환부에 관한 결정</u>도 아니므로 보통항고를 할 수도 없다. 결론적으로 불복할 수 없는 것이다.

2. 특별항고

<u>항고법원 또는 고등법원의 결정</u>에 대하여 재판에 영향을 미친 '헌법·법률·명령 또는 규칙 위반(법령위반)'이 있음을 이유로 하는 때에 한하여 **대법원에 즉시항고를 할 수 있다.**(제415조) 특별항고는 **즉시항고의 성격**을 갖는다. 그러므로 3일 이내에 하여야 한다. 특별항고를 **재항고**라고도 한다. 여기서 항고법원은 제1심법원(수원지방법원)의 결정에 대하여 항고를 한 경우에 그 항고심을 심판하는 제2심법원(수원고등법원)을 말한다. 고등법원의 결정에 대한 재항고의 예를 들면 수원고등법원이 재정신청 기각결정을 한 경우에 재정신청인이 대법원에 즉시항고를 하는 경우가 이에 해당한다.

III 항고심 절차

1. 항고권자

항고권자는 상소권자와 검사 또는 피고인이 아닌 제3자이다. 상소권자(검사와 피고인, 피고인의 법정대리인, 배우자, 직계친족, 형제자매 또는 원심의 대리인이나 변호인)는 당연히 항고할 수 있다.(제338조 제1항, 제340조, 제341조) 검사 또는 피고인 아닌 자(제3자, **예** 과태료부과결정을 받은 증인)가 결정을 받은 때에는 항고할 수 있다.(제339조)

2. 항고의 방식

항고를 할 때에는 <u>서면주의</u>가 적용된다. 즉 항고를 함에는 <u>항고장을 원심법원에 제출하여야 한다</u>.(제406조)
▣ 법승

3. 원심법원의 조치와 항고법원의 재판

원심 법원의 조치	**1) 항고기각결정** 항고의 제기가 법률상의 방식에 위반하거나 항고권 소멸 후인 것이 명백한 때에는 원심법원은 결정으로 항고를 기각하여야 한다.(제407조 제1항) 17법9, 21교정·보호·철경9 원심법원의 항고기각결정에 대하여는 즉시항고를 할 수 있다.(동조 제2항) 법9 **2) 경정결정** 원심법원은 항고가 이유 있다고 인정한 때에는 결정을 경정하여야 한다.(제408조 제1항) 23법9 여기서 '결정의 경정'은 원결정을 취소 또는 변경하는 것을 의미한다. **3) 소송기록송부 등** ① 항고의 전부 또는 일부가 이유 없다고 인정한 때에는 항고장을 받은 날로부터 <u>3일 이내</u>에 의견서를 첨부하여 항고법원에 송부하여야 한다.(제408조 제2항) ② 원심법원이 필요하다고 인정한 때에는 소송기록과 증거물을 항고법원에 송부하여야 한다.(제411조 제1항) 또한 항고법원은 소송기록과 증거물의 송부를 요구할 수 있다.(동조 제2항) ③ 항고법원은 소송기록과 증거물의 송부를 받은 날로부터 <u>5일 이내</u>에 당사자에게 그 사유를 통지하여야 한다.(동조 제2항)
항고 법원의 재판	**1) 항고기각결정** 항고의 제기가 법률상의 방식에 위반하거나 항고권소멸 후인 것이 명백함에도 불구하고 원심법원이 항고기각결정을 하지 않은 경우에 항고법원은 결정으로 항고를 기각하여야 한다.(제413조) 법승 항고를 이유 없다고 인정한 때에는 항고법원은 결정으로 항고를 기각하여야 한다.(제414조 제1항) **2) 취소결정** 항고를 이유 있다고 인정한 때에는 결정으로 원심결정을 취소하고 필요한 경우에는 항고사건에 대하여 직접 재판을 하여야 한다.(동조 제2항)

Ⅳ 준항고

1. 준항고의 의의

준항고란 재판장이나 수명법관의 일정한 재판에 대하여 또는 검사나 사법경찰관의 일정한 처분에 대하여 법원에 취소 또는 변경을 구하는 불복방법을 의미한다. 법9 예컨대 인천지방검찰청 검사가 압수에 관한 처분을 한 경우에 그 처분을 한 검사가 소속한 인천지방검찰청에 대응한 법원인 인천지방법원에 그 처분의 취소 또는 변경을 청구하는 것이 준항고이다. 여기서 인천지방검찰청과 인천지방법원은 동급이므로 준항고는 동급법원에 불복하는 제도이다. 그러므로 <u>준항고는 상급법원에 불복하는 제도인 상소가 아니다.</u>

2. 재판장 또는 수명법관의 재판에 대한 준항고

재판장 또는 수명법관이 일정한 재판을 고지한 경우에 그 재판에 대하여 불복이 있으면 그 법관의 소속 법원에 재판의 취소 또는 변경을 청구할 수 있다.(제416조 제1항) 제416조의 준항고는 법관(재판장 또는 수명법관)의 일정한 재판에 대하여 불복하는 제도이다. 제416조의 준항고의 대상이 되는 재판장 또는 수명법관의 재판은 다음과 같다.

재판장 또는 수명법관의 재판에 대한 준항고(제416조 제1항)

1) 구금(에 대한 재판)
2) 보석(에 대한 재판)
3) 과태료 또는 비용 배상을 명한 재판
4) 감정유치(에 대한 재판)
5) 압수물의 환부(에 대한 재판)
6) 기피신청기각재판
7) 압수(에 대한 재판)

cf 수탁판사의 재판에 대해서는 준항고를 할 수 없다.

3. 수사기관의 처분에 대한 준항고

'검사 또는 사법경찰관(수사기관)'의 일정한 처분에 대하여 불복이 있으면 그 직무집행지의 관할법원 또는 검사의 소속 검찰청에 대응한 법원에 그 처분의 취소 또는 변경을 청구할 수 있다.(제417조) 제417조의 준항고의 대상이 되는 수사기관의 처분은 다음과 같다.

수사기관의 처분에 대한 준항고(제417조)

1) 수사기관의 피의자 조사·신문시 변호인 접견·참여 등에 관한 처분
2) 구금에 관한 처분
3) 압수에 관한 처분
4) 압수물의 환부에 관한 처분

> **관련판례** 수사기관의 처분에 대한 준항고(제417조)
>
> a. 변호인의 접견교통권은 법령에 의한 제한이 없는 한 수사기관의 처분은 물론 법원의 결정으로도 이를 제한할 수 없다 할 것인바, 변호인의 구속 피의자에 대한 접견이 접견신청일이 경과하도록 이루어지지 아니한 것은 실질적으로 (수사기관의) 접견불허가 처분이 있는 것과 동일시된다.(대법원 1991.3.28. 자 91모24) ▶ 따라서 이에 대하여 제417조의 준항고로 불복할 수 있다. F4 11경승, 17순경2차, 19경승, 23경승
>
> b. 수사기관의 압수물의 환부에 관한 처분에 대하여 제417조의 준항고가 허용되기 위해서는 수사기관이 처분권한을 가지고 있을 것을 전제로 한다는 판례; 제417조의 규정(수사기관의 처분에 대한 준항고)은 검사 또는 사법경찰관이 수사단계에서 압수물의 환부에 관하여 처분을 할 권한을 가지고 있을 경우에 그 처분에 불복이 있으면 준항고를 허용하는 취지라고 보는 것이 상당하므로 형사소송법 제332조의 규정에 의하여 압수가 해제된 것으로 되었음에도 불구하고 검사가 그 해제된 압수물의 인도를 거부하는 조치에 대해서는 형사소송법 제417조가 규정하는 준항고로 불복할 수 없다.(대법원 1984.2.6. 자 84모3) ▶ 압수가 해제된 것으로 간주된 경우 검사는 압수물의 환부처분에 대한 권한이 없기 때문에 처분권한이 없는 검사의 압수물 인도 거부 조치는 처음부터 무효이다. 따라서 처음부터 무효이므로 효력이 없는 검사의 압수물 인도 거부 조치에 대해서는 불복할 실익이 없어 제417조의 준항고로 불복할 수 없는 것이다. F4 10순경1차, 13경승, 20국9
>
> c. 검사가 재판에 대한 집행지휘자로서 직무를 수행하는 가운데 행한 처분에 대하여 제417조의 준항고를 할 수 없다.(대법원 1974.5.30. 자 74모28) 따라서 확정된 재판의 집행에 관한 검사의 처분에 대하여 준항

고를 한 경우에는 이를 재판의 집행에 대한 이의신청(제489조)으로 판단하여야 한다.(대법원 1993.8.6. 자 93모55) 10순경1차, 13경승

d. 헌법과 형사소송법 및 검찰청법 등의 규정을 종합해 보면, 고소인 또는 고발인, 그 밖의 일반국민이 검사에 대하여 영장청구 등의 강제처분을 위한 조치를 취하도록 요구하거나 신청할 수 있는 권리를 가진다고 할 수 없다. 따라서 검사가 수사과정에서 증거수집을 위한 압수·수색영장의 청구 등 강제처분을 위한 조치를 취하지 아니한 경우 그 자체를 형사소송법 제417조 소정의 '압수에 관한 처분'으로 보아 이에 대해 준항고 할 수는 없다.(대법원 2007.5.25. 자 2007모82) ▶ 검사의 강제처분은 권한이지 강제성을 띤 의무가 아니기 때문이다. 08순경1차, 10순경2차, 14검찰·마약9, 19국7

e. 수사기관의 압수물의 환부에 관한 처분의 취소를 구하는 준항고는 **일종의 항고소송**이므로, 통상의 항고소송에서와 마찬가지로 그 이익이 있어야 하고, 소송 계속 중 준항고로써 달성하고자 하는 목적이 이미 이루어졌거나 시일의 경과 또는 그 밖의 사정으로 인하여 그 이익이 상실된 경우에는 준항고는 그 이익이 없어 부적법하게 된다.(대법원 2015.10.15. 자 2013모1970) 18순경1차, 19경승, 21국7

4. 준항고의 절차

(1) 서면주의

준항고의 청구는 서면(준항고장)으로 관할법원에 제출하여야 한다.(제418조) 법승, 경승

(2) 관할법원

재판장 또는 수명법관의 재판에 대한 준항고의 관할법원은 재판장 또는 수명법관의 소속법원이다.(제416조 제1항) 수사기관의 처분에 대한 준항고의 경우 검사의 처분에 대한 준항고의 관할법원은 검사의 소속검찰청에 대응한 법원이고(제417조), 사법경찰관의 처분에 대한 준항고의 관할법원은 사법경찰관의 직무집행지 관할법원이다.(제417조)

(3) 준항고의 청구시기

재판장 또는 수명법관의 재판에 대한 준항고는 재판의 고지 있는 날로부터 **7일 이내**에 하여야 한다.(제416조 제3항) 19국9, 21경간, 23국9 종래 '3일 이내'이었던 것이 '7일 이내'로 개정되었다.(2019.12.31. 개정·시행)

(4) 재판의 집행정지

준항고는 재판의 집행정지의 효력이 없는 것이 원칙이다.(제419조, 제409조) 다만, 증인, 감정인, 통역인 또는 번역인에 대하여 과태료 또는 비용배상을 명한 재판에 대해서는 준항고 청구기간 내와 청구가 있는 때에는 예외적으로 집행정지의 효력이 있다.(제416조 제4항) 법승

(5) 불복방법

재항고(제415조)에 관한 규정은 준항고 청구가 있는 경우에 준용된다.(제419조) 그러므로 제416조, 제417조의 준항고에 관한 결정에 대하여는 재판에 영향을 미친 헌법, 법률, 명령, 규칙의 위반이 있음을 이유로 하는 때에 한하여 대법원에 즉시항고 할 수 있는바, 이는 제419조, 제415조에 의한 재항고에 해당한다.(대법원 1983.5.12. 자 83모12) 경승, 법승, 21국7

CHAPTER 2 비상구제절차

피고사건에 대하여 종국재판이 확정된 경우에는 확정력과 기판력이 발생하므로 더 이상 그 재판의 당부를 다툴 수 없게 된다. 그런데 피고사건에 중대한 사실오인의 오류가 있는 경우와 심판의 법령위반이 있는 경우에도 재판이 확정되었음을 이유로 더 이상 다툴 수 없도록 한다면 오히려 정의에 반하는 불합리한 결과를 초래하게 된다. 따라서 예외적으로 확정판결의 효력(기판력)을 깨서 재판의 오류를 시정하기 위하여 마련한 제도가 비상구제절차이다. 비상구제절차는 **확정판결에 내포된 사실오인의 오류를 시정하기 위한 재심과 법령위반의 오류를 시정하기 위한 비상상고가 있다.** 12경간 재심과 비상상고는 확정판결의 기판력을 배제해서 다시 심판할 수 있도록 하는 제도이다.

제1절 재심

I. 재심의 의의와 구별개념

1. 재심의 의의

재심(再審)은 '다시 심판한다'는 뜻이다. 즉 재심이란 **유죄의 확정판결에 대한 중대한 사실오인을 이유로** '유죄의 선고를 받은 자(유죄의 확정판결을 받은 자를 말한다.)'의 이익을 위하여 **원판결법원에** 그 오류의 시정을 구하는 비상구제절차를 말한다. 예컨대 甲이 2014년 8월 25일에 간통죄로 징역 6월의 유죄판결이 확정되어 2015년 2월 24일까지 복역을 하고 만기가 되어 교도소에서 출소하였다고 가정하자. 그런데 2015년 2월 26일에 헌법재판소가 간통죄에 대하여 위헌결정을 하였다. 헌법재판소가 형벌에 관한 조항 또는 법규에 대하여 위헌결정을 한 경우에는 형법 제정시인 1953년으로 소급하여 그 형벌조항이나 법규의 효력이 상실되므로 간통죄는 1953년 형법 제정시부터 범죄가 아닌 것이 된다. 그렇다면 甲은 무죄판결을 받았어야 함에도 불구하고 유죄판결이 확정되어 억울하게 형벌의 집행을 받게 될 것이다. 이 때 甲은 헌법재판소의 간통죄에 대한 위헌결정이 있었음을 이유로 원판결법원에 재심을 청구할 수 있고, 억울하게 6개월간 형벌의 집행을 받은 부분에 대해서는 형사보상을 청구 할 수 있다. 한편 형사소송법은 **이익재심주의를** 취하고 있다. 17경간 즉 형사소송법은 유죄의 선고를 받은 자에게 불이익한 재심은 허용하지 않고, 이익을 위해서만 재심을 허용한다.

2. 구별개념

재심은 비상상고와 구별된다. 재심과 비상상고의 차이점에 대해서는 뒤에 비교표로 정리하여 서술한다.

재심의 대상과 구조

1. 재심의 대상

재심의 대상은 **유죄의 확정판결과 확정된 상소기각판결**이다. 이를 자세히 서술하면 다음과 같다.

(1) 재심의 대상이 되는 경우

1) 유죄의 확정판결 [F4] 경승, 국9, 국7, 법9, 14순경2차

① 재심의 대상이 되는 것은 **원칙적으로 유죄의 확정판결**이다.(제420조) [F4] 18경간, 18순경3차, 19경승 유죄의 확정판결과 동일한 효력이 있는 **확정된 약식명령**(제457조), **확정된 즉결심판**(즉결심판에 관한 절차법 제16조), 경범죄처벌법(동법 제7조 제2항)과 도로교통법(동법 제119조 제3항)에 의한 **범칙금납부** 등도 재심의 대상이 된다. [F4] 17국7 또한 확정된 형면제판결과 확정된 형의 집행유예판결도 유죄판결이므로 재심의 대상이 된다. 반면 면소판결은 유죄 확정판결이라 할 수 없으므로 면소판결을 대상으로 한 재심청구는 부적법하다. 즉 **면소판결은 재심의 대상이 될 수 없다.**(대법원 2018.5.2. 자 2015모3243) [F4] 18순경3차, 19경승, 19검찰·마약9, 21법9, 23국7

> **관련판례** 약식명령에 대한 정식재판 절차에서 유죄판결이 확정된 경우 재심의 대상
>
> 약식명령에 대하여 정식재판 청구가 이루어지고 그 후 진행된 정식재판 절차에서 유죄판결이 선고되어 확정된 경우, **재심의 대상은 효력을 잃은 약식명령이 아니라 유죄의 확정판결을 대상으로 재심을 청구하여야 한다.** 그러나 피고인 등이 약식명령에 대하여 재심을 청구하여 재심개시결정이 확정되었다면 재심절차를 진행하는 법원은 재심이 **개시된 대상을 유죄의 확정판결로 변경할 수는 없다.** 이 경우 그 재심개시결정은 이미 효력을 상실하여 재심을 개시할 수 없는 약식명령을 대상으로 한 것이므로, 그 재심개시결정에 따라 재심절차를 진행하는 법원으로서는 심판의 대상이 없어 아무런 재판을 할 수 없다.(대법원 2013.4.11. 선고 2011도10626) [F4] 16법9, 16국9, 18경승, 19경간, 19순경2차, 21경간, 23교정·보호·철경9

② 헌법재판소의 위헌결정으로 인하여 헌법재판소법 제47조 제3항의 규정에 의하여 소급하여 효력을 상실하는 법률 또는 법률의 조항을 적용한 유죄의 확정판결도 재심의 대상이 된다.(대법원 2016.11.10. 자 2015모1475) 따라서 위헌으로 결정된 법률 또는 법률의 조항이 같은 조 제3항 단서에 의하여 종전의 합헌결정이 있는 날의 다음 날로 소급하여 효력을 상실하는 경우 **합헌결정이 있는 날의 다음 날 이후에 유죄판결이 선고되어 확정되었다면, 비록 범죄행위가 그 이전에 행하여졌더라도** 그 판결은 위헌결정으로 인하여 소급하여 효력을 상실한 법률 또는 법률의 조항을 적용한 것으로서 '위헌으로 결정된 법률 또는 법률의 조항에 근거한 유죄의 확정판결'에 해당하므로 이에 대하여 재심을 청구할 수 있다.(대법원 2016.11.10. 자 2015모1475) [F4] 20법9

2) 확정된 상소기각판결

'항소 또는 상고(상소)'의 기각판결에 대하여는 제420조 제1호, 제2호, 제7호의 (재심)사유 있는 경우에 한하여 그 선고를 받은 자의 이익을 위하여 재심을 청구할 수 있다.(제421조 제1항) [F4] 21법9 제421조 제1항에서 항소 또는 상고의 기각판결이라 함은 **(확정된) 항소기각 또는 상고기각판결 자체**를 의미한다.(대법원 1984.7.27. 자 84모48) ▶ 상소(항소 또는 상고)기각판결이 확정되면 원심의 유죄판결도 같이 확정된다. 따라서 **확정된 원심의 유죄판결과 확정된 상소기각판결 모두 재심의 대상이 된다.** [F4] 08순경1차, 14순경2차, 17경간, 17법9, 18경간, 18순경3차, 19경승 다만, 제1심 확정판결에 대한 재심청구사건의 판결이 있은 후에는 항소기

각판결에 대하여 다시 재심을 청구하지 못하고(제421조 제2항) [Fd] 19경승, 제1심 또는 제2심의 확정판결에 대한 재심청구사건의 판결이 있은 후에는 상고기각판결에 대하여 다시 재심을 청구하지 못한다(제421조 제3항). 즉 하급심의 확정판결에 대한 재심청구사건의 판결이 확정되면 상급심의 상소기각판결에 대하여는 재심을 청구하지 못한다는 것이다.

> **관련판례** 제1심 유죄판결이 항소 또는 상고기각판결로 확정된 경우 재심의 대상
>
> [1] 제1심 유죄판결이 항소 또는 상고기각판결로 확정된 경우, 형벌조항에 대한 헌법재판소의 위헌결정에 따라 헌법재판소법 제47조에 의한 재심을 청구할 때 재심대상이 되는 판결은 **제1심판결**이고, **항소 또는 상고기각판결을 재심대상으로 삼은 재심청구는 부적법**하다. [2] 형사재판에서 법률상의 방식을 위반한 재심청구라는 이유로 기각결정을 한 경우, 민사소송법은 원칙적으로 재심의 소제기에 시간적 제한을 두고 있으나(제456조), 형사소송법은 재심청구 제기기간에 제한을 두고 있지 않으므로(형사소송법 제427조), **법률상의 방식을 위반한 재심청구라는 이유로 기각결정이 있더라도, 청구인이 이를 보정한다면 다시 동일한 이유로 재심청구를 할 수 있다.**(대법원 2022.6.16.자 2022모509) ▶ 헌법재판소법 제47조; 위헌으로 결정된 법률 또는 법률의 조항에 근거한 **유죄의 확정판결**에 대하여는 재심을 청구할 수 있다.

3) 특별사면의 경우

판례는 **특별사면으로 형선고의 효력이 상실된 유죄의 확정판결도 재심의 대상이 된다**고 한다. 즉 유죄판결 확정 후에 형선고의 효력을 상실케 하는 특별사면이 있었다고 하더라도, 형선고의 법률적 효과만 장래를 향하여 소멸될 뿐이고 확정된 유죄판결에서 이루어진 사실인정과 그에 따른 유죄 판단까지 없어지는 것은 아니므로, 유죄판결은 형선고의 효력만 상실된 채로 여전히 존재하는 것으로 보아야 한다. 따라서 **특별사면으로 형선고의 효력이 상실된 유죄의 확정판결도** 형사소송법 제420조의 '유죄의 확정판결'에 해당하여 **재심청구의 대상이 될 수 있다.** 그러므로 재심대상판결 확정 후에 형 선고의 효력을 상실케 하는 특별사면이 있었다고 하더라도, 재심개시결정이 확정되어 재심심판절차를 진행하는 법원은 그 심급에 따라 다시 심판하여 **실체에 관한 유·무죄 등의 판단을 해야지,** 특별사면이 있음을 들어 **면소판결을 하여서는 아니 된다.**(대법원 2015.5.21. 선고 2011도1932 전원합의체판결) [Fd] 16순경1차, 17순경1차, 18법9, 18국7, 18순경3차, 19법9, 20국7, 21경간, 21국7, 23국9, 23국7

(2) 재심의 대상이 되지 않는 경우

1) 무죄의 확정판결 등

형사소송법은 이익재심주의를 채택하고 있으므로 원칙적으로 유죄의 확정판결에 대하여 유죄의 선고를 받은 자의 이익을 위한 재심만을 허용한다. 따라서 **무죄·면소·공소기각·관할위반의 확정판결은 재심의 대상이 되지 않는다.** [Fd] 21경간

2) 환송판결

환송판결은 유죄의 확정판결이 아니기 때문에 **재심의 대상이 되지 않는다.**(대법원 2006.6.27. 자 2005재도18) [Fd] 순경, 17법9, 18경승

3) 결정

재심의 대상은 원칙적으로 유죄의 확정판결이므로 결정(예 재항고기각결정)은 **재심의 대상이 되지 않는다.** (대법원 1991.10.29. 자 91재도2)
> **TIP** 실제 시험에서 결정이라는 문구가 나오면 무조건 재심의 대상이 아니라고 하면 된다.

> **관련판례** 상고심의 공소기각결정이 재심의 대상이 되는지 여부(소극)
>
> 항소심의 유죄판결에 대하여 상고가 제기되어 상고심 재판이 계속되던 중 피고인이 사망하여 공소기각결정이 확정되었다면 항소심의 유죄판결은 이로써 당연히 그 효력을 상실하게 되므로, 이러한 경우에는 형사소송법상 재심절차의 전제가 되는 '유죄의 확정판결'이 존재하는 경우에 해당한다고 할 수 없다.(대법원 2013.6.27. 선고 2011도7931) 14법9, 17순경1차, 17국9, 18법9, 19경간 ▶ **상고심의 공소기각결정은 재심의 대상이 되지 않는다**는 판례이다.

2. 재심의 구조

재심절차는 재심사유가 있는지 없는지 여부를 판단하는 **재심개시절차**(또는 '재심청구절차')와 재심사유가 있다고 판단되어 그 사건을 다시 심판하는 **재심심판절차**로 구성된다.

III 재심사유 22검찰·마약9

1. 제420조

형사소송법 제420조는 재심사유를 규정하고 있다. 재심사유는 다음과 같다.

1) 저작권, 특허권, 실용신안권, 디자인권, 또는 상표권을 침해한 죄로 유죄의 선고를 받은 사건에 관하여 그 권리에 대한 무효의 심결 또는 무효의 판결이 확정된 때(제420조 제6호)
2) 무고로 인하여 유죄를 선고받은 경우에 그 무고의 죄가 확정판결에 의하여 증명된 때(제420조 제3호)
3) 유죄를 선고받은 자에 대하여 무죄 또는 면소를, 형의 선고를 받은 자에 대하여 형의 면제 또는 원판결이 인정한 죄보다 가벼운 죄를 인정할 명백한 증거가 새로 발견된 때〈신증거의 발견〉(제420조 제5호) 20경승 cf 유죄의 선고를 받은 자에 대하여 공소기각(공소기각결정·공소기각판결)을 인정할 명백한 신증거가 발견된 경우는 재심사유가 되지 않는다.
4) 원판결의 증거가 된 재판이 확정재판에 의하여 변경된 때(제420조 제4호)
5) 원판결, 전심판결 또는 그 판결의 기초가 된 조사에 관여한 법관, 공소의 제기 또는 그 공소의 기초가 된 수사에 관여한 수사기관이 그 직무에 관한 죄를 지은 것이 확정판결에 의하여 증명된 때, 다만, 원판결의 선고 전에 법관, 검사 또는 사법경찰관에 대하여 공소가 제기되었을 경우에는 원판결의 법원이 그 사유를 알지 못한 때로 한정한다.(제420조 제7호)
6) 원판결의 증거가 된 증언, 감정, 통역 또는 번역이 확정판결에 의하여 허위임이 증명된 때(제420조 제2호)
7) 원판결의 증거가 된 서류 또는 증거물이 확정판결에 의하여 위조되거나 변조된 것임이 증명된 때(제420조 제1호)
cf 확정된 상소기각판결에 대한 재심사유; 위의 재심사유 중에서 제420조 제1·2·7호만이 재심사유이다.

2. 재심사유 관련판례

(1) 제420조 제2호 관련

> **관련판례** 제420조 제2호(원판결의 증거가 된 증언, 감정, 통역 또는 번역이 확정판결에 의하여 허위임이 증명된 때) 관련
>
> a. 제420조 제2호 소정의 '원판결의 증거된 증언'이라 함은 원판결의 (이유 중에서) 증거로 채택되어 범죄사실을 인정하는 데 사용된 증언을 뜻하는 것이고 단순히 증거 조사의 대상이 되었을 뿐 범죄사실을 인정하는 증거로 사용되지 않은 증언은 위 '증거된 증언'에 포함되지 않는 것이며, '원판결의 증거된 증언이 확정판결에 의하여 허위인 것이 증명된 때'라 함은 그(원판결의) 증인이 위증을 하여 그 죄에 의하여 처벌되어 그 판결이 확정된 경우를 말하는 것이고, 원판결의 증거된 증언을 한 자가 그 재판 과정에서 자신의 증언과 반대되는 취지의 증언을 한 다른 증인을 위증죄로 고소하였다가 그 고소가 허위임이 밝혀져 무고죄로 유죄의 확정판결을 받은 경우는 위 재심사유에 포함되지 아니한다.(대법원 2005.4.14. 선고 2003도1080) 13순경1차, 17경승, 21국7
>
> b. [1] 원판결의 이유에서 증거로 인용된 증언이 '죄로 되는 사실(범죄사실)'과 직접 혹은 간접적으로 관련된 내용의 것이라면 제420조 제2호 소정의 '원판결의 증거된 증언'에 해당한다. [2] 제420조 제2호 소정의 '원판결의 증거된 증언'이 나중에 확정판결에 의하여 허위인 것(위증이라는 것)이 증명된 이상, **그 허위증언 부분을 제외하고서도 다른 증거에 의하여 그 '죄로 되는 사실'이 유죄로 인정될 것인지 여부에 관계없이 형사소송법 제420조 제2호의 재심사유가 있는 것으로 보아야 한다.**(대법원 1997.1.16. 자 95모38) 법승, 08순경1차, 12순경2차, 20국9
>
> c. 원심이 공소사실을 유죄로 인정하면서 채택한 증거에 제1심 증인 甲의 증언이 포함되어 있었는데, 甲이 원심판결 선고 후 위증죄로 유죄 확정판결을 받은 경우, 甲의 증언은 원심판결 이유 중에서 증거로 채택되어 범죄사실을 인정하는 데 인용되었고, 범죄사실과 직접·간접으로 관련된 내용이므로, 위 증언이 확정판결에 의하여 허위로 증명된 이상 원심판결에는 형사소송법 제420조 제2호의 재심사유(원판결의 증거된 증언이 확정판결에 의하여 허위임이 증명된 때)가 있는 경우로서, 형사소송법 제383조 제3호에서 정한 (상고이유 중의 하나인) '재심청구의 사유가 있는 때'에 해당한다.(대법원 2012.4.13. 선고 2011도8529)

(2) 제420조 제5호 관련

제420조 제5호(신증거의 발견, 유죄를 선고받은 자에 대하여 무죄 또는 면소를, 형의 선고를 받은 자에 대하여 형의 면제 또는 원판결이 인정한 죄보다 가벼운 죄를 인정할 명백한 증거가 새로 발견된 때)의 재심사유가 되기 위해서는 **증거의 신규성과 명백성이 인정되어야 한다.**

> **관련판례** 증거의 신규성
>
> a. 증거의 신규성의 의미; 제420조 제5호에 정한 무죄 또는 면소를 인정할 '증거가 새로 발견된 때'란 **'재심대상이 되는 확정판결(원판결)'의 소송절차에서 발견되지 못하였거나 또는 발견되었다 하더라도 제출할 수 없었던 증거를 새로 발견하였거나 비로소 제출할 수 있게 된 때**를 말한다.(대법원 2009.7.16. 자 2005모472 전원합의체 결정) 10경위, 13순경1차, 15순경1차, 16국7, 17경승, 17법9, 17순경2차, 18경승, 21법9
>
> b. 증거의 신규성의 판단기준; 증거의 신규성을 누구를 기준으로 판단할 것인지에 대하여 **그 대상을 법원으로 한정할 것은 아니다.**(재심사유인 '증거가 새로 발견된 때'의 증거는 **법원뿐만 아니라 재심을 청**

구한 피고인에게도 새로워야 한다는 의미) 피고인이 재심을 청구한 경우 '재심대상이 되는 확정판결(원판결)'의 소송절차 중에 그러한 증거를 제출하지 못한 데 과실이 있는 경우에는 그 증거는 위 조항에서의 '증거가 새로 발견된 때'에서 제외된다.(대법원 2009.7.16. 자 2005모472 전원합의체결정)
F4 10경위, 12국7·순경2차, 13경승, 15순경1차, 16국7, 17경2차, 20경승, 21국7 ▶ "재심사유인 '증거가 새로 발견된 때'의 증거는 법원뿐만 아니라 재심을 청구한 피고인에게도 새로워야 한다."는 지문이 출제되면 맞는 지문으로 고르면 된다. F4 12순경2차, 17경승

관련판례 증거의 명백성

a. **증거의 명백성의 의미**; 제420조 제5호 소정의 무죄를 인정할 명백한 증거가 새로 발견된 때라 함은 확정된 원판결의 소송절차에서 발견되지 못하였거나 발견되었어도 제출 또는 신문할 수 없었던 증거로서 그 증거가치가 다른 증거들에 비하여 객관적으로 두드러지게 뛰어날 정도라야 하고 법관의 자유심증에 의하여 그 증거가치가 좌우되는 증거를 말하는 것은 아니다.(대법원 1993.10.12. 선고 93도1512)
F4 법승

b. **증거의 명백성의 판단방법**; 제420조 제5호에 정한 '무죄 또는 면소를 인정할 명백한 증거'에 해당하는지 여부를 판단할 때 법원은 새로 발견된 증거만을 독립적·고립적으로 고찰하여 그 증거가치만으로 재심의 개시 여부를 판단할 것이 아니라, '재심대상이 되는 확정판결(원판결)'을 선고한 법원이 사실인정의 기초로 삼은 증거들 가운데 새로 발견된 증거와 유기적으로 밀접하게 관련되고 모순되는 것들은 함께 고려하여 평가하여야 하고, 그 결과 단순히 '재심대상이 되는 유죄의 확정판결(원판결)'에 대하여 그 정당성이 의심되는 수준을 넘어 그 판결(재심의 대상이 되는 유죄의 확정판결)을 그대로 유지할 수 없을 정도로 고도의 개연성이 인정되는 경우라면 그 새로운 증거는 위 조항의 '명백한 증거'에 해당한다.(대법원 2009.7.16. 자 2005모472 전원합의체 결정) F4 경승, 12국7, 13순경1차, 16국9, 16국7, 17순경2차, 18경승, 23국9 ▶ 법원이 새로 발견된 증거만을 독립적·고립적으로 고찰하여 명백성 여부를 평가·판단하여야 한다면, 그 자체만으로 무죄 등을 인정할 수 있는 명백한 증거가치를 가지는 경우에만 재심 개시가 허용되어 재심사유가 지나치게 제한됨으로써 유죄의 선고를 받은 자의 이익을 보호하기 위한 재심제도의 취지에 반하기 때문이다.

c. 형사소송법 제420조 제5호의 명백한 증거가 새로 발견되었을 때라 함은 신증거의 존재가 본안판결의 전후를 불문하고 판결법원에 현출되지 아니한 당해 사건의 증거자료로서 증거가치가 다른 증거에 비하여 객관적으로 우월성이 인정될 근거가 있는 것을 말하며, 당해 사건의 증거가 아니고 공범자 중 1인에 대하여는 무죄, 다른 1인에 대하여는 유죄의 확정판결이 있는 경우에 무죄확정 판결의 증거자료를 자기의 증거자료로 하지 못하였고 또 새로 발견된 것이 아닌 한 무죄확정판결 자체만으로는 유죄확정 판결에 대한 새로운 증거로서의 재심사유에 해당한다고 할 수 없다.(대법원 1984.4.13. 자 84모14)

d. [1] 형사소송법 제420조 제5호의 재심사유에서 무죄 등을 인정할 '증거가 새로 발견된 때'란 **형벌에 관한 법령이 당초부터 헌법에 위배되어 법원에서 위헌·무효라고 선언한 때에도 역시 이에 해당**한다. F4 18법9 [2] 재항고인의 '국가안전과 공공질서의 수호를 위한 대통령긴급조치'(이하 '긴급조치 제9호') 위반 공소사실에 대하여 유죄를 선고한 재심대상판결이 확정되었는데, 그 후 재항고인이 위 판결에 대하여 재심을 청구한 경우, 대법원 2013.4.18.자 2011초기689 전원합의체 결정에서 긴급조치 제9호가 당초부터 위헌·무효라고 판단된 이상, 이는 '유죄의 선고를 받은 자에 대하여 무죄를 인정할 명백한 증거가 새로 발견된 때'에 해당하므로, 결국 재심대상판결에는 형사소송법 제420조 제5호의 재심사유(신증거의 발견)가 있는데도, 위 재심청구가 법률상의 방식에 위배되어 부적법하다고 판단한 원심결정에 법리오해의 잘못이 있다.(대법원 2013.4.18. 자 2010모363)

e. 형사소송법 제420조 제5호의 '원판결이 인정한 죄보다 경한 죄를 인정할 경우'란 **원판결에서 인정한 죄와는 별개의 경한 죄를 말하고,** 원판결에서 인정한 죄 자체에는 변함이 없고 다만 양형상의 자료에 변동을 가져올 사유에 불과한 것은 여기에 해당하지 않는다.(대법원 2017.11.9. 선고 2017도14769)

f. 형사소송법 제420조 제5호는 형의 선고를 받은 자에 대하여 형의 면제를 인정할 명백한 증거가 새로 발견된 때를 재심사유로 들고 있는바, 여기서 형의 면제라 함은 **형의 필요적 면제의 경우만을 말하고 임의적 면제는 해당하지 않는다.**(대법원 1984.5.30. 자 84모32) 15순경1차, 19법9

g. 조세의 부과처분을 취소하는 행정판결이 확정된 경우 부과처분의 효력은 처분 시에 소급하여 효력을 잃게 되어 그에 따른 납세의무가 없으므로 **확정된 행정판결은 조세포탈에 대한 무죄 내지 원심판결이 인정한 죄보다 경한 죄를 인정할 명백한 증거에 해당**한다. 조세심판원이 재조사결정을 하고 그에 따라 과세관청이 후속처분으로 당초 부과처분을 취소하였다면 부과처분은 처분 시에 소급하여 효력을 잃게 되어 원칙적으로 그에 따른 납세의무도 없어지므로, 형사소송법 제420조 제5호에 정한 재심사유에 해당한다.(대법원 2015.10.29. 선고 2013도14716) 20법9

(3) 제420조 제7호 관련

관련판례 제420조 제7호(원판결, 전심판결 또는 그 판결의 기초가 된 조사에 관여한 법관, 공소의 제기 또는 그 공소의 기초가 된 수사에 관여한 수사기관이 그 직무에 관한 죄를 지은 것이 확정판결에 의하여 증명된 때) 관련

a. [1] 형사소송법 제420조 제7호의 재심사유 해당 여부를 판단함에 있어 **사법경찰관 등이 범한 직무에 관한 죄가 사건의 실체관계에 관계된 것인지 여부나 당해 사법경찰관이 직접 피의자에 대한 조사를 담당하였는지 여부는 고려할 사정이 아니다.** 15순경1차, 16순경1차, 17순경1차 [2] 형사소송법상 재심절차는 재심개시절차와 재심심판절차로 구별되는 것이므로, 재심개시절차에서는 형사소송법을 규정하고 있는 재심사유가 있는지 여부만을 판단하여야 하고, 나아가 **재심사유가 '재심대상판결(원판결)'에 영향을 미칠 가능성이 있는가의 실체적 사유는 고려하여서는 아니 된다.**(대법원 2008.4.24. 자 2008모77) 17경승, 19법9, 22교정·보호·철경9

b. 수사기관이 영장주의를 배제하는 위헌적 법령에 따라 영장 없는 체포·구금을 한 경우에도 불법체포·감금의 직무범죄가 인정되는 경우에 준하는 것으로 보아 형사소송법 **제420조 제7호의 재심사유가 있다고 보아야 한다.** 피고인은 1979.7.4. 천안경찰서 소속 사법경찰관들에 의하여 "이 조치 또는 이에 의한 주무부장관의 조치에 위반한 자는 법관의 영장 없이 체포·구속·압수 또는 수색할 수 있다."라고 규정한 긴급조치 제9호 제8항에 따라 영장 없이 체포되어 구속영장 발부일인 1979.7.13.까지 영장 없이 구금되었고, 긴급조치 제9호는 위헌·무효이고, 그중 제8항 역시 영장주의를 전면적으로 배제하여 법치국가원리를 부인하는 것으로서 원천적으로 위헌·무효이다(대법원 2013.4.18.자 2011초기689 전원합의체 결정 참조). 따라서 앞에서 본 법리를 이 사건에 적용하면, 피고인을 체포·구금한 위 사법경찰관들은 영장주의를 배제하는 위헌적 법령에 따라 피고인을 영장 없이 체포·구금한 것이므로 재심대상판결 중 위 수사를 기초로 공소가 제기되어 유죄가 확정된 부분에는 형사소송법 제420조 제7호의 재심사유가 있다고 보아야 한다.(대법원 2018.5.2. 자 2015모3243) 19경승, 22법9

Ⅳ 재심개시(청구)절차

재심절차는 재심사유가 있는지 없는지 여부를 판단하는 **재심개시절차**(또는 '재심청구절차')와 재심사유가 있다고 판단되어 그 사건을 다시 심판하는 **재심심판절차**로 구성된다. 우선 재심개시절차를 설명한다.

1. 재심의 청구

(1) 관할

재심의 청구는 **원판결의 법원**이 관할한다.(제423조) 순경, 법승 여기서 제423조의 '원판결'이라 함은 재심청구인이 재심사유가 있다고 하여 **'재심청구의 대상으로 하는 판결(재심대상판결)'을 지칭하는 것**이므로 상고심에서 상고기각으로 확정된 군산지원의 판결에 대하여 동 지원에 재심을 청구한 사건에 대하여는 **(원판결 법원인) 동 지원에서 재판하여야 한다.**(대법원 1976.5.3. 자 76모19)

(2) 재심청구권자

재심청구권자는 다음과 같다.

> **재심청구권자**(제424조) 23국9
>
> 1) 검사, 2) 유죄 선고를 받은 자의 법정대리인, 3) 유죄의 선고를 받은 자(유죄의 확정판결을 받은 자를 말한다.), 4) (유죄의 선고를 받은 자가 사망 또는 심신장애가 있는 경우) 유죄의 선고를 받은 자의 배우자·직계친족·형제자매, 5) 검사 이외의 자가 재심을 청구하는 경우 변호인; 여기서의 변호인은 **원심의 변호인이 아니다.** 검사 이외의 자가 재심을 청구하는 경우에는 변호인을 선임할 수 있고, 그 변호인이 재심을 청구할 수 있다는 의미이다.

(3) 재심청구의 시기

재심청구의 시기에는 **제한이 없다.** 즉 재심의 청구는 형의 집행을 종료하거나 형의 집행을 받지 아니하게 된 때에도 할 수 있다.(제427조) 순경, 10법9, 14법9, 17경간, 18경간 또한 유죄의 선고를 받은 자가 사망한 경우에도 재심청구를 할 수 있다. 형사보상청구 등을 할 수 있기 때문이다. 16법9

(4) 재심청구의 방식

1) 서면주의

재심을 청구할 때에는 재심청구서라는 서면에 의하여야 하므로 서면주의가 적용된다. 따라서 재심의 청구를 함에는 재심청구의 취지 및 재심청구의 이유를 구체적으로 기재한 재심청구서에 원판결의 등본 및 증거자료를 첨부하여 관할법원에 제출하여야 한다.(규칙 제166조) 법승

2) 재소자특칙

교도소 또는 구치소에 있는 자(재소자)는 **재심청구서를 교도소장 또는 구치소장 또는 그 직무대리자에게 제출한 때에는 재심을 청구한 것으로 간주**한다.(제430조, 제344조 제1항) 재소자특칙은 재심의 취하의 경우에도 적용된다.

(5) 재심청구의 효과

재심의 청구는 (원칙적으로) 형의 집행을 정지하는 효력이 없다. 단, 관할법원에 대응한 검찰청 검사는 재심청구에 대한 재판이 있을 때까지 형의 집행을 정지할 수 있다.(제428조) [10법9, 14법9, 14순경2차, 18경간, 20국7]

(6) 재심청구의 취하

① 재심의 청구는 취하할 수 있다.(제429조 제1항) [14순경2차] 재심청구의 취하는 서면이 원칙이나, 공판정에서는 구술로 할 수 있다.(규칙 제167조)
② 재심의 청구를 취하한 자는 동일한 이유로써 다시 재심을 청구하지 못한다.(제429조 제2항) [10국7, 10법9, 14순경2차, 18경간] 반면 다른 이유로써는 다시 재심청구를 할 수 있다.

2. 재심청구사건에 대한 심판

(1) 재심청구사건의 심리

1) 결정절차

재심청구사건의 심리는 **결정절차**이다. 따라서 재심청구사건의 심리는 필요적 구두변론에 의할 필요가 없고(제37조 제2항), 공개할 필요도 없다.

2) 사실조사

재심청구를 받은 법원은 필요한 경우에는 사실조사를 할 수 있다.(제37조 제3항)

📖 **관련판례** 재심청구를 받은 법원의 사실조사

a. 재심의 청구를 받은 법원은 재심청구 이유의 유무를 판단함에 필요한 경우 사실을 조사할 수 있고(법 제37조 제3항), **공판절차에 적용되는 엄격한 증거조사 방식에 따라야만 하는 것은 아니다.**(대법원 2019.3.21. 자 2015모2229 전원합의체 결정) [20경간, 20순경1차] ▶ 재심청구사건의 심리는 **결정절차**이므로 판결절차에서와 같은 엄격한 증거조사 방식을 요하는 것이 아니다.

b. 재심의 청구를 받은 법원은 필요하다고 인정한 때에는 형사소송법 제431조에 의하여 직권으로 재심청구의 이유에 대한 사실조사를 할 수 있으나, 소송당사자에게 사실조사신청권이 있는 것이 아니다. 그러므로 당사자가 재심청구의 이유에 관한 사실조사신청을 한 경우에도 이는 단지 법원의 직권발동을 촉구하는 의미밖에 없는 것이므로, **법원은 이 신청에 대하여는 재판을 할 필요가 없고, 설령 법원이 이 신청을 배척하였다고 하여도 당사자에게 이를 고지할 필요가 없다.**(대법원 2021.3.12. 자 2019모3554) [21국7]

3) 의견 진술 기회 부여

재심의 청구에 대하여 결정을 함에는 청구한 자와 상대방의 의견을 들어야 한다. 단, 유죄의 선고를 받은 자의 법정대리인이 청구한 경우에는 유죄의 선고를 받은 자의 의견을 들어야 한다.(제432조) [10법9, 12경승, 13순경1차, 14순경2차]

> **관련판례** 재심청구인에게 의견진술의 기회를 주었으나 의견을 진술하지 아니한 경우(적법)
>
> 제432조의 규정은 그(청구한 자와 상대방의) 의견을 듣거나 의견을 진술할 기회를 부여하여야 한다는 취지이므로 재심청구인인 이 사건 재항고인에게 의견요청서를 송달하여 진술의 기회를 주었음에도 불구하고 재항고인이 의견을 진술하지 아니하였다 하여 원심의 심리절차에 위법이 있다고 할 수 없다.(대법원 1982.11.15. 자 82모11) ▶ 판례 정리; 의견진술의 기회를 주지 않은 경우에는 위법, 의견진술의 기회를 주었으나 의견진술을 하지 않은 경우에는 적법 F4 순경, 법승

(2) 재심청구사건의 재판

1) 재심청구기각결정 F4 법9

① 재심의 청구가 부적법한 경우; **재심의 청구가 법률상의 방식에 위반하거나 청구권의 소멸 후인 것이 명백한 때**에는 결정으로 기각하여야 한다.(제433조) F4 23국7
② 재심의 청구가 이유 없는 경우; **재심의 청구가 이유 없다고 인정한 때**에는 결정으로 기각하여야 한다. 이 경우 누구든지 동일한 이유로써 다시 재심을 청구하지 못한다.(제434조) F4 12경승
③ 재심의 청구가 경합된 경우상소기각의 확정판결과 그 판결에 의하여 확정된 하급심의 (유죄)판결에 대하여 재심청구가 있는 경우(재심청구가 상소법원과 하급심 법원에 경합하는 경우)에 하급심 법원이 재심의 판결을 한 때에는 상소법원은 결정으로 재심청구를 기각하여야 한다.(제436조) F4 12경승

2) 재심개시결정 F4 법9

재심의 청구가 이유 있다고 인정한 때에는 재심개시의 결정을 하여야 한다. 재심개시결정을 할 때에는 결정으로 형의 집행을 정지할 수 있다.(제435조) F4 12경승

3) 불복방법

재심청구기각결정과 재심개시결정에 대하여는 즉시항고를 할 수 있다.(제437조) F4 13국7, 21경간

> **관련판례** 전재심개시(청구)절차
>
> a. 재심청구인이 재심 청구를 한 후 청구에 대한 결정이 확정되기 전에 사망한 경우, 재심청구절차가 종료하는지 여부(**적극**); 형사소송법이나 형사소송규칙에는 재심청구인이 재심의 청구를 한 후 청구에 대한 결정이 확정되기 전에 사망한 경우에 재심청구인의 배우자나 친족 등에 의한 재심청구인 지위의 승계를 인정하거나 형사소송법 제438조와 같이 재심청구인이 사망한 경우에도 절차를 속행할 수 있는 규정이 없으므로, **재심청구절차는 재심청구인의 사망으로 당연히 종료**하게 된다.(대법원 2014.5.30. 자 2014모739) F4 16순경1차, 17순경1차, 18법9, 19경승, 20법9, 20국7
>
> b. 경합범 관계에 있는 수개의 범죄사실에 대하여 1개의 형을 선고한 확정판결 중 일부에 재심사유가 있는 경우의 재심개시의 범위(=**확정판결의 전부**); 경합범 관계에 있는 수개의 범죄사실을 유죄로 인정하여 1개의 형을 선고한 불가분의 확정판결에서 그 중 일부의 범죄사실에 대하여 재심청구의 이유가 있는 것으로 인정된 경우에는 형식적으로는 1개의 형이 선고된 판결에 대한 것이어서 그 판결 전부에 대하여 재심개시의 결정을 하지 않으면 안 된다.(대법원 2010.10.29. 자 2008재도11 전원합의체

결정) ▶ **진보당사건** [F4] 11법사, 12법9·순경2차, 14법9, 16순경2차, 17국9, 17국7, 19경간, 20국7, 21국9, 22법9, 23국9 **불가분의 확정판결 중 일부에 대해서만 재심개시결정을 할 수는 없으므로 그 확정판결 전부에 재심개시결정을 하여야 한다**는 판례이다. 그러나 재심법원은 재심사유가 없는 범죄사실에 대하여는 이를 다시 심리하여 유죄인정을 파기할 수 없고 다만 그 부분에 관하여 양형을 위하여 필요한 범위에 한하여만 심리를 할 수 있을 뿐이다.(대법원 2016.3.24. 선고 2016도1131) [F4] 20국7, 22법9

c. 경합범 관계에 있는 수개의 범죄사실을 유죄로 인정하여 한 개의 형을 선고한 불가분의 확정판결에서 그 중 일부의 범죄사실에 대하여만 재심청구의 이유가 있는 것으로 인정된 경우에는 형식적으로는 1개의 형이 선고된 판결에 대한 것이어서 그 판결 전부에 대하여 재심개시의 결정을 할 수밖에 없지만, 재심사유가 없는 범죄사실에 대하여는 재심개시결정의 효력이 그 부분을 형식적으로 심판의 대상에 포함시키는데 그치므로 재심법원은 그 부분(재심사유가 없는 범죄사실)에 대하여는 이를 다시 심리하여 유죄인정을 파기할 수 없고, 다만 그 부분에 관하여 새로이 양형을 하여야 하므로 양형을 위하여 필요한 범위에 한하여만 심리를 할 수 있을 뿐이다.(대법원 2001.7.13. 선고 2001도1239) [F4] 18순경3차, 20경승 그러므로 경합범 관계에 있는 수 개의 범죄사실을 유죄로 인정하여 1개의 형을 선고한 불가분의 확정판결 중 일부 범죄사실에 재심청구의 이유가 있으나 판결 전부에 대하여 재심개시결정을 한 경우, 재심법원이 재심사유가 없는 범죄에 대해 새로이 양형을 하는 것이 헌법상 이중처벌금지 원칙에 반하는지 않는다.(대법원 2014.11.13. 선고 2014도10193)

d. 재심청구를 받은 군사법원으로서는 먼저 재판권 유무를 심사하여 군사법원에 재판권이 없다고 판단되면 곧바로 사건을 군사법원법 제2조 제3항에 따라 같은 심급의 일반법원으로 이송하여야 한다. 이와 달리 군사법원이 재판권이 없음에도 재심개시결정을 한 후에 비로소 사건을 일반법원으로 이송한다면 이는 위법한 재판권의 행사이다. 다만 군사법원법 제2조 제3항 후문이 "이 경우 이송 전에 한 소송행위는 이송 후에도 그 효력에 영향이 없다."고 규정하고 있으므로, 사건을 이송 받은 일반법원으로서는 다시 처음부터 재심개시절차를 진행할 필요는 없고 **군사법원의 재심개시결정을 유효한 것으로 보아 후속 절차를 진행할 수 있다.**(대법원 2015.5.21. 선고 2011도1932 전원합의체판결) [F4] 17법9, 17국7, 19법9

V 재심심판절차

1. 다시 심판

재심개시결정 이후에 즉시항고기간(3일)이 경과되거나 즉시항고가 기각된 경우에는 재심개시결정이 확정된다. 재심개시결정이 확정된 사건에 대하여 법원은 **그 심급**(원판결이 확정된 당해 심급)**에 따라 다시 심판을 하여야 한다.**(제438조 제1항) 여기서 '다시 심판'한다는 것은 원판결과는 별개로 피고사건을 처음부터 다시 심판한다는 의미이다. ⓔ 제1심에서 확정된 경우에는 제1심 절차에 따라, 제2심에서 확정된 경우에는 항소심 절차에 따라, 제3심에서 확정된 경우에는 상고심 절차에 따라 다시 심판한다는 의미이다. 따라서 제1심에서 확정된 사건에 대하여 재심개시결정이 확정되었다면 제1심부터 심판한다. 제1심에서 판결이 선고된 경우에는 제2심 법원에 항소할 수 있고, 제2심에서 판결이 선고된 경우에는 제3심 법원에 상고를 할 수 있다.

관련판례 재심심판절차

a. 재심이 개시된 사건에서 '재심대상판결 당시의 법령(구법)'이 변경된 경우 법원이 범죄사실에 대하여 적용하여야 할 법령(⇨ **재심판결 당시의 법령=신법**); 재심이 개시된 사건에서 '재심대상판결 당시의 법령(구법)'이 변경된 경우 법원은 그 범죄사실에 대하여 '**재심판결 당시의 법령(신법)**'을 적용하여야 하고, 폐지된 경우에는 형사소송법 제326조 제4호를 적용하여 그 범죄사실에 대하여 **면소를 선고하는 것이 원칙**이다.(대법원 2011.1.20. 선고 2008재도11 전원합의체 판결) 12국7·순경2차, 22교정·보호·철경9 ▶ 이러한 법리는 재심사유가 없지만 재심의 심판대상에 포함되는 재판 계속 중에 있는 보호감호 청구사건에 관한 법령이 재심대상판결 후 개정·폐지된 경우에도 마찬가지로 적용된다고 보는 것이 타당하다.(대법원 2011.6.9. 선고 2010도13590)

b. 특별사면으로 형선고의 효력이 상실된 유죄의 확정판결에 대하여 재심개시결정이 이루어져 재심심판 법원이 심급에 따라 다시 심판한 결과 **무죄로 인정되는 경우**라면 무죄를 선고하여야 하겠지만, 그와 달리 **유죄로 인정되는 경우**에는, 피고인에 대하여 다시 형을 선고하거나 피고인의 항소를 기각하여 제1심판결을 유지시키는 것은 이익재심과 불이익변경금지의 원칙에 반하게 되므로, **재심심판법원으로서는 '피고인에 대하여 형을 선고하지 아니한다'는 주문을 선고할 수밖에 없다.**(대법원 2015.10.29. 선고 2012도2938) 16순경2차, 17순경1차, 17국9, 17국7, 20경간, 20국9

c. [1] 상습범(선행범죄)으로 유죄의 확정판결을 받은 사람이 그 후 동일한 습벽에 의해 후행범죄를 저질렀는데 유죄의 확정판결에 대하여 재심이 개시된 경우, 동일한 습벽에 의한 후행범죄가 재심대상판결에 대한 재심판결 선고 전에 범하여졌더라도 **재심판결의 기판력이 후행범죄에 미치지 않는다**. [2] 유죄의 확정판결을 받은 사람이 그 후 별개의 후행범죄를 저질렀는데 유죄의 확정판결에 대하여 재심이 개시된 경우, 후행범죄가 재심대상판결에 대한 재심판결 확정 전에 범하여졌다 하더라도 아직 판결을 받지 아니한 후행범죄는 재심심판절차에서 재심대상이 된 선행범죄와 함께 심리하여 동시에 판결할 수 없었으므로 **후행범죄와 재심판결이 확정된 선행범죄 사이에는 형법 제37조 후단의 경합범 관계가 성립하지 않는다.**(대법원 2019.6.20. 선고 2018도20698 전원합의체 판결) 20경간, 20국7, 22법9

2. 재심심판절차의 특칙

(1) 재심공판절차의 특칙

재심공판절차에는 그 심급(원판결이 확정된 당해 심급)의 공판절차에 관한 규정이 적용된다. 그러나 재심사건의 특수성 때문에 몇 가지 특칙이 인정된다.

① 회복할 수 없는 심신장애인을 위하여 재심의 청구가 있거나 유죄의 선고를 받은 자가 재심의 판결 전에 회복할 수 없는 심신장애인으로 된 때에도 통상의 공판절차에서와 달리 **공판절차를 정지하지 않는다.**(제438조 제2항, 제306조 제1항)

② 사망자를 위하여 재심의 청구가 있거나 유죄의 선고를 받은 자가 재심의 판결 전에 사망한 때에도 통상의 공판절차에서와 달리 **공소기각결정을 하지 않는다.**(제438조 제2항, 제328조 제1항 제2호)

③ 심신장애 또는 사망의 경우 **피고인이 출정하지 아니하여도 심판을 할 수 있다**. 단, 변호인이 출정하지 아니하면 개정하지 못한다. 변호인이 출정하지 아니한 경우에 재심을 청구한 자가 변호인을 선임하지 아니한 때에는 재판장은 직권으로 변호인을 선임하여야 한다.(제438조 제3·4항) 순경

(2) 재심판결에 대한 특칙

1) 불이익변경금지의 원칙 적용

형사소송법은 이익재심주의를 채택하고 있기 때문에 재심에는 **불이익변경금지의 원칙이 적용**된다. 따라서 재심판결에서는 원판결의 형보다 무거운 형을 선고할 수 없다.(제439조) 순경, 14법9, 15법9, 16법9, 20경승, 21법9

2) 무죄판결의 공시

재심에서 무죄의 선고를 한 때에는 그 판결을 **관보와 그 법원소재지의 신문지에 기재하여 공고하여야** 한다. (제440조) 14법9 이는 재심에서 무죄의 선고를 받은 자의 명예회복을 위한 조치이다.

3. 공소취소의 가부

제1심판결이 선고된 이상 동 판결이 확정되어 이에 대한 재심소송절차가 진행 중에 있다 하여 (재심공판절차에서는) 공소취소를 할 수 없다.(대법원 1976.12.28. 선고 76도3203) ▶ 공소취소는 제1심판결 선고 전까지만 가능하므로(제255조 제1항) 이미 제1심판결이 선고되고 유죄판결이 확정된 후의 절차인 재심공판절차에서는 비록 제1심판결에 대한 재심일지라도 공소취소를 할 수 없다. 법승, 13법9, 16법9, 19국7, 21법9

4. 공소장변경 및 병합심리의 가부

재심의 취지와 특성, 형사소송법의 이익재심 원칙과 재심심판절차에 관한 특칙 등에 비추어 보면, **재심심판절차에서는 특별한 사정이 없는 한 검사가 재심대상사건과 별개의 공소사실을 추가하는 내용으로 공소장을 변경하는 것은 허용되지 않고, 재심대상사건에 일반 절차로 진행 중인 별개의 형사사건을 병합하여 심리하는 것도 허용되지 않는다.**(대법원 2019.6.20. 선고 2018도20698 전원합의체 판결) 20국9, 22교정·보호·철경9, 22법9, 23국9

5. 재판의 효력

재심판결이 확정되면 확정된 재심판결이 유효하고, **원판결은 당연히 그 효력을 상실**한다.(대법원 2017. 6. 29. 선고 2017도5715) 20경승, 20국9, 22교정·보호·철경9

> **관련판례** 확정된 재심판결의 효력
>
> [1] 재심판결이 확정됨에 따라 원판결이나 그 부수처분의 법률적 효과가 상실되고 형 선고가 있었다는 기왕의 사실 자체의 효과가 소멸하는 것은 재심의 본질상 당연한 것으로서, 원판결의 효력 상실 그 자체로 인하여 피고인이 어떠한 불이익을 입는다 하더라도 이를 두고 재심에서 보호되어야 할 피고인의 법적 지위를 해치는 것이라고 볼 것은 아니다. [2] 원판결이 선고한 집행유예가 실효 또는 취소됨이 없이 유예기간이 지난 후에 새로운 형을 정한 재심판결이 선고되는 경우에도, 그 유예기간 경과로 인하여 원판결의 형선고 효력이 상실되는 것은 원판결이 선고한 집행유예 자체의 법률적 효과로서 재심판결이 확정되면 당연히 실효될 원판결 본래의 효력일 뿐이므로, 이를 형의 집행과 같이 볼 수는 없고, **재심판결의 확정에 따라 원판결이 효력을 잃게 되는 결과 그 집행유예의 법률적 효과까지 없어진다 하더라도 재심판결의 형이 원판결의 형보다 중하지 않다면 불이익변경금지의 원칙이나 이익재심의 원칙에 반한다고 볼 수 없다.**(대법원 2018.2.28. 선고 2015도15782) 20경간, 20국7, 22국7

제 2 절 비상상고

I 서론

의의	비상상고란 (모든) 확정판결에 대하여 그 심판의 **법령위반**을 이유로 **검찰총장**이 **대법원**에 그 오류의 시정을 구하는 비상구제절차를 의미한다. 국9, 경승
목적	**(1) 비상상고의 주된 목적** 확정판결에 법령의 해석·적용을 잘못한 과오가 있는 경우 대법원이 그 법령위반을 시정하게 함으로써 **법령의 해석·적용의 통일**을 기하고자 하는 것이 비상상고의 주된 목적이다. **(2) 비상상고의 부수적 목적** 한편 법령에 위반한 원판결이 피고인에게 불이익한 경우 원판결을 파기하고 다시 판결을 하도록 함으로써 피고인의 불이익을 구제하려는 것이 비상상고의 부수적 목적이다.

II 본론

1. 비상상고의 대상

비상상고는 **모든 확정판결**을 대상으로 한다. 따라서 유죄의 확정판결은 물론, 무죄의 확정판결, 확정된 형식재판, 확정된 약식명령, 확정된 즉결심판 등은 모두 비상상고의 대상이 된다. 국9, 경승 또한 상소(항소·상고)기각결정은 결정의 형식으로 하지만 상소기각결정이 확정되면 원판결도 확정되므로 확정된 상소기각결정도 비상상고의 대상이 된다.

> **관련판례** 상고기각결정에 법령위반이 있는 때 비상상고를 할 수 있는지 여부(적극)
>
> 상고기각의 결정은 공소심판결을 확정시키는 효력이 있는 해당사건에 관한 종국적인 재판이므로 그(상고기각)결정에 대하여 법령위반이 있음을 발견한 때에는 비상상고를 할 수 있다.(대법원 1963.1.10. 선고 62오4)

2. 비상상고의 이유

비상상고는 판결이 확정된 후 **그 사건의 심판이 법령에 위반한 것을 발견한 때**에 할 수 있다.(제441조) 여기서의 법령위반에는 그 사건의 심판에 있어서 실체법 적용에 위법이 있는 경우와 절차법상의 위반이 있는 경우를 포함한다.

> **관련판례** 비상상고의 이유
>
> a. 사면된 범죄에 대하여 사면된 것을 간과하고 상고기각의 결정을 한 때에는 그 결정은 법령에 위반한 것이 되어 비상상고를 할 수 있다.(대법원 1963.1.10. 선고 62오4) ▶ 일반사면이 있는 경우에는 면소판결을 하

여야 한다. 면소판결을 하여야 함에도 불구하고 상고기각결정을 한 것은 법령위반에 해당하므로 비상상고를 할 수 있는 것이다.

b. 형의 선고를 유예할 수 있는 경우는 선고할 형이 1년 이하의 징역이나 금고, 자격정지 또는 벌금의 형인 경우에 한하고 구류형에 대하여는 선고를 유예할 수 없다.(대법원 1993.6.22. 선고 93오1) ▶ 따라서 구류형의 선고를 유예한 원판결은 법령위반에 해당하므로 이에 대하여 비상상고를 할 수 있다.

c. 공소시효가 완성된 사실을 간과한 채 피고인에 대하여 약식명령을 발령한 원판결은 **법령을 위반한 잘못이 있고**, 또한 피고인에게 불이익하다고 할 것인바, 이 점을 지적하는 이 사건 **비상상고는 이유가 있다.**(대법원 2006.10.13. 선고 2006오2) [F4] 23교정 · 보호 · 철경9

3. 비상상고의 절차와 재판

(1) 비상상고의 절차
비상상고의 신청권자는 **검찰총장만**이며, 관할법원은 **대법원**이다.(제441조) [F4] 국9, 경승

(2) 비상상고의 재판
비상상고가 이유 있는 경우에는 원칙적으로 원판결이나 원심의 소송절차를 파기함에 그치고 피고사건에 대하여 다시 판결할 수 없다. 다만, 예외적으로 원판결이 피고인에게 불리한 경우에 한하여 원판결을 파기하고 피고사건에 대하여 다시 판결한다.(제446조)

4. 재심과 비상상고의 비교 [F4] 국9, 순경, 11경사, 15법9

	재심	비상상고
의의	유죄의 확정판결에 대하여 중대한 사실오인을 이유로 재심청구권자가 유죄의 선고를 받은 자의 이익을 위하여 원판결법원에 오류의 시정을 구하는 비상구제절차	(모든) 확정판결에 대하여 그 심판의 법령위반을 이유로 검찰총장이 대법원에 오류의 시정을 구하는 비상구제절차
목적	유죄판결이 확정된 자의 구제	법령의 해석 · 적용의 통일이 주된 목적
사유	유죄판결의 중대한 사실오인	법원판결의 심판의 법령위반
대상	**확정된 유죄판결에 한정**	**모든 확정판결**
청구권자	검사, 유죄의 선고를 받은 자 등(제424조)	**검찰총장만**이 청구권자이다.
관할법원	**원판결법원**	**대법원**
무죄판결의 공시제도	있다. 즉 무죄판결을 관보와 신문에 공고해야 한다.	없다.

온라인 교육의 명품브랜드 www.edupd.com

CRIMINAL
이천호 형사소송법
PROCEDURE LAW

이천호 형사소송법

5 PART

CHAPTER 01. 특별절차
CHAPTER 02. 재판의 집행과 형사보상

특별절차 및 재판의 집행과 형사보상

CHAPTER 1 특별절차

① **약식절차, 즉결심판절차, 배상명령절차, 소년형사절차** 등을 총칭하여 특별절차라고 한다. 지금까지 서술한 통상의 일반적 공판절차에서는 적용되는 것이 특별절차에서는 배제되는 부분이 있기 때문에 특별절차라고 하는 것이다.

② 통상의 공판절차에서는 구두변론에 의하는 것이 원칙이다. 반면 약식절차는 통상의 공판절차를 거치지 않고 서면심리에 의하여 심판을 한다는 점에서 특별절차에 해당한다. 또한 통상의 공판절차에서는 검사의 공소제기로 인하여 절차가 개시된다. 반면 즉결심판절차는 검사의 공소제기가 아닌 경찰서장 또는 해양경찰서장의 청구에 의하여 통상의 공판절차에 의하지 않고 심판을 한다는 점에서 특별절차에 해당한다.

③ 또한 배상명령제도는 통상의 공판절차와 달리 형사소송과 민사소송을 함께 하고, 소년형사절차는 일반적인 형사사건에 대하여 심판하는 것이 아니라 **소년의 형사사건을 처리하는 절차**라는 점에서 특별절차에 해당한다.

제1절 약식절차

I 서론

관련 조문	지방법원은 그 관할에 속한 사건에 대하여 검사의 청구가 있는 때에는 **공판절차 없이 약식명령**으로 피고인을 **벌금, 과료 또는 몰수**(재산형)에 처할 수 있다.(제448조 제1항) 법승, 국7, 10경사, 10국9, 12경승·순경2차, 16법9, 18순경1차, 18국9, 20경승, 20순경1차, 21법9
의의	약식절차란 경미사건에 대하여 검사의 약식명령청구에 의하여 **공판절차를 거치지 않고 서면심리만으로** 피고인에게 **재산형(벌금, 과료 또는 몰수)를 과하는 간이한 형사절차**를 말한다. 여기서 공판절차를 거치지 않는다는 것은 통상의 공판절차와 달리 공판기일의 절차를 거치지 않는다는 것이다. 약식절차에 의하여 재산형을 과하는 재판을 **약식명령**이라고 한다. 명령의 형식으로 재판을 한다고 하여 약식명령을 법관의 재판인 명령으로 보아서는 안 된다는 것을 주의해야 한다. **약식명령은 특별한 형식의 재판**에 해당하기 때문이다.
취지	약식절차는 경미한 사건에 대하여 구두변론을 하지 않고 서면심리에 의하기 때문에 재판이 신속하게 진행된다. 통상의 공판절차에서는 공판기일을 열어 검사와 피고인(당사자)과 법관, 방청객 등이 나와 있는 상태에서 검사와 피고인측(피고인 또는 변호인)의 구두변론에 의한 주장·입증을 토대로 재판을 한다. 그러나 약식절차에서는 이런 절차를 생략하고 검사가 약식명령을 청구할 때 이미 제출한 증거자료를 가지고 법관이 서면심리를 하기 때문에 재판이 신속하게 진행되는 것이다. 결국 약식절차는 **신속한 재판의 원칙을 실현하기 위한 제도**이다.

Ⅱ 절차(청구 → 심판 → 정식재판청구)

1. 약식명령의 청구

(1) 청구권자와 청구의 대상

청구 권자	약식명령은 **검사만이 청구할 수 있다.**(제448조 제1항) cf 즉결심판의 청구는 경찰서장 또는 해양경찰서장이 한다.
청구의 대상 F4 경승, 순경, 국9, 국7, 20법9	약식명령은 지방법원의 관할에 속하는 사건으로서 **재산형(벌금, 과료 또는 몰수)에 처할 수 있는 사건**에 대하여 청구할 수 있다.(제448조 제1항) 또한 약식명령으로 추징 기타 부수의 처분을 할 수 있다.(제448조 제2항) F4 21국7 지방법원의 관할에 속하는 사건이면 **단독판사 관할사건, 합의부 관할사건 모두 약식명령의 청구 대상**이 된다. 또한 **벌금, 과료 또는 몰수가 선택형으로 규정되어 있으면 약식명령의 청구를 할 수 있다.** 예컨대 법정형이 3년 이하의 징역 또는 500만 원 이하의 벌금의 선택형으로 규정되어 있다면 벌금을 선택할 수 있기 때문에 약식명령 청구의 대상이 된다. 그러나 법정형이 자유형인 징역·금고·구류와 재산형인 벌금·과료·몰수의 병과형으로 규정되어 있다면 약식명령의 청구를 할 수 없다. 예컨대 법정형이 3년 이하의 징역과 500만 원 이하의 벌금으로 규정되어 있다면 벌금만을 선택할 수는 없고, 징역과 벌금을 모두 부과해야 하기 때문에 약식명령 청구의 대상이 되지 않는 것이다.

(2) 관할법원과 청구의 방식

관할법원	약식명령은 **지방법원 단독판사 또는 합의부**가 관할한다. F4 경승, 법9
청구의 방식	① **서면주의** 약식명령의 청구는 **공소제기와 동시에 서면으로 하여야 한다.**(제449조) F4 12경간, 13법9, 21경승 약식명령의 청구와 공소제기는 서로 다른 별개의 소송행위이다. 그러나 실무에서 검사가 약식명령의 청구를 할 때에는 약식명령청구서라는 서면을 별도로 작성하지 않고 공소장에 약식명령을 청구한다는 취지를 부기하는 방식으로 한다. F4 법9 ② **공소장일본주의의 부적용** 검사는 약식명령의 청구와 동시에 약식명령을 하는데 필요한 증거서류와 증거물을 법원에 제출하여야 한다.(규칙 제170조) 약식절차는 서면심리를 원칙으로 하기 때문에 증거자료를 미리 제출하여야 한다. 그러므로 **약식절차에서는 공소장일본주의가 적용되지 않는다.** F4 12경간, 16국7, 18경승, 20경승 ③ **공소장부본의 첨부 불요** 약식명령을 청구할 때에는 **공소장부본을 첨부할 필요가 없다.** 약식절차는 서면심리를 원칙으로 하기 때문에 피고인에게 공소장부본을 송달할 필요가 없고, 구두변론을 전제로 피고인에게 공소장의 내용을 알려주기 위하여 하는 공소장부본의 첨부를 요하지 않는 것이다.

2. 약식절차의 심판

(1) 약식명령의 심리

서면 심리	검사로부터 약식명령의 청구를 받은 법원은 **공판절차에 의하지 않고** 검사가 약식명령의 청구와 동시에 제출한 증거서류와 증거물을 기초로 하여 **서면심리에 의하여** 약식명령을 발부할지 여부를 결정한다.
사실 조사	법원은 필요하다고 인정하는 경우에는 약식절차의 본질에 반하지 않는 한계 내에서 사실조사를 할 수 있다고 보아야 한다. 약식명령으로 재산형을 부과하기 때문에 그런 것이다. F4 순경
증거 법칙 F4 법승, 12경간	① **약식절차에 적용되지 않는 증거법칙** 약식절차에서는 서면심리가 원칙이기 때문에 **전문법칙이 적용되지 않는다.** 전문법칙은 구두변론에 의하는 절차에서 적용된다. F4 18국9, 23경승 ② **약식절차에 적용되는 증거법칙** 전문법칙 이외의 증거법칙(CII 증거재판주의, 자유심증주의, 위법수집증거배제법칙, 자백배제법칙, 자백의 보강법칙, 공판조서의 배타적 증명력 등)은 약식절차에서도 그대로 적용된다. F4 18국9, 23경승 ③ **정리** 약식절차에 적용되지 않는 증거법칙은 **전문법칙뿐**이다.
공판 절차 로의 이행	약식명령의 청구가 있는 경우에 그 사건이 약식명령으로 할 수 없거나(CII 법정형에 재산형이 선택형으로도 규정되지 않은 경우 등) 약식명령으로 하는 것이 적당하지 아니하다고 인정한 때(CII 사건의 성질상 심리의 신중을 위하여 공판절차로 심판할 필요가 있는 경우 등)에는 **공판절차에 의하여 심판하여야 한다.**(제450조) F4 10법9, 15순경3차, 16국7, 18경승, 20경승, 21국7 이런 경우에는 약식명령의 청구를 받은 법원이 스스로 공판절차로 이행하는 것이지 **약식명령청구 기각 결정을 하는 것이 아님을 주의**해야 한다. cf 즉결심판절차에서는 이와 같은 경우에 즉결심판 청구 기각결정을 한다.

(2) 약식명령

1) 약식명령의 발령

법원은 약식명령청구에 대한 심사 결과 공판절차로 이행할 필요가 없다고 판단하면 약식명령을 발령한다. 약식명령을 발령하는 경우에는 그 청구가 있은 날로부터 14일 이내에 하여야 한다.(소송촉진 등에 관한 특례법 제22조, 규칙 제171조) F4 16국7, 18경승

2) 약식명령의 고지

약식명령의 고지는 **검사와 피고인에 대한 재판서의 송달**에 의하여야 한다.(제452조) F4 10법9, 12경승, 18법9
cf "약식명령의 고지는 검사와 피고인에 대한 재판서의 송달 또는 그 밖의 적당한 방법으로 한다."는 지문이 출제되면 이는 틀린 지문이다.

> **관련판례** 약식명령의 고지
>
> [1] 제452조에서 약식명령의 고지는 검사와 피고인에 대한 재판서의 송달에 의하도록 규정하고 있으므로, 약식명령은 그 재판서를 피고인에게 송달함으로써 효력이 발생하고, **변호인이 있는 경우라도 반드시 변호인에게 약식명령 등본을 송달해야 하는 것은 아니다**. 따라서 정식재판 청구기간은 피고인에 대한 약식명령 고지일을 기준으로 하여 기산하여야 한다. 19순경1차, 19국7, 19순경2차, 20순경1차
>
> [2] 변호인이 정식재판청구서를 제출할 것으로 믿고 피고인이 스스로 적법한 정식재판의 청구기간(7일) 내에 정식재판청구서를 제출하지 못하였더라도 그것이 피고인 또는 대리인이 책임질 수 없는 사유로 인하여 정식재판의 청구기간 내에 정식재판을 청구하지 못한 때에 해당하지 않는다.(대법원 2017.7.27. 자 2017모1557) ▶ 그러므로 정식재판청구권 회복사유가 되지 않는다. 18순경1차, 18국7, 20순경1차

3) 약식명령의 기재방식

① 약식명령에는 범죄사실, 적용법령, 주형, 부수처분과 약식명령의 고지를 받은 날로부터 7일 이내에 정식재판의 청구를 할 수 있음을 명시하여야 한다.(제451조 제1항) **cf** 증거의 요지는 명시를 요하지 않는다. 13법9 즉결심판절차에서도 마찬가지로 증거의 요지를 명시할 필요가 없다.

② 약식명령에 기재하는 부수처분에는 추징, 압수물의 환부, (벌금·과료·추징에 대한) 가납재판이 포함된다. 21국7

③ 약식명령에 의하여 과할 수 있는 형은 **재산형(벌금, 과료, 몰수)에 한정**된다. 21경승 따라서 약식명령에 의하여 무죄·면소·공소기각·관할위반의 재판을 할 수는 없다. 16법9, 21국7

4) 약식명령의 확정과 효력

약식명령의 확정	약식명령은 ① **정식재판청구기간의 경과** ② **정식재판청구의 취하** ③ **정식재판청구기각결정의 확정**으로 확정된다.(제457조) 12순경2차, 14법9, 20경승 ▶ 이는 즉결심판절차에서도 같은 법리가 적용된다.
약식명령의 효력	① 확정된 약식명령은 (유죄의) 확정판결과 동일한 효력이 있다.(제457조) 따라서 **기판력과 집행력이 발생**하고(이는 즉결심판절차에서도 같다.) 13국9, 14법9, 15법9, 20경승, 23경승 기판력의 시간적 범위는 **발령시를 기준**으로 한다.(대법원 1984.7.24. 선고 84도1129) 15법9, 16법9 ② 확정된 약식명령에 대한 구제는 재심과 비상상고로써만 가능하다.

3. 정식재판청구

(1) 정식재판청구의 의의

정식재판청구란 약식명령에 대하여 불복이 있는 자가 **통상의 절차에 의한 심판을 구하는 소송행위**를 의미한다. 정식재판청구는 이미 서술한 바와 같이 상소가 아니다.

(2) 정식재판청구의 절차

1) 정식재판 청구권자

① **검사와 피고인은 약식명령의 고지를 받은 날로부터 7일 이내에 정식재판의 청구를 할 수 있다.** 21국7 검사는 정식재판의 청구를 포기할 수 있으나, **피고인은 정식재판의 청구를 포기할 수 없다.**(제453조 제1항) 09순경1차, 10경사, 10·11·13법9, 12순경1차, 16국7, 17경간, 18경승, 18법9, 19순경1차, 23경승

② 피고인의 배우자·직계친족·형제자매·약식명령사건의 대리인 또는 변호인은 피고인의 명시적 의사에 반하지 않는 한 피고인을 위하여 정식재판청구를 할 수 있다.(제458조 제1항, 제340조, 제341조)
cf 피고인의 법정대리인; 피고인의 명시적·묵시적 의사에 반하여 정식재판청구를 할 수 있다.

③ 정리; 약식명령에 대한 정식재판의 청구권자는 본질적으로 상소권자와 같다.

2) 정식재판 청구의 시기

약식명령에 대한 정식재판청구는 약식명령의 고지를 받은 날로부터 7일 이내에 하여야 한다.(제453조 제1항) 법9, 국9, 국7, 순경, 17경간, 18경승, 21경승

3) 정식재판 청구의 방식

정식재판의 청구에는 서면주의가 적용된다. 즉 정식재판의 청구는 약식명령을 발령한 법원에 서면(정식재판청구서)으로 제출하여야 한다.(제453조 제2항) 17경간 판례는 정식재판청구서의 제출에 관하여도 재소자 특칙이 적용된다고 한다.(대법원 2006.10.13. 자 2005모552)

4) 정식재판 청구권의 회복

상소권회복에 관한 규정은 정식재판청구권의 회복에 준용한다. 따라서 정식재판청구권자 또는 대리인이 책임질 수 없는 사유로 인하여 7일 이내에 정식재판청구를 하지 못한 때에는 정식재판청구권의 회복청구와 동시에 정식재판청구를 할 수 있다.(제458조, 제345 내지 제348조)

> **관련판례** 약식명령에 대한 정식재판청구서에 청구인의 기명날인 또는 서명이 없는 경우
>
> 약식명령에 대한 정식재판청구서에 청구인의 기명날인 또는 서명이 없다면 법령상의 방식을 위반한 것으로서 그 청구를 결정으로 기각(**기각결정**)하여야 한다. 이는 정식재판의 청구를 접수하는 법원공무원이 청구인의 기명날인이나 서명이 없음에도 불구하고 이에 대한 보정을 구하지 아니하고 적법한 청구가 있는 것으로 오인하여 청구서를 접수한 경우에도 마찬가지이다. 그러나 법원공무원의 위와 같은 잘못으로 인하여 적법한 정식재판청구가 제기된 것으로 신뢰한 피고인이 그 정식재판청구기간을 넘기게 되었다면, 이때 피고인은 자기가 '책임질 수 없는 사유'로 청구기간 내에 정식재판을 청구하지 못한 때에 해당하여 **정식재판청구권의 회복을 구할 수 있다.**(대법원 2023.2.13. 자 2022모1872) 23법9

5) 정식재판 청구의 취하 23경승

정식재판청구권자는 **제1심판결 선고 전까지** 정식재판청구를 취하할 수 있다.(제454조) 10법9, 12순경2차, 13법9, 15법9, 16법9, 17경간, 21경승, 21법9 정식재판청구를 취하한 자는 그 사건에 대하여 다시 정식재판청구를 하지 못한다.(제458조, 제354조) 10경사, 11법9

(3) 정식재판청구사건에 대한 재판

1) 정식재판청구기각결정

약식명령에 대한 정식재판의 청구가 ① **법령상의 방식위반**, ② **청구권 소멸 후임이 명백한 때**에는 정식재판청구 기각결정을 하여야 한다.(제455조 제1항) 12순경2차, 17경간, 18경승 정식재판청구 기각결정에 대하여는 **즉시항고**를 할 수 있다.(제455조 제2항) 12경승, 17경간, 18경승, 20국9, 21경간

2) 공판절차에 의한 심판

정식재판청구가 적법한 때에는 공판절차에 의하여 심판하여야 한다.(제455조 제3항) 경승 약식명령에 대하여 피고인이 정식재판을 청구한 사건에 대하여는 **불이익변경금지의 원칙이 적용되지 않으므로 약식명령의 형보다 중한 형을 선고할 수 있다.** 21법9 그러나 **형종 상향은 금지되므로 약식명령의 형보다 중한 종류의 형을 선고하지 못한다.** 피고인이 정식재판을 청구한 사건에 대하여 약식명령의 형보다 중한 형을 선고하는 경우에는 판결서에 양형의 이유를 적어야 한다.(제457조의2)[2017.12.19. 시행] 18순경1차, 18법9, 18국9, 19경간, 19국9, 19순경1차, 20순경1차, 21경간, 22검찰·마약9 예컨대 벌금 100만 원을 선고한 약식명령에 대하여 피고인만이 정식재판을 청구한 경우 불이익변경금지의 원칙이 적용되지 않으므로 벌금 150만 원을 선고할 수 있다. 그러나 약식명령에서 선고한 벌금보다 중한 종류의 형인 징역을 선고할 수는 없다. cf 즉결심판절차에서는 피고인만이 정식재판을 청구한 사건의 경우 **불이익변경금지의 원칙이 적용**된다.

> 📖 **관련판례** 피고인만이 정식재판을 청구한 경우 형종 상향 금지의 원칙 ; 적용
>
> 피고인이 절도죄 등으로 벌금형의 약식명령을 발령받은 후 정식재판을 청구하였는데, 제1심법원이 위 정식재판청구 사건을 통상절차에 의해 공소가 제기된 다른 점유이탈물횡령 등 사건들과 병합한 후 각 죄에 대해 모두 징역형을 선택한 다음 경합범으로 처단한 징역형을 선고하자, 피고인과 검사가 각 양형부당을 이유로 항소한 경우, 제1심판결 중 위 정식재판청구 사건 부분에 형사소송법 제457조의2 제1항에서 정한 **형종 상향 금지의 원칙을 위반한 잘못이 있고**, 제1심판결에 대한 피고인과 검사의 항소를 모두 기각함으로써 이를 그대로 유지한 원심판결에도 형사소송법 제457조의2 제1항을 위반한 잘못이 있다.(대법원 2020.1.9. 선고 2019도15700)
>
> > 📄 **같은 취지의 판례**
> >
> > 제457조의2 제1항에서 규정한 정식재판청구 사건에서의 형종 상향 금지의 원칙은 피고인이 정식재판을 청구한 사건과 다른 사건이 병합·심리된 후 경합범으로 처단되는 경우 정식재판을 청구한 사건에 대하여도 적용된다.(대법원 2020.3.26. 선고 2020도355) 22국7
>
> > 📄 **비교판례**
> >
> > 검사가 정식재판을 청구한 경우 형종 상향 금지의 원칙 ; 적용× 피고인뿐만 아니라 검사가 피고인에 대한 약식명령에 불복하여 정식재판을 청구한 사건에 있어서는 **형종 상향의 금지 원칙이 적용되지 않는다.**(대법원 2020.12.10. 선고 2020도13700)

3) 약식명령의 효력상실(실효)

정식재판청구에 의한 판결이 있는 때(확정된 때를 의미)에는 약식명령은 그 효력을 잃는다.(제456조) 경승, 11법9, 17경간, 18법9, 18국9 ▶ 이는 즉심절차에서도 마찬가지로 **정식재판청구에 의한 판결이 있는 때**(확정된 때를 의미)에는 즉결심판은 그 효력을 잃는다.

> **관련판례** 약식명령에 대한 정식재판절차에서 피고인의 진술 없이 판결하기 위한 요건
>
> 형사소송법 제455조 제3항, 제276조에 의하면 약식명령에 대한 정식재판절차에서도 피고인의 출석 없이는 개정하지 못하고, 다만 같은 법 제458조 제2항, 제365조에 의하면 피고인이 정식재판절차의 공판기일에 출정하지 아니하는 때에는 다시 기일을 정하고 피고인이 정당한 이유 없이 다시 정한 기일에도 출정하지 아니한 때에는 피고인의 진술 없이 판결할 수 있도록 되어 있는바, 이와 같이 피고인의 진술 없이 판결할 수 있기 위해서는 **피고인이 적법한 공판기일 소환장을 받고도 정당한 이유 없이 출정하지 아니할 것을 필요**로 한다.(대법원 2011.12.8. 선고 2011도11210) 17국7

제 2 절 즉결심판절차

I 즉결심판절차의 의의와 취지

의의	즉결심판절차란 **경미사건에 대하여 경찰서장의 청구로** 지방법원, 지원 또는 시·군법원의 판사(이하 '판사'라 한다)가 **공판절차에 의하지 아니하고** 즉결심판에 관한 절차법(이하 '즉심법'이라 한다)에 의하여 신속하게 처리하는 간이한 형사절차를 말한다. 14경간
취지	즉결심판절차는 약식절차와 마찬가지로 **신속한 재판의 원칙을 실현**하기 위한 제도이다.

II 절차(청구 → 심판 → 정식재판청구)

1. 즉결심판의 청구

(1) 즉결심판의 청구권자

즉결심판의 청구는 관할 경찰서장 또는 관할 해양경찰서장(이하 '**경찰서장**'이라 한다)이 관할법원에 청구한다.(즉심법 제3조 제1항, 제2조) 21경승

(2) 즉결심판의 대상

즉결심판은 **20만 원 이하의 벌금, 구류 또는 과료에 처할 범죄사건**을 대상으로 한다.(즉심법 제2조) 15순경2차, 15순경3차, 17경간, 18경간, 22국9 여기서의 형은 법정형이 아니라 **선고형**을 의미한다. 따라서 벌금, 구류 또는 과료가 징역형·금고형 등에 대한 선택형으로 규정되어 있으면 즉결심판의 대상이 된다. 13경간, 14경간, 14순경2차 반면 징역형·금고형과 벌금, 구류 또는 과료가 병과형으로 규정되어 있는 경우에는 즉결심판의

대상이 되지 않는다. cf 약식명령 청구의 대상은 벌금 액수에 제한이 없고, 구류를 대상으로 하지 않는 반면 몰수도 대상으로 한다는 점이 즉결심판의 대상과의 차이점이다. F4 14경간

(3) 즉결심판사건의 관할법원

즉결심판사건의 관할법원은 지방법원, 지원 또는 시·군법원의 판사이다.(즉심법 제2조) F4 18경간 형사소송법상 시·군법원의 판사가 관할권을 갖는 경우는 즉결심판사건이 유일하다. 지방법원 또는 그 지원의 판사는 소속 지방법원장의 명령을 받아 소속 법원의 관할사무와 관계없이 즉결심판청구사건을 심판할 수 있다.(동법 제3조의2) F4 16순경2차, 17경간, 18경승

(4) 즉결심판의 청구방식

1) 서면주의

즉결심판의 청구를 할 때에는 서면주의가 적용된다. 즉 즉결심판을 청구함에는 즉결심판청구서를 제출하여야 한다. 즉결심판청구서에는 피고인의 성명 기타 피고인을 특정할 수 있는 사항, 죄명, 범죄사실과 적용법조를 기재하여야 한다.(즉심법 제3조 제2항) ▶ 즉결심판청구의 필요적 기재사항은 공소장의 필요적 기재사항과 본질적으로 같다. 따라서 즉결심판에 의하여 선고할 형량은 기재대상이 아니다. F4 12경승, 13경간, 21경승

2) 공소장일본주의의 배제

즉결심판의 청구시에는 공소장일본주의가 적용되지 않는다. 즉 경찰서장은 즉결심판의 청구와 동시에 즉결심판을 함에 필요한 서류 또는 증거물을 판사에게 제출하여야 한다.(동법 제4조) cf 약식명령의 청구시에도 공소장일본주의가 적용되지 않는다. F4 법승, 순경, 13경승, 14순경2차, 18경간

2. 즉결심판청구사건의 심판

(1) 즉결심판청구사건의 심리

1) 즉결심판청구 기각결정

즉결심판의 청구를 받은 판사는 사건이 즉결심판을 할 수 없거나(예 법정형에 벌금, 구류 또는 과료가 선택형으로도 규정되지 않은 경우 등) 즉결심판절차에 의하여 심판함이 적당하지 아니하다고 인정할 때(예 사건의 성질상 심리의 신중을 위하여 공판절차로 심판할 필요가 있는 경우 등)에는 **결정으로 즉결심판의 청구를 기각하여야 한다.**(동법 제5조 제1항) F4 법9, 10경사·경위, 15순경2차, 16국7, 18경간, 19경승, 20경간 cf 약식절차에서는 이런 경우에 공판절차로 이행을 하고, 약식명령청구 기각결정을 하지 않는다.

2) 경찰서장의 사건송치

즉심법 제5조 제1항의 결정(즉결심판청구 기각결정)이 있는 때에는 경찰서장은 지체 없이 사건을 관할 지방검찰청 또는 지청의 장에게 송치하여야 한다.(동법 제5조 제2항) 사건이 송치된 경우 공소제기를 할지 불기소처분을 할지 여부는 검사의 재량이다. F4 13순경1차, 15경승, 15순경2차, 17순경2차 그러므로 **즉결심판청구 기각결정에 대하여 정식재판청구를 할 수는 없다.**

3) 심리의 특칙

① 심리의 시기
즉결심판의 청구가 있는 때에는 판사는 제5조 제1항의 경우(즉결심판청구기각결정을 하는 경우)를 제외하고 **즉시 심판을 하여야 한다.** (동법 제6조)

② 심리의 장소
즉결심판청구사건의 심리와 재판의 선고는 **원칙적으로 공개 법정에서 한다.** 그런데 그 법정은 **경찰관서(해양경찰관서를 포함)외의 장소에 설치되어야 한다.** 그러나 구류에 처하는 경우를 제외하고 **벌금·과료에 처하는 경우에는 개정 없이 심판할 수 있다.** (동법 제7조 제1·3항) F4 법승, 13순경2차, 14경승, 15순경2차, 16경간, 16경승, 16순경2차, 17순경2차, 19경승

③ 불출석 재판
즉결심판청구사건에서도 피고인의 출석은 원칙적으로 개정의 요건이다. 다만 예외적으로 즉결심판에 의하여 벌금 또는 과료를 선고하는 경우에는 피고인이 출석하지 아니하더라도 심판할 수 있다. (동법 제8조의2 제1항) F4 법승, 11순경2차, 13순경2차, 14경승, 15순경3차, 17경간, 20경간 cf 즉결심판에 의하여 구류를 선고하는 경우에는 원칙적으로 피고인의 출석을 요한다. 나. 피고인 또는 즉결심판 출석통지서를 받은 자는 법원에 불출석심판을 청구할 수 있고, 법원이 이를 허가한 때에는 피고인이 출석하지 아니하더라도 심판할 수 있다. (동법 제8조의2 제3항)

④ 심리의 방식
판사는 피고인에게 피고사건의 내용과 진술거부권이 있음을 알리고 변명할 기회를 주어야 한다. (동법 제9조 제1항) F4 16국9

⑤ 증거법칙
즉결심판절차의 심리에는 '사법경찰관 작성 피의자신문조서의 증거능력(제312조 제3항) 및 진술서의 증거능력(제313조) 규정(**전문법칙**)'이 적용되지 않고, **자백보강법칙도 적용되지 않는다.** (동법 제10조) F4 법승, 경승, 08·10순경2차, 14경승, 16경간, 16경승, 17경간, 17순경2차, 18경간, 18순경2차, 20경간, 21경승 따라서 사법경찰관 작성 피의자신문조서는 피고인이 내용을 부인하더라도 증거능력이 인정되고, 피고인의 공판정 자백은 보강증거가 없더라도 증거로 사용할 수 있다. 이 이외의 증거법칙인 증거재판주의, 자유심증주의, 위법수집증거배제법칙, 자백배제법칙, 공판조서의 배타적 증명력은 즉결심판절차에 있어서도 그대로 적용된다. F4 11순경2차, 17경간, 17순경2차, 21경승 cf 약식절차에서는 **전문법칙이 적용되지 않는다는 점은 즉결심판절차와 공통점이다. 그러나 자백보강법칙은 적용된다는 점은 즉결심판절차와의 차이점이다.** 또한 약식절차에서는 전문법칙 이외의 나머지 증거법칙은 그대로 적용된다.

4) 형사소송법 규정의 준용
즉결심판절차에 있어서 즉심법에 '특별한 규정(위에 서술한 특칙을 의미한다.)'이 없는 한 그 성질에 반하지 아니한 것은 형사소송법의 규정을 준용한다. (동법 제19조) 따라서 **즉결심판절차에서도 구두변론주의와 직접심리주의가 적용**된다.

(2) 즉결심판

1) 즉결심판의 선고와 고지

① 즉결심판으로 유죄를 선고할 때에는 형, 범죄사실과 적용법조를 명시하고 피고인은 7일 이내에 정식재판을 청구할 수 있다는 것을 고지하여야 한다.(동법 제11조 제1항) F4 15순경3차, 19경승
   cf 증거의 요지의 명시를 요하지 않는다는 것은 약식명령의 경우와 같다.
② 판사는 사건이 무죄·면소 또는 공소기각을 함이 명백하다고 인정할 때에는 이를 선고·고지할 수 있다.(동법 제11조 제5항) F4 19경승, 20경간 cf 약식명령의 경우에는 무죄·면소 또는 공소기각의 재판을 할 수 없다.
③ 즉결심판으로 선고할 수 있는 형은 **20만 원 이하의 벌금, 구류 또는 과료에 한한다.**(동법 제2조) F4 법9, 국9, 국7, 순경, 경승, 법승 cf 약식명령으로 선고할 수 있는 형은 **벌금, 과료, 몰수(재산형)에 한한다.** 벌금 액수에 제한이 없고, 구류를 선고할 수 없으나, 몰수를 선고할 수 있다는 점이 즉결심판과 차이점이다.

2) 유치명령

판사는 즉결심판에 의하여 구류의 선고를 받은 피고인이 일정한 주소가 없거나 또는 도망할 염려가 있을 때에는 **5일을 초과하지 아니하는 기간** 경찰서유치장(지방해양경찰관서의 유치장을 포함)에 유치할 것을 명령할 수 있다. 다만, 이 기간은 **(구류형의) 선고기간을 초과할 수 없다.**(동법 제17조 제1항) F4 13순경2차, 14순경2차, 15순경3차, 17순경3차, 20경간 "구류형의 선고기간을 초과할 수 없다."는 것은 즉결심판으로 구류 3일을 선고한 경우라면 유치명령의 기간은 구류형의 선고기간인 3일을 초과할 수 없다는 뜻이다.

3) 가납명령

판사가 즉결심판에 의하여 벌금 또는 과료를 선고하였을 때에 판결의 확정 후에는 집행할 수 없거나 집행하기 곤란한 염려가 있다고 인정한 때에는 피고인에게 벌금 또는 과료에 상당한 금액의 가납을 명할 수 있다.(동법 제17조 제3항, 제334조) F4 순경

4) 즉결심판의 효력

즉결심판은 ① **정식재판청구기간의 경과,** ② **정식재판청구권의 포기 또는 취하,** ③ **정식재판청구기각결정의 확정**에 의하여 확정된다. 확정된 즉결심판은 확정판결과 동일한 효력이 있으므로 **기판력과 집행력이 발생**한다.(동법 제16조) F4 08순경2차, 11순경2차, 13경승, 13경간, 13국9, 15순경2차, 16경승, 17경간, 18순경3차, 20법9, 22경승, 22국9 확정된 약식명령의 경우에도 이와 같은 법리가 적용된다. 또한 즉결심판의 판결이 확정된 때에는 즉결심판서 및 관계서류와 증거는 **관할경찰서 또는 지방해양경찰관서가 이를 보존**한다.(동법 제13조) F4 11순경2차, 12경승, 17경승, 18경승, 20경간, 21경승

(3) 형의 집행

즉결심판의 형의 집행은 경찰서장이 하고, 그 집행결과를 지체 없이 검사에게 보고하여야 한다.(동법 제18조 제1항)

3. 정식재판의 청구

(1) 청구권자와 정식재판청구 후의 절차

청구권자	① 즉결심판에 대한 정식재판의 청구권자는 검사가 아니라 <u>경찰서장</u>이라는 점을 제외하고는 상소권자와 같다.(동법 제14조 제1·2·4항, 제340조, 제341조) 즉 경찰서장, 피고인, 피고인의 법정대리인·배우자·직계친족·형제자매, 즉결심판의 대리인 또는 변호인은 즉결심판에 대하여 정식재판을 청구할 수 있다. 18순경3차 ② 정식재판을 청구하고자 하는 피고인은 <u>즉결심판의 선고·고지를 받은 날부터 7일 이내에 정식재판청구서를 경찰서장에게 제출하여야 한다.</u> 16경9, 16순경2차, 17경승, 18순경1차, 22국9 정식재판청구서를 받은 경찰서장은 지체 없이 판사에게 이를 송부하여야 한다.(동법 제14조 제1항) 11·12순경1차, 22국9 ③ 경찰서장은 즉결심판을 청구한 사건에 대하여 무죄, 면소 또는 공소기각을 선고·고지한 경우에 그 선고·고지를 한 날부터 7일 이내에 정식재판을 청구할 수 있다. 이 경우 경찰서장은 **관할지방검찰청 또는 지청의 검사의 승인을 얻어** 정식재판청구서를 판사에게 제출하여야 한다.(동법 제14조 제2항) 10경사·경위, 11순경1차, 13경찬 경찰서장이 검사의 승인 없이 독자적으로 정식재판을 청구할 수 있는 것이 아니라는 점을 주의해야 한다.
정식재판 청구 후의 절차	판사는 정식재판청구서를 받은 날부터 7일 이내에 경찰서장에게 정식재판청구서를 첨부한 사건기록과 증거물을 송부하고, 경찰서장은 지체 없이 관할 지방검찰청 또는 지청의 장에게 이를 송부하여야 하며, 그 검찰청 또는 지청의 장은 지체 없이 관할법원에 이를 송부하여야 한다.(동법 제14조 제3항)

(2) 정식재판청구의 포기·취하

경찰서장과 피고인 모두 즉결심판에 대한 정식재판청구의 포기·취하를 할 수 있다.(동법 제14조 제4항, 제349조) 15경승, 16경간, 16경승 **cf** 검사는 약식명령에 대한 정식재판청구의 포기를 할 수 있다. 그러나 **피고인은 약식명령에 대한 정식재판청구의 포기를 할 수 없다.**

(3) 정식재판청구사건의 심판

1) 정식재판청구 기각결정

① 즉결심판에 대한 정식재판의 청구가 법령상의 방식에 위반한 때 또는 청구권 소멸 후임이 명백한 때에는 정식재판청구 기각결정을 하여야 한다.(동법 제14조 제4항, 제455조 제1항)
② 정식재판청구 기각결정에 대하여는 **즉시항고**를 할 수 있다.(동법 제14조 제4항, 제455조 제2항) 10경사 약식명령에 대한 정식재판청구 기각결정에 대해서도 마찬가지로 즉시항고를 할 수 있다. **cf** 즉결심판청구 기각결정이 있는 때에는 **경찰서장은 지체 없이 사건을 관할 지방검찰청 또는 지청의 장에게 송치하여야 한다.** 사건이 송치된 경우 공소제기·불기소처분 여부는 **검사의 재량**이다. 14경승 ▶ "즉결심판청구 기각결정이 있는 때에는 경찰서장은 정식재판을 청구할 수 있다."는 지문과 "즉결심판청구 기각결정이 있는 때에는 정식재판청구를 할 수 있다."는 지문은 틀린 지문이다.

2) 공판절차에 의한 심판

① **정식재판청구가 적법한 때**에는 공판절차에 의하여 심판하여야 한다.(동법 제14조 제4항, 제455조 제3항) 이는 약식명령에 대한 정식재판청구가 적법한 경우에도 마찬가지이다.

> **관련판례** 즉결심판절차
>
> a. 즉결심판에 대한 정식재판청구시에도 공소장일본주의가 적용되는지 여부(**소극**) 법원은 즉결심판에 대한 정식재판의 청구가 적법한 때에는 공판절차에 의하여 심판하여야 하는 바, 이에 따라 <u>정식재판청구에 의한 제1회 공판기일 전에 사건기록 및 증거물이 경찰서장, 관할 지방검찰청 또는 지청의 장을 거쳐 관할 법원에 송부된다고 하여 그 이전에 이미 적법하게 제기된 경찰서장의 즉결심판청구의 절차가 위법하게 된다고 볼 수 없고, 그 과정에서 정식재판이 청구된 이후에 작성된 피해자에 대한 진술조서 등이 사건기록에 편철되어 송부되었다고 하더라도 달리 볼 것은 아니다.</u>(대법원 2011.1.27. 선고 2008도7375) 12경승, 13경승 ▶ **즉결심판에 대한 정식재판청구시에도 공소장일본주의가 적용되지 않는다**는 판례이다.
>
> b. 경찰서장의 청구에 의해 즉결심판을 받은 피고인으로부터 적법한 정식재판의 청구가 있는 경우 경찰서장의 즉결심판청구는 공소제기와 동일한 소송행위이므로 (별도의 공소제기 없이) **공판절차에 의하여 심판하여야 한다.**(대법원 2017.10.12. 선고 2017도10368) 19순경2차, 21경간, 22국7
>
> c. 피고인이 정식재판을 청구한 즉결심판 사건에 대하여 검사가 법원에 사건기록과 증거물을 그대로 송부하지 아니하고 즉결심판이 청구된 위반 내용과 동일성 있는 범죄사실에 대하여 약식명령을 청구하였다면, 이는 <u>공소제기 절차가 법률의 규정에 위반하여 무효인 때 또는 공소가 제기된 사건에 대하여 다시 공소가 제기되었을 때에 해당한다.</u>(대법원 2017.10.12. 선고 2017도10368) 19순경2차
>
> d. 경찰서장이 범칙행위에 대하여 통고처분을 한 이상, 통고처분에서 정한 범칙금 납부기간까지는 원칙적으로 경찰서장은 즉결심판을 청구할 수 없고, 검사도 동일한 범칙행위에 대하여 공소를 제기할 수 없다.(대법원 2020.4.29. 선고 2017도13409) 21경간, 22경승
>
> **같은 취지의 판례**
>
> 범칙금제도는 범칙행위에 대하여 형사절차에 앞서 경찰서장의 통고처분에 따라 범칙금을 납부할 경우 이를 납부하는 사람에 대하여는 기소를 하지 않는 처벌의 특례를 마련해 둔 것이다. 또한 범칙자가 통고처분을 불이행하였더라도 경찰서장의 즉결심판청구를 통하여 사건을 간이하고 신속·적정하게 처리함으로써 소송경제를 도모하되, 즉결심판 선고 전까지 범칙금을 납부하면 형사처벌을 면할 수 있도록 함으로써 범칙자에 대하여 형사소추와 형사처벌을 면제받을 기회를 부여하고 있다. 따라서 경찰서장이 범칙행위에 대하여 통고처분을 한 이상, 범칙자의 위와 같은 절차적 지위를 보장하기 위하여 **통고처분에서 정한 범칙금 납부기간까지는 원칙적으로 경찰서장은 즉결심판을 청구할 수 없고, 검사도 동일한 범칙행위에 대하여 공소를 제기할 수 없다.** 또한 범칙자가 범칙금 납부기간이 지나도록 범칙금을 납부하지 아니하였다면 **경찰서장이 즉결심판을 청구하여야 하고, 검사는 동일한 범칙행위에 대하여 공소를 제기할 수 없다.** 나아가 특별한 사정이 없는 이상 **경찰서장은** 범칙행위에 대한 형사소추를 위하여 **이미 한 통고처분을 임의로 취소할 수 없다.**(대법원 2021.4.1. 선고 2020도15194)

② 판례는 즉결심판에 대하여 피고인만이 정식재판을 청구한 사건에 대해서도 **불이익변경금지의 원칙이 적용**된다는 입장이다.

> **관련판례** 즉결심판에 대하여 피고인만이 정식재판을 청구한 사건
>
> 즉결심판에 대하여 피고인만이 정식재판을 청구한 사건에 대하여도 즉결심판의 형보다 무거운 형을 선고하지 못한다. 즉 불이익변경금지의 원칙이 적용된다.(대법원 1999.1.15. 선고 98도2550) F4 10경사·경위, 11순경2차, 12순경1차·국9, 13경승, 15법9, 18순경3차, 21경간 cf 약식명령에 대하여 피고인만이 정식재판을 청구한 사건에 대하여는 **불이익변경금지의 원칙이 적용되지 않는다.**(제457조의2)

(4) 즉결심판의 실효

즉결심판은 정식재판의 청구에 의한 판결이 있는 때(확정된 때를 의미한다)에는 그 효력을 잃는다.(동법 제15조) ▶ 이는 약식명령의 경우에도 마찬가지이다. F4 법9, 15경승, 18순경3차

III 기타 사항

1. 약식절차와 즉결심판절차의 비교 F4 순경, 경승, 법9

(1) 약식절차와 즉결심판절차의 차이점

	약식절차	즉결심판절차
청구권자	검사	경찰서장
대상	벌금, 과료, 몰수(재산형)에 처할 사건	20만 원 이하의 벌금, 구류, 과료에 처할 사건
심리	서면심리	**구두변론**, 원칙적으로 공개된 법정에서 피고인을 직접신문
자백보강법칙	적용	**적용×**
무죄 등의 재판	무죄 · 면소 · 공소기각 · 관할위반의 재판을 할 수 없다.	무죄 · 면소 · 공소기각 · 관할위반의 재판을 할 수 있다.
정식재판청구권	피고인은 포기할 수 없다.	피고인도 포기할 수 있다.

(2) 약식절차와 즉결심판절차의 공통점

① 약식명령 · 즉결심판의 청구시, 약식명령 · 즉결심판에 대한 정식재판청구시에 모두 **공소장일본주의가 적용되지 않는다.**
② 약식명령이 발령 · 즉결심판이 선고되면 **7일 이내에 정식재판청구**를 할 수 있다.
③ 제1심판결 선고 전까지 정식재판청구의 취하를 할 수 있다.
④ 확정된 약식명령 · 즉결심판에 대하여는 **확정판결과 동일한 효력(기판력 · 집행력)이 발생**한다.

⑤ 정식재판청구에 의한 판결이 확정되면 **약식명령·즉결심판은 모두 실효**된다.

2. 약식절차와 즉결심판절차에 적용되지 않는 것

약식절차와 즉결심판절차에서 다음과 같은 사항은 적용되지 않는다.

약식절차에 적용되지 않는 것

1) 공소장일본주의가 적용× cf 즉심의 경우에도 공소장일본주의가 적용×
2) 공소장부본을 첨부할 필요×
3) 피고인은 정식재판청구를 포기× cf 즉심에서 피고인은 정식재판청구의 포기 가능, 검사는 약식절차와 즉심절차에서 모두 정식재판청구의 포기 가능
4) 전문법칙이 적용×; 서면심리로 하기 때문이다. cf 즉심에서도 전문법칙 적용×
5) 무죄·면소·공소기각·관할위반의 재판을 할 수× cf 즉심에선 무죄·면소·공소기각·관할위반의 재판 가능(즉심법 제11조 제5항)

▶ 증거재판주의·자유심증주의·**자백배제법칙·위수증배제법칙**·자백보강법칙·**공판조서의 배타적 증명력**; 약식절차에서도 적용

즉결심판절차에 적용되지 않는 것

1) 공소장일본주의가 적용×
2) 구류에 처하는 경우를 제외하고 20만 원 이하의 **벌금·과료를 선고하는 경우**에는 개정 없이 심판할 수 있다.
3) 전문법칙(제312조 제3항의 사경관 작성의 피신조서와 제313조의 진술서의 증거능력) 적용×
4) 자백의 보강법칙이 적용× cf 약식절차에선 자백보강법칙이 적용

▶ 증거재판주의·자유심증주의·**자백배제법칙·위수증배제법칙·공판조서의 배타적 증명력**; 즉심에서도 적용

제 3 절 배상명령제도(배상명령절차)

I 배상명령의 의의와 취지

1. 배상명령의 의의

배상명령이란 배상명령의 대상이 되는 일정한 피고사건에 대하여 수소법원이 피고인에게 그 범죄행위로 인하여 피해자에게 발생한 손해의 배상을 직접 명하는 제도를 말한다. F4 15법9

2. 배상명령의 취지

배상명령제도는 범죄행위로 인하여 손해를 입은 피해자에게 형사소송절차에서 민사소송에 해당하는 손해배상의 재판을 바로 받을 수 있도록 함으로써 **피해자의 신속한 피해회복**을 위하여 마련한 제도이다. F4 18경간

> 📖 **관련판례** 피해자가 이미 집행권원을 가지고 있는 경우 배상신청의 이익이 있는지 여부(소극)
>
> 배상명령제도는 범죄행위로 인하여 재산상 이익을 침해당한 피해자로 하여금 당해 형사소송절차 내에서 신속히 그 피해를 회복하게 하려는데 그 주된 목적이 있으므로 피해자가 이미 그 재산상 피해의 회복에 관한 채무명의(현재는 '집행권원')를 가지고 있는 경우에는 이와 별도로 배상명령 신청을 할 이익이 없다.(대법원 1982.7.27. 선고 82도1217) F4 10경위, 11경승, 23국7

II 배상명령의 요건

1. 배상명령의 대상

배상명령의 대상(소촉법 제25조 1항)
1) 상해관련범죄(즉 상해, 중상해, 상해치사, 과실치사상, **존속폭행치사상을 제외**한 폭행치사상, 상해에 대한 특수상해, 중상해에 대한 특수상해도 배상명령의 대상 범죄에 해당 단, **존속상해에 대한 특수상해와 존속중상해에 대한 특수상해는 배상명령의 대상 범죄×**) +
2) 절도·강도·사기·공갈·횡령·배임·손괴 +
3) 업무상위력 등에 의한 추행, 통신매체 이용 음란, 카메라 등 이용 촬영, 카메라 등 이용 촬영죄의 미수범, 아동·청소년 매매행위, 아동·청소년에 대한 강요행위 등, 상해관련범죄·절강사공횡배손의 죄를 가중처벌 하는 죄 및 그 죄의 미수범을 처벌하는 경우 미수의 죄

2. 배상명령의 대상이 되는 손해의 범위

(배상명령에 의하여) 피고사건의 범죄행위로 인하여 발생한 **직접적인 물적 피해, 치료비 손해 및 위자료(정신적 손해)**의 배상을 명할 수 있다.(소송촉진 등에 관한 특례법 제25조 제1항) cf 간접손해(=기대이익의 상실=일실이익, 얻었어야 할 이익을 범죄행위로 인하여 얻지 못한 것); 배상명령의 대상에 포함되지 않는다는 것이 다수설이다. F4 법승, 08순경1차, 09국9, 10·12·13법9, 12경승, 13순경1차, 18경간, 21법9

3. 배상명령의 불허사유 F4 법9, 15경간

법원은 다음 각 호의 어느 하나에 해당하는 경우에는 배상명령을 하여서는 아니 된다.(동법 제25조 제3항)
1. 피해자의 성명·주소가 분명하지 아니한 경우
2. 피해 금액이 특정되지 아니한 경우
3. 피고인의 배상책임의 유무 또는 그 범위가 명백하지 아니한 경우 F4 21법9
4. 배상명령으로 인하여 공판절차가 현저히 지연될 우려가 있거나 형사소송절차에서 배상명령을 하는 것이 타당하지 아니하다고 인정되는 경우 F4 23국7

III 배상명령의 절차

1. 배상신청

(1) 신청권자 F4 순경, 11법9

배상신청은 **피해자 또는 그 상속인**이 할 수 있다. 또한 배상명령은 (법원의) **직권으로도 할 수 있다.** (동법 제25조 제1항) F4 11·12법9, 12순경3차, 16법9, 21법9 배상신청을 함에는 **대리가 허용**된다. 즉 피해자는 법원의 허가를 받아 그의 배우자, 직계혈족 또는 형제자매에게 배상신청에 관하여 소송행위를 대리하게 할 수 있다. (동법 제27조 제1항)

(2) 배상신청의 시기

피해자는 **제1심 또는 제2심 공판의 변론이 종결될 때까지** 배상신청을 할 수 있다. (동법 제26조 제1항) F4 08순경1차, 10·12·13법9, 13순경1차, 16법9

(3) 배상명령의 관할법원

배상신청은 **사건이 계속된 법원**에 한다. (동법 제26조 제1항) ▶ 제1심과 제2심 법원은 배상명령의 관할법원이 되지만, **제3심(상고심) 법원은 배상명령의 관할법원이 되지 못한다.**

(4) 배상신청의 방법

배상신청은 **서면 또는 구술**로 할 수 있다. 피해자는 배상신청을 할 때에는 신청서와 상대방 피고인 수만큼의 신청서 부본을 제출하여야 한다. (동법 제26조 제2항) 다만, **피해자가 증인으로 법정에 출석한 경우에는 말로써 배상을 신청할 수 있다.** (동법 제26조 제5항) F4 10법9, 16법9 배상신청을 할 때 **신청서에는 인지를 붙이지 아니한다.** (동법 제26조 제1항) F4 12법9

(5) 배상신청의 효력

배상신청은 **민사소송에서의 소의 제기와 동일한 효력**이 있다. (동법 제26조 제8항) F4 11법9

(6) 배상신청의 취하

신청인은 배상명령이 확정되기 전까지는 언제든지 배상신청을 취하할 수 있다. (동법 제26조 제6항) F4 법9, 법승

2. 배상신청사건의 심리

법원은 배상신청이 있을 때에는 **신청인에게 공판기일을 알려야 한다.** (동법 제29조 제1항) F4 11·12·13법9, 16경간, 18경간 신청인이 공판기일을 통지받고도 출석하지 아니하였을 때에는 **신청인의 진술 없이 재판할 수 있다.** (동법 제29조 제2항) F4 12법9·순경3차, 13순경1차 13법9, 16경간, 18경간 피고인의 변호인은 배상신청에 관하여 피고인의 대리인으로서 소송행위를 할 수 있다. (동법 제27조 제2항)

3. 배상신청사건의 재판

(1) 각하결정

법원은 ① 배상신청이 부적법한 경우, ② 배상신청이 이유 없다고 인정되는 경우, ③ 배상명령을 하는 것이 타당하지 아니하다고 인정되는 경우(예 피해금액이 특정되지 않은 경우)에는 결정으로 배상신청을 각하하여야 한다.(동법 제32조 제1항) [F4] 10경위, 16경간, 21법9

> **관련판례** 다른 절차에 따른 손해배상청구가 계속 중일 때; 각하결정
>
> 소송촉진법 제26조 제7항에 따르면 피해자는 피고사건의 범죄행위로 발생한 피해에 관하여 다른 절차에 따른 손해배상청구가 법원에 계속 중일 때에는 배상신청을 할 수 없다. 여기에서 '다른 절차에 따른 손해배상청구'는 피고사건의 범죄행위로 인하여 발생한 피해에 관하여 불법행위를 원인으로 손해배상청구를 하는 경우를 가리킨다. 그러한 경우에는 같은 법 제32조 제1항이 정하는 바에 따라 법원은 **결정으로 배상명령신청을 각하해야** 한다.(대법원 2022.7.28. 선고 2020도12279)

(2) 배상명령의 선고

배상명령은 유죄판결의 선고와 동시에 하여야 한다.(동법 제31조 제1항) [F4] 12경승·순경3차, 13순경1차, 20경간 따라서 배상명령은 유죄판결의 선고와 불가분의 관계에 있다. 배상명령은 유죄판결의 선고와 동시에 하여야만 하므로 무죄판결과 형식재판을 하는 경우, 약식절차·즉결심판절차, 소년보호사건에서는 배상명령을 할 수 없다. [F4] 21법9

(3) 배상명령에 대한 불복

1) 배상신청인

배상신청을 각하하거나 그 일부를 인용한 재판에 대하여 신청인은 불복을 신청하지 못하며, 다시 동일한 배상신청을 할 수 없다.(동법 제32조 제4항) [F4] 법승, 09국9, 12경승·순경1차, 13법9, 16경간, 20순경2차

2) 피고인

피고인은 유죄판결에 대하여 상소를 제기하지 아니하고 **배상명령에 대하여만 상소 제기기간에(7일 내에)**「형사소송법」에 따른 즉시항고를 할 수 있다.(동법 제33조 제5항) [F4] 법승, 09국9, 10경위, 11법9, 13순경1차, 21경간, 23국7 배상명령은 유죄판결의 선고와 동시에 하여야 한다. 그러므로 유죄판결의 선고와 배상명령은 불가분의 관계에 있다. 불가분의 관계에 있는 것의 일부만을 따로 상소하는 것은 원칙적으로 허용되지 않는다. 그러나 이는 소송촉진 등에 관한 특례법이 예외적으로 불가분의 관계에 있는 것의 일부상소를 허용한 예이다.

Ⅳ 확정된 배상명령의 효력

강제집행	확정된 배상명령 또는 가집행선고가 있는 배상명령이 기재된 유죄판결서의 정본은「민사집행법」에 따른 강제집행에 관하여는 집행력 있는 민사판결 정본과 동일한 효력이 있다.(동법 제34조 제1항) [F4] 법승, 15법9, 20순경2차, 23국7
별소 제기 여부	배상명령이 확정된 경우 피해자는 그 인용된 금액의 범위에서 다른 절차에 따른 손해배상을 청구할 수 없다.(동법 제34조 제2항) [F4] 법9, 12경승 반면 인용된 금액을 초과한 부분에 대하여는 별소제기가 가능하다.

제 4 절 소년형사절차

I. 소년형사절차, 소년형사사건과 소년보호사건의 의의

소년 형사 절차의 의의	소년형사절차란 소년범의 형사사건을 처리하는 절차를 의미한다. 소년형사절차를 처리하는 실질적 의미의 형사소송법이 소년법이다. 소년법은 반사회성이 있는 소년의 환경 조정과 품행 교정을 위한 보호처분 등의 필요한 조치를 하고, 형사처분에 관한 특별조치를 함으로써 소년이 건전하게 성장하도록 돕는 것을 목적으로 제정된 법이다.(소년법 제1조) 통상의 일반 형사절차에는 형사소송법이 적용되지만, 소년형사절차에는 소년법이 적용되므로 소년형사절차는 <u>특별절차</u>에 해당한다. 소년법상 소년은 19세 미만자를 말한다.(소년법 제2조) 소년법은 앞으로 '동법'이라고 표현한다.
소년 형사 사건의 의의	소년형사사건이란 '<u>14세 이상 19세 미만의 소년</u>으로서 <u>금고 이상의 형</u>에 해당하는 범죄 사실이 발견된 경우(범죄소년에 대하여)' <u>형사처분</u>을 할 필요가 있다고 인정되는 경우에 형사법원에서 심판을 하여 형벌과 집행에 이르는 일련의 사건을 말한다.
소년 보호 사건의 의의	소년보호사건이란 범죄소년, 촉법소년, 우범소년에 대하여 <u>보호처분</u>을 할 필요가 있다고 인정되는 사건을 말한다. 소년 보호사건은 <u>가정법원 소년부 또는 지방법원 소년부</u>(이하 "<u>소년부(少年部)</u>"라 한다)가 관할한다.(동법 제3조 제2항) 또한 소년 보호사건의 심리(審理)와 처분 결정은 <u>소년부 단독판사</u>가 한다.(동법 제3조 제3항) 범죄소년, 촉법소년, 우범소년에 대해서는 아래에 서술한다.

II. 소년법의 규율대상

다음 각 호의 어느 하나에 해당하는 소년은 소년부의 보호사건으로 심리한다.(동법 제4조)

1. 우범소년

집단적으로 몰려다니며 주위 사람들에게 불안감을 조성하는 성벽, 정당한 이유 없이 가출 또는 술을 마시고 소란을 피우거나 유해환경에 접하는 성벽이 있고 그의 성격이나 환경에 비추어 앞으로 형벌 법령에 저촉되는 행위를 할 우려가 있는 10세 이상인 소년(동법 제4조 제3호)

2. 촉법소년

형벌 법령에 저촉되는 행위를 한 10세 이상 14세 미만인 소년(동법 제4조 제2호)

3. 범죄소년

범죄소년이란 '죄를 범한 소년'을 말한다.(동법 제4조 제1호) 결국 소년법에 의하여 소년형사범으로서 특별히 취급되는 소년은 <u>우범소년과 촉법소년을 제외한 14세 이상 19세 미만의 죄를 범한 소년</u>이다. 다만, 검사는 소년에 대한 피의사건을 수사한 결과 보호처분에 해당하는 사유가 있다고 인정한 경우에는 **사건을 관할 소년부에 송치하여야 한다.**(동법 제49조 제1항) 이 경우 사건을 송치 받은 관할 소년부는 이를 소년보호사건으로 처리하고, 소년보호사건의 심리는 **비공개를 원칙**으로 한다.(동법 제24조 제2항) [F4] 11경위, 12순경1차, 14경간1차

Ⅲ 소년형사범의 처리절차

소년 형사범도 형사범에 해당한다. 따라서 소년에 대한 형사사건도 소년법에 특별한 규정(특칙)이 있으면 그 특칙을 적용하고, 특칙이 없으면 원칙적으로 일반 형사사건의 예에 따른다.(동법 제48조) 그러나 소년법은 반사회성이 있는 소년에게 보호처분 등의 필요한 조치를 하고, 형사처분에 관한 특별조치를 함으로써 소년이 건전하게 성장하도록 돕는 것을 목적으로 하므로(동법 제1조) 소년 형사범에게는 일반 형사범과 달리 아래와 같은 특칙이 적용된다. [F4] 11경장·경사

1. 수사상의 특칙

(1) 경찰서장의 필요적 소년부송치
'우범소년과 촉법소년(소년비행사건)'이 있을 때에는 **경찰서장은 직접 관할 소년부에 송치하여야 한다.**(동법 제4조 제2항) [F4] 09국7, 10순경2차, 11경위, 17순경2차, 19경간 [cf] 소년형사사건; 일단 검사에게 송치하여 검사의 판단을 받게 하여야 한다.

(2) 구속영장의 발부
소년에 대한 구속영장은 **부득이한 경우가 아니면 발부하지 못한다.**(동법 제55조 제1항) [F4] 10순경2차

(3) 검사의 필요적 소년부송치
검사는 소년에 대한 피의사건을 수사한 결과 보호처분에 해당하는 사유가 있다고 인정한 경우에는 사건을 관할 소년부에 송치하여야 한다.(동법 제49조 제1항) [F4] 10경장, 18경간

(4) 소년부의 검찰청송치

1) 소년부의 필요적 검찰청 송치
① 소년부는 조사 또는 심리한 결과 금고 이상의 형에 해당하는 범죄사실이 발견된 경우 그 동기와 죄질이 형사처분을 할 필요가 있다고 인정하면 결정으로써 사건을 관할 지방법원에 대응한 검찰청 검사에게 송치하여야 한다.(동법 제7조 제1항)
② 소년부는 조사 또는 심리한 결과 사건의 본인이 19세 이상인 것으로 밝혀진 경우에도 결정으로써 사건을 관할 지방법원에 대응한 검찰청 검사에게 송치하여야 한다.(동법 제7조 제2항)

2) 소년부의 임의적 검찰청 송치
소년부는 제49조 제1항에 따라 (보호처분에 해당하는 사유가 있다고 인정하여 검사에 의하여) 송치된 사건을 조사 또는 심리한 결과 그 동기와 죄질이 금고 이상의 형사처분을 할 필요가 있다고 인정할 때에는 결정

으로써 해당 검찰청 검사에게 송치할 수 있다.(동법 제49조 제2항) 09국7, 10경장, 11경위 제2항에 따라 송치한 사건은 다시 소년부에 송치할 수 없다.(동법 제49조 제3항)

> TIP 소년법상 송치
>
> 소년법상 송치 중에서 **임의적 송치는 동법 제49조 제2항이 유일**하다. 나머지는 모두 **필요적 송치**이다.

(5) 검사의 공소제기

검사는 소년피의사건을 조사한 결과 소년에 대한 형사처분이 필요하다고 판단하면 공소제기를 한다. 한편 검사는 **소년과 소년의 친권자·후견인 등 법정대리인의 동의를 받아** 피의자에 대하여 범죄예방자원봉사위원의 선도, 소년의 선도·교육과 관련된 단체·시설에서의 상담·교육·활동 등에 해당하는 **선도 등을 받게 하고, 피의사건에 대한 공소를 제기하지 아니할 수 있다.**(소년법 제49조의3) 20순경2차

2. 공판절차상의 특칙

소년 형사범에 대하여 검사에 의하여 공소제기가 되면 원칙적으로 성인범에 대한 공소제기와 마찬가지로 형사소송법에 의한 공판절차가 진행된다. 다만, 다음과 같은 특칙이 적용된다.

법원의 필요적 소년부송치	법원은 소년에 대한 피고사건을 심리한 결과 보호처분에 해당할 사유가 있다고 인정하면 **결정으로써 사건을 관할 소년부에 송치하여야 한다.**(동법 제50조) 11경위, 14경간
소년부의 재이송	소년부는 제50조에 따라 법원으로부터 송치 받은 사건을 조사 또는 심리한 결과 사건의 본인이 19세 이상인 것으로 밝혀지면 결정으로써 송치한 법원에 사건을 다시 이송하여야 한다.(동법 제51조)
심리상의 특칙	소년에 대한 형사사건의 심리는 다른 피의사건과 관련된 경우에도 심리에 지장이 없으면 그 절차를 분리하여야 한다.(동법 제57조)

3. 양형상의 특칙

(1) 사형 또는 무기형의 완화

죄를 범할 당시(재판시×, 판결선고시×) 18세 미만인 소년에 대하여 사형 또는 무기형으로 처할 경우에는 **15년의 유기징역**으로 한다.(동법 제59조) 소년법상 소년은 19세 미만자이다. 죄를 범할 당시 18세 미만자에게는 사형 또는 무기형을 선고할 수 없다. 결과적으로 사형 또는 무기형을 선고할 수 있는 소년은 **18세의 소년에 한정**된다. 11경장·경사, 13법9

(2) 부정기형

① 소년이 법정형으로 장기 2년 이상의 유기형에 해당하는 죄를 범한 경우에는 그 형의 범위에서 장기와 단기를 정하여 선고한다. 다만, **장기는 10년, 단기는 5년을 초과하지 못한다.**(동법 제60조 제1항) 11경장·경사, 15경간, 18경간
② 소년 피고인에 대해서도 형의 집행유예나 선고유예를 선고할 수 있고, **형의 집행유예나 선고유예를 선고할 때에는 부정기형을 선고할 수 없다.**(동법 제60조 제3항) 10경위, 11경장·경사, 18경간
③ 부정기형을 선고할 때 소년의 기준시점은 **재판시**라는 것이 판례의 태도이다. 20순경2차

CHAPTER 01 _ 특별절차 **577**

> **관련판례** 부정기형을 선고할 때 소년의 기준시점(재판시)
>
> a. 항소심판결 선고 당시(재판시에) 성년이 되었음에도 불구하고 정기형을 선고함이 없이 부정기형을 선고한 제1심판결을 인용하여 항소를 기각한 것은 **위법**하다.(대법원 1990.4.24. 선고 90도539) ▶ 항소심판결 선고당시(재판시)에 소년이 아닌 성년이라면 정기형을 선고하여야 하고, 부정기형을 선고할 수 없다는 취지의 판례이다. [F4] 17순경2차
>
> b. 항소심판결 선고일에(재판시에) 피고인이 이미 19세에 달하여 개정 소년법상 소년에 해당하지 않게 되었다면, 항소심법원은 피고인에 대하여 **정기형을 선고하여야 한다**.(대법원 2008.10.23. 선고 2008도8090) [F4] 10경위
>
> c. 항소심판결 선고 당시(재판시에) 미성년이었던 피고인이 상고 이후에 성년이 되었다고 하여 항소심의 부정기형의 선고가 위법이 되는 것은 아니다.(대법원 1998.2.27. 선고 97도3421) [F4] 19국7

(3) 환형처분의 금지

18세 미만인 소년에게는 벌금 또는 과료를 선고하는 경우 벌금액 또는 과료액의 미납에 대비한 환형처분인 **노역장유치(환형유치) 선고를 하지 못한다**.(동법 제62조 본문) [F4] 10경장, 11경장·경사, 13법9, 14경간, 17순경2차, 19경간, 22국9 소년법상 소년은 19세 미만자이다. 18세 미만자에게는 노역장유치를 선고할 수 없다. 결과적으로 노역장유치를 선고할 수 있는 소년은 **18세의 소년에 한정**된다.

4. 형의 집행상 특칙

① **분리주의**; 징역 또는 금고를 선고받은 소년에 대하여는 특별히 설치된 교도소(소년교도소) 또는 일반 교도소 안에 특별히 분리된 장소에서 그 형을 집행한다. 다만, 소년이 형의 집행 중에 23세가 되면 일반 교도소에서 집행할 수 있다.(소년법 제63조) [F4] 20순경2차
② 소년법 제18조 제1항 제3호에 따른 소년분류심사원에 위탁하는 임시조치에 따른 위탁기간은 「형법」 제57조 제1항의 판결 선고 전 구금일수(미결구금일수)에 산입된다.(소년법 제61조) [F4] 20순경2차
③ 징역 또는 금고를 선고받은 소년에 대하여는 다음 각 호의 기간이 지나면 가석방을 허가할 수 있다.(동법 제65조) [F4] 10경장, 11경사, 15경간

무기형의 선고를 받은 소년	5년의 기간이 지나면 가석방을 허가할 수 있다.(동법 제65조 제1호)
15년의 유기형의 선고를 받은 소년	3년의 기간이 지나면 가석방을 허가할 수 있다.(동법 제65조 제1호)
부정기형의 선고를 받은 소년	단기의 3분의 1의 기간이 지나면 가석방을 허가할 수 있다.(동법 제65조 제1호)

CHAPTER 2 재판의 집행과 형사보상

제1절 재판의 집행

I 서론

1. 재판의 집행의 의의

재판의 집행이란 국가의 강제력에 의하여 사형, 자유형, 재산형 등의 형을 집행하거나 형의 집행 이외의 재판(과태료, 비용배상, 영장 등)을 집행함으로써 재판의 내용을 실현하는 것을 의미한다.

2. 재판의 집행의 기본원칙

(1) 즉시집행의 원칙

재판은 형사소송법에 특별한 규정이 없으면 확정한 후에 (즉시) 집행하는 것이 원칙이다.(제459조) F4 법9

> **관련판례** 징역형의 집행유예기간의 시기
>
> 재판은 확정한 후에 집행하는 것이 원칙이므로 법원이 징역형의 집행유예를 함에 있어 그 (징역형의) 집행유예기간의 시기(始期)는 집행유예를 선고한 **판결확정일**로 하여야 하고, 법원이 판결확정일 이후의 시점을 임의로 선택할 수는 없다.(대법원 2002.2.26. 선고 2000도4637) F4 23국7

(2) 재판 집행의 지휘

원칙	① **검사주의**; 재판의 집행은 원칙적으로 그 재판을 한 법원에 대응한 검찰청검사가 지휘한다.(제460조 제1항 본문) F4 12경승, 19경간 ② 상소의 재판 또는 상소의 취하로 인한 하급법원의 재판의 집행; 상소의 재판 또는 상소의 취하로 인하여 하급법원의 재판을 집행할 경우에는 상소법원에 대응한 검찰청검사가 지휘한다. 단, 소송기록이 하급법원 또는 그 법원에 대응한 검찰청에 있는 때에는 그(하급법원 또는 그 법원에 대응한) 검찰청검사가 지휘한다.(제460조 제2항) F4 법9, 08순경3차
예외	재판의 성질상 법원 또는 법관이 지휘할 경우에는 검사가 지휘하지 않는다.(제460조 제1항 단서) 예를 들면 피고인에 대한 구속영장집행은 예외적으로 급속을 요하는 경우에는 재판장 수명법관 또는 수탁판사가 그 집행을 지휘할 수 있다.(제81조 제1항 단서)

(3) 재판 집행의 방식

재판의 집행에는 원칙적으로 서면주의가 적용된다. 즉 재판의 집행지휘는 재판서 또는 재판을 기재한 조서의 등본 또는 초본을 첨부한 서면(재판집행지휘서)으로 하여야 한다. 단, 형의 집행을 지휘하는 경우 외에는 재판서의 원본, 등본이나 초본 또는 조서의 등본이나 초본에 인정하는 날인으로 할 수 있다.(제461조)

(4) 형의 집행을 위한 소환

① 사형, 자유형(징역, 금고 또는 구류)의 선고를 받은 자가 구금되지 아니한 때에는 검사는 형을 집행하기 위하여 이를 소환하여야 한다.(제473조 제1항) 소환에 응하지 아니한 때에는 <u>검사(법원×)는 형집행장을 발부하여 구인하여야 한다.</u>(동조 제2항) F4 순경
② 형의 선고를 받은 자가 도망할 염려가 있는 때 또는 현재지를 알 수 없는 때에는 소환함이 없이 형집행장을 발부하여 구인할 수 있다.(동조 제3항)
③ 형집행장은 <u>구속영장과 동일한 효력</u>이 있고(제474조 제2항), 형집행장의 집행에는 <u>피고인의 구속에 관한 규정을 준용한다.</u>(제475조) F4 순경

II 형의 집행

1. 집행의 순서

중형 집행 우선의 원칙	2이상의 형을 집행하는 경우에 자격상실, 자격정지(자격형), 벌금, 과료와 몰수(재산형) 외에는 원칙적으로 **무거운 형을 먼저 집행**한다.(제462조 본문) 따라서 형의 집행은 사형, 징역, 금고, 구류의 순서로 집행하는 것이 원칙이다. F4 법9, 08순경3차, 12경간, 13교정·보호·철정9, 23국7
예외	예외적으로 검사는 소속장관의 허가를 얻어 무거운 형의 집행을 정지하고 다른 형의 집행을 할 수 있다.(제462조 단서) 또한 자유형과 벌금형은 동시집행이 가능하다. F4 23국7

2. 사형의 집행

(1) 사형 집행의 지휘

사형은 <u>법무부장관의 명령에 의하여 집행한다.</u>(제463조) F4 순경, 19경간 사형집행의 명령은 판결이 확정된 날로부터 **6월 이내**에 하여야 한다.(제465조 제1항) F4 12순경2차 법무부장관이 사형의 집행을 명한 때에는 **5일 이내**에 집행하여야 한다.(제466조) F4 19경간

(2) 사형의 집행 방법

사형은 교도소 또는 구치소에서 교수하여 집행한다.(형법 제66조) 즉 사형의 집행은 교수형이 원칙이다. 한편 군형법의 적용을 받는 자에 대한 사형의 집행 방법은 총살형이다.(군형법 제3조)

(3) 사형의 집행 정지

사형선고를 받은 사람이 심신의 장애로 의사능력이 없는 상태이거나 임신 중인 여자인 때에는 **법무부장관의 명령으로 집행을 정지한다.**(제469조 제1항) F4 법9, 08순경3차, 13교정 · 보호 · 철경9 사형의 집행을 정지한 경우에는 심신장애의 회복 또는 출산 후에 법무부장관의 명령에 의하여 형을 집행한다.(제469조 제2항)

3. 자유형(징역, 금고, 구류)의 집행

(1) 자유형의 집행 방법

자유형은 검사의 집행지휘서에 의하여 집행한다.(제460조, 제461조) 징역형은 교도소 내에 구치하여 정역에 복무하게 한다.(형법 제67조) 한편 금고와 구류는 교도소에 구치하여 집행한다.(형법 제68조) 금고와 구류는 징역과 달리 정역을 부과하지 않는다.

(2) 자유형의 형기 계산

자유형은 판결이 확정된 날로부터 기산한다.(형법 제84조 제1항)

(3) 자유형의 집행정지 F4 06교특

1) 필요적 집행정지

징역, 금고 또는 구류(자유형)의 선고를 받은 자가 심신의 장애로 의사능력이 없는 상태에 있는 때에는 형을 선고한 법원에 대응한 검찰청 검사 또는 형의 선고를 받은 자의 현재지를 관할하는 검찰청 검사의 지휘에 의하여 심신장애가 회복될 때까지 형의 집행을 정지한다.(제470조 제1항) F4 12경간, 19경간

2) 임의적 집행정지

징역, 금고 또는 구류(자유형)의 선고를 받은 자에 대하여 다음 각 호의 1에 해당한 사유가 있는 때에는 형을 선고한 법원에 대응한 검찰청 검사 또는 형의 선고를 받은 자의 현재지를 관할하는 검찰청 검사의 지휘에 의하여 형의 집행을 정지할 수 있다.
1. 형의 집행으로 인하여 현저히 건강을 해하거나 생명을 보전할 수 없을 염려가 있는 때
2. 연령 70세 이상인 때
3. 잉태 후 6월 이상인 때
4. 출산 후 60일을 경과하지 아니한 때
5. 직계존속이 연령 70세 이상 또는 중병이나 장애인으로 보호할 다른 친족이 없는 때
6. 직계비속이 유년으로 보호할 다른 친족이 없는 때
7. 기타 중대한 사유가 있는 때

(4) 미결구금일수의 산입

1) 미결구금일수의 의의

미결구금일수란 수사기관과 법원으로부터 구금당한 날부터 판결확정 전날까지 실제로 구금된 일수를 의미한다. 미결상태(판결이 확정되지 않은 상태)에서 판결이 확정되기 전날까지 수사기관에 의하여 체포 · 구인 ·

구속된 일수와 수소법원에 의하여 구인·구속된 일수를 포함한다. 미결구금일수를 보다 더 쉽게 표현하면 수사기관과 법원으로부터 갇혀있었던 기간을 모두 합한 것을 말한다. **예** 판결확정 전날까지 피의자로서 수사기관에 의하여 체포 2일·구인 1일·구속 27일, 수소법원에 의하여 구인 1일·구속 69일을 당하였다면 미결구금일수는 이를 모두 합한 100일이 된다.

2) 미결구금일수의 산입의 의의

미결구금일수의 산입이란 미결구금일수를 본형에 산입하여 형을 집행할 때 미결구금일수 만큼을 빼고 남은 형기를 집행하는 것을 의미한다. **예** 징역 1년(본형, 약 365일)을 선고한 판결이 확정된 경우 앞에서 예를 든 미결구금일수 100일을 뺀 265일만을 집행한다. 미결구금일수의 산입에는 법정통산과 재정통산이 있다.

3) 법정통산

의의	법정통산이란 자유형을 집행할 때 법률에 의하여 미결구금일수 전부가 당연히 본형에 산입되는 것을 의미한다. 📖 **관련판례** 법정통산 항소심이 그 법정통산 될 일수보다 적은 일수를 산입한다는 판단을 주문에서 선고하였더라도 법률상 의미 없는 조치에 불과하다.(대법원 1996.1.26. 선고 95도2263) ▶ 미결구금일수 전부가 당연히 본형에 산입되기 때문이다. F4 09순경1차
관련 조문	① 제482조 제1항; 판결 선고 후 판결확정 전 구금일수(판결 선고 당일의 구금일수를 포함)는 전부를 본형에 산입한다. F4 17순경1차, 17교정·보호·철경9 ② 제482조 제2항; 상소기각 결정 시에 송달기간이나 즉시항고기간 중의 미결구금일수는 전부를 본형에 산입한다. F4 08순경1차 ③ 제482조 제3항; 제1항 및 제2항의 경우에는 구금일수의 1일을 형기의 1일 또는 벌금이나 과료에 관한 유치기간의 1일로 계산한다.

3) 재정통산

의의	재정통산이란 법원의 재량에 의하여 미결구금일수의 전부나 일부를 본형에 산입하는 것을 의미한다. 즉 재정통산은 법원의 재량에 의하여 미결구금일수의 전부를 본형에 산입할 수도 있고, 일부만을 본형에 산입할 수도 있는 것을 말한다.
관련 조문	판결 선고 전의 구금일수는 그 전부 또는 일부를 유기징역, 유기금고, 벌금이나 과료에 관한 유치(노역장유치) 또는 구류에 산입한다.(구 형법 제57조 제1항, 이는 삭제되었다) 여기서 '또는 일부 부분'은 위헌결정으로 효력이 상실되었다.

📖 **관련판례** 형법 제57조 제1항의 '또는 일부' 부분; 위헌결정

형법 제57조 제1항은 해당 법관으로 하여금 미결구금일수를 형기에 산입하되, 그 산입범위는 재량에 의하여 결정하도록 하고 있는바, 이와 같이 헌법상 무죄추정의 원칙에 따라 유죄판결이 확정되기 전에 피의자 또는 피고인을 죄 있는 자에 준하여 취급함으로써 법률적·사실적 측면에서 유형·무형의 불이익을

주어서는 아니 되고, 특히 미결구금은 신체의 자유를 침해받는 피의자 또는 피고인의 입장에서 보면 실질적으로 자유형의 집행과 다를 바 없으므로, 인권보호 및 공평의 원칙상 형기에 전부 산입되어야 한다. 따라서 **형법 제57조 제1항 중 '또는 일부 부분'**은 헌법상 무죄추정의 원칙 및 적법절차의 원칙 등을 위배하여 합리성과 정당성 없이 신체의 자유를 침해하여 **위헌**이다.(헌결 2009.6.25. 2007헌바25, 위헌결정) ▶ 재정통산을 규정한 구 형법 제57조 제1항의 전부 부분을 제외한 '또는 일부' 부분에 대해서는 위헌결정으로 효력을 상실하였으므로 이제는 미결구금일수를 전부 산입해야 한다. 따라서 구 형법 제57조 제1항의 재정통산도 법정통산으로 성격이 변화되었다.

> **관련판례** 미결구금일수의 산입
>
> 형사사건으로 외국 법원에 기소되었다가 무죄판결을 받은 사람은, 설령 그가 무죄판결을 받기까지 상당 기간 미결구금 되었더라도 이를 유죄판결에 의하여 형이 실제로 집행된 것으로 볼 수는 없으므로, '외국에서 형의 전부 또는 일부가 집행된 사람'에 해당한다고 볼 수 없고, **그 미결구금 기간은 형법 제7조에 의한 산입의 대상이 될 수 없다.**(대법원 2017.8.24. 선고 2017도5977 전원합의체 판결)

4. 재산형의 집행

(1) 재산형의 집행방법

① 재산형이란 벌금, 과료, 몰수, 추징 등의 형벌을 말한다. 벌금, 과료, 몰수, 추징, 과태료, 소송비용, 비용배상 또는 가납의 재판은 검사의 명령에 의하여 집행한다.(제477조 제1항) [F4] 법9
② 재산형의 집행에 대한 검사의 명령은 집행력 있는 채무명의(현재는 '집행권원'이라고 한다)와 동일한 효력이 있다.(동조 제2항) 재산형의 집행에는 「민사집행법」의 집행에 관한 규정을 준용한다.(동조 제3항)

(2) 재산형의 집행대상

원칙	재산형의 집행은 원칙적으로 재판을 선고받은 본인의 재산에 대해서만 집행할 수 있다.
예외	① 상속재산에 대한 집행; 몰수 또는 조세, 전매 기타 공과에 관한 법령에 의하여 재판한 벌금 또는 추징은 그 재판을 받은 자가 재판확정 후 사망한 경우에는 그 상속재산에 대하여 집행할 수 있다.(제478조) [F4] 법9, 13교정·보호·철경9 ② 합병 후 법인에 대한 집행; 법인에 대하여 벌금, 과료, 몰수, 추징, 소송비용 또는 비용배상을 명한 경우에 법인이 그 재판확정 후 합병에 의하여 소멸한 때에는 합병 후 존속한 법인 또는 합병에 의하여 설립된 법인에 대하여 집행할 수 있다.(제479조) [F4] 법9

(3) 노역장유치의 집행

벌금미납자에 대한 노역장의 유치 집행을 위하여 검사의 지휘를 받아 형집행장을 집행하는 경우, 벌금미납자 검거는 사법경찰관리의 직무범위에 속한다.(대법원 2011.9.8. 선고 2009도13371) [F4] 12순경2차

> **관련판례** 사법경찰관리가 노역장 유치의 집행 시 형집행장을 상대방에게 제시할 의무(있다.)
>
> [1] 벌금형에 따르는 노역장 유치는 실질적으로 자유형과 동일하므로, 그(노역장 유치의) 집행에 대하여는 자유형의 집행에 관한 규정이 준용된다(제492조). 따라서 구금되지 아니한 당사자에 대하여 형의

집행기관인 검사는 그 형의 집행을 위하여 이를 소환할 수 있으나, 당사자가 소환에 응하지 아니한 때에는 형집행장을 발부하여 이를 구인할 수 있는데(제473조), 이 경우의 형집행장의 집행에 관하여는 형사소송법에서 정하는 피고인의 구속에 관한 규정이 준용된다(제475조). 그리하여 사법경찰관리가 벌금형을 받은 이를 그에 따르는 노역장 유치의 집행을 위하여 구인하려면, 검사로부터 발부받은 형집행장을 그 상대방에게 제시하여야 한다.(제85조 제1항) [2] 경찰관이 노역장 유치의 집행을 위하여 형집행장을 소지하지 아니한 채 피고인을 구인할 목적으로 그의 주거지를 방문하여 임의동행의 형식으로 데리고 가다가, 피고인이 동행을 거부하며 다른 곳으로 가려는 것을 제지하면서 체포·구인하려고 하자 피고인이 이를 거부하면서 경찰관을 폭행한 경우, 위와 같이 피고인을 체포·구인하려고 한 것은 적법한 공무집행행위라고 할 수 없으므로 공무집행방해죄가 성립하지 아니한다.(대법원 2010.10.14. 선고 2010도8591) F4 15경간, 15국7

제 2 절 형사보상

I 서론

1. 형사보상의 의의
형사보상이란 국가 형사 사법의 과오(잘못)에 의하여 죄인의 누명을 쓰고 억울하게 구속되었거나 형의 집행을 받은 자에 대하여 국가가 그 손해를 보상하여 주는 제도를 의미한다. F4 11경간

2. 구별개념
형사보상은 구금에 대한 보상제도이다. 반면 소송비용보상제도(제194조의2)는 무죄판결이 확정된 경우 당해 사건의 피고인이었던 자에 대하여 그 재판에 소요된 비용을 보상해 주는 제도라는 점에서 구금에 대한 보상제도인 형사보상과 구별된다.

3. 형사보상의 근거
헌법은 형사보상청구권을 헌법상의 기본권으로 규정하고 있다.(헌법 제28조) F4 18경간 또한 **형사보상 및 명예회복에 관한 법률**(약칭은 '형사보상법', 아래에서는 '형보법' 또는 '동법'이라고 한다.)은 형사보상청구권을 구체적으로 실현하기 위하여 형사보상청구권을 구체적으로 규정하고 있다.

4. 형사보상의 내용

(1) 형사보상의 성질
형사보상은 국가의 위법한 처분에 의하여 피해를 입은 국민에게 손해를 배상해야 할 법률상의 의무라는 법률의무설이 다수설이다.

(2) 형사보상과 손해배상과의 관계
① 형사보상법은 보상을 받을 자가 다른 법률(국가배상법 또는 민법)에 따라 손해배상을 청구하는 것을 금지하지 아니한다.(형사보상법 제6조 제1항) F4 11경장, 21국9
② 형사보상법에 따른 보상을 받을 자가 같은 원인에 대하여 다른 법률에 따라 손해배상을 받은 경우에 그 손해배상의 액수가 이 법에 따라 받을 보상금의 액수와 같거나 그보다 많을 때에는 보상하지 아니한다. 그 손해배상의 액수가 이 법에 따라 받을 보상금의 액수보다 적을 때에는 그 손해배상 금액을 빼고 보상금의 액수를 정하여야 한다.(동법 제6조 제2항) F4 법승, 18경간

(3) 형사보상의 종류
형사보상에는 **피고인 보상**과 **피의자 보상**이 있다.

Ⅱ 피고인보상

1. 피고인 보상의 요건

(1) 피고인 보상을 청구할 수 있는 경우
① 형사소송법에 따른 일반 절차 또는 재심이나 비상상고 절차에서 무죄재판을 받아 확정된 사건의 피고인이 미결구금을 당하였을 때에는 이 법에 따라 국가에 대하여 그 구금에 대한 보상을 청구할 수 있다.(동법 제2조 제1항) F4 법9, 경승, 순경
② 형사소송법에 따라 면소 또는 공소기각의 재판을 받아 확정된 피고인이 면소 또는 공소기각의 재판을 할 만한 사유가 없었더라면 무죄재판을 받을 만한 현저한 사유가 있었을 경우에도 국가에 대하여 구금에 대한 보상을 청구할 수 있다.(동법 제26조 제1항 제1호) F4 법9, 순경, 경승, 18경간
③ 치료감호법 제7조에 따라 치료감호의 독립 청구를 받은 피치료감호청구인의 치료감호사건이 범죄로 되지 아니하거나 범죄사실의 증명이 없는 때에 해당되어 청구기각의 판결을 받아 확정된 경우에도 국가에 대하여 구금에 대한 보상을 청구할 수 있다.(동법 제26조 제1항 제2호) F4 12순경차
④ 상소권회복에 의한 상소, 재심 또는 비상상고의 절차에서 무죄재판을 받아 확정된 사건의 피고인이 원판결에 의하여 구금되거나 형 집행을 받았을 때에는 구금 또는 형의 집행에 대한 보상을 청구할 수 있다.(동법 제2조 제2항)

(2) 피고인 보상 청구에 대한 기각 요건
피고인 보상 청구의 전부나 일부를 인용하지 않고 기각할 수 있는 사유는 다음과 같다.

피고인 보상 청구의 전부나 일부를 기각할 수 있는 사유(형보법 제4조)

1) 본인이 수사 또는 심판을 그르칠 목적으로 허위(거짓) 자백을 하거나 다른 유죄의 증거를 만듦으로써 기소, 미결구금 또는 유죄의 재판을 받게 된 것으로 인정된 경우(제2호)
2) 형사미성년자(형법 제9조)에 해당하여 무죄재판을 받은 경우(제1호)
3) 심신상실자(형법 제10조 제1항)에 해당하여 무죄재판을 받은 경우(제1호)
4) 경합범의 일부에 대하여 무죄재판을 받고 다른 부분에 대하여 유죄(일부 유죄, 일부 무죄)의 재판을 받은 경우(제3호) F4 21국9

> **관련판례** 피고인 보상 청구를 기각할 수 있는지 여부
>
> a. **피고인 보상 청구의 기각 요건**; 군용물손괴죄로 구금된 공군 중사가 수사기관에서 범행을 자백하다가 다시 부인하며 다투어 무죄의 확정판결을 받고 형사보상청구를 한 경우, 자신이 범인으로 몰리고 있어서 형사처벌을 면하기 어려울 것이라는 생각과 거짓말탐지기 검사 등으로 인한 심리적인 압박 때문에 허위의 자백을 한 것이므로, 형사보상청구의 기각 요건인 '수사 또는 심판을 그르칠 목적'에 해당하지 않는다.(대법원 2008.10.28. 자 2008모577) 11경장, 14경승, 17경승
>
> b. **판결이유에서 무죄로 판단된 경우**; 판결 주문에서 무죄가 선고된 경우뿐만 아니라 판결 이유에서 무죄로 판단된 경우에도 미결구금 가운데 무죄로 판단된 부분의 수사와 심리에 필요하였다고 인정된 부분에 관하여는 (형사)보상을 청구할 수 있고, 다만 형사보상법 제4조 제3호를 유추적용하여 법원의 재량으로 보상청구의 전부 또는 일부를 기각할 수 있다.(대법원 2016.3.11. 자 2014모2521) 20법9
>
> c. **판결 주문에서 경합범의 일부 유죄, 일부 무죄가 선고된 경우**; 판결 주문에서 경합범의 일부에 대하여 유죄가 선고되더라도 다른 부분에 대하여 무죄가 선고되었다면 형사보상을 청구할 수 있다. 그러나 그 경우라도 미결구금 일수의 전부 또는 일부가 유죄에 대한 본형에 산입되는 것으로 확정되었다면, 그 본형이 실형이든 집행유예가 부가된 형이든 불문하고 그 산입된 미결구금 일수는 형사보상의 대상이 되지 않는다. 한편 판결 주문에서 무죄가 선고되지 아니하고 판결 이유에서만 무죄로 판단된 경우에도 미결구금 가운데 무죄로 판단된 부분의 수사와 심리에 필요하였다고 인정된 부분에 관하여는 형사보상을 청구할 수 있다. 그러나 이 경우에도 미결구금 일수의 전부 또는 일부가 선고된 형에 산입되는 것으로 확정되었다면, 그 산입된 미결구금 일수는 형사보상의 대상이 되지 않는다.(대법원 2017.11.28. 자 2017모1990)

2. 피고인 보상의 절차

(1) 피고인 보상의 청구

1) 청구권자

피고인 보상의 청구권자는 무죄·면소·공소기각의 재판을 받은 자 또는 (보상청구권자가 보상청구를 하지 아니하고 사망한 경우에는) 그 상속인이다.(동법 제2조, 제26조 제1항, 제3조) 순경, 21국9 피고인 보상의 청구는 대리인을 통하여서도 할 수 있다.(동법 제13조)

2) 청구의 시기

피고인 보상의 청구는 **무죄재판이 확정된 사실을 안 날부터 3년, 무죄재판이 확정된 때부터 5년 이내**에 하여야 한다.(동법 제8조) 12순경1차, 14경승, 15경간, 17경승, 20경간

3) 관할법원

피고인 보상의 청구는 무죄의 재판을 한 법원에 대하여 하여야 한다.(동법 제7조)

4) 청구의 취소

같은 순위의 상속인이 여러 명인 경우에 보상을 청구한 자는 나머지 모두의 동의 없이 청구를 취소할 수 없고(동법 제12조 제1항), 보상청구를 취소한 경우에 보상청구권자는 다시 보상을 청구할 수 없다.(동법 제12조 제2항)

(2) 피고인 보상 청구 사건의 심리

피고인 보상의 청구는 법원 합의부에서 재판한다.(동법 제14조 제1항) 🖪 순경, 경승, 법승 보상청구에 대하여는 법원은 검사와 청구인의 의견을 들은 후 결정을 하여야 한다.(동법 제14조 제2항) 보상청구를 받은 법원은 6개월 이내에 보상결정을 하여야 한다.(동법 제14조 제3항) 〈신설 2018.3.20.〉 제2항에 따른 결정(보상청구에 대한 결정)의 정본(正本)은 검사와 청구인에게 송달하여야 한다.(동법 제14조 제4항) 〈신설 2018.3.20.〉

(3) 피고인 보상 청구 사건에 대한 재판

보상청구 각하결정	피고인 보상 청구의 절차가 법령으로 정한 방식을 위반하여 보정할 수 없을 경우, 청구인이 법원의 보정명령에 따르지 아니할 경우, 보상청구의 기간이 지난 후에 보상을 청구하였을 경우 법원은 보상청구 각하결정을 한다.(동법 제16조) 🖪 경승
보상청구 기각결정	피고인 보상의 청구가 이유 없을 때에는 청구기각의 결정을 하여야 한다.(동법 제17조 제2항) 보상청구 기각결정에 대하여는 즉시항고를 할 수 있다.(동법 제20조 제2항) 이 때 즉시항고의 기간은 3일 이내이다.
보상결정	보상의 청구가 이유 있을 때에는 보상결정을 하여야 한다.(동법 제17조 제1항) 🖪 20경간 헌법재판소는 형사보상청구에 대한 보상결정에 대하여 불복할 수 없도록 한 구형사보상법 제19조 제1항에 대하여 형사보상청구권 및 재판청구권을 침해하여 헌법에 위반된다고 하여 위헌결정을 하였다.(헌결 2010.10.28. 2008헌마514) 이에 따라 형사보상법이 개정되어 이제는 보상결정에 대하여는 1주일 이내에 즉시항고를 할 수 있다.(동법 제20조 제1항) 🖪 12순경1차, 14경승, 17경승, 18순경1차, 20경간, 21국9

3. 보상금 지급청구

(1) 청구방식

① 보상금 지급을 청구하려는 자는 보상을 결정한 법원에 대응하는 검찰청에 법원의 보상결정서를 첨부하여 보상금 지급청구서를 제출하여야 한다.(동법 제21조 제1·2항) 🖪 17경승, 20경간
② 보상결정이 송달된 후 2년 이내(1년 이내×)에 보상금 지급청구를 하지 아니할 때에는 권리를 상실한다.(동법 제21조 제3항)
③ 보상금 지급청구서를 제출받은 검찰청은 3개월 이내에 보상금을 지급하여야 한다.(동법 제21조의2 제1항)

(2) 양도·압류 금지

보상청구권과 보상금 지급청구권은 양도하거나 압류할 수 없다.(동법 제23조) 🖪 순경, 법9, 11경장, 14경승, 20경간 그러나 상속은 가능하다. 🖪 20경간

Ⅲ 피의자 보상

1. 피의자 보상의 요건

(1) 피의자 보상을 청구할 수 있는 경우

피의자로서 구금되었던 자 중 검사로부터 불기소처분(협의의 불기소처분)을 받거나 사법경찰관으로부터 불송치결정을 받은 자는 국가에 대하여 그 구금에 대한 보상을 청구할 수 있다. 다만, 구금된 이후 불기소처분 또는 불송치결정의 사유가 있는 경우와 해당 불기소처분 또는 불송치결정이 종국적(終局的)인 것이 아니거나 기소유예처분일 경우에는 그러하지 아니하다.(동법 제27조 제1항) 결국 피의자 보상 청구권자는 **피의자로서 구금되었다가 검사로부터 협의의 불기소처분을 받거나 사법경찰관으로부터 불송치결정을 받은 자에 한정**된다. [F4] 경승, 법승, 18경간

(2) 피의자 보상 청구에 대한 기각 요건

피의자 보상을 청구한 경우에 그 전부나 일부를 인용하지 않고 기각할 수 있는 사유를 정리하면 다음과 같다.

피의자 보상 청구의 전부나 일부를 기각할 수 있는 사유(형보법 제27조 2항)
1) 수사 또는 심판을 그르칠 목적으로 허위의 자백을 하거나 다른 유죄의 증거를 만듦으로써 구금된 것으로 인정되는 경우(제1호) 2) 구금기간 중 다른 사실에 대하여 수사가 행하여지고 그 사실에 관하여 범죄가 성립한 경우(제2호) 3) 보상하는 것이 선량한 풍속 등에 반하는 경우(제3호)

2. 피의자 보상의 절차

피의자 보상에 대하여 이 법(형사보상법)에 특별한 규정이 있는 경우를 제외하고는 그 성질에 반하지 아니하는 범위에서 피고인 보상에 관한 규정을 준용한다.(동법 제29조) 아래에 서술한 것은 피의자 보상에 대하여 특별한 규정이 있어서 피고인 보상에 관한 규정을 준용하지 않는 경우이다.

(1) 피의자 보상의 청구

피의자 보상에 관한 사항을 심의·결정하기 위하여 지방검찰청에 피의자보상심의회를 둔다.(동법 제27조 제3항) 피의자보상을 청구하려는 자는 불기소처분을 한 검사가 소속된 지방검찰청(지방검찰청 지청의 검사가 불기소처분을 한 경우에는 그 지청이 소속하는 지방검찰청을 말한다) 또는 불송치결정을 한 사법경찰관이 소속된 경찰서에 대응하는 지방검찰청의 심의회에 보상을 청구하여야 한다.(동법 제28조 제1항)

(2) 보상 청구의 시기

피의자 보상의 청구는 **불기소처분 또는 불송치결정의 고지(告知) 또는 통지를 받은 날부터 3년 이내**에 하여야 한다.(동법 제28조 제3항)

(3) 불복방법

피의자 보상의 청구에 대한 심의회의 결정에 대하여는 행정심판법에 따른 행정심판을 청구하거나 행정소송법에 따른 행정소송을 제기할 수 있다.(동법 제28조 제4항)

(4) 피의자 보상 청구권의 실효

심의회의 보상결정이 송달(행정심판을 청구하거나 행정소송을 제기한 경우에는 그 재결 또는 판결에 따른 심의회의 보상결정이 송달된 때를 말한다)된 후 **2년 이내에** 보상금 지급청구를 하지 아니할 때에는 그 권리(보상금지급청구권)를 상실한다.(동법 제28조 제5항)

Ⅳ 피고인 보상에 대한 명예회복

1. 명예회복 제도의 취지

2011년 5월 23일 형사보상법의 개정으로 인하여 무죄재판이 확정된 자와 그에 준하는 자에 대한 실질적인 명예회복에 이바지하기 위한 목적으로 피고인보상에 있어서 명예회복에 관한 규정을 신설하였다.(동법 제30조 내지 제35조) 피의자보상의 경우에는 명예회복제도가 없다.

2. 명예회복을 위한 무죄재판서 게재 청구

(1) 청구권자

① 면소 또는 공소기각의 재판을 받아 확정된 피고인이 면소 또는 공소기각의 재판을 할 만한 사유가 없었더라면 무죄재판을 받을 만한 현저한 사유가 있었을 경우에도(무죄재판이 확정된 자에 준하는 자도) 게재청구를 할 수 있다.(제34조)
② 치료감호법 제7조에 따라 치료감호의 독립 청구를 받은 피치료감호청구인의 치료감호사건이 범죄로 되지 아니하거나 범죄사실의 증명이 없는 때에 해당되어 청구기각의 판결을 받아 확정된 경우에도(무죄재판이 확정된 자에 준하는 자도) 게재청구를 할 수 있다.(제34조)
③ (게재청구권자가 게재청구를 하지 아니하고 사망한 경우) 그 상속인(동법 제31조 제1항, 제3조) 및 대리인(동법 제31조 제3항, 제13조)도 게재청구를 할 수 있다.

(2) 청구시기

무죄재판을 받아 확정된 사건(이하 "무죄재판사건"이라 한다)의 피고인은 무죄재판이 확정된 때부터 3년 이내에 확정된 무죄재판사건의 재판서(이하 "무죄재판서"라 한다)를 법무부 인터넷 홈페이지에 게재하도록 해당 사건을 기소한 검사가 소속된 지방검찰청 또는 지청에 청구할 수 있다.(동법 제30조)

(3) 청구방법

무죄재판서 게재청구를 할 때에는 무죄재판서 게재 청구서에 재판서의 등본과 그 재판의 확정증명서를 첨부하여 제출하여야 한다.(동법 제31조 제1항)

(4) 청구에 대한 조치
① 무죄재판서 게재청구가 있을 때에는 그 청구를 받은 날부터 1개월 이내에 무죄재판서를 법무부 인터넷 홈페이지에 게재하여야 한다. 다만, 청구를 받은 때에 무죄재판사건의 확정재판기록이 해당 지방검찰청에 송부되지 아니한 경우에는 무죄재판사건의 확정재판기록이 해당 지방검찰청에 송부된 날부터 1개월 이내에 게재하여야 한다.(동법 제32조 제1항) 무죄재판서의 게재기간은 1년으로 한다.(동법 제32조 제4항)
② 무죄재판서를 법무부 인터넷 홈페이지에 게재한 경우에는 지체 없이 그 사실을 청구인에게 서면으로 통지하여야 한다.(동법 제33조 제1항)

이천호 형사소송법 부록 PART

암기방법

형사소송법 암기방법

1. | 암기방법 | 변호인 선임권자(제30조) * 피·피 / 법배직형 |

   1) **피**의자 · **피**고인(본인); 고유의 선임권자
   2) 피의자 · 피고인(본인)의 **법**정대리인, **배**우자, **직**계친족, **형**제자매; 이들을 선임대리권자라고 한다. 이들의 변호인 선임권의 성질은 본인의 명시적 의사에 반해서도 선임할 수 있는 독립대리권이다. 다만 일단 선임하고 나면 선임대리권자는 본인의 의사에 반하여 선임한 변호인을 해임할 수 없다. cf 피의자 · 피고인(본인); 선임 대리권자가 선임한 변호인을 해임할 수 있다.

2. 국선변호인 선정사유 * 미칠 농구 심사 빈 연구실 / 참치 준비 / 재필 즉시 군(대)
   국선변호인제도는 **피고인에게만 인정되는 것이 원칙**이다. 단, 피의자에게도 인정되는 경우가 있다. 아래에 서술하는 것들이 국선변호인 선정사유이다.

   a ~ f; 다음 각 호의 어느 하나에 해당하는 경우에 (사선)변호인이 없는 때에는 **법원은 직권으로 (국선)변호인을 선정하여야 한다.** 국선변호인의 선정은 **법원의 결정**으로 한다.

   a. 피고인이 **미**성년자인 때(제33조 제1항 제2호)

   b. 피고인이 **70세** 이상인 때(제33조 제1항 제3호)

   c. 피고인이 **농**아자인 때(제33조 제1항 제4호)

   d. 피고인이 **구**속된 때(제33조 제1항 제1호)

   e. 피고인에게 **심신장애**의 의심이 있는 때(제33조 제1항 제5호)

   f. 피고인이 **사**형 · 무기 · 단기 3년 이상의 징역 · 금고에 해당 사건으로 기소된 때(제33조 제1항 제6호) 〈* **국(기원) 3단**; 국은 국선변호인 선정사유 3단은 단기 3년 이상이라는 의미〉

   g. 법원은 피고인이 **빈**곤 그 밖의 사유로 (사선)변호인을 선임할 수 없는 경우에 피고인의 **청**구가 있는 때에는 **(국선)변호인을 선정하여야 한다.**(제33조 제2항) F4 18경승 〈암기방법 * **빈청**〉 ▶ 청구에 의하여 국선변호인을 선정하는 유일한 경우이다. 이 이외의 나머지 사유는 법원 또는 지방법원 판사의 직권에 의한 선정사유이다.

   h. 법원은 피고인의 **연**령 · 지능 · 교육정도 등을 참작하여 권리보호를 위하여 필요하다고 인정하는 때에는 피고인의 **명**시적 의사에 반하지 아니하는 범위 안에서 (국선)변호인을 선정하여야 한다.(제33조 제3항) F4 18경승
   ▶ 암기방법 * **연명**

i. 체포 · **구속**적부심사절차에서 체포 · 구속된 피의자에게 (사선)변호인이 없는 때에는 제33조(피고인에 대한 국선변호인 선정사유)의 규정을 준용하므로 **체포 · 구속적부심사절차에서 피의자에게 위의 a ~ f의 사유(* 미칠 농구 심사)가 있을 때에는 국선변호인 선정사유**가 된다.(제214조의2 제10항)

j. 영장**실**질심사절차에서 심문할 피의자에게 (사선)변호인이 없는 때에는 **지방법원판사는 직권으로** (국선)변호인을 선정하여야 한다. 이 경우 (국선)변호인의 선정은 피의자에 대한 구속영장 청구가 기각되어 효력이 소멸한 경우를 제외하고는 **제1심까지 효력이 있다.**(제201조의2 제8항) F4 18경승 ▶ 위의 i ~ j(* **구실**); 피의자에게도 국선변호인이 인정되는 경우이다.

k. 국민**참**여재판에 관하여 (사선)변호인이 없는 때에는 **법원은 직권으로 (국선)변호인을 선정하여야 한다.**(국민의 형사재판 참여에 관한 법률 제7조)

l. 심신상애자(심신상실자 · 금고 이상의 형에 해당하는 죄를 범한 심신미약자)에 대한 **치**료감호청구사건에서 (사선)변호인이 없거나 (사선)변호인이 출석하지 아니한 때에는 **판결만을 선고할 경우를 제외하고 법원은 직권으로 (국선)변호인을 선정하여야 한다.**(치료감호법 제15조 2항, 제2조 제1항 제1호, 형사소송법 제282 · 제283조)

m. 공판**준**비기일이 지정된 사건에 관하여 (사선)변호인이 없는 때에는 **법원은 직권으로 (국선)변호인을 선정하여야 한다.**(제266조의8 제4항) F4 18경승 cf 공판준비기일이 지정되지 아니한 사건에 관하여 사선변호인이 없는 때에는 국선변호인선정사유가 되지 않는다.

n. **재**심심판절차에서 재심을 청구한 자가 (사선)변호인을 선임하지 아니한 때에는 **재판장은 직권으로 (국선)변호인을 선정하여야 한다.**(제438조 제4항) cf 재심개시결정 전의 절차(재심청구절차)에서 국선변호인선정청구를 할 수는 없다.(대법원 1993.12.3. 자 92모49)

o. **필**요적 변호사건〈제33조 제1항 각 호(* 미칠 농구 심사)의 하나에 해당하는 사건, 제33조 제2항(* 빈청) 및 제3항(* 연명)에 따라 국선변호인이 선정된 사건〉에서 변호인이 출석하지 않은 경우 판결만을 선고할 경우를 제외하고 **법원은 직권으로 (국선)변호인을 선정하여야 한다.**(제282 · 283조)

p. **즉**결심판절차에 있어서 즉결심판을 받은 피고인이 정식재판청구를 함으로써 공판절차가 개시된 경우 (사선)변호인이 출석하지 아니한 때에는 **법원은 직권으로 (국선)변호인을 선정하여야 한다.**(대법원 1997.2.14. 선고 96도3059) F4 20경간

q. **군**사법원사건에서 체포 · 구속된 피의자에게 (사선)변호인이 없는 경우 및 재심개시가 결정된 사건에 대하여 재심을 청구한 사람이 (사선)변호인을 선임하지 아니하였을 때에는 군사법원은 직권으로 변호인을 선정하여야 한다.(군사법원법 제252조 제10항, 제487조, 제62조)

3.

| 암기방법 | 고소권자 * 해법 (해사시)배직형 신지 |

1) **피해자**(제223조); 피해자를 고유의 고소권자라고 한다. 피해자는 <u>직접적 피해자에 한한다.</u> cf 채권자 등 간접적 피해자는 고소권자가 될 수 없다. 다음에 설명하는 2) ~ 4)는 고소대리권자라고 한다.
2) 피해자의 **법**정대리인(제225조 제1항); 미성년자의 친권자(부모)와 후견인이 이에 해당한다. 법정대리인의 고소권은 무능력자의 보호를 위하여 법정대리인에게 주어진 **고유권**이어서 <u>피해자의 고소권 소멸여부에 관계없이 고소할 수 있는 것이며</u>, 그 고소기간은 <u>법정대리인 자신이 범인을 알게 된 날로부터 진행</u>한다.(대법원 1984.9.11. 선고 84도1579) 또한 법정대리인은 피해자의 명시한 의사에 반해서도 고소권 행사할 수 있다.
3) (피해자가 **사**망시) 피해자의 **배**우자, **직**계친족, **형**제자매(제225조 제1항); 다만 이들은 피해자의 명시한 의사에 반하여 고소할 수는 없다.
4) 지정고소권자; 친고죄에 대하여 고소할 자가 없는 경우에 이해관계인의 **신**청이 있으면 검사가 <u>10일 이내</u><u>에</u> 고소할 수 있는 자를 지정하여야 한다. 이를 **지**정고소권자라고 한다.(제228조)
5) 기타 사항
   ① 피해자의 법정대리인이 피의자이거나 법정대리인의 친족이 피의자인 때에는 **피해자의 친족**은 독립하여 고소할 수 있다.(제228조) 친족은 민법에 의하여 결정되는데, 배우자, 4촌 이내의 혈족, 8촌 이내의 인척을 말한다.(민법 제777조) 예 부모, 언니, 오빠, 누나, 동생 등
   ② 사자명예훼손죄의 경우에는 그 사자(死者)의 친족 또는 자손이 고소할 수 있다.(제227조) * 암기방법; **사 · 자 · 친**

4.

| 암기방법 | 체포 · 구속적부심사 청구권자 (암기방법은 보석 청구권자와 동일)
* 피변 법배직형 가동고 |

1) 체포 · 구속된 **피**의자 또는 피의자의 **변**호인; 체포된 피의자의 경우 영장에 의하여 체포된 피의자는 물론, **긴급체포된 피의자와 현행범으로 체포된 피의자도 체포 · 구속적부심사 청구권자에 해당**한다.
2) 피의자의 **법**정대리인, **배**우자, **직**계친족, **형**제자매, **가**족, **동**거인 또는 **고용주**

- **피고인**은 체포 · 구속적부심사청구권은 없고, 보석청구권은 있다. 반면 피의자는 보석청구권은 없으나, 체포 · 구속적부심사청구권은 있다.

5.

| 암기방법 | 공판기일절차의 순서 * 고인 검(은) 피 재조사 피신 최판(사) |

- 〈모두절차〉 1. 진술거부권 고지 ⇨ 2. 인정신문 ⇨ 3. 검사의 모두진술 ⇨ 4. 피고인의 모두진술 ⇨ 5. 재판장의 쟁점정리 및 검사·변호인의 증거관계에 대한 진술 절차
- 〈사실심리절차〉 6. 증거조사 ⇨ 7. 피고인신문 ⇨ 8. 최종변론
- 〈판결선고절차〉 9. 판결선고

6.

| 암기방법 | 배심원의 결격사유(국민참여재판법 제17조) * 자금 한파 |

1) 법원의 판결에 의하여 자격이 상실 또는 정지된 사람
2)-① 금치산자(=피성년후견인)
2)-② * 실오; 금고 이상의 실형을 선고받고 그 집행이 종료되거나 종료간주 되거나 집행이 면제된 후 5년을 경과하지 아니한 사람
2)-③ * 집이; 금고 이상의 형의 집행유예를 선고받고 그 기간이 완료된 날부터 2년을 경과하지 아니한 사람
2)-④ * 선중; 금고 이상의 형의 선고유예를 받고 그 선고유예기간 중에 있는 사람
3) 한정치산자(=피한정후견인)
4) 파산자로서 복권되지 아니한 사람 cf 파산자로서 복권된 사람; 결격사유×

7.

| 암기방법 | 엄격한 증명의 대상 * 외관 가공 특(수)강간 |

① **외**국법규
  행위지의 법률(외국법규)에 의하여 범죄가 성립되는지 여부는 엄격한 증명의 대상이다.(대법원 1973.5.1. 선고 73도289) [F4] 18순경1차, 19국7, 22국7, 23경승 '행위지의 법률'에 의하여 범죄가 성립되는지 여부에 관한 판례에서 '행위지의 법률'은 외국법규를 말한다.

② **관**습법
  관습법은 엄격한 증명의 대상이다.

③ 형의 **가**중 감면의 이유되는 사실
  이는 형벌권의 범위에 관련된 사실이므로 엄격한 증명의 대상이다. 예 형의 가중사유; 누범전과, 상습성 등, 형의 감면사유; 장애미수, 불능미수, 중지미수, 자수, 자복 등

④ **공**소범죄사실
  공소범죄사실이 인정되려면 구성요건해당사실, 위법성조각사유의 부존재와 책임조각사유의 부존재가 인정되어야 한다. 그러므로 **구성요건해당사실**에 속하는 주관적 구성요건요소로서 범의〈=고의〉(대법원 2002.3.12. 선고 2001도2064), 공모·모의(대법원 1988.9.13. 선고 88도1114), 목적범의 목적, 불법영득의사 등과 객관적 구성요건요소로서 행위 주체, 행위 객체, 횡령행위(대법원 2002.9.4. 선고 2000도637), 교사사실〈=교사행위〉(대법원 2000.2.25. 선고 99도1252), 결과범의 결과, 행위와 결과 사이의 인과관계, 신분범의 신분(대법원 1970.10.30. 선고 70도1936) 등은 엄격한 증명의 대상이다. 또한 **위법성조각사유와 책임조각사유의 부존재**가 증명되어야 공소범죄사실이 인정되기 때문에 위법성조각사유(예 정당방위, 긴급피난, 정당행위, 피해자의 승낙 등)와 책임조각사유(예 심신상실, 14세 미만자 등)의 부존재도 엄격한 증명의 대상이다. [cf] 처벌조건(예 사전수뢰죄의 공무원 또는 중재인이 된 사실, 파산범죄에 있어서 파산선고의 확정)은 공소범죄사실은 아니나, 형벌권 발생에 직접 관련되는 사실이므로 엄격한 증명의 대상이다.

⑤ **특**별한 경험법칙
  일반적 경험법칙에 해당하는 사항에 대해서는 법관이 자신의 지식을 그대로 이용할 수 있다. 그러므로 일반적 경험법칙은 불요증사실(증명을 요하지 않는 사실)이다. 그러나 특별한 경험법칙은 일반인이면 모두 알 수 있는 상식이 아니라 전문가라야 알 수 있는 지식으로서 감정을 통한 증명을 필요로 한다. 이런 특별한 경험법칙을 증명할 때에는 엄격한 증명을 필요로 한다.

⑥ 증명력을 보**강**하는 자료가 되는 사실
  증거의 증명력(=신빙성=믿음)을 강화(증강)시키는 자료가 되는 사실은 엄격한 증명의 대상이다.

⑦ **간**접사실
  간접사실이란 주요사실의 존부를 간접적으로 '추인(미루어 판단)'하게 하는 사실로서 엄격한 증명의 대상이다.

8.

| 암기방법 | 자유로운 증명의 대상 * 자! 몰상(식한) 현소정 탄핵 반대 [14] 18순경1차 |

① **자**유로운 증명의 대상
② **몰**수 · 추징에 관한 사실
   몰수대상이 되는지 여부나 추징액의 인정 등 몰수 · 추징의 사유는 범죄구성요건 사실에 관한 것이 아니어서 엄격한 증명은 필요 없지만 역시 증거에 의하여 인정되어야 한다. 즉 **자유로운 증명의 대상**이 된다.(대법원 2006.4.7. 선고 2005도9858 전원합의체 판결) [14] 19국7 ▶ 몰수 · 추징은 부가형으로서 형벌임에도 불구하고 판례는 자유로운 대상으로 본다.
③ 심신**상**실 · 미약
   형법 제10조에 규정된 '심신장애(심신상실 또는 심신미약)의 유무 및 정도'의 판단은 **자유로운 증명으로 족하다**(충분하다).(대법원 1961.10.26. 선고 4294형상 590)
④ 법원에 **현**저한 사실
   법원에 현저한 사실이란 법원이 잘 아는 사실을 말한다. 판례와 판례의 사실관계 등이 법원에 현저한 사실로서 자유로운 증명의 대상이다.
⑤ **소**송법적 사실
   소송법적 사실이란 절차사항을 말한다. **친고죄의 고소유무, 자백(또는 진술)의 임의성, 특신상태, 구속기간, 관할권의 존부, 공소제기** 등은 소송법적 사실로서 자유로운 증명의 대상이다.
⑥ **정**상관계사실
   정상관계사실이란 형법 제51조의 양형사유(양형의 기초가 되는 사실)를 말한다. 범인의 지능, 범행 동기, 범행 수법, 범인의 연령, 성격, 환경 등이 이에 해당한다. 정상관계사실은 복잡하고 비유형적이므로 원칙적으로 자유로운 증명의 대상이다.
⑦ 증명력을 **탄핵**하는 사실
   증거의 증명력을 탄핵하는 사실은 자유로운 증명으로 족하다.(대법원 1996.1.26. 선고 95도1333)
⑧ 유죄의 자료가 되는 것으로 제출된 증거(본증)의 **반대**증거서류
   유죄의 자료가 되는 것으로 제출된 증거의 반대증거서류(반증)는 유죄사실을 인정하는 증거가 아니므로 증거능력이 없는 증거에 의해서도 증명할 수 있어 자유로운 증명으로 족하다.(대법원 1981.12.22. 선고 80도1547) [14] 10경사 · 경위

9.

| 암기방법 | 예외적으로 피고인이 거증책임을 지는 경우(거증책임이 전환되는 경우) * 명상 |

1) 형법 제307조 제1항의 **명**예훼손죄에 있어서 진실성 · 공익성의 입증; 거증책임 전환 규정이다. ∴ 피고인이 진실성과 공익성이 있다는 것에 대한 거증책임을 부담한다. 이 때 증명의 정도는 자유로운 증명을 요한다.(대법원 1996.10.25. 선고 95도1473) 피고인이 거증책임을 부담하는 경우 증명의 정도는 언제나 자유로운 증명으로 족하다. [14] 18순경1차, 20경간, 21순경2차
2) **상**해죄의 동시범 특례에 있어서 인과관계가 없다는 것의 입증; 거증책임전환 규정으로서 피고인이 거증책임을 부담한다. (통설)

10.

| 암기방법 | 공소기각결정의 사유(제328조 제1항) * 취사관 범죄 |

1) 공소가 **취**소되었을 때(제328조 제1항 제1호)
2) 피고인이 **사**망하거나 피고인인 법인이 존속하지 아니하게 되었을 때(제328조 제1항 제2호)
3) **관**할의 경합; 사물관할의 경합(제12조)·토지관할의 경합(제13조)의 규정에 의하여 심판할 수 없게 된 법원은 공소기각결정을 해야 한다.(제328조 제1항 제3호)
4) 공소장에 기재된 사실이 진실하다 하더라도 **범죄**가 될 만한 사실이 포함되지 아니하는 때(제328조 제1항 제4호)

11.

| 암기방법 | 공소기각판결의 사유(제327조) * 재무 이치 고처 |

1) 피고인에 대하여 **재**판권이 없을 때(제327조 제1호); 예 외국의 국가원수가 우리나라 법원에 기소된 경우 그 법원은 외국의 국가원수에 대한 재판권이 없으므로 '공소기각판결'을 선고하여야 한다.
2) 공소제기의 절차가 법률의 규정을 위반하여 **무**효일 때(제327조 제2호)
3) 공소가 제기된 사건(과 동일한 사건)에 대하여 다시 (동일법원에) 공소가 제기되었을 때(**이**중기소된 때) 뒤에 공소제기된 사건에 대하여는 공소기각판결을 하여야 한다.(제327조 제3호)
4) 제329조(공소**취**소 후 재기소 제한 규정; 공소취소에 의하여 공소기각의 결정이 확정된 때에는 공소취소 후 그 범죄사실에 대한 다른 중요한 증거를 발견한 경우에 한하여 다시 공소를 제기 할 수 있다)를 위반하여 (다른 중요한 증거를 발견한 경우에 해당하지 않음에도 동일한 범죄사실에 대하여) 공소가 제기되었을 때(제327조 제4호) F4 18법9
5) 고소가 있어야 공소를 제기할 수 있는 사건(친고죄 사건)에서 **고**소가 취소되었을 때(제327조 제5호)
6) 피해자의 명시한 의사에 반하여 공소를 제기할 수 없는 사건(반의사불벌죄 사건)에서 **처**벌을 원하지 아니하는 의사표시를 하거나 **처**벌을 원하는 의사표시를 철회하였을 때(제327조 제6호)

12.

| 암기방법 | 면소판결의 사유(제326조) * 학사 완패 |

1) **확**정판결이 있은 때; 외국의 확정판결은 제외
2) **사**면이 있은 때; **일반사면**이 있은 때만을 의미한다.(대법원 2000.2.11. 선고 99도2983) cf 특별사면이 있은 때에는 면소판결 사유×
3) 공소의 시효가 **완**성된 때; 공소시효가 완성된 것으로 의제되는 경우(의제공소시효)도 면소판결 사유에 해당한다.(대법원 1981.1.13. 선고 79도1520)
4) 범죄 후 법령의 개폐로 형이 **폐**지되었을 때

13.

| 암기방법 | 즉시항고의 대상 * 즉시 정재상 공기 구비, 회집 보배 증가 |

1) **즉시**항고의 대상이 되는 법원의 결정
2) 약식명령·즉결심판에 대한 **정**식재판청구기각결정
3) **재**심개시결정, 재심청구기각결정
4) **상**소기각결정(항소기각결정, 상고기각결정, 항고기각결정)
5) **공**소기각결정
6) **기**피신청기각결정과 기피신청 간이기각결정 cf 기피신청인용결정; 즉시항고를 할 수 없다.
7) **구**속취소결정 cf 구속집행정지결정; 즉시항고의 대상×, 보통항고는 가능.
8) 소송**비**용부담결정, 무죄판결이 확정된 피고인이었던 자에 대한 소송**비**용보상결정, 재정신청기각결정을 받거나 재정신청을 취소한 재정신청인에 대한 **비**용부담결정
9) 상소권**회**복결정
10) **집**행유예취소결정
11) 형사보상법상 **보**상청구기각결정·보상결정(형사보상법 제20조 제1항, 1주일 이내에 즉시항고 가능)
12) **배**상명령결정〈상소제기기간(7일) 내에 즉시항고 가능〉, 국민참여재판**배**제결정
13) **증**인의 선서·증언 거부에 대한 **과**태료결정, 출석하지 않은 증인에 대한 소송비용부담결정·500만 원 이하의 **과**태료결정·7일이내의 감치결정, 보석조건 위반시 피고인에 대한 1,000만 원 이하의 **과**태료결정과 20일 이내 **감**치결정, 보석에 있어 출석보증인에 대한 500만 원 이하의 **과**태료결정, 배심원·예비배심원·배심원후보자의 정당한 사유 없는 출석거부에 대한 200만 원 이하의 **과**태료결정